GIESEKING

GUTACHTEN ZUM INTERNATIONALEN UND AUSLÄNDISCHEN PRIVATRECHT (IPG) 2005/2006

veröffentlicht im Auftrag des

Deutschen Rates für Internationales Privatrecht

herausgegeben von

Jürgen Basedow Dagmar Coester-Waltjen

Heinz-Peter Mansel

Wiss. Redaktion

Christine Budzikiewicz

2008
GIESEKING-VERLAG · BIELEFELD

Herausgeber: Murad Ferid, Gerhard Kegel und Konrad Zweigert (Jg. 1965-1988); Ulrich Drobnig, Murad Ferid und Gerhard Kegel (Jg. 1996-1997); Ulrich Drobnig und Gerhard Kegel (Jg. 1998); Jürgen Basedow, Gerhard Kegel und Heinz-Peter Mansel (Jg. 1999-2003/2004).

Geschäftsführender Herausgeber (seit Jg. 1999): Heinz-Peter Mansel

Zitierweise: IPG 2005/2006 Nr. 1 (Saarbrücken)

Hinweis:
Die in diesem Buch wiedergegebenen Gutachten wurden jeweils für spezifische Fallkonstellationen erstattet. Sie sind nicht geeignet, die Einholung von kundigem Rechtsrat in jedem anderen Einzelfall zu ersetzen. Die Informationen sind deshalb nicht dazu bestimmt, eine Entscheidungsgrundlage für wirtschaftliche oder sonstige Dispositionen zu bilden.
Die Gutachten wurden nach bestem Wissen und Gewissen erstattet. Dennoch kann keine Gewähr gegeben werden für die Richtigkeit, Vollständigkeit, Qualität und Aktualität der wiedergegebenen Informationen.

Bibliografische Information der Deutschen Nationalbibliothek

Die Deutsche Nationalbibliothek verzeichnet diese Publikation in der Deutschen Nationalbibliografie; detaillierte bibliografische Daten sind im Internet über http://dnb.d-nb.de abrufbar.

2008

Lektorat: Dr. iur. Jobst Conring

Druck: Decker Druck GmbH & Co. KG, Neuss

ISSN 0340-7381
ISBN 978-3-7694-1020-4

Vorwort

Der vorliegende Gutachtenband versammelt Gutachten zum internationalen und ausländischen Privat- und Verfahrensrecht, die von deutschen Universitätsinstituten sowie dem Max-Planck-Institut für ausländisches und internationales Privatrecht in den Jahren 2005 und 2006 erstattet worden sind. In Einzelfällen wurden Vorgutachten aus früheren Jahren aufgenommen, deren Abdruck für das Verständnis ergänzender Stellungnahmen aus dem Berichtszeitraum erforderlich erschien.

Der thematische Schwerpunkt dieses Bands liegt im Familien- und Erbrecht sowie im allgemeinen Handels-, Transport- und Sachenrecht.

Die Zahl der an die IPR-Institute gerichteten Anfragen zum ausländischen Recht blieb im vorliegenden Berichtszeitraum vergleichbar hoch wie in den Vorjahren. Die Beantwortung der Gerichtsanfragen führt zu steigenden Belastungen der Hochschullehrer. Auf das einschlägige Londoner Auskunftsübereinkommen als eine Alternative zur Gutachtenanfrage werden die Gerichte regelmäßig hingewiesen.

Die Herausgeber sind der Bayer-Stiftung für deutsches und internationales Arbeits- und Wirtschaftsrecht sowie dem Bundesministerium der Justiz für die geleistete finanzielle Unterstützung zu Dank verpflichtet. Ohne diese Förderung wäre ein Erscheinen des Bandes nicht möglich gewesen.

Nach dem Tod des Mitherausgebers und Gründers der IPG-Reihe, Prof. Dr. Dr. h.c. *Gerhard Kegel,* konnten die Herausgeber Frau Prof. Dr. *Dagmar Coester-Waltjen* für die Mitherausgeberschaft gewinnen.

Erstattet wurden die Gutachten durch die Institute der Herausgeber (Max-Planck-Institut für ausländisches und internationales Privatrecht, Institut für internationales und ausländisches Privatrecht der Universität zu Köln und Institut für internationales Recht – Rechtsvergleichung – der Universität München) sowie die folgenden Institutionen (in Klammern die Namen der Gutachter):

Lehrstuhl für Zivilrecht IV – Bürgerliches Recht, Internationales Privatrecht und Rechtsvergleichung – der Universität *Bayreuth (Leible);*

Institut für Internationales Privatrecht, Internationales Zivilverfahrensrecht und Rechtsvergleichung der Freien Universität *Berlin (Grothe);*

Lehrstuhl für Bürgerliches Recht, Handels- und Wirtschaftsrecht, Internationales Privatrecht und Rechtsvergleichung an der Universität *Bochum (Kindler);*

Institut für Ausländisches und Internationales Privatrecht der Universität *Freiburg (Hohloch);*

Seminar für ausländisches und internationales Privat- und Prozessrecht der Universität *Hamburg (Mankowski);*

Institut für ausländisches und europäisches Privat- und Verfahrensrecht der Universität *Leipzig (Rauscher);*

Institut für internationales Recht – Rechtsvergleichung – der Universität *München (Lorenz);*

Institut für internationales Privatrecht und Rechtsvergleichung der Universität *Osnabrück (von Bar);*

Institut für internationales und ausländisches Recht der Universität *Passau (Schurig);*

Institut für internationales Recht der Universität *Rostock (Winkler v. Mohrenfels);*

Centre juridique franco-allemand der Universität des *Saarlandes (Witz);*

Lehrstuhl für Bürgerliches Recht, Internationales Privatrecht und Rechtsvergleichung der Universität *Tübingen (Solomon).*

Die inhaltliche Verantwortung für die Gutachten liegt insoweit bei den einzelnen Instituten.

Die Herausgeber sind Frau Wiss. Ass. Dr. *Christine Budzikiewicz* (Köln) für ihren großen Einsatz bei der eigenständigen Betreuung des Bandes sehr dankbar. Das Erscheinen der Sammlung ist allein ihrem Wirken zu verdanken. Herr Wiss. Mit. *Sebastian Feiler* (Köln) hat die Hauptlast der Satzarbeiten getragen und wichtige Koordinationsaufgaben übernommen. Die Gesetzes- und Staatsvertragsregister wurden am Institut für internationales Recht – Rechtsvergleichung – der Universität München erstellt, das Sachverzeichnis entstand am Max-Planck-Institut für ausländisches und internationales Privatrecht in Hamburg. Die Mitarbeiter des Kölner Instituts haben die Fahnenkorrektur durchgeführt. Allen Beteiligten danken wir herzlich für ihre wertvolle Arbeit. Für die angenehme Zusammenarbeit mit dem Gieseking Verlag und die sorgfältige Verlagsrevision ist Herrn Dr. *Jobst Conring* sehr zu danken.

Für die Herausgeber
Heinz-Peter Mansel

Inhaltsverzeichnis

* Universität Hamburg, Seminar für ausländisches und internationales Privat- und Prozessrecht.

I. Allgemeine Lehren des Zivilrechts

1. Vertragsschluss

Siehe Nr. 6 (Rostock)

2. Anfechtung

Nr. 1

Frankreich*

1. ***Action Paulienne*: Der Begriff der „*fraude*“ im Sinne des Art. 1167 *Code civil* setzt keine Benachteiligungsabsicht des verfügenden Schuldners voraus. Für die Gläubigeranfechtung reicht es vielmehr aus, wenn dem Schuldner bei Vornahme der Rechtshandlung bewusst war, dass er einen Schaden zum Nachteil des Gläubigers bewirkt.**
2. **Zur Verjährung des Anspruchs aus Art. 1167 *Code civil*.**

Saarbrücken vom 13.10.2006

A. Sachlage

Ein Insolvenzverwalter greift Grundstücksübertragungen der in Privatinsolvenz gegangenen Eheleute zugunsten ihrer drei Kinder an. 1

Die Eheleute aus Deutschland hatten im Oktober 1999 ihren in Frankreich belegenen Grundbesitz ihren drei Kindern zu jeweils 1/3 Miteigentum schenkungsweise überlassen. An diesem Grundbesitz haben die Eheleute in der Folge werterhöhende Aufwendungen vorgenommen und ihren drei Kindern entsprechende Aufwendungsersatzansprüche durch notariell beurkundeten Zuwendungsvertrag vom April 2001 erlassen. Darüber hinaus haben die Eltern ihren Kindern umfangreiche Bargeldbeträge auf einem gemeinsamen Bankkonto der drei Kinder in Frankreich zur Verfügung gestellt.

Der Kläger wurde im Januar 2003 zum Insolvenzverwalter über das Vermögen beider Eheleute bestellt. Er macht Ansprüche aus Schenkungsanfechtung gem. § 134 deutscher Insolvenzordnung geltend und verlangt von den beklagten Kindern

---

* *Anm. d. Red.*: S. zum französischen Insolvenzrecht auch IPG 2003/2004 Nr. 46 *(Saarbrücken)*; IPG 2000/2001 Nr. 15 *(Hamburg)*; IPG 1999 Nr. 54 *(Hamburg)*; IPG 1998 Nr. 42 a) und b) *(Freiburg i. Br.)*; IPG 1996 Nr. 49 *(Hamburg)*.

Rückgewähr der unentgeltlich erlangten Leistungen.

Zwischen den Parteien ist streitig, ob auf die Schenkungsanfechtung französisches Recht anwendbar ist. Die Beklagten machen die Geltung französischen Rechts geltend und berufen sich vor allem darauf, dass für die Anfechtung gem. Art. 1167 *Code civil* eine Benachteiligungsabsicht der Schenker vorliegen müsse.

B. Anfrage

2 Vor diesem Hintergrund wurde der Sachverständige bestellt und zur Auslegung des Art. 1167 *Code civil* der Französischen Republik um die Beantwortung der folgenden Fragen gebeten:

1. Müssen Rechtshandlungen, die „*en fraude*" durch den Schuldner vorgenommen wurden, lediglich mit *dolus eventualis* des Schenkers hinsichtlich des Schadens vorgenommen worden sein? Reicht es dabei aus, wenn dem Schuldner bei Vornahme der Rechtshandlung bewusst war, dass er einen Schaden bewirkt, ohne dass dabei der Terminus „*fraude*" im Sinn einer Benachteiligungsabsicht im technischen Sinn zu verstehen ist oder kann eine Handlung gem. Art. 1167 *Code civil* nur dann angefochten werden, wenn sie absichtlich oder bösgläubig zur Beeinträchtigung der Gläubiger des Schenkers vorgenommen wurde? Sind die Voraussetzungen für das Vorliegen einer „*fraude*" vergleichbar mit denen des § 133 Insolvenzordnung?
2. Setzt die Anfechtung der Schenkung durch den Insolvenzverwalter die Erhebung der Klage gegen Schenker und Beschenkten voraus?
3. Wann verjährt der Anspruch aus Art. 1167 *Code civil*?

C. Rechtslage

I. Zu Frage 1

3 Art. 1167 *Code civil*[1] begründet für Gläubiger eine Art Anfechtungsanspruch gegenüber Rechtshandlungen, die ein Schuldner mit Blick auf die Rechtsposition des Gläubigers arglistig vorgenommen hat. Es handelt sich um die so genannte *action paulienne*. Der Anspruch aus Art. 1167 *Code civil* ist im Wege der Klage geltend zu machen. Es handelt sich dabei um einen Anspruch des allgemeinen Zivilrechts und ist nicht etwa ein besonderer Anspruch im Rahmen eines Insolvenzverfahrens. Insofern ist der Anspruch aus Art. 1167 *Code civil* auch nur begrenzt mit

---

[1] Art. 1167 Abs. 1 Code civil: „Ils peuvent aussi, en leur nom personnel, attaquer les actes faits par leur débiteur en fraude de leurs droits" (übers.: Sie – die Gläubiger – können auch im eigenen Namen Rechtshandlungen angreifen, mit denen ihr Schuldner arglistig ihre Rechte verletzt).

den nach den §§ 129 ff. InsO vorgesehenen Anfechtungstatbeständen zu vergleichen.

1. Die angreifbaren Rechtshandlungen

Mit der *action paulienne* kann der Gläubiger die folgenden Rechtshandlungen angreifen:[2] 4

a) Vermögensrelevante Rechtshandlung

Die angegriffene Rechtshandlung muss vermögensrechtlicher Art sein. Ausgenommen sind also höchstpersönliche Rechtshandlungen des Schuldners, wie etwa Eheschließung, Scheidung, Anerkennung der Verwandtschaft etc. 5

b) Vermögensminderung beim Schuldner

Ferner muss die Rechtshandlung zu einer Vermögensminderung beim Schuldner geführt haben. D. h., die Rechtshandlung des Schuldners muss ein Missverhältnis zwischen seiner Leistung und der Gegenleistung aufweisen, wie etwa bei einer Schenkung oder einem Verkauf unterhalb des tatsächlichen Wertes. Die Rechtsprechung hat die *action paulienne* aber auch in Fällen zugelassen, in denen zwar keine unmittelbare Vermögensminderung beim Schuldner eintritt, der Schuldner aber leicht zu beschlagnahmendes Vermögen in solches umwandelt, das er entweder leicht verbringen oder verschwinden lassen kann, wie Geld, oder aber so umwandelt, dass es nur sehr schwer verwertet werden kann, wie etwa bei Gesellschaftsanteilen.[3] 6

c) Zahlungsunfähigkeit

Außerdem muss die Rechtshandlung zur Zahlungsunfähigkeit des Schuldners führen, andernfalls kann der Gläubiger aus der Rechtshandlung keinen Schaden herleiten. Er muss den Beweis führen, dass die angegriffene Rechtshandlung beim Schuldner zur Zahlungsunfähigkeit geführt hat, und zwar sowohl im Zeitpunkt der Vornahme der Handlung selbst als auch im Zeitpunkt der Geltendmachung des Anspruchs. 7

---

2 Vgl. *Bénabent,* Les obligations, 10. Aufl., Rn. 855; *Malaurie/Aynès/Stoffel-Munck,* Les Obligations, 2. Aufl., Rn. 1144 f.; *Terré/Simler/Lequette,* Les obligations, 9. Aufl., Rn. 1166 ff.

3 Vgl. *Terré/Simler/Lequette* (o. Fn. 2), Rn. 1174, mit ausgiebigem Rechtsprechungsnachweis.

d) Begründung der Schuld

8 Schließlich kann ein Gläubiger nur solche Rechtshandlungen angreifen, die der Schuldner nach Begründung seiner Schuld gegenüber dem Gläubiger vorgenommen hat.

2. „Fraude" – Arglist / gesetzeswidrige Handlung des Schuldners

9 Das Gericht interessiert vordergründig die Frage, wie der Begriff der *fraude* im Sinne des Art. 1167 *Code civil* auszulegen ist. Der Begriff selbst ist ins Deutsche nicht wörtlich übersetzbar. Er wird allgemein umschrieben mit „gesetzeswidrige Verhaltensweise", „Umgehung gesetzlicher Bestimmungen", „(im weiteren Sinne) betrügerische Handlung", „arglistige Täuschung".[4]

10 Die Auslegung des Begriffs der *fraude* im Sinne des Art. 1167 *Code civil* war lange umstritten. Früher machte die Rechtsprechung das Vorliegen einer *fraude* in der Tat davon abhängig, dass der Schuldner mit Benachteiligungsabsicht gehandelt hat.[5] Diese strenge Auslegung hat die *Cour de cassation* aber mittlerweile aufgegeben. Der Schuldner hat nach heutiger Rechtsprechung eine Rechtshandlung bereits dann *en fraude* im Sinne des Art. 1167 *Code civil* vorgenommen, sobald er davon Kenntnis hatte, dass er mit der Rechtshandlung seinen Gläubigern einen Schaden zufügt, indem er sich selbst zahlungsunfähig macht bzw. seine Zahlungsunfähigkeit erhöht.[6]

11 Für die Kenntnis ist auf den Zeitpunkt der Vornahme der Rechtshandlung abzustellen.[7]

12 Für die Person des durch die Rechtshandlung begünstigten Dritten ist es im Fall unentgeltlicher Zuwendung unerheblich, ob dieser bös- oder gutgläubig war. Auf ein kollusives Zusammenwirken von Schuldner und Drittem kommt es nicht an.[8] Anders ist der Fall freilich gelagert, wenn es sich um ein entgeltliches Rechtsge-

---

4 Übersetzung bei *Doucet/Fleck*, 5. Aufl., Bd. 1, französisch-deutsch, „fraude".

5 Cass. civ. 1ère v. 18.2.1971, Bull. civ. I, Nr. 56, Dalloz 1972, 53, Anm. *Agostini*; RTD civ. 1971, 841, Anm. *Loussouarn*: „Le créancier dispose de l'action paulienne [...] dès lors que l'acte est accompli dans le but de nuire" (übers.: „Der Gläubiger ist zur action paulienne berechtigt [...] sobald die Rechtshandlung mit Schädigungsabsicht vorgenommen wird").

6 Cass civ. 1ère v. 14.2.1995, Bull. civ. I, Nr. 79; Dalloz 1996, 391, Anm. *Agostini*; 4.1.1995, Bull. civ. I, Nr. 1; 13.1.1993, Bull. civ. I, Nr. 5: la fraude, au sens de l'art. 1167 „résulte de la seule connaissance qu'a le débiteur du préjudice qu'il cause au créancier en se rendant insolvable ou en augmentant son insolvabilité"; 17.10.1979, JCP 1981, II, 19627, Anm. *Ghestin*; 13.4.1988, Bull. civ. I, Nr. 91.

7 Cass. civ. 1ère v. 2.5.1989, Bull. civ. I, Nr. 172; vgl. *Bénabent* (o. Fn. 2), Rn. 856; *Malaurie/Aynès/Stoffel-Munck* (o. Fn. 2), Rn. 1146 ; *Terré/Simler/Lequette* (o. Fn. 2), Rn. 1175.

8 Cass. civ. 1ère v. 23.4.1981, Bull. civ. I, Nr. 130; Cass. com. v. 22.5.1978, Bull. civ. IV, Nr. 139; 14.5.1996, Bull. civ. IV, Nr. 134; vgl. *Bénabent* (o. Fn. 2), Rn. 857; *Malaurie/Aynès/Stoffel-Munck* (o. Fn. 2), Rn. 1147; *Terré/Simler/Lequette* (o. Fn. 2), Rn. 1180.

schäft handelt. Hier kommt es regelmäßig darauf an, dass die andere Partei bösgläubig ist, also sich bewusst an einem Rechtsgeschäft beteiligt hat, das die Zahlungsunfähigkeit des Schuldners erhöht oder die Chancen der Befriedigung der Gläubiger mindert.[9]

Da die hier in Frage stehende Rechtshandlung eine Schenkung ist, kommt es damit auf die Motivation bzw. Kenntnis der Beschenkten nicht an. 13

- *Ergebnis*

Die Behauptung, der Begriff der *fraude* im Sinne des Art. 1167 *Code civil* sei nicht im Sinne einer Benachteiligungsabsicht zu verstehen, ausreichend sei allein, dass dem Schuldner bei Vornahme der Rechtshandlung bewusst war, dass er einen Schaden zum Nachteil des Gläubigers bewirkt, ist korrekt. Eine absichtliche oder bösgläubige Gläubigerbeeinträchtigung durch den Schenker ist nicht erforderlich. 14

3. Besonderheiten des französischen Insolvenzrechts

Darüber hinaus sei darauf hingewiesen, dass unabhängig von der Möglichkeit, Rechtshandlungen nach Art. 1167 *Code civil* anzugreifen, Art. L 621-107 des französischen *Code de commerce* (Handelsgesetzbuch) im Fall eines Insolvenzverfahrens des Schuldners bestimmte Rechtshandlungen, die innerhalb einer so genannten *période suspecte* (Verdachtsphase) vorgenommen wurden, für nichtig erklärt.[10] Diese *période suspecte* ist der Zeitraum zwischen Einstellung der Zahlungen des Schuldners und der Eröffnung des Insolvenzverfahrens und wird durch Gerichtsentscheidung festgestellt. Der Zeitpunkt der Zahlungseinstellung kann bis zu 18 Monate vor den Eröffnungsbeschluss des Insolvenzverfahrens datiert werden.[11] Bei den betroffenen Rechtshandlungen handelt es sich u. a. um Schenkungen, die der Schuldner seit Einstellung seiner Zahlungen unternommen hat.[12] Auf Antrag können 15

---

9 Vgl. *Terré/Simler/Lequette* (o. Fn. 2), Rn. 1179.

10 Vgl. *Bénabent* (o. Fn. 2), Rn. 859 ff.; *Pérochon/Bonhomme,* Entreprises en difficulté, 6. Aufl., Rn. 249 ff.; Dalloz Action, Droit et pratique des procédures collectives, 2003/2004, Nr. 65.11 ff.

11 Art. L. 621-7 Abs. 1 Code de commerce: „Le tribunal fixe, s'il y a lieu, la date de cessation des paiements. A défaut de détermination de cette date, la cessation des paiements est réputée être intervenue à la date du jugement qui la constate. Elle peut être reportée une ou plusieurs fois, sans pouvoir être antérieure de plus de dix-huit mois à la date du jugement d'ouverture" (übers.: „Das Gericht stellt, soweit erforderlich, den Zeitpunkt der Einstellung der Zahlungen fest. Mangels entsprechender Feststellung gilt die Zahlungseinstellung als im Zeitpunkt der Entscheidung, die sie feststellt, eingetreten. Er - der Zeitpunkt - kann einmal oder wiederholt rückdatiert werden, ohne jedoch dem Zeitpunkt des Eröffnungsbeschlusses mehr als achtzehn Monate voranzugehen").

12 Art. L. 621-107 Abs. 1 Code de commerce : „I. Sont nuls, lorsqu'ils auront été faits par le débiteur depuis la date de cessation des paiements, les actes suivants : 1° Tous les actes à titre gratuit translatifs de propriété mobilière ou immobilière […]" (übers.: „Es sind nichtig, sofern vom Schuldner seit dem Zeitpunkt der Zahlungseinstellung vorgenommen, die folgenden Rechtshandlungen: 1. Alle unentgelt-

solche Rechtshandlungen sogar bis zu 6 Monaten vor Beginn der *période suspecte* für nichtig erklärt werden.[13]

16 Weiterhin bleibt aber auch im Insolvenzverfahren, insbesondere dem Insolvenzverwalter, die Möglichkeit, daneben Ansprüche aus Art. 1167 *Code civil* geltend zu machen.[14]

II. Zu Frage 2

17 Die Beklagten haben behauptet, die Anfechtung der Schenkung setze die Erhebung der Klage gegen Schenker und Beschenkten voraus.

18 Richtig ist, dass der Anspruch aus Art. 1167 *Code civil* – die *action paulienne* – im Wege der Klage durchzusetzen ist. Dabei richtet sich der Klaganspruch nicht gegen den Urheber der Rechtshandlung *en fraude*, sondern nur gegen den Dritten, der durch die angegriffene Rechtshandlung begünstigt wird.[15] Eine Einbeziehung des Schuldners ist nicht erforderlich.

- *Ergebnis*

19 Die Erhebung der Klage auch gegen den Schenker ist nicht erforderlich.

III. Zu Frage 3

20 Die Beklagten haben vorgetragen, der Anspruch der Kläger sei verjährt, weil die Anfechtungsfrist 18 Monate betrage.

21 Der Anspruch aus Art. 1167 *Code civil* verjährt unstreitig gem. Art. 2262 *Code civil* erst nach 30 Jahren ab Vornahme der Rechtshandlung, unabhängig von der

---

lichen Rechtshandlungen, die einen Eigentumsübergang von beweglichem und unbeweglichem Vermögen bewirken […].“

13 Art. L. 621-107 Abs. 2 Code de commerce : „II. Le tribunal peut, en outre, annuler les actes à titre gratuit visés « au 1° du I » faits dans les six mois précédent la date de cessation des paiements“ (übers.: „Das Gericht kann darüber hinaus unentgeltliche Rechtshandlungen „gem. 1. aus I.“ aufheben, die innerhalb der dem Zeitpunkt der Zahlungseinstellung vorangehenden sechs Monate unternommen wurden“).

14 Cass. com. v. 13.11.2001, Dalloz 2001, AJ, 3617, Anm. *Lienhard*; Petites affiches 7.8.2002, Nr. 157, S. 8, Anm. *Sénéchal*; JCP E 2002, jur. 726, S. 765, Anm. *Blanc*; RTD com. 2002, S. 151, Nr. 1, Anm. *Saint-Alary Houin*; Dalloz Action (o. Fn. 10), Nr. 62.15; *Pérochon/Bonhomme* (o. Fn. 10), Rn. 251, S. 256; *Bénabent* (o. Fn. 2), Rn. 859.

15 Cass. com. v. 4.6.1969, Bull. civ. IV, Nr. 207, RTD civ. 1970, 166, Anm. *Loussouarn*; Cass. civ. 1re v. 6.11.1990, Bull. civ. I, Nr. 229, Dalloz, inf. rap., S. 282, JCP 1992, II, 21905, 1ère esp., Anm. *Bolard*, RTD civ. 1991, 739, Anm. *Mestre*; *Terré/Simler/Lequette* (o. Fn. 2), Rn. 1178.

Kenntnis der Arglist *(fraude)* des Verfügenden. Darüber hinaus ist keine Anfechtungsfrist vorgesehen.[16]

Der Hinweis der Beklagten auf eine 18-monatige Anfechtungsfrist bezieht sich möglicherweise auf die besonderen Vorschriften nach dem *Code de commerce*, wonach der Zeitpunkt der Einstellung der Zahlungen des Schuldners durch gerichtliche Feststellung maximal auf 18 Monate vor Eröffnungsbeschluss des Insolvenzverfahrens datiert werden darf.[17] 22

- Ergebnis

Der Anspruch der Kläger aus Art. 1167 *Code civil* ist zum heutigen Zeitpunkt noch nicht verjährt. Er unterliegt insbesondere keiner 18-monatigen Anfechtungsfrist. 23

---

16 Cass. com. v. 14.5.1996, Bull. civ. IV, Nr. 134; *Dross*, Juris-Classeur, Action paulienne, Art. 1167 Code civil, Contrats et obligations: fasc. 39, Stand Nov. 2005, Rn. 7 und 73; *Terré/Simler/Lequette* (o. Fn. 2), Rn. 1157, S. 1106; *Gautier/Pasqualini*, Dalloz Répertoire civil, Action paulienne, Stand Feb. 1998, Rn. 102.

17 Art. L. 621-7 Abs. 1 Code de commerce, zit. o. Fn. 11.

3. Verjährung und Verwirkung

Siehe auch Nr. 1 (Saarbrücken); Nr. 6 (Rostock); Nr. 14 (Hamburg); Nr. 34 (Saarbrücken)

Nr. 2

Luxemburg*

1. Zum luxemburgischen Verjährungsrecht.

2. Bei der Übermittlung von Telefongesprächen handelt es sich nicht um Lieferung von Waren i.S.v. Art. 2272 c.c., sondern um eine Dienstleistung.

3. Die Höhe der monatlichen Telefongebühren ist zwar vom Verhalten des Kunden abhängig, der Telefongesellschaft aber bekannt. Bei der Übermittlung von Telefongesprächen handelt es sich daher um wiederkehrende Leistungen i.S.v. Art. 2277 c.c., die in fünf Jahren verjähren.

4. Hat der Anschlussinhaber seinen Aufenthalt gewechselt und die neue Anschrift dem Unternehmen nicht mitgeteilt, so wird nach der Rechtsprechung zu Art. 2251 c.c. die Verjährung wegen höherer Gewalt bzw. wegen Unmöglichkeit der Anspruchsverfolgung gehemmt, sofern und solange das Unternehmen die zumutbaren Schritte unternommen hat, um die Anschrift des Anschlussinhabers herauszufinden.

Das Amtsgericht Papenburg bittet in dem Rechtsstreit E. ./. S. (Az. 18 C 320/03 [IV]) um Auskunft über luxemburgisches Verjährungsrecht.

Rostock GP 115-4.4 vom 22.1.2005

A. Sachlage

1 Die Klägerin stellte der Beklagten auf deren Antrag zwei Mobilfunkanschlüsse zur Verfügung. Für den ersten Anschluss (Nr. 3XXX02) entstanden in der Zeit vom 17.6. - 1.10.1996 Telefongebühren in Höhe von EUR 2.564,30, für den zweiten Anschluss (Nr. 3XXX03) in der Zeit vom 13.6. - 10.10.1996 solche in Höhe von EUR 2.584,11. Die Beklagte leistete hierauf keinerlei Zahlungen.

Am 18.7.1996 stellte die Klägerin der Beklagten für den 1. Anschluss (Endziffern 02) LUF 26.267,00 in Rechnung, die nicht bezahlt wurden. Die am 29.8.1996

* *Anm. d. Red.:* S. zum luxemburgischen Verjährungsrecht auch IPG 1985/1986 Nr. 3 *(Köln)*.

per Einschreiben an die Luxemburger Adresse der Beklagten versandte Mahnung kam als unzustellbar zurück. Die Klägerin ermittelte sodann eine neue Adresse der Beklagten in Königswinter; eine am 9.12.1996 dorthin versandte Zahlungserinnerung kam indes ebenfalls als unzustellbar zurück. Der Versuch, die Forderung über das Auslandsinkasso der Deutschen Telekom einzuziehen, blieb ebenfalls erfolglos (Schreiben der Deutschen Telekom vom 21.3.1997).

Nachdem es der Klägerin gelungen war, die Papenburger Adresse der Beklagten ausfindig zu machen, stellte sie der Beklagten unter dem 20.2.2003 die Gesamtsumme der Gebühren – abzüglich der geleisteten Garantien – mit EUR 4.405,88 in Rechnung. Auch dieses Schreiben kam zunächst als unzustellbar zurück, da die Beklagte zwischenzeitlich Namen und Adresse geändert hatte. Nachdem die Klägerin dies mit Hilfe des Einwohnermeldeamts Papenburg herausgefunden hatte, sandte sie der Beklagten das Schreiben vom 20.3.2003 erneut zu, diesmal mit Erfolg. Da wiederum keine Zahlung erfolgte, erhob die Klägerin unter dem 22.4.2003 Zahlungsklage. Die Klageschrift wurde der Beklagten am 6.11.2003 zugestellt.

Die Beklagte beruft sich auf Verjährung.

B. Anfrage

Das Gericht fragt an, 2

1. in welcher Frist nach luxemburgischem Recht Gebührenforderungen der Telekommunikationsunternehmen für Telefongespräche im Jahre 1996 aus Mobilanschlüssen gegen den Anschlussinhaber verjähren;
2. wann der Lauf dieser Verjährungsfrist beginnt;
3. welchen Einfluss (Hemmung, Unterbrechung o.ä.) es auf den Lauf der Frist hat, wenn der Anschlussinhaber seinen Aufenthalt gewechselt hat und die neue Anschrift dem Unternehmen nicht bekannt ist.

C. Rechtslage

I. Anwendbares Recht

Zu Recht geht das Gericht von der Anwendbarkeit luxemburgischen Rechts aus. 3
Dies ergibt sich zum einen daraus, dass die Parteien die Geltung der *conditions générales applicables aux services de télécommunications* (Allgemeine Geschäftsbedingungen der Telekommunikationsdienste) vereinbart haben; hieraus lässt sich die konkludente Vereinbarung des luxemburgischen Rechts folgern (Art. 27 Abs. 1 S. 2 EGBGB). Im Übrigen würde auch bei objektiver Anknüpfung gemäß Art. 28 Abs. 2 S. 2 EGBGB das luxemburgische Recht zum Zuge kommen als das Recht des Staates, in dem die Klägerin – als diejenige Partei, die die charakteristische Leistung erbringt – ihre Hauptniederlassung hat. Aus Art. 29 EGBGB (Verbrau-

cherverträge) ergeben sich keine Einschränkungen, denn entweder hatte die Klägerin ihren gewöhnlichen Aufenthalt in Luxemburg, dann verweist Art. 29 EGBGB ebenfalls auf luxemburgisches Recht, oder sie hatte ihren gewöhnlichen Aufenthalt in Deutschland, dann findet Art. 29 EGBGB nach seinem Abs. 4 Nr. 2 keine Anwendung, weil die dem Verbraucher geschuldeten Dienstleistungen ausschließlich in Luxemburg zu erbringen waren.

4 Dem Vertragsstatut unterliegt gemäß Art. 32 Abs. 1 Nr. 4 EGBGB auch die Verjährung.

II. Luxemburgisches Verjährungsrecht

1. Die einschlägigen Vorschriften

5 Die Verjährung ist im XX. Titel des 3. Buches des luxemburgischen Code civil (c.c.lux.) (Art. 2219 - 2281) geregelt. Die für den vorliegenden Fall einschlägigen Vorschriften finden sich im V. Kapitel (*Du temps requis pour prescrire* – über die Verjährungsfristen), section II (*De la prescription trentenaire* – die dreißigjährige Verjährung), Art. 2262, und section IV (*De quelques prescriptions particulières* – über einige besondere Verjährungsfristen), Art. 2271 ff.

	Deutsch:
Section II. - De la prescription trentenaire	Section II. - Die dreißigjährige Verjährung
Art. 2262.	Art. 2262.
„Toutes les actions, tant réelles que personnelles, sont prescrites par trente ans, sans que celui qui allègue cette prescription soit obligé d'en rapporter un titre, ou qu'on puisse lui opposer l'exception déduite de la mauvaise foi.“	Sämtliche Ansprüche, dingliche wie schuldrechtliche, verjähren in dreißig Jahren, ohne dass derjenige, der sich auf diese Verjährung beruft, dazu einen Titel vorweisen müsste und ohne dass ihm der Einwand der Bösgläubigkeit entgegengehalten werden könnte.
Section IV. - De quelques prescriptions particulières	Section IV. - Über einige besondere Verjährungsfristen
Art. 2271. (L. 24 mai 1989)	Art. 2271. (G. v. 24.5.1989)
„L'action des maîtres et instituteurs des sciences et arts, pour les leçons qu'ils donnent au mois;	Die Ansprüche der Meister und Lehrer der Wissenschaften und Künste wegen der von ihnen gegebenen monatlichen Lektionen;
Celle des hôteliers et traiteurs, à raison du logement et de la nourriture qu'ils fournissent;	die der Hoteliers und Wirte wegen von ihnen geleisteter Unterkunft und Verpflegung;
Se prescrivent par six mois.“	verjähren in sechs Monaten.

Art. 2272. (L. 24 mai 1989)	Art. 2272. (G. v. 24.5.1989).
„L'action des huissiers, pour le salaire des actes qu'ils signifient, et des commissions qu'ils exécutent;	Die Ansprüche der Gerichtsvollzieher wegen der Vergütung für die von ihnen unterzeichneten Urkunden und ausgeführten Aufträge;
Celle des marchands, pour les marchandises qu'ils vendent aux particuliers non marchands; - celle des maîtres de pension, pour le prix de la pension de leurs élèves; et autres maîtres, pour le prix de l'apprentissage; - se prescrivent par un an."	die der Kaufleute wegen der an Nichtkaufleute gelieferten Waren; - die der Pensionswirte wegen der Unterkunft für ihre Lehrlinge; und die anderer Meister wegen des Preises für die Lehre; - verjähren in einem Jahr.
Art. 2277. (L. 24 mai 1989)	Art. 2277. (G. v. 24.5.1989)
„Se prescrivent par trois ans les actions en paiement des rémunérations de toute nature dues au salarié.	In drei Jahren verjähren die Ansprüche wegen jeglicher Art von Lohnzahlung an den Bediensteten.
Se prescrivent par cinq ans les actions de payement:	In fünf Jahren verjähren die Zahlungsansprüche:
Des arrérages des rentes perpétuelles et viagères et de ceux des pensions alimentaires;	Wegen Rückständen von unbefristeten und Altersrenten und von Unterhaltsrenten;
Des loyers et fermages;	aus Miete und Pacht;
Des intérêts des sommes prêtées, et généralement de tout ce qui est payable par année ou à des termes périodiques plus courts."	wegen Zinsen aus Darlehen, und allgemein wegen aller jährlich oder in kürzeren Zeitabständen wiederkehrenden Zahlungen.

Die regelmäßige Verjährungsfrist beträgt danach 30 Jahre, Art. 2262 c.c.lux. 6
Von den Tatbeständen, in denen eine kürzere Verjährungsfrist angeordnet ist, kommen hier die einjährige Verjährung nach Art. 2272 Abs. 2 Alt. 1 c.c.lux. (Ansprüche der Kaufleute für Warenlieferungen an Nichtkaufleute) und die fünfjährige Verjährung nach Art. 2277 Abs. 5 c.c.lux. (wiederkehrende Zahlungen) in Betracht.

2. Die einjährige Verjährung nach Art. 2272 Abs. 2 Alt. 1 c.c.lux.

Gemäß Art. 2272 Abs. 2 Alt. 1 c.c.lux. verjähren Ansprüche von Kaufleuten 7
wegen an Nichtkaufleute gelieferter Waren in einem Jahr.

Die Anwendbarkeit dieser Vorschrift setzt zweierlei voraus: Die Klägerin müss- 8
te ein Kaufmann und die Bereitstellung eines Telefonanschlusses müsste eine Warenlieferung i.S.d. Art. 2272 c.c.lux. sein.

9 Da es sich bei den kürzeren Verjährungsfristen um Ausnahmen von der allgemeinen Verjährungsfrist handelt, sind die entsprechenden Vorschriften eng auszulegen.[1] Ein Kaufmann ist danach jemand, der beruflich Waren aufkauft und wieder verkauft. Den Gegensatz dazu bildet der Unternehmer, welcher die Waren bzw. die Werke (Künstler), die er verkauft, selbst herstellt. Dieser Personenkreis fällt nicht unter Art. 2272 c.c.lux.[2] Aus der zur Verfügung stehenden luxemburgischen Rechtsprechung und Literatur konnten hierzu keine weiteren Zitate gefunden werden. Bei dieser Sachlage erscheint ein Blick in das französische Recht geboten. Luxemburg war 1795 aus habsburgischer Hand an Frankreich gekommen, der Code Napoléon trat dort 1804 in Kraft und wurde bis zur Erlangung der Selbständigkeit im Jahre 1890 beibehalten.[3]

10 Nach 1890 hat natürlich die autonome luxemburgische Gesetzgebung den Inhalt des c.c.lux. verändert; die heute geltende Fassung des Code civil ähnelt indes dem ursprünglichen Text des Code Napoléon mehr, als dies in Frankreich oder in Belgien der Fall ist.[4]

11 Art. 2272 c.c.lux. findet seine Entsprechung in Art. 2272 c.c.fr., welcher wie folgt lautet:

	Deutsch:
Art. 2272. (Loi n° 71-586 du 16 juillet 1971, Journal Officiel du 17 juillet 1971)	Art. 2272. (G. Nr. 71-586 v. 16.7.1971, Journal Officiel v. 17.7.1971)
„L'action des huissiers, pour le salaire des actes qu'ils signifient et des commissions qu'ils exécutent ;	Die Ansprüche der Gerichtsvollzieher wegen der Vergütung für die von ihnen unterzeichneten Urkunden und ausgeführten Aufträge;
Celle des maîtres de pensions, pour le prix de pension de leurs élèves, et des autres maîtres, pour le prix de l'apprentissage, se prescrivent par un an.	die der Pensionswirte wegen der Unterkunft für ihre Lehrlinge und die anderer Meister wegen des Preises für die Lehre, verjähren in einem Jahr.
L'action des médecins, chirurgiens, chirurgiens-dentistes, sages-femmes et pharmaciens, pour leurs visites, opérations et médicaments, se prescrit par deux ans.	Die Ansprüche der Mediziner, Chirurgen, Kieferorthopäden, Hebammen und Apotheker wegen der Hausbesuche, Operationen und Medikamente verjähren in zwei Jahren.
L'action des marchands, pour les marchandises qu'ils vendent aux par-	Die Ansprüche der Kaufleute wegen der an Nichtkaufleute gelieferten

[1] Justice de Paix de Luxembourg (Civil) v. 27.9.1979, Pasicrisie Luxembourgeoise, Bd. 14 (1978-1980), 451, 452.

[2] Justice de Paix de Luxembourg (Civil) (o. Fn. 1), 452.

[3] *Zweigert/Kötz*, Einführung in die Rechtsvergleichung, 3. Aufl. 1996, 99.

[4] *Zweigert/Kötz* (o. Fn. 3), 99.

ticuliers non marchands, se prescrit par deux ans.“	Waren verjähren in zwei Jahren.

Die Vorschrift über die Ansprüche der Kaufleute findet sich im letzten Absatz des Artikels. Anders als im luxemburgischen Recht beträgt die Verjährungsfrist insoweit im französischen Recht nicht ein Jahr, sondern zwei Jahre; im Übrigen sind die Vorschriften aber gleichlautend. Für die Frage, was unter einem Kaufmann i.S.d. Art. 2272 c.c.lux. zu verstehen ist, können deshalb auch französische Rechtsquellen herangezogen werden. 12

Die französische Cour de Cassation hat in ständiger Rechtsprechung den Kaufmann dadurch definiert, dass er Waren kauft und wieder verkauft, und hiervon den Unternehmer abgegrenzt, welcher die von ihm verkauften Waren selbst herstellt. Auf die Ansprüche des Unternehmers gegen den Auftraggeber findet dabei Art. 2272 c.c. auch dann keine Anwendung, wenn der Unternehmer die zur Ausführung seines Werkes erforderlichen Materialien selbst gekauft hat.[5] Die Übermittlung von Telefongesprächen kann auch, anders als die Lieferung von Gas, Strom und Wasser,[6] nicht als Lieferung von Waren angesehen werden; vielmehr handelt es sich um eine Dienstleistung. Dienstleistungen sind keine Waren i.S.v. Art. 2272 c.c.[7] 13

Die einjährige Verjährungsfrist nach Art. 2272 c.c. greift daher nicht ein. 14

3. Die fünfjährige Verjährungsfrist nach Art. 2277 Abs. 5 c.c.lux (prescription quinqennale)

Gemäß Art. 2277 Abs. 5 c.c.lux. verjähren alle Ansprüche auf jährlich oder in kürzeren Zeitabständen wiederkehrende Zahlungen in fünf Jahren. Zweck dieser Regelung ist es vor allem, den Schuldner vor einer übermäßigen Schuldenansammlung zu bewahren.[8] Weitere einschlägige Hinweise aus der luxemburgischen Rechtsprechung und Doktrin zu Art. 2277 c.c.lux. waren nicht zu finden. Auch hier ist deshalb wiederum auf die Materialien zum französischen Recht zurückzugreifen. Art. 2277 c.c.fr. hat folgende Fassung: 15

5 Cass. Civ. v. 16.7.1968, D. 1968, jurispr., p. 610; 28.3.1977, Bull. civ. I, Nr. 161; *Taisne*, Juris-Classeur Civil, Art. 2270 - 2278, Prescription: Fasc. 100, Mai 2004, Nr. 39 m.w.N.

6 Cass. Civ. v. 13.3.2002, Juris-Data no. 2002-008619; 3.12.2002, Juris-Data no. 2002-016829; 25.2.2003, Juris-Data no. 2003-018052; Muret, 12.12.1975, Gaz. Pal. 1976, 2, somm., p. 225; CA Paris, 25e ch. v. 27.11.1979, JCP G 1981, IV, p. 374, *Taisne* (o. Fn. 5), Nr. 39.

7 CA Bourges v. 11.1.2000, Juris-Data no. 2000-104265.

8 Cour 28.4.1993, Pas. lux. 29, 240; Cour 10.6.1998, Pas. lux. 30, 487; zitiert nach Code Civil, Version pdf, http://www.legilux.public.lu/leg/textescoordonnes/codes/code_civil/L3_T20_prescription.pdf, Anm. 9 und 10 zu Art. 2277 c.c.

	Deutsch:
Art. 2277 c.c.fr. (Loi n° 71-586 du 16 juillet 1971, Journal Officiel du 17 juillet1971)	Art. 2277 c.c.fr. (G. n° 71-586 v. 16.7.1971 Journal Officiel v. 17.7.1971)
(Loi n° 2005-32 du 18 janvier 2005, art. 113, Journal Officiel du 19 janvier 2005)	(G. n° 2005-32 v. 18.1.2005, Art. 113, Journal Officiel v. 19.1.2005)
„Se prescrivent par cinq ans les actions en paiement:	In fünf Jahren verjähren die Zahlungsansprüche:
Des salaires;	wegen Lohnzahlung;
Des arrérages des rentes perpétuelles et viagères et de ceux des pensions alimentaires;	wegen Rückständen von unbefristeten und Altersrenten und von Unterhaltsrenten;
Des loyers, des fermages et des charges locatives;	aus Miete, Pacht und Mietnebenkosten;
Des intérêts des sommes prêtées,	wegen Zinsen aus Darlehen,
et généralement de tout ce qui est payable par année ou à des termes périodiques plus courts.	und allgemein wegen aller jährlich oder in kürzeren Zeitabständen wiederkehrenden Zahlungen.
Se prescrivent également par cinq ans les actions en répétition des loyers, des fermages et des charges locatives.“	Gleichfalls in fünf Jahren verjähren die wiederkehrenden Ansprüche auf Miete, Pacht und Mietnebenkosten.

16 Die Bestimmung hinsichtlich der wiederkehrenden Zahlungen *(„de tout ce qui est payable par année ou à des termes périodiques plus courts")* entspricht wörtlich der in Luxemburg geltenden Fassung. Die Anwendbarkeit dieser Vorschrift auf Telefonrechnungen könnte zweifelhaft sein, weil die monatlichen Rechnungen nicht auf einen gleichbleibenden Betrag lauten, sondern – je nach den Telefongewohnheiten des Kunden – jeden Monat neu festgesetzt bzw. berechnet werden. Die französische Rechtsprechung hatte lange Zeit verlangt, dass der Betrag der wiederkehrenden Schuld konstant sein müsse.[9] Nach massiver Kritik in der Literatur hat die Cour de Cassation diese Rechtsprechung 1978 aufgegeben.[10] Seitdem wird nur noch verlangt, dass der Betrag der wiederkehrenden Zahlung jeweils bestimmbar ist. Art. 2277 c.c. findet danach keine Anwendung auf Schulden, die ihrer Natur nach unbestimmt, variabel oder bedingt sind, wie z.B. die Beiträge von Gewerkschaftern für gemeinschaftliche Reparatur-, Verbesserungs- oder Unterhaltungskosten.[11]

---

[9] Vgl. z.B. für die Lieferung elektrischen Stroms: T. com. Paris v. 4.10.1983, Juris-Data no. 1983-000929; CA Douai, 8e ch. v. 23.5.1985, Juris-Data no. 1985-41564; weitere umfangreiche Nachweise bei *Taisne* (o. Fn. 5), Nr. 128.

[10] Cass. ass. plén v. 7.7.1978, Bull civ. ass. plén. 1978, no. 4 = JCP G 1978, II, 18948, rapp. *Ponsard*, concl. *Baudouin*, note RDM. Weitere Nachweise bei *Taisne* (o. Fn. 5), Nr. 131.

[11] Cass. v. 3.4.1990, Bull. civ. I, no. 78; vgl. *Taisne* (o. Fn. 5), Nr. 132.

Entscheidend ist, ob der Gläubiger den Betrag der jeweiligen Schuld vorausbestimmen kann.[12] Hängt der Betrag der jeweiligen Schuld von Elementen ab, die der Gläubiger nicht kennt, die beispielsweise aus Erklärungen hervorgehen müssen, die der Schuldner abzugeben hat, so findet Art. 2277 c.c. keine Anwendung.[13] 17

Im vorliegenden Fall hängt die Höhe der monatlichen Telefongebühren zwar von Handlungen des Kunden ab, diese sind aber der Telefongesellschaft bekannt. Die Telefongesellschaft selbst ist es ja, welche die Gebühren ermittelt und dem Kunden monatlich in Rechnung stellt. 18

Berücksichtigt man dazu, dass Art. 2277 c.c. dem Schutz des Kunden vor einer Ansammlung von Schulden dient (s.o. Rn. 15), so handelt es sich bei den Telefongebühren m.E. um wiederkehrende Leistungen iSv. Art. 2277 c.c. 19

Die Ansprüche verjähren daher in fünf Jahren. 20

Bei wiederkehrenden Leistungen beginnt die Verjährung für jede Teilzahlung mit deren Fälligkeit zu laufen.[14] Die letzte Telefonrechnung wurde hier im Oktober 1996 fällig. Die Ansprüche wären daher im Oktober 2001 verjährt, wenn die Verjährung nicht unterbrochen oder gehemmt wurde. 21

4. Unterbrechung und Hemmung der Verjährung

Der Code civil unterscheidet zwischen *causes qui interrompent la prescription* (Unterbrechung der Verjährung) und *causes qui suspendent la prescription* (Hemmung der Verjährung). Die Klagerhebung hatte gemäß Art. 2244 c.c.lux. eine Unterbrechung der Verjährung zur Folge. Zu diesem Zeitpunkt waren die Ansprüche aber bereits verjährt, falls die Verjährung nicht gehemmt war. Eine Hemmung könnte eingetreten sein infolge der Tatsache, dass die Klägerin lange Zeit die Adresse der Klägerin nicht gekannt hatte. 22

Zum Lauf der Verjährungsfrist heißt es in Art. 2251 c.c.lux.: 23

	Deutsch :
Section II. – „Des causes qui suspendent le cours de la prescription	Section II. – Gründe für die Hemmung der Verjährung
Art. 2251.	Art. 2251.
La prescription court contre toutes personnes, à moins qu'elles ne soient dans quelque exception établie par une loi.“	Die Verjährung läuft gegen alle Personen, sofern sie nicht einer gesetzlichen Ausnahme unterliegen.

---

12 *Taisne* (o. Fn. 5), Nr. 132.

13 Cass. civ. v. 24.3.1987, Bull civ. I, no. 101 = D. 1987, inf. rap. S. 87. Vgl. *Taisne* (o. Fn. 5), Nr. 132.

14 Vgl. aus der französischen Rechtsprechung: Cass. soc. v. 13.12.1945, D. 1945, jurispr., p. 137; *Taisne* (o. Fn. 5), Nr. 151 m.w.N.

24 Solche Ausnahmen sind etwa vorgesehen in Art. 2252 c.c.lux. für Minderjährige und Unmündige (beide Ausnahmen gelten gemäß Art. 2278 c.c.lux. allerdings nicht gegenüber der Verjährung nach Art. 2271 c.c.lux. ff.) sowie in Art. 2253 c.c.lux. für Ansprüche unter Ehegatten. Eine besondere gesetzliche Vorschrift für Sachverhalte wie den hier vorliegenden gibt es nicht. Die Rechtsprechung hat jedoch den allgemeinen Grundsatz entwickelt, dass die Verjährung gehemmt wird, wenn die Verfolgung des Anspruchs *(l'exercice de l'action)* durch ein kraft Gesetzes oder infolge höherer Gewalt eintretendes Ereignis gehindert wird.[15] In der französischen Rechtsprechung heißt es dazu, dass die Verjährung immer dann gehemmt werde, wenn dem Anspruchsinhaber ein Handeln unmöglich sei *(„chaque fois que le demandeur se trouve dans l'impossibilité d'agir")*.[16]

25 Die Klägerin behauptet, erst im Jahre 2003 die ladungsfähige Adresse der Beklagten herausgefunden zu haben. Ob die Nichtkenntnis der Adresse als höhere Gewalt i.S.d. oben dargestellten Rechtsprechung angesehen werden kann, wird letztlich davon abhängen, ob die Klägerin alle zumutbaren Maßnahmen ergriffen hat, um die Adresse der Beklagten zu ermitteln. Dabei wird auch die Tatsache zu berücksichtigen sein, dass es primär eine vertragliche Nebenpflicht der Beklagten gewesen wäre, der Klägerin ihre Adressenänderung mitzuteilen.

26 Soweit die Beklagte vorträgt, ihre Papenburger Adresse sei der Klägerin schon Anfang 2000 bekannt gewesen, ist dieses Vorbringen nicht geeignet, die Verjährung der streitigen Ansprüche zu begründen, denn wenn die Verjährung Anfang 2000 zu laufen begonnen hätte, wäre die Fünfjahresfrist bei Klageinreichung am 23.4.2003 noch nicht abgelaufen gewesen. Die Verjährung wäre nur dann eingetreten, wenn die durch Nichtkenntnis der Adresse der Beklagten zunächst jedenfalls eingetretene Hemmung früher als 5 Jahre vor der Klageinreichung, also vor dem 22.4.1998 beendet worden wäre. Laut Bestätigung des Einwohnermeldeamts der Stadt Papenburg vom 10.11.2003 ist die Beklagte aber erst seit dem 1.10.2000 unter ihrer jetzigen Anschrift und erst seit dem 25.6.1998 im Zuständigkeitsbereich der Stadt Papenburg gemeldet. Bei dieser Sachlage ist nicht ersichtlich, wie es der Klägerin hätte gelingen sollen, die vor dem 25.6.1998 geltende Adresse der Beklagten herauszubekommen. Die Beklagte selbst macht keinerlei Angaben dazu, wo sie vor Juli 1998 gewohnt hat.

27 Nach alledem ist aufgrund der gegenwärtigen Sach- und Streitlage davon auszugehen, dass die Verjährungshemmung frühestens Anfang 2000 endete. Danach wären die Ansprüche nicht verjährt, da die Verjährung rechtzeitig vor Ablauf der fünfjährigen Verjährungsfrist durch die Klageerhebung unterbrochen wurde.

---

15 Cass. v. 19.12.1963, 19, 199, zitiert nach Code Civil, Version pdf, http://www.legilux.public.lu/leg/textescoordonnes/codes/code_civil/L3_T20_prescription.pdf, Anm. 1 zu Art. 2251 c.c.

16 Cass. civ. v. 5.7.1858, DP 1858, 1, p. 413; CA Paris, 6e ch., B, v. 29.11.1984, Juris-Data no. 1984-027920; vgl. *Taisne* (o. Fn. 5), Nr. 156.

D. Ergebnis

Die vom Gericht gestellten Fragen sind danach zusammenfassend wie folgt zu beantworten: 28

1. Gebührenforderungen der Telekommunikationsunternehmen für Telefongespräche im Jahre 1996 aus Mobilanschlüssen gegen den Anschlussinhaber verjähren gemäß Art. 2277 Abs. 5 c.c.lux. in fünf Jahren;
2. der Lauf dieser Verjährungsfrist beginnt für jeden monatlich wiederkehrenden Anspruch mit dessen Fälligkeit;
3. hat der Anschlussinhaber seinen Aufenthalt gewechselt und die neue Anschrift dem Unternehmen nicht mitgeteilt, so wird nach der Rechtsprechung zu Art. 2251 c.c.lux. die Verjährung wegen höherer Gewalt bzw. wegen Unmöglichkeit der Anspruchsverfolgung gehemmt, sofern und solange das Unternehmen die zumutbaren Schritte unternommen hat, um die Anschrift des Anschlussinhabers herauszufinden.

Nr. 3

Türkei

1. **Zur Verjährung und Verwirkung titulierter Unterhaltsansprüche nach türkischem Recht.**
2. **Die Verjährung titulierter Forderungen richtet sich auch nach Inkrafttreten des neuen türkischen Zivilgesetzbuches zum 1.1.2002 nach dem unverändert gebliebenen Art. 125 OG.**
3. **Das Rechtsinstitut der Verwirkung ist nicht allgemein gesetzlich normiert. Angenommen werden kann Verwirkung nur ausnahmsweise im Fall rechtsmissbräuchlicher Untätigkeit des Gläubigers.**

Das Amtsgericht Remscheid – Nebenstelle Lennep – bittet in dem Rechtsstreit K. ./. D. (Az. 25 F 160/04) um ein Gutachten über türkisches Unterhaltsrecht (Verwirkung eines titulierten Anspruchs auf nachehelichen Unterhalt).

Köln Kr 3/05 vom 4.4.2005

A. Sachlage

1 Die Ehe der türkischen Parteien wurde durch Urteil des AG Remscheid (Az. 26 F 22/97) vom 5.9.1997 unter Zugrundelegung türkischen Rechts rechtskräftig geschieden. Durch Urteil des AG Remscheid (Az. 26 F 118/98) vom 29.6.1999 wurde der geschiedene Ehemann des weiteren zur Zahlung von Unterhalt – wiederum auf der Grundlage türkischen Rechts (des zu jener Zeit geltenden Art. 144 türk. ZGB) – an seine Frau verurteilt.

Der geschiedene Ehemann (Kläger) hat vom 1.6.1999 bis zum 30.9.2001 keinen Unterhalt gezahlt; seither zahlt er. Die Ehefrau (Beklagte) hat deshalb am 14.10.2002 beim AG Remscheid (Az. 13 M 2562/02) den Antrag auf Erlass eines Pfändungs- und Überweisungsbeschlusses gestellt, nachdem ihr die Arbeitsstelle des Klägers bekannt geworden war. Zwischen den Parteien besteht Streit, ob die Ehefrau vor der Stellung dieses Antrages in Bezug auf das Urteil vom 29.6.1999 rechtliche Schritte unternommen hat.

Der Ehemann beantragte am 14.5.2004 die einstweilige Einstellung der Zwangsvollstreckung. Er trägt – unter Zugrundelegung *deutschen* Rechts (BGH, FamRZ 2002, 1698; FamRZ 2004, 531) – vor, die Unterhaltsansprüche seiner geschiedenen Ehefrau seien verwirkt, weil sie erst mehr als drei Jahre nach rechtskräftiger Verurteilung zur Zahlung von nachehelichem Unterhalt mit der Vollstreckung begonnen habe.

Das AG Remscheid (Az. 25 F 160/04) hat diesen Antrag durch Beschluss vom 28.7.2004 – wegen der Dringlichkeit der Entscheidung über den Antrag auf Erlass einer einstweiligen Anordnung auf der Grundlage *deutschen* Rechts – zurückgewiesen, weil nach deutschem Recht eine Verwirkung des Anspruchs nicht erfolgt ist; die Voraussetzungen hinsichtlich des Zeit- und Umstandsmoments sind nicht gegeben.

Weil der Unterhaltsanspruch der geschiedenen Ehefrau auf türkischem Recht beruht, ist das AG Remscheid der Ansicht, dass sich auch eine etwaige Verwirkung (wie die Verjährung) der titulierten Unterhaltsforderung nach dem (türkischen) Unterhaltsstatut richtet. Im Übrigen hat das Gericht erhebliche Bedenken, ob die von der deutschen Rechtsprechung entwickelten Grundsätze ohne weiteres auch im türkischen Recht gelten.

B. Anfrage

Aufgrund dieser Sach- und Rechtslage bittet das AG Remscheid um Auskunft über die Frage, ob und unter welchen Voraussetzungen der nach türkischem Recht titulierte Anspruch der Beklagten auf nachehelichen Unterhalt hinsichtlich der bis zum 30.9.2001 aufgelaufenen Rückstände der Verwirkung unterliegt. 2

C. Rechtslage

I. Kollisionsrechtliche Vorbemerkung

Das AG Remscheid geht in seinem Beschluss vom 28.7.2004 völlig zutreffend davon aus, dass das nach Art. 18 Abs. 4 EGBGB zu bestimmende Unterhaltsstatut nicht nur über die Verjährung,[1] sondern u.a. auch über die *Verwirkung* eines Unterhaltsanspruchs entscheidet.[2] 3

Damit gilt türkisches materielles Recht; denn dieses Recht ist vom AG Remscheid auf die Ehescheidung der Parteien angewandt worden. 4

II. Türkisches Verjährungs- und Verwirkungsrecht

1. Allgemeines

Das türkische Zivilrecht ist – mit Ausnahme des Obligationengesetzbuches (im Nachstehenden: OG), Gesetz Nr. 818/1926 – durch das neue Zivilgesetzbuch (im 5

---

[1] Z.B. OLG Düsseldorf v. 22.8.2000, FamRZ 2001, 919.

[2] Statt aller OLG Celle v. 4.12.1990, FamRZ 1991, 598, 599; OLG Hamm v. 28.12.1994, NJW-RR 1995, 520; aus der Literatur z.B. *Soergel/Schurig*, BGB X, 12. Aufl. 1996, Art. 18 EGBGB, Rn. 7 u. 47.

Nachstehenden: nZGB), Gesetz Nr. 4721/2001, das aufgrund seines Art. 1029 am 1.1.2002 in Kraft getreten ist, z.T. geändert oder (ohne sachliche Änderungen) sprachlich neu gefasst worden. Das frühere ZGB, Gesetz Nr. 743/1926, wurde gemäß Art. 1028 zu diesem Termin außer Kraft gesetzt. Das nZGB enthält ebenso wie das aZGB *keine* ausdrückliche allgemeine Bestimmung über das Rechtsinstitut der Verwirkung (*zayi etme* oder jetzt meist *yitirme*).

6 Am selben Tag ist das Gesetz über die Form des Inkrafttretens und der Anwendung des türkischen Zivilgesetzbuchs, Gesetz Nr. 4722/2001, also das Einführungsgesetz (im Nachstehenden: EGZGB), aufgrund seines Art. 24 in Kraft getreten.[3]

2. Intertemporales Recht der Verjährung von titulierten Unterhaltsansprüchen

7 Es ist deshalb wegen der Gesetzesänderung zunächst zu klären, ob im zu beurteilenden Fall noch altes oder bereits neues Recht gilt. Da nach türkischem Recht Fragen der Verjährung von Ansprüchen dem außerordentlichen Rechtsbehelf der Verwirkung vorgehen, ist ferner vorab zu prüfen, ob der vor dem Inkrafttreten des nZGB am 1.1.2002 titulierte Anspruch auf Unterhalt der Beklagten bereits verjährt ist. Nur falls dieser Anspruch nicht bereits verjährt sein sollte, braucht untersucht zu werden, ob die Verwirkung der Ansprüche eingetreten ist.

8 Von Art. 20 EGZGB, der die intertemporale Anwendung von Verjährungs- und gesetzlichen Ausschlussfristen regelt,[4] werden jedoch nur Fristen erfasst, die im *nZGB* enthalten sind. Das heißt, die Norm wird nur dann relevant, wenn ein Unterhaltsanspruch gerichtlich noch *nicht* geltend gemacht wurde. Derartige Ansprüche verjähren wegen Art. 20 EGZGB i.V. mit Art. 178 nZGB nach Ablauf eines Jahres nach Inkrafttreten des nZGB (das heißt zum 31.12.2002), weil die früher geltende Frist in casu die in Art. 178 nZGB normierte überschreitet.[5]

---

[3] Das neue ZGB (nZGB) ist veröffentlicht im Gesetzblatt (Resmi Gazete) Nr. 24.607 vom 8.12.2001, 1-144; das EGZGB im selben Heft auf S. 145-148; eine zutreffende auszugsweise deutsche Übersetzung beider Gesetze findet sich bei *Odendahl/Rumpf*, StAZ 2002, 100-122 (= *Bergmann/Ferid*, Internationales Ehe- und Kindschaftsrecht, sub Türkei, 56-115).

[4] Text in deutscher Übersetzung bei *Odendahl/Rumpf*, StAZ 2002, 122 (= *Bergmann/Ferid* [o. Fn. 3], 114).

[5] Kassationshof (Yargitay), 3. HD, 6071/5082, 12.3.2003, IBD 78 (2004), 303, 304; Text des Art. 178 nZGB in deutscher Übersetzung bei *Odendahl/Rumpf*, StAZ 2002, 106 (= *Bergmann/Ferid* [o. Fn. 3], 69); ausführlich zum geltenden intertemporalen Privatrecht *Akipek/Akintürk*, Türk Medenî Hukuku (Türkisches Zivilrecht), 4. Aufl. 2002, I 99-108; *Hatemi,* Intikal (Gecis) Dönemi Hukuku (Das Recht der Übergangsperiode), 2004, 49 f., zu Art. 20 EGZGB (Gecis in Klammern des Titels ist das neue türkische Wort für Übergang); *Baysal*, Kanunlarin Zaman acisindan Yürürlügü (Die Geltung der Gesetze aus zeitlicher Sicht), in: Necip Kocayusufpasaoglu icin Armagan (Festschrift für Necip Kocayusufpasaoglu), 2004, 475-503.

Die insoweit bis einschließlich 31.12.2001 geltende Verjährungsvorschrift gilt nicht mehr.[6] 9

Im zu beurteilenden Fall geht es jedoch *nicht* um die Frage der Verjährung eines erstmals gerichtlich geltend zu machenden Unterhaltsanspruchs, sondern um Ansprüche aufgrund einer bereits im Jahre 1999 *titulierten* Forderung. Die insoweit maßgebliche Verjährungsnorm (Art. 125 OG) gilt nach dem Inkrafttreten des nZGB auch im Bereich des Familienrechts unverändert fort; denn sie ist nicht im nZGB enthalten.[7] 10

Danach verjähren, weil keine abweichende Regel im Gesetz enthalten ist, alle titulierten Ansprüche – wie unter der Geltung des aZGB bis zum 31.12.2001 – erst mit dem Ablauf von *zehn* Jahren nach Rechtskraft der gerichtlichen Entscheidung.[8] 11

3. Zwischenergebnis

Hinsichtlich der Verjährung von titulierten Unterhaltsansprüchen gilt die allgemeine Vorschrift des Art. 125 OG weiter. Die Frist von zehn Jahren ist in casu nicht überschritten, weil das Urteil im Jahre 1999 ergangen ist. 12

4. Verwirkung von Unterhaltsansprüchen

Nachdem festgestellt ist, dass hinsichtlich des Anspruchs der Beklagten auf ausstehenden titulierten Unterhalt keine Verjährung vorliegt, ist zu prüfen, ob er – wie vom Kläger (auf der Grundlage *deutschen* Rechts) vorgetragen – u.U. auch nach türkischem Recht verwirkt ist. Die vom AG Remscheid in dem Beschluss vom 28.7.2004 geäußerten „erheblichen Bedenken“, ob die von der deutschen Rechtsprechung entwickelten Grundsätze über die Verwirkung von Unterhaltsansprüchen 13

---

[6] Ausführlich zur früheren Rechtslage mit umfangreichen Belegen aus der türkischen Rechtsprechung und Literatur *Krüger*, FamRZ 2000, 1135-1137.

[7] Kassationshof (Yargitay), 13. HD, 12079/741, 28.1.2004, YKD 30 (2004), 1236 f.; primär geht es in dem Urteil um die Frage der anzuwendenden Verjährungsnorm wegen der Rückgabe anlässlich der Heirat geschenkten Schmucks usw. („ziynet ve takilar“) an die geschiedene Ehefrau; Verjährung binnen zehn Jahren ab Rechtskraft des Scheidungsurteils. Hierbei handelt es sich gleichsam um ein Dauerthema in der türkischen Judikatur; näher *Krüger*, Zur Rückforderung von Ehegeschenken nach türkischem Recht, in: Gedächtnisschrift für Alexander Lüderitz, München 2000, 415-430.

[8] Urteil des *Kassationshofs* vom 28.1.2004 (o. Fn. 7); *Krüger*, FamRZ 2000, 1136; *Öztan*, Aile Hukuku (Familienrecht), 3. Aufl. 2000, 393 („auf einem Urteil beruhende“ [„karara baglanmis“] Geldansprüche (z.B. Unterhalt) verjähren binnen zehn Jahren ab Rechtskraft der Entscheidung); am ausführlichsten zu den Verjährungsfristen weiterhin *Tekinay*, Borclar Hukuku - Genel Hükümler (Schuldrecht - Allgemeine Bestimmungen), 6. Aufl. 1988, 1391-1400; kurz zum Verjährungsrecht zuletzt *Nomer*, Borclar Hukuku - Genel Hükümler (Schuldrecht - Allgemeine Bestimmungen), 3. Aufl. 2004, 204-209.

auch im türkischen Recht gelten, sind – wie im Nachstehenden gezeigt wird – begründet.

14 Das, wie bereits gesagt, nicht allgemein gesetzlich normierte Rechtsinstitut der Verwirkung (*zayi etme* oder jetzt meist *yitirme*) spielt im türkischen Recht nahezu keine Rolle. Nur sehr ausnahmsweise wird auch außerhalb der gesetzlich geregelten Tatbestände von Verjährungs- und Ausschlussfristen eine einzig auf Art. 2 Abs. 2 nZGB (= Art. 2 Abs. 2 aZGB) gestützte Verwirkung wegen rechtsmissbräuchlicher *(hakkin kötüye kullanilmasi)* Untätigkeit des Gläubigers angenommen.[9]

15 Anders als die Verjährung (vgl. Art. 140 OG) braucht die Verwirkung eines Anspruchs nicht als Einrede geltend gemacht zu werden; sie ist vom Gericht von Amts wegen *(res'en)* zu beachten.[10]

16 Die Verwirkung eines Anspruchs darf jedoch nur dann angenommen werden, wenn dessen verspätete Geltendmachung eine *grob unbillige* Benachteiligung des Schuldners darstellt, die ihn bei früherem Vorgehen des Gläubigers *nicht* getroffen hätte. Rechtsmissbrauch liegt ausschließlich bei *qualifizierter* Verzögerung der Rechtsausübung vor. Dabei genügt völlig zweifelsfrei *nicht* ein Zeitablauf von etwa drei Jahren.[11]

17 Aus der allerjüngsten Rechtsprechung des Kassationshofs sei folgender einschlägiger Fall genannt: Das Urteil in einem Scheidungsverfahren wird am 10.6.1995 rechtskräftig. Die Ehefrau erhebt gegen ihren geschiedenen Ehemann am 8.3.2002, also nahezu *sieben* Jahre nach dem Scheidungsurteil, Klage auf Zahlung von nachehelichem Unterhalt. Das Gericht prüft wegen des Inkrafttretens des nZGB am 1.1.2002 lediglich, ob ihr Anspruch wegen Art. 20 EGZGB i.V.m. Art. 178 nZGB möglicherweise verjährt ist, und gelangt gesetzeskonform zu dem Ergebnis, dass dies nicht der Fall ist; denn die Frist wäre aufgrund intertemporalen Privatrechts erst am 31.12.2002 abgelaufen. Es erkennt dementsprechend auf Zahlung von Unterhalt, weil der Anspruch noch nicht verjährt ist. Fragen einer möglichen Verwirkung des Unterhaltsanspruchs werden *nicht* einmal *erwähnt*.[12]

18 Um die Verwirkung eines Anspruchs annehmen zu können, müssen nach türkischem Recht *ganz besondere* Umstände zur Frist hinzutreten. Im Grunde wird Ver-

---

9 Text des Art. 2 Abs. 2 nZGB in zutreffender deutscher Übersetzung bei *Odendahl/Rumpf*, StAZ 2002, 100 (= *Bergmann/Ferid* [o. Fn. 3], 57). Die Norm wird in der Türkei vielfach mit § 226 BGB verglichen; so statt aller z.B. *Ataay/Sungurbey*, Aciklamali Medenî Kanun ile Borclar Kanunu (ZGB und OG nebst Erläuterungen), 3. Aufl. 1968, 15; ebenso *Akipek/Akintürk* (o. Fn. 5), I 191. – Es handelt sich bei der Verwirkung wie bei uns um einen Sonderfall der unzulässigen Rechtsausübung; statt aller für das deutsche Recht *Mansel/Budzikiewicz*, Das neue Verjährungsrecht, 2002, 39.

10 Statt aller *Akipek/Akintürk* (o. Fn. 5), I 205.

11 Die Geltendmachung eines Anspruchs (fiktives Beispiel) z.B. erst 75 Jahre nach Fälligkeit erfüllte dagegen das sog. Zeitmoment; *Akipek/Akintürk* (o. Fn. 5), I 196 mit umfangreichen Nachweisen in Fn. 18.

12 Kassationshof (Yargitay), 3. HD, 6071/5802, 12.5.2003, IBD 78 (2004), 303, 304.

wirkung einer (Unterhalts-)Forderung nur dann angenommen, wenn der Gläubiger mit der Geltendmachung seines Anspruchs in der Absicht wartet, eine für den Schuldner nachteilige *Beweisverdunkelung* herbeizuführen. Insbesondere kann dem Gläubiger bei *titulierten* Forderungen nicht deren Verwirkung vorgehalten werden, weil dem Schuldner in diesen Fällen stets ohne jeden Zweifel klar ist, dass er für diese einzustehen hat.[13]

Insbesondere gilt: Ein Gläubiger, der seine Ansprüche *innerhalb der Verjährungsfrist* geltend macht, verhält sich grundsätzlich *nicht* rechtsmissbräuchlich i.S.v. Art. 2 Abs. 2 nZGB, so dass eine Verwirkung des Anspruchs nicht anzunehmen ist.[14] 19

Dies wäre nur dann der Fall, wenn der Schuldner aufgrund des gesamten Verhaltens des Gläubigers innerhalb dieser Frist – wegen der Schaffung eines Vertrauenstatbestandes *(güvenilirlik keyfiyeti)* – mit Recht annehmen konnte, dass er den Anspruch nicht geltend machen würde, und er dies dann dennoch tut.[15] 20

Urteile, durch die nacheheliche Unterhaltsansprüche bereits *vor* Eintritt der Verjährung (oder ggf. *vor* Ablauf einer gesetzlichen Ausschlussfrist) wegen Verwirkung abgewiesen werden, sind in der amtlichen Entscheidungssammlung des Kassationshofs und in der führenden Rechtszeitschrift seit 1998 demgemäß *nicht* ersichtlich. Vor der Änderung des Art. 144 aZGB aufgrund des Gesetzes Nr. 3444/1998[16] konnte ein derartiger Fall wegen der früheren Formulierung der Norm kaum jemals eintreten.[17] 21

---

13 Ausführlich zum Vorstehenden insb. *Akipek/Akintürk* (o. Fn. 5), I 187-205; ferner z.B. *Velidedeoglu*, Türk Medenî Hukuku - Umumî Esaslar (Türkisches Zivilrecht - Allgemeine Grundsätze), 6. Aufl. (o. J.), 332-352 (mit vielen rechtsvergleichenden Hinweisen); *Zevkliler*, Medeni Hukuk: Giris ve Baslangic Hükümleri, Kisiler Hukuku, Aile Hukuku (Zivilrecht: Einführung und Einleitende Bestimmungen, Personenrecht, Familienrecht), 4. Aufl. 1995, 143-149; *Hatemi*, Medenî Hukuka Giris (Einführung in das Zivilrecht), 1999, 143 f.

14 Kassationshof vom 12.5.2003 (o. Fn. 12).

15 Akipek/Akintürk (o. Fn. 5), I 203.

16 Normtext in deutscher Übersetzung bei *Krüger/Ansay*, StAZ 1988, 275 f.

17 Überprüft wurden folgende Quellen: Yargitay Kararlari Dergisi [YKD] (Amtliche Sammlung der Entscheidungen des Kassationshofs) von Band 15 (1989) bis Band 31 (2005) Heft 2 (Februar 2005), pro Band bis zu 2000 Seiten; Istanbul Barosu Dergisi [IBD] (Zeitschrift der Anwaltskammer Istanbul) von Band 64 (1990) bis Band 79 (2005) Heft 1; pro Band rund 1800 Seiten. In beiden Publikationen werden pro Jahr insbesondere auch zu familienrechtlichen Fällen mehrere hundert Urteile des Kassationshofs veröffentlicht. Ferner folgende Entscheidungssammlungen: *Sener*, Aciklamali-Ictihatli Türk Medenî Kanunu (Türkisches Zivilgesetzbuch mit Erläuterungen und Entscheidungen), 1989; *ders.*, Ictihatli Nafaka, Velâyer, Vesayet, Evlatlik, Babalik (Unterhalt, Vormundschaft, Pflegschaft, Adoption, Vaterschaft mit Erläuterungen), 1994, zum Unterhaltsrecht 47-174 (wichtig, denn der Verfasser war zu jener Zeit Vorsitzender des Familiensenats des Kassationshofs); *Yalcinkaya/Kaleli*, Bosanma Hukuku (Scheidungsrecht), o.J. (eine zweibändige Veröffentlichung von rund 2100 Seiten mit vielen Urteilen zum Scheidungsfolgenrecht; gleichfalls wichtig, denn beide Verfasser sind Richter am Kassationshof).

22 Auch in der Familienrechtsliteratur vor und nach dem Inkrafttreten des nZGB ist *kein* Beleg hierfür ermittelbar. Dasselbe gilt für die Spezialliteratur über das Unterhaltsrecht.[18]

23 Aus dem Vorstehenden folgt: Während bei uns der zahlungsunwillige Schuldner jetzt selbst bei *titulierten* Unterhaltsansprüchen vor dem Ende der Verjährungsfrist durch erheblich kürzere Verwirkungsfristen geschützt wird,[19] gilt dies in der Türkei – und bei rechtsvergleichender Betrachtung ebenso in der allergrößten Zahl der ausländischen Rechtsordnungen – *nicht*. Innerhalb der gesetzlichen Verjährungsfristen kann ein Gläubiger – anders als hier – darauf vertrauen, dass er seinen Anspruch (in casu auf Unterhalt) mit Erfolg gerichtlich geltend machen kann. Es wird nicht verlangt, dass er dies – wie der *BGH* entscheidet – „zeitnah" tut, denn dem Schuldner ist aufgrund des vom Gläubiger erwirkten Titels bekannt, dass er für seine Verbindlichkeit einzustehen hat.

5. Zwischenergebnis

24 Der Anspruch der Beklagten auf Zahlung von nachehelichem Unterhalt für die Zeit von 1999 bis 2001 ist nach türkischem Recht *nicht* verwirkt.

D. Ergebnis

25 1. Auf die Fragen der Verjährung bzw. Verwirkung des Unterhaltsanspruchs ist türkisches Recht anzuwenden (oben Rn. 3 f.).

2. Der Unterhaltsanspruch der Beklagten ist nicht verjährt (oben Rn. 5 ff.).

3. Der Anspruch der Beklagten ist auch nicht verwirkt (oben Rn. 13 ff.).

---

[18] Vgl. *Erdem*, Yoksulluk Nafakasi (Bedürftigkeitsunterhalt), 1992; *Bozovali*, Türk Medenî Hukukunda Bakim Nafakalari (Eheunterhalt im türkischen Zivilrecht), 1990; *Özugur*, Nafaka Davalari (Unterhaltsprozesse), 1998 (wichtig, weil der Verfasser Richter am Familiensenat des Kassationshofs ist); *Hahlen*, Türkisches Ehegatten- und Geschiedenenunterhaltsrecht, 1996; *Saltas-Özcan*, Die Scheidungsfolgen nach türkischem materiellen Recht, 2002; *Öztan*, Aile Hukuku (Familienrecht), 3. Aufl. 2000; *Tekinay*, Türk Aile Hukuku, 7. Aufl. 1990; *Hatemi/Serozan*, Aile Hukuku (Familienrecht), 1993; *Oguzman/Dural*, Aile Hukuku (Familienrecht), 2. Aufl. 1998; *Akintürk*, Türk Medenî Hukuku: Aile Hukuku (Türkisches Zivilrecht: Familienrecht), 6. Aufl. 2002; *Zevkliler*, Medenî Hukuk: Giris ve Baslangic Hükümleri, Kisiler Hukuku, Aile Hukuku (Zivilrecht: Einführung und Einleitende Bestimmungen, Personenrecht, Familienrecht), 4. Aufl. 1995; *Köprülü/Kaneti*, Aile Hukuku (Familienrecht), 2. Aufl. 1989; *Hatemi*, Aile Hukuku (Familienrecht) 1999; *Kilicoglu*, Medenî Kanun'umuzun getirdigi Yenilikler (Die in unserem Zivilgesetzbuch eingetretenen Neuerungen), 2003.

[19] BGH v. 10.12.2003, FamRZ 2004, 531, 532.

4. Vereinsrecht

Nr. 4

Österreich

1. Zum österreichischen Vertrags- und Gesellschaftskollisionsrecht.

2. Zur Bindungsdauer einer Vereinsmitgliedschaft im Allgemeinen.

3. Zu den Besonderheiten für Bindungsfristen bei vereinsrechtlich eingeräumten Teilzeitnutzungsrechten.

4. Zum Recht auf vorzeitige Beendigung einer Vereinsmitgliedschaft.

Das Amtsgericht Hohenschönhausen bittet in der Sache M. e.V. ./. P. (Az. 11 C 442/05) um Auskunft über österreichisches Recht.

Berlin vom 31.8.2006

A. Sachlage

Der Beklagte, eine Privatperson, erwarb vom Kläger, einem Verein mit Satzungssitz in Österreich, eine Vereinsmitgliedschaft nebst damit verbundenen Ferienwohnrechten zu einem Preis von insgesamt DM 15.600,-. Dem Erwerb lag ein von beiden Parteien am 12.8.1993 in Österreich unterzeichneter „Zeichnungsschein (Aufnahmeantrag)" zu Grunde. Der Zeichnungsschein selbst nennt keinen Bindungszeitraum. Die Vereinsstatuten jedoch sehen in § 6 6.3.1. S. 4 vor, dass ein freiwilliger Vereinsaustritt vor Ablauf von 15 Jahren seit Erwerb des Nutzungsrechts nur mit ausdrücklicher Zustimmung des Vorstandes möglich ist. Der Kläger macht mit seiner Klage „Clubgebühren" für die Jahre 2004 und 2005 samt Mahnkosten und Verzugszinsen geltend. Der Beklagte wendet ein, der Vertrag sei unwirksam. Außerdem habe er mit Schreiben vom 16.1.2004 seinen „Austritt" aus dem Verein erklärt und mit Brief vom 23.5.2004 begehrt, seine Mitgliedschaft aus finanziellen Gründen ruhen zu lassen. 1

B. Anfrage

Aufgrund dieser Sachlage bittet das AG Hohenschönhausen um Auskunft über folgende Fragen: 2

1. Enthält das Internationale Privatrecht der Republik Österreich Regelungen, aus denen sich eine Rückverweisung auf deutsches materielles Recht im Sinne von Art. 4 Abs. 1 S. 2 EGBGB ergibt?

2. Ist nach österreichischem materiellen Recht eine Bindung der Mitgliedschaft in einem Verein für eine Dauer von 15 Jahren wirksam?
3. Ergeben sich rechtliche Besonderheiten, wenn es sich um einen Verein handelt, dessen Zweck auf die Verschaffung von Ferienwohnrechten für das Mitglied gerichtet ist?
4. Besteht im Falle der Wirksamkeit einer solchen Bindungsdauer für das Mitglied ein Recht zum vorzeitigen Austritt oder ein außerordentliches Kündigungsrecht, ggf. unter welchen Bedingungen?

C. Rechtslage

I. Kollisionsrecht

1. Internationales Vertragsrecht

3 Aus dem Schreiben an die Kläger- und Beklagtenvertreter vom 24.5.2006 ergibt sich, dass das Gericht die Anwendbarkeit österreichischen Rechts den Art. 27 ff. EGBGB entnimmt, entweder wegen einer Rechtswahl gemäß Art. 27 Abs. 1 EGBGB oder aufgrund objektiver Anknüpfung nach Art. 28 Abs. 1, 2 EGBGB. In beiden Fällen liegt Art. 35 Abs. 1 EGBGB zufolge eine Sachnormverweisung vor. Erstreckt sich aber der Verweisungsbefehl des deutschen IPR schon nicht auf die Kollisionsnormen des verwiesenen ausländischen Rechts, kommt auch eine Rückverweisung i.S.d. Art. 4 Abs. 1 S. 2 EGBGB auf deutsches (Sach-) Recht nicht in Betracht.

4 Das Gesagte setzt freilich voraus, dass die Art. 27 ff. EGBGB, mit denen das Römische EWG-Übereinkommen über das auf vertragliche Schuldverhältnisse anzuwendende Recht vom 19.6.1980[1] i.d.F. des 3. Beitrittsübereinkommens vom 29.11.1996[2] (EVÜ) umgesetzt wurde, vorliegend auch tatsächlich zur Anwendung gelangen. Immerhin datiert der Vertragsschluss der Parteien aus dem Jahre 1993, wohingegen das EVÜ in Österreich erst zum 1.1.1999 in Kraft trat. Jedoch ordnet Art. 17 EVÜ an, dass das Übereinkommen in einem Vertragsstaat auf solche Verträge anwendbar ist, die geschlossen worden sind, nachdem das Übereinkommen in diesem Staat in Kraft getreten ist. Die Anwendbarkeit des EVÜ bzw. der Art. 27 ff. EGBGB durch ein deutsches Gericht setzt daher lediglich voraus, dass der Vertrag geschlossen wurde, nachdem das EVÜ für Deutschland in Kraft getreten ist. Art. 220 Abs. 1 EGBGB erklärt insofern das frühere deutsche Internationale Privatrecht, innerhalb dessen umstritten war, ob eine Sach- oder eine Gesamtnormverwei-

---

1 BGBl. 1986 II, 810.

2 BGBl. 1999 II, 7; im Folgenden EVÜ genannt.

sung vorlag,[3] nur noch auf solche Vorgänge für anwendbar, die vor dem 1.9.1986 abgeschlossen worden sind.

5 Sofern das Gericht diese Einschätzung nicht teilen, also eine Gesamtnormverweisung annehmen sollte, käme es in der Tat auf den Inhalt des österreichischen IPR an. Bis zum 30.11.1998 galten in Österreich für den Bereich des Internationalen Schuldrechts die §§ 36 bis 45 öIPRG.[4] Der intertemporalen Regelung des § 50 Abs. 2 öIPRG[5] zufolge betrifft die Aufhebung der §§ 36 bis 45 öIPRG nur Verträge, die nach dem 30.11.1998 geschlossen wurden. Mithin sind auf einen zuvor geschlossenen Vertrag aus Sicht des österreichischen Internationalen Privatrechts die §§ 36 bis 45 öIPRG weiterhin anzuwenden.

6 In der österreichischen Rechtsprechung[6] und Lehre wurden mehrere mögliche Anknüpfungsnormen für Timesharing-Verträge in Erwägung gezogen. Der OGH stützte sich wiederholt auf § 41 öIPRG.[7] § 41 Abs. 1 öIPRG verweist bei Verbrauchersachen auf das Recht des Staates, in dem der Verbraucher seinen gewöhnlichen Aufenthalt hat, sofern der Vertrag im Zusammenhang mit einer in diesem Staat entfalteten, auf die Schließung solcher Verträge gerichteten Tätigkeit des Unternehmers oder der von ihm hierfür verwendeten Personen zustande gekommen ist. Wenn diese Voraussetzungen des § 41 Abs. 1 öIPRG hier erfüllt sein sollten, wofür einiges spricht, würde das österreichische IPR auf deutsches Recht zurückverweisen. Bei dieser Rückverweisung handelte es sich zwar gem. § 5 Abs. 1 öIPRG um eine Gesamtverweisung.[8] Zu einem doppelten renvoi käme es gleichwohl nicht, da das deutsche Recht nach Art. 4 Abs. 1 S. 2 EGBGB die Verweisung hier abbrechen würde.

7 Für Fälle, in denen die Voraussetzungen des § 41 öIPRG nicht vorliegen, hat der OGH eine schuldrechtliche Anknüpfung anhand der charakteristischen Sachleistung gemäß § 36 öIPRG erwogen.[9] Danach wäre vorliegend auf den österreichischen Sitz des Klägers abzustellen, so dass österreichisches Sachrecht Anwendung fände.

8 Unter der Prämisse, dass österreichisches Recht gemäß Art. 27 ff. EGBGB zur Anwendung berufen ist, scheidet somit eine Rückverweisung im Sinne des Art. 4 Abs. 1 S. 2 EGBGB auf deutsches materielles Recht aus.

---

3 Vgl. *Palandt/Heldrich*, BGB, 45. Aufl. 1986, Vorbem. v. Art. 12 EGBGB, unter 2c), m.w.N.

4 BundesG v. 15.6.1976, öst. BGBl. 1978/304.

5 BundesG v. 15.6.1976, öst. BGBl. 1978/304 i.d.F. v. BGBl. I 58/2004.

6 Die in diesem Gutachten zitierte österreichische oberstgerichtliche Rechtsprechung kann auf der Internetseite des Bundeskanzleramts Österreich, http://www.ris.bka.gv.at/jus, abgerufen werden.

7 OGH v. 18.9.1991, Gz. 1 Ob 555/91; OGH v. 26.4.1996, Gz. 6 Ob 633/95; vgl. auch OGH v. 25.8.1998, Gz. 1 Ob 176/98h; s. dazu *Mänhardt/Posch*, Internationales Privatrecht, Privatrechtsvergleichung, Einheitsprivatrecht: eine Einführung in die internationalen Dimensionen des Privatrechts, 2. Aufl. 1999, 85.

8 *Duchek/Schwind*, Internationales Privatrecht, 1979, § 5 öIPRG, Anm. 2.

9 Offen gelassen in OGH v. 25.8.1998, Gz. 1 Ob 176/98h.

2. *Internationales Gesellschaftsrecht*

9 Falls das Gericht österreichisches Recht auf Basis einer anderen deutschen Kollisionsnorm als den hier behandelten Art. 27 ff. EGBGB für anwendbar hält, wäre eine erneute Beantwortung der ersten Frage notwendig. Insofern sei darauf hingewiesen, dass die Art. 27 ff. EGBGB auf das vorliegende Rechtsverhältnis möglicherweise mit Rücksicht auf Art. 37 Nr. 2 EGBGB (= Art. 1 Abs. 2 lit. f EVÜ) nicht zum Zuge gelangen. Danach finden die in den Art. 27 - 36 EGBGB enthaltenen Vorschriften auf Fragen betreffend u.a. das Vereinsrecht keine Anwendung. Als Beispiel für insofern ausgeschlossene Bereiche wird u.a. die innere Verfassung von Vereinen genannt. Hierzu sollen auch Vorschriften über die Rechte und Pflichten der einzelnen Gesellschafter und Vereinsmitglieder zählen,[10] insbesondere die Beitragspflicht der Mitglieder.[11] Nun hat zwar der EuGH die Zahlungspflicht eines Vereinsmitglieds als vertraglichen Anspruch i.S.v. Art. 5 Nr. 1 EuGVÜ behandelt.[12] Wegen der Unterschiede zwischen internationaler Zuständigkeit einerseits und Kollisionsrecht andererseits lassen sich daraus jedoch keine Rückschlüsse im Hinblick auf Art. 37 EGBGB ziehen.[13] Vor diesem Hintergrund wird mehrheitlich vertreten, die derart ausgeschlossenen Materien dem Personalstatut der betroffenen Gesellschaft zuzuordnen, das sich wiederum nach den Regeln des internationalen Gesellschaftsrechts bestimmt.[14]

10 Selbst wenn aber die vorliegend maßgeblichen Regeln gesellschaftskollisionsrechtlich bestimmt werden müssten, wäre österreichisches Sachrecht anwendbar. Das ist für jene selbstverständlich, die auch jenseits der europarechtlich determinierten Mobilitätsfälle das Personalstatut an den Satzungssitz der juristischen Person knüpfen.[15] Denn dieser befindet sich laut § 1 der Vertragsstatuten des Vereins in Österreich. Nach der in Deutschland traditionell vorherrschenden Auffassung bestimmt sich das Personalstatut juristischer Personen dagegen anhand ihres tatsächlichen Sitzes.[16] Aus der Akte ergeben sich allerdings keine Hinweise darauf, dass der Verwaltungssitz des Klägers außerhalb Österreichs belegen ist. Gemäß der von der Judikatur befürworteten Vermutung einer Übereinstimmung von Satzungs-

---

10 OLG Celle, IPRspr. 1950-51, Nr. 12b; Oberstes Rückerstattungsgericht, IPRspr. 1975, Nr. 122; MüKo/*Martiny*, BGB, Bd. 10, 4. Aufl. 2006, Art. 37 EGBGB, Rn. 48; *Soergel/v. Hoffmann*, BGB, Bd. 10, 12. Aufl. 1996, Art. 37 EGBGB, Rn. 45.

11 *Soergel/v. Hoffmann* (o. Fn. 10), Art. 37 EGBGB, Rn. 45.

12 EuGH v. 22.3.1983, Rs. 34/82 - Peters/ZNAV, Slg. 1983, 987.

13 Vgl. nur *Soergel/v. Hoffmann* (o. Fn. 10), Art. 37 EGBGB, Rn. 45.

14 MüKo/*Martiny* (o. Fn. 10), Art. 37 EGBGB, Rn. 44; *Mäsch*, IPRax 1997, 442, 443 f.; *Kelp*, Time-Sharing-Verträge, 2003, 203 f., 232 ff.

15 Etwa *Behrens*, RabelsZ 1988, 498, 523 f.; *Rehm*, JZ 2005, 304, 306; vgl. für weitere Nachweise MüKo/*Kindler*, BGB, Bd. 11, 4. Aufl. 2006, IntGesR, Rn. 341, Fn. 395.

16 Siehe nur BGH, NJW 1997, 657, 658; BGH, NJW 1986, 2194, 2195.

und Verwaltungssitz[17] gehe ich daher davon aus, dass der Verwaltungssitz sich wie der Satzungssitz in Österreich befindet.

11 Wenn sich über den mir vorliegenden Akteninhalt hinausgehend ergeben würde, dass der Kläger mit seinem ursprünglichen Verwaltungssitz von Österreich in einen anderen Staat umgezogen ist, namentlich nach Deutschland, wäre zusätzlich die einschlägige EuGH-Rechtsprechung zur Niederlassungsfreiheit (Art. 43 ff. EGV) zu beachten.[18] Obgleich deren Relevanz im Einzelnen umstritten ist, kann doch mittlerweile als gesichert gelten, dass eine juristische Person, die ihren Verwaltungssitz aus einem Mitgliedsstaat der Europäischen Union in einen anderen Mitgliedsstaat verlegt hat, aus der Perspektive des Zuzugsstaates nach wie vor als Rechtssubjekt ihres Gründungsstaates zu behandeln ist.[19] Die Konsequenz lautete wiederum, dass österreichisches Sachrecht zur Anwendung gelangte.

12 Satzungssitz- und Verwaltungssitztheorie sprechen jeweils Gesamtnormverweisungen aus, so dass gemäß Art. 4 Abs. 1 S. 1 EGBGB österreichisches Internationales Gesellschaftsrecht zur Anwendung berufen ist. Dieses wiederum steht § 10 öIPRG zufolge wie die herrschende Meinung in Deutschland grundsätzlich auf dem Standpunkt der Verwaltungssitztheorie,[20] was hieße, dass österreichisches Sachrecht anwendbar wäre.

> § 10 öIPRG
>
> „Das Personalstatut einer juristischen Person oder einer sonstigen Personen- oder Vermögensverbindung, die Träger von Rechten und Pflichten sein kann, ist das Recht des Staates, in dem der Rechtsträger den tatsächlichen Sitz seiner Hauptverwaltung hat."

13 An diesem Grundsatz hat die genannte Rechtsprechung des EuGH nichts geändert. Lediglich in Fällen der Verlegung des Verwaltungssitzes gelangt der OGH zur Anwendung des Gründungsrechts,[21] so dass es bei der Anwendbarkeit österreichischer Sachnormen bleibt.

3. Ergebnis

14 Auf eine Entscheidung der Frage, ob sich das anwendbare Recht aus den Art. 27 ff. EGBGB oder aus dem internationalen Gesellschaftsrecht ergibt, kommt

---

[17] OLG München, IPRspr. 1986, Nr. 21; OLG Oldenburg, IPRspr. 1989, Nr. 26; OLG Jena, DB 1998, 1178; LG Rottweil, IPRax 1986, 110, 111.

[18] Vgl. dazu insgesamt etwa *Kelp* (o. Fn. 14), 233 ff.

[19] EuGH v. 5.11.2002, Rs. C-208/00 - Überseering BV/Nordic Construction Company Baumanagement GmbH, Slg. I 2002, 9919; EuGH v. 30.9.2003, Rs. C-167/01 - Kamer van Koophandel en Fabrieken voor Amsterdam/Inspire Art Ltd, Slg. I 2003, 10155.

[20] OGH v. 25.8.1998, Gz. 1 Ob 176/98h; *Posch*, Bürgerliches Recht VII, IPR, 3. Aufl. 2002, 50 f.

[21] OGH v. 15.7.1999, Gz. 6 Ob 123/99b = RIW 2000, 378 ff.; dazu etwa *Lurger*, IPRax 2001, 346, 347 f.; *Kieninger*, NZG 2000, 39, 40.

es nicht an. Nach beiden Qualifikationen gelangte man zur Maßgeblichkeit des österreichischen Sachrechts. Eine Rückverweisung auf deutsches Sachrecht scheidet aus.

II. Zur Bindungsdauer einer Vereinsmitgliedschaft im Allgemeinen

15 Nach der Rechtsprechung des österreichischen OGH sind die Rechtsbeziehungen zwischen einem Verein und seinen Mitgliedern privatrechtlicher Natur.[22] Die Vereinsmitgliedschaft kann durch einseitige Erklärung beendet und nur an angemessene Fristen und bestimmte Termine gebunden werden.[23] Dem OGH zufolge darf überdies das Recht zum sofortigen Vereinsaustritt aus wichtigem Grund nicht qua Satzung ausgeschlossen werden.[24] Eine übermäßig lange Bindung an eine Vereinsmitgliedschaft sei sittenwidrig und widerspreche im Verhältnis zu Verbrauchern § 6 Abs. 1 Ziff. 1 des österreichischen *Konsumentenschutzgesetzes* (KSchG).[25] Die österreichische Literatur zum Vereinsrecht steht entsprechend auf dem Standpunkt, dass die negative Vereinsfreiheit auch das Recht enthalte, den Vereinsstatuten gemäß und ggf. unter Einhaltung einer Kündigungsfrist, aus dem Verein austreten zu können.[26] Insoweit dürfe die Satzung keine unerfüllbaren Erfordernisse für den Austritt aufstellen, sondern das Austrittsrecht nur insoweit einschränken, als dies das Vereinsinteresse unbedingt erfordere, etwa um die plötzliche Beendigung eines begonnenen Vorhabens zu vermeiden.[27] Der Austritt müsse innerhalb angemessener Frist zulässig sein.[28] Eine Beschränkung, die den Austritt nur zum Jahresende und nach 6-monatiger Kündigungsfrist vorsieht, soll unzulässig sein.[29]

16 Im vorliegenden Fall hängt die Möglichkeit eines Vereinsaustritts für einen Zeitraum von 15 Jahren von dem ohne Begründung verweigerbaren Einverständnis des Vereinsvorstandes ab. Eine derartige Regelung ist inhaltlich mit einer nicht vorhandenen Austrittsmöglichkeit für 15 Jahre gleichzusetzen. Dementsprechend bringen auch die Klägervertreter selbst vor, dass eine Kündigung erstmals nach einer Mitgliedschaft von 15 Jahren zulässig sei. Eine derart lange Vereinsbindung dürfte mit den eben genannten allgemein-vereinsrechtlichen Grundsätzen kaum zu vereinbaren sein. Sie bildet keine angemessene Bindungs- bzw. Austrittsfrist.

---

22 OGH v. 25.8.1998, Gz. 1 Ob 176/98h; vgl. ferner OGH v. 26.11.1998, Gz. 8 Ob 286/98m; OGH v. 1.12.2005, Gz. 2 Ob 122/05p.

23 OGH v. 25.8.1998, Gz. 1 Ob 176/98h.

24 OGH v. 25.8.1998, Gz. 1 Ob 176/98h.

25 Öst. BGBl. 1979/140 i.d.F. v. BGBl. I 2003/91, abgedruckt bei *Kosesnik-Wehrle/Lehofer/Mayer/Langer*, KSchG, 2. Aufl. 2004; in diesem Gutachten abgedruckt bei Rn. 19.

26 *Brändle/Schnetzer*, Das österreichische Vereinsgesetz, 3. Aufl. 2002, 84.

27 *Brändle/Schnetzer* (o. Fn. 26), 86 m.w.N.; ferner *Fessler/Keller*, Vereinsgesetz, 2004, Anm. b zu § 3 Abs. 2 Z 5 VerG.

28 *Fessler/Keller* (o. Fn. 27), Anm. b zu § 3 Abs. 2 Z 5 VerG.

29 So *Brändle/Schnetzer* (o. Fn. 26), 86 m.w.N.

III. Besonderheiten für Bindungsfristen bei vereinsrechtlich eingeräumten Teilzeitnutzungsrechten

1. Einzelfallbezogene Inhaltskontrolle

17 Vorab ist festzustellen, dass das österreichische *Teilzeitnutzungsgesetz* (TNG)[30] auf die vorliegende Rechtsbeziehung keine Anwendung findet, da ihr ein vor dem 1.4.1997 abgeschlossener Vertrag zugrunde liegt. Das TNG ist gemäß § 13 nur auf Nutzungsverträge anwendbar, die nach dem 1.4.1997 geschlossen wurden.

18 Abweichend von den o. Rn. 15 f. skizzierten Grundsätzen hat der österreichische OGH entschieden, dass speziell bei Vereinsverträgen über Teilzeitnutzungsrechte die zeitliche Bindung des Vereinsmitglieds drei Jahre übersteigen dürfe und auch fünf Jahre und sogar eine über diesen Zeitraum hinausgehende Bindung nicht in jedem Fall als rechtswidrig anzusehen ist.[31] Vielmehr habe sich die Inhaltskontrolle unter Heranziehung aller Umstände des Einzelfalles an § 6 Abs. 1 Ziff. 1 KSchG zu orientieren. Dieses abweichende Verständnis einer zulässigen Bindungsdauer begründet der Gerichtshof in doppelter Weise: Zum einen mit den Gesetzgebungsmaterialien zum TNG, die den Wunsch des Gesetzgebers erkennen ließen, dem Erwerber kein unabdingbares gesetzliches Auflösungsrecht nach fünf Jahren zuzugestehen, wie es gelegentlich vorgeschlagen wurde. Zum anderen mit § 2 Abs. 1 TNG, demzufolge ein Teilzeitnutzungsrecht ein für mindestens drei Jahre eingeräumtes Recht darstellt. Diese Einschätzung gilt nach Auffassung des OGH auch für Verträge, die vor dem 1.4.1997 abgeschlossen worden sind. Denn der Gerichtshof nimmt an, dass das TNG insofern nur jene Rechtslage kodifiziert hat, die bereits vor seinem In-Kraft-Treten bestand.[32]

2. Abwägungskriterien für die konkrete Bindungsfrist

19 Die Bestimmung der zeitlichen Obergrenze, bis zu der Vereinsmitgliedschaftsbindungen ohne Austrittsmöglichkeit noch Wirksamkeit entfalten, ist der Rechtsprechung überlassen worden.[33] Sedes materiae ist § 6 KSchG, der die Generalklausel des § 879 ABGB für Konsumentenverträge ergänzt.

> § 6 KSchG (Unzulässige Vertragsbestandteile)
>
> „(1) Für den Verbraucher sind besonders solche Vertragsbestimmungen im Sinn des § 879 ABGB jedenfalls nicht verbindlich, nach denen

---

[30] Öst. BGBl. I 1997/32 i.d.F. v. BGBl. I 2001/98, abgedruckt in *Dittrich/Tades*, Das allgemeine bürgerliche Gesetzbuch, Bd. 2, 36. Aufl. 2003, 881-890.

[31] OGH v. 25.8.1998, Gz. 1 Ob 176/98h.

[32] OGH v. 25.8.1998, Gz. 1 Ob 176/98h.

[33] OGH v. 25.8.1998, Gz. 1 Ob 176/98h.

1. sich der Unternehmer eine unangemessen lange oder nicht hinreichend bestimmte Frist ausbedingt, während deren er einen Vertragsantrag des Verbrauchers annehmen oder ablehnen kann oder während deren der Verbraucher an den Vertrag gebunden ist;

2. […]

[…]"

§ 879 ABGB

„(1) Ein Vertrag, der gegen ein gesetzliches Verbot oder gegen die guten Sitten verstößt, ist nichtig.

(2) […]"

20 Dabei sind Regelungen, die diese Grenze überschreiten, geltungserhaltend zu reduzieren, so dass sie im gesetzeskonformen Umfang gültig bleiben.[34]

21 Bei der gebotenen Gesamtabwägung[35] aller maßgeblichen Elemente des Schuldverhältnisses sei im Falle eines Vereins zur Gewährung von Teilzeitnutzungsrechten einerseits zu beachten, dass der Initiator und Investor, der eine Immobilie für ein Teilzeitnutzungsangebot errichte, in der Regel ein hohes wirtschaftliches Risiko auf sich nehme. Dieses erfordere längere Bindungsfristen seiner Vertragspartner, sei die Investitionsentscheidung doch erst so in ihren vorhersehbaren Auswirkungen kalkulierbar. Andererseits müsse berücksichtigt werden, dass die Teilzeitnutzungsberechtigten Interesse an einer nicht allzu langen Bindungsfrist hätten, da sich die gesellschaftlichen Lebensgewohnheiten und die persönlichen Lebensumstände im Verlauf eines langen Zeitraums erheblich verändern könnten. Gerade dieser Wandel des Umfeldes, der im persönlichen Lebensbereich über einen langen Zeitraum hinweg nicht detailliert vorhergesehen werden könne, sei in der Sphäre des Teilzeitnutzungsberechtigten von entscheidender Bedeutung für den subjektiven Wert der Gegenleistung des Unternehmers.[36]

22 Im österreichischen Schrifttum wird vertreten,[37] dass der Verzicht auf die Regelung einer ordentlichen Kündigung ausnahmsweise nicht zu beanstanden sei, wenn ein Recht zur außerordentlichen Kündigung aus wichtigem Grund bestehe und das Vereinsmitglied neben der freien Übertragbarkeit des Rechts die Wahl habe, sein Recht dem Verein zur Verfügung zu stellen, damit dieser seine Ansprüche gegen das Vereinsmitglied befriedigen könne. So verhält es sich vorliegend jedoch nicht. Zwar lässt es § 6 6.3.3. der Vereinsstatuten zu, das Teilzeitnutzungsrecht an Dritte zu übertragen. Allerdings enthalten die Statuten keinen Hinweis darauf, dass der Beklagte dem Verein sein Recht zur Befriedigung überlassen kann. Der OGH ist im

[34] OGH v. 25.8.1998, Gz. 1 Ob 176/98 h; *Kosesnik-Wehrle/Lehofer/Mayer/Lange* (o. Fn. 25), § 6 KSchG, Rn. 4.

[35] Vgl. hierzu *Koziol/Bydlinski/Bollenberger/Kathrein*, ABGB, 2005, § 6 KSchG, Rn. 6 ff.

[36] OGH v. 25.8.1998, Gz. 1 Ob 176/98h.

[37] *Tönnes,* RIW 1996, 124, 137.

Übrigen der skizzierten Literaturansicht nicht gefolgt[38] und kommt zu dem Ergebnis, dass das Recht zur ordentlichen Kündigung nach Ablauf der zulässigen Bindungsfrist neben und unabhängig von dem Recht besteht, ein Dauerschuldverhältnis durch außerordentliche Kündigung zu beenden.

Anhand der vorgenannten Überlegungen hat der OGH eine 25-jährige Mitgliedsbindung in einem Verein, dessen Zweck die Verschaffung von Ferienwohnrechten für seine Mitglieder war, für unwirksam erklärt.[39] Die Rede war in casu von einer „erheblichen Überschreitung" der zulässigen Grenze. Die erlaubte Dauer der Verbraucherbindung liege abhängig von den Umständen des Einzelfalls im Bereich von zehn bis 15 Jahren.[40] Da im entschiedenen Fall diese Höchstbindungsfrist noch lange nicht erreicht war, musste der OGH nicht konkreter werden und ist es auch nicht geworden. 23

3. Ergebnis

Für die vorliegend zu treffende Entscheidung, ob eine Vertragsbindung von 15 Jahren zulässig ist, lässt sich nach alledem keine eindeutige höchstrichterliche Judikatur fruchtbar machen. Falls das Gericht vorliegend die zeitliche Maximalbindung für überschritten halten sollte und die Frage aufgeworfen werden würde, ob nach Vertragsauflösung ein Anspruch des Beklagten auf Teilabfindung wegen seines auf einen längeren Zeitraum gerichteten Erwerbspreises besteht, mangelt es ebenfalls an einschlägiger höchstrichterlicher Rechtsprechung. Insofern wäre aber wohl entsprechend den unter Rn. 35 f. angeführten Erwägungen vorzugehen. 24

IV. Recht zur vorzeitigen Beendigung der Mitgliedschaft

1. Kündigungsrecht nach § 15 KSchG

Zunächst kommt ein Kündigungsrecht gemäß § 15 des österreichischen KSchG in Betracht. Die Konstellation eines Rechtsgeschäftes, an dem auf der einen Seite ein Unternehmer und auf der anderen Seite ein Verbraucher beteiligt ist (§ 1 KSchG), liegt vor. Bei einem als „Beherbergungsvertrag" bezeichneten Vertrag, der als Teilzeitnutzungsvertrag i.S.d. TNG zu qualifizieren war und der das Recht gewährte, gegen einen vorab zu zahlenden Kaufpreis nebst „Betriebskosten" Zimmer, Studios und Suiten zu nutzen, hat der OGH allerdings die Anwendbarkeit des § 15 KSchG verneint.[41] Zur Begründung heißt es, der Teilzeitnutzungsvertrag sei ein gemischter Vertrag, bei dem der wesentliche Vertragsinhalt, auf den es für § 15 25

[38] OGH v. 25.8.1998, Gz. 1 Ob 176/98h.

[39] OGH v. 25.8.1998, Gz. 1 Ob 176/98h.

[40] OGH v. 25.8.1998, Gz. 1 Ob 176/98h.

[41] OGH v. 6.6.2001, Gz. 6 Ob 104/01i.

KSchG ankomme, die Miete des Ferienobjektes sei. § 15 KSchG, der nur auf Kauf- oder Werkverträge anwendbar sei, gelange somit nicht zum Zuge.[42]

> § 15 KSchG
>
> „(1) Verträge, durch die sich der Unternehmer zur wiederholten Lieferung beweglicher körperlicher Sachen einschließlich Energie oder zu wiederholten Werkleistungen und der Verbraucher zu wiederholten Geldzahlungen verpflichten und die für eine unbestimmte oder eine ein Jahr übersteigende Zeit geschlossen worden sind, kann der Verbraucher unter Einhaltung einer zweimonatigen Frist zum Ablauf des ersten Jahres, nachher zum Ablauf jeweils eines halben Jahres kündigen.
>
> [...]"
>
> § 1 KSchG
>
> „(1) Dieses Hauptstück gilt für Rechtsgeschäfte, an denen
>
> 1. einerseits jemand, für den das Geschäft zum Betrieb seines Unternehmens gehört, (im Folgenden kurz Unternehmer genannt) und
>
> 2. andererseits jemand, für den dies nicht zutrifft, (im Folgenden kurz Verbraucher genannt) beteiligt sind.
>
> (2) Unternehmen im Sinn des Abs. 1 Z. 1 ist jede auf Dauer angelegte Organisation selbständiger wirtschaftlicher Tätigkeit, mag sie auch nicht auf Gewinn gerichtet sein. Juristische Personen des öffentlichen Rechts gelten immer als Unternehmer.
>
> [...]"

26 Zwar ist vorliegend kein „Beherbergungsvertrag" abgeschlossen, sondern ein Vereinsmodell gewählt worden. Die verschiedenen rechtlichen Möglichkeiten, mit denen Teilzeitnutzungsrechte gewährt werden können, erfahren jedoch von der Rechtsprechung des OGH wie auch durch das (hier allerdings unanwendbare) TNG eine weitgehende Gleichbehandlung, und zwar sowohl hinsichtlich der sittenwidrigen Bindungsdauer als auch der Berechtigung zur vorzeitigen Vertragauflösung.[43] Daher trifft die genannte Rechtsprechung zu § 15 KSchG auch den vorliegenden Fall.

2. Rücktrittsrecht gemäß § 3 KSchG

27 Grundsätzlich kann bei Teilzeitnutzungsverträgen ein Rücktrittsrecht gemäß § 3 KSchG bestehen[44] – eine Bestimmung, mit der zum Teil die Haustürwiderrufsrichtlinie 85/577/EWG umgesetzt wurde.[45] Allerdings lässt die Akte nicht erkennen, ob

---

42 *Koziol/Bydlinski/Bollenberger/Kathrein* (o. Fn. 35), § 15 KSchG, Rn. 2.

43 OGH v. 8.9.2000, Gz. 2 Ob 199/00d; *Stabentheiner*, Teilzeitnutzungsgesetz, 1998, § 2 TNG, Anm. 14.

44 Vgl. *Lurger*, ZfRV 1992, 348, 355.

45 *Schwimann/Apathy*, ABGB, Bd. 6, 2. Aufl. 1997, § 3 KSchG, Rn. 8; *Feil*, KSchG, 4. Aufl. 2002, § 3 KSchG, Rn. 1.

die gemäß § 3 Abs. 1 S. 1 KSchG erforderliche Abschlusssituation außerhalb der Geschäftsräume des Unternehmers vorgelegen hat.

§ 3 KSchG

„(1) Hat der Verbraucher seine Vertragserklärung weder in den vom Unternehmer für seine geschäftlichen Zwecke dauernd benützten Räumen noch bei einem von diesem dafür auf einer Messe oder einem Markt benützten Stand abgegeben, so kann er von seinem Vertragsantrag oder vom Vertrag zurücktreten. Dieser Rücktritt kann bis zum Zustandekommen des Vertrags oder danach binnen einer Woche erklärt werden; die Frist beginnt mit der Ausfolgung einer Urkunde, die zumindest den Namen und die Anschrift des Unternehmers, die zur Identifizierung des Vertrags notwendigen Angaben sowie eine Belehrung über das Rücktrittsrecht enthält, an den Verbraucher, frühestens jedoch mit dem Zustandekommen des Vertrags zu laufen. Diese Belehrung ist dem Verbraucher anläßlich der Entgegennahme seiner Vertragserklärung auszufolgen. Das Rücktrittsrecht erlischt bei Versicherungsverträgen spätestens einen Monat nach Zustandekommen des Vertrags.

(2) Das Rücktrittsrecht besteht auch dann, wenn der Unternehmer oder ein mit ihm zusammenwirkender Dritter den Verbraucher im Rahmen einer Werbefahrt, einer Ausflugsfahrt oder einer ähnlichen Veranstaltung oder durch persönliches, individuelles Ansprechen auf der Straße in die vom Unternehmer für seine geschäftlichen Zwecke benützten Räume gebracht hat.

(3) Das Rücktrittsrecht steht dem Verbraucher nicht zu,

1. wenn er selbst die geschäftliche Verbindung mit dem Unternehmer oder dessen Beauftragten zwecks Schließung dieses Vertrages angebahnt hat,

2. wenn dem Zustandekommen des Vertrages keine Besprechungen zwischen den Beteiligten oder ihren Beauftragten vorangegangen sind oder

3. bei Verträgen, bei denen die beiderseitigen Leistungen sofort zu erbringen sind, wenn sie üblicherweise von Unternehmern außerhalb ihrer Geschäftsräume geschlossen werden und das vereinbarte Entgelt 15 Euro, oder wenn das Unternehmen nach seiner Natur nicht in ständigen Geschäftsräumen betrieben wird und das Entgelt 45 Euro nicht übersteigt.

(4) Der Rücktritt bedarf zu seiner Rechtswirksamkeit der Schriftform. Es genügt, wenn der Verbraucher ein Schriftstück, das seine Vertragserklärung oder die des Unternehmers enthält, dem Unternehmer oder dessen Beauftragten, der an den Vertragshandlungen (Anm.: richtig: Vertragsverhandlungen) mitgewirkt hat, mit einem Vermerk zurückstellt, der erkennen läßt, daß der Verbraucher das Zustandekommen oder die Aufrechterhaltung des Vertrages ablehnt. Es genügt, wenn die Erklärung innerhalb des im Abs. 1 genannten Zeitraumes abgesendet wird.

(5) Der Verbraucher kann ferner von seinem Vertragsantrag oder vom Vertrag zurücktreten, wenn der Unternehmer gegen die gewerberechtlichen Regelungen über das Sammeln und die Entgegennahme von Dienstleistungen über das Aufsuchen von Privatpersonen oder über die Entgegennahme von Bestellungen auf Waren (§§ 54, 57 und 59 GewO 1994) verstoßen hat. Die Bestimmungen des Abs. 1 und 4 sind auch auf dieses Rücktrittsrecht anzuwenden. Es steht dem Verbraucher auch in den Fällen des Abs. 3 zu."

Sollte Abweichendes vorgetragen werden, so wäre zu beachten, dass der 28
Verbraucher bei Belehrung über sein Rücktrittsrecht gemäß § 3 Abs. 1 S. 2 KSchG nur binnen einer Woche nach Vertragsantrag oder Vertragsabschluss zurücktreten kann. Im vorliegenden Fall wurde der Beklagte über sein „Widerrufsrecht" belehrt und ist, soweit ersichtlich, nicht innerhalb einer Woche zurückgetreten. Jedoch spricht die Belehrung von einem Widerrufsrecht im Sinne des deutschen HWiG. Auch wenn die Belehrung nicht dem Wortlaut des § 3 KSchG entsprechen, sondern

nur sinngemäß über die Rücktrittsmöglichkeit aufklären muss,[46] könnte darin eine fehlerhafte Belehrung gesehen werden. Da der Vertragsschluss vor dem 1.1.1994 erfolgte, würde sich die Rücktrittsfrist der österreichischen Judikatur zufolge[47] von einer Woche auf einen Monat nach Vertragsabschluss verlängern. Es ist aber nicht ersichtlich, dass der Beklagte innerhalb eines Monats nach Entstehung der Rechtsbeziehung seinen Rücktritt erklärt hat.

29 Im Übrigen soll der Hinweis auf eine frühere, nicht mehr geltende Fassung von § 3 KSchG dazu führen, „dass die Belehrung als nicht beigegeben gilt".[48] Mit dieser Situation könnte der vorliegende Verweis auf ein überhaupt nicht anwendbares deutsches Rücktrittsrecht vergleichbar sein. Leider ist mir das Urteil des BG Feldkirch bisher nicht zugänglich gewesen. Deshalb bleibt insbesondere offen, ob die dortige Belehrung nur auf die alte Fassung verwiesen oder auch ihre Formulierung verwendet hat. Ebenso wenig kann ich überprüfen, ob der Verweis auf die falsche Fassung tatsächlich als nicht abgegebene Belehrung oder als bloß fehlerhafte Belehrung gewertet wurde. Wollte man annehmen, dass die Belehrung überhaupt nicht erfolgt ist, so soll dies bei Vertragsschlüssen vor dem 1.1.1994 wie im Falle fehlerhafter Belehrungen im Wesentlichen dazu geführt haben, dass die Rücktrittsfrist nur von einer Woche auf einen Monat verlängert wurde.[49] Diese Rechtsfolge ist allerdings angesichts der Entscheidung des EuGH in der Rechtssache *Heininger*[50] überaus zweifelhaft. Das Urteil spricht dafür, dass die Rücktrittsfrist bei fehlender Belehrung überhaupt nicht zu laufen begonnen hat und somit im vorliegenden Fall das Rücktrittsrecht weiterhin bestehen würde, sofern die sonstigen Voraussetzungen des § 3 KSchG erfüllt wären, was allerdings, wie gezeigt, nach gegenwärtiger Aktenlage nicht der Fall ist.

3. Vertragsauflösung aus wichtigem Grund

30 Basierend auf den Grundsätzen zur Auflösung von Dauerschuldverhältnissen hat der österreichische OGH Kriterien aufgestellt, nach denen sich bemisst, ob in Fällen, in denen ein Verein einem Verbraucher ein Teilzeitnutzungsrecht an einer Immobilie samt Vereinsmitgliedschaft gewährt hat, der Teilzeitnutzungsberechtigte zu einer Vertragsauflösung ex nunc aus wichtigem Grund berechtigt ist.[51] Die Partei, die die Vertragsauflösung erklärt, hat die Gründe dafür darzulegen und zu beweisen.[52]

---

[46] *Schwimann/Apathy* (o. Fn. 45), § 3 KSchG, Rn. 8; *Feil* (o. Fn. 45), § 3 KSchG, Rn. 10.

[47] OGH v. 24.9.1981, Gz. 7 Ob 647/81; OGH v. 12.4.1983, Gz. 4 Ob 328/83; vgl. auch OGH v. 30.6.1982, Gz. 1 Ob 637/82; s. ferner *Schwimann/Apathy* (o. Fn. 45), § 3 KSchG, Rn. 10.

[48] *Kosesnik-Wehrle/Lehofer/Mayer/Langer* (o. Fn. 25), § 3 KSchG, Rn. 13 a.E., mit Verweis auf BG Feldkirch v. 4.11.1994, Gz. 7 C 1627/94i KREIS 1 b/44.

[49] *Kosesnik-Wehrle/Lehofer/Mayer/Langer* (o. Fn. 25), § 3 KSchG, Rn. 12.

[50] EuGH v. 13.12.2001, Rs. 481/99 - Heininger/Bayerische Hypo- und Vereinsbank AG, Slg. 2001, I-9945.

[51] OGH v. 25.8.1998, Gz. 1 Ob 176/98h; OGH v. 1.12.2005, Gz. 2 Ob 122/05p.

[52] OGH v. 25.8.1998, Gz. 1 Ob 176/98h.

a) Grundlagen und Kasuistik

Wichtige Gründe sind etwa eine Vertragsverletzung, der dadurch bedingte Verlust des Vertrauens in den Vertragspartner oder erhebliche Änderungen der Verhältnisse, die eine weitere Aufrechterhaltung der vertraglichen Bindung unzumutbar erscheinen lassen.[53] Dem liegt die Erwägung zugrunde, dass auf Dauer angelegte Rechtsverhältnisse besonders dem Einfluss von Veränderungen der zur Zeit des Vertragsschlusses maßgeblichen Verhältnisse unterliegen, weil auch die sorgfältigste Partei bei Vertragsschluss nicht für sämtliche eventuellen Änderungen Vorsorge treffen könne. Allerdings sollen Gründe, mit denen bereits bei Abschluss des Dauerrechtsverhältnisses gerechnet werden musste, oder Veränderungen, die von den Parteien offensichtlich in Kauf genommen wurden, eine vorzeitige Auflösung nicht rechtfertigen können.[54] Das Maß der Vorhersehbarkeit des Grundes wie auch dessen Zugehörigkeit zur Risikosphäre des auflösungswilligen Vertragspartners tragen dem OGH zufolge ebenfalls mit zur Beantwortung der Frage bei, ob der Grund zur Auflösung des Dauerschuldverhältnisses führt.[55] Je größer die Vorhersehbarkeit und je stärker die Risikozuordnung, desto höher ist der Wert der Stabilität der Vertragsbindung und desto höhere Anforderungen sind an das Gewicht des Grundes zu stellen. 31

In Anwendung dieser Grundsätze hat der Gerichtshof in einer neueren Entscheidung den schon vom Berufungsgericht bejahten wichtigen Grund zur Auflösung wegen erheblicher Änderungen der Verhältnisse bestätigt.[56] Dort war das Teilzeitnutzungsrecht an einem Appartement-Hotel ursprünglich durch ein „grundbücherlich" bestrangig gesichertes Fruchtgenussrecht des Vereins, der dieses der beklagten Partei überlassen hatte, gesichert gewesen. Dieses Fruchtgenussrecht war im Nachhinein gelöscht worden. Dadurch sei die grundbuchrechtliche Absicherung der Ferienwohnrechte, die von den Streitparteien i.S.d. § 901 ABGB zur Bedingung erhoben worden sei, entfallen, was die Ferienwohnrechte des Klägers entwertet habe. 32

Abweichend dagegen fiel eine Entscheidung aus dem Jahre 1998 aus.[57] In ihr lehnte es der OGH ab, den Herzinfarkt des Teilzeitnutzungsberechtigten als wichtigen Grund zur Vertragsauflösung anzuerkennen. Der Teilzeitnutzungsberechtigte trug vor, er habe den Herzinfarkt wegen der langen Anreise und des mit einem Aufenthalt in der Teilzeitnutzungsimmobilie verbundenen Klimawechsels erlitten, und er sei aus gesundheitlichen Gründen, insbesondere wegen der langen Anfahrt, bei der mit einer Verschlechterung des Gesundheitszustandes zu rechnen sei, nicht in der Lage, zur Teilzeitwohnanlage zu reisen. Für den OGH waren diese Darlegungen in Anbetracht der dargestellten Kriterien nicht ausreichend, um einen wichtigen 33

53 OGH v. 25.8.1998, Gz. 1 Ob 176/98h; OGH v. 1.12.2005, Gz. 2 Ob 122/05p.
54 OGH v. 25.8.1998, Gz. 1 Ob 176/98h; OGH v. 1.12.2005, Gz. 2 Ob 122/05p.
55 OGH v. 25.8.1998, Gz. 1 Ob 176/98h; OGH v. 8.9.2000, Gz. 2 Ob 199/00d.
56 OGH v. 1.12.2005, Gz. 2 Ob 122/05p.
57 OGH v. 25.8.1998, Gz. 1 Ob 176/98h.

Vertragsauflösungsgrund zu bejahen. Insbesondere bestünde die zumutbare Möglichkeit, die Anreise durch Pausen zu unterbrechen. Auch schiene es möglich, dass ein Aufenthalt in der Anlage sich positiv auf die Gesundheit des Nutzungsberechtigten auswirke. Anders sei allerdings die Situation zu bewerten, wenn die Gesundheit dauernd geschädigt sei und der Nutzungsberechtigte somit praktisch außer Stande wäre, sein Wohnrecht in Zukunft sinnvoll zu nutzen, d.h. ohne eine weitere Gesundheitsschädigung befürchten zu müssen. Eindeutiger lagen die Dinge in einer Entscheidung aus dem Jahre 2005,[58] wo eine Vertragsdauer von 30 Jahren bei einem 70-jährigen Mann in Rede stand. Dem Gerichtshof zufolge handelte es sich dabei um einen Umstand, der in der Person des auflösungswilligen Vertragspartners liege und für sich allein nicht zur Vertragsauflösung berechtige.

b) Einschränkung: Die Möglichkeit privater Veräußerung

34 Selbst wenn ein aus der Sphäre des Teilzeitnutzungsberechtigten stammender Umstand als wichtiger Grund zu werten ist, kann nach der Judikatur des OGH einer Auflösung entgegenstehen, dass es möglich ist, das Teilzeitnutzungsrecht zu übertragen.[59] Insbesondere wenn der auflösungswillige Partner das Teilzeitnutzungsrecht unter marktgerechten Bedingungen veräußern könne, sei eine Auflösung des Dauerschuldverhältnisses nicht notwendig. Dabei sei eine „gewisse Entwertung" des Nutzungsrechts bei der Veräußerung durch die Marktverhältnisse nicht schädlich, solange eine bestimmte Wertgrenze nicht unterschritten werde. Der Auflösungswillige müsse dabei konkret darlegen und ggf. beweisen, dass er sich um die Veräußerung der Teilzeitnutzungsrechte mit allen ihm zur Verfügung stehenden Mitteln wie Annoncen oder Verkaufsvermittler erfolglos bemüht habe oder dass solche Anstrengungen von vorneherein aussichtslos und daher unnütz gewesen seien. Nicht zu überzeugen vermochte den OGH der Einwand eines Teilzeitnutzungsberechtigten, der Versuch dieser Weiterveräußerung sei ihm mangels jeglicher einschlägiger geschäftlicher Erfahrung und organisatorischer Einrichtung unzumutbar.[60] Der Nutzungsberechtigte könne nur dann nicht auf die Weiterveräußerung verwiesen werden, wenn sein Teilzeitnutzungsrecht trotz dieser Anstrengungen nach derzeitiger und für die Zukunft absehbarer Marktlage praktisch unveräußerbar wäre, entweder weil es an jeglicher Nachfrage fehle oder weil die Privatveräußerung gemessen an dem anteiligen Erwerbspreis nur ohne nennenswerte Gegenleistung möglich wäre und ein einigermaßen werterhaltender Verkauf nur mittels einer bestimmten Vermarktungsstrategie innerhalb einer bestimmten Verkaufsorganisation möglich sei.[61] Liegt allerdings der wichtige Grund allein in der Sphäre des Vereins, so ist höchstrichterlich noch ungeklärt, ob der Teilzeitnutzungsberechtigte auf eine Weiterver-

---

[58] OGH v. 1.12.2005, Gz. 2 Ob 122/05p.
[59] OGH v. 25.8.1998, Gz. 1 Ob 176/98h; OGH v. 8.9.2000, Gz. 2 Ob 199/00d.
[60] OGH v. 8.9.2000, Gz. 2 Ob 199/00d.
[61] OGH v. 25.8.1998, Gz. 1 Ob 176/98h.

äußerung verwiesen werden kann. Die Vorinstanz zu OGH v. 1.12.2005, Gz. 2 Ob 122/05p, hatte dies verneint. Der OGH selbst musste es nicht überprüfen.

c) Ergebnis und Folgefragen

35 Die Verschlechterung seiner finanziellen Lage liegt allein in der Sphäre des Beklagten. Gleiches gilt für die Änderung seiner persönlichen Verhältnisse (Trennung von der Ehefrau). Misst man diese Umstände an den Kriterien, die der OGH in seiner Entscheidung aus dem Jahre 1998 zur Gesundheitsschädigung des Teilzeitnutzungsberechtigten[62] aufgestellt hat, dürfte vorliegend vieles dafür sprechen, einen wichtigen Grund zu verneinen. Im Falle einer abweichenden Bewertung müsste der Beklagte, um eine Vertragsauflösung rechtfertigen zu können, zusätzlich dartun, dass er sich entweder um die Veräußerung seines Rechts erfolglos bemüht hat oder dass solche Bemühungen von Anfang an aussichtslos gewesen sind.

36 Für den Fall, dass ein Auflösungsrecht zugestanden wird, stellt sich die Frage nach dem Wertersatz für den unverbrauchten Rest des Teilzeitnutzungsrechts. Insofern hat der OGH festgelegt, dass eine einfache Verhältnisrechnung unstatthaft ist.[63] Es sei nicht der Betrag zu erstatten, der sich als rechnerischer Bruchteil des Erwerbspreises für die Restnutzungsperiode ergebe. Auf diese Weise nämlich würde der Umstand vernachlässigt, dass die Preiskalkulation sich auf eine längere, nämlich die vertraglich festgelegte Nutzungsperiode bezogen habe. Stattdessen müsse jener Preis der Verhältnisrechnung zugrunde gelegt werden, der zu bezahlen gewesen wäre, wenn sich der Vertrag von vorneherein nur auf den Zeitraum bis zur Vertragsauflösung gerichtet hätte. Nur wenn der Verein seine Kalkulationsgrundlagen nicht offen lege, könne man auf die eingangs genannte Berechnung zurückgreifen. In OGH v. 1.12.2005, Gz. 2 Ob 122/05p, als der neuesten Entscheidung zur hier interessierenden Thematik, war lediglich beantragt worden festzustellen, dass das Dauerschuldverhältnis aufgelöst ist. Mit Wertersatz hatten sich die angerufenen Gerichte nicht zu beschäftigen.

D. Ergebnis

37 Eine Zusammenfassung der Ergebnisse erfolgt nicht, da sich die Antworten auf die eingangs aufgelisteten Fragen unmittelbar aus dem Gutachten ergeben, das der Reihenfolge der Fragen des Gerichts folgt.

---

62 OGH v. 25.8.1998, Gz. 1 Ob 176/98h.
63 OGH v. 25.8.1998, Gz. 1 Ob 176/98h.

II. Schuldrecht

1. Allgemeines Schuldrecht

a) Allgemeine Geschäftsbedingungen

Nr. 5

Niederlande*

Zu den Voraussetzungen der Einbeziehung von Allgemeinen Geschäftsbedingungen in mündlich geschlossene grenzüberschreitende Verträge nach niederländischem Recht.

Das Oberlandesgericht Oldenburg bittet in dem Rechtsstreit E. ./. F. GmbH (Az.: 9 SchH 3/04) um ein Gutachten zu Fragen des niederländischen Vertragsrechts.

Osnabrück vom 23.2.2006

A. Sachlage

1 Die niederländische Firma E. hat für die deutsche F. GmbH in Deutschland und in Polen Baggerarbeiten ausgeführt. E. schickte F. hierfür zwischen dem 31.3. und dem 16.8.1999 und noch einmal zwischen Anfang Februar 2000 und dem 25.11.2000 insgesamt 14 Rechnungen. Einen Teil dieser Rechnungen hat F. beglichen, andere nicht, insbesondere nicht diejenigen wegen der in Polen durchgeführten Arbeiten. E. erhob deshalb Klage, und zwar vor der Schiedskommission in Wageningen (Niederlande), einem Schiedsgericht, das seine Zuständigkeit aus einer Schiedsklausel ableitete, die sich in den niederländischen Allgemeinen Geschäftsbedingungen für Erdbaubetriebe findet. Ob die Letzteren den Beziehungen zwischen den Parteien zugrunde gelegen haben, ist zwischen ihnen umstritten. E. behauptet das, F. bestreitet es. Die Schiedskommission verurteilte F. am 17.12.2003 im Wege des Versäumnisurteils zur Zahlung einer Gesamtsumme von knapp EUR 50.000,-.

Der Schiedsspruch wurde am 12.3.2004 in der Geschäftsstelle des Arrondissementsgerichts Arnheim hinterlegt. Am 25.6.2004 wurde von demselben Gericht die

---

* *Anm. d. Red.:* Zu der Einbeziehung Allgemeiner Geschäftsbedingungen nach niederländischem Recht s. auch IPG 2000/2001 Nr. 7 *(Köln)*.

Genehmigung zur Vollstreckung des Schiedsgerichtsurteils erteilt. Im vorliegenden Rechtsstreit geht es um die Anerkennung dieses Schiedsgerichtsurteils in Deutschland.

Die Firma F. hat sich auf das Schiedsverfahren nicht eingelassen. Sie hat sich von Anfang an gegen die Anwendbarkeit niederländischen Rechts und gegen die Zuständigkeit des Schiedsgerichts (der Schiedskommission in Wageningen) gewandt, erstmalig bereits mit Schreiben vom 23.8.2002 an die Schiedskommission, in Erwiderung auf den Schiedsantrag von E. vom 9.4.2002. Mit ebenfalls an die Schiedskommission gerichtetem Schreiben vom 30.9.2002 bestritt F., dass ihrem Vertrag mit E. deren Allgemeine Geschäftsbedingungen und mit ihnen die darin enthaltene Schiedsklausel zugrunde gelegen hätte(n). Die Zuständigkeit der Schiedskommission sei folglich nicht wirksam vereinbart worden. F. war und blieb der Auffassung, dass es, da alle Verträge zwischen den Parteien nur mündlich abgeschlossen wurden, an einer formwirksamen Schiedsabrede fehle. Ein Hinweis auf die Allgemeinen Geschäftsbedingungen habe sich lediglich auf den Rechnungen der Firma E. befunden; der Inhalt der AGB sei F. zudem unbekannt gewesen. E. hält dem entgegen, dass die Parteien schon seit 1994 in Geschäftsbeziehung stünden und dass sie (E.) auf allen ihren Rechnungen von Anfang an auf die Geltung der Allgemeinen Geschäftsbedingungen für Erdbaubetriebe verwiesen habe. Weil man schon seit so langer Zeit geschäftlichen Kontakt gepflegt habe, weil man regelmäßig ganz ähnliche Verträge abgeschlossen und weil man sich gegenseitig vertraut habe, seien die gegenseitigen Absprachen nicht schriftlich fixiert worden. F. habe nie erklärt, mit der Einbeziehung der Allgemeinen Geschäftsbedingungen für Erdbaubetriebe nicht einverstanden zu sein. E. ist deshalb der Auffassung, dass F. im Zeitpunkt des Vertragsabschlusses gewusst habe, dass die AGB ihrem Vertrag zugrunde gelegt würden.

B. Anfrage

Das Oberlandesgericht Oldenburg hat die Einholung eines Gutachtens beschlossen, und zwar zu folgender Frage: 2

„Reicht es nach niederländischem Recht oder der maßgeblichen niederländischen Rechtsprechung für die Einbeziehung von Allgemeinen Geschäftsbedingungen und die Vereinbarung einer darin enthaltenen Schiedsklausel aus, wenn bei langjährigen Geschäftsbeziehungen ein entsprechender Hinweis auf die AGB – hier: Allgemeine Geschäftsbedingungen für Erdbaubetriebe – auf den Rechnungen oder auf dem Briefpapier erfolgt?“

C. Rechtslage

I. Vorbemerkung

3 Fragen des deutschen Internationalen Privat- und Privatverfahrensrechts werden nicht geprüft; auch nicht Fragen im Zusammenhang mit der Anerkennung ausländischer Schiedssprüche.

II. Die gesetzliche Ausgangslage

4 Das niederländische Zivilgesetzbuch (*Burgerlijk Wetboek*, BW) regelt das Zustandekommen von Verträgen und damit zugleich die Einbeziehung von Allgemeinen Geschäftsbedingungen in sie in seinem dem Vertragsschluss gewidmeten Abschnitt 6.5.2 (d.h. in den Artikeln 217 - 230 seines 6. Buches) und in seinem die „Rechtsgeschäfte" betreffenden Titel 3.2 (d.h. in den Artikeln 32 - 59 seines 3. Buches).[1]

5 Die Problematik der Bindung an Allgemeine Geschäftsbedingungen wird zwar in Buch 6, Titel 5, Abschnitt 3 (d.h. in den Artikeln 6:231 - 6:247) noch einmal gesondert aufgegriffen. Die Regeln dieses Abschnitts sind jedoch nach Art. 6:247 Abs. 2 BW nicht anwendbar in internationalen Fällen, in denen auf beiden Seiten gewerbliche Unternehmen beteiligt sind. Um einen solchen Fall geht es auch im vorliegenden Rechtsstreit. Art. 6:247 Abs. 2 BW lautet:

	Deutsch:[2]
„Op overeenkomsten tussen partijen die handelen in de uitoefening van een beroep of bedrijf en die niet beide in Nederland gevestigd zijn, is deze afdeling niet van toepassing, ongeacht het recht dat de overeenkomst beheerst."	Auf Verträge zwischen Parteien, die in Ausübung eines Berufes oder Gewerbes handeln und die nicht beide in den Niederlanden niedergelassen sind, findet dieser Abschnitt ungeachtet des Rechtes, dem der Vertrag unterliegt, keine Anwendung.

6 Rechtsprechung und Lehre bestätigen, dass in allen Fällen, in welchen nach Art. 6:247 Abs. 2 der Abschnitt 6.5.3 des BW nicht anwendbar ist, „die Frage der Anwendbarkeit der Allgemeinen Geschäftsbedingungen anhand der allgemeinen Regeln von Angebot und Annahme zu beantworten ist."[3]

---

1 *Hondius*, Verbintenissenrecht 4, Loseblatt-Ausgabe 1990 - 2004, Buch 6, Titel 5, Abschnitt 3, Einführung, Anm. 6, S. 14 - 24.

2 Alle Übersetzungen aus dem BW nach *Nieper/Westerdijk*, Niederländisches Bürgerliches Gesetzbuch, Buch 3 - 5, 1996, bzw. Buch 6 und Buch 7, 1995.

3 *Hondius* (o. Fn. 1), Artikel 6:247, Anm. 4, S. 11 und Artikel 6:232, Anm. 2, S. 1 und Rechtbank

III. Einbeziehung Allgemeiner Geschäftsbedingungen in mündlich geschlossene Verträge im Allgemeinen

Artikel 6:217 BW bestimmt, dass ein Vertrag durch ein Angebot und dessen Annahme zustande kommt. Artikel 6:217 Abs. 1 BW lautet: 7

	Deutsch:
„Een overeenkomst komt tot stand door een aanbod en de aanvaarding daarvan."	Ein Vertrag kommt durch ein Angebot und dessen Annahme zustande.

Dass es hiernach zwischen den Parteien zu einem wirksamen (mündlichen) Vertragsschluss gekommen ist, unterliegt, von der AGB-Problematik abgesehen, keinem Zweifel und wird auch von keiner Seite bestritten. Man hat sich jeweils über die Hauptbestandteile des Vertrages geeinigt; das genügt.[4] 8

Auch die Frage der Einbeziehung von bzw. der Bindung an Allgemeine Geschäftsbedingungen unterliegt der Regelung des Art. 6:217 Abs. 1 BW, also den Grundsätzen von Angebot und Annahme. Allgemeine Geschäftsbedingungen werden folglich Bestandteil eines mündlich geschlossenen Vertrages, wenn ein entsprechendes Angebot angenommen wurde. 9

Nach Art. 6:221 Abs. 1 BW ist erforderlich, dass ein mündliches Angebot „unmittelbar angenommen" wird. Art. 6:221 Abs. 1 BW lautet: 10

	Deutsch:
„(1) Een mondeling aanbod vervalt, wanneer het niet onmiddelijk wordt aanvaard, een schriftelijk aanbod, wanneer het niet binnen een redelijke tijd wordt aanvaard."	Ein mündliches Angebot erlischt, wenn es nicht unmittelbar angenommen wird, ein schriftliches Angebot, wenn es nicht innerhalb angemessener Zeit angenommen wird.

Die Parteien haben ihre Verträge stets telefonisch und damit mündlich geschlossen. Zwar ist nicht immer eindeutig auszumachen, von wem das Angebot ausging und wer es annahm, doch wirft das Unmittelbarkeitserfordernis des Art. 6:221 Abs. 1 BW hier keinerlei Schwierigkeiten auf. 11

Die niederländische Rechtsprechung hat vielfach bestätigt, dass ein lediglich mündlicher (telefonischer) Vertragsschluss der Einbeziehung von Allgemeinen Ge- 12

Zwolle v. 21.5.2003 (dem Gutachter nicht zugänglich; zitiert nach *Hondius* loc. cit.); ferner *Asser/Hartkamp*, Carel Asser's handleiding tot de beoefening van het Nederlands burgerlijk recht. Verbintenissenrecht, Deel II: Algemene leer der overeenkomsten, 12. Aufl. 2005, Rn. 349, S. 370.

4 Näher *Asser/Hartkamp* (o. Fn. 3), loc. cit.

schäftsbedingungen in diesen Vertrag nicht entgegenstehen muss. Ein deutliches Beispiel dafür liefert eine Entscheidung der Rechtbank Roermond vom 9.11.1995.[5] Die Parteien Mitac und Weert hatten telefonisch einen Vertrag geschlossen. Mitac konnte deshalb erst nach dem Vertragsschluss von den Allgemeinen Geschäftsbedingungen des Weert Kenntnis nehmen. Das Gericht nahm an, dass es zu einer Einbeziehung dieser AGB in den Vertrag gekommen war, weil (i) Weert in der schriftlichen Auftragsbestätigung auf sie verwiesen, (ii) Mitac nach ihrem Empfang dagegen nicht protestiert hatte, (iii) die Ausführung des Auftrags eilte und weil Mitac (iv) hätte wissen müssen, dass Verträge in der Branche, in welcher Mitac tätig war, gewöhnlich auf der Basis dieser AGB abgeschlossen wurden. Es sei bei Aufträgen dieser Art absolut üblich gewesen, die entsprechenden AGB zu verwenden.[6]

IV. Voraussetzungen der Einbeziehung Allgemeiner Geschäftsbedingungen in mündlich geschlossene Verträge

13 Dass ein telefonischer Vertragsschluss der Einbeziehung von AGB in den Vertrag nicht grundsätzlich entgegensteht, kann folglich als gesichert gelten. Ob es im Einzelfall tatsächlich zur Einbeziehung von AGB in einen dergestalt geschlossenen Vertrag gekommen ist, muss nach Maßgabe der Artikel 3:33 und 3:35 BW entschieden werden. Sie „beantworten die Frage, ob Allgemeine Geschäftsbedingungen, auf die erst in der (nachfolgenden) Rechnung verwiesen wird, auf den Vertrag zur Anwendung kommen“.[7] Denn Angebot und Annahme sind Rechtsgeschäfte, deren Auslegung den allgemeinen Regeln folgt.[8] Die genannten Vorschriften lauten:

Art. 3:33 BW	*Deutsch*:
„Een rechtshandeling vereist een op een rechtsgevolg gerichte wil die zich door een verklaring heeft geopenbaard.“	Ein Rechtsgeschäft setzt einen auf eine Rechtsfolge gerichteten Willen voraus, der sich durch eine Erklärung offenbart hat.
Art. 3:35 BW	
„Tegen hem die eens anders verklaring of gedraging, overeenkomstig de zin die hij daaraan onder de gegeven omstandigheden redelijkerwijze mocht toekennen, heeft opgevat als een door die ander tot hem gerichte	Gegenüber demjenigen, der die Erklärung oder das Verhalten eines anderen, entsprechend dem Sinn, den er dieser bzw. diesem unter den gegebenen Umständen vernünftigerweise zuschreiben durfte, als eine von die-

5 Zusammen mit dem Urteil der 2. Instanz (Hof ’s-Hertogenbosch v. 10.7.1997) veröffentlicht in Nederlands Jurisprudentie [NJ] 1998, Nr. 504, S. 2855.

6 Ganz ähnlich auch Hof ’s-Hertogenbosch v. 6.3.2003, Schip en Schade [S&S] 2004, Nr. 9 (dem Gutachter nicht zugänglich; zusammengefasst in *Hondius/Blei Weissmann*, Verbintenissenrecht, Deel IV, Loseblatt-Ausgabe 1990 - 2004, Art. 6:225, Anm. 35, S. 71).

7 *Hondius/Blei Weissmann* (o. Fn. 6), Art. 6:225 Abs. 3, Anm. 41, S. 435.

8 *Asser/Hartkamp* (o. Fn. 3), Rn. 280, S. 280 und 285, S. 285 - 286.

verklaring van een bepaalde strekking, kan geen beroep worden gedaan op het ontbreken van een met deze verklaring overeenstemmende wil.“	sem anderen an ihn gerichtete Erklärung eines bestimmten Inhalts aufgefasst hat, kann man sich auf den Mangel eines mit dieser Erklärung übereinstimmenden Willens nicht berufen.

Aus Art. 3:35 BW folgt unmittelbar, dass die Kenntnis der Allgemeinen Geschäftsbedingungen der anderen Seite keine notwendige Voraussetzung dafür ist, dass die AGB Vertragsbestandteil werden. Denn die Vorschrift schneidet das Argument ab, dass man nur wollen könne, was man kennt. Entscheidend sind nicht wirkliche Kenntnis und wirklicher Wille. Entscheidend ist vielmehr, welche Bedeutung die jeweils andere Seite einem bestimmten Verhalten bzw. einer bestimmten Erklärung vernünftiger- oder redlicherweise *(redelijkerwijze)* beimessen durfte. Es kommt also darauf an, wie F. die Erklärungen von E. und wie E. die Erklärungen von F. im Hinblick auf die Einbeziehung der Allgemeinen Geschäftsbedingungen für Erdbaubetriebe deuten durften bzw. mussten. Zu fragen ist mit anderen Worten, ob Angebot und Annahme von der jeweils anderen Seite vernünftigerweise die Bedeutung zugeschrieben werden musste, dass die Verträge auf der Basis der Allgemeinen Geschäftsbedingungen abgewickelt werden sollten. *„De vraag of de wederpartij gebonden is, mag niet beantwoord worden met de redenering dat de overeenkomst slechts geldig is, voor zover daarover volledige instemming bestaat, maar ongeldig wat betreft de algemene voorwaarden waarvan de wederpartij heeft nagelaten kennis te nemen.“*[9] („Die Frage, ob die Gegenpartei gebunden ist, darf nicht mit der Erwägung beantwortet werden, dass der Vertrag nur insoweit wirksam ist, wie über ihn [über seinen Inhalt] völlige Übereinstimmung erzielt wurde, aber unwirksam im Hinblick auf [die Vereinbarung] Allgemeiner Geschäftsbedingungen, von welchen die Gegenpartei es unterlassen hat, Kenntnis zu nehmen“ [obwohl das möglich war]). 14

V. Auslegung der Erklärungen vom Empfängerhorizont

Maßgeblich ist mithin eine Gesamtwürdigung des Bedeutungsgehalts der Erklärungen der jeweils anderen Seite aus der Sicht eines objektiven Erklärungsempfängers in der Situation der fraglichen Partei. Dabei ist zu bedenken, dass die Alternative gewöhnlich lautet, entweder einen Vertragsschluss völlig zu verneinen, oder einen Vertragsschluss unter Einbeziehung der fraglichen AGB zu bejahen. Zumeist verbietet sich dagegen eine Lösung, wonach der Vertrag zwar zustande gekommen ist, die AGB aber nicht Vertragsbestandteil wurden. 15

Es ist, wie gesagt, nicht klar, aber auch nicht von entscheidender Bedeutung, welche der Parteien für welchen Vertrag jeweils das Angebot bzw. die Annahme 16

[9] *Asser/Hartkamp* (o. Fn. 3), Rn. 349, S. 370.

erklärt hat. Unstreitig ist jedenfalls, dass die Parteien in jahrelanger Geschäftsbeziehung standen und dass E. auf allen Rechnungen, die F. vor den hier fraglichen Vertragsschlüssen zugingen, auf die genannten AGB hingewiesen hat. Das ist wichtig, weil das niederländische Recht den bisherigen Geschäftsbeziehungen zwischen den Parteien bei der Auslegung von Willenserklärungen große Bedeutung zumisst.[10]

17 Das Gericht hat die Frage zu beantworten, welche Bedeutung E. und F. den Erklärungen und dem Verhalten der jeweils anderen Seite „unter den gegebenen Umständen vernünftigerweise zuschreiben durften“ (Art. 3:35 BW). Diese Entscheidung kann dem Gericht niemand abnehmen. Der Gutachter ist indes der Auffassung, dass niederländische Gerichte in dem vorliegenden Fall zu dem Ergebnis gelangen würden, dass die genannten AGB für Erdbaubetriebe Vertragsbestandteil geworden sind.

18 Der Hoge Raad hat bestätigt, dass es zwar grundsätzlich nur dann zu einer Bindung an die AGB der anderen Seite kommt, wenn die betroffene Partei mit der Geltung dieser AGB einverstanden war. Für die Annahme eines solchen Einverständnisses kann es indes schon genügen, dass die betroffene Partei bei dem Verwender das gerechtfertigte Vertrauen erweckt hat, dass die AGB akzeptiert würden.[11] Dies kann auch stillschweigend erfolgen.[12] Dem Umstand, dass F. der Einbeziehung der AGB niemals widersprochen hat, ist nach hiesiger Auffassung ein solcher Erklärungswert beizumessen.

19 Dabei ist auch zu sehen, dass der Hoge Raad es mehrfach für ausreichend angesehen hat, wenn eine Seite in laufender Geschäftsbeziehung auf ihren Rechnungen auf ihre AGB verweist. Dem komme gemäß den Artikeln 3:33 und 3:35 BW der Erklärungswert zu, nur auf der Basis dieser AGB kontrahieren zu wollen.[13] Hinzuweisen ist ferner auf die Artikel 6:231 lit. c und 6:232 BW, wonach die andere Vertragspartei auch dann an die Allgemeinen Geschäftsbedingungen gebunden ist, wenn der Verwender bei dem Abschluss des Vertrages wusste oder wissen musste, dass sie deren Inhalt nicht kannte. Diese Vorschrift ist zwar im vorliegenden Rechtsstreit nicht anwendbar (s. oben Rn. 5), doch stellt sie eine Kodifizierung älterer Rechtsprechung dar und darf insoweit als Argumentationshilfe eingesetzt werden.[14]

20 In einer Entscheidung vom 12.1.2001 hat der Hoge Raad betont, dass zur Ermittlung des Vertragsinhaltes auf den Verlauf der Vertragsverhandlungen Bedacht

---

10 *Hondius/Blei Weissmann*, Verbintenissenrecht, Deel III, Loseblatt-Ausgabe 1990 - 2005, Art. 6:217, Abs. 1, Anm. 65, S. 402.

11 Hoge Raad v. 19.12.1997, NJ 1998, Nr. 271, S. 1479 - 1490; s. dazu *Hondius/Blei Weissmann* (o. Fn. 10), Art. 6:217, Abs. 1, Anm. 26.2, S. 114 - 122.

12 *Asser/Hartkamp* (o. Fn. 3), Rn. 352, S. 373 mit Nachweisen aus der Rechtsprechung.

13 Hoge Raad v. 2.2.2001, NJ 2001, Nr. 200, S. 1320 - 1328 und Hoge Raad v. 19.12.1997, NJ 1998, Nr. 271, S. 1479 - 1490.

14 *Asser/Hartkamp* (o. Fn. 3), Rn. 353, S. 374.

zu nehmen ist.[15] Deshalb kommt nach der niederländischen Rechtsprechung dem Umstand großes Gewicht zu, dass die Parteien bereits seit 1994 in Vertragsbeziehungen standen und jede Rechnung von Anfang an den Hinweis auf die AGB enthielt. Man schloss die späteren Verträge sozusagen „so wie immer", was nach hiesiger Auffassung bei E. das gerechtfertigte Vertrauen begründete, dass die AGB Vertragsbestandteil werden sollten.

Aus der Rechtsprechung des Hoge Raad ergibt sich ferner, dass *„[o]ok omstandigheden die zich ná het sluiten van de overeenkomst voordoen, zoals gedragingen van partijen bij de uitvoering van de overeenkomst, kunnen bij de uitleg van partijbedoelingen worden betrokken"* (dass „auch Umstände, die sich erst nach Vertragsabschluss ergeben, sowie das Verhalten der Parteien bei der Abwicklung des Vertrages für die Auslegung ihrer Absichten [bei Vertragsschluss] berücksichtigt werden können").[16] Der Hoge Raad urteilte in einem jüngeren Fall außerdem, dass die Gerichte bei der Auslegung einer Vertragsklausel dem späteren Verhalten der Parteien größere Bedeutung beimessen dürften als dem Wortlaut der Klausel.[17] 21

Im Schrifttum wird betont, dass für die Auslegung der Erklärung bzw. für das Verständnis des Verhaltens einer Partei ihre andauernde Geschäftsbeziehung mit der anderen Seite wichtig sei, deshalb auch dem Umstand, dass eine Seite auf ihren Rechnungen auf ihre AGB verwiesen und die andere Seite dem nicht rechtzeitig widersprochen habe und außerdem der Üblichkeit der Verwendung solcher AGB in dem betreffenden Geschäftszweig große Bedeutung zukomme.[18] 22

VI. Niederländische Rechtsprechung in ähnlich gelagerten Fällen

Aus der niederländischen Rechtsprechung zu Fällen, die ähnlich lagen wie der hier zu entscheidende Rechtsstreit, ist insbesondere noch auf die folgenden Entscheidungen hinzuweisen. Sie stützen nach hiesigem Verständnis das Ergebnis, dass die Allgemeinen Geschäftsbedingungen für Erdbaubetriebe Bestandteil des Vertrages zwischen E. und F. wurden. 23

Pres. Rechtbank Zwolle vom 20.12.1994[19] fasste die Rechtslage wie folgt zusammen: *„De vraag is of de FENEX-voorwaarden op de onderhavige overeenkomst van toepassing zijn. Voor de beantwoording van die vraag zijn de navolgende omstandigheden van belang: Het betreft hier professionele contractspartijen; Partijen hebben in het verleden diverse malen zaken met elkaar gedaan; De facturen die naar aanleiding daarvan werden opgemaakt bevatten* 24

15 Hoge Raad v. 12.1.2001, NJ 2001, Nr. 199, S. 1314 - 1320 (unter 3.9).
16 Hoge Raad v. 20.5.1988, NJ 1988, Nr. 781, S. 2637 - 2642 (Smeets/Kuyper).
17 Hoge Raad v. 20.5.1994, NJ 1994, Nr. 574, S. 2664 - 2674 (Gasunie/Gemeente Anloo).
18 *Hondius/Blei Weissmann* (o. Fn. 6), Art. 6:232, Anm. 6, S. 11.
19 S&S 1996, 39, hier zitiert nach *Hondius/Blei Weissmann* (o. Fn. 6), Art. 6:232, Anm. 6, S. 12.

steeds een verwijzing naar de Fenex-voorwaarden; T&O heeft tegen de toepasselijkheid van deze voorwaarden niet eerder geprotesteerd; De factuur die naar aanleiding van de onderhavige opdracht is verzonden bevat eveneens een verwijzing naar de Fenex-voorwaarden; Daartegen wordt door T&O eerst thans bezwaar gemaakt. Gelet op deze feiten en omstandigheden moet – mede gezien de jurisprudentie op dit punt – voorshands tot het oordeel worden gekomen dat de Fenex-voorwaarden deel uitmaken van de onderhavige overeenkomst." („Die Frage ist, ob die Fenex-Bedingungen auf den vorliegenden Vertrag anwendbar sind. Zur Beantwortung dieser Frage sind die folgenden Umstände wichtig: Es geht um professionelle Vertragsparteien; die Parteien haben in der Vergangenheit mehrfach miteinander zu tun gehabt; die Rechnungen, die infolgedessen ausgestellt wurden, enthielten immer einen Hinweis auf die Fenex-Bedingungen; gegen die Anwendung dieser Bedingungen hat T&O nicht früher protestiert; auch die Rechnung, die wegen des vorliegenden Auftrags versandt wurde, enthielt einen Hinweis auf die Fenex-Bedingungen; erst jetzt erhebt T&O hiergegen Einspruch. Aufgrund dieser Tatsachen und Umstände soll – auch unter Berücksichtigung der Rechtsprechung zu diesem Punkt – geurteilt werden, dass die Fenex-Bedingungen Teil des vorliegenden Vertrages geworden sind").

25 Hof 's-Hertogenbosch vom 28.10.1997:[20] *„Een vijftal facturen welke door de verkoper aan koper ter zake van eerdere transacties waren toegezonden, houden de vermelding in ‚Alg. Handelsvoorwaarden geldende bij A.H.V.R.'. Uit deze vermelding kon het koper duidelijk zijn dat de verkoper bedoelde deze voorwaarden op zijn handelsrelatie met koper van toepassing wilde doen zijn. Door vervolgens zonder protest daartegen met verkoper zaken te blijven doen, heeft koper dit stilzwijgend aanvaard."* („Fünf Rechnungen, die vom Verkäufer an den Käufer wegen früherer Transaktionen geschickt wurden, enthalten den Hinweis ‚Alg. Geschäftsbedingungen geltend bei A.H.V.R.'. Infolge dieses Hinweises musste es dem Käufer klar sein, dass der Verkäufer meinte, dass er diese Bedingungen auf seine Geschäftsbeziehung zum Käufer anzuwenden wünscht. Dadurch, dass der Käufer weiterhin mit dem Verkäufer gehandelt hat, ohne hiergegen zu protestieren, hat der Käufer sie stillschweigend angenommen").

26 Hoge Raad vom 19.12.1997:[21] „Zur Beantwortung der Frage, ob die Allgemeinen Geschäftsbedingungen auf den vorliegenden Vertrag anwendbar" waren, waren nach Auffassung des Hoge Raad die folgenden Umstände wichtig: Es ging (i) um Gewerbetreibende, weswegen „Helpman darauf gefasst sein sollte, dass Imbema Allgemeine Geschäftsbedingungen verwandte"; die Parteien hatten (ii) in der Vergangenheit schon mehrfach miteinander Handel getrieben; (iii) die daraufhin ausgestellten Rechnungen enthielten stets einen Hinweis auf die AGB; (iv) die Gegensei-

---

[20] De Praktijgids [PRG] 1998, nr. 4888, hier zitiert nach *Hondius/Blei Weissmann* (o. Fn. 6), Art. 16:232, Anm. 6, S. 13.

[21] NJ 1998, Nr. 271, S. 1479 - 1490 (Helpman/Imbema).

te hatte gegen die Verwendung der AGB nicht protestiert; (v) der Verwender durfte deshalb annehmen, die Gegenseite habe die Geltung der AGB stillschweigend akzeptiert. Das Problem des Falles lag darin, dass die Fa. Imbema der Fa. Helpmann ihr Angebot auf zwei handgeschriebenen Faxbriefen gemacht hatte. Der Hoge Raad meinte, Helpmann habe nicht davon ausgehen dürfen, dass die Faxbriefe den Vertragsinhalt bereits vollständig wiedergegeben hätten.

Hoge Raad vom 2.2.2001:[22] In diesem Fall entschied der Oberste Gerichtshof, 27
dass der deutsche Auftraggeber eines niederländischen Auftragnehmers stillschweigend dessen AGB akzeptiert habe. Der niederländische Auftragnehmer habe auf seinen Briefbögen auf die AGB hingewiesen. Bei dem deutschen Auftraggeber habe es sich um ein international tätiges Unternehmen gehandelt, das hätte wissen müssen, dass auch Texte auf der Fußzeile eines Geschäftsbriefbogens Hinweise auf AGB enthalten können. Wäre sich das deutsche Unternehmen über die Bedeutung dieses Textes nicht klar gewesen, hätte es nachfragen und Aufklärung verlangen können. Da das nicht geschehen sei, habe man das niederländische Unternehmen in dem Vertrauen belassen, dass die AGB gelten würden.

D. Ergebnis

Das Gutachten kommt auf der Basis der dargelegten niederländischen Gesetzes- 28
lage sowie der dortigen Rechtsprechung und Lehre zu dem Ergebnis, dass die fraglichen Allgemeinen Geschäftsbedingungen in die Verträge zwischen E. und F. einbezogen worden sind.

---

[22] NJ 2001, Nr. 200, S. 1320 - 1328.

b) Aufrechnung

Siehe Nr. 34 (Saarbrücken)

c) Rücktritt, Kündigung

Siehe auch Nr. 4 (Berlin)

Nr. 6

Österreich*

1. **Zur kollisionsrechtlichen Anknüpfung, zur rechtlichen Einordnung und zum Zustandekommen (Stellvertretung) des Beherbergungs- oder Pensionsvertrages.****
2. **Zum Rücktritt vom Beherbergungsvertrag wegen Lärmbelästigung.**
3. **Die Österreichischen Hotelvertragsbedingungen (ÖHVB) gelten nicht kraft Gesetzes, sondern nur durch individuelle Einbeziehung in den Vertrag. Nach der Rechtsprechung des OGH können sie jedoch bei der Klarstellung dessen, was der Übung des redlichen Verkehrs entspricht, berücksichtigt werden.**
4. **Im Falle des Annahmeverzugs des Gastes muss sich der Beherbergungsunternehmer aus dem Gedanken der Vorteilsausgleichung und Schadensminderungsobliegenheit dasjenige anrechnen lassen, was er anderweitig verdient oder zu erwerben absichtlich versäumt. Ein Abzug von 25% auf den Zimmerpreis erscheint angemessen.**

Das Landgericht Bochum bittet in dem Rechtsstreit K. Hotel GmbH & Co KG ./. F. (Az. 4 O 324/05) um Auskunft über Fragen des österreichischen Vertragsrechts.

Rostock GP 119-6.6 vom 3.10.2006

---

* *Anm. d. Red.:* Zu den Ansprüchen aus einem sog. *Hotelvertrag* nach österreichischem Recht s. auch IPG 1987/1988 Nr. 12 *(Bonn)*.

** *Anm. d. Red.:* Zu den Voraussetzungen des Vertragsschlusses nach österreichischem Recht s. auch IPG 2000/2001 Nr. 2 *(Passau)*.

A. Sachlage

Die Klägerin betreibt ein Hotel in Saalbach/Österreich. Die Beklagten hatten dort per E-Mail für die Zeit vom 26.12.2002 bis zum 5.1.2003 vier Doppelzimmer mit Halbpension zum Preis von EUR 130,00 pro Person und Tag gebucht. Mit nicht datiertem Telefax forderte die Privatbrauerei M. F. bei der Klägerin eine Reservierungsbestätigung an. Die Klägerin erbat daraufhin mit E-Mail vom 28.10.2002 eine Anzahlung von EUR 400,00 pro Doppelzimmer. Mit E-Mail vom 27.11.2002 erneuerte der Bekl. zu 2), H. F., die Reservierung von 4 Doppelzimmern, davon zwei möglichst ruhig gelegen. Mit E-Mail vom 4.12.2002 kündigte der Bekl zu 2) die Überweisung der Anzahlung von EUR 400,00 pro Doppelzimmer an. Am 6.12.2002 wurde dem Konto der Klägerin ein Betrag in Höhe von EUR 1.600 abzüglich Kommission und Spesen (EUR 9,81), mithin EUR 1.590,19 gutgeschrieben; Auftraggeber war der Bekl. zu 1), J. K.-F. Daraufhin bestätigte die Klägerin der „Familie K.-F." mit Fax vom 16.12.2002 den Eingang der Anzahlung und die Reservierung von vier Doppelzimmern mit Halbpension für den genannten Zeitraum. 1

Am 26.12.2002 reisten die Beklagten mit ihren Familien an und bezogen die reservierten Zimmer. Am Vormittag des 27.12. beschwerten sie sich an der Rezeption des Hotels über Störung der Nachtruhe durch den von einer benachbarten Diskothek ausgehenden Lärm. Daraufhin wurden ihnen zwei Zimmer auf der gegenüberliegenden Seite des Hotels angeboten. Diese lehnten die Beklagten nach Besichtigung jedoch ab, weil sie am Vormittag noch belegt waren; auch seien sie zu klein und überdies sei im Hinblick auf die Livemusik auf der Terrasse des Nachbarhotels jedenfalls in der Zeit von 16:00 bis 20:00 Uhr nicht mit Ruhe zu rechnen. Die weiteren Einzelheiten sind zwischen den Parteien streitig. Die Klägerin behauptet, die angebotenen beiden Ersatzzimmer seien am Nachmittag des 27.12. frei geworden und hätten von den Beklagten bezogen werden können. Die Beklagten bestreiten dies. Die Klägerin bestreitet im Übrigen die behauptete Lärmbelästigung; von den anderen Gästen habe sich kein einziger beschwert.

Am Morgen des 28.12. reisten die Beklagten ab. Mit Schreiben vom 28.12.2002 stellte die Klägerin ihnen zwei Tage Halbpension für acht Personen zu EUR 130,00 pro Person (EUR 2.080,00) in Rechnung; für die nicht in Anspruch genommene Leistung berechnete die Klägerin 75% des vereinbarten Preises, mithin acht Tage Halbpension für acht Personen zu EUR 130,00 pro Person (EUR 6.240,00). Zuzüglich Kurtaxe (EUR 17,60) und abzüglich der geleisteten Anzahlung (EUR 1.590,19) ergab sich ein Zahlungsbetrag von EUR 6.747,41. Mit der den Beklagten am 2.8.2005 zugestellten Klage begehrt die Klägerin Zahlung des genannten Betrages.

B. Anfrage

2 Das Gericht fragt an, ob

1. die Klägerin nach österreichischem Recht einen Anspruch auf Zahlung von EUR 6.747,41 gegen die Beklagten schlüssig dargelegt habe;
2. der Beklagtenvortrag insoweit erheblich sei, als den Beklagten – ihren Vortrag als wahr unterstellt – nach österreichischem Recht aufgrund der behaupteten Mängel ein Recht zur Kündigung zustehen würde, die einen Anspruch der Klägerin entfallen lassen würde;
3. ein etwaiger Anspruch der Klägerin nach österreichischem Recht verjährt wäre.

C. Gutachten

I. Anwendbares Recht

3 Im Ergebnis zu Recht geht das Gericht von der Anwendbarkeit österreichischen Rechts aus. Bei Beherbergungsverträgen zwischen Hotels und Verbrauchern handelt es sich i.S.v. Art. 29 Abs. 1 EGBGB um Verbraucherverträge in Form von Dienstleistungsverträgen.[1] Mangels Rechtswahl unterliegen solche Verträge gemäß Art. 29 Abs. 2 EGBGB unter den in Art. 29 Abs. 1 EGBGB genannten Voraussetzungen dem Recht des Staates, in dem der Verbraucher seinen gewöhnlichen Aufenthalt hat. Im vorliegenden Fall könnten die Voraussetzungen von Art. 29 Abs. 1 Nr. 1 EGBGB (Werbung und Vertragserklärung im Aufenthaltsstaat) erfüllt sein. Ob die Abrufbarkeit einer Internet-Seite als Werbung im Aufenthaltsstaat anzusehen ist, ist umstritten.[2] Dies kann hier aber dahingestellt bleiben, da jedenfalls die Ausnahme nach Art. 29 Abs. 4 Nr. 2 EGBGB eingreift: die Dienstleistungen des Vertragspartners wurden ausschließlich in Österreich erbracht, die Regeln des Art. 29 Abs. 1 - 3 EGBGB finden deshalb hier keine Anwendung.

4 Es bleibt damit bei der allgemeinen Anknüpfungsregel des Art. 28 EGBGB, die (mangels Rechtswahl) darauf abstellt, zu welchem Staat der Vertrag die engste Verbindung aufweist (Art. 28 Abs. 1 EGBGB). Gemäß Art. 28 Abs. 2 EGBGB wird vermutet, dass der Vertrag die engste Verbindung mit dem Staat aufweist, in dem die Partei, welche die charakteristische Leistung erbringt, im Zeitpunkt des Vertragsschlusses ihren gewöhnlichen Aufenthalt oder – falls es sich, wie hier, um eine Gesellschaft handelt – ihre Hauptverwaltung hat. Die charakteristische Leistung eines Beherbergungsvertrages wird von dem Hotelbetreiber/Gastwirt erbracht. Dies führt im vorliegenden Fall zur Anwendbarkeit des österreichischen Rechts.

---

1 MüKo/*Martiny*, 4. Aufl. 2006, Art. 29 EGBGB, Rn. 18.

2 Vgl. dazu MüKo/*Martiny* (o. Fn. 1), Art. 29 EGBGB, Rn. 36 m.N.

5 Eine Rück- oder Weiterverweisung (Renvoi) des österreichischen Rechts kommt nicht in Betracht, da es sich bei den Verweisungen des internationalen Vertragsrechts gemäß Art. 35 EGBGB um Sachnormverweisungen handelt. Im Übrigen beruhen die Art. 27 ff. EGBGB auf dem Römischen EWG-Übereinkommen über das auf vertragliche Schuldverhältnisses anzuwendenden Recht vom 19.6.1980 (EVÜ), welches auch für Österreich gilt.

II. Österreichisches Vertragsrecht

1. Das Zustandekommen des Vertrages

a) Einigung

6 Zum Abschluss eines Vertrages heißt es in § 861 des österreichischen Allgemeinen Bürgerlichen Gesetzbuches (ABGB):

§ 861 ABGB

„Wer sich erklärt, dass er jemandem sein Recht übertragen, das heißt, dass er ihm etwas gestatten, etwas geben, dass er für ihn etwas tun, oder seinetwegen etwas unterlassen wolle, macht ein Versprechen; nimmt aber der andere das Versprechen gültig an, so kommt durch den übereinstimmenden Willen beider Teile ein Vertrag zustande. Solange die Unterhandlungen dauern, und das Versprechen noch nicht gemacht oder weder zum voraus, noch nachher angenommen ist, entsteht kein Vertrag."

7 Wie im deutschen Recht sind danach zwei inhaltlich übereinstimmende Willenserklärungen (Einigung) und der jeweilige Bindungswille erforderlich. Der Vertrag kommt zustande, wenn die Erklärung des Annehmenden zum Ausdruck bringt, dass er den Inhalt des Angebots als vertragliche Regelung akzeptiert.[3]

8 Das Angebot ist hier von den Beklagten ausgegangen, es ist spätestens in der E-Mail vom 27.11.2002 zu sehen. Der Bekl. zu 2) ist dabei für sich selbst und zugleich als Vertreter des Beklagten zu 1) aufgetreten. Dies ergibt sich aus der Formulierung „gerne reservieren *wir* die 4 DZ" im Zusammenhang mit der vorangegangenen Zimmerreservierung „der Herren F." durch das mit „M.St." unterzeichnete undatierte Telefax der Fa. M.F., wo es klar heißt: „*die Familien F.* haben vom 26.12.2002 bis 5.1.2003 bei Ihnen Zimmer gebucht". Die Klägerin hat die Annahme dieses Angebots von dem Eingang einer Anzahlung abhängig gemacht. Nachdem diese (durch den Bekl. zu 1) geleistet worden war, hat die Klägerin den Beklagten mit Fax vom 16.12.2002 den Eingang der Anzahlung und die Reservierung von vier Doppelzimmern mit Halbpension für den genannten Zeitraum bestätigt.

---

3 Vgl. *Schwimann/Apathy*, ABGB, 2. Aufl. 1997, Band 5, § 861 ABGB, Rn. 1.

9 Die Klägerin konnte nach der Korrespondenz davon ausgehen, dass der als Vertreter der beiden Familien auftretende Bekl. zu 2) eine entsprechende Vollmacht besaß. Zur Erteilung der Vollmacht heißt es in § 1005 ABGB:

> § 1005 ABGB
>
> „Bevollmächtigungsverträge können mündlich oder schriftlich geschlossen werden. Die von dem Gewaltgeber dem Gewalthaber hierüber ausgestellte Urkunde wird Vollmacht genannt."

10 Die E-Mail vom 27.11.2002 ist dem Bekl. zu 1) zur Kenntnisnahme zugeleitet worden. Wäre er nicht mit der Vertretung durch den Bekl. zu 2) einverstanden gewesen, hätte er dies unverzüglich bei der Klägerin klarstellen müssen. Stattdessen hat er das Vertreterhandeln des Bekl. zu 2) geduldet und die geforderte Anzahlung geleistet. Hierin ist eine Duldungsvollmacht zu sehen.[4] Selbst wenn man keine Duldungsvollmacht seitens des Bekl. zu 1) annehmen wollte, so hat der Bekl. zu 1) jedenfalls mit seiner Anreise und mit der Inanspruchnahme der Leistungen der Klägerin die Vertreterhandlungen des Bekl. zu 2) gemäß § 1016 ABGB genehmigt.[5]

> § 1016 ABGB
>
> „Überschreitet der Gewalthaber die Grenzen seiner Vollmacht; so ist der Gewaltgeber nur insofern verbunden, als er das Geschäft genehmigt, oder den aus dem Geschäfte entstandenen Vorteil sich zuwendet."

11 Der Vertrag ist nach alledem rechtswirksam zustande gekommen.

b) Rechtliche Einordnung des Vertrages

12 Die Beklagten haben bei der Klägerin vier Doppelzimmer mit Halbpension gebucht. Die vertragliche Leistung der Klägerin besteht darin, den Beklagten die vier Zimmer für den Buchungszeitraum zur Benutzung zu überlassen, sie mit Halbpension zu versorgen und ergänzende Dienstleistungen (Zimmerreinigung, Service etc.) zu erbringen. Diese Leistung umfasst neben mietvertraglichen Elementen auch solche des Dienst-, Werk-, Kauf- und Verwahrungsvertrages.[6] Im österreichischen Recht wird ein solcher Vertrag als Beherbergungsvertrag oder Pensionsvertrag bezeichnet. Er ist im ABGB nicht ausdrücklich geregelt; es handelt sich um einen Vertrag *sui generis*.[7] Die Zahlungspflicht des Beherbergungsgastes folgt damit aus

---

4 Vgl. dazu *Bydlinski*, Grundzüge des Privatrechts, 3. Aufl. 1997, Rn. 267.

5 Vgl. *Bydlinski* (o. Fn. 4), Rn. 281.

6 *Schwimann/Binder* (o. Fn. 3), Bd. 6, § 1090 ABGB, Rn. 83 unter Hinweis auf OGH, SZ (Entscheidungen des OGH in Zivil- und Justizverwaltungssachen) 52, 189 und OGH, EvBl 1992/48.

7 OGH v. 14.12.1979, JBl. 1980, 652, 653; OGH, SZ 50 (1977), Nr. 74, S. 355; *Rummel/Fürth*, Kommentar zum ABGB, 2. Aufl. 1990, 1. Bd., § 1090, Rn. 17.

der allgemeinen Definition des Forderungsrechts (vom ABGB als „persönliches Sachenrecht" bezeichnet) in § 859 ABGB:

§ 859 ABGB

„Die persönlichen Sachenrechte, vermöge welcher eine Person einer andern zu einer Leistung verbunden ist, gründen sich unmittelbar auf ein Gesetz; oder auf ein Rechtsgeschäft; oder auf eine erlittene Beschädigung."

Mit Abschluss des Beherbergungsvertrages war daher der Anspruch der Klägerin auf Zahlung des vereinbarten Entgelts zunächst entstanden. Zu prüfen bleibt, ob die Beklagten wirksam vom Vertrag zurückgetreten sind. 13

2. Rücktritt vom Vertrag

Die Bekl. könnten gemäß § 918 Abs. 1 ABGB vom Vertrag zurückgetreten sein: 14

a) Rücktritt oder Kündigung

Bei Dauerschuldverhältnissen wird ein Rücktritt im technischen Sinn nur bis zum Beginn der Realisierung des Schuldverhältnisses zugelassen, danach tritt an seine Stelle die Kündigung aus wichtigem Grund.[8] Nun kann ein Beherbergungsvertrag zwar, wenn er länger dauert, durchaus auf wiederkehrende Leistungen – z.B. Monatsmiete – gerichtet sein. Im vorliegenden Fall war der Vertrag jedoch auf nur 10 Tage befristet und das Entgelt war nicht in wiederkehrenden Teilbeträgen, sondern auf einmal zu zahlen. Die Annahme eines Dauerschuldverhältnisses liegt deshalb eher fern. Hinzu kommt, dass der Grund für die Lösung vom Vertrag, die Lärmbelästigung, nicht erst im Laufe des Vertrags eintrat, sondern von vornherein gegeben war. Bei dieser Sachlage erscheint der ex tunc wirkende Rücktritt gegenüber der ex nunc wirkenden Kündigung die angemessenere Lösung. 15

b) Rücktritt gemäß § 918 ABGB

§ 918 ABGB 16

„(1) Wenn ein entgeltlicher Vertrag von einem Teil entweder nicht zur gehörigen Zeit, am gehörigen Ort oder auf die bedungene Weise erfüllt wird, kann der andere entweder Erfüllung und Schadenersatz wegen der Verspätung begehren oder unter Festsetzung einer angemessenen Frist zur Nachholung den Rücktritt vom Vertrag erklären.

---

[8] Vgl. *Schwimann/Binder* (o. Fn. 3), § 918 ABGB, Rn. 12; OGH in std. Rspr., vgl. aus jüngerer Zeit Beschl. v. 29.6.2004, 3 Ob 289/03a.

(2) Ist die Erfüllung für beide Seiten teilbar, so kann wegen Verzögerung einer Teilleistung der Rücktritt nur hinsichtlich der einzelnen oder auch aller noch ausstehenden Teilleistungen erklärt werden."

aa) Rücktrittsgrund

17 In Betracht kommt im vorliegenden Fall ein Rücktritt wegen nicht gehöriger Erfüllung der Hauptpflicht (Vertrag wird nicht „auf die bedungene Weise" erfüllt). Die Parteien hatten eine ruhige Unterkunft vereinbart. Die von den Beklagten behauptete Lärmbelästigung würde unter diesen Umständen jedenfalls eine nicht gehörige Erfüllung darstellen. Die Rechtsprechung verlangt nicht, dass es sich hierbei um einen wesentlichen Mangel handelt, vielmehr kann der Rücktritt (nach Fristsetzung, dazu sogleich) auch wegen unwesentlicher Mängel erklärt werden.[9] Unterstellt man die Richtigkeit des Vortrags der Beklagten, so liegt danach jedenfalls eine grundsätzlich zum Rücktritt berechtigende Vertragsverletzung vor. Dabei wären die Beklagten zum Rücktritt von der gesamten noch ausstehenden Leistung berechtigt, obwohl, soweit ersichtlich, nur zwei von den vier Zimmern von der behaupteten Lärmbelästigung betroffen waren.

18 Die vier Zimmer waren als Einheit gebucht, die Leistung war nicht teilbar i.S.v. § 918 Abs. 2 ABGB.[10]

bb) Fristsetzung

19 Der Rücktritt kann gemäß § 918 Abs. 1 ABGB erst erklärt werden, nachdem dem Schuldner zuvor eine angemessene Frist zur Nachbesserung gegeben wurde. Nach ihrem Vortrag haben die Beklagten bei der Hotelrezeption die Bereitstellung zweier ruhiger Zimmer verlangt. Ihnen wurden auch zwei Zimmer zugewiesen, die am Vormittag des 27.12.2002 aber noch belegt waren. Als angemessen i.S.v. § 918 Abs. 1 ABGB ist unter normalen Umständen eine Frist bis 14:00 Uhr des gleichen Tages anzusehen, denn ab diesem Zeitpunkt hat der Gast gemäß § 4 Abs. 1 der Österreichischen Hotelvertragsbedingungen (ÖHVB) das Recht, die gemieteten Zimmer zu beziehen. Die ÖHVB gelten nicht kraft Gesetzes, sondern nur durch individuelle Einbeziehung in den Vertrag (es handelt sich um AGB). Eine Stellungnahme dazu, ob im vorliegenden Fall ihre Einbeziehung in Betracht kommt, ist dem Gutachter anhand der vorliegenden Informationen nicht möglich. Nach der Rechtsprechung des OGH können die Bedingungen jedoch bei der Klarstellung dessen, was der Übung des redlichen Verkehrs entspricht, berücksichtigt werden.[11] Indem die Beklagten die angebotenen Ersatzzimmer bereits am Vormittag zurückwiesen, weil

[9] *Schwimann/Binder* (o. Fn. 3), § 918 ABGB, Rn. 59.
[10] Vgl. dazu *Schwimann/Binder* (o. Fn. 3), § 918 ABGB, Rn. 68.
[11] OGH v. 14.12.1979, SZ 52/189, Jbl. 1980, 652 (654).

sie noch belegt waren, haben sie der Klägerin keine angemessene Frist zur Beseitigung des Mangels gewährt. Anders, wenn die Zimmer nicht im Laufe des 27.12., sondern erst am Folgetag oder noch später frei geworden sind: dies wäre keine fristgerechte Nachbesserung mehr.

Die Behauptung der Beklagten, die Zimmer seien zu klein gewesen, ist nicht schlüssig, denn eine bestimmte Zimmergröße war nicht vereinbart worden. Der Einwand könnte nur dann greifen, wenn die Ersatzzimmer so klein waren, dass sie nicht als „Doppelzimmer" i.S.d. allgemeinen Sprachgebrauchs angesehen werden könnten – dass sie möglicherweise kleiner waren, als die auf der Website der Klägerin und im Hausprospekt abgelichteten Zimmer, reicht für sich allein nicht aus. Auf der gegenwärtigen Website der Klägerin heißt es: „Unsere Standardzimmer sind mit Dusche/WC, SAT TV, Safe, Telefon, die Superiorzimmer zusätzlich mit Balkon oder Loggia ausgestattet." Die Größe der Zimmer ist nicht angegeben. 20

Auch der Hinweis darauf, dass auch diese Zimmer möglicherweise von einer Lärmbelästigung betroffen sein könnten, weil das Nachbarhotel das Recht habe, in der Zeit von 16:00 bis 20:00 Uhr Livemusik auf der Außenterrasse zu spielen, erscheint hinsichtlich der Begründung des Rücktrittsrechts nicht schlüssig. Die Aussage „ruhiges Zimmer" bezieht sich vor allem auf die Nachtzeit. Niemand kann verlangen, dass in einem Hotel während der Saison tagsüber absolute Ruhe herrscht. Gelegentliche Außenmusik ist selbst in Kurorten üblich (Kurkonzerte) und kann erst recht in einer Wintersportregion nicht als Grund für einen Rücktritt vom Beherbergungsvertrag angesehen werden. 21

Die Beklagten hätten also warten müssen, bis die angebotenen Zimmer am Nachmittag frei wurden. Da sie dies nicht getan haben, sind die Voraussetzungen für den Rücktritt gemäß § 918 Abs. 1 ABGB nicht gegeben. Wurden die Zimmer dagegen erst am nächsten Tag frei, wäre der Rücktritt der Beklagten gerechtfertigt, weil die angemessene Nachbesserungsfrist dann verstrichen gewesen wäre. 22

cc) Wirkung des Rücktritts

Für den Fall, dass sich aufgrund der Beweisaufnahme ein Rücktrittsrecht der Beklagten ergeben sollte, ist auf die Wirkung des Rücktritts einzugehen. Einschlägig ist insoweit § 921 ABGB: 23

§ 921 ABGB

„Der Rücktritt vom Vertrage lässt den Anspruch auf Ersatz des durch verschuldete Nichterfüllung verursachten Schadens unberührt. Das bereits empfangene Entgelt ist auf solche Art zurückzustellen oder zu vergüten, dass kein Teil aus dem Schaden des anderen Gewinn zieht."

24 Wichtigste Rechtsfolge des Rücktritts ist die Beseitigung des Vertrages: Der Rücktritt wirkt schuldrechtlich ex tunc. Bereits erbrachte Leistungen sind gemäß § 921 S. 2 ABGB einander zurückzugewähren.[12] Für den vorliegenden Fall bedeutet dies, dass die Beklagten der Klägerin die empfangene Leistung zurückerstatten müssten. Da dies in natura nicht möglich ist, hätten sie gemäß § 1431 i.V.m. § 1323 analog ABGB einen dem erlangten Nutzen angemessenen Ausgleich in Geld zu erstatten.[13]

§ 1431 ABGB

„Wenn jemandem aus einem Irrtume, wäre es auch ein Rechtsirrtum, eine Sache oder eine Handlung geleistet worden, wozu er gegen den Leistenden kein Recht hat; so kann in der Regel im ersten Falle die Sache zurückgefordert, im zweiten aber ein dem verschafften Nutzen angemessener Lohn verlangt werden."

§ 1323 ABGB

„Um den Ersatz eines verursachten Schadens zu leisten, muss alles in den vorigen Stand zurückversetzt, oder, wenn dieses nicht tunlich ist, der Schätzungswert vergütet werden. Betrifft der Ersatz nur den erlittenen Schaden, so wird er eigentlich eine Schadloshaltung; wofern er sich aber auch auf den entgangenen Gewinn, und die Tilgung der verursachten Beleidigung erstreckt, volle Genugtuung genannt."

25 Die Beklagten hätten danach für die beiden im Hotel verbrachten Nächte mit Halbpension das normale Entgelt zu zahlen. Für die beiden lärmbelasteten Zimmer wäre dabei eine Minderung in Ansatz zu bringen.

3. Erfüllungsanspruch der Klägerin beim Fehlen eines Rücktrittsrechts der Beklagten

a) Grundlagen und Höhe des Anspruchs

26 Sollte sich erweisen, dass die Voraussetzungen des § 918 Abs. 1 ABGB für ein Rücktrittsrecht der Beklagten nicht gegeben sind, so wären die Beklagten durch die vorzeitige Abreise in Annahmeverzug geraten. In diesem Fall bliebe der Erfüllungsanspruch des Schuldners (hier: der Klägerin) grundsätzlich in voller Höhe bestehen.[14] Die „widrigen Folgen" des Annahmeverzugs hat der Gläubiger gemäß § 1419 ABGB selbst zu tragen:

§ 1419 ABGB

„Hat der Gläubiger gezögert, die Zahlung anzunehmen; so fallen die widrigen Folgen auf ihn."

---

12 *Bydlinski* (o. Fn. 4), Rn. 518; *Schwimann/Binder* (o. Fn. 3), § 918 ABGB, Rn. 110.

13 Vgl. *Schwimann/Binder* (o. Fn. 3), § 921 ABGB, Rn. 22 unter Hinweis auf OGH, SZ 24/16 und 47/55.

14 *Bydlinski* (o. Fn. 4), Rn. 522; *Schwimann/Binder* (o. Fn. 3), § 918 ABGB, Rn. 50.

Dies bedeutet insbesondere, dass den Gläubiger die Preisgefahr trifft: Er muss seine eigene Leistung voll erbringen, auch wenn sie während des Gläubigerverzugs unmöglich wird.[15] Der Schuldner muss sich jedoch aus dem Gedanken der Vorteilsausgleichung und Schadensminderungsobliegenheit dasjenige anrechnen lassen, was er während des Annahmeverzugs anderweitig verdient oder zu erwerben absichtlich versäumt.[16] Die Klägerin muss also darlegen, dass sie die vier Zimmer während des Annahmeverzugs nicht anderweitig hat vermieten können. Auch hat sie durch die Nichtinanspruchnahme der Leistungen seitens der Beklagten Materialkosten gespart. Ein Abzug von 25%, wie in der Preisliste 2005/2006 der Klägerin vorgesehen, erscheint angemessen. Dies wird durch § 5 Abs. 5 ÖHVB bestätigt: 27

§ 5 ÖHVB[17]

„(5) Auch wenn der Gast die bestellten Räume bzw. die Pensionsleistung nicht in Anspruch nimmt, ist er dem Beherberger gegenüber zur Bezahlung des vereinbarten Entgeltes verpflichtet. Der Beherberger muss jedoch in Abzug bringen, was er sich infolge Nichtinanspruchnahme seines Leistungsangebots erspart oder was er durch anderweitige Vermietung der bestellten Räume erhalten hat. Erfahrungsgemäß werden in den meisten Fällen die Ersparungen des Betriebes infolge des Unterbleibens der Leistung 20 Prozent des Zimmerpreises sowie 30 Prozent des Verpflegungspreises betragen."

Die Forderung in Höhe von 75% des Normalpreises erscheint danach angemessen. 28

b) Verjährung

aa) Dreijährige Verjährungsfrist

Die Verjährungsfristen sind im ABGB und in Sondergesetzen umständlich und sehr unterschiedlich geregelt.[18] Für den Beherbergungsvertrag gibt es weder eine sondergesetzliche Regelung noch eine spezielle Regelung im ABGB. Es ist daher auf die allgemeinen Verjährungsvorschriften des ABGB zurückzugreifen. Einschlägig sind die §§ 1478, 1486 und 1497: 29

§ 1478 ABGB

„Insofern jede Ersitzung eine Verjährung in sich begreift, werden beide mit den vorgeschriebenen Erfordernissen in einem Zeitraume vollendet. Zur eigentlichen Verjährung aber ist der bloße Nicht-

[15] *Bydlinski* (o. Fn. 4), Rn. 522; *Schwimann/Binder* (o. Fn. 3), § 918 ABGB, Rn. 50.
[16] *Schwimann/Binder* (o. Fn. 3), § 921 ABGB, Rn. 16.
[17] Quelle: http://www.hotelverband.at/down/oehvb.htm.
[18] So *Koziol/Welser*, Grundriß des bürgerlichen Rechts, 10. Aufl. 1995, Bd. 1, 185; vgl. auch *Bydlinski* (o. Fn. 4), Rn. 40 („keine konsistenten Verjährungsvorschriften").

gebrauch eines Rechtes, das an sich schon hätte ausgeübt werden können, durch dreißig Jahre hinlänglich.“

§ 1486 ABGB

„In drei Jahren sind verjährt: die Forderungen

1. für Lieferung von Sachen oder Ausführung von Arbeiten oder sonstige Leistungen in einem gewerblichen, kaufmännischen oder sonstigen geschäftlichen Betriebe;

2. für Lieferung land- und forstwirtschaftlicher Erzeugnisse in einem Betriebe der Land- und Forstwirtschaft;

3. für die Übernahme zur Beköstigung, Pflege, Heilung, zur Erziehung oder zum Unterricht durch Personen, die sich damit befassen, oder in Anstalten, die diesem Zwecke dienen;

4. von Miet- und Pachtzinsen;

5. der Dienstnehmer wegen des Entgelts und des Auslagenersatzes aus den Dienstverträgen von Hilfsarbeitern, Taglöhnern, Dienstboten und allen Privatbediensteten, sowie der Dienstgeber wegen der auf solche Forderungen gewährten Vorschüsse;

6. der Ärzte, Tierärzte, Hebammen, der Privatlehrer, der Rechtsanwälte, Notare, Patentanwälte und aller anderen zur Besorgung gewisser Angelegenheiten öffentlich bestellten Personen wegen Entlohnung ihrer Leistungen und Ersatzes ihrer Auslagen, sowie der Parteien wegen der Vorschüsse an diese Personen.“

§ 1497 ABGB

„Die Ersitzung sowohl, als die Verjährung wird unterbrochen, wenn derjenige, welcher sich auf dieselbe berufen will, vor dem Verlaufe der Verjährungszeit entweder ausdrücklich oder stillschweigend das Recht des andern anerkannt hat, oder wenn er von dem Berechtigten belangt, und die Klage gehörig fortgesetzt wird. Wird aber die Klage durch einen rechtskräftigen Spruch für unstatthaft erklärt; so ist die Verjährung für ununterbrochen zu halten.“

30 Die regelmäßige (lange) Verjährungsfrist beträgt danach 30 Jahre (§ 1478 ABGB). Daneben ist in § 1486 ABGB eine kurze, dreijährige Verjährungsfrist vorgesehen für Rechte, die gewöhnlich sehr rasch geltend gemacht werden und bei denen baldige Klarstellung ihres Bestandes oder Nichtbestandes geboten ist, weil die Beweisschwierigkeiten besonders groß sind.[19] Der Beherbergungsvertrag enthält, wie oben dargelegt, als Vertrag *sui generis* Elemente des Miet-, Dienst-, Werk-, Kauf- und Verwahrungsvertrages. Der Entgeltanspruch enthält Elemente des Mietzinses (§ 1486 Nr. 4 ABGB) und solche des Entgelts für die Lieferung von Sachen (Mahlzeiten) und die Ausführung von Arbeiten (Service) in einem kaufmännischen Betrieb (§ 1486 Nr. 1 ABGB). Auch wenn die Aufzählung in § 1486 ABGB „taxativ“[20] gemeint ist, ist nach h.M. eine sinngemäße Anwendung auf nicht genannte

---

19 *Koziol/Welser* (o. Fn. 18), 185; *Bydlinski* (o. Fn. 4), Rn. 40.

20 Österreichisch für vollständig, erschöpfend.

Rechtsverhältnisse nicht ausgeschlossen.[21] Die Ansprüche der Klägerin verjähren daher gemäß § 1486 Nr. 1, 4 ABGB in 3 Jahren.

bb) Beginn der Verjährungsfrist

Die Verjährung beginnt grundsätzlich mit der Fälligkeit des Anspruchs.[22] Gemäß § 8 Abs. 1 ÖHVB ist das Entgelt am Ende der Beherbergungszeit zu zahlen. Da die Beklagten die Beherbergungszeit am 28.12.2002 durch ihre Abreise beendeten, wurde die Forderung der Klägerin am 28.12.2002 fällig. 31

Die Verjährungsfrist begann somit am 28.12.2002 zu laufen. 32

cc) Unterbrechung der Verjährung

Gemäß § 1497 ABGB wird die Verjährung durch Erhebung der Klage unterbrochen. Im vorliegenden Fall wurde die Klage am 2.8.2005 durch Zustellung an die Beklagten erhoben. Zu diesem Zeitpunkt war die dreijährige Verjährungsfrist noch nicht abgelaufen. Damit wurde die Verjährung unterbrochen, die Forderung ist mithin nicht verjährt. 33

D. Ergebnis

Zusammenfassend ist die Anfrage des Gerichts damit wie folgt zu beantworten: 34

1. Die Klägerin hat nach österreichischem Recht einen Anspruch auf Zahlung von EUR 6.747,41 gegen die Beklagten schlüssig dargelegt.
2. Der Beklagtenvortrag ist insoweit erheblich, als behauptet wird, die ersatzweise angebotenen Zimmer hätten am 27.12.2006 nicht zur Verfügung gestanden, weil sie noch belegt gewesen seien. Trifft dies zu – wobei als maßgeblicher Zeitpunkt 14.00 Uhr anzusehen ist –, dann wäre es der Klägerin nicht gelungen, innerhalb einer angemessenen Frist eine vertragsgemäße Leistung (ruhige Zimmer) zu erbringen; die Beklagten wären deshalb gemäß § 918 ABGB zum Rücktritt vom Beherbergungsvertrag berechtigt gewesen.
3. Ein etwaiger Anspruch der Klägerin wäre nicht verjährt.

---

21 Vgl. *Rummel/Schubert* (o. Fn. 7), § 1486 ABGB, Rn. 1; *Schwimann/Mader* (o. Fn. 3), § 1486 ABGB, Rn. 1.

22 OGH v. 25.9.1968, 5 Ob 199/68, MietSlg. 10223; *Schwimann/Mader* (o. Fn. 3), § 1478 ABGB, Rn. 3 m.w.N.

d) Gläubigerverzug

Siehe Nr. 6 (Rostock)

e) Schuldnerverzug

Siehe Nr. 7 (Köln)

f) Haftungsrecht und Schadensermittlung

Siehe auch Nr. 12 (Bochum)

Nr. 7

Niederlande*

1. **Zur Anwendbarkeit von Art. 32 Abs. 2 EGBGB auf DIN-Normen.**
2. **Zum Anwendungsbereich des niederländischen Werkvertragsrechts.**
3. **Zu den Voraussetzungen eines Anspruchs auf Schadensersatz wegen Pflichtverletzung bei der Erfüllung einer Verbindlichkeit.**
4. **Den Parteien eines Werkvertrages steht es frei, trotz niederländischer lex causae die Beachtung deutscher DIN-Normen zu vereinbaren.**
5. **Zu den Voraussetzungen der Erbringung eines mangelfreien Werkes nach niederländischem Recht.**
6. **Zur Beachtlichkeit des niederländischen Baubeschlusses *(Bouwbesluit)* bei Arbeiten an einem außerhalb der Niederlande belegenen Bauwerk.**
7. **Zu den Voraussetzungen und Folgen des Schuldnerverzugs nach niederländischem Recht.****

* *Anm. d. Red.:* S. zum niederländischen Werkvertragsrecht auch IPG 2000/2001 Nr. 13 *(Köln)*, dort zum Schadensersatzanspruch des Bestellers wegen Schlechterfüllung eines Werkvertrages, und IPG 1998 Nr. 5 (*Köln*), dort zum Erfüllungsort.

** *Anm. d. Red.:* S. zum Schadensersatz wegen Verzugs nach niederländischem Recht, insbesondere zur Höhe des Verzugszinses, auch IPG 2002 Nr. 9 *(Köln)*; IPG 1998 Nr. 6 *(Köln)*; IPG 1997 Nr. 6 *(Hamburg)* und Nr. 9 *(Osnabrück)*; zur Vertragsauflösung durch Rücktritt infolge Schuldnerverzugs s. auch IPG 2000/2001 Nr. 7 *(Köln)*.

Das Landgericht Aachen bittet in dem Rechtsstreit P. ./. H. (Az.: 8 O 224/05) um ein Gutachten zum niederländischen Recht.

Köln M 11/06 vom 8.12.2006

A. Sachlage

Der Anfrage soll entsprechend dem Beschluss des Gerichts vom 16.5.2006 fol- 1
gender Sachverhalt zugrunde gelegt werden:

Der Kläger beauftragte den niederländischen Beklagten mit Vertrag vom 28.12.2000, auf seinem Haus in Deutschland die gesamte Dacheindeckung zunächst zu entfernen und dann vorgefertigte Elemente aus PU-Schaum (sogenannte Unilin-Elemente) aufzubringen. Außerdem sollten Rinnen, Traufbleche und Kehlbleche in Kupfer erneuert werden. Der Abschluss der Dachrinnen sollte verschiefert werden. Der Beklagte sollte außerdem eine kleine Dachgaube errichten, damit ein Fenster in der Größe von 80 cm x 100 cm eingebaut werden konnte. Die genauen Umstände des Vertragsschlusses, insbesondere wo und auf wessen Veranlassung er geschlossen wurde, sind nicht bekannt.

Für die Durchführung der Arbeiten vereinbarten die Parteien einen Preis in Höhe von insgesamt NFL 37.243,86 (niederländische Gulden) inklusive der niederländischen Mehrwertsteuer. Der Kläger bezahlte insgesamt 38.000,00 NFL an den Beklagten.

Der Kläger ist der Ansicht, dass die Arbeiten mangelhaft ausgeführt worden sind und forderte den Beklagten mit Schreiben vom 21.5.2002 zum 31.5.2002 auf, die Arbeiten ordnungsgemäß abzuschließen. Der Beklagte reagierte nicht, so dass der Kläger ein selbstständiges Beweisverfahren einleitete. Der deutsche Sachverständige stellte fest, dass die aufgebrachten Dämmelemente (Unilinplatten) für den vorgesehenen Zweck nicht geeignet sind, da diese nur auf einen Pfettendachstuhl eingebracht werden könnten, und nicht auf einen Sparrendachstuhl, wie er bei dem Haus des Klägers vorzufinden war. Der Sachverständige stellte zudem noch weitere Mängel an den Arbeiten des Beklagten fest.

Der Kläger ist der Ansicht, dass selbst wenn niederländisches Recht auf das Vertragsverhältnis anwendbar ist, der Beklagte die Arbeiten dennoch nach deutschem Standard und den Regeln der deutschen Handwerkskunst ausführen musste, insbesondere hätten die deutschen DIN-Normen beachtet werden müssen. Die Feststellungen aus dem Gutachten des deutschen Sachverständigen könnten daher auch bei Geltung niederländischen Rechts verwertet werden. Eine Vielzahl der Beanstandungen seien zudem auch bei Anwendung niederländischen Rechts zum Schadensersatz verpflichtende Mängel.

Der Beklagte ist der Ansicht, dass er nicht nach den Regeln der deutschen Handwerkskunst habe arbeiten müssen. Den Parteien sei klar gewesen, dass ein

System verwendet werden sollte, das typischerweise in den Niederlanden zu finden ist. Deutsche Standards seien von dem Beklagten daher nicht zu beachten gewesen. Die Ergebnisse des deutschen Sachverständigengutachtens seien nicht verwertbar, weil dem Gutachter die notwendige Sachkunde fehle.

B. Anfrage

2 Das Gericht hat in seinem Beschluss vom 16.5.2006 allgemein die Erstattung eines Gutachtens zum niederländischen Recht angeordnet. Der Umfang der erbetenen Begutachtung ergibt sich aus der dem Beschluss vom 16.5.2006 vorausgehenden Verfügung des Gerichts vom 16.3.2006. In ihr wurde darauf hingewiesen, dass für die Frage der Mangelhaftigkeit der von dem Beklagten durchgeführten Arbeiten und der möglichen Folgen ein Gutachten über die Voraussetzungen eines Schadensersatzanspruchs des Klägers und gegebenenfalls die Höhe eines derartigen Anspruchs nach niederländischem Recht einzuholen ist. In einem solchen Gutachten sei auch zu klären, ob nach niederländischem Recht deutsche DIN-Werte bei Werkleistungen an einem deutschen Bauwerk beachtet werden müssen.

Der Gutachter geht mangels gegenteiliger Anhaltspunkte davon aus, dass die in der Verfügung vom 16.3.2006 angesprochenen Fragen auch dem Beweisbeschluss vom 16.5.2006 zugrunde liegen. Die nachfolgenden Ausführungen zum niederländischen Recht beschränken sich daher auf die Darstellung der Voraussetzungen und des Umfangs eines möglichen Schadensersatzanspruchs des Klägers einschließlich der Frage, ob die deutschen DIN-Normen im vorliegenden Fall Anwendung finden.

C. Rechtslage

I. Anwendbares Recht

1. Vertragsstatut

3 Das anfragende Gericht geht unter Hinweis auf Art. 28 Abs. 1 S. 1, Abs. 2 EGBGB von der Anwendbarkeit niederländischen Rechts auf den zwischen den Parteien geschlossenen Vertrag aus. Dem Gutachten wird diese Wertung zugrunde gelegt. In Ermangelung genauer Angaben zu den näheren Umständen des Vertragsschlusses sieht der Gutachter davon ab, eine eigene international-privatrechtliche Prüfung des Sachverhaltes vorzunehmen.

2. Beachtlichkeit zwingender Vorschriften des deutschen Bauordnungsrechts

4 Die Anwendbarkeit niederländischen Rechts als lex causae berührt jedoch nicht die Geltung zwingender Vorschriften des deutschen Bauordnungsrechts sowie zwingend im Inland zu beachtender Qualitäts- und Sicherheitsstandards. Diese sind

gemäß Art. 34 EGBGB ohne Rücksicht auf das Vertragsstatut anzuwenden, sofern ein Bauvorhaben in Deutschland durchgeführt wird.[1]

5 Welche bauordnungsrechtlichen Normen bzw. Standards als zwingend im Sinne des Art. 34 EGBGB anzusehen sind, stellt eine Frage des deutschen Rechts dar und ist damit nicht Gegenstand der Gutachtenanfrage.

3. Beachtlichkeit üblicher Standards am Ort der Bauleistung

6 Nach Art. 32 Abs. 2 EGBGB ist im Hinblick auf die Art und Weise der Erfüllung einer Verpflichtung zudem das Recht des Staates zu berücksichtigen, in dem die Erfüllung erfolgt. Ob auch technische Standards, insbesondere DIN-Normen, die nicht als zwingend im Sinne des Art. 34 EGBGB anzusehen sind, von der Regelung des Art. 32 Abs. 2 EGBGB erfasst werden, wird im Schrifttum nur vereinzelt diskutiert. *Thode* erwähnt die Regelung im Kontext der Anknüpfung des Architektenvertrages, lehnt die Anwendbarkeit auf technische Standards, deren Beachtung am Ort des Bauvorhabens zwar üblich, jedoch nicht zwingend ist, aber ab. Nach seiner Ansicht entscheidet allein das Vertragsstatut, ob bzw. welche technischen Standards einzuhalten sind, da anderenfalls das Äquivalenzverhältnis von Leistung und Gegenleistung gestört werden könnte.[2] Auch *Magnus* weist darauf hin, dass Art. 32 Abs. 2 EGBGB lediglich die äußere Abwicklung der Erfüllung betrifft, nicht hingegen die Substanz der Vertragspflichten, spezifiziert dies allerdings nicht ausdrücklich für die Beachtlichkeit von ortsüblichen Qualitäts- und Sicherheitsstandards.[3]

7 Der Bundesgerichtshof hat in seiner Entscheidung vom 29.6.2006 – I ZR 168/03[4] – festgestellt, dass Art. 32 Abs. 2 EGBGB sich allein auf solche Regeln bezieht, die lediglich die äußere Abwicklung der Erfüllung betreffen – wie etwa Regelungen über Feiertage oder Geschäftszeiten, die die tatsächliche Erfüllung auf bestimmte Zeiten fixieren, sowie Bestimmungen über tägliche Höchstarbeitszeiten. Sie erfasst dagegen nicht solche Regeln, die die Substanz der Vertragspflichten – z.B. den Haftungsmaßstab – betreffen. Überträgt man diese Entscheidung sinngemäß auf den vorliegenden Fall, dann scheidet eine Anwendung der technischen Standards des deutschen Rechts über Art. 32 Abs. 2 EGBGB aus.

---

1 *Reithmann/Martiny (Thode)*, Internationales Vertragsrecht, 6. Aufl. 2004, Rn. 1122 (dort zum Architektenvertrag); *Staudinger/Magnus*, Kommentar zum Bürgerlichen Gesetzbuch mit Einführungsgesetz und Nebengesetzen, 13. Bearbeitung 2002, Art. 28 EGBGB, Rn. 315.

2 *Reithmann/Martiny (Thode)* (o. Fn. 1), Rn. 1122. Anderer Auffassung soll nach den Angaben von *Thode*, a.a.O., Fn. 6, MüKo/*Martiny*, BGB, 3. Aufl. 1998, Art. 28 EGBGB, Rn. 121, sein. An der angegebenen Stelle findet sich jedoch keine Stellungnahme zu der hier diskutierten Problematik.

3 *Staudinger/Magnus* (o. Fn. 1), Art. 32 EGBGB, Rn. 81.

4 BGH, NJW-RR 2006, 1694.

8 Sollte sich das anfragende Gericht dieser Ansicht und der Auffassung von *Thode* für den vorliegenden Vertrag anschließen, wäre eine Berücksichtigung der im Inland bei Dachdeckarbeiten üblichen Qualitäts- und Sicherheitsstandards über die Sonderanknüpfung des Art. 32 Abs. 2 EGBGB ausgeschlossen. Ob der Beklagte die Einhaltung der am Erfüllungsort üblichen, jedoch nicht zwingenden Standards schuldet oder aber einen hiervon abweichenden Maßstab zugrunde legen kann, richtete sich dann allein nach niederländischem Recht als der lex causae.

9 Sollte das Gericht der Ansicht von *Thode* nicht folgen wollen und die Berücksichtigung inländischer Standards über Art. 32 Abs. 2 EGBGB in casu bejahen, würde das nachfolgend dargestellte niederländische Vertragsstatut insoweit verdrängt, als die Standards im Inland von den nach niederländischem Recht zu beachtenden Standards abweichen.

II. Niederländisches Recht

1. Intertemporal anwendbares Recht

a) Neuregelung des Werkvertragsrechts zum 1.1.1992

10 Das niederländische bürgerliche Recht, ursprünglich geregelt im *Burgerlijk Wetboek* (B.W.) aus dem Jahre 1838, wurde in den letzten Jahren weitgehend neu kodifiziert. Betroffen von diesen Neuerungen ist auch das Werkvertragsrecht.

11 Die Regelungen des Werkvertragsrechts, die sich unter altem Recht in Buch 4 B.W. fanden, wurden zunächst in das vorläufige Buch 7A des *Nieuw Burgerlijk Wetboek* (N.B.W.) aufgenommen, ohne dass damit allerdings inhaltliche Änderungen verbunden gewesen wären. Buch 7A N.B.W. trat zusammen mit Buch 3 (Allgemeines Vermögensrecht), Buch 5 (Sachenrecht), Buch 6 (Allgemeiner Teil des Schuldrechts) und Buch 7 (Besondere Verträge) am 1.1.1992 in Kraft.[5]

12 Das Verhältnis zwischen altem und neuem Recht ist im *Overgangswet N.B.W.* (O.W.) geregelt.[6] Danach sind gemäß Art. 68a Abs. 1 O.W. die neuen Vorschriften grundsätzlich von dem Zeitpunkt ihres Inkrafttretens an anzuwenden.

Art. 68a Abs. 1 O.W.:	*Deutsch:*[7]
„1. Van het tijdstip van haar in werking treden af is de wet van	1. Von dem Zeitpunkt seines Inkrafttretens an ist das [neue] Gesetz an-

[5] *Koninklijk Besluit* (K.B.) vom 20.2.1990, Staatsblad (Stb.) 1990, 90. Zitiert werden die Vorschriften des N.B.W. nach Buch und Artikel.

[6] Abgedruckt bei *van Zeben/Seesing* (Hrsg.), Nederlandse Wetgeving, Nieuw Burgerlijk Wetboek, Loseblattsammlung.

[7] Übersetzung durch den Gutachter.

toepassing, indien op dat tijdstip is voldaan aan de door de wet voor het intreden van een rechtsgevolg gestelde vereisten, tenzij uit de volgende artikelen iets anders voortvloeit.

2. [...]"

wendbar, falls zu diesem Zeitpunkt die vom Gesetz für das Eintreten einer Rechtsfolge aufgestellten Voraussetzungen erfüllt sind, es sei denn, dass sich aus den folgenden Artikeln etwas anderes ergibt.

2. [...]

Dies galt zunächst auch für die werkvertraglichen Regelungen in Buch 7A N.B.W. a.F. Der den Werkvertrag behandelnde sechste Abschnitt von Buch 7A N.B.W. ist zwischenzeitlich allerdings mit Wirkung zum 1.9.2003 wieder aufgehoben worden. Er wird ersetzt durch einen neuen Titel 12 in Buch 7 N.B.W. 13

b) Neuregelung des Werkvertragsrechts zum 1.9.2003

Am 1.9.2003 ist das *Wet van 5 juni 2003 tot aanvulling van titel 7.1 (Koop en ruil) van het nieuwe Burgerlijk Wetboek met bepalingen inzake de koop van onroerende zaken alsmede vaststelling en invoering van titel 7.12 (Aanneming van werk)*[8] in Kraft getreten.[9] Durch Artikel 2 dieses Gesetzes wird das alte, seit dem 1.1.1992 in Art. 7A:1640 ff. N.B.W. a.F. geregelte Werkvertragsrecht aufgehoben und in den Art. 7.12.1 ff. N.B.W. ein neues Werkvertragsrecht statuiert. 14

Die intertemporale Anwendbarkeit der Neuregelungen bestimmt sich nach dem ebenfalls neu eingefügten Art. 217 O.W. 15

Art. 217 O.W.:

„1. Op overeenkomsten van aanneming van werk die vóór het tijdstip van het in werking treden van titel 12 van Boek 7 zijn gesloten, wordt deze titel drie jaren na dat tijdstip van toepassing.

2. In afwijking van lid 1 worden de bepalingen van afdeling 2 van titel 12 van Boek 7 niet van toepassing op een overeenkomst van aanneming van werk die vóór dat tijdstip is gesloten.

Deutsch:[10]

1. Auf Werkverträge, die vor dem Zeitpunkt des Inkrafttretens des Titels 12 von Buch 7 geschlossen wurden, wird dieser Titel drei Jahre nach diesem Zeitpunkt anwendbar.

2. Abweichend von Absatz 1 werden die Bestimmungen in Abschnitt 2 des Titels 12 von Buch 7 nicht anwendbar auf einen Werkvertrag, der vor diesem Zeitpunkt geschlossen wurde.[11]

---

8 Stb. 2003, 238.

9 Stb. 2003, 272.

10 Übersetzung durch den Gutachter.

11 Abschnitt 2 des 12. Titels in Buch 7 behandelt besondere Bestimmungen für den Wohnungsbau im Auftrag einer natürlichen Person, die nicht in Ausübung eines Berufes oder Gewerbes handelt.

3. In afwijking van de leden 1 en 2 is titel 12 van Boek 7 van toepassing op de gevolgen van niet nakoming in het geval dat een der partijen na het in werking treden van deze titel in de nakoming van een van haar verbintenissen tekortschiet, tenzij dat tekortschieten een voortzetting van een eerdere tekortkoming is."

3. Abweichend von den Absätzen 1 und 2 ist Titel 12 von Buch 7 anwendbar auf die Folgen der Nichterfüllung in dem Fall, dass eine der Parteien nach dem Inkrafttreten dieses Titels der Erfüllung einer ihrer Verpflichtungen nicht nachkommt, es sei denn, die Nichterfüllung stellt eine Fortsetzung eines früheren Versäumnisses dar.

16 Vorliegend datiert der zwischen den Parteien geschlossene Vertrag auf den 28.12.2000 und ist damit vor Inkrafttreten des neuen Werkvertragsrechts am 1.9.2003 geschlossen worden. Wann die einzelnen in ihrer Ausführung durch den Kläger bemängelten Baumaßnahmen von dem Beklagten durchgeführt wurden, ist dem mitgeteilten Sachverhalt nicht zu entnehmen. Vor dem Hintergrund, dass der Kläger den Beklagten mit Schreiben vom 21.5.2002 zum 31.5.2002 aufforderte, die Arbeiten ordnungsgemäß abzuschließen, der Beklagte hierauf aber nicht reagierte, ist jedoch davon auszugehen, dass der Beklagte jedenfalls nach dem 21.5.2002 (und damit auch nach dem 31.8.2003) keine Arbeiten mehr an dem Haus des Klägers durchgeführt hat.

17 Die dem Beklagten vorgeworfenen Pflichtverletzungen sind demzufolge sämtlich vor Inkrafttreten der Neuregelungen am 1.9.2003 begangen worden. Nach Art. 217 Abs. 3 O.W. richten sich die Voraussetzungen eines möglichen Schadensersatzanspruchs des Klägers damit auch weiterhin nach altem Recht, so dass vorliegend die zum 1.1.1992 in Buch 7A a.F. eingestellten Regelungen heranzuziehen sind.

2. Materielles niederländisches Recht

a) Definition des Werkvertrages

18 Bis zum Inkrafttreten des neuen Werkvertragsrechts in Art. 7.12.1 ff. N.B.W. war das niederländische materielle Werkvertragsrecht in Art. 7A:1637b N.B.W. a.F. sowie in Art. 7A:1640 ff. N.B.W. a.F. kodifiziert.

19 Als Werkvertrag *(aanneming van werk)* werden nach Art. 7A:1637b N.B.W. a.F. solche Verträge qualifiziert, bei denen sich die eine Partei, der Unternehmer, verpflichtet, für die andere Partei, den Besteller, für einen bestimmten Preis ein bestimmtes Werk körperlicher Art herzustellen.

Gleiches gilt im Übrigen nach Art. 7.12.1. Abs. 1 N.B.W. unter neuem Recht:

Art. 7.12.1. Abs. 1 N.B.W.:	*Deutsch:*[12]
„1. Aanneming van werk is de overeenkomst waarbij de ene partij, de aannemer, zich jegens de andere partij, de opdrachtgever, verbindt om buiten dienstbetrekking een werk van stoffelijke aard tot stand te brengen en op te leveren, tegen een door de opdrachtgever te betalen prijs in geld.	1. Der Werkvertrag ist ein Vertrag, bei dem sich die eine Partei, der Unternehmer, gegenüber der anderen Partei, dem Besteller, verpflichtet, außerhalb eines Arbeitsverhältnisses für einen durch den Besteller zu entrichtenden Preis in Geld ein Werk körperlicher Art herzustellen und zu übergeben.
2. [...]“	2. [...]

Der Anwendungsbereich des Werkvertragsrechts ist damit im niederländischen Recht enger als im deutschen. Erfasst werden nur solche Vereinbarungen, welche die Erstellung eines stofflichen Werkes zum Gegenstand haben. Steht ein nicht stoffliches Werk in Rede, findet nicht das Werkvertrags-, sondern das Auftragsrecht bzw., im Fall eines Über-/Unterordnungsverhältnisses, das Arbeitsrecht Anwendung.[13] 20

Die vorliegend vereinbarten Arbeiten an dem Dach des Klägers sind als Erstellung eines stofflichen Werkes zu qualifizieren. Damit findet niederländisches Werkvertragsrecht Anwendung. 21

b) Schadensersatzanspruch des Klägers

In den in Buch 7A des N.B.W. aufgenommenen Regelungen des Werkvertragsrechts finden sich mit Ausnahme von Art. 7A:1645 N.B.W. a.F. (vgl. hierzu nachfolgend Rn. 58 ff.) keine Vorschriften, die die Haftung für eine Werkleistung regeln, die nicht, zu spät oder in mangelhaftem Zustand erbracht wurde oder aber für Mängel, die erst nach Ablieferung des Werkes erkennbar wurden. 22

Zur Anwendung kommen daher auch bei Abschluss eines Werkvertrages grundsätzlich die Regelungen des allgemeinen Teils des Schuldrechts, die in Buch 6 des N.B.W. kodifiziert sind.[14] 23

Vorliegend macht der Kläger einen Anspruch auf Schadensersatz wegen mangelhaft erbrachter Werkleistungen geltend. 24

Die allgemeinen Voraussetzungen eines Anspruchs auf Schadensersatz wegen 25

---

12 Übersetzung durch den Gutachter.

13 Vgl. *Kortmann/De Leede/Thunnissen*, Mr. C. Assers's Handleiding tot de Beoefening van het Nederlands Burgerlijk Recht, Bijzondere Overeenkomsten, Deel III, 7. Aufl. 1994, Nr. 14 (S. 10 f.).

14 Vgl. IPG 2000/2001 Nr. 13 *(Köln)*, Rn. 6 f.

Pflichtverletzung bei der Erfüllung einer Verbindlichkeit sind in Art. 6:74 N.B.W. geregelt.

Art. 6:74 N.B.W.:	*Deutsch:*[15]
„(1) Iedere tekortkoming in de nakoming van een verbintenis verplicht de schuldenaar de schade die de schuldeiser daardoor lijdt te vergoeden, tenzij de tekortkoming de schuldenaar niet kan worden toegerekend.	(1) Jede Pflichtverletzung bei der Erfüllung einer Verbindlichkeit verpflichtet den Schuldner, den Schaden, den der Gläubiger durch sie erleidet, zu ersetzen, es sei denn, dass die Pflichtverletzung dem Schuldner nicht zugerechnet werden kann.
(2) Voor zover nakoming niet reeds blijvend onmogelijk is, vindt lid 1 slechts toepassing met inachtneming van hetgeen is bepaald in de tweede paragraaf betreffende het verzuim van de schuldenaar.“	(2) Soweit die Erfüllung nicht bereits dauerhaft unmöglich ist, findet Absatz 1 nur Anwendung unter Beachtung der Bestimmungen über den Schuldnerverzug im zweiten Paragraphen.

aa) Pflichtverletzung

26 Voraussetzung eines Anspruchs aus Art. 6:74 N.B.W. ist nach Absatz 1 der Norm zunächst die Begehung einer Pflichtverletzung *(tekortkoming in de nakoming)* durch den Schuldner.

27 Der Begriff *„tekortkoming“* ist weit auszulegen. Erfasst sind alle Fälle, in denen der Schuldner die geschuldete Leistung nicht so erbringt, wie sie entsprechend der Verbindlichkeit zu erfüllen gewesen wäre. Dies schließt eine nicht rechtzeitige oder nicht ordnungsgemäße Leistung ebenso ein wie eine vollständig ausgebliebene Leistung.[16]

28 Vorliegend ist zwischen den Parteien streitig, ob der Beklagte die Arbeiten an dem Dach des Klägers ordnungsgemäß erbracht hat, insbesondere, welchen Standards die vereinbarten Baumaßnahmen genügen mussten.

29 Nach Ansicht des Klägers soll der Beklagte verpflichtet gewesen sein, die Arbeiten nach deutschem Standard und den Regeln der deutschen Handwerkskunst auszuführen; vor allem hätten die deutschen DIN-Normen beachtet werden müssen.

---

15 Übersetzung nach *Nieper/Westerdijk*, Niederländisches Bürgerliches Gesetzbuch, Buch 6, 7 und 7A, 1995, S. 35.

16 IPG 2000/2001 Nr. 13 *(Köln)*, Rn. 10.

(1) Beachtlichkeit deutscher Standards

Den Parteien steht es nach niederländischem Recht frei, trotz niederländischer lex causae die Einhaltung ausländischer Standards zu vereinbaren. Dies gilt auch für die Beachtung deutscher DIN-Normen.[17] 30

Vorliegend haben die Parteien allerdings keine ausdrückliche Abrede über die Einbeziehung deutscher Standards im Allgemeinen oder die Beachtung bestimmter DIN-Normen im Einzelnen getroffen. 31

In Betracht kommt damit allenfalls eine stillschweigende Vereinbarung. Ob eine solche vorliegt, ist durch Auslegung des Vertrages zu ermitteln. 32

Die Auslegung von Verträgen richtet sich im niederländischen Recht nach den Grundsätzen von Treu und Glauben. Die Vertragsauslegung hat dabei nicht ihr Bewenden in der Ermittlung der buchstäblichen Bedeutung der im Vertrag verwendeten Ausdrücke und Formulierungen, sondern fordert die Erforschung des Sinns, den die Vertragsparteien der betreffenden Vereinbarung nach Treu und Glauben redlicherweise beimessen konnten.[18] 33

Diese Grundsätze kommen prinzipiell auch für die in Buch 7 bzw. 7A des N.B.W. kodifizierten besonderen Vertragstypen zur Anwendung, soweit im Gesetz nicht ausnahmsweise besondere Auslegungsregelungen vorgesehen sind. In Bezug auf den Werkvertrag ist Letzteres nicht der Fall, so dass hier nach den allgemeinen Auslegungsregeln vorzugehen ist. 34

Ob die Parteien vorliegend die Einhaltung der am Ort der Leistungserbringung üblichen Standards stillschweigend vereinbart haben, ist durch das anfragende Gericht zu entscheiden. Der Gutachter kann dem nicht vorgreifen. 35

Hinzuweisen ist in diesem Zusammenhang allerdings auf die bereits oben zitierte Entscheidung des *Hof Arnhem* vom 27.4.1999. Das Gericht führt darin aus, dass allein der Umstand, dass dem niederländischen Schuldner bekannt ist, dass die von ihm an den deutschen Käufer gelieferten Güter von diesem weiter nach Deutschland exportiert werden sollen, nicht dazu führt, dass der Verkäufer die Einhaltung der einschlägigen deutschen DIN-Normen zu überprüfen hat. Die Einhaltung der DIN-Normen soll nur dann geschuldet sein, wenn dies ausdrücklich vereinbart wurde. Im Übrigen sei es Aufgabe des Auftraggebers, seinen Vertragspartner darauf hinzuweisen, welchen Bestimmungen am Ort der vorgesehenen Verwendung der gelieferten Sache diese entsprechen soll.[19] 36

---

17 Vgl. Hof Arnhem v. 27.4.1999 (rolnrs. 97/700; 98/046), sub 5.15, 5.17, im Internet abrufbar unter: http://www.unilex.info/case.cfm?pid=1&do=case&id=391&step=FullText (Stand: 24.11.2006).

18 *Hartkamp*, AcP 191 (1991), 396, 405; vgl. allgemein zu der Auslegung von Verträgen *van Dunné*, Verbintenissenrecht, Teil 1 (Contractenrecht), 4. Aufl. 2001, 143 ff.

19 Hof Arnhem v. 27.4.1999 (o. Fn. 17), sub 5.17.

37 Anders als bei dem hier zu begutachtenden Sachverhalt handelte es sich bei den Parteien des von dem *Hof Arnhem* zu entscheidenden Falles allerdings um zwei Spezialisten auf dem Gebiet der in Streit stehenden Ware (Raumzellen). Zudem bestanden schon seit Jahren Handelsbeziehungen zwischen Verkäufer und Käufer, ohne dass die Einhaltung der deutschen DIN-Normen zur Sprache gebracht worden war.

38 Wie ein niederländisches Gericht den vorliegenden Fall bewerten würde, in dem sich ein niederländischer Handwerker verpflichtete, Arbeiten an einem in Deutschland belegenen Haus eines Nichtfachmannes durchzuführen, ist offen. Entscheidungen, denen eine dem hier mitgeteilten Sachverhalt entsprechende Konstellation zugrunde liegt, konnten mit den dem Institut zur Verfügung stehenden Quellen nicht ermittelt werden. Das anfragende Gericht wird die Vereinbarung der Parteien daher selbstständig nach den oben mitgeteilten Kriterien (Rn. 33 f.) auszulegen haben.

39 Sollte das Gericht dabei zu dem Schluss kommen, dass die Parteien die Einhaltung der in Deutschland üblichen Qualitätsstandards vereinbart haben, war der Beklagte verpflichtet, diesen bei seinen Baumaßnahmen zu genügen.

40 Ergibt eine Auslegung des Vertrages, dass die Parteien die Frage der zu beachtenden Standards nicht geregelt haben, ist auf den Maßstab zurückzugreifen, den das niederländische Recht anlegt, um die Vollständigkeit der Erbringung einer Werkleistung zu bewerten.

(2) Maßstab des niederländischen Rechts

41 Allgemein gilt, dass abhängig von der Art des Werkvertrages der Werkunternehmer, der ein Werk sorgfältig und mit der erforderlichen fachmännischen Ausführung entsprechend der vom Auftraggeber ausgehändigten Beschreibung und unter Beachtung der vom Auftraggeber gegebenen Anweisungen rechtzeitig erstellt, seinen aufgrund des Werkvertrages geschuldeten Verpflichtungen nachgekommen ist. Aus der Verpflichtung zur Befolgung der Anweisungen des Auftraggebers folgt, dass der Unternehmer – vorbehaltlich einer Haftung wegen Verletzung von Aufklärungspflichten – für ein unbrauchbares Werk nicht verantwortlich gemacht werden kann, wenn die Unbrauchbarkeit des Werkes Konsequenz der Befolgung der Vorgaben und Anweisungen des Auftraggebers ist.[20]

42 Der alleinige Umstand, dass der Auftraggeber einen von Seiten des Werkunternehmers angefertigten Entwurf billigt, führt allerdings noch nicht dazu, dass von einer durch den Auftraggeber vorgeschriebenen Konstruktion ausgegangen werden

[20] *Kortmann/De Leede/Thunnissen* (o. Fn. 13), Nr. 522 (S. 382).

kann, für deren Durchführbarkeit allein Letzterer verantwortlich ist.[21]

Die Verantwortung des Werkunternehmers für die Erbringung der Werkleistung bringt es mit sich, dass sich dieser genau an den für das Werk maßgeblichen technischen Faktoren zu orientieren hat.[22] 43

Welcher Maßstab bei der Errichtung und Instandhaltung von Bauwerken zu beachten ist, wird dabei zunächst durch den Baubeschluss *(Bouwbesluit)* vorgegeben. Der *Bouwbesluit* enthält bautechnische Mindestvorgaben, denen alle Bauwerke in den Niederlanden genügen müssen.[23] Festgelegt werden diese Vorgaben in sogenannten NEN-Normen, die durch das Nederlands Normalisatie Instituut (NEN) aufgestellt und ausgegeben werden. 44

Der erste *Bouwbesluit* ist 1992 in Kraft getreten. Am 1.1.2003 wurde er durch den *Bouwbesluit 2003* ersetzt. Die letzten Änderungen des *Bouwbesluit 2003* datieren vom 1.9.2005 und vom 1.1.2006. 45

Der *Bouwbesluit* besitzt öffentlichrechtlichen Charakter und gilt damit unmittelbar für alle in den Niederlanden belegenen Bauwerke. 46

Das Haus des Klägers, an dem die Werkleistungen zu erbringen waren, befindet sich allerdings nicht in den Niederlanden, sondern in Deutschland. Das Gebäude liegt damit außerhalb des unmittelbaren Anwendungsbereichs des *Bouwbesluit.* 47

Es stellt sich die Frage, ob der Beklagte dadurch von der Pflicht zur Beachtung der in dem *Bouwbesluit* vorgesehenen technischen Standards befreit war. 48

Der Erbringer einer Werkleistung ist, wie oben ausgeführt (Rn. 41, 43), generell verpflichtet, seine Leistung entsprechend dem aktuellen Stand der Technik zu erbringen. Zu der Frage, wie dieser zu ermitteln ist, wenn der *Bouwbesluit* keine Anwendung findet, weil er noch nicht in Kraft war, hat der *Gerechtshof 's-Hertogenbosch* in einer Entscheidung aus dem Jahr 2003 ausgeführt, es könne davon ausgegangen werden, dass sich die in dem *Bouwbesluit* aufgeführten formalisierten Normen als Kodifizierung dessen darstellen, was nach in der jeweiligen Branche allgemeiner Ansicht und entsprechend dem aktuellen Stand der Technik geschuldet ist. Stehe die ordnungsgemäße Erbringung einer Werkleistung in Streit, bestünden daher keine Bedenken, die im Zeitpunkt der Leistungserbringung oder kurze Zeit nach dieser aufgestellten einschlägigen NEN-Normen auch dann als 49

---

21 *Kortmann/De Leede/Thunnissen* (o. Fn. 13), Nr. 523 (S. 383) unter Hinweis auf RvA v. 25.11.1980, BR 1981, 260.

22 *Kortmann/De Leede/Thunnissen* (o. Fn. 13), Nr. 523 (S. 383) unter Hinweis auf RvA v. 26.1.1984, BR 1984, 847; vgl. auch Gerechtshof 's-Hertogenbosch v. 6.5.2003 (C0000809/HE), sub 4.3.3., veröffentlicht in Rechtspraak.nl.

23 Vgl. Ministerie van VROM, Dossier Bouwregelgeving Bouwbesluit, im Internet abrufbar unter: http://www.vrom.nl/pagina.html?id=18258&ref=http://www.google.de/search?hl=de&q=dossier+bouwregelgeving+bouwbesluit&meta=#10 (Stand: 24.11.2006).

Maßstab heranzuziehen, wenn der *Bouwbesluit* keine unmittelbare Anwendung findet.[24]

50 Überträgt man die vorstehenden Erwägungen auf den vorliegenden Fall, schuldete der Beklagte die Einhaltung des technischen Standards, der zur Zeit der Durchführung der Baumaßnahmen nach in der Branche allgemeiner Ansicht üblich war. Als Maßstab kann auf die in dem *Bouwbesluit* aufgeführten Normen zurückgegriffen werden. Heranzuziehen sein dürfte bereits der *Bouwbesluit 2003* mit dem Stand 1.1.2003, selbst um den Stand der Technik im früheren Zeitpunkt der Leistungserbringung (das war nach dem 28.12.2000 und vor dem 21.5.2002) zu bestimmen, da zwischen der Leistungserbringung und dem Inkrafttreten des *Bouwbesluit 2003* keine lange Zeit, nämlich hier maximal zwei Jahre und 3 Tage liegen.

51 Sollte das Gericht dem nicht folgen wollen, wäre auf den früheren *Bouwbesluit 1992* mit allen bis zu dem Datum der Leistungserbringung ergangenen Änderungen abzustellen.

52 Sollte der Beklagte diese Standards nicht eingehalten haben, hat er eine Pflichtverletzung im Sinne des Art. 6:74 Abs. 1 N.B.W. begangen.

(3) Vertretenmüssen

53 Einzustehen hat der Schuldner für eine Pflichtverletzung allerdings nur dann, wenn sie ihm auch zuzurechnen ist (Art. 6:74 Abs. 1 N.B.W. a.E.).

54 Ob eine Pflichtverletzung zugerechnet werden kann, bestimmt sich nach den Vorgaben des Art. 6:75 N.B.W. Danach haftet der Schuldner nicht, wenn die Pflichtverletzung von ihm weder verschuldet wurde noch ihm aufgrund Gesetzes, Rechtsgeschäfts oder Verkehrsauffassung zugerechnet wird.

Art. 6:75 N.B.W.:	*Deutsch:*[25]
„Een tekortkoming kan de schuldenaar niet worden toegerekend, indien zij niet is te wijten aan zijn schuld, noch krachtens de wet, rechtshandeling of in het verkeer geldende opvattingen voor zijn rekening komt.“	Eine Pflichtverletzung kann dem Schuldner nicht zugerechnet werden, wenn sie weder von ihm verschuldet worden ist, noch ihm aufgrund Gesetzes, Rechtsgeschäfts oder Verkehrsauffassung zugerechnet wird.

[24] Gerechtshof ’s-Hertogenbosch v. 6.5.2003 (C0000809/HE), sub 4.3.3., veröffentlicht in Rechtspraak.nl. In dem dort entschiedenen Fall war das betreffende Gebäude vor Inkrafttreten des *Bouwbesluit* errichtet worden, so dass der *Bouwbesluit* aus diesem Grund keine unmittelbare Anwendung fand.

[25] Übersetzung nach *Nieper/Westerdijk* (o. Fn. 15), 35.

Der Schuldner hat für Vorsatz und Fahrlässigkeit einzustehen.[26] Bedient er sich bei der Erfüllung einer Verbindlichkeit der Hilfe anderer Personen, dann haftet er nach Art. 6:76 N.B.W. für deren Verhalten ebenso wie für sein eigenes Verschulden. 55

Art. 6:76 N.B.W.:	*Deutsch:*[27]
„Maakt de schuldenaar bij de uitvoering van een verbintenis gebruik van de hulp van andere personen, dan is hij voor hun gedragingen op gelijke wijze als voor eigen gedragingen aansprakelijk."	Bedient sich der Schuldner bei der Erfüllung einer Verbindlichkeit der Hilfe anderer Personen, dann haftet er für ihr Verhalten in gleicher Weise wie für sein eigenes Verhalten.

Der Schuldner trägt im Übrigen die Beweislast dafür, dass ihm die Pflichtverletzung nicht zuzurechnen ist.[28] 56

Da vorliegend keine Anhaltspunkte dafür vorgetragen wurden, nach welchen der Beklagte für die (unterstellte) Leistungsstörung nicht einzustehen hat, ist hier von einem Vertretenmüssen auszugehen. 57

(4) Sonderregelung im Fall des Untergangs des Gebäudes

Das Werkvertragsrecht sieht in Art. 7A:1645 N.B.W. a.F. eine haftungsrechtliche Sonderregelung für den Fall vor, dass das von dem Unternehmer hergestellte Gebäude untergeht. 58

Nach Art. 7A:1645 N.B.W. a.F. haften die Baumeister und die Unternehmer zehn Jahre dafür, wenn ein Gebäude, das zu einem bestimmten Preis vereinbart und hergestellt worden ist, ganz oder zum Teil durch einen Mangel in der Herstellung untergeht. 59

Art. 7A:1645 N.B.W. a.F.:	*Deutsch:*[29]
„Indien een gebouw, voor eenen bepaalden prijs aangenomen en afgemaakt, geheel of gedeeltelijk vergaat door een gebrek in de zamenstelling, of zelfs uit hoofde van de ongeschiktheid van de grond, zijn de bouwmeesters en aannemers daar-	Wenn ein Gebäude, das zu einem bestimmten Preis vereinbart und hergestellt worden ist, ganz oder zum Teil durch einen Mangel in der Herstellung oder sogar durch die Untauglichkeit des Bodens untergeht, haften die Baumeister und die Unternehmer zehn Jahre dafür.

26 *Mincke*, Einführung in das niederländische Recht, 2002, Rn. 245.

27 Übersetzung nach *Nieper/Westerdijk* (o. Fn. 15), 35.

28 *Nieuwenhuis/Stolker/Valk/Olthof*, Burgerlijk Wetboek, Tekst & Commentaar, Boeken 5, 6, 7 en 8, 5. Aufl. 2003, Art. 6:75, Anm. 6.

29 Übersetzung nach *Nieper/Westerdijk* (o. Fn. 15), 339 f.

voor, gedurende tien jaren, aansprakelijk."

60 Bedeutung zukommen könnte der Regelung im vorliegenden Fall allerdings nur dann, wenn das Dach des klägerischen Hauses durch einen Mangel in der Herstellung untergegangen sein sollte.

61 Wann von dem vollständigen oder teilweisen Untergang eines Gebäudes auszugehen ist, ist in Rechtsprechung und Schrifttum umstritten.[30]

62 Der *Hoge Raad* hat in einer älteren Entscheidung ausgeführt, dass von einem vollständigen oder teilweisen Untergang eines Gebäudes dann auszugehen ist, wenn das Gebäude ganz oder zum Teil eine Ruine geworden ist oder zu einer solchen zu werden droht *(„het gebouw – geheel of ten dele – tot een bouwval is geworden of dreigt te worden").*[31]

63 Einen weiteren Maßstab hat dagegen die *Rechtbank 's-Gravenhage* angelegt. Danach soll ein Gebäude schon dann als untergegangen anzusehen sein, wenn aufgrund der Mangelhaftigkeit der Herstellung die Steifigkeit des Gebäudes in einem Maße beeinträchtigt ist, dass es ohne außerordentliche Maßnahmen der Versorgung und Vorsorge nicht mehr entsprechend seiner Bestimmung genutzt werden kann.[32]

64 Dem in dem Beschluss vom 16.5.2006 durch das Gericht mitgeteilten Sachverhalt kann nicht entnommen werden, ob die geltend gemachten Mängel vorliegend so gravierend sind, dass zumindest nach der weiten Auslegung des Begriffs des Untergangs eines Gebäudes hier von einem solchen auszugehen ist. Da der Kläger, soweit ersichtlich, noch immer in dem Haus wohnt, an dessen Dach der Beklagte gearbeitet hat, scheint die Annahme eines Untergangs eher fernliegend.

65 Lediglich der Vollständigkeit halber und für den Fall, dass das Gericht doch von einem teilweisen Untergang des Hauses ausgehen sollte, sei daher darauf hingewiesen, dass auch die Frage, welche Rechtsfolgen Art. 7A:1645 N.B.W. a.F. zeitigt, umstritten ist.

66 Im Wesentlichen lassen sich drei Positionen ausmachen:[33]

1. Nach der ersten Ansicht ist aus Art. 7A:1645 N.B.W. a.F. zu folgern, dass unter den in der Norm aufgeführten Umständen der Unternehmer ausnahmsweise auch dann für eine mangelhafte Werkleistung haftet, wenn der Auftraggeber das Werk bereits abgenommen und genehmigt hat.

---

30 Siehe die Darstellung bei *Kortmann/De Leede/Thunnissen* (o. Fn. 13), Nr. 664.

31 HR v. 14.11.1929, NJ 1929, 1776, zitiert nach *Kortmann/De Leede/Thunnissen* (o. Fn. 13), Nr. 664.

32 Rb. 's-Gravenhage v. 7.12.1926, NJ 1927, 1015, zitiert nach *Kortmann/De Leede/Thunnissen* (o. Fn. 13), Nr. 664, die dieser Auslegung ebenfalls den Vorzug geben.

33 Siehe die Darstellung bei *Kortmann/De Leede/Thunnissen* (o. Fn. 13), Nr. 676.

2. Nach der zweiten Ansicht kann der Unternehmer nach den allgemeinen Regeln des Schuldrechts für eine Pflichtverletzung grundsätzlich dreißig Jahre in Anspruch genommen werden. Liegen allerdings die in Art. 7A:1645 N.B.W. a.F. aufgeführten Umstände vor, wird die Haftung auf zehn Jahre beschränkt.

3. Nach der dritten Ansicht ist in den von Art. 7A:1645 N.B.W. a.F. erfassten Fällen ausnahmsweise kein näherer Beweis der Pflichtverletzung des Unternehmers erforderlich, um ihn in Anspruch zu nehmen. Befindet sich das Gebäude innerhalb von zehn Jahren aufgrund eines Mangels in der Herstellung in dem in Art. 7A:1645 N.B.W. a.F. umschriebenen Zustand, muss der Auftraggeber nicht beweisen, dass dieser Zustand eine Folge der Pflichtverletzung des Unternehmers ist. Vielmehr ist es Aufgabe des Unternehmers zu beweisen, dass die Mängel nicht durch eine ihm zuzurechnende Pflichtverletzung verursacht wurden und nicht in seine Risikosphäre fallen.

Auf eine nähere Auseinandersetzung mit den vorstehend aufgeführten Auffassungen wird aus dem wohlverstandenen Kosteninteresse der Parteien an dieser Stelle verzichtet, da es vor dem Hintergrund des mitgeteilten Sachverhaltes als unwahrscheinlich anzusehen ist, dass die Voraussetzungen der Norm hier erfüllt sind. 67

bb) Schuldnerverzug

Ein auf Art. 6:74 N.B.W. gestützter Anspruch auf Schadensersatz setzt neben einer Pflichtverletzung des Schuldners (dazu vorstehend Rn. 26 ff.) grundsätzlich auch das Vorliegen des Schuldnerverzuges voraus (siehe Art. 6:74 Abs. 2 N.B.W.). 68

Gemäß Art. 6:81 N.B.W. i.V.m. Art. 6:82 N.B.W. befindet sich der Schuldner während der Zeit im Verzug, in der er schuldhaft trotz Fälligkeit und schriftlicher Mahnung unter angemessener Fristsetzung nicht leistet. Zudem tritt Verzug nach Art. 6:81 N.B.W. i.V.m. Art. 6:83 Buchst. a) N.B.W. ein, wenn eine für die Erfüllung gesetzte Frist verstreicht, ohne dass die Verbindlichkeit erfüllt worden ist. 69

Art. 6:81 N.B.W.:	*Deutsch:*[34]
„De schuldenaar is in verzuim gedurende de tijd dat de prestatie uitblijft nadat zij opeisbaar is geworden en aan de eisen van de artikelen 82 en 83 is voldaan, behalve voor zover de vertraging hem niet kan worden toegerekend of nakoming reeds blijvend onmogelijk is.“	Der Schuldner ist während der Zeit im Verzug, in der die Leistung ausbleibt, nachdem sie fällig geworden ist und die Voraussetzungen der Artikel 82 und 83 erfüllt sind, außer soweit die Verzögerung ihm nicht zugerechnet werden kann oder die Erfüllung bereits dauerhaft unmöglich ist.

[34] Übersetzung nach *Nieper/Westerdijk* (o. Fn. 15), 37.

Art. 6:82 N.B.W.:

„(1) Het verzuim treedt in, wanneer de schuldenaar in gebreke wordt gesteld bij een schriftelijke aanmaning waarbij hem een redelijke termijn voor de nakoming wordt gesteld, en nakoming binnen deze termijn uitblijft.

(2) Indien de schuldenaar tijdelijk niet kan nakomen of uit zijn houding blijkt dat aanmaning nutteloos zou zijn, kan de ingebrekestelling plaatsvinden door een schriftelijke mededeling waaruit blijkt dat hij voor het uitblijven van de nakoming aansprakelijk wordt gesteld."

Deutsch:[35]

(1) Der Verzug tritt ein, wenn der Schuldner durch eine schriftliche Mahnung in Verzug gesetzt wird, durch die ihm eine angemessene Frist zur Erfüllung gesetzt wird, und die Erfüllung innerhalb dieser Frist ausbleibt.

(2) Wenn der Schuldner zeitweilig nicht erfüllen kann oder es sich aus seinem Verhalten ergibt, dass eine Mahnung nutzlos wäre, kann er durch eine schriftliche Mitteilung, aus der sich ergibt, dass er für das Ausbleiben der Erfüllung haftbar gemacht wird, in Verzug gesetzt werden.

Art. 6:83 N.B.W.:

„Het verzuim treedt zonder ingebrekestelling in:

a. wanneer een voor de voldoening bepaalde termijn verstrijkt zonder dat de verbintenis is nagekomen, tenzij blijkt dat de termijn een andere strekking heeft;

b. wanneer de verbintenis voortvloeit uit onrechtmatige daad of strekt tot schadevergoeding als bedoeld in artikel 74 lid 1 en de verbintenis niet terstond wordt nagekomen;

c. wanneer de schuldeiser uit een mededeling van de schuldenaar moet afleiden dat deze in de nakoming van de verbintenis zal tekortschieten."

Deutsch:[36]

Der Verzug tritt ein, ohne dass der Schuldner in Verzug gesetzt wird:

a. wenn eine für die Erfüllung bestimmte Frist verstreicht, ohne dass die Verbindlichkeit erfüllt worden ist, es sei denn, dass es sich ergibt, dass die Frist einen anderen Zweck hat;

b. wenn sich die Verbindlichkeit aus einer unerlaubten Handlung ergibt oder wie in Artikel 74 Absatz 1 bezeichneten Schadensersatz bezweckt und die Verbindlichkeit nicht sofort erfüllt wird;

c. wenn der Gläubiger aus einer Mitteilung des Schuldners schließen muss, dass dieser bei der Erfüllung der Verbindlichkeit pflichtwidrig handeln wird.

70 Vorliegend forderte der Kläger den Beklagten mit Schreiben vom 21.5.2002 zum 31.5.2002 auf, die Arbeiten ordnungsgemäß abzuschließen. Nachdem der Beklagte diese Frist ungenutzt verstreichen ließ, befand er sich, das Vorliegen einer Pflichtverletzung vorausgesetzt, mit Ablauf der besagten zehn Tage im Verzug.

---

35 Übersetzung nach *Nieper/Westerdijk* (o. Fn. 15), 37 f.

36 Übersetzung nach *Nieper/Westerdijk* (o. Fn. 15), 38.

cc) Umfang des Schadensersatzes

Sind die Voraussetzungen des Art. 6:74 N.B.W. erfüllt, ordnet Absatz 1 der Norm den Ersatz des durch die Pflichtverletzung entstandenen Schadens an. 71

Inhalt und Umfang der Schadensersatzverpflichtung werden dabei durch die Art. 6:95 ff. N.B.W. bestimmt. 72

(1) Art des Schadensersatzes

Nach Art. 6:103 N.B.W. wird Schadensersatz grundsätzlich in Geld erbracht. Jedoch kann der Richter auf Antrag des Geschädigten auch Ersatz auf andere Weise als durch Zahlung eines Geldbetrages zuerkennen, etwa in Form der Naturalrestitution.[37] 73

Vorliegend hat der Kläger allerdings bereits die Verurteilung zur Zahlung einer Geldsumme beantragt. Die Zuerkennung von Schadensersatz in Form von Naturalrestitution kommt daher nicht in Betracht. 74

(2) Umfang

Der Umfang des zu leistenden Schadensersatzes richtet sich nach den Vorgaben der Art. 6:95 f. N.B.W. 75

Art. 6:95 N.B.W.:	*Deutsch:*[38]
„De schade die opgrond van een wettelijke verplichting tot schadevergoeding moet worden vergoed, bestaat in vermogensschade en ander nadeel, dit laatste voor zover de wet op vergoeding hiervan recht geeft."	Der Schaden, der aufgrund einer gesetzlichen Verpflichtung zum Schadensersatz ersetzt werden muss, besteht aus Vermögensschaden und anderem Nachteil, Letzteres, soweit das Gesetz einen Anspruch auf Ersatz desselben gibt.

Art. 6:96 N.B.W.:	*Deutsch:*[39]
„(1) Vermogensschade omvat zowel geleden verlies als gederfde winst.	(1) Der Vermögensschaden umfasst sowohl erlittenen Verlust als auch entgangenen Gewinn.
(2) Als vermogensschade komen mede voor vergoeding in aanmerking:	(2) Als zu ersetzender Vermögensschaden kommen auch in Betracht:

37 Vgl. *Mincke* (o. Fn. 26), Rn. 246.

38 Übersetzung nach *Nieper/Westerdijk* (o. Fn. 15), 42.

39 Deutsche Übersetzung nach *Nieper/Westerdijk* (o. Fn. 15), 42 f.

a. redelijke kosten ter voorkoming of beperking van schade die als gevolg van de gebeurtenis waarop de aansprakelijkheid berust, mocht worden verwacht;	a. angemessene Aufwendungen zur Vermeidung oder Minderung von Schaden, der infolge des Ereignisses, auf dem die Haftung beruht, erwartet werden durfte;
b. redelijke kosten ter vaststelling van schade en aansprakelijkheid;	b. angemessene Aufwendungen zur Feststellung von Schaden und Haftung;
c. redelijke kosten ter verkrijging van voldoening buiten rechte, wat de kosten onder b en c betreft, behoudens voor zover in het gegeven geval krachtens artikel 57 lid 6 van het Wetboek van Burgerlijke Rechtsvordering de regels betreffende proceskosten van toepassing zijn.“	c. angemessene Aufwendungen zur außergerichtlichen Befriedigung, betreffend die Kosten unter b und c, soweit nicht im gegebenen Fall gemäß Art. 57 Absatz 6 der Zivilprozessordnung die Vorschriften über Prozesskosten Anwendung finden.

76 Zu ersetzen ist danach grundsätzlich der gesamte Vermögensschaden.[40] Vorliegend kann der Kläger folglich die Kosten der Mängelbeseitigung als Schadensposition geltend machen.[41]

77 Gemäß Art. 6:96 Abs. 2 Buchst. b) N.B.W. sind zudem angemessene Aufwendungen zur Feststellung des Schadens und der Haftung ersatzfähig.

D. Ergebnis

78 1. Nach niederländischem materiellen Recht steht es den Parteien frei, die Einhaltung ausländischer Standards einschließlich der deutschen DIN-Normen zu vereinbaren. Ob vorliegend eine derartige Vereinbarung getroffen wurde, hat das Gericht durch Auslegung des zwischen den Parteien geschlossenen Werkvertrages zu ermitteln.

2. Nach niederländischem Recht schuldete der Beklagte die Einhaltung des technischen Standards, der zur Zeit der Durchführung der Baumaßnahmen an dem Haus des Klägers nach in der Branche allgemeiner Ansicht üblich war. Als Maßstab kann hier auf die in dem *„Bouwbesluit“* aufgeführten NEN-Normen zurückgegriffen werden.

3. Sollte das Gericht vorliegend zu dem Schluss kommen, dass der Beklagte seine Leistung mangelhaft erbracht hat, liegen alle Voraussetzungen eines Schadensersatzanspruchs nach Art. 6:74 N.B.W. vor.

4. Ersatzfähig sind sowohl die Kosten der Mängelbeseitigung als auch angemessene Aufwendungen zur Feststellung des Schadens und der Haftung.

---

[40] *Mincke* (o. Fn. 26), Rn. 246.

[41] Vgl. IPG 2000/2001 Nr. 13 *(Köln)*, Rn. 23.

2. Vertrag

Nr. 8

Saudi-Arabien*

1. Zum Begriff der höheren Gewalt nach saudi-arabischem Recht.

2. Der in Saudi-Arabien geltende Grundsatz der Vertragsfreiheit erlaubt grundsätzlich eine individualvertragliche Vereinbarung der Tatbestände, die als Fälle höherer Gewalt anzusehen sind.

Die Y. GmbH, Frankfurt, bittet um eine Rechtsauskunft über Fragen des saudi-arabischen Vertragsrechts betreffend Probleme der höheren Gewalt.

Köln Kr 4/05 vom 3.3.2005

A. Sachlage und Anfrage

Die Y. GmbH verhandelt zur Zeit mit einer saudi-arabischen staatlichen Stelle über einen *„Construction"*-Vertrag. Gefragt wird deshalb angesichts der derzeitigen politischen Situation im Nahen und Mittleren Osten, ob in Saudi-Arabien vertragliche Regelungen bezüglich der Rechte des Auftragnehmers im Falle der Verschlechterung der allgemeinen Sicherheitslage (Terroranschläge, Entführungen, Krieg in angrenzenden Staaten) während der Vertragsabwicklung möglich sind. Falls dies möglich sein sollte, wird um Auskunft darüber gebeten, unter welchen Voraussetzungen der Auftragnehmer das Recht hat, seine Mitarbeiter aus Saudi-Arabien abzuziehen, und wer die Kosten für erhöhte Sicherheitsmaßnahmen, für erhöhte Gehälter und für die Kosten für den Abzug der Mitarbeiter trägt. 1

B. Rechtslage

I. Zum Begriff der höheren Gewalt nach saudi-arabischem Recht

1. Gesetzliche Normen

Das saudi-arabische (Gesetzes)Recht kennt, ohne dass auf die Problematik im islamischen Recht zurückgegriffen werden muss,[1] bei Verträgen im wirtschafts- 2

---

* *Anm. d. Red.:* Zu den Grundlagen des saudi-arabischen Schuldrechts s. auch IPG 2002 Nr. 2 *(Köln)*.

[1] Näher *Krüger*, Festschrift für Reinhold Geimer, 2002, 485, 486 ff. Die Maßgeblichkeit der Anwen-

oder handelsrechtlichen Bereich das Rechtsinstitut der höheren Gewalt *(quwwa qâhira)*.[2]

3 Eine einschlägige Norm befindet sich bereits in Art. 87 Buchst. c des Arbeitsgesetzbuches, Gesetz Nr. M/21 von 1389 H./1969, der die Kündigung eines Arbeitsvertrages wegen höherer Gewalt betrifft.[3]

4 Dasselbe gilt für das Gesetz über die Vergabe öffentlicher Aufträge, Gesetz Nr. M/14 von 1397 H./1977, das in den in Saudi-Arabien zirkulierenden englischen Übersetzungen im Allgemeinen als *Tender Regulation* bezeichnet wird.[4] Aufgrund dessen Art. 9 Buchst. a hat ein Auftraggeber dann keine Vertragsstrafe wegen Verzuges *(delay fine)* zu zahlen, falls der Verzug die Folge von *„force majeure, emergency or an action beyond the contractor's control"* ist.

2. Standardvertrag über die Vergabe öffentlicher Aufträge

a) Allgemeines

5 Am wichtigsten ist in casu der Standardvertrag über die Vergabe öffentlicher Aufträge/*Standard Public Works Contract ('aqd al-ishgal al-'âmma)* von 1408 H./1988, der aufgrund des Beschlusses des Ministerrates Nr. 136 vom 13.6.1408/1.2.1988 im Gesetzblatt *(Umm al-Qurâ)* Nr. 3205 vom 14.8.1408 H./1.4.1988 (auf S. 3 - 8) veröffentlicht wurde.[5]

6 Kontrahiert ein ausländisches Unternehmen mit einer öffentlichrechtlichen Institution in Saudi-Arabien, so finden dessen Regeln ohne weiteres Anwendung; denn dieser Standardvertrag ist rechtsverbindlich und kein bloßer Mustervertrag, da er im Gesetzblatt verkündet wurde.[6]

---

dung islamischen Rechts in Saudi-Arabien wird bei Rechtsfragen, die wirtschaftliche Gegenstände betreffen (insbesondere in der islamwissenschaftlichen Literatur), meist überschätzt; ein Beispiel ist *Vogel*, Islamic Law and Legal System - Studies of Saudi Arabia, 2000. So gibt es dort bereits seit 1350 H./1931 eine auf osmanischem Muster beruhende Kodifikation des Handels- und Handelsprozessrechts (inzwischen mehrfach durch weitere Gesetze ergänzt; Nachweise bei *Krüger*, Arabische Staaten - Gesetzesübersichten, 7. Aufl. 1999, 89 f.).

2 Z.B. *Lerrick/Mian*, Saudi Business and Labor Law - Its Interpretation and Application, 2. Aufl. 1987, 291; *Al-Jhani*, Necessary Rules and Regulations of Doing Business in the Kingdom of Saudi Arabia, o.J. (1999), 77.

3 Text in deutscher Übersetzung bei *Regli*, Investitionen in Saudi-Arabien und Kuwait, 1977, 172. - Der Begriff der höheren Gewalt wird z.B. auch benutzt in Art. 198 des Straßenverkehrsgesetzes; keine Haftung des Schädigers in Fällen höherer Gewalt.

4 Veröffentlicht z.B. in Saudi Economic Survey vom 26.4.1978.

5 Eine im Wesentlichen zutreffende englische Übersetzung ist in vier Folgen veröffentlicht in Saudi Economic Survey vom 20.4., 27.4., 4.5. und 11.5.1988; diese Übersetzung findet sich auch in vier Folgen in MEER July, August, September und October 1988.

6 Statt aller *Krüger*, Zur Problematik des Versicherungsrechts in der arabischen Welt, [Festheft für]

Abweichungen vom Text des Mustervertrages können deshalb nur selten vereinbart werden, sind jedoch nicht immer ausgeschlossen. 7

Dieser Vertrag enthält in seinem Art. 55 unter der Überschrift *„Special Risks" (al-mukhâzara al-khâssat)* Normen über die Probleme, die Fragen der höheren Gewalt betreffen. 8

Definiert wird der Begriff der höheren Gewalt grundsätzlich nicht anders als bei uns. Ich zitiere aus einer mir vorliegenden Rechtsauskunft der saudi-arabischen Anwaltskanzlei *Zahrani* (Riad), die im Jahre 1995 von einem deutschen Unternehmen eingeholt wurde: *„Force majeure is defined as a sudden, unexpected and unavoidable accident because it originates from external forces like lightning, storms, earthquakes, wars etc. This means that a force majeure act can only take place due to the occurance of an incident which is independent of human will or volition and which could not be foreseen or avoided."* Ähnlich schreiben zwei seit Jahren in Riad tätige US-amerikanische Rechtsanwälte: Der Begriff force majeure wird *„used for an extraordinary event of a general nature (such as war) which affects a contractual obligation. The term is usually associated with either permanent or temporary impossibility of performance."*[7] 9

b) Art. 55 des Standardvertrages

Zu den „besondere Risiken" (also Fällen der höheren Gewalt) zählen aufgrund Art. 55 Abs. 1 des Standardvertrages Krieg, Invasion feindlicher Streitkräfte, militärische Handlungen und Ähnliches. Das heißt in dubio, Risiken die *von außen* auf Saudi-Arabien einwirken. Das allgemeine Risiko terroristischer Anschläge, die sich *in Saudi-Arabien* gegen Ausländer im allgemeinen und insbesondere gegen ausländische Arbeitnehmer richten, werden damit nicht ohne weiteres erfasst. Dass derartige Ereignisse in den letzten Jahren in Saudi-Arabien mehrfach stattgefunden haben, ist allgemein bekannt. 10

II. Hinweise zur vertraglichen Gestaltung

1. Grundsatz der Vertragsfreiheit

An dieser Stelle müssten deshalb vorsorglich ausdrücklich entsprechende Vereinbarungen getroffen werden, um auch diese Risiken abzudecken. Das wird wahrscheinlich nicht ganz einfach sein. Es ist rechtlich jedoch nicht unmöglich, denn 11

Ernst Klingmüller zum 90. Geburtstag - Grußworte und Ansprachen, 2004, 33, 44.

7 *Xefos/Sayen*, Force Majeure and the War, MEER, March 1991, 9, 10.

man kennt in Saudi-Arabien, bestätigt auch durch die Rechtsprechung des *Board of Grievances*, den Grundsatz der Vertragsfreiheit *(hurriyat at-ta'aqqud).*[8]

12 Ist eine derartige eindeutige Klausel in einem Vertrag enthalten, so ist sie ohne Weiteres wirksam,[9] denn in Saudi-Arabien gilt unbestritten der Grundsatz: *The contract makes the law of the parties (al-'aqd al-qânûnî huwa sharî'at at-tarafain).*[10]

2. Einzelfragen

13 Mir sind in den letzten Jahren einige Verträge zwischen europäischen und saudi-arabischen Partnern bekannt geworden, in denen – meist nach zähen Verhandlungen – *force majeure* Klauseln vereinbart wurden, von denen u.a. auch *„internal riots"* o.ä. erfasst werden. Einschlägige vertragliche Regelungen sind deshalb grundsätzlich möglich. Dasselbe kann auch bei einer *erheblichen* Verschlechterung der Sicherheitslage vereinbart werden, wenn *ernstlich* zu befürchten steht, dass sie Auswirkungen auf die ordnungsgemäße Durchführung eines Projekts in Saudi-Arabien hat (z.B. Unmöglichkeit, für das Projekt erforderliche Materialien nach Saudi-Arabien zu bringen).

14 Allgemein kann gesagt werden, dass in Saudi-Arabien die Berufung auf höhere Gewalt im Zweifel nur in Ausnahmefällen akzeptiert wird, wenn krisenbedingte Umstände zu einer zeitweisen oder gar völligen Unmöglichkeit der Vertragserfüllung führen. Insbesondere gilt dies für staatliche Stellen oder Unternehmen. Diese sind recht selten geneigt, sich bei Vertragsverhandlungen auf das Argument der höheren Gewalt einzulassen, weil sie sich vor einer Bewertung krisenbedingter Situationen scheuen. Immerhin haben sich einige saudi-arabische öffentlichrechtliche Institutionen im Zusammenhang mit Verträgen über Erdöllieferungen zur Zeit des zweiten Golfkrieges im Dezember 1990 selbst schon auf höhere Gewalt berufen.[11]

15 Eine bloße Verschlechterung der *allgemeinen* Sicherheitslage reicht nach meinem Erkenntnisstand deshalb *nicht* aus, um in ihr aus saudi-arabischer Sicht einen Fall der höheren Gewalt zu erblicken. Dasselbe gilt bei *allgemeinen* Sicherheitsbedenken des Auftragnehmers oder seines in Saudi-Arabien tätigen Personals, wenn deswegen z.B. höhere Gehälter gefordert werden oder wenn das Personal die Fortsetzung der Arbeit in Saudi-Arabien verweigert. Aus saudi-arabischer Sicht wird in derartigen Fällen argumentiert, dass der Auftragnehmer höhere Gehälter zahlen könnte, oder er hätte das Personal, das in Saudi-Arabien nicht mehr tätig sein will, durch anderes zu ersetzen.[12]

---

[8] Statt aller *Krüger* (o. Fn. 1), 495 f. (m.w.N. in Fn. 35 - 38).

[9] Ebenso *Xefos/Sayen* (o. Fn. 7), 11.

[10] Ausführlich *Krüger*, Studi Maghrebini N.S. 2 (2004), 201, 217 ff.

[11] S. dazu auch *Xefos/Sayen* (o. Fn. 7), 11.

[12] Ebenso *Xefos/Sayen* (o. Fn. 7), 11.

Dies war z.B. die Ansicht der Industrie- und Handelskammer Riad (Rundbrief Nr. 24/159) aus dem Jahr 1411 H./1991 im Zusammenhang mit der Situation während des zweiten Golfkrieges 1990/1991.[13] 16

Kann also in casu eine gegenüber dem Wortlaut des Art. 55 Abs. 1 des Standardvertrages erweiterte *force majeure* Klausel vereinbart werden, so ergeben sich die Rechtsfolgen aus dessen Art. 55 Abs. 2 - 4. 17

Kurz gefasst bedeutet dies, dass der *contractor* in Fällen höherer Gewalt dem Auftraggeber nicht auf Schadensersatz usw. haftet, trotz Nichterfüllung wegen im Vertrag umschriebener Fälle der höheren Gewalt Anspruch auf Zahlung des vereinbarten Werklohns usw. für die von ihm bis zum Zeitpunkt des Eintritts eines Falles höherer Gewalt erbrachten Leistungen und Ansprüche gegen den Auftraggeber wegen zerstörter Materialien usw. hat. 18

Die Frage, ob der Auftragnehmer in Fällen höherer Gewalt das Recht hat, seine Mitarbeiter aus Saudi-Arabien abzuziehen, wird im Standardvertrag nicht normiert. Nach meinen Erfahrungen (in zwei Fällen) kann dies jedoch vertraglich vereinbart werden. Dies gilt jedenfalls dann, wenn ganz konkret (und nicht nur allgemein) eine ernstliche Gefahr für deren Leben oder Gesundheit bei der Durchführung eines Projekts in Saudi-Arabien besteht. Argumentieren kann man in diesen Fall mit Art. 55 Abs. 4 des Standardvertrages; denn auf diese Weise entstünden dem Auftraggeber im Normalfall geringere Kosten als bei ihrem Tod oder ihrer Körperverletzung. 19

Die Frage, wer die Kosten für den Abzug von Mitarbeitern bzw. für erhöhte Gehälter angesichts einer problematischen Sicherheitslage in Saudi-Arabien trägt, kann wiederum vertraglich vereinbart werden. Ist dies nicht erfolgt, muss der *contractor* stets davon ausgehen, dass er die entsprechenden Kosten zu tragen hat; denn saudische Auftraggeber stehen – bisher ohne mir bekannt gewordene Einschränkungen – auf dem Standpunkt, dass Saudi-Arabien ein für Ausländer sicheres Land ist, und deshalb ein etwaiger Abzug von ausländischen Arbeitnehmern in die Risikosphäre des Auftragnehmers fällt. 20

C. Ergebnis

1. Das in casu maßgebliche saudi-arabische Gesetzesrecht kennt den Grundsatz der höheren Gewalt, der sich inhaltlich nicht grundsätzlich von deutschen Rechtsvorstellungen unterscheidet. Dies gilt insbesondere auch dann, wenn ein ausländisches Unternehmen mit einer öffentlichrechtlichen Institution in Saudi-Arabien kontrahiert. 21

---

[13] Der Inhalt dieses Rundbriefs der IHK Riad wird mitgeteilt von *Xefos/Sayen* (o. Fn. 7), 11.

2. Wegen des auch in Saudi-Arabien geltenden Grundsatzes der Vertragsfreiheit kann grundsätzlich vereinbart werden, welche Tatbestände als Fälle der höheren Gewalt anzusehen sind.
3. Eine bloße Verschlechterung der allgemeinen Sicherheitslage ist aus saudi-arabischer Sicht im Zweifel kein Fall der höheren Gewalt.
4. Wenn keine vertragliche Vereinbarung getroffen wurde, trägt der Auftragnehmer die Kosten für einen etwaigen Abzug von Mitarbeitern im Fall der Verschlechterung der Sicherheitslage.

3. Forderungsabtretung (und -übergang)

Nr. 9

Italien*

1. **Eine den §§ 404, 406 BGB entsprechende Vorschrift kennt das italienische Zivilrecht nicht.**
2. **Nach den allgemeinen Prinzipien der Rechtsnachfolge kann der Schuldner dem Neugläubiger als Rechtsnachfolger des Altgläubigers bestehende Einreden entgegenhalten, insbesondere ein Zurückbehaltungsrecht oder eine Aufrechnung.**

Rechtsgutachten zu Fragen des italienischen Zivilrechts in dem Rechtsstreit P. s.r.l. ./. G. GmbH vor dem LG Ansbach (Az. HKO 222/03)

Bochum vom 13.7.2005

A. Anfrage

Nach dem Beweisbeschluss des anfragenden Gerichts vom 1.6.2004 soll das Gutachten klären, ob es im italienischen Zivilrecht eine den §§ 404, 406 BGB entsprechende Regelung gibt, so dass gegen den Neugläubiger von Seiten des Schuldners einer Forderung Einwendungen, wie ein Zurückbehaltungsrecht oder die Aufrechnung mit einer Gegenforderung, geltend gemacht werden können. 1

B. Rechtslage

I. Gesetzliche Ausgangslage

Das italienische Zivilgesetzbuch *(codice civile)* regelt die „Abtretung von Forderungen" in den Art. 1260 - 1267 *(„Della cessione dei crediti")*. Dieser Abschnitt des *codice civile* enthält jedoch keine Vorschrift, welche entsprechend den Vorschriften der §§ 404, 406 BGB Einwendungen wie z.B. ein Zurückbehaltungsrecht oder die Aufrechnung des Schuldners gegenüber dem neuen Gläubiger explizit regelt. 2

* *Anm. d. Red.:* Zu den Voraussetzungen der Forderungsabtretung nach italienischem Recht s. auch IPG 2003/2004 Nr. 4 *(Bochum)*, Rn. 17 ff.

II. Neugläubiger als Rechtsnachfolger

3 Eine entsprechende Regel folgt jedoch aus den allgemeinen Prinzipien der Rechtsnachfolge. Wird der Neugläubiger Rechtsnachfolger des Altgläubigers, so gehen auch die Besonderheiten der abgetretenen Forderung, sowie Sicherheiten und Einreden auf diesen über.[1]

III. Rechtsprechung

4 Ausdrücklich festgehalten hat dies der italienische Kassationshof z.B. im Urteil Nr. 575 vom 17.1.2001:[2]

	Deutsch:
„A seguito della cessione del credito il debitore ceduto diviene obbligato verso il cessionario allo stesso modo in cui era tale nei confronti del suo creditore originario; pertanto potrà opporre al cessionario tutte le eccezioni opponibili al cedente sia quelle attinenti alla validità del titolo costitutivo del credito, sia quelle relative ai fatti modificativi ed estintivi del rapporto anteriori alla cessione o anche posteriori al trasferimento, ma anteriori all'accettazione della cessione o alla sua notifica o alla sua conoscenza di fatto."	Kraft der Forderungsabtretung wird der Schuldner gegenüber dem Abtretungsempfänger in gleicher Weise verpflichtet wie er dies gegenüber seinem ursprünglichen Gläubiger war; deshalb kann er dem Abtretungsempfänger sämtliche Einreden entgegenhalten, die gegenüber dem Abtretenden bestanden, sowohl solche, die sich auf die Gültigkeit des die Forderung begründenden Rechtstitels beziehen, wie auch solche, die sich auf Tatsachen beziehen, die diese Rechtsbeziehung zum Erlöschen brachten oder abänderten, und zwar aus der Zeit vor der Abtretung und aus der Zeit nach der Abtretung, aber vor der Zustimmung zur Abtretung oder vor ihrer Mitteilung oder der tatsächlichen Kenntnis von der Abtretung.

5 Diesen Grundsatz hat das Gericht auch nachfolgend bestätigt.[3] Zu den Erlöschenstatbeständen im Sinne dieser Einredenlehre gehört auch die Aufrechnung, vgl. Art. 1241 c.c.[4] Mit Urteil vom 5.11.2002[5] hat der Kassationshof dem Schuldner

---

1 *Cian/Trabucchi/Zaccaria*, Commentario breve al codice civile, 7. Aufl. 2004, Art. 1260/I. 1: "Il credito […] trapassa al cessionario con gli stessi caratteri, garanzie ed eccezioni che aveva quando si trovava nella titolarità del cedente."; ebenso sub Art. 1263/II.3.

2 Abdruck in Rep. Foro it. 2001, Stichwort „cessione dei crediti", Nr. 28, S. 653.

3 Urteil Nr. 1145 v. 27.1.2003, Rep. Foro it. 2003, Stichwort „cessione dei crediti", Nr. 19, S. 732; Urteil Nr. 14225 v. 28.7.2004; Rep. Foro it. 2004, Stichwort wie vor, Nr. 22, S. 776.

4 *Kindler*, Einführung in das italienische Recht, 1993, 155.

ausdrücklich ferner die Einrede zugestanden, dass der Abtretende seinerseits den Vertrag nicht erfüllt habe *(„L'eccezione con cui il debitore ceduto oppone la mancata esecuzione della prestazione da parte del cedente [...]")*.

C. Ergebnis

Es gibt zwar im italienischen Recht keine den §§ 404, 406 BGB entsprechende Vorschrift. Jedoch folgt aus den Prinzipien der Rechtsnachfolge, dass der Schuldner dem Neugläubiger die bis zur Zustimmung zur Abtretung, ihrer Mitteilung an den Schuldner oder dem Zeitpunkt der Kenntnis von der Abtretung entstandenen Einreden entgegenhalten kann. Dies gilt insbesondere für Zurückbehaltungsrechte und die Aufrechnung. 6

[5] Nr. 15483, Abdruck in Rep. Foro it. 2003, Stichwort „cessione dei crediti", Nr. 20, S. 732.

Nr. 10

Republik China (Taiwan)

1. **Zur Bestimmung des auf einen in der Republik China (Taiwan) abgeschlossenen Transport- und Haftpflichtversicherungsvertrag anzuwendenden Rechts.**
2. **Zum Statut des gesetzlichen Forderungsübergangs und der rechtsgeschäftlichen Abtretung an den Versicherer insoweit.**
3. **Zum Privatversicherungsrecht Taiwans.**
4. **Zur Abtretung im Recht von Taiwan.**
5. **Zum Eintritt des Versicherers in die Rechtsposition des geschädigten Versicherten nach dem Recht von Taiwan.**

Freiburg vom 29.7.2006 (Ho.)

A. Sachlage

1 Die Parteien streiten um die Schadensabwälzung nach einem Transportgutdiebstahl aus einem nachts auf öffentlichem Straßengelände abgestellten LKW der Beklagten zu 1. Die Klägerin zu 1, eine taiwanesische Luftfahrtgesellschaft mit Sitz in Taipei / Republik China (Taiwan), ist im Vorprozess (40 O 21/02) durch das Landgericht Düsseldorf mit Urteil vom 4.10.2002 zur Zahlung des Schadens durch Verlust des Transportguts (Computerteile) in Höhe von € 53.832,74 nebst Zinsen an die Bestellerin des Guts, die Klägerin im Vorprozess, verurteilt worden. Aufgrund Streitverkündung in jenem Verfahren kann das Urteil im Rahmen seiner Interventionswirkung gegen Parteien des jetzigen Verfahrens wirken. Im jetzigen Verfahren treten als Klägerinnen neben der Klägerin zu 1 deren insgesamt sieben Transport- und Haftpflichtversicherer, allesamt mit Sitz in der Republik China (Taiwan), auf. Auf der Beklagtenseite steht als Beklagte zu 1 das mit dem damaligen Transport befasste Speditionsunternehmen, eine GmbH luxemburgischen Rechts mit Sitz in L. / Luxemburg. Beklagte zu 2 ist jetzt das Speditionsunternehmen in Düsseldorf, das am Abend der Ankunft des LKW dessen Abladung auf dem Unternehmensgelände aus zeitlichen Gründen nicht mehr gestattete.

Streitig ist im vorliegenden Verfahren neben der Ablieferung gemäß den Regelungen des Transportrechts auch die Frage der Aktivlegitimation der Klägerin zu 1 und der weiteren Klägerinnen, die als Versicherer lediglich aus übergegangenem Recht oder aus abgetretenem Recht aktivlegitimiert sein können. Die Akte enthält insofern ein in englischer Sprache gehaltenes Dokument, das mit der Überschrift „Subrogation Receipt and Assignment" überschrieben ist und im Abschnitt A festhält, dass die Klägerin zu 1, eine „Ltd." bei den nachfolgend genannten 7 Versicherern (= jetzige Klägerinnen zu 2 bis 8) versichert ist. Im Abschnitt B ist festgehalten, die C. Airlines Ltd. habe auf der Grundlage einer „Master Air Waybill“ vom 3.3.2001 die Computerteile von Hongkong auf dem Luftweg nach Luxemburg transportiert, von dort seien sie per LKW nach Düsseldorf transportiert und dort vom LKW gestohlen worden. Im Abschnitt C hält das Dokument die Verurteilung von C. Airlines durch das LG Düsseldorf mit dem o.a. Urteil vom 4.10.2002 fest. Im Abschnitt D wird festgehalten, dass die Versicherer den Urteilsbetrag für C. Airlines an die Klägerin jenes Verfahren bezahlt haben. Das Dokument fährt dann gesperrt gedruckt fort:

„Now it is hereby agreed and acknowledged as follows:

(1) In consideration of the payment of € 68.058,25 less the deductible of US $ 10.000 as aforesaid, payment of which is hereby acknowledged, Insurers are subrogated to all rights and remedies available to C. Airlines in respect of the aforesaid incident.

(2) C. Airlines hereby assigns all its present and future rights arising from the above incident to Insurers save as to the deductible ov USD 10.000.“

Es folgt mit Datum vom 23.6.2004 die Unterschrift des Vorsitzenden des Verwaltungsrats, Y., gegeben in Taipei am Sitz der C. Airlines Ltd.

Gericht und Parteien gehen inzwischen wohl davon aus, dass sich die rechtliche Beurteilung dieses Dokuments und der darin ggf. zu sehenden Abtretung der Ansprüche der C. Airlines oder Ermächtigung der Versicherer nach dem Recht von Taiwan richtet. Erwogen wird dies vor dem Hintergrund von Art. 33 EGBGB und der Geltung taiwanesischen Rechts für das Versicherungsverhältnis und für den von C. Airlines abgeschlossenen Beförderungsvertrag (, soweit letzterer nicht internationalem Einheitstransportrecht unterliegt).

B. Anfrage

Angesichts des Streits um die Auslegung des Dokuments vom 23.6.2004 hat das Gericht mit Beweisbeschluss vom 27.4.2006 Beweiserhebung zu folgender Frage angeordnet: 2

Ist die Abtretung, die in dem von den Klägerinnen zur Akte gereichten Schriftstück dokumentiert ist, nach dem Recht der Republik China (Taiwan) wirksam?

C. Rechtslage

I. Anwendbares Recht (Internationales Privatrecht)

1. Ausgangspunkte und Rechtsquellen

3 Gericht und Parteien gehen davon aus, dass die Frage nach der Rechtswirksamkeit und der Reichweite der in der vorgelegten Urkunde dokumentierten Erklärung des Verwaltungsratsvorsitzenden der Klägerin zu 1 nach dem Recht von Taiwan (Republik China) zu beurteilen ist. Dieser Einschätzung kann zugestimmt werden. Gericht und Parteien haben insoweit in einem deutschen Zivilverfahren von den Regeln des deutschen Internationalen Privatrechts auszugehen.[1]

4 Diese sind auf dem hier fraglichen Gebiet des Transportversicherungsrechts im Verhältnis zwischen der Bundesrepublik Deutschland und der Republik China (Taiwan) nicht durch zwei- oder mehrseitige staatsvertragliche Regelungen geprägt.[2]

5 Auszugehen ist demgemäß vom autonomen Kollisionsrecht der Bundesrepublik Deutschland, d.h. von den Regelungen des EGBGB (Art. 27 bis 37 EGBGB) oder von im Verhältnis dazu spezielleren Regelungen des internationalen Versicherungsvertragsrechts. Als solche Regelungen spezielleren Charakters bestehen die Art. 7 ff. EGVVG, die freilich nur zur Anwendung gelangen können, wenn das versicherte Risiko im Bereich des Europäischen Wirtschaftsraums belegen ist.[3]

6 Das mag in einem Fall wie dem vorliegenden, in dem die Klägerinnen zu 2 bis 8 für einen in Deutschland eingetretenen Schadensfall einzutreten hatten, so gesehen werden können, indes bedarf die Frage im Zusammenhang des vorliegenden Gutachtens keiner abschließenden Beantwortung. Sowohl nach der allgemeinen Regelung des Art. 27 EGBGB als auch nach der dazu parallel zu sehenden Rechtswahlregelung des Art. 9 Abs. 1 EGVVG kann das auf einen Versicherungsvertrag des hier wohl vorliegenden Typs (Transport- und Haftpflichtversicherung zugunsten der Klägerin zu 1) anzuwendende Recht im Wege der Rechtswahl bestimmt werden.[4]

---

1 S. zur Anwendung des eigenen IPR z.B. OLG Hamm, FamRZ 1999, 1426, 1427; OLG Düsseldorf, RIW 1995, 1025; s.f. *Erman/Hohloch*, BGB, 11. Aufl. 2004, Art. 3 EGBGB, Rn. 2; *Palandt/Heldrich*, BGB, 65. Aufl. 2006, Art. 3 EGBGB, Rn. 2.

2 S. die Fehlanzeigen bei *Erman/Hohloch* (o. Fn. 1), Art. 37 EGBGB, Rn. 8 und 9; MüKo/*Martiny*, BGB, Bd. 10, 4. Aufl. 2006, Art. 37 EGBGB, Rn. 55; *Reithmann/Martiny (Schnyder)*, Internationales Vertragsrecht, 6. Aufl. 2004, Rn. 1314 ff., 1320.

3 Hierzu statt aller die vorgenannten Schrifttumshinweise, jeweils m.w.N.

4 S. für den Fall der Anwendung des EGVVG z.B. MüKo/*Martiny* (o. Fn. 2), Art. 37 EGBGB, Rn. 95; für den Fall der Anwendung des Art. 27 EGBGB *Reithmann/Martiny (Schnyder)* (o. Fn. 2), Rn. 1320, 1321.

2. Anwendbares Recht

a) Vertragsstatut

Die Klägerinnen konnten also in beiderlei Hinsicht durch parteiautonom getroffene Rechtswahl das Recht der Republik China (Taiwan) anwendbar machen. Ob sie solche Rechtswahl – ausdrücklich oder konkludent – getroffen haben, ist in der Akte bislang nicht erschlossen. Für eine zumindest konkludente und zulässig nachträgliche Rechtswahl (Art. 27 Abs. 1 und 2 EGBGB) spricht, dass die Klägerinnen das hier strittige Dokument in Taipei vereinbart hatten, wo sie alle ihren Sitz und ihre Hauptverwaltung hatten und haben. Eine abschließende Entscheidung dazu ist indes im vorliegenden Fall wiederum nicht nötig. Haben die Klägerinnen eine Rechtswahl nicht getroffen, so führt doch die sekundäre – objektive – Anknüpfung an den Schwerpunkt und die charakteristische Leistung der Vertragsverhältnisse wiederum zum Recht der Republik China. Zu diesem Ergebnis gelangt man, wenn man Art. 7, 8 und 11 Abs. 1 EGVVG anwendet. Zur Anwendung gelangt dann das Recht von Taiwan, wo die Parteien des Versicherungsverhältnisses domiziliert sind und wo sie das Versicherungsverhältnis begründet haben. Dasselbe Ergebnis folgt bei Unanwendbarkeit der Regeln des EGVVG aus der Anwendung von Art. 28 Abs. 2 EGBGB, da die Versicherer auch ihren Sitz und ihre Hauptverwaltung in Taiwan haben und hatten. In jedem Fall ist so zum Recht von Taiwan zu gelangen; da es sich in allen geprüften Verweisungsfällen um Sachnormverweisungen handelt, die auf das Recht von Taiwan verweisen, ist das materielle Recht Taiwans anzuwenden. Auf den Standpunkt des Internationalen Privatrechts Taiwans kommt es insoweit nicht an.[5] 7

b) Statut des gesetzlichen Forderungsübergangs

Unabhängig davon, ob EGBGB oder EGVVG zur Anwendung zu gelangen haben, richtet sich die Frage, welches Recht die Abtretung und ihre Folgen oder einen gesetzlichen Forderungsübergang erfasst, nach Art. 33 EGBGB, der auch im Anwendungsbereich von Art. 7 ff. EGVVG ergänzend heranzuziehen ist. Aus der Anwendung von Art. 33 EGBGB folgt die Maßgeblichkeit des Rechts von Taiwan, wenn es das Recht des Versicherungsverhältnisses ist, für einen gesetzlichen Forderungsübergang gemäß Art. 33 Abs. 3 Satz 1 EGBGB.[6] 8

---

5 S. zur Sachnormverweisung insoweit Art. 35 EGBGB und dazu *Erman/Hohloch* (o. Fn. 1), Art. 35 EGBGB, Rn. 1 und 2; zur Maßgeblichkeit im Anwendungsbereich des EGVVG s. Art. 15 EGVVG und dazu *Reithmann/Martiny (Schnyder)* (o. Fn. 2), Rn. 1321.

6 S. zur Anwendung im Versicherungsverhältnis *Erman/Hohloch* (o. Fn. 1), Art. 33 EGBGB, Rn. 9; MüKo/*Martiny* (o. Fn. 2), Art. 37 EGBGB, Rn. 178 m.w.N.; OLG Düsseldorf, VersR 2000, 460, 462 = JuS 2000, 922 Rez. *Hohloch.*

9 Die letztgenannte Norm beruft als Statut des gesetzlichen Forderungsübergangs das „Zessionsgrundstatut", nicht das Forderungsstatut. Zessionsgrundstatut ist hier das Recht des Versicherungsvertrages, der zwischen der Klägerin zu 1 und den Klägerinnen zu 2 bis 8 in Taiwan auf der Grundlage des Rechts von Taiwan geschlossen worden ist. Ob die Klägerinnen zu 2 bis 8 im Wege der Legalzession aktivlegitimiert für den Klaganspruch geworden sind, richtet sich sonach nach diesem Recht des Versicherungsvertrags, also nach dem Recht von Taiwan.[7]

c) Abtretungsstatut

10 Ob die Klägerinnen zu 2 bis 8 auch im Wege rechtsgeschäftlicher Abtretung die für die Klage nötige Aktivlegitimation erworben haben, richtet sich nach Art. 33 Abs. 2 EGBGB. Es gilt insoweit das Forderungsstatut, nicht das das Grundverhältnis zwischen der Klägerin zu 1 als der Altgläubigerin und ihren Versicherern als den Neugläubigern regelnde Recht des Versicherungsvertrags, was wiederum auch das taiwanesische Recht wäre.[8]

11 Forderungsstatut ist hier das Recht, das den Anspruch der Klägerin zu 1 gegen die Beklagte zu 1, der auf die Klägerinnen zu 2 bis 8 übertragen werden soll, beherrscht. Das kann das Recht von Taiwan sein, was aber an dieser Stelle nicht definitiv beantwortet werden muss. Das Recht von Taiwan kann insoweit berufen sein, wenn es lückenfüllend neben dem internationalen Einheitstransportrecht berufen ist, das die Ersatzverpflichtung der Klägerin zu 1 im Vorprozess ergeben hat. Es kann, soweit Schutzinteressen der jetzigen Beklagten nicht entgegenstehen, auch kraft der konkludent vorgenommenen Rechtswahl anwendbar sein, die zwischen den Klägerinnen bei Abfassung des Dokuments vom 23.6.2004 getroffen worden ist.[9]

12 Schließlich kann die Maßgeblichkeit des Rechts von Taiwan auch darauf beruhen, dass die Parteien des vorliegenden Verfahrens sich im Wege nachträglicher konkludent getroffener Rechtswahl inzwischen auf die Maßgeblichkeit des Rechts von Taiwan insoweit geeinigt haben.[10]

---

[7] Zur Maßgeblichkeit des „Zessionsgrundstatuts" s. die vorgenannten Nachweise, auch noch BGH, NJW 1998, 3205; auch im vorliegenden Zusammenhang liegt eine Sachnormverweisung vor, so dass es auf den Standpunkt des IPR von Taiwan nicht ankommt, s. *Erman/Hohloch* (o. Fn. 1), Art. 33 EGBGB, Rn. 2.

[8] S. hierzu etwa BGHZ 108, 353 ff.; BGH, NJW 1991, 1414; Übersicht über die Regelung und ihren Geltungsbereich z.B. bei *Erman/Hohloch* (o. Fn. 1), Art. 33 EGBGB, Rn. 4-6; *Palandt/Heldrich* (o. Fn. 1), Art. 33 EGBGB, Rn. 2.

[9] Zu solchermaßen begrenzter Zulässigkeit der Rechtswahl bei Art. 33 Abs. 2 EGBGB s. BGHZ 108, 353 = IPRax 1987, 239 m. Anm. *Sonnenberger* 221; s. auch *Erman/Hohloch* (o. Fn. 1), Art. 33 EGBGB, Rn. 4.

[10] Zur Zulässigkeit nachträglicher Rechtswahl im Prozess und zu den Voraussetzungen ihrer Annahme s. BGH, NJW-RR 1990, 248, 249; Nachweise zur Rspr. im Übrigen und zur Prüfung des Rechtswahlwillens *Erman/Hohloch* (o. Fn. 1), Art. 27 EGBGB, Rn. 17; s. zur stillschweigenden abändernden

Abschließender Beurteilung bedürfen diese hier in Betracht kommenden Möglichkeiten nicht. Die Alternative zur Maßgeblichkeit des Rechts von Taiwan ist die Maßgeblichkeit des deutschen Rechts, wenn dieses die Lücken zu füllen hat, die das internationale Einheitstransportrecht dort enthält, wo es um die Abtretung von Ersatzansprüchen oder Ausgleichsansprüchen an den aus dem Deckungsverhältnis leistenden Versicherer geht (z.B. § 255 BGB, § 67 VVG). Insofern bedarf es weiterer Ausführungen im Gutachten nicht, deutsches Recht kennt das Gericht aus eigener Sachkunde. 13

3. Ergebnis

Als Ergebnis des vorliegenden Abschnitts des Gutachtens bleibt festzuhalten, dass das Recht von Taiwan im Hinblick auf das dem Recht von Taiwan unterliegende Versicherungsverhältnis zwischen den Klägerinnen Statut des zu prüfenden gesetzlichen Forderungsüberganges ist; als weiteres Ergebnis ist festzuhalten, dass das Recht von Taiwan als Abtretungsstatut hier ebenfalls in Betracht kommt. Es kann deshalb die im Beweisbeschluss gestellte Beweisfrage mit Nutzen für das vorliegende Verfahren untersucht werden. 14

II. Zur Beweisfrage des Gerichts

1. Wortlaut und Inhalt der Beweisfrage

Das Gericht fragt: „Ist die Abtretung, die in dem von den Klägerinnen [...] zur Akte gereichten Schriftstück dokumentiert ist, nach dem Recht der Republik China (Taiwan) wirksam?“ Es bezieht sich damit auf den englischsprachigen Text des Dokuments *„Subrogation Receipt and Assignment“* vom 23.6.2004, dessen Abschnitte A bis D bereits oben unter Rn. 1 in deutscher Sprache von mir erläutert worden sind. Als wesentlichster Punkt insofern ist hier zu wiederholen, dass das Dokument die Feststellung enthält, dass die jetzigen Klägerinnen zu 2 bis 8 auf die Zahlungsverpflichtung der Klägerin zu 1 gemäß dem Urteil des Landgerichts vom 4.10.2002 ihre Versicherungsleistung erbracht haben. Deshalb ist in dem Dokument dann die zweifache Regelung getroffen worden, um die es jetzt geht. Sie ist oben in englischer Sprache wiedergegeben und lautet in meiner Übersetzung ins Deutsche, die ich hier einführe, da die Akte eine Übersetzung in die deutsche Sprache nicht enthält: 15

Rechtswahl im Prozess BGH, NJW-RR 2000, 1004 und dazu - enger - *Hohloch/Kjelland*, IPRax 2002, 30, 32.

(1) Hinsichtlich der Zahlung von € 68.058,25 abzüglich des bereits angesprochenen Abzugsbetrags von US $ 10.000, die hiermit anerkannt wird, treten die Versicherer in alle Rechte und Ansprüche ein, die C. Airlines in Bezug auf den angesprochenen Schadensfall zustehen.

(2) C. Airlines tritt hiermit alle ihr aus dem obengenannten Schadensfall erwachsenden gegenwärtigen und zukünftigen Rechte an die Versicherer ab, ausgenommen den Abzugsbetrag von US $ 10.000.

16 Das Dokument unterscheidet in den vorstehend übersetzten beiden Absätzen also zwischen *„subrogation"* und *„assignment"*. Ersteres steht in der hier benutzten Formularsprache, die nicht die Sprache des Gesetzgebers von Taiwan ist,

Amtssprache in der Republik China ist das Hochchinesische, grundsätzlich nicht anders als in der Volksrepublik China (Festlandchina). Chinesisch ist auch „Juristensprache"; die englische Sprache (us-amerikanischer Prägung) wird im internationalen Handel benutzt, sie spielt auch im internationalen juristischen Umgang ihre Rolle, soweit nicht – im Verkehr mit Deutschland wegen der starken Anbindung des Privatrechts an das deutsche Recht – die deutsche Sprache benutzt wird.

für einen „Eintritt" in eine Rechtsposition eines anderen, der nicht notwendig rechtsgeschäftlich begründet sein muss, sondern sich z.B. aus Gesetz ergeben kann. *„Assignment"* hingegen meint regelmäßig die rechtsgeschäftlich erfolgende Übertragung von Rechtspositionen, die in der deutschen Rechtssprache regelmäßig mit Abtretung gekennzeichnet wird, wenn der Verfügungsvorgang betroffen ist, der die Rechtsübertragung als „dinglicher" Akt bewirkt.[11]

17 Für eine vollständige Bearbeitung der Beweisfrage ist im Gutachten also auf beide Absätze des Dokuments einzugehen. Ich gliedere das Gutachten deshalb so, dass ich zunächst – mit der vom Gericht formulierten Beweisfrage – die Voraussetzungen und Wirkungen der „Abtretung" *(„assignment")* darlege, um danach auf den „Eintritt" *(„subrogation")* der Versicherer in die Rechtsposition des durch die Versichererleistung befriedigten Versicherungsnehmers einzugehen, die im deutschen Versicherungsvertragsrecht ihre allgemeine Regelung in § 67 VVG gefunden hat.

2. Rechtsquellen im Recht von Taiwan

a) Bürgerliches Gesetzbuch von Taiwan

18 Hauptrechtsquelle des Privatrechts der Republik China (Taiwan) ist das Bürgerliche Gesetzbuch von Taiwan, das dort seit 1929/30 in Kraft ist. Es ist in seinen schuld- und sachenrechtlichen Teilen und in seinen allgemeinen Regelungen maß-

[11] S. zu dieser unterschiedlichen Wortbedeutung und Benutzung z.B. *Dietl/Lorenz*, Wörterbuch für Recht, Wirtschaft und Politik mit erläuternden Kommentaren. Teil I Englisch-Deutsch, 6. Aufl. 2000, 48 f. und 805 f.

geblichst durch das deutsche Bürgerliche Gesetzbuch geprägt, dessen Regelungen zum Teil voll rezipiert worden sind, zum anderen Teil Vorbildcharakter hatten.[12]

An dieser Beeinflussung und Prägung durch das deutsche bürgerliche Recht hat sich bis heute nichts Entscheidendes geändert. Der Kernbereich des Schuldrechts des Taiwanesischen BGB[13] steht auch heute unter dieser Prägung durch das deutsche Recht, das auch für die Fortentwicklung des dortigen Rechts in weitem Umfang herangezogen wird. Konkurrierende Einflüsse des Rechts der USA, die seit 1945 für Taiwan erste politische Bedeutung haben, sind in dem hier interessierenden Teil des allgemeinen Schuldrechts, zu dem die Abtretung gehört, die in den §§ 294 ff. TaiwanBGB geregelt ist, ohne erhebliche Bedeutung. 19

b) Versicherungsgesetz von Taiwan

Grundlage des privaten Versicherungsvertragsrechts von Taiwan ist – ähnlich der deutschen Gesetzeslage – nicht das TaiwanBGB, sondern das „Versicherungsgesetz".[14] 20

Dieses regelt das Recht der Versicherungsverträge und enthält im Rahmen seiner allgemeinen Regelungen den § 53 VersG, der den Eintritt des leistenden Versicherers in die Rechtsposition des Versicherungsnehmers enthält.[15] 21

Versicherungsgesetz und TaiwanBGB stehen nebeneinander. Das Versicherungsgesetz enthält u.a. die Regelung des Versicherungsvertrags, der im TaiwanBGB nicht mitgeregelt ist. Die Regelungen des Versicherungsgesetzes schließen die allgemeinen schuldvertraglichen Regelungen des TaiwanBGB aber nicht generell aus; Letztere bleiben anwendbar, soweit nicht speziellere Regelungen des Versicherungsgesetzes vorhanden sind. Von Bedeutung ist dies für das Verhältnis zwischen Eintritt des Versicherers in die Rechtsposition des entschädigten Versicherungsnehmers / Versicherten und (ggf. zusätzlicher) Abtretung von Ansprüchen des Versicherten per Rechtsgeschäft mit dem Versicherer. Das Bestehen des § 53 VersG 22

12 S. dazu *Tze-chien Wang*, AcP 186 (1986), 238 ff.; *ders.*, AcP 166 (1966), 343 f.; *Han-pao Ma,* RabelsZ 37 (1973), 101. Zur Einführung s. *Bürger*, Zivil- und Handelsgesetzbuch sowie Wechsel- und Scheckgesetz von China (1934).

13 Hier in der Folge zitiert als TaiwanBGB; eine volle Übersetzung ins Deutsche besteht für die heute geltende Fassung nicht. Einzelvorschriften sind z.B. in der Bochumer Dissertation von *Li-Jen Kuo*, Produkthaftung nach dem Recht der Bundesrepublik Deutschland und dem Recht der Republik China (Taiwan) unter Berücksichtigung der EG-Produkthaftungsrichtlinie: eine rechtsvergleichende Untersuchung, Bochumer juristische Studien Bd. 110, 1993, enthalten. Zu anderen Einzelvorschriften die Freiburger Dissertation von *Chi-Chou Yeh,* Der Verkehrsopferschutz und dessen Entwicklung. Eine rechtsvergleichende Studie zwischen Deutschland und Taiwan, Schriftenreihe Rechtsvergleichung und Rechtsvereinheitlichung (Gesellschaft für Rechtsvergleichung e.V. Freiburg), Bd. 6, 2007.

14 Die seit 1974 bestehende revidierte Fassung dieses Gesetzes ist 1992 nochmals umfassend novelliert worden; s. hierzu *Chao-Kuo Chiang*, VersR Auslandsinformationen 1993, Heft 1, 8 ff.

15 Zu letzterer Vorschrift und zum nachfolgenden Text s. *Yeh* (o. Fn. 13), 118 ff. und 191 f.

schließt die Möglichkeit rechtsgeschäftlicher Abtretung von Ansprüchen des Versicherungsnehmers / Versicherten, auf die hin der Versicherer seine Leistung erbracht hat, nicht aus.

3. Die Regelung der Abtretung im TaiwanBGB

a) Die gesetzliche Regelung

23 Das Recht der Abtretung ist im TaiwanBGB in §§ 294 bis 299 TaiwanBGB geregelt. Die Vorschriften, die ihren Hintergrund in den §§ 398 ff. BGB haben, haben folgenden Wortlaut:

	Deutsch:
民法 第294條	§ 294 TaiwanBGB
(1) 債權人得將債權讓與於第三人。 但左列債權，不在此限：	(1) Der Gläubiger darf die Forderung an einen Dritten abtreten. Die folgenden Forderungen können nicht abgetreten werden:
一 依債權之性質，不得讓與者。	a. Forderungen, die ihrer Rechtsnatur nach unübertragbar sind;
二 當事人之特約，不得讓與者。	b. Forderungen, die durch besondere Vereinbarung der Parteien nicht übertragbar sind;
三 債權禁止扣押者。	c. Forderungen, deren Pfändung untersagt oder die der Pfändung nicht unterworfen sind.
(2) 前項第二款不得讓與之特約，不得以之對抗善意第三人。	(2) Die besondere Vereinbarung der Unübertragbarkeit gemäß Abs. 1 Buchstabe b kann einem gutgläubigen Dritten nicht entgegengesetzt werden.
民法 第295條	§ 295 TaiwanBGB
(1) 讓與債權時，該債權之擔保及-其他從屬之權利，隨同移轉於受讓人。但與讓與人有不可分離之關係者，不在此限。	(1) Mit der abgetretenen Forderung gehen Pfandrechte und sonstige Nebenrechte der abgetretenen Forderung auf den Abtretungsempfänger über; untrennbar mit dem Abtretenden verbundene Nebenrechte werden dadurch nicht erfasst.
(2) 未支付之利息，推定其隨同原本移轉於受讓人。	(2) Anspruch auf noch nicht gezahlte und noch zu zahlende Zinsen gehen, vorbehaltlich anderweitiger Vereinbarung, mit der Abtretung der Forderung auf den Abtretungsempfänger

über.

民法 第296條

讓與人應將證明債權之文件，交付受讓人，並應告以關於主張該債權所必要之一切情形。

§ 296 Taiwan BGB

Der Abtretende hat dem Abtretungsempfänger die Urkunden, die die Forderung beweisen, zu übergeben und alle Umstände, die zur Geltendmachung der Forderung erforderlich sind, mitzuteilen.

民法 第297條

(1) 債權之讓與，非經讓與人或受讓人通知債務人，對於債務人不生效力。但法律另有規定者，不在此限。

(2) 受讓人將讓與人所立之讓與字據提示於債務人者，與通知有同一之效力。

§ 297 TaiwanBGB

(1) Die Abtretung der Forderung ist gegenüber dem Schuldner unwirksam, wenn ihm die Forderungsabtretung nicht durch den Abtretenden oder Abtretungsempfänger angezeigt wird, soweit das Gesetz nicht anderes bestimmt.

(2) Der Anzeige steht es gleich, wenn der Abtretungsempfänger eine von dem Abtretenden errichtete Urkunde über die Übertretung dem Schuldner vorlegt.

民法 第298條

讓與人已將債權之讓與通知債務人者，縱未為讓與或讓與無效，債務人仍得以其對抗受讓人之事由，對抗讓與人。前項通知，非經受讓人之同意，不得撤銷。

§ 298 TaiwanBGB

Zeigt der Abtretende dem Schuldner an, dass er die Forderung abgetreten habe, darf der Schuldner die Gründe, aus denen er sich dem Abtretungsempfänger widersetzt, weiterhin dem Abtretenden entgegenhal-ten, auch wenn sie nicht erfolgt oder nicht wirksam ist. Die Anzeige der Forderungsabtretung darf nicht ohne Zustimmung des Abtretungsempfängers zurückgenommen werden.

民法 第299條

(1) 債務人於受通知時，所得對抗讓與人之事由，皆得以之對抗受讓人。

§ 299 TaiwanBGB

(1) Der Schuldner kann dem Abtretungsempfänger grundsätzlich die Einwendungen entgegensetzen, die er dem Abtretenden zu dem Zeitpunkt entgegenhalten durfte, in dem er die Abtretungsanzeige erhalten hat.

(2)債務人於受通知時， 對於讓與人有債權者， 如其債權之清償期，先於所讓 與之債權或同時屆至者， 債務人得對於受讓人主張抵銷。	(2) Hat der Schuldner im Zeitpunkt des Empfangs der Anzeige der Abtretung eine Forderung gegen den Abtretenden, kann er gegenüber dem Abtretungsempfänger die Aufrechnung geltend machen, wenn die Zeit der Erfüllbarkeit seiner Forderung früher als bei der abgetretenen Forderung oder gleichzeitig eingetreten ist.

b) Folgerungen für die Beweisfrage und den vorliegenden Fall

24 Aus den vorstehend wiedergegebenen Regelungen der Abtretung im Recht von Taiwan ergibt sich für die Beweisfrage, dass die Abtretung von Forderungen des Altgläubigers an den Neugläubiger gemäß § 294 Abs. 1 TaiwanBGB durch wirksamen Verfügungsvertrag erfolgt. Eine Anzeige der Abtretung an den Schuldner ist für die Wirksamkeit der Abtretung nicht erforderlich, der Schuldnerschutz erfolgt durch die Regelung der §§ 297 bis 299 TaiwanBGB. Einer besonderen Form bedarf die Abtretung von Ansprüchen auch nicht, jedenfalls genügt die schriftliche Erklärung der Abtretung durch den Abtretenden. Diese genügt auch als Information des Schuldners, wenn sie ihm durch den Neugläubiger präsentiert wird (§ 297 Abs. 2 TaiwanBGB). Wirkung der Abtretung ist der Gläubigerwechsel; der Altgläubiger scheidet mit der Abtretung der Forderung aus der Gläubigerposition aus, er ist nicht mehr Inhaber der Forderung. Der Neugläubiger wird mit der Abtretung, durch die auch nach der Auffassung des Rechts von Taiwan über die Forderung verfügt wird, neuer Inhaber der Forderung, der in die volle Gläubigerposition einrückt. Abgetreten werden können nach der Regelung des § 294 TaiwanBGB grundsätzlich Forderungen jeder Art, auch zukünftige Forderungen, deren Rechtsgrundlage im Zeitpunkt der Abtretung schon erkennbar ist. Abtretungsverbote enthält das TaiwanBGB in § 294 TaiwanBGB in ähnlicher Form, wie sie dem deutschen Recht bekannt sind.

25 Aus den oben vorgestellten Vorschriften des taiwanesischen Rechts folgt die Wirksamkeit der zwischen den Klägerinnen vorgenommenen Forderungsabtretung. In dem Dokument ist im Absatz (2) von *„assignment"* die Rede, was der rechtsgeschäftlichen Abtretung entspricht. Absatz (2) bezieht sich somit auf die Abtretung von Forderungen der Klägerin zu 1 an die Klägerinnen zu 2 bis 8. Es liegt in dem Dokument die Erklärung vor, dass die Klägerin zu 1 die aus dem Schadensfall erwachsenen und erwachsenden Forderungen und Rechte an die Klägerinnen zu 2 bis 8 im Hinblick auf deren Versicherungsleistung abtritt. Auf der Basis des Vortrags der Klägerseite, dass die Abtretung zwischen der Klägerin zu 1 einerseits und den Klägerinnen zu 2 bis 8 andererseits erfolgt ist, liegt dann eine Abtretung im Sinne eines rechtsgeschäftlichen Verfügungsvertrags zwischen den Beteiligten der Klägerseite vor, was die Rechtswirkungen der Abtretung, den Gläubigerwechsel hinsichtlich der vorher der Klägerin zu 1 zustehenden Ansprüche aus dem Schadensfall

insoweit zur Folge hat, als der Abzugsbetrag von US $ 10.000 (vermutlich Selbstbehalt der Klägerin zu 1 gemäß dem Versicherungsvertrag) überschritten worden ist. Hinsichtlich dieser US $ 10.000 ist die Klägerin zu 1 mithin Gläubigerin geblieben, hinsichtlich der weitergehenden Forderungen und Beträge ist sie aus der Gläubigerposition ausgeschieden. Eine Anzeigenotwendigkeit ist nach dem Recht von Taiwan nicht gegeben; die Vorlegung des Abtretungsdokuments, das die Unterschrift des gesetzlichen Vertreters der Klägerin zu 1 trägt,[16] genügt jedenfalls als Information des Schuldners.

c) Ergebnis

Ergebnis ist damit, dass in Absatz (2) des Dokuments eine wirksame Abtretung 26
von Ansprüchen der Klägerin zu 1 aus dem Schadensfall an die Klägerinnen zu 2 bis 8 vorliegt, die einen Gläubigerwechsel zur Folge hat, soweit es nicht um den bei der Klägerin zu 1 gebliebenen Betrag von US $ 10.000 geht. In letzterer Hinsicht ist die Klägerin zu 1 mangels Abtretung Gläubigerin geblieben. Welche Folge das für das Gericht maßgebliche deutsche Verfahrensrecht aus dem mit der Abtretung gemäß taiwanesischem Recht sich ergebenden Gläubigerwechsel zieht, ist eine Frage des deutschen Rechts, für die das Gericht gutachterlichen Rat nicht benötigt.

4. Eintritt des leistenden Versicherers in die Rechtsposition des Versicherten

a) Die gesetzliche Regelung

Von der in Rn. 23 ff. dargestellten Abtretung gemäß Absatz 2 des Dokuments 27
ist der im englischsprachigen Formular mit *„subrogation"* bezeichnete „Eintritt" des Versicherers nach Leistung in die Rechtsposition des entschädigten Versicherten / Versicherungsnehmers zu unterscheiden. Ein solcher „Eintritt" ist dem taiwanesischen Recht in § 53 VersG bekannt. Die Vorschrift lautet:

---

16 Die Satzung der Klägerin zu 1 liegt mir naturgemäß nicht vor; sie ist im Rubrum hier als „Limited" bezeichnet und ist damit juristische Person des Rechts von Taiwan, mutmaßlich entspricht ihre Form angesichts der Größe des Unternehmens einer AG. Der Chairman dürfte im dort geltenden „Board-System" des Kapitalgesellschaftsrechts die nötige Vertretungsmacht für die Zeichnung des hier relevanten Dokuments vom 20.6.2004 haben. S. in deutscher Sprache zum dortigen Gesellschaftsrecht *Lauffs*, RIW/AWD 1987, 433 ff.; *Kuo-Ching Wang*, Die Gründung einer Tochtergesellschaft in Taiwan, in: *Lutter* (Hrsg.), Die Gründung einer Tochtergesellschaft im Ausland, ZGR-Sonderheft 3, 1995, 808 ff.

	Deutsch:
保險法 第53條	§ 53 Versicherungsgesetz Taiwan
(1)被保險人因保險人應負保險責任之損失發生，而對於第三人有損失賠償請求權者，保險人得於給付賠償金額後，代位行使被保險人對於第三人之請求權； 但其所請求之數額，以不逾賠償金額為限。	(1) Steht dem Versicherten wegen eines Schadens, für den der Versicherer eintreten muss, ein Anspruch auf Ersatz des Schadens gegen einen Dritten zu, kann der Versicherer den Anspruch des Versicherten gegen den Dritten an dessen Stelle geltend machen, wenn und soweit er den Schaden ersetzt hat. Der so zu fordernde Betrag ist durch die nicht zu überschreitende Summe des Schadensersatzes begrenzt.
(2)前項第三人為被保險人之家屬或受僱人時，保險人無代位請求權。但損失係由其故意所致者，不在此限。	(2) Ist der Dritte im vorigen Absatz ein Familienangehöriger oder ein Gehilfe des Versicherten, hat der Versicherer kein Recht, ihn in Regress zu nehmen, es sei denn, dass der Schaden vom Dritten vorsätzlich herbeigeführt worden ist.

28 Die Rechtsnatur des § 53 Versicherungsgesetz Taiwans ist nach der Rechtsprechung und der Literatur eine Legalzession. Sobald der Versicherer den Schaden des Versicherten ausgleicht, geht die Forderung des Versicherten gegen den Dritten gleichzeitig und ohne die Notwendigkeit einer rechtsgeschäftlichen Einigung kraft Gesetzes auf den Versicherer über.[17]

29 Der Versicherer ist danach der neue Gläubiger, d.h. er macht einen auf ihn übergegangenen eigenen Anspruch geltend. Die Bestimmung darf weder als fingierte Abtretung noch als bloße Ermächtigung zur Geltendmachung verstanden werden, sondern ist Fall der Legalzession (*fa-ding chai-chung i-chuang* = gesetzlicher Forderungsübergang).

30 Die Regelungen über die Forderungsabtretung, nämlich §§ 294 bis 299 TaiwanBGB, sind mit Ausnahme von § 294 Abs. 1 S. 1 auf die Legalzession des § 53 Versicherungsgesetz anwendbar.[18]

b) Folgerungen für die Beweisfrage und den vorliegenden Fall

31 Für die Beweisfrage folgt daraus, dass das Recht von Taiwan einen kraft Gesetzes folgenden Eintritt des leistenden Versicherers in die Rechtsposition des Versicherten / Versicherungsnehmers soweit kennt, als die Leistung den Versicherer /

[17] Oberster Gerichtshof (Oberster Rechtsprechungs-Yuan), 77 Tai-Shan 2269; 88 Tai-Shan 1901.

[18] Oberster Gerichtshof (Oberster Rechtsprechungs-Yuan), 88 Tai-Shan 1901.

Versicherungsnehmer befriedigt. Dieser Regelung entspricht Absatz (1) des Dokuments. Da die §§ 294 ff. TaiwanBGB auf den Fall des gesetzlichen Eintritts gemäß § 53 VersG analog anwendbar sind, ist es hinsichtlich der durch die Versicherer befriedigten Forderungen der Klägerin zu 1 zu einem Gläubigerwechsel bei den ursprünglich der Klägerin zu 1 zustehenden Ansprüchen aus dem Schadensfall gegen Dritte auch gemäß § 53 VersG gekommen; nicht gilt dies auch hier für den Abzugsbetrag (Selbstbehalt) der Klägerin zu 1 in Höhe von US $ 10.000. Da § 53 VersG einen Fall der Legalzession und nicht einer bloßen Ermächtigung zur Geltendmachung darstellt, kommt es auch in vorliegendem Zusammenhang zum Gläubigerwechsel mit den Folgen für die Aktivlegitimation, die oben in Rn. 23 ff. schon dargestellt sind. Nach dem Recht von Taiwan geschieht der Eintritt des Versicherers in die Rechtsposition des durch die Versichererleistung befriedigten Versicherten / Versicherungsnehmers kraft Gesetzes im Zeitpunkt der Leistung des Versicherers an den Versicherten / Versicherungsnehmer.

c) Ergebnis

Demgemäß sind die Klägerinnen zu 2 bis 8, soweit sie an die Klägerin zu 1 geleistet haben, Gläubiger des zuvor der Klägerin zu 1 gegen ihren Schuldner zustehenden Anspruchs. Die Folgen für die prozessuale Position der Klägerinnen im vorliegenden Verfahren entsprechen den oben in Rn. 23 ff. dargestellten Folgen. **32**

D. Ergebnis

1. Dem Gericht ist zuzustimmen, dass ein Eintritt der Klägerinnen zu 2 bis 8 als Versicherer der Klägerin zu 1 in deren Gläubigerstellung für Ansprüche aus dem Schadensfall sich hier nach dem Recht der Republik China (Taiwan) beurteilt. Grundlage ist insofern das dem Recht von Taiwan unterstehende Versicherungsverhältnis zwischen den Klägerinnen. **33**

2. Möglich ist auch die Annahme des Gerichts, die von den Klägerinnen geltend gemachte rechtsgeschäftliche Abtretung von Ansprüchen der Klägerin zu 1 aus dem Schadensfall an die Klägerinnen zu 2 bis 8 richte sich in ihren Voraussetzungen und Folgen nach dem Recht der Republik China (Taiwan).

3. Auf der Grundlage des somit anzuwendenden Rechts der Republik China (Taiwan), das durch das deutsche BGB maßgeblich beeinflusst ist, erfordert die Abtretung eines Anspruchs durch den Versicherten an den / die Versicherer eine rechtsgeschäftliche Einigung, die Verfügungscharakter hat und formlos wirksam ist. Im vorliegenden Fall ergibt das zur Prüfung gestellte Übertragungsdokument vom 20.6.2004 eine wirksame Abtretung der der Klägerin zu 1 aus dem Schadensfall erwachsenen oder erwachsenden Ansprüche an die Klägerinnen zu 2 bis 8, die den Beklagten als Schuldnern durch die Vorlegung des Dokuments im vorliegenden Verfahren in genügender und rechtlich wirksamer Weise zur

Kenntnis gebracht worden ist. Folge ist, dass die Klägerinnen zu 2 bis 8 durch die Abtretung Gläubiger der abgetretenen Ansprüche, zu denen auch die Klagansprüche gegen die Beklagten gehören dürften, geworden sind. Weitere Folge ist, dass die Klägerin zu 1 hinsichtlich dieser Ansprüche, soweit sie die Höhe des Selbstbehalts von US $ 10.000 übersteigen, nicht mehr Gläubigerin und Inhaberin ist. Die Folgerungen, die sich daraus für die Aktivlegitimation der Klägerinnen im vorliegenden Verfahren ergeben, sind Fragen des deutschen Rechts und können vom Gericht kraft eigener Rechtskenntnis beantwortet werden.

4. Auf der Grundlage des anwendbaren Rechts der Republik China (Taiwan) ergibt sich weiter, dass der Versicherer, der durch seine Leistung den Versicherungsnehmer / Versicherten vertragsgemäß befriedigt, im Umfang seiner Leistung kraft Gesetzes in die Position des Gläubigers von Ansprüchen des Versicherten / Versicherungsnehmers aus dem Versicherungsfall / Schadensfall einrückt. Es handelt sich bei dieser in § 53 Versicherungsgesetz stehenden Regelung um eine Legalzession, die hinsichtlich der übergehenden Ansprüche einen Gläubiger- und Inhaberwechsel bewirkt. Für den vorliegenden Fall folgt hieraus, dass die Klägerinnen zu 2 bis 8 mit ihrer Versicherungsleistung an die Klägerin zu 1 Inhaber der Ansprüche der Klägerin zu 1 aus dem Schadensfall gegen die Beklagten geworden sind; der Klägerin zu 1 ist dann die Gläubigerstellung hinsichtlich solcher Ansprüche nur in Höhe ihres Selbstbehaltes von US $ 10.000 geblieben. Auch insoweit gilt, dass die Folgerungen, die sich daraus für die Aktivlegitimation der Klägerinnen im vorliegenden Verfahren ergeben, Fragen des deutschen Rechts sind, die vom Gericht kraft eigener Rechtskenntnis beantwortet werden können.

4. Dienst- und Werkvertrag

Siehe Nr. 7 (Köln)

5. Bürgschaft

Siehe Nr. 11 (Köln)

III. Handelsrecht

1. Kaufmannseigenschaft

Nr. 11

Frankreich

1. **Zu der Anknüpfung der Kaufmannseigenschaft nach deutschem Internationalen Privatrecht.**
2. **Zu den Voraussetzungen der Kaufmannseigenschaft nach französischem Recht.**
3. **Zu der Frage, ob der Erfüllungsortvereinbarung für einen Bürgschaftsvertrag im Rahmen der EuGVO gerichtsstandsbegründende Kraft zukommen kann.**
4. **Zu der Auslegung einer Erfüllungsortvereinbarung nach französischem Recht.**
5. **Zu den Wirksamkeitsvoraussetzungen einer Bürgschaft nach französischem Recht.***

Das Landgericht Dortmund bittet in der Rechtssache D. AG ./. P. B. und C. B. (Az. 3 O 582/05) auf Grundlage des Beschlusses vom 28.8.2006 um ein Gutachten zu Fragen der Kaufmannseigenschaft, der Wirksamkeit einer Gerichtsstandsvereinbarung sowie der Wirksamkeit einer Bürgschaft, jeweils nach französischem Recht.

Köln M 22/06 vom 15.12.2006

---

* *Anm. d. Red.:* S. zur Wirksamkeit von Bürgschaftsverträgen nach französischem Recht auch IPG 2000/2001 Nr. 15 *(Hamburg)* und IPG 2002 Nr. 8 *(Hamburg)*. Zum französischen Bürgschaftsrecht vgl. ferner IPG 1996 Nr. 49 (*Hamburg*), dort zum Rückforderungsanspruch wegen zu Unrecht beanspruchter Bankbürgschaft.

A. Sachlage

1 Der Anfrage liegt folgender, aus den übersandten Gerichtsakten ermittelter Sachverhalt zugrunde:

Die D. AG (Klägerin) nimmt die Herren P. B. (Beklagter zu 1) und C. B. (Beklagter zu 2) (zusammen: die Beklagten) als Gesamtschuldner aus Bürgschaftserklärungen in Anspruch. Die Beklagten haben ihren Wohnsitz in Frankreich und sind – das ergibt sich nicht eindeutig aus der Akte – offenbar französische Staatsangehörige.

Hintergrund der Bürgschaftserklärungen ist ein (Rahmen)-Vertriebsvertrag über Bier, den die Klägerin am 27.1.1997 mit der F. S.A., Paris, geschlossen hat. Président-Directeur-Général der F. S.A. war zumindest damals der Beklagte zu 2.

Am 30.11.1999/3.12.1999 schlossen die Klägerin und die F. S.A. einen *„contrat de refinancement"*, der Bierbezugs- und Ausschankverpflichtungen der F. S.A. für bestimmte französische Regionen enthält und auf Grundlage dessen die Klägerin der F. S.A. ein Darlehen in Höhe von DM 150.000 ausreichte.

Mit Blick auf diesen *„contrat de refinancement"* unterzeichnete Herr P. B. am 30.11.1999 in Montlignon/Frankreich eine *„déclaration de cautionnement"* zugunsten der Klägerin. Herr C. B. unterzeichnete am 30.11.1999 in Domont/France ebenfalls eine Bürgschaftserklärung zugunsten der Klägerin. Beide Bürgschaften wurden am 3.12.1999 durch die Klägerin angenommen. Die beiden Beklagten bürgen für die Erfüllung der Verbindlichkeiten der F. S.A. gegenüber der Klägerin aus dem oben genannten *„contrat de refinancement"*, insbesondere für die Rückzahlung des Darlehens in Höhe von DM 150.000.

Am 12.1.2000/14.1.2000 schlossen die Klägerin und die F. S.A. einen weiteren *„contrat de refinancement"*, in dem die Klägerin der F. S.A. ein Darlehen in Höhe von DM 270.000 ausreichte. Auch dieser Vertrag enthält Bierbezugs- und Ausschankverpflichtungen der F. S.A. für bestimmte französische Regionen.

Am 12.1.2000 unterzeichneten die Beklagten in Frankreich weitere Bürgschaftserklärungen, die von der Klägerin in Deutschland am 14.1.2000 angenommen wurden. Diese Bürgschaften beziehen sich auf die Erfüllung der Verbindlichkeiten der F. S.A. aus dem *zweiten „contrat de refinancement"*, insbesondere auf die Rückzahlung des Darlehens in Höhe von DM 270.000.

Alle vier Bürgschaftserklärungen sind im Wesentlichen textgleich in französischer Sprache abgefasst. Sie enthalten u.a. folgende Bestimmungen:

„Pour toutes les obligations de la F. S.A. et de ses successeurs commerciaux nées du présent contrat de prêt et de livraison et de sa réalisation, je [Name und Adresse des Beklagten zu 1 bzw. des Beklagten zu 2] garantis par la présente en faveur de la D. AG irrévocablement la caution solidaire pour l'accomplissement de l'obligation d'achat de boissons par le partenaire contractuel ainsi que les créances de la D. AG nées du prêt octroyé.

> [...]
>
> Le lieu d'accomplissement est Dortmund. Au choix de la D. AG, le Tribunal cantonal ou le Tribunal régional de Dortmund est convenu comme tribunal compétent au cas où le tiers garant est commerçant de plein droit. Le tribunal compétent est celui du siège de la D. AG pour les droits dans la procédure d'injection judiciaire."

Den Bürgschaftserklärungen war jeweils eine Belehrung über ein den Bürgen zustehendes Widerrufsrecht *(„droit de révocation")* beigefügt. Ein Widerruf durch die Bürgen erfolgte jedoch nicht.

Am 20./29.1.2003 haben die Klägerin und die F. S.A. die Vertriebsvereinbarung vom 27.1.1997 aufgehoben und ihre weitere Zusammenarbeit auf eine neue vertragliche Grundlage gestellt. In dieser neuen Vereinbarung heißt es unter „IX. Rechtswahl und Gerichtsstand":

> „Die D. AG und die F. S.A. vereinbaren für die Beurteilung aller sich aus der hier getroffenen Vereinbarung ergebenden Fragen die Anwendung bundesdeutschen Rechts. Ferner wird als Gerichtsstand Dortmund vereinbart. Zuständig ist insoweit das Amts- oder Landgericht nach Wahl der D. AG."

Nachdem über das Vermögen der F. S.A. am 1.3.2004 das Insolvenzverfahren eröffnet worden war, hat die Klägerin die beiden Beklagten mit Schreiben vom 18.3.2005 aus den Bürgschaften auf Zahlung der Darlehensverbindlichkeiten in Anspruch genommen und später den Erlass entsprechender Mahnbescheide durch das Amtsgericht Hagen erwirkt. Nach Widersprüchen der Beklagten hat die Klägerin mit Schriftsatz vom 24.8.2005 „die Abgabe des Rechtsstreits an das zuständige Prozessgericht, das Landgericht Dortmund, zur Durchführung des streitigen Verfahrens" beantragt. Sie erklären, die noch offenen Darlehensforderungen beliefen sich auf insgesamt EUR 214.743.

Am 9.12.2005 hat das Landgericht Dortmund ein Versäumnisurteil erlassen. Dabei hat es die internationale Zuständigkeit gemäß Art. 23 Abs. 1 EuGVO mit der Begründung bejaht, die Parteien hätten in den Bürgschaftsurkunden Dortmund als Erfüllungs- und Gerichtsstand vereinbart. Gegen das Versäumnisurteil haben die Beklagten unter dem 9.1.2006 Einspruch eingelegt.

In ihrem Einspruch rügen die Beklagten die internationale Zuständigkeit deutscher Gerichte. Sie sind der Meinung, die Zuständigkeitsvereinbarungen in den Bürgschaftsurkunden würden nur gelten, sofern die Bürgen Kaufleute seien, was jedoch in ihrer Person nicht der Fall sei. Darüber hinaus enthalte die Vereinbarung auch keine zuständigkeitsbegründende Bestimmung über den Erfüllungsort. Schließlich sind sie der Meinung, die Bürgschaften seien nach französischem Recht formell unwirksam.

Die Klägerin ist demgegenüber weiterhin der Ansicht, die deutschen Gerichte seien international zuständig. Dies ergebe sich aus den Bürgschaftsurkunden, die auch im Lichte der Gerichtsstandsbestimmung in der Vereinbarung vom

20./29.1.2003 mit der F. S.A. auszulegen seien. Darüber hinaus sei der Geschäftsführer nach französischem Recht einem Vollkaufmann gleichzustellen.

B. Anfrage

2 Das Gericht bittet um eine gutachterliche Stellungnahme

1. über die Frage:
   a) der Kaufmannseigenschaft der Beklagten nach französischem Recht;
   b) der Wirksamkeit der die Zuständigkeit des Landgerichts Dortmund begründenden Gerichtsstandsvereinbarung nach französischem Recht (vgl. Bürgschaftserklärung vom 30.11.1999, bzw. Bürgschaftserklärung vom 12.1.2000).
2. Soweit nach dem Beweisergebnis zu 1) die Gerichtsstandsvereinbarung nach französischem Recht als wirksam die hiesige Zuständigkeit begründend beachtet wird, soll der Sachverständige auch zur Frage der Wirksamkeit der Bürgschaft in der Sache Stellung nehmen.

C. Rechtslage

I. Kaufmannseigenschaft der Beklagten (Frage 1a)

1. Kaufmannseigenschaft als Geltungsvoraussetzung der Gerichtsstandsvereinbarung

3 Die kollisionsrechtliche Beurteilung der Kaufmannseigenschaft stellt sich regelmäßig nicht als isolierte Frage, sondern als Teilfrage.[1] So liegt es auch hier. Die Kaufmannseigenschaft der Beklagten spielt im Zusammenhang mit der Zuständigkeitsvereinbarung in den Bürgschaftsurkunden eine entscheidende Rolle, soll diese doch nur dann greifen, wenn die Bürgen Kaufleute sind. Die Gerichtsstandsvereinbarung bestimmt dazu:

> „Au choix de la D. AG, le Tribunal cantonal ou le Tribunal régional de Dortmund est convenu comme tribunal compétent *au cas où le tiers garant est commerçant de plein droit.*"

4 Obwohl Art. 23 EuGVO keine subjektiv-persönliche Beschränkung der Prorogationsfreiheit auf Kaufleute enthält, beschränkt sich die vorgenannte Gerichtsstandsvereinbarung *selbst* darauf, was ohne weiteres zulässig und in praxi auch

---

[1] MüKo/*Kindler*, BGB, Internationales Wirtschaftsrecht, Band 11, 4. Aufl. 2006, Int. GesR, Rn. 137.

nicht ungewöhnlich ist.[2] Vor diesem Hintergrund ist zu prüfen, ob die Beklagten Kaufleute sind.

2. Anwendbares Recht

Die Beurteilung der Kaufmannseigenschaft der Beklagten richtet sich im Ergebnis – wovon auch das anfragende Gericht in seinem Beweisbeschluss vom 28.8.2006 ausgeht – nach französischem Recht. 5

a) Anknüpfungsmomente für die Kaufmannseigenschaft

Die Beurteilung der Kaufmannseigenschaft der Beklagten unterliegt wegen des Auslandsbezuges der vom internationalen Privatrecht des Forums berufenen Rechtsordnung. Dies gilt ungeachtet dessen, dass sich die Kaufmannseigenschaft im Rahmen einer Gerichtsstandsvereinbarung stellt. Letztere ist zwar hinsichtlich ihrer Zulässigkeit, Form und Wirkungen *autonom* im Rahmen der gemeinschaftsrechtlichen Regelung in Art. 23 EuGVO auszulegen (siehe dazu unten unter Rn. 4 ff.). Jenseits der in diesen Bestimmungen genannten Kriterien richtet sich jedoch die Feststellung der von den Parteien *zusätzlich* vereinbarten Prorogationsvoraussetzungen – hier die Kaufmannseigenschaft – nach derjenigen Rechtsordnung, die das Kollisionsrecht des Forums für Rechtsfragen dieser Art allgemein zur Anwendung beruft.[3] 6

Wie die Kaufmannseigenschaft kollisionsrechtlich anzuknüpfen ist, wird uneinheitlich beantwortet. Einige Autoren treten für eine selbständige Anknüpfung ein.[4] Dabei werden als Anknüpfungspunkte u.a. der Ort der gewerblichen Niederlassung, die Staatsangehörigkeit und der Wohnsitz der in Frage stehenden Person diskutiert.[5] Die ganz herrschende Ansicht in der Literatur – der BGH hat sich bisher noch nicht festgelegt[6] – tritt jedoch für eine unselbständige Anknüpfung an das Wirkungsstatut ein.[7] Die Anknüpfung an das Wirkungsstatut hat den Vorteil, dass Begriff und Rechtsfolgen der Kaufmannseigenschaft einer einzigen Rechtsordnung zu entnehmen sind.[8] 7

---

2 *Rauscher/Mankowski*, EuZPR, 2. Aufl. 2006, Art. 23 Brüssel-I-VO, Rn. 13.

3 *Dörner/Staudinger*, IPRax 1999, 338, 341.

4 *Hagenuth*, Die Anknüpfung der Kaufmannseigenschaft im IPR, 1981, 355 f.; *Rauscher/Mankowski* (o. Fn. 2), Art. 23 Brüssel-I-VO, Rn. 13.

5 Ausführlicher Überblick bei MüKo/*Kindler* (o. Fn. 1), Int. GesR, Rn. 138 ff. m.w.N.

6 BGH, IPRax 1999, 367, 371.

7 *Jayme*, ZHR 142 (1978), 105, 115 ff.; *Dörner/Staudinger*, IPRax 1999, 338, 341; *Ulmer/Habersack/Winter (Behrens)*, Großkommentar GmbH-Gesetz, 2005, Allg. Einl., Rn. B 75; MüKo/*Kindler* (o. Fn. 1), Int. GesR, Rn. 138, 154 ff., 162 ff.

8 MüKo/*Kindler* (o. Fn. 1), Int. GesR, Rn. 165.

8 Vorliegend kommt die Kaufmannseigenschaft in einer Gerichtsstandsvereinbarung zum Tragen, die ihrerseits *unselbständiger* Bestandteil eines umfassenderen Vertrages, nämlich des Bürgschaftsvertrages, ist. In diesem Fall ist das Wirkungsstatut nicht das Statut der Gerichtsstandsvereinbarung (Prorogationsstatut)[9], sondern das Statut des umfassenderen Vertrages (d.h. des Hauptvertrages).[10] Das Hauptvertragsstatut ist hier das Bürgschaftsstatut. Demgegenüber kann das von Art. 23 EuGVO verordnungsimmanent gebildete Statut der Gerichtsstandsvereinbarung nicht das Wirkungsstatut sein, da Art. 23 EuGVO, wie zuvor Art. 17 EuGVÜ, nur einzelne Elemente der Zuständigkeitsvereinbarung einheitlich regelt,[11] zu denen die Kaufmannseigenschaft jedoch nicht zählt.

9 Vorliegend kommen die unterschiedlichen Anknüpfungsvorschläge hinsichtlich der Kaufmannseigenschaft der Beklagten zum selben Ergebnis. Sie verweisen alle auf das französische Recht. Das ergibt sich aus den folgenden Überlegungen.

10 Der von der Klägerin behauptete Ort der geschäftlichen Niederlassung der Beklagten ist in Frankreich, der Wohnsitz der Beklagten ebenfalls. Darüber hinaus sind die Beklagten offenbar französische Staatsangehörige. Sollten die Beklagte nicht die französische Staatsangehörigkeit besitzen, müsste das Gericht den geschilderten Streit um den sachgerechten Anknüpfungspunkt für die Kaufmannseigenschaft entscheiden. Das ist eine dem deutschen Recht unterliegende Rechtsfrage, der der Gutachter nicht vorgreifen kann.

b) Insbesondere: Unselbständige Anknüpfung der Kaufmannseigenschaft an das Bürgschaftsstatut

11 Knüpft man die Kaufmannseigenschaft unselbständig an das Wirkungsstatut des Hauptvertrages (hier: Bürgschaftsstatut) an, ist gleichfalls französisches Recht maßgebend. Denn auf die streitgegenständlichen Bürgschaften findet französisches Recht Anwendung. Im Einzelnen:

12 Das Bürgschaftsstatut folgt nicht akzessorisch dem Statut der besicherten Hauptverbindlichkeit (hier: *„contrat de refinancement"*), sondern ist mit dem BGH selbständig nach den Art. 27 f. EGBGB zu ermitteln.[12]

---

9 BGH, IPRax 1999, 367, 371, hat offengelassen, ob ein eigenständiges Prorogationsstatut anerkannt werden kann. Vorliegend kommt es auf diese Frage jedoch nicht an, da eine gesonderte, vom Statut des Hauptvertrages abweichende Rechtswahl der Parteien für die Gerichtsstandsvereinbarung nicht ersichtlich ist.

10 *Dörner/Staudinger*, IPRax 1999, 338, 341.

11 *Rauscher/Mankowski* (o. Fn. 2), Art. 23 Brüssel-I-VO, Rn. 10, 39 ff.; *Geimer/Schütze*, Europäisches Zivilverfahrensrecht, 1997, Art. 17 EuGVÜ, Rn. 81 ff.

12 BGH, NJW 2003, 2605, 2607; *Dörner/Staudinger*, IPRax 1999, 338, 341.

aa) Keine Wahl deutschen Rechts (Art. 27 EGBGB)

13 Zugunsten des deutschen Rechts haben die Parteien in den Bürgschaftsverträgen keine ausdrückliche Rechtswahl (Art. 27 Abs. 1 S. 2, 1. Alt. EGBGB) getroffen. Eine konkludente Wahl deutschen Rechts (Art. 27 Abs. 1 S. 2, 2. Alt. EGBGB) hat ebenfalls nicht stattgefunden. Insbesondere reicht die in der Bürgschaftsurkunde erfolgte Bestimmung von Dortmund als Erfüllungsort *(„Le lieu d'accomplissement est Dortmund")* für sich genommen nicht aus, um eine konkludente Wahl deutschen Rechts zu bejahen. Sofern nicht weitere Indizien hinzukommen, kann aus einer Erfüllungsortbestimmung allein nicht auf das anwendbare Recht geschlossen werden.[13] Gegen eine Wahl deutschen Rechts spricht insbesondere, dass die Bürgschaften in französischer Sprache abgefasst wurden und typische Rechtsbegriffe des französischen Rechts (z.B. *„caution solidaire"*) enthalten.[14] Auch die Hauptverbindlichkeiten, auf die sie sich beziehen – die Darlehensrückzahlungsverpflichtungen und die Bierausschankverpflichtungen der F. S.A. in den französischen Regionen – haben einen engen Frankreichbezug.

14 Halten sich die für und wider deutsches Recht streitenden Indizien die Waage, kann eine konkludente Rechtswahl nicht angenommen werden, da diese gemäß Art. 27 Abs. 1 S. 2 EGBGB voraussetzt, dass sich die Rechtswahl *mit hinreichender Sicherheit* aus den Bestimmungen des Vertrages oder den Umständen des Falles ermitteln lässt.[15]

bb) Objektive Anknüpfung der Bürgschaftsverträge (Art. 28 EGBGB)

15 Mangels Rechtswahl kommt es auf die objektive Anknüpfung der Bürgschaftsverträge gemäß Art. 28 Abs. 2 EGBGB an. Diese führt nach der BGH-Rechtsprechung zum Recht des gewöhnlichen Aufenthaltes des Bürgen, weil dieser die das Vertragsverhältnis kennzeichnende Leistung, das Haftungsrisiko, zu erbringen hat.[16]

16 Der gewöhnliche Aufenthalt der Beklagten befindet sich in Frankreich. Das deutsche Kollisionsrecht verweist für die Bürgschaftsverträge mithin auf französisches Recht. Es handelt sich gemäß Art. 35 EGBGB um eine Sachnormverweisung, so dass eine Rück- oder Weiterverweisung durch das französische internationale Privatrecht nicht in Betracht kommt.

---

13 *Erman/Hohloch*, BGB, Band II, 11. Aufl. 2004, Art. 27 EGBGB, Rn. 18.

14 Zur Maßgeblichkeit dieser Kriterien für die Bestimmung des anwendbaren Rechts bei Bürgschaften BGH, NJW 2003, 2605, 2607.

15 BGH, NJW 2001, 1396, 1397.

16 BGH, NJW 1993, 1126; MüKo/*Martiny*, BGB, Band 10, IPR, 4. Aufl. 2006, Art. 28 EGBGB, Rn. 330.

cc) Keine Rückverweisung bezüglich der Kaufmannseigenschaft durch das französische Kollisionsrecht

17 Knüpft man die Kaufmannseigenschaft mit der herrschenden Lehre *unselbständig* an das *Hauptvertragsstatut* an, welches nach den Sachnormverweisungen der Art. 27 ff. EGBGB zu ermitteln ist, würde die Beachtung eines etwaigen renvoi den Zweck der unselbständigen Anknüpfung konterkarieren und damit dem Sinn der Verweisung durch das deutsche internationale Privatrecht widersprechen (Art. 4 Abs. 1 S. 1 a.E. EGBGB).

3. Voraussetzungen der Kaufmannseigenschaft nach französischem Recht

18 Die Kaufmannseigenschaft bestimmt sich im französischen Recht nach Art. 1 *Code de Commerce* (C.Com.):

Art. 1 C.Com:	*Deutsch:*
„Sont commerçants ceux qui exercent des actes de commerce et en font leur profession habituelle.“	Kaufleute sind diejenigen, die Handelsgeschäfte betreiben und daraus ihren gewöhnlichen Beruf machen.

19 Bereits aus dem Wortlaut folgt, dass Kaufleute nur diejenigen Personen sein können, die im eigenen Namen und auf eigene Rechnung gewerbsmäßig tätig sind.[17] Folgerichtig werden Geschäftsleiter von juristischen Personen nicht als Kaufleute qualifiziert.[18] In einem Standardwerk zum Handelsrecht[19] heißt es hierzu wörtlich:

	Deutsch:
„Les administrateurs d'une société anonyme et les gérants d'une société à responsabilité limitée ne sont pas des commerçants. Seule la société, personne morale, a cette qualité [...]“	Die Geschäftsleiter einer Aktiengesellschaft und die Geschäftsführer einer GmbH sind keine Kaufleute. Allein die Gesellschaft als juristische Person hat die (Kaufmanns)eigenschaft.

---

[17] Dalloz, Code de Commerce, 2001, Art. 1er, Anmerkung Nr. 3: „N'a pas la qualité de commerçant celui qui, bien qu'agissant à titre professionnel, n'accomplit pas d'actes de commerce en son nom et pour son compte personnel.“ – *Deutsch:* Derjenige, der zwar gewerbsmäßig handelt, dabei jedoch die Handelsgeschäfte nicht in seinem Namen und für seine Rechnung abschließt, ist kein Kaufmann.

[18] Dalloz, Code de Commerce, 2001, Art. 1er, Anmerkung Nr. 5 m.w.N.

[19] *Germain/Vogel*, in: Ripert/Roblot, Traité de Droit Commerçial, Tome 1, 17. Aufl. 1998, S. 138, Rn. 193.

Insofern entspricht das französische dem deutschen Recht, wo Gesellschafter und Organmitglieder von juristischen Personen ebenfalls nicht als Kaufleute gelten.[20] 20

Der Beklagte zu 2 war bzw. ist Geschäftsleiter der F. S.A.; als solcher ist er nach dem Voranstehenden kein Kaufmann. Der Beklagte zu 1 bestreitet, dass er Geschäftsleiter ist; aber selbst wenn er es wäre, ergäbe sich daraus keine Stellung als Kaufmann. Sonstige Tatsachen, aus welchen eine für die Bejahung der Kaufmannseigenschaft notwendige eigenständige, auf Dauer angelegte, gewerbsmäßige Tätigkeit der Beklagten folgen würde, sind nicht vorgetragen. 21

Die Kaufmannseigenschaft der Beklagten ergibt sich auch nicht daraus, dass die Bürgschaften Verbindlichkeiten absichern, die ihrerseits von einem (Form-)Kaufmann (hier die F. S.A.) eingegangen wurden. Aus dem von der Klägerin vorgelegten Urteil der *Cour de Cassation* folgt nichts anderes, da dieses Urteil nicht *den Bürgen als Kaufmann* einstuft, sondern nur die für die funktionale Zuständigkeit des *Tribunal de Commerce* relevante handelsrechtliche Natur einer Bürgschaft im speziellen Fall bejaht hat. Die vorliegende Gerichtsstandsvereinbarung stellt ihrem Wortlaut nach jedoch nicht auf die Rechtsnatur des Rechtsgeschäfts, sondern auf die Eigenschaft der *Person* des Bürgen als Kaufmann ab. 22

4. Ergebnis zur Frage 1a)

Die Kaufmannseigenschaft der Beklagten ist nach französischem Recht zu beurteilen. Nach diesem sind die Beklagten keine Kaufleute. 23

II. Wirksamkeit der Gerichtsstandsvereinbarung (Frage 1b)

Die Parteien haben, wie bereits erwähnt, in den Bürgschaften folgende Bestimmung aufgenommen: 24

	Deutsch:
„Le lieu d'accomplissement est Dortmund. Au choix de la D. AG, le Tribunal cantonal ou le Tribunal régional de Dortmund est convenu comme tribunal compétent au cas où le tiers garant est commerçant de plein droit."	Der Erfüllungsort ist Dortmund. Sofern der Bürge Vollkaufmann ist, wird nach Wahl der D. AG die Zuständigkeit des Amtsgerichts oder des Landgerichts Dortmund vereinbart.

[20] BGH, IPRax 1999, 367, 371.

25 Eine Aussage zur internationalen Zuständigkeit enthält zumindest Satz 2 in Form einer Gerichtsstandsvereinbarung (dazu unter Rn. 26 ff.), möglicherweise aber auch Satz 1 in Form einer Erfüllungsortvereinbarung (dazu unter Rn. 34 ff.).

1. Gerichtsstandsvereinbarung

26 Die Wirksamkeit der Gerichtsstandsvereinbarungen richtet sich in erster Linie nach Art. 23 EuGVO.

a) Art. 23 EuGVO

aa) Intertemporale Geltung

27 Die Wirksamkeitsvoraussetzungen der Gerichtsstandsvereinbarungen richten sich nicht nach Art. 17 EuGVÜ, sondern – wovon auch das anfragende Gericht ausgeht – nach Art. 23 EuGVO. Denn die EuGVO findet nach Art. 66 EuGVO intertemporal auf alle diejenigen Klagen Anwendung, die – wie in casu – *nach* dem Stichtag 1.2.2002 erhoben wurden. Im Einklang mit der überwiegenden Meinung[21] nimmt das anfragende Gericht ferner an, dass sich die Wirksamkeitsvoraussetzungen einer Gerichtsstandsvereinbarung selbst dann nach Art. 23 EuGVO beurteilen, wenn diese wie hier *vor* dem Inkrafttreten der EuGVO abgeschlossen wurde.

bb) Inhaltliche Reichweite des Art. 23 EuGVO

28 Im Interesse einer europaweit einheitlichen Handhabung regelt Art. 23 EuGVO die Zulässigkeit und Formwirksamkeit von Gerichtsstandsvereinbarungen abschließend und verdrängt *insoweit* die Tatbestände des Hauptvertragsstatuts für das Zustandekommen von Vereinbarungen.[22] Sofern die Form des Art. 23 EuGVO gewahrt ist, gilt dies darüber hinaus auch als Indiz für eine materielle Einigung der Parteien über die Gerichtsstandsvereinbarung.[23]

29 Vorliegend genügt die Gerichtsstandsvereinbarung den Gültigkeitsanforderungen des Art. 23 EuGVO. Die Form ist mit der Schriftlichkeit eingehalten (Art. 23 Abs. 1 lit. a EuGVO). Die Bezeichnung des Amts- und Landgerichts Dortmund entspricht dem Bestimmtheitserfordernis,[24] dem eine Gerichtsstandsabrede genügen muss.

---

21 *Rauscher/Staudinger* (o. Fn. 2), Art. 66 Brüssel-I-VO, Rn. 6 ff.

22 *Rauscher/Mankowski* (o. Fn. 2), Art. 23 Brüssel-I-VO, Rn. 10, 14 ff., 39 ff.

23 *Rauscher/Mankowski* (o. Fn. 2), Art. 23 Brüssel-I-VO, Rn. 39.

24 *Rauscher/Mankowski* (o. Fn. 2), Art. 23 Brüssel-I-VO, Rn. 45 ff.

Von Bedeutung könnte vorliegend sein, dass die Wirksamkeit der Gerichtsstandsvereinbarung unabhängig davon zu beurteilen ist, ob der Hauptvertrag wirksam oder unwirksam ist.[25] D.h. die Gerichtsstandsabrede würde, wenn die Kaufmannseigenschaft der Beklagten nicht zu verneinen wäre (dazu oben unter Rn. 3 ff.), auch die Streitigkeit über die Wirksamkeit der Bürgschaftsverträge erfassen.[26] Vgl. zur Wirksamkeit der Bürgschaften nach französischem Recht die Ausführungen unter Rn. 46 ff. 30

b) Rückgriff auf das französisches Recht für weitergehende Fragen

Nur soweit Art. 23 EuGVO keine Regelung trifft, kann auf das nach dem internationalen Privatrecht des Forums auf den Vertrag anwendbare materielle Recht zurückgegriffen werden.[27] Vorliegend richtet sich daher die Auslegung der Gerichtsstandsvereinbarung – da insofern kein abweichender Parteiwille ersichtlich ist – nach dem Recht des Bürgschaftsvertrages, dessen formeller Bestandteil die Gerichtsstandsvereinbarung ist.[28] Darüber hinaus wären etwaige der Gerichtsstandsvereinbarung zugrundeliegende Willensmängel nach dem französische Hauptvertragsstatut zu beurteilen.[29] 31

Willensmängel werden vorliegend keine behauptet. Die Auslegung nach französischem Recht, die nach Art. 1156 *Code Civil* zwar auf den Sinn und Zweck abzustellen, dabei jedoch vom Wortlaut auszugehen hat, führt zu dem Befund, dass die Parteien die Geltung der Gerichtsstandsvereinbarung von der Kaufmannseigenschaft der beklagten Bürgen abhängig gemacht haben. Diese ist jedoch nicht gegeben, so dass die internationale Zuständigkeit des anfragenden Gerichts nicht auf die Gerichtsstandsvereinbarung gestützt werden kann. 32

c) Ergebnis

Die Gerichtsstandsvereinbarung ist – unabhängig von der Wirksamkeit des Bürgschaftsvertrages – wirksam. Sie entfaltet jedoch mangels Kaufmannseigenschaft der Beklagten (dazu oben unter Rn. 3 ff.) keine Geltung. 33

2. Erfüllungsortvereinbarung

Fraglich ist, ob sich die internationale Zuständigkeit des anfragenden Gerichts zumindest auf die Erfüllungsortvereinbarung stützen lässt. In diesem Zusammen- 34

---

25 *Rauscher/Mankowski* (o. Fn. 2), Art. 23 Brüssel-I-VO, Rn. 13.

26 EuGH, Rs. C-269/95, Slg. I 1997, 3767, 3796 - 3799 (Benincasa ./. Dentalkrit).

27 *Rauscher/Mankowski* (o. Fn. 2), Art. 23 Brüssel-I-VO, Rn. 41 ff.

28 BGH, IPRax 1999, 367, 369.

29 *Rauscher/Mankowski* (o. Fn. 2), Art. 23 Brüssel-I-VO, Rn. 41.

hang von Interesse ist die Vertragsbestimmung: „*Le lieu d'accomplissement est Dortmund.*" Dabei ist zu differenzieren:

a) Gerichtsstandsbegründende Kraft von Erfüllungsortvereinbarungen

35 Hinsichtlich der internationalen Zuständigkeit hat der EuGH Vereinbarungen über den Erfüllungsort – sofern dieser nicht bloß abstrakter Natur ist – grundsätzlich international-zuständigkeits-begründende Kraft beigemessen und zwar auch dann, wenn sie nicht denjenigen Formerfordernissen genügen, die Art. 17 EuGVÜ bzw. Art. 23 EuGVO für Gerichtsstandsvereinbarungen aufstellen.[30] Hiernach ist es grundsätzlich möglich, die internationale Zuständigkeit auf eine Erfüllungsortvereinbarung zu stützen.

b) Zulässigkeit von Erfüllungsortvereinbarungen bei Bürgschaftsverträgen nach der EuGVO

36 Umstritten ist allerdings, ob die EuGVO Erfüllungsortvereinbarungen für Bürgschaftsverträge zulässt. Der Wortlaut des Art. 5 Nr. 1 lit. b EuGVO thematisiert Erfüllungsortvereinbarungen bekanntlich nur bei Kauf- und Dienstleistungsverträgen. E contrario kann man mit einer Mindermeinung[31] bezweifeln, dass Erfüllungsortvereinbarungen bei *sonstigen* Verträgen eine zuständigkeitsbegründende Kraft entfalten, zumal manche Rechtsordnungen – wie etwa Frankreich (vgl. Art. 46 Abs. 2 *Nouveau Code de Procédure Civile*) – sogar den *gesetzlichen* Erfüllungsgerichtsstand auf Kauf- und Dienstleistungsverträge beschränken. Die wohl herrschende Ansicht in Deutschland misst Erfüllungsortvereinbarungen freilich auch bei sonstigen Verträgen eine zuständigkeitsbegründende Wirkung zu.[32] Die Entscheidung dieser Frage obliegt dem anfragenden Gericht.

c) Vorrang der Gerichtsstandsvereinbarung vor der Erfüllungsortvereinbarung?

37 Wenn man die Möglichkeit von Erfüllungsortvereinbarungen generell für Bürgschaftsverträge bejaht, ist im vorliegenden Fall die weitere Frage zu stellen, ob die Parteien überhaupt eine prozessual wirkende Erfüllungsortvereinbarung (oder nicht nur eine für das materielle Recht relevante) vereinbart haben. Bei Verträgen, in denen sich sowohl eine Gerichtsstandsvereinbarung, als auch eine Erfüllungsortver-

30 EuGH, Urt. v. 17.1.1980, Rs. 56/79 (Zelger ./. Salinitri), Slg. 1980, S. 89; EuGH, Urt. v. 20.2.1997, Rs. C-106/95 (Mainschifffahrt e.G. ./. Les Gravières Rhénanes), Slg. 1997, I-911; *Klemm*, Erfüllungsortvereinbarungen im Europäischen Zivilverfahrensrecht, 2005, 85 ff.

31 *Thomas/Putzo (Hüßtege)*, ZPO, 27. Aufl. 2005, Art. 5, Rn. 5; *Hau*, IPRax 2000, 354, 360.

32 *Klemm* (o. Fn. 30), 65 f.; *Micklitz/Rott*, EuZW 2001, 328; *Rauscher/Leible* (o. Fn. 2), Art. 5 Brüssel-I-VO, Rn. 43.

einbarung findet, kann man deren Verhältnis zueinander mit *Klemm* dahingehend bestimmen, dass *im Zweifel* allein der Gerichtsstandsvereinbarung eine zuständigkeitsbegründende Wirkung zukommen soll.[33] *Klemm* verweist in diesem Zusammenhang auf Art. 23 Abs. 1 S. 2 EuGVO, wonach eine Gerichtsstandsvereinbarung im Zweifel eine *ausschließliche* internationale Zuständigkeit begründet, die dann den Gerichtsstand des Erfüllungsortes nach Art. 5 EuGVO verdrängt. Die Beantwortung dieser Frage obliegt ggf. dem anfragenden Gericht; sie ist unabhängig vom französischen Recht zu beantworten, da es sich um eine *verordnungsautonome* Auslegung des Verhältnisses von Art. 5 EuGVO und Art. 23 EuGVO handelt.[34]

d) Statut der Wirksamkeit und Auslegung der Erfüllungsortvereinbarung

Sofern man vorliegend eine Erfüllungsortvereinbarung nicht aus den voranstehenden Erwägungen unter b) und c) verneint, stellt sich die Frage, *ob* die Parteien vorliegend überhaupt eine *wirksame* Erfüllungsortvereinbarung getroffen haben. 38

Nach der oben unter b) dargestellten herrschenden Lehre sind international-zuständigkeitsbegründende Erfüllungsortvereinbarungen im Anwendungsbereich der EuGVO bei allen Verträgen möglich. Die EuGVO regelt nach dieser Ansicht aber nur, *dass* Erfüllungsortvereinbarungen – wenn sie denn vorliegen – international-zuständigkeitsbegründend wirken. Die vorgelagerte Frage, *ob* und *wann* überhaupt eine *wirksame* Erfüllungsortvereinbarung gegeben ist, regelt die EuGVO – anders als bei Gerichtsstandsvereinbarungen (Art. 23 EuGVO) – nicht. Diesbezüglich ist ein Rückgriff auf nationales Recht erforderlich. Welches nationale Recht hierfür heranzuziehen ist, ist wiederum umstritten. 39

Die Wirksamkeit und Auslegung von Erfüllungsortvereinbarungen richten sich nach einer Meinung in erster Linie nach der lex fori,[35] nach anderer Ansicht nach der lex causae.[36] Ob vorliegend die lex fori (deutsches Recht) oder die lex causae (französisches Recht) maßgeblich ist, hat das anfragende Gericht zu entscheiden. 40

e) Auslegung der Erfüllungsortvereinbarung nach französischem Recht

Sofern das anfragende Gericht die Gerichtsstandsvereinbarung entsprechend der einen gerade geschilderten Lehre dem französischen Recht unterstellen wollte, ergäbe sich das Folgende: Nach französischem Recht scheint fraglich, ob die Parteien überhaupt wirksam eine prozessual wirkende Erfüllungsortvereinbarung treffen konnten. 41

---

33 *Klemm* (o. Fn. 30), 114 f.

34 *Klemm* (o. Fn. 30), 111 ff.

35 *Lorenz*, IPRax 1989, 22, 23.

36 *Rauscher/Leible* (o. Fn. 2), Art. 5 Brüssel-I-VO, Rn. 43 f.; *Klemm* (o. Fn. 30), 122 ff., 127 m.w.N. zum Meinungsstand.

42 Grundsätzlich steht das französische Recht Gerichtsstandsvereinbarungen und funktional entsprechenden Klauseln (zu denen auch Erfüllungsortvereinbarungen zählen dürften) sehr reserviert gegenüber.[37] Hinzu kommt, dass das französische Recht bei Bürgschaften nicht einmal einen *gesetzlichen* Gerichtsstand des Erfüllungsortes kennt. Insbesondere erfasst der besondere Erfüllungsgerichtsstand der *prestation de service* (Erbringung von Dienstleistungen) in Art. 46 *Nouveau Code de Procédure Civile* keine Zahlungen durch den Bürgen.[38] Vereinbarungen der Parteien, die direkt oder *indirekt* die gesetzlichen Gerichtsstände abbedingen, sind gemäß Art. 48 *Nouveau Code de Procédure Civile* unwirksam, es sei denn, sie wurden auf sehr deutliche Weise *(„de façon très apparente")* zwischen zwei Kaufleuten vereinbart. Beispielsweise gelten Vereinbarungen über ein Wahldomizil als unbeachtlich, ebenso alle Bestimmungen, die den für die Zuständigkeit maßgeblichen Anknüpfungspunkt abweichend vom Anknüpfungspunkt des Gesetzes determinieren.[39] Nach alledem wäre die vorliegende Erfüllungsortvereinbarung der Parteien nach französischem Recht unwirksam.

f) Ergebnis

43 Nach den voranstehenden Erwägungen unter b) bis e) ergibt sich, dass das anfragende Gericht der Erfüllungsortvereinbarung der Parteien keine zuständigkeitsbegründende Wirkung beimessen kann.

3. Ergebnis zu Frage 1b)

44 Die Gerichtsstandsvereinbarung zugunsten deutscher Gerichte kommt nicht zur Geltung, weil die Beklagten keine Kaufleute sind. Der Erfüllungsortvereinbarung kommt entsprechend der vom anfragenden Gericht zugrunde gelegten Lehre keine zuständigkeitsbegründende Wirkung zu.

45 Somit ist das anfragende Gericht für das vorliegende Verfahren international nicht zuständig.

III. Hilfsweise: Wirksamkeit der Bürgschaften (Frage 2)

46 Sofern das Gericht seine internationale Zuständigkeit ungeachtet der Ausführungen unter Rn. 24 ff. bejahen sollte, kommt es für die Begründetheit der Klage unter anderem darauf an, ob die Bürgschaften wirksam sind. Dabei ist zwischen den materiellen Wirksamkeitsvoraussetzungen (dazu unter Rn. 47 ff.) und den Formvoraussetzungen (dazu unter Rn. 51 ff.) zu unterscheiden.

---

[37] Juris-Classeur Procédure, Bd. 3, Fascicule 212-1 (1993), S. 5 ff., Tz. 31 ff.

[38] Dalloz, Nouvel Code de Procédure Civile, 1999, Art. 46, Anm. 11.

[39] Juris-Classeur Procédure, Bd. 3, Fascicule 212-1 (1993), S. 6, Tz. 40 f.

1. Materielle Wirksamkeitsvoraussetzungen nach französischem Recht

Ob die Bürgschaftserklärungen materiell wirksam sind, beurteilt sich gemäß Art. 28 Abs. 2 EGBGB wegen des gewöhnlichen Aufenthaltes der Bürgen in Frankreich (vgl. hierzu im Einzelnen oben unter Rn. 11 ff.) nach französischem Sachrecht.[40] 47

Der Bürgschaftsvertrag ist in den Art. 2011 ff. *Code Civil* geregelt. Art. 2012 *Code Civil* verlangt das Bestehen einer zu sichernden Hauptforderung. Diesem Petitum ist vorliegend genügt, sichern doch die Bürgschaften die Verbindlichkeiten der F. S.A. gegenüber der Klägerin aus den *„contrats de refinancement"*. 48

Darüber hinaus setzt ein Bürgschaftsvertrag gemäß Art. 2015 *Code Civil* eine *ausdrückliche* Willenserklärung voraus. Auch diese Voraussetzung ist vorliegend gegeben. Es handelt sich um gesamtschuldnerische Bürgschaften *(cautions solidaires)*, bei denen gemäß Art. 2021 *Code Civil* die Einrede der Vorausklage ausgeschlossen ist. 49

Die Parteien haben bislang nur wenig zur Begründetheit der Klage vorgetragen. Auf Grundlage des bisherigen Sachvortrages sind die materiellen Wirksamkeitsvoraussetzungen der Bürgschaften gegeben. 50

2. Formwirksamkeit

a) Alternative Anknüpfung der Form nach Art. 11 Abs. 2 EGBGB

Das Formstatut ist gemäß Art. 11 EGBGB unabhängig vom Vertragsstatut (Art. 27 ff. EGBGB) zu bestimmen. Dies gilt nach der Judikatur des BGH auch für Bürgschaftsverträge mit der Folge, dass selbst deutschem Recht unterfallende Bürgschaften ohne Beachtung der Schriftform in § 766 BGB wirksam sein können, soweit Art. 11 EGBGB alternativ eine ausländische Rechtsordnung zur Anwendung beruft.[41] 51

Vorliegend haben die Beklagten die Bürgschaften in Frankreich signiert; von der Klägerin wurden sie in Deutschland gegengezeichnet. Bei solchen Distanzverträgen ist der gesamte Vertrag nach Art. 11 Abs. 2 EGBGB schon dann formwirksam, wenn *alternativ* die Formerfordernisse *eines* Ortsrechts – in casu also entweder des französischen oder des deutschen Rechts – erfüllt sind.[42] 52

---

[40] Vgl. zur Wirksamkeit von Bürgschaftsverträgen nach französischem Recht bereits die Gutachten IPG 2000/2001 Nr. 15 *(Hamburg)* sowie IPG 2002 Nr. 8 *(Saarbrücken)*.

[41] BGHZ 121, 224, 235.

[42] BGHZ 121, 224, 235; *Looschelders*, IPR, 2004, Art. 11, Rn. 27.

53 Soweit Art. 11 EGBGB – wie vorliegend – auf dem EVÜ beruht, scheidet eine Rück- oder Weiterverweisung aus (Art. 35 EGBGB).[43]

b) Formwirksamkeit nach französischem Recht

54 Der *Code Civil* kennt für Bürgschaften kein Formerfordernis, insbesondere betrifft Art. 2015 *Code Civil* (ausdrückliche Willenserklärung) keine Formfrage.[44] Lediglich die auf Bürgschaften anwendbare *Beweis*regel des Art. 1326 *Code Civil* verlangt, dass der Bürgschaftsbetrag *handschriftlich* vom Bürgen geschrieben sein muss.[45] Diesem Erfordernis entsprechen die streitgegenständlichen Bürgschaften nicht. Fraglich ist, welche Rechtsfolgen daraus folgen.

55 Die *Cour de Cassation (Chambre civil)* hat die Art. 2015 und 1326 *Code Civil* in den 1980er Jahren zeitweise zum Schutze des Bürgen kombiniert und das eigentlich nur prozessual bedeutsame Erfordernis der Handschriftlichkeit zu einer materiellen (Form-)Wirksamkeitsvoraussetzung der Bürgschaft erhoben; in der Folge wurden alle Bürgschaften, die nicht handschriftlich abgefasst waren, von der Rechtsprechung als nichtig erachtet.[46]

56 Die Kritik an dieser Rechtsprechung war heftig.[47] Die *Cour de Cassation (Chambre civil)* rückte 1989[48] denn auch wieder von ihrer Ansicht ab, wertet Art. 1326 *Code Civil* nunmehr als Beweisregel und befindet sich damit wieder im Einklang mit der *Chambre commercial* der *Cour de Cassation*, die Art. 1326 *Code Civil* stets als bloße Beweisregel angesehen hat.[49] Die Missachtung der Handschriftlichkeit führt nun nicht mehr zur Nichtigkeit einer Bürgschaft, sondern nur dazu, dass der Beweis der Existenz der Bürgschaft im Bestreitensfalle mit der Bürgschaftsurkunde *allein* nicht geführt werden kann. Die *nicht* handschriftliche Bürgschaftsurkunde bildet lediglich den Anfang eines Beweises.[50]

57 Nach alledem sind die streitgegenständlichen Bürgschaften nach französischem Recht wirksam. Da der Abschluss der streitgegenständlichen Bürgschaften durch die Beklagten in casu nicht bestritten wird, kommt es im Übrigen auf die Beweisregel des Art. 1326 *Code Civil* und die Frage, ob diese eventuell auch von einem deutschen Gericht zu beachten wäre, nicht an.

---

[43] *Looschelders* (o. Fn. 42), Art. 11, Rn. 4.

[44] *Simler*, Cautionnement et Garanties Autonomes, 2. Aufl. 1991, Rn. 191.

[45] *Simler* (o. Fn. 44), Rn. 351, 365.

[46] *Simler* (o. Fn. 44), Rn. 373 m.w.N.; IPG 2000/2001 Nr. 15 *(Hamburg)*, S. 254.

[47] *Simler* (o. Fn. 44), Rn. 374.

[48] Cour de Cassation civile I v. 15.11.1989, Bull. civ. I, n° 348.

[49] *Simler* (o. Fn. 44), Rn. 375.

[50] Dalloz, Code Civil, 1999, Art. 1326, Anm. 14, 16, 17 f. m.w.N. sowie Art. 2015, Anm. 6.

c) Formwirksamkeit nach deutschem Recht

Die Bürgschaftserklärungen der Beklagten entsprechen § 766 BGB und sind daher auch nach deutschem Recht formwirksam. 58

3. Ergebnis zu Frage 2

Die materielle Wirksamkeit der Bürgschaften ist nach französischem Recht zu beurteilen (Art. 28 Abs. 2 EGBGB). Hiernach sind die Bürgschaften wirksam. 59

Die Formwirksamkeit der Bürgschaften richtet sich alternativ nach französischem oder deutschem Recht (Art. 11 Abs. 2 EGBGB). Nach beiden Rechtsordnungen sind sie als formwirksam zu erachten, so dass es auf die alternative Anknüpfung des Art. 11 Abs. 2 EGBGB nicht ankommt. 60

D. Ergebnis

1. Die Kaufmannseigenschaft der Beklagten ist nach französischem Recht zu beurteilen. Nach diesem sind die Beklagten keine Kaufleute. 61
2. Die Gerichtsstandsvereinbarung zugunsten deutscher Gerichte kommt nicht zur Geltung, weil die Beklagten keine Kaufleute sind. Der Erfüllungsortvereinbarung kann entsprechend der Auffassung des anfragenden Gerichtes eine international-zuständigkeitsbegründende Wirkung abgesprochen werden. Hiernach wäre das anfragende Gericht international nicht zuständig.
3. Die materielle Wirksamkeit der Bürgschaften ist nach französischem Recht zu beurteilen (Art. 28 Abs. 2 EGBGB). Diesem zufolge sind die Bürgschaften wirksam. Die Formwirksamkeit der Bürgschaften richtet sich alternativ nach französischem oder deutschem Recht (Art. 11 Abs. 2 EGBGB). Nach beiden Rechtsordnungen sind sie als formwirksam zu erachten, so dass es auf die alternative Anknüpfung des Art. 11 Abs. 2 EGBGB nicht ankommt. Insgesamt ist daher von der Wirksamkeit der Bürgschaften auszugehen.

2. Handelsvertreterrecht

Nr. 12

Italien*

1. **Ein Handelsvertreter hat gegen den Unternehmer wegen unterlassener Unterrichtung über eine bevorstehende Preiserhöhung einen Anspruch auf Schadensersatz (Art. 1218, 1749 c.c.). Ist die genaue Schadenshöhe nicht feststellbar, so kann das Gericht eine Billigkeitsprüfung vornehmen (Art. 1226, 2056 Abs. 2 c.c.). Ein deutsches Gericht geht dabei nach § 287 ZPO vor.**
2. **Ein Handelsvertreter hat bei einer plötzlichen Beendigung der Herstellung der vertragsgegenständlichen Ware keinen Schadensersatzanspruch für einen Ansehensverlust. Es besteht kein deliktischer Schutz des unternehmerischen Ansehens. Der Handelsvertreter hat aber einen Anspruch auf eine Abstandssumme aus den Regelungen der Wirtschaftskollektivverträge (AEC), da die Beendigung der Warenherstellung faktisch einer sofortigen Kündigung entspricht, mit der Verpflichtung für den Unternehmer zur Entrichtung einer Abstandssumme.**
3. **Ein Handelsvertreterausgleich nach Art. 1751 c.c. ist geschuldet, wenn der Handelsvertretervertrag beendet ist, der Unternehmer wesentliche Vorteile aus den vermittelten Geschäftsverbindungen erlangt hat und die Zahlung des Ausgleichsanspruchs dem Grunde nach der Billigkeit entspricht. Für die Höhe des Ausgleichsanspruchs ist auf die Berechnungsschemata zu § 89 b HGB zurückzugreifen. Dabei darf der Ausgleich eine Jahresdurchschnittsprovision nicht überschreiten.**

Das Landgericht Düsseldorf (Az. 33 O 69/04) ersucht den Unterzeichner um ein Rechtsgutachten zu Fragen des italienischen Handelsvertreterrechts.

Bochum vom 1.6.2006

---

* *Anm. d. Red.:* S. zum italienischen Handelsvertreterrecht auch die Gutachten von *Schurig* in JbItalR 19 (2006), S. 97 ff. (Rechtsfragen des italienischen Handelsvertreterrechts mit kollisionsrechtlichen Bezügen), und von *Mansel/Teichert* in JbItalR 18 (2005), S. 217 ff. (Voraussetzungen und Umfang des Ausgleichsanspruchs des Handelsvertreters nach italienischem Recht).

A. Sachlage

Die Klägerin, eine Kommanditgesellschaft des italienischen Rechts mit Sitz in Mailand, verlangt von den Beklagten, zwei Kommanditgesellschaften des deutschen Rechts mit Sitz in Düsseldorf, Schadensersatz und Handelsvertreterausgleich. Seit August 1996 hatte die Klägerin als Handelsvertreterin für die Beklagte zu 1 Geschäfte mit industriellen Kunden in Italien vermittelt und hierfür Provisionen bezogen. Seit August 1998 war die Klägerin für die Beklagte zu 2 tätig. Die von der Klägerin vermittelten Vertragsabschlüsse bezogen sich allesamt auf den Verkauf von „Schrenzpapier", das die Beklagten unter Verwendung einer bestimmten Maschine („Maschine Nr. 1") herstellten. 1

Ab Juni 2003 senkte die Beklagte zu 2 die Preise für die Vertragsware.

Im Juli 2003 teilte die Beklagte zu 1 der Klägerin mit, dass sie – die Beklagte zu 1 – an die Firma C. verkauft worden war. Im August 2003 teilte die Beklagte zu 1 der Klägerin mit, dass sie – die Beklagte zu 1 – ab 1.9.2003 wieder den Verkauf der Vertragsware übernehmen werde.

Bis zum 10.10.2003 verhandelten die Klägerin und die Beklagte zu 1 über eine angemessene Erhöhung der Preise für den italienischen Markt. Zu ihrer Überraschung erfuhr die Klägerin am 13.10.2003, dass die Beklagte zu 1 die Maschine Nr. 1 an eine Firma J. verkauft hatte und dass die Maschine in Spanien neu aufgestellt werde.

In der Folge stellten die Beklagten die Herstellung des Schrenzpapiers ein. Die Klägerin konnte seit November 2003 keine Geschäfte mehr für die Beklagten vermitteln. Am 24.2.2004 ist die Beklagte zu 2 in Folge Verschmelzung auf die Beklagte zu 1 erloschen.

Die Klägerin verlangt von den Beklagten:

- Schadensersatz wegen entgangener Provisionen,
- einen Handelsvertreterausgleich,
- Schadensersatz wegen Ansehensschädigung im Geschäftsleben bzw. wegen gravierender Vertragsverletzungen.

B. Anfrage

Nach dem Beweisbeschluss vom 27.9.2005 soll das Gutachten folgende Rechtsfragen klären: 2

1. Schadensersatz wegen unterlassener Unterrichtung über eine bevorstehende Preiserhöhung

   a) Gibt es nach italienischem Recht und Rechtsprechung einen Schadensersatzanspruch des Handelsvertreters für den Fall, dass das Unternehmen den

Handelsvertreter nicht mindestens 6 Monate vor einer geplanten Preiserhöhung über diese informiert und es dem Handelsvertreter dadurch nicht ermöglicht, sich bezüglich einer anderen Tätigkeit zu orientieren?

bejahendenfalls:

b) Unter Berücksichtigung welcher Parameter ist der Schaden zu ermitteln?

c) Ergibt sich nach den Angaben des Klägers in dem Schriftsatz vom 26.8.2005 unter Berücksichtigung von a) und b) ein Schaden in Höhe von EUR 196.079,89 bzw. welche weiteren Angaben sind erforderlich, um den Schaden ermitteln zu können? Wie wird dieser Schaden ermittelt?

2. Schadensersatz für Ansehensverlust

a) Gibt es nach italienischem Recht und Rechtsprechung einen Schadensersatzanspruch für einen Ansehensverlust der Klägerin, wenn man annimmt, dass die Vertragsbeziehung zu der Beklagten zu 1 aufgrund des Verkaufs der Papiermaschine kurzfristig beendet worden ist?

bejahendenfalls:

b) Welche konkreten Voraussetzungen sind für die Feststellung dieses Schadensersatzes erforderlich?

c) Wie wird der Schaden ermittelt?

d) Ist nach der italienischen Rechtsprechung aufgrund des Parteivortrages die Feststellung/Schätzung eines Schadens in Höhe von mindestens EUR 100.000 anzusetzen?

3. Handelsvertreterausgleich

a) Allgemeine Voraussetzungen: Unter welchen Voraussetzungen ist nach italienischem Recht/Rechtsprechung ein Handelsvertreterausgleich zuzusprechen?

b) Einzelfragen

aa) Ist dieser Ausgleich auch zuzusprechen, wenn das Unternehmen die Herstellung des vertriebenen Produktes durch den Verkauf der Maschine eingestellt hat?

bejahendenfalls:

bb) Welche Parameter sind für die Feststellung des Ausgleichsanspruches erforderlich?

cc) Ist im Zweifel, soweit keine weiteren Feststellungen über den Akteninhalt hinaus zu der Übernahme von Kunden, Weiterführen von Umsätzen, Preiskalkulation beim Verkauf der Maschine möglich sind, nach dem italienischen Recht/Rechtsprechung eine Jahresprovision als Höchstbetrag zuzusprechen?

C. Rechtslage

I. Schadensersatz wegen unterlassener Unterrichtung über eine geplante Preiserhöhung

1. Gibt es nach italienischem Recht und Rechtsprechung einen Schadensersatzanspruch des Handelsvertreters für den Fall, dass das Unternehmen den Handelsvertreter nicht mindestens 6 Monate vor einer geplanten Preiserhöhung über diese informiert und es dem Handelsvertreter dadurch nicht ermöglicht, sich bezüglich einer anderen Tätigkeit zu orientieren?

a) Grundlage der allgemeinen Unterrichtungspflicht

Grundlage der allgemeinen Unterrichtungspflicht des Unternehmers gegenüber dem Handelsvertreter ist Art. 1749 Abs. 1 *codice civile* (c.c.) i.d.F. von 1999. Die Bestimmung lautet zu deutsch:[1] 3

„Der Unternehmer hat sich gegenüber dem Handelsvertreter loyal und nach den Geboten von Treu und Glauben zu verhalten. Er hat dem Handelsvertreter die erforderlichen Unterlagen, die sich auf die vertriebenen Güter oder Dienste beziehen, zur Verfügung zu stellen und dem Handelsvertreter die für die Durchführung des Vertrages erforderlichen Nachrichten zu geben: insbesondere den Handelsvertreter binnen angemessener Frist zu benachrichtigen, sobald er absieht, dass der Umfang der Geschäfte erheblich geringer sein wird als der Handelsvertreter unter gewöhnlichen Umständen hätte erwarten dürfen. Der Unternehmer muss den Handelsvertreter außerdem binnen angemessener Frist von der Annahme oder Ablehnung und der Nichtausführung eines ihm vermittelten Geschäfts benachrichtigen."[2]

Die Bestimmung wurde zwar erst mit der Gesetzesverordnung Nr. 65/1999 in das italienische Zivilgesetzbuch aufgenommen.[3] Das Handelsvertreterrecht i.d.F. von 1999 ist aber auf einen – wie hier – schon 1996 abgeschlossenen Vertrag anwendbar. Die gegenteilige Einschätzung des Unterzeichners, wonach die Novelle von 1999 sich nicht auf Altverträge erstrecken dürfte,[4] hat sich in der nachfolgenden italienischen Rechtsprechung nicht bestätigt. Das Urteil des italienischen Kassationshofes Nr. 5467 v. 2.5.2000[5] wendet Art. 1751 i.d.F. von 1999 ohne nähere Begründung auf einen am 1.2.1991 abgeschlossenen Vertrag an, und zwar mit weitreichenden inhaltlichen Abweichungen gegenüber der 1996 geltenden Gesetzeslage 4

---

1 Übersetzung nach *Kindler,* RIW 2000, 161, 166.

2 Vgl. auch *Lauser/Reifenrath*, RIW 2002, 748.

3 Dazu *Kindler*, RIW 2000, 161, 162 f.

4 *Kindler*, RIW 2000, 161 mit Fn. 10.

5 Repertorio del Foro italiano (RFI) 2000, Stichw.: agenzia, Nr. 58; abgedr. auch bei *Cian/Trabucchi*, Commentario breve al codice civile - complemento giurisprudenziale, 6. Aufl. 2003, Nr. II. 1 zu Art. 1751 c.c.; Volltext unter: www.agente2000.it.

(kumulative, nicht alternative Geltung der Voraussetzungen des Ausgleichsanspruchs).

5 Im hier vorliegenden Zusammenhang – Unterrichtungspflicht des Unternehmers – ist diese intertemporale Fragestellung im Ergebnis nicht von Bedeutung, da die von den Parteien des vorliegenden Rechtsstreits herangezogene Vorschrift des Art. 1749 Abs. 1 c.c. i.d.F. von 1999 mit Art. 1748 Abs. 5 S. 1, 2 c.c. a.F. wortgleich ist.[6]

b) Umfang der Unterrichtungspflicht

6 Eine ausdrückliche Regelung über geplante Preiserhöhungen enthält die Vorschrift nicht. Damit stellt sich die Frage, ob diese Maßnahme eine „für die Durchführung des (Handelsvertreter-) Vertrages erforderliche Nachricht" ist. Der hier verfügbaren italienischen Literatur lässt sich zu dieser Spezialfrage nichts entnehmen.[7] Das deutsche Gericht hat indessen eine Entscheidung nach ausländischem Recht grundsätzlich auch dann zu treffen, wenn die Rechtsfrage in der ausländischen Rechtsordnung unklar ist.[8] Dies schließt die Befugnis zur Rechtsfortbildung im ausländischen Recht mit ein.[9] Ansatzpunkt hierfür ist der Umstand, dass die Vorschrift auf Art. 4 Abs. 2 Buchst. b der EG-Handelsvertreterrichtlinie Nr. 86/653/EWG[10] beruht. Diesem EG-rechtlichen Hintergrund ist bei der Auslegung des ausländischen Rechts Rechnung zu tragen.[11] Soweit ersichtlich ist auch die Literatur zu dieser Richtlinienbestimmung für die hier interessierende Frage nicht weiterführend.[12]

7 Zu der deutschen Durchführungsbestimmung in § 86 a Abs. 2 S. 1 HGB ist allerdings anerkannt, dass der Unternehmer dem Handelsvertreter nicht ohne weiteres durch unerwartete geschäftliche Dispositionen den Erfolg seiner Arbeit verkürzen

---

6 *Calzolaio*, Nuove leggi civili commentate 1999, 908 f. (wonach die Neufassung nur in zwei Punkten von der bisherigen Gesetzeslage abweicht: Aufnahme einer Generalklausel über Treu und Glauben; Normierung des zwingenden Charakters der Bestimmung).

7 Vgl. *Perassi*, Nuove leggi civili commentate, 1992, 542 ff.; *Schlesinger (Saracini/Toffoletto)*, Il codice civile. Commentario, 2. Aufl. 1996, Art. 1748 a.F., Anm. 9, S. 373; *Bortolotti*, Contratto e impresa 1993, 95, 122 f.; *Baldi*, Il contratto di agenzia, 7. Aufl. 2001; *von Westphalen/Baldi*, Handbuch des Handelsvertreterrechts in den EU-Staaten und der Schweiz, 1995, 717, 742; *Cian/Trabucchi*, Commentario breve al codice civile, 5. Aufl. 1997, Art. 1748, Anm. VI. 2; Leitsatzsammlung bei *Cian/Trabucchi* (o. Fn. 5), Entscheidungen zu Art. 1749 c.c., S. 2057 f.

8 MüKo/*Sonnenberger*, BGB, Bd. 10, 4. Aufl. 2006, Einl. IPR, Rn. 640.

9 MüKo/*Sonnenberger* (o. Fn. 8); *Kropholler*, Internationales Privatrecht, 5. Aufl. 2004, § 31 I 1 a.E.

10 Richtlinie v. 18.12.1986, ABlEG v. 31.12.1986, Nr. L 382/17; Textabdr. auch bei *Hopt*, Handelsvertreterrecht, 3. Aufl. 2003, 209 ff.

11 MüKo/*Sonnenberger* (o. Fn. 8), Rn. 230.

12 Vgl. etwa *Grundmann*, Europäisches Schuldvertragsrecht, 1999, 567; *Franzen*, Privatrechtsangleichung durch die Europäische Gemeinschaft, 1999, 544; *Riesenhuber*, Europäisches Vertragsrecht, 2003, Rn. 552 ff.

darf.[13] Diese Aussage lässt sich zur Auslegung von Art. 4 Abs. 2 Buchst. b der Handelsvertreterrichtlinie – und damit auch zur Auslegung der italienischen Durchführungsbestimmung – heranziehen, da die Richtlinie auf dem Vorbild des deutschen Rechts beruht.[14]

Die Preisgestaltung ist eine für den Handelsvertreter ganz wesentliche geschäftliche Disposition des Unternehmers. Denn von ihr hängen die Absatzmöglichkeiten für die Vertragsware auf dem vom Handelsvertreter bearbeiteten Markt ab, und damit die Aussichten für den Handelsvertreter, Provisionen zu verdienen. Dieser Gedankengang überzeugt für die Richtlinie genauso wie für die auf ihr beruhende italienische Vorschrift des Art. 1749 Abs. 1 c.c. 8

Die Annahme, dass diese Informationspflicht mindestens sechs Monate vor der geplanten Preiserhöhung eingreift, erscheint hier ebenfalls gerechtfertigt. Denn jedenfalls eine – wie hier – drastische Preiserhöhung, die zum vollständigen Wegfall provisionspflichtiger Umsätze führt, wirkt wie eine unternehmerseitige Kündigung des Handelsvertretervertrages. Für die unternehmerseitige Kündigung gilt eine sechsmonatige Kündigungsfrist, wenn das Vertragsverhältnis – wie hier – seit mehr als fünf Jahren besteht. Die insoweit einschlägige Regelung in Art. 1750 Abs. 3 c.c. (1991/1999)[15] beruht auf Art. 15 Abs. 3 der Richtlinie und entspricht § 89 Abs. 1 S. 2 HGB. 9

Dass die Verletzung der Informationspflichten durch den Unternehmer zu einer Schadensersatzpflicht gegenüber dem Handelsvertreter führt, folgt aus der Generalnorm über den Schadensersatz bei Pflichtverletzungen im Schuldverhältnis, mithin aus der Vorschrift des Art. 1218 c.c.[16] Die Vorschrift lautet zu deutsch:[17] 10

> „Der Schuldner, der die geschuldete Leistung nicht gehörig erbringt, ist zum Schadensersatz verpflichtet, wenn er nicht beweist, dass die Nichterfüllung oder die Verspätung durch Unmöglichkeit der Leistung verursacht worden ist, die auf einen von ihm nicht zu vertretenden Grund zurückgeht."

Eine im Kern gleich lautende Vorschrift hat auch der deutsche Gesetzgeber im Zuge der Schuldrechtsmodernisierung als § 280 Abs. 1 in das BGB aufgenommen. Im deutschen Schrifttum ist anerkannt, dass § 280 Abs. 1 BGB bei Verstößen gegen die Informationspflicht nach § 86 a HGB zu einer Schadensersatzpflicht des Unter- 11

---

13 BGHZ 26, 161, 165 = NJW 1958, 219; *Baumbach/Hopt*, HGB, 32. Aufl. 2005, § 86 a, Rn. 8.

14 *Perassi*, Nuove leggi civili commentate 1992, 533 zu Fn. 9; *Gebauer*, Grundfragen der Europäisierung des Privatrechts, 1998, 109 mit Fn. 284; *Hommelhoff*, AcP 192 (1992), 71, 81; *Müller-Graff*, NJW 1993, 13, 19.

15 Deutsche Übersetzung bei *Kindler*, RIW 2000, 161, 166.

16 *Schlesinger (Saracini/Toffoletto)* (o. Fn. 7), 374 f.

17 Übersetzung nach *Bauer* u.a. (Hrsg.), Italienisches Zivilgesetzbuch. Codice civile, 3. Aufl., Bozen 2001.

nehmers führt.[18] Insoweit deckt sich also der Standpunkt der deutschen Literatur mit dem der italienischen Literatur.

2. Unter Berücksichtigung welcher Parameter ist der Schaden zu ermitteln?

12 Ausgangspunkt für den Schadensersatz im internationalen Vertragsrecht ist Art. 32 Abs. 1 Nr. 3 EGBGB. Danach ist das auf einen Vertrag anzuwendende Recht insbesondere maßgebend für die Folgen der Nichterfüllung der durch den Vertrag begründeten Verpflichtungen einschließlich der Schadensbemessung, soweit sie nach Rechtsvorschriften erfolgt, innerhalb der durch das deutsche Verfahrensrecht gezogenen Grenzen.

a) Gesetzeslage

13 Die Grundnorm des italienischen Schadensersatzrechts findet sich in Art. 1223 c.c., dem Gegenstück zu § 252 BGB. Die Bestimmung lautet zu deutsch:

> „Der Schadensersatz wegen Nichterfüllung oder wegen Verspätung muss sowohl den vom Gläubiger erlittenen Verlust wie auch den entgangenen Gewinn umfassen, soweit diese deren unmittelbare und direkte Folge sind.“[19]

14 Zu den Parametern der Schadensermittlung bestimmt die Vorschrift nichts. Anhaltspunkte hierfür liefert Art. 1226 c.c., der in deutscher Übersetzung – Folgendes bestimmt:

> „Kann der Schaden nicht in seiner genauen Höhe nachgewiesen werden, so wird er vom Gericht nach Billigkeit bestimmt.“[20]

15 Bei dieser Ermächtigung zum Billigkeitsentscheid handelt es sich freilich um eine prozessuale Norm. Denn der italienische Kassationsgerichtshof betrachtet die Vorschrift als Ausdruck der allgemeineren Ermächtigung zur Billigkeitsentscheidung nach Art. 115 der italienischen ZPO.[21] Die Voraussetzungen des Art. 1226 c.c. liegen hier vor, da die Rechtsprechung den Billigkeitsentscheid auch auf den – hier vorliegenden – Fall erstreckt, dass ein Nachweis der genauen Schadenshöhe vielleicht nicht unmöglich, aber doch schwierig ist.[22] Zu diesen Schwierigkeiten kann es

---

18 *Baumbach/Hopt* (o. Fn. 13), § 86 a, Rn. 4; MüKo/*von Hoyningen-Huene*, HGB, Bd. 1, 2. Aufl. 2005, § 86 a, Rn. 37 ff.

19 Übersetzung nach Bauer u.a. (o. Fn. 17).

20 Übersetzung nach Bauer u.a. (o. Fn. 17).

21 Urt. Nr. 16202 v. 18.11.2002, RFI 2002, Stichw.: danni civili, Nr. 295; dazu *Cian/Trabucchi*, Commentario breve al codice civile, 7. Aufl. 2004, Art. 1226, Anm. II. 1.

22 Urt. des Kassationsgerichts Nr. 20283 v. 14.10.2004, RFI 2004, Stichw.: danni civili, Nr. 321.

auch gehören, dass ein Nachweis darüber schwer zu führen ist, für welchen Zeitraum ein bestimmtes Schadensereignis sich im Vermögen des Geschädigten auswirkt.[23]

Ausländische Vorschriften nach Art des Art. 1226 c.c., die eine Ermächtigung zu fallgerechter Entscheidung nach Billigkeit enthalten, kann der deutsche Richter nach eigener Abwägung handhaben.[24] 16

Dass diese Vorgehensweise auch i.S. des italienischen Rechts ist, wird durch Art. 2056 Abs. 2 c.c. zur Bemessung des entgangenen Gewinns bestätigt. Die Bestimmung lautet zu deutsch: 17

> „Der entgangene Gewinn ist durch das Gericht nach gerechter Abwägung der Umstände des Einzelfalls zu bewerten."[25]

Diese Vorschrift findet – trotz ihres systematischen Standorts im Deliktsrecht – auch auf Vertragsverletzungen Anwendung.[26] Auch hierbei handelt es sich allerdings um eine in der Sache prozessuale Norm, weil sie – wie § 287 ZPO – das Gericht zu einer Schätzung ermächtigt. Art. 2056 Abs. 2 c.c. wird daher im inländischen Zivilprozess durch § 287 ZPO verdrängt.[27] 18

b) Grenzen des deutschen Verfahrensrechts

§ 287 ZPO findet mithin im deutschen Zivilprozess auch dann Anwendung, wenn – wie hier – ausländisches Recht die *lex causae* stellt.[28] Denn der deutsche Richter muss sein Beweisverfahren nicht wegen der Geltung fremden materiellen Rechts ändern.[29] 19

---

23 Urt. des Kassationshofs Nr. 188 v. 12.1.1996, RFI 1996, Stichw.: danni civili, Nr. 202; dazu *Cian/Trabucchi* (o. Fn. 21), Art. 1226, Anm. I. 1.

24 MüKo/*Sonnenberger* (o. Fn. 8), Rn. 664 a.E.

25 Übersetzung nach Bauer u.a. (o. Fn. 17).

26 *Cian/Trabucchi* (o. Fn. 21), Art. 1226, Anm. II. 3; Art. 2056, Anm. III.

27 Vgl. zum lex fori-Prinzip im internationalen Beweisrecht nur OLG Koblenz, IPRax 1994, 302, 303 (zur Anwendung von § 286 ZPO auch bei Geltung ausländischen Rechts in der Sache).

28 Entgegen dem klägerischen Schriftsatz v. 26.8.2005 entspricht dies der ganz herrschenden Meinung: *Reithmann/Martiny*, Internationales Vertragsrecht, 6. Aufl. 2004, Rn. 274; *Linke*, Internationales Zivilprozessrecht, 4. Aufl. 2005, Rn. 303; MüKo/*Spellenberg*, BGB, Bd. 10, 4. Aufl. 2006, Art. 32 EGBGB, Rn. 45 mit Fn. 131; *Palandt/Heldrich*, BGB, 65. Aufl. 2006, Art. 32 EGBGB, Rn. 5; Rn. 33 vor Art. 3 EGBGB; *Kindler*, RIW 2000, 161, 165 zu Fn. 66; *Schack*, Internationales Zivilverfahrensrecht, 3. Aufl. 2002, Rn. 697; zu § 286 ZPO auch OLG Düsseldorf, IPRax 1993, 331, 333; OLG Koblenz, IPRax 1994, 302, 303 = RIW 1993, 502, 503.

29 So ausdrücklich MüKo/*Spellenberg* (vorige Fn.), Art. 32 EGBGB, Rn. 44.

3. Schadensbemessung: Ergibt sich nach den Angaben des Klägers in dem Schriftsatz vom 26. August 2005 unter Berücksichtigung von 1. und 2. ein Schaden in Höhe von EUR 196.079,89 bzw. welche weiteren Angaben sind erforderlich, um den Schaden ermitteln zu können? Wie wird dieser Schaden ermittelt?

20 Im Schriftsatz der Klägerin vom 26.8.2005 wird der ersatzfähige Schaden auf EUR 196.079,89 beziffert. Ob dieser Betrag zutrifft, hat das erkennende Gericht selbst zu entscheiden, da Art. 1226 c.c. (Text soeben unter Rn. 14) zu einer Billigkeitsprüfung zwingt und diese nach eigener Abwägung vorzunehmen ist.[30]

21 Das von der Klägerin angeführte Urteil des italienischen Kassationshofes Nr. 2543 vom 23.3.1988 besagt zur Höhe des Schadensersatzes nichts. Es beschränkt sich lediglich auf die Feststellung, dass die nach früherem Recht geschuldete Abstandssumme bei Unterschreitung der Kündigungsfrist (Art. 1750 Abs. 2 c.c. in der bis 1991 geltenden Fassung)[31] auch dann geschuldet ist, wenn der Unternehmer eine Gesellschaft ist und die Gesellschaft aufgelöst und abgewickelt wird; in diesen Fällen endet der Handelsvertretervertrag automatisch.[32] Das Rechtsinstitut der Abstandssumme bei Unterschreitung der Kündigungsfrist fand allerdings keinen Eingang in die EG-Handelsvertreterrichtlinie und taucht daher auch im hier anwendbaren Art. 1750 c.c. i.d.F. von 1991 nicht wieder auf.[33] Funktional entspricht die Abstandssumme der Schadensersatzpflicht bei unberechtigter fristloser Kündigung im deutschen Recht, zu bemessen nach den Provisionen, die der Handelsvertreter bis zum Ablauf der ordentlichen Kündigungsfrist verdient hätte.[34]

---

[30] Vgl. nochmals MüKo/*Sonnenberger* (o. Fn. 8), Rn. 664 a.E.; o. Rn. 16.

[31] Dazu *Kindler*, Der Ausgleichsanspruch des Handelsvertreters im deutsch-italienischen Warenverkehr, 68; *ders.*, Jahrbuch für italienisches Recht 4 (1991), 36 - 38.

[32] Ebenso das Kassationsgerichtsurteil Nr. 2634/1988, zit. bei *Cian/Trabucchi*, Commentario breve al codice civile - complemento giurisprudenziale 1989, Nr. I. 10 zu Art. 1750 c.c. a.F., S. 1502.

[33] *Kindler*, Italienisches Handels- und Wirtschaftsrecht, 2002, § 3, Rn. 71 f.; *ders.*, RIW 1994, 692, 693; *Baldi*, Il contratto di agenzia, 6. Aufl. 1997, 251; *ders.*, Il contratto di agenzia, 7. Aufl. 2001, 237 f.

[34] Vgl. *Baumbach/Hopt* (o. Fn. 13), § 89 Rn. 16 a.E.; § 89 a, Rn. 40; BGHZ 53, 150, 151 f. (mit Hinweis auf § 287 ZPO); zur funktionalen Entsprechung der italienischen Abstandssumme und des deutschen Schadensersatzes vgl. auch *Baldi*, Il contratto di agenzia, 7. Aufl. 2001, 238, auch mit Hinweisen auf die daraus resultierende Richtlinienkonformität einer Regelung nach Art des früheren Art. 1750 Abs. 2 c.c.

II. Schadensersatz für Ansehensverlust

1. Gibt es nach italienischem Recht und Rechtsprechung einen Schadensersatzanspruch für einen Ansehensverlust der Klägerin, wenn man annimmt, dass die Vertragsbeziehung zu der Beklagten zu 1 aufgrund des Verkaufs der Papiermaschine kurzfristig beendet worden ist?

Die Klägerin begehrt einen immateriellen Schadensersatz *(danno non patrimoniale/danno morale)* in Höhe von mindestens EUR 100.000 für den Ansehensverlust, den sie auf Grund der abrupten Beendigung der Herstellung des vertragsgegenständlichen Papiers durch die Beklagte zu 1 erfahren hat. Diesen Anspruch stützt die Klägerin auf Art. 2059 c.c. Die Vorschrift lautet zu deutsch: 22

„Der immaterielle Schaden muss nur in den vom Gesetz bestimmten Fällen ersetzt werden.“[35]

a) Art. 2059 c.c. keine Anspruchsgrundlage

Schon aus dem Wortlaut des Art. 2059 c.c. wird deutlich, dass es sich hier nicht um eine Anspruchsgrundlage handelt, sondern um die Normierung des abschließenden Charakters aller Spezialvorschriften, die ihrerseits einen derartigen Schadensersatz bestimmen. Die Vorschrift entspricht damit dem § 253 Abs. 1 BGB. 23

b) Art. 1218, 1223 c.c. keine Anspruchsgrundlagen

Die Art. 1218, 1223 c.c. (Text oben Rn. 10 und 13) sind keine Spezialvorschriften im Sinne des Art. 2059 c.c. Denn Art. 2059 c.c. setzt eine dem Grunde nach bestehende deliktische Haftung voraus.[36] Bei – wie hier – einer Vertragsverletzung umfasst der Schadensersatz nach herrschender Meinung hingegen grundsätzlich nur Vermögensschäden.[37] 24

c) Art. 2043 c.c. keine Anspruchsgrundlage

Das italienische Zivilgesetzbuch enthält in Art. 2043 eine deliktische Generalklausel. Die Bestimmung lautet zu deutsch: 25

---

35 Übersetzung nach Bauer u.a. (o. Fn. 17).

36 *Cian/Trabucchi* (o. Fn. 21), Art. 2059, Anm. III. 4. a.E., wo die deliktische Generalklausel des Art. 2043 c.c. ausdrücklich in Bezug genommen wird.

37 *Cian/Trabucchi* (o. Fn. 21), Art. 1223 c.c., Anm. II. 1; Urt. des Kassationshofs Nr. 19769 v. 23.12.2003, Giustizia civile 2004, I, 1763; Leitsatz in: RFI 2004, Stichw.: danni civili, Nr. 221, S. 969.

„Jedwede vorsätzliche oder fahrlässige Handlung, die einem anderen einen rechtswidrigen Schaden zufügt, verpflichtet denjenigen, der sie begangen hat, den Schaden zu ersetzen."[38]

26 Auch diese Vorschrift gewährt nach herrschender Meinung keinen Ersatz von Nichtvermögensschäden. Dies soll aus Art. 2059 c.c. folgen, der nur auf die gesetzlich ausdrücklich bestimmten Fälle des Ersatzes von Nichtvermögensschäden Bezug nehme, sowie aus Art. 1223 c.c., dem Gegenstück zu § 252 BGB. Art. 1223 c.c. wird durch Art. 2056 c.c. auch für die Bemessung des deliktsrechtlich zu ersetzenden Schadens für anwendbar erklärt, und zu Art. 1223 c.c. ist ja gerade der Ausschluss von Nichtvermögensschäden anerkannt.[39]

27 Versuche im Schrifttum, einen deliktischen Schutz des unternehmerischen Ansehens *(immagine imprenditoriale)* herzuleiten,[40] haben in der italienischen Rechtsprechung, soweit ersichtlich, noch keinen Niederschlag gefunden.[41]

28 Auch die als Anlage vorgelegte Entscheidung des Landgerichts Mailand vom 22.11.2001[42] zum Schutz des geschäftlichen Ansehens lässt nicht erkennen, dass als Anspruchsgrundlage hier Art. 2043 c.c. herangezogen worden wäre. Das gleiche gilt für die ebenfalls in Anlage vorgelegte Entscheidung des obersten Rechnungshofs Nr. 10 vom 23.4.2003. Beide Urteile betreffen nur die Schadensbemessung nach Billigkeit.

d) Keine spezialgesetzlichen Anspruchsgrundlagen

29 Spezialgesetzliche Anspruchsgrundlagen (Art. 185, 598 Strafgesetzbuch; Art. 89 Abs. 2, 120 Strafprozessordnung) kommen hier ersichtlich nicht in Betracht.[43] Eine derartige spezialgesetzliche Grundlage (Straftat) hat z.B. das Kassationshofurteil Nr. 2367 vom 3.3.2000 zum Gegenstand. Dort ging es um die Beschädigung des Ansehens einer juristischen Person durch Verleumdung.

e) Zwischenergebnis

30 Insgesamt ist daher im italienischen Recht keine Anspruchsgrundlage für einen von der Klägerin erlittenen Ansehensverlust ersichtlich. Eine Beantwortung der Fragen b) bis d) erübrigt sich damit.

---

[38] Übersetzung nach Bauer u.a. (o. Fn. 17).
[39] *Cian/Trabucchi* (o. Fn. 21), Art. 2043 c.c., Anm. IV. 1.
[40] Dazu *Cian/Trabucchi* (o. Fn. 21), Art. 2043 c.c., Anm XI.
[41] Vgl. RFI 2003 und 2004, Stichw.: Responsabilità civile.
[42] Dir. e prat. soc. 2002, Heft 4, 76.
[43] Vgl. *Cian/Trabucchi* (o. Fn. 21), Art. 2059, Anm. VIII.

f) Veräußerung der Maschine als fristlose Kündigung mit Verpflichtung zur Entrichtung einer Abstandssumme?

aa) Vertragsbeendigung

Auch aus dem oben Rn. 21 angeführten Urteil des Kassationshofs vom 23.3.1988 ergibt sich, dass die Auflösung und Abwicklung der als Unternehmer an einem Handelsvertretervertrag beteiligten Gesellschaft einer vorzeitigen Kündigung gleich zu achten ist, was beim Handelsvertreter einen Anspruch auf Bezahlung einer Abstandssumme nach Art. 1750 Abs. 2 c.c. a.F. auslöst. Denn die Auflösung und Abwicklung der Gesellschaft bewirkt – so der Kassationshof – die Beendigung der Dauerschuldverhältnisse der Gesellschaft. Dazu zählt auch das Handelsvertretungsverhältnis, da dem Handelsvertreter die Erfüllung des Vertrages aus einem von der Gesellschaft zu vertretenden Grund unmöglich wird. 31

bb) Regelung durch Wirtschaftskollektivverträge

Zwar findet Art. 1750 Abs. 2 c.c. a.F. auf den hier streitgegenständlichen Handelsvertretervertrag keine Anwendung, da die Vorschrift bereits 1991 außer Kraft getreten ist. Allerdings gehören zum italienischen Recht, das für den hier vorliegenden Vertrag anzuwenden ist, auch die für Handelsvertreterverträge geltenden Wirtschaftskollektivverträge (abgekürzt AEC = *accordi economici collecttivi*), soweit diese von der Regierung für allgemeinverbindlich erklärt wurden.[44] In – wie hier – internationalen Fällen ist weiterhin Voraussetzung für die Anwendbarkeit der AEC, dass der Handelsvertreter seine Tätigkeit in Italien ausübt.[45] 32

Einschlägig ist hier der AEC vom 30.6.1938/13.10.1958, falls die Beklagten als Handelsunternehmen anzusehen sind, sonst der AEC vom 20.10.1956/17.7.1957, falls die Beklagten als Industrieunternehmen anzusehen sind.[46] Die später abgeschlossenen AEC sind nicht mehr für allgemeinverbindlich erklärt worden und finden daher auf das prozessgegenständliche Vertragsverhältnis keine Anwendung, da die Beklagten – was hier unterstellt werden soll – nicht Mitglied italienischer Unternehmerverbände sind.[47] 33

Die allgemeinverbindlichen AEC enthalten Regelungen über die Abstandssumme, die dem aufgehobenen Art. 1750 Abs. 2 c.c. im Kern entsprechen. 34

---

[44] *Kindler*, Einführung in das italienische Recht, 1993, § 5, Rn. 14, S. 57; *ders.* (o. Fn. 33), § 3, Rn. 48 mit Fn. 78; *Semler/Gianni*, Handbuch des Vertriebsrechts, 1996, § 47, Rn. 12 f., 1148 f.; MüKo/*Martiny*, BGB, Bd. 10, 4. Aufl. 2006, Art. 30 EGBGB, Rn. 142 mit Fn. 500.

[45] *Cian/Trabucchi* (o. Fn. 21), Art. 1742, Anm. I. 8; *Baldi* (o. Fn. 34), 25 f.; Urt. des Kassationshofs Nr. 2749 v. 27.3.1996, Foro it. 1996, I, 2057; insoweit nicht in RFI 1996, Stichw. agenzia, Nr. 20.

[46] Vgl. die deutsche Übersetzung der AEC bei *Kindler* (o. Fn. 31), 221 ff., 228 ff.

[47] Vgl. zu den neueren AEC nur *Kindler* (o. Fn. 33), § 3, Rn. 53.

35 So bestimmt Art. 7 Abs.1, 2 AEC 1938/1958 (Handel) zu deutsch:

> „(1) Im Falle der unternehmerseitigen Auflösung eines unbefristeten Vertrages muss dem Vermittlungs- oder Abschlussvertreter eine Kündigungsfrist von mindestens 3 Monaten gewährt werden.
>
> (2) Falls die Firma es vorzieht, den Vermittlungs- oder Abschlussvertreter sofort von seiner Leistungspflicht freizustellen, muss sie ihm – anstelle der Kündigungsfrist – einen Betrag zahlen, der so vielen Zwölfteln der im der Kündigung vorangegangenen Jahr verdienten Provisionen entspricht, wie dem Vermittlungs- oder Abschlussvertreter monatlich zustehen, beziehungsweise einen entsprechenden Betrag im Falle des Freiwerdens von einem Teil der Kündigungsfrist.“[48]

36 Eine nahezu inhaltsgleiche Regelung enthält Art. 8 Abs. 1, 2 AEC 1956/1957 (Industrie). Die Vorschrift bestimmt zu deutsch:

> „(1) Im Falle der unternehmerseitigen Auflösung eines unbefristeten Vertrages muss dem Vermittlungs- oder Abschlussvertreter eine Kündigungsfrist von mindestens 4 Monaten gewährt werden.
>
> (2) Falls die Firma es vorzieht, den Vermittlungs- oder Abschlussvertreter sofort von seiner Leistungspflicht freizustellen, muss sie ihm – anstelle der Kündigungsfrist – einen Betrag zahlen, der so vielen Zwölfteln der im der Kündigung vorangegangenen Jahr verdienten Provisionen entspricht, wie dem Vermittlungs- oder Abschlussvertreter Monate der Kündigungsfrist zustehen, beziehungsweise einen entsprechenden Betrag im Falle des Freiwerdens von einem Teil der Kündigungsfrist.“[49]

37 Damit würde sich für den vorliegenden Fall eine Abstandssumme in Höhe der Provisionsverluste aus 4 Monaten ergeben, wenn man einmal unterstellt, dass die Beklagten selbst Hersteller des Papiers waren und nicht bloß Wiederverkäufer. Denn dann findet der AEC 1956/1957 (Industrie) Anwendung.

38 Die zitierten Vorschriften gelten allgemeinverbindlich *(erga omnes)*,[50] und sie erfassen den hier streitgegenständlichen Vertrag, da dieser in Italien zu erfüllen ist. Die Klägerin ist eine Handelsvertreterin mit Sitz in Italien, und sie sollte den italienischen Markt bearbeiten.[51]

39 Die AEC stehen insoweit auch nicht im Widerspruch zur Neufassung 1991 des Zivilgesetzbuches oder zur EG-Richtlinie.[52] Letzteres wird insbesondere auch aus dem Urteil „Honyvem“ des Europäischen Gerichtshofes vom 23.3.2006 deutlich.[53] Danach sind die Regelungen der Richtlinie einseitig tarifdispositiv, d.h. zugunsten des Handelsvertreters.[54]

---

48 Übersetzung nach *Kindler* (o. Fn. 31), 222; Originaltext unter www.contrattodiagenzia.com.

49 Übersetzung nach *Kindler* (o. Fn. 31), 230; Originaltext unter www.contrattodiagenzia.com.

50 *Baldi* (o. Fn. 34), 236.

51 *Baldi* (o. Fn. 34), 476 mit Fn. 96.

52 *Kindler*, Jahrbuch für italienisches Recht 4 (1991), 37 f.; *Baldi* (o. Fn. 34), 240 mit Fn. 31 unter Berufung auf das Urt. des Kassationsgerichts Nr. 5795 v. 15.6.1994.

53 Rechtssache C-465/04; RIW 2006, 459; Text auch unter www.curia.eu.int.

54 Urt. Honyvem (o. Fn. 53), unter Tz. 16 - 32.

cc) Zum Tatbestand der Vorschriften über die Abstandssumme

Auch tatbestandlich trifft Art. 8 Abs. 1, 2 AEC 1956/57 (Industrie) zu. Die Ab- 40
standssumme ist der klagenden Handelsvertreterin im vorliegenden Fall geschuldet:

(1) Die Klägerin war als Handelsvertreterin für die Beklagten (Industrieunter- 41
nehmen) tätig.

(2) Die Beklagte zu 1 hat die Klägerin ohne Einhaltung einer Kündigungsfrist 42
von ihrer Leistungspflicht freigestellt. Zwar erfolgte dies nicht durch Erklärung gegenüber der Klägerin, wohl aber faktisch durch Veräußerung der einzigen Maschine, die die vertragsgegenständliche Ware herstellt. Dies entspricht dem im zitierten Kassationshofurteil von 1988 behandelten Fall. Gemeinsam ist beiden Fallgestaltungen nämlich, dass der Unternehmer dem Handelsvertreter die Fortsetzung der Vertragsbeziehung unmöglich macht, und dies wird in der italienischen Rechtsprechung einer sofortigen Kündigung gleich geachtet.

(3) Nimmt man als Zeitpunkt des Verkaufs der Maschine Nr. 1 den 1.11.2003 43
an (so die Aussage des Geschäftsführers der Beklagten laut Protokoll vom 20.7.2005: „Anfang November"), so sind die im „vorangegangen Jahr verdienten Provisionen" (Art. 8 Abs. 2 AEC 1956) als Bemessungsgrundlage der Abstandssumme heranzuziehen. Maßgeblich ist damit der Zeitraum vom 1.11.2002 bis zum 31.10.2003. Der Gesamtbetrag der in diesem Zeitraum verdienten Provisionen ist sodann durch 12 zu teilen und das Ergebnis dieser Operation mit der Anzahl der Monate an Kündigungsfrist zu multiplizieren, die der Klägerin zustehen (Art. 8 Abs. 2 AEC 1956/57: „[...] so vielen Zwölfteln [...] wie Monate der Kündigungsfrist").

Nach Art. 1750 Abs. 3 c.c. i.d.F. von 1999[55] sind dies hier 6 Monate. Die Ab- 44
standssumme beträgt somit 6/12 (= ½) der im gesamten Zeitraum verdienten Provisionen.

Die kürzere Kündigungsfrist von bloß 4 Monaten nach Art. 8 Abs. 1 AEC 1956/ 45
57 bleibt hier außer Betracht, da das Gesetz in Art. 1750 Abs. 4 c.c. nur die privatautonome Vereinbarung längerer Kündigungsfristen zulässt (hier: 7 Monate oder mehr), nicht aber kürzere Fristen. Die 4-Monatsfrist nach dem AEC wäre zwar richtlinienkonform, wie Art. 15 Abs. 2 der Richtlinie zeigt. Doch hat der italienische Gesetzgeber von der Mitgliedstaatenoption zugunsten längerer Kündigungsfristen (Art. 15 Abs. 3 der Richtlinie) Gebrauch gemacht. Dies schließt auch abweichende Regelungen zugunsten des Handelsvertreters in den AEC aus (Art. 1750 Abs. 4 c.c.).

Für einen Vorrang des Art. 8 Abs. 1 AEC 1956 vor der gesetzlichen Regelung 46
lässt sich auch nicht dessen Allgemeinverbindlicherklärung anführen. Zwar verleiht

55 Deutsche Übersetzung bei *Kindler*, RIW 2000, 161, 166.

diese dem AEC gesetzesgleiche Wirkung. Die Rechtsprechung hat jedoch mehrfach entschieden, dass die AEC ihre Rechtsnatur behalten: Sie bleiben trotz der Allgemeinverbindlicherklärung privatautonome Vereinbarungen.[56] Sie unterliegen daher den durch das Gesetz bestimmten Grenzen für privatautonome Vereinbarungen. Hinzukommt, dass die abweichende Gesetzesregel in Art. 1750 c.c. aus dem Jahre 1991 jüngeren Datums ist und – selbst bei einer uneingeschränkten Gesetzesqualität der AEC – schon deshalb den AEC vorginge. Die Regel lex posterior derogat priori ist in Art. 15 der Einführungsbestimmungen zum italienischen Zivilgesetzbuch kodifiziert. Diese Vorschrift lautet zu deutsch:

> „Gesetze werden nur durch spätere Gesetze auf Grund einer ausdrücklichen Erklärung des Gesetzgebers oder infolge Unvereinbarkeit der neuen mit den früheren Bestimmungen oder weil das neue Gesetz den gesamten, bereits vom früheren Gesetz behandelten Sachbereich regelt, aufgehoben."[57]

dd) Zwischenergebnis

47 Die Beklagte zu 1 schuldet der Klägerin eine Abstandssumme in Höhe der Hälfte der im Zeitraum vom 1.11.2002 bis zum 31.10.2003 verdienten Provisionen. Diese Abstandssumme entspricht funktional dem im deutschen Recht anerkannten Schadensersatz bei Nichteinhaltung der Kündigungsfrist.[58]

III. Handelsvertreterausgleich

1. Allgemeine Voraussetzungen: Unter welchen Voraussetzungen ist nach italienischem Recht/Rechtsprechung ein Handelsvertreterausgleich zuzusprechen?

a) Gesetzeslage

48 Als Grundlage eines Handelsvertreterausgleichs kommt hier die Vorschrift des Art. 1751 c.c. in Betracht, und zwar in der seit 1999 geltenden Fassung. Die Bestimmung lautet zu deutsch:

> „(1) Bei Beendigung des Vertragsverhältnisses ist der Unternehmer verpflichtet, dem Handelsvertreter eine Ausgleichszahlung zu gewähren, wenn die nachfolgend bestimmten Voraussetzungen vorliegen:
>
> - Der Handelsvertreter hat für den Unternehmer neue Kunden geworben oder die Geschäftsverbindung mit vorhandenen Kunden wesentlich erweitert, und der Unternehmer zieht aus den Geschäften mit diesen Kunden noch erhebliche Vorteile;

---

56 Kassationshofurteil Nr. 9936 v. 9.10.1999, Foro it. 1990, I, 3115; dazu zusammenfassend auch *Baldi* (o. Fn. 34), S. 26 mit Fn. 1.

57 Übersetzung nach Bauer u.a. (o. Fn. 17).

58 BGHZ 53, 150.

- die Zahlung eines solchen Ausgleichs entspricht unter Berücksichtigung aller Umstände des Falles, insbesondere der dem Handelsvertreter aus Geschäften mit diesen Kunden entgehenden Provisionen, der Billigkeit.

(2) Der Ausgleich ist nicht geschuldet,

- wenn der Unternehmer den Vertrag wegen einer dem Handelsvertreter vorwerfbaren Vertragsverletzung beendet, die, wegen ihrer Schwere, nicht einmal die vorläufige Fortsetzung des Vertrages zulässt;

- wenn der Handelsvertreter den Vertrag kündigt, es sei denn, diese Kündigung wäre aus Umständen gerechtfertigt, die dem Unternehmer zuzurechnen sind, oder aus dem Handelsvertreter zuzurechnenden Umständen, deretwegen ihm eine Fortsetzung der Tätigkeit vernünftigerweise nicht zugemutet werden kann, wie Alter, Gebrechen oder Krankheit;

- wenn der Handelsvertreter gemäß einer Vereinbarung mit dem Unternehmer die Rechte und Pflichten, die er nach dem Handelsvertretervertrag hat, an einen Dritten abtritt.

(3) Der Ausgleich darf einen Betrag nicht überschreiten, der einem jährlichen Ausgleich entspricht, der aus dem Jahresdurchschnittsbetrag der Vergütungen, die der Handelsvertreter während der letzten fünf Jahre erhalten hat, errechnet wird; ist der Vertrag vor weniger als fünf Jahren geschlossen worden, wird der Ausgleich nach dem Durchschnittsbetrag des entsprechenden Zeitraums ermittelt.

(4) Die Gewährung des Ausgleichs enthebt den Handelsvertreter keinesfalls seines Anspruchs auf eventuellen Schadensersatz.

(5) Der Handelsvertreter verliert den in diesem Artikel vorgesehenen Anspruch auf Ausgleich, wenn er dem Unternehmer nicht innerhalb eines Jahres nach Beendigung des Vertragsverhältnisses die Absicht mitgeteilt hat, seine Rechte geltend zu machen.

(6) Die Vorschriften dieses Artikels sind nicht zum Nachteil des Handelsvertreters abdingbar.

(7) Der Ausgleich ist auch dann geschuldet, wenn das Vertragsverhältnis durch den Tod des Handelsvertreters endet.“[59]

Zwar wurde im vorliegenden Sachverhalt der Handelsvertretervertrag bereits im August 1996 abgeschlossen. Dies hindert nach der oben[60] zitierten Kassationshof-Entscheidung aber nicht die Anwendung der Vorschrift i.d.F. von 1999. 49

Nach dem Wortlaut des Art. 1751 c.c. hat der Anspruch auf Handelsvertreterausgleich folgende Voraussetzungen: 50

- die Beendigung des Handelsvertretervertrages;

- wesentliche Vorteile des Unternehmers aus den Geschäftsverbindungen mit Großkunden, die der Handelsvertreter geworben hat und/oder aus erweiterten Geschäftsverbindungen mit Altkunden;

- die Billigkeit eines Handelsvertreterausgleichs.

---

59 Übersetzung bei Kindler, RIW 2000, 161, 166 f.

60 Vgl. Fn. 5.

b) Einfluss der Wirtschaftskollektivverträge (AEC)

51 Das Verhältnis der gesetzlichen Regelung zu den Wirtschaftskollektivverträgen war über Jahre hinweg Gegenstand zahlreicher, einander widersprechender Gerichtsentscheidungen. Meist begnügten sich die Gerichte damit, bei der Prüfung des Handelsvertreterausgleichs das Merkmal der Unternehmervorteile völlig auszublenden und das Merkmal der Billigkeit anhand der Wirtschaftskollektivverträge zu konkretisieren. Andere Urteile gingen dahin, die AEC als unwirksam zu erachten, da diese im Widerspruch zur gesetzlichen Regelung stünden.[61] Die damit verbundene Rechtsunsicherheit und die anhaltende Kritik aus dem Schrifttum[62] veranlassten den italienischen Kassationshof offenbar sodann zur EuGH-Vorlage im Fall „Honyvem".[63] Im Kern sollte die Vorlage klären, ob der Ausgleichsanspruch kraft eines Wirtschaftskollektivvertrages auch anhand starrer Kriterien bestimmt werden kann (Prozentsätze der getätigten Provisionsumsätze), obwohl die Richtlinie eine umfassende Billigkeitsentscheidung verlangt, verbunden mit einer Höchstbetragsregelung (Art. 17 Abs. 2 lit. b der Richtlinie).[64] Im Urteil vom 23.3.2006 hielt der EuGH hierzu unter anderem fest,

52 - dass Art. 19 der Richtlinie den Parteien die Möglichkeit einräumt, von Art. 17 der Richtlinie abweichende Vereinbarungen zu treffen, sofern die Abweichung für den Handelsvertreter nicht nachteilig ist (Tz. 25),

53 - dass diese Abweichung nur zulässig ist, wenn schon im Zeitpunkt des Vertragsschlusses (ex ante) feststeht, dass sie sich bei Beendigung des Vertragsverhältnisses nicht als für den Handelsvertreter nachteilig erweisen wird (Tz. 27),

54 - dass der italienische Wirtschaftskollektivvertrag aus dem Jahr 1992 nur dann für den Handelsvertreter vorteilhaft wäre, wenn er – wie nicht – die Möglichkeit böte, den hiernach berechneten Ausgleich zumindest teilweise mit dem gesetzlich bestimmten Ausgleich zu kumulieren (Tz. 31).

55 Die Antwort des EuGH auf die erste Vorlagefrage lautete daher:

> „Art. 19 der Richtlinie 86/653/EWG des Rates vom 18.12.1986 zur Koordinierung der Rechtsvorschriften der Mitgliedstaaten betreffend die selbstständigen Handelsvertreter ist dahin auszulegen, dass der Ausgleich wegen Beendigung des Vertragsverhältnisses, der sich bei Anwendung des Artikels 17 Abs. 2 dieser Richtlinie ergibt, nicht in Anwendung eines Tarifvertrags durch einen Ausgleich ersetzt werden kann, der sich nach anderen als den in dieser Bestimmung vorgesehenen Kriterien bestimmt, es sei denn, es ist nachgewiesen, dass die Anwendung eines solchen Tarifvertrags dem

---

[61] Einzelnachweise bei *Lauser/Reifenrath*, RIW 2002, 749 f.; vgl. auch die weiteren Nachweise in RFI 2004, Stichw. agenzia, Nr. 46 - 50.

[62] Einzelnachweise in RFI 2004, Stichw. agenzia, Nr. 9 - 11.

[63] Beschluss des Kassationshofs Nr. 20410 v. 18.10.2004, RFI 2004, Stichw. agenzia, Nr. 46 = Amtsblatt EU Nr. C 31/4 v. 5.2.2005.

[64] Vgl. den Wortlaut der Vorlage unter Tz. 15 des zitierten EuGH Urteils v. 23.3.2006 Rechtssache C-465/04 „Honyvem", RIW 2006, 459.

Handelsvertreter in jedem Fall einen Ausgleich garantiert, der demjenigen, der sich bei Anwendung der genannten Bestimmung ergäbe, entspricht oder diesen übersteigt."

Daraus folgt, dass für die Voraussetzungen und für die Bemessung des Ausgleichsanspruchs ein Rückgriff auf den Wirtschaftskollektivvertrag von 1992 – in Ermangelung einer Kumulierungsklausel – ausgeschlossen ist. Darüber hinaus entfällt aber auch ein Rückgriff auf die oben Rn. 32 ff. erwähnten Wirtschaftskollektivverträge aus den Jahren 1938/58 sowie 1956/57, weil auch dort keine Kumulierung des Ausgleichsanspruch mit den gesetzlichen Ausgleichsansprüchen vorgesehen ist. Es bleibt nach allem bei der gesetzlichen Regelung in Art. 1751 c.c. i.d.F. von 1999. Dies entspricht der schon vor dem Urteil des EuGH ergangenen, vereinzelten untergerichtlichen Rechtsprechung in Italien.[65] 56

Die Urteile beschäftigen sich zwar nur mit der EG-Konformität der Heranziehung der AEC mit Blick auf die Höhe des Ausgleichsanspruchs, und auch dies nur insoweit als die AEC zu einem niedrigeren Ausgleichsanspruch führen als ihn das Gesetz vorsieht. Zu den hier unter 1. allein interessierenden Voraussetzungen des Ausgleichsanspruchs dem Grunde nach besagen die drei Urteile unmittelbar nichts. Insoweit kann die EG-Konformität indessen dahinstehen, da der Ausgleichsanspruch nach Art. 9 Abs. 1 AEC 1956/57 (Industrie) ausdrücklich nur „unter den Voraussetzungen des Art. 1751 codice civile" besteht. Der AEC und die gesetzliche Regelung sind insoweit also deckungsgleich. 57

c) Vertragsbeendigung

Tatbestandlich verlangt Art. 1751 Abs. 1 c.c. zunächst die Beendigung des Handelsvertretervertrages. Beendigungsgründe sind – neben dem hier nicht in Betracht kommenden Zeitablauf – die Kündigung durch einen der Vertragspartner und die einvernehmliche Vertragsaufhebung.[66] Die zitierten Kassationshofentscheidungen Nr. 2543 und 2634 aus dem Jahr 1988[67] setzen der unternehmerseitigen Kündigung die vom Unternehmer herbeigeführte Unmöglichkeit der weiteren Vertragsdurchführung durch den Handelsvertreter gleich. 58

Im vorliegenden Fall hat die Beklagte zu 1 den Handelsvertretervertrag zwar nicht ausdrücklich gekündigt. Durch die Veräußerung der Maschine Nr. 1 hat sie aber bewusst einen Zustand herbeigeführt, in dem dem Handelsvertreter eine weitere Vertragsdurchführung unmöglich ist. Denn seither vom Handelsvertreter vermittelte Kundenwünsche können die Beklagten gar nicht mehr erfüllen, müssen also 59

65 Pretura di Milano v. 17.12.1996, RFI 1997, Stichw. agenzia, Nr. 32, 33; Pretura di Forli v. 17.2.1997, RFI 1997, Stichw. agenzia, Nr. 28; Tribunale di Vicenza v. 27.10.2002, RFI 2003, Stichw. agenzia, Nr. 53. Dazu auch *Lauser/Reifenrath*, RIW 2002, 749 f.

66 *Schlesinger (Saracini/Toffoletto)* (o. Fn. 7), 510; *Cian/Trabucchi* (o. Fn. 21), Art. 1742, Anm. III. 1.

67 O. im Text nach Fn. 30 (Rn. 21).

einen Vertragsschluss mit diesen Kunden ablehnen. Dieser Sachverhalt entspricht dem Vertragsbeendigungstatbestand, wie er in den zitierten Urteilen aus dem Jahre 1988 vorgelegen hat.

60 Folgt man dem nicht, so ergeben sich jedenfalls deutliche Anhaltspunkte für eine einvernehmliche Vertragsaufhebung. Auch dieser Beendigungstatbestand ist in der Rechtsprechung ausdrücklich anerkannt.[68] Im vorliegenden Sachverhalt spricht viel für eine stillschweigend zwischen den Parteien verabredete Vertragsaufhebung. Auch im italienischen Recht ist anerkannt, dass im schlüssigen Verhalten *(comportamento concludente)* eine Willenserklärung erblickt werden kann.[69] Ein schlüssiges Angebot auf Vertragsaufhebung liegt hier in der Veräußerung der für die Herstellung der Vertragsware unverzichtbaren Maschine Nr. 1 an einen Dritten. Denn der Unternehmer zeigt dadurch, dass er künftig alle vom Handelsvertreter gegebenenfalls noch vermittelten Geschäfte ablehnen wird. Dieses Angebot hat die hier klagende Handelsvertreterin konkludent angenommen, indem sie den Ausgleichsanspruch nach Art. 1751 c.c. geltend macht. Denn die Geltendmachung des Ausgleichsanspruchs setzt zwingend logisch voraus, dass der Anspruchsteller den Vertrag als beendet betrachtet. Dem steht nicht entgegen, dass die klagende Handelsvertreterin den Vertrag bis heute nicht gekündigt hat. Denn dahinter steht ersichtlich die Befürchtung, durch eine Eigenkündigung den Ausgleichsanspruch zu verlieren. Es ist nämlich nicht absehbar, ob das Gericht einen Kündigungsgrund für den Handelsvertreter i.S.v. Art. 1751 Abs. 2 c.c. (die Vorschrift entspricht insoweit § 89 b Abs. 3 HGB) bejahen würde.[70]

d) Unternehmervorteil

61 Neben der Billigkeit eines Handelsvertreterausgleichs erfordert Art. 1751 Abs. 1 c.c. – ebenso wie § 89 b Abs. 1 S. 1 Nr. 1 HGB –, dass der Handelsvertreter für den Unternehmer neue Kunden geworben oder die Geschäftsverbindung mit vorhandenen Kunden wesentlich erweitert hat und dass der Unternehmer aus den Geschäften mit diesen Kunden noch erhebliche Vorteile zieht. Die höchstrichterliche Rechtsprechung hat ausdrücklich entschieden, dass dieses Erfordernis zusätzlich zur Bil-

---

[68] So im Kassationshofurteil Nr. 134 aus dem Jahr 1963, zit. bei *Cian/Trabucchi* (o. Fn. 32), Art. 1751 Anm. II. 2; dazu auch *Cian/Trabucchi* (o. Fn. 21), Art. 1751, Anm. II. 9; vgl. ferner das Kassationshofurteil Nr. 4887 aus dem Jahr 1998, zit. bei RFI 1998, Stichw. agenzia, Nr. 30; dazu *Cian/Trabucchi* (o. Fn. 21), Art. 1742 c.c., Anm. XII. 2 a.E.

[69] Dazu zusammenfassend *Cian/Trabucchi* (o. Fn. 21), Art. 1326 c.c., Anm. IV. 13; *Kindler* (o. Fn. 44), § 10, Rn. 18, § 15, Rn. 9.

[70] Im deutschen Schrifttum ist freilich ein Recht des Handelsvertreters zur außerordentlichen Kündigung anerkannt, wenn der Unternehmer seinen Betrieb veräußert und es versäumt, den Handelsvertreter rechtzeitig davon zu informieren, so dass dieser nicht mehr fristgerecht kündigen kann, vgl. MüKo/*von Hoyningen-Huene* (o. Fn. 18), § 89 a, Rn. 55.

ligkeit des Ausgleichs zu prüfen ist und dass die in diesem Punkt eindeutige Neuregelung aus dem Jahre 1999 auch auf Altverträge Anwendung findet.[71]

Berechnungsschemata, wie sie in Deutschland üblich sind,[72] haben sich in Italien 62 bislang – soweit ersichtlich – nicht durchgesetzt. Sachgerecht erscheint aber, die zum deutschen Recht entwickelten Berechnungsmethoden auch für die Bemessung der Ausgleichszahlung nach italienischem Recht heranzuziehen. Dafür spricht, dass sich der italienische Gesetzgeber für das dem deutschen Recht entlehnte Modell eines Ausgleichsanspruchs nach Art. 17 Abs. 2 der Richtlinie entschieden hat. Hinzukommt, dass diese Methoden als Fall einer Schätzung nach § 287 ZPO dem Verfahrensrecht angehören[73] und schon deshalb dem Recht des Gerichtsstaates unterliegen.[74]

Dass hier auf die zum deutschen Recht entwickelten Berechnungsmethoden zu- 63 rückgegriffen werden kann, ist selbst im italienischen Schrifttum anerkannt, gerade weil das deutsche Recht in diesem Punkt für Art. 17 der Richtlinie Pate gestanden hat. Das italienische Schrifttum beruft sich hierbei auf eine Veröffentlichung des Unterzeichners in einer italienischen Zeitschrift, in der das deutsche Ausgleichsrecht mit Berechnungsbeispielen vorgestellt wurde. So bezeichnen *Saracini/Toffoletto* einige in der deutschen Literatur und Rechtsprechung herausgearbeiteten Punkte als verbindlich für die Auslegung der Richtlinie und damit wiederum für die Auslegung der italienischen Durchführungsbestimmungen in Art. 1751 c.c.[75] In diesem Zusammenhang geben die Autoren das vom Unterzeichner dieses Gutachtens der italienischen Fachöffentlichkeit unterbreitete Berechnungsbeispiel im Einzelnen wieder.[76]

e) Billigkeit

Gleiches gilt im Ergebnis im Hinblick auf die Billigkeit als Anspruchsvoraus- 64 setzung. Bei der Prüfung der Frage, ob die Zahlung eines Ausgleichsanspruchs dem Grunde nach der Billigkeit entspricht, sind alle Umstände des Einzelfalles zu berücksichtigen, insbesondere die Provisionsverluste des Handelsvertreters. Der Wortlaut des Art. 1751 c.c. entspricht insoweit dem des Art. 17 Abs. 2 a) der Richtlinie, wonach Provisionsverluste in die Billigkeitsprüfung einzubeziehen sind.[77] Ei-

---

71 Urt. Nr. 5467 v. 2.5.2000, zit. o. Fn. 5; dazu auch *Cian/Trabucchi* (o. Fn. 21), Art. 1751, Anm. IV. 4.

72 Vgl. z.B. MüKo/*von Hoyningen-Huene* (o. Fn. 18), § 89 b, Rn. 148 ff.

73 So ausdrücklich MüKo/*von Hoyningen-Huene* (o. Fn. 18), § 89 b, Rn. 129 unter Berufung auf BGH, NJW 1990, 2889, 2891; 1985, 860, 861.

74 O. zu Fn. 28; ferner *Kindler*, RIW 2000, 161, 165.

75 *Schlesinger (Saracini/Toffoletto)* (o. Fn. 7), Art. 1751, Anm. I, S. 488: „È subito da dire che vi sono alcuni punti, nell'elaborazione dottrinale e gurisprudenziale tedesche, che possono considerarsi definitivi."

76 S. 497 (o. Fn. 75).

77 Vgl. zu diesem systematischen Zusammenhang *Baumbach/Hopt* (o. Fn. 13), § 89 b, Rn. 32.

ne solch umfassende Billigkeitsprüfung anhand aller Umstände des Einzelfalles ist auch in der Rechtsprechung anerkannt.[78]

65 Weil hier eine fallgerechte Entscheidung nach Billigkeit zu treffen ist, kann der deutsche Richter davon nach eigener Abwägung Gebrauch machen.[79] Der Gutachter empfiehlt daher auch insoweit, auf die zu § 89 b HGB etablierten Berechnungsschemata zurückzugreifen.

2. Einzelfragen

a) Ist dieser Ausgleich auch zuzusprechen, wenn das Unternehmen die Herstellung des vertriebenen Produktes durch den Verkauf der Maschine eingestellt hat?

66 Nach der Rechtsprechung zu § 89 b HGB können erhebliche Vorteile des Unternehmers aus dem vom Handelsvertreter geschaffenen Kundenstamm oder aus den erweiterten Geschäftsverbindungen mit Altkunden auch dann gegeben sein, wenn der Unternehmer diesen Kundenstamm – wie hier – nicht selbst weiter nutzt.[80] Insbesondere ist anerkannt, dass im Falle der Betriebsveräußerung der gerade infolge des Kundenstammes höhere Übernahmepreis – wie es hier die Klägerin behauptet – einen Vorteil i.S.v. § 89 b Abs. 1 S. 1 Nr. 1 HGB darstellt. Dabei muss nicht einmal eine gesonderte Bezifferung im Rahmen des Übernahmepreises erfolgen.[81] Vergleichsmaßstab ist der hypothetisch geringere Übernahmepreis allein für das Anlagevermögen, hier: allein für die Maschine Nr. 1 ohne Kundenstamm.[82]

67 Dagegen soll nach Darstellung der Beklagten nach italienischem Recht die Aufgabe eines Geschäftsbereiches ganz pauschal einen Unternehmervorteil i.S.v. Art. 1751 c.c. ausschließen.

68 Ob dem aber tatsächlich so ist, kann hier dahinstehen. Denn sollte dies der Fall sein, so stünde das italienische Recht in diesem Punkt in Widerspruch zur EG-Handelsvertreterrichtlinie. Die Richtlinie verlangt in Art. 17 Abs. 2 b) ja gerade nicht, dass der Unternehmer aus *seinen* künftigen Geschäften mit dem Kundenstamm oder im Rahmen der erweiterten Geschäftsverbindungen Vorteile zieht. Ausgleichspflichtig sind vielmehr alle Vorteile aus den Geschäften mit den vom Handelsvertreter geworbenen Kunden oder aus den vom Handelsvertreter erweiterten Geschäftsverbindungen. Dabei kann es sich mithin auch um solche Geschäfte

---

[78] Urt. des Kassationshofs Nr. 1189 v. 29.7.2002, RFI 2002, Stichw. agenzia, Nr. 52; ferner hierzu *Cian/Trabucchi* (o. Fn. 21), Art. 1751, Anm. VII. 2.

[79] So wörtlich MüKo/*Sonnenberger* (o. Fn. 8), Rn. 664 a.E.

[80] OLG Frankfurt, BB 1985, 687 = EWiR 1985, 305; MüKo/*von Hoyningen-Huene* (o. Fn. 18), § 89 b, Rn. 76.

[81] *Baumbach/Hopt* (o. Fn. 13), § 89 b, Rn. 18.

[82] BGH, NJW 1996, 1752 f. - Daihatsu.

handeln, die – wie hier – nach Beendigung des Handelsvertretervertrages ein Dritter (und zwar die Firma J.) mit diesen Kunden tätigt, sofern dem Unternehmer hieraus ein Vorteil erwächst. Dieser Vorteil liegt hier möglicherweise – Tatfrage – im erhöhten Kaufpreis, den die Firma J. an die Beklagte zu 1 bezahlt hat. Aus der – unterstellten – Richtlinienwidrigkeit des italienischen Rechts folgt, dass die insoweit richtlinienkonformen Grundsätze der deutschen Rechtsprechung heranzuziehen sind.[83]

- *Zwischenergebnis*

Der Ausgleich ist mithin auch zuzusprechen, wenn das Unternehmen die Herstellung des vertretenen Produktes durch den Verkauf der Maschine eingestellt hat, sofern bei diesem Verkauf die Möglichkeit zur künftigen Nutzung der von der Klägerin geworbenen Kunden und erweiterten Geschäftsverbindungen gesondert vergütet wurden.[84] Ob dies tatsächlich der Fall war, ist nicht durch den Gutachter, sondern das Gericht zu klären. 69

b) Welche Parameter sind für die Feststellung des Ausgleichsanspruchs erforderlich?

Mit dieser Frage will das Gericht offenbar wissen, anhand welcher Kriterien das italienische Recht die *Höhe* des Ausgleichsanspruchs bestimmt. Dazu findet sich in Art. 1751 c.c. keine ausdrückliche Regelung. Insbesondere hat das italienische Recht nicht die Formulierung der Richtlinie übernommen (dort Art. 17 Abs. 2), wonach der Handelsvertreter Anspruch auf einen Ausgleich hat, wenn *und soweit* bestimmte Voraussetzungen vorliegen.[85] Dennoch besteht Einigkeit darin, dass die in Art. 1751 c.c. aufgeführten Voraussetzungen (Unternehmervorteile, Billigkeit) gleichermaßen für Grund und Höhe des Ausgleichsanspruches maßgeblich sind.[86] 70

Anhaltspunkte dafür, wie die Unternehmervorteile zu bemessen sind, sind dem hier verfügbaren Schrifttum nicht zu entnehmen. Anerkannt ist aber, dass die Prüfung der Unternehmervorteile hier untrennbar mit der Billigkeitsprüfung verknüpft ist. Beide Voraussetzungen sind logisch miteinander verbunden und können nicht anders verstanden werden als im Lichte der jeweils anderen.[87] 71

Weil hier mithin eine umfassende Billigkeitsprüfung vorzunehmen ist, gilt wiederum, dass der deutsche Richter auf die zum deutschen Recht entwickelten Grund- 72

---

[83] MüKo/*Sonnenberger* (o. Fn. 8), Rn. 230.

[84] Vgl. nochmals BGH, NJW 1996, 1752 f.

[85] Vgl. *Kindler* (o. Fn. 33), § 3, Rn. 76.

[86] *Cian/Trabucchi* (o. Fn. 21), Art. 1751, Anm. VIII. 1.

[87] *Schlesinger (Saracini/Toffoletto)* (o. Fn. 7), Art. 1751, Anm. 4, 513: „Le due condizioni sono, si ripete, legate logicamente."

sätze zurückgreifen kann und sollte.[88] Für die Richtigkeit dieses Ansatzes spricht zudem, dass die italienische Literatur selbst den italienischen Gerichten empfiehlt, auf die Berechnungsschemata zu § 89 b HGB zurückzugreifen.[89]

c) Ist im Zweifel, soweit keine weiteren Feststellungen über den Akteninhalt hinaus zu der Übernahme von Kunden, Weiterführen von Umsätzen, Preiskalkulation beim Verkauf der Maschine möglich sind, nach dem italienischen Recht/ Rechtsprechung eine Jahresprovision als Höchstbetrag zuzusprechen?

73 Nach Art. 1751 Abs. 3 c.c.[90] darf der Ausgleich eine Jahresdurchschnittsprovision aus den letzten 5 Vertragsjahren nicht überschreiten. Die Vorschrift entspricht Art. 17 Abs. 2 b der Richtlinie und § 89 b Abs. 2 HGB. Dabei wird die HGB-Vorschrift nicht im Sinne einer Zweifelsregel verstanden, sondern – wortlautgetreu – als Kappungsgrenze. Diese Kappungsgrenze greift ein, sollte der nach § 89 b Abs. 1 HGB ermittelte „Rohausgleich" eine durchschnittliche Jahresprovision überschreiten.[91]

74 Die italienische Literatur und Rechtsprechung sind in diesem Punkt uneinheitlich. Teilweise folgert man aus dem Charakter der Anspruchshöhe als Tatfrage, dass im Ausgangspunkt der Höchstbetrag heranzuziehen ist, da nur dieser im Gesetz bestimmt sei. Sodann seien im Wege der Billigkeitsprüfung die gegebenenfalls vorliegenden, für den Handelsvertreter nachteiligen Umstände zu berücksichtigen, wie z.B. die Berühmtheit der Marke, die Werbung des Unternehmers, das Alter und die Verluste des Handelsvertreters, die unveränderte Höhe der Umsätze.[92]

75 Dem gegenüber betont der Kassationshof – wenn auch in anderem Zusammenhang – Art. 1751 c.c. normiere bloß die Obergrenze *(„[...] soltanto il tetto massimo [...]").*[93] Eine Zweifelsregel lässt sich der höchstrichterlichen Rechtsprechung nicht entnehmen, ebenso wenig dem der Rechtsprechung folgenden Kurzkommentar. Allein dieser Standpunkt erscheint auch richtlinienkonform. Dies erläutern z.B. *Saracini/Toffoletto* zur schon insoweit textgleichen Vorläuferbestimmung in Art. 1751 Abs. 3 c.c. i.d.F. von 1991. Diese Autoren befürworten ein zweistufiges Vorgehen nach dem Vorbild der jahrzehntelangen deutschen Rechtspraxis: (1) Zunächst die Feststellung der hauptsächlichen Ausgleichsvoraussetzungen mit gegebenenfalls ei-

---

88 MüKo/*Sonnenberger* (o. Fn. 8), Rn. 664 a.E.

89 Vgl. o. Rn. 64; ferner *Kindler* (o. Fn. 33), § 3, Rn. 78.

90 Deutsche Übersetzung o. Rn. 49.

91 *Küstner/Thume*, Handbuch des gesamten Außendienstrechts, Bd. 2, 7. Aufl. 2003, Rn. 1526; MüKo/*von Hoyningen-Huene* (o. Fn. 18), § 89 b, Rn. 141; *Baumbach/Hopt* (o. Fn. 13), § 89 b, Rn. 49.

92 Dies vertreten u. a. *Sordi*, Giustizia civile, 2002, I, 487; 2001, I, 491; Mass. giur. lav. 2001, 546; Pretura di Milano v. 17.12.1996, zit. bei *Cian/Trabucchi* (o. Fn. 21), Art. 1751, Anm. VIII. 1; insoweit nicht in RFI 1997, Stichw. agenzia, Nr. 32, 33; Volltext in Mass. giur. lav. 1997, 717.

93 Urt. des Kassationshofs Nr. 11791 v. 6.8.2002, RFI 2002, Stichw. agenzia, Nr. 51; *Cian/Trabucchi* (o. Fn. 21), Art. 1751, Anm. VIII. 1.

ner Billigkeitskorrektur. (2) Sodann die Anwendung der Kappungsgrenze in Höhe einer Jahresdurchschnittsprovision.[94] Andere Autoren pflichten diesem zweistufigen Ansatz bei.[95] Wegen der alleinigen Richtlinienkonformität einer Interpretation der Jahresdurchschnittsprovision als bloße Kappungsgrenze und nicht als Zweifelsregel erscheint der zuletzt genannte Ansatz vorzugswürdig und auch für den deutschen Zivilprozess bindend.[96]

IV. Schlussbemerkung

Das Gutachten folgt im Aufbau strikt dem Beweisbeschluss, so dass von einer 76 Wiedergabe der Antworten zu den einzelnen Fragen an dieser Stelle abgesehen wird.

---

94 *Schlesinger (Saracini/Toffoletto)* (o. Fn. 7), Art. 1751, Anm. 5, S. 518.

95 *Cian/Trabucchi* (o. Fn. 21), Art. 1751, Anm. VIII. 1 mit Verweis auf *Miscione.*

96 Vgl. zum Umgang mit richtlinienwidrigem ausländischen Recht nochmals MüKo/*Sonnenberger* (o. Fn. 8), Rn. 230.

3. Handelsgeschäfte

Nr. 13

Belgien

1. **Das belgische Recht kennt keine § 25 HGB vergleichbare Regelung für den Fall der Fortführung eines Handelsgeschäfts.**
2. **Nach Art. 763 *Code des Sociétés* kann die Einbringung des gesamten Vermögens eines Unternehmens oder eines Geschäftszweiges desselben zum gesetzlichen Schuldbeitritt des aufnehmenden Unternehmens führen.**
3. **Zu den Voraussetzungen des Art. 763 *Code des Sociétés*.**

Das Oberlandesgericht Frankfurt am Main – 24. Zivilsenat in Darmstadt – bittet in der Rechtssache R. SPRL gegen B. GmbH (Az. 24 U 165/05) um ein Gutachten zum belgischen Handels- und Gesellschaftsrecht.

Hamburg G 11/2006 vom 16.10.2006

A. Sachlage

1 Die Parteien streiten um die Rückzahlung eines Darlehens, das die Klägerin und Berufungsbeklagte (im Folgenden: die Klägerin) einer „Fa. R.“, vertreten durch einen Herrn D., gewährt hat. Die Fa. R. hat hiervon nur einen Teil zurückgezahlt. Die Klägerin nimmt die Beklagte und Berufungsklägerin (im Folgenden: die Beklagte), eine am 1.3.2002 unter dem Namen R. S.P.R.L. gegründete Gesellschaft, auf Zahlung des Restbetrages i.H.v. ca. EUR 25.000,- in Anspruch.

Die Beklagte behauptet, mit der Fa. R. nicht personenidentisch zu sein und mit ihr keine Geschäftsbeziehungen zu unterhalten oder unterhalten zu haben. Bei dieser handele es sich vielmehr um die belgische Niederlassung der in Delaware gegründeten Fa. R. N. V., der das Darlehen ursprünglich gewährt worden sei. Da diese ihre belgische Zweigniederlassung mit Wirkung zum 1.3.2002 geschlossen habe, sei sie nicht mehr im belgischen Handelsregister eingetragen. Die Beklagte meint, für die Verbindlichkeiten der R. N. V. nicht haften zu müssen.

Das Landgericht Darmstadt hat die Beklagte antragsgemäß verurteilt. Die Beklagte hafte gemäß § 25 HGB für die Verbindlichkeiten der R. N. V., da diese offenbar von der Beklagten übernommen worden sei, ohne selbst ordnungsgemäß liquidiert worden zu sein. Gegen diese Entscheidung hat die Beklagte Berufung eingelegt. Sie stützt sich dabei u.a. auf das Argument, dass § 25 HGB auf ein belgisches Unternehmen internationalprivatrechtlich unanwendbar sei und es im belgischen Recht keine vergleichbaren Vorschriften gebe.

B. Anfrage

Das Gericht möchte wissen, welche Regelungen das belgische Recht zur Haftung des Übernehmers eines Handelsgeschäfts für die Verbindlichkeiten des früheren Inhabers vorsieht. Insbesondere: 2

- Kennt das belgische Recht eine der Regelung des § 25 HGB vergleichbare Regelung für den Fall der Fortführung eines Handelgeschäfts?
- Welche Voraussetzungen hat die Haftung des Übernehmers oder des Fortführenden im Einzelnen?

C. Rechtslage

I. Vorbemerkung

Im belgischen Recht entspricht die *Société privée à responsabilité* (SPRL) etwa der deutschen GmbH. Auf Flämisch (Flämisch und Französisch sind die zwei Hauptamtssprachen des Königreiches Belgien) wird sie als *Besloten Vennootschap* (BV) bezeichnet. Der Aktiengesellschaft deutschen Rechts entspricht die *Société Anonyme* (SA), die auf flämisch als *Naamloze Vennootschap* (NV) bezeichnet wird. An den in den Akten verwendeten Bezeichnungen wird trotz einer gewissen Widersprüchlichkeit (NV einerseits, SPRL andererseits) aus Gründen der Übersichtlichkeit festgehalten. 3

II. Einschlägige Haftungsbestimmungen

1. Art. 763 Code des Sociétés

Im belgischen Recht finden sich Regeln, die im Falle einer teilweisen oder vollständigen Übernahme des Vermögens eines Unternehmens eine Haftung des Übernehmers statuieren, im 11. Buch des belgischen Gesellschaftsrechtsgesetzes – des *Code des Sociétés* (im Folgenden: CdS) – über Restrukturierungen *(Réstructurations de sociétés)*, ein Begriff, der Umwandlungen und verwandte Rechtsinstitute umfasst.[1] 4

Nach Art. 763 CdS kann nämlich die Einbringung des gesamten Vermögens eines Unternehmens oder eines Geschäftszweiges desselben zum gesetzlichen Schuldbeitritt des aufnehmenden Unternehmens führen. 5

---

1 Die nachfolgend zitierten Vorschriften des CdS sind der französischsprachigen Ausgabe *Malherbe/Nicaise/de Cordt* (Hrsg.), Code des Sociétés, 2004, entnommen. Sie wurden von den Unterfertigenden selbst übersetzt.

6 Die Vorschrift lautet:

Art. 763.

„L'apport d'universalité entraîne de plein droit le transfert à la société bénéficiaire de l'ensemble du patrimoine actif et passif de la société ayant effectué l'apport. L'apport d'une branche d'activité entraîne de plein droit le transfert à la société bénéficiaire des actifs et passifs s'y rattachant."

Deutsch:

Art. 763.

Die Einbringung des (Gesellschafts-) Vermögens in seiner Gesamtheit zieht von Rechts wegen die Übertragung der Gesamtheit des Aktiv- und Passivvermögens von der einbringenden Gesellschaft auf die begünstigte Gesellschaft nach sich. Die Einbringung eines Geschäftszweiges zieht von Rechts wegen die Übertragung der mit ihm verbundenen Aktiva und Passiva mit sich.

7 Welche Voraussetzungen für die Rechtsfolge des Art. 763 CdS zu erfüllen sind, ergibt sich gemäß Art. 759 CdS aus Titel III des 11. Buches des Gesellschaftsrechtsgesetzes, also den Art. 759 - 769. Da sich die Anfrage nur auf die allgemeinen Voraussetzungen der Übernahme bezieht und die genauen Umstände einer eventuellen Übernahme der R. N. V. durch die Beklagte sich auch aus den Akten nicht ergeben, können diese Voraussetzungen im Folgenden nur vergleichsweise abstrakt erläutert werden.

a) Anwendbarkeit der Vorschriften

8 Trotz ihrer systematischen Stellung im Umwandlungsrecht kann der einbringende Vermögensträger gemäß Art. 768 CdS auch eine natürliche Person sein. Allerdings kommt bei einer natürlichen Person nicht die Übertragung des gesamten Vermögens, sondern nur eines Geschäftszweiges – zu dieser Unterscheidung sogleich unter Rn. 13 ff. – in Betracht.[2]

9 Damit ist eine förmliche Umwandlung i.S. einer Strukturänderung der Beteiligten nicht Voraussetzung der Rechtsfolge des Art. 763 CdS, auch wenn bestimmte Formalitäten – dazu unter Rn. 17 ff. – einzuhalten sind. Anders als bei einer Verschmelzung oder einer Spaltung gegen Anteile der neu entstehenden bzw. aufnehmenden Gesellschaft erwerben nicht die Anteilsinhaber der einbringenden Gesellschaft die Anteile der Gegenseite. Vielmehr wird die einbringende Gesellschaft selbst Inhaberin dieser Rechte.[3]

10 Das eventuelle Fortbestehen der R. N. V. stünde einer Haftung der Beklagten auf der Ebene der Anwendbarkeit der Vorschriften also nicht im Wege.

[2] *Malherbe/Lambrecht/Malherbe*, Droit des Sociétés, 2004, Nr. 1508.

[3] *Malherbe/Lambrecht/Malherbe* (o. Fn. 2), Nr. 1511.

b) Gesamteinbringung oder Teileinbringung

11 Zunächst ist entsprechend der in Art. 759 CdS getroffenen Regelung grundsätzlich zwischen der Einbringung des gesamten Gesellschaftsvermögens und derjenigen eines einzelnen Geschäftszweiges auf ein anderes Unternehmen zu unterscheiden.

Art. 759.

„Les apports d'universalité ou de branche d'activité effectués par une société obéissent aux règles énoncées dans le présent titre. Les sociétés concernées peuvent décider de ne pas soumettre l'apport de branche d'activité au régime organisé par les articles 760 à 762 et 764 à 767 et il en est fait mention dans l'acte d'apport. En ce cas, l'apport n'a pas les effets visés à l'article 763."

Deutsch:

Art. 759.

Die Einbringung des (Gesellschafts-) Vermögens in seiner Gesamtheit oder eines Geschäftszweiges unterliegt den in diesem Titel aufgeführten Regeln. Die beteiligten Gesellschaften können entscheiden, die Einbringung eines Geschäftszweiges nicht den Art. 760 bis 762 und 764 bis 767 zu unterwerfen, wenn dies im Einbringungsakt geregelt wird. In diesem Fall hat die Einbringung nicht die in Art. 763 genannten Wirkungen.

aa) Bedeutung des Unterschieds

12 Aus Art. 759 Abs. 2 CdS folgt im Gegenschluss, dass die Wirkung des Art. 763 CdS, also die Haftungsübernahme, nur bei der Einbringung eines Geschäftszweiges, nicht aber bei der Gesamteinbringung (ausdrücklich) ausgeschlossen werden kann. Für den Fall der Gesamteinbringung ist Art. 763 CdS also zwingend.[4]

bb) Begriffliche Unterscheidung

13 Die Einbringung des Gesamtvermögens und diejenige eines Geschäftszweiges sind in Art. 678 ff. CdS legal definiert. Die Vorschriften lauten:

Art. 678.

„L'apport d'universalité est l'opération par laquelle une société trans-

Deutsch:

Art. 678.

Die Einbringung des Gesamtvermögens ist der Vorgang, durch

[4] *Malherbe/Lambrecht/Malherbe* (o. Fn. 2), Nr. 1510; *Van Bael & Bellis*, Business Law Guide to Belgium, 2. Aufl. 2003, 92.

fère, sans dissolution, l'intégralité de son patrimoine, activement et passivement, à une ou plusieurs sociétés existantes ou nouvelles, moyennant une rémunération consistant exclusivement en actions ou parts de la ou des sociétés bénéficiaires des apports."

den eine Gesellschaft, ohne sich aufzulösen, die Gesamtheit ihres Vermögens, Aktiva und Passiva auf eine oder mehrere aufnehmende - existierende oder neu gegründete Gesellschaften überträgt, und dafür eine Vergütung erhält, die ausschließlich in Aktien oder Anteilen an der oder den durch die Einbringung begünstigten Gesellschaft(en) besteht.

Art. 679.

„L'apport d'une branche d'activités est l'opération par laquelle une société transfère, sans dissolution, à une autre société une branche de ses activités ainsi que les passifs et les actifs qui s'y rattachent, moyennant une rémunération consistant exclusivement en actions ou parts de la société bénéficiaire de l'apport."

Art. 679.

Die Einbringung eines Geschäftszweiges ist der Vorgang, durch den eine Gesellschaft, ohne sich aufzulösen, einen Geschäftszweig sowie die damit verbundenen Aktiva und Passiva auf eine aufnehmende Gesellschaft überträgt, und dafür eine Vergütung erhält, die ausschließlich in Aktien oder Anteilen an der durch die Einbringung begünstigten Gesellschaft(en) besteht.

Art. 680.

„Constitue une branche d'activité un ensemble qui du point de vue technique et sous l'angle de l'organisation, exerce une activité autonome, et est susceptible de fonctionner par ses propres moyens."

Art. 680.

Ein Geschäftszweig ist eine Einheit, die aus technischer Sicht und dem Blickwinkel der Organisation eine autonome Tätigkeit ausübt und fähig ist, aufgrund eigener Mittel zu funktionieren.

14 Die Einbringung eines Geschäftszweiges setzt also voraus, dass nicht das Gesamtvermögen, sondern nur ein organisatorisch abgrenzbarer Teil ohne eigene Rechtspersönlichkeit, dem gleichwohl eigene Aktiva und Passiva zugeordnet werden können, übertragen wurde.[5]

15 Im Falle der Fa. R. ist allerdings unklar, ob und wenn ja welche Vermögensgegenstände konkret übertragen worden sind, insbesondere, ob nur ein abgrenzbarer Geschäftszweig oder das gesamte Vermögen betroffen war.

16 Ob in diesem Sinne daher von einer Gesamt- oder allenfalls Teilübernahme i.S.d. Art. 763 CdS gesprochen werden kann, kann von hiesiger Stelle nicht beurteilt werden. Zudem ist unklar, ob im Verhältnis der Gesellschaften zueinander Ak-

---

5 Zum Begriff der branche d'activité s. auch *Blockerye*, Acquisitions et fusions, 2004, 344 ff.

tien bzw. Anteile als Gegenleistung geflossen sind. Das aber wäre Voraussetzung für die Anwendung dieser Vorschriften.

cc) Verfahren

Erhebliche Zweifel an der Einschlägigkeit dieser Vorschriften ergeben sich daraus, dass das Verfahren der Einbringung vor allem dazu dient, den beteiligten Parteien eine Möglichkeit zur Verfügung zu stellen, mit Wirkung gegenüber Dritten das gesamte eigene Vermögen übertragen zu können, ohne im Hinblick auf alle Aktiva und Passiva den sachenrechtlich oder sonst erforderlichen Publizitätsakt vorzunehmen.[6] 17

Anders als bei § 25 HGB geht es also nicht um den Schutz des Rechtsverkehrs in seinem Vertrauen auf die Haftungskontinuität bei zumindest teilweiser Firmenfortführung.[7] 18

Um dieses Privileg zu genießen, müssen die Parteien allerdings einem in Art. 760 - 762 CdS (auf deren Wiedergabe hier verzichtet werden kann) vorgeschriebenen Verfahren folgen. So verlangt Art. 760 CdS etwa zunächst einen in bestimmter Form abzufassenden Plan der Leitungsorgane der betroffenen Gesellschaften im Hinblick auf die Einbringung, der – begleitet von einem Bericht des Leitungsorgans der einbringenden Gesellschaft – gemäß Art. 761 CdS von deren Gesellschafterversammlung mit einer bestimmten Mehrheit verabschiedet werden und gemäß Art. 762, 74 CdS im belgischen Staatsblatt *(Moniteur Belge)* veröffentlicht werden muss. Anscheinend sind diese Formalitäten hier nicht eingehalten worden; mindestens von einer Publikation im *Moniteur Belge* ist in den Akten nicht die Rede. 19

c) Rechtsfolge

Sofern eine Einbringung nicht in dieser Form stattgefunden hat, kommt es nicht zur Rechtsfolge des Art. 763 CdS. Vielmehr wird ein Dritter gemäß Art. 769 CdS dadurch geschützt, dass er sich die Einbringung nicht entgegenhalten lassen muss. Die Vorschrift lautet: 20

	Deutsch:
Art. 769.	Art. 769.
„Tout tiers intéressé peut se prévaloir de l'inopposabilité à son égard des effets de l'apport réalisé en violation	Jeder betroffene Dritte kann sich darauf berufen, dass ihm gegenüber die Wirkungen einer unter Verstoß

---

6 *Malherbe/Lambrecht/Malherbe* (o. Fn. 2), Nr. 1510, 1512; *Van Bael & Bellis* (o. Fn. 4), 92.

7 Grundlegend zur ratio des § 25 HGB zuletzt BGH v. 28.11.2005, II ZR 355/03, NJW 2006, 1002.

des articles 760 à 762 et 764 à 766.“	gegen die Artikel 760 – 762 und 764 bis 766 vorgenommene Einbringung nicht entgegen gehalten werden kann.

21 Im Ergebnis kann sich ein Dritter also darauf berufen, dass die Einbringung ihm gegenüber unwirksam und der ursprüngliche Schuldner von seiner Schuld nicht befreit worden ist. Außerdem kann er die Stellung von Sicherheiten nach Art. 768 CdS verlangen.

22 Es zeigt sich damit, dass die Vorschriften der Art. 59 ff. CdS einen anderen rechtspolitischen und teleologischen Hintergrund als § 25 HGB haben. Im belgischen Recht geht es um den Schutz der Parteien der Einbringung, im deutschen Recht um den Schutz des Rechtsverkehrs. Das schließt indes nicht aus, dass ein Verstoß gegen die zwingenden (Art. 759 Abs. 2 CdS) Vorschriften im Falle einer Gesamteinbringung möglicherweise Schadensersatzansprüche gegen die Verantwortlichen auslösen kann. Solche Ansprüche können im Sinne dieses Gutachtens allerdings nicht mehr als Äquivalent zu § 25 HGB angesehen werden. Entsprechendes gilt für Ansprüche gegen den oder die Gesellschafter im Sinne einer Durchgriffshaftung.

2. Sonstige Regeln

23 Sofern das Vermögen nicht in der soeben beschriebenen Form der Art. 759 ff. CdS übertragen wird, gelten die Bestimmungen des Zivilgesetzbuchs, insbesondere das Spezialitätsprinzip, wonach alle übertragenen Gegenstände und Verpflichtungen im Einzelnen bezeichnet werden müssen.[8]

24 Allerdings kommt es auch in diesem Fall nicht zu einem gesetzlichen Übergang der Verbindlichkeiten wie nach § 25 HGB.

D. Ergebnis

25 1. Das belgische Recht kennt keine Rechtsnorm, die wie § 25 HGB einen Schuldbeitritt des Übernehmers eines Handelsgeschäfts vorsieht.

2. Allenfalls hat Art. 763 CdS eine Funktion, die derjenigen des § 25 HGB nahe kommt. Ob seine Voraussetzungen hier im Einzelnen erfüllt sind, lässt sich anhand der Akten nicht abschließend beurteilen, kann aber vom Gericht aufgrund der Ausführungen im vorstehenden Gutachten beantwortet werden.

---

8 *Van Bael & Bellis* (o. Fn. 4), 93.

4. Speditions-, Fracht- und Transportverträge

Nr. 14

Frankreich[*]

1. **Zu der Bestimmung des auf Gütertransportverträge anwendbaren Rechts.**
2. **Zu der Haftung des Frachtführers nach französischem Recht.**
3. **Zu der Verjährung des Anspruchs gegen den Frachtführer aus Art. 103 *Code de commerce* und zu den Voraussetzungen der Verjährungsunterbrechung.**

Durch Beschluss des Landgerichts Offenburg vom 24.3.2004 bin ich mit einem Gutachten zu den für den Rechtsstreit 5 O 87/03 KfH maßgeblichen Haftungsgrundlagen nach französischem Recht beauftragt worden.

Universität Hamburg[**] vom 27.6.2005

A. Sachlage

Der Begutachtung liegt folgender Sachverhalt zugrunde: 1

Die W., eine Aktiengesellschaft französischen Rechts mit Sitz in Mulhouse (Frankreich), veräußerte an die Firma C. in Brasilien ein Elektro-Modul im Wert von € 308.873,-. W. beauftragte die S. S.A. mit Sitz in Puteaux (Frankreich), eine Aktiengesellschaft französischen Rechts, über deren Niederlassung Dunkerque (Frankreich) mit dem Transport des Moduls von Mulhouse (Frankreich) nach Natal (Brasilien). S. ihrerseits beauftragte die Klägerin, eine Aktiengesellschaft französischen Rechts mit Sitz in Thionville (Frankreich), durch ihre Niederlassung in Ottmarsheim (Frankreich) den Transport von Mulhouse nach Ottmarsheim durchzuführen. Dort sollte das Transportgut auf ein Binnenschiff zum Weitertransport nach Rotterdam verladen werden. Für den Straßentransport von Mulhouse nach Ottmarsheim bediente sich die Klägerin der Beklagten, einer Gesellschaft mit beschränkter Haftung deutschen Rechts mit Sitz in Kehl-Auenheim (Deutschland). Bei der Durchführung des Straßentransports kollidierte das beim Transport am 21.6.2002 eingesetzte Fahrzeug der Beklagten auf der D 39 bei Mulhouse mit dem Brückenüberbau einer Straßenbrücke, weil die Durchfahrthöhe für den sperrigen Transport

[*] *Anm. d. Red.:* S. zum französischen Transportrecht auch IPG 1982 Nr. 13 *(Hamburg).*

[**] Seminar für ausländisches und internationales Privat- und Prozessrecht.

nicht ausreichend war. Dabei wurde das Elektro-Modul in erheblichem Umfang beschädigt.

Die Klägerin nimmt die Beklagte wegen des Transportschadens in Anspruch. Nachdem die Klägerin in der Klageschrift vom 18.6.2003 zunächst Freistellung von Schadensersatzansprüchen wegen des Vorfalls verlangt hat, beantragt sie seit dem 19.11.2003 festzustellen, dass die Beklagte verpflichtet ist, die Klägerin von Schadensersatzansprüchen wegen der Beschädigung eines Elektro-Moduls im Wert von € 308.873,-. freizustellen. Die Beklagte erhebt die Einrede der Verjährung. Sie meint, ihr könne keine Pflichtverletzung zur Last gelegt werden, weil die Fahrtroute von der zuständigen französischen Behörde, der Präfektur des Departements Haut-Rhin, genehmigt gewesen sei und sie darauf habe vertrauen können, dass die genehmigte Route für den Transport ohne weiteres geeignet sei.

Seit dem 19.6.2003 ist bei dem Tribunal de commerce Nanterre (Frankreich) wegen des Vorfalls außerdem eine Klage der W. und anderer gegen die Beklagte des hiesigen Verfahrens und andere anhängig. Am 17.12.2003 hat im hiesigen Rechtsstreit ein Termin zur mündlichen Verhandlung vor dem Landgericht Offenburg stattgefunden.

B. Anfrage

2 Ich bin beauftragt worden, zu prüfen, ob das Schadensersatzverlangen der Klägerin nach französischem Transportrecht begründet ist. Das Gutachten soll auch die Einwendungen der Beklagten (Verjährung, Sorgfaltsanforderungen im Hinblick auf die behördlich genehmigte Fahrtroute, Haftungsbegrenzungen nach französischem Recht bei einfacher Fahrlässigkeit) behandeln.

Das Gutachten wurde nach bestem Wissen und Gewissen erstattet. Hinsichtlich der Aussagen zum ausländischen Recht wird eine Haftung im Rahmen des gesetzlich Zulässigen nur für grobes Verschulden übernommen.

C. Rechtslage

I. Anwendbares Recht

3 Obwohl nicht vom eigentlichen Gutachtenauftrag erfasst und eine Frage des deutschen Rechts, erlaube ich mir zur Frage des anwendbaren Rechts folgende Bemerkungen:

1. Keine Rechtswahl

Eine Wahl des anwendbaren Rechts durch die Parteien ist nicht ersichtlich. Es ist auch keine stillschweigende oder ausdrückliche Wahl im Prozess zustande gekommen: Die Beklagte beruft sich auf französisches, der Kläger auf deutsches Recht.

2. Objektive Anknüpfung

4 Damit ist das Vertragsstatut objektiv anzuknüpfen. Für Gütertransportverträge ist Art. 28 Abs. 2 EGBGB insgesamt nicht anwendbar.[1] Vielmehr gilt für sie die Sonderregel des Art. 28 Abs. 4 EGBGB und, wenn diese tatbestandlich nicht zu einer Anknüpfung führt, die allgemeine Grundregel des Art. 28 Abs. 1 S. 1 EGBGB.[2]

5 Im Rahmen des Art. 28 Abs. 1 S. 1 EGBGB hat die vertragsbetreuende Niederlassung des Verfrachters zwar ein erhebliches Gewicht und sollte *im Zweifel* den Ausschlag geben.[3] Jedoch ist dies nicht einmal eine Vermutung. Vielmehr ist eine Abwägung aller anknüpfungsrelevanten Umstände im Einzelfall geboten. Zu diesen Umständen zählt bei Transportverträgen insbesondere die Transportstrecke. Findet der eigentliche Transport nur innerhalb eines Staates statt, liegen also Versende- und Entladeort in demselben Staat und verlässt der Transport diesen Staat nie, so hat dies überragendes Gewicht.[4] Dass die Niederlassung des Frachtführers in einem anderen Staat liegt und dort die Organisationsleistung erbracht wird, verschlägt gegenüber der tatsächlichen Ausführung des Transports nicht. Als verstärkendes Element zu Versende- und Entladeort kommt konkret noch die vertragsbetreuende Niederlassung des Befrachters hinzu. Auf den Vertrag über den allein in Frankreich duchzuführenden Transport ist französisches Recht anwendbar.

3. Vereinbarung der CMR

6 Die Vereinbarung der CMR muss sich als bloße materiellrechtliche Verweisung im Rahmen der anwendbaren Sachvorschriften halten. Bei Vereinbarung außerhalb ihres eigenen Anwendungsbereichs hat die CMR keine gesetzliche Kraft, sondern nur den Rang von Vertragsbestimmungen.[5]

---

1 Verkannt von OLG Frankfurt v. 23.12.1992, TranspR 1993, 103, 105.

2 OLG München v. 3.5.1989, TranspR 1991, 161, 162; *Mankowski,* Seerechtliche Vertragsverhältnisse im Internationalen Privatrecht, 1995, 21-23 mit umfangreichen weiteren Nachweisen.

3 *Mankowski* (o. Fn. 2), 68-70.

4 *Mankowski* (o. Fn. 2), 82; *Basedow*, ZHR 156 (1992), 413, 434; *ders.*, TranspR 1994, 85, 90.

5 *Mankowski* (o. Fn. 2), 228 mit umfangreichen Nachweisen; *ders.,* in: Leible (Hrsg.), Das Grünbuch zum Internationalen Vertragsrecht, 2004, 63, 87 mit umfangreichen Nachweisen.

II. Haftung des Frachtführers nach französischem Recht

1. Anspruchsgrundlage

7 Anspruchsgrundlage im französischen Recht ist Art. 103 *Code de commerce.* Dieser lautet:

> „(1) Le voiturier est garant de la perte des objets à transporter, hors les cas de la force majeure.
>
> (2) Il est garant des avaries autres que celles qui proviennent du vice propre de la chose ou de la force majeure.
>
> (3) Toute clause contraire insérée dans toute lettre de voiture, tarif ou autre pièce quelconque, est nulle."

8 Es handelt sich um einen vertraglichen Anspruch.[6] Gläubiger ist jedenfalls der Befrachter, daneben auch der Empfänger, soweit eine action directe zu dessen Gunsten im Vertrag vereinbart wurde.[7] Der Anspruch ist eine Garantie, d.h. er erfordert keinen positiven Verschuldensnachweis. Für den Fahrer hat der Frachtführer nach Art. 1797 *Code civil* einzustehen. Der Fahrer ist für ihn kein Dritter, dessen Tun oder Lassen ihn entschuldigen würde.[8]

2. Gesetzliche Haftungsausschlüsse

9 Ein gesetzlicher Haftungsausschlussgrund ist im vorliegenden Fall nicht ersichtlich.

a) Eigener Fehler des Transportguts

10 Dass das Transportgut selbst von vornherein einen Fehler aufwies, hat der Frachtführer nachzuweisen.[9] Einen solchen Nachweis hat die Beklagte nicht unternommen. Sie hat bisher nicht einmal dargelegt, dass das Transportgut einen Mangel aufgewiesen habe. Die Empfindlichkeit des Transportguts als solche begründet keinen Fehler.[10]

---

6 Cass. com. v. 28.2.1984, Bull. civ. 1984 IV n°. 81; Cass. com. v. 10.7.1989, Bull. transp. 1989, 619.

7 Cass. civ. v. 8.3.1911, D. 1913.1.228; Cass. com. v. 1.2.1955, D. 1956, 338 note *Durand* = JCP 1955 II 8772 note *Hémard.*

8 *Peyrefitte,* Transport routier interne, Contrat de transport de marchandises, Responsabilité du transporteur, Juris-Classeur, Transport, fasc. 745, n°. 80 (März 1998).

9 Cass. com. v. 25.1.1954, Gaz. Pal. 1954.1.423.

10 Cass. civ. v. 27.12.1909, D. 1912.1.59; Cass. civ. v. 26.5.1914, D. 1916.1.157.

b) Force majeure

11 *Force majeure* wendet die Beklagte ebenfalls nicht ein. Auch insoweit wäre sie für den Ausnahmetatbestand beweispflichtig.[11] Wenn die Höhe einer Brücke auf Schildern o.ä. ungenau (zu hoch) angegeben wird, kann es sich um einen Fall von *force majeure* handeln.[12]

3. Vertraglicher Haftungsausschluss oder vertragliche Haftungsbegrenzung

a) Haftungsausschluss dem Grunde nach

12 Ein vertraglicher Haftungsausschluss dem Grunde nach verstieße gegen Art. 103 al. 3 c.com. Er würde als nicht geschrieben gelten.[13]

b) Haftungsbegrenzung der Höhe nach

13 Eine Haftungsbegrenzung nur der Höhe nach scheitert nicht a priori an Art. 103 al. 3 c.com.[14]

14 Die Haftungsbegrenzung darf allerdings nicht faktisch auf einen vollständigen Haftungsausschluss hinauslaufen.[15] Eine vertragliche Haftungsbegrenzung ist nur zulässig, wenn sie bei Vertragsschluss vom Befrachter akzeptiert wurde und wenn sie keinen vollkommen unzulänglichen Betrag *(montant dérisoire)* fixiert.[16] Der Frachtführer muss das Zustandekommen der vertraglichen Haftungsbeschränkung beweisen.[17]

c) Durchbrechung bei faute lourde

15 Sofern nicht *„faute lourde équivalente au dol"* vorliegt, haftet der Frachtführer vertraglich nur bis zu der im Vertrag festgelegten Höhe.[18] Im Falle groben Ver-

---

[11] CA Rouen v. 19.9.1996, JCP 1997 IV 665.

[12] CA Bordeaux v. 8.11.1978, Bull. transp. 1978, 568.

[13] Cass. com. v. 3.4.1968, JCP 1968 II 15575 note *René Rodière.*

[14] Cass. civ. v. 12.7.1923, D. 1926.1.229; Cass. civ. v. 14.4.1924, D.h. 1924, 393; Cass. com. v. 3.1950, D. 1950, 225; Cass. com. v. 30.1.1967, D. 1968, 160 note *Durand.*

[15] Cass. com. v. 3.1950, D. 1950, 225.

[16] CA Rouen v. 25.9.1996, JCP 1997 IV 664.

[17] Cass. com. v. 31.1.1950, Bull. transp. 1950, 690; Cass. com. v. 4.5.1959, Bull. transp. 1959, 201; CA Rennes v. 30.10.1973, Bull. transp. 1974, 10.

[18] Cass. com. v. 26.5.1992, Bull. civ. 1992 IV n°. 211.

schuldens kann eine vertragliche Haftungsbegrenzung dagegen nicht greifen.[19] *Faute lourde* ist eine Fahrlässigkeit von extremer Schwere, die an Vorsatz grenzt *(culpa lata dolo equiparatur)* und die Ungeeignetheit des Frachtführers zur Ausführung seiner vertraglich übernommenen Verpflichtungen zeigt.[20]

d) Faute lourde (grobes Verschulden) und Verfangen an einer Brücke

16 Insbesondere kann es sich um *faute lourde* handeln, wenn ein Lkw sich unter einer Brücke verfängt, weil die Durchfahrtshöhe nicht ausreichend ist.[21] Die Beurteilung kann nicht abstrakt erfolgen, sondern muss sich am konkreten Fall orientieren.[22] Fehlende Beschilderung mit der Brückenhöhe allein ist kein Entschuldigungsgrund, welcher das Verschulden des Fahrers auf *faute simple* reduzierte.[23] Im Prinzip muss der Fahrer aussteigen und schätzen und trägt die Gefahr, sich zu verschätzen.[24] Der Fahrer steht unter erhöhten Anforderungen, wenn sein Fahrzeug samt Fracht eine Höhe von mehr als 4 m hat. Denn Art. R 3-2 *Code de la route* verfügt:

> „Tout conducteur d'un vehicule dont la hauteur, chargement compris, dépasse 4 m, doit s'assurer en permanence qu'il peut circuler sans causer, du fait de cette hauteur, aucun damages aux ouvrages d'art, aux plantations au installations aériennes situées au-dessus des voies publiques."

17 Diese Norm verschärft auch die Anforderungen im Zivilrecht.[25] Hinzu kommt verschärfend, dass es ein Verzeichnis *„La Girafe"* gibt, das sämtliche Brücken

---

[19] Cass. com. v. 7.5.1980, D. 1981, 245 note *Chabas* = JCP 1980 II 19473 note *René Rodière*; Cass. com. v. 17.11.1981, Bull. civ. 1981 IV n°. 398; CA Paris v. 21.1.1998, JCP, éd. E, 1999, 718 obs. *Bon-Garcin.*

[20] Cass. com. v. 15.11.1988, Bull. civ. 1988 IV n°. 312; Cass. com. v. 15.12.1992, RJDA 1993 n°. 317; Cass. com. v. 25.10.1994, RJDA 1995 n°. 145; Cass. com. v. 10.10.1995, Bull. transp. 1995, 763; CA Paris v. 11.1.1996, D. 1997, 149 note *B.M.*

[21] Cass. com. v. 15.11.1988, Bull. transp. 1989, 223; Cass. com. v. 17.11.1992, Bull. transp. 1992, 783 = Contrats Conc. Consom. 1993 n°. 42 note *Leveneur* (letzteres mir leider nicht zugänglich; hier zitiert nach Megacode Code de commerce 1999, 1999, 59); Cass. com. v. 2.2.1993, Bull. civ. 1993 IV n°. 48 = Bull. transp. 1993, 134; Cass. com. v. 8.6.1993, Bull. civ. 1993 IV n°. 238 = D. 1993 IR 198; Cass. com. v. 16.4.1996, Bull. transp. 1996, 334; CA Paris v. 5.9.2000, Bull. transp. 2000, 837; sowie Cass. com. v. 21.12.1970, Bull. transp. 1971, 317; Cass. com. v. 11.5.1976, Bull. transp. 1976, 294; CA Rouen v. 21.1.1981, Bull. transp. 1981, 211 (letztere drei mir leider nicht zugänglich; hier zitiert nach *Peyrefitte,* (o. Fn. 8), Juris-Classeur, Transport, fasc. 745, n°. 154 [März 1998]).

[22] Cass. com. v. 2.2.1993, Bull. civ. 1993 IV n°. 48 = Bull. transp. 1993, 134.

[23] Vgl. Cass. com. v. 17.11.1992, Bull. transp. 1992, 783; *anders aber* CA Lyon v. 11.7.1984, Bull. transp. 1986, 65 und CA Pau v. 21.6.1979, Bull. transp. 1980, 413 (mir leider nicht zugänglich; hier zitiert nach der note Bull. transp. 1989, 223, 224).

[24] Cass. com. v. 16.4.1996, Bull. transp. 1996, 334.

[25] Vgl. CA Paris v. 5.9.2000, Bull. transp. 2000, 837.

samt ihrer Höhe enthält.[26] Reduzieren der Geschwindigkeit als Vorsichtsmaßnahme reicht nicht.[27]

e) Fehlverhalten Dritter

Ein Fehlverhalten Dritter hindert das Gericht nicht, die Schwere des Verschuldens auf Seiten des Frachtführers *du fond* zu bewerten.[28] 18

4. Verjährungsfrist

Einschlägige Verjährungsnorm ist Art. 108 Abs. 1 c.com. Dieser lautet: 19

„Les actions pour avaries, pertes ou retards, auxquelles peut donner lieu contre le voiturier le contrat de transport, sont prescrites dans le délai d'un an, sans préjudice des cas de fraude ou d'infidelité."

Die Verjährungsfrist beträgt also ein Jahr. Den Beginn der Verjährungsfrist bezeichnet Art. 108 Abs. 3 c.com. Dieser lautet: 20

„Le délai de ces prescriptions est compté, dans le cas de perte totale, du jour où la remise de la marchandise aurait dû être effectuée, et, dans tous les autres cas, du jour où la marchandise aura été remise au offerte du destinataire."

Die Verjährungsfrist läuft nicht ab dem Datum des Vertragsschlusses.[29] 21

5. Unterbrechung der Verjährung

Gesetzliche Grundlage für die Unterbrechung ist Art. 2244 *Code civil.* Dieser lautet (in seiner geltenden Fassung durch Art. 37 *Loi n°. 85-677 du 5 juillet 1985*, in Kraft seit dem 1.1.1986): 22

„Une citation en justice, même en référé, un commandement, ou une saisie, signifies à celui qu'on veut empêcher de prescrire, interrompent la prescription ainsi les délais pour agir."

Erst die *signification* der *requête* oder der *ordonnance* gegenüber dem Gegner löst die Unterbrechung aus, da erst sie dem Gegner Kenntnis von der Rechtverfol- 23

---

26 CA Paris v. 5.9.2000, Bull. transp. 2000, 837.

27 CA Paris v. 5.9.2000, Bull. transp. 2000, 837; *siehe aber auch* CA Nancy v. 2.7.2002, Bull. transp. 2003, 216 (unter der CMR): keine faute lourde, sondern nur faute simple bei fehlender Höhenauszeichnung der Brücke, geringer Differenz zwischen Brückenhöhe und Fahrzeughöhe und geringer Geschwindigkeit.

28 Cass. com. v. 19.11.1996, Bull. civ. 1996 IV n°. 280 = RJDA 1997 n°. 354; CA Paris v. 5.9.2000, Bull. transp. 2000, 837 (konkret war das Verzeichnis „La Girafe" ungenau).

29 Cass. com. v. 8.1.1979, D. 1979 IR 173.

gung durch den Rechtsinhaber gibt und den Gegner in solche Kenntnis versetzt.[30]

24 Die *deliverance* (Zustellung) des betreffenden Schriftstücks ist entscheidend, nicht die Registrierung *(enrôlement)* bei der Kanzlei des Gerichts.[31] Ursprünglich bezeichnete der Ausdruck *„citation en justice"* einen instanzeröffnenden Akt, zugestellt durch den Gerichtsvollzieher *(huissier)*.[32] Jede ordnungsgemäße Zustellung, auch jene an den Ehegatten, löst heute die verjährungsunterbrechende Wirkung aus,[33] wenn das Schriftstück korrekt an den Schuldner adressiert ist.[34] Für Art. 2244 *Code civil a.F.* wurde es sogar als der überwiegende Zweck angesehen, zu präzisieren, dass der entsprechende Akt an denjenigen adressiert sein müsse, der sich auf Verjährung berufen wolle, nicht an einen Dritten.[35] Eine Mitteilung des späteren Klägers an andere, an Dritte, die ihr Ziel nicht in direkter Rechtsverfolgung gegen den Schuldner hat, würde nicht reichen, auch nicht bei Ketten- und Drittproblematiken.[36] Die Anforderungen an eine wirksame Unterbrechung sind nicht übermäßig streng. Bei den rein mündlich geführten Verfahren vor den Handelsgerichten *(tribunaux de commerce)* oder den Arbeitsgerichten in Frankreich wurde sogar schon *signification* durch eine mit anwaltlichen *conclusions* (Schriftsatz) erhobene (und vom Kläger bestrittene) Widerklage bejaht.[37]

25 *Conclusions* ohne Unterschrift des Anwalts vermögen die Verjährung freilich nicht zu unterbrechen.[38] Alle Mitteilungen, die nicht in genügend hervortretender Weise deutlich machen, dass der Gläubiger den Willen hat, die Gerichte einzuschalten, um sein Recht durchzusetzen, reichen nicht aus.[39] Der Anstoß muss vom Gläubiger ausgehen, der sein Recht aktiv gerichtlich verfolgen muss.[40] Der Gläubiger

---

30 Cass. 1re civ. v. 10.7.1990, Bull. civ. 1990 I n°. 194 S. 138 = RTD civ. 1991, 341 obs. *Mestre* = Gaz. Pal. 1991, 1, somm. 98 obs. *Croze/Morel;* CA Lyon v. 11.7.1979, BTL 1979, 516; CA Aix-en-Provence v. 17.11.1988, Juris-Data n°. 0301047; CA Toulouse v. 5.7.1993, Juris-Data n°. 048247; CA Bourges v. 7.2.1995, Juris-Data n°. 040184; CA Paris v. 22.1.1998, Juris-Data n°. 021830; (Juris-Data jeweils zitiert nach *Taisne,* Prescription et possession – Interruption de la prescription, Juris-Classeur, Civil, Art. 2242 à 2250 Code Civil, n°. 34 [2000, 8]).

31 *Taisne* (o. Fn. 30), Juris-Classeur, Civil, Art. 2242 à 2250 Code Civil, n°. 33 (2000, 8).

32 *Taisne* (o. Fn. 30), Juris-Classeur, Civil, Art. 2242 à 2250 Code Civil, n°. 31 (2000, 8).

33 Cass. 1re civ. v. 10.7.1990, Bull. civ. 1990 I n°. 194 S. 138 = RTD civ. 1991, 341 obs. *Mestre* = Gaz. Pal. 1991, 1, somm. 98 obs. *Croze/Morel.*

34 Cass. 1re civ. v. 10.7.1990, Bull. civ. 1990 I n°. 194 S. 138 = RTD civ. 1991, 341 obs. *Mestre* = Gaz. Pal. 1991, 1, somm. 98 obs. *Croze/Morel;* Cass. 2e civ. v. 11.12.1985, Bull. civ. 1985 II n°. 195 S. 131 = D. 1986 IR 208 = JCP 1986 II 20677 obs. *Taisne* = RTD civ. 1986, 142 obs. *Perrot* = Gaz. Pal. 1986, 2, somm. 331 obs. *Croze/Morel.*

35 Cass. 2e civ. v. 11.12.1985, Bull. civ. 1985 II n°. 195 S. 131 = D. 1986 IR 208 = JCP 1986 II 20677 obs. *Taisne* = RTD civ. 1986, 142 obs. *Perrot* = Gaz. Pal. 1986, 2, somm. 331 obs. *Croze/Morel.*

36 Cass. com. v. 14.11.1977, Bull. civ. 1977 IV n°. 257 S. 220.

37 Cass. com. v. 24.11.1982, Bull. civ. 1982 IV n°. 372; Cass. 2e civ. v. 26.11.1998, Bull. civ. 1998 II n°. 120; Cass. soc. v. 22.3.2000, Bull. civ. 2000 V n°. 120 = RTD civ. 2000, 632 obs. *Pierrot.*

38 Cass. 2e civ. v. 13.12.2001, JCP 2002 IV 1154.

39 *Sohm-Bourgeois,* Encyclopédie Dalloz, „Prescription extinctive", n°. 234 (mars 2002).

40 *Sohm-Bourgeois* (o. Fn. 39), n°. 235 (mars 2002).

muss die anstoßende Initiative ergriffen haben und so deutlich machen, dass er nicht gewillt ist, (qua Verjährung) auf sein Recht gleichsam zu verzichten.[41] Die Unterbrechung liegt allein im Interesse des Gläubigers, also muss der Gläubiger in seinem Interesse das Seine tun, um diese Möglichkeit zu realisieren.[42]

Auch die Formulierung „Une citation en justice n'interrompt la prescription que si elle a été signifiée *par le créancier lui-même* au débiteur se prevalent de la prescription"[43] dürfte nicht mehr verlangen als die Gläubigerinitiative und im Übrigen missverständlich sein. Keineswegs ist, da Zustellung ausreicht, verlangt oder erfordert, dass der Gläubiger selber in Direktkommunikation mit dem Schuldner diesen von der Klage in Kenntnis gesetzt haben müsste. 26

Gerichtsentscheidungen, in denen die Zustellung im Ausland diskutiert wurde, sind nicht ersichtlich. Jedoch muss nach den Maßstäben der Ordnungsgemäßheit und der effektiven Möglichkeit zu Kenntnisnahme und Verteidigung auch eine nach dortigen prozessrechtlichen Maßstäben gültige Zustellung in einem anderen Staat ausreichen. Es ist an eine – in kollisionsrechtlicher Terminologie gesprochen – Substitution der eigentlich ins Auge gefassten französischen Institutionen durch funktionsäquivalente ausländische Institutionen zu denken. In einem Prozesssystem mit Zustellung von Amts wegen braucht sich der Gläubiger eben nicht seinerseits um eine von ihm veranlasste Zustellung zu bemühen. Dies würde nur unnötige Kosten und Mühen verursachen. Die nötige Initiative, dass er dem Schuldner seine Klage zur Kenntnis bringt, hat er dort bereits mit der Klage selbst ergriffen. Er bedient sich für deren Zustellung gleichsam des Gerichts als seines verlängerten Arms. Der Schuldner selbst und persönlich erhält Kenntnis, in einer Form der ordnungsgemäßen Zustellung. 27

---

41 *Remond-Gouilloud,* D. 1990 somm. 271.

42 *Remond-Gouilloud* (o. Fn. 41).

43 So Cass. com. v. 9.1.1990, Bull. civ. 1990 IV n°. 11 S. 8 = D. 1990 somm. 271 obs. *Rémond-Gouilloud* = RTD com. 1990, 465 obs. *Bouloc* (Hervorhebung hinzugefügt).

Nr. 15

USA / Norwegen

1. **Zur Lückenfüllung mit IPR und nationalem Sachenrecht bei Geltung international einheitlichen Transportrechts.**
2. **Zur Anknüpfung der Rechte und Pflichten des Empfängers bei grenzüberschreitenden Transportverträgen und zur „akzessorischen“ Anknüpfung der Empfängerhaftung für Kosten an die Haftung nach dem Vertragsstatut.**
3. **Zur Zulässigkeit der Rechtswahl für Güterbeförderungsverträge nach Rechten der USA und Norwegens.**
4. **Zur Geltung und zum Inhalt der Empfängerhaftung gemäß UCC § 7-403.**
5. **Zur eingeschränkten Zahlungshaftung des Empfängers gegenüber dem Beförderer nach norwegischem Recht.**

Freiburg vom 2.9.2005 (Ho.)

A. Sachlage

1 Die Parteien streiten um die Berechtigung der Beklagten zur Erhebung von „Versandscheingebühren“ bei Drittbeauftragung für grenzüberschreitende Versendungen. Die Klägerin betreibt in D. ein Speditionsunternehmen, sie bietet u.a. die transportweise Einfuhr von Warenlieferungen aus dem Ausland an. Die Beklagte ist als Frachtunternehmerin international tätig. Im Jahr 2002 hat die Beklagte die Klägerin wiederholt auf Zahlung der o.a. Versandscheingebühr in Anspruch genommen und schließlich am Jahresende 2002 mitgeteilt, nur bei Einhaltung bestimmter Zahlungsmodalitäten Fracht an die Klägerin weiterzuleiten. Es ist dann auch zur Zurückhaltung von Sendungen durch die Beklagte gekommen. Die Klägerin sieht eine Berechtigung der Beklagten zu deren Verhalten nicht, weder aus Vertrag noch aus Gesetz ergebe sich eine Berechtigung. Sie hat in der Folge Feststellungsklage zum Amtsgericht N. erhoben, die von der Beklagten mit dortiger Widerklage auf Zahlung von EUR 4642,79 an Versandscheingebühren beantwortet worden ist. Im Verfahren vor dem AG N. hat die Klägerin die Erledigung der Klage erklärt, die Beklagte hat sich der Erledigungserklärung angeschlossen. Das AG N, hat dann mit Urteil vom 19.1.2004 die Klägerin auf die Widerklage zur Zahlung von EUR 2.531,59 an Versandscheingebühren verurteilt und die Widerklage im Übrigen abgewiesen. Die Zahlungspflicht der Klägerin hat das AG N. in § 421 Abs. 2 HGB begründet gesehen. Gegen dieses Urteil hat die Beklagte Berufung zum Landgericht D. eingelegt. Sie verfolgt ihr Widerklageziel, die Klägerin zur Zahlung des vollen Widerklagebetrags zu verurteilen, weiter. Sie bemängelt an dem erstinstanzlichen

Urteil die unrichtige Anwendung von § 418 HGB. Die Klägerin hat in der Folge ebenfalls Berufung eingelegt; sie begehrt volle Abweisung der Widerklage, die aus ihrer Sicht nicht begründet ist.

B. Anfrage

Im Verfahren vor dem Landgericht ist die Frage des anwendbaren Rechts vertieft zur Sprache gekommen. Es ist die vorrangige Anwendbarkeit internationalen Lufttransportrechts (Warschauer Abkommen) und ggf. die lückenfüllende Anwendung von norwegischem und US-amerikanischem Gütertransportrecht erwogen worden. Das Landgericht hat deshalb unter dem 12.10.2004 einen Leitungs- und Beweisbeschluss erlassen, in dem es unter Punkt III. anordnet: 2

1. Ist es nach dem in den USA geltenden Recht möglich, Vereinbarungen darüber, welches nationale Recht auf einen Vertrag anzuwenden sein soll, in allgemeinen Geschäftsbedingungen zu treffen?
2. Ist es nach norwegischem Recht möglich, Vereinbarungen darüber, welches nationale Recht auf einen Vertrag anzuwenden sein soll, in allgemeinen Geschäftsbedingungen zu treffen?
3. Falls Ziff. 1 positiv beantwortet wird: Gibt es im amerikanischen Recht eine dem § 421 HGB entsprechende Regelung; ist insbesondere der Empfänger der Sendung auch dann noch zur Zahlung der Fracht verpflichtet, wenn ihm die Ware ohne Geltendmachung eines Zahlungsverlangens ausgeliefert wurde und sich aus dem Frachtbrief die Höhe der zu zahlenden Fracht nicht ergibt?
4. Falls Ziff. 2 positiv beantwortet wird: Gibt es im norwegischen Recht eine dem § 421 HGB entsprechende Regelung; ist insbesondere der Empfänger der Sendung auch dann noch zur Zahlung der Fracht verpflichtet, wenn ihm die Ware ohne Geltendmachung eines Zahlungsverlangens ausgeliefert wurde und sich aus dem Frachtbrief die Höhe der zu zahlenden Fracht nicht ergibt?

C. Rechtslage

I. Gang und Umfang des Gutachtens

1. Einheitsrechtliche, kollisionsrechtliche und materiellrechtliche Problematik

In den Punkten III. 1.-4. des Beweisbeschlusses des Gerichts ist nach Internationalem Privatrecht (Punkte 1. und 3.) und materiellem Recht (Punkte 2. und 4.) gefragt. Es geht insoweit um die mögliche Anwendbarkeit US-amerikanischen und norwegischen Rechts, die in meiner Sicht aus Art. 27 oder 28 EGBGB zu folgen hätte, und um den jeweiligen materiellrechtlichen Inhalt dieser Rechte. Im Hintergrund des so gefassten Beweisbeschlusses steht auch die Erwägung, es könne der 3

Sachverhalt der Widerklage teilweise durch international geltendes einheitliches Transportrecht – hier auf der Grundlage des Warschauer Abkommens[1] – geregelt sein, dessen Lückenhaftigkeit ggf. zu Lückenfüllung durch nationales Recht führen müsse, das über das Internationale Privatrecht zu finden sei.

4 Insoweit geht der Beschluss weiter schon davon aus, dass US-amerikanisches Recht und/oder norwegisches Recht in Betracht kommen könne. Den Anlass dazu gibt die Annahme, bei Geltung der „Beförderungsbedingungen“ der Beklagten und Widerklägerin komme gemäß deren Nr. 15 das Recht des Absendelandes zur Geltung.

S. die Nr. 15 dieser Beförderungsbedingungen:

„Die vorliegenden Beförderungsbedingungen und nach Maßgabe dieser Beförderungsbedingungen abgeschlossene Verträge unterliegen den Gesetzen des Absendelandes.“

5 Absendeland sind bei den aus den Akten ersichtlichen Einzelvorgängen, für die die Beklagte ihren jeweiligen Zahlungsanspruch erhebt, überwiegend die Vereinigten Staaten von Amerika (USA); der Ort W., von dem aus die meisten Sendungen auf den Weg gegangen sind, liegt nach der aus den Akten ersichtlichen Adresse im Bundesstaat Maryland der USA, andere Sendungen sind in größerer Zahl von W./Delaware aus auf den Weg gebracht worden; in einem Falle geht es um den Absendeort M. im Bundesstaat New York und in zwei weiteren Fällen um den Absendeort D. im Bundesstaat Colorado. Ein anderer der Widerklage zugrunde liegender Vorgang hat als Absendeort O. in Norwegen.

2. Ausrichtung des Gutachtens

6 Das Gutachten beschränkt sich auf die Beweisthemen des Beweisbeschlusses. Es setzt sich demgemäß nicht mit der Frage auseinander, ob die von der Beklagten und Widerklägerin besorgten, der Widerklage zugrunde liegenden Lieferungen aus den USA bzw. aus Norwegen, die von der Klägerin und Widerbeklagten im Inland in Empfang zu nehmen waren, entsprechend der Erwägung der Parteien und des Gerichts im Berufungsverfahren dem vereinheitlichten Lufttransportrecht des WA unterlegen sind. Diese Frage ist dem Gutachten nach der Fassung des Beweisbeschlusses nicht zur Beantwortung aufgegeben. Ich lasse deshalb offen, ob das WA,

---

[1] Warschauer Abkommen zur Vereinheitlichung von Regeln über die Beförderung im internationalen Luftverkehr vom 12.10.1929 – WA –, für Deutschland in Kraft seit 29.12.1933; Novellierung durch das Haager Protokoll vom 28.5.1955; Änderung durch das Zusatzabkommen von Guadalajara vom 18.9.1961; Modernisierung durch die Protokolle von Montreal Nr. 1 - 4; das WA gilt im Verhältnis zu den USA wie auch im Verhältnis zu Norwegen. Auf den inhaltlichen Geltungsstand für Deutschland, das die Montrealer Protokolle noch nicht insgesamt ratifiziert hat, kommt es für den Fortgang dieses Gutachtens nicht an, s. dazu z.B. *Reithmann/Martiny (Mankowski)*, Internationales Vertragsrecht, 6. Aufl. 2004, Rn. 1465 ff.; *Erman/Hohloch*, BGB, 11. Aufl. 2004, Art. 28 EGBGB, Rn. 44.

das als vereinheitlichtes Lufttransportrecht jedenfalls die grenzüberschreitende Luftbeförderung von Waren durch Lufttransporteure, sprich Fluggesellschaften zu regeln pflegt, auch auf die Vertragsbeziehung zwischen der hiesigen Beklagten, die nach ihrem Gesellschafts- und Geschäftszweck und nach der Ausrichtung des hiesigen Klagsachverhalts nicht zwingend Luftfahrtunternehmen und in diesem Sinne Luftfrachtführer sein muss, und ihren in den USA bzw. Norwegen sitzenden Transportauftraggebern anzuwenden ist.[2]

Das kann bei Erheblichkeit durch das Gericht selbst geprüft werden. Die Reichweite des WA für die Güterbeförderung durch die Luft ergibt sich aus den dem Gericht und den Parteien zugänglichen Bestimmungen des WA, die mit ihrer jeweiligen Ratifikation des Abkommens durch Deutschland Teil des deutschen materiellen Transportrechts geworden sind und bei Geltung für den jeweiligen Absendestaat bei Einschlägigkeit zur Anwendung zu kommen hätten.[3] 7

II. Zu Frage 1: „Ist es nach dem in den USA geltenden Recht möglich, Vereinbarungen darüber, welches nationale Recht auf einen Vertrag anwendbar sein soll, in allgemeinen Geschäftsbedingungen zu treffen?“

1. Ausgangspunkt: Zulässigkeit einer Rechtswahl

Anlass der Frage des Gerichts ist seine Prüfung, ob für die Haftung der Widerbeklagten auf die mit der Widerklage geltend gemachten Ansprüche deutsches oder ein anderes Recht, hier das Recht der USA, maßgeblich sein kann. Seine kollisionsrechtliche Prüfung hat das Gericht als deutsches Gericht vom Standpunkt des deutschen Internationalen Privatrechts aus vorzunehmen.[4] 8

Dieses lässt in Art. 27 Abs. 1 EGBGB die Wahl des Vertragsstatuts durch die Parteien eines Vertrages zu. Parteiautonome Rechtswahl ist die nach Art. 27 ff. EGBGB erstrangige Bestimmung des Vertragsstatuts. Im Verhältnis zu den USA besteht auf dem Gebiet des Schuldvertragsrechts keine gegenüber Art. 27 EGBGB vorrangige staatsvertragliche Kollisionsrechtsregelung.[5] 9

---

2 Zu dieser Möglichkeit jedenfalls im Geltungsbereich der dem WA durch das Zusatzabkommen von Guadalajara gegebenen Fassung des Luftfrachtführerbegriffs (Art. 1 lit. a-c Zusatzabkommen) s. die Erläuterung bei *Reithmann/Martiny (Mankowski)* (o. Fn. 1), Rn. 1476 m.w.N. Allerdings gehören die USA nach der aaO, Rn. 1475 Fn. 5, stehenden Übersicht über den Ratifikationsstand nicht zu den Staaten, für die das Zusatzabkommen gilt. Weitere Nachprüfung habe ich nicht vorgenommen, da die Frage für Ausrichtung und Inhalt des Gutachtens nicht unmittelbar erheblich ist. Der Hinweis auf die Problematik soll jedoch nicht versäumt werden.

3 S. oben Fn. 1, 2, sowie die weiterführenden Nachweise daselbst.

4 S. *Erman/Hohloch* (o. Fn. 1), Art. 3 EGBGB, Rn. 4; Art. 27 EGBGB, Rn. 27; aus der Rspr. schon RGZ 95, 164, 165 f.; 108, 241, 243.

5 Zum Fehlen bilateralen Staatsvertragsrechts s. die Fehlanzeige bei *Erman/Hohloch* (o. Fn. 1), Vor

10 Die Geltung des auf der Grundlage des Warschauer Abkommens vereinheitlichten Lufttransportrechts im Verhältnis zwischen Deutschland und den USA[6] schließt parteiautonome Vereinbarung des für einen Beförderungsvertrag geltenden Rechts gemäß Art. 27 Abs. 1 EGBGB nicht grundsätzlich aus. Vielmehr kann auf diesem Wege das Recht des Beförderungsverhältnisses in all den Teilbereichen, die durch das Recht des WA nicht erfasst und nicht vereinheitlicht worden sind, parteiautonom bestimmt werden.[7]

11 Da sich das Recht des WA im Wesentlichen auf die Haftungsfragen für Schäden konzentriert, können die im WA nicht geregelten Fragen wie Form, Rechtswirksamkeit des Vertrags, Übertragbarkeit des Luftfrachtbriefs, Rechtsstellung des Luftfrachtführers durch Rechtswahl erfasst und einem durch die Parteien gewählten wählbaren Recht unterstellt werden.[8]

12 Gleiches gilt auch für sich aus dem Vertrag ergebende Ansprüche des Frachtführers gegen den Vertragspartner, soweit nicht wiederum zwingendes Einheitsrecht eingreift. Ebenso bleibt bei Fehlen einer Rechtswahl der Parteien des Beförderungsverhältnisses die objektive Bestimmung des diese Fragen dann regelnden nationalen unvereinheitlichten Rechts über Art. 28 EGBGB möglich;[9] sie führt gemäß Art. 28 Abs. 4 EGBGB regelmäßig zum Recht des Sitzes des Beförderers. Auf diese letztere Anknüpfung ist hier jedoch nach der Fragestellung des Beweisbeschlusses, die sich auf die Rechtswahlmöglichkeit beschränkt, nicht weiter einzugehen. Erstes Zwischenergebnis ist also, dass aus der Sicht des den Ausgangspunkt der gerichtlichen Prüfung bildenden deutschen Internationalen Privatrechts die Wahl des Rechts der USA für einen dort seinen Ausgang nehmenden, vertraglich geregelten Beförderungsvorgang zulässig und rechtlich wirksam vorgenommen werden kann.

2. Wirksamkeit der getroffenen Rechtswahl

a) Vorgriff auf das Vertragsstatut

13 Über die Wirksamkeit der hier vom Gericht überprüften Rechtswahl entscheidet gemäß Art. 27 Abs. 4 EGBGB indes nicht mehr das deutsche Recht, das als lex fori

---

Art. 27 EGBGB, Rn. 4 ff.; ebenso *Palandt/Heldrich*, BGB, 64. Aufl. 2005, Vor Art. 27 EGBGB, Rn. 1.

6 S. oben Fn. 1. Zur Notwendigkeit der Prüfung des zwischen Deutschland und den USA geltenden Ratifikationsstandes s. oben Fn. 2.

7 S. BGH NJW 1979, 495; w. N. dazu bei *Erman/Hohloch* (o. Fn. 1), Art. 28 EGBGB, Rn. 44; *Reithmann/Martiny (Mankowski)* (o. Fn. 1), Rn. 1465 ff., 1483, 1485 m.w.N.

8 S. nochmals *Erman/Hohloch* (o. Fn. 1), Art. 28 EGBGB, Rn. 44; *Reithmann/Martiny (Mankowski)* (o. Fn. 1), Rn. 1485 m.w.N. Die Verweisungen des WA in seinen Art. 21 und 22 auf die (im vorliegenden Fall dann deutsche) lex fori greifen hier nicht ein.

9 S. *Erman/Hohloch* (o. Fn. 1), Art. 28 EGBGB, Rn. 44; *Reithmann/Martiny (Mankowski)* (o. Fn. 1), Rn. 1485; MüKo/*Martiny*, BGB, Bd. 10, EGBGB, 3. Aufl. 1998, Art. 28 EGBGB, Rn. 172.

über die Zulässigkeit einer Rechtswahl für einen Beförderungsvertrag positiv entscheidet, sondern das gewählte Recht, also hier das Recht der USA, auf das die Nr. 15 der „Beförderungsbedingungen" als Recht des Absendelandes verweist. Nach Art. 27 Abs. 4 EGBGB bestimmt nicht die lex fori, sondern das gewählte Recht im Vorgriff auf seine Wahl über das Zustandekommen der Rechtswahlvereinbarung. Das Vertragsstatut wird insoweit antezipiert.[10]

Also ist nach dem Recht der USA zu prüfen, ob die in Nr. 15 der Beförderungs- 14
bedingungen der Beklagten getroffene Rechtswahl zugunsten des Rechts des Absendeortes zulässig und wirksam vereinbart worden ist.

Die in Art. 27 Abs. 4 EGBGB hinsichtlich der Maßgeblichkeit des Vertragssta- 15
tuts getroffenen Einschränkungen zugunsten der Form (Art. 11 EGBGB) und des „Umweltrechts" am gewöhnlichen Aufenthalt des durch die Rechtswahlklausel betroffenen Vertragspartners (Art. 31 EGBGB) bedürfen hier keiner besonderen Betrachtung. Das deutsche Recht und auch das deutsche Kollisionsrecht verlangen für eine Rechtswahlklausel keine besondere Form; da deutsches Recht als Recht des Ortes, an dem die Rechtswahlklausel gegenüber der Klägerin präsentiert wird, keine besondere Form verlangt, erhebt deutsches Recht keine Einwendungen gegen die Formgültigkeit der in den Beförderungsbedingungen enthaltenen Rechtswahlklausel.[11]

Auf die Frage, ob die Klägerin hier Vertragspartnerin der Beklagten ist oder in 16
sonstiger Weise Ansprüchen der Klägerin aus einem durch die Rechtswahlklausel dem deutschen Recht entzogenen und dem Recht der USA unterworfenen Vertrag ausgesetzt ist, kommt es deshalb jedenfalls im Hinblick auf Art. 11 EGBGB, auf den Art. 27 Abs. 4 EGBGB verweist, nicht an. Ebenso steht es mit dem Verweis in Art. 27 Abs. 4 EGBGB auf Art. 31 EGBGB, soweit gemäß Art. 31 Abs. 2 EGBGB im Wege der dort angelegten Sonderanknüpfung auf deutsches Recht als „Korrekturstatut" abzustellen sein sollte. Art. 27 Abs. 4 EGBGB lässt durch den Verweis auf Art. 31 EGBGB und damit auch auf Art. 31 Abs. 2 EGBGB zu, dass das Recht des gewöhnlichen Aufenthaltes der Partei des Vertrages, die durch AGB der anderen Partei betroffen ist, über die Einbeziehung der AGB mitentscheiden kann.[12]

Aus der Sicht des deutschen Rechts bestehen indes gegen die Aufstellung einer 17
Rechtswahlklausel in AGB keine grundsätzlichen Bedenken. Rechtswahlklauseln in AGB sind nicht unüblich und jedenfalls im kaufmännischen Verkehr grundsätzlich

---

10 Angelegt in Art. 27 Abs. 4 EGBGB, s. dazu schon den RegEntwurf, BT-Drucks. 10/504, 77; aus der Rspr. BGHZ 99, 207, 208 f.; BGHZ 123, 383; w.N. bei *Erman/Hohloch* (o. Fn. 1), Art. 27 EGBGB, Rn. 28; *Palandt/Heldrich* (o. Fn. 5), Art. 27 EGBGB, Rn. 8, jeweils m.N.

11 S. *Erman/Hohloch* (o. Fn. 1), Art. 27 EGBGB, Rn. 29; *Palandt/Heldrich* (o. Fn. 5), Art. 27 EGBGB, Rn. 8.

12 S. dazu BGH, NJW 1997, 1700; OLG Hamm, RIW 1994, 1047; w.N. etwa bei *Erman/Hohloch* (o. Fn. 1), Art. 31 EGBGB, Rn. 9 und 14.

hinzunehmen;[13] im vorliegenden Fall liegen, was die Nr. 15 der Beförderungsbedingungen der Beklagten angeht, keine Besonderheiten vor; die Klausel befindet sich im Klauselwerk an keiner versteckten Stelle, sondern am Ende, wo üblicherweise derartige Klauseln zu suchen und zu finden sind. Auszugehen ist deshalb im vorliegenden Fall davon, dass deutsches Recht, soweit es als „Korrekturstatut" im Sinne von Art. 31 Abs. 2 EGBGB zur Mitbeurteilung der Wirksamkeit der in den Bedingungen der Beklagten enthaltenen Rechtswahlklausel berufen ist, Einwände gegen die Wirksamkeit nicht erhebt.

18 Mit dieser Antwort ist jedoch keine Stellung dazu bezogen, ob die Bedingungen der Beklagten und die darin enthaltene Rechtswahlklausel gegenüber der Klägerin auch dann Geltung haben können, wenn sie nicht Ansprüchen der Beklagten aus einem Vertragsverhältnis, sondern anderen Ansprüchen auf anderer Grundlage ausgesetzt ist.

b) Standpunkt des Rechts der USA (zur Wirksamkeit der Rechtswahl der Parteien)

aa) Gemeinamerikanische Anerkennung der parteiautonomen Rechtswahl

19 Auch das gemeinamerikanische Internationale Privatrecht *(Conflicts of Laws)* geht von der Zulässigkeit und Geltung einer Rechtswahl für schuldrechtliche Verträge durch die Vertragsparteien aus. Das gemeinamerikanische IPR der USA kennt die Rechtswahl für Schuldverträge und akzeptiert sie seit längerem generell. Sie wird durch die führende Literatur so getragen[14] und ist auch Resultat des „Zweiten Restatement", das als private Kompilation das in den USA einheitlich geübte oder doch mehrheitlich und wünschenswert geübte Recht der Gerichte wiedergibt.[15]

20 Die Zulässigkeit der parteiautonomen Rechtswahl bei Bestimmung des Vertragsstatuts ist im *Restatement Second* in §§ 186, 187 wie folgt formuliert:

§ 186 Restatement 2d	*Deutsch:*
„Issues in contract are determined by the law chosen by the parties in accordance with the rule of § 187 and otherwise by the law selected in ac-	Vertragsrechtliche Fragen werden durch das Recht bestimmt, das die Parteien in Gemäßheit zu der Regel in § 187 gewählt haben, andernfalls

[13] Zur Zulässigkeit s. *Erman/Hohloch* (o. Fn. 1), Art. 27 EGBGB, Rn. 12; *Palandt/Heldrich* (o. Fn. 5), Art. 27 EGBGB, Rn. 5; *Meyer-Sparenberg*, RIW 1989, 347.

[14] S. dazu das repräsentative Lehr- und Handbuch von *Scoles/Hay/Borchers/Symeonides*, Conflict of Laws, 3. Aufl. 2000, 856 ff. mit umfassenden Nachweisen auf Rspr. und Literatur, auch auf die Entstehung.

[15] Restatement of the Law Second. Conflicts of Laws 2d., Bd. 1, §§ 1 - 221, hrsg. vom American Law Institute, 1971, 556 ff. Zur Funktion der Restatements als repräsentativer Sekundärquelle s. *Hay*, US-amerikanisches Recht, 3. Aufl. 2005, Rn. 31; zur auch heute noch aktuellen Bedeutung des Restatement für das amerikanische IPR s. *Hay*, aaO, 71 ff., insbesondere Rn. 242.

cordance with the rule of § 188."

werden sie durch das Recht bestimmt, das sich aus der Regel des § 188 ergibt.

§ 187 Restatement 2d

„(1) The law of the state chosen by the parties to govern their contractual rights and duties will be applied if the particular issue is one which the parties could have resolved by an explicit provision in their agreement directed to that issue.

(2) The law of the state chosen by the parties to govern their contractual rights and duties will be applied, even if the particular issue is one which the parties could not have resolved by an explicit provision in their agreement directed to that issue, unless either

a) the chosen state has no substantial relationship to the parties or the transaction and there is no other reasonable basis for the parties' choice, or

b) application of the law of the chosen state would be contrary to a fundamental policy of a state which has a materially greater interest than the chosen state in the determination of the particular issue and which, under the rule of § 188, would be the state of the applicable law by the parties.

(3) In the absence of a contrary indication of intention, the reference is to the local law of the state of the chosen law."

Deutsch:

(1) Das Recht des Staates, das die Parteien zur Regelung ihrer vertraglichen Rechte und Pflichten gewählt haben, ist anzuwenden, wenn die einzelne Frage so beschaffen ist, dass die Parteien sie in einer ausdrücklichen Vertragsbestimmung hätten regeln können.

(2) Das Recht des Staates, das die Parteien zur Regelung ihrer vertraglichen Rechte und Pflichten gewählt haben, ist auch anzuwenden, wenn die zu regelnde Frage von den Parteien in ihrem Vertrag nicht mit einer ausdrücklichen Bestimmung hätte geregelt werden können, es sei denn,

a) der gewählte Staat hat keine erhebliche Beziehung zu den Parteien oder zu dem Vertragsgegenstand und es besteht keine andere vernünftige Grundlage für die Wahl der Parteien, oder

b) die Anwendung des Rechts des gewählten Staates wäre nicht mit einem wesentlichen Interesse eines Staates vereinbar, der ein substantiell größeres Interesse als der gewählte Staat für die Regelung der betreffenden Frage hat und der – bei Fehlen einer Rechtswahl – gemäß § 188 der Staat des maßgeblichen Rechts wäre.

(3) Bei Fehlen von Hinweisen auf gegenteilige Absicht bedeutet die Rechtswahl die Wahl des örtlich in diesem Staat geltenden Rechts.

Die Zulässigkeit und der Vorrang einer Rechtswahl durch die Parteien ergibt 21
sich aus §§ 186 und 187 Abs. 1 des *Restatement Second.* Auf die Ergänzungs- und Vorbehaltsregelungen des Folgeabsatzes 2 von § 187 kommt es im vorliegenden Zusammenhang nicht an. Absatz 3 schließt unter anderem den Renvoi grundsätzlich aus (ähnlich wie Art. 35 Abs. 1 EGBGB); auch auf diese Frage kommt es vorliegend nicht an.

bb) Anerkennung der Rechtswahl auch für Transportverträge

22 Anerkannt ist die Rechtswahl durch die Vertragsparteien auch für Transportverträge, sei es für den Gütertransport auf der Straße, auf der Schiene oder in der Luft oder mit multimodalen Mitteln. Das *Restatement Second* formuliert die für Transportverträge geltende Kollisionsregel in § 197 wie folgt:

§ 197 Contracts of Transportation	*Deutsch:*
„The validity of a contract for the transportation of passengers or goods and the rights created thereby are determined, in the absence of an effective choice of law by the parties, by the local law of the state from which the passenger departs or the goods are dispatched, unless, with respect to the particular issue, some other state has a more significant relationship under the principles stated in § 6 to the contract and to the parties, in which event the local law of the other state will be applied."	Die Wirksamkeit eines Vertrags zur Beförderung von Passagieren oder Gütern und die Rechte, die daraus entstehen, bestimmen sich bei Fehlen einer wirksamen Rechtswahl der Parteien nach dem örtlich geltenden Recht des Staats, von dem aus die Passagiere ihre Reise antreten oder die Güter abgesandt werden, es sei denn, ein anderer Staat habe in der betreffenden Einzelfrage der Vertragsbeziehung eine bezeichnendere Beziehung zu dem Vertrag und den Parteien gemäß den in § 6 genannten Grundsätzen; in diesem Fall ist das Recht dieses anderen Staates anzuwenden.

23 Für den vorliegenden Zusammenhang ist wesentlich, dass § 197 des *Restatement Second* die vorrangige Wirkung der Rechtswahl durch die Parteien betont. Eine Rechtswahl durch die Parteien ist also zulässig und wirksam. Die in § 197 des *Restatement Second* formulierte Regel entspricht der gemeinamerikanischen Praxis, wie sich wiederum aus der Standardliteratur ergibt, die insoweit auf Rechtsprechung der Gerichte in den USA verweisen kann.[16]

24 Zwingende Regelungen des internationalen Lufttransportrechts auf der Basis des für die USA (ggf. in älterer Fassung) geltenden Rechts des Warschauer Abkommens setzen sich aus amerikanischer Sicht gegen eine Rechtswahl durch, doch bedarf diese Frage hier keiner vertieften Behandlung; die Fragestellung des Beweisbeschlusses (Frage 1) veranlasst solche Prüfung nicht.[17]

---

[16] S. *Scoles/Hay/Borchers/Symeonides* (o. Fn. 14), S. 908, § 18.30, m.w.N.

[17] S. zur Problematik aus der Sicht des deutschen Rechts oben Rn. 3.

cc) Rechtswahl in Allgemeinen Geschäftsbedingungen

25 Das gemeinamerikanische IPR lässt auch die Rechtswahl in den allgemeinen Geschäftsbedingungen, die einem Vertrag unterlegt werden, grundsätzlich zu. Erörtert wird die Problematik unter dem Stichwort *„Adhesion Contracts"*. Diese Zulässigkeit gilt grundsätzlich auch für Transportverträge. Zurückhaltung besteht heute gegenüber der in AGB formulierten Rechtswahl, wo Verbraucherinteressen in Frage stehen oder wo die Vertragspartei, der die AGB präsentiert werden, typischerweise schwächer ist. Bei Beförderungsverträgen über Güter habe ich solche Einschränkungen, die im *Restatement Second* in § 188 Abs. 2 b eine Basis hätten, nicht gefunden.[18]

dd) Geltung der Rechtswahlregelung in den Einzelstaaten

26 Aus diesen Ausführungen ergibt sich grundsätzlich die Zulässigkeit und Wirksamkeit einer per AGB-Klausel getroffenen Rechtswahl zugunsten des Rechts des Absendeortes, der aus der Sicht der im *Restatement Second,* § 197, formulierten gemeinamerikanischen Anschauung auch ohne Rechtswahl die objektiv maßgebliche Anknüpfung ergeben würde. Da das IPR in den USA aber nicht bundeseinheitlich geregelt, sondern grundsätzlich Angelegenheit des Rechts der Gliedstaaten ist und besonderes Bundes-IPR auch nicht für den grenzüberschreitenden Frachtvertrag besteht, ist für eine genaue und abschließende Beantwortung der Frage des Gerichts noch zu prüfen, wie sich das Kollisionsrecht der Staaten NewYork, Maryland, Delaware und Colorado, in denen hier die Absendeorte liegen, zur Zulässigkeit der Rechtswahl für den Transportvertrag und zur Zulässigkeit der Rechtswahlvereinbarung in den AGB verhält. Die Antwort ist jeweils positiv. Zulässigkeit solcher Rechtswahl in der Sicht der jeweiligen Staatenrechtsprechung ist festzustellen für NewYork, Maryland, Delaware und Colorado.

27 Für New York ergibt sich die grundsätzliche Zulässigkeit einer in AGB aufgestellten und präsentierten Rechtswahl aus der Entscheidung des Bundesbezirksgerichts für den Südlichen Distrikt von New York in der Sache *Kalman Weiß* v. *La Suisse, Société d'assurances sur la vie.*[19] Auf weitere Entscheidungen ist hier verwiesen, weitere Entscheidungen zur Zulässigkeit der Rechtswahl per AGB liegen mir, bezogen per Datenabfrage aus *McKinneys General Obligations Law,* Chapter 576, vor.

Für Maryland gilt, was in §§ 187,197 *Restatement Second* verallgemeinert formuliert ist, ebenfalls. Für die Zulässigkeit und Wirksamkeit der Rechtswahl in AGB spricht sich aus der *Court of Appeals of Maryland* (= oberstes Staatsgericht) in der Sache *Kronovet* v. *Lipchin und andere.*[20]

---

18 S. für die Zulässigkeit *Scoles/Hay/Borchers/Symeonides* (o. Fn. 14), S. 867, § 18.5. Daselbst auch Rspr. S. ferner Restatement 2d (o. Fn. 15), § 187, commentary b), S. 562, 563.

19 United States District Court S.D. New York, 154 F. Supp. 2d 734 (25.7.2001).

20 288 Md.30,415 A.2d 1096, 16 A.L.R. 4th 942 (Entscheidung vom 17.6.1980).

Für Colorado folgt die Beachtung des *Restatement Second* aus der Entscheidung des *Supreme Court of Colorado* in der Sache *Wood Bros. Homes* v. *Walker Adjustment Bureau*;[21] auch die Entscheidung des Bundesbezirksgerichts für Colorado *(United States District Court D. Colorado)* in der Sache *American Express Financial Advisors* v. *Topel*.[22]

Für Delaware gilt die in §§ 187, 197 formulierte Rechtswahlfreiheit ebenso, s. z.B. die Entscheidung des Bundesbezirksgerichts *(United States District Court)* für Delaware in der Sache *William Whitman Co.* v. *Universal Oil Products Co.*[23]

c) Ergebnis

28 Ergebnis ist also die Zulässigkeit und Wirksamkeit einer Rechtswahl im Sinne des Rechts des Absendeortes. Solche Rechtswahl bewirkt eine Verweisung auf das gewählte Recht, die Sachnormverweisung ist (Art. 35 Abs. 1 EGBGB). Vertragsstatut ist dann endgültig das Recht des Absendeortes, d.h. in der Mehrzahl der aus der Akte ersichtlichen Fälle das in Maryland und Delaware für grenzüberschreitende Transportverträge geltende amerikanische Recht, in dem Fall mit Absendeort New York das in diesem Gliedstaat insoweit geltende Recht und im dem Fall mit Absendeort Denver das in Colorado insoweit geltende Recht.

3. Statut des Zahlungsanspruchs des Beförderers gegen den Empfänger

a) Einordnung (Qualifikation) des Klaganspruchs der Widerklage (Zahlungsanspruch gegen den Empfänger)

29 Das Gericht stellt die oben stehende Beweisfrage 1, wie sich aus der Formulierung der Beweisfrage 2 ergibt, auch im Rahmen seiner Prüfung, nach welchem Recht sich die der Widerklage zugrunde liegenden Forderungen der Beklagten und Widerklägerin richten können. Bei Anwendbarkeit deutschen Rechts könnten sich diese Forderungen nach dem Klagvortrag jedenfalls zum Teil aus §§ 418, 421 HGB ergeben. Vorliegen müssten dafür Frachtverträge zwischen der Beklagten und ihren ausländischen Transportauftraggebern, aus denen sich die aus § 421 Abs. 2 HGB folgenden Zahlungspflichten der Empfänger ergeben müssten. Diese Zahlungspflichten der Empfänger gemäß § 421 HGB resultieren in der Sicht des deutschen Rechts nicht unmittelbar aus dem anfänglich geschlossenen Frachtvertrag, der kein Vertrag zu Lasten des Empfängers sein kann, sondern aus dem nicht mit einem Eintritt in den Vertrag gleichzusetzenden *gesetzlichen Schuldbeitritt* des Empfängers, der die in § 421 Abs. 1 HGB geregelten Ablieferungsrechte geltend macht.[24]

---

21 198 Colo. 444, 601 P.2d 1369 (22.10.1979).

22 38 F. Supp. 2d 1233 (9.3.1999).

23 125 Fed. Supp. 137, 102 U.S.P.Q.(BNA) 183, (D. Del. 1954); s. f. 16 American Jurisprudence 2d, „Conflicts of Laws", § 93, S. 114 mit Nachweisen in Fn. 70 ff.

24 Zur Rechtsnatur des Frachtvertrags als sukzessive zum Vertrag zugunsten des Empfängers werdender

Bei einem grenzüberschreitenden Frachtvertrag ist deshalb die Frage, nach welchem Recht sich die gegen den Empfänger gerichteten Zahlungsforderungen richten, für das Kollisionsrecht gesondert von der Frage nach dem Vertragsstatut zu stellen. Zu fragen ist, welchem Recht der Schuldbeitritt des Empfängers, der als solcher nach Maßgabe des hier als lex fori zur kollisionsrechtlichen Qualifikation berufenen deutschen Rechts eine Zahlungspflicht der Klägerin kraft Gesetzes ergeben kann, unterliegen kann.[25] 30

Die Maßgeblichkeit des für den Frachtvertrag geltenden Vertragsstatuts kann insofern nicht ohne weiteres angenommen werden. Dieses bei Rechtswahl aus Art. 27 EGBGB folgende, bei Fehlen einer Rechtswahl aus Art. 28 Abs. 4 EGBGB und der dort stehenden Vermutungsregelung folgende Recht bestimmt zwar als Vertragsstatut die Pflichtenlage zwischen den Vertragsparteien (Art. 32 Abs. 1 EGBGB), Vertragspartei ist der Empfänger beim Frachtvertrag aber nicht, auch nicht mit Geltendmachung der ihm in § 421 Abs. 1 HGB eingeräumten Rechte. Seine Zahlungspflicht hat nicht einmal unmittelbaren Zusammenhang mit seiner Begünstigung, als Empfänger die Ware verlangen zu können. Wird hierin das sukzessive Entstehen eines Vertrages zugunsten des Empfängers gesehen,[26] so folgt daraus zunächst nur, dass sich dieses Bezugsrecht des in der Drittposition stehenden Empfängers noch nach dem Vertragsstatut richtet; die Begründung dafür liegt darin, dass es sich um einen aus dem Vertrag folgenden Anspruch handelt, der dem Empfänger als Drittem zugewandt ist.[27] 31

Die komplexere Situation und Regelung des Frachtvertrags und der dortigen Empfängerrechte und -verpflichtungen entspricht dieser einfachen Figur eines Vertrages zugunsten Dritter nicht. Vielmehr folgen die mit der Entgegennahme der Lieferung entstehenden Verpflichtungen, die der Frachtführer einfordert, aus der gesetzlichen Regelung. Wer als Empfänger entgegennimmt, wozu er aus dem nicht mit ihm geschlossenen Frachtvertrag nicht verpflichtet sein kann, wird kraft Gesetzes zu den dann aufgestellten Verpflichtungen herangezogen. Das ist der Fall einer gesetzlichen Verpflichtung, die zum Schuldbeitritt deshalb wird, weil die entsprechenden Zahlungsforderungen gegen den Auftraggeber des Frachtvertrages dem Frachtführer verbleiben.[28] 32

Vertrag s. BGH, NJW 1974, 1616; *Baumbach/Hopt (Merkt),* HGB, 31. Aufl. 2003, § 418, Rn. 1 m.w.N. Zur Einordnung der Zahlungsverpflichtung des Empfängers aus § 421 Abs. 2 HGB als gesetzlicher Schuldbeitritt des Empfängers s. RGZ 84, 239; 122, 225; RGZ 95, 123; ebenso *Koller*, Transportrecht, 4. Aufl. 2000, 35; *Baumbach/Hopt (Merkt)*, aaO, § 421, Rn. 3 m.w.N.

25 Zur Maßgeblichkeit der - hier deutschen - lex fori für die Qualifikation s. BGHZ 29, 137, 139; 44, 121, 124; 47, 324; aus neuerer Zeit BGH, NJW 1996, 1411, 1412; w.N. bei *Erman/Hohloch* (o. Fn. 1), Einl. Art. 3 EGBGB, Rn. 38 ff.

26 S. die Nachweise oben Fn. 24.

27 Zur Maßgeblichkeit des Vertragsstatuts für das Bezugsrecht des begünstigten Dritten s. *Erman/Hohloch* (o. Fn. 1), Art. 32 EGBGB, Rn. 7; *Mankowski,* IPRax 1996, 428.

28 Zum Entstehen eines Gesamtschuldverhältnisses bei Geltung deutschen Rechts s. die vorgenannte

b) Statut des gesetzlichen Schuldbeitritts

33 Kollisionsrechtliche Konsequenz ist, dass damit die sich aus Art. 32 Abs. 1 und 2 EGBGB ergebende Reichweite des Vertragsstatuts verlassen ist. Demgemäß entnimmt das deutsche IPR, von dem das Gericht in diesem Zusammenhang auszugehen hat, das Statut des gesetzlichen Schuldbeitritts auch nicht Art. 27, 28, 32 EGBGB, sondern stellt zunächst fest, dass eine Normierung durch den Gesetzgeber in den Art. 27 ff. und 38 ff. EGBGB nicht erfolgt ist. Eine positivierte Regelung besteht auch nicht an anderer Stelle des deutschen internationalen Schuld- und Handelsrechts. Auch eine staatsvertragliche Regelung – hier im Verhältnis zu den USA –, die Rechtsquelle sein könnte, besteht nicht. Deshalb beschränkt sich die einheitliche Aussage von Rspr. und Schrifttum zur Problematik auf die grundsätzliche Aussage, es gelte das Recht der engsten Verbindung, was so aus Art. 28 Abs. 1 EGBG entnommen werden kann, eine definitive Aussage aber nicht darstellt.[29]

34 Für die Folgerungen aus dieser Grundaussage besteht vielmehr eine einheitliche oder auch nur als überwiegende Rechtsprechungsauffassung zu kennzeichnende Meinung nicht. Vertreten wird die Maßgeblichkeit des gewöhnlichen Aufenthalts bzw. Sitzes des Empfängers,[30] aber auch eine akzessorische Bestimmung des Statuts des gesetzlichen Schuldbeitritts nach dem Statut der Erstverpflichtung.[31]

35 Die letztere Auffassung bedeutet, die Frage einer Verpflichtung des Empfängers zur Zahlung der Frachtführerforderung kraft rechtlichen und sachlichen Zusammenhangs dem Recht zu unterstellen, das für die Verpflichtungen des Auftraggebers des Frachtvertrages, also des Versenders gilt.

c) Folgerungen für den vorliegenden Fall

36 Im vorliegenden Fall würde die erste berichtete Auffassung (Anknüpfung an den Sitz bzw. den gewöhnlichen Aufenthalt) angesichts des inländischen Sitzes der Klägerin/Widerbeklagten zum deutschen Recht führen, also zur Anwendung von § 421 HGB, falls dessen Voraussetzungen vorliegen. Zum übereinstimmenden Ergebnis würde auch eine Auffassung führen, die auf die Inempfangnahme der Lieferungen im Inland abstellen würde. Hingegen würde die Auffassung des OLG Rostock (vgl. Rn. 34) dann nicht zum deutschen Recht führen, wenn Vertragsstatut der Frachtverträge zwischen der Beklagten/Widerklägerin und ihren Versendern nicht

---

Rspr. RGZ 84, 239; 122, 225; auch OLG Düsseldorf, VersR 1974, 1075.

29 S. in diesem Sinne *Staudinger/Hausmann*, Art. 33 EGBGB, Bearb. 2002, Rn. 97; *Erman/Hohloch* (o. Fn. 1), Art. 33 EGBGB, Rn. 13 (für die vertragliche Schuldübernahme kumulativer Art). Für Fallgruppenbildung auf dieser Grundlage *v. Bar,* IPRax 1991, 196 f.

30 *Erman/Hohloch* (o. Fn. 1), Art. 33 EGBGB, Rn. 13; *v. Bar* (o. Fn. 29), 198; *Reithmann/Martiny (Martiny)* (o. Fn. 1), Rn. 353; *Staudinger/Hausmann* (o. Fn. 29), Art. 33 EGBGB, Rn. 77.

31 So OLG Rostock v. 27.11.1996, IPRspr. 1996, Nr. 161 = TranspR 1997, 113 = RIW 1997, 194 für einen seerechtlichen Fall der Abladerhaftung.

das deutsche Recht, sondern ein anderes Recht, hier etwa ein Recht aus den USA, wäre. Insoweit kann wiederum die Anwendbarkeit des WA dahinstehen, da dieses Verpflichtungen des Empfängers auf Zahlung von Frachtführerkosten nicht regelt; wesentlich ist dann, ob das – nichtdeutsche – Vertragsstatut, dem der Vertrag ansonsten untersteht, solche Drittverpflichtungen ähnlich der Regelung des § 421 HGB kennt. Gilt für die Verträge der Beklagten/Widerklägerin mit ihren Versendern mit Absendeort in den USA das bzw. ein Recht der USA, muss dieses Recht die Frage der Empfängerhaftung im Sinne der Widerklage regeln.

Folgt das Gericht dem Gutachten bis hierher, hat es zu entscheiden, ob es die Zahlungsverpflichtung eines Empfängers von Frachtlieferung nach dem Recht seines gewöhnlichen Aufenthaltes bzw. Sitzes in Heranziehung von Art. 28 Abs. 1 EGBGB beurteilt oder mit der anderen Auffassung das Recht des Vertragsverhältnisses auch auf die Dritthaftung durchgreifen sieht. Letztere Auffassung scheint zunächst nicht unplausibel zu sein, hinzuweisen ist freilich darauf, dass es einen kollisionsrechtlichen Grundsatz nicht gibt, dass bei einem Gesamtschuldverhältnis die später entstehende Schuld dem Recht der vorherigen Schuld unterstehen muss; hinzuweisen ist auch darauf, dass z.B. die Bürgschaftsverpflichtung als übernommene akzessorische Verpflichtung nicht wie die Hauptverbindlichkeit angeknüpft werden muss, sondern ihr eigenes Statut gemäß Art. 28 Abs. 2 EGBGB hat. Beides lässt in meiner Sicht der Anknüpfung an den gewöhnlichen Aufenthalt des Beitretenden den Vorzug geben; dafür spricht auch, dass der Frachtbrief an seinem Geschäftssitz erstmals präsentiert wird und der Bezug zum Recht des Frachtverhältnisses gering ist. Folgt das Gericht dieser Erwägung, hat es eine Zahlungsverpflichtung der Klägerin für ausstehende Frachtkosten und Versandscheingebühren nach deutschem Recht zu beurteilen; im anderen Falle ist die Prüfung nach dem Recht des Frachtverhältnisses, also einem Recht aus den USA, vorzunehmen. 37

4. Ergebnis

Ergebnis der Prüfung zu Beweisfrage 1 ist, dass nach den hier in Betracht kommenden Rechten aus den USA eine Rechtswahl zugunsten des Rechts des Absendeortes zulässig und wirksam ist, auch wenn sie formularmäßig in AGB des Frachtführers geschieht. Zusätzlich ist darauf hinzuweisen, dass das so bestimmte Recht die Empfängerverbindlichkeiten nicht zwingend mitumfasst; aus meiner Sicht verdient insoweit die Anwendung des Rechtes des Sitzes/gewöhnlichen Aufenthaltes des Empfängers den Vorzug. 38

III. Zu Frage 2: „Ist es nach norwegischem Recht möglich, Vereinbarungen darüber, welches nationale Recht auf einen Vertrag anzuwenden sein soll, in allgemeinen Geschäftsbedingungen zu treffen?"

1. Ausgangspunkt der Beantwortung

39 Ausgangspunkt der Beantwortung dieser Frage des Gerichts ist wiederum das für das Gericht maßgebliche deutsche Internationale Privatrecht, das für Beförderungsverträge auch im Verhältnis zu Norwegen in Art. 27, 28 EGBGB seine Rechtsgrundlage hat. Vorrangiges Staatsvertragsrecht kollisionsrechtlichen Inhalts besteht im Verhältnis zwischen Deutschland und Norwegen nicht. Im Verhältnis zu Norwegen gilt das Einheitsrecht des WA, dessen Geltungszustand und dessen möglicher Geltungsumfang für den vorliegenden Sachverhalt bereits oben dargelegt worden ist. Hierauf kann hier verwiesen werden.[32]

2. Wirksamkeit der getroffenen Rechtswahl

a) Antezipierte Maßgeblichkeit des Vertragsstatuts

40 Auch für die jetzige, das Verhältnis zu Norwegen betreffende Beweisfrage gilt hinsichtlich der Maßgeblichkeit des Vertragsstatuts, das gemäß Art. 27 Abs. 4 EGBGB über die zu seiner Maßgeblichkeit führende Rechtswahl zu befinden hat, was im Gutachten oben zu Beweisfrage 1 ausgeführt worden ist. Auf die dortigen Ausführungen kann deshalb verwiesen werden; die Verweisung gilt auch für die dortigen Ausführungen zu Art. 11 und 31 EGBGB, auf die in Art. 27 Abs. 4 EGBGB verwiesen ist. Auch im Verhältnis zu Norwegen, in dem insoweit keine anderen vorrangigen Regelungen gelten, besteht keine über Art. 11 und 31 EGBGB erheblich werdende Form- und Zustandekommensproblematik.[33]

---

[32] Zum Fehlen vorrangigen Staatsvertragsrechts s. die Fehlanzeigen bei *Erman/Hohloch* (o. Fn. 1), Vor Art. 27 EGBGB, Rn. 4 m.w.N.; *Jayme/Hausmann,* Internationales Privat- und Verfahrensrecht, 12. Aufl. 2004, 151. Das Römer Übereinkommen über das auf vertragliche Schuldverhältnisse anzuwendende Recht vom 19.6.1980, BGBl. 1986 II, 810, gilt als EG-Übereinkommen ohnehin im Verhältnis zu Norwegen als Nicht-EG-Staat nicht, s. *Erman/Hohloch* (o. Fn. 1), Vor Art. 27 EGBGB, Rn. 2 und 3.

[33] S. dazu schon Rn. 13 des Gutachtens (zu Art. 27 Abs. 4 EGBGB); Rn. 15 des Gutachtens (zu den in Art. 27 Abs. 4 EGBGB genannten Regelungen für die Form und das zur Korrektur berufene Umweltrecht).

b) Standpunkt des norwegischen Rechts

aa) Rechtsquelle

Norwegen hat kein umfassend kodifiziertes Internationales Privatrecht. Gesetzliche Regelung haben lediglich Einzelaspekte gefunden; für den grenzüberschreitenden Transportvertrag jeglicher Einordnung (Frachtvertrag wie Speditionsvertrag, Straßentransport oder Lufttransport) fehlt eine Kollisionsregelung im norwegischen Recht.[34] 41

Soweit das Einheitsrecht des Warschauer Abkommens Kollisionsregeln enthält, sind diese hier nicht einschlägig. Ich kann insoweit wiederum auf die vorstehenden Ausführungen zum US-Recht verweisen.[35] 42

Im norwegischen Recht besteht derzeit auch keine allgemeine Kollisionsregel für die Anknüpfung von vertraglichen Schuldverhältnissen, die für Beförderungsverträge herangezogen werden könnte. Norwegen ist, da es der EG/EU nicht angehört, nicht Vertragsstaat des Römer EG-Übereinkommens über das auf vertragliche Schuldverhältnisse anzuwendende Recht vom 12.6.1980 – EVÜ –, das im Inland den staatsvertraglichen Hintergrund der Art. 27 ff. EGBGB bildet.[36] 43

Eine geschriebene Kollisionsnorm besteht für Teilbereiche des Kaufvertragsrechts, sie findet aber naturgemäß keine unmittelbare Anwendung auf andere als kaufvertragliche Schuldverhältnisse. 44

S. die Regelung in § 3 des Gesetzes über das internationale Privatrecht des Warenkaufs (Lov om mellomfolkeleg-privatrettslege reglar for lausøyrekjøp Nr. 1/3. April 1964.[37] Die Regelung lautet:

„Kjøpet står under rettsreglane i det landet som kjøpar og seljar har avtala med reine ord eller som på annan måte går klårt fram av avtalen."	Der Kauf untersteht dem Recht des Landes, das Käufer und Verkäufer mit klaren Worten vereinbart haben oder dem Recht, das auf andere Weise aus dem Vertrag hervorgeht.

---

[34] Vgl. zum Internationalen Privatrecht Norwegens in deutscher Sprache nur die knappen Bemerkungen bei *Ring/Olsen-Ring,* Einführung in das skandinavische Recht, 1999, 255 ff.; älter *Beckmann*, RabelsZ 25 (1960), 496; *Frisch,* Das internationale Schuldrecht der nordischen Länder im Vergleich zu dem europäischen Übereinkommen über das auf Schuldverträge anwendbare Recht, 1985; *Gjelsvik/Wolgast*, Das internationale Privatrecht in Norwegen, 1918/1936. In norwegischer Sprache *Lundgaard,* Gaarders innføring i Internasjonal Privatrett, 3. Aufl. 2000, 231 ff.; *Knoph*, Oversikt over Norges Rett, 12. Aufl. 2004, 786 ff.

[35] S. insoweit oben Rn. 8 ff., 12 ff. des Gutachtens, dort jeweils mit Nachweisen.

[36] Vgl. oben Rn. 39 (Fn. 32) des Gutachtens; zum Verhältnis des EVÜ zu Art. 27 ff. EGBGB s. noch *Erman/Hohloch* (o. Fn. 1), Vor Art. 27 EGBGB, Rn. 1 und 2 m.w.N.

[37] Abgedruckt in *Norges Lover* (Gesetze Norwegens) 1687-1999, Oslo 2000, 824.

45 Im vorliegenden Fall, in dem es um Regelung von Beförderungsverhältnissen geht, kommt die Norm also auch nicht unmittelbar in Betracht. Zu rekurrieren ist deshalb auf gewohnheitsrechtlich gebildete Regeln, mit denen das norwegische Internationale Privatrecht überall dort arbeitet, wo gesetzlich fundiertes oder staatsvertraglich geschaffenes Internationales Privatrecht nicht besteht.[38]

bb) Rechtswahl durch die Parteien

46 Gewohnheitsrechtlich abgesicherte Kollisionsregel für den Bereich der vertraglichen Schuldverhältnisse ist auch im norwegischen IPR heute die grundsätzlich freie Rechtswahl der Vertragsparteien. Freie Rechtswahl gilt damit über den oben genannten, gesetzlich geregelten Fall des § 3 des Gesetzes für internationale Kaufverträge hinaus, und ist in diesem Bereich außerhalb des Kaufrechts ebenso gewohnheitsrechtlich abgesichert. Parteiautonome Rechtswahl hat Vorrang vor sekundären Anknüpfungen wie der Maßgeblichkeit des hypothetischen Parteiwillens und vor Anknüpfungen an den Schwerpunkt des Vertrages, ggf. auch an den Abschlussort eines Vertrages.[39]

47 Die Rechtswahl ist grundsätzlich frei; begrenzt ist sie durch den Ordre public und die Sonderanknüpfung zwingender Bestimmungen des norwegischen Rechts, wenn diese sich gegenüber einem gewählten anderen Recht durchsetzen wollen.[40]

cc) Rechtswahlfreiheit im Beförderungsvertragsrecht

48 Die Rechtswahlfreiheit gilt, wie dargelegt, grundsätzlich im gesamten norwegischen Vertragsrecht. Sie gilt auch im Bereich handelsrechtlicher Vertragstypen wie den verschiedenen Erscheinungsformen des Transportvertrags.[41]

49 Das norwegische Recht hat keine eigenständige handelsrechtliche Kodifikation und nimmt eine dogmatische Trennung zwischen Zivil- und Handelsrecht auch

---

[38] S. zu dieser Arbeitsweise in Norwegen auf deutsch *Ring/Olsen-Ring* (o. Fn. 34), 256; auf norwegisch *Lundgaard* (o. Fn. 34), 239 ff.; *Knoph* (o. Fn. 34), 790; insoweit richtig auch *Frisch* (o. Fn. 34), 116 f. m.w.N. auf Rspr. und Literatur.

[39] S. *Frisch* (o. Fn. 34), 17 ff.; *Knoph* (o. Fn. 34), 790; *Lundgaard* (o. Fn. 34), 242; daselbst w.N. Ebenso *Thue,* Internasjonal privatrett, 2002, 176 ff. zum Ordre public; zu den sekundären Anknüpfungen (hypothetischer Parteiwille, Heimatrecht, Massenverträge, die dem Recht des Sitzes des Anbieters folgen, s. *Lundgaard* (o. Fn. 34), 246 mit Nachweisen zur norwegischen Rechtsprechung.

[40] S. in Bezug auf die kaufrechtliche Regelung des § 3 des Gesetzes über internationale Kaufverträge *Lundgaard* (o. Fn. 34), 241; zum norwegischen materiellen Kaufrecht im Verhältnis zum internationalen Kaufrecht *Kjelland,* Das neue Kaufrecht der nordischen Länder im Vergleich mit dem Wiener Kaufrecht und dem deutschen Kaufrecht, 2000 (= Diss. Freiburg 1999), 12 ff.

[41] Die objektive Anknüpfung wird bei Transportverträgen, wenn Rechtswahl fehlt, grundsätzlich an den Sitz des Transportunternehmers vorgenommen, s. *Lundgaard* (o. Fn. 34), 246 f., insbesondere bei formularmäßig gefassten Verträgen oder Massenverträgen.

kaum vor. Die Regelung der Transportverträge geschieht bislang auf der Grundlage von einzelnen Gesetzen, die den Straßengütertransport, den Transport durch die Luft und andere Beförderungsarten einzelgesetzlich und jeweils nicht vollständig regeln.[42]

Kollisionsnormen enthalten diese Gesetze grundsätzlich nicht, jedenfalls nicht für die hier interessierende Frage der Rechtsanwendung auf Zustandekommen und Inhalt eines solchen Vertrages. Gleichwohl gilt auch in diesem Vertragstypenbereich im Grundsatz Rechtswahlfreiheit. Die Vertragsparteien können dort, wo nicht z.B. zwingendes international vereinheitlichtes Recht zur Anwendung zu kommen hat und das nationale Beförderungsrecht verdrängt, das anzuwendende Recht wählen. Dies gilt auch bei Beförderung von Gütern durch die Luft.[43] 50

Eine im deutschen Sekundärschrifttum zu findende abweichende Interpretation, die das Lufttransportrecht als zwingend ansieht,[44] ist insoweit nicht richtig. Verkannt wird hier, dass für den Bereich des Lufttransportes gewiss Regelungen des Warschauer Abkommensrechts auf dem Gebiet der Haftung oder auch der Verjährung zwingenden Charakter haben, dass dies aber nicht für den Gesamtbereich wie das Zustandekommen, die Wirksamkeit oder die sachliche oder persönliche Reichweite des Vertrages gilt. Insofern besteht nationales Recht, das auch den Beförderungsvertrag mit grenzüberschreitendem Charakter regelt und dessen Anwendbarkeit kollisionsrechtlich auf der Basis der Rechtswahlfreiheit geregelt werden kann.[45] 51

Für den vorliegenden Fall ergibt sich daraus, dass die Parteien des Beförderungsvertrages mit dem Absendeort O. den Vertrag aus der Sicht des norwegischen Rechts dem norwegischen Recht unterstellen konnten. Eine vertragliche Rechtswahl ist auf der Basis norwegischen Rechts zulässig und wirksam zu treffen. 52

dd) Rechtswahl in Allgemeinen Beförderungsbedingungen des Beförderers

Es stellt sich im Zusammenhang der vorliegenden Beweisfrage dann noch die Frage nach der Wirksamkeit einer in Beförderungsbedingungen des Beförderers enthaltenen Rechtswahlklausel zugunsten der Maßgeblichkeit des (hier in Norwegen liegenden) Absendeortes. Da Norwegen kein ausgebautes gesetzliches Interna- 53

---

42 S. hierzu auf deutsch *Ring/Olsen-Ring* (o. Fn. 34), 88 f.; *Wegdell*, Die nationalen skandinavischen Straßengütertransportrechte und die Haftung des Spediteurs nach schwedischem, norwegischem, finnischem und dänischem Recht, 1996, 99 ff.; aus der norwegischen Lit. *Knoph* (o. Fn. 34), 456 f.

43 S. zur grundsätzlichen Rechtswahlfreiheit für alle Vertragstypen *Lundgaard* (o. Fn. 34), 243 f.

44 S. *Frisch* (o. Fn. 34), 255: „in allen skandinavischen Ländern gelten […] Luftfahrtgesetze, die im wesentlichen übereinstimmen. Dort ist die Parteiautonomie ausdrücklich ausgeschlossen. Die Luftfahrtgesetze […] beruhen auf dem Warschauer Abkommen und dem Ergänzungsabkommen."

45 S. dazu schon den Abdruck des - heute so nicht mehr geltenden - § 148 des Luftfahrtgesetzes von 1960, der bei *Frisch* (o. Fn. 34), 272, im dortigen Anhang zitiert ist. Die Rechtswahl ist danach nur für den Bereich der Schadenshöhe und anderer Schadensfragen, die dem WA unterliegen, eingeschränkt. Für den vorliegenden Zusammenhang ergibt sich daraus keine Einschränkung.

tionales Schuldvertragsrecht hat, besteht konsequent auch keine Kollisionsnorm für die grenzüberschreitende Handhabung von AGB. Eine Kollisionsnorm dafür enthält auch das Gesetz über den internationalen Kauf nicht. Gleichwohl aber gilt auch aus norwegischer Sicht, dass das Vertragsstatut über das Zustandekommen des Vertrages zu befinden hat; das Vertragsstatut, also das norwegische Recht in diesem Falle, regelt dann, unter welchen Voraussetzungen eine Rechtswahlklausel über die Einführung von AGB in den einzelnen Vertrag zum Vertragsinhalt und damit für die Vertragsparteien verbindlich wird.[46]

54 Das so berufene norwegische Recht enthält aber nur eine am Verbraucherschutz orientierte, teilweise gesetzliche Regelung des Rechts der AGB für den Bereich des Verbraucherkaufs.[47]

55 Diese Regelung ist hier nicht einschlägig und kann beiseite bleiben. Darüber hinaus aber hat das norwegische Recht – im Wesentlichen in der Gerichtspraxis – Grundsätze für die Handhabung von AGB entwickelt, die vielfach denen des deutschen Rechts sachlich entsprechen: Allgemeine Vertragsbedingungen sind grundsätzlich nur dann wirksam, wenn sie dem Vertragspartner vor Vertragsabschluss mündlich oder schriftlich zur Kenntnis gebracht worden sind. Sind die Bedingungen auf der Rückseite eines Vertrages oder in ähnlicher Weise unauffällig ausgewiesen, bedarf es eines deutlichen Hinweises auf sie. Gehen die allgemeinen Vertragsbedingungen aus anderen Unterlagen als dem eigentlichen Vertragsdokument hervor, so reicht in der Regel eine deutliche „Referenzklausel", die im Vertragstext auf die allgemeinen Vertragsbedingungen verweist, für die Einbeziehung aus. Sind die allgemeinen Vertragsbedingungen im konkreten Fallzusammenhang besonders überraschend oder für den anderen Vertragsteil belastend, sind sie nur dann Vertragsbestandteil, wenn sie letzterem wirklich zur Kenntnis gebracht worden sind oder wenn letzterer sie kennen musste. Die Praxis verlangt dann regelmäßig die Übergabe eines vollständigen Exemplars der AGB an diesen Vertragsteil.[48]

56 Darüber hinaus kennt das norwegische Recht auch eine „Inhaltskontrolle" an Treu und Glauben, die die Gerichte zur Abänderung, Anpassung oder zur Erklärung der Unwirksamkeit einer unbilligen Vertragsklausel ermächtigt.[49]

57 Bei diesen Ausführungen zur allgemeinen Behandlung von AGB kann ich es hier belassen. Rechtswahlklauseln können auf dieser Grundlage in AGB eines Ver-

---

[46] Zum Geltungsumfang des Vertragsstatuts nach norwegischem Recht s. *Lundgaard* (o. Fn. 34), 248 f.

[47] S. zur - ggf. zum norwegischen Recht des norwegischen Verbrauchers führenden - Kollisionsregelung insoweit *Lundgaard* (o. Fn. 34), 257 f.; s. weiter *Kjelland* (o. Fn. 40), 161, 171.

[48] S. dazu etwa - auf deutsch - *Ring/Olsen-Ring* (o. Fn. 34), 74 f.; auch noch *Sauerteig*, Das Recht der AGB in Norwegen, Schweden und Dänemark, 1972, 17 ff. m.w.N.; *Kausche*, Die allgemeinen Geschäftsbedingungen im skandinavischen Recht. Eine vergleichende Darstellung, 1971, 40 ff.

[49] Sie hat ihre Rechtsgrundlage in §§ 36, 37 des Vertragsgesetzes Norwegens (Lov om avslutning av avtaler, om fuldmagt og om ugyldige viljeserklæringer - Avtalsloven -, Gesetz vom 31.5.1918 Nr. 4 mit späteren Änderungen.

wenders grundsätzlich enthalten sein. Sie werden mit den AGB auf der Basis der vorstehend beschriebenen Einbeziehungsregelung Vertragsbestandteil und schaffen so eine kollisionsrechtliche Grundlage für die Anwendung der durch sie berufenen Rechtsordnung. Überraschenden Charakter haben sie bei grenzüberschreitenden Beförderungsverträgen nicht, insbesondere dann nicht, wenn die Parteien des Vertrages im Geschäftsverkehr handelnde Vertragsparteien sind. Wird in der Rechtswahlklausel das Recht des Absendeortes berufen, an den im internationalen Beförderungsverkehr verbreitet angeknüpft wird, sei es durch entsprechende Rechtswahl, sei es, dass der Absendeort die primäre objektive Anknüpfung ergibt, dann ist die Klausel für das norwegische AGB-Recht auch inhaltlich bedenkenfrei. Ergebnis ist dann, dass aus der Sicht des norwegischen Rechts durch AGB-Regelung und Einbeziehung in den konkreten Beförderungsvertrag dieser Vertrag im Verhältnis zwischen seinen Vertragsparteien dem Recht des Absendeortes unterstellt werden kann. Liegt der Absendeort – hier O. – in Norwegen, ist die Rechtswahlklausel zugunsten des norwegischen Rechts ohnehin inhaltlich nicht problematisch und wirksam.

3. Umfang der Rechtswahl

Die über die Rechtswahlklausel getroffene Rechtswahl regelt das auf den Vertrag anwendbare Recht zwischen den Parteien. Umfang und Reichweite des so geschaffenen Vertragsstatuts ergibt sich in einem vor einem deutschen Gericht anhängigen Verfahren wieder aus Art. 32 EGBGB. Erfüllungsansprüche zwischen den Parteien wie Sekundäransprüche nach Leistungsstörung unterliegen dann dem Vertragsstatut, ebenso ggf. Leistungsrechte und Bezugsrechte eines durch den Vertrag begünstigten Dritten. Ob Ansprüche eines Vertragspartners gegen diesen Dritten auch noch dem Vertragsstatut unterliegen, hängt von der oben bei Frage 1 behandelten Qualifikation dieser Ansprüche ab. Geht es um Ansprüche des Frachtführers gegen den Empfänger, liegen, wie oben dargestellt, „vertragliche Ansprüche", die unter das Vertragsstatut fallen, nicht zwingend vor. Dann hat, wie oben dargestellt, das Vertragsstatut insoweit auch keinen zwingenden Geltungsanspruch.[50] 58

Auch in dem hier behandelten Fall mit dem Absendeort O. hat sich also das Gericht ggf. mit meinem Vorschlag für eine Sonderanknüpfung dieser Ansprüche gegen den Empfänger entsprechend Art. 28 Abs. 1 EGBGB an den gewöhnlichen Aufenthalt oder den Ort der Inempfangnahme zu entscheiden, was wiederum zur möglichen Anwendung von § 421 HGB führen würde, oder das Gericht knüpft „akzessorisch" an und verbleibt dann auch für die Ansprüche gegen den nicht zur Vertragspartei gewordenen Empfänger beim – hier norwegischen – Vertragsstatut. Meine Präferenz für die erstgenannte Auffassung habe ich oben zu Beweisfrage 1 zu begründen gesucht. Hierauf wird verwiesen. 59

---

[50] S. oben Rn. 29 - 37.

4. Ergebnis

60 Als Ergebnis ist für die Beweisfrage 2 festzuhalten, dass nach norwegischem Recht Rechtswahl bei Beförderungsverträgen zulässig und wirksam ist. Eine Rechtswahlklausel kann auch in Allgemeinen Geschäftsbedingungen enthalten sein und mit Einbeziehung der AGB Bestandteil des Vertrags werden, dies jedenfalls dann, wenn norwegisches Recht als Recht des Absendeortes vereinbart wird. Das so vereinbarte Vertragsstatut erfasst aber einen Anspruch des Frachtführers gegen den Empfänger auf Zahlung von Frachtkosten nicht zwingend, wenn dieser Anspruch sich nicht als vertraglicher Anspruch qualifizieren lässt. Beruht der Anspruch auf Gesetz, ist er gesondert anzuknüpfen; nach hier vertretener Auffassung unterliegt er dann dem deutschen Recht, wenn die Inempfangnahme des Frachtguts im Inland geschieht. Auf die Anwendbarkeit von § 449 Abs. 3 HGB kommt es dabei nicht an.[51]

IV. Zu Frage 3:
„Gibt es im amerikanischen Recht eine dem § 421 HGB entsprechende Regelung; ist insbesondere der Empfänger der Sendung auch dann noch zur Zahlung der Fracht verpflichtet, wenn ihm die Ware ohne Geltendmachung eines Zahlungsverlangens ausgeliefert wurde und sich aus dem Frachtbrief die Höhe der zu zahlenden Fracht nicht ergibt?"

1. Ausgangspunkt

61 Frage 1 des Gerichts ist in dem Sinne positiv beantwortet worden, dass ein Frachtvertrag wirksam durch eine in den Beförderungsbedingungen des Frachtführers enthaltene Rechtswahlklausel dem US-amerikanischen Recht, d.h. dem im bundesstaatlichen System der USA maßgeblichen Recht unterstellt werden kann, wenn der Absendeort in den USA liegt. Ich habe bei Beantwortung von Frage 1 außerdem darauf hingewiesen, dass die Zahlungshaftung des Empfängers nicht zwingend auf einem vertraglichen, dem Vertragsstatut unterstehenden Anspruch des Frachtführers beruht und gesondert angeknüpft werden sollte.[52]

62 Die nachfolgenden Ausführungen werden für den Fall gemacht, dass das Gericht nicht der von mir befürworteten Auffassung, sondern der in einer Gerichtsent-

---

[51] § 459 Abs. 3 HGB regelt nicht die Fragen der Empfängerhaftung, s. zum Anwendungsbereich der Sonderanknüpfung zugunsten des inländischen Rechts, die sich aus der Verweisung in Absatz 3 auf den Inhalt der Absätze 1 und 2 ergibt, *Koller* (o. Fn. 24), § 449 Rn. 69; *Baumbach/Hopt (Merkt)* (o. Fn. 24), § 449, Rn. 3. Auf die Unabdingbarkeit von § 449 Abs. 3 HGB (s. dazu *Basedow,* TranspR 1998, 62) kommt es deshalb insoweit nicht an.

[52] S. oben Rn. 8 ff. des Gutachtens (zur Rechtswahl) und Rn. 29 ff. des Gutachtens (zur Anknüpfung der Empfängerhaftung).

scheidung anklingenden Mindermeinung folgt, die das Vertragsstatut maßgeblich sieht.

2. Rechtslage nach US-amerikanischem Recht

a) Rechtsquellen

Im vorliegenden Fall geht es um die Rechtslage bei Durchführung einer Güter- 63
beförderung aus den USA nach Deutschland. Bei den Ausführungen oben zu Frage 1 ist schon dargelegt worden, dass die rechtliche Regelung teilweise dem internationalen Einheitsrecht für die Güterbeförderung durch die Luft auf der Basis des Warschauer Abkommens unterliegen kann.[53]

Da das Einheitsrecht des WA aber lückenhaft ist und die Haftung des Empfän- 64
gers des Beförderungsguts für Frachtzahlungsansprüche des Beförderers nicht umfasst, ist in diesen Punkten eines Beförderungsverhältnisses ungeachtet der ansonsten ggf. einschlägigen Regelungen des internationalen Einheitsrechts auf das kollisionsrechtlich maßgebliche Recht abzustellen. Ist dieses, wie hier auf der Basis der eben zu 1. gemachten Ausführungen unterstellt, das Recht der USA, ist weiter zu beachten, dass das Transportrecht in den USA nicht einheitlich durch Bundesrecht *(federal law)* geregelt ist, der Transportvertrag selbst vielmehr, was sein Zustandekommen und seine Reichweite anlangt, dem maßgeblichen einzelstaatlichen Recht *(state law)* unterliegt.[54]

Allerdings ist dieses einzelstaatliche Recht heute innerhalb der USA jedenfalls 65
in den hier wesentlichen Aspekten der Ansprüche des Beförderers *(carrier)* gegen den Versender wie den Empfänger des Beförderungsgutes auf der Basis der Geltung „inneramerikanischen Einheitsrechts“ *(uniform law)*, das im Wesentlichen gleichförmig in den Einzelstaaten in Kraft gesetzt worden ist, weitgehend einheitlich. Rechtsquelle ist insoweit die einzelstaatlich umgesetzte Fassung des *Uniform Commercial Code* (UCC), der Vereinheitlichung des wirtschaftsrelevanten Vertragsrechts bewirkt hat.[55]

---

[53] Zur Frage, welche Fassung des Einheitsrechts im Verhältnis zu den USA heute Geltung hat, s. die Hinweise oben Fn. 1 des Gutachtens.

[54] Zur Kompetenzverteilung im Gebiet der hier zu erörternden „commercial transactions“, d.h. wesentlicher Teile des Rechts des Handelsverkehrs, s. einführend *Reimann,* Einführung in das US-amerikanische Privatrecht, 1997, 213 ff. Ausführlich die Darstellung in American Jurisprudence 2d Bd. 13 (St. Paul 2000) „Carriers“ (Vor dem Inhaltsverzeichnis), S. 397 f.

[55] Einführend dazu in deutscher Sprache *Reimann* (o. Fn. 54), 213 ff.; auch *Hay* (o. Fn. 15), S. 6, Rn. 18. Der Text des UCC ist in Buchform mit Kommentierung zugänglich etwa als Uniform Commercial Code - Official Text 1990, 12. Aufl. 1990 ff., mit Kurzkommentierung und Übersicht über die Quellenlage; auch *Anderson* on the Uniform Commercial Code, 3. Aufl. 1985 ff. Im Internet zugänglich z.B. über das System von Westlaw.

66 Das Transportrecht ist von den Regelungen des UCC eben in den Aspekten der Ablieferung des Transportgutes durch den Transporteur und der Abgabe der Begleitpapiere erfasst. Insofern enthält der UCC auch die Regelung der bei Ablieferung des Transportguts mit oder ohne Papiere entstehenden Ansprüche des Transporteurs gegen den Empfänger wie den Absender des Transportguts. Enthalten ist diese Regelung in Artikel 7 *„Warehouse receipts, bills of lading and other documents of title"* des UCC.[56]

67 UCC § 7-101 gibt dem Regelungsabschnitt des Artikel 7 den Kurztitel *(short title) „Uniform Commercial Code – Documents of Title";* UCC § 7-102 ist Definitionsnorm und definiert die in diesem Regelungsabschnitt wesentlichen Rechtsbegriffe wie „Beförderer" oder „Empfänger" und andere.

Der Beförderer heißt im US-amerikanischen Transportrecht üblicherweise *carrier*; im Kontext des UCC § 7 geht es um den dokumentenbegleiteten Warentransport, der dem Beförderer *(carrier)* auf vertraglicher Grundlage anvertraut ist. Der Beförderer hat während des Beförderungsvorgangs üblicherweise Besitz *(possession)* an dem Beförderungsgut und heißt deshalb in UCC § 7-102 (1) a) *bailee*, etwa berechtigter unmittelbarer Fremdbesitzer auf Zeit. Er verpflichtet sich im Transportvertrag zur Ablieferung der Ware an den Empfänger (meist: *consignee*).

68 Die Folgebestimmungen der Teile 2 und 3 von UCC § 7 regeln Rechtscharakter und Formfragen für die Dokumente, Teil 4 *(„Part 4")* befasst sich mit den Verpflichtungen der am Beförderungsverhältnis Beteiligten.[57]

69 Wesentlich ist hiervon im vorliegenden Zusammenhang die Regelung von UCC § 7-403, die die Ablieferungsverpflichtung des Beförderers betrifft. Hier befindet sich auch die Regelung, wann und unter welchen Voraussetzungen der Beförderer Zahlung vom Empfänger verlangen kann, d.h. Zahlung seines ihm zustehenden Beförderungsentgelts und / oder Zahlung des vom Empfänger zu zahlenden und durch den Beförderer ggf. an den Versender weiterzuleitenden Kaufpreises.

70 UCC § 7-403 *(Obligation of warehouseman or carrier to deliver; excuse)* lautet, soweit hier erheblich:

UCC § 7-403 (Obligation of warehouseman or carrier to deliver; excuse)	*Deutsch:*
„(1) The bailee must deliver the goods to a person entitled under the document who complies with subsections (2) and (3), unless and to the	(1) Der Besitzer hat die Güter an eine kraft des Warendokuments berechtigte Person abzuliefern, die die Voraussetzungen der Absätze 2 und 3

[56] Abgedruckt mit Register und „Comments" bei *Anderson* (o. Fn. 55), Band 7, 3. Aufl. 1985 ff., §§ 4-202 bis 7-603.

[57] S. den jeweiligen Textabdruck mit Comments und weiteren Nachweisen bei *Anderson* (o. Fn. 55), 445 ff.

extent that the bailee establishes any of the following:	der Vorschrift erfüllt, außer und unter der Voraussetzung, dass der Besitzer einen der folgenden Fälle erfüllt:
a) delivery of the goods to a person whose receipt was rightful as against the claimant;	a) Ablieferung der Güter an eine Person, deren Empfangsbescheinigung für den Anspruchsteller Wirkung hat;
b) – g) […]	b) - g) […] (hier ohne Bedeutung)
(2) A person claiming goods covered by a document of title must satisfy the bailee's lien where the bailee so requests or where the bailee is prohibited by law from delivering the goods until the charges are paid.	(2) Eine Person, die die Ablieferung von Gütern, die mit einem Warendokument versehen sind, verlangt, hat das Zurückbehaltungsrecht des Besitzers zu befriedigen, wenn der Besitzer dies verlangt oder wenn der Besitzer durch das Recht gehindert ist, die Güter vor Begleichung der Kosten auszuliefern.
(3) Unless the person […]	(3) […] (hier ohne Bedeutung)
(4) „Person entitled under the document" means the holder in the case of a negotiable document, or the person to whom delivery is to be made by the terms of or pursuant to written instructions under a non-negotiable document."	(4) „Person, die gemäß Dokument berechtigt ist" meint den Inhaber eines übertragbaren Warendokuments oder die Person, an die die Ablieferung nach den Bestimmungen eines nicht übertragbaren Dokuments oder in Gemäßheit zu schriftlichen Anweisungen unter einem solchen Dokument zu geschehen hat.

Da der UCC modellhaft *uniform law* enthält, das einzelstaatliche Geltung erst durch Einführung der Regelung in das einzelstaatliche Recht erhält,[58] kommt es für die Geltung der für den vorliegenden Sachverhalt erheblichen Regelung des UCC § 7-403 noch darauf an, dass die Staaten der hier gegebenen Absendungsorte M., D., Wo. und Wi. (New York, Colorado, Maryland, Delaware) die Bestimmung in ihr jeweiliges Recht eingeführt haben. Dem ist auch so. 71

In Colorado gilt die Bestimmung als „CRS 1973 § 4-7-403", in Delaware als „6 Del Code § 7-403", in Maryland als „Md UCC § 7-403" und in New York als „NY UCC § 7-403".[59]

Colorado und Delaware haben bei der Übernahme der Modellnorm den als „optional provision" vorgesehenen Klammerzusatz in UCC § 7-403 (1) b) weggelassen, Maryland hat ihn ebenso wie New York mit in das eigene Recht übernommen. 72

---

58 S. dazu nur *Reimann* (o. Fn. 54), 215.

59 S. den Nachweis dazu bei *Anderson* (o. Fn. 55), 574 (§ 7-403:2 Local Statutory Citations and Variations).

Erheblich wird er im Falle der Haftung des Beförderers bei Verlust oder Beschädigung des Gutes. Um Fragen dieser Art geht es im vorliegenden Sachverhalt nicht; es kann deshalb für den weiteren Fortgang des Gutachtens davon ausgegangen werden, dass UCC § 7-403 in allen hier fraglichen einzelstaatlichen Rechten Geltung hat.[60]

73 Also kann für den weiteren Fortgang der Ausführungen von einer grundsätzlich einheitlichen Rechtslage in den hier betroffenen Staaten der USA ausgegangen werden. Das vereinfacht den weiteren Fortgang des Gutachtens.

b) Zahlungshaftung des Empfängers

74 Die Zahlungshaftung des Empfängers bei Ablieferung der Ware, die durch ein Dokument wie einen Frachtbrief begleitet ist, regelt UCC § 7-403 (2) und (3). Die Regelung ist auf der Grundlage der Ablieferungspflicht des Beförderers im Einklang mit den Bestimmungen des Lieferdokuments zu sehen. Insoweit gilt grundsätzlich, dass der Beförderer die Güter, die durch ein Begleitpapier begleitet sind, an den im Papier Bezeichneten oder ggf. auch an den Inhaber des Papiers abzuliefern hat. Gemäß der Regelung im Unterabschnitt (2) von UCC § 7-403 hat derjenige, der Ablieferung des Beförderungsguts beansprucht, diejenigen Kosten der Beförderung zu bezahlen, die der Beförderer kraft Gesetzes für die Beförderung des Guts zu beanspruchen hat und für die der Beförderer als Besitzer *(bailee)* durch sein „Zurückbehaltungsrecht“ *(lien)* an dem Gut gesichert ist.[61]

75 Aus der Regelung des Unterabschnitts (2) ergibt sich aber auch, dass eine Zahlungspflicht ohne Anforderung der Zahlung bei Ablieferung nicht entsteht. Der Empfänger *(claimant)* muss nicht Ablieferung gegen Zahlung der Frachtkosten anbieten, er kann sich folglich auf sein Ablieferungsverlangen beschränken.[62]

76 Lediglich im Sinne einer Ausnahme ist der Empfänger, der Ablieferung verlangt, zur Zahlung der Beförderungskosten ohne Anforderung des Beförderers bei Ablieferung verpflichtet, wo der Beförderer kraft Gesetzes gehindert ist, die Güter ohne Zahlung der Kosten abzuliefern.

---

[60] S. den Nachweis wiederum bei *Anderson* (o. Fn. 55), 574 - 576.

[61] So die Kommentierung im „official comment“ zu § 7-403, s. *Anderson* (o. Fn. 55), 573 (§ 7-403:1) unter 4. Aus der Rspr. schon vor Inkraftsetzung der Bestimmung s. die Entscheidung aus Illinois in der Sache *Schilling* v. *Book,* (1980) 84 Ill.App.3d 972, 39 Ill.Dec. 845, 405 N.E. 2d 824. Ausführliche, über das Recht des UCC hinausreichende Darstellung der „charges“, die der „carrier“ bei Ablieferung verlangen kann, in American Jurisprudence 2d (o. Fn. 54), §§ 494 - 501 und § 507 sowie § 527 (zum Umfang der Sicherung durch das „lien“) und § 531 (zum Untergang des „lien“ bei Ablieferung des Guts an den Empfänger), jeweils mit Nachweisen aus der Rspr.

[62] S. nochmals *Anderson* (o. Fn. 55), 578 bei Fn. 11; s.f. den official comment unter Punkt 4: „[...] the bailee must request payment of the amount of his lien when asked to deliver [...]”.

Aus der Regelung von UCC § 7-403 (1) und (2) ergibt sich somit ein Anspruch des Beförderers auf Zahlung der Frachtkosten dann, wenn der Anspruch bei Ablieferung erhoben wird. Nachträglich, dh. nach geschehener Ablieferung an den Empfänger *(claimant)* kann der Beförderer, der jetzt nicht mehr *bailee* ist und damit auch nicht mehr das an den Besitz gebundene *lien of carrier* hat, Zahlung offener Frachtkosten von dem Güterempfänger nicht mehr fordern. Er ist dann auf ihm ggf. noch zustehende Ansprüche gegenüber seinem Vertragspartner, dem Versender, beschränkt. 77

Dies ergibt sich aus der Regelung des UCC § 7-307 *(Lien of carrier)*.[63] § 7-307 (3) lautet:

UCC § 7-307 (3)	*Deutsch:*
„A carrier loses his lien on any goods which he voluntarily delivers or which he unjustifiably refuses to deliver."	Ein Beförderer verliert sein Zurückbehaltungsrecht an allen Gütern, die er freiwillig abliefert oder die er unberechtigt auszuliefern verweigert.

Da die Widerklägerin auf der Basis dieser Regelung nach Auslieferung das ihr bis Auslieferung zustehende Zurückbehaltungsrecht nicht mehr hat, hat sie keine Möglichkeit mehr, es durch die Zahlung der Kosten ablösen zu lassen. Bei diesem Ergebnis kommt es auf die Frage, ob dieses *lien* im Inland als solches dem Vertragsstatut entnommenes Recht überhaupt wirken kann oder ggf. wegen eines sachenrechtlichen Charakters gemäß Art. 43 EGBGB in ein gesetzliches Pfandrecht nach Muster der deutschen Zurückbehaltungsrechte des Frachtführers / Spediteurs „transponiert" werden müsste, nicht an.[64]

Der Anspruch umfasst dann, da er die dem Beförderer *by law*, d.h. rechtmäßig zustehenden Frachtkosten umfasst, die Kosten, die aus dem Frachtbrief hervorgehen. Die in Unterabschnitt (2) geregelte Erweiterung der Zahlungshaftung des Empfängers betrifft lediglich den Fall, dass der Beförderer rechtlich gehindert ist, das Gut ohne Zahlung abzuliefern. Hierbei geht es nicht um Zahlung der Frachtkosten, die dem Beförderer aus dem Beförderungsvertrag zustehen, sondern um den Fall, dass z.B. Auslieferung nur gegen Nachnahme geschehen soll. Der Fall, dass der Beförderer ausgeliefert hat und danach Beförderungskosten gegenüber dem Empfänger der Lieferung zu erheben sucht, ist dadurch nicht mitgeregelt. 78

---

63 S. dazu *Anderson* (o. Fn. 55), 550, 553; s. dazu in diesem Sinne auch die Entscheidung aus Maryland in der Sache *Darby* v. *Baltimore & O.R.Co.,* (1970) 259 Md. 493, 270 A.2d 652, 8 UCCRS 375. Die Bestimmung ist in das Recht der vier hier erheblichen Einzelstaaten eingeführt, s. *Anderson* (o. Fn. 55), 552 unter § 7-307:2.

64 S. dazu *Erman/Hohloch* (o. Fn. 1), Art. 43 EGBGB, Rn. 13; ausführlich *Staudinger/Stoll*, Internationales Sachenrecht, 13. Bearb. 1996, Rn. 274 ff.

3. Ergebnis

79 Die Frage des Gerichts ist demgemäß so zu beantworten, dass die hier betroffenen Rechte der US-Gliedstaaten eine übereinstimmende Regelung der Art enthalten, dass der Beförderer Zahlung der Frachtkosten vom Empfänger bei Ablieferung verlangen kann. Nach dieser Regelung muss der Beförderer aber seinen Kostenanspruch bei Ablieferung geltend machen. Eine nachträgliche Zahlungsverpflichtung nach Ablieferung ohne Zahlungsverlangen besteht nach dieser Regelung für den Empfänger nicht.

V. Zu Frage 4: „Gibt es im norwegischen Recht eine dem § 421 HGB entsprechende Regelung; ist insbesondere der Empfänger der Sendung auch dann noch zur Zahlung der Fracht verpflichtet, wenn ihm die Ware ohne Geltendmachung eines Zahlungsverlangens ausgeliefert wurde und sich aus dem Frachtbrief die Höhe der zu zahlenden Fracht nicht ergibt?“

1. Ausgangspunkt

80 Frage 2 des Gerichts ist in dem Sinne positiv beantwortet worden, dass ein Frachtvertrag wirksam durch eine in den Beförderungsbedingungen des Frachtführers enthaltene Rechtswahlklausel dem norwegischen Recht unterstellt werden kann, wenn der Absendeort in Norwegen liegt. Ich habe bei Beantwortung von Frage 2 außerdem darauf hingewiesen, dass die Zahlungshaftung des Empfängers nicht zwingend auf einem vertraglichen, dem Vertragsstatut unterstehenden Anspruch des Frachtführers beruht und gesondert angeknüpft werden sollte.[65]

81 Die nachfolgenden Ausführungen werden für den Fall gemacht, dass das Gericht nicht der von mir befürworteten Auffassung, sondern der in einer Gerichtsentscheidung anklingenden Mindermeinung folgt, die das Vertragsstatut maßgeblich sieht.

2. Rechtslage nach norwegischem Recht

a) Rechtsquellen des Beförderungsrechts

82 Das norwegische Recht ist im Zivil- und Handelsrecht nicht durch große Kodifikationen geordnet, sondern beruht auf einzelnen Gesetzen und zum Teil auch auf Gewohnheitsrecht. Dies gilt auch für das Transportrecht, dessen einzelne Teilgebie-

---

[65] Zur Rechtswahlfreiheit insoweit s. oben Rn. 46 ff. des Gutachtens, zur Frage der eigenständigen Anknüpfung der Zahlungshaftung des Empfängers oben Rn. 58.

te, soweit sie nicht staatsvertraglich geordnet sind, in einzelnen Gesetzen geregelt sind. So bestehen getrennte Gesetze für den Straßengütertransport, den Transport auf der Schiene, besonders umfänglich naturgemäß für die Seefracht und schließlich für den Lufttransport, um den es hier geht.[66]

Rechtsgrundlage des Lufttransports ist das Luftfahrtgesetz von 1993, das die das Luftfrachtgeschäft kennzeichnenden Regelungen in seinem Kapitel 10 enthält.[67] 83

§ 10-1 LFG regelt den Anwendungsbereich auch für die Güterbeförderung, § 10-4 bis 10-11 regeln insbesondere Inhalt und Beweiskraft des Luftfrachtbriefs und sonstiger Frachtquittungen. Ergänzend ist für allgemeine Fragen des Zustandekommens allgemeines Vertragsrecht heranzuziehen; insofern bedarf es hier aber keiner weiteren Ausführungen, die Frage des Gerichts betrifft ausschließlich die Zahlungshaftung des Empfängers. 84

S. insoweit § 10-1 LFG:

§ 10-1 LFG	*Deutsch:*
„Bestemmelsene i dette kapittel gjelder befordring med luftfartøy av passasjerer, reisegods eller gods når befordringen utføres mot vederlag. Utføres befordringen av et luftfartsforetak, gjelder kapitlets regler også når befordringen skjer uten vederlag.“	Die Bestimmungen dieses Kapitels gelten für die Beförderung mit Luftfahrzeugen von Passagieren, Reisegepäck oder Gütern gegen Entgelt. Wird die Beförderung durch ein Luftfahrtunternehmen ausgeführt, gelten diese Bestimmungen auch für die Beförderung ohne Entgelt.

Die Regelungen der §§ 10-5 bis 10-11 LFG regeln Form und Inhalt des Luftfrachtbriefs sowie seine Beweiskraft für Umfang, Inhalt und Zustand der Ladung. Eine Kostenregelung ist in diesen Vorschriften nicht enthalten; weitere Ausführungen zu diesen Vorschriften können deshalb hier unterbleiben.

b) Zahlungshaftung des Empfängers

Eine Zahlungshaftung des Empfängers ist in § 10-13 LFG mitgeregelt. Die Norm, die sich im Abschnitt *Rådighet over godset og utlevering av godset* („Verfügungsbefugnis über das Transportgut und Auslieferung des Transportguts“) findet, regelt an sich primär die Frachtauslieferung an den Adressaten, regelt aber auch, 85

---

[66] Zu den einzelnen Gesetzen und zum Fehlen eines allgemeinen Transportrechtsgesetzes s. *Knoph* (o. Fn. 34), 444 ff.; auch *Ring/Olsen-Ring* (o. Fn. 34), 89.

[67] Lov om luftfart (luftfartsloven), Gesetz vom 11.6.1993 Nr. 101, abgedruckt in *Norges lover* 1687-1999 (2000) 2174 ff. Hier in der Folge zitiert „LFG“. Zur Funktion der Rechtsgrundlage für den Lufttransportvertrag s. *Knoph* (o. Fn. 34), 454 ff. Die Ausführungen von *Frisch* (o. Fn. 34), 253 ff. betreffen die vorherige Rechtslage und sind so nur teilweise noch brauchbar. *Wegdell* (o. Fn. 42), 1 ff. beschränkt sich auf den Straßengütertransport und ist so nicht unmittelbar heranzuziehen.

dass der Frachtführer Zahlung der Frachtkosten verlangen kann, bevor er die Fracht an den Empfänger ausliefert.

§ 10-13 LFG. Om utlevering av gods	*Deutsch:*
„Når godset er kommet frem til bestemmelsesstedet, kan mottakeren, bortsett fra de tilfelle som er nevnt i § 10-12, kreve at fraktføreren skal utlevere godset til ham mot at han betaler de skyldige beløp og ellers oppfyller de befordringsvilkår som er nevnt i transportavtalen."	Wenn das Transportgut am Bestimmungsort angekommen ist, kann der Empfänger, abgesehen von dem Fall, der in § 10-12 geregelt ist, von dem Frachtführer die Auslieferung des Transportguts verlangen, wobei er den geschuldeten Betrag zu bezahlen und auch die Beförderungsbedingungen, die im Transportvertrag erwähnt sind, zu erfüllen hat.

86 Verlangen kann der Frachtführer so die im Frachtvertrag bzw. im Frachtbrief genannte Frachtsumme. Im Übrigen aber hat der Frachtführer seine auf dem Vertrag beruhenden Ansprüche gegen den Versender. Gegen den Adressaten begrenzen sich die Ansprüche auf die in § 10-13 LFG genannten Ansprüche, da ein Vertragsverhältnis zwischen Frachtführer und Adressat regelmäßig nicht besteht. Hat der Adressat zwecks Auslieferung der Güter an den Frachtführer gezahlt, ohne nach dem Vertrag zahlungspflichtig für die Frachtkosten zu sein, richtet sich sein Regressanspruch grundsätzlich nach dem Vertrag.[68]

87 Die vom Gericht in seiner erläuternden Frage angefragte weitergehende Zahlungshaftung für den Fall, dass nachträglich nach Auslieferung der Güter und ohne Angaben der Frachtsumme auf dem Frachtbrief Zahlung insoweit verlangt wird, ist in § 10-13 LFG nicht angelegt. Die dortige Regelung ist so angelegt, dass der Frachtführer Zahlung verlangen kann, soweit er die Güter noch nicht ausgeliefert hat. Ein eigenständiger Anspruch unabhängig von der Auslieferung der Güter ist in der Norm nicht angelegt.

88 Auch im sonstigen Frachtrecht ist ein solcher Anspruch nicht generell entwickelt. Für das Straßentransportrecht verweise ich auf die Ausführungen in Rn. 86 (Fn. 68) und die dortigen Nachweisungen. Am ehesten kommt der Frage des Gerichts die Regelung von § 269 Seegesetz nahe.

Lov om sjøfarten (sjøloven) / Seegesetz: § 269.

„*Mottakerens plikt til å betale frakt m v*

Utleveres godset mot konnossement, blir mottakeren ved å ta imot godset ansvarlig for frakt og andre krav som transportøren har ifølge konnossementet.

---

[68] Die Regelung des § 10-13 LFG weicht auch von der Regelung des § 20 des Straßengütertransportgesetzes (Vegfragtloven, Gesetz Nr. 68 vom 20.12.1974) ab, das den Frachtführer berechtigt, das Transportgut bis zur Bezahlung anderer, vom Absender geschuldeter Kosten zurückzubehalten. Zu letzterem s. *Wegdell* (o. Fn. 42), 113 und auch 55 zum inhaltsgleichen schwedischen Gesetz.

Er godset utlevert på annen måte enn mot konnossement, er mottakeren bare ansvarlig for frakt og andre krav etter transportavtalen når mottakeren har fått varsel om kravene ved utleveringen eller mottakeren forsto eller burde ha forstått at transportøren ikke hadde fått betaling.“

Von detaillierter Übersetzung sehe ich ab, s. den nachfolgenden, die Nichtanwendung der Norm betreffenden Absatz des Gutachtens.

Danach bleibt die Haftung des Empfängers, der die Ware ohne Konnossement ausgeliefert erhalten hat, dann bestehen, wenn er wusste oder wissen musste, dass der Frachtführer Zahlung der Frachtkosten nicht erhalten hatte. Die seefrachtrechtliche Regelung trifft freilich die Frage des Gerichts nicht voll; außerdem gibt es im norwegischen Recht keinen Hinweis darauf, dass die Norm in anderen Teilgebieten des Frachtrechts entsprechend angewandt wird.[69] 89

3. Ergebnis

Als Ergebnis ist somit festzuhalten, dass sich die Adressatenhaftung nach norwegischem Luftfrachtrecht auf die Regelung des § 10-13 beschränkt. Aus dieser Norm ergibt sich der vom Gericht zur Überprüfung gestellte Anspruch nicht. Eine sonstige Anspruchsgrundlage – auch auf richterrechtlicher Basis – ist nicht ersichtlich. 90

D. Ergebnis

Ich fasse die Ergebnisse des Gutachtens wie folgt zusammen: 91

1. Das Gutachten nimmt, da das Beweisthema sich nicht ausdrücklich darauf erstreckt, nicht abschließend zu der Frage Stellung, ob und in welchem Umfang die Beförderungsverhältnisse, auf die der Widerklaganspruch gestützt wird, durch internationales Einheitsrecht auf der Grundlage des „Warschauer Abkommens“ geregelt sind. Demgemäß enthält sich das Gutachten auch abschließender Stellungnahme zu der Frage, auf der Grundlage welcher Vertragsfassungen solches Einheitsrecht im Verhältnis zu Norwegen und den USA für Deutschland gilt.

[69] Keine Hinweise im verfügbaren Schrifttum, s. Fehlanzeige bei *Wegdell* (o. Fn. 42), 55 und 113, wo lediglich der Unterschied zwischen dem nationalen Straßentransportrecht und der engeren Regelung der CMR mitgeteilt ist, Ausführungen zur Heranziehung der seetransportrechtlichen Regelung aber nicht gemacht sind. Ebenso kein Hinweis bei *Knoph* (o. Fn. 34), 454 ff., wo das Seetransportrecht als eigenes Gebiet betrachtet wird. Übereinstimmend hat eine noch eingeholte e-mail-Auskunft in der Juristischen Fakultät der Universität Bergen/Norwegen bestätigt, dass eine Zahlungshaftung nach Auslieferung des Lufttransportguts nicht geregelt ist und seerechtliche Regelungen nicht entsprechend angewandt werden.

2. Aus der Sicht des Gutachters ist es nicht zwingend, dass die Zahlungshaftung des Empfängers von Beförderungsgut für Beförderungskosten (Frachtkosten) sich aus dem Recht zu ergeben hat, das auf den Beförderungsvertrag zwischen dem Versender des Gutes und dem Beförderer anzuwenden ist. Das nach Regeln des Kollisionsrechts dort, wo das Einheitsrecht Regelungen nicht enthält, auf den Beförderungsvertrag anzuwendende nationale Recht betrifft die rechtliche Regelung des Beförderungsvertrags und die zwischen den Vertragsparteien bestehenden Ansprüche und Verpflichtungen, nicht aber ohne weiteres auch Ansprüche des Beförderers gegen den Empfänger, die auf gesetzlicher Grundlage bestehen oder entstehen. Nach überwiegender Auffassung sind solche Ansprüche gesondert anzuknüpfen; sie richten sich nach dieser Auffassung nach dem Recht, das am Ort der Inempfangnahme des Gutes gilt, jedenfalls dann, wenn dieser Ort zugleich der Ort des Sitzes des Empfängers ist. Diese Auffassung zugrundegelegt richtet sich eine nicht aus einem besonderen Vertragsverhältnis zwischen Empfänger und Beförderer hervorgehende Zahlungshaftung des Empfängers für Kosten der Beförderung im vorliegenden Fall nach deutschem Recht. § 421 HGB kann dann Grundlage und Umfang einer Haftung der Klägerin / Widerbeklagten ergeben, soweit solche Kosten beansprucht werden.

3. Auf der Grundlage einer in der deutschen Rspr. zu findenden Mindermeinung kann sich die Empfängerhaftung für Beförderungskosten durch „akzessorische Anknüpfung“ dieser Haftung an das Vertragsstatut ergeben. Im vorliegenden Fall kann dann bei Maßgeblichkeit US-amerikanischen Rechts für die Beförderungsverhältnisse mit Ursprungsort in den USA das anzuwendende US-amerikanische Recht über die Zahlungshaftung des inländischen Empfängers bestimmen. Ebenso kommt auf der Grundlage dieser Auffassung norwegisches Recht in dem Fall zum Zuge, in dem der Ursprungsort der Versendung in Norwegen liegt.

4. Frage 1 des Beweisbeschlusses ist auf der Grundlage der eben zu 2. und 3. formulierten Zusammenfassung so zu beantworten, dass aus der Sicht des für das Gericht maßgeblichen deutschen IPR eine Rechtswahl für einen Güterbeförderungsvertrag zulässig ist. Nach dem über die Wirksamkeit der Rechtswahl bestimmenden Recht der USA ist eine solche Rechtswahl jedenfalls dann zulässig und wirksam, wenn sie zugunsten des in den USA liegenden Absendeortes getroffen worden ist. Das Recht der USA billigt insoweit auch eine in den Beförderungsbedingungen des Beförderers stehende Rechtswahlklausel, wenn diese Bedingungen Eingang in das Vertragsverhältnis gefunden haben. Dieser Standpunkt des „Rechts der USA“ ist Standpunkt der Kollisionsrechte der Einzelstaaten Colorado, Delaware, Maryland, New York, in denen die Absendeorte der Sendungen liegen dürften, auf die sich der Widerklaganspruch bezieht. Angesichts des Fehlens eines bundeseinheitlichen IPR im Rechtssystem der USA kommt es insoweit auf diese einzelstaatlichen Rechte an.

5. Frage 2 des Beweisbeschlusses ist auf der Grundlage der vorstehenden Zusammenfassungen zusammenfassend so zu beantworten, dass aus der Sicht des deutschen IPR auch im Verhältnis zu Norwegen eine Rechtswahl für den Güterbeförderungsvertrag zulässig ist. Nach dem dann über die Wirksamkeit der Rechtswahl bestimmenden norwegischen Recht ist eine Rechtswahl jedenfalls dann zulässig und wirksam, wenn sie zugunsten eines in Norwegen liegenden Absendeortes getroffen worden ist. Das Recht Norwegens billigt insoweit auch eine in den Beförderungsbedingungen des Beförderers stehende Rechtswahlklausel, wenn diese Bedingungen Eingang in das Vertragsverhältnis gefunden haben. Eine besondere Inhaltskontrolle nimmt das norwegische Recht bei Verträgen mit Verbrauchern vor, um die es im vorliegenden Fall aber nicht geht. Aus der Sicht des norwegischen Rechts ist dann eine Rechtswahl zugunsten norwegischen Rechts bei Absendort O. zulässig und wirksam getroffen.

6. Frage 3 des Beweisbeschlusses ist auf der Grundlage der oben zu 3. zusammengefassten kollisionsrechtlichen Ausgangslage so zu beantworten, dass das Recht der USA eine Zahlungsverpflichtung des Empfängers von Beförderungsgut in UCC § 7-403 kennt. Das „Einheitsrecht" des Uniform Commercial Code (UCC) ist mit Einschluss der hier interessierenden Regelung des UCC § 7-403 (1) und (2) in den hier zu berücksichtigenden einzelstaatlichen Rechten von Colorado, Delaware, Maryland und New York in Geltung gesetzt worden. Auf der Grundlage der genannten Regelung besteht ein Zahlungsanspruch für die Frachtkosten gegenüber dem Empfänger der Güter nur, wenn der Beförderer diesen Anspruch vor oder mit der Ablieferung der Güter erhebt. Da er nach Ablieferung das ihm zuvor zustehende Zurückbehaltungsrecht nicht mehr hat, kann er dann Zahlung nicht mehr verlangen. Die beschriebene Regelung betrifft den Fall, dass ein Vertragsverhältnis zwischen Beförderer und Empfänger nicht besteht.

7. Frage 4 des Beweisbeschlusses ist auf der Grundlage der oben zu 3. zusammengefassten kollisionsrechtlichen Ausgangslage so zu beantworten, dass das norwegische Recht eine Rechtsgrundlage für einen Zahlungsanspruch des Beförderers gegen den Empfänger bei Beförderung durch die Luft in § 10-13 des norwegischen Luftfahrtgesetzes kennt. Der Anspruch besteht aber nur, wenn er vor oder bei der Ablieferung des Gutes geltend gemacht wird. Eine zugunsten des Beförderers weitergehende Zahlungshaftung des Empfängers kennt das norwegische Recht nur im Seerecht; diese Regelung wird indes nicht ins allgemeine Beförderungsvertragsrecht und auch nicht in das Recht der Beförderung auf dem Luftweg übertragen.

Nr. 16

Belgien*

1. Zur Abgrenzung des *commissionaire-expéditeur* gegenüber Frachtführer und *commissionaire de transport* nach belgischem Recht.

2. Zu den Rechtswirkungen eines *laat-volgen*.

Durch Beschluss des Landgerichts Duisburg vom 6.1.2006 bin ich mit einem Gutachten zu den für den Rechtsstreit 22 O 125/04 maßgeblichen Fragen des belgischen Rechts beauftragt worden.

Universität Hamburg vom 15.6.2006**

A. Sachlage

1 Der Begutachtung liegt folgender Sachverhalt zugrunde:

Die Klägerin hat von der V. GmbH den Auftrag erhalten, acht Container mit Unterhaltungselektronik in Antwerpen in Empfang zu nehmen und nach Duisburg transportieren zu lassen. Die Container sind unter Konnossement am 25.9.2003 in Antwerpen eingetroffen und bei der P. N. V. auf Kai 242 im Hafen von Antwerpen eingelagert worden.

Am 23.9.2003 erhielt die Beklagte von der Klägerin den Auftrag, die Auslieferung der Container zu veranlassen. Der Umfang der von der Beklagten übernommenen Verpflichtungen ist zwischen den Parteien streitig. Die Beklagte und die Klägerin stehen seit Jahren miteinander in Geschäftsbeziehungen. Die Beklagte besitzt selber keine Lkw. Sie stellt der Klägerin gegen Jahresende immer eine Art Schlussrechnung aus, die einen Rabatt gegenüber der Summe der Einzelaufträge enthält. Zugrunde liegt eine der Anpassung unterliegende Tabelle fester Preise.

Die Beklagte hat dem Agenten der Reederei, der A. N. V., das Originalkonnossement ausgehändigt. Die A. N. V. hat im Austausch dafür am 23.9.2003 ein *laat-volgen* ausgestellt und der Beklagten übergeben. Dieses *laat-volgen* hat die Beklagte am 30.9.2003 dem Leiter des Containerterminals von der P. N. V. im Hafen von Antwerpen ausgehändigt. Die Beklagte beauftragt am 1.10.2003 M., am 2.10.2003 um 6.30 h (zumindest) zwei Container bei der P. in Antwerpen abzuholen. M. findet die Container nicht mehr vor. Diese sind am 30.9.2003 zwischen 22.20 h und ungefähr 23.30 h von zwei Lkws abgeholt worden, angeblich von einer Firma L.

---

* *Anm. d. Red.:* S. zum belgischen Transportrecht auch IPG 1987/1988 Nr. 18 *(Köln)*.

** Seminar für ausländisches und internationales Privat- und Prozessrecht.

Die Klägerin nimmt die Beklagte wegen des Verlusts der Container auf Schadensersatz in Anspruch. Die Streithelferin der Klägerin ist Assekuradeurin für die Transportversicherer der V. GmbH. Am 11.10.2005 hat im hiesigen Rechtsstreit ein Termin zur mündlichen Verhandlung vor dem Landgericht Duisburg stattgefunden.

B. Anfrage

Ich bin beauftragt worden, zu prüfen, 2

1. ob ein belgischer Spediteur ausschließlich frachtrechtlichen Vorschriften unterliegt, wenn im Zusammenhang mit grenzüberschreitenden Beförderungen pauschale Frachten vereinbart wurden, und
2. ob mit der Übermittlung eines *laat-volgen* eine Warensendung von dem Inhaber des *laat-volgen* als übernommen gilt.

C. Rechtslage

I. Anwendbares Recht

Obwohl nicht vom eigentlichen Gutachtenauftrag erfasst und eine Frage des deutschen Rechts, erlaube ich mir zur Frage des anwendbaren Rechts folgende Bemerkungen: 3

1. Rechtswahl

Eine Wahl des anwendbaren Rechts würde sich bei wirksamer Vereinbarung der AGB der Beklagten aus deren Art. 50 ergeben. Ob eine solche Rechtswahl zustandegekommen ist, richtet sich gemäß Art. 27 Abs. 4 i.V.m. Art. 31 Abs. 1 EGBGB nach dem in der Rechtswahlklausel herangezogenen Recht, also nach belgischem Recht. Ist eine solche Rechtswahl zustandegekommen, so unterliegt der Vertrag belgischem Recht. 4

2. Objektive Anknüpfung

a) Gütertransportvertrag

Fehlt es an einer Rechtswahl, so ist das Vertragsstatut objektiv anzuknüpfen. Für Gütertransportverträge ist Art. 28 Abs. 2 EGBGB insgesamt nicht anwendbar.[1] Vielmehr gilt für sie die Sonderregel des Art. 28 Abs. 4 EGBGB und, wenn diese 5

1 Verkannt von OLG Frankfurt v. 23.12.1992, TranspR 1993, 103, 105.

tatbestandlich nicht zu einer Anknüpfung führt, die allgemeine Grundregel des Art. 28 Abs. 1 S. 1 EGBGB.[2] Im konkreten Fall liegt – das Vorliegen eines Güterbeförderungsvertrags unterstellt – die Hauptniederlassung des Verfrachters, der Beklagten, ebenso in Belgien wie der Ladeort. Daher führt Art. 28 Abs. 4 S. 1 EGBGB zum belgischen Recht.

b) Speditionsvertrag

6 Fraglich ist, ob ein echter Speditionsvertrag ein Güterbeförderungsvertrag i.S.d. Art. 28 Abs. 4 EGBGB ist. Dazu müsste der Spediteur Beförderer sein. Der Begriff Beförderer bezeichnet den Vertragspartner, der sich im schuldrechtlichen Sinne verpflichtet, die Güter zu befördern, gleichgültig, ob er die Beförderung der Güter selbst durchführt oder von einem Dritten durchführen lässt. Ein echter Speditionsvertrag ist dagegen ein entgeltlicher Geschäftsbesorgungsvertrag *sui generis*. Der Spediteur hat den Frachtführer auszuwählen, mit diesem die nötigen Vereinbarungen zu treffen und ihn angemessen zu überwachen. Eine eigene Transportverpflichtung trifft den echten Spediteur nicht. Soweit er nur organisieren und die Transportleistungen anderer besorgen soll, liegt daher kein Güterbeförderungsvertrag i.S.v. Art. 28 Abs. 4 EGBGB vor.[3] Die charakteristische Leistung erbringt beim Speditionsvertrag der Spediteur. Daher unterliegt der Vertrag nach Art. 28 Abs. 2 S. 2 EGBGB mangels einer Rechtswahl dem Recht am Ort der vertragsbetreuenden Niederlassung des Spediteurs.[4] Die vertragsbetreuende Niederlassung der Beklagten liegt in Belgien. Auch wenn man einen Speditionsvertrag zugrundelegt, gelangt man also über Art. 28 Abs. 2 S. 2 EGBGB zum belgischen Recht.

3. Traditionswirkung von Wertpapieren

7 Ob ein Wertpapier Traditionspapier ist (also mit seiner Übertragung zugleich die Rechte an der Ware übergehen), richtet sich gemäß vorherrschender Meinung nach dem Warensachstatut (dem Belegenheitsrecht der Ware),[5] nach anderer Auffassung nach dem Wertpapierrechtsstatut (dem Recht, das auf den verbrieften An-

---

[2] OLG München v. 3.5.1989, TranspR 1991, 161, 162; *Mankowski,* Seerechtliche Vertragsverhältnisse im Internationalen Privatrecht, 1995, 21-23 mit umfangreichen weiteren Nachweisen.

[3] Siehe nur *Basedow,* Der Transportvertrag, 1987, 34; *v. Bar,* Internationales Privatrecht II, München 1991, Rn. 523; *Reithmann/Martiny (Mankowski),* Internationales Vertragsrecht, 6. Aufl. 2004, Rn. 1375; sowie Rb. Roermond v. 27.11.1986, NIPR 1988, Nr. 515, S. 527 = S & S 1988, Nr. 97, S. 278.

[4] Siehe nur OLG Köln v. 30.7.2002, TranspR 2003, 116, 117; Arr.Rb. Rotterdam v. 2.9.1994, S & S 1995, Nr. 109, S. 433, nr. 5.2; Arr.Rb. Rotterdam v. 30.9.1999, NIPR 2000, Nr. 28, S. 89, nr. 4.6.

[5] Siehe nur RG v. 8.12.1927, RGZ 119, 215, 216; *Schlegelberger/Liesecke,* Seehandelsrecht, 2. Aufl. 1964, § 650 HGB, Rn. 25; *Schaps/Abraham,* Seehandelsrecht Teil 1, 4. Aufl. 1978, § 650 HGB, Rn. 22.

spruch anwendbar ist).[6] Beide Auffassungen gelangen im konkreten Fall zum belgischen Recht.

II. Commissionaire-expéditeur und Frachtführer nach belgischem Recht

Das belgische Recht unterscheidet zwischen Frachtführer, *commissionaire de transport* und *commissionaire-expéditeur*.[7] 8

1. Commissionaire de transport (Commissionair voor vervoer)

Der *commissionaire de transport* verpflichtet sich, zu transportieren; er führt dies aber nicht mit eigenen Mitteln aus, sondern schließt zu diesem Zweck im eigenen Namen und für eigene Rechnung einen Transportvertrag mit einem Dritten ab.[8] Er wird gleich einem Frachtführer behandelt, wie sich insbesondere aus Art. 2, 3, 4, 5, 7 I *Wet van 25 augustus 1891* (außer Kraft gesetzt durch *Vervoerwet van 3 mei 1999*) ergab.[9] Diese Gleichstellung bezweckt im Kern, die Inanspruchnahme zu erleichtern und eine Verteidigung, die sich auf eine Abgrenzung zum Frachtführer stützt, zu entkräften.[10] Sofern die sonstigen Anwendungsvoraussetzungen der CMR erfüllt sind, unterliegt der *commissionaire de transport* der CMR.[11] 9

2. Commissionaire-expéditeur (Commissionair-expediteur)

Der *commissionaire-expéditeur* dagegen hat als Bevollmächtigter einen geeigneten Frachtführer auszuwählen und mit diesem im eigenen Namen einen Frachtvertrag abzuschließen, außerdem für die notwendigen Hilfsgeschäfte (z.B. Versicherung, Verzollung bzw. Zollauslösung, Schadensfeststellung o.ä.) Sorge zu tragen.[12] Er haftet nicht für die gute Ausführung des eigentlichen Transports, sondern im Grundsatz nur für Auswahlverschulden *(culpa in eligendo)*.[13] Für einen echten 10

---

6 Eingehend *Mankowski,* Warenübereignung durch Dokumentenübertragung und Internationales Privatrecht, FS Rolf Herber, 1999, 147, 150-163.

7 Siehe nur *Putzeys,* Les intermédiaires de transport, in: Les intermédiaires commerciaux, 1990, 189, 191 f., no. 2; *Block,* Les transports terrestres, in: *Jassogne* (dir.), Traité pratique de droit commercial, t. II, 1992, 939, 956, no. 1166.

8 *Block* (o. Fn. 7), 956, no. 1166.

9 Siehe nur Hof van Cass. v. 5.11.1936, Pas. 1936 I 407; Hof van Cass. v. 8.2.1990, R.W. 1990-91, 361; Rb. Kh. Brussel v. 10.8.1989, TBH 1990, 637; *Merchier/Colle/Dambre,* Overzicht van rechtspraak - Allgemeen handelsrecht, handelscontracten, bank-, krediet-, wissel- en chequeverrichtingen (1987-1991), TPR 1992, 845, 885, nr. 67.

10 *Louis Fredericq,* Handboek van belgisch handelsrecht, t. III, 1980, 181, nr. 1565; *Van Ryn/Heenen,* Principes de droit commercial, t. IV, 2ème éd. 1988, 591, no. 729.

11 Hof van Beroep Antwerpen v. 6.12.1999, JPA 2000, 61, 72.

12 *Block* (o. Fn. 7), 939, 956 f., no. 1166.

13 Hof Antwerpen v. 19.11.1975, JPA 1975-76, 148; Rb. Kh. Antwerpen v. 30.6.1975, JPA 1975-76,

Speditionsvertrag *(expeditieovereenkomst)* gilt die CMR nicht.[14] Vielmehr wird er beherrscht von den Vorschriften des anwendbaren staatlichen Rechts und den Vereinbarungen der Parteien.[15] Allgemeine Geschäftsbedingungen des Spediteurs können stillschweigend einbezogen werden.[16] Eine stillschweigende Einbeziehung von AGB kann sich daraus ergeben, dass der Spediteur auf Auftragsbestätigungen auf die Geltung seiner AGB hinweist, die Gegenpartei nicht widerspricht und zwischen den Parteien eine langjährige, intensive Geschäftsbeziehung besteht.[17]

3. Abgrenzung des commissionaire-expéditeur gegenüber Frachtführer und commissionaire de transport

11 Die Abgrenzung des *commissionaire-expéditeur* gegenüber Frachtführer und *commissionaire de transport* ist ein schwieriges Problem. Die Behauptung, nur Spediteur zu sein, gilt gerade im Umfeld grenzüberschreitender Landtransporte als eine typische Verteidigung.[18] Teilweise wird in Anlehnung an niederländische Vorbilder[19] eine Vermutung formuliert, dass im Zweifel kein Speditionsvertrag vorliege, und demjenigen, dessen rechtliche Qualität in Rede steht, ein Gegenbeweis auferlegt.[20] Dieser Ansatz hat sich in dieser Form indes nicht allgemein durchgesetzt.[21] Das Spektrum von Ansätzen in der Rechtsprechung ist weit. Ein einheitlicher Ansatz lässt sich nicht feststellen. Grundsätzlich wird eine Analyse des jeweils konkret zu beurteilenden Vertrags an Hand der Umstände und des Umfelds im Einzelfall vorgenommen.[22] Allerdings finden sich mehrere Urteile, denen zufolge als Frachtführer bzw. *commissionaire de transport* (und damit als Frachtführer) angesehen wird, wer bei Abschluss eines Vertrages nicht deutlich macht, dass er nur *commissionaire-expéditeur* sein will.[23] Dass jemand üblicherweise als *commissionaire-expéditeur* tätig wird, steht einer Beurteilung als *commissionaire de transport* im Einzelfall nicht entgegen.[24] Macht der Beauftragte bei Entgegennahme eines Trans-

---

209; *Louis Fredericq* (o. Fn. 10), t. III, 1980, S. 182, nr. 1565.

14 Hof van Beroep Gent v. 16.10.2002, JPA 2003, 20, 26.

15 Hof van Beroep Gent v. 16.10.2002, JPA 2003, 20, 26.

16 Hof van Beroep Gent v. 16.10.2002, JPA 2003, 20, 27.

17 Hof van Beroep Gent v. 16.10.2002, JPA 2003, 20, 27.

18 *Ponet/Willems,* De overeenkomst van internationaal wegvervoer - C.M.R., TBH 1998, 696, 697, nr. 7.

19 Hof 's-Gravenhage v. 19.3.1991, S & S 1992, nr. 108; Arr.Rb. Rotterdam v. 18.12.1992, S & S 1993, nr. 97.

20 *Ponet/Willems* (o. Fn. 18), 697, nr. 7.

21 Siehe allerdings ähnlich Trib. comm. Liège v. 27.6.1985, ETL 1985, 572; Rb. Kh. Brussel v. 10.8.1989, TBH 1990, 637; *Block* (o. Fn. 7), 939, 958, no. 1166.

22 Hof van Cass. v. 5.11.1936, Pas. 1936 I 407; Hof van Beroep Gent v. 16.10.2002, JPA 2003, 20, 25 f.

23 Hof van Beroep Antwerpen v. 15.12.1982, JPA 1983-84, 57; Hof van Beroep Brussel v. 23.4.1983, TBH 1987, num. spec. transport, 145; Hof van Beroep Brussel v. 20.10.1987, RGAR 1991, nr. 11.873; Hof van Beroep Brussel v. 11.10.1989, JPA 1991, 50; Rb. Kh. Antwerpen v. 3.6.1997, JPA 1998, 271.

24 Hof van Beroep Antwerpen v. 6.12.1999, JPA 2000, 61, 70.

portauftrags nicht deutlich, dass er allein Dritte zur Ausführung einsetzen wird, und gibt er den Namen des ausführenden Frachtführers nicht bekannt, so handelt er nicht als *commissionaire-expéditeur.*[25] Es spricht nicht automatisch gegen eine Einordnung als Frachtführer, wenn die betreffende Partei keine eigenen Fahrzeuge besitzt.[26] Dass auf den Rechnungen oder sonstigen Dokumenten jeweils Spediteursbedingungen abgedruckt waren, ist für sich kein hinreichender Nachweis, dass ein Spediteurvertrag abgeschlossen wurde.[27] Ebensowenig ist es ausschließlich Spediteuren vorbehalten, Zollformalitäten o.ä. abzuwickeln; vielmehr kann dies auch Nebenpflicht eines Frachtführers sein.[28] Andererseits ist *commissionaire-expéditeur*, wer einen umfassenden Auftrag ausführen soll, der logistische Koordination und Verzollung der Waren beinhaltet, und zu diesem Behuf zusätzlich zu den Kosten der Auslieferung Einfuhrabgaben, Umsatzsteuer, Empfangskosten FCL, Zoll, Provisionen, Verwaltungsgebühren, *demurrage charges* und *detention charges* verauslagen soll.[29]

III. Rechtswirkungen eines laat-volgen

1. Rechtsnatur des laat-volgen

Das *laat-volgen (laissez-suivre)* hat sich als eingeübte Praxis seit über 130 Jahren in Antwerpen etabliert.[30] Im Grundsatz ist es eine Anweisung des Agenten für den Verfrachter an das Lagerhaus oder an die Kaianstalt, die Ware an den Inhaber auszuliefern.[31] Es ist nicht mit einer *delivery order* zu verwechseln.[32] Es erlaubt die Auslieferung der Güter und wird im Austausch für das (Original-)Konnossement 12

---

25 Hof van Beroep Antwerpen v. 9.10.1985, JPA 1988, 105; Hof van Beroep Antwerpen v. 6.12.1999, JPA 2000, 61, 70 f.; CA Mons v. 14.5.2002, ETL 2004, 99, 106; Rb. Kh. Brussel v. 11.2.1988, TBH 1988, 879; *Tilche,* Bull. transp. 1999, 658.

26 Hof van Beroep Antwerpen v. 6.12.1999, JPA 2000, 61, 71; Trib. comm. Liège v. 27.6.1985, ETL 1985, 587; *Putzeys,* Le contrat de transport routier de marchandises, 1981, 34, no. 81; *Block* (o. Fn. 7), 939, 959, no. 1166; *Ponet/Willems* (o. Fn. 18), 698, nr. 10, unter Bezugnahme auf Arr.Rb. Rotterdam v. 18.12.1992, S & S 1993, nr. 97.

27 Hof van Beroep Antwerpen v. 6.12.1999, JPA 2000, 61, 70; *Ponet/Willems* (o. Fn. 18), 698, nr. 9, unter Bezugnahme auf Arr.Rb. Rotterdam v. 20.12.1989, S & S 1991, nr. 104.

28 Rb. Kh. Brussels v. 10.8.1989, TBH 1990, 637.

29 Hof van Beroep Antwerpen v. 20.12.1999, ETL 2000, 687, 692 sowie Hof van Beroep Antwerpen v. 21.12.1993, ETL 1994, 656.

30 *Smeesters/Winkelmolen,* Droit maritime et droit fluvial, t. I, 1929, 617, no. 452; *De Smet,* Droit maritime et droit fluvial belges, t. I, 1971, 470, no. 378; *Delwaide/Blockx,* Kroniek van zeerecht - Overzicht van rechtsleer en rechtspraak 1976-1989, TBH 1991, 123, 133 f., nr. 69; *Libouton,* Note sous Cass. v. 1.12.2000, TBH 2001, 475.

31 *Delwaide/Blockx* (o. Fn. 30), 133 f., nr. 69, sowie Hof van Beroep Antwerpen v. 21.6.1989, ETR 1990, 46, 48.

32 *Putzeys/Rosseels,* Droit des transports et droit maritime, 1993, no. 547.

ausgestellt.[33] Das *laat-volgen* enthielt regelmäßig eine Orderklausel.[34] Nach ständiger Antwerpener Praxis verbrieft es aber auch dann Ansprüche gegen seinen Aussteller, wenn es an einen (gutgläubigen) Dritten indossiert wurde, ohne dass es mit einer Orderklausel versehen gewesen wäre.[35] Kommt der Aussteller des *laat-volgen* seiner Auslieferungspflicht nicht nach bzw. werden die Güter nicht aufgrund des *laat-volgen* ausgeliefert, so haftet der Aussteller dem Inhaber des *laat-volgen*.[36]

2. Keine Haftung nach Seehandelsrecht

13 Das *laat-volgen* tritt aber nicht dergestalt an die Stelle des Konnossements, dass sein Aussteller an Stelle des Seeverfrachters aus Seehandelsrecht haften würde.[37] Eine Haftung aus Art. 91A § III, 6° *Zeewet* würde voraussetzen, dass der Aussteller Verfrachter im seerechtlichen Sinne ist, was er nicht ist.[38] Vielmehr ist er nach seiner eigenen Stellung und Position gegenüber den anderen Beteiligten zu beurteilen. Z.B. haftet er als Agent des Empfängers wegen Verletzung des ihm erteilten Auftrags, wenn er beschädigte Güter entgegennimmt, ohne Beanstandungen vorzubringen.[39] Denn in diesem Fall würde der Seeverfrachter von seiner Haftung aus Konnossement mangels Beanstandungen frei.[40] Die bloße Ausstellung des *laat-volgen* entlastet den Seeverfrachter dagegen als solche nicht.[41] Im Gegenteil wird im Fall von Streitigkeiten mit dem Seeverfrachter das *laat-volgen* wieder gegen das Konnessement ausgetauscht.[42]

3. Laat-volgen als Traditionspapier

14 Ein *laat-volgen* dokumentiert im Kern zwei Verpflichtungen:

15 - erstens eine Verpflichtung, Sorge für die Waren zu tragen, die sich im unmittelbaren Besitz eines Dritten, nämlich des Lagerhalters, befinden, und

---

33 *Putzeys/Rosseels* (o. Fn. 32), no. 547.

34 Hof van Beroep Brussel v. 30.6.1926, JPA 1926, 273, 276.

35 Hof van Beroep Antwerpen v. 23.10.1874, JPA 1874, 171; Hof van Beroep Antwerpen v. 9.2.1882, JPA 1882, 125; Rb. Kh. Antwerpen v. 30.4.1920, JPA 1921, 24, 25; Rb. Kh. Antwerpen v. 26.4.1924, JPA 1924, 161 unter Bezugnahme auf Rb. Antwerpen v. 14.1.1913, Droit maritime [1913,?], 566 (letzteres mir nicht zugänglich); siehe auch Hof van Beroep Brussel v. 30.6.1926, JPA 1926, 273, 276 (Fall mit Orderklausel).

36 Hof van Beroep Antwerpen v. 21.6.1989, ETR 1990, 46, 48; Rb. Kh. Antwerpen v. 27.1.1923, JPA 1921, 100, 103; *Delwaide/Blockx* (o. Fn. 30), 134, nr. 69.

37 Hof van Cass. v. 1.12.2000, TBH 2001, 472, 474.

38 Hof van Cass. v. 1.12.2000, TBH 2001, 472, 474.

39 *Libouton* (o. Fn. 30), 476.

40 *De Smet* (o. Fn. 30), 471, no. 378.

41 Siehe Hof van Beroep Antwerpen v. 27.1.1906, JPA 1906, 61, 63.

42 Rb. Kh. Antwerpen v. 30.4.1920, JPA 1921, 24, 26.

- zweitens einen Auftrag an jenen Dritten, die Waren auszuliefern.[43] Das *laat-volgen* wird nach ständiger Praxis als Orderpapier oder gutgläubig erwerbbares Inhaberpapier angesehen (oben Rn. 12), bei welchem die Ansprüche aus dem Papier dem Recht am Papier folgen; anderenfalls würde die Möglichkeit eines gutgläubigen Erwerbs keinen Sinn ergeben. Es ist Traditionspapier und repräsentiert die Ware, vergleichbar einem Konnossement. Zumindest eine Entscheidung spricht eindeutig aus, dass der gutgläubige Erwerber des *laat-volgen* gutgläubiger (mittelbarer) Besitzer der Ware („possesseur de bonne foi de la *marchandise*", Hervorhebung hinzugefügt) ist.[44] Das *laat-volgen* mittelt demnach den Besitz an seinen Inhaber. Über weitere Konsequenzen, ab wann die Ware – zumal im Innenverhältnis zwischen dem Empfänger und dessen Hilfspersonen und Transporteuren – als übernommen gilt, lassen sich keine Entscheidungen finden. Zumindest soweit es auf die Inbesitznahme ankommt, sollte die Besitzmittlung aber zu einem Besitz des Inhabers führen. Ist der unmittelbare Besitzer des *laat-volgen* selber nur Mittler, so dürfte dies nicht ausschließen, dass er als Mittelsperson auch in eine Besitzmittlungskette eingeschaltet ist. Diese Besitzmittlungskette lautet dann aufsteigend: Lagerhalter/unmittelbarer Besitzer der Ware – Mittelsperson/unmittelbarer Besitzer des *laat-volgen* – Empfänger. 16

[43] Hof van Beroep Brussel v. 30.6.1926, JPA 1926, 273, 275 f.
[44] Hof van Beroep Brussel v. 30.6.1926, JPA 1926, 273, 276.

D. Verzeichnis der verwendeten Abkürzungen

Arr.Rb.	Arrondissementsrechtbank
Bull. transp.	Bulletin des transports
CA	Cour d'appel
Cass.	Cassatie
dir.	directeur
ETL	European Transport Law
JPA	Jurisprudence du Port d'Anvers
NIPR	Nederlands Internationaal Privaatrecht
Pas.	Pasicrisie belge
Rb. Kh.	Rechtbank van Koophandel
R.W.	Rechtskundig Weekblad
S & S	Schip en Schade
t.	tome (= Band)
TBH	Tijdschrift voor Belgisch Handelsrecht
TPR	Tijdschrift voor Privaatrecht
Trib. comm.	Tribunal de commerce

IV. Gesellschaftsrecht

- GmbH-Recht

Siehe Nr. 22 (Bayreuth)

V. Wertpapierrecht

Siehe Nr. 16 (Hamburg)

VI. Versicherungsrecht

Siehe auch Nr. 10 (Freiburg)

Nr. 17

Frankreich

Zu den Voraussetzungen der Eintrittspflicht des französischen Garantiefonds und zur Haftung bei Kettenunfällen unter französischem Verkehrshaftpflichtrecht.

Das Landgericht Hamburg bittet in dem Rechtsstreit L. ./. Verkehrsopferhilfe e.V. (Az.: 306 O 506/04) um ein Rechtsgutachten zu Fragen des französischen Rechts.

Osnabrück vom 20.6.2005

A. Sachlage

Der Kläger, der deutsche Staatsangehörige L. (im Folgenden: der Kläger) war mit einem PKW Typ Rolls Royce Bentley Continental R mit dem amtlichen Kennzeichen X am 1.11.2003 in Frankreich an einem Verkehrsunfall beteiligt. Dabei soll der Kläger auf der Autobahn A6 von Lyon in Richtung Metz von hinten von einem anderen PKW angefahren worden sein, dessen Führer anschließend Fahrerflucht begangen haben soll. Infolge des Aufpralls wurde das Auto des Klägers auf das sich vor ihm befindliche Fahrzeug des (gleichfalls deutschen Staatsangehörigen) A. geschoben. Der Unfall wurde nicht von der Polizei aufgenommen, und es wurde auch kein internationaler Unfallbericht mit beiderseitigen Unterschriften gefertigt. Zwar hatte der Kläger die mutmaßlichen Personalien des Fahrers des unfallverursachenden Fahrzeuges aufgenommen, doch reichten diese Angaben später nicht aus, um 1 die Identität des Fahrers, des Halters und des Haftpflichtversicherers des unfallverursachenden Fahrzeuges zu ermitteln. Folglich machte der Kläger (mit Schreiben vom 19.1.2004) Schadensersatzansprüche gegenüber der Verkehrsopferhilfe e.V. (im Folgenden: die Beklagte) geltend. Da auch die Beklagte den eintrittspflichtigen Versicherer nicht fristgerecht ermitteln konnte, gab sie den Vorgang zur weiteren Bearbeitung an die G. ab. Diese teilte mit Schreiben vom 18.10.2004 mit, es bestünde kein Anspruch gegen den französischen Garantiefonds, weil infolge des Straßenverkehrsunfalls nur Sachschäden entstanden waren.

Der Kläger erhob Klage vor dem Landgericht Hamburg und begehrt im vorliegenden Rechtsstreit unter Berufung auf § 12a PflVG eine Entschädigung der an seinem Fahrzeug entstandenen Unfallschäden (Erstattung der Reparaturkosten), eine Entschädigung für Nutzungsausfall, Ersatz des merkantilen Minderwerts, Ersatz von Sachverständigenkosten und die Zahlung einer allgemeinen Kostenpauschale. In seiner Replik trägt er zudem vor, er habe infolge des Unfalls ein HWS-Schleudersyndrom erlitten und sei vom 1. - 9.11.2003 arbeitsunfähig erkrankt gewesen. Die Beklagte rügt die Aktivlegitimation des Klägers und streitet ab, dass dem Kläger wegen des vorgetragenen Unfallgeschehens Ansprüche gegen den französischen Garantiefonds zustünden. Dies sei insbesondere deswegen nicht der Fall, weil kein Insasse des beschädigten Fahrzeuges verletzt wurde. Zudem müsste der Kläger das Fehlen einer anderweitigen Ersatzmöglichkeit und somit das Fehlen einer Vollkaskoversicherung für den beschädigten Pkw nachweisen.

B. Anfrage

2 Das Landgericht Hamburg hat die Einholung eines Sachverständigengutachtens zu folgender Frage beschlossen:

> Nach welchen Normen des französischen Rechts richtet es sich, ob der Kläger einen Anspruch gegen den französischen Garantiefonds hat und welchen Inhalts sind diese Normen? Die einschlägigen französischen Normen sind hierfür ins Deutsche zu übersetzen.

C. Rechtslage

I. Vorbemerkung

3 Das Gericht geht, wie sich aus der Fragestellung ergibt, von der Anwendbarkeit des französischen Rechts aus. Fragen des deutschen Internationalen Privatrechts habe ich folglich ebenso wenig geprüft wie Fragen der internationalen Zuständigkeit deutscher Gerichte.

II. Die relevanten gesetzlichen Regeln

Die gesetzlichen Regeln zum *Fonds de garantie des assurances obligatoires de dommages* (im Folgenden: Garantiefonds) sind im Wesentlichen in den Art. L. 421-1 bis L. 421-17 *Code des Assurances, Partie Législative* (Versicherungsgesetzbuch, Gesetzesteil), den Art. R. 421-1 bis R. 421-77 *Code des Assurances, Partie Réglementaire* (Versicherungsgesetzbuch, Verordnungsteil) und den Art. A. 421-1 bis A. 421-4 *Code des Assurances, Partie arrêtés* (Versicherungsgesetzbuch, Erlassteil) enthalten. Diese Abschnitte des französischen Versicherungsgesetzbuches sind in den vergangenen Jahren häufig abgeändert worden, was der inneren Kohärenz dieser Artikel nicht stets zugute gekommen ist. Da sich der Unfall bereits am 1.11.2003 ereignet hat, werden im Folgenden die französischen Gesetzestexte in der Fassung zugrundegelegt, die sie an jenem Tage hatten. Spätere Änderungen der einschlägigen Artikel des Versicherungsgesetzbuches bleiben gemäß Art. 2 des französischen *Code civil* unbeachtlich. Hiernach gelten Gesetze grundsätzlich nur für die Zukunft; sie haben keine rückwirkende Kraft. 4

Neben den einschlägigen Regeln des *Code des Assurances* sind für die Beantwortung der Frage auch noch einige Artikel der *Loi n° 85-677 du 5 juillet 1985 tendant à l'amélioration de la situation des victimes d'accidents de la circulation et à l'accélération des procédures d'indemnisation* (das französische Gesetz aus dem Jahre 1985 zur Verbesserung der Lage von Opfern von Verkehrsunfällen) relevant. 5

a) Die einschlägigen Artikel des *Code des Assurances* lauten wie folgt:[1] 6

	Deutsch:
Code des Assurances, Partie Législative	Versicherungsgesetzbuch, Gesetzesteil
Art. L. 421-1 Code des assurances	
„Le Fonds de garantie des assurances obligatoires de dommages est chargé, lorsque le responsable des dommages demeure inconnu ou n'est pas assuré, sauf par l'effet d'une dérogation légale à l'obligation d'assurance, ou, dans les situations non couvertes par les dispositions de la section 6 du présent chapitre, lorsque son assureur est totalement ou partiellement insolvable, d'indemniser les victimes des dommages résultant des atteintes à leur personne nés d'un accident sur-	Der Garantiefonds ist damit beauftragt, die Opfer von Schäden, die infolge der Gefährdung ihrer Person bei einem Unfall entstanden sind, der sich im europäischen Teil Frankreichs und in den Departements in Übersee ereignet hat und woran ein am Verkehr teilnehmendes landgebundenes Kraftfahrzeug, sowie auch seine Anhänger oder Halbanhänger, ausgenommen die Eisenbahn und die Straßenbahnen, die auf ihren eigenen Gleisen verkehren, beteiligt

[1] Siehe die offizielle Internetseite www.legifrance.gouv.fr. Übersetzung durch einen Mitarbeiter des Instituts im Einvernehmen mit dem Gutachter.

venu en France métropolitaine et dans les départements d'outre-mer dans lequel est impliqué un véhicule terrestre à moteur en circulation, ainsi que ses remorques ou semi-remorques, à l'exclusion des chemins de fer et des tramways circulant sur les voies qui leur sont propres. Le fonds de garanties paie les indemnités qui ne peuvent être prises en charge à aucun autre titre, allouées aux victimes ou à leurs ayants droit, lorsque l'accident ouvre droit à réparation. Les versements effectués au profit des victimes ou de leurs ayants droit et qui ne peuvent pas donner lieu à une action récursoire contre le responsable des dommages ne sont pas considérés comme une indemnisation à un autre titre.

ist, zu entschädigen, wenn die für die Schäden verantwortliche Person unbekannt bleibt oder nicht versichert ist und diese fehlende Versicherungsdeckung nicht die Folge einer gesetzlichen Ausnahme von der Versicherungspflicht ist, oder, in den Fällen, die nicht gedeckt sind durch die Bestimmungen des 6. Abschnitts dieses Kapitels, wenn ihr Versicherer vollständig oder teilweise zahlungsunfähig ist. Wenn infolge des Unfalls ein Recht auf Schadensersatz entsteht, zahlt der Garantiefonds die den Opfern oder ihren Hinterbliebenen zugesprochenen Entschädigungen, die nicht kraft einer anderen Rechtsgrundlage übernommen werden können. Die Zahlungen, die den Opfern oder ihren Hinterbliebenen erbracht worden sind und die nicht zu einer Regressforderung gegen die für die Schäden verantwortliche Person führen können, werden nicht als eine Zahlung kraft eines anderen Rechtsgrunds betrachtet.

Le fonds de garantie peut également prendre en charge, dans les conditions et limites fixées par un décret en Conseil d'Etat, les dommages aux biens nés d'un accident dans lequel est impliqué un véhicule défini à l'alinéa précédent, lorsque l'auteur identifié de ces dommages n'est pas assuré, sauf par l'effet d'une dérogation légale à l'obligation d'assurance, ou lorsque, l'auteur étant inconnu, le conducteur du véhicule accidenté ou toute autre personne a subi un préjudice résultant d'une atteinte à sa personne.

Unter den Bedingungen und innerhalb der Grenzen einer im Conseil d'Etat beschlossenen Verordnung kann der Garantiefonds die Sachschäden, die infolge eines Unfalls entstanden sind, an dem ein im vorhergehenden Absatz definiertes Fahrzeug beteiligt ist, ebenfalls übernehmen, wenn der identifizierte Verursacher dieser Schäden nicht versichert ist und diese Abwesenheit der Versicherungsdeckung keine Folge einer gesetzlichen Ausnahme von der Versicherungspflicht ist, oder wenn der Verursacher unbekannt ist und der Fahrer des beschädigten Fahrzeuges oder eine andere Person einen Schaden infolge einer Gefährdung seiner Person erlitten hat.

Le fonds de garantie est également chargé, lorsque le responsable des dommages demeure inconnu ou n'est pas assuré, de payer, dans les conditions prévues au premier alinéa, les indemnités allouées aux victimes de dommages résultant des atteintes à

Wenn die für die Schäden verantwortliche Person unbekannt oder nicht versichert ist, ist der Garantiefonds unter den im 1. Absatz festgestellten Bedingungen ebenfalls damit beauftragt, die Entschädigungen zu zahlen, die Opfern von Schäden, die leur personne ou à leurs ayants droit, lorsque ces dommages, ouvrant droit à réparation, ont été causés accidentellement par des personnes circulant sur le sol dans les lieux ouverts à la circulation publique.

Le fonds de garantie indemnise aussi les dommages résultant d'une atteinte à la personne subis par les victimes ou leurs ayants droit, lorsque ces dommages ont été causés accidentellement par des animaux qui n'ont pas de propriétaire ou dont le propriétaire demeure inconnu ou n'est pas assuré, dans des lieux ouverts à la circulation publique et lorsqu'ils résultent d'un accident de circulation sur le sol. Le fonds de garantie paie les indemnités qui ne peuvent être prises en charge à aucun autre titre.

Il indemnise également, dans les conditions et limites fixées par décret pris en Conseil d'Etat, les dommages causés aux biens consécutifs aux événements visés aux troisième et quatrième alinéas. Toutefois, lorsque le responsable des dommages est inconnu ou que l'animal n'est pas identifié, ces dommages ne sont couverts que si le conducteur du véhicule accidenté ou toute autre personne a subi un préjudice corporel.

Les indemnités doivent résulter soit d'une décision judiciaire exécutoire, soit d'une transaction ayant reçu l'assentiment du fonds de garantie.

[...]"

infolge Gefährdungen ihrer Person entstanden sind, oder ihren Hinterbliebenen zugesprochen wurden, wenn diese ersatzfähigen Schäden im Rahmen eines Unfalls durch Personen verursacht wurden, die sich an einem dem allgemeinen Verkehr freigegebenen Ort auf Land fortbewegten.

Der Garantiefonds entschädigt auch die Schäden, die infolge einer Gefährdung der Person durch das Opfer oder seine Hinterbliebenen erlitten wurden, wenn diese Schäden die Folge eines Verkehrsunfalls auf Land sind und an einem dem allgemeinen Verkehr freigegebenen Ort unbeabsichtigt durch Tiere verursacht wurden, die keinen Eigentümer haben oder deren Eigentümer unbekannt bleibt oder nicht versichert ist. Der Garantiefonds zahlt die Entschädigungen, die nicht kraft einer anderen Rechtsgrundlage übernommen werden können.

Unter den Bedingungen und innerhalb der Grenzen einer im Conseil d´Etat beschlossenen Verordnung entschädigt er ebenfalls die Sachschäden, die infolge der im dritten und im vierten Absatz erwähnten Ereignisse entstanden sind. Wenn die für die Schäden verantwortliche Person unbekannt oder das Tier nicht identifiziert ist, sind diese Schäden jedoch nur gedeckt, wenn der Fahrer des beschädigten Fahrzeuges oder eine andere Person einen körperlichen Schaden erlitten hat.

Die Entschädigungen müssen entweder aus einem vollstreckbaren Gerichtsurteil oder einem Vergleich folgen, dem der Garantiefonds zugestimmt hat.

[...]

Article L. 421-6 Code des assurances

„Un décret en Conseil d'Etat fixe les conditions d'application des articles L. 421-1 à L. 421-5 et notamment les bases et modalités juridiques de détermination des indemnités pouvant être dues par le fonds de garantie, les personnes exclues du bénéfice du fonds, les obligations et droits respectifs ou réciproques du fonds de garantie, de l'assureur, du responsable de l'accident, de la victime ou de ses ayants droit, les délais assignés pour l'exercice de ces droits ou la mise en jeu de ces obligations, les conditions de fonctionnement, d'intervention en justice du fonds de garantie, les conditions dans lesquelles il peut être exceptionnellement mis en cause, les modalités du contrôle exercé sur l'ensemble de la gestion du fonds par le ministre de l'économie et des finances, les taux et assiettes des contributions prévues à l'article L. 421-4."

Eine im Conseil d´Etat beschlossene Verordnung bestimmt die Anwendungsvoraussetzungen der Artikel L. 421-1 bis 421-5 und insbesondere die rechtlichen Grundlagen und Modalitäten für die Bestimmung der Schadensersatzzahlungen, die dem Garantiefonds obliegen könnten, der Personen, denen der Vorteil des Fonds verwehrt wird, der jeweiligen und gegenseitigen Verpflichtungen und Rechte des Garantiefonds, des Versicherers, des Unfallverantwortlichen, des Opfers oder seiner Hinterbliebenen, der eingeräumten Fristen für die Ausübung dieser Rechte oder die Geltendmachung dieser Verpflichtungen, der Arbeitsbedingungen sowie der Voraussetzungen, unter denen der Garantiefonds rechtliche Schritte unternehmen kann, der Voraussetzungen, unter denen ihm ausnahmsweise der Streit verkündet werden kann, der Regeln zur Kontrolle der Gesamtheit der Führung des Fonds, ausgeführt durch das Ministerium für die Wirtschaft und die Finanzen, der Beitragssätze und deren Bemessungsgrundlagen vorgesehen in Art. L. 421-4.

Code des Assurances, Partie Réglementaire

Art. R. 421-1 Code des assurances

„Sont prises en charge par le fonds de garantie, conformément aux dispositions de la présente section, les indemnités dues aux victimes d'accidents mentionnés à l'article L. 421-1 ou à leurs ayants droit à la condition que ces accidents soient survenus en France métropolitaine, à ou dans les départements d'outre-mer.

Gemäß den Bestimmungen dieses Abschnitts übernimmt der Garantiefonds den Schadensersatz, der den Opfern von Unfällen, erwähnt in Art. L. 421-1, oder ihren Hinterbliebenen geschuldet wird, wenn diese Unfälle sich im europäischen Frankreich oder in den Departements in Übersee ereignet haben.

Ne sont prises en charge par le fonds de garantie les indemnités dues aux victimes d'accidents dans lesquels sont impliqués des véhicules terrestres à moteur ainsi que les remorques ou semi-remorques de ces véhicules,

Der Garantiefonds übernimmt den Schadensersatz, der den Opfern von Unfällen, an denen landgebundene Kraftfahrzeuge sowie auch deren Anhänger oder Halbanhänger mit gewöhnlichem Standort in einem in ayant leur stationnement habituel sur le territoire d'un Etat, autre que la France, visé à l'article L. 211-4, que lorsque l'indemnisation de ces victimes n'incombe pas au bureau central français pour leur totalité ou en partie.

Art. L. 211-4 erwähnten Land, Frankreich ausgenommen, beteiligt sind, nur, wenn die Entschädigung dieser Opfer nicht dem *bureau central français* teilweise oder vollständig obliegt.

Le bureau central français est le bureau national d'assurance constitué en France dans les conditions mentionnées au deuxième alinéa de l'article R. 211-22.

Der *bureau central français* ist das nationale Versicherungsbüro, das in Frankreich gemäß den in Art. R. 211-22 Abs. 2 aufgeführten Bedingungen gegründet wird.

[...]"

[...]

Article R. 421-2 Code des assurances

„Sont exclus du bénéfice du fonds de garantie:

Ausgeschlossen vom Vorteil des Garantiefonds sind:

1° Lorsque les dommages sont nés d'un accident dans lequel est impliqué un véhicule terrestre à moteur, les dommages causés au conducteur.

1° Die dem Fahrer verursachten Schäden, wenn die Schäden infolge eines Unfalls entstanden sind, an dem ein landgebundenes Kraftfahrzeug beteiligt ist.

[...]

[...]

Toutefois, les personnes désignées au présent article peuvent invoquer la garantie du fonds lorsque l'accident a été causé en tout ou en partie par la circulation d'un tiers ou d'une chose ou d'un animal appartenant à un tiers ou sous sa garde et dans la mesure de sa responsabilité."

Die in diesem Artikel genannten Personen können die Garantie des Fonds jedoch in Anspruch nehmen, wenn der Unfall vollständig oder teilweise durch die Verkehrsteilnahme eines Dritten oder einer Sache oder eines Tieres, die einem Dritten gehören oder unter seiner Obhut stehen, verursacht wurde, und im Verhältnis zu dessen Haftung.

Article R. 421-12 Code des assurances

„Lorsque le responsable des dommages est inconnu, la demande des victimes ou de leurs ayants droit tendant à la réparation des dommages qui leur ont été causés doit être adressée au fonds de garantie dans le délai de trois ans à compter de l'accident.

Wenn die für die Schäden verantwortliche Person unbekannt ist, muss der Antrag der Opfer oder ihrer Hinterbliebenen auf Entschädigung der ihnen zugefügten Schäden innerhalb einer Frist von drei Jahren, zu rechnen ab dem Unfall, an den Garantiefonds gesendet werden.

Lorsque le responsable des dommages est connu, la demande d'indemnité doit être adressée au fonds de ga-

Wenn die für die Schäden verantwortliche Person bekannt ist, muss der Entschädigungsantrag innerhalb rantie dans le délai d'un an à compter soit de la date de la transaction, soit de la date de la décision de justice passée en force de chose jugée.

einer einjährigen Frist an den Garantiefonds gesendet werden, zu rechnen entweder ab dem Datum des Vergleichs oder ab dem Datum, ab welchem das Gerichtsurteil Rechtskraft erlangt hat.

En outre, les victimes ou leurs ayants droit doivent, dans le délai de cinq ans à compter de l'accident:

Zudem müssen die Opfer oder ihre Hinterbliebenen innerhalb einer fünfjährigen Frist, zu rechnen ab dem Unfall:

a) Si le responsable est inconnu, avoir réalisé un accord avec le fonds de garantie ou exercé contre celui-ci l'action prévue à l'article R. 421-14;

a) wenn die verantwortliche Person unbekannt ist, eine Übereinkunft mit dem Garantiefonds abgeschlossen oder gegen ihn die in Art. R. 421-14 vorgesehene Klage eingereicht haben;

b) Si le responsable est connu, avoir conclu une transaction avec celui-ci ou intenté contre lui une action en justice.

b) wenn die verantwortliche Person bekannt ist, mit ihr einen Vergleich abgeschlossen oder gegen sie eine Klage eingereicht haben.

Les délais prévus aux alinéas précédents ne courent que du jour où les intéressés ont eu connaissance du dommage, s'ils prouvent qu'ils l'ont ignoré jusque-là.

Die in den vorhergehenden Absätzen vorgesehenen Fristen laufen erst ab dem Tag, ab welchem die betreffenden Personen Kenntnis vom Schaden erhalten haben, wenn sie den Nachweis erbringen, dass er ihnen bis dahin nicht bekannt war.

[...]

[...]

Ces différents délais sont impartis à peine de forclusion, à moins que les intéressés ne prouvent qu'ils ont été dans l'impossibilité d'agir avant l'expiration desdits délais."

Diese verschiedenen Fristen werden unter Strafe der Rechtsverwirkung gesetzt, wenn die betreffenden Personen den Nachweis nicht erbringen, dass sie sich vor dem Verstreichen dieser Fristen in der Unmöglichkeit befanden, zu handeln.

Article R. 421-13 Code des assurances

„Les victimes d'accidents ou leurs ayants droit doivent adresser au fonds de garantie leurs demandes d'indemnité par lettre recommandée avec demande d'avis de réception. A l'appui de leur demande, ils sont tenus de justifier:

Die Opfer von Unfällen oder ihre Hinterbliebenen müssen ihre Entschädigungsanträge per Einschreiben mit Empfangsbestätigung an den Garantiefonds senden. Zur Bekräftigung ihres Antrages müssen sie nachweisen:

1° Soit qu'ils sont français;

1° entweder dass sie Franzosen sind;

Soit qu'ils ont leur résidence princi-

oder dass sie ihren Hauptwohnsitz

pale sur le territoire de la République française;

Soit qu'ils sont ressortissants d'un Etat ayant conclu avec la France un accord de réciprocité et qu'ils remplissent les conditions fixées par cet accord;

Soit enfin, pour les accidents dans lesquels sont impliqués des véhicules définis à l'article R. 421-1, 2e alinéa, qu'ils sont ressortissants d'un Etat membre de la Communauté économique européenne autre que la France, du Saint-Siège, de Saint-Marin ou de Monaco, ou qu'ils ont leur résidence principale dans un de ces Etats.

2° Que l'accident ouvre droit à réparation à leur profit dans les termes de la législation française sur la responsabilité civile et qu'il ne peut donner droit à indemnisation complète à aucun titre. Si la victime ou ses ayants droit peuvent prétendre à une indemnisation partielle à un autre titre, le fonds de garantie ne prend en charge que le complément. Pour permettre de déterminer le préjudice complémentaire de la victime ou de ses ayants droit, les tiers payeurs, définis par la loi n° 85-677 du 5 juillet 1985, doivent faire connaître au fonds de garantie le montant des versements effectués au profit de ceux-ci, au plus tard dans un délai de quatre mois à compter de la demande émanant du fonds.

Les réclamants doivent également justifier soit que le responsable de l'accident n'a pu être identifié, soit qu'il n'est pas assuré ou que son assureur est totalement ou partiellement insolvable après la fixation de l'indemnité par une transaction ou une décision de justice exécutoire.

auf dem Territorium der französischen Republik haben;

oder dass sie Angehörige eines Staates sind, der mit Frankreich ein Gegenseitigkeitsabkommen abgeschlossen hat, und dass sie die in diesem Abkommen festgestellten Voraussetzungen erfüllen;

oder schließlich, für die Unfälle, an denen in Art. R. 421-1 Abs. 2 umschriebene Fahrzeuge beteiligt sind, dass sie Angehörige eines Mitgliedstaates der Europäischen Wirtschaftsgemeinschaft außer Frankreich, des Heiligen Stuhls, von San Marino oder Monaco sind, oder dass sie ihren Hauptwohnsitz in einem dieser Staaten haben.

2° Dass ihnen infolge des Unfalls gemäß der französischen Gesetzgebung zur zivilrechtlichen Haftung Schadensersatz zusteht und dass ihnen keine anderweitigen Ansprüche auf vollständige Entschädigung zustehen. Wenn das Opfer oder seine Anspruchsberechtigten aus einem anderen Rechtsgrund eine partielle Entschädigung beanspruchen können, übernimmt der Garantiefonds nur den Restbetrag. Um eine Feststellung der Restschäden des Opfers oder seiner Anspruchsberechtigten zu ermöglichen, müssen die Dritten, die zahlen und die definiert sind im Gesetz n° 85-677 vom 5. Juli 1985, dem Garantiefonds den Betrag der zu Gunsten der Opfer oder ihrer Anspruchsberechtigten getätigten Überweisungen mitteilen, spätestens innerhalb einer Frist von vier Monaten ab dem Tag der Frage des Fonds.

Die Antragsteller müssen ebenfalls nachweisen, dass die für den Unfall verantwortliche Person nicht identifiziert werden konnte, dass sie nicht versichert ist oder dass ihr Versicherer nach der Feststellung des Schadensersatzes durch einen Vergleich oder eine vollstreckbare Gerichtsentscheidung vollständig oder teilweise

L'insolvabilité de l'assureur résulte du retrait de l'agrément administratif."

zahlungsunfähig ist.

Die Zahlungsunfähigkeit des Versicherers geht aus dem Entzug der behördlichen Zulassung hervor.

Article R. 421-18 Code des assurances[2]

„1. Les dommages aux biens pris en charge par le fonds de garantie en application du 2e alinéa de l'article R. 421-1 sont tous ceux qui résultent d'un accident dans lequel est impliqué un véhicule terrestre à moteur en circulation, ainsi que ses remorques et semi-remorques, lorsque l'auteur des dommages est identifié.

1. Die Sachschäden, die der Garantiefonds gemäß Art. R. 421-1 Abs. 2 übernimmt, sind alle diejenigen, die infolge eines Unfalls entstanden sind, woran ein am Verkehr teilnehmendes landgebundenes Kraftfahrzeug, sowie auch seine Anhänger oder Halbanhänger beteiligt ist, wenn der Schadensverursacher identifiziert ist.

Sont, dans ce cas, exclus du bénéfice du fonds de garantie les dommages subis par le véhicule impliqué dans l'accident ainsi que les dommages aux biens du conducteur de ce même véhicule.

Ausgeschlossen von dem Vorteil des Garantiefonds sind in diesem Fall die Schäden, die dem am Unfall beteiligten Fahrzeug entstanden sind, sowie auch die Schäden an den Gütern des Fahrers dieses Fahrzeugs.

Lorsque le véhicule impliqué dans l'accident a été volé, sont exclus du bénéfice du fonds de garantie les complices du vol et, d'une manière générale, toutes les personnes transportées dans le véhicule. Cette exclusion n'est applicable que si le fonds de garantie apporte la preuve de la

Wenn das am Unfall beteiligte Fahrzeug gestohlen wurde, bleibt den am Diebstahl beteiligten und, allgemein, allen in diesem Fahrzeug transportierten Personen der Vorteil des Garantiefonds verwehrt. Dieser Ausschluss findet nur Anwendung, wenn der Garantiefonds den Nachweis er-

---

[2] Dieser Artikel wurde mit dem Décret n° 2004-176 v. 17.2.2004 um einen 4. Punkt ergänzt, der wie folgt lautet:
„4. Lorsque le fonds de garantie indemnise en vertu du cinquième alinéa de l'article L. 421-1 les dommages aux biens résultant des accidents mentionnés aux troisième et quatrième alinéas du même article, et lorsque le responsable des dommages est inconnu ou que l'animal n'est pas identifié, le fonds ne prend en charge ces dommages qu'à la condition que le conducteur du véhicule accidenté ou toute autre personne ait été victime d'une atteinte à son intégrité physique ayant entraîné son décès, ou une hospitalisation d'au moins sept jours suivie d'une incapacité temporaire égale ou supérieure à un mois ou d'une incapacté permanente partielle d'au moins 10 %."
– Übersetzung: 4. Wenn der Garantiefonds in Anwendung von Art. L. 421-1 Abs. 5 die Sachschäden entschädigt, die infolge der im 3. und im 4. Absatz jenes Artikels erwähnten Unfälle entstanden sind, und wenn die für die Schäden verantwortliche Person unbekannt ist oder das Tier nicht identifiziert ist, übernimmt der Fonds diese Schäden nur unter der Bedingung, dass der Fahrer des beschädigten Fahrzeuges oder eine andere Person einer Gefährdung seiner persönlichen Integrität ausgesetzt war, die zum Hinscheiden, einem Krankenhausaufenthalt von mindestens sieben Tagen, gefolgt von einer vorübergehenden Arbeitsunfähigkeit von mindestens einem Monat oder einer andauernden partiellen Arbeitsunfähigkeit von mindestens 10 Prozent geführt hat.

connaissance du vol par les personnes transportées.

Lorsque l'auteur des dommages demeure inconnu, le fonds prend également en charge tous les dommages aux biens à condition que le conducteur du véhicule accidenté, ou toute autre personne, ait été victime d'une atteinte à sa personne ayant entraîné son décès, ou une hospitalisation d'au moins sept jours suivie d'une incapacité temporaire égale ou supérieure à un mois, ou une incapacité permanente partielle d'au moins 10 p. 100.

Toutefois, les personnes désignées au présent article peuvent invoquer la garantie du fonds lorsque l'accident a été causé par un autre véhicule terrestre à moteur, dans la mesure de la responsabilité de celui qui a la garde de ce véhicule.

Lorsqu'un contrat d'assurance a été souscrit pour garantir les conséquences pécuniaires de la responsabilité civile découlant de l'emploi du véhicule qui a causé les dommages matériels, le fonds de garantie ne peut être appelé à indemniser la victime ou ses ayants droit qu'en cas de nullité du contrat, de suspension du contrat ou de la garantie de non-assurance ou d'assurance partielle, opposables à la victime ou à ses ayants droit. L'assureur doit déclarer sans délai au fonds de garantie les accidents pour lesquels il entend invoquer une de ces exceptions. Il doit en aviser la victime ou ses ayants droit en précisant le numéro de la police.

[...]"

bringt, dass die beförderten Personen vom Diebstahl Kenntnis hatten.

Wenn der Verursacher der Schäden unbekannt bleibt, übernimmt der Fonds ebenfalls alle Sachschäden, wenn der Fahrer des beschädigten Fahrzeugs oder eine andere Person einer Gefährdung seiner Person ausgesetzt war, die zum Hinscheiden, einem Krankenhausaufenthalt von mindestens sieben Tagen, gefolgt von einer vorübergehenden Arbeitsunfähigkeit von mindestens einem Monat oder einer andauernden partiellen Arbeitsunfähigkeit von mindestens 10 Prozent geführt hat.

Wenn der Unfall durch ein anderes landgebundenes Fahrzeug verursacht wurde, können die in diesem Artikel bezeichneten Personen die Deckung des Garantiefonds jedoch in dem Maße der Haftung desjenigen, der die *garde* dieses Kraftfahrzeuges innehat [„Halter" dieses Fahrzeugs ist], in Anspruch nehmen.

Wenn ein Versicherungsvertrag zur Deckung der pekuniären Folgen der zivilrechtlichen Haftung unterschrieben wurde, die infolge der Nutzung des Fahrzeuges, das die materiellen Schäden verursacht hat, entsteht, kann der Garantiefonds nur im Falle der Vertragsnichtigkeit, des Ruhens des Vertrages oder der dem Opfer oder seinen Anspruchsberechtigten einwendbaren Garantie der Nicht- oder partiellen Versicherung dazu aufgefordert werden, das Opfer oder seine Hinterbliebenen zu entschädigen. Der Versicherer muss dem Garantiefonds unmittelbar die Unfälle mitteilen, hinsichtlich welcher er einen dieser Einwände vortragen wird. Er muss das Opfer oder seine Hinterbliebenen darüber in Kenntnis setzen, unter Angabe der Policenummer.

[...]

Article R. 421-19 Code des assurances	
„L'indemnisation des dommages aux biens par le fonds de garantie supporte un abattement de 300 euros par victime et ne peut excéder la somme de 460.000 euros par événement.	Die Entschädigung der Sachschäden durch den Garantiefonds erfolgt unter Abzug von 300 Euro pro Opfer und darf die Summe von 460.000 Euro pro Schadensfall nicht übersteigen.
Les espèces, valeurs mobilières et objets considérés comme précieux ne donnent pas lieu à indemnisation.	Das Bargeld, die Wertpapiere und Gegenstände, die als wertvoll gelten, sind nicht ersatzfähig.
L'indemnisation des dommages occasionnés à des effets personnels ne peut excéder 970 euros par victime."	Die Entschädigung von an persönlichen Kleidungsstücken entstandenen Schäden darf EUR 970 pro Opfer nicht übersteigen.

7 b) Die für die Antwort relevanten Artikel der Loi n° 85-677 du 5 juillet 1985 lauten wie folgt:

Französisch	*Deutsch:*[3]
Loi n° 85-677 du 5 juillet 1985 tendant à l´amélioration de la situation des victimes d´accidents de la circulation et à l´accélération des procédures d´indemnisation	Gesetz Nr. 85-677 vom 5. Juli 1985 zur Verbesserung der Lage der Opfer von Verkehrsunfällen und zur Beschleunigung der Entschädigungsverfahren
Art. 1	
„Les dispositions du présent chapitre s´appliquent, même lorsqu´elles ont transportées en vertu d´un contrat, aux victimes d´un accident de la circulation dans lequel est impliqué un véhicule terrestre à moteur ainsi que ses remorques ou semi-remorques, à l´exception des chemins de fer et des tramways circulant sur des voies qui leur sont propres."	Die Bestimmungen dieses Kapitels sind anwendbar, auch wenn sie (= die Opfer) in Erfüllung eines Vertrages befördert werden, auf Opfer eines Verkehrsunfalls woran ein landgebundenes Kraftfahrzeug beteiligt ist, sowie auch dessen Anhänger oder Halbhänger, ausgenommen Eisenbahnen und Straßenbahnen, die auf ihren eigenen Gleisen verkehren.
Art. 2	
„Les victimes, y compris les conducteurs, ne peuvent se voir opposer la force majeure ou le fait d´un tiers par le conducteur ou le gardien d´un véhicule mentionné à l´article 1er."	Den Opfern, einschließlich der Fahrer, kann der Fahrer oder der *gardien* [der „Halter"] eines in Art. 1 erwähnten Fahrzeuges weder höhere Gewalt noch die Handlung eines Dritten entgegenhalten.

[3] Übersetzung durch einen Mitarbeiter des Instituts in Abstimmung mit dem Gutachter.

Art. 4

„La faute commise par le conducteur du véhicule terrestre à moteur a pour effet de limiter ou d'exclure l'indemnisation des dommages qu'il a subis."

Ein vom Fahrer des landgebundenen Kraftfahrzeugs begangener Fehler („Verschulden") führt zu einer Kürzung oder zum Ausschluss des Ersatzes der Schäden, die er erlitten hat.

Art. 5

„La faute, commise par la victime, a pour effet de limiter ou d'exclure l'indemnisation des dommages aux biens qu'elle a subis. Toutefois, les fournitures et appareils délivrés sur prescription médicale donnent lieu à indemnisation selon les règles applicables à la réparation des atteintes à la personne.

Der vom Opfer begangene Fehler („Verschulden") führt zu einer Beschränkung oder zum Ausschluss des Ersatzes der Sachschäden, die es erlitten hat. Zubehör und Geräte, welche aufgrund ärztlicher Verschreibung verabfolgt wurden, werden allerdings gemäß den Regeln entschädigt, die auf die Entschädigung der Personenschäden anwendbar sind.

Lorsque le conducteur d'un véhicule terrestre à moteur n'en est pas la propriétaire, la faute de ce conducteur peut être opposée au propriétaire pour l'indemnisation des dommages causés à son véhicule. Le propriétaire dispose d'un recours contre le conducteur."

Wenn der Fahrer eines landgebundenen Kraftfahrzeuges nicht dessen Eigentümer ist, kann der Fehler („das Verschulden") dieses Fahrers dem Eigentümer für die Entschädigung der an seinem Fahrzeug verursachten Schäden entgegengehalten werden. Dem Eigentümer steht ein Rückgriff gegen den Fahrer zu.

III. Die Voraussetzungen der Entschädigungspflicht des französischen Garantiefonds

Die Aufgabe des in den Jahren 1951 - 1952 errichteten französischen Garantiefonds besteht im Wesentlichen in der Leistung von Entschädigungszahlungen in Fällen, in denen der Verursacher des Schadens (i) unbekannt, (ii) bekannt aber unversichert oder (iii) versichert aber ohne Versicherungsschutz ist, weil entweder der Versicherer sich auf einen wirksamen Grund für die Abwesenheit eines konkreten Versicherungsschutzes beruft oder weil er vollständig oder teilweise zahlungsunfähig ist.[4] 8

Die Voraussetzungen des Entschädigungsanspruchs eines Verkehrsunfallopfers gegen den französischen Garantiefonds lassen sich in der folgenden Checkliste zusammenfassen: 9

4 *Favre Rochex/Courtieu*, Fonds d'indemnisation et de garantie, 2003, n° 2-00, S. 21.

1. Unfallort: Frankreich.
2. Unfallart: Verkehrsunfall, an dem ein landgebundenes Kraftfahrzeug beteiligt ist.
3. Unfallschäden: Personenschäden und unter bestimmten Voraussetzungen auch Sachschäden.
4. Erfüllung bestimmter Eigenschaften in der Person des Opfers.
5. Haftung eines anderen für die Schäden des Opfers.
6. Die verantwortliche Person ist unbekannt oder nicht versichert.
7. Der eingetretene Schaden war versicherbar.
8. Für den Schaden kann kein Ersatz von einer anderen Person oder Institution verlangt werden.
9. Einhaltung der Fristen.

1. Unfallort: Frankreich

10 Die Grundregel zur Bestimmung des geografischen Aktionsradius des französischen Garantiefonds ist in Art. L. 421-1 Abs. 1 und in Art. R. 421-1 *Code des Assurances* enthalten. Hiernach beschränkt sich die Aufgabe des Garantiefonds in räumlicher Hinsicht auf die Entschädigung von Opfern von Unfällen, die sich im europäischen Teil Frankreichs und in den Departements in Übersee ereignet haben.

2. Unfallart: Verkehrsunfall, an dem ein landgebundenes Kraftfahrzeug beteiligt ist

11 Der Unfallbegriff wird weit ausgelegt. Er umfasst im Prinzip jedes Ereignis, das zum Entstehen eines Schadens geführt hat.[5]

12 An dem Unfall muss ein landgebundenes Kraftfahrzeug beteiligt gewesen sein. Der Begriff des landgebundenen Kraftfahrzeuges wird in der französischen Rechtsprechung besonders weit ausgelegt, so dass nach neuester Rechtsprechung beispielsweise ein Rasenmäher mit Fahrantrieb ebenfalls als landgebundenes Kraftfahrzeug zu qualifizieren ist.[6] Auch die Voraussetzung der „Beteiligung" eines landgebundenen Kraftfahrzeuges an dem Unfall wird sehr weit ausgelegt. Demnach ist diese Voraussetzung i.d.R. bereits ab dem Augenblick erfüllt, ab welchem ein Auto materiell in den Unfall verwickelt war.[7] In der französischen Lehre wird dann

---

5 *Flour/Aubert/Savaux*, Droit civil. Les obligations. 2. Le fait juridique, 10. Aufl. 2003, Rn. 324, S. 322.

6 Cass. civ. v. 24.6.2004, Bull. Civ. 2004, II, n° 308.

7 Vgl. nur Cass. civ. v. 29.4.1998, JCP 1998 éd. G., IV, 2342: Ein Fahrzeug, das angefahren wurde, ist notwendigerweise an dem Unfall beteiligt, und zwar unabhängig davon, ob es stillstand oder in Bewe-

auch treffend darauf hingewiesen, dass die Voraussetzung der Beteiligung *(implication)* an dem Unfall nicht als eine Kausalitätsvoraussetzung *(causalité)* verstanden werden dürfe. Vielmehr genüge bereits eine Koinzidenz der Ereignisse *(coïncidence)*.[8] Eine Beteiligung sei allerdings dann zu verneinen, wenn das betreffende Fahrzeug beim Entstehen des Unfalls überhaupt keine Rolle gespielt habe.[9] Angewendet auf Massenkarambolagen folgt aus diesen Prinzipien, dass alle verunfallten Wagen als an dem Unfall beteiligt anzusehen sind.[10]

Es muss sich ferner um einen Verkehrsunfall handeln. Das betreffende Kraftfahrzeug bzw. die betreffenden Kraftfahrzeuge müssen zum Unfallzeitpunkt am Verkehr teilgenommen haben. Auch die Voraussetzung der Teilnahme am Verkehr wird wieder weit ausgelegt. Nicht erforderlich ist, dass das Kraftfahrzeug zum Zeitpunkt des Unfalls in Bewegung war. Auch Unfälle, die sich im Zusammenhang mit einem geparkten oder stillstehenden Kraftfahrzeug ereignen, sind i.d.R. als Verkehrsunfälle zu qualifizieren.[11] Vorsätzliche Schadenszufügungen scheiden allerdings als Verkehrs-„unfälle" aus.[12] 13

3. Unfallschäden: Personenschäden und unter bestimmten Voraussetzungen auch Sachschäden

Gemäß Art. L. 421-1 Abs. 1 und 3 *Code des Assurances* ist der Garantiefonds damit beauftragt, die Personenschäden von Verkehrsunfallopfern unter im Einzelnen noch näher beschriebenen Voraussetzungen zu entschädigen. 14

Gemäß Art. L. 421-1 Abs. 2 *Code des Assurances* kann der Garantiefonds, unter den Voraussetzungen und innerhalb der Grenzen einer im *Conseil d'Etat* beschlossenen Verordnung, die Sachschäden, die infolge eines Verkehrsunfalls entstanden sind, übernehmen, wenn der identifizierte Verursacher der Schäden nicht versichert ist und dieses Fehlen einer Versicherungsdeckung nicht die Folge einer gesetzlichen 15

---

gung war. Vgl. ferner z.B. Cass. civ. v. 24.6.1998, Bull. Civ. 1998, II, n° 205, S. 121: *Tout véhicule intervenant, à quelque titre que ce soit, dans la survenance d'un accident résultant de collisions multiples est impliqué, au sens de l'article 1er de la loi du 5 juillet 1985.*

8 *Favre Rochex*, Accidents de la circulation: la très riche année 1997, Gaz. Pal. 1998, doctr., (355) 355. Vgl. ferner *le Tourneau*, Droit de la responsabilité et des contrats, 2004, Rn. 8102 - 8103.

9 S. dazu *Lambert-Faivre*, Droit du dommage corporel, 5. Aufl. 2004, Rn. 473, S. 632.

10 S. dazu nur *Fabre-Magnan*, Les obligations, 2004, Rn. 299, S. 804. Vgl. ferner *Flour/Aubert/Savaux* (o. Fn. 5), Rn. 334, S. 334.

11 Vgl. nur Cass. civ. v. 22.11.1995, JCP 1996, II, 22656, Anm. *Mouly*: Ein Brand, der in einem geparkten Auto ausbricht und anschließend auf andere Fahrzeuge und ein Gebäude übergreift, stellt einen Verkehrsunfall dar. S. ferner *Favre Rochex/Courtieu* (o. Fn. 4), n° 2-07, S. 25; *le Tourneau* (o. Fn. 8), Rn. 8072; *Fabre-Magnan* (o. Fn. 10), Rn. 298, S. 801 - 802; *Flour/Aubert/Savaux* (o. Fn. 5), Rn. 324, S. 322.

12 Siehe nur Cass. civ. v. 12.12.2002, D. 2003, IR, 468; Cass. civ. v. 23.1.2003, D. 2003, IR, 605. Vgl. ferner *Flour/Aubert/Savaux* (o. Fn. 5), Rn. 324, S. 323; *le Tourneau* (o. Fn. 8), Rn. 8070; *Fabre-Magnan* (o. Fn. 10), Rn. 298, S. 801.

Ausnahme von der Versicherungspflicht ist, oder wenn der Verursacher unbekannt ist und der Fahrer des beschädigten Fahrzeuges oder eine andere Person einen Schaden infolge einer Körperverletzung erlitten hat.

16 Die im *Conseil d'Etat* beschlossene Verordnung, auf die in Art. L. 421-1 Abs. 2 *Code des Assurances* verwiesen wird, ist in der *partie réglementaire* des *Code des Assurances* enthalten (Text s. oben Rn. 6).

17 Für Unfälle mit bekanntem Unfallverursacher, an denen Kraftfahrzeuge mit gewöhnlichem Standort in einem EU-Land außer Frankreich beteiligt sind, sieht Art. R. 421-18, 1° Abs. 1 *Code des Assurances*, bei Vorliegen der anderen Anspruchsvoraussetzungen, eine Entschädigungspflicht des Garantiefonds für Sachschäden vor.[13] Ausgenommen sind jedoch die Schäden, die an dem am Unfall beteiligten Fahrzeug entstanden sind, sowie auch die Schäden an den Gütern des Fahrers dieses Fahrzeugs.[14]

18 Bleibt der Schadensverursacher dagegen unbekannt, dann übernimmt der Garantiefonds gemäß Art. R. 421-18, 1° Abs. 4 *Code des Assurances* alle Sachschäden, wenn der Fahrer des beschädigten Fahrzeugs oder eine andere Person einer Gefährdung seiner Person ausgesetzt war(en), die zum Tod, einem Krankenhausaufenthalt von mindestens sieben Tagen, gefolgt von einer vorübergehenden Arbeitsunfähigkeit von mindestens einem Monat oder einer andauernden partiellen Arbeitsunfähigkeit von mindestens 10 Prozent geführt hat.[15]

19 Gemäß Art. R. 421-19 Abs. 1 *Code des Assurances* erfolgt die Entschädigung der Sachschäden unter Abzug von EUR 300 pro Geschädigtem. Zudem darf diese Entschädigung die Gesamtsumme von EUR 460.000 nicht übersteigen. Bargeld, Wertpapiere und Wertgegenstände werden nicht entschädigt.[16] Die Entschädigung von an persönlichen Kleidungsstücken entstandenen Schäden ist auf höchstens EUR 970 pro Opfer beschränkt.[17]

---

[13] Für Unfälle, an denen nur Kraftfahrzeuge mit gewöhnlichem Standort in Frankreich beteiligt sind, wird in der Lehre die Pflicht des Garantiefonds, bei Vorliegen der anderen Voraussetzungen auch die Sachschäden zu übernehmen, unmittelbar aus Art. L. 421-1 Abs. 2 Code des Assurances gefolgert; siehe *Favre Rochex/Courtieu* (o. Fn. 4), n° 2-21, S. 35, insbes. Fn. 110.

[14] Art. R. 421-18, 1° Abs. 2 Code des Assurances.

[15] Die in Art. R. 421-18, 1° Abs. 5 Code des Assurances normierte Ausnahme, nach welcher die in diesem Artikel bezeichneten Personen, wenn der Unfall durch ein anderes landgebundenes Kraftfahrzeug verursacht wurde, die Deckung des Garantiefonds in dem Maße der Haftung desjenigen, der die „garde“ dieses Fahrzeuges innehat, in Anspruch nehmen können, scheint sich ausschließlich auf die in Abs. 3 dieses Artikels normierte Diebstahlhypothese zu beziehen.

[16] Art. R. 421-19 Abs. 2 Code des Assurances.

[17] Art. R. 421-19 Abs. 3 Code des Assurances.

4. Erfüllung bestimmter Eigenschaften in der Person des Opfers

Die gesetzlichen Regeln über den Garantiefonds enthalten ebenfalls einige prinzipielle Einschränkungen der Verpflichtungen des Garantiefonds im Verhältnis zu bestimmten Kategorien von Opfern. Solche Einschränkungen sind insbesondere vorgesehen im Verhältnis zu den Fahrern der am Unfall beteiligten Kraftfahrzeuge sowie zu Opfern nichtfranzösischer Staatsangehörigkeit. 20

Im Verhältnis zu den Kraftfahrzeugfahrern werden die Pflichten des Garantiefonds in Art. R. 421-2 *Code des Assurances* eingeschränkt. Hiernach übernimmt der Garantiefonds die dem Fahrer des an einem Unfall beteiligten Kraftfahrzeuges verursachten Schäden im Prinzip nämlich nur dann, wenn dieser Unfall vollständig oder teilweise durch die Verkehrsteilnahme eines Dritten oder einer Sache oder eines Tieres, die einem Dritten gehören oder unter seiner Obhut stehen, verursacht wurde. Die Entschädigungspflicht des Garantiefonds entspricht dabei der Haftung des Dritten-Unfallverursachers. 21

Bezüglich der Staatsangehörigkeit des Antragstellers sieht Art. R. 421-13 *Code des Assurances* u.a. vor, dass dieser den Nachweis erbringen muss, Angehöriger eines Mitgliedsstaates der Europäischen Wirtschaftsgemeinschaft, des Heiligen Stuhls, von San Marino oder Monaco zu sein oder seinen Hauptwohnsitz in einem dieser Staaten zu haben, wenn an dem Unfall ein Kraftfahrzeug mit gewöhnlichem Standort in einem EU-Land außer Frankreich beteiligt ist. Diese Nationalitätsvoraussetzung muss an dem Tag, an dem das Opfer seinen Antrag auf Entschädigung an den Garantiefonds richtet, erfüllt sein.[18] 22

5. Haftung eines Dritten für die Schäden des Opfers

Eine Entschädigungspflicht des Garantiefonds entsteht grundsätzlich nur, wenn sich ein Unfall ereignet hat, für welchen eine andere Person ganz oder teilweise haftet. Weil sich die Entschädigungspflicht des Garantiefonds somit stets auf die Haftung eines anderen bezieht, muss der Geschädigte den Nachweis der vollständigen oder partiellen Haftung eines Dritten hinsichtlich der betreffenden Schäden erbringen.[19] 23

Dem Opfer eines Autounfalls steht also nur dann ein Entschädigungsanspruch gegen den Garantiefonds zu, wenn dem Opfer wegen dieses Unfalls auch ein Anspruch gegen einen Dritten zusteht. 24

Für die materiellrechtliche Prüfung der Haftungsfrage hinsichtlich Schäden, die infolge eines Autounfalls in Frankreich entstanden sind, ist nach französischem Internationalen Privatrecht gemäß Art. 3 des Haager Abkommens über das auf Stra- 25

---

[18] Cass. civ. v. 24.10.2002, Resp. civ. et ass. 2003, comm. n° 25, Anm. *Groutel.*

[19] *Favre Rochex/Courtieu* (o. Fn. 4), n° 2-13, S. 29 - 30.

ßenverkehrsunfälle anzuwendende Recht im Prinzip das französische Recht anwendbar.[20] Die Ausnahmen von dieser Regel finden sich in Art. 4 a.a.O. Für Unfälle, die sich in Frankreich ereignet haben und an denen mehrere Wagen beteiligt waren, kommt die Anwendung ausländischen Rechts nur dann in Betracht, wenn alle am Unfall beteiligten Kraftfahrzeuge im selben ausländischen Staat zugelassen sind.

26 Die Prüfung der Ansprüche des Fahrers eines beschädigten Fahrzeugs gegen den Fahrer eines anderen an dem Unfall beteiligten Kraftfahrzeuges erfolgt unter dem sonach anwendbaren französischen Recht gemäß dem Gesetz n° 85-677 vom 5.7.1985.[21] Gemäß Art. 2 i.V.m. Art. 4 dieses Gesetzes steht dem Fahrer als Opfer des Unfalls ein Anspruch auf vollständige Entschädigung seiner Personen- und Sachschäden zu, wenn ihm kein Fehler (keine *faute*) nachgewiesen werden kann. Wenn dem Fahrer/Unfallopfer hingegen ein Fehler unterlaufen ist, der mit zum Entstehen seines eigenen Schadens beigetragen hat, wird sein Entschädigungsanspruch entsprechend gekürzt. Dabei obliegt es dem Tatrichter, in Ausübung seines richterlichen Ermessens festzustellen, ob dieser Fehler nur zu einer Herabsetzung oder sogar zum vollständigen Ausschluss des Schadensersatzanspruchs führt.[22] Voraussetzung für einen vollständigen Ausschluss des Schadensersatzanspruches ist allerdings nicht, dass der festgestellte Fehler des Fahrers/Unfallopfers die alleinige Ursache des Unfalls darstellt.[23] Sind die Ursachen eines Unfalls dagegen unbekannt geblieben und kann deshalb keinem der Fahrer ein Fehler nachgewiesen werden, dann hat jeder Fahrer Anspruch auf eine vollständige Entschädigung seiner Schäden.[24]

27 Für die Feststellung der konkreten Schadensersatzansprüche, die infolge eines Verkehrsunfalls entstehen können, wird traditionell zwischen Sachschäden *(dommages aux biens)* und Schäden infolge Gefährdungen der persönlichen Integrität *(atteintes à la personne)* unterschieden.

28 Hinsichtlich der Sachschäden gilt der Grundsatz, dass alle materiellen Schäden und somit auch die materiellen Folgeschäden zu ersetzen sind.[25] Die Instandsetzungskosten des beschädigten Autos sind demnach im Prinzip stets ersatzfähig.

---

20 *Lambert-Faivre*, Droit des Assurances, 11. Aufl. 2001, Rn. 712 - 714, S. 529 - 530.

21 *Lambert-Faivre* (o. Fn. 20), Rn. 789.

22 Grundlegend Cass. Ch. Mixte v. 28.3.1997, Bull. Ch. Mixte 1997, n° 1. Ebenso Cass. civ. v. 6.5.1997, Bull. Civ. 1997, II, n° 126, S. 75; Cass. Civ. v. 20.6.2002, Bull. Civ. 2002, II, n° 135, S. 107. Vgl. ferner *Groutel*, Resp. civ. et ass. 1998, chron. N° 17.

23 Cass. civ. v. 9.10.2003, Bull. Civ. 2003, II, n° 291, S. 237; Cass. civ. v. 18.3.2004, JCP 2004, IV, 1995.

24 S. nur Cass. civ. v. 24.6.1987, Bull. Civ. 1987, II, n° 136, S. 77; Cass. Civ. v. 9.12.1992, Bull. Civ. 1992, II, n° 300, S. 148. S. ferner *le Tourneau* (o. Fn. 8), Rn. 8160; *Lambert-Faivre* (o. Fn. 9), Rn. 512, S. 654 - 655.

25 *Viney/Jourdain,* Les conditions de la responsabilité, 2. Aufl. 1998, Rn. 1031, S. 1168; *Lambert-Faivre* (o. Fn. 20), Rn. 819, S. 631.

Wenn diese Instandsetzungskosten den aktuellen Marktwert eines identischen, unfallfreien Gebrauchtwagens übersteigen, wird der geschuldete Schadensersatz nach herrschender Rechtsprechung allerdings auf diesen aktuellen Marktwert beschränkt.[26]

Undeutlich ist die Antwort auf die Frage, ob und in welcher Weise der sog. merkantile Minderwert des Unfallautos zu entschädigen ist. Unumstritten ist der Grundsatz, dass der merkantile Minderwert eines instandgesetzten Unfallautos ersatzfähig sein kann.[27] Die in der veröffentlichten Rechtsprechung gefundenen Beispiele, in denen dem Schadensersatzanspruch für den merkantilen Minderwert stattgegeben wurde, beziehen sich jedoch vor allem auf schwere Unfälle mit relativ neuen Autos.[28] 29

Der Nutzungsausfall infolge des reparaturbedingten Werkstattaufenthalts des beschädigten Fahrzeugs bildet nach französischem Recht einen ersatzfähigen materiellen Schaden. Ersatzfähig ist dabei allerdings nur der Zeitraum, der normalerweise für solche Instandsetzungskosten benötigt wird. Für die konkrete Bezifferung der Kosten dieses Nutzungsausfalls wird meistens auf den Preis für einen Mietwagen für den entsprechenden Zeitraum abgestellt.[29] 30

Hinsichtlich der Personenschäden gilt der Grundsatz, dass alle Schäden, die infolge einer Verletzung der körperlichen Integrität entstehen, ersatzfähig sind. Dazu zählen nicht nur die negativen wirtschaftlichen Auswirkungen solcher Verletzungen, sondern auch die immateriellen Schäden.[30] 31

6. Der verantwortliche Dritte ist unbekannt oder nicht versichert

Die Voraussetzung, dass die verantwortliche Person unbekannt oder nicht versichert ist, geht unmittelbar aus Art. L. 421-1 Abs. 1 *Code des Assurances* hervor. 32

Wenn die verantwortliche Person unbekannt ist, obliegt dem Opfer der Beweis der Beteiligung dieser Person an dem Unfall sowie ihrer Haftung für die Unfallschäden.[31] 33

---

26 *Le Tourneau* (o. Fn. 8), Rn. 2530.

27 Grundlegend Cass. civ. v. 6.10.1966, D. 1967 jur., 5.

28 Vgl. nur Cass. civ. v. 6.10.1966, D. 1967 jur., 5: sehr schwerer Unfall mit einem Auto, das weniger als 6 Monate alt war. CA Paris v. 26.3.1963, D. 1963 jur., 487: Schadensersatz in Höhe von 10 % des Neupreises für den merkantilen Minderwert, der infolge eines schweren Unfalls an einem neuen und seltenen Luxusauto entstanden ist. TGI Libourne v. 29.3.1991, Gaz. Pal. 1993, 1, somm., 7: merkantiler Minderwert von 20.000 FF für ein beschädigtes Auto, das zum Unfallzeitpunkt ungefähr einen Monat alt war.

29 *Le Tourneau* (o. Fn. 8), Rn. 2533.

30 *Viney/Jourdain* (o. Fn. 25), Rn. 1017, S. 1147.

31 *Favre Rochex/Courtieu* (o. Fn. 4), n° 2-16, S. 31.

34 Wenn die haftbare Person bekannt aber nicht versichert ist, hat die Zahlungsfähigkeit dieser Person keinen Einfluss auf die Erstattungspflicht des Garantiefonds.[32]

7. Der eingetretene Schaden war versicherbar

35 Weil die Leistungen des Garantiefonds die Leistungen des Versicherers ersetzen, ist der Garantiefonds nur in den Fällen zur Leistung verpflichtet, in denen auch ein Versicherer leistungspflichtig wäre. Wenn festgestellt wird, dass der Schadensverursacher den Schaden absichtlich verursacht hat und dieser folglich nicht durch eine Schadensversicherung gedeckt wäre, ist auch der Garantiefonds nicht zur Übernahme dieser Kosten verpflichtet.[33]

8. Für den Schaden kann kein Ersatz von einer anderen Person oder Institution verlangt werden

36 Die Subsidiarität der Erstattungspflicht des Garantiefonds geht unmittelbar aus Art. L. 421-1 Abs. 1 *Code des Assurances* hervor, wonach der Garantiefonds nur die den Opfern zustehenden Entschädigungen auszahlt, die nicht anderweit übernommen werden. Dieser Subsidiaritätsgrundsatz entspricht ständiger Rechtsprechung.[34] Bei einem Unfall, an dem mehrere Fahrzeuge beteiligt sind, steht den Opfern somit nur dann ein Anspruch gegen den Garantiefonds zu, wenn sie zuerst ihre Ansprüche gegen alle bekannten haftbaren Personen und deren Versicherungen geltend gemacht und trotzdem keine vollständige Entschädigung erhalten haben.[35]

37 Vor diesem Hintergrund sieht Art. R. 421-1 Abs. 2 *Code des Assurances* ausdrücklich vor, dass der Garantiefonds den Schadensersatz, der den Opfern von Unfällen, an denen landgebundene Kraftfahrzeuge beteiligt sind, deren gewöhnlicher Standort sich in einem in Art. L. 211-4 genannten Land,[36] Frankreich ausgenommen, befindet, nur übernimmt, wenn die Entschädigung dieser Opfer nicht dem *bureau central français* teilweise oder vollständig obliegt.

38 Infolge des Subsidiaritätsgrundsatzes dürfte ein Anspruch des Verkehrsunfallopfers gegen den Garantiefonds auch ausgeschlossen sein, wenn die geltend gemachten Schäden von einer Vollkaskoversicherung übernommen werden. Für den Teil des Schadens, der nicht von der Vollkaskoversicherung übernommen wird, dürfte

---

[32] *Favre Rochex/Courtieu* (o. Fn. 4), n° 2-15, S. 30.

[33] Cass. crim. v. 8.8.1990, Gaz. Pal. 1991 somm., 23. S. ferner *Favre Rochex/Courtieu* (o. Fn. 4), n° 2-14, S. 30.

[34] S. nur Cass. Civ. v. 10.5.1991, Gaz. Pal. 1991 panor., 234.

[35] S. nur *le Tourneau* (o. Fn. 8), Rn. 2565.

[36] Zu den in Art. L. 211-4 Code des Assurances erwähnten Ländern zählen die Mitgliedstaaten der Europäischen Union und somit auch Deutschland.

ein Anspruch gegen den Garantiefonds dagegen wiederum möglich sein.[37]

Der Garantiefonds ist auch dann nicht zur Zahlung verpflichtet, wenn einerseits ein unversicherter oder unbekannter Fahrer und andererseits mehrere versicherte Wagen an einem Unfall beteiligt sind und die dem Garantiefonds gegenüber geltend gemachten Unfallschäden von einem der anderen beteiligten Fahrer bzw. seiner Versicherung gefordert werden können.[38] 39

Da im vorliegenden Fall das Auto des Klägers auf das sich vor ihm befindende Auto geschoben wurde, waren im Ergebnis drei Fahrzeuge an dem Unfall beteiligt. Nur die Identität des unmittelbaren Unfallverursachers kann nicht mehr ermittelt werden. Die Identität des Fahrers des Fahrzeuges, auf das der Kläger aufgeschoben wurde, ist aber allem Anschein nach bekannt (er wurde in der Klageschrift als Zeuge benannt). Deshalb ist zu prüfen, ob und unter welchen Voraussetzungen der Kläger seine Schäden gegen Herrn A. als Fahrer des sich vor ihm befindlichen Autos geltend machen könnte. 40

Eine – in der französischen Rechtsordnung übliche, weil opferfreundliche – strikte Anwendung der bereits genannten Regeln des französischen Verkehrshaftpflichtrechts führt ohne weiteres zu dem Ergebnis, dass das sich vor dem Kläger befindliche Auto an dem Unfall beteiligt war. Folglich müssen die Ansprüche des Klägers gegen den Fahrer und die Versicherung dieses Fahrzeuges nach den Vorschriften des Gesetzes n° 85-677 vom 5.7.1985 geprüft werden. 41

Nach feststehender französischer Rechtsprechung kann ein Auto auch dann an einem Unfall beteiligt sein, wenn es diesen nicht verursacht hat.[39] Bei einer Massenkarambolage sind deshalb alle beschädigten Fahrzeuge am Unfall „beteiligt", und zwar unabhängig von der Frage, welchen Fahrern ein Fehler unterlaufen ist.[40] 42

Wenn feststeht, dass an einem Unfall zwei landgebundene Kraftfahrzeuge beteiligt sind, wird die Entschädigungsfrage im Verhältnis zwischen den beiden Fahrzeugen ausschließlich durch das Gesetz n° 85-677 vom 5.7.1986 geregelt. Der Ausgangspunkt dieser gesetzlichen Regelung ist die vollständige Entschädigung der Opfer von Verkehrsunfällen. Hinsichtlich der Fahrer enthält Art. 4 dieses Gesetzes zwar eine Ausnahme von diesem Prinzip, so dass ein nachgewiesener Fehler des Fahrers zu einer Kürzung oder zum Ausschluss seines Schadensersatzanspruches führen kann. Lässt sich aber ein solcher Fehler nicht nachweisen (wie es im vorliegenden Fall liegen dürfte), dann gilt wieder das Prinzip der vollständigen Entschä- 43

---

37 Art. R. 421-13 Abs. 1, 2° Code des Assurances. Vgl. ferner *Favre Rochex/Courtieu* (o. Fn. 4), n° 2-27, S. 38, wo die Autoren darauf hinweisen, der Garantiefonds „n'est tenu à paiement que pour le solde de l'indemnité, après déduction des autres prestations à caractère indemnitaire." Vgl. ferner *Groutel*, Resp. civ. et ass., Septemberheft 2004, (9) n° 1.

38 Cass. civ. v. 18.6.1991, Gaz. Pal. 1991, 323.

39 *Lambert-Faivre* (o. Fn. 20), Rn. 735, S. 547.

40 *Lambert-Faivre* (o. Fn. 20), Rn. 736, S. 547 - 548.

digung aller Schäden.[41] Die Beweislast hinsichtlich des Fehlers des Fahrers/Unfallopfers obliegt dem Beklagten.[42] Dabei kann der Fahrer des anderen Fahrzeuges nicht einwenden, das Verhalten des Fahrzeuges des Fahrers/Unfallopfers habe für ihn ein unabwendbares Ereignis dargestellt.[43] Denn gemäß Art. 2 i.V.m. Art. 4 des Gesetzes n° 85-677 vom 5.7.1986 führt nur der vom Fahrer des landgebundenen Kraftfahrzeugs begangene Fehler zu einer Beschränkung oder einem Ausschluss der Entschädigung der Schäden, die er erlitten hat. Der *fait non fautif,* d.h. das fehlerfreie Verhalten eines Fahrers hat dagegen keine Auswirkung auf seine Anspruchsberechtigung.[44]

44 Es drängt sich folglich die Schlussfolgerung auf, dass dem Kläger nach französischem Recht ein Anspruch gegen den Fahrer und die Versicherung des Fahrzeuges zusteht, auf das er aufgeschoben wurde. Letztere wären nur dann nicht bzw. nur eingeschränkt haftbar, wenn dem Kläger selber ein Fehler unterlaufen wäre. Das dürfte aber nicht der Fall gewesen sein. Der Fahrer bzw. der Versicherer des Wagens, auf den der Kläger aufgeschoben wurde, können sich ihm gegenüber gemäß Art. 2 des Gesetzes n° 85-677 vom 5.7.1986 auch nicht auf den Verteidigungsgrund eines *fait d'un tiers* (Handlung eines Dritten) berufen. Nach dem Ergebnis dieser Prüfung unterliegt die Haftung des Fahrzeuges, auf das der Kläger aufgeschoben wurde, keinen durchgreifenden Zweifeln.[45]

---

41 *Lambert-Faivre* (o. Fn. 20), Rn. 789, S. 598 - 599: „[...] entre véhicules impliqués il doit y avoir application exclusive de la loi du 5 juillet 1985; or celle-ci porte le principe de l'indemnisation intégrale des victimes d'accidents de la circulation sauf faute prouvée du conducteur victime : la cause d'exonération n'étant pas établie, on revient simplement à la règle de la réparation intégrale."

42 *Le Tourneau* (o. Fn. 8), Rn. 8152.

43 *Lambert-Faivre* (o. Fn. 20), Rn. 789 S. 599: „Le conducteur adverse qui prétend que le comportement du véhicule de la victime était constitutif de « circonstances imprévisibles et irrésistibles » n'a pas établi la « faute » du conducteur victime seule exonératoire."

44 *Le Tourneau* (o. Fn. 8), Rn. 8150.

45 Eine Bestätigung dieser Analyse findet sich u.a. in einer Entscheidung der Cour de cassation v. 29.4.1998, Resp. civ. et ass. 1998, comm. n° 238, Anm. *Groutel*: Fahrer A fährt auf einer Autobahn ein Wildschwein an und stoppt anschließend auf der Standspur. Daraufhin fährt Fahrer B ebenfalls das sich noch immer auf der Autobahn befindliche Wildschwein an und rammt anschließend das auf der Standspur geparkte Auto von Fahrer A. Nachdem die Versicherung des Fahrers B ihm und seiner Frau alle Sach- und Personenschäden ersetzt hatte und dadurch in deren Rechte eingetreten war, übte sie diese gegen Fahrer A und seine Versicherung aus. Der Klage auf Entschädigung der Sachschäden des Fahrers B gab der Berufungsgerichtshof statt. Die gegen diesen Teil des Berufungsurteils eingelegte Kassationsbeschwerde wies die Cour de Cassation ab. Eine weitere Bestätigung findet sich in Cass. civ. v. 10.6.2004, Resp. civ. et ass. 2004, comm. n° 257, Anm. *Groutel*. In dieser Entscheidung bestätigte die Cour de Cassation ausdrücklich den Grundsatz, dass bei einem Verkehrsunfall, an dem mehrere Fahrzeuge beteiligt sind, jedem Fahrer ein Anspruch auf Entschädigung seiner Schäden zusteht, außer wenn ihm ein Fehler unterlaufen ist, der zum Entstehen seines Schadens beigetragen hat. Im letzteren Fall liege es im Ermessen des Tatrichters festzustellen, ob dieser Fehler den Schadensersatzanspruch beschränkt oder ausschließt. Vgl. ferner *Groutel*, Anm. zu Cass. civ. v. 22.1.2004, Resp. civ. et ass. 2004, comm. n° 124: „Lorsqu'il s'agit d'un accident de la circulation régi par la loi du 5 juillet 1985, les effets combinés de l'implication d'un autre véhicule assuré et de l'interdiction

Weil infolge des Zusammenstoßes mit dem Vorderauto nur Schäden an der Frontpartie des Fahrzeuges des Klägers entstanden sind, muss freilich auch noch geklärt werden, ob der Entschädigungsanspruch des Klägers gegen den Fahrer und den Versicherer des Vorderautos alle Schäden an seinem Fahrzeug umfasst, also auch die Heckschäden am Fahrzeug des Klägers. Zur Beantwortung dieser Frage muss geklärt werden, ob die Haftung der an dem Unfall beteiligten Fahrer (wenigstens) auf die von ihnen nachweislich verursachten Schäden beschränkt ist oder ob es nicht einmal zu einer solchen Beschränkung kommt. 45

Die Frage, ob jeder Fahrer, der an einem konkreten Unfall beteiligt war, und sein Versicherer auf Ersatz aller Unfallschäden verklagt werden können, ist in der französischen Rechtsordnung nicht restlos geklärt. Die neueste höchstrichterliche Rechsprechung tendiert allerdings eindeutig dahin, die Frage zu bejahen, d.h. tatsächlich jeden beteiligten Fahrer im Verhältnis zu jedem Opfer für die Gesamtheit seiner Unfallschäden haftbar zu machen, selbst wenn jener Fahrer diese konkreten Schäden nicht in ihrer Gesamtheit verursacht hat.[46] Gleichwohl darf nicht unerwähnt bleiben, dass sich die *Cour de Cassation* in einigen etwas älteren Entscheidungen auch für die Gegenposition entschieden hat, wonach bei einer Massenkarambolage ermittelt werden müsse, welcher Schaden welchem beteiligten Fahrzeug zuzurechnen sei.[47] Diese zuletzt genannte Auffassung wird bzw. wurde in der französischen 46

---

d'opposer le fait d'un tiers aux victimes sont, si l'on peut dire, une véritable bénédiction pour le Fonds, car il sera nécessairement dispensé de se substituer au coauteur non assuré, quand même ce dernier serait, selon les critères traditionnels, entièrement responsable."

46 Vgl.: Cass. civ. v. 28.6.1995, Bull. Civ. 1995, II, n° 203, S. 117; Cass. civ. 24.6.1998, Bull. Civ. 1998, II, n° 205, S. 121: Ein Abschleppwagen, der quer zur Straße steht, um ein Pannenauto abzuschleppen, wird von der Seite angefahren (Unfall 1). Der Fahrer des Abschleppwagens steigt aus, um den Schaden zu begutachten, wird von einem weiteren Auto angefahren und unter sein eigenes Auto geschleudert (Unfall 2). Daraufhin wird der Abschleppwagen durch ein drittes Auto leicht von hinten angefahren (Unfall 3). Die Versicherer und die Fahrer der drei beteiligten Fahrzeuge werden vom Berufungsgerichtshof „in solidum" (gesamtschuldnerisch) zur Erstattung der Schäden des Fahrers des Abschleppwagens verurteilt. In ihrer Kassationsbeschwerde trugen der Fahrer und der Versicherer des 3. Unfallautos u.a. vor, das Berufungsgericht habe nicht untersucht, ob und inwiefern ihr leichter Auffahrunfall zur Entstehung der aus dem 1. und dem 2. Unfall folgenden Sach- und Personenschäden beigetragen habe. Von der Cour de cassation wurde diese Kassationsbeschwerde mit der Begründung abgewiesen, die drei Fahrzeuge seien an dem Unfall beteiligt gewesen, so dass der Berufungsgerichtshof zurecht entschieden habe, dass die drei Fahrer und ihre Versicherer zu einer Entschädigung der betreffenden Schäden verpflichtet waren. So auch: Cass. civ. v. 24.2.2000, JCP 2000 éd. G., IV, 1637; Cass. civ. v. 24.2.2000, JCP 2000 éd. G., IV, 1638; Cass. civ. v. 11.7.2002, Bull. Civ. 2002, II, n° 160, S. 128. So auch *Fabre-Magnan* (o. Fn. 10), Rn. 299, S. 805 - 806.

47 Cass. civ. v. 16.3.1994, Bull. Civ. 1994, II, n° 90, S. 52; Cass. civ. v. 5.11.1998, JCP 1999 éd. G, II, 10084, Anm. *Conte*: Auto A überquert die weiße Linie und rammt Auto B, wodurch beide Autos auf der Fahrbahn zum Stillstand kommen. Anschließend rammt ein drittes Auto C das stillstehende Auto A, und ein viertes Auto D rammt Auto B. Der Fahrer und der Versicherer von Auto C werden im Eilverfahren zur Zahlung einer vorläufigen Entschädigung an die Fahrerin von Auto B verurteilt. Von der Cour de Cassation wird diese Entscheidung mit der Begründung kassiert, Auto C habe ein anderes Auto als Auto B gerammt, und zwar nachdem die Fahrerin von Auto B ihre Verletzungen erlitten hatte.

Lehre allerdings stark kritisiert[48] und darf nach hiesiger Einschätzung heute als überwunden gelten. *G. Viney*, eine der führenden Autorinnen des französischen Haftungsrechts, weist darauf hin, dass auch die passive Mitwirkung eines Fahrzeuges an einer Massenkarambolage ausreicht, um seine Beteiligung an diesem Unfall zu bestätigen. Jedem Geschädigten stünde die Möglichkeit zu, den Versicherer eines beliebigen anderen der beteiligten Fahrzeuge auf Ersatz in Anspruch zu nehmen.[49]

47 Sobald die Opfer entschädigt wurden, können die Versicherungsgesellschaften untereinander Regress üben, so dass sie im Ergebnis nur die ihnen tatsächlich zurechenbaren Schäden zu tragen haben.[50] Wenn ein Versicherer den Schaden beglichen hat und sein Regressrecht wegen der Nichtversicherung des Unfallverursachers *de facto* gegenstandslos ist, steht dem Versicherer allerdings kein Anspruch gegen den Garantiefonds zu.[51]

9. Einhaltung der gesetzlichen Fristen

48 Ist die für die Schäden verantwortliche Person unbekannt, dann muss der Ersatzantrag der Opfer oder ihrer Hinterbliebenen gemäß Art. R. 421-12 *Code des Assurances* innerhalb einer Frist von drei Jahren ab dem Unfall an den Garantiefonds gesandt werden.

49 Wenn die für die Schäden verantwortliche Person bekannt ist, müssen das Opfer oder die Hinterbliebenen gemäß Art. R. 421-12 Abs. 3 *Code des Assurances* innerhalb einer fünfjährigen Frist ab dem Unfall einen Vergleich mit der für den Unfall verantwortlichen Person abgeschlossen oder eine Klage gegen sie eingereicht haben.[52] Gemäß Art. R. 421-12 Abs. 2 *Code des Assurances* muss der Ersatzantrag anschließend innerhalb einer einjährigen Frist, gerechnet entweder ab dem Datum dieses Vergleichs oder ab dem Datum, ab welchem das Gerichtsurteil gegen diese Person Rechtskraft erlangt hat, an den Garantiefonds gesandt werden.

50 Diese verschiedenen Fristen stehen gemäß Art. R. 421-12 Abs. 6 *Code des Assurances* unter „Strafe" der Rechtsverwirkung, wenn die betreffenden Personen nicht

---

48 S. nur *Lambert-Faivre* (o. Fn. 20), Rn. 741, S. 557 - 558.

49 *Viney*, Anm. zu Cass. civ. v. 28.6.1995, JCP 1995 éd. G, I, 3944, (n° 20) n° 21-22: „[...] la participation, même passive, d'un véhicule à une collision en chaîne paraît suffisante pour caractériser son implication dans cet accident complexe, ce qui devrait permettre à n'importe laquelle des victimes de mettre en cause l'assureur de n'importe lequel des véhicules impliqués pour lui demander réparation de son dommage."

50 S. dazu *Lambert-Faivre* (o. Fn. 20), Rn. 742, S. 558.

51 *Favre Rochex/Courtieu* (o. Fn. 4), n° 2-20, S. 34; *Groutel*, Anm. zu Cass. civ. v. 22.1.2004, Resp. civ. et ass. 2004, comm. n° 124.

52 Für diese Situation enthält Art. R. 421-20 Code des Assurances zusätzliche Fristen für die Übermittlung von Informationen an den Fonds im Hinblick auf Sachschäden. Diese gelten jedoch nur, wenn das Opfer nur Sachschäden erlitten hat und der Unfallverursacher bekannt ist.

den Nachweis erbringen, dass sie vor dem Verstreichen dieser Fristen unmöglich handeln konnten.

D. Ergebnis

Das Gutachten kommt also zu dem Ergebnis, dass dem Kläger kein Anspruch gegen den französischen Garantiefonds zusteht, und zwar insbesondere deshalb, weil er (i) keinen Schaden von der Art erlitten hat, welcher für eine Einstandspflicht des Fonds Voraussetzung ist, und weil (ii) die Haftung des Fonds nur eine subsidiäre ist, der Kläger seine Ansprüche aber gegen eine andere Person und deren Versicherung geltend machen kann. Darüber hinaus ist aus hiesiger Sicht nicht restlos geklärt, ob der Kläger vollkaskoversichert war. 51

VII. Sachenrecht

1. Bewegliche Sachen

Nr. 18

Republik China (Taiwan)

1. **Zum taiwanesischen Sachenrecht im Rahmen einer durch deutsches Deliktsrecht aufgeworfenen Vorfrage.**
2. **Auch nach taiwanesischem Internationalen Privatrecht beurteilen sich sachenrechtliche Vorgänge nach der lex rei sitae. Der Eigentumserwerb an einer res in transitu richtet sich nach dem Recht des Ortes, an dem sie sich bei Vollendung des Erwerbstatbestandes befindet.**
3. **Nach taiwanesischem Sachenrecht erfordert die Übereignung beweglicher Sachen eine auf die Übertragung des Rechts an der Sache gerichtete Einigung und die Übergabe der Sache.**
4. **Die Übergabe der Sache kann durch Übergabe eines Ladescheins, der bestimmten Voraussetzungen genügen muss, ersetzt werden.**
5. **Damit die Übergabe des Ladescheins ihre Surrogatswirkung entfaltet, muss sie an die Person erfolgen, die nach dem Ladeschein zum Empfang des Gutes berechtigt ist.**

Das Landgericht Düsseldorf bittet in dem Rechtsstreit G. GmbH ./. R. F. S. GmbH (Az. 23 S 153/03) um ein Gutachten zum taiwanesischen Sachenrecht.

Köln M 23/04 vom 15.3.2005

A. Sachlage

1 Der Anfrage liegt folgender, aus den übersandten Gerichtsakten ermittelter Sachverhalt zugrunde:

Die Klägerin ist ein Speditionsunternehmen. Nach ihrem Vorbringen hatte einer ihrer Kunden, die R. GmbH in E., bei einem taiwanesischen Unternehmen, der T. M. T. Inc. in T., Diamantbohrer zum Preis von US$ 2.392,40 bestellt und vorab bezahlt. Die Verkäuferin ließ die Ware im Auftrag der R. GmbH von einer Spedition, W. T. Co., Ltd., abholen. Der Spediteur übergab sie wiederum dem Luftfrachtführer M. A. zum Transport nach Deutschland und stellte die *Air Waybill* No. [...] vom 9.4.2001 aus, wonach das Paket über Kuala Lumpur (KUL) nach Frankfurt (FRA) und von dort per Lastwagen nach Düsseldorf (DUS) verbracht werden sollte. Dem

Gericht wurde eine Kopie der zweiten Ausfertigung der *Air Waybill* vorgelegt, auf der keine Unterschrift erkennbar ist.

Das Paket wurde bei Ankunft in Düsseldorf der Beklagten übergeben, die von M. A., vertreten durch deren Frankfurter Makler, V. T. S., damit beauftragt war, die Ware in ihrem Lager, das von der C. GmbH geführt wurde, vorübergehend zu verwahren.

Auf dem Ausgabeschein vom 17.4.2001 quittierte ein Fahrer der Klägerin nach dem im Lager der Beklagten üblichen Verfahren den Erhalt des Pakets vor der tatsächlichen Ausgabe. Nach dem Vorbringen der Klägerin wurde er jedoch kurz darauf informiert, dass das Paket nicht aufzufinden sei. Der Ausgabeschein benennt die Klägerin als Verfügungsberechtigte.

Die Klägerin macht Schadensersatz für den Verlust der Sendung geltend, nachdem die R. GmbH ihr alle Ansprüche aus diesem Schadensfall mit Erklärung vom 5.6.2002 abgetreten hat.

Nachdem das Amtsgericht der Klage stattgegeben hatte, hat die Beklagte Berufung eingelegt.

Wie schon im amtsgerichtlichen Verfahren behauptet sie, das Paket sei ordnungsgemäß an die Klägerin bzw. versehentlich an eine andere Spedition, die G. I. I. GmbH, an der der Geschäftsführer der Klägerin zu diesem Zeitpunkt zu 50 % beteiligt war, ausgeliefert worden. Sie stützt sich auf eine fehlende Aktivlegitimation der Klägerin: Es fehlten jegliche vertraglichen Beziehungen zwischen ihr und der R. GmbH oder der Klägerin; ein deliktischer Anspruch sei ebenfalls nicht gegeben. Sie hält jedenfalls die Abtretungserklärung wegen Verstoßes gegen das Rechtsberatungsgesetz für unwirksam. Ferner bestreitet sie Inhalt und Wert der Sendung und beruft sich – wie bereits in erster Instanz – auf Verjährung nach §§ 475 a, 439 HGB.

B. Anfrage

Das Gericht bittet um gutachterliche Stellungnahme zu folgender Frage: 2

Ist nach taiwanesischem Recht mit Aushändigung der Frachtpapiere das Eigentum an der verlorengegangenen Sendung auf die Zedentin, die R. GmbH, übergegangen?

C. Rechtslage

I. Anwendbares Recht

1. Abtretung

3 Die Klägerin macht geltend, ihr seien von der R. GmbH Schadensersatzansprüche abgetreten worden.

4 Nach Art. 33 Abs. 2 EGBGB ist für die rechtsgeschäftliche Forderungsabtretung das Recht maßgebend, dem die abgetretene Forderung unterliegt (Forderungsstatut). Diese Rechtsordnung bestimmt wie vor der Abtretung den Inhalt der Forderung und entscheidet nach in Deutschland herrschender Auffassung[1] auch über die Abtretung als Verfügungsgeschäft. Eine für die Abtretung kausale Vertragsbeziehung zwischen altem und neuem Gläubiger wird dagegen nach Art. 33 Abs. 1 EGBGB gesondert nach den Art. 27-37 EGBGB angeknüpft.

5 Demnach richtet sich im vorliegenden Fall die Frage, ob die Abtretung wegen Verstoßes gegen das Rechtsberatungsgesetz unwirksam ist, nach dem auf die Forderung anzuwendenden Recht.

2. Vertragliche Schadensersatzansprüche

6 Gegenstand der Abtretung könnten vertragliche Schadensersatzansprüche bilden.

7 Im vorliegenden Fall war Aufgabe der Beklagten lediglich die vorübergehende Lagerung der Ware, jedoch keinerlei Transport.[2] Damit war die Beklagte jedenfalls nicht Frachtführer. Es handelt sich also nicht um Ansprüche gegen einen Frachtführer oder nachfolgenden Frachtführer, wie sie im *Warschauer Abkommen in der Fassung des Haager Protokolls* oder im *Übereinkommen über den Beförderungsvertrag im internationalen Straßengüterverkehr* (CMR) vorgesehen sind. Auch das Sonderkollisionsrecht der §§ 452 ff. HGB für Beförderungsverträge greift damit nicht.

8 Demnach richtet sich die Frage nach einem Schadensersatzanspruch aus Vertrag nach dem gemäß Art. 27, 28 EGBGB auf einen etwaigen Vertrag anwendbaren

---

1 Vgl. MüKo/*Martiny*, BGB, Bd. 10, 3. Aufl. 1998, Art. 33 EGBGB, Rn. 4a; *von Hoffmann*, Internationales Privatrecht, 7. Aufl. 2002, § 10 Rn. 90; *Palandt/Heldrich*, BGB, 64. Aufl. 2005, Art. 33 EGBGB, Rn. 2; zum Streitstand *Staudinger/Hausmann*, BGB, 13. Bearb. 2002, Art. 33 EGBGB, Rn. 8 ff., der sich selbst der Mindermeinung einer einheitlichen Anknüpfung von Kausal- und Verfügungsgeschäft anschließt.

2 Vgl. zur Abgrenzung des Lager- vom Transportvertrag *Fremuth/Thume (Fremuth)*, Kommentar zum Transportrecht, 2000, § 407 HGB, Rn. 86.

Recht. Gemäß Art. 31 Abs. 1 EGBGB bestimmt diese Rechtsordnung auch, ob ein Vertrag zustande gekommen ist.

Im vorliegenden Fall lassen sich der Akte keine Anhaltspunkte dafür entnehmen, dass zwischen der R. GmbH oder der Klägerin und der Beklagten ein Vertrag abgeschlossen worden sein könnte. Aufgrund des Sitzes aller Beteiligten in Deutschland wäre aber bei fehlender Rechtswahl nach Art. 28 Abs. 2 EGBGB (Abs. 4 ist nicht einschlägig) jedenfalls deutsches Recht anzuwenden. 9

3. Deliktsrechtliche Schadensersatzansprüche

Die Abtretung der R. GmbH an die Klägerin könnte sich auf deliktische Schadensersatzansprüche beziehen. 10

Ein Schadensersatzanspruch aus Delikt unterfällt gemäß Art. 40 Abs. 1 EGBGB dem Recht des Staates, in dem der Ersatzpflichtige gehandelt hat. Maßgeblich ist also, wo der haftungsbegründende Tatbestand verwirklicht worden ist.[3] 11

Im vorliegenden Fall streiten die Parteien um den Verlust von Ware in der Obhut der Beklagten in Deutschland. Jede Handlung oder Unterlassung der Beklagten, an die ein Schadensersatzanspruch angeknüpft werden könnte, hat in Deutschland stattgefunden. Hiernach kommt deutsches Recht zur Anwendung. 12

Die Regelanknüpfung des Art. 40 Abs. 1 EGBGB könnte hier zugunsten der engeren Beziehung des gemeinsamen gewöhnlichen Aufenthaltes nach Art. 40 Abs. 2 EGBGB verdrängt werden. Bei juristischen Personen tritt nach Art. 40 Abs. 2 S. 2 EGBGB der Ort der Hauptverwaltung bzw. einer beteiligten Niederlassung an die Stelle des gewöhnlichen Aufenthaltes. 13

Soweit aus der Akte ersichtlich, haben sowohl Klägerin als auch Beklagte ihre Hauptverwaltung in Deutschland, so dass auch die Auflockerung des Art. 40 Abs. 2 EGBGB zum deutschen Recht führt. 14

Anwendbar auf Voraussetzungen, Inhalt und Umfang eines Anspruchs aus unerlaubter Handlung ist damit deutsches Recht. 15

4. Eigentumsübergang

Im Rahmen der Frage nach der Haftung der Beklagten aus unerlaubter Handlung nach deutschem Recht (§§ 823 ff. BGB) kommt als verletztes Rechtsgut der Klägerin bzw. der R. GmbH das Eigentum an der Ware in Betracht. 16

---

3 *Palandt/Heldrich* (o. Fn. 1), Art. 40 EGBGB, Rn. 3.

17 Dies setzt voraus, dass die R. GmbH oder die Klägerin Eigentümerin der Warensendung war, als diese verloren ging. Zu klären ist, nach welcher Rechtsordnung sich dies beurteilt.

a) Vorfrage

18 Eine solche vom anwendbaren materiellen Recht aufgeworfene Frage nach dem Bestehen eines präjudiziellen Rechtsverhältnisses wird als Vorfrage bezeichnet.[4] Strittig ist, ob solche Fragen nach dem internationalen Privatrecht (IPR) der lex fori oder der Rechtsordnung, die sie aufgeworfen hat, zu behandeln sind.[5]

19 Im vorliegenden Fall führen sowohl selbständige als auch unselbständige Anknüpfung zu einer Beurteilung nach deutschem IPR, so dass eine Entscheidung der Streitfrage dahinstehen kann.

b) Lex rei sitae

20 Art. 43 Abs. 1 EGBGB ordnet an, dass sich die dingliche Rechtslage von Sachen nach dem Recht des Lageortes richtet. Auch für eine Sache auf dem Transport (res in transitu) bleibt das Recht des Lageortes maßgeblich, soweit keine engere Verbindung zum Recht eines anderen Staates nach Art. 46 EGBGB besteht.[6]

21 Die verschwundene Sendung wurde im vorliegenden Fall von Taiwan über Malaysia nach Deutschland verbracht. Es handelt sich also um eine Sache auf dem Transport, die zunächst taiwanesischem, dann kurzzeitig malaysischem und schließlich deutschem Recht unterfiel.

22 Bei einem solchen Statutenwechsel bestehen die dinglichen Rechte an der Sache in ihrer von der bisherigen lex rei sitae empfangenen sachenrechtlichen Prägung im Rahmen des neuen Lageortsrechts weiter.[7] Reicht ein vor dem Wechsel abgeschlossener Tatbestand nach der bisherigen lex rei sitae nicht aus, ein dingliches Recht zu begründen, so bringt auch der Ortswechsel dieses nicht zur Entstehung, auch wenn es nach der neuen lex rei sitae entstanden wäre. Wenn der Tatbestand einer dinglichen Rechtsänderung nach dem bisherigen Statut noch nicht abgeschlossen war, entscheidet nach dem Wechsel die neue lex rei sitae allein über die dingliche Rechtslage.[8]

23 Im vorliegenden Fall könnte die R. GmbH bereits Eigentümerin der bestellten Ware geworden sein, bevor diese Taiwan verlassen hat. Es stehen also zunächst nur Vorgänge aus der Zeit in Frage, als sich die Sache noch in Taiwan befand.

---

4 Vgl. *von Hoffmann* (o. Fn. 1), § 6, Rn. 56.

5 Vgl. dazu ausführlich *von Hoffmann* (o. Fn. 1), § 6, Rn. 60 ff.

6 *Palandt/Heldrich* (o. Fn. 1), Art. 43 EGBGB, Rn. 2.

7 *Palandt/Heldrich* (o. Fn. 1), Art. 43 EGBGB, Rn. 5.

8 *Palandt/Heldrich* (o. Fn. 1), Art. 43 EGBGB, Rn. 6.

24 Damit verweist Art. 43 Abs. 1 EGBGB auf taiwanesisches Recht.

c) Transportpapiere

25 Das Gericht fragt im vorliegenden Fall insbesondere, ob das Eigentum an der Ware mit der Aushändigung von Frachtpapieren übergegangen ist.

26 Transportpapiere wie der Ladeschein sind Wertpapiere. Eine Verfügung über die Urkunde richtet sich daher nach dem Recht des Lageortes der Urkunde (lex cartae sitae), während das Recht des Lageortes der Ware entscheidet, ob und welche Wirkung ein Rechts- oder Besitzerwerb an der Urkunde für den Eigentumserwerb an der Ware mit sich bringt.[9]

27 Belegenheitsortsrecht der Ware ist im vorliegenden Fall taiwanesisches Recht (vgl. Rn. 22), das demnach auch bestimmt, welche Rolle eine Aushändigung von Transportpapieren bei der Übereignung der Ware zu spielen vermag.

d) Mehrrechtsstaat

28 Taiwan ist von der Mehrheit der Staaten völkerrechtlich nicht als Staat anerkannt, besitzt aber eine eigene Rechtsordnung. Auch aus offizieller taiwanesischer Sicht ist Taiwan ein Teil Chinas,[10] als dessen eigentlich rechtmäßige Regierung man sich dort begreift. Aus festlandchinesischer Sicht ist Taiwan eine abtrünnige Provinz, was (neben der Rückgabe von Hongkong und Macao) China zu einem Staat mit mehreren Teilrechtsordnungen im Sinne des Art. 4 Abs. 3 EGBGB macht.[11]

29 Die maßgebende Teilrechtsordnung ergibt sich im vorliegenden Fall gemäß Art. 4 Abs. 3 S. 1, 1. Halbsatz EGBGB aus dem Anknüpfungspunkt der deutschen Verweisungsvorschrift, die auf einen bestimmten Ort, den Lageort der Sache, abstellt.

30 Anwendbar ist also taiwanesisches Recht.

---

9 Vgl. *Kegel/Schurig (Kegel)*, Internationales Privatrecht, 8. Aufl. 2000, 664 f.; MüKo/*Kreuzer*, BGB, Bd. 7, 2. Aufl. 1990, Nach Art. 38, Anh. I, Rn. 120, 124; *Staudinger/Stoll*, BGB, 13. Bearb. 1996, Int. SachenR, Rn. 370.

10 Vgl. die Konzeption der Verfassung der Republik China, bei der es sich um die nach den Vorstellungen Sun Yat Sens für das ungeteilte China entwickelte Verfassung von 1947 handelt, die seit der Flucht der Guomindang - mühsam durch sogenannte Ergänzende Artikel auf ihre Geltung für einen bloßen Teilbereich angepasst - in Taiwan gilt.

11 Vgl. dazu *Ma Lin*, Innerchinesisches Kollisionsrecht unter besonderer Berücksichtigung des Erb- und Familienrechts - Im Vergleich mit innerdeutschem Kollisionsrecht, 1997, 1.

e) Taiwanesisches IPR

31 Bei der Verweisung nach Art. 43 Abs. 1 EGBGB handelt es sich nach Art. 4 Abs. 1 EGBGB um eine Gesamtverweisung, so dass taiwanesisches IPR zu befragen ist.

32 Das IPR Taiwans ist im *Gesetz über die Rechtsanwendung in Zivilrechtsfällen mit Außenbeziehung* (涉外民事法律適用法) (taiw. IPRG)[12] vom 6.6.1953 geregelt.

33 Art. 10 taiw. IPRG bestimmt:

	Deutsch:[13]
„關於物權，依物之所在地法。	Dingliche Rechte unterliegen dem Recht am Ort der belegenen Sache.
[...]	[...]
物之所在地如有變更，其物權之得喪，依其原因事實完成時物之所在地法。	Ändert die Sache ihren Belegenheitsort, so unterliegen der Erwerb und der Verlust des dinglichen Rechts dem Recht des Ortes, an dem die Sache zur Zeit der Vollendung der Tatsachen, die schon Erwerb und Verlust begründen, belegen ist.
[...]“	[...]

34 Demnach verweist auch das taiw. IPRG auf die lex rei sitae.[14]

35 Aus dem dritten Absatz der Vorschrift geht ferner hervor, dass bei einem Statutenwechsel das Recht des Ortes über den Erwerb und Verlust eines dinglichen Rechts entscheidet, an dem sich die Sache gerade befindet, wenn die Verlust oder Erwerb begründenden Tatsachen vollendet werden.[15] Also werden auch nach taiwanesischem IPR sachenrechtliche Vorgänge nach dem Lageortsrecht beurteilt, das bei Abschluss eines Erwerbs- oder Verlusttatbestands gerade Anwendung findet.[16]

---

12 Abgedruckt im Original beispielsweise im Anhang bei *Ma Hanbao*, 國際私法總論 (Zusammenfassung des internationalen Privatrechts), 8. Aufl. 1986, 278 ff., und in der Gesetzessammlung von *Tao/Wang/Liu/Ge*, 最新綜合六法全書 (Neueste umfassende Sammlung der Sechs Gesetze), 1996, 615 ff.

13 Deutsche Übersetzung von *Makasov* mit Korrektur von *Siehr* aus *Kropholler/Krüger/Riering/Samtleben/Siehr*, Außereuropäische IPR-Gesetze, 1999, 782 ff.

14 Dazu *Cheng*, Das internationale Privatrecht der natürlichen Person in der Republik China, 1981, 87 f.

15 Vgl. dazu *Basedow/Meier/Schnyder/Einhorn/Girsberger (Ma),* Private Law in the International Arena – Liber Amicorum Kurt Siehr, 2000, 413, 422. Auch *Ma Hanbao* (o. Fn. 12), 105, befürwortet die Anwendung des jeweiligen Lageortsrechts auf eine res in transitu.

16 Dazu mit Beispiel *Cheng* (o. Fn. 14), 88.

Damit nimmt das taiwanesische IPR die Verweisung an; folglich ist taiwanesisches Sachenrecht anwendbar. 36

II. Taiwanesisches Sachrecht

1. Rechtsgrundlage

Das taiwanesische Zivilrecht ist im Bürgerlichen Gesetzbuch (民法) (taiw. 37
BGB) geregelt. Es ist wie seine Vorbilder aus dem deutschen, schweizerischen und japanischen Recht[17] in Bücher eingeteilt. Diese sind allerdings nicht gleichzeitig, sondern nacheinander in Kraft getreten.

Das Sachenrecht findet sich dabei in den § 757 ff. des dritten Buches des taiw. 38
BGB vom 30.11.1924, in Kraft seit dem 5.5.1930,[18] in der Fassung vom 26.6.2002.[19]

2. § 761 taiw. BGB

Grundvorschrift im Hinblick auf die Übertragung des Eigentums an bewegli- 39
chen Sachen ist § 761 taiw. BGB, der lautet:

	Deutsch:[20]
„動產物權之讓與，非將動產交付，不生效力。但受讓人已占有動產者，於讓與合意時，即生效力。	Die Übertragung eines dinglichen Rechts an einer beweglichen Sache wird erst mit der Übergabe der Sache wirksam; hat der Erwerber aber die Sache bereits in Besitz, so wird die Übertragung mit der Einigung wirksam.
讓與動產物權，而讓與人仍繼續占有動產者，讓與人與受讓人間，得訂立契約，使受讓人因此取得間接占有，以代交付。	Behält der Veräußerer nach der Übertragung eines dinglichen Rechts an einer beweglichen Sache den Besitz an ihr, so kann die Übergabe dadurch ersetzt werden, dass der Veräußerer und der Erwerber einen Vertrag schließen, auf Grund dessen der Erwerber den mittelbaren Besitz erlangt.

---

17 Vgl. *Böhling*, Chinesisches Sachenrecht, 1934, 5 f.; *Bünger*, Zivil- und Handelsgesetzbuch sowie Wechsel- und Scheckgesetz von China, 1934, 16 u. 22 (auch zum Einfluss weiterer Rechtsordnungen); *Cheng* (o. Fn. 14), 16.

18 Vgl. zum In-Kraft-Treten die Angaben bei *Böhling* (o. Fn. 17), 5, sowie *Bünger* (o. Fn. 17), 21.

19 Der Text des taiw. BGB ist in aktueller Fassung über die Online-Datenbank des taiwanesischen Justizministeriums unter http://law.moj.gov.tw abrufbar.

20 Deutsche Übersetzung von *Bünger* (o. Fn. 17), 215.

讓與動產物權，如其動產由第三人占有時，讓與人得以對於第三人之返還請求權，讓與於受讓人，以代交付。“	Wird ein dingliches Recht an einer beweglichen Sache übertragen, die sich im Besitze eines Dritten befindet, so kann die Übergabe dadurch ersetzt werden, dass der Veräußerer dem Erwerber seinen Herausgabeanspruch gegen den Dritten abtritt.

40 Diese Vorschrift spiegelt die Entscheidung des chinesischen Gesetzgebers für das Traditionsprinzip (交付要件主義[21] oder 交付生效要件主義[22]) nach schweizerisch-deutschem Modell wider. Damit folgt das heute in Taiwan geltende Sachenrecht nicht dem „Prinzip der Publizität der Übergabe“ (交付公示主義)[23] bzw. dem „Prinzip der Übergabe als Bedingung für die Durchsetzung“ (交付對抗要件主義) nach französischem oder japanischem Vorbild.[24] Die Übergabe dient nicht lediglich dazu, die Eigentumsübertragung nach außen sichtbar zu machen, sondern sie ist Wirksamkeitsvoraussetzung für die Übereignung.[25]

41 Demnach wird die Übereignung einer beweglichen Sache durch einen dinglichen Vertrag, also eine auf die Übertragung eines Rechts an der Sache gerichtete Einigung (讓與合意), und die Übergabe (交付) bewirkt.[26]

a) Dingliche Einigung

42 Die dingliche Einigung ist dabei vom schuldrechtlichen Vertrag zu trennen und von diesem unabhängig zu beurteilen.[27] Es gelten – wie im deutschen Recht – Trennungs- und Abstraktionsprinzip.

43 Im vorliegenden Fall geht der Gutachter davon aus, dass sich die T. M. T. Inc. und die R. GmbH schon beim Abschluss des Kaufvertrages einig waren, dass das Eigentum an den Diamantbohrern auf die R. GmbH übergehen sollte. Die von § 761 taiw. BGB geforderte Einigung lag damit vor.

---

21 Dieser Ausdruck findet sich bei *Tao/Wang/Liu/Ge* (o. Fn. 12), § 761 BGB unter „Ratio“ (理由); *Wang*, 民法物权 (Sachenrecht), Bd. 1, 2001, 132 f. (mit deutscher Übersetzung und Verweis auf deutsche Literatur).

22 Ausdruck bei *Cao*, 中國民法物權論 (Analyse des chinesischen Sachenrechts), 1967, 27.

23 Vgl. *Tao/Wang/Liu/Ge* (o. Fn. 12), § 761 BGB unter „Ratio“ (理由).

24 Dazu *Cao* (o. Fn. 22), 26 f.

25 Vgl. *Cao* (o. Fn. 22), 26 f.; *Tao/Wang/Liu/Ge* (o. Fn. 12), § 761 BGB unter „Ratio“ (理由); *Wang* (o. Fn. 21), 132 f.; *Chen*, 民法 (Zivilrecht), 1995, 288.

26 *Wang* (o. Fn. 21), 132 f.; vgl. auch *Böhling* (o. Fn. 17), 61. *Chen* (o. Fn. 25), 286 ff., und *Cao* (o. Fn. 22), 18 ff., bezeichnen dabei die Einigung als „Grund“ (原因) und die Übergabe als „Bedingung“ (要件) für den Rechtsübergang.

27 *Chen* (o. Fn. 25), 286 f. Nach *Cao* (o. Fn. 22), 21, gab es die Unterscheidung von sachen- und schuldrechtlicher Einigung in China schon vor Erlass des taiw. BGB.

b) Übergabe

aa) Wirkliche Übergabe

Unter Übergabe wird auch in Taiwan grundsätzlich der vom Übertragenden gewollte Übergang der tatsächlichen Herrschaftsgewalt, der reale Transfer des unmittelbaren Besitzes auf den Empfänger verstanden.[28] Möglich ist aber auch die Einschaltung von Besitzdienern (§ 942 taiw. BGB) und -mittlern (§ 941 taiw. BGB); sogar die Rechtsfigur der Geheißpersonen wird im taiwanesischen Sachenrecht angewendet. Voraussetzung für den Transfer über Drittpersonen ist, dass der Veräußerer den unmittelbaren Besitz verliert, der Erwerber den unmittelbaren oder durch einen Dritten gemittelten Besitz erwirbt und dass dies in Ausführung des Willens des Veräußerers geschieht.[29] 44

Im vorliegenden Fall hat die T. M. T. Inc. den unmittelbaren Besitz an der Ware bei Übergabe an den Frachtführer verloren. 45

Problematisch ist jedoch, ob stattdessen die R. GmbH den Besitz erlangt hat. Sie hat die Ware weder selbst noch durch Besitzdiener entgegengenommen, so dass unmittelbarer Besitz ausscheidet. Dieser fiel vielmehr dem Frachtführer zu, der jedoch Besitzmittler der R. GmbH gewesen sein könnte. Dazu bedarf es der Vereinbarung eines Besitzmittlungsverhältnisses. 46

Auch wenn ein Frachtvertrag wie der im vorliegenden Fall abgeschlossene ein Besitzmittlungsverhältnis zwischen Absender und Frachtführer beinhalten kann,[30] fehlte es daran jedenfalls in Bezug auf die R. GmbH als Empfänger. 47

Eine Übergabe nach § 761 Abs. 1, 1. Halbsatz taiw. BGB ist demnach nicht erfolgt. 48

bb) Übergabesurrogate

Neben der sogenannten wirklichen Übergabe (現實交付) kennt das taiw. BGB infolge praktischer Bedürfnisse verschiedene Formen der gedachten Übergabe,[31] also Übergabesurrogate: die einfache Übergabe (簡易交付, Übergabe kurzer Hand, § 761 Abs. 1, 2. Halbsatz taiw. BGB), das Besitzkonstitut (占有改定, § 761 Abs. 2 taiw. BGB) und die Orderübergabe (指示交付, Abtretung des Herausgabean- 49

---

[28] *Wang* (o. Fn. 21), 134; ähnlich *Chen* (o. Fn. 25), 288.

[29] *Wang* (o. Fn. 21), 134 f., im Hinblick auf das Institut der Geheißperson mit Verweis auf die deutsche Rechtswissenschaft.

[30] Vgl. zum deutschen Recht *Palandt/Bassenge* (o. Fn. 1), § 868 BGB, Rn. 11.

[31] Vgl. dazu *Tao/Wang/Liu/Ge* (o. Fn. 12), § 761 BGB unter „Ratio" (理由); *Cao* (o. Fn. 22), 27 f.; *Chen* (o. Fn. 25), 288 f.

spruchs gegen den besitzenden Dritten, § 761 Abs. 3 taiw. BGB). Sie entsprechen in ihrer Ausgestaltung in etwa den Übergabesurrogaten des deutschen BGB.[32]

50 Einfache Übergabe und Besitzkonstitut scheiden im vorliegenden Fall aus. In Betracht zu ziehen ist lediglich eine Orderübergabe in Form der Übergabe des Ladescheins nach § 629 taiw. BGB.

cc) § 629 taiw. BGB

51 Eine der Situationen, in denen die Übergabe durch Abtretung eines Herausgabeanspruchs erfolgen kann, ist die Verbriefung eines dinglichen Rechts an einer beweglichen Sache. Dann ersetzt die Übergabe des die Sache verkörpernden Papiers die erforderliche Übergabe der Sache selbst.[33]

52 Für den Ladeschein regelt daher § 629 taiw. BGB:[34]

	Deutsch:[35]
„交付提單於有受領物品權利之人時，其交付就物品所有權移轉之關係，與物品之交付有同一之效力。"	Die Übergabe des Ladescheins an den zum Empfang des Gutes Berechtigten hat bezüglich der Übertragung des Eigentums an dem Gute die gleiche Wirkung wie die Übergabe des Gutes selbst.

53 Die Vorschrift soll im Verhältnis von Versender und Empfänger festlegen, wann das Eigentum an der Ware übergeht.[36]

54 Zu prüfen ist also im vorliegenden Fall, ob ein Ladeschein im Sinne des § 629 taiw. BGB an den zum Empfang des Gutes Berechtigten übergeben wurde.

(1) Ladeschein

55 Der vom Frachtführer ausgestellte Ladeschein (提單) ist vom gesondert in § 624 taiw. BGB geregelten und vom Versender auszustellenden Frachtbrief (託運單) zu unterscheiden.

---

[32] Vgl. dazu die Darstellungen bei *Tao/Wang/Liu/Ge* (o. Fn. 12), § 761 BGB unter „Ratio" (理由); *Cao* (o. Fn. 22), 27 f.; *Chen* (o. Fn. 25), 288 f.; *Wang* (o. Fn. 21), 135 ff.

[33] *Wang* (o. Fn. 21), 138. Vgl. auch *Tao/Wang/Liu/Ge* (o. Fn. 12), § 629 BGB unter „Ratio" (理由).

[34] Daneben verweist *Wang* (o. Fn. 21), 138, noch auf ähnliche Regelungen im Seehandelsrecht und für den Lagerschein in § 618 taiw. BGB.

[35] Deutsche Übersetzung von *Bünger* (o. Fn. 17), 196.

[36] *Tao/Wang/Liu/Ge* (o. Fn. 12), § 629 BGB unter „Ratio" (理由).

56 Der Ladeschein stellt eine Quittung des Frachtführers über den Erhalt der Ware vom Absender, also einen Beleg für ihre Abholung dar.[37]

57 Er dient aber auch als Beleg für den Empfang des Gutes.[38] Wenn der Empfänger Übergabe des Gutes verlangt, muss er gemäß § 630 taiw. BGB den Ladeschein dem Frachtführer zurückgeben. Da also nach Eintreffen der Ware am Bestimmungsort ihre Abholung auf den Ladeschein gestützt werden muss, kann der Absender vom Frachtführer die Ausstellung des Ladescheins verlangen und muss dieser ihn ausstellen und übergeben.[39] Die Angaben des Ladescheins bestimmen nach seiner Ausstellung gemäß § 627 taiw. BGB das Verhältnis zwischen Frachtführer und Inhaber des Ladescheins.

58 Um die erforderlichen Angaben eines Ladescheins klar zu regeln,[40] bestimmt § 625 taiw. BGB:

	Deutsch:[41]
„運送人於收受運送物後，因託運人之請求，應填發提單。	Der Frachtführer muss dem Absender auf Verlangen nach Annahme des Frachtgutes einen Ladeschein ausstellen.
提單應記載左列事項，並由運送人簽名：	Der Ladeschein muss folgende[42] Angaben enthalten und vom Frachtführer unterschrieben sein:
一　前條第二項所列第一款至第四款事項。	1. Die im zweiten Absatz des vorhergehenden Paragraphen unter Ziffer 1 bis 4 aufgezählten Angaben.
二　運費之數額及其支付人為託運人或為受貨人。	2. Den Betrag der Frachtkosten und ihren Zahler, sei es der Absender oder sei es der Empfänger.
三　提單之填發地及填發之年月日。“	3. Ort und Datum der Ausstellung des Ladescheins.

59 § 625 Abs. 2 Ziffer 1 taiw. BGB verweist auf § 624 taiw. BGB, der den Inhalt eines Frachtbriefes regelt. Unter den Ziffern 1 bis 4 seines zweiten Absatzes heißt es:

---

37 *Tao/Wang/Liu/Ge* (o. Fn. 12), § 625 BGB unter „Ratio“ (理由).
38 *Tao/Wang/Liu/Ge* (o. Fn. 12), § 630 BGB unter „Ratio“ (理由).
39 *Tao/Wang/Liu/Ge* (o. Fn. 12), § 625 BGB unter „Ratio“ (理由).
40 *Tao/Wang/Liu/Ge* (o. Fn. 12), § 625 BGB unter „Ratio“ (理由).
41 Deutsche Übersetzung von *Bünger* (o. Fn. 17), 195 f., mit Anpassung an den aktuellen Wortlaut der Vorschrift durch eine Mitarbeiterin des Gutachters.
42 Wörtlich: „links aufgeführte“; beruht auf der traditionellen Schreibweise von rechts nach links.

	Deutsch:[43]
„一 託運人之姓名及住址。	1. Name und Adresse des Absenders.
二 運送物之種類、品質、數量及其包皮之種類、個數及記號。	2. Art, Güte und Menge des Frachtgutes sowie Art, Stückzahl und Merkmale der Verpackung.
三 目的地。	3. Bestimmungsort.
四 受貨人之名號及住址。“	4. Name und Adresse des Empfängers.

60 Die einzigen im vorliegenden Fall aus der Akte ersichtlichen Dokumente, die einen Ladeschein darstellen könnten, sind die *Air Waybill* No. [...] vom 9.4.2001 und der Ausgabeschein vom 17.4.2001.

61 Der Ausgabeschein vom 17.4.2001 wurde vom Verwahrer, der Beklagten, nicht dagegen vom Frachtführer ausgestellt und auch nicht unterzeichnet. Zudem geschah dies erst, nachdem die Ware Taiwan bereits verlassen hatte und damit ein Eigentumserwerb nach taiwanesischem Recht bereits hätte abgeschlossen sein müssen (vgl. oben Rn. 20 f., 35).

62 Der Ausgabeschein ist damit für die Frage des Eigentumsübergangs nach taiwanesischem Recht jedenfalls unerheblich.

63 Die vorgelegte zweite Ausfertigung der *Air Waybill* No. [...] vom 9.4.2001 enthält Namen und Adressen von Absender und Empfänger, Angaben zur Art, Menge und Verpackung (Anzahl der Pakete) der Fracht, den Bestimmungsort sowie neben Ort und Datum der Ausstellung auch begrenzt Angaben zu den Frachtkosten (unter *„other charges“* und *„as arranged“* unter *„rate/charge“*) und zum Kostenträger *(„freight collect“)*. Aufgrund dieser Angaben im Sinne der § 624, 625 taiw. BGB könnte sie als Ladeschein in Betracht kommen.

64 Zweifel ergeben sich jedoch im Hinblick auf den Aussteller, weitere inhaltliche Vorgaben, die keine klare Regelung gefunden haben, und die in § 625 taiw. BGB vorgesehene Unterschrift des Frachtführers. Siehe dazu im Einzelnen:

(a) Aussteller

65 Bei der vorgelegten *Air Waybill* handelt es sich dem Formular nach um einen Luftfrachtbrief in der von der IATA (International Air Transport Association) und ihren Mitgliedern basierend auf dem *Warschauer Abkommen* (WA) von 1929 international einheitlich verwendeten Form. Ein solcher Luftfrachtbrief dokumentiert den Frachtvertrag und die Übernahme des Gutes durch den Frachtführer (vgl.

[43] Deutsche Übersetzung von *Bünger* (o. Fn. 17), 195, allerdings mit Korrektur durch eine Mitarbeiterin des Gutachters.

Art. 11 WA), stellt jedoch – in der Regel – kein die Ware verkörperndes Wertpapier dar. Art. 5 WA sieht vor, dass der Luftfrachtbrief vom Absender ausgestellt wird. In der Praxis erstellt ihn häufig ein Dritter oder der Frachtführer im Auftrag des Absenders.[44]

Hier wurde die *Air Waybill* von der W. T. Co., Ltd. ausgestellt, die dabei möglicherweise für Versender und Frachtführer handelte: als Vertreter des ausstellenden Frachtführers *(„issuing carrier's agent")* und als Makler/Vertreter *(„broker/agent")* des Versenders *(„shipper").* Es wird davon auszugehen sein, dass Aussteller des Luftfrachtbriefes der Absender sein sollte (vgl. Art. 6 Abs. 5 WA). 66

Dennoch erscheint es möglich, dass ein Doppel des Luftfrachtbriefes dadurch zum Ladeschein werden sollte, dass die W. T. Co., Inc. das Doppel (auch) im Auftrag des Frachtführers ausstellte. 67

(b) Weitere inhaltliche Vorgaben

Fraglich ist, ob ein Dokument außer den in § 624, 625 taiw. BGB ausdrücklich genannten Angaben noch anderen inhaltlichen Erfordernissen genügen muss, um als Ladeschein dienen zu können. 68

Die Regelungen über Frachtbrief und Ladeschein des taiw. BGB hatten die entsprechenden Normen der damaligen deutschen und japanischen Handelsgesetzbücher zum Vorbild.[45] § 625 taiw. BGB geht zurück auf die §§ 444, 445 HGB a.F. (§ 444 Abs. 1, 2 HGB n.F.) und Art. 333 japanisches HGB a.F. (Art. 571 japanisches HGB n.F.[46]).[47] 69

§ 444 HGB a.F. spiegelt in seinem Wortlaut wider, dass der Ladeschein die Verpflichtung des Frachtführers zur Auslieferung verbriefen soll, dass also die Verpflichtungserklärung Hauptwesensmerkmal des Ladescheins ist und ohne sie – trotz aller übrigen Angaben – kein Ladeschein vorliegt.[48] Im Wortlaut des § 625 taiw. BGB, der fast völlig dem der japanischen Vorschrift entspricht, kommt dies jedoch nicht zum Ausdruck. Fraglich ist also, ob hiermit eine inhaltliche Abweichung vom Vorbild des deutschen HGB bezweckt war.[49] 70

---

[44] Vgl. dazu *Fremuth/Thume (Müller-Rostin)* (o. Fn. 2), Art. 5 WA, Rn. 3.

[45] S. *Bünger* (o. Fn. 17), 57, und konkret zu den einzelnen Vorschriften S. 195 f.

[46] In deutscher Übersetzung abgedruckt bei *Ishikawa/Leetsch*, Das japanische Handelsrecht in deutscher Übersetzung, 1988, 153.

[47] *Bünger* (o. Fn. 17), 196.

[48] Vgl. dazu *Schlegelberger/Geßler*, HGB, 5. Aufl. 1977, § 444 HGB, Rn. 2.

[49] Eine solche Abweichung lässt sich beispielsweise in Bezug auf die Frage nach einer Pflicht zur Ausstellung eines Ladescheins bemerken. Vgl. Wortlaut des § 625 taiw. BGB und oben Rn. 57; zur deutschen Regelung *Schlegelberger/Geßler* (o. Fn. 48), § 444 HGB, Rn. 9; *Fremuth/Thume (Fremuth)* (o. Fn. 2), § 444 HGB, Rn. 3.

71 Eine ausdrückliche Stellungnahme konnte hierzu nicht gefunden werden. Es sprechen jedoch verschiedene Aspekte dafür, dass auch nach taiwanesischem Recht die Verpflichtung zur Herausgabe konstitutives Merkmal eines Ladescheins ist.

72 Zum einen wird mit Bezug auf § 627 taiw. BGB vertreten, der Frachtführer habe gegenüber dem Inhaber des Ladescheins die darin enthaltenen Pflichten, d.h. der Inhaber des Ladescheins dürfe nur die in diesem aufgezeichneten Rechte gegenüber dem Frachtführer geltend machen.[50] Hauptpflicht des Frachtführers gegenüber dem Inhaber des Ladescheins ist die Auslieferungspflicht. Dies erlaubt den Schluss, dass eben diese in dem Dokument niedergelegt sein muss.

73 Zum anderen wird § 629 taiw. BGB als Unterfall des sachenrechtlichen Übergabesurrogats der Abtretung eines Herausgabeanspruchs angesehen.[51] Wesensmerkmal eines Dokumentes, das die Übergabe der Sache selbst ersetzen kann, muss also sein, dass es einen Herausgabeanspruch verkörpert. Das Dokument muss folglich einen solchen Anspruch enthalten, um zu dem zu werden, was es ausmacht.

74 Und schließlich wird auch der Ladeschein nach Art. 333 japanisches HGB a.F. (Art. 571 japanisches HGB n.F.), dem Vorbild für den Wortlaut des § 625 taiw. BGB, als Wertpapier verstanden, das den Herausgabeanspruch auf die vom Frachtführer beförderte Ware verbrieft,[52] obwohl der Wortlaut nicht unmittelbar darauf schließen lässt. Daher ist davon auszugehen, dass das taiwanesische Recht dem ebenso folgen wollte wie der Formulierung.

75 Dementsprechend ist also wie im deutschen Recht zu fordern, dass ein Dokument das Auslieferungsversprechen des Frachtführers enthalten muss, um Ladeschein sein zu können. Dabei kann es sich dann auch um ein vom Frachtführer unterschriebenes Frachtbriefdoppel handeln, das in der Absicht begeben wird, dass es die Wirkung eines Ladescheins haben soll.[53] Nach deutscher Rechtsprechung ist es ausreichend, wenn sich die Auslieferungsverpflichtung aus dem Inhalt des Dokuments ergibt.[54]

76 Die dem Gericht vorgelegte *Air Waybill* enthält nur Regelungen für das Verhältnis zwischen Versender und Frachtführer; der Gutachter vermag keine Anhaltspunkte dafür zu erkennen, dass sich der Frachtführer gegenüber dem Empfänger zur Herausgabe verpflichten wollte. Letztlich stellt dies jedoch eine tatsächliche Frage dar, die allein der Würdigung durch das Gericht unterliegt.

---

50 *Tao/Wang/Liu/Ge* (o. Fn. 12), § 627 BGB unter „Ratio" (理由).

51 *Wang* (o. Fn. 21), 137 f. Vgl. auch oben Rn. 51 f.

52 Vgl. *Baum/Drobnig* (*Menkhaus/Maruyama*), Japanisches Handels- und Wirtschaftsrecht, 1994, 176 f.

53 Vgl. dazu *Schlegelberger (Geßler)* (o. Fn. 48), § 444 HGB, Rn. 7.

54 Vgl. dazu *Schlegelberger (Geßler)* (o. Fn. 48), § 444 HGB, Rn. 2.

(c) Unterschrift des Frachtführers

Des weiteren verlangt § 625 taiw. BGB ausdrücklich die Unterschrift des Frachtführers. Auf der von der Klägerin vorgelegten Kopie der zweiten Ausfertigung der *Air Waybill* („*for Consignee*“ – „für den Empfänger“) sind jedoch keine Unterschriften erkennbar, obwohl diese Ausfertigung üblicherweise sowohl vom Absender als auch vom Frachtführer unterschrieben wird. 77

Fraglich ist, welche Folge eine demnach möglicherweise fehlende Unterschrift nach sich zieht. 78

In der Vorschrift wird das Wort „應“ mit Bezug auf Inhalte und Unterschrift des Ladescheins verwendet. „應“ kann mit „sollen; es gebührt sich“ übersetzt werden, wird aber auch im Sinne einer Verpflichtung, „müssen; verpflichtet sein“, verwendet.[55] *Bünger*, dessen Übersetzung hier als Grundlage genommen wurde, hat es mit „müssen“ übersetzt.[56] In der englischen Übersetzung des taiwanesischen Justizministeriums ist es dagegen mit „shall“ wiedergegeben.[57] 79

Insofern lässt sich dem Wortlaut nicht zweifelsfrei entnehmen, ob Inhalte und Unterschrift für einen Ladeschein konstitutiv sind. 80

Möglicherweise lässt sich jedoch ein Indiz für die Folgen bei Fehlen der Unterschrift aus der chinesischsprachigen Online-Datenbank des taiwanesischen Justizministeriums entnehmen, die für jede Vorschrift auf „相關法條“ (im Zusammenhang stehende Normen) verweist. Für § 625 taiw. BGB verweist sie unter anderem auf § 3 und 73 taiw. BGB.[58] 81

§ 3 taiw. BGB bestimmt, was das taiw. BGB unter Schriftform verstanden wissen will, wenn es diese anordnet. Unter Verwendung des Wortes „必須“, „müssen; verpflichtet sein, etw. zu tun; etw. nötig haben“[59] wird für die Schriftform die eigenhändige Namensunterschrift angeordnet, die auch durch den Namensstempel oder einen bezeugten Fingerabdruck oder anderes Kennzeichen ersetzt werden kann.[60] Der Verweis auf § 3 taiw. BGB als mit § 625 taiw. BGB zusammenhängend ist daher dahin zu verstehen, dass auch die in § 625 taiw. BGB geforderte Unterschrift eigenhändig oder in einer der Ersatzformen des § 3 taiw. BGB erfolgen 82

55 Vgl. *Beijing Waiguoyu Xueyuan* (Fremdsprachenschule Beijing), 新汉德词典 (Das Neue Chinesisch-Deutsche Wörterbuch), 1985 (5. Nachdruck 1996), 973.

56 *Bünger* (o. Fn. 17), 195 f.

57 Die englische Übersetzung des taiwanesischen Justizministeriums findet sich unter http://law.moj.gov.tw/Eng/Fnews/FnewsContent.asp?msgid=738&msgType=en&keyword=civil+code (zuletzt besucht am 18.1.2005).

58 http://law.moj.gov.tw/Scripts/Query1R.asp?tblname=Flrela&RCODE1=B0000001625 (zuletzt besucht am 18.1.2005).

59 Vgl. *Beijing Waiguoyu Xueyuan* (o. Fn. 55), 41.

60 Vgl. die deutsche Übersetzung bei *Bünger* (o. Fn. 17), 101.

muss. Dies deutet darauf hin, dass die Unterschrift wie bei der Schriftform zwingend notwendig ist.

83 § 73 taiw. BGB lautet:

	Deutsch:[61]
„法律行為，不依法定方式者，無效。但法律另有規定者，不在此限。“	Ein Rechtsgeschäft, das nicht der gesetzlichen Form entspricht, ist nichtig. Aber wenn das Gesetz etwas anderes bestimmt, fehlt diese Schranke.

84 Der Verweis auf diese § 125 S. 1 BGB entsprechende Norm als mit § 625 taiw. BGB in Zusammenhang stehend ist folglich dahin zu verstehen, dass die in § 625 taiw. BGB geforderten Inhalte und die Unterschrift die gesetzliche Form des Ladescheins darstellen und ihr Fehlen zur Unwirksamkeit führen soll. Ein strenges Verständnis der Vorgaben des § 625 taiw. BGB entspricht auch der Funktion des Ladescheins als Wertpapier.

85 Die Unterschrift des Frachtführers ist demnach für den Ladeschein konstitutiv.

86 Wenn man davon ausgeht, dass die zweite Ausfertigung der *Air Waybill* keine Unterschrift des Frachtführers enthielt, kann sie somit kein Ladeschein im Sinne des § 625 taiw. BGB sein.

87 Sofern die zweite Ausfertigung der *Air Waybill* aus Sicht des Gerichts die Auslieferungsverpflichtung des Frachtführers enthält sowie die Unterschrift vorhanden und lediglich in der vorgelegten Kopie nicht erkennbar ist, vermag diese Ausfertigung einen Ladeschein im Sinne der § 624, 625 taiw. BGB darzustellen.

88 Zu prüfen bliebe dann jedoch, ob sie nach § 629 taiw. BGB an den zum Empfang des Gutes Berechtigten übergeben wurde und dies geschah, bevor die Ware Taiwan verlassen hat.

(2) Übergabe an den zum Empfang des Gutes Berechtigten

89 Fraglich ist, wer im Sinne des § 629 taiw. BGB zum Empfang des Gutes berechtigt ist.

(a) Berechtigung nach den Vorbildnormen

90 § 629 taiw. BGB geht auf § 450 HGB a.F. (§ 448 HGB n.F.) und § 335 japanisches HGB a.F. (§ 575 japanisches HGB n.F.[62]) zurück.[63] Beide Vorschriften setzen

[61] Übersetzung durch eine Mitarbeiterin des Gutachters nach *Bünger* (o. Fn. 17), 111.
[62] In deutscher Übersetzung abgedruckt bei *Ishikawa/Leetsch* (o. Fn. 46), 154.
[63] *Bünger* (o. Fn. 17), 196.

die Übergabe an denjenigen voraus, welcher durch den Ladeschein zur Empfangnahme des Gutes legitimiert wird. Gemeint ist damit beim Rektaladeschein der namentlich Benannte, beim Orderladeschein der namentlich Benannte oder derjenige, an den durch Indossament übertragen wurde, beim Inhaberladeschein der Inhaber.[64]

Das taiw. BGB kennt ebenfalls diese Formen des Ladescheins, wie § 628 taiw. 91
BGB[65] belegt, der auch bei einem auf den Namen lautenden Ladeschein die Übertragung durch Indossament erlaubt, sofern kein Indossierungsverbot vermerkt ist. Dies deutet darauf hin, dass sich der zum Empfang des Gutes Berechtigte auch nach taiwanesischem Recht aus dem Ladeschein ergeben muss.

(b) Taiwanesische Rechtsprechung

In diesem Sinne hat auch der Oberste Gerichtshof von Taiwan (最高法院) in 92
einem Urteil vom 16.9.2004[66] entschieden.[67]

Er bekräftigte, dass die Übergabe eines Ladescheins in Bezug auf den Eigen- 93
tumsübergang an der Ware nur dann der Übergabe der Ware selbst gleich steht, wenn der Ladeschein an die zum Empfang des Gutes berechtigte Person übergeben wird. Eine Übergabe an einen nicht in diesem Sinne Berechtigten sieht das Gericht beispielsweise in der Übergabe an eine negoziierende Bank, die einen Ladeschein von einem Exporteur (Begünstigten) zur Prüfung und Gutschrift eines Akkreditivbetrages entgegennimmt, oder einen Hypothekar, zu dessen Gunsten eine Hypothek auf den Ladeschein errichtet wird. Das Eigentum an der Ware geht dann nicht auf diese Personen über.

Im dem dem Obersten Gerichtshof vorgelegten Fall macht die Berufungskläge- 94
rin Ansprüche aus Ladescheinen geltend, die ihr als zur Negoziierung ermächtigte Bank übergeben worden waren. Die Ladescheine waren jedoch an Order einer anderen Bank ausgestellt; ein Indossament zugunsten der Berufungsklägerin fehlte. Hinzu kam, dass die Ware sich nicht mehr im Besitz des Frachtführers befand und deshalb auch bei rechtmäßiger Übergabe des Ladescheins an die Berufungsklägerin kein Eigentumsübergang stattgefunden hätte.[68] Die Berufung wurde zurückgewiesen.

---

[64] Vgl. § 447 HGB a.F. (§ 446 HGB n.F.) und dazu *Schlegelberger/Geßler* (o. Fn. 48), § 450 HGB, Rn. 2; *Fremuth/Thume (Fremuth)* (o. Fn. 2), § 446, Rn. 2.

[65] Deutsche Übersetzung bei *Bünger* (o. Fn. 17), 196.

[66] Nach taiwanesischer Zeitrechnung, die nach der chinesischen Revolution 1911 neu zu zählen beginnt, am 16.9.93.

[67] 最高法院 (Oberster Gerichtshof) v. 16.9.2004 (Nr. 1896/93). Das Urteil ist ungekürzt im Internet abrufbar unter http://db.lawbank.com.tw/FLAW/FLAWDOC03.asp?keyword=&lc1=FL001351%2C+20020626%2C+629&sdate=&edate=&datatype=jtype&recordNo=1&subtype=2 (in chinesischer Sprache; zuletzt besucht am 18.1.2005).

[68] Vgl. zum Erlöschen der Traditionsfunktion des Ladescheins durch Verlust des Besitzes beim Fracht-

95 Demnach muss sich die Berechtigung zum Empfang, die § 629 taiw. BGB verlangt, wie im deutschen Recht aus dem Ladeschein ergeben.

96 Wenn man annimmt, dass die zweite Ausfertigung der *Air Waybill* im vorliegenden Fall die erforderliche Auslieferungsverpflichtung des Frachtführers und seine Unterschrift enthält, so kommt als zum Empfang des Gutes Berechtigte allenfalls die R. GmbH als ausgewiesene Empfängerin der Ware in Betracht.

97 Fraglich ist jedoch, wann die Ausfertigung der *Air Waybill* der R. GmbH übergeben wurde.

98 Regelmäßig reist nach den Gepflogenheiten des internationalen Transportrechts die für den Empfänger bestimmte zweite Ausfertigung als Begleitpapier mit dem Frachtgut und wird erst am Bestimmungsort dem Empfänger übergeben.[69]

99 Im vorliegenden Fall lässt sich der Akte nicht entnehmen, wie die Klägerin bzw. die R. GmbH in Besitz der Ausfertigung gekommen ist. Wenn sie die *Air Waybill* erst beim Versuch der Abholung erhalten hat, hatte zu diesem Zeitpunkt die Ware Taiwan bereits verlassen. Dann war der Tatbestand der Eigentumsübertragung beim Wechsel des Statuts nicht abgeschlossen, und ein Eigentumserwerb nach § 761, 629 taiw. BGB scheidet aus.

100 In diesem Fall ist dafür, ob durch die Übergabe der *Air Waybill* nach Ankunft der Ware in Deutschland das Eigentum übergegangen ist, das deutsche Recht maßgeblich (vgl. oben Rn. 22). Dabei finden gemäß Art. 43 Abs. 3 EGBGB Vorgänge in einem anderen Staat – hier möglicherweise die vorherige unwiderrufene Einigung in Taiwan – wie inländische Berücksichtigung.

D. Ergebnis

101 1. Die Frage nach vertraglichen und deliktsrechtlichen Schadensersatzansprüchen unterliegt deutschem Recht, nach dem sich auch die Wirksamkeit einer Abtretung richtet. Taiwanesisches Sachenrecht entscheidet jedoch im Rahmen der vom deutschen Deliktsrecht aufgeworfenen Vorfrage über einen Eigentumsübergang durch Vorgänge, die sich ereigneten, bevor das Frachtgut Taiwan verlassen hat.

2. Eine Übereignung nach taiwanesischem Recht erfolgt wie im deutschen Recht durch Einigung und Übergabe. Die Übergabe von Frachtgut kann durch Übergabe eines entsprechenden Ladescheins ersetzt werden.

---

führer Urteil des 最高法院 (Oberster Gerichtshof) Nr. 771/76 (1987), im Leitsatz abgedruckt bei *Tao/Wang/Liu/Ge* (o. Fn. 12), § 629 BGB.

[69] *Fremuth/Thume (Müller-Rostin)* (o. Fn. 2), Art. 6 WA, Rn. 4.

3. Die zweite Ausfertigung der *Air Waybill* kann nur einen Ladeschein im Sinne des taiwanesischen Rechts darstellen, wenn das Gericht zu dem Schluss kommt, dass sie vom Frachtführer (oder einer für ihn handelnden Person) ausgestellt und unterzeichnet wurde und die Auslieferungsverpflichtung des Frachtführers enthält.

4. Wenn die zweite Ausfertigung der *Air Waybill* hiernach ein Ladeschein im Sinne des taiwanesischen Rechts ist, muss sie an die Klägerin bzw. die R. GmbH übergeben worden sein, bevor die Ware Taiwan verließ, damit sie eine Übereignung nach taiwanesischem Recht bewirkt haben kann.

Nr. 19

Russische Föderation*

1. Das Beutekunstgesetz enthält keine Aussagen zur Rechtmäßigkeit des Besitzes an eigenmächtig verbrachten Kulturgütern und Gegenständen fehlgeschlagener Konfiszierung.

2. Zum gutgläubigen Erwerb gemäß dem am 1.1.1995 in Kraft getretenen Art. 301 ZGB RF.

a) Zu dem Verhältnis der Ersitzungsregelungen in Art. 43 Kulturgüterschutzgesetz und in Art. 234 ZGB RF.

b) Zu den Voraussetzungen der Ersitzung.

Im Rahmen des Ermittlungsverfahrens 480 Js 15491/03 gegen L. und R. wegen Hehlerei bittet die Staatsanwaltschaft Potsdam um Auskunft zum russischen Sachenrecht.

Hamburg G 7/2006 vom 15.2.2006

A. Sachlage

1 Der Fragestellung liegt folgender von der Staatsanwaltschaft mitgeteilter Sachverhalt zugrunde, der vorliegend auszugsweise wiedergegeben wird:

1. Das Gemälde „Tarquinius und Lucretia" des Malers Peter Paul Rubens wurde durch das Preußische Königshaus erworben. Spätestens seit dem Jahre 1930 befand es sich in der Bildergalerie in Sanssouci. Im Juli 1942 wurde das Gemälde zusammen mit anderen Gemälden der Bildergalerie Sanssouci in das Schloss Rheinsberg ausgelagert. Im April oder Mai 1945 entwendeten sowjetische Armeeangehörige das Gemälde privat aus Schloss Rheinsberg.

2. Der im Jahre 1915 geborene, in Neuruppin stationierte Offizier D. übernahm das Gemälde zwischen Dezember 1945 und November 1947 im Bewusstsein der privaten Plünderung von einem ebenfalls dort stationierten Kameraden. D. wurde in der Folge mit seiner Familie an mehrere Orte in Deutschland versetzt, am 4.2.1961 als Reservist entlassen und wohnte ab 1967 in einer Wohnung in E., Moskauer Ge-

---

* *Anm. d. Red.:* S. zur Kulturgutbeschlagnahme auch *Baufeld*, Kulturgutbeschlagnahmen in bewaffneten Konflikten, ihre Rückabwicklung und der deutsch-russische Streit um die so genannte Beutekunst, 2005. Zum Kulturgüterschutz s. auch *El-Bitar*, Der deutsche und der französische Kulturgüterschutz nach der Umsetzung der Kulturgüterrückgaberichtlinie – Eine materiellrechtliche und kollisionsrechtliche Untersuchung, 2007.

biet, wo die Familie das Gemälde, das sie all die Jahre heimlich mitgeführt hatte, gefaltet aufbewahrte.

3. Nachdem D. verstorben war, veräußerte seine Tochter, die 1947 geborene Zeugin T. M., mit Hilfe ihres Ehemannes, des Zeugen M. M., in Moskau das ungerahmte sowie unsachgemäß gefaltete und deshalb teilzerstörte Gemälde Mitte des Jahres 1999 für 800 US-Dollar an einen Antiquar. Beide Ehepartner wussten, dass das Bild ohne Einverständnis des Eigentümers nach Moskau verbracht worden war. Ein schriftlicher Kaufvertrag wurde nicht verfasst.

Dieser erste Antiquar veräußerte das unverändert gebliebene Gemälde für 28.000 US-Dollar an einen zweiten Antiquar. Beide Personen sind derzeit namentlich nicht bekannt. Ende Oktober 1999 veräußerte der zweite Antiquar das Gemälde in Moskau für 500.000 US-Dollar an den Antiquar und Zeugen V.

Keinem der drei Antiquare blieb bei Erwerb die illegale Herkunft des Gemäldes verborgen: Dies ergibt sich allein aus dem Zustand des Gemäldes [...] welches [...] unverkennbar gefaltet wurde. Gemälde werden, wenn sie ihrer Größe (insbesondere Rahmengröße) wegen schlecht oder nicht transportabel sind, zwar gelegentlich aus dem Rahmen genommen, aber niemals gefaltet. Denn die Faltung führt zu einem enormen Substanzverlust.

Erst recht drängte sich den vorgenannten Antiquaren die Fragwürdigkeit der Herkunft des auf Koffergröße gefalteten Gemäldes auf, insbesondere dem weltgewandten und nach Angaben des Beschuldigten L. als Antiquar angesehenen Zeugen V., der den Strafverfolgungsbehörden gegenüber keine Angaben über die Person, von der er das Gemälde erlangt hat, machen will.

4. Am 25.11.1999 verkaufte der Zeuge V. in Moskau das Bild für 3,5 Millionen US-Dollar an den Beschuldigten L. Dabei wurde ein schriftlicher Kaufvertrag aufgesetzt. Der Kaufpreis wurde dabei in einem Anhang genannt, der bis heute geheim gehalten wird.

Auch der Beschuldigte L. nahm bei Erwerb in Kauf, dass das Gemälde seinem Eigentümer abhanden gekommen war. Der Beschuldigte L. [...] verfügt über eine private Kunstsammlung. [...] Es kann nicht ausgeschlossen werden, dass er der Darstellung, der Vater der Zeugin T. M. habe das Bild in der Nachkriegszeit aus einer ihm als Offizier zugewiesenen Villa in Deutschland mitgenommen, Glauben schenkte. Dennoch war ihm beim Erwerb bewusst, dass das Gemälde ohne den Willen des ursprünglichen Gewahrsamsinhabers von Deutschland in die Sowjetunion verbracht worden war [...].

Zudem war es ihm beim Erwerb möglich, in Erfahrung zu bringen, dass es sich um das verschollene Gemälde „Tarquinius und Lucretia“ von Rubens handelte: Zum einen war ihm ausweislich des von ihm vorgelegten Kaufvertrages bereits beim Erwerb der Titel des Bildes ebenso bekannt wie der Umstand, dass das Gemälde aus dem Rubens-Kreis stammte. Zum anderen wurde das Gemälde „Tarquinius und Lucretia“ 1930 als Rubens-Werk anerkannt und war seither immer wieder

Gegenstand der internationalen Fachliteratur. Dabei war offenkundig, dass das Bild seit dem Ende des 2. Weltkrieges als verschollen gilt [...] Dass der Beschuldigte L. in der Lage war, an die erforderlichen Informationen zu gelangen, beweist zudem die Aussage des Stiftungsmitarbeiters B., der bei der Besichtigung des Gemäldes am 15.6.2003 in Moskau feststellte, dass man dort über umfangreiche Fachliteratur speziell zum Gemälde „Tarquinius und Lucretia", darunter Veröffentlichungen des Zeugen B., verfügte.

5. Als der Beschuldigte L. Gewissheit hatte, dass es sich um das als verschollen geltende Gemälde „Tarquinius und Lucretia" des Malers Peter Paul Rubens handelte, und die damit verbundene Beutekunstproblematik sowie daraus folgende mögliche Absatzschwierigkeiten in Betracht zog, beschloss er, das Bild der Eigentümerin der Bildergalerie Sanssouci, nämlich der Stiftung Preußische Schlösser und Gärten Berlin-Brandenburg, anzubieten. Er hoffte, dass die Stiftung im Bestreben, eines ihrer bedeutendsten Bilder zurückzuerlangen, einen besonders hohen Preis zahlen und auf diese Weise seinen Erwerb nachträglich legal erscheinen lassen würde. Dabei erstrebte er keine Entschädigung für entstandene Aufwendungen, sondern einen Kaufpreis von mindestens 50 % des Wertes.

Diesem Plan folgend beauftragte der Beschuldigte L. den in Genf für die P. SA tätigen Beschuldigten R., mit der Stiftung Preußische Schlösser und Gärten Berlin-Brandenburg Verkaufsverhandlungen zu führen. Zugleich verhandelte der Beschuldigte L. mit anderen Kaufinteressenten, unter anderem einem O. Letzter bot ihm 40 Millionen US-Dollar, was dem Beschuldigten L. zu wenig war [...].

Das Gemälde befindet sich nunmehr als Leihgabe des Beschuldigten L. in der Eremitage in Sankt Petersburg.

Aus den Akten ergibt sich, dass das Bild vermutlich nach der Verlagerung nach Schloss Rheinsberg entwendet wurde. Darin haben sich die russischen Truppen seit Ende April 1945 aufgehalten. Später in diesem Jahr wurde das Schloss von dem Offizier und Kunsthistoriker Z. besucht, der die anderen sich im Schloss befindenden Bilder zum Abtransport ausgesucht hat.

Weiterhin folgt aus den Akten, dass die Zeugin T. M. sowie der Zeuge M. M. nach ihrer in 1985 geschlossenen Ehe in die Wohnung der Eltern der Zeugin T. M. eingezogen sind. Es heißt außerdem, dass das Ehepaar M. bereits in den 80er Jahren den Verkauf des Bildes beabsichtigte und den bei der Tretjakow-Galerie arbeitenden Bekannten zu den Einzelheiten des Verfahrens beim Bilderverkauf befragt hat.

B. Anfrage

2 Kann ausgeschlossen werden, dass der Offizier D., seine Angehörigen, einer der Zwischenhändler, der Antiquar V. oder der Beschuldigte L. Eigentum am Gemälde „Tarquinius und Lucretia" erwarben, beispielsweise durch Ersitzung, Erbfolge, Ankauf oder auf anderem Wege?

C. Alternativanfrage

Die Staatsanwaltschaft fragt weiterhin, ob sich die rechtliche Bewertung ändern würde, wenn unterstellt werde, dass die Zeugin T. M. nicht wüsste, dass das Gemälde von sowjetischen Armeeangehörigen aus Schloss Rheinsberg entwendet und auf diese Weise in die Hände ihres Vaters, dem Offizier D., gelangt wäre, sondern sich folgenden Sachverhalt vorstellte: 3

Das Gemälde „Tarquinius und Lucretia" habe bei Kriegsende in der ihrem Vater zugewiesenen Villa in Deutschland gehangen. Die Villa sei zuvor von einer Geliebten des ehemaligen Reichspropagandaministers Goebbels bewohnt worden. Ihre Familie habe das Gemälde mit dem gesamten Hausinventar nach Moskau mitgenommen. Das Bild habe im Familienkreise als wertvoll gegolten, sei im gefalteten Zustand transportiert, verborgen und all die Jahre aufbewahrt und sodann – wie beschrieben – von der Zeugin T. M. nach dem Tode ihres Vaters veräußert worden.

D. Rechtslage

I. Erläuterung der gutachterlichen Vorgehensweise angesichts der Spezifik der Fragestellung

Angesichts der Tatsache, dass keine Feststellung der tatsächlichen Eigentumsverhältnisse anhand der im russischen Recht herrschenden Meinung Gegenstand dieses Gutachtens sein sollte, sondern die Frage, ob ein Eigentumserwerb bei dem betroffenen Personenkreis ausgeschlossen ist, und mit Bedacht darauf, dass kein russisches Zivilgericht sich bisher zu dem Schicksal der nach dem Kriegsende privat aus Deutschland nach Russland verbrachten Kunstgegenstände geäußert hat, wird aus Effizienzgründen keine Stellungnahme des Instituts zu den im Rahmen dieses Gutachtens dargestellten Rechtsstreitigkeiten russischer Rechtsgelehrter angeboten. Es wird davon ausgegangen, dass die Mehrdeutigkeiten bei der Auslegung sowie Meinungsstreitigkeiten unter namhaften russischen Professoren, von denen einige zur Bejahung des Eigentumserwerbs in diesem Fall kommen würden, automatisch zur Verneinung der aufgestellten Frage führen. Aus demselben Grund wird auf die Frage der rechtsgeschäftlichen Eigentumsübertragung ebenfalls nicht eingegangen, da die Fragestellung nicht die Feststellung des gegenwärtigen Eigentümers, sondern die Möglichkeit eines originären Eigentumserwerbs zum Gegenstand hat. 4

II. Anwendbares Recht

5 Nach dem im internationalen Sachenrecht geltenden Grundsatz der *lex rei sitae* bestimmen sich die Eigentumsverhältnisse im Zusammenhang mit abhanden gekommenen Kunstwerken nach dem Recht des Belegenheitsortes.[1]

6 Daher beurteilt sich die Eigentumslage nach der Verbringung des Bildes nach dem Recht der UdSSR bzw. der Russischen Föderation, vor der Verbringung ist das in der sowjetischen Besatzungszone geltende Privatrecht maßgeblich.

III. Eigentumserwerb vor der Verbringung

7 Fraglich ist, nach welchem Recht sich die Eigentumslage vor der Verbringung nach Russland beurteilt, was insbesondere bei der Beurteilung des evtl. Bilderwerbes durch den Offizier D. von Relevanz ist. Dem Sachverhalt ist zu entnehmen, dass das Gemälde in der Bildergalerie Sanssouci gelagert wurde, dort war auch der letzte bekannte Aufenthaltsort des Gemäldes. Diese befindet sich im Bundesland Brandenburg, welches in der Nachkriegszeit zu der Sowjetischen Besatzungszone gehörte. Es ist davon auszugehen, dass Offizier D. in Erfüllung seiner Dienstpflichten sich hauptsächlich ebenfalls auf dem Territorium der Sowjetischen Besatzungszone befunden hat, nachdem er den Besitz an dem Bild erworben hatte. Die durch die Sowjetische Militäradministration erlassenen Gesetzgebungsakte griffen zwar in die Eigentumsverhältnisse auf dem Territorium der sowjetischen Besatzungszone ein, jedoch blieb das deutsche Privatrecht an sich von der Rechtszersplitterung weniger betroffen.[2]

8 Daher sind für die Beurteilung der Frage, ob Offizier D. Eigentum am Gemälde vor der Verbringung nach Russland erworben haben könnte, die Vorschriften des BGB heranzuziehen. Dies gilt unabhängig von der Frage, ob die ursprünglichen Eigentumsverhältnisse fortbestanden, oder ob in der Zwischenzeit ein Enteignungsakt der Roten Armee über dieses Bild erging. Das Letztere käme insbesondere dann in Frage, wenn es sich bei dem Bild um ein Kunstwerk handelte, das von den Trophäenjägern der Roten Armee konfisziert worden war bzw. das nach dem entsprechenden Kommandobefehl zu konfiszieren gewesen wäre.

9 Nach deutschem Recht ist der Eigentumserwerb des Offiziers D., dem die Herkunft des Bildes als ein ehemaliges Exponat eines der geplünderten Schlösser oder Museen nicht verborgen bleiben konnte, wegen seiner Bösgläubigkeit unter allen Gesichtspunkten ausgeschlossen.

---

[1] Vgl. *Müller-Katzenburg*, Besitz und Eigentumssituation bei gestohlenen und sonst abhanden gekommenen Kunstwerken, NJW 1999, 2554.

[2] Vgl. MüKo/*Sonnenberger*, Kommentar zum Bürgerlichen Gesetzbuch, 3. Aufl. 1998, Einl. EGBGB, Rn. 214.

Daher kommt ein Eigentumserwerb der Beteiligten allenfalls nach Verbringung des Bildes in die UdSSR in Frage, was sich nach russischem bzw. sowjetischem Recht richtet. 10

IV. Eigentumslage nach der Verbringung des Gemäldes in die UdSSR

1. Das sog. „Beutekunstgesetz"

a) Völkerrechtliche Fragwürdigkeit des Beutekunstgesetzes

Die völkerrechtliche Konformität des Beutekunstgesetzes ist in Deutschland und zum Teil auch in Russland umstritten. Im Rahmen dieser Prüfung wird nicht auf den zweifelhaften völkerrechtlichen Hintergrund der Norm sowie auf die sich daraus ergebenden Schlussfolgerungen für seine Beachtlichkeit unter dem Gesichtspunkt des ordre public des deutschen Rechts eingegangen. Dies wäre besonders dann relevant, wenn sich die Frage der Anwendbarkeit des Beutekunstgesetzes in einem in Deutschland zu entscheidenden Rechtsstreit stellen würde. Da die gutachterliche Fragestellung im Rahmen eines strafrechtlichen Verfahrens verwertet wird, besteht keine Gefahr der Anwendung von mit Grundentscheidungen des deutschen Rechts nicht zu vereinbarenden Normen innerhalb des deutschen Rechtssystems. Die Anwendbarkeit des Beutekunstgesetzes, welches in Russland im Gefüge der Normen der Russischen Föderation geltendes Recht darstellt, wäre im Hinblick auf die Verkehrsfähigkeit des Bildes von Bedeutung. In diesem Fall könnte keiner der Beteiligten das Eigentum am Gemälde für sich beanspruchen, sondern ausschließlich der russische Staat.[3] 11

b) Tatbestandsvoraussetzungen und Rechtsfolgen des Beutekunstgesetzes

Die zentrale Aussage des Beutekunstgesetzes ist, dass alle *in Ausübung kompensatorischer Restitution* verbrachten Kulturgüter Eigentum der Russischen Föderation darstellen. Dies bezieht sich nach wohl herrschender Meinung in Russland und in Deutschland nur auf die von den Trophäenbrigaden verbrachten Kulturgüter. 12

Andererseits beinhaltet Art. 3 des Gesetzes eine Formulierung, wonach das Gesetz auf alle sich auf dem Territorium der Russischen Föderation befindenden verbrachten Kulturgüter anzuwenden ist, unabhängig davon, in wessen Besitz sich diese befinden. Diese Formulierung ist deswegen verwirrend, da sie dem Wortlaut 13

---

[3] Zu der völkerrechtlichen Problematik des Beutekunstgesetzes vgl. *Dolzer*, NJW 2000, 560 f.; *Hartwig*, EuGRZ 1999, 533; *Schoen*, Kulturgüterschutz bei – illegaler – Rückkehr kriegsbedingt verbrachter Kulturgüter aus Russland nach Deutschland; *Korkmazova*, Obzor rossijskoj pressy po voprosam restitucii za 1998 god, III. Teil in: Vojennyje Trofei, Internationalniy Buelleten Nr. 6 1999, im Internet vgl: http://spoils.libfl.ru/spoils/rus/spoil6_2.html#6.

nach wohl auch die Kulturgüter im Privatbesitz umfasst. Dabei haben sich die konfiszierten Kulturgüter sinngemäß in der öffentlichen Hand zu befinden. Im Folgenden wird untersucht, ob sich daraus irgendwelche Konsequenzen für den rechtlichen Status eigenmächtig verbrachter Kulturgüter ergeben können. Fraglich erscheint unter anderem, welche Art sich im privaten Besitz befindender Kulturgüter nach der Vorstellung des russischen Gesetzgebers in den Anwendungsbereich des Gesetzes fallen soll und unter welchen Umständen die Privatbesitzbegründung erfolgen durfte. In diesem Zusammenhang ist die Abgrenzung zwischen den öffentlich und privat verbrachten Kulturgütern, insbesondere die rechtliche Einordnung von Kulturgütern, die Gegenstand einer fehlgeschlagenen Konfiszierung darstellten, von Bedeutung. Eine weitere Frage ist, ob das Gesetz irgendwelche Wertungen in Bezug auf die Rechtmäßigkeit des privaten Besitzes beinhaltet, was von einigen russischen Kommentierungen angenommen wird. In der wissenschaftlichen Literatur findet nur vereinzelt eine Auseinandersetzung mit den Vorschriften des Beutekunstgesetzes statt, dabei werden zur Auslegung unter anderem die Gesetzesmaterialien hinzugezogen.[4]

14 Um eine Auseinandersetzung mit diesen Ansichten im Rahmen dieses Gutachtens zu ermöglichen, werden im Folgenden neben der geltenden Gesetzesfassung auch die Regelungen des Gesetzesentwurfs vorgestellt.

aa) Rechtslage nach dem Entwurf zum Beutekunstgesetz

(1) Der ursprünglich vorgesehene Anwendungsbereich

15 Das Gesetz sollte Regelungen über die „verbrachten Kulturgüter“ treffen. Gemäß Art. 3 des Entwurfes zum Beutekunstgesetz waren es diejenigen, die „in den Jahren 1944-1949 aus dem Territorium von Deutschland und dessen Kriegsverbündeten [...] nach den Befehlen der Leitung der Sowjetischen Armee und anderer zuständiger sowjetischer Organe auf das Territorium der UdSSR verbracht worden sind und sich gegenwärtig auf dem Territorium der Russischen Föderation befinden.“ Der Entwurf beinhaltete auch Regelungen bezüglich illegal verbrachter Güter, vgl. Art. 10 des Entwurfes.

16 Der Anwendungsbereich des Gesetzes wurde wie folgt definiert:

> Art. 5. Die Anwendbarkeit dieses Föderalgesetzes in Bezug auf faktischen Besitz an verbrachten Kulturgütern.
>
> Dieses Föderalgesetz findet Anwendung auf alle verbrachten Kulturgüter, unabhängig davon, in wessen faktischem Besitz sie sich befinden und unabhängig von den Umständen der Entstehung dieses

[4] *Kulišov*, Kommentarij k novoj redakcii zakona „O kulturnych cennostjach, peremeščennych v Sojuz SSR v rezultate Vtoroj mirovoj vojny i nachodjaščijesja na territorii Rossijskoj Federacii“, im Internet unter: http://www.libfl.ru/restitution/law/kulishov_comments.pdf.

faktischen Besitzes.

Somit sollte der Entwurf des Beutekunstgesetzes vom 23.3.1995 Nr. 405-1 СФ eine Klärung der Rechtslage im Hinblick auf alle sich auf dem russischen Territorium befindenden Kulturgüter herbeiführen, unabhängig davon, ob sie im Rahmen einer Konfiszierung oder einer privaten Plünderung auf das Territorium der heutigen Russischen Föderation verbracht worden sind. 17

(2) Einordnung fehlgeschlagener Konfiszierungen, Illegalität privater Plünderungen

Die Regelungen betreffend privat verbrachte Kulturgüter befanden sich im Art. 10 des Entwurfes zum Beutekunstgesetz: 18

Art. 10. Illegal verbrachte Kulturgüter.

1. Kulturgüter aus Feindstaaten, die illegal, nicht auf Befehl der Leitung der Sowjetischen Armee oder auf die Verordnung anderer zuständiger sowjetischer Organe, sondern von einigen Armeeangehörigen und anderen Personen eigenmächtig auf das Territorium der Sowjetunion eingeführt waren, und sich gegenwärtig auf dem Territorium der Russischen Föderation befinden, werden hiermit für illegal eingeführt erklärt.

2. Illegal eingeführte Kulturgüter, mit Ausnahme von den in dem Abs. 3 dieses Artikels genannten, können innerhalb von 12 Monaten ab dem Inkrafttreten dieses Föderalen Gesetzes in Übereinstimmung mit den Bestimmungen des Art. 16 dieses Föderalen Gesetzes dem Staat übergeben werden, welchem sie gehörten, soweit das Eigentum an diesen Kulturgütern nicht gem. Art. 43 des russischen Kulturschutzgesetzes auf natürliche und juristische Personen übergegangen ist.

3. Die Bestimmungen des Abs. 2 lassen die Rechtsstellung derjenigen Kulturgüter unberührt, die in Übereinstimmung mit den Befehlen der Leitung der Sowjetischen Armee oder den Verordnungen anderer zuständiger sowjetischer Organe zu konfiszieren wären, jedoch zu Aneignungszwecken versteckt waren und illegal in die Sowjetunion eingeführt wurden. Diese Kulturgüter sind in dem durch die Gesetzgebung der Russischen Föderation dafür vorgesehenen Verfahren als föderales Eigentum zu entziehen.

Art. 10 Abs. 1 des Entwurfes brachte zum Ausdruck, dass ursprünglich zwei auf die endgültige Klärung der Rechtslage gerichtete Rechtsfolgen vorgesehen worden waren: die Erklärung konfiszierter Kulturgüter zum Eigentum der russischen Föderation und die Erklärung des Besitzes an eigenmächtig verbrachten Kulturgüter in der Regel für illegal, mit einem Vorbehalt zugunsten der Ersitzungsregelung nach dem Gesetz über Einfuhr und Ausfuhr von Kulturgütern (im Folgenden Kulturgüterschutzgesetz). 19

Ferner bot Art. 10 Abs. 3 des Entwurfs zum Beutekunstgesetz eine Abgrenzung in der Frage, wann es sich um eine Konfiszierung und wann es sich um eine private Plünderung handeln sollte. Das Eigentum der Russischen Föderation sollte sich nicht nur auf alle tatsächlich durch die Trophäenjäger konfiszierten, sondern auch auf alle zu konfiszierenden Kulturgüter erstrecken. 20

21 Fraglich ist, ob der im Art. 10 Abs. 2 angesprochene gutgläubige Erwerb nur an illegal eingeführten Kulturgütern möglich ist, oder ob er auch bei den konfiszierten bzw. zu konfiszierenden Kulturgütern in Frage kommt. Nach dem Wortlaut des Abs. 3 lassen die Vorschriften des Abs. 2 die Vorschriften des Abs. 3 unberührt. Somit sollte nach der Vorstellung des Gesetzgebers weder an den konfiszierten noch an den zu konfiszierenden Kulturgütern Eigentum Dritter entstehen. Durch diese Vorschrift sollte der Eigentumserwerb Dritter bzw. die Anerkennung des Eigentums ehemaliger Feindstaaten in den Fällen verhindern werden, in denen sich die Armeeangehörigen entgegen den Befehlen der Armeeleitung aus den Kunsthallen bedient haben.

bb) Die Fassung des Beutekunstgesetzes aus dem Jahre 1998

(1) Änderungen gegenüber dem Gesetzesentwurf

22 Der ursprüngliche Anwendungsbereich des Gesetzes (vgl. Rn. 15) wurde beibehalten und ohne wesentliche Veränderungen im Art. 3 der Gesetzesfassung von 1998 übernommen.

23 Die Regelung des Art. 10 des Entwurfes (vgl. Rn. 18), wonach alle eigenmächtig eingeführten Kulturgüter für illegal erklärt werden sollten, wurde im Parlament heiß debattiert; sie wurde im Endeffekt als eine „die Handlungen der Armee brandmarkende Regelung“ aus dem Gesetz gestrichen.

(2) Schlussfolgerungen aus der verabschiedeten Gesetzesfassung

(a) Legalisierung der Besitzverhältnisse

24 Nach der Ansicht einiger russischer Wissenschaftler bewirkte die verabschiedete Fassung des Beutekunstgesetzes die Legalisierung jeglichen Besitzes russischer juristischer und natürlicher Personen, da durch die Streichung der fraglichen Passage aus gegebenem Anlass die parlamentarische Billigung dieser Besitzverhältnisse zum Ausdruck gekommen ist, was sich unter Umständen auf die straf- und zivilrechtliche Beurteilung der Rechtslage auswirken könnte.[5]

25 Die Annahme einer solchen legalisierenden Wirkung erscheint fraglich. Unabhängig von der zweifelhaften dogmatischen Natur – es liegt nahe, dass derartige Parlamentserklärungen auf rein politischen und keinen sachenrechtlichen Überlegungen fußen – ist zu bezweifeln, ob eine Legalisierung von Drittbesitz durch bloße Streichung der Illegalitätserklärung zustande kommen kann. Denn obwohl das Gesetz seinem Anwendungsbereich nach immer noch den faktischen Besitz an den ei-

[5] Vgl. *Kulišov* (o. Fn. 4), 29, 30.

genmächtig verbrachten Kulturgütern regeln sollte, fand sich im Gesetz nunmehr keine positive Aussage bezüglich der Legalität bzw. der Illegalität des faktischen Besitzes. Darüber hinaus verblieben nach der Streichung des Art. 10 des Entwurfes keine weiteren Hinweise darauf, dass eigenmächtig verbrachte Kulturgüter von diesem Gesetz überhaupt erfasst werden. Spätestens seit der Entscheidung des Verfassungsgerichts, in der das Gericht die eigenmächtig verbrachten Kulturgüter als von dem Anwendungsbereich des Gesetzes nicht erfasst angesehen hat, verbieten sich jegliche Rückschlüsse von den Regelungen des Beutekunstgesetzes auf das Schicksal eigenmächtig verbrachter Kulturgüter.[6]

Angesichts dieser Aussage des Verfassungsgerichts erscheint es nicht sehr wahrscheinlich, dass die ordentlichen Gerichte sich dennoch der Ansicht der Literatur anschließen und irgendwelche Schlussfolgerungen bezüglich der Rechtmäßigkeit des Besitzes an eigenmächtig verbrachten Kulturgütern dem Beutekunstgesetz zu entnehmen versuchen. Es ist zu erwarten, dass die rechtliche Beurteilung des Besitzes an eigenmächtig verbrachten Kulturgütern durch ein Gericht ausschließlich nach allgemeinen Vorschriften erfolgen würde. 26

(b) Eigentumsverhältnisse

(aa) Eigentum der Russischen Föderation

Die Streichung des Art. 10 des Entwurfes zum Beutekunstgesetz bewirkte, dass das Gesetz nunmehr keine ausdrücklichen Regelungen im Hinblick auf Kulturgüter beinhaltete, die Gegenstände einer fehlgeschlagenen Konfiszierung oder einer privaten Plünderung waren. Die weite Formulierung des Art. 3 des Beutekunstgesetzes, die ursprünglich den rechtlichen Status von allen Arten der verbrachten Kulturgüter regeln sollte (vgl. o.) weckte sogar den Anschein, als seien nunmehr alle, auch eigenmächtig verbrachte und sich auf dem Territorium der Russischen Föderation befindende Kulturgüter als Eigentum der Russischen Föderation zu betrachten.[7] 27

Dabei spricht sowohl Art. 6 als auch Art. 4 des Beutekunstgesetzes davon, dass die Kulturgüter, die sich im Eigentum der Russischen Föderation befinden, *in Ausübung des Rechts auf kompensatorische Restitution* verbracht worden sein müssen, was letztlich die Anwendbarkeit auf eigenmächtige Verbringungen ausschließt. 28

Fraglich ist, was nunmehr für die Gegenstände fehlgeschlagener Konfiskation gelten soll, denn das Gemälde wäre mit großer Wahrscheinlichkeit von Offizier Z. zusammen mit anderen sich im Schloss Rheinsberg befindenden wertvollen Gemälden anschließend konfisziert und in die UdSSR als Restitutionsgut verbracht worden, wenn die Handlungen der Armeeangehörigen dies nicht vereitelt hätten. 29

---

6 Verfassungsgericht der Russischen Föderation, Nr. 12-П v. 20.7.1999, Ziff. 2.

7 Dazu *Kulišov* (o. Fn. 4), 29; Anfrage des Präsidenten an das VerfG Nr. Пр-533 v. 15.4.1998.

30 In der Entwurfsfassung wurde zwar beabsichtigt, die Eigentumsrechte der Russischen Föderation sehr weit zu fassen; daher sollten alle konfiszierten und zu konfiszierenden Kulturgüter als „in Ausübung verbrachte" gelten. Maßgeblich ist jedoch, dass das weite Verständnis der Entwurfsfassung letzten Endes keinen Niederschlag in der Gesetzesfassung aus dem Jahre 1998 gefunden hat. Deswegen ist mit dem Wortlaut des Art. 4 und 6 davon auszugehen, dass die Kulturgüter „in Ausübung *verbracht*" werden müssten – es handelt sich somit um eine effektive Voraussetzung für die Entstehung des Eigentums der Russischen Föderation. Die Tatsache, dass sich das Kulturgut auf einer bestimmten Liste befand und dessen Enteignung geplant wurde, kann keinen nennenswerten Eingriff in die sachenrechtliche Güterzuordnung bewirken; dafür wäre eine Inbesitznahme einer für die Enteignungen zuständigen Stelle zu fordern.

31 In Bezug auf Kulturgüter, bei denen eine Konfiszierung samt Inbesitznahme erfolgt ist, die jedoch beispielsweise auf dem Transport abhanden gekommen waren, ist die Rechtslage ähnlich. Das dem Wortlaut beiwohnende Finalitätsmoment des Wortes „verbracht" setzt voraus, dass auch der Akt der Verbringung, insbesondere der Transport über die Grenze, in Ausübung der Staatsgewalt geschehen musste. Erst bei Kulturgütern, die nach der Verbringung über die Grenze der Staatsgewalt abhanden gekommen waren, käme evtl. eine abweichende Auslegung in Frage. Bei dieser Kategorie der Kulturgüter kommt die Entstehung des Eigentums der Russischen Föderation in Frage, denn die Voraussetzung der Verbringung in Ausübung der Staatsgewalt ist bei diesen Kulturgütern erfüllt. Im vorliegenden Fall ist es jedoch nicht relevant.

32 Hier wurde das Gemälde nicht von den offiziellen Stellen in die UdSSR eingeführt, so dass die Regelung des Art. 6 und die Feststellung des Eigentums der Russischen Föderation sich nicht auf das vorliegende Gemälde erstreckt.

(bb) Möglichkeit der Ersitzung / des gutgläubigen Erwerbs

33 Da der Hinweis auf den gutgläubigen Erwerb in der verabschiedeten Gesetzesfassung ebenfalls nicht mehr enthalten war, schien das Verhältnis zwischen den allgemeinen sachenrechtlichen Vorschriften und dem Beutekunstgesetz zunächst ungeklärt.[8]

34 In seiner Entscheidung hat das Russische Verfassungsgericht klargestellt, dass die allgemeinen Vorschriften Vorrang haben und dass der gutgläubige Erwerb an den Kulturgütern, die nicht Eigentum der Russischen Föderation sind, möglich ist. Weiterhin hat die Eigentumserklärung des Beutekunstgesetzes einen deklaratorischen Charakter.[9]

---

[8] Vgl. Anfrage des Präsidenten an das VerfG Nr. Пр-533 v. 15.4.1998.

[9] *Hartwig* (o. Fn. 3), 562.

Dies spricht auch für den Vorrang allgemeiner sachenrechtlicher Vorschriften, so dass der gutgläubige Erwerb möglich erscheint. 35

c) Zwischenergebnis zum Beutekunstgesetz

Das Beutekunstgesetz beinhaltet keine Aussagen im Hinblick auf die Rechtmäßigkeit des Besitzes von privat geplünderten Kulturgütern und Gegenständen fehlgeschlagener Konfiszierungen. Das Eigentum der Russischen Föderation kommt nur bei Kulturgütern in Frage, die in Erfüllung der Befehle auf das Territorium der ehemaligen Sowjetunion verbracht worden sind. Das Beutekunstgesetz lässt bei eigenmächtig verbrachten Kulturgütern und den Gegenständen fehlgeschlagener Konfiszierungen die allgemeinen Vorschriften des Eigentumserwerbs unberührt. 36

2. Eigentumserwerb kraft Erbfolge

Das neue Erbrecht der Russischen Föderation befindet sich im 3. Buch des ZGB, das seit dem 1.3.2002 in Kraft ist. Die Zeugin T. M. hat ihren Vater zu einem früheren, in den Akten nicht genauer mitgeteilten Zeitpunkt beerbt. 37

Seit dem 31.5.1991 galten in der Russischen Föderation die Grundsätze der Zivilrechtlichen Gesetzgebung, die jedoch nur drei allgemein lautende Regelungen zum Erbrecht beinhalteten. Daneben galten bis zum 1.3.2002 die erbrechtlichen Regelungen des ZGB RSFSR vom 11.6.1964. 38

Im ZGB RSFSR wird nicht näher konkretisiert, was zur Erbmasse gehört. In der juristischen Literatur finden sich Nachweise, dass das ZGB dem Prinzip der Universalsukzession folgt.[10] 39

Zu den vererblichen Vermögensrechten, d.h. dem, was nach sowjetischem Recht geerbt werden konnte, gehörten insbesondere die Gegenstände der Hauseinrichtung. Es konnte jedoch nur das geerbt werden, was dem Erblasser wirklich gehörte; was einen gutgläubigen Nachlasserwerb gab es nicht.[11] 40

Somit konnte das Gemälde nicht aufgrund eines Erbfalls Eigentum der Zeugin T. M. werden, soweit Offizier D. nicht Eigentümer des Bildes geworden war. 41

3. Erwerb mittels eines Rechtsgeschäfts / gutgläubiger Erwerb

Der gutgläubige Erwerb ist in Art. 302 ZGB RF geregelt, der seit dem 1.1.1995 in Kraft ist. Da alle vorliegenden Erwerbsgeschäfte hinsichtlich des Gemäldes nach 42

---

10 *Bratus/Pergament*, Sovetskoe graždanskoe Pravo, 1951, 442.

11 *Bratus/Pergament* (o. Fn. 10), 438; Oberstes Gericht der Russischen Föderation, Entscheidung Nr. 2 v. 23.4.1991, Nr. 14 Buchstabe d.

diesem Datum abgewickelt wurden, ist diese Norm für die Beurteilung ihrer Wirksamkeit maßgeblich. Die Regelung lautet wie folgt:[12]

> Art. 302. Herausgabe bei gutgläubigem Erwerb.
>
> 1. Der Eigentümer kann die Herausgabe von demjenigen verlangen, der den Gegenstand gegen Entgelt von einem nicht zur Veräußerung Berechtigten erworben hat, ohne dass er dessen mangelnde Berechtigung kannte oder kennen konnte (gutgläubiger Erwerber), wenn der Gegenstand dem Eigentümer oder demjenigen, den er zum Besitz berechtigt hatte, verloren gegangen, entwendet worden oder auf sonstige Weise abhanden gekommen war.

43 Fraglich ist bereits, ob der gutgläubige Erwerber infolge eines Rechtsgeschäfts mit einem Nichtberechtigten nach russischem Recht das Eigentum erwerben kann. Es handelt sich um eine in der russischen Wissenschaft lebhaft umstrittene Frage; beherrschend ist wohl bis heute die Theorie der prozessualen Vindikationseinschränkung, die dem gutgläubigen Erwerber lediglich einen Schutz gegen die Herausgabeklage einräumt; der Eigentumserwerb vollzieht sich dann erst nach Ablauf der Ersitzungsfrist.[13]

44 Die Gegenmeinung lässt den sofortigen Eigentumserwerb in der Person des gutgläubigen Erwerbers zu, soweit alle Voraussetzungen des Art. 302 ZGB RF vorliegen. Unter anderem darf die erworbene Sache nicht abhanden gekommen sein.[14]

45 Wie aus dem Wortlaut der Vorschrift folgt, ist der Begriff des Abhandenkommens im ZGB RF sehr weit gefasst. Jegliches Einbüßen des Eigenbesitzes ohne den entsprechenden Willen der Besitzaufgabe führt dazu, dass der Herausgabeanspruch gegen den gutgläubigen Erwerber greift. Da im vorliegenden Fall nichts auf den entsprechenden Willen des ursprünglichen Gemäldeeigentümers hindeutet, kommt der gutgläubige Erwerb infolge eines Rechtsgeschäfts bei keinem der Beteiligten in Betracht.

4. Ersitzung

46 Bei der Ersitzung handelt es sich um ein Rechtsinstitut, das in den Sowjetzeiten aus dem russischen Recht verschwand. Dementsprechend fehlt es im heutigen Russland an einer verfestigten Rechtsprechung sowie an einem erschöpfend ausdiskutierten Literaturstreit.

---

[12] Übersetzung nach *Solotych*, ZGB der Russischen Föderation, Teil I, 1996, 195.

[13] Vgl. *Ostrovska*, WiRO 2005, 294.

[14] *Borisow*, Kommentarij k graždanskomu kodeksu rossijskoj Federacii časti pervoj i vtoroj, 2000, Art. 302, S. 357; *Sadikov/Čubarov*, Kommentarij k graždanskomu kodeksu Rossijskoj Federacii, 2. Aufl. 2002, Art. 302, S. 656.

a) Einschlägige Vorschriften

aa) Gesetzgebungsgrundlagen, Eigentumsgesetz und ZGB

Die erste postsowjetische Ersitzungsvorschrift tauchte im Jahre 1990 im Eigentumsgesetz der RSFSR auf; ein Jahr später wurde sie fast wortgleich in die Grundlagen der Gesetzgebung übernommen. Im Jahre 1995 wurde der 1. Teil des ZGB RF verabschiedet, wo sich praktisch eine wortgleiche Regelung in Art. 234 Abs. 1 S. 1 wiederfand, die durch weitere Vorschriften ergänzt wurde:[15] 47

Art. 234. Ersitzung.

1. Derjenige – ein Bürger oder eine juristische Person –, der ohne Eigentümer zu sein einen unbeweglichen Vermögensgegenstand fünfzehn Jahre, einen sonstigen Vermögensgegenstand fünf Jahre *gutgläubig,*[16] offen und ununterbrochen als seinen eigenen besessen hat, erwirbt das Eigentum an ihm (Ersitzung).

Unterliegt das Eigentum an einem unbeweglichen oder sonstigen Vermögensgegenstand der staatlichen Registrierung, entsteht das Eigentum des Ersitzenden mit der Registrierung.

2. Bis zum Erwerb des Eigentums kraft Ersitzung hat der Eigenbesitzer eines Gegenstandes Anspruch auf Schutz seines Besitzes gegen Dritte, denen nicht das Eigentum an dem Gegenstand zusteht und die nicht aus anderen gesetzlich oder vertraglich bestimmten Gründen zu seinem Besitz berechtigt sind.

3. Wer sich auf die Ersitzung beruft, kann der Zeit seines Besitzes die gesamte Zeit hinzufügen, in welcher derjenige, dessen Rechtsnachfolger er ist, den Gegenstand besessen hat.

4. Wenn gegen den Besitzer ein Herausgabeanspruch nach Art. 301 oder 305 besteht, läuft die Ersitzungsfrist nicht, solange nicht die Verjährungsfrist für den jeweiligen Anspruch abgelaufen ist.

bb) Kulturgüterschutzgesetz

Im Jahre 1993, noch vor der Verabschiedung des neuen ZGB RF und wohl im Bestreben, die im Jahre 1988 ratifizierte UNESCO-Konvention vom 14.11.1970 über Maßnahmen zum Verbot und zur Verhütung der rechtswidrigen Einfuhr, Ausfuhr und Übereignung von Kulturgut umzusetzen, tauchte eine weitere Ersitzungsvorschrift auf, die wie folgt lautet: 48

---

15 Übersetzung nach *Solotych* (o. Fn. 12), 173.

16 Anm.: Die offizielle Übersetzung benutzt an dieser Stelle den Begriff des redlichen Besitzes, und in Art. 302 ZGB RF den Begriff des gutgläubigen Erwerbers. Da im russischen Original die beiden Vorschriften denselben Adjektiv – *dobrosovestnyj* – verwenden, welcher am ehesten mit gutgläubig übersetzt wird, und da es im Weiteren auf das Verhältnis der Vorschriften zueinander ankommt, wird im Rahmen dieses Gutachtens zum Zwecke der Einheitlichkeit der Terminologie und der Originaltreue der Begriff der Gutgläubigkeit allein verwendet.

Art. 43. Die Rechte des gutgläubigen Erwerbers von Kulturgütern.

Werden entwendete oder abhanden gekommene, aus anderen Staaten gesetzeswidrig eingeführte Kulturgüter gutgläubig erworben, sind diese Kulturgüter an den rechtmäßigen Eigentümer zurückzuführen, dem gutgläubigen Erwerber ist eine gerechte Kompensation auszuzahlen; dies gilt soweit die Rückgabeforderung von einem Staat ausgesprochen worden ist, der einem internationalen für die Russische Föderation verbindlichen Abkommen beigetreten ist, welches eine derartige Auszahlung vorsieht, oder soweit solche Auszahlungen aufgrund der Gegenseitigkeit gewährleistet werden.

Die Rückführung von Kulturgütern nach Abs. 1 dieses Artikels ist von Zollgebühren und sonstigen Gebühren befreit. Alle Kosten der Rückführung trägt die anfordernde Seite.

Die natürliche oder juristische Person, die kein Eigentum an dem Kulturgut hat, jedoch das Kulturgut redlich und offen als eigenes nicht unter 20 Jahren besitzt, wird Eigentümer dieses Kulturgutes.

cc) Verhältnis zwischen beiden Vorschriften

49 Fraglich ist, wie sich die dargestellten Rechtsnormen zueinander verhalten, und nach welcher Vorschrift oder ggf. nach einer Kombination aus beiden und in welchem Umfang im vorliegenden Fall ersessen werden konnte. Die beiden Gesetze haben im Wesentlichen dieselben Voraussetzungen, jedoch divergiert die Ersitzungsfrist. Ferner bringen Art. 234 Abs. 3 und 4 ZGB RF zusätzliche Regelungen mit sich, deren Beachtlichkeit für die Entscheidung der zu begutachtenden Frage von Bedeutung ist. In Frage kommen folgende Konstellationen:

- Das Kulturgüterschutzgesetz verdrängt das ZGB RF als *lex specialis* – Verjährungs- und Besitznachfolgevorschriften bleiben unberücksichtigt.
- Das ZGB RF verdrängt das Kulturgüterschutzgesetz als *lex posterior* und als ranghöhere Norm – es gilt die 5-jährige Ersitzungsfrist.
- Die Vorschriften sind konkordant anzuwenden, bzw. die Wertungen der verdrängten Norm sind bei der Auslegung der anzuwendenden Norm zu berücksichtigen – es gelten also die Verjährungs- und Besitznachfolgevorschriften neben der 20-jährigen Ersitzungsfrist.

50 Bei der ersten Auslegungsvariante käme nur ein Eigentumserwerb des Offiziers D. in Betracht. Bei der zweiten und der dritten Variante käme auch ein Eigentumserwerb der Zeugin T. M. sowie von Durchgangserwerbern und des Beschuldigten L. in Frage.

51 Die spezielle Frage über das Verhältnis beider Gesetze wird in der russischen Literatur nur stellenweise erwähnt.[17] Dafür, dass die Ersitzungsfrist von 20 Jahren, die durch das Kulturgüterschutzgesetz vorgesehen ist, bei der Beurteilung der Ersitzungsfrage heranzuziehen ist, sprach der ursprüngliche Entwurf zum BeutekunstG, der sich wörtlich auf dieses Gesetz bezogen hat. Leider ist dieser Hinweis aus der

---

[17] *Mazein*, Nekotorije problemy pravovogo regulirovania graždanskogo oborota dvižimych kulturnych cennostej, Žurnal rossijskogo prava Nr. 9, 2004.

verabschiedeten Fassung verschwunden; insofern können sich daraus ergebende Schlussfolgerungen nur begrenzt herangezogen werden. Die Präsidentenanfrage sowie die Entscheidung des Russischen Verfassungsgerichts beinhalten eine Formulierung, wonach das Eigentum nach „allgemeinen Vorschriften" erworben wird, was wohl als ein Hinweis auf das ZGB RF zu verstehen ist.

Gesetzlich verankert ist das Verhältnis zwischen dem ZGB RF und weiteren föderalen zivilrechtlichen Normen in Art. 3 Abs. 2 ZGB RF. Die Regelung lautet wie folgt:[18] 52

> Art. 3. Zivilgesetzgebung und sonstige Akte, die zivilrechtliche Normen enthalten.
>
> 1. [vorliegend ohne Relevanz]
>
> 2. Die Zivilgesetzgebung besteht aus diesem Gesetzbuch und entsprechend diesem Gesetzbuch erlassenen föderalen Gesetzen (im Weiteren - Gesetze), die die in Art. 2 Abs. 1 und 2 bestimmten Beziehungen regeln.
>
> [Anm.: Art. 2 Abs. 1 und 2 beinhalten hauptsächlich exemplarische Aufzählungen von zivilrechtlichen Rechtsverhältnissen, die durch das ZGB RF geregelt werden.]
>
> Die in anderen Gesetzen enthaltenen Normen des Zivilrechts müssen diesem Gesetzbuch entsprechen.

Die Vorschrift des Art. 3 Abs. 2 S. 2 ZGB RF wird überwiegend so verstanden, 53
dass das ZGB RF im Verhältnis zu allen anderen Föderalen Gesetzen die Rolle „des Ersten unter Gleichen" spielt.[19]

Grundsätzlich gilt der Vorrang der *lex posterior*, jedoch ist im Verhältnis zum 54
ZGB RF der Vorrang des Letzten absolut.[20]

Das ZGB RF beinhaltet ausdrückliche Ermächtigungen für die Regelung be- 55
stimmter Fragen in den Spezialgesetzen, die dann den Vorgaben des ZGB RF terminologisch und auch inhaltlich zu entsprechen haben. Aber auch die vor der Verabschiedung des ZGB RF erlassenen Gesetze dürfen dem ZGB RF nicht widersprechen.[21]

In einer Plenumsentscheidung des Obersten Gerichts hieß es in Bezug auf die 56
Frage der Rechtmäßigkeit bestimmter Vorschriften des Verbraucherschutzgesetzes:[22]

---

18 Übersetzung nach: *Solotych* (o. Fn. 12), 173.

19 *Sergeev/Tolstoj*, Gražsanskoje pravo, Bd. 1, 2003, 40 m.w.N.

20 *Kalpina/Masljaev*, Graždanskoe pravo, čast pervaja, 2000, 47, 51.

21 *Guev*, Postatejnyj kommentarij k časti pervoj graždanskogo kodeksa Rossijskoj Federacii, 1999, 8; *Sadikov*, Kommentarij k graždanskomu Kodeksu Rossijskoj Federacii, 2002, 13.

22 VS RF v. 25.4.1995 Nr. 6, v. 25.10.1996 Nr. 10 und v. 17.1.1997 Nr. 2, vgl. Nachweise bei *Murzin*, Graždanskij kodeks Rossijskoj Federacii s postatejnim priloženiem materialov sudebnoj praktiki, 2001, 10.

„die genannten Gesetze und andere Rechtsakte dürfen andere als ZGB RF Regelungen beinhalten, soweit das ZGB RF die Möglichkeit der Reglung dieser Fragen durch andere Gesetze und Rechtsakte vorsieht.

Werden bestimmte Arten verbraucherbezogener Rechtsverhältnisse außer von den Normen des ZGB RF von anderen Spezialgesetzen (beispielsweise die Transport- und Stromlieferungsverträge) bestimmt, so dürfen sie in den Teilen angewendet werden, in denen sie weder dem ZGB RF noch diesen Spezialgesetzen widersprechen. Dabei ist zu berücksichtigen, dass die Spezialgesetze, die vor dem Inkrafttreten des zweiten Buchs des ZGB RF verabschiedet wurden, in Bezug auf die verbraucherbezogenen Rechtsverhältnisse nur in den Teilen angewendet werden dürfen, in denen sie dem ZGB RF und dem Verbraucherschutzgesetz nicht widersprechen".

57 In dieser Entscheidung hat das oberste Gericht eine Art Hierarchie unter den föderalen Gesetzen festgelegt. Am ehesten ist eine zulässige konkretisierende Regelung in den Fällen anzunehmen, in denen das ZGB RF eine spezielle Ermächtigungsnorm beinhaltet. Fehlt eine solche Ermächtigungsnorm, so hat ein solches Gesetz den Gesetzen, die im Rahmen einer Ermächtigungsnorm verabschiedet worden sind (in der vorzitierten Entscheidung an einigen Stellen auch Spezialgesetze genannt), zu entsprechen. Sind die Spezialgesetze vor dem Inkrafttreten des ZGB RF verabschiedet worden, so müssen sich diese auch nach den ohne Ermächtigungsgrundlage verabschiedeten Gesetzen richten, wenn diese letzteren nach dem Inkrafttreten des ZGB RF verabschiedet worden sind.

58 Vorliegend handelt es sich um eines der vor dem Inkrafttreten des ZGB verabschiedeten Gesetze, das mit keiner der Ermächtigungsnormen des ZGB RF in Verbindung gebracht werden kann. Insofern steht es ganz unten in der Hierarchie der zivilrechtlichen Normen. Dies legt nahe, dass die erste Auslegungsalternative nicht ohne weiteres haltbar ist. Die Verjährungsvorschrift und die Besitzzeitanrechnung stammen aus einem höherrangigen Gesetz und sind auf jeden Fall zu berücksichtigen.

59 Jedoch wäre es äußerst zweifelhaft, eine Verdrängung der 20-jährigen Verjährungsfrist durch den absoluten Vorrang des ZGB RF an dieser Stelle anzunehmen.[23]

60 Bei den Kulturgütern handelt es sich um einen Verkehrsgegenstand *sui generis*, der nicht ohne weiteres in die Abgrenzung zwischen Mobilien und Immobilien passt, er ist vielmehr aufgrund des beachtlichen Gegenstandswertes eine dritte Kategorie von Gütern. Die Unterscheidung zwischen 15 Jahren Ersitzungsfrist für Immobilien und 5 Jahren für Mobilien wird von dem materiellen Wert des Ersitzungsgegenstandes mitgetragen. Die Kulturgüter sind jedoch, anders als sonstige Mobilien, im Regelfall wertvoller als Immobilien. Insofern muss die verlautbarte gesetzgeberische Wertungsentscheidung, die eine 20-jährige Ersitzungsfrist vorgesehen hat, auch in die Auslegung des ZGB RF einfließen. Dafür spricht auch die Tatsache, dass die Unterscheidung zwischen Mobilien und Immobilien bereits im Jahre 1991 in den Grundsätzen der Gesetzgebung getroffen worden und seitdem

[23] So im Ergebnis auch *Mazein* (o. Fn. 17).

unverändert in das ZGB RF übernommen worden ist. Die 20-jährige Verjährungsfrist stammt jedoch aus dem Jahre 1993; sie stellte zum Zeitpunkt ihrer Verabschiedung eine *lex posterior* zu den Grundsätzen der Gesetzgebung dar, welche im sowjetischen Recht ebenfalls einen höheren Rang hatten.

Es bleibt jedoch ungewiss, wie sich die russische Rechtsprechung zu diesem konkreten Verhältnis beider Vorschriften äußern würde. Angesichts des Dargestellten besteht durchaus die Möglichkeit, dass in einer richterlichen Entscheidung wegen einer dogmatisch durchaus zweifelhaften „Verfassungsrangigkeit" des ZGB RF eine 5-jährige Ersitzungsfrist infolge einer streng am Wortlaut orientierten Anwendung des Art. 234 ZGB RF angenommen wird.[24] 61

b) Ersitzungsvoraussetzungen im Einzelnen

Sowohl das ZGB RF als auch das Kulturgüterschutzgesetz beinhalten folgende Ersitzungsvoraussetzungen: redlicher, offener, ununterbrochener Eigenbesitz. Da es sich hier um ein durch die Sowjetzeit verloren gegangenes Rechtsinstitut handelt, wenden sich viele Rechtswissenschaftler zum Recht des Zarenreichs, um daraus Erkenntnisse für diese Vorschrift sowie für die sachenrechtlichen Zusammenhänge insgesamt zu gewinnen und setzen sich damit in ihren Schriften auseinander. Daher wird im Folgenden zum besseren Verständnis der Diskussion zunächst die vor der Oktoberrevolution geltende Ersitzungsvorschrift vorgestellt. 62

aa) Historischer Hintergrund

Der Begriff der Ersitzung *(priobretatelnaja davnost)* – wörtlich übersetzt mit (Eigentums-)Erwerb aufgrund der Verfristung – ist eine Erscheinung der modernen russischen Rechtssprache. Die im Zarenreich geltenden Zivilgesetze *(Zakony Grazdanskije)* von 1900 beinhalteten den Terminus *„davnost vladenija"* – Verfristung aufgrund der Besitzdauer – auch der verfristende Besitz *(davnostnoje vladenije)* genannt. Dieser wurde als eine eigenständige Besitzkategorie verstanden; so wurde beispielsweise zwischen dem gutgläubigen, bösgläubigen und verfristenden Besitz unterschieden.[25] 63

Die zentrale Regelung für Fahrnis befand sich in Art. 533 der Zivilgesetze: 64

> Ein friedlicher, unbestrittener und ununterbrochener eigentumsgleicher Besitz wird Eigentum, wenn er für die Dauer der durch das Gesetz bestimmten Verfristungsdauer fortbestehen wird.

---

[24] Vgl. zu der Problematik auch in der deutschen Literatur: *Solotych* (o. Fn. 12), 23.

[25] *Mejer*, Russkoje graždanskoje pravo, Čast II, 1997, 9.

(1) Gutgläubiger Besitz

65 Die Besonderheit des russischen Rechts zu dieser Zeit besteht darin, dass es, dem litauischen und alt-germanischen Recht gleich, keine Gutgläubigkeit in Bezug auf den Eigenbesitz gefordert hat.[26]

66 Das Gesetz enthielt in weiteren Vorschriften eine Legaldefinition, wann der Besitz als gutgläubig galt:

> Art. 529.
>
> Der Besitz gilt als gutgläubig, soweit derjenige, der das Vermögen besitzt, nicht weiß, dass dieses Vermögen aufgrund der Erbfolge oder des Rechtsaktes oder der vorangegangenen ununterbrochenen Verfristung aufgrund des Landbesitzes einem anderen gehört. Das sind diejenigen, die den Besitz an dem Landgut in einer gewöhnlichen, durch das Erbrecht bestimmten Reihenfolge aufgenommen haben, ohne von dem Testament, nach dem das Herrengut auf eine andere Person übergehen sollte, Kenntnis zu haben, oder wenn sie dieses Testament für rechtswidrig oder ungültig gehalten haben, sowie diejenigen, die das Herrengut aufgrund der Erbfolge oder eines Kaufs erworben haben, ohne zu wissen, dass der ehemalige Besitzer den Besitz mit Gewalt, Fälschung oder auf eine andere rechtswidrige Weise begründet hat.

67 Die Frage der Gutgläubigkeit war im russischen Recht nur im Zusammenhang mit der Herausgabe von Nutzungen relevant. Die rechtswidrigen Umstände der Besitzentstehung, deren Kenntnis gem. Art. 529 der Zivilgesetze Bösgläubigkeit des Besitzes begründete, spielten für die Frage der Verfristung aufgrund der Besitzdauer ebenfalls keine Rolle. Im Unterschied zu fast allen zu jener Zeit geltenden Kodifikationen, konnte nach dieser Reglung auch derjenige ersitzen, welcher sich den Besitz an der Sache eigenmächtig und sogar gewaltsam verschafft hatte.[27]

(2) Unbestrittener und friedlicher Besitz

68 Es handelte sich um zwei sehr nah beieinander liegende Erfordernisse. Verlangt wurde, dass die Besitzzeit weder von den offiziellen Justizorganen noch vom Eigentümer auf irgendeine Weise gestört wurde.

69 Im Hinblick auf die *Unbestrittenheit* beinhaltete das Gesetz eine Legaldefinition:

---

[26] *Kasso*, Russisches Landrecht, 131, vgl. Nachweis bei *Tjutrjumov*, Zakony Grazdanskije s raz''jasnjenijami pravitelstvujuščago senata i kommentarijami russkich juristov, 4. Aufl. 1913, 373.

[27] Ständige Rechtsprechung des Regierungssenats: Entscheidungen 78/47; 84/107; 79/67; 78/47, Nachweise bei *Tjutrjumov* (o. Fn. 26), 371; auch *Kasso* (o. Fn. 26), 131, Nachweis bei *Tjutrjumov* (o. Fn. 26), 373.

Art. 559.

Die geltend gemachten Ansprüche Dritter machen den Besitz nur dann bestritten, wenn eine Klage beim Gericht eingegangen ist.

Als *friedlich* galt der Besitz, der sich durch faktische Nichteinmischung durch den Eigentümer oder Dritte kennzeichnete, so dass der Besitzer sich weder genötigt sah, die Eingriffe von Außen abzuwehren, noch verschiedene Handlungen zu vollziehen, um den rechtswidrigen Besitz fortdauern zu lassen.[28] 70

(3) Offener Besitz

Die Offenheit des Besitzes wurde von einigen Rechtsgelehrten bereits im Zarenreich gefordert, obwohl es sich um keine ausdrückliche Voraussetzung des Art. 533 der Zivilgesetze handelte. Entnommen wurde dies der Forderung nach dem Eigenbesitz. So besagte eine verbreitete Kommentierung:[29] 71

„Weiterhin darf der Besitz nicht heimlich sein, mit der Absicht, ihn zu verheimlichen, sondern vor allen offen. Dies heißt jedoch nicht, dass der Besitz auch dem Eigentümer bekannt sein muss."

(4) Gefälschter bzw. gewaltsamer Besitz

Darüber hinaus gab es eine Besitzkategorie, die als gefälschter oder gewaltsamer Besitz qualifiziert wurde. Obwohl die Falschheit des Besitzes im Recht des Zarenreichs bei der Ersitzung ebenso wenig eine Rolle spielte wie die gewaltsame Besitzentstehung, ziehen einige moderne Autoren diese Wertungen bei der Beurteilung der Gutgläubigkeit des Besitzers hinzu. 72

Art. 526.

Der Besitz ist gefälscht, wenn er infolge eines gefälschten Dokuments zustande gekommen ist, unabhängig von der Person des Dokumentausstellers, oder aufgrund eines sonstigen Betrugs, wenn der Besitzer die Falschheit des Dokuments kannte und das Dokument, oder auch den Betrug, vorgelegt und benutzt hat, um den rechtswidrigen Besitz zu begründen oder fortzusetzen.

Art. 527.

Als gewaltsam wird der Besitz bezeichnet, der seinen Anfang in der Wegnahme oder der Ergreifung des Vermögens nahm, mit irgendeiner Gewalthandlung gegenüber dem ursprünglichen Herren oder Besitzer verbunden, oder gegenüber den auf dem Herrengut lebenden oder dieses verwaltenden Personen.

---

28 Allgemeine Meinung, vgl. *Tjutrjumov* (o. Fn. 26), 425.

29 So *Pobedonoszev*, Kurs graždanskogo prava, 189, Nachweis bei *Tjutrjumov* (o. Fn. 26), 432.

bb) Gutgläubiger Besitz

73 Nunmehr haben sich die Ersitzungsvoraussetzungen im Unterschied zu der Regelung im Zarenreich geändert. Insbesondere wurde die Voraussetzung der Gutgläubigkeit eingeführt. Zu berücksichtigen ist jedoch, dass nach modernem russischem Recht an die Feststellung der Bösgläubigkeit strenge Anforderungen gestellt sind, denn gem. Art. 10 Abs. 3 ZGB RF wird die Gutgläubigkeit der Personen des Zivilrechts vermutet, was auch dem vorrevolutionären Verständnis des Art. 530 der Zivilgesetze entspricht.

74 Die Auseinandersetzung mit dem Begriff der Gutgläubigkeit geschieht hauptsächlich in der russischen wissenschaftlichen Literatur. Eine diesbezügliche Stellungnahme der Rechtsprechung zu dieser Frage fehlt.

75 Der Begriff der Gutgläubigkeit taucht im ZGB RF an mehreren Stellen auf, insbesondere auch bei den Regelungen über den gutgläubigen Erwerber, Art. 302 ZGB RF (vgl. o. Rn. 41 ff.) Das ZGB RF enthält darüber hinaus eine Definition des bösgläubigen Besitzers in Art. 303 Abs. 1, die folgendermaßen lautet:[30]

> „Der Eigentümer kann neben der Herausgabe seines Gegenstandes von demjenigen, der die Unrechtmäßigkeit seines Besitzes kannte oder kennen musste (bösgläubiger Besitzer),[31] die Herausgabe oder den Ersatz aller Erträge verlangen, die dieser während der gesamten Zeit seines Besitzes aus dem Gegenstand gezogen hat oder hätte ziehen müssen [...]"

76 Umstritten ist, ob die Gutgläubigkeits- und Bösgläubigkeitsbegriffe für alle Vorschriften des ZGB RF gleichermaßen gelten, insbesondere ob die Anforderungen an die Gutgläubigkeit in Art. 234 ZGB RF denen in Art. 302 ZGB RF gleichen.

(1) Enge Auslegung

77 Einige Autoren gehen davon aus, dass der Begriff der Gutgläubigkeit einheitlich verwendet wird, so dass die Gutgläubigkeit des Besitzers sich wie bei dem gutgläubigen Erwerber ebenfalls auf die Verfügungsberechtigung beziehen soll. Kennt der Erwerber die mangelnde Berechtigung des Vorbesitzers, das Fehlen des Rechtsgrundes, die Nichtigkeit des Rechtsgeschäfts usw., so ist er bösgläubig. Der Besitzer muss sich seiner eigenen Eigentümerstellung sicher sein. Dieses Verständnis entspricht insbesondere der Gutgläubigkeitsdefinition im Zarenreich.[32]

78 Dabei schadet es nach wohl überwiegender Ansicht nicht, wenn der Besitzer nachträglich erfährt, dass er nicht Eigentümer geworden ist bzw. werden konnte. Es

---

30 Übersetzung nach *Solotych* (o. Fn. 12), 195.

31 Vgl. Übersetzungsanmerkung zur Redlichkeit / Bösgläubigkeit (o. Fn. 16).

32 So *Latyev*, Problema veščnych prav v graždanskom prave, 2003, 142; *Ščennikova*, Veščnye prava v graždanskom prave Rossii, 1996; *Kalpin/Masljaev (Sannikova)*, Graždanskoe pravo, čast I, 2000, 266.

kommt alleine auf den Zeitpunkt des Besitzerwerbs an.[33]

Für den vorliegenden Fall hat dies für die Frage der Gutgläubigkeit der Beteilig- 79
ten folgende Konsequenzen:

Für die Beurteilung der Gutgläubigkeit des Offiziers D. kommt es auf den Zeit- 80
punkt des Besitzerwerbs an. Geht man davon aus, dass er das Bild einem Kameraden abgekauft hat, müsste er gewusst haben, dass der Verkäufer nicht der Eigentümer des Bildes gewesen war. Er sollte angesichts der Umstände innerhalb der Armee gewusst haben, dass es sich um ein Bild aus einem der besetzten Schlösser oder Museen handelte, denn die Annahme, das Gemälde gehöre zu den persönlichen Gegenständen eines Soldaten, erscheint sehr fernliegend. Auch wenn der Veräußerer es sich anmaßte, eine Berechtigung für die Aneignung des Bildes als persönliche Trophäe zu haben, war diese Aneignung nicht nur gegenüber dem ursprünglichen Bildeigentümer, sondern auch gegenüber der Armeeleitung, die eine Trophäensuche zu staatlichen Restitutionszwecken organisierte, problematisch. Insbesondere das Wissen um die Unannehmlichkeiten seitens der Armee würde dazu führen, dass bei einem durchschnittlichen Armeeoffizier in einer solchen Situation Zweifel über die Veräußerungsberechtigung des Gemäldeverkäufers entstanden wären. Demzufolge ist Offizier D. nach dieser Ansicht bösgläubig und konnte das Bild nicht ersitzen.

Etwas anderes gilt für die Tochter des Offiziers D., die Zeugin T. M. Für die 81
Beurteilung der Gutgläubigkeit der Frau M. kommt es auf die Vorstellung an, die sie von der Verfügungsberechtigung ihres Vaters hatte, den sie beerbt hat. Die Zeugin M. ist spätestens mit dem Erbfall die Eigenbesitzerin des Bildes geworden, so dass es für die Beurteilung der Gutgläubigkeit auf die Zeit vor dem Tod des Offiziers D. ankommt. Geht man mit der Alternativfragestellung davon aus, dass sie als Kind die Umstände der Besitzentstehung wohl nicht mitbekommen und das Bild als einen Einrichtungsgegenstand wahrgenommen hatte, der samt übrigen Möbeln beim Umzug nach Russland aus dem Haus entnommen worden war, so hatte sie wahrscheinlich keine genauere Kenntnis über die Umstände des Bilderwerbs. Offizier D. hat das Bild in seiner Wohnung in Deutschland aufgehängt aufbewahrt und es bei der Ausreise relativ mühelos über die Grenze in die UdSSR verbracht. Das Aktenmaterial beinhaltet keine Hinweise auf eventuelle Schwierigkeiten, die der Vater der Zeugin T. M. aufgrund des Bildbesitzes gehabt haben könnte und die eine für das Kind spürbare Atmosphäre der Illegalität hätten erzeugen können. Nach ihrer Vorstellung hing das Gemälde von vorn herein in einem dem Vater zugeteilten Haus, darüber hinaus war sie sich laut ihrer Aussagen, die durch einen äußerst geringen Veräußerungswert bekräftigt werden, des wirklichen Wertes des Bildes nicht bewusst. Es kann daher nicht ausgeschlossen werden, dass die Zeugin T. M. auch

---

33 *Latyev* (o. Fn. 32), 144; *Sklovskij*, Sobstvennost' v graždanskom prave, 1999, 262; a.A. *Tuzov*, Rossijskaja Justizija Nr. 6 v. 2003, S. 39.

als Erwachsene zum Zeitpunkt der Besitzergreifung sich keine Gedanken über die mangelnde Verfügungsberechtigung ihres Vaters gemacht hat.

82 Schwierig erscheint unter den gegebenen Umständen die Einschätzung, inwiefern die Zeugin T. M. die mangelnde Berechtigung des Vaters aus der Sicht des russischen Rechts hätte wissen müssen, da es für die Beantwortung dieser Frage in der Rechtsprechung und in der Literatur ebenfalls an ausgearbeiteten Kriterien fehlt. Sie ist ferner aufgrund der politischen Mehrdeutigkeit im Zusammenhang mit der Beutekunst und der Legalisierungsdebatte zusätzlich erschwert. Es ist durchaus denkbar, dass die Zeugin T. M. nach der Ansicht eines russischen Gerichts darauf vertrauen durfte, dass das Bild zu den Einrichtungsgegenständen des Hauses gehörte und nicht aus einem Schloss oder Museum stammen musste, und dass ihr Vater aufgrund des Zeitablaufs bestimmte Rechte an dem Bild erworben haben konnte, zumindest kann eine solche gerichtliche Einschätzung für den Fall, dass das Gericht sich dieser Ansicht anschließt, nicht mit Sicherheit ausgeschlossen werden.

83 Für die weiteren Erwerber des Bildes kommt es bei der Beurteilung der Gutgläubigkeit im Rahmen dieser Ansicht ebenfalls auf die Frage an, welche Vorstellung sie sich von der Verfügungsbefugnis der Kontrahenten gemacht haben. Das Bild wurde ohne Rahmen und unsachgemäß gefaltet weiterveräußert, was insbesondere bei Antiquitätenhändlern und Kunstkennern zwangsläufig zu großen Zweifeln im Hinblick auf die Legalität des Bildverkaufs hätte führen müssen. Da jedoch das Beutekunstgesetz dem gutgläubigen Erwerb bzw. der Ersitzung von eigenmächtig verbrachten Kulturgütern nicht entgegensteht und dies nach der Ansicht des Russischen Verfassungsgerichts an sich möglich ist (vgl. o. Rn. 32 ff.), schließt die Herkunft des Bildes die Gutgläubigkeit auch bei den Kunstkennern nicht automatisch aus, solange sie die unsachgemäße Bildverpackung ausschließlich auf die Herkunft des Gemäldes als eigenmächtig verbrachtes Kulturgut zurückgeführt haben und keine weiteren Anhaltspunkte hatten, aufgrund derer die Verfügungsberechtigung des Kontrahenten in Zweifel zu ziehen waren. Bezüglich der Frage, inwiefern einen Antiquitätenhändler besondere Nachforschungspflichten in Bezug auf die Vorgeschichte des verbrachtes Kulturguts treffen und wann sie darauf vertrauen können, dass der Erstverkäufer zum Verkauf eines verbrachten Kulturgutes legitimiert war, gibt es ebenfalls weder eine Rechtsprechung- noch eine Wissenschaftsstellungnahme. Es erscheint möglich, dass ein Gericht, soweit es sich dieser Ansicht anschließt, in diesem Zusammenhang bestimmte Nachforschungspflichten annimmt und die Gutgläubigkeit weiterer Bilderwerber eher als bei der Zeugin T. M. anzweifelt. Aber auch die Annahme der Gutgläubigkeit durch das Gericht kann in diesem Fall nicht ausgeschlossen werden.

(2) Weite Auslegung

84 In Anlehnung an die Rechtstradition im vorrevolutionären Russland, nach der eine Ersitzung keinen gutgläubigen Besitz voraussetzte, lehnt eine von einigen

namhaften Vertretern verfochtene Ansicht die Gleichstellung des Gutgläubigkeitsbegriffs in Art. 234 und Art. 302 ZGB RF ab.[34]

Nach dieser Ansicht muss der Begriff der Gutgläubigkeit insbesondere angesichts der unterschiedlichen Schutzzwecke für jede Norm eigenständig entwickelt werden. Art. 302 ZGB RF bezweckt den Schutz des gutgläubigen Erwerbers und Art. 234 ZGB RF dient der Schaffung der Rechtssicherheit, indem er Gegenstände in den Rechtsverkehr zurückführt und den Besitz mit dem Eigentum vereinigt. Für die Existenz der Ersitzung bei einem bösgläubigen Erwerber spricht nach Meinung einiger Vertreter auch die Norm des Art. 234 Abs. 4 ZGB RF, denn nach dieser Regelung kann auch derjenige ersitzen, gegen den eine Herausgabeklage erfolgreich gewesen wäre.[35] 85

Der bösgläubige Besitzer ist jedoch im Unterschied zum gutgläubigen insofern schlechter gestellt, als er die Verjährung des Herausgabeanspruchs nach Art. 234 Abs. 4 ZGB RF abzuwarten hat. Da Art. 234 ZGB RF vornehmlich den Verkehrsinteressen gilt, darf er ausnahmsweise nur dann nicht angewendet werden, wenn die Perpetuierung der Rechtsunsicherheit und das Auseinanderfallen von Eigentum und Besitz sich als kleineres Übel gegenüber einem rechtsmissbräuchlichen Eigentumserwerb darstellt. 86

Unter Berücksichtigung dieses Maßstabes werden von den Vertretern dieser Ansicht teilweise unterschiedliche Anforderungen an die Gutgläubigkeit gestellt. 87

(a) Keine Kenntnis einer verübten Straftat

Ein Teil der Wissenschaftler verneint die Gutgläubigkeit ausschließlich in den Fällen, in denen der Besitzentstehung eine Straftat vorausgegangen ist, von der der Besitzer weiß oder wissen kann. In diesen Fällen erscheint es rechtsmissbräuchlich, dem Besitzer trotz seiner Teilnahme am Unrecht die Eigentümerstellung zuzubilligen.[36] 88

---

[34] *Abova/Kabalkin (Rubanov),* Kommentarij k graždanskomu kodeksu Rossijskoj Federacii, časti pervoj, 2004, 666; wohl auch *Sklovskij*, Aktualnye Problemy prava sobstvennosti, Zakon 02 v. 2004, 11; *ders.* in: Sobstvennost v graždanskom prave, 1999, 261; *Zamoschkina*, Dobrosovestnost vladenija - odno iz uslovij prioibretatelnoj davnosti, Ross. Just 02/2002, 62; *Guev*, Postatejnyj kommentarij k časti pervoj graždanskogo kodeksa Rossijskoj Federacii, 2. Aufl. 1999, 402; *Suchanov*, Graždanskoe pravo, Bd. 2, 3. Aufl. 2005, 44; *ders.* in: *Braginskij*, Naučno-praktičeskij kommentarij k časti pervoj Graždanskogo kodeksa Rossijskoj Federacii dlja predprinimatelej, 2. Aufl. 1999, 348; *Sergeev/Tolstoj*, Graždanskoe pravo, Bd.1, 6. Aufl. 2003, 427; *Sadikov/Masevič*, Kommentraij k rgaždanskomu kodeksu Rossijskoj Federacii časti pervoj, 2. Aufl. 2002, 540; *Masevič*, Osnovanija priobretenija prava sobstvennosti na bezchozjajnye vešči, FS für Bratus', Problemy sovremennogo graždanskogo prava, Hrsg.: Litovkin, Rachmilovič, 2000, 187 f.; *Konovalov*, Vladenie i vladelčeskaja zaščta v graždanskom prave, 2004, 55.

[35] *Abova/Kabalkin (Rubanov)* (o. Fn. 34), 667.

[36] *Abova/Kabalkin (Rubanov)* (o. Fn. 34), 667; *Zamoškina* (o. Fn. 34), 62.

89 Daher wird im Folgenden das Verhalten des Offiziers D. und seiner Tochter aus strafrechtlicher Sicht untersucht.

90 Das Ankaufen des Bildes in Kenntnis seiner Herkunft war nach den Vorschriften des damals auf dem deutschen Territorium geltenden StGB strafbar, ungewiss ist jedoch, ob diese Normen für die zivilrechtliche *ex ante*-Beurteilung nach sowjetischem und russischem Recht herangezogen werden können.

91 Der Kauf des Bildes verwirklichte den Tatbestand der Hehlerei gem. § 164 Abs. 1 StGB RSFSR aus dem Jahre 1926. Gem. § 2 StGB RSFSR gelten die Vorschriften des StGB, wenn sie von den Bürgern der RSFSR außerhalb der UdSSR begangen worden sind, nur dann, wenn der Täter auf dem Gebiet der RSFSR festgenommen wurde. Ohne territoriale Einschränkungen gelten wohl nur die Vorschriften des neunten Kapitels des StGB RSFSR (Militärverbrechen), die auch die Taten im Ausland umfassen, denn dort geht es nicht um den Schutz der sozialistischen Güterzuordnung, sondern um Pönalisierung des Kriegsunrechts. Diese Auslegung findet Entsprechung auch in der modernen Fassung des § 12 Abs. 2 StGB der Russischen Föderation. Danach werden die im Ausland begangenen Militärverbrechen in Bezug auf russische Staatsangehörige nach den Vorschriften des StGB RF geahndet.

92 Nach dem StGB RSFSR aus dem Jahre 1926 war die Wegnahme der Sachen Verwundeter oder Toter auf dem Schlachtfeld *(Maroderie)* nach § 193 a StGB RSFSR strafbar, sowie gem. § 138 StGB RSFSR Raub, Plünderung und gesetzeswidrige Wegnahme von Vermögensgegenständen unter dem Vorwand einer militärischen Notwendigkeit, die gegenüber der Zivilbevölkerung im Gebiet der Kriegshandlungen begangen wurden. Die Entwendung von Gegenständen aus öffentlichen Einrichtungen fiel wohl nicht unter § 138 StGB RSFSR. Es erscheint möglich, dass die Aneignung dieser Gegenstände, insbesondere wenn sie für den Abtransport in die Sowjetunion bestimmt worden waren, nach der Disziplinarordnung der Roten Armee geahndet wurde. An dieser Stelle kann keine eindeutige Prognose gemacht werden, ob die Vertreter der oben dargestellten Ansicht den Verstoß gegen die Disziplinarordnung der Roten Armee als eine den Eigentumserwerb hindernde Straftat auffassen würden. Wäre das der Fall, so würde der Offizier D., der sich mühelos die Art und Weise vorstellen konnte, auf die der Vorbesitzer des Bildes den Besitz erlangt haben könnte und kaum von einem legalen Besitzerwerb ausgegangen war, nicht als gutgläubig im Rahmen dieser Ansicht einzustufen sein.

93 Für die Zeugin T. M. und weitere Bilderwerber gelten im Wesentlichen dieselben Gesichtspunkte, die bereits oben bei der Subsumtion unter der anderen Ansicht erwähnt worden sind. Abgesehen von der Problematik der Qualifikation eines Disziplinarverstoßes als Straftat kommt im Rahmen dieser Ansicht hinzu, dass die Zeugin T. M., soweit sie von den Tatsachen der Alternativfragestellung ausgegangen war, um diesen Disziplinarverstoß nicht gewusst haben konnte. Für die Feststellung, inwiefern die Zeugin T. M. oder die weiteren Erwerber dies wissen mussten oder inwiefern Nachforschungspflichten bestanden haben, gilt das bereits oben

Gesagte. Die Gutgläubigkeitsannahme bei der Zeugin T. M. und weiteren Bilderwerbern kann daher im Rahmen dieser Ansicht nicht ausgeschlossen werden.

(b) Redlichkeit in der Person des gegenwärtigen Besitzers

Eine andere Autorengruppe beschränkt sich bei der Beurteilung der Gutgläubigkeit auf die Person des gegenwärtigen Besitzers und die Redlichkeit seiner Handlungen. Die Kriterien, anhand derer die Redlichkeit der Besitzerlangung bemessen wird, knüpfen an die Besitzdefinitionen im Zarenreich an (vgl. o. Rn. 71), insbesondere an den Begriff des fälschlichen und gewaltsamen Besitzes. Hat sich der Besitzer beim Besitzerwerb redlich verhalten und hat er den Besitz an der Sache weder durch eine betrügerische Handlung noch durch Gewalt erlangt, steht die evtl. Kenntnis der rechtwidrigen Umstände der Besitzerlangung in der Person des Vorbesitzers einem Eigentumserwerb nicht im Wege.[37] 94

Bei den Vertretern dieser Ansicht gehen die Merkmale der Gutgläubigkeit und Offenheit des Besitzes ineinander über; dabei wird die Gutgläubigkeit als redliches Verhalten bei der Besitzergreifung und die Offenheit als redliches Verhalten innerhalb des ganzen Ersitzungszeitraumes verstanden. Wird der Besitz verheimlicht oder geleugnet, so entstehen Zweifel an der Gutgläubigkeit des Besitzers.[38] 95

Einige Autoren behaupten sogar, dass das Verdunkelungsverhalten einen an sich gutgläubigen Besitzer zum bösgläubigen machen kann, während ein sich passiv verhaltender um den eigenen Besitzmangel wissender Besitzer durchaus redlich und somit gutgläubig i.S.v. Art. 234 ZGB RF sein kann.[39] 96

Nach dieser Ansicht wäre die Annahme der Gutgläubigkeit des Offiziers D. je nach den Umständen seines Besitzerwerbes und der rechtlichen Würdigung seines Verhaltens durch das Gericht denkbar, sofern er das Bild nicht selbst entwendet hat. Bei der Zeugin T. M., die durch den Erbfall den alleinigen Besitz am Gemälde erworben hat, sowie bei weiteren Bilderwerbern, die das Bild durch einen Kaufvertrag erworben haben, würden die Vertreter dieser Ansicht relativ unproblematisch die Gutgläubigkeit annehmen. 97

(3) Zwischenergebnis

Der Offizier D. war nach keiner in Russland vertretenen Ansicht gutgläubig, falls er das Bild selbst entwendet hatte. Hat er das Bild in Kenntnis der Situation abgekauft, erscheint sowohl eine Entscheidung im Sinne seiner Bösgläubigkeit wie 98

---

37 *Guev* (o. Fn. 34), 402; *Suchanov* (o. Fn. 34), 44; *ders.* in: Braginskij (o. Fn. 34), 348; wohl auch *Konovalov* (o. Fn. 34), 56, 60.

38 *Sergeev/Tolstoj* (o. Fn. 34), 427; *Sadikov/Masevič* (o. Fn. 34), 540.

39 *Masevič* (o. Fn. 34), 187; *Konovalov* (o. Fn. 34), 55, 65.

auch im Sinne seiner Gutgläubigkeit denkbar. Die Annahme der Gutgläubigkeit bei der Zeugin T. M. und bei weiteren Bilderwerbern liegt aus der Sicht der russischen herrschenden Meinung wesentlich näher.

cc) Offener Besitz

99 Die Offenheit des Besitzes wurde bereits im Zarenreich von einigen Autoren gefordert, mit der Wiedereinführung des Ersitzungsinstituts wurde sie zu einem eigenständigen Tatbestandsmerkmal. Offener Besitz setzt ein passives Verhalten voraus. Insbesondere wird nicht gefordert, dass der Besitzer Nachforschungen über den Eigentümer anstellt und diesen von dem eigenen Besitz benachrichtigt.[40]

100 Viele Autoren setzen die Offenheit des Besitzes in einen Zusammenhang mit der Gutgläubigkeit; offen und gutgläubig besitzt derjenige, der keine Versuche unternimmt, den Besitz zu verheimlichen oder zu leugnen.[41]

101 Das Verfassungsgericht der RF hat in seiner Entscheidung zum Beutekunstgesetz ohne nähere Begründung ausgeführt, dass bei denjenigen Kulturgütern, die in geschlossenen Museumsfonds oder anderen geschlossenen Einrichtungen des Kulturministeriums aufbewahrt worden sind, der Lauf der Ersitzungsfrist nicht begonnen hat, da dieser Besitz den Anforderungen an den offenen gutgläubigen Besitz nicht entsprach.[42]

102 Fraglich ist, ob diese auf den öffentlich-rechtlichen Besitz zugeschnittene Auslegung auch für private Besitzer Konsequenzen hat. Dies hängt in erster Linie von der Funktionsweise dieser geschlossenen Einrichtungen ab. Da den Besitzer grundsätzlich keine Nachforschungs- und Auskunftspflichten treffen, reicht das Bestehen der bloßen Nachforschungsmöglichkeit beim Eigentümer als Voraussetzung für das Vorliegen eines offenen Besitzes aus; hinzu kommt lediglich das Nicht-Verstecken oder Nicht-Verdunkeln als negatives Merkmal. Geht man davon aus, dass bei geschlossenen Museumsfonds der Russischen Föderation keine Möglichkeit besteht, Nachfragen bezüglich der dort lagernden Gegenstände zu machen und sich mit Hilfe der Gerichts- bzw. Staatsorgane Zugriff darauf zu verschaffen, unterscheidet sich die Situation wesentlich von einem privaten Besitzer, da für den Eigentümer in diesem Fall bereits die Nachforschungsmöglichkeit nicht gegeben ist, die Verneinung der Offenheit des Besitzes an verbrachten Kulturgütern mit der generellen Verneinung von Nachforschungs- und Auskunftspflichten bei dem Besitzer vereinbar ist. Sollte ein Auskunftsanspruch Dritter gegenüber den geschlossenen Einrichtungen bestehen, käme dies einer generellen Nachforschungsmöglichkeit bei dem Eigentümer gleich, die Informationspflicht der Einrichtung wäre in diesem Fall einer

---

[40] *Masevič* (o. Fn. 34), 188; *Abova/Kabalkin (Rubanov)* (o. Fn. 34), 666.

[41] *Sergeev/Tolstoj* (o. Fn. 34), 427; *Sadikov/Masevič* (o. Fn. 34), 540; *Guev* (o. Fn. 34), 402.

[42] Vgl. VerfGE v. 20.7.1999, Ziff. 7 der Entscheidung.

Nachforschungs- und Auskunftspflicht eines privaten Besitzer gleichzustellen. In diesem Fall wäre unter Berücksichtigung der Entscheidung des Verfassungsgerichts auch über eine Informations- bzw. Benachrichtigungspflicht beim Besitz verbrachter Kulturgüter auch bei privaten Personen nachzudenken, was unter Umständen die Offenheit des Besitzes von Offizier D. und Zeugin T. M. in Frage stellen würde. Ein derartiger Auskunftsanspruch Dritter gegenüber den geschlossenen Einrichtungen der Russischen Föderation erscheint jedoch fernliegend, so dass die Entscheidung wohl keine Konsequenzen bei den Anforderungen an die Offenheit des Privatbesitzes mit sich bringt.[43]

Somit könnte der Besitz von Offizier D. und Zeugin T. M. am Gemälde als offen eingestuft werden, obwohl sie keine entsprechenden Einrichtungen über diesen Besitz informiert haben. Eine Verneinung der Besitzoffenheit durch ein russisches Gericht erscheint an dieser Stelle jedoch nicht ausgeschlossen. 103

Fraglich ist ferner, ob die Offenheit des Besitzes aufgrund der Tatsache nicht vorlag, dass das Gemälde gefaltet und nicht aufgehängt aufbewahrt wurde. Obwohl der Besitzer grundsätzlich keine Nachforschungs- und Unterrichtungspflichten hat, hat er den Gegenstand jedoch so aufzubewahren, wie dies von einem durchschnittlichen Besitzer unter normalen Umständen zu erwarten ist, ohne dass der Verdacht einer Besitzleugnung aufkommt. Insofern spricht die Tatsache, dass das Bild nie entfaltet und in der Wohnung aufgehängt wurde dafür, dass die Offenheit des Besitzes nicht vorlag. Andererseits würde sich diese Form der Aufbewahrung dann als nachvollziehbar darstellen, wenn der Besitzer die Möglichkeit einer funktionsentsprechenden Aufbewahrung gar nicht hatte. Aus den Aussagen der Zeugin T. M. geht hervor, dass das Gemälde aufgrund seiner Größe in der kleinen Wohnung nicht aufgehängt werden konnte. Daher käme es bei der Beurteilung der Besitzoffenheit aus richterlicher Sicht darauf an, inwiefern diese Erklärung durch die entsprechenden Tatsachen gedeckt ist. Eine Einstufung des Besitzes von Offizier D. und Zeugin T. M. als offen kann nicht mit Sicherheit ausgeschlossen werden. 104

Im Hinblick auf die Offenheit des Besitzes bei weiteren Erwerbern liegen keine Anhaltspunkte für ein Verdunkelungsverhalten beim Bildkauf von ihrer Seite vor. Insbesondere für den Beschuldigten L., der das Bild bei den Mitarbeitern der Eremitage hat restaurieren lassen und entsprechende Anfragen bei dem Kultusministerium veranlasst hat, ist davon auszugehen, dass er den Besitz an dem Gemälde offen ausgeübt hat. 105

[43] So auch *Masevič* (o. Fn. 34), 183.

dd) Eigenbesitz

106 Das Merkmal des Eigenbesitzes in Art. 234 ZGB RF grenzt diesen vom Fremdbesitz ab, den man insbesondere im Rahmen eines Vertragsverhältnisses ausübt.[44]

107 Beim Offizier D. fiel der Eigenbesitzerwerb mit dem Zeitpunkt der Besitzergreifung wohl zeitlich zusammen.

108 Bei der Zeugin T. M. ist fraglich, welcher Zeitpunkt als Anfang der Eigenbesitzausübung in Frage kommt, denn offenbar wohnte Frau T. M. die ganze Zeit zusammen mit ihrem Vater in der Wohnung, in der das Bild aufbewahrt wurde, so dass evtl. ein Mitbesitz der Zeugin T. M., die sich um den gemeinsamen Haushalt kümmerte, entstanden ist. Der Begriff des Besitzes ist im modernen russischen Recht gesetzlich nicht geregelt. Für die Abgrenzung des Eigenbesitzes von der Besitzdienerschaft existieren ebenfalls keine eindeutigen Kriterien, soweit diese Besitzabstufungen überhaupt als bestehend angesehen werden.[45]

109 In der Literatur wird der Besitz als die wirtschaftliche Herrschaft über die Sache definiert.[46]

110 Es ist davon auszugehen, dass die Zeugin T. M. den Besitz spätestens mit dem Tod des Vaters erworben hat, der Besitzerwerb zu einem früheren Zeitpunkt kommt ebenfalls in Frage. Insbesondere ergibt sich aus den Akten, dass sich das Bild die ganze Zeit in der Wohnung des Offiziers D. befand, in der die Tochter wohnte und in die nach der Eheschließung ihr Ehemann gezogen ist. Das Ehepaar soll bereits im Jahre 1985 über den Verkauf des Bildes nachgedacht haben, was auf die entsprechende wirtschaftliche Verfügungsberechtigung der Tochter hindeutet.[47]

111 Unter diesen Umständen kann nicht ausgeschlossen werden, dass der Eigenbesitz der Zeugin T. M. nach Ansicht russischer Richter Mitte der 80er Jahre bereits bestand.

112 Bei den weiteren Bilderwerbern lag Eigenbesitz vor.

ee) Zeitlicher Rahmen

113 Art. 234 ZGB RF fordert einen ununterbrochenen Besitz innerhalb der Ersitzungsfrist; bei der Berechnung dieser Frist sind folgende Besonderheiten zu beachten.

---

44 *Abova/Kabalkin (Rubanov)* (o. Fn. 34), 664.

45 Ausführlich dazu *Konovalov* (o. Fn. 34), 37 f.; *Sklovskij*, Sobstvennsot' v graždanskom prave, 293.

46 *Sergeev/Tolstoj* (o. Fn. 34), 404.

47 Zu einem ähnlichen Ergebnis kommt auch das Amurgebietsgericht in seinem Auskunftsschreiben über die Ergebnisse der Verallgemeinerung der Gerichtspraxis bezüglich der Anerkennung des Eigentums an Immobilien, http://www.oblsud.tsl.ru/ob/ob1.HTM.

(1) Rückwirkung des Art. 234 ZGB RF

Gem. Art. 11 des Einführungsgesetzes zum ZGB RF findet dieses auch auf die Fälle Anwendung, in denen der Besitz vor dem 1.1.1995 angefangen hat und zum Zeitpunkt des Inkrafttretens des ZGB RF noch fortdauert. 114

Daher kann der Lauf der Ersitzungsfrist ab jedem in der Vergangenheit liegenden Zeitpunkt beginnen, die Entstehung des Eigentums kommt jedoch nur für den Besitzer in Frage, der die Sache am 1.1.1995 besessen hat, sowie für seine Rechtsnachfolger. Der Besitzer des Gemäldes im Jahre 1995 war wohl Offizier D., die Besitzereigenschaft der Zeugin T. M. kann auch nicht mit Sicherheit ausgeschlossen werden (vgl. o. Rn. 105 ff.). Der spätere Besitzwechsel bei den Bildhändlern vollzog sich nach dem 1.1.1995. Daher kommt bei allen Beteiligten ein Eigentumserwerb kraft Ersitzung wegen der Rückwirkung des Art. 234 ZGB RF in Frage. 115

(2) Beginn der Ersitzungsfrist

Gem. Art. 234 Abs. 4 ZGB RF beginnt der Lauf der Ersitzungsfrist nicht vor der Verjährung der Herausgabeklage gem. Art. 301 ZGB RF, falls eine Herausgabepflicht des gegenwärtigen Besitzers gegenüber dem Eigentümer bestand. Eine solche Pflicht ist nur dann zu verneinen, wenn der Besitzer ein gutgläubiger Erwerber i.S.v. Art. 302 ZGB RF ist. Die jeweiligen Besitzlegalisierungsbestrebungen durch das Parlament bleiben an dieser Stelle außer Betracht (vgl. o. Rn. 23 ff.). Da vorliegend die herauszugebende Sache abhanden gekommen war, bestand eine Herausgabepflicht aller Beteiligten. Fraglich ist, zu welchem Zeitpunkt die Herausgabeforderung verjährte und die Ersitzungsfrist zu laufen begann. 116

Die Herausgabeklage des Art. 301 ZGB RF unterliegt der allgemeinen Verjährungsfrist des Art. 196 ZGB RF und verjährt nach Ablauf von drei Jahren. Der Verjährungsbeginn ist in Art. 200 ZGB RF geregelt und lautet wie folgt:[48] 117

> Art. 200. Beginn der Verjährungsfrist.
>
> 1. Der Lauf der Verjährungsfrist beginnt an dem Tag, an welchem der Betroffene von der Verletzung seines Rechts erfahren hat oder hätte erfahren müssen. Ausnahmen von dieser Regel werden durch dieses Gesetzbuch oder sonstige Gesetze bestimmt.

Wendet man an dieser Stelle Art. 200 ZGB RF seinem Wortlaut nach an, so wäre denkbar, dass die Verjährungsfrist erst mit der Kenntnis der heutigen Rechtsnachfolgerin zu laufen begonnen hat, denn bis dahin hatte diese keine Informationen über den Verbleib des Bildes. 118

[48] Übersetzung nach *Solotych* (o. Fn. 12), 160.

119 Es ist umstritten, ob Art. 200 ZGB RF bei Vindikationsklagen so auszulegen ist, dass nicht nur die Tatsache der Rechtsverletzung an sich, sondern auch die konkrete Person des Rechtsverletzers bekannt bzw. feststellbar sein muss. Dieser Rechtsstreit stammt noch aus der Zeit der Sowjetunion, denn die Regelung des Art. 200 ZGB RF entspricht dem Art. 83 ZGB RSFSR von 1964, zu dem bis heute keine richterliche Stellungnahme vorliegt. Der Streit wird in der modernen Rechtsliteratur von den Autoren unter Berücksichtigung neuerer Rechtsentwicklungen fortgeführt.

120 Eine Ansicht im sowjetischen Recht hielt an der wörtlichen Anwendung des Art. 83 ZGB RSFSR im Sachenrecht fest. Sie forderte, dass der Eigentümer nicht nur um die Verletzung des Eigentumsrechts weiß, sondern auch die Person des Verletzers kennt, anderenfalls gäbe es für den Eigentümer keine greifbare Möglichkeit, das eigene Klagerecht zu verwirklichen.[49]

121 Die andere Ansicht im sowjetischen Recht hielt die genaue Kenntnis von der Person des Rechtsverletzers für entbehrlich, die Kenntnis der Verletzungshandlung an sich bzw. die Möglichkeit, sich diese Kenntnis zu verschaffen, reichte für den Begin der Verjährung aus.[50]

122 Im postsowjetischen Russland, in dem die Frage des Verjährungsbeginns bei Rechtsverletzungen im Sachenrecht im Zusammenhang mit der Wiedereinführung der Ersitzung an Relevanz gewonnen hat, haben sich einige moderne Autoren der zweiten Ansicht angeschlossen.[51]

123 Im Zusammenhang mit der Immobilienersitzung wird davon ausgegangen, dass der Ablauf einer Frist, die die Verjährungsfrist um das fünffache übersteigt, für einen generellen Vorrang der Interessen des Ersitzenden spricht.[52]

124 Diese Überlegung würde im Zusammenhang mit der zwanzigjährigen Ersitzungsfrist des Kulturgüterschutzgesetzes wohl gleichermaßen gelten.

125 Somit wäre die Verjährung der Herausgabeklage nach der zuletzt dargestellten Ansicht im Jahre 1948 bzw. drei Jahre nach der Entdeckung des Bildverlustes durch die damalige Rechtsnachfolgerin der Bildergalerie Sanssouci eingetreten. Die Ersitzungsfrist könnte nach diesem wohl auf das Ende der vierziger Jahre fallenden Zeitpunkt zu dieser Zeit zu laufen begonnen haben, zumindest kann dies im Hinblick auf die noch nicht ausgesprochene gerichtliche Stellungnahme nicht ausgeschlossen werden.

---

[49] *Novitskij*, Sdelki. Iskovaja davnost', 1954, 176.

[50] Vgl. *Kirillova*, Iskovaja davnost', 1966, 88.

[51] *Latyev* (o. Fn. 32), 146; für den Vorrang der Ersitzung im Allgemeinen *Voronoj*, Sootnošenie iskovoj i priobretatelnoj davnosti, Rossijskaja Justicija 11/2002, 37, in diesem Sinne auch *Tolstoj*, Sootnošenie iskovoj i priobretatelnoj davnosti, in: Pravovedenie, 06/1993, 48.

[52] *Voronoj* (o. Fn. 51), 36.

(3) Zurechnung der Besitzzeit des Vorbesitzers

Nach Art. 234 Abs. 3 ZGB RF kann der Besitzer die Besitzzeit des Vorbesitzers zu der eigenen Besitzzeit dazurechnen. 126

Absolut ungeklärt sind die Voraussetzungen, unter denen die Vorbesitzzeit anrechenbar ist, insbesondere, ob der Vorbesitzer allen Voraussetzungen des Art. 234 ZGB RF (insbesondere den Gutgläubigkeitsanforderungen) entsprechen musste, oder ob der Grund für die Anrechnung darin liegt, dass das Auseinanderfallen von Besitz und Eigentum bereits längere Zeit besteht.[53] 127

Daher kann die Frage, ob die Zeugin T. M. die Besitzzeit ihres Vaters zu der eigenen zuzählen könnte, soweit man die Gutgläubigkeit des Offiziers D. verneint, nicht mit Sicherheit beantwortet werden; die Tendenz wäre die Anrechnung in diesem Falle ebenfalls zu verneinen. 128

Art. 234 Abs. 3 ZGB RF gilt nach allgemeiner Ansicht bei der Erbfolge sowie bei strukturellen Veränderungen innerhalb einer juristischen Person. Streitig ist, ob die Rechtsnachfolge auch die Besitzübertragung im Rahmen eines Vertragsverhältnisses mit umfasst.[54] 129

Tendenziell scheint jedoch die überwiegende Ansicht die Anrechnung im Rahmen eines Vertragsverhältnisses zuzulassen. Ebenfalls unbeantwortet ist die Frage, ob eine mehrfache Besitzzeitanrechnung möglich ist, oder ob der Käufer nur die Besitzzeit des eigenen Kontrahenten anrechnen lassen kann. Daher kann die Frage, ob dem Beschuldigten L. die Besitzzeit der anderen Bilderwerber sowie der Zeugin T. M. zugute kommt, nicht eindeutig beantwortet werden. 130

c) Zusammenfassung denkbarer Alternativen

Die Annahme des gutgläubigen Eigentumserwerbs durch Ersitzung kann bei den Beteiligten nach russischem Recht nicht ausgeschlossen werden. Dabei sind insbesondere folgende rechtliche Einschätzungen des Gerichts nicht auszuschließen: 131

aa) Die Zeugin T. M. hat Eigentum am Bild erworben

Sie hat das Gemälde gemäß den Anforderungen des Art. 234 Abs. 1 ZGB RF offen und ununterbrochen im Verlauf der Ersitzungsfrist im Eigenbesitz gehabt. 132

---

[53] Die Erfüllung aller Voraussetzungen des Art. 234 Abs. 1 ZGB RF fordert insbesondere *Latyev* (o. Fn. 32), 149.

[54] Dafür: *Tolstoj* (o. Fn. 51), 49; *Latyev* (o. Fn. 32), 149; dagegen: *Bevzenko*, Dobrosovestnoje vladennije i jego zaščita v graždanskom prave, 2002, 112.

133 (1) Sie war eine gutgläubige Besitzerin des Gemäldes, denn sie war

- redlich, (vgl. o. Rn. 93 ff.) oder
- wusste nicht um die Straftat – bzw. es lag keine Straftat im gewöhnlichen Sinne vor, die die Gutgläubigkeit ausschließen könnte, (vgl. o. Rn. 87 ff.) oder
- sie war gutgläubig weil sie um die mangelnde Eigentümerstellung des Vaters nicht wusste und diese auch nicht kennen musste (vgl. o. Rn. 76 ff.).

134 (2) Die Ersitzungsfrist ist abgelaufen, denn

- sie hat den Eigenbesitz bereits vor dem Jahre 1999 ausgeübt und das Bild über fünf Jahre besessen, (vgl. o. Rn. 105 f.) oder
- sie hat den Besitz an dem Bild seit dem Jahre 1999 ausgeübt, kann sich jedoch die Besitzzeit ihres Vaters zurechnen lassen, so dass die Ersitzungsfrist mehr als fünf bzw. 20 Jahre beträgt (vgl. o. Rn. 125 ff.).

bb) Der Beschuldigte L. hat Eigentum am Bild erworben

135 Er hat das Gemälde gemäß den Anforderungen des Art. 234 Abs. 1 ZGB RF offen und ununterbrochen im Verlauf der Ersitzungsfrist im Eigenbesitz gehabt.

136 (1) Er war gutgläubig, da er auf die Veräußerungsbefugnis der Zeugin T. M. vertraute und keine weiteren Nachforschungspflichten hatte (vgl. o. Rn. 72 ff., 82).

137 (2) Die Ersitzungsfrist ist abgelaufen, denn ihm kommt die Vorbesitzzeit von anderen Bilderwerbern und der Zeugin T. M. zugute:

- Begann der Eigenbesitz der Zeugin T. M. um das Jahr 1985, wäre die 20-jährige Ersitzungsfrist um das Jahr 2005 abgelaufen.
- Begann der Eigenbesitz der Zeugin T. M. im Jahre 1999, wäre die 5-jährige Ersitzungsfrist im Jahre 2004 abgelaufen.

E. Ergebnis

Der gutgläubige Erwerb durch Ersitzung kann in der Person der Zeugin T. M. und des Beschuldigten L. nicht mit Sicherheit ausgeschlossen werden.

Nr. 20

Bosnien-Herzegowina

1. **Das Recht von Bosnien und Herzegowina sieht in Art. 43 EigentumsG eine dem § 985 BGB entsprechende Vorschrift vor.**
2. **Einwendungen des Besitzers gegen den Herausgabeanspruch des Eigentümers können auf Art. 77 Abs. 1 EigentumsG gestützt werden.**
3. **Die in §§ 94 f. BGB aufgeführten Gegenstände werden auch in Jugoslawien als wesentliche Bestandteile angesehen.**
4. **Für die Ausübung eines Zurückbehaltungsrechts im Sinne von Art. 286 ff. ObligationenG ist Konnexität nicht Voraussetzung.**

Das Amtsgericht Nürnberg bittet in der Sache F. ./. K. (Az. 24 C 7565/05) um Auskunft über das Zivilrecht von Bosnien und Herzegowina.

Hamburg G 17/2006 vom 13.6.2006

A. Sachlage

Der Anfrage liegt folgender Sachverhalt zugrunde: Mit der Klage wird die Herausgabe eines in Eigenbau hergestellten Bootsanhängers (Trailers) begehrt, der nach Angabe des Klägers einen Wert von ca. EUR 1.500,- haben soll. Der Kläger war Eigentümer eines Hausgrundstücks in O. (Bosnien und Herzegowina), das er durch Vertrag vom 20.5.2005 an die Beklagte verkauft hat. Auf diesem Grundstück (das mit keinem Gewässer verbunden ist) war auch der fragliche Bootsanhänger des Klägers abgestellt, dessen Herausgabe die Beklagte verweigert. Sie beruft sich auf eine (vom Kläger bestrittene) Vereinbarung, derzufolge sich dieser zur Bezahlung von Standkosten in Höhe von EUR 70,- monatlich für die vorübergehende Lagerung seines Bootes auf dem Grundstück verpflichtet habe. Die Herausgabe des Bootsanhängers habe sie wegen Nichtbezahlung dieser Standkosten abgelehnt. 1

Beide Prozessparteien sind in Deutschland wohnhaft, wobei der Kläger Deutscher ist und die Beklagte die Staatsangehörigkeit von Bosnien und Herzegowina besitzt. Die Gemeinde O. ist von der Republika S. umschlossen, gehört jedoch als eine Art Enklave zur (muslimisch-kroatischen) Föderation von Bosnien und Herzegowina.

B. Anfrage

2 Gefragt wird, ob

1. das Recht von Bosnien und Herzegowina Parallelvorschriften zu §§ 94, 95, 985, 986 BGB enthält, und
2. nach dortigem Recht gegenüber einem Herausgabeverlangen des Eigentümers gegen den Besitzer ein Zurückbehaltungsrecht aus einer etwaigen Mietzinsforderung nicht nur bezüglich des Gegenstands des Herausgabeverlangens (Trailer), sondern auch bezüglich eines weiteren Gegenstands (Boot) besteht.

C. Rechtslage

I. Anwendbares Recht

3 1. Zu Recht geht das Amtsgericht Nürnberg von der Anwendbarkeit der *lex rei sitae* aus (vgl. Art. 43 EGBGB; Art. 18 des in Bosnien und Herzegowina übernommenen jugoslawischen Bundesgesetzes über die Regelung von Kollisionen der Gesetze mit den Vorschriften anderer Staaten bei bestimmten Verhältnissen von 1982).[1]

4 2. Innerhalb von Bosnien und Herzegowina ist das Zivilrecht räumlich gespalten. Im vorliegenden Fall kommt es auf das Recht der Föderation von Bosnien und Herzegowina an.

II. Zum Recht der Föderation von Bosnien und Herzegowina

5 1. Wie schon die ehemalige Sozialistische Föderative Republik Jugoslawien, hat auch keiner der Nachfolgestaaten ein Zivilgesetzbuch, vielmehr sind die einzelnen Materien in gesonderten Gesetzen geregelt.

6 2. In der Föderation von Bosnien und Herzegowina gilt das Gesetz über die eigentumsrechtlichen Verhältnisse von 1998 (im Folgenden: EigentumsG).[2]

7 Für das Schuldrecht wurde das jugoslawische Bundesgesetz über die Schuldverhältnisse (ObligationenG) übernommen.[3]

---

[1] Službeni list SFRJ 1982, Pos. 525; deutsche Übersetzung von *Lipowschek*, RabelsZ 49 (1985), 544 ff.

[2] Službene novine 1998, Nr. 6/2003, Nr. 29.

[3] Službeni list 1992, Nr. 2/1993, Nr. 13/1994, Nr. 13. Änderungen siehe Službene novine 2003, Nr. 29. Eine deutsche Übersetzung des Obligationengesetzes in der Fassung, in der es zeitweise für Mazedonien in Kraft war, findet sich in: *Brunner/Schmid/Westen*, Wirtschaftsrecht der Osteuropäischen Staaten (Loseblatt), Makedonien, IV 1 a.

Neuregelungen auf dem Gebiet des Schuld- und des Sachenrechts sind in Vorbereitung. Eine systematische und zusammenhängende Regelung des allgemeinen Teils des Zivilrechts ist nicht vorhanden. 8

3. Eine Parallelvorschrift zu § 985 BGB findet sich im EigentumsG wie folgt: 9

Art. 43 EigentumsG

Der Eigentümer kann durch Klage vom Besitzer die Herausgabe einer individuell bestimmten Sache verlangen.

Der Eigentümer muss beweisen, dass er das Eigentumsrecht an der Sache, deren Herausgabe er begehrt, innehat, und dass diese sich im faktischen Besitz des Beklagten befindet.

Das Recht zur Erhebung der Klage gemäß Absatz 1 dieses Artikels verjährt nicht.

4. Eine unmittelbare Parallelvorschrift zu § 986 BGB ist offenbar nicht vorhanden. Es kann jedoch auf die folgende Vorschrift verwiesen werden: 10

Art. 77 Abs. 1 EigentumsG

Der Besitz ist rechtmäßig, wenn er auf einem gültigen Rechtsgrund basiert und sofern er nicht durch Gewalt, Täuschung oder Vertrauensmissbrauch erlangt wurde.

5. Mit Blick auf §§ 94, 95 BGB sei aus dem Recht der Föderation von Bosnien und Herzegowina die folgende Vorschrift zitiert: 11

Art. 10 Abs. 3 EigentumsG

Als unbewegliche Sache (Immobilie) im Sinne dieses Gesetzes gelten eine Liegenschaft, zum dauerhaften Gebrauch bestimmte Bauwerke, die nicht versetzt werden können ohne Beschädigung ihres Wesens sowie abgesonderte Gebäudeteile (Wohnungen und Geschäftsräume), ferner das Zubehör solcher Sachen, solange es nach dem Gesetz oder dem Willen des Eigentümers der Nutzung der Hauptsache dient (Immobilie kraft Bestimmung).

Literatur zum Sachenrecht von Bosnien und Herzegowina ist am Institut nicht vorhanden. Jedoch ist anzumerken, dass das Eigentumsgesetz der Föderation weitgehend auf dem ehemaligen jugoslawischen Bundesgesetz über grundlegende eigentumsrechtliche Verhältnisse von 1980 basiert.[4] 12

Aus dem eingesehenen einschlägigen Schrifttum zum Gesetz von 1980 lässt sich entnehmen, dass die in §§ 94 f. BGB aufgeführten Gegenstände auch in Jugoslawien als wesentliche Bestandteile *(sastavni deo)* angesehen wurden.[5] 13

Eine abweichende bosnische Interpretation ist für das Institut nicht ersichtlich. 14

4 Službeni list SFRJ 1980, Nr. 6, Pos. 88. Deutsche Übersetzung von *Lipowschek*, WGO-MfOR 1983, 75 ff.

5 Z.B. *Stanković/Orlić*, Stvarno pravo [Sachenrecht], 3. Aufl. 1986, 27 f.

15 6. Das Zurückbehaltungsrecht regelt das Obligationengesetz in den Artikeln 286 ff., die wie folgt lauten:

Unterabschnitt 3 - Zurückbehaltungsrecht

Art. 286. Ausübung des Zurückbehaltungsrechts

(1) Der Gläubiger einer fälligen Forderung, in dessen Händen sich ein Gegenstand des Schuldners befindet, hat das Recht, ihn solange zurückzubehalten, bis ihm die Forderung bezahlt wird.

(2) Sollte der Schuldner zahlungsunfähig werden, kann der Gläubiger das Zurückbehaltungsrecht ausüben, auch wenn seine Forderung nicht fällig ist.

Art. 287. Ausnahmen

(1) Der Gläubiger hat kein Zurückbehaltungsrecht, wenn der Schuldner die Rückgabe des Gegenstandes fordert, dessen Besitz er gegen seinen Willen verloren hat, oder wenn der Schuldner die Rückgabe des Gegenstandes verlangt, der dem Gläubiger zur Aufbewahrung oder zur Benutzung gegeben wurde.

(2) Er darf nicht kraft Vollmacht vom Schuldner Erhaltenes noch andere Urkunden des Schuldners, Ausweise, Schriftwechsel und andere ähnliche Gegenstände wie auch andere Gegenstände zurückbehalten, die nicht verkauft werden dürfen.

Art. 288. Verpflichtung zur Rückgabe eines Gegenstands vor der Erfüllung der Verpflichtung

Der Gläubiger muss dem Schuldner den Gegenstand zurückgeben, wenn dieser ihm eine entsprechende Sicherheit für seine Forderung gibt.

Art. 289. Wirkung des Zurückbehaltungsrechts

Der Gläubiger, der einen Gegenstand des Schuldners auf Grund des Zurückbehaltungsrechts zurückbehält, hat das Recht, sich auf die gleiche Weise wie ein Pfandgläubiger aus einem Wert zu befriedigen, aber er muss den Schuldner von seiner Absicht unterrichten, bevor er damit beginnt.

16 Im vorliegenden Fall kommt es unter anderem darauf an, ob für das Zurückbehaltungsrecht Konnexität verlangt wird. Nach dem Wortlaut der zitierten Vorschriften besteht kein derartiges Erfordernis. Zur Auslegung der einschlägigen Vorschriften kann auch auf eine neue Veröffentlichung aus der Föderation von Bosnien und Herzegowina zurückgegriffen werden. Und zwar heißt es dort wie folgt: Das Obligationengesetz verlange nicht die Konnexität, und der Schuldner könne dem Gläubiger nicht entgegenhalten, dass die in seinem Besitz befindliche Sache nicht Gegenstand des Schuldverhältnisses (Rechtsgeschäfts) sei, dessen Befriedigung der Gläubiger begehre.[6]

---

[6] *Bikić*, Obligaciono pravo. Opći dio [Schuldrecht. Allgemeiner Teil], 2004, 160. In demselben Sinn *Perović, Slobodan* (Hrsg.), Komentar zakona o obligacionim odnosima [Kommentar zum Obligationengesetz], Bd. 1, 1995, 670.

D. Ergebnis

1. Der vorliegende Fall beurteilt sich nach dem Recht der Föderation von Bosnien und Herzegowina. 17
2. Einschlägig sind das Gesetz über die eigentumsrechtlichen Verhältnisse von 1998 sowie das Obligationengesetz.
3. Eine Parallelvorschrift zu § 985 BGB findet sich in Art. 43 EigentumsG.
4. Einwendungen des Besitzers können namentlich auf Art. 77 Abs. 1 EigentumsG gegründet werden.
5. Für die Definition des wesentlichen Bestandteils eines Grundstücks wird auf Art. 10 Abs. 3 EigentumsG sowie auf das einschlägige Schrifttum Bezug genommen.
6. Konnexität ist nicht Voraussetzung für die Ausübung eines Zurückbehaltungsrechts im Sinne von Art. 286 ff. ObligationenG.

Nr. 21

Belgien*

1. **Zu der intertemporalen Anwendbarkeit des mit Wirkung zum 1.10.2004 in Kraft getretenen neuen belgischen IPR-Gesetzes.**
2. **Zu der Anknüpfung der Rückforderung eines gestohlenen Gutes nach belgischem internationalen Privatrecht.**
3. **Der gutgläubige Erwerb einer gestohlenen Sache ist im belgischen Recht gemäß Art. 2279 CC möglich. Eine § 935 BGB entsprechende Vorschrift existiert nicht.**

Das AG Cottbus bittet in der Rechtssache G. um ein Gutachten zum belgischen Sachenrecht.

Hamburg G 61/2006 vom 15.11.2006

A. Sachlage

1 Durch die Bundespolizei wurde am 6.7.2006 ein polnischer Staatsangehöriger mit einem PKW VW Passat kontrolliert. Dabei wurde festgestellt, dass die Fahrzeugidentifikationsnummer des PKW nachträglich verändert worden war und es sich bei dem PKW um ein in der Nacht vom 17. zum 18.11.2002 in Gießen entwendetes Fahrzeug handelt. Der letzte Gewahrsamsinhaber gab an, das Fahrzeug im November/Dezember 2003 von einer Privatperson in Belgien erworben zu haben. Der Kaufvertrag befindet sich jedoch nicht in der Ermittlungsakte. Die belgischen Behörden haben für das Fahrzeug in der Folgezeit einen Fahrzeugschein ausgestellt und es zugelassen.

B. Anfrage

2 Das Gericht möchte zur Vorbereitung einer Entscheidung nach § 111k StPO (Rückgabe eines beschlagnahmten Gegenstandes) wissen, ob nach belgischem

---

* *Anm. d. Red.:* S. zum belgischen Sachenrecht auch IPG 1987/1988 Nr. 22 *(Köln)*, dort zum Recht der Mobiliarsicherheiten und zum Pfandrecht, sowie IPG 1980/1981 Nr. 20 *(Hamburg)*, dort zum Erwerb des Eigentums an Schiffen.

Recht der gutgläubige Erwerb einer gestohlenen Sache möglich ist oder eine dem § 935 BGB entsprechende Vorschrift existiert.

C. Rechtslage

I. Anwendbares Recht

1. Deutsches IPR

3 Nach Art. 43 Abs. 1 EGBGB unterliegen Rechte an einer Sache dem Recht des Staates, in dem sich die Sache befindet. Das Recht des Lageorts ist auch für die Frage einschlägig, ob und unter welchen Voraussetzungen das Eigentum übergegangen ist.[1]

4 Da der hier fragliche Erwerbsvorgang in Belgien stattfand, verweist die Vorschrift damit auf das Recht Belgiens. Dabei handelt es sich um eine Gesamtverweisung, Art. 4 Abs. 1 EGBGB.[2]

2. Belgisches IPR

5 Daher ist festzustellen, ob das belgische Recht diese Verweisung annimmt. Mit Wirkung zum 1.10.2004 ist in Belgien ein neues IPR-Gesetz in Kraft getreten.[3]

a) Intertemporal einschlägige Kollisionsnorm

6 Da allerdings die hier fraglichen Vorgänge (Diebstahl, Erwerbsvorgang) bereits vor Inkrafttreten dieses Gesetzes stattfanden, stellt sich die Frage, inwieweit dieses Gesetz überhaupt intertemporal anwendbar ist. Die einschlägige Vorschrift des IPR-Gesetzes ist Art. 127 § 1. Sie lautet:

> Vorliegendes Gesetz bestimmt das Recht, das auf die nach seinem Inkrafttreten eintretenden Rechtshandlungen und Rechtstatsachen anwendbar ist.
>
> Vorliegendes Gesetz bestimmt das Recht, das auf die Wirkungen, die nach seinem Inkrafttreten durch eine vor seinem Inkrafttreten eingetretene Rechtshandlung oder Rechtstatsache entstehen, anwendbar

---

1 Vgl. statt aller *Palandt/Heldrich*, BGB, 65. Aufl. 2006, Art. 43 EGBGB, Rn. 3.

2 Dazu *Palandt/Heldrich* (o. Fn. 1), Vor Art. 43 EGBGB, Rn. 1.

3 Vgl. Art. 140 des Gesetzes zur Einführung des Gesetzbuches über das internationale Privatrecht, in deutscher Sprache abgedruckt im Moniteur Belge v. 10.11.2005, 48274; dazu *Francq*, RabelsZ 2006, 237 (Abdruck des Gesetzes in englischer Übersetzung in RabelsZ 2006, 358 ff.).

ist, mit Ausnahme der Wirkungen, die durch eine in den Artikeln 98, 99, 104 und 105 erwähnte Handlung oder Tatsache betreffen.

7 Zwar geht es hier nicht um nach Inkrafttreten des Gesetzes vorgenommene Rechtshandlungen oder eingetretene Rechtstatsachen (Art. 127 § 1 Abs. 1 IPR-Gesetz). Jedoch geht es vorliegend u.a. um die Frage, ob der Besitzer möglicherweise durch Zeitablauf Eigentum an dem gestohlenen Kfz erworben hat. Da diese Wirkung womöglich erst nach Inkrafttreten des Gesetzes eingetreten ist, kann das Gesetz insoweit angewendet werden, als ein Eigentumserwerb des Besitzers erst nach dem 1.10.2004 stattgefunden hätte, Art. 127 § 1 Abs. 2 IPR-Gesetz. Für vor diesem Zeitpunkt abgeschlossene Erwerbsvorgänge ist dagegen das vorher geltende IPR Belgiens einschlägig.

b) Inhalt der Kollisionsnorm

aa) Vor dem 1.10.2004

8 Vor Inkrafttreten des IPR-Gesetzes war das belgische IPR nur rudimentär geregelt. Für das internationale Sachenrecht entnahm man dem Art. 3 Abs. 2 des *Code Civil* (CC) die Regel, dass für Sachen das Recht des Staates ihrer Belegenheit (sog. *lex rei sitae*) einschlägig ist.[4]

9 Da sich das Fahrzeug nach dem Diebstahl in Belgien befand, nimmt das belgische Recht die Verweisung auf das eigene Recht insoweit an, als sachenrechtliche Wirkungen vor dem 1.10.2004 in Rede stehen.

bb) Nach dem 1.10.2004

10 Mit Inkrafttreten des Gesetzes ergibt sich eine differenziertere Regelung. Zwar gilt im Prinzip gemäß Art. 87 IPR-Gesetz weiterhin die Anknüpfung an den Belegenheitsort.

Die Vorschrift lautet:

§ 1. Die dinglichen Rechte an einem Gut unterliegen dem Recht des Staates, auf dessen Gebiet dieses Gut sich zum Zeitpunkt, wo diese Rechte geltend gemacht werden, befindet.

Der Erwerb und der Verlust dieser Rechte unterliegen dem Recht des Staates, auf dessen Gebiet das Gut sich zum Zeitpunkt, wo die Handlungen oder Fakten, die geltend gemacht werden, um den Erwerb oder Verlust dieser Rechte zu begründen, eintreten, befindet.

---

[4] *Rigaux/Fallon*, Droit International Privé, 3. Aufl. 2005, N° 13.10.

Allerdings enthält Art. 92 IPR-Gesetz eine besondere Kollisionsnorm für den Rückforderungsanspruch bei gestohlenen Sachen. Soweit diese Norm reicht, kommt Art. 87 § 1 Abs. 1 IPR-Gesetz nicht zur Anwendung. Art. 92 lautet: 11

> Die Rückforderung eines gestohlenen Guts unterliegt, nach Wahl des ursprünglichen Eigentümers, entweder dem Recht des Staates, auf dessen Gebiet das Gut sich zum Zeitpunkt des Verschwindens befand, oder dem Recht des Staates, auf dessen Gebiet das Gut sich zum Zeitpunkt der Rückforderung befindet.
>
> [...]

Da das Kfz in Deutschland gestohlen wurde, kommt es im Hinblick auf den Rückforderungsanspruch nach der ersten Alternative des Art. 92 IPR-Gesetz optional zur Anwendung deutschen Rechts. Das deutsche Recht nimmt die Rückverweisung an, Art. 4 Abs. 1 S. 2 EGBGB. Im Hinblick auf die zweite Alternative dieser Vorschrift ist nach dem mitgeteilten Sachverhalt zwar unklar, ob das Diebstahlsopfer das Fahrzeug bereits zurückfordert. Jedenfalls aber befindet es sich momentan in Deutschland, so dass nach dem Stand der Dinge auch die zweite Alternative des Art. 92 IPR-Gesetz zum deutschen Recht zurückführen würde. Damit scheint nach dem 1.10.2004 umfassend deutsches Sachenrecht anwendbar zu sein. 12

Indes ist zu beachten, dass das belgische IPR-Gesetz gemäß seinem Art. 87 § 1 Abs. 2 insoweit nicht auf deutsches Recht zurückverweist, als während der Belegenheit des Kfz in Belgien sein Erwerber dort Eigentum erworben hat. Sofern also ein Eigentümerwechsel in Belgien stattgefunden hat, müsste dieser auch in Deutschland anerkannt werden, da Art. 92 IPR-Gesetz eine Sonderregel zu Art. 87 § 1 Abs. 1, nicht aber Abs. 2 IPR-Gesetz ist. 13

II. Materielle Rechtslage

Da ein Eigentumserwerb in Deutschland wegen § 935 Abs. 1 BGB ausgeschlossen ist, kommt es darauf an, ob während der Zeit der Belegenheit des Kfz in Belgien das Eigentum wirksam erworben werden konnte. Dies ergibt sich gleichermaßen aus der früheren *lex rei sitae*-Regel wie auch aus Art. 87 § 1 Abs. 2 IPR-Gesetz, so dass insoweit eine zeitliche Differenzierung nicht erforderlich ist. 14

Die Voraussetzungen für einen gutgläubigen Erwerb nach belgischem Recht ergeben sich im Wesentlichen aus den Art. 2279 f. CC. Die Vorschriften lauten: 15

	Deutsch:[5]
Art. 2279.	Art. 2279.
„En fait des meubles, la possession vaut titre.	Bei Mobilien gilt der Besitz als Rechtsgrund.
Néanmoins celui qui a perdu ou auquel il a volé une chose peut la revendiquer pendant trois ans, à compter du jour de la perte ou du vol, contre celui dans les mains duquel il la trouve; sauf à celui-ci son recours contre celui duquel il la tient.	Gleichwohl kann der, welcher eine Sache verloren hat, oder dem sie gestohlen worden ist, innerhalb von drei Jahren von dem Tage des Verlustes oder des Diebstahls an gerechnet, sie von jedem, in dessen Händen er sie findet, herausverlangen, dabei kann dieser Ansprüche gegen denjenigen, von welchem er die Sache erhielt, geltend machen.
Ce droit de revendication n'est cependant pas applicable aux billets de la Banque Nationale de Belgique et aux billets émis en vertu de la loi du 12 juin 1930 lorsque leur possesseur est de bonne foi."	[...]
Art. 2280.	Art. 2280.
„Si le possesseur actuel de la chose volée ou perdue l'a achetée dans une foire ou dans un marché, ou dans une vente publique, ou d'un marchand vendant des choses pareilles, le propriétaire originaire ne peut se la faire rendre qu'en remboursant au possesseur le prix qu'elle lui à coûté."	Wenn der gegenwärtige Besitzer der gestohlenen oder verlorenen Sache diese auf einer Messe, auf einem Markt oder bei einer Versteigerung, oder von einem Kaufmann, der mit ähnlichen Sachen handelt, gekauft hat, so kann der ursprüngliche Eigentümer sie nur zurückfordern, wenn er dem Besitzer den dafür gezahlten Preis erstattet.

16 Ein Eigentumserwerb kommt damit – da ein Fall des Art. 2280 CC offensichtlich nicht vorliegt – nach Art. 2279 CC wegen Ablaufs der Dreijahresfrist in Betracht. Nach der Konzeption des *Code Civil* stellt der Erwerb einer gestohlenen Sache einen Fall der Verjährung, in Form der sog. *prescription acquisitive* (Erwerbsverjährung), dar, dem die Fälle der sog. *prescription extinctive* (Erlöschensverjährung) gegenüber stehen.[6]

---

5 Die zitierten Vorschriften des CC sind der französischsprachigen Ausgabe *Philippe/Dehasse*, Code Civil, 2003, entnommen. Sie wurden von den Unterfertigenden selbst übersetzt.

6 Vgl. etwa *Hansenne*, Les Biens, 1996, N° 324.

Das wirft die Frage auf, ob die Erwerbsverjährung eine ähnlich geminderte Rechtswirkung wie die Erlöschensverjährung hat. Für letztere ist nämlich im französisch-belgischen Rechtskreis (wie auch in Deutschland) anerkannt, dass eine verjährte Forderung nicht erlischt, sondern nur eine Einrede begründet wird. Eine erfüllbare Naturalobligation besteht aber weiterhin.[7] 17

Insofern könnte man annehmen, dass auch die Erwerbsverjährung nicht zum Erwerb des Vollrechts führt, sondern etwa nur eine Einrede gegen den Herausgabeanspruch des ursprünglichen Eigentümers begründet wird. Gleichwohl ist man sich in der belgischen (wie auch der französischen) Lehre einig, dass die gesetzgeberisch ähnliche Behandlung von Erwerbsverjährung und Erlöschensverjährung verfehlt ist, weil sich beide Institute sachlich fundamental unterscheiden.[8] 18

In jedem Falle aber führt die Erwerbsverjährung zum vollgültigen Erwerb des Rechts.[9] 19

Ein gutgläubiger Erwerb eines gestohlenen Gutes ist nach belgischem Recht nach Art. 2279 CC möglich. Allerdings lässt sich von dieser Stelle nicht abschließend beurteilen, ob seine Voraussetzungen erfüllt sind. 20

D. Ergebnis

1. Auf den möglichen gutgläubigen Erwerb des Kfz findet belgisches Recht für den Zeitraum Anwendung, während dem sich das Fahrzeug auf belgischem Territorium befand. 21
2. Der gutgläubige Erwerb einer gestohlenen Sache ist nach belgischem Recht prinzipiell möglich.

7 Statt aller *Sonnenberger/Autexier*, Französisches Recht, 3. Aufl. 2000, 117.
8 *Hansenne* (o. Fn. 6), N° 325.
9 *Hansenne* (o. Fn. 6), N° 325.

2. Unbewegliche Sachen

Siehe Nr. 20 (Hamburg); 22 (Bayreuth)

3. Nießbrauch

Nr. 22

Spanien

1. **Unter einem Nießbrauch *(usufructo)* versteht das spanische Recht ein Recht an einer fremden Sache oder *ius in re alliena*, das dergestalt ausgestaltet ist, dass die Sache dem Berechtigten zwar nicht gehört, ihm aber ein umfassendes Nutzungsrecht an dieser zusteht.**

2. **Das Nießbrauchrecht haftet der mit ihm belasteten Sache an, so dass es mangels gegenteiliger Absprache mit dem Nießbrauchsberechtigten durch die Übereignung der Sache unberührt bleibt. Der neue Eigentümer muss den Nießbrauch dulden, da er nicht die *plena propiedad*, sondern lediglich das mit dem Nießbrauch belastete Eigentum erworben hat.**

3. **Ein Nießbrauch kann auch an einem Teil des Eigentums bestellt werden (Bruchteilsnießbrauch), auch zu Gunsten mehrerer Personen.**

4. **Bei einem Bruchteilsnießbrauch sind zur Bestimmung des Verhältnisses zwischen Eigentümer(n) und Nießbraucher(n) nicht nur die Regelungen des Nießbrauchrechts zu beachten, sondern ergänzend, d.h. soweit gesetzliche Regelungen des Nießbrauchrechts dem nicht entgegenstehen, auch diejenigen über das Miteigentum.**

5. **Der Nießbrauchberechtigte kann dem Eigentümer Erstattung der außergewöhnlichen Reparaturkosten verweigern, muss jedoch die Kosten für gewöhnliche Reparaturen erstatten, sofern sie vom Eigentümer übernommen wurden. Eine Erstattungspflicht setzt allerdings voraus, dass der Eigentümer den Nießbraucher zuvor unter Setzung einer angemessenen Frist zur Vornahme der erforderlichen gewöhnlichen Reparaturen aufgefordert hat.**

6. **Bei der Feststellung, wer verpflichtet ist, bei einem Bruchteilsnießbrauch sonstige Kosten zu tragen, ist danach zu differenzieren, ob es sich um bloße Verbrauchskosten oder sonstige mit dem Nießbrauch zusammenhängende Kosten handelt. Verbrauchskosten sind nach Art. 393 CC zu beurteilen, während ansonsten die besonderen Vorschriften über den Nießbrauch einschlägig sind.**

Das Landgericht Saarbrücken bittet in dem Rechtsstreit H. S.L. ./. K. u.a. (Az. 16 O 149/05) um ein Gutachten über spanisches Schuld-, Sachen- und Gesellschaftsrecht.

Bayreuth vom 14.11.2006

A. Sachlage

Die Herren K. und L. waren ursprünglich zu gleichen unteilbaren Teilen Eigentümer des Grundstücks C., Pfarrei Santa G., Gemarkung S. (Ibiza). Mit privatschriftlichem Kaufvertrag vom 8.12.1994 verkaufte Herr K. seinen hälftigen Anteil an diesem Grundstück an Herrn L. zu einem Kaufpreis von 22.500.000 Ptas (DM 270.000). Den Beklagten wurde „ein Wohnrecht für die Dauer von 10 Jahren ab notarieller Beurkundung" eingeräumt. Das Wohnrecht sollte sich nur auf den verkauften Anteil beziehen, mit DM 70.000 bewertet und auf den Kaufpreis in Anrechnung gebracht werden. Nebenkosten sollten von den Wohnrechtsinhabern für die Dauer des Wohnrechts übernommen werden. Der Kaufvertrag wurde am 9.5.1997 notariell beurkundet. In der notariellen Urkunde wurde den Beklagten allerdings kein Wohnrecht, sondern ein „lebenslanges Nießbrauchrecht" eingeräumt. Regelungen über eine Bewertung des Nießbrauchrechts wurden ebenso wenig getroffen wie solche über eine mögliche Anrechenbarkeit auf den Kaufpreis sowie eine Pflicht zur Übernahme von Nebenkosten durch die Nießbrauchberechtigten. Das Nießbrauchrecht wurde auch im Grundbuch eingetragen. Danach sind die Beklagten Nießbrauchsberechtigte zu je 1/3 an 50 % des Gesamtgrundstücks. 1

Herr L. verkaufte das gesamte Grundstück am 4.12.1999 zu einem Preis von 46.500.000 Ptas. an die Klägerin, die H. S.L. Die Klägerin verlangt von den Beklagten nunmehr Übernahme des hälftigen Anteils der seit Dezember 1999 angefallenen Nebenkosten. Sie beantragt mit ihrer Klageschrift vom 13.7.2004, die Beklagten als Gesamtschuldner zu verurteilen, an die Klägerin € 29.508,55 nebst Zinsen in Höhe von 5 % über dem Basiszinssatz zu zahlen. Der Klageantrag wurde mit Schriftsatz vom 30.9.2005 aufgrund zwischenzeitlich aufgelaufener weiterer Nebenkosten auf € 45.676,52 erweitert.

Die Klägerin trägt zur Begründung vor, seit Dezember 1999 in voller Höhe den Strom, die Hypothekenraten sowie Grundsteuern und Versicherung für das Grundstück C. gezahlt zu haben. Von den ihr dadurch entstandenen Kosten in Höhe von € 91.353,05 hätten die Beklagten aufgrund ihres Nießbrauchrechts die Hälfte zu bezahlen.

Die Beklagten beantragen, die Klage abzuweisen. Sie bestreiten sowohl die rechtliche Existenz der Klägerin als auch die Klageforderung nach Grund und Höhe. Sie machen außerdem geltend, für das Nießbrauchsobjekt Reparaturkosten übernommen zu haben, die in Abzug zu bringen seien.

B. Anfrage

2 Aufgrund des Beweisbeschlusses vom 5.4.2006 soll Beweis erhoben werden

1. über die Behauptungen der Klägerin,

   a) sie sei nach spanischem Recht aufgrund der notariellen Verträge vom 8.10.1999 Nr. 3C3119246 und 3C3119143 rechtswirksam entstanden;

   b) die Beklagten seien nach spanischem Recht aufgrund ihres eingetragenen Nießbrauchsrechts verpflichtet, die auf das Grundstück und die aufstehenden Gebäude entfallenden

      aa) Stromkosten

      bb) Hypothekenraten

      cc) Grundsteuer

      dd) Versicherungsbeträge

   im Verhältnis zum Eigentümer jeweils hälftig zu tragen;

2. über die Behauptung der Beklagten,

   a) die Klägerin sei nach spanischen Recht nicht rechtswirksam Eigentümerin des Grundstücks geworden;

   b) eine Verpflichtung des Nießbrauchberechtigten nach spanischem Recht zur Tragung von Stromkosten bestehe allenfalls hinsichtlich des eigenen Verbrauchs sowie eines Anteils bezüglich des gemeinschaftlichen Verbrauchs;

Gegebenenfalls soll zu folgenden Fragen ergänzend Stellung genommen werden:

1. Sofern eine rechtswirksame Entstehung der Klägerin sich nicht aus den beiden notariellen Verträgen vom 8.10.1999 ergibt, ob die Eintragung der Klägerin in das Handelsregister von Ibiza nach spanischem Recht Rechtswirkungen entfaltet.

2. Sofern eine rechtswirksame Eigentumsübertragung nicht erfolgt ist, ob die Eintragung im Grundbuch nach spanischem Recht Rechtswirkungen entfaltet.

3. Wie gestalten sich die Vertretungsverhältnisse der Klägerin, welche Personen sind ausgehend von den Verträgen vom 8.10.1999 zur Vertretung befugt?

4. Sofern sich nach spanischem Recht Regelungen zur Übernahme von unter 1. b) aa) bis dd) genannten Positionen ergeben, sind diese nach spanischem Recht abdingbar? Wenn ja, bestehen Formerfordernisse?

5. Sofern sich nach spanischem Recht eine Verpflichtung zur hälftigen Tragung der unter 1. b) aa) bis dd) genannten Positionen nicht ergibt, ob eine Verpflichtung zur anteiligen oder vollständigen Tragung im Verhältnis Nießbraucher zum

Eigentümer besteht. Sofern es auf die gesonderte Erfassung von Verbrauchskosten ankommt, wer hat für die Vorhaltung der Erfassungseinrichtungen zu sorgen nach spanischem Recht?

6. Kann der Nießbraucher nach spanischem Recht vom Eigentümer Erstattung von Reparaturkosten bezüglich des Nießbrauchsobjekts verlangen, ggf. nur bezüglich gemeinschaftlich genutzter Teile?

7. Wäre die im Vertrag vom 8.12.1994 enthaltene Regelung bezüglich eines zehnjährigen Wohnrechts nach spanischem Recht möglich und eintragungsfähig gewesen?
   - Wenn ja, welche Unterschiede hätten sich bezüglich der Übernahme der Kosten der unter 1. b) aa) bis dd) genannten Positionen insoweit ergeben?
   - Wenn nein, stellte das in dem Vertrag vom 9.5.1997 festgelegte Nießbrauchsrecht die einzige nach spanischem Recht mögliche und ggf. vergleichbarste Regelungsmöglichkeit im Vergleich zum Wohnrecht dar? Hätte das Nießbrauchsrecht zeitlich (beliebig) befristet werden können?

8. Sind die Ausführungen im Schriftsatz vom 12.1.2006 hinsichtlich der Rechtslage in Spanien zutreffend?

C. Rechtslage

I. Entstehung und Vertretung der H. S.L.

1. Anwendbares Recht

a) Grundsatz

Im deutschen Kollisionsrecht findet sich keine gesetzliche Regelung für die Anknüpfung des Gesellschaftsstatuts. Rechtsprechung und h.L. folgen der sog. Sitztheorie.[1] Gesellschaftsstatut ist danach das Recht desjenigen Staates, in dem die Gesellschaft ihren Verwaltungssitz hat. Maßgeblich ist nicht der in der Satzung genannte, sondern der tatsächliche Verwaltungssitz einer Gesellschaft, d.h. der Ort, an dem sich ihre Hauptverwaltung (Geschäftsleitung) befindet. Dieses Recht bestimmt, 3

1 BGHZ 25, 134, 144 = NJW 1957, 1433; BGHZ 53, 181, 183 = NJW 1970 998 m. Anm. *Langen*; BGHZ 78, 318, 334 = NJW 1981, 532; BGHZ 97, 269, 271 = NJW 1986, 2194; BGHZ 128, 41, 44; BGH, NJW 1998, 2452; BGH, ZIP 2000, 967 = EuZW 2000, 412; OLG Hamburg, IPRspr. 1977 Nr. 5; KG, NJW 1989, 3100, 3101; LG Rottweil, IPRax 1986, 110, 111; weitere Nachw. bei GroßkommGmbHG/*Behrens*, 2006, Einl. B., Rn. B 68; AnwKommBGB/*Hoffmann*, 2005, Anh. Art. 12 EGBGB, Rn. 14; *Michalski/Leible*, GmbHG, 2002, Syst. Darst. 2, Rn. 81; *Palandt/Heldrich*, BGB, 65. Aufl. 2006, Anh. zu Art. 12 EGBGB, Rn. 11; *Scholz/Westermann*, GmbHG, 9. Aufl. 2000, Einl., Rn. 101 und 102; *Staudinger/Großfeld*, Neubearb. 1998, IntGesR, Rn. 265.

„unter welchen Voraussetzungen die juristische Person entsteht, lebt und vergeht".[2] Ausweislich der Akten ist die Klägerin auf Ibiza domiziliert. Eindeutige Anhaltspunkte dafür, dass sie nur von Deutschland aus verwaltet wird, sich ihre Hauptverwaltung also hier befindet, ergeben sich aus den Akten nicht. Anwendung findet daher spanisches Recht.

4 Rein hilfsweise sei darauf hingewiesen, dass es an der Anwendung spanischen Rechts auch nichts ändern würde, wenn sich die Hauptverwaltung der Klägerin in Deutschland befände.[3] Einschlägig ist insoweit Art. XV des deutsch-spanischen Niederlassungsvertrags vom 23.4.1970,[4] dem konstitutiver Charakter zukommt, sofern er zur Anerkennung von Gesellschaften verpflichtet, die nach dem Recht des anderen Vertragsstaats wirksam gegründet wurden.[5]

5 Und selbst wenn man die Vorschrift nur als deklaratorisch betrachten würde, wäre gleichwohl das Gründungsrecht heranzuziehen, entnimmt doch der EuGH der Niederlassungsfreiheit (Art. 43, 48 EGV) unmittelbar eine eigenständige europäische Kollisionsnorm[6] und schreibt deren vorrangige Anwendung auf mitgliedstaatliche Kapitalgesellschaften zwingend vor. Diese Kollisionsnorm verweist für die Anknüpfung des Gesellschaftsstatuts immer dann auf das Recht des Inkorporationsstaates, wenn die betroffene Gesellschaft

- nach dem Recht eines anderen Mitgliedstaates wirksam gegründet worden ist,
- zumindest ihren Satzungssitz in der Gemeinschaft hat,
- nach ihrem Gründungsrecht als juristische Person ausgestaltet ist und
- ihr vom Gründungsrecht nicht aufgrund ihres Wegzugs die Rechtspersönlichkeit wieder aberkannt worden ist.[7]

6 Die drei letztgenannten Voraussetzungen werden von der Klägerin erfüllt. Die Wirksamkeit ihrer Gründung ist später zu prüfen.

b) Reichweite des Gesellschaftsstatuts

7 Die Gründung der Gesellschaft richtet sich nach ihrem Personalstatut, hier also spanischem Recht. Dieses entscheidet über die Voraussetzungen einer Gesellschaftsgründung, etwa den Mindest- und den erlaubten Inhalt des Gesellschaftsver-

---

2 BGHZ 25, 134, 144 = NJW 1957, 1433, 1434.

3 Vgl. zu derartigen Fällen jüngst auch *Sandrock*, RIW 2006, 658.

4 BGBl. 1970 II 1041.

5 *Ebenroth/Bippus*, DB 1988, 842, 843 f.; *Großfeld/Jasper*, RabelsZ 53 (1989), 53, 55; *Krupski*, ZVglRWiss 96 (1997), 406, 423; *Michalski/Leible* (o. Fn. 1), Rn. 43; *Sandrock* (o. Fn.3), 661; a.A. *von Bar*, IPR II, 1991, Rn. 65; *Kegel/Schurig*, IPR, 9. Aufl. 2004, § 17 II 5 c; *Steiger*, RIW 1999, 169.

6 Vgl. m.w.N. *Leible/Hoffmann*, RIW 2002, 925, 930 ff.

7 Näher *Hirte/Bücker (Leible)*, Grenzüberschreitende Gesellschaften, 2. Aufl., 2006, § 11 Rn. 3.

trags, die Notwendigkeit einer Registereintragung, die Übernahme und Zeichnung von Geschäftsanteilen, Fragen der Kapitalaufbringung (und damit auch die Höhe und Wirksamkeit von Sacheinlagen), die Gründerhaftung usw. Dem Gesellschaftsstatut sind außerdem die mit der Gründung verbundenen Rechtsfolgen zu entnehmen (Erlangung von Rechtsubjektivität etc.).[8] Nach ihm beurteilt sich weiterhin, ob eine Gesellschaft rechtsfähig ist, wann sie dies geworden ist und wann ihre Rechtsfähigkeit endet.[9] Ebenso wie die Rechts- richtet sich auch die Geschäftsfähigkeit einer Gesellschaft, d. h. die Frage, welche Organe die Gesellschaft in welchem Umfang vertreten können, nach ihrem Personalstatut.[10] Von der gesetzlichen ist die gewillkürte Vertretung der Gesellschaft zu unterscheiden. Die Vertretungsmacht von Hilfspersonen der Gesellschaft auf Grund rechtsgeschäftlich erteilter Vollmachten richtet sich nicht nach dem Gesellschafts-, sondern dem Vollmachtsstatut.[11] Darauf, ob ihr Inhalt bzw. ihr Umfang gesetzlich zwingend geregelt ist – wie etwa bei der Prokura –, kommt es nicht an.[12]

2. Materielles spanisches Recht

a) Gründung der H. S.L.

Gem. Art. 11 Abs. 1 der *Ley de Sociedades de Responsabilidad Limitada* (LSRL)[13] entsteht die spanische GmbH (*Sociedad de Responsabilidad Limitada,* kurz S.L.) durch eine Gründungsurkunde, die im Handelsregister eingetragen werden muss: 8

„La sociedad se constituirá mediante escritura pública, que deberá ser inscrita en el Registro Mercantil. Con la inscripción adquirirá la sociedad de responsabilidad limitada su perso-	Die Gründung der Gesellschaft erfolgt in einer notariellen Urkunde, die im Handelsregister eingetragen werden muss. Mit der Eintragung erwirbt die Gesellschaft mit be-

8 *Michalski/Leible* (o. Fn. 1), Rn. 61.

9 BGHZ 25, 134, 144 = NJW 1957, 1433; BGHZ 53, 181, 183 = NJW 1970, 998 m. Anm. *Langen*; BGHZ 78, 318, 334 = NJW 1981, 532; BGHZ 97, 269, 271 = NJW 1986, 2194; BGHZ 128, 41, 44; BGH, NJW 1998, 2452; BGH, EuZW 2000, 412; OLG Hamburg, IPRspr. 1977 Nr. 5; KG, NJW 1989, 3100, 3101; LG Rottweil, IPRax 1986, 110, 111; *Palandt/Heldrich* (o. Fn. 1), Anh. zu Art. 12 EGBGB, Rn. 7; *Michalski/Leible* (o. Fn. 1), Syst. Darst., Rn. 81; *Scholz/Westermann* (o. Fn. 1), Einl., Rn. 101 und 102; *Staudinger/Großfeld* (o. Fn. 1), Rn. 265.

10 BGHZ 32, 256, 258; 40, 197; 128, 41, 44; BGH, NJW 1965, 1664; 1992, 618; 1993, 2744, 2745.

11 *Spellenberg,* Geschäftsstatut und Vollmacht im internationalen Privatrecht, 1979, 225; *von Caemmerer,* RabelsZ 24 (1959), 201, 205; OLG Frankfurt, BB 1976, 569.

12 Dazu m.w.N. *Leible,* IPRax 1997, 133, 135. Anders hingegen für kaufmännische Vollmachten etwa BGH, NJW 1992, 618.

13 Ley 2/1995, de 23 de marzo; Abdruck des Gesetzes in spanischer Sprache mitsamt deutscher Übersetzung in *Reckhorn-Hengemühle,* Die neue spanische GmbH nach dem Gesetz 2/1995 vom 23. März 1995, 1997.

nalidad jurídica."

schränkter Haftung ihre Rechtspersönlichkeit.

9 Auch wenn die von der Klägerin vorgelegte notarielle Urkunde vom 8.10.1999 nicht die Gründungsurkunde ist, sondern lediglich der Erwerb der Gesellschaftsanteile beurkundet wird, ergibt sich aus ihrem Inhalt doch deutlich, dass eine Gründungsurkunde existiert und diese auch in das Handelsregister von Ibiza eingetragen worden ist. Durchgreifende Gründe, an der rechtlichen Existenz der Klägerin zu zweifeln, sind daher nicht ersichtlich.

b) Vertretung der H. S.L.

10 Das spanische Recht sieht in Art. 57 LSRL verschiedene Formen der Verwaltung einer SL vor:

„1. La administración de la sociedad se podrá confiar a un administrador único, a varios administradores que actúen solidaria o conjuntamente, o a un Consejo de Administración."

1. Die Verwaltung der Gesellschaft kann einem alleinigen Verwalter, mehreren Verwaltern, die gesamtschuldnerisch oder gemeinschaftlich handeln, oder einem Verwaltungsrat anvertraut werden.

11 Welche Form der Verwaltung gewählt wird, ist im Gesellschaftsvertrag festzulegen. Der oder die Verwalter vertreten dann gem. Art. 62 LSRL die *Sociedad Limitada:*

„1. La representación de la sociedad, en juicio y fuera de él, corresponde a los administradores.

2. La atribución del poder de representación a los administradores se regirá por las siguientes reglas:

a) En el caso de administrador único, el poder de representación corresponderá necesariamente a éste.

b) En caso de varios administradores solidarios, el poder de representación corresponde a cada administrador, sin perjuicio de las disposiciones estatutarias o de los acuerdos de la Junta sobre distribución de facultades, que tendrán un alcance meramente interno.

[...]"

1. Die gerichtliche und außergerichtliche Vertretung der Gesellschaft obliegt den Verwaltern.

2. Die Übertragung der Vertretungsbefugnis auf die Verwalter richtet sich nach den folgenden Vorschriften:

a) Im Falle eines alleinigen Verwalters obliegt diesem zwangsläufig die Vertretung der Gesellschaft.

b) Im Falle mehrerer gesamtschuldnerisch handelnder Verwalter obliegt die Vertretung jedem einzelnen Verwalter, unbeschadet der gesellschaftsvertraglichen Regelungen oder der Beschlüsse der Gesellschafterversammlung hinsichtlich der Verteilung der Befugnisse, die nur interne Bindungswirkung entfaltet.

[...]

Zuständig für die Bestellung der Verwalter ist gem. Art. 58 Abs. 1 LSRL die Gesellschafterversammlung: 12

„La competencia para el nombramiento de los administradores corresponde exclusivamente a la Junta General.“	Die Bestellung der Verwalter obliegt ausschließlich der Gesellschafterversammlung.

Aus der Urkunde vom 8.10.1999 ergibt sich, dass Herr R. H. von der Gesellschafterversammlung der H. S.L. zum alleinigen Verwalter *(administrador único)* bestellt wurde und damit zunächst allein vertretungsberechtigt war. Der Umfang seiner Vertretungsmacht richtet sich nach Art. 63 LSRL, dessen Abs. 1 bestimmt: 13

„La representación se extenderá a todos los actos comprendidos en el objeto social delimitado en los estatutos. Cualquier limitación de las facultades representativas de los administradores, aunque se halle inscrita en el Registro Mercantil, será ineficaz frente a terceros.“	Die Vertretungsmacht erstreckt sich auf alle Handlungen, die von dem im Gesellschaftsvertrag festgelegten Gesellschaftszweck erfasst werden. Jede Einschränkung der Vertretungsbefugnisse der Verwalter ist, selbst wenn sie im Handelsregister eingetragen ist, Dritten gegenüber unwirksam.

Der Verwalter einer S.L. hat das Recht, mittels eines Dienstvertrages einen Geschäftsführer einzustellen. Dieser Geschäftsführer ist jedoch nicht Verwaltungsorgan der S.L., darf also nicht mit einem GmbH-Geschäftsführer deutschen Zuschnitts verwechselt werden, sondern hat nur eine kaufmännische Vollmacht erhalten und ist i.d.R. lediglich ein Arbeitnehmer, der in einer besonderen Arbeitsbeziehung zu seinem Arbeitgeber steht.[14] Herr B. handelt im Brief vom 1.6.2001 als Geschäftsführer der Gesellschaft. Gemeint ist damit wohl ein *gerente* i.S.v. Art. 283 des spanischen Handelsgesetzbuchs (*Código de Comercio*, CCom), da der Gutachter den Akten eine zu diesem Zeitpunkt wirksame Bestellung von Herrn B. zum Verwalter nicht entnehmen konnte. Der CCom regelt die Vertretungsbefugnisse des Geschäftsführers in Art. 281-291. Danach ist der Geschäftsführer ein Bevollmächtigter, der wenigstens die Befugnis haben muss, die Gesellschaft zu vertreten und Verträge namens der Gesellschaft zu schließen (Art. 283 i.V.m. Art. 281 CCom). Seine Ernennung kann ausdrücklich oder stillschweigend erfolgen. Wenn die Ernennung, was die Regel ist, ausdrücklich erfolgt, bedarf es hierfür einer öffentlichen Urkunde, die zudem in das Handelsregister eingetragen sein muss (Art. 22 Abs. 1 CCom, Art. 87 Abs. 2, 94 Abs. 5 RRM). Dem gegenüber steht der *factor notorio*, der zwar regelmäßig im Namen der Gesellschaft handelt und von Dritten als Be- 14

[14] Real Decreto 1382/1985, de 1 de agosto, por el que se regula la relación laboral de carácter especial del personal de alta dirección.

vollmächtigter gesehen wird, tatsächlich jedoch über keine ausdrückliche Ermächtigung im vorgenannten Sinne verfügt.

15 Der Geschäftsführer handelt immer *contemplatio domini*. Für positive oder negative Folgen seiner Handlungen haftet mithin die Gesellschaft.[15]

Art. 286 CCom:

„Los contratos celebrados por el factor de un establecimiento o empresa fabril o comercial, cuando notoriamente pertenezca a una empresa o sociedad conocidas, se entenderán hechos por cuenta del propietario de dicha empresa o sociedad, aun cuando el factor no lo haya expresado al tiempo de celebrarlo, o se alegue abuso de confianza, transgresión de facultades o apropiación por el factor de los efectos objeto del contrato, siempre que estos contratos recaigan sobre objetos comprendidos en el giro y tráfico del establecimiento, o si, aun siendo de otra naturaleza, resultare que el factor obró con orden de su comitente, o que éste aprobó su gestión en términos expresos o por hechos positivos."

Deutsch:[16]

Die von dem Handlungsbevollmächtigten einer Fabrik- oder Handelsniederlassung oder eines derartigen Unternehmens abgeschlossenen Verträge werden, wenn er offenkundig einem bekannten Unternehmen oder einer bekannten Gesellschaft angehört, als für Rechnung des Eigentümers besagten Unternehmens oder der Gesellschaft abgeschlossen angesehen, auch wenn der Handlungsbevollmächtigte dies zur Zeit ihres Abschlusses nicht angegeben hat oder Vertrauensbruch, Überschreitung der Befugnisse oder die durch den Handlungsbevollmächtigten erfolgte Aneignung der Güter, die Gegenstand des Vertrags sind, geltend gemacht werden; vorausgesetzt ist hierbei immer, dass diese Verträge sich auf Gegenstände beziehen, die in den Handelsverkehr und den Geschäftsbetrieb der Niederlassung einbegriffen sind, oder wenn es sich ergibt, dass der Handlungsbevollmächtigte, obwohl die Gegenstände anderer Natur sind, auf Anweisung seines Auftraggebers gehandelt oder dass dieser seine Geschäftsführung ausdrücklich oder durch positive Handlung gebilligt hat.

16 Der Handelsregisterauszug vom 29.3.2005 weist schließlich die Herren D. L. und B. B. als für einen unbestimmten Zeitraum berufene gesamtschuldnerisch handelnde Verwalter *(administradores solidarios)* aus. Die dieser Berufung zugrundeliegenden Gesellschafterbeschlüsse, die wohl am 16.12.2004 gefasst und beurkundet wurden, liegen dem Gutachter nicht vor. Ausweislich des

[15] *Broseta Pont/Martínez Sanz*, Manual de Derecho mercantil, Vol. I, 12. Aufl. 2005, 114.

[16] Übersetzungen des CCom sind entnommen *Löber/Peuster/Reichmann*, Spanisches Handelsgesetzbuch - Código de Comercio, Band I, 1984.

Handelsregisterauszugs vom 29.3.2005 erfolgte die nach Art. 57 Abs. 3 LSRL erforderliche Handelsregistereintragung am 9.3.2005, sodass die beiden Herren jedenfalls ab diesem Zeitpunkt als *administradores solidarios* vertretungsberechtigt waren.

II. Wirksamer Eigentumserwerb durch die Klägerin

1. Anwendbares Recht

a) Kaufvertrag

17 Gem. Art. 27 Abs. 1 S. 1 EGBGB unterliegt der Vertrag dem von den Parteien gewählten Recht. Den zwischen Herrn L. und der Klägerin geschlossenen Kaufvertrag konnte der Gutachter den Akten allerdings nicht entnehmen. Im Zweifel wird spanisches Recht gewählt worden sein. Selbst wenn eine derartige Rechtswahlbestimmung fehlen sollte, findet spanisches Recht kraft objektiver Anknüpfung Anwendung. Gem. Art. 28 Abs. 1 EGBGB unterliegt der Vertrag dem Recht des Staates, mit dem er die engste Verbindung aufweist. Bei Grundstücksgeschäften wird gem. Art. 28 Abs. 3 EGBGB vermutet, dass die engste Verbindung zu dem Staat besteht, in dem das Grundstück belegen ist, also zu Spanien. Diese Vermutung gilt gem. Art. 28 Abs. 5 EGBGB nicht, sofern sich aus der Gesamtheit der Umstände ergibt, dass der Vertrag engere Verbindungen mit einem anderen Staat aufweist. Derartige Umstände sind im vorliegenden Fall nicht zu erkennen.

18 Gem. Art. 35 Abs. 2 EGBGB gilt allerdings immer dann, wenn ein Staat mehrere Gebietseinheiten umfasst, von denen jede für vertragliche Schuldverhältnisse ihre eigenen Rechtsvorschriften hat, für die Bestimmung des auf diese anzuwendenden Rechts jede Gebietseinheit als Staat. Unter diese Vorschrift fallen z.B. auch die Rechtsunterschiede in Spanien,[17] wo zwischen gemeinspanischem Recht und mehreren besonderen Zivil- bzw. Foralrechten zu unterscheiden ist.[18] Derartige Foralrechte existieren u.a. auf den Balearen. Einschlägig ist die *Compilación del Derecho Civil de Baleares*,[19] deren drittes Buch *(libro III)* von den auf der Insel Ibiza anwendbaren Vorschriften *(de las disposiciones aplicables en la isla de Ibiza)* handelt. Zu beachten ist außerdem, dass es sich bei der von Art. 28 EGBGB ausgesprochenen Verweisung gem. Art. 35 Abs. 1 EGBGB um eine Sachnormverweisung handelt. Darauf, ob das Recht, auf das verwiesen wird, die Verweisung annimmt, d.h. ebenfalls zur Anwendung seiner Sachnormen gelangt, kommt es daher nicht an.

---

[17] AnwKommBGB/*Leible*, Art. 35 EGBGB, Rn. 6.

[18] Allgemein zur Anknüpfung unter Berücksichtigung der Rechtsspaltung im spanischen Privatrecht *Jayme*, RabelsZ 55 (1991), 303 ff.; *Hellmich*, Kreditsicherungsrechte in der spanischen Mehrrechtsordnung, 2000, 38 ff.

[19] DL 79/1990 de 6 de septiembre de 1990, BOCAIB v. 2.10.1999.

19 In Übereinstimmung mit Art. 149 Abs. 1 Nr. 8 der spanischen Verfassung, der die Gesetzgebung über die „Grundlagen der vertraglichen Verpflichtungen" dem Zentralstaat vorbehält,[20] finden sich in der erwähnten *Compilación* – anders als etwa im Recht von Navarra – jedoch nur eng umgrenzte familien-, erb- und sachenrechtliche, nicht aber vertragsrechtliche Regelungen. Anwendung findet insoweit gemeinspanisches Recht (Art. 1 Abs. 3 der *Compilación del Derecho Civil de Baleares*).

b) Form

20 Der Grundstückskaufvertrag ist gem. Art. 11 Abs. 1 EGBGB formgültig, wenn er entweder die Formerfordernisse des auf den Vertrag anwendbaren Rechts oder des Rechts des Staates, in dem der Vertrag geschlossen wurde, erfüllt. Beide Anknüpfungen führen zum spanischen Recht.[21] Zwar handelt es sich um eine Sachnormverweisung, die gem. Art. 4 Abs. 3 S. 1 EGBGB zum Recht der Balearen führt. Mangels eigener Vorschriften über die Form von Grundstückskaufverträgen findet insoweit aber gemeinspanisches Recht Anwendung (vgl. auch Art. 1 Abs. 3 der *Compilación del Derecho Civil de Baleares*). Darauf, ob das Recht, auf das verwiesen wird, die Verweisung annimmt, kommt es nicht an, da es sich bei der von Art. 11 EGBGB ausgesprochenen Verweisung um eine Sachnormverweisung i.S.v. Art. 3 Abs. 1 S. 2 EGBGB handelt.

c) Sachenrechtlicher Erwerbsvorgang

21 Für die Beurteilung des sachenrechtlichen Erwerbsvorgangs ist gem. Art. 43 Abs. 1 EGBGB die lex rei sitae maßgeblich, also spanisches Recht, da Sondervorschriften der Balearen nicht ersichtlich sind (Art. 4 Abs. 3 S. 1 EGBGB i.V.m. Art. 1 Abs. 3 der *Compilación del Derecho Civil de Baleares*).[22] Gleiches gilt gem. Art. 11 Abs. 5 EGBGB für die diesbezüglichen Formerfordernisse.

2. Materielles spanisches Recht

22 Damit die Klägerin überhaupt Ansprüche gegen die Beklagten geltend machen kann, muss sie rechtswirksam Eigentümerin des Grundstücks geworden sein, was

---

[20] Zu den Einzelheiten vgl. m.w.N. *Hellmich* (o. Fn. 18), 25 ff.

[21] Auf Art. 11 Abs. 4 EGBGB ist nicht zurückzugreifen, da die spanischen Vorschriften über Formerfordernisse bei Immobiliengeschäften (dazu unten) nicht international zwingend sind.

[22] Die Art. 54 ff. der Compilación del Derecho Civil de Baleares enthalten lediglich Normen für besondere Formen von mit dinglicher Wirkung ausgestalteten Wohnrechten; vgl. dazu unten Rn. 55 ff.

von den Beklagten freilich bestritten wird. Die Frage des Eigentumsübergangs an Sachen regelt zunächst Art. 609 Abs. 2 *Código civil* (CC):[23]

„La propiedad y los demás derechos reales sobre los bienes se adquieren y transmiten por la ley, por donación, por sucesión testada e intestada y por consecuencia de ciertos contratos mediante la tradición.“	Das Eigentum und die übrigen Rechte an Gütern werden durch das Gesetz, durch Schenkung, durch testamentarische oder gesetzliche Erbfolge und als Folge gewisser Verträge mittels Übergabe erworben und übertragen.

Damit folgt das spanische Recht bei der Eigentumsübertragung der so genannte *Teoría del título y del modo.*[24] Danach und anders als im deutschen Recht wird das Eigentum an beweglichen oder unbeweglichen Sachen durch einen Erwerbsgrund *(título)* und eine Erwerbsart *(modo)* erworben. Erwerbsgrund ist im vorliegenden Fall der Kaufvertrag. Erwerbsart ist die Übergabe, die verschiedene Formen haben kann, unter anderen gem. Art. 1462 Abs. 2 CC die der öffentlichen Urkunde: 23

„Cuando se haga la venta mediante escritura pública, el otorgamiento de ésta equivaldrá a la entrega de la cosa objeto del contrato, si de la misma escritura no resultare o se dedujere expresamente lo contrario.“	Erfolgt der Verkauf mittels öffentlicher Urkunde, so steht deren Ausfertigung der Übergabe der Sache, die Gegenstand des Vertrages ist, gleich, sofern sich aus derselben Urkunde nicht das Gegenteil ergibt oder deutlich ableiten lässt.

Eine den spanischen Vorschriften entsprechende Übertragung ist im vorliegenden Fall zweifelsohne gegeben, da die Klägerin unbestritten einen Kaufvertrag mit dem Eigentümer L. geschlossen hat und dieser notariell beurkundet wurde. Hinzu kommt, dass auch eine tatsächliche Übergabe stattgefunden hat, sodass spätestens zu diesem Zeitpunkt das Eigentum überging, da Art. 609 Abs. 1 CC auch ohne notarielle Beurkundung des Kaufvertrags[25] die bloße Inbesitznahme für einen Eigentumsübergang bei lediglich privatschriftlich geschlossenen Kaufverträgen ausreichen lässt. 24

---

[23] Abdruck des Código Civil mit deutscher Übersetzung bei *Peuster*, Código Civil. Das spanische Zivilgesetzbuch. Spanisch-deutsche Textausgabe, 2002. Die hier verwendeten Übersetzungen des CC sind diesem Werk entnommen.

[24] Vgl. u.a. *Díez-Picazo/Gullón*, Sistema de Derecho civil, Vol. III: Derecho de cosas, Derecho Inmobiliario y Registral, 1989, 68 f.; *Lasarte Álvarez*, Principios de Derecho civil, Tomo cuarto: Propiedad y Derechos reales, primera parte, 1996, 49 f.; *Adomeit/Frühbeck*, Einführung in das spanische Recht, 2001, 57.

[25] Die notarielle Beurkundung des Kaufvertrags ist nach spanischem Recht allerdings Voraussetzung für die - für den Eigentumsübergang nicht konstitutive - Grundbucheintragung.

25 Durchgreifende Gründe, die an der Rechtswirksamkeit des Kaufvertrags zweifeln lassen, sind von den Beklagten nicht vorgetragen worden. Außerdem war der Voreigentümer L. – vom Nießbrauchrecht abgesehen – ohne jede Beschränkung als alleiniger Eigentümer im Grundbuch eingetragen. Eine eventuelle Verletzung interner Absprachen mit Herrn K. über eine Weiterveräußerung des Grundstücks wäre schon aufgrund des durch das Grundbuch vermittelten guten Glaubens unbeachtlich. Nach *Díez-Picazo/Gullón*[26] zählen zwar nicht nur die absoluten Verbote, sondern ebenso teilbare Verbote und Bedingungen zu den im spanischen Recht unter Ausnahme testamentarischer Beschränkungen nicht geregelten Verfügungsbeschränkungen, doch sind diese Dritten gegenüber unbeachtlich und zeitigen rechtliche Folgen nur als sog. „interne Vereinbarungen", etwa in der Form von Schadenersatz wegen Nichterfüllung. Hinzu kommt, dass Art. 27 des spanischen Hypothekengesetzes *(Ley Hipotecaria)*[27] ausdrücklich ihre Nichteintragbarkeit im Grundbuch hervorhebt:

„Las prohibiciones de disponer que tengan su origen en actos o contratos de los no comprendidos en el artículo anterior,[28] no tendrán acceso al Registro, sin perjuicio de que mediante hipoteca o cualquier otra forma de garantía real se asegure su cumplimiento."

Verfügungsbeschränkungen, die auf nicht im vorherigen Artikel genannten Handlungen oder Verträgen beruhen, können nicht in das Grundbuch eingetragen werden, unbeschadet der Möglichkeit, mittels einer Hypothek oder irgendeiner anderen Realsicherheit ihre Einhaltung abzusichern.

26 Die zweite Ergänzungsfrage des Gerichts ist angesichts der Übereinstimmung zwischen Realität und Grundbucheintragung lediglich hypothetischer Natur. Rein vorsorglich ist dazu jedoch anzumerken, dass bei einem fehlenden rechtswirksamen Eigentumsübergang die Grundbucheintragung nach spanischem Recht zwar keine Eigentümerstellung vermittelt, aber immerhin Dritten gegenüber den guten Glauben begründet, der Eingetragene sei auch der tatsächliche Eigentümer.

III. Entstehung und Fortbestand des Nießbrauchrechts

27 Unter einem Nießbrauch (usufructo) versteht das spanische Recht ein Recht an einer fremden Sache oder „ius in re alliena", das dergestalt ausgestaltet ist, dass die Sache dem Berechtigten zwar nicht gehört, ihm aber ein umfassendes Nutzungsrecht an dieser zusteht (vgl. auch Art. 467 CC, wiedergegeben unter Rn. 30). Das

---

26 *Díez-Picazo/Gullón* (o. Fn. 24), 59.

27 Ley Hipotecaria, Texto Refundido según Decreto de 8 de febrero de 1946.

28 Art 26 LH bezieht sich auf legale, gerichtliche, administrative oder testamentarische Verfügungsbeschränkungen.

Nießbrauchrecht kann gem. Art. 468 CC auf unterschiedliche Art und Weise entstehen:

„El usufructo se constituye por la ley, por la voluntad de los particulares manifestada en actos entre vivos o en última voluntad, y por prescripción."	Der Nießbrauch wird durch das Gesetz begründet, durch den in Handlungen unter Lebenden oder im letzten Willen offenbarten Willen von Privatpersonen oder durch Ersitzung.

Im vorliegenden Fall wurde der Nießbrauch durch Vertrag und damit durch einen *acto entre vivos* i.S.v. Art. 468 CC begründet. Das Nießbrauchrecht haftet auch im spanischen Recht der mit ihm belasteten Sache an, so dass es mangels gegenteiliger Absprache mit dem Nießbrauchberechtigten durch die Übereignung der Sache unberührt bleibt. Der neue Eigentümer muss den Nießbrauch dulden, da er nicht die *plena propiedad*, sondern lediglich das mit dem Nießbrauch belastete Eigentum erworben hat. 28

Ein Nießbrauch kann – wie im vorliegenden Fall – auch für einen Teil einer Sache bestellt werden, und zwar auch zu Gunsten mehrerer Personen. Der Nießbrauch ist regelmäßig ein zeitlich befristetes Recht, das spätestens mit dem Tod des Nießbrauchberechtigten endet. Den Parteien hätte es freilich frei gestanden, kein lebenslanges Nießbrauchrecht zu vereinbaren, sondern den Nießbrauch z.B. auf zehn Jahre zu befristen, wie sich eindeutig aus Art. 469 und 513 CC ergibt: 29

Art. 469 CC:	*Deutsch:*
„Podrá constituirse el usufructo en todo o parte de los frutos de la cosa, a favor de una o varias personas, simultánea o sucesivamente, y en todo caso desde o hasta cierto día, puramente o bajo condición. […]"	Der Nießbrauch kann insgesamt oder für einen Teil der Früchte der Sache bestellt werden, zugunsten einer oder mehrerer Personen, gleichzeitig oder nacheinander, und in jedem Fall von oder bis zu einem bestimmten Tag, unbedingt oder unter Bedingung.

Art. 513 CC:	
„El usufruct se extingue:	Der Nießbrauch erlischt:
1. Por muerte del usufructuario.	1. durch den Tod des Nießbrauchers;
2. Por expirar el plazo por que se constituyó, o cumplirse la condición resolutoria consignada en el título constitutivo.	2. durch Ablauf der Frist, für die er bestellt ist, oder durch Erfüllung der auflösenden Bedingung, die im Bestellungstitel festgehalten ist;
3. [...]"	3. [...]

IV. Pflichten und Rechte des Nießbrauchberechtigten

1. Inhalt des Nießbrauchrechts

30 Eine inhaltliche Definition des Nießbrauchrechts findet sich in Art. 467 CC. Bereits daraus lassen sich einige Hinweise auf die Pflichten und Rechte des Nießbrauchberechtigten entnehmen:

„El usufructo da derecho a disfrutar los bienes ajenos con la obligación de conservar su forma y sustancia, a no ser que el título de su constitución o la ley autoricen otra cosa.“	Der Nießbrauch gibt das Recht, Nutzungen aus fremden Gütern zu ziehen, und zwar unter der Verpflichtung, ihre Form und Substanz zu erhalten, sofern der Titel der Nießbrauchbestellung oder das Gesetz nicht anderes erlauben.

31 Der CC legt dann im Einzelnen und durchaus detailliert die Rechte (Art. 471 ff. CC) und Pflichten (Art. 491 ff.) des Nießbrauchberechtigten fest. Art. 470 CC hebt freilich hervor, dass die Vorgaben des Gesetzes nicht zwingend sind:

„Los derechos y las obligaciones del usufructo serán los que determine el título constitutivo del usufructo; en su defecto, o por insuficiencia de éste, se observarán las disposiciones contenidas en las dos secciones siguientes.“	Die Rechte und Pflichten des Nießbrauchers sind diejenigen, die der Titel der Nießbrauchbestellung bestimmt; fehlt ein Titel oder reicht er nicht aus, so gelten die Bestimmungen der folgenden beiden Abschnitte.

32 Die Regelungen des CC sind folglich nur dispositiv, greifen also lediglich, sofern nicht in dem der Nießbrauchbestellung zu Grunde liegenden Vertrag, Testament usw. etwas anderes vereinbart ist. Besondere Vereinbarungen über die Rechte und Pflichten der Nießbrauchberechtigten lassen sich der notariellen Urkunde vom 9.5.1997 freilich nicht entnehmen. Es bleibt insoweit bei der gesetzlichen Regelung, mithin den Vorgaben des CC.

2. Nießbrauch an einem Teil des Eigentums (Bruchteilsnießbrauch)

33 Der vorliegende Fall ist durch die Besonderheit gekennzeichnet, dass der Nießbrauch nicht am gesamten Grundstück, sondern nur an einem unteilbaren Teil desselben begründet wurde, nämlich an 50 % des Gesamtgrundstücks. Eigentümer und Nießbraucher besitzen und nutzen das Grundstück also gemeinsam. Eine besondere Regelung für Sachen, die in gemeinschaftlichem Besitz stehen, findet sich in Art. 490 CC:

„El usufructuario de parte de una cosa poseida en común ejercerá todos los derechos que correspondan al propietario de ella referentes a la administración y a la percepción de frutos o intereses. Si cesare la comunidad por división de la cosa común, corresponderá al usufructuario el usufructo de la parte que se adjudicare al propietario o condueño.“

Der Nießbraucher des Teils einer Sache, die in gemeinschaftlichem Besitz steht, übt alle Rechte aus, die dessen Eigentümer hinsichtlich der Verwaltung und der Erzielung von Früchten und Zinsen zustehen. Endet die Gemeinschaft dadurch, dass die gemeinschaftlich besessene Sache aufgeteilt wird, so steht dem Nießbraucher der Nießbrauch an demjenigen Teil zu, der dem Eigentümer oder Mitinhaber zugesprochen wird.

Die Norm wird über ihren Wortlaut hinaus nicht nur auf Fälle angewendet, in denen das Grundstück mehreren Eigentümern gehört, sondern auch auf solche, in denen mehreren Personen gleichrangige Nutzungsbefugnisse gebühren.[29] Zu beachten sind daher nicht nur die Regelungen des Nießbrauchrechts, sondern ergänzend, d.h. soweit gesetzliche Regelungen des Nießbrauchrechts dem nicht entgegenstehen, auch diejenigen über das Miteigentum.[30] Art. 393 CC führt zum Miteigentum aus: 34

„El concurso de todos los partícipes, tanto en los beneficios como en las cargas, será proporcional a sus respectivas cuotas.

Se presumirán iguales, mientras no se pruebe lo contrario, las porciones correspondientes a los partícipes en la comunidad.“

Das Verhältnis der Teilhaber untereinander entspricht sowohl in den Vorteilen als auch in den Lasten ihren jeweiligen Anteilen.

Die Anteile, die den Teilhabern an der Gemeinschaft zustehen, gelten als gleich, solange nicht das Gegenteil beweisen wird.

3. Die Pflichten des Nießbrauchberechtigten

Eine sehr allgemein gehaltene Regel findet sich zunächst in Art. 497 CC: 35

„El usufructuario deberá cuidar las cosas objeto del usufructo como un buen padre de familia.“

Der Nießbraucher muss die in Nießbrauch gegebenen Sachen wie ein guter Familienvater bewahren.

---

[29] Vgl. auch sentencia del Tribunal Superior de Justicia de Aragón vom 8.3.2005 FJ 1: „No hay comunidad si los derechos que recaen sobre un mismo objeto son heterogéneos, así no la hay entre el nudo propietario y el usufructuario, pero si corresponden a varios sujetos en virtud de derechos heterogéneos las mismas facultades, hay que aplicar, en cuanto a esas facultades, las normas de la comunidad; en este sentido puede verse el artículo 490 del Código Civil.“ Ähnlich sentencia de la Audiencia Provincial de Madrid v. 11.4.2000, FJ 4.

[30] Vgl. auch *Santos Briz*, Derecho civil. Teoría y práctica, 1973, 49; Sentencia de la Audiencia Provincial de Madrid v. 11.4.2000, FJ 4.

a) Reparaturkosten

36 Art. 500 CC konkretisiert diese Regelung für den Fall gewöhnlicher Reparaturen:

„1. El usufructuario está obligado a hacer las reparaciones ordinarias que necesiten las cosas dadas en usufructo.	1. Der Nießbraucher ist verpflichtet, die gewöhnlichen Reparaturen durchzuführen, die für die in Nießbrauch gegebenen Sachen erforderlich sind.
2. Se considerarán ordinarias las que exijan los deterioros o desperfectos que procedan del uso natural de las cosas y sean indispensables para su conservación. Si no las hiciere después de requerido por el propietario, podrá éste hacerlas por sí mismo a costa del usufructuario.“	2. Als gewöhnlich gelten diejenigen Reparaturen, die die Minderungen und Beschädigungen, welche vom natürlichen Gebrauch der Sachen herrühren, erfordern und die unerlässlich für ihren Erhalt sind. Nimmt er sie nach Aufforderung durch den Eigentümer nicht vor, dann kann dieser sie selbst auf Kosten des Nießbrauchers durchführen.

37 Andererseits verpflichtet Art. 501 CC den Eigentümer, die Kosten aller außergewöhnlichen Reparaturen zu tragen, wobei allerdings die überwiegende Literatur davon ausgeht, dass weder Eigentümer noch Nießbraucher zur Vornahme außergewöhnlicher Reparaturen verpflichtet sind:[31]

„Las reparaciones extraordinarias serán de cuenta del propietario. El usufructuario está obligado a darle aviso cuando fuere urgente la necesidad de hacerlas.“	Die außergewöhnlichen Reparaturen gehen auf Rechnung des Eigentümers. Der Nießbraucher ist verpflichtet, ihm Anzeige zu machen, wenn die Notwendigkeit ihrer Durchführung dringlich ist.

38 Die Einschätzung, welche Ausgaben „unerlässlich für den Erhalt“ der Sachen sind, ist schwierig und obliegt dem Gericht der Ersten Instanz *(Juez de la Primera Instancia)* als Tatsacheninstanz.[32] Entscheidend für das Vorliegen einer „gewöhnlichen Reparatur“ ist letztlich, ob sie der Beseitigung von „Schäden“ dient, die ihren Grund in der üblichen Nutzung der mit dem Nießbrauch belasteten Sache haben. In allen anderen Fällen ist von einer „außergewöhnlichen Reparatur“ auszugehen, und zwar insbesondere dann, wenn es sich um Maßnahmen handelt, die der Beseitigung

---

31 Vgl. m.w.N. *Albácar López/Cavanillas Múgica*, Código Civikl. Doctrina y jurisprudencia, 4. Aufl. 1995, Art. 501 (S. 1208).

32 Sentencia del Tribunal Supremo de 25 de enero de 1912.

von Schäden oder Verschleißerscheinungen dienen, die ihrer üblichen Nutzung nicht inhärent sind.[33]

Festzuhalten bleibt jedenfalls, dass der Nießbrauchberechtigte dem Eigentümer Erstattung der außergewöhnlichen Reparaturkosten verweigern kann, jedoch die Kosten für gewöhnliche Reparaturen, sofern sie vom Eigentümer übernommen wurden, erstatten muss. Eine Erstattungspflicht setzt freilich voraus, dass der Eigentümer den Nießbraucher zuvor unter Setzung einer angemessenen Frist zur Vornahme der erforderlichen gewöhnlichen Reparaturen aufgefordert hat (Art. 500 Abs. 2 S. 2 CC).[34] Ansonsten ist eine Erstattungspflicht ausgeschlossen. Diese Regelung ist indes nicht passgenau, wenn ein Bruchteilsnießbrauch besteht; denn wie soll (ohne vorherige vertragliche Vereinbarung) festgestellt werden, welche Reparaturen der Nießbraucher bei einem Nießbrauch nicht am gesamten Grundstück, sondern nur an einem unteilbaren Teil desselben vorzunehmen hat? M. E. sprechen daher gute Gründe dafür, im vorliegenden Fall unter Rückgriff auf Art. 393 CC von einer Anwendung von Art. 500 Abs. 2 S. 2 CC abzusehen und dem Verwalter der Gesamtanlage das Recht zuzugestehen, die gewöhnlichen Reparaturen vornehmen zu lassen und dann anteiligen Kostenersatz – hier 50 % – fordern zu können. Rechtsprechung und Literatur, die sich mit dieser Frage beschäftigt, konnte der Gutachter allerdings nicht ausfindig machen. 39

Hat der Eigentümer außergewöhnliche Reparaturen vorgenommen, kann er hierfür – wie bereits ausgeführt – keinen Kostenersatz verlangen. Er hat jedoch das Recht, für die restliche Dauer des Nießbrauchs nach Art. 502 Abs. 1 CC den gesetzlichen Zins auf die ihm entstandenen Kosten zu fordern: 40

„1. Si el propietario hiciere las reparaciones extraordinarias, tendrá derecho a exigir al usufructuario el interés legal de la cantidad invertida en ellas mientras dure el usufructo."	1. Führt der Eigentümer die außergewöhnlichen Reparaturen durch, so ist er berechtigt, vom Nießbraucher den gesetzlichen Zins des Betrages zu fordern, der auf die Reparaturen verwendet wurde, solange der Nießbrauch andauert.

Hat hingegen der Nießbrauchberechtigte die außergewöhnliche Reparaturen vornehmen lassen, kann er nach Art. 502 Abs. 2 CC zum Ende des Nießbrauchs Wertausgleich verlangen: 41

„2. Si no las hiciere cuando fuesen indispensables para la subsistencia de	2. Hat er die Reparaturen nicht vorgenommen und sind sie für den Fort-

[33] Vgl. z.B. *Sierra Gil de la Cuesta/de Bustos Gómez Rio*, Comentario del Código Civil, Bd. 3, 2000, 566 (zu Art. 501 CC): Se „considera reparaciones extraordinarias las que sean igualmente indispensables para la conservación de la cosa usufructuada y no sean resultado del deterioro o desgaste inherentes al uso natural de la misma."

[34] *Sierra Gil de la Cuesta/de Bustos Gómez Rio* (o. Fn. 33), 564 (zu Art. 500 CC).

la cosa, podrá hacerlas el usufructuario; pero tendrá derecho a exigir del propietario, al concluirse el usufructo, el aumento de valor que tuviese la finca por efecto de las mismas obras."	bestand der Sache unerlässlich, dann kann der Nießbraucher sie durchführen; aber er hat das Recht, bei Beendigung des Nießbrauchs vom Eigentümer die Wertsteigerung zu verlangen, die das Grundstück infolge dieser Arbeiten aufweist.

42 Ein solcher Anspruch setzt freilich, wie Absatz 2 hervorhebt, voraus, dass die außergewöhnliche Reparatur für den „Fortbestand" der Sache unerlässlich ist (z.B. Reparatur eines eingestürzten Daches).

b) Sonstige Kosten

43 Bei der Beantwortung der Frage, wer verpflichtet ist, sonstige Kosten zu tragen, ist danach zu differenzieren, ob es sich um bloße Verbrauchskosten oder sonstige mit dem Nießbrauch zusammenhängende Kosten handelt. Verbrauchskosten sind nach Art. 393 CC zu beurteilen, während ansonsten die besonderen Vorschriften über den Nießbrauch einschlägig sind.

aa) Stromkosten

44 Gem. Art 393 Abs. 1 CC müssen die Nießbrauchberechtigten die Hälfte der Stromkosten tragen, da sie zu 50 % nutzungsberechtigt sind.[35] Man könnte daran denken, Absatz 2 der Vorschrift auch für einen abweichenden internen Verbrauch heranzuziehen. Dem Wortlaut nach erfasst die Vorschrift nur den Fall, dass einer Person ein niedrigerer Anteil als anderen Personen an der Gemeinschaft zusteht.[36] Dazu, ob sich der dahinter stehende Rechtsgedanke auf Kosten, die durch eine unterschiedliche Nutzung der Sache entstehen, übertragen lässt, konnte der Gutachter allerdings weder Rechtsprechung noch Literatur ausfindig machen. Eine einverständliche Regelung bleibt den Parteien selbstredend vorbehalten.

---

[35] Vgl. auch Urteil des Tribunal supremo vom 23.12.2002, FJ 2: „Efectivamente, la remisión, ante la falta de personalidad jurídica al sistema de comunidad de bienes remite al artículo 393 que establece un principio de proporcionalidad que se traduce, no sólo en la percepción de frutos y utilidades en proposición a las respectivas cuotas, sino también en cuanto a soportar cargas y gastos."

[36] Vgl. z.B. Urteil des Tribunal Supremo v. 19.4.2001: „A presunción de la igualdad de las cuotas, que establece el párrafo segundo del artículo 392, solo rige cuando no concurren datos para concretar su cuantía o proporción y, en el supuesto del debate, al existir constancia de que las participaciones de lo sujetos del pleito son desiguales, es adecuado aplicar la medición sobre 4430 metros cuadrados, que es la que se concreta en la escritura pública de 1977, pues debe estarse a lo pactado en la misma y no a la medición resultante del planteamiento urbanístico posterior."

bb) Hypothekenraten

Art. 509 CC hebt nachdrücklich hervor, dass der Nießbrauchberechtigte keinesfalls verpflichtet ist, die Hypothekenraten zu bezahlen. 45

„1. El usufructuario de una finca hipotecada no estará obligado a pagar las deudas para cuya seguridad se estableció la hipoteca.

2. Si la finca se embargare o vendiere judicialmente para el pago de la deuda, el propietario responderá al usufructuario de lo que pierda por este motivo."

1. Der Nießbraucher eines hypothekarisch belasteten Grundstücks ist nicht verpflichtet, die Schulden zu zahlen, für deren Sicherheit die Hypothek bestellt wurde.

2. Wird das Grundstück gerichtlich für die Zahlung der Schuld beschlagnahmt oder verkauft, dann haftet der Eigentümer dem Nießbraucher für das, was er aus diesem Grund verliert.

Obwohl die Vorschrift nichts über die Zinszahlungspflicht aussagt, geht die Lehre übereinstimmend davon aus, dass auch die Zahlung der Hypothekenzinsen dem Eigentümer und nicht dem Nießbraucher obliegt, letzterer insoweit also nicht in Anspruch genommen werden kann.[37] 46

cc) Grundsteuer

Eine Regelung zu Lasten und Abgaben findet sich in Art. 504 CC: 47

„El pago de las cargas y de las contribuciones anuales y el de las que se consideran gravámenes de los frutos, será de cuenta del usufructuario todo el tiempo que el usufructo dure."

Die Zahlung der jährlichen Lasten und Abgaben sowie die Zahlung der Leistungen, die als Belastungen der Früchte gelten, geht während der gesamten Zeit, die der Nießbrauch andauert, auf Kosten des Nießbrauchers.

Artikel 504 wird von der Lehre dahin ausgelegt, dass die Begriffe „Lasten" und „Abgaben" nicht den gleichen Sinn haben. Mit „Lasten" sind Leistungen gemeint, die als Grund die mit dem Nießbrauch belastete Sache haben und die Existenz einer dinglichen Verpflichtung voraussetzen, während man unter „Abgaben" Steuer- 48

[37] Vgl. z.B. *Díez-Picazo/Gullón* (o. Fn. 24), 385; *Vázquez Iruzubieta*, Doctrina y jurisprudencia del Código civil, 1989, 883; *Santos Briz* (o. Fn. 30), 423; *Sierra Gil de la Cuesta/de Bustos Gómez Rio* (o. Fn. 33), 580 (zu Art. 509 CC).

schulden versteht.[38] Zu letzteren zählen auch die für den mit dem Nießbrauch belasteten Eigentumsanteil anfallenden Grundsteuern.[39]

49 Dies korrespondiert im Übrigen mit dem spanischen Grundsteuerrecht. Nach Art. 61 Abs. 1 des spanischen Grundsteuerrechts[40] (RDL 2/2004) unterliegt nämlich auch das Nießbrauchrecht der Grundsteuer:

„1. Constituye el hecho imponible del impuesto la titularidad de los siguientes derechos sobre los bienes inmuebles rústicos y urbanos y sobre los inmuebles de características especiales:	1. Gegenstand der Besteuerung ist die Innehabung eines der folgenden Rechte an unbeweglichen ländlichen oder städtischen Grundstücken und an unbeweglichen Gütern mit speziellen Eigenschaften:
a) [...]	a) [...]
b) [...]	b) [...]
c) De un derecho real de usufructo.	c) Ein Nießbrauchrecht.
d) Del derecho de propiedad.“	d) Das Eigentum.

50 Steuerschuldner sind nach Art. 63 Abs. 1 dieses Gesetzes die Inhaber des jeweils der Steuerpflicht unterliegenden Rechts:

„1. Son sujetos pasivos, a título de contribuyentes, las personas naturales y jurídicas y las entidades a que se refiere el artículo 35.4. de la Ley 58/2003, de 17 de diciembre, General Tributaria, que ostenten la titularidad del derecho que, en cada caso, sea constitutivo del hecho imponible de este impuesto.“	1. Steuerschuldner sind die natürlichen und juristischen Personen, auf die sich Art. 35 Abs. 4 des Gesetzes 58/2003 vom 17.12. bezieht, die das Recht innehaben, welches im jeweiligen Fall der Gegenstand des besteuerten Vorgangs ist.

51 Dabei ist zu bedenken, dass bei Bestehen eines Nießbrauchrechts für das mit dem Nießbrauch belastete Eigentum nicht zusätzliche Grundsteuern bezahlt werden müssen, sondern der Nießbrauchberechtigte insoweit einziger Steuerschuldner ist; denn Art. 61 Abs. 2 RDL 2/2004 bestimmt:

„2. La realización del hecho imponible que corresponde de entre los definidos en el apartado anterior por el orden en él establecido determina-	2. Die Verwirklichung der Steuerpflicht, die sich zwischen den im vorigen Absatz Genannten nach ihrer Reihenfolge richtet, führt dazu, dass

[38] *Díez-Picazo/Gullón* (o. Fn. 24), 385.

[39] Vgl. z.B. sentencia de la Audiencia Provincial Zaragoza v. 10.11.1998, AC 1998, Nr. 7590, FJ 1.

[40] Real Decreto Legislativo 2/2004, de 5 de marzo, por el que se aprueba el texto refundido de la Ley Reguladora de las Haciendas Locales.

rá la no sujeción del inmueble a las restantes modalidades en él previstas.“

die Immobilie nicht den übrigen dort aufgeführten Steuerkategorien unterfällt.

Festzuhalten ist daher, dass die Beklagten für 50 % des Grundstücks als Nießbrauchberechtigte steuerpflichtig sind, während die Kl. als Eigentümerin für die restlichen 50 % steuerpflichtig ist. Vom Gericht wäre zu klären, ob die von der Klägerin entrichteten Steuern als Grundsteuern für das gesamte Grundstück entrichtet wurden oder nur ihre tatsächliche, auf 50 % des Grundstücks bezogene Steuerschuld abdecken. Lediglich in ersterem Fall hätte die Klägerin einen Anspruch auf Erstattung von 50 % der von ihr entrichteten Steuern. 52

dd) Versicherungsbeträge

Eine ausdrückliche Regelung, ob Versicherungsbeiträge vom Nießbraucher oder vom Eigentümer zu tragen sind, findet sich im *Código Civil* nicht. Rechtsfolgen des Abschlusses eines Versicherungsvertrags werden allerdings in Art. 518 CC behandelt: 53

„Si el usufructuario concurriere con el propietario al seguro de un predio dado en usufructo, continuará aquél, en caso de siniestro, en el goce del nuevo edificio si se construyere, o percibirá los intereses del precio del seguro si la reedificación no conviniera al propietario.

Beteiligt sich der Nießbraucher mit dem Eigentümer an der Versicherung eines zum Nießbrauch gegebenen Grundstücks, dann bleibt jener im Unglücksfall in der Nutznießung des neuen Gebäudes, wenn eines errichtet wird, oder er erhält die Zinsen der Versicherungssumme, wenn dem Eigentümer die Neuerrichtung nicht passt.

Si el propietario se hubiera negado a contribuir al seguro del predio, constituyéndolo por sí solo el usufructuario, adquirirá éste el derecho de recibir por entero en caso de siniestro el precio del seguro, pero con obligación de invertirlo en la reedificación de la finca.

Hat der Eigentümer sich geweigert, zur Versicherung des Grundstücks beizutragen, und hat der Nießbraucher sie selbst abgeschlossen, dann erwirbt er das Recht, im Unglücksfall die volle Versicherungssumme zu erhalten, jedoch unter der Verpflichtung, sie für die Neuerrichtung des Hofes zu verwenden.

Si el usufructuario se hubiese negado a contribuir al seguro, constituyéndolo por sí sólo el propietario, percibirá éste íntegro el precio del seguro en caso de siniestro, salvo siempre el derecho concedido al usufructuario en el artículo anterior.“

Hat der Nießbraucher sich geweigert, zur Versicherung beizutragen, und hat der Eigentümer sie selbst abgeschlossen, so erhält dieser im Unglücksfall die Versicherungssumme vollständig, jedoch unbeschadet des Rechts, das dem Nießbraucher im vorhergehenden Artikel zugestanden ist.

54 Aus dem Umstand, dass Absatz 3 besondere Konsequenzen für den Fall vorsieht, dass der Nießbraucher sich weigert, zur Versicherung beizutragen, wird deutlich, dass es eine allgemeine Pflicht des Nießbrauchers, sich an den Kosten für die Versicherung des mit dem Nießbrauch belasteten Objekts zu beteiligen, nicht gibt. Dies wird auch in der Kommentarliteratur hervorgehoben. So formuliert etwa *Doral García de Pazos*:

> „Aus dem zur Rede stehenden Konzept ergibt sich ohne weiteres, dass die Beteiligung an einer Versicherung freiwillig ist und in Konsequenz daraus weder der Eigentümer noch der Nießbraucher hierzu verpflichtet ist. [...] Das bedeutet, dass den Nießbraucher keine Pflicht zur Versicherung der Sache trifft und seine Weigerung nicht sanktioniert werden kann".[41]

V. Wohnrecht

55 Das Gericht möchte ergänzend wissen (Frage 7), ob die im Vertrag vom 8.12.1994 enthaltene Regelung bezüglich eines zehnjährigen Wohnrechts nach spanischem Recht möglich und eintragungsfähig gewesen wäre und welche Unterschiede sich bezüglich der Übernahme der Kosten der unter 1. b) aa) bis dd) genannten Positionen insoweit ergeben hätten. Dazu ist Folgendes anzumerken:

1. Wohnrecht nach dem Recht von Ibiza

56 Art. 85 des *Decreto Legislativo 79/1990, de 6 de septiembre (Compilación del Derecho Civil de Baleares)* enthält eine sehr einfache Regelung des Wohnrechts für die Insel Ibiza:

> „Podrá conferirse por cualquier título el derecho de habitación, consistente en el disfrute de los elementos y pertenencias comunes de la vivienda y, en especial, de una habitación independiente que cierre con llave. El disfrute de todos los mencionados elementos y habitación, salvo estipulación expresa en contrario, se entenderá que es en la medida suficiente para atender a las necesidades del titular del derecho, y su contenido comprenderá, a título enunciativo, todo lo relativo al porxo, cocina, ci-

> Man kann das Wohnrecht, das aus der Nutzung der Elemente und des gemeinsamen Zubehörs der Wohnung und insbesondere eines mit Schlüssel geschlossenen Zimmers besteht, durch irgendeinen Titel gewähren. Der Genuss von allen genannten Elementen und dem Zimmer wird, vorbehaltlich einer ausdrücklichen gegenteiligen Vereinbarung, regelmäßig als ausreichend angesehen, den Bedürfnissen des Rechtsinhabers Rechnung zu tragen, und umfasst bei ausdrücklicher Vereinbarung auch

[41] *Albaladejo/Doral García de Pazos*, Comentarios al Código Civil y Compilaciones Forales, Bd. VII, Vol. 1, 1992, 428 (II. zu Art. 518 CC); ebenso *Sierra Gil de la Cuesta/de Bustos Gómez Rio* (o. Fn. 33), 598 (zu Art. 518 CC): „El usufructuarion está obligado a cuidar [...] pero no a asegurar los bienes usufructuados" (Der Nießbraucher muss auf die Nießbrauchgegenstände Obacht geben, sie jedoch nicht versichern).

sterna de la casa y frutas frescas.“	die Veranda, Küche, Zisterne und frisches Obst.

Für die weitere Regulierung des Wohnrechts verweist Art. 1. Abs. 3 der *Compilación* auf die Normen des *Código Civil.* 57

2. Ergänzung durch gemeinspanisches Recht

Das gemeinspanische Recht regelt das Wohnrecht in Art. 523 CC: 58

„Las facultades y obligaciones del usuario y del que tiene derecho de habitación se regularán por el título constitutivo de estos derechos; y, en su defecto, por las disposiciones siguientes.“	Die Befugnisse und Verpflichtungen des Nutzungsberechtigten und dessen, der ein Wohnrecht hat, richten sich nach dem Bestellungstitel dieser Rechte und bei dessen Fehlen nach den folgenden Bestimmungen.

Die Ausgestaltung des Wohnrechts richtet sich damit in erster Linie nach der Parteivereinbarung. Das Gesetz greift nur ergänzend ein. Gleichwohl enthält der CC eine Definition des Wohnrechts in Art. 524 Abs. 2: 59

„La habitación da a quien tiene este derecho la facultad de ocupar en una casa ajena las piezas necesarias para sí y para las personas de su familia.“	Das dingliche Wohnrecht gibt demjenigen, der dieses Recht hat, die Befugnis, in einem fremden Haus diejenigen Räume in Besitz zu nehmen, die für ihn selbst und für die Mitglieder seiner Familie notwendig sind.

Als dingliches Recht ist das Wohnrecht im Grundbuch eintragungsfähig, wie Art. 1 Abs. 1 und Art. 2 Abs. 2 *Ley Hipotecaria*[42] nachdrücklich hervorheben: 60

Art. 1.1 LH:	*Deutsch:*
„El Registro de la Propiedad tiene por objeto la inscripción o anotación de los actos y contratos relativos al dominio y demás derechos reales sobre bienes inmuebles.“	Gegenstand des Grundbuchs ist die Eintragung oder Registrierung von Handlungen und Verträgen bezüglich des Eigentums und der dinglichen Rechte an Grundstücken.
Art. 2.2 LH:	
„En los Registros expresados en el artículo anterior se inscribirán: Los títulos en que se constituyan, re-	In die in diesen Artikeln erwähnten Register werden eingeschrieben: Die Titel, die den Nießbrauch, das Ge-

[42] Ley Hipotecaria, Texto Refundido según Decreto de 8 de febrero de 1946.

conozcan, transmitan, modifiquen o extingan derechos de usufructo, uso, habitación, enfiteusis, hipoteca, censos, servidumbres y otros cualesquiera reales.“	brauchsrecht, das Wohnrecht, die Enfiteusis, die Hypothek, Reallasten, Dienstbarkeiten und andere dingliche Rechte begründen, anerkennen, übertragen, ändern oder erlöschen lassen.

61 Für die Kostentragungspflicht ist es unerheblich, ob es sich um einen Nießbrauch oder um ein Wohnrecht handelt, da Art. 528 CC für das Wohnrecht auf die Vorschriften über den Nießbrauch verweist:

„Las disposiciones establecidas para el usufructo son aplicables a los derechos de uso y habitación, en cuanto no se opongan a lo ordenado en el presente capítulo.“	Die Bestimmungen über den Nießbrauch sind auf die dinglichen Nutzungs- und Wohnrechte anwendbar, soweit sie nicht den Vorschriften dieses Kapitels zuwiderlaufen.

62 Aus dem Verweis des Art. 528 CC ergibt sich außerdem, dass es den Parteien bei einem Wohnrecht ebenso wie bei einem Nießbrauch frei steht, dies zeitlich zu limitieren (etwa auf zehn Jahre).

D. Ergebnis

63 1. Die Klägerin ist nach spanischem Recht rechtswirksam entstanden.

2. Die Klägerin wird ausweislich der Aktenlage vertreten durch die Herren B. B. und D. L. als gesamtschuldnerisch handelnde Verwalter *(administradoes solidarios)*.

3. Die Klägerin ist nach spanischem Recht rechtswirksam Eigentümerin des Grundstücks geworden.

4. Die Beklagten sind nach spanischem Recht aufgrund ihres eingetragenen Nießbrauchrechts

   a) verpflichtet, 50 % der Stromkosten zu zahlen;

   b) nicht verpflichtet, die Hypothekenraten zu tragen;

   c) verpflichtet, 50 % der Grundsteuer zu tragen;

   d) nicht verpflichtet, Versicherungsbeiträge zu tragen.

5. Sämtliche unter Nr. 4 aufgeführten Positionen sind nach spanischem Recht abdingbar, unterliegen also der Disposition durch die Parteien. Formerfordernisse bestehen für abweichende Vereinbarungen nicht.

6. Der Nießbraucher kann vom Eigentümer Kostenerstattung nur für solche Reparaturen verlangen, die außergewöhnlich sind. Die gewöhnlichen Reparaturkosten sind hingegen vom Nießbraucher zu tragen.

7. Die im Vertrag vom 8.12.1994 enthaltene Regelung bezüglich eines zehnjährigen Wohnrechts wäre nach spanischem Recht möglich und eintragungsfähig gewesen.

8. Unterschiede bezüglich der Übernahme der Kosten der unter Nr. 4 genannten Positionen hätten sich nicht ergeben.

9. Das in dem Vertrag vom 9.5.1997 festgelegte Nießbrauchrecht stellt nach spanischem Recht zwar nicht die einzig mögliche, aber doch die dem Wohnrecht am ehesten vergleichbare Regelungsmöglichkeit dar. Es hätte zeitlich (beliebig) befristet werden können, längstens aber bis zum Tod des Nießbrauchers.

VIII. Familienrecht

1. Eherecht

a) Eheschließung, Wirksamkeit der Ehe

Nr. 23

Kolumbien*

1. **Nach kolumbianischem Recht ist die nach katholischem Ritus geschlossene Ehe der Zivilehe gleichgestellt. Die Eintragung einer katholisch geschlossenen Ehe in das Personenstandsregister hat für die Ehegültigkeit nur deklaratorische Wirkung.**
2. **Eine Doppelehe ist nach kolumbianischem Recht nichtig.**
3. **Die Nichtigkeit der Doppelehe tritt nicht ipso iure ein, sondern muss in einem gesonderten Nichtigerklärungsverfahren festgestellt werden. Bis zu der gerichtlichen Feststellung wird die nichtige wie eine gültige Ehe behandelt; der Nichtigerklärung kommt lediglich Wirkung ex nunc zu.**
4. **Im Unterschied zu einer nichtigen Ehe ist eine Nichtehe ipso iure unwirksam. Die Nichtehe ist gesetzlich nicht geregelt; Rechtsprechung und Literatur erkennen jedoch an, dass einer Eheschließung in bestimmten Konstellationen auch ohne Aufhebungsurteil keine Wirkung zukommt.**
5. **Zu der internationalen Zuständigkeit deutscher und kolumbianischer Gerichte für die Nichtigerklärung einer Ehe nach kolumbianischem Recht.**
6. **Die Nichtigerklärung der Ehe hat keinen Einfluss auf den Status der gemeinsamen Kinder der Eheleute.**

Das Amtsgericht Gladbeck bittet in der Familiensache M. u.a. ./. R. (Az. 20 F 488/04 [früher: 30 F 42/03]) um ein Gutachten zum kolumbianischen Recht.

Köln M 28/04 vom 6.7.2005

---

* *Anm. d. Red.:* S. zum kolumbianischen Recht der Eheschließung auch IPG 2003/2004 Nr. 13 *(Köln)* und IPG 1985/1986 Nr. 29 *(Hamburg)*.

A. Sachlage

Der Anfrage liegt folgender, aus den übersandten Gerichtsakten ermittelter Sachverhalt zugrunde: 1

Die Klägerin zu 1), eine kolumbianische Staatsbürgerin, begehrt Unterhalt für sich und ihre beiden Kinder, die Kläger zu 2) und zu 3), die aus der Verbindung mit dem Beklagten, der ebenfalls kolumbianischer Staatsbürger ist, hervorgegangen sind. Die Klägerin zu 1) und der Beklagte hatten am 4.11.1992 in Bogotá die Zivilehe geschlossen. Die beiden Kinder wurden für ehelich erklärt.

Mit Urteil des AG Gladbeck vom 21.3.2001 (Az. 20 F 107/00) waren die Parteien rechtskräftig geschieden worden. Der Beklagte war bereits zuvor aufgrund eines Vergleichs vom 2.12.1999 (AG Gladbeck, Az. 10 F 390/99) zur Zahlung von Trennungsunterhalt verpflichtet worden. Im Scheidungsurteil vom 21.3.2001 wurde festgestellt, dass die Unterhaltsverpflichtung auch für die Zeit nach der Scheidung fortbestand. Das Sorgerecht für die beiden gemeinsamen Kinder wurde der Klägerin zu 1) zugesprochen. Nunmehr begehrt die Klägerin zu 1) in Abänderung des Scheidungsurteils höheren Unterhalt für sich und die beiden gemeinsamen Kinder.

Der Beklagte verteidigt sich u.a. mit seinem geringen Einkommen und macht überdies geltend, die Klägerin zu 1) treffe wegen des Alters der gemeinsamen Kinder eine Erwerbsobliegenheit. Zudem sei die Ehe mit der Klägerin zu 1) niemals wirksam begründet worden, da er zum Zeitpunkt der Eheschließung mit der Klägerin zu 1) bereits verheiratet gewesen sei. Damit schulde er auch keinen Unterhalt.

Er habe am 11.4.1976 Maria G. nach kirchlichem Ritus in Cota, Kolumbien, geheiratet. Diese Ehe sei erst durch die Entscheidung des 18. Familiengerichts von Bogotá vom 26.11.2003 wieder geschieden worden. Damit habe zur Zeit der Eheschließung mit der Klägerin zu 1) am 4.11.1992 ein Ehehindernis vorgelegen, das die Nichtigkeit der Ehe mit der Klägerin zu 1) bewirkt habe; die Klägerin zu 1) habe von der bestehenden Ehe des Beklagten auch gewusst.

Die Klägerin zu 1) wendet demgegenüber ein, dass die erste Ehe nur nach religiösem Ritus geschlossen worden und damit rechtlich unbeachtlich sei. Da eine Eintragung der kirchlichen Ehe in das Personenstandsregister erst am 22.8.2003 erfolgt sei, sei diese bei der Eheschließung mit der Klägerin zu 1) am 4.11.1992 ohne jede rechtliche Relevanz gewesen. Überdies habe der Beklagte bei der Eheschließung mit der Klägerin zu 1) diese „so informiert, dass die Klägerin zu 1) davon ausgehen konnte, mit dem Beklagten wirksam eine Ehe eingehen zu können“, so dass eine spätere Berufung auf das angebliche Ehehindernis nach Treu und Glauben unbeachtlich sei.

B. Anfrage

2 Das Gericht bittet um gutachterliche Stellungnahme zu folgenden Fragen:

1. War die am 4.11.1992 geschlossene Ehe der Parteien in Anwendung kolumbianischen Rechts wirksam?
   a) Es wird gebeten, insbesondere zu untersuchen, ob die am 11.4.1976 mit Maria G. geschlossene Ehe des Beklagten, die nach kirchlicher Zeremonie geschlossen worden ist, der Wirksamkeit der Ehe der Parteien entgegensteht.
   b) Für den Fall, dass die Ehe der Parteien als Doppelehe nichtig wäre, wird um Mitteilung gebeten, ob die Nichtigkeit entsprechend Art. 140 Nr. 2 des kolumbianischen ZGB rückwirkend kraft Gesetzes eintritt oder ob dies erst nach einer gerichtlichen Nichtigerklärung der Fall ist. Sollte eine Nichtigkeit erst nach Nichtigerklärung eintreten, wird angefragt, ob dieses Verfahren vor den deutschen oder kolumbianischen Gerichten geführt werden müsste.
2. Sofern die Begutachtung zu Frage 1 ergeben sollte, dass die Parteien nie wirksam verheiratet gewesen sind, welche Auswirkungen hat dies nach kolumbianischem Recht auf die Unterhaltsansprüche der Kinder und der Klägerin?

C. Rechtslage

I. Anwendbares Recht

1. Die Wirksamkeit der Ehe

3 Die Klägerin zu 1) und der Beklagte sind kolumbianische Staatsangehörige. Zur Zeit der Eheschließung hatten beide ihren gewöhnlichen Aufenthalt in Kolumbien. Nach Art. 13 Abs. 1 EGBGB ist damit grundsätzlich kolumbianisches Recht zur Anwendung berufen, soweit es um die Bestimmung der Voraussetzungen der Eheschließung geht.

2. Unterhalt

4 Bei der Frage von Unterhaltsansprüchen bestimmt sich das anwendbare Recht nach dem Haager Übereinkommen über das auf Unterhaltspflichten anzuwendende Recht (HUntÜ),[1] das als *loi uniforme* nach Art. 3 HUntÜ auch im Verhältnis zu Nichtvertragsstaaten angewendet wird;[2] Art. 18 EGBGB wird daher nach überwie-

---

[1] Vom 2.10.1973, BGBl. 1986 II, 837, in Kraft seit dem 1.4.1987 (Bekanntmachung vom 26.3.1987, BGBl. 1987 II, 225).

[2] Vgl. nur AnwK-BGB/*Gruber*, Bd. 1, 2005, Art. 18 EGBGB, Rn. 1.

gender Ansicht verdrängt (Art. 3 Abs. 2 S. 1 EGBGB).[3] Die kollisionsrechtlichen Vorschriften dieses Abkommens wurden jedoch weitgehend in Art. 18 EGBGB übernommen, so dass von der Rechtsprechung teilweise auch die Anwendung dieser Vorschrift für zulässig gehalten wird.[4]

a) Kindesunterhalt

Soweit es um den Unterhalt der beiden gemeinsamen Kinder geht, ist nach Art. 4 Abs. 1 HUntÜ (bzw. Art. 18 Abs. 1 S. 1 EGBGB) unabhängig von der Wirksamkeit der Eheschließung der Klägerin zu 1) mit dem Beklagten deutsches Recht anwendbar, da beide Kinder ihren gewöhnlichen Aufenthalt in der Bundesrepublik haben. 5

b) Geschiedenenunterhalt

Für den Geschiedenenunterhalt besteht indessen eine Sonderanknüpfung: Nach Art. 8 Abs. 1 HUntÜ (bzw. Art. 18 Abs. 4 EGBGB) ist hier das auf die Ehescheidung tatsächlich angewandte Recht maßgeblich. Unerheblich ist, ob das für die Ehescheidung zuständige Gericht das anzuwendende Recht richtig ermittelt hat.[5] Nachdem das AG Gladbeck die Ehe nach kolumbianischem Recht geschieden hat (vgl. das Scheidungsurteil vom 21.3.2001), ist damit auch die Frage des Geschiedenenunterhalts nach kolumbianischem Recht zu beurteilen. 6

Es handelt sich hierbei um eine Sachnormverweisung, so dass etwaige Rück- oder Weiterverweisungen im kolumbianischen Recht unbeachtlich wären.[6] 7

II. Die Wirksamkeit der Ehe zwischen der Klägerin zu 1) und den Beklagten

Der Wirksamkeit der Ehe von Klägerin zu 1) und Beklagtem steht möglicherweise entgegen, dass der Beklagte zur Zeit der Eheschließung mit der Klägerin zu 1) bereits verheiratet war. Damit könnte das Ehehindernis der Doppelehe nach Art. 140 Nr. 12 des kolumbianischen *Código civil* vom 26.5.1873 (im Folgenden: c.c.) vorliegen. 8

---

3 Vgl. BGH, NJW 1991, 2212, 2213; OLG Hamm, FamRZ 1998, 25; OLG Karlsruhe, FamRZ 1992, 58; MüKo/*Siehr*, BGB, 3. Aufl. 1998, Anh. I zu Art. 18 EGBGB, Rn. 22; *Bamberger/Roth (Otte)*, 2003, Art. 18 EGBGB, Rn. 9 f.

4 Vgl. etwa OLG Hamm, FamRZ 1996, 951, 952; anders jedoch die zuvor genannten Nachweise (Vorrang des HUntÜ).

5 St. Rspr., vgl. etwa BGH, FamRZ 1987, 1474.

6 AnwK-BGB/*Gruber* (o. Fn. 2), Art. 18 EGBGB, Rn. 37 m.w.N.

1. Das Ehehindernis der Doppelehe

9 Art. 140 c.c. hat, soweit hier von Bedeutung, folgenden Wortlaut:[7]

	Deutsch:[8]
„El matrimonio es nulo y sin efecto en los casos siguentes:	Die Eheschließung ist in folgenden Fällen nichtig und ohne gesetzliche Wirkung:
1. [...]	1. [...]
12. Cuando respecto del hombre o de la mujer, o de ambos estuviere subsistente el vínculo de un matrimonio anterior."	12. Wenn der Mann oder die Frau oder beide durch eine frühere Ehe gebunden sind.

10 Das kolumbianische Recht postuliert damit die Nichtigkeit der Doppelehe. Was unter dem Begriff der Ehe zu verstehen ist, ergibt sich aus Art. 113 c.c., der folgenden Wortlaut hat:

	Deutsch:[9]
„El matrimonio es un contrato solemne por el cual un hombre y una mujer se unen con el fin de vivir juntos, de procrear y de auxiliarse mutualmente."	Die Ehe ist ein feierlicher Vertrag, durch den sich ein Mann und eine Frau zum gemeinsamen Leben, zur Kindererzeugung und zur gegenseitigen Unterstützung vereinigen.

11 Fraglich ist, ob auch die vom Beklagten am 11.4.1976 mit Maria G. geschlossene kirchliche Ehe unter den Ehebegriff des Art. 113 c.c. fällt. Sollte dies der Fall sein, so kommt die Nichtigkeit der am 4.11.1992 mit der Klägerin zu 1) geschlossenen Ehe nach Art. 140 Nr. 12 c.c. in Betracht.

2. Die erste Ehe des Beklagten

a) Das Konkordat von 1973

12 Durch das Konkordat vom 12.7.1973 wurde die kirchliche Ehe im kolumbianischen Recht mit der Zivilehe gleichgestellt.[10] Dieses Konkordat ist durch das Gesetz

---

[7] Vgl. zu den verschiedenen Nichtigkeitsgründen *Parra Benítez*, Manual de derecho civil – personas, familia y derecho de menores, 4. Aufl. 2002, 331 ff.

[8] Vgl. *Bergmann/Ferid*, Internationales Ehe- und Kindschaftsrecht, Länderteil Kolumbien, 22.

[9] Übersetzung nach *Bergmann/Ferid* (o. Fn. 8), 18 f.

[10] Vgl. *Parra Benítez* (o. Fn. 7), 249 ff.

Nr. 20/1974 mit Wirkung zum 2.7.1975 in Kraft getreten[11] und somit auf die erste Ehe des Beklagten intertemporal anwendbar. Art. VII des Konkordats lautet wie folgt:

	Deutsch:[12]
„El estado reconoce plenos efectos civiles al matrimonio celebrado de conformidad con las normas del derecho canónico. Para la efectividad de este reconocimiento la competente autoridad eclesiástica transmitirá copia auténtica del Acta al correspondiente funcionario del Estado, quien deberá inscribirla en el registro civil.“	Der Staat erkennt der nach den Regeln des kanonischen Rechts geschlossenen Ehe die volle bürgerlichrechtliche Wirkung zu. Zur Durchführung dieser Anerkennung übersendet die zuständige kirchliche Behörde eine beglaubigte Ausfertigung der Heiratsurkunde dem entsprechenden staatlichen Beamten, der sie in das Personenstandsregister einzutragen hat.

Art. 1 des Gesetzes Nr. 25/1992 vom 17.11.1992, mit dem die Anpassung des Eherechts an das Konkordat von 1973 und die Verfassung von 1991 erfolgte, erweitert die zivilrechtliche Anerkennung von nach religiösem Ritus geschlossenen Ehen auf andere Konfessionen und Religionen, mit denen ein Konkordat besteht. Die entsprechende Vorschrift findet sich nun in Art. 115 Abs. 2 c.c. Sie lautet: 13

	Deutsch:[13]
„Tendrán plenos efectos jurídicos los matrimonios celebrados conforme a los cánones o reglas de cualquier confesión religiosa que haya suscrito para ello concordato o tratado de derecho internacional o convenio de derecho público interno con el Estado colombiano.“	Volle rechtliche Wirkung haben die Ehen, die gemäß den canones oder Regeln jeglicher sonstigen Religion oder Kirche geschlossen wurden, die ein Konkordat oder einen Vertrag internationalen Rechts oder eine Konvention interner öffentlicher Ordnung mit dem kolumbianischen Staat beschlossen hat.

b) Verfassungsrechtliche Bestätigung

In Art. 42 der Verfassung vom 4.7.1991[14] findet sich ebenfalls eine ausdrückliche Bestätigung der zivilrechtlichen Gleichstellung von nach religiösem Ritus geschlossenen Ehen. Dort heißt es: 14

---

[11] Vgl. *Monroy Cabra*, Régimen concordatario colombiano, 1975, 74.

[12] Übersetzung nach *Bergmann/Ferid* (o. Fn. 8), 7.

[13] Übersetzung nach *Bergmann/Ferid* (o. Fn. 8), 19.

[14] In Kraft getreten am 5.7.1991 (Gaceta Constitucional v. 4.7.1991).

„[...] [L]os matrimonios religiosos tendrán efectos civiles en los términos que estableszca la ley.“

Deutsch:[15]

Nach religiösem Ritus geschlossene Ehen haben diejenige zivilrechtliche Wirkung, die ihnen durch das Gesetz zugestanden wird.

15 Mit Urteil der *Corte Constitucional* vom 5.2.1993 wurden einige Bestimmungen des Konkordats von 1973 für unwirksam erklärt, nicht jedoch Art. VII.[16]

c) Wirksame Eheschließung

16 Aus den dem Gutachter vorliegenden Unterlagen ist zu entnehmen, dass die erste Ehe des Beklagten nach den Regeln des kanonischen Rechts wirksam geschlossen wurde.

17 Für die zivilrechtliche Wirksamkeit ist nach Art. VII des Konkordats von 1973 aber grundsätzlich die Eintragung der kirchlichen Eheschließung in das Personenstandsregister erforderlich.[17] Vorliegend erfolgte die Eintragung der ersten Ehe des Beklagten am 22.8.2003 und somit nach der Eheschließung mit der Klägerin zu 1). Fraglich ist damit, ob die erste Ehe auch unter diesen Umständen volle zivilrechtliche Wirkung entfaltet.

d) Die Bedeutung der Registrierung

18 Entscheidend für die Beurteilung des vorliegenden Falles ist demnach die Frage, ob die Eintragung einer kirchlich geschlossenen Ehe in das Personenstandsregister konstitutive oder nur deklaratorische Wirkung hat. Im ersteren Fall läge damit kein Ehehindernis vor, wohl aber im letzteren. Eine Regelung hierüber wurde im Schlussprotokoll zum Konkordat von 1973 getroffen, das – soweit vorliegend von Bedeutung – folgenden Wortlaut hat:[18]

„En relacion con el Articulo VII:

I. De acuerdo con la legislación vigente en el Estado colombiano, la inscripción de un matrimonio canónico que no haya sido anotado

Deutsch:[19]

Zu Artikel VII:

I. In Übereinstimmung mit den geltenden Gesetzen des Staates Kolumbien kann die Registrierung einer kanonischen Ehe, die zum Zeitpunkt ih-

---

15 Übersetzung des Gutachters.

16 Vgl. die Nachweise bei *Parra Benítez* (o. Fn. 7), 244.

17 So auch *Parra Benítez* (o. Fn. 7), 244 f. unter Berufung auf die bereits erwähnte Entscheidung der Corte Constitucional vom 5.2.1993.

18 Abdruck bei *Monroy Cabra*, Comentarios al Nuevo Concordato, 1974, 114 f.

19 Übersetzung nach IPG 1985/1986 Nr. 29 *(Hamburg)*, S. 312.

en el registro civil al tiempo de su celebración, podrá siempre efectuarse a requerimiento de cualquiera de los cónyuges o de quien tenga un interés legítimo en dicho matrimonio. Con tal fín será suficiente la presentación de una copia auténtica de la respectiva partida eclesiástica. La muerte de uno o de ambos cónyuges no será obstáculo para efectuar dicha inscripción.	rer Schließung nicht in das Personenstandsregister eingetragen wurde, jederzeit nachgeholt werden, und zwar auf Antrag eines jeden Ehegatten oder desjenigen, der ein berechtigtes Interesse daran hat. Hierzu ist die Vorlage einer beglaubigten Abschrift der entsprechenden kirchlichen Urkunde ausreichend. Der Tod eines oder beider Ehegatten ist kein Hinderungsgrund, besagte Eintragung vorzunehmen.
II. Los efectos civiles del matrimonio canónico debidamente inscrito en el registro civil registrán a partir de la fecha de la celebración canónica de dicho matrimonio.“	II. Die zivilrechtlichen Wirkungen der kanonischen Ehe, die vorschriftsmäßig im Personenstandsregister eingetragen worden ist, treten mit dem Tag der Vornahme der kirchlichen Eheschließungszeremonie ein.

In ihrer Entscheidung vom 5.2.1993 hat die *Corte Constitucional* ausdrücklich auch Art. VII des Schlussprotokolls für verfassungsgemäß gehalten.[20] 19

Nachdem die Eintragung damit ausdrücklich auf den Tag der kirchlichen Eheschließung zurückwirkt, kommt der Eintragung im Personenstandsregister also nur deklaratorischer Charakter zu.[21] Im Vordergrund steht die Beweisfunktion der Eheeintragung; vor Behörden und öffentlichen Stellen kann der Beweis der Eheschließung nur durch die entsprechende Eintragung geführt werden.[22] Für eine rein deklaratorische Wirkung spricht auch, dass die Eintragung nach dem Schlussprotokoll zu Art. VII des Konkordats jederzeit nachgeholt werden kann, wenn die entsprechende kirchliche Urkunde vorgelegt wird, und dass auch Dritte die Eintragung beantragen können. 20

Vorliegend ist es damit für die Frage der zivilrechtlichen Wirksamkeit der ersten Ehe des Beklagten unerheblich, dass diese erst im Jahre 2003 im Personenstandsregister eingetragen wurde.[23] 21

---

20 Vgl. die Nachweise bei *Parra Benítez* (o. Fn. 7), 244.

21 *Parra Benítez* (o. Fn. 7), 245; *Valencia Zea*, Derecho Civil I, 9. Aufl. 1981, 422.

22 *Valencia Zea* (o. Fn. 21), 421 unter Hinweis auf Art. 106 des Dekrets Nr. 1260 von 1970, wonach Personenstandsänderungen gegenüber einer Behörde nur durch die Eintragung nachgewiesen werden können.

23 Ebenso *Parra Benítez* (o. Fn. 7), 331 sowie *Fierro Méndez*, El divorcio, vínculo y efectos del matrimonio religioso, 1993, 110. Dies wird selbst für den Fall der Nichtigkeit der ersten Ehe angenommen. Streitig ist diesbezüglich, ob die gerichtliche Nichtigerklärung der ersten Ehe die später geschlossene Ehe wieder gültig macht, vgl. die Nachweise bei *Parra Benítez* (o. Fn. 7), 331.

3. Rechtsfolgen

22 Nachdem der Beklagte zum Zeitpunkt der Eheschließung mit der Klägerin zu 1) damit bereits rechtlich wirksam verheiratet war, greift für die Ehe mit der Klägerin zu 1) der Nichtigkeitsgrund des Art. 140 Nr. 12 c.c.

a) Notwendigkeit gerichtlicher Feststellung der Ehenichtigkeit

23 Wie die Art. 141 ff. c.c. zeigen, tritt die Nichtigkeit der Ehe jedoch nicht ipso iure ein, sondern muss in einem gesonderten gerichtlichen Verfahren festgestellt werden.[24] Dies ergibt sich insbesondere aus Art. 15 des Gesetzes Nr. 57/1887 vom 15.4.1887. Diese Norm lautet wie folgt:

	Deutsch:[25]
„Las nulidades a que se contraen los números 7°, 8°, 9°, 11 y 12 del artículo 140 del Código [...], no son subsanables y el juez deberá declarar, aun de oficio, nulos los matrimonios que se hayan celebrado en contravención a aquellas disposiciones prohibitivas.“	Die Nichtigkeit aufgrund der Nr. 7, 8, 9, 11 und 12 des Art. 140 des Gesetzbuches [...] ist nicht heilbar, und der Richter muss auch von Amts wegen Ehen für nichtig erklären, die unter Verletzung dieser Verbotsbestimmungen geschlossen sind.

24 Art. 148 c.c. bestimmt, dass die Wirkungen der gerichtlichen Nichtigerklärung erst ex nunc eintreten.[26] Diese Norm lautet:

	Deutsch:[27]
„Anulado un matrimonio, cesan desde el mismo día entre los consortes separados, todos los derechos y obligaciones recíprocas que resultan del contrato del matrimonio; [...].“	Mit dem Tage der Nichtigerklärung der Ehe entfallen alle gegenseitigen Rechte und Pflichten der Ehegatten, die auf der Eheschließung beruhen; [...].

25 Art. 1820 Nr. 4 c.c., der die Auflösung der ehelichen Gemeinschaft betrifft, setzt ebenfalls voraus, dass die Nichtigkeit der Ehe gerichtlich festgestellt wird. Diese Norm lautet wie folgt:

---

24 Vgl. *Parra Benítez* (o. Fn. 7), 322; *Neme*, Código civil y legislación complementaria, 1993, § 0409; *Súarez Franco*, Derecho de Familia I, 1971, 157.

25 Übersetzung nach *Bergmann/Ferid* (o. Fn. 8), 23.

26 Vgl. *Parra Benítez* (o. Fn. 7), 322.

27 Übersetzung nach *Bergmann/Ferid* (o. Fn. 8), 24.

„La sociedad conyugal se disuelve:	*Deutsch:*[28] Die eheliche Gemeinschaft endet
1. [...]	1. [...]
4. Por la declaración de nulidad del matrimonio, [...].“	4. mit der Feststellung der Nichtigkeit der Ehe, [...].

Die kolumbianische Prozessordnung, der *Nuevo Código de Procedimiento Civil* vom 6.8.1970 (n.c.p.c.), sieht in den Art. 410 ff. ein eigenes Verfahren für die Nichtigerklärung einer Ehe vor. Art. 410 Abs. 1 n.c.p.c. lautet wie folgt: 26

„Nulidad de matrimonio civil. La demanda en que se pida la nulidad de un matrimonio civil, deberá accompagñarse de la prueba de este.“	*Deutsch:*[29] Nichtigkeit der Zivilehe. Zusammen mit der Klage, mit der die Nichtigerklärung einer Zivilehe begehrt wird, sind die hierzu notwendigen Beweismittel einzureichen.

Ein solches Nichtigerklärungsverfahren hat der Beklagte bisher nach den dem Gutachter zur Verfügung stehenden Informationen nicht betrieben. 27

b) Keine Nichtehe

Die nichtige Ehe ist damit zu unterscheiden von der nicht existenten Ehe, die ipso iure unwirksam ist. Die kolumbianische Lehre spricht in diesem Zusammenhang von der *inexistencia del matrimonio.*[30] Diese nicht existente Ehe ist nicht gesetzlich geregelt, es ist aber in der kolumbianischen Rechtsprechung und Literatur anerkannt, dass in gewissen Fallgruppen eine Eheschließung auch ohne Aufhebungsurteil keinerlei Wirkungen erzeugt.[31] Genannt werden die Eheschließung von Gleichgeschlechtlichen,[32] die Eheschließung ohne Anwesenheit eines Richters[33] oder die Eheschließung ohne freien Willensentschluss.[34] Die hier zwischen der Klägerin zu 1) und dem Beklagten geschlossene Ehe fällt nach den dem Gutachter zur Verfügung stehenden Informationen in keine dieser Fallgruppen. 28

28 Übersetzung des Gutachters.

29 Übersetzung des Gutachters.

30 *Parra Benítez* (o. Fn. 7), 319 ff.; ebenso die Kommentierung in Código civil y legislación complementaria, 1993, § 0660; *Súarez Franco* (o. Fn. 24), 138 ff.

31 *Parra Benítez* (o. Fn. 7), 321 f.

32 *Parra Benítez* (o. Fn. 7), 320; ebenso *Súarez Franco* (o. Fn. 24), 139 f.

33 Urteil der Corte Suprema de Justicia vom 9.12.1975, berichtet bei *Parra Benítez* (o. Fn. 7), 319.

34 *Soto Gómez*, in: Revista de la Facultad de Derecho y Ciencias Políticas de la U.P.B. No. 64 (1984), 85 m.w.N.

c) Ergebnis

29 Nachdem hier damit kein Fall einer nicht existenten Ehe vorliegt, ist die Ehe zwischen der Klägerin zu 1) und dem Beklagten in Ermangelung einer gerichtlichen Nichtigerklärung nach wie vor existent, soweit es um die Frage des Bestehens von Unterhaltsverpflichtungen des Beklagten gegenüber der Klägerin zu 1) geht.

4. Internationale Zuständigkeit für die Nichtigerklärung

30 Das Gericht fragt für den Fall, dass ein Nichtigerklärungsverfahren erforderlich ist, ob dieses Verfahren vor den deutschen oder vor den kolumbianischen Gerichten geführt werden müsste. Hierzu ist Folgendes festzustellen:

a) Internationale Zuständigkeit deutscher Gerichte

31 Die Nichtigerklärung der Ehe zwischen der Klägerin zu 1) und dem Beklagten könnte vor deutschen Gerichten beantragt werden, wenn diese hierfür international zuständig sind. Bei einem solchen Verfahren handelt es sich nach § 606 Abs. 1 S. 1 ZPO um eine Ehesache. Nach § 606a Abs. 1 S. 1 Nr. 2 ZPO sind deutsche Gerichte für die der Nichtigerklärung nach kolumbianischem Recht funktionsäquivalente Eheaufhebungsklage international zuständig, wenn beide Ehegatten – wie hier – ihren gewöhnlichen Aufenthalt im Inland haben.

32 Unerheblich ist aus dem Blickwinkel der deutschen Rechtsordnung, ob einer entsprechenden Nichtigerklärung der Ehe durch ein international zuständiges deutsches Gericht vom kolumbianischen Recht die Anerkennung versagt würde, da Folge des Urteils eines deutschen Gerichts zunächst nur die Erstreckung der Rechtskraftwirkungen auf das Inland ist.[35] Davon unabhängig zu beurteilen ist die Anerkennung dieser Wirkungen durch einen anderen Staat.

b) Internationale Zuständigkeit kolumbianischer Gerichte

33 Nach kolumbianischem Recht richtet sich die internationale Zuständigkeit der Gerichte für die Nichtigerklärung grundsätzlich nach dem letzten gemeinsamen Wohnsitz der Ehegatten. Art. 23 n.c.p.c. lautet wie folgt:

---

[35] Vgl. OLG Düsseldorf, FamRZ 1999, 328 (aus Sicht des deutschen Namensrechts ist es unerheblich, dass das türkische Recht ein deutsches Scheidungsurteil nicht anerkennt); *Geimer*, Internationales Zivilprozessrecht, 5. Aufl. 2005, Rn. 987 ff., 991 m.w.N.

„Reglas generales. La competencia territorial se determina por las siguentes reglas:

[...]

4. En los procesos de [...] nulidad [...] de matrimonio civil, [...] será también competente el juez que corresponda al domicilio común anterior, mientras el demandante lo conserve.

[...]“

Deutsch:[36]

Allgemeine Vorschriften. Die territoriale Zuständigkeit richtet sich nach den folgenden Regeln:

[...]

4. In Verfahren zur Nichtigerklärung einer Zivilehe ist ebenfalls der Richter des gemeinsamen früheren Wohnsitzes der Ehegatten zuständig, solange der Antragsteller diesen beibehalten hat.

[...]

Nachdem der gemeinsame frühere Wohnsitz der Ehegatten in Deutschland war, 34 scheidet damit eine internationale Zuständigkeit kolumbianischer Gerichte für das Nichtigerklärungsverfahren nach dieser Norm aus. Eine nach anderen kolumbianischen Normen begründete internationale Zuständigkeit kolumbianischer Gerichte ist aus den dem Institut zugänglichen Quellen nicht ersichtlich.

III. Die Unterhaltsansprüche

1. Geschiedenenunterhalt bei Nichtigkeit der Ehe

Nach Ansicht des Gutachters, der der Tatsachenwürdigung des anfragenden Ge- 35 richts weder vorgreifen kann noch will, ist die Ehe zwischen der Klägerin zu 1) und dem Beklagten trotz Vorliegens eines Nichtigkeitsgrundes nach wie vor rechtlich bedeutsam und kann Unterhaltsansprüche wegen Ehescheidung nach sich ziehen, deren Berechtigung und Höhe jedoch nicht Gegenstand dieses Gutachtens sind.

2. Kindesunterhalt

a) Maßgeblichkeit deutschen Rechts

Wie bereits dargelegt, richtet sich der Kindesunterhalt nach Ansicht des Gutach- 36 ters nach deutschem Recht. Hiernach ist unerheblich, ob die Ehe der Eltern für nichtig erklärt wird, da das deutsche Recht unterhaltsrechtlich nicht zwischen ehelichen und nichtehelichen Kindern differenziert. Inhalt und Umfang der Unterhaltsansprüche sind nicht Gegenstand dieses Gutachtens.

[36] Übersetzung des Gutachters.

b) Kolumbianisches Recht

37 Nach kolumbianischem Recht wären die Kinder auch nach einer Nichtigerklärung der Ehe ihrer Eltern ehelich. Dies ergibt sich ausdrücklich aus Art. 149 c.c., der wie folgt lautet:

	Deutsch:[37]
„Los hijos procreados en un matrimonio que se declara nulo, son legítimos, […]“	Die Kinder aus einer für nichtig erklärten Ehe sind ehelich, [...].

38 Die Frage des Kindesunterhaltes wäre damit auch nach kolumbianischem Recht unabhängig von einer eventuellen Nichtigerklärung der Ehe der Eltern zu beurteilen.

D. Ergebnis

39 1. Nach kolumbianischem Recht ist die nach katholischem Ritus geschlossene Ehe der Zivilehe gleichgestellt. Die Eintragung einer katholisch geschlossenen Ehe in das Personenstandsregister hat für die Ehegültigkeit nur deklaratorische Wirkung.

2. Die zwischen der Klägerin zu 1) und dem Beklagten am 4.11.1992 geschlossene Zivilehe ist damit gem. Art. 140 Nr. 12 c.c. nichtig, da der Beklagte zu diesem Zeitpunkt noch rechtswirksam verheiratet war. Dass diese erste Ehe zum Zeitpunkt der zweiten Eheschließung nicht im Personenstandsregister eingetragen war, ist unerheblich.

3. Die Nichtigkeit der Ehe tritt nicht ipso iure ein; es bedarf hierfür eines besonderen Nichtigerklärungsverfahrens. Bis zum gerichtlichen Urteil ist die nichtige Ehe wie eine gültige Ehe zu behandeln. Die Wirkungen der gerichtlichen Nichtigerklärung treten ex nunc ein.

4. Es besteht eine internationale Zuständigkeit deutscher Gerichte für eine Nichtigerklärung der Ehe zwischen der Klägerin zu 1) und dem Beklagten.

5. Die Unterhaltsansprüche der Klägerin zu 1) gegen den Beklagten richten sich nach kolumbianischem Recht.

6. Die Frage des Kindesunterhalts ist unabhängig von der Nichtigerklärung der Ehe ihrer Eltern. Die Unterhaltsansprüche der Kläger zu 2) und zu 3) gegen den Beklagten richten sich nach deutschem Recht.

---

[37] Übersetzung nach *Bergmann/Ferid* (o. Fn. 8), 24.

b) Eheanfechtung

Nr. 24

Italien*

1. **Statut der Eheaufhebung (-anfechtung) nach deutschem, italienischem und brasilianischem IPR.**
2. **Eheanfechtung wegen Ausschlusses der ehelichen Rechte und Pflichten nach italienischem Recht.****
3. **Scheidungsstatut nach deutschem und italienischem Recht bei italienischem und brasilianischem Ehepartner, die nie zusammen gelebt haben.**
4. **Der italienische Scheidungsgrund des Nichtvollzugs der Ehe.**

Das Amtsgericht Jena hat in der Ehesache C. ./. P. um ein Gutachten über internationales und italienisches Eheauflösungsrecht gebeten.

Passau vom 29.3.2006

A. Sachlage

Die Antragstellerin C. ist brasilianische Staatsangehörige. Sie wohnt seit November 2002 in Jena. Der Antragsgegner P. ist italienischer Staatsangehöriger und seit August 2003 in Tromso, Norwegen, wohnhaft. 1

Die Parteien lernten einander in Frankreich kennen. Am 17.7.2004 schlossen sie in Turin, Italien, miteinander die Ehe. Danach kehrte jeder zu seinem Wohnsitz zurück; weder lebte die Antragstellerin eine Zeit in Norwegen, noch der Antragsgegner in Deutschland. Kinder sind aus der Ehe nicht hervorgegangen. Es wurde Gütertrennung vereinbart.

Nach Angabe der Antragstellerin war von Anfang an eine eheliche Lebensgemeinschaft nicht beabsichtigt und wurde auch nicht aufgenommen. Darüber habe zwischen den Parteien Einigkeit bestanden. Die Ehe sei auch nicht vollzogen worden.

Der Antragsgegner hat sich bisher noch nicht geäußert.

---

* *Anm. d. Red.:* S. zum italienischen Ehescheidungsrecht auch IPG 1977 Nr. 20 *(München)*; IPG 1997 Nr. 29 *(Passau)*.

** *Anm. d. Red.:* S. zur Eheanfechtung nach italienischem Recht auch IPG 1975 Nr. 16 *(Köln)*.

Die Antragstellerin meint, die engste gemeinsame Verbindung der Eheleute bestehe zu Italien, deswegen sei italienisches Recht anwendbar. Nach diesem beantragt sie mit am 31.5.2005 eingegangenem, dem Antragsgegner am 22.7.2005 zugestelltem Schriftsatz in erster Linie, die Ehe auf ihre Anfechtung für nichtig zu erklären. Hilfsweise beantragt sie, die Ehe aufzulösen.

B. Anfrage

2 Das Amtsgericht Jena bittet um ein Gutachten

a) zur Anwendung italienischen Rechts und gegebenenfalls

b) zu den materiellen und formellen Voraussetzungen des italienischen Rechts.

C. Rechtslage

I. Internationale Zuständigkeit

3 Die internationale Zuständigkeit deutscher Gerichte bestimmt sich nach der EuEheGVVO II, deren Zuständigkeitsbestimmungen seit dem 1.3.2005 anwendbar sind (Art. 72 der VO). Die internationale Zuständigkeit ergibt sich hier aus Art. 3 Abs. 1 lit. a Var. 5.[1]

II. Eheanfechtung

1. Internationales Privatrecht

a) Deutsches internationales Privatrecht

4 Eventuell vorrangige Normen europäischer oder staatsvertraglicher Herkunft auf dem Gebiet des materiellen und internationalen Eheauflösungsrechts existieren nicht. Entsprechende europäische Vorschriften befinden sich noch im Planungsstadium.

5 Im deutschen internationalen Privatrecht wird unterschieden zwischen der Nichtigkeit oder Anfechtung einer Ehe infolge anfänglicher Mängel und der Scheidung oder Auflösung infolge ihres Scheiterns. Während sich das in letzterer Hinsicht anwendbare Recht nach Art. 17 EGBGB richtet (dazu unten Rn. 40), werden anfängli-

---

1 Text bei *Jayme/Hausmann*, Internationales Privat- und Verfahrensrecht, 12. Aufl. 2004, Nr. 162, S. 409.

che Mängel und ihre Wirkungen nach dem Eheschließungsstatut, Art. 13 EGBGB, beurteilt.

Daraus folgt, dass insoweit auf das jeweilige Heimatrecht der Eheschließenden verwiesen wird. Bei gemischtnationalen Ehen ergibt sich daraus die Maßgeblichkeit zweier Rechtsordnungen. Von diesen setzt sich jeweils das ehefeindlichere Recht durch.[2] 6

Für die Frage, ob es sich um eine Nichtehe, nichtige oder anfechtbare bzw. aufhebbare Ehe handelt, verweist das deutsche IPR mithin sowohl auf das Heimatrecht des Antragsgegners wie auch auf das Heimatrecht der Antragstellerin. 7

Sollte sich aus einem dieser Rechte eine Anfechtbarkeit ergeben, so setzt sich diese durch. Das andere Heimatrecht könnte dann nur insoweit Bedeutung erlangen, als es schärfere Sanktionen (z.B. Nichtehe) enthält. 8

Aus diesem Grund erfolgt für die Anfechtung (oder Aufhebung oder Nichtigkeit) eine Verweisung sowohl auf italienisches Recht als das Heimatrecht des Ehemannes wie auch auf brasilianisches Recht als das Heimatrecht der Ehefrau. 9

Nach Art. 4 Abs. 1 S. 1 EGBGB zielt diese Verweisung auf das jeweilige internationale Privatrecht (IPR-Verweisung).[3] Dieses bestimmt dann, welches materielle Recht anzuwenden ist. 10

b) Italienisches internationales Privatrecht

In Italien wurde das internationale Privatrecht durch Gesetz vom 31.5.1995 neu geregelt.[4] Die Eheanfechtung ist darin nicht ausdrücklich geregelt. In Betracht zu ziehen sind die folgenden Vorschriften: 11

„Art. 26. (Eheversprechen)

Das Eheversprechen und die Folgen seines Bruchs werden durch das gemeinsame Heimatrecht der Ehewilligen oder bei dessen Fehlen durch das italienische Gesetz geregelt.

Art. 27. (Bedingungen für die Eheschließung)

Die Ehefähigkeit und die anderen Bedingungen für die Eheschließung werden durch das Heimatrecht eines jeden Ehepartners im Zeitpunkt der Eheschließung bestimmt. Vorbehalten bleibt der Ledigkeitsstatus, den einer der Ehegatten aufgrund eines italienischen Urteils oder eines in Italien anerkannten Urteils erlangt hat.

---

2 *Soergel/Schurig*, BGB, Bd. 10: Einführungsgesetz, 12. Aufl. 1996, Art. 13 EGBGB, Rn. 99 - 110 mit Nachweisen.

3 *Soergel/Schurig* (o. Fn. 2), Art. 13 EGBGB, Rn. 122.

4 Text in deutscher Übersetzung bei *Bergmann/Ferid/Henrich*, Internationales Ehe- und Kindschaftsrecht (Losebl.), Italien, S. 42g.

Art. 31. (Persönliche Trennung und Auflösung der Ehe)

1. Die persönliche Trennung und die Auflösung der Ehe werden durch das gemeinsame Heimatrecht der Ehegatten im Zeitpunkt (der Einreichung) des Antrags auf Trennung oder Auflösung der Ehe geregelt; fehlt ein solches, so ist das Recht des Staates anzuwenden, in welchem das eheliche Zusammenleben überwiegend stattgefunden hat.

2. Die persönliche Trennung und die Auflösung der Ehe werden, wenn sie von dem anzuwendenden ausländischen Recht nicht vorgesehen sind, durch das italienische Gesetz geregelt."

12 Nichtigkeit und Aufhebung der Ehe kommen nur in verfahrensrechtlicher Hinsicht in Art. 32 vor (der in deren Anwendungsbereich allerdings von der EuEheGVVO II verdrängt wird). Die Vorschrift lautet:

„Art. 32. (Zuständigkeit in Angelegenheiten der Nichtigkeit, Aufhebung, persönlichen Trennung und Auflösung der Ehe)

In Fragen der Nichtigkeit oder Aufhebung der Ehe, der persönlichen Trennung und der Auflösung der Ehe ist die italienische Gerichtsbarkeit außer in den in Art. 3 genannten Fällen auch dann gegeben, wenn einer der Ehegatten italienischer Staatsangehöriger ist oder die Ehe in Italien geschlossen worden ist."

13 Art. 31 bezieht sich auf die „Auflösung" der Ehe; diesen Begriff benutzt das italienische Gesetz für die Scheidung. Die „persönliche Trennung" erfolgt ebenfalls durch das Gericht und ist eine Vorstufe dazu. Wie in Deutschland Art. 17 EGBGB dürfte die Vorschrift nicht für die Eheanfechtung aufgrund anfänglicher Mängel gelten, die das italienische Gesetz unabhängig von der „Auflösung" vorsieht.

14 Art. 26 ist in der hier zitierten deutschen Übersetzung missverständlich. Es geht dabei lediglich um das Verlöbnis *(promessa di matrimonio)*, nicht etwa um die bei der Eheschließung abgegebenen Erklärungen. Die Vorschrift bezieht sich vor allem auf die materiellen Regelungen in Art. 79 - 81 Codice civile (C.c.).[5]

15 Art. 32, der die Nichtigkeit und Anfechtung der Ehe *(nullità e [...] annullamento del matrimonio)* erwähnt, regelt nur die internationale Zuständigkeit (außerhalb der EuEheGVVO II), nicht das anwendbare Recht.

16 Die nächstliegende Konsequenz daraus ist, die Rechtsfolgen nach derselben Rechtsordnung zu berufen, die für die materiellen Voraussetzungen der Eheschließung anzuwenden ist, m.a.W., diese Fragen auch dem Art. 27 zu unterwerfen. Das ist offenbar auch die in Italien vertretene Auffassung.[6]

---

[5] Von einem etwas anachronistischen Rechtsinstitut („l'istituto alquanto anacronistico della promessa di matrimonio") spricht im Zusammenhang mit Art. 28 *Ballarino*, Diritto internazionale privato, 3. Aufl. 1999, S. 388 f.

[6] Ausdrücklich dafür, dass das verletzte Recht auch die Rechtsfolgen bestimmt, *Ballarino*, Manuale breve di diritto internazionale privato, 2002, S. 136 sowie (für Formfragen) 143 f.

Nach Art. 27 richten sich die Ehefähigkeit und die anderen (materiellen) Voraussetzungen der Eheschließung nach dem Heimatrecht des jeweiligen Eheschließenden. Daraus folgt, dass bei gemischtnationalen Ehen beide Heimatrechte heranzuziehen sind mit der Maßgabe, dass sich (wie in Deutschland) die weitergehende Folge durchsetzt.[7] 17

Damit verweist das italienische IPR für die Anfechtung wegen Eingehens einer Scheinehe, soweit es als Heimatrecht des Mannes berufen ist, ebenfalls auf italienisches Recht. Dessen Sachnormen sind mithin anzuwenden; eine Rückverweisung findet nicht statt. 18

c) Brasilianisches internationales Privatrecht

Über das Heimatrecht der Ehefrau verweist Art. 13 EGBGB für dieselbe Frage auch auf brasilianisches Recht,[8] und zwar wiederum auf das brasilianische IPR. 19

Das brasilianische IPR knüpft die Person betreffende Fragen seit 1942 nicht mehr an die Staatsangehörigkeit, sondern grundsätzlich an den Wohnsitz der betreffenden Person an.[9] 20

Art. 7 § 3 des brasilianischen Einführungsgesetzes zum Zivilgesetzbuch[10] bestimmt zwar in der Fassung vom 1.8.1957: 21

> „Haben die Eheschließenden verschiedenen Wohnsitz, so werden die Gründe der Unwirksamkeit der Ehe durch das Gesetz des ersten Wohnsitzes bestimmt."

Diesen zu bestimmen, bereitet im hier zu entscheidenden Fall allerdings Schwierigkeiten (unten Rn. 40 ff.). Doch wird diese Vorschrift in Brasilien anscheinend als ein „Redaktionsversehen" behandelt und nach der Rechtsprechung des Obersten Gerichtshofes nicht angewandt. Statt dessen werden alle Ehehindernisse und Formfragen ausschließlich nach dem Recht des *Eheschließungsortes* beurteilt.[11] 22

Damit ist auch aus brasilianischer Sicht das *italienische* Recht berufen. 23

Die Anwendbarkeit italienischen Rechts könnte allerdings noch daran scheitern, dass das brasilianische IPR seinerseits eine IPR-Verweisung ausspricht und der 24

---

7 *Ballarino* (o. Fn. 6), S. 137 (die Ehe kann nur wirksam geschlossen werden, wenn die Voraussetzungen beider Rechtsordnungen erfüllt sind).

8 Vgl. *Soergel/Schurig* (o. Fn. 2), Art. 13 EGBGB, Rn. 110.

9 Vgl. *Bergmann/Ferid/Henrich (Weishaupt)* (o. Fn. 4), Brasilien, S. 10.

10 Deutsche Übersetzung bei *Weishaupt* (o. Fn. 9), 35.

11 *Weishaupt* (o. Fn. 9), S. 11 mit Nachweisen in Fn. 10 sowie Fn. 2 zu Art. 7 § 3.

nach dem IPR von Italien gegebenen (vgl. oben Rn. 11 ff.) Rückverweisung auf brasilianisches Recht folgt. Indessen bestimmt Art. 16 des Einführungsgesetzes:[12]

> „Wenn gemäß den vorhergehenden Artikeln ein ausländisches Recht zur Anwendung kommen muss, ist die Vorschrift dieses Gesetzes anzuwenden, ohne die Verweisung zu berücksichtigen, die dieses Gesetz auf ein anderes Gesetz macht."

25 Die Verweisung des brasilianischen IPR ist also eine *Sachnormverweisung*. Es bleibt aus seiner Sicht bei der Anwendbarkeit italienischen Rechts.

d) Zwischenergebnis

26 Sowohl die Anknüpfung an das Heimatrecht des Mannes wie die an das Heimatrecht der Frau führt hinsichtlich der Anfechtung zur Anwendbarkeit italienischen Sachrechts.

2. Italienisches materielles Recht

a) Voraussetzungen einer Anfechtung

27 Als Anfechtungsgrund kommt Art. 123 C.c. in Betracht. Die Vorschrift lautet:[13]

> „Die Ehe kann von jedem der Ehegatten angefochten werden, wenn die Eheschließenden vereinbart haben, die sich aus der Ehe ergebenden Pflichten nicht zu erfüllen und die ehelichen Rechte nicht auszuüben.
>
> Die Nichtigkeitsklage kann nach Ablauf eines Jahres nach der Eheschließung nicht mehr erhoben werden. Das gleiche gilt, wenn die Eheschließenden unmittelbar nach der Eheschließung wie Eheleute zusammengelebt haben."

28 Offenbar richtet sich diese Anfechtungsmöglichkeit wie auch § 1314 Abs. 2 Nr. 5 BGB gegen die sog. *Scheinehen*.

29 Eine erfolgreiche Anfechtungsklage führt zur Nichtigerklärung der Ehe. Diese hat nach Art. 128 C.c. nur ex-nunc-Wirkung zugunsten eines gutgläubigen Partners und der aus der Ehe hervorgegangenen Kinder; sonst wirkt sie zurück.

30 Gutgläubigkeit kommt bei Art. 123 C.c., der von einer *Vereinbarung* der Eheschließenden ausgeht, nicht in Betracht, und Kinder sind nicht vorhanden. Das Nichtigkeitsurteil würde daher die Ehe rückwirkend auflösen.

---

12 Übersetzung von *Weishaupt* (o. Fn. 9), S. 36.

13 Deutsche Übersetzung bei *Bergmann/Ferid/Henrich* (o. Fn. 4), Italien, S. 123.

Dafür müssen jedoch die Voraussetzungen des Art. 123 C.c. zur vollen Überzeugung des Gerichts nachgewiesen werden. Insoweit genügt nicht, dass es faktisch zu keiner ehelichen Gemeinschaft kam, sondern Voraussetzung ist eine *Vereinbarung* der Parteien bei der Eheschließung darüber, dass sämtliche Pflichten aus der Ehe nicht erfüllt und sämtliche Rechte nicht ausgeübt werden sollen. 31

Ob der Antragstellerin ein solcher Beweis gelingt, ist Tatfrage. 32

b) Ausschluss der Anfechtung

Die Anfechtung ist ausgeschlossen, wenn die Ehegatten unmittelbar nach der Eheschließung als Eheleute zusammengelebt haben. Dies soll nach dem Vorbringen der Antragstellerin nicht der Fall gewesen sein. 33

Außerdem ist die Anfechtung ausgeschlossen, wenn die „Nichtigkeitsklage“ nicht binnen eines Jahres „erhoben“ worden ist. 34

Die Ehe wurde am 17.7.2004 in Turin geschlossen. Die Klage ist beim Familiengericht Jena am 31.5.2005 eingegangen; zu diesem Zeitpunkt war noch kein Jahr abgelaufen. Sie wurde dem in Norwegen wohnhaften Beklagten jedoch erst am 22.7.2005 zugestellt, also *nach* Ablauf eines Jahres. 35

Wann eine Klage „erhoben“ ist, ist eine prozessuale Frage, die der lex fori unterliegt, hier also deutschem Prozessrecht. Nach § 608 ZPO sind die Vorschriften für das Verfahren vor dem Landgericht entsprechend anzuwenden. Nach § 253 Abs. 1 ZPO erfolgt die Erhebung der Klage durch *Zustellung* der Klageschrift. Hinsichtlich der Fristen gilt jedoch § 167 ZPO, dem zufolge die Frist als gewahrt gilt, wenn der Antrag rechtzeitig bei Gericht eingegangen ist und „demnächst“ zugestellt wurde. Angesichts der besonderen Umstände der Auslandszustellung wird man hier diese Voraussetzung wohl noch als erfüllt ansehen können. Diese Frage des deutschen Prozessrechts hat das Gericht zu entscheiden. 36

Das Anfechtungsrecht – sollten seine Voraussetzungen bewiesen werden – ist dann nicht infolge Fristablaufs erloschen. 37

c) Durchführung des Verfahrens

Für das Scheidungsverfahren verlangt das italienische Recht einen Versöhnungsversuch und die Beteiligung der Staatsanwaltschaft (vgl. unten Rn. 72 ff.). Dies steht im Scheidungsgesetz von 1970. Für das Anfechtungsverfahren sind solche Voraussetzungen nicht ersichtlich. Im Übrigen ist die Beteiligung der Staatsanwaltschaft in Deutschland ohnehin kaum zu bewerkstelligen, und ein Versöhnungsversuch macht bei den Nichtigkeitstatbeständen wenig Sinn. 38

Man wird daher davon ausgehen können, dass verfahrensrechtliche Besonderheiten insoweit nicht beachtet werden müssen. 39

III. Scheidung

40 Gelingt der Beweis der „Scheinehe“ nicht, so kommt der hilfsweise gestellte Scheidungsantrag zum Zug.

41 Dafür muss zunächst das für die Scheidung maßgebliche Recht ermittelt werden.

1. Internationales Privatrecht

a) Deutsches internationales Privatrecht

42 Für die Scheidung, bei der es um Auflösung der Ehe ex nunc wegen deren nachträglichen Scheiterns geht, gilt Art. 17 EGBGB.

43 Danach wird in erster Linie das Recht berufen, das bei Eintritt der Rechtshängigkeit das Ehewirkungsstatut bildet (Art. 17 Abs. 1 S. 1 EGBGB). Dieses richtet sich nach Art. 14 EGBGB in Ermangelung einer ggf. zulässigen Rechtswahl nach der sog. „Anknüpfungsleiter“ des Absatz 1.

44 Ein gemeinsames Heimatrecht oder ein von einem der Ehegatten beibehaltenes ehemaliges gemeinsames Heimatrecht (Nr. 1) gibt es in diesem Fall nicht. Auch die zweite Möglichkeit (Nr. 2) führt nicht weiter, da die Eheleute nicht im selben Staat ihren gewöhnlichen Aufenthalt haben und einen solchen auch nicht hatten. Der gemeinsame Aufenthalt in Italien anlässlich der Eheschließung war offensichtlich zu kurz, um einen gewöhnlichen Aufenthalt begründen zu können, und auch subjektiv nicht auf Dauer geplant.

45 Daher muss nach Art. 14 Abs. 1 Nr. 3 EGBGB festgestellt werden, mit welchem Staat die Ehegatten in anderer Weise gemeinsam am engsten verbunden sind.

46 Hierfür sind die Besonderheiten des Falles zu bewerten, die persönliche Lebensgeschichte der Beteiligten, familiäre oder wirtschaftliche Bindungen. Diese Kriterien dürften hier indessen auch nicht weiterführen.

47 Man kann die Anknüpfung weiter formalisieren und beim Versagen des letzten gewöhnlichen Aufenthalts den letzten gemeinsamen schlichten Aufenthalt als Anknüpfung wählen. Dann kommt einmal der Aufenthalt in Frankreich in Betracht, bei dem die Parteien sich kennengelernt haben. Gegen dessen Beachtung spricht jedoch, dass er vor der Eheschließung stattgefunden hat; gemeinsame Verbindungen zu einem Land vor der Eheschließung kommen nur äußerst hilfsweise in Betracht.[14]

48 Später müssen sich die Eheleute zumindest eine gewisse Zeit zur Eheschließung in Italien aufgehalten haben.

---

[14] *Soergel/Schurig* (o. Fn. 2), Art. 17 EGBGB, Rn. 20, Art. 14 EGBGB, Rn. 14.

Zwar ist in Italien aufgrund besonderer Erlaubnis aus wichtigem Grund eine Eheschließung mittels Vollmacht möglich: Art. 111 C.c. In der Regel müssen aber die Eheschließenden ihre Erklärungen vor dem Zivilstandsbeamten persönlich abgeben (Art. 107 C.c.), was dem Akteninhalt zufolge offenbar auch stattgefunden hat (so wird bezeugt, dass beide erklärt haben, den Güterstand der Gütertrennung zu wählen).

Dieser Aufenthalt mag zwar kurz gewesen sein, er bekommt aber ein besonderes Gewicht dadurch, dass beide Ehegatten gleichzeitig Italien als das Land ihrer Eheschließung gewählt haben. 49

Infolgedessen ist davon auszugehen, dass Italien das Land ist, mit dem die Parteien im Sinne von Art. 17 Abs. 1 S. 1, 14 Abs. 1 Nr. 3 EGBGB gemeinsam am engsten verbunden sind. Damit wird für das Scheidungsstatut auf italienisches Recht verwiesen. 50

Nach Art. 4 Abs. 1 S. 1 EGBGB erfolgt auch diese Verweisung auf das internationale Privatrecht des entsprechenden Staates. Allerdings wird vielfach vertreten, dass, wenn im Sinne des Art. 14 Abs. 1 Nr. 3 EGBGB die engste Verbindung individuell bestimmt wurde, es gemäß dem Vorbehalt in Art. 4 Abs. 1 S. 1 EGBGB sinnwidrig sei, das fremde IPR zu beachten, denn eine engere als die engste Verbindung könne es nicht geben.[15] 51

Diese Argumentation beruht auf einem Denkfehler. Auch die gemeinsame Staatsangehörigkeit oder den gemeinsamen gewöhnlichen Aufenthalt (Art. 14 Abs. 1 Nr. 1 und 2 EGBGB) wählen wir als Anknüpfung, weil wir dies als die „engste Verbindung" ansehen. Nur war sich der Gesetzgeber in diesen Fällen insoweit sicher, während die Anknüpfung nach Art. 14 Abs. 1 Nr. 3 EGBGB die schwächste ist (wie auch an diesem Fall ersichtlich). Ausgerechnet unter diesen Umständen das fremde IPR nicht zu berücksichtigen, wäre seinerseits widersinnig.[16] 52

Daher verweist auch Art. 17 Abs. 1 S. 1 mit Art. 14 Abs. 1 Nr. 3 EGBGB nach Art. 4 Abs. 1 S. 1 EGBGB auf das IPR des entsprechenden Landes, hier Italiens. 53

b) Italienisches internationales Privatrecht

Das italienische IPR-Gesetz regelt das auf Trennungen und Scheidungen („Auflösung der Ehe", *„scioglimento del matrimonio"*) anwendbare Recht in Art. 31.[17] 54

Danach ist in erster Linie das gemeinsame Heimatrecht berufen. Gibt es – wie hier – ein solches nicht, dann ist abzustellen auf das „Recht des Staates, in dem das eheliche Zusammenleben überwiegend stattgefunden hat", 55

---

15 Nachweise bei *Soergel/Schurig* (o. Fn. 2), Art. 14 EGBGB, Rn. 70, Fn. 12, Art. 17 EGBGB, Rn. 158, Fn. 2.

16 Näher *Soergel/Schurig* (o. Fn. 2), Art. 14 EGBGB, Rn. 70, Art. 17 EGBGB, Rn. 158; *Kegel/Schurig*, Internationales Privatrecht, 9. Aufl. 2004, S. 405 f.

17 Deutsche Übersetzung oben, Rn. 11.

Übersetzung Rn. 11. Im Original: „la legge dello Stato nel quale la vita matrimoniale risulta prevalemente localizzata",

wörtlich: „des Staates, in dem das eheliche Zusammenleben *im Ergebnis* überwiegend *lokalisiert* ist".

56 Gerade aus dem Gebrauch des Wortes *„resulta"* folgert man, dass das italienische Gesetz keine formale Hilfsanknüpfung gewollt hat, wie die an den gemeinsamen gewöhnlichen Aufenthalt im deutschen Recht, sondern davon ausgeht, dass die Anknüpfung das Ergebnis einer Gesamtbetrachtung und -wertung durch den Richter ist. Das Gesetz benutzt dieselbe Anknüpfung in Art. 29 für die persönlichen Ehewirkungen, so dass die Äußerungen hierzu ebenfalls herangezogen werden können.[18]

57 Allerdings wird eingeräumt, dass es äußerst unwahrscheinlich ist, dass ein Staat, in dem die Ehegatten gemeinsamen oder auch nur übereinstimmenden Aufenthalt haben, nicht zugleich derjenige ist, in dem das eheliche Zusammenleben überwiegend stattfindet.[19]

58 *Ein* Unterschied in der Formulierung besteht allerdings zwischen den beiden Vorschriften: Während Art. 31 in Bezug auf das gemeinsame eheliche Leben von *„resulta"* (im Ergebnis) spricht, heißt es in Art. 29 bei den Ehewirkungen schlicht *„è prevalentemente localizzata"*. Das ist damit zu erklären, dass bei der Frage der persönlichen Ehewirkungen ein eheliches Zusammenleben regelmäßig noch besteht, während es bei Trennung und Scheidung normalerweise beendet ist, so dass eine Gesamtbetrachtung des Eheverlaufs ex post nötig wird.

59 Schwierigkeiten ergeben sich, wenn ein gemeinsamer gewöhnlicher Aufenthalt und damit ein eheliches Zusammenleben über eine bedeutsame Zeit nie bestanden haben. Dieser Fall ist im italienischen Gesetz nicht geregelt. Da aber schon bei der Bestimmung des Landes, in dem im Ergebnis das eheliche Zusammenleben überwiegend lokalisiert ist, der Richter auf sein Ermessen und einen Beurteilungsspielraum verwiesen wird, der einer Bestimmung der „engsten Verbindung" nahe kommt, hat er in solch einem Fall das mit dem ehelichen Leben am engsten verbundene Recht auf andere Weise zu bestimmen. Hierbei sind auch Verbindungen in der Vergangenheit zu berücksichtigen.[20]

---

18 Vgl. näher *Ballarino* (o. Fn. 5), S. 419 f., 438; *ders.* (o. Fn. 6), S. 146, 152 f.: „La ricerca della legge applicabile viene rimessa in questi casi al prudente apprezzamento del giudice, che dovrà individuare il paese in cui la vita matrimoniale è prevalentemente localizzata, tenendo conto delle connessioni esistenti con i diversi ordinamenti". - Deutsch: „Die Bestimmung des anwendbaren Rechts wird in diesen Fällen der umsichtigen Einschätzung des Richters überlassen, der das Land, in dem das eheliche Leben überwiegend lokalisiert ist, herausfinden muss, indem er die bestehenden Verbindungen mit den verschiedenen Rechtsordnungen bewertet."

19 *Ballarino* (o. Fn. 6), S. 146; *ders.* (o. Fn. 5), S. 420.

20 *Ballarino* (o. Fn. 5), S. 421 f.

In den „äußerst seltenen“ *(„veramente estremi“)* Fällen, in denen es weder irgendwann eine gemeinsame Staatsangehörigkeit noch einen gemeinsamen Wohnsitz gegeben hat, werden die folgenden Lösungsvorschläge gemacht.[21] 60

Entweder könne man das Recht des Staates anwenden, in dem es nur *kurze Perioden des Zusammenlebens* gegeben hat *(„dare rilievo al luogo in cui si sono svolti i brevi periodi di convivenza“).* 61

Oder man wähle das Recht des *Eheschließungsortes („applicare la legge del luogo di celebrazione del matrimonio“)*, der übrigens ein eigenes Gewicht auch bei der internationalen Zuständigkeit hat (Art. 32 Abs. 2, oben Rn. 12). 62

Schließlich könne man auch einfach die *lex fori* anwenden, eine Lösung, die *Ballarino* allerdings sofort wieder verwirft.[22] Er bevorzugt die Anknüpfung an die kurzen Perioden des Zusammenlebens und als *„extrema ratio“* die an den Heiratsort. 63

Wendet man diese Grundsätze auf den hier zu entscheidenden Fall an, so ist festzustellen, dass es eine kurze Periode des gemeinsamen Aufenthalts jedenfalls bei der Eheschließung in Italien gegeben haben mag. Ob dies ausreicht, ist nicht klar; falls nicht, käme die Anknüpfung an den Eheschließungsort zum Zuge, die hier ebenfalls zum italienischen Recht führt. Insoweit kann die Frage offen bleiben. 64

Auch aus der Sicht des italienischen IPR ist daher italienisches Scheidungsrecht anzuwenden. 65

2. Italienisches Scheidungsrecht

a) Scheidungsgrund

Das italienische Scheidungsgesetz von 1970 enthält in seinem Art. 3 verschiedene Gründe für die „Auflösung der Ehe“. Eine Gruppe stützt sich auf bestimmte Straftaten des Ehegatten. Praktisch am bedeutsamsten ist die Scheidung nach einer konkreten Trennungsfrist, wobei eine (im Ausland oft übersehene) Besonderheit des italienischen Rechts darin liegt, dass die Trennungszeit erst läuft, nachdem die Trennung der Ehe *gerichtlich* ausgesprochen oder eine entsprechende Vereinbarung *gerichtlich* bestätigt wurde. Das rein tatsächliche Getrenntleben ist – anders als in den meisten anderen Rechtsordnungen – ohne Bedeutung. 66

Neben diesen Scheidungsgründen gibt es noch die besonderen der (nicht anerkannten) ausländischen Scheidung des Partners (Art. 3 Nr. 2e), der „Berichtigung der Geschlechtszugehörigkeit“ eines Partners (Art. 3 Nr. 2g) und schließlich den Scheidungsgrund, dass „die Ehe nicht vollzogen ist“ (Art. 3 Nr. 2f), auf den die An- 67

[21] *Ballarino* (o. Fn. 5), S. 422.

[22] *Ballarino* (o. Fn. 5), S. 422.

tragstellerin sich hier beruft. In diesen Fällen muss keine gerichtliche Trennung vorausgehen.

68 Der Scheidungsgrund der nicht vollzogenen Ehe war ursprünglich ein Aufhebungsgrund im kirchlichen Eherecht. Er ist gleichwohl auch aus der Sicht des deutschen IPR als Scheidungsgrund zu qualifizieren, weil es sich um einen Fall der nachträglichen Nichtbewährung der Ehe handelt und nicht um einen anfänglichen Fehler.[23]

69 Um einen solchen handelt es sich nur, wenn die Wirkungslosigkeit der Ehe von vornherein zwischen den Parteien *vereinbart* war. Dies bildet dann, wie oben (Rn. 27 ff.) dargelegt, einen Anfechtungsgrund.

70 Die Voraussetzungen dieser Scheidung müssen, wie alle anderen auch, nachgewiesen werden. Insbesondere ist Art. 1 des Gesetzes zu beachten:[24]

> „Der Richter spricht die Auflösung der nach den Vorschriften des Zivilgesetzbuches geschlossenen Ehe aus, wenn er nach einem gescheiterten Versöhnungsversuch, wie er in dem nachfolgenden Art. 4 geregelt ist, feststellt, dass die geistige und materielle Gemeinschaft der Ehegatten wegen des Vorliegens eines der in Art. 3 vorgesehenen Gründe nicht mehr aufrechterhalten oder wiederhergestellt werden kann."

71 Das Gericht wird also zunächst die Zerrüttung der Ehe feststellen müssen, was nach der Lage der Akten aber kaum zweifelhaft sein dürfte, weil eine eheliche Gemeinschaft gar nicht erst zustande gekommen ist. Insofern besteht auch ein Zusammenhang mit dem geltend gemachten Scheidungsgrund.

b) Durchführung der Scheidung

aa) Versöhnungsversuch

72 Nach Art. 1 des Gesetzes ist die Scheidung nur möglich, wenn ein Versöhnungsversuch entsprechend den Vorschriften des Art. 4 Nr. 5 - 8 erfolglos geblieben ist.

73 Dieser Versöhnungsversuch ist zwar im Wesentlichen verfahrensrechtlich geregelt, und für das Verfahrensrecht gilt die deutsche lex fori, in welcher ein solcher nicht vorgesehen ist. Die Regel enthält aber auch eine materielle Komponente: Das Scheitern des Versöhnungsversuchs ist sozusagen der letzte Nachweis der Zerrüttung der Ehe. Deswegen sagt Art. 1 ausdrücklich, dass die Auflösung der Ehe erst „nach einem gescheiterten Versöhnungsversuch" erfolgen kann.

---

23 Zu ähnlichen Qualifikationsproblemen vgl. *Soergel/Schurig* (o. Fn. 2), Art. 13 EGBGB, Rn. 3, Art. 17 EGBGB, Rn. 14.

24 Übersetzung bei *Bergmann/Ferid/Henrich* (o. Fn. 4), S. 105.

Aus diesem Grund sollte auch das deutsche Gericht einen entsprechenden Versöhnungsversuch in sein Verfahren integrieren, was ohne Weiteres möglich ist.[25] 74

Im Einzelnen schreibt Art. 4 Nr. 5 - 8 vor: 75

„5. Innerhalb von 5 Tagen seit Klageeinreichung bei der Geschäftsstelle bestimmt der Gerichtspräsident den Zeitpunkt der Sitzung für das Erscheinen der Eheleute vor ihm und die Frist für die Zustellung der Klage und des Beschlusses. Er ernennt einen Sonderpfleger, wenn der Beklagte geisteskrank oder aus sonstigen gesetzlichen Gründen geschäftsunfähig ist.

6. Zwischen dem Tag der Zustellung von Klage und Beschluss und der zum Erscheinen angesetzten Sitzung müssen die in Art. 163bis der Zivilprozessordnung festgesetzten, jedoch auf die Hälfte verkürzten Fristen ablaufen.[26]

7. Die Ehegatten müssen persönlich vor dem Gerichtspräsidenten erscheinen, außer bei schwerwiegenden und nachgewiesenen Gründen. Der Präsident hat die Ehegatten zunächst getrennt und sodann gemeinsam anzuhören und dabei zu versuchen, sie zu versöhnen. Wenn sich die Ehegatten versöhnen oder aber, wenn der klagende Ehegatte erklärt, den Antrag nicht weiter verfolgen zu wollen, so lässt der Präsident eine Niederschrift über die Versöhnung oder über die Erklärung erstellen.

8. Erscheint der beklagte Ehegatte nicht oder gelingt die Versöhnung nicht, so hört der Richter, wenn er es für unbedingt erforderlich erachtet, die minderjährigen Kinder und verfügt sodann durch Beschluss auch von Amts wegen alle einstweiligen und dringlichen Maßnahmen, die er im Interesse der Ehegatten und der Kinder für angebracht hält. Er ernennt den ermittelnden Richter und setzt einen Termin fest, zu dem die Parteien vor diesem zu erscheinen haben. Die Verfügung des Präsidenten kann von dem ermittelnden Richter gemäß Art. 177 der Zivilprozessordnung aufgehoben oder geändert werden. Art. 189 der Durchführungsbestimmungen zur Zivilprozessordnung ist anzuwenden."

Die hierin enthaltenen Zuständigkeits- und Fristenregelungen sind verfahrensrechtlicher Natur und binden das deutsche Gericht nicht. Doch sind die Parteien persönlich zu laden und hinsichtlich ihrer Versöhnungsbereitschaft zu befragen. Der Versöhnungsversuch gilt auch dann als gescheitert, wenn der Antragsgegner („Beklagter") nicht erscheint. Der Vorgang ist in die Urteilsbegründung aufzunehmen. 76

bb) Beteiligung der Staatsanwaltschaft

Nach Art. 5 des Gesetzes hat an der Verhandlung die Staatsanwaltschaft „notwendig" teilzunehmen. An sich ist das eine verfahrensrechtliche Vorschrift. Früher wurde allerdings in Italien mitunter die Anerkennung eines ausländischen Scheidungsurteils wegen ordre public - Verstoßes abgelehnt, wenn die Staatsanwaltschaft am Verfahren nicht beteiligt war. 77

Soweit – wie früher öfter der Fall – die deutsche internationale Zuständigkeit von der Anerkennungsfähigkeit des Urteils in Italien abhing, konnten sich daraus 78

25 Vgl. *Soergel/Schurig* (o. Fn. 2), Art. 17 EGBGB, Rn. 57. Zurückhaltender MüKo/*Winkler von Mohrenfels*, BGB, Bd. 10: EGBGB, 4. Aufl. 2006, Art. 17 EGBGB, Rn. 119, 121.

26 Die Frist beträgt hier bei Zustellung im europäischen Ausland 45 Tage: *Bergmann/Ferid/Henrich* (o. Fn. 4), S. 107, Fn. 30.

Schwierigkeiten ergeben. Andererseits ist die Beteiligung der Staatsanwaltschaft in Ehesachen in Deutschland seit langem nicht mehr vorgesehen und verfahrensrechtlich wahrscheinlich auch nicht möglich. In der Praxis hat man sich damit beholfen, dass man aktenkundig die Staatsanwaltschaft aufgefordert hat, einen Vertreter zu schicken, was indessen nie geschehen ist.[27]

79 Im Rahmen der jetzt anwendbaren EuEheGVVO II hängt die deutsche Zuständigkeit nicht mehr von der Anerkennung in Italien ab. Diese darf andererseits nur nach Art. 22 lit. a EuEheGVVO II abgelehnt werden, „wenn die Anerkennung der öffentlichen Ordnung des Mitgliedstaates, in dem sie beantragt wird, offensichtlich widerspricht".

80 Ein solcher ordre public - Verstoß lediglich mangels Beteiligung der Staatsanwaltschaft wird in Italien heute mit ziemlicher Sicherheit nicht angenommen werden und wäre auch mit der Vorschrift nicht vereinbar.[28]

81 Eine – auch formale – Beteiligung der Staatsanwaltschaft erscheint somit nicht mehr erforderlich.[29]

D. Ergebnis

82 1. Deutsche Gerichte sind international zuständig (Rn. 3).

2. Die Eheanfechtung richtet sich gem. Art. 13 EGBGB nach den Heimatrechten beider Ehegatten. Es handelt sich um eine Kollisionsnormverweisung (Rn. 5 ff.).

3. Sowohl nach italienischem wie auch nach brasilianischem internationalen Privatrecht richtet sich die mögliche Eheanfechtung nach italienischem Recht (Rn. 11 ff., 19 ff.).

4. Nach Art. 123 C.c. ist die Anfechtung der Ehe (d.h. deren Nichtigerklärung) möglich, wenn die Parteien bei Eheschließung nachweislich übereingekommen sind, die Rechte aus der Ehe nicht auszuüben und den sich aus ihr ergebenden Pflichten nicht nachzukommen (Rn. 27 ff.).

5. Das Anfechtungsrecht ist hier nicht ausgeschlossen, weil (und wenn) die Parteien zu keiner Zeit „wie Eheleute zusammengelebt haben". Die Jahresfrist dürfte trotz der Zustellung nach Ablauf der Jahresfrist eingehalten sein, weil die Klage

---

[27] Vgl. näher *Soergel/Schurig* (o. Fn. 2), Art. 17 EGBGB, Rn. 58.

[28] Vgl. MüKo/*Winkler von Mohrenfels* (o. Fn. 25), Art. 17 EGBGB, Rn. 119, 121. - S. auch *Ballarino* (o. Fn. 5), 445 f., der berichtet, dass die italienische Rechtsprechung hinsichtlich des ordre public-Vorbehalts seit den 80er Jahren schon allgemein immer liberaler geworden ist. Vgl. dort die Ausführungen zum ordre public - Vorbehalt S. 445 - 448.

[29] Ebenso MüKo/*Winkler von Mohrenfels* (o. Fn. 25), Art. 17 EGBGB, Rn. 251.

vorher bei Gericht eingegangen ist und insoweit § 167 ZPO herangezogen werden kann (Rn. 33 ff.).

6. Für die Scheidung verweist Art. 17 Abs. 1 S. 1 mit Art. 14 Abs. 1 Nr. 3 EGBGB auf das italienische Recht. Auch diese Verweisung ist entgegen verbreiteter Annahme eine Kollisionsnormverweisung (Rn. 42 ff.).

7. Auch aus der Sicht des italienischen IPR ist italienisches Scheidungsrecht anzuwenden (Rn. 54 ff.).

8. In Frage kommt der Scheidungsgrund des Nichtvollzugs der Ehe nach Art. 3 Nr. 2f des italienischen Scheidungsgesetzes, der eine gerichtlich angeordnete oder bestätigte Trennung nicht voraussetzt. Der Scheidungsgrund ist zur Überzeugung des Gerichts zu beweisen (Rn. 66 ff.).

9. Bei der Durchführung ist der im italienischen Recht vorgeschriebene Versöhnungsversuch zu unternehmen. Ein Versuch, die Staatsanwaltschaft zu beteiligen, ist bei einer Scheidung in Deutschland nicht (mehr) erforderlich (Rn. 72 ff.).

c) Ehegüterrecht

Nr. 25

Türkei*

Zur Reichweite des Güterstandes der Errungenschaftsgemeinschaft nach türkischem Recht.

Das Amtsgericht Bergheim bittet in dem Rechtsstreit S. ./. K. (Az. 27 C 656/05) um ein Gutachten zum türkischen Güterrecht.

Köln M 13/06 vom 28.8.2006

A. Sachlage

1 Der Anfrage liegt folgender, aus den übersandten Gerichtsakten ermittelter Sachverhalt zugrunde:

Die Parteien sind geschiedene Eheleute. Mangels gegenteiliger Hinweise in der Akte geht der Gutachter im Folgenden davon aus, dass die Parteien die türkische Staatsangehörigkeit besitzen. In der beglaubigten Übersetzung der am 12.10.2004 vor dem Amtsgericht B. (Türkei) geschlossenen Scheidungsvereinbarung heißt es unter anderem: „Die gesamte Wohnungseinrichtung gehört mit der Ausnahme von dem Schrank und dem Spiegel im Wohnzimmer sowie dem Kinderzimmer und persönlichen Gegenständen von N. S. [der Beklagten, Anm. d. Gutachters], M. S. [dem Kläger, Anm. d. Gutachters]."

Im Februar 2005 nahm die Beklagte aus der ehemaligen Ehewohnung verschiedene Gegenstände mit; zwischen den Parteien ist streitig, um welche Gegenstände es sich im Einzelnen handelt. Mit seiner Klage begehrt der Kläger nun Schadensersatz für von ihm im Einzelnen aufgelistete Gegenstände, die die Beklagte in Besitz genommen haben soll. Er behauptet, diese Gegenstände befänden sich aufgrund der Scheidungsvereinbarung vom 12.10.2004 in seinem Alleineigentum.

Ein aus diesem Grund auf Strafanzeige des Klägers hin in die Wege geleitetes Ermittlungsverfahren führte nicht zur Eröffnung des Hauptverfahrens; die bei einer

---

* *Anm. d. Red.:* S. zum türkischen Güterrecht (auf der Grundlage des bis zum 31.12.2001 geltenden Familienrechts) auch IPG 2000/2001 Nr. 23 *(Köln)*.

Durchsuchung der Wohnung der Beklagten dort sichergestellten Gegenstände wurden ihr wieder zurückgegeben.

Gegenüber der Klage verteidigt sich die Beklagte u.a. damit, dass die von ihr in Besitz genommenen Gegenstände „persönliche Gegenstände“ im Sinne der Scheidungsvereinbarung seien, die infolgedessen in ihrem Alleineigentum stünden.

B. Anfrage

Das Gericht bittet um gutachterliche Stellungnahme zu folgender Frage: 2

Was ist im türkischen Recht unter persönlichen Gegenständen zu verstehen?

C. Rechtslage

I. Vorbemerkung zum anwendbaren Recht

Die Anfrage bezieht sich auf die Auslegung einer Scheidungsvereinbarung. Dabei ist zunächst zu klären, welches Recht zur Anwendung berufen ist. 3

1. Deutsches Kollisionsrecht

Zu beurteilen ist hier die Auslegung eines Rechtsbegriffs, der in der Scheidungsvereinbarung vom 12.10.2004 enthalten ist. Inhaltlich geht es um die Zuweisung von Ehevermögen an die beiden Ehegatten anlässlich der Scheidung, also um eine güterrechtliche Vereinbarung.[1] Diese ist nach Art. 15 Abs. 1 EGBGB anzuknüpfen; das Güterrechtsstatut folgt danach dem Ehewirkungsstatut. Hierfür beruft Art. 14 Abs. 1 Nr. 1 EGBGB das türkische Recht als das gemeinsame Heimatrecht der Ehegatten. 4

Keine andere Beurteilung ergäbe sich, wenn man den Anspruch als Scheidungsnebenfolge qualifizieren wollte;[2] auch diesbezüglich wird nach Art. 17 Abs. 1 EGBGB das Heimatrecht der Ehegatten zur Anwendung berufen. Somit verweist das deutsche IPR auf das türkische Recht. 5

---

1 Vgl. etwa OLG Hamm, NJW-RR 1992, 1220, 1221; OLG Hamm, NJW-RR 1995, 133, 134; ebenso *Staudinger/Mankowski,* 2003, Art. 15 EGBGB, Rn. 277 ff.; AnwK-BGB/*Sieghörnter*, 2005, Art. 15 EGBGB, Rn. 73, 103, jeweils m.w.N.

2 In diese Richtung AG Karlsruhe, FamRZ 1988, 837 f. Zur Anknüpfung der davon zu unterscheidenden Hausratsauseinandersetzung, die allgemein als Scheidungsnebenfolge nach Art. 17 EGBGB angesehen wird, vgl. *Staudinger/Mankowski* (2003), Art. 17 EGBGB, Rn. 267.

6 Wegen des in Art. 4 Abs. 1 EGBGB zum Ausdruck kommenden Grundsatzes der Gesamtverweisung wird auch auf türkisches Kollisionsrecht verwiesen. Dies ist geregelt im Gesetz über das internationale Privat- und Zivilverfahrensrecht, Gesetz Nr. 2675 vom 20.5.1982.[3]

2. Rückverweisung

7 Welche Vorschrift des türkischen IPRG anwendbar ist, hängt grundsätzlich davon ab, wie güterrechtliche Vereinbarungen anlässlich der Scheidung aus türkischer Sicht zu qualifizieren sind.

8 Gemäß Art. 13 Abs. 1 des türkischen IPRG richten sich die Scheidungsvoraussetzungen und -folgen grundsätzlich nach dem Heimatrecht der Ehegatten.

> Art. 13 Abs. 1 türk. IPRG:[4]
>
> Die Gründe und Folgen der Scheidung und Trennung unterliegen dem gemeinsamen Heimatrecht der Ehegatten.

9 Die rechtliche Beurteilung der Vereinbarung vom 12.10.2004 richtet sich danach nach türkischem Recht.

10 Gleiches gälte bei einer güterrechtlichen Qualifikation der Vereinbarung aus türkischer Sicht, denn Art. 14 Abs. 1 türk. IPRG knüpft ebenfalls an das Heimatrecht der Eheleute an:

> Art. 14 Abs. 1 türk. IPRG:[5]
>
> Die Ehegatten können hinsichtlich ihres ehelichen Vermögens das Recht ihres Wohnsitzes oder eines ihrer Heimatrechte im Zeitpunkt der Eheschließung wählen; falls eine solche Wahl nicht getroffen wird, so wird hinsichtlich des ehelichen Vermögens an das Heimatrecht im Zeitpunkt der Eheschließung [...] angeknüpft [...].

---

[3] Im Folgenden: türkisches IPRG; Übersetzung abgedruckt bei *Krüger*, IPRax 1982, 252 ff., *Bergmann/Ferid/Henrich (Rumpf/Odendahl)*, Internationales Ehe- und Kindschaftsrecht, Länderteil Türkei, 50 ff.
Anm. d. Red.: Das Gesetz Nr. 2675/1982 wurde mit Wirkung zum 12.12.2007 aufgehoben; seitdem gilt das neue türkische IPRG, Gesetz Nr. 5718/2007 (veröffentlicht im Gesetzblatt [Resmi Gazete] Nr. 26728). Der Text des neuen türkischen IPRG ist im Original abrufbar unter <http://rega.basbakanlik.gov.tr/eskiler/2007/12/20071212-1.htm>; eine deutsche Übersetzung ist abgedruckt in IPRax 2008, Heft 3.

[4] Übersetzung aus *Bergmann/Ferid/Henrich (Rumpf/Odendahl)* (o. Fn. 3), 52.

[5] Übersetzung aus *Bergmann/Ferid/Henrich (Rumpf/Odendahl)* (o. Fn. 3), 52.

Damit ist auf die Beurteilung der Vereinbarung vom 12.10.2004 türkisches Sachrecht anwendbar. 11

II. Das materielle türkische Recht

1. Güterrechtliche Grundlagen

Das bis zum 31.12.2001 geltende türkische Recht postulierte – mangels entgegenstehender ehevertraglicher Vereinbarungen – den Grundsatz der Gütertrennung.[6] Danach behält jeder Ehegatte das Eigentum an den ihm gehörenden Vermögensgegenständen auch nach der Eheschließung. Gegenstände, die während der Ehe erworben werden, fallen grundsätzlich nicht in das Gemeinschaftseigentum, sondern werden Eigentum des erwerbenden Ehegatten (Art. 186 Abs. 1 türk. ZGB a.F.). Gemeinschaftliches Eigentum entsteht nur nach den allgemeinen schuld- und sachenrechtlichen Bestimmungen.[7] 12

Nachdem die streitgegenständliche Ehe bereits im Jahre 1993 geschlossen wurde und sich den Akten keine Anhaltspunkte für den Abschluss eines Ehevertrags entnehmen lassen, ist nach der Aktenlage davon auszugehen, dass der damalige gesetzliche Güterstand der Gütertrennung bestand. Soweit danach feststeht, dass Gegenstände bereits während der Ehe im Eigentum eines Ehegatten standen, ändert auch die Scheidung hieran nichts. Im Falle der Scheidung kann jeder Ehegatte die ihm gehörenden Vermögensgegenstände wieder an sich nehmen.[8] 13

Allerdings gilt mit Wirkung vom 1.1.2003 auch für noch nach altem Recht geschlossene Ehen der neue gesetzliche Güterstand der Errungenschaftsgemeinschaft, soweit keine anders lautende Vereinbarung getroffen wurde.[9] Es besteht eine gesetzliche Vermutung, dass die Errungenschaft aus dem gesamten Vermögen der Ehegatten besteht (Art. 222 türk. ZGB). Im Falle des Todes eines Ehegatten oder der Scheidung wird die während der Ehe angewachsene „Errungenschaft" aufgeteilt (Art. 219 türk. ZGB). Wenn eine Seite dabei Gegenstände für sich beansprucht, 14

---

6 Art. 170, 186 ff. türk. ZGB a.F.; hierzu *Rumpf*, Einführung in das türkische Recht, 2004, § 15, Rn. 27 ff. Das neue Recht geht hingegen nach dem Vorbild des Schweizer ZGB vom Grundsatz der Errungenschaftsgemeinschaft aus, Art. 202 ff. türk. ZGB n.F. Vgl. zur Reform *Odendahl*, FamRZ 2003, 648, 650 ff.

7 *Rumpf* (o. Fn. 6), § 15, Rn. 27.

8 Vgl. *Yalcinkaya/Kaleli*, Yeni Bosanma Hukuku [Neues Scheidungsrecht], 1988, II 1768; *Feyzioglu*, Aile Hukuku [Familienrecht], 3. Aufl. 1986, 225, 379; *Tekinay*, Türk Aile Hukuku [Türkisches Familienrecht], 7. Aufl. 1990, 364 f. (alle zit. nach *Krüger*, in: GS Lüderitz, 2000, 415, 424 Fn. 35).

9 Zu diesem Güterstand *Odendahl*, FamRZ 2003, 648; *Rumpf* (o. Fn. 6), § 15, Rn. 35 ff.

muss sie nachweisen, dass es sich um Eigengut handelt (Art. 220 türk. ZGB; näher zum Begriff unten Rn. 19 ff.).

15 Die Errungenschaftsgemeinschaft besteht allerdings nur aus demjenigen Teil des Vermögens, der nach dem 1.1.2003 gebildet wurde (zu den sich daraus ergebenden Konsequenzen näher unten Rn. 23 ff.):[10]

Art. 10 türk. EGZGB:[11]

(1) Zwischen den Eheleuten, die vor dem Inkrafttreten des Türkischen Zivilgesetzbuchs die Ehe geschlossen haben, gilt der bis zu diesem Zeitpunkt geltende Güterstand fort. Wählen die Eheleute innerhalb von einem Jahr seit dem Zeitpunkt des Inkrafttretens des Gesetzes keinen anderen Güterstand, gilt von diesem Zeitpunkt an der gesetzliche Güterstand als vereinbart.

(2) Bis zum Abschluss der vor dem Inkrafttreten des Türkischen Zivilgesetzbuchs erhobenen Scheidungs- oder Aufhebungsklagen gilt der bisherige Güterstand fort. Wird das Verfahren mit der Scheidung oder Aufhebung der Ehe abgeschlossen, werden die für die Beendigung dieses Güterstandes geltenden Bestimmungen angewandt. Wird die Klage abgewiesen und haben die Parteien nicht innerhalb von einem Jahr nach Rechtskraft des Urteils einen anderen Güterstand gewählt, gilt vom Zeitpunkt des Inkrafttretens des Gesetzes an der gesetzliche Güterstand als vereinbart.

(3) Die Eheleute können innerhalb der in den vorstehenden Absätzen genannten Jahresfrist durch Güterrechtsvertrag vereinbaren, dass der gesetzliche Güterstand vom Zeitpunkt der Eheschließung an gelten soll.

(4) Wandelt sich nach vorstehenden Bestimmungen die Güterverbindung oder Gütergemeinschaft in den gesetzlichen Güterstand, sind die Bestimmungen des alten Türkischen Zivilgesetzbuchs für die Beendigung des Güterstandes anzuwenden.

16 Mangels anderer Anhaltspunkte in den Akten geht der Gutachter davon aus, dass eine Vereinbarung bezüglich des Güterstands weder im Hinblick auf die Gesetzesänderung noch bei der Scheidung getroffen wurde. Auf der Grundlage dieser Annahme hat sich die zu Beginn der Ehe bestehende Gütertrennung ab dem 1.1.2003 in eine Errungenschaftsgemeinschaft umgewandelt. Dessen ungeachtet verbleiben sämtliche Vermögensgegenstände, die vor diesem Zeitpunkt erworben wurden, im Güterstand der Gütertrennung.

2. Auslegung der Scheidungsvereinbarung

17 Mit Datum vom 12.10.2004 haben die Parteien im Rahmen der Ehescheidung eine güterrechtliche Vereinbarung getroffen. Hierin wird eine Aufteilung des sich in der ehemaligen Ehewohnung befindlichen Eigentums vorgenommen. Dem Kläger

---

[10] *Odendahl*, FamRZ 2003, 648, 649.

[11] Einführungsgesetz zum Zivilgesetzbuch Nr. 4722 vom 3.12.2001; Übersetzung bei *Rumpf*, StAZ 2002, 121 sowie bei *Bergmann/Ferid/Henrich (Rumpf/Odendahl)* (o. Fn. 3), 113 f.

steht nach dieser Vereinbarung die gesamte Wohnungseinrichtung zu mit Ausnahme des Schrankes und des Spiegels aus dem Wohnzimmer, der Einrichtung des Kinderzimmers sowie der persönlichen Gegenstände. Es fragt sich nunmehr, was unter dem Begriff der persönlichen Gegenstände zu verstehen ist. Dies hängt auch davon ab, in welchem Zusammenhang diese Vereinbarung getroffen wurde.

18 Die Scheidungsvereinbarung enthält außer der genannten Aufteilung der Wohnungsausstattung keine weiteren güterrechtlichen Vereinbarungen, insbesondere keine Zuweisung von Eigentum. Damit ist aus der Sicht des Gutachters, der aber der Tatsachenwürdigung des anfragenden Gerichts nicht vorgreifen will, davon auszugehen, dass die allgemein bestehenden Eigentumsverhältnisse nicht verändert werden sollen, dass also diejenigen Gegenstände, die bisher im Eigentum eines Ehegatten standen, auch weiterhin dort verbleiben sollen. Die Scheidungsvereinbarung betrifft daher solche Gegenstände, die typischerweise zur Ausstattung der Ehewohnung und zur Gestaltung des gemeinsamen Ehelebens angeschafft wurden und damit regelmäßig im gemeinschaftlichen Eigentum der Ehegatten stehen. Vor diesem Hintergrund ist der Ausdruck „persönliche Gegenstände" zu verstehen.

a) Eigengut bzw. persönliche Gegenstände

19 Im Ehegüterrecht des türk. ZGB taucht der Begriff der „Gegenstände des persönlichen Gebrauchs" an mehreren Stellen auf, so in Art. 220 Nr. 1 türk. ZGB – Errungenschaftsgemeinschaft („Eigengut sind von Gesetzes wegen – 1. die Gegenstände, die einem Ehegatten ausschließlich zum persönlichen Gebrauch dienen") oder Art. 260 Abs. 2 türk. ZGB – Gütergemeinschaft („Von Gesetzes wegen umfasst das Eigengut jedes Ehegatten die Gegenstände, die ihm ausschließlich zum persönlichen Gebrauch dienen, [...]").[12]

20 Damit wird in den Fällen, in denen Vermögensgegenstände in das gemeinschaftliche Eigentum der Ehegatten fallen, sei es als Errungenschaftsgut oder als Gemeinschaftseigentum, eine gesetzliche Ausnahme für bestimmte Vermögensgegenstände – das Eigengut – geschaffen. Diese stehen ausschließlich im Alleineigentum eines Ehegatten.

21 In der türkischen Rechtsprechung und Literatur wird nur vereinzelt auf die Definition der Begriffe „Eigengut" oder „persönliche Gegenstände" eingegangen. Ein Gegenstand muss, um in diesem Sinne Eigengut *(kişisel maller)* eines Ehegatten zu werden, seinem Verwendungszweck nach dem Gebrauch dieses Ehegatten allein dienen und nicht der ehelichen Gemeinschaft. Ob dies der Fall ist, muss in werten-

---

[12] Übersetzungen nach *Bergmann/Ferid/Henrich (Rumpf/Odendahl)* (o. Fn. 3).

der Zuordnung in jedem Einzelfall ermittelt werden.[13] Entscheidend ist, ob ein Gegenstand der ehelichen Gemeinschaft zu dienen bestimmt ist oder ausschließlich *(yalniz)* einem der Ehegatten.[14] Aus den soweit ersichtlich einzigen beiden in der amtlichen Sammlung veröffentlichten Entscheidungen des *Yargitay* (türkischer Kassationshof) zu diesem Problem ergibt sich lediglich, dass die Mitgift *(çehiz)* einer Frau und ihre Schmuckgegenstände *(taki)* zum Eigengut zählen.[15]

22 In der Literatur finden sich etwa folgende Beispiele für Eigengut: Schmuck der Frau, Rasierapparat oder Jagdwaffe des Mannes.[16] Sportgegenstände oder Mobiltelefone sind ebenfalls persönliche Gegenstände.[17] Dasselbe dürfte gelten für Kleidung, Toilettenartikel, orthopädische Hilfsmittel, Fotoapparate u.ä.[18] Bei Möbeln dürfte es sich danach regelmäßig nicht um Eigengut handeln; wohl aber bei Sammlungen, die ein Ehegatte alleine pflegt (Münzen, Briefmarken etc.), oder bei Uhren oder Taschen, die von einem Ehegatten alleine verwendet werden.

b) Anwendung auf den Fall

23 Auf der Grundlage der Annahme, dass die Parteien keine vertragliche Güterstandsvereinbarung geschlossen haben, ist im vorliegenden Fall demnach zu unterscheiden: Für diejenigen Gegenstände, die vor dem 1.1.2003 erworben wurden, gilt Gütertrennung, für alle danach erworbenen greift der Güterstand der Errungenschaftsgemeinschaft.

24 Hierbei ist zu berücksichtigen, dass die Parteien im Güterstand der Gütertrennung gelebt haben und nach der Auslegung der Abrede durch den Gutachter, der der Tatsachenwürdigung des anfragenden Gerichts nicht vorgreifen kann, nicht beabsichtigt war, dies durch die Scheidungsvereinbarung rückwirkend für das gesamte Vermögen zu ändern. Bezieht man die Vereinbarung vom 12.10.2004 also von vornherein nur auf diejenigen Vermögensgegenstände, die im gemeinschaftlichen

---

13 Yarg. (2. HD, 5282/7635) v. 10.5.2005, YKD 31 (2005), 1718. Genauso zu § 198 Nr. 1 des schweizerischen ZGB, dem Art. 220 Nr. 1 türk. ZGB entspricht, *Hausheer/Reusser/Geiser*, in: Berner Kommentar zum ZGB, 1991, § 198, Rn. 16.

14 Vgl. *Akintürk*, Aile Hukuku (Familienrecht), 10. Aufl. 2006, 163; *Kiliçoğlu*, Medenî Kanun'umuzun getirdiği Yenilikler (Die in unserem ZGB eingetretenen Neuerungen), 2003, 203; *Dural/Öğüz/Gümüş*, Aile Hukuku (Familienrecht), 2005, 332 f.; aus der deutschsprachigen Literatur *Şeker*, Der türkische und der schweizerische gesetzliche Güterstand im Vergleich, 2006, 200; vgl. auch *Naumann*, RNotZ 2003, 343, 356 sowie *Finger*, FAMPRA.ch 2003, 826, 835.

15 Yarg. (2. HD, 5282/7635) v. 10.5.2005, YKD 31 (2005), 1718 sowie Yarg. (2. HD, 16299/467) v. 30.1.2006, YKD 32 (2006), 1052.

16 *Şeker* (o. Fn. 14), 200.

17 *Dural/Öğüz/Gümüş* (o. Fn. 14), 332.

18 *Kiliçoğlu* (o. Fn. 14), 203.

Eigentum beider Ehegatten standen, so werden davon solche Gegenstände, die im Alleineigentum eines Ehegatten stehen, jedenfalls dann nicht erfasst, wenn sie vor dem 1.1.2003 erworben wurden. Folgt das Gericht dieser Auslegung, so käme es entscheidend darauf an, ob der Sachvortrag der Beklagten zum Eigentum dieser Gegenstände zutrifft oder nicht.

Bei denjenigen Gegenständen, die nach dem 1.1.2003 erworben wurden, ist vom anfragenden Gericht in einer wertenden Einzelfallbetrachtung zu ermitteln, ob der betreffende Gegenstand ausschließlich einem der beiden Ehegatten zum Gebrauch bestimmt war. Dies trifft nach der Einschätzung des Gutachters, der der Wertung des anfragenden Gerichts weder vorgreifen kann noch will, etwa nicht für Einrichtungsgegenstände wie Teppiche, Kissen, Besteck oder Geschirr zu, wohl aber für die „Dick und Doof-Figuren" und die Swatchuhrensammlung, sofern sie erst nach dem 1.1.2003 erworben wurden und man unterstellt, dass der Vortrag der Beklagten zum Erwerb dieser Gegenstände zutrifft. Bei den Massagegeräten käme es entscheidend auf ihren Verwendungszweck an, ob sie also ausschließlich zur Benutzung durch einen Ehegatten angeschafft wurden. 25

D. Ergebnis

1. Für Ehegatten, die keinen Ehevertrag geschlossen haben, gilt nach türkischem Recht der Grundsatz der Gütertrennung. Für ab dem 1.1.2003 erworbenes Vermögen gilt der Güterstand der Errungenschaftsgemeinschaft nach türkischem Recht. Im vorliegenden Fall ist demnach danach zu unterscheiden, ob ein Vermögensgegenstand vor oder nach diesem Zeitpunkt erworben wurde. 26
2. Für Gegenstände, die vor dem 1.1.2003 erworben wurden, kommt es alleine auf die Eigentumsverhältnisse an. Streitentscheidend ist folglich diesbezüglich, ob der Vortrag der Beklagten zum Eigentumserwerb der streitgegenständlichen Gegenstände zutrifft.
3. Gegenstände, die nach dem 1.1.2003 erworben wurden, unterfallen grundsätzlich der Errungenschaftsgemeinschaft. Eine Ausnahme davon besteht nur für persönliche Gegenstände. Eine Sache ist dann persönlicher Gegenstand (Eigengut) eines Ehegatten, wenn der Gegenstand seinem Verwendungszweck nach dem Gebrauch dieses Ehegatten allein dient und nicht der ehelichen Gemeinschaft. Ob dies der Fall ist, muss in wertender Zuordnung in jedem Einzelfall ermittelt werden.

d) Ehegattenunterhalt

Nr. 26

Niederlande*

1. **Zur Anknüpfung und Auslegung von Unterhaltsvereinbarungen.**
2. **Nach dem seit dem 22.6.2001 geltenden niederländischen Unterhaltsrecht ist Trennungsunterhalt zwischen Ehegatten – wenn auch ggf. nur in notwendiger Höhe, Art. 81 BW – grundsätzlich unabhängig davon zu zahlen, wer die Trennung verschuldet hat. Ein etwaiges Zusammenleben des unterhaltsberechtigten Ehegatten mit einem Dritten kann unter dem Gesichtspunkt der veränderten Umstände gemäß Art. 1:84 Abs. 5 BW berücksichtigt werden.**

Das Amtsgericht Heinsberg – Familiengericht – bittet in dem Rechtsstreit H. ./. H. (Az. 7 F 144/05) um Auskunft über Fragen des niederländischen Unterhaltsrechts.

Rostock GP 116-5.8 vom 31.10.2005

A. Sachlage

1 Die Parteien sind getrenntlebende Eheleute belgischer Staatsangehörigkeit. Ihre Ehe war am 18.10.1979 in Diest/Belgien geschlossen worden. Seit 1985 lebten sie zusammen in der Bundesrepublik Deutschland. Am 13.12.1989 schlossen sie einen notariellen Ehevertrag, worin sich der Kläger verpflichtete, der Beklagten für die Zeit eines eventuellen Getrenntlebens einen monatlichen Unterhaltsbetrag von 4.000,00 DM zu zahlen. Im April 2004 verließ die Beklagte die eheliche Wohnung und zog zu dem Zeugen van E. in dessen Wohnung in Reuver/Niederlande. Zwischen den Parteien ist streitig, ob dies vor oder nach der Trennung geschah und ob zwischen der Beklagten und Herrn van E. eine nichteheliche Lebensgemeinschaft besteht. Der Kläger ist der Meinung, dass er wegen des Verhaltens der Beklagten nicht mehr zur Zahlung von Trennungsunterhalt verpflichtet ist.

---

* *Anm. d. Red.:* Zu der Berechnung nachehelichen Unterhalts nach niederländischem Recht s. auch IPG 2002 Nr. 21 *(Osnabrück)*.

B. Anfrage

Das Gericht fragt an, ob die Beklagte nach niederländischem Recht ihren vertraglich vereinbarten Unterhaltsanspruch für den Fall verloren hat, dass sie bereits vor der Trennung der Parteien im April 2004 eine außereheliche Beziehung zu Herrn van E. aufgenommen hat oder ob es für eine Verwirkung nach niederländischem Recht bereits ausreicht, dass sie nach der Trennung der Parteien zu Herrn van E. eine Beziehung aufgenommen hat und seit dem 1.5.2005 mit ihm zusammenlebt. 2

C. Rechtslage

I. Anwendbares Recht

Zu Recht geht das anfragende Gericht gemäß Art. 18 Abs. 1 EGBGB von der Anwendbarkeit niederländischen Rechts aus. Art. 18 Abs. 1 EGBGB verweist ausdrücklich auf die Sachvorschriften des am jeweiligen gewöhnlichen Aufenthalt des Unterhaltsberechtigten geltenden Rechts. Eine Rück- oder Weiterverweisung des niederländischen Rechts kommt daher nicht in Betracht. 3

II. Niederländisches Unterhaltsrecht

1. Gesetzliche Vorschriften

Das in Buch 1 Art. 81 ff. *Burgerlijk Wetboek* (Art. 1:81 ff. BW) geregelte niederländische eheliche und partnerschaftliche Unterhaltsrecht ist durch Gesetz vom 31.5.2001[1] mit Wirkung ab 22.6.2001 geändert worden. Die Änderung betrifft vor allem den Wegfall der Pflicht des Zusammenwohnens und daraus folgend den Wegfall des Art. 1:84 Abs. 6 BW, welcher die Unterhaltspflicht im Falle des von einer Seite verschuldeten Getrenntlebens der Ehegatten regelte. Da diese Änderung für die Entscheidung des vorliegenden Falles von erheblicher Bedeutung ist, werden die einschlägigen Vorschriften (Art. 1:81 und 1:83 - 85 BW) nachfolgend in der Fassung vor und nach der Änderung mitgeteilt:[2] 4

Alte Fassung / Übersetzung:	*Geltende Fassung / Übersetzung:*
Art. 1:81. – [unverändert]	Art. 1:81. – „Echtgenoten zijn elkander getrouwheid, hulp en

1 Wet van 31 mei 2001 tot wijziging van de titels 6 en 8 van Boek 1 van het Burgerlijk Wetboek (rechten en plichten echtgenoten en geregistreerde partners), Staatsblad 2001, Nr. 275.

2 Deutsche Fassung nach *Bergmann/Ferid/Henrich*, Internationales Ehe- und Kindschaftsrecht, Niederlande (Stand: 1.4.2001), 84 f.

bijstand verschuldigd. Zij zijn verplicht elkander het nodige te verschaffen."

Ehegatten schulden einander Treue, Hilfe und Beistand. Sie sind verpflichtet, einander das Notwendige zu beschaffen.

Art. 1:83 a.F. [auf Wiedergabe des niederländischen Wortlauts wird verzichtet]

(1) Die Ehegatten sind einander zum Zusammenwohnen verpflichtet, soweit nicht wichtige Gründe entgegenstehen. Die Verpflichtung entfällt ebenfalls, wenn Antrag auf Ehescheidung oder Trennung von Tisch und Bett gestellt ist oder eine Entscheidung über eine oder mehrere vorläufige Anordnungen in Kraft ist.

(2) - (3) [...]

Art. 1:83. [aufgehoben]

Art. 1:84. – (1) [unverändert]

Art. 1:84. – „(1) De kosten der huishouding, daaronder begrepen de kosten van verzorging en opvoeding van de kinderen, komen ten laste van het gemene inkomen van de echtgenoten en, voor zover dit ontoereikend is, ten laste van hun eigen inkomens in evenredigheid daarvan; voor zover de inkomens ontoereikend zijn, komen deze kosten ten laste van het gemene vermogen en, voor zover ook dit ontoereikend is, ten laste van de eigen vermogens naar evenredigheid daarvan. Een en ander geldt niet voor zover bijzondere omstandigheden zich er tegen verzetten."

Die Kosten des Haushalts, einbegriffen die Kosten der Versorgung und Erziehung der Kinder, gehen zu Lasten der gemeinsamen Einkünfte der Ehegatten und, soweit diese nicht ausreichen, anteilsmäßig zu Lasten ihrer eigenen Einkünfte; sofern auch diese nicht ausreichen, gehen sie zu Lasten des gemeinschaftlichen Vermögens und sofern auch dieses unzu-

	reichend ist, anteilsmäßig zu Lasten des eigenen Vermögens. Etwas anderes gilt nur, wenn besondere Umstände vorliegen.
„(2) De echtgenoten zijn jegens elkander verplicht dienovereenkomstig tot de bestrijding van de in het eerste lid bedoelde uitgaven bij te dragen uit de onder hun bestuur staande goederen, voor zover niet bijzondere omstandigheden zich daartegen verzetten."	„(2) De echtgenoten zijn jegens elkaar verplicht dienovereenkomstig tot de bestrijding van de in het eerste lid bedoelde uitgaven voldoende gelden ter beschikking te stellen uit de onder hun bestuur staande goederen, voor zover bijzondere omstandigheden zich daartegen niet verzetten."
Die Ehegatten sind einander verpflichtet, in einvernehmlicher Weise zur Bestreitung der in Abs. 1 bezeichneten Ausgaben aus dem ihrer Verwaltung unterliegenden Vermögen beizutragen, soweit nicht besondere Umstände entgegenstehen.	Die Ehegatten sind einander verpflichtet, in einvernehmlicher Weise die zur Bestreitung der in Abs. 1 bezeichneten Ausgaben erforderlichen Gelder aus dem ihrer Verwaltung unterliegenden Vermögen zur Verfügung zu stellen, soweit besondere Umstände dem nicht entgegenstehen.
„(3) Bij huwelijkse voorwaarden kan een van de vorige leden afwijkende regeling worden getroffen."	„(3) Bij schriftelijke overeenkomst kan een van het eerste en tweede lid afwijkende regeling worden getroffen."
Durch Ehevertrag kann eine von den vorstehenden Absätzen abweichende Regelung getroffen werden.	Durch schriftliche Vereinbarung kann eine von dem ersten und zweiten Absatz abweichende Regelung getroffen werden.
(4) [...]	(4) [hier nicht einschlägig]
„(5) Op verzoek van beide of van een van de echtgenoten kan de rechtbank een gegeven beschikking of een bij hoowelijke voorwarden getroffen regeling wijzigen op grond van veranderde omstandigheden."	„(5) Op verzoek van beide of van een van de echtgenoten kan de rechtbank een gegeven beschikking of een onderling getroffen regeling wijzigen op grond van veranderde omstandigheden."
Auf Antrag beider oder eines Ehegatten kann das Landgericht eine getroffene Entscheidung oder eine durch Ehevertrag getroffene Regelung auf Grund veränderter Umstände abändern.	Auf Antrag beider oder eines Ehegatten kann das Landgericht eine getroffene Entscheidung oder eine untereinander getroffene Regelung auf Grund veränderter Umstände abändern.

(6) [auf Wiedergabe des niederländischen Wortlauts wird verzichtet]	(6) [aufgehoben]
Leben die Ehegatten nicht zusammen und ist dies dem unbilligen Verhalten *(onredelijk gedrag)* eines Ehegatten zuzurechnen, so tritt an die Stelle der in Abs. 2 bezeichneten Verpflichtungen die Verpflichtung dieses Ehegatten, dem anderen Ehegatten einen Betrag für seinen Lebensunterhalt auszukehren, unbeschadet der Verpflichtung beider, zu den Kosten der Versorgung und Erziehung des Kinder beizutragen. Bei der Festsetzung des Betrags wird das Bestehen einer Regelung, wie in Abs. 3 bezeichnet, mit in Betracht gezogen.	
Art. 1:85. (1) [...]	Art. 1:85. (1) [hier nicht einschlägig]
(2) [auf Wiedergabe des niederländischen Wortlauts wird verzichtet]	(2) [aufgehoben]
Der eine Ehegatte ist verpflichtet, dem anderen, der mit ihm zusammenlebt, zum Zwecke der gewöhnlichen Haushaltsführung ausreichende Geldmittel zur Verfügung zu stellen; leben die Ehegatten in gegenseitigem Einverständnis nicht zusammen, so ist der eine Ehegatte verpflichtet, dem anderen ausreichende Geldmittel zu dessen gewöhnlicher Haushaltsführung zur Verfügung zu stellen.	
(3) - (4) [...]	(3) - (4) [aufgehoben]

2. Bedeutung der Gesetzesänderung von 2001

5 Nach Art. 1:84 Abs. 6 a.F. BW war im Trennungsfall derjenige Ehegatte, den an der Trennung kein Verschulden („unbilliges Verhalten") traf, dem anderen nicht nach Art. 1:84 Abs. 2 BW unterhaltspflichtig. Derjenige Ehegatte, der durch sein unbilliges Verhalten die Trennung verursacht hatte, schuldete dem anderen Ehegatten nach Art. 1:84 Abs. 6 BW die Zahlung eines Beitrages für dessen Lebensunterhalt. Diese Bestimmung war mit dem Wegfall der Pflicht zum Zusammenwohnen gegenstandslos geworden, ebenso wie Art. 1:85 Abs. 2 BW, der die Unterhalts-

pflicht bei gemeinschaftlich beschlossenem Getrenntleben regelte. Die Pflicht zum Zusammenleben war letztlich eine Folge des Zweckzusammenhangs zwischen Ehe und Fortpflanzung; nachdem dieser Zusammenhang mit Einführung der gleichgeschlechtlichen Ehe (die in den Niederlanden neben der gleichgeschlechtlichen registrierten Partnerschaft möglich ist) naturgemäß entfallen war, hat der Gesetzgeber die Zusammenlebenspflicht aufgehoben.[3] Mit ihr entfielen auch die alten Regelungen zum Getrenntlebensunterhalt in Art. 1:84 Abs. 6 BW – der ohnehin allseits als überholt angesehen worden war[4] – und Art. 1:85 Abs. 2 BW. Nach der geltenden gesetzlichen Regelung des niederländischen Unterhaltsrechts ist die Unterhaltspflicht der Ehegatten grundsätzlich unabhängig davon, ob die Ehegatten zusammenwohnen oder nicht und wer ggf. das Getrenntleben verschuldet hat.[5] Leben die Ehegatten getrennt, so müssen sie die Kosten beider Haushalte gemeinsam tragen. Nach der Rechtsprechung des *Hoge Raad*, die durch die Gesetzesänderung von 2001 nicht obsolet geworden ist,[6] gilt Art. 1:84 BW allerdings nur für den Fall, dass die Ehegatten sich ausdrücklich oder stillschweigend über die Führung getrennter Haushalte verständigt haben, weil nur dieser Fall mit einem gemeinsamen Haushalt noch gleichgesetzt werden kann *(„dicht daarbij“)*.[7] Umgekehrt folgt aus dieser Rechtsprechung, dass Art. 1:84 BW dann nicht gilt, wenn die Trennung der Ehegatten – wie im vorliegenden Fall – nicht auf einer Übereinkunft der Ehegatten beruht.[8]

Beruht die Trennung zwar nicht auf einer Übereinkunft, gibt es aber dafür ge- 6
wichtige Gründe, so wird teilweise die Anwendbarkeit des Art. 1:84 BW bejaht.[9] Diese Frage kann hier indes dahingestellt bleiben, da in der Zuwendung zu einem anderen Partner ein „wichtiger Grund“ i. S. der zuletzt zitierten Meinung kaum gesehen werden kann. Art. 1:84 BW findet mithin im vorliegenden Fall keine Anwendung.

Entfällt die Anwendbarkeit des Art. 1:84 BW, so folgt die Unterhaltsverpflich- 7
tung aus Art. 1:81 BW.[10] Die Parteien sind danach gemäß Art. 1:81 BW gesetzlich verpflichtet, einander das Notwendige zu verschaffen.

Zu prüfen bleibt der Einfluss der zwischen den Parteien getroffenen Unterhalts- 8
vereinbarung.

---

3 Vgl. hierzu *de Boer* in: Asser's Handleiding tot de Beoefening van het Nederlands Burgerlijk Recht, Bd. 1, Personen- en Familierecht, 16. Aufl. 2002, Nr. 190, S. 169.

4 *Kraan*, Weekblad voor Privaatrecht, Notariaat en Registratie (W.P.N.R.) 2000, Nr. 6405, S. 417, 419; *Stille*, Rechten en Verplichtingen van Echtgenoten, in: Personen- en Familierecht (Kluwer), Bd. 2, Stand: Januar 2002, Art. 1:84, Anm. 12, S. 42.

5 *Stille* (o. Fn. 4), Art. 84, Anm. 12, S. 42.

6 *Stille* (o. Fn. 4), Art. 84, Anm. 12, S. 43.

7 Hoge Raad v. 20.6.1963, NJ 1964, 452; s.a. Hoge Raad v. 25.6.1971, NJ 1972, 58, beide zitiert nach *de Boer* (o. Fn. 3), S. 183.

8 So *de Boer* (o. Fn. 3), Nr. 219, S. 184.

9 Rb. Rotterdam v. 25.10.1965, NJ 1966, 367; w.N. bei *de Boer* (o. Fn. 3), Nr. 219, S. 184.

10 *De Boer* (o. Fn. 3), Nr. 219, S. 184; *Stille* (o. Fn. 4), Art. 84, Anm. 12, S. 42.

3. Vertragliche Unterhaltsregelung

a) Zulässigkeit der Vereinbarung

(1) Anwendbares Recht

9 Über die kollisionsrechtliche Anknüpfung von Unterhaltsvereinbarungen schweigen sich die juristischen Kommentare und Lehrbücher aus. Festzuhalten ist zunächst, dass das Unterhaltsstatut nicht der Rechtswahl der Parteien unterliegt, vgl. Art. 18 EGBGB.[11] Ein Vertrag unterliegt dagegen gemäß Art. 27 Abs. 1 S. 1 EGBGB grundsätzlich der freien Rechtswahl. Wollte man diese Regel auf Unterhaltsverträge anwenden, so wäre diese Wahl jedenfalls insofern beschränkt, als die Parteien nicht die Rechtsmacht haben können, durch Wahl eines vom Unterhaltsstatut abweichenden Rechts zwingende Regelungen des Unterhaltsstatuts abzuändern. Die Zulässigkeit des Abschlusses und die inhaltlichen Grenzen vertraglicher Unterhaltsvereinbarungen unterliegen deshalb in jedem Falle dem Unterhaltsstatut.[12]

10 Zum Zeitpunkt des Abschlusses der Unterhaltsvereinbarung galt deutsches Unterhaltsstatut, weil beide Eheleute ihren gewöhnlichen Aufenthalt in Deutschland hatten (Art. 18 Abs. 1 S. 1 EGBGB). Zutreffend sind die Parteien im Ehevertrag auch von der Geltung deutschen Unterhaltsrechts ausgegangen. Dies ergibt sich daraus, dass die vertragliche Vereinbarung die Feststellung enthält, dass die Beteiligten vom Notar auf die Bestimmungen der §§ 1361, 1585 c und 1614 BGB hingewiesen wurden.

11 Ob man aus dem Hinweis auf die genannten Paragraphen des BGB die konkludente Wahl des deutschen Rechts als Vertragsstatut folgern kann, kann hier dahingestellt bleiben. Die objektive Anknüpfung des Unterhaltsvertrages nach Art. 28 Abs. 1 S. 1 EGBGB, welcher auf das Recht desjenigen Staates verweist, mit dem der Vertrag die engsten Verbindungen aufweist, führt hier wegen der engen Beziehungen zwischen Unterhaltsvertrag und gesetzlichem Unterhaltsrecht zur akzessorischen Anknüpfung an das Unterhaltsstatut. Es ist kein plausibler Grund ersichtlich, der die Parteien dazu hätte bewegen können, den vertraglichen Anspruch der Beklagten auf Trennungsunterhalt einem anderen Recht zu unterstellen als demjenigen, welches für den gesetzlichen Unterhaltsanspruch maßgeblich ist.

12 Nach deutschem Recht war die Vereinbarung zulässig.

---

[11] Anstelle der an sich gemäß Art. 3 Abs. 2 S. 1 EGBGB vorrangig geltenden Vorschriften des Haager Unterhaltsübereinkommens von 1973 wird im Folgenden Art. 18 EGBGB zitiert, welcher die Regelungen des Übereinkommens inhaltsgleich übernommen hat. Vgl. hierzu *Palandt/Heldrich*, BGB, 64. Aufl. 2005, Art. 18 EGBGB, Rn. 1 f.

[12] Vgl. für den Verzicht: *Palandt/Heldrich* (o. Fn. 11), Art. 18 EGBGB, Rn. 16; OLG Karlsruhe, FamRZ 1992, 316.

(2) Statutenwechsel

Mit der Verlegung des gewöhnlichen Aufenthalts der Beklagten in die Niederlande trat gemäß Art. 18 EGBGB ein Statutenwechsel ein: Seitdem ist nicht mehr das deutsche, sondern das niederländische Recht Unterhaltsstatut. 13

Dieser Statutenwechsel spielt aber für die grundsätzliche Zulässigkeit des Vertrags im Ergebnis keine Rolle, weil auch nach niederländischem Recht Unterhaltsvereinbarungen zulässig sind (Art. 1:64 Abs. 3 BW). 14

b) Auslegung der vertraglichen Vereinbarung

(1) Anwendbares Recht

Bei der Auslegung eines Vertrages geht es darum, den objektiven Inhalt der von den Parteien abgegebenen Erklärungen festzustellen. Hierfür ist auf das Vertragsstatut zum Zeitpunkt der Abgabe der Erklärungen abzustellen. Denn der Inhalt einer Erklärung kann sich nicht dadurch ändern, dass – wie hier – später ein Statutenwechsel eintritt. Bei der Auslegung der Unterhaltsvereinbarung sind also die Vorstellungen des deutschen Rechts zugrunde zu legen. 15

(2) Auslegung nach den Grundsätzen des deutschen Rechts

Nach der im vorliegenden Fall zwischen den Ehegatten getroffenen Vereinbarung verpflichtete sich der Kläger für den Fall der Trennung zur Zahlung von monatlichen Unterhaltszahlungen, ohne dass darauf abgestellt wurde, wer die Trennung verschuldet hat. Im Ehevertrag ist dokumentiert, dass der Notar die Parteien auf die Rechtsfolgen u.a. des § 1361 BGB hingewiesen hat. § 1361 BGB enthält in seinem Absatz 3 einen Verweis auf die Billigkeitsregelungen in § 1579 Nr. 2 - 7 BGB. Nach dem Wortlaut der zitierten Vertragsbestimmung muss davon ausgegangen werden, dass der Notar die Parteien auch auf diese Rechtsfolge des § 1361 BGB hingewiesen hat. 16

Hieraus könnte einerseits gefolgert werden, dass die Grundsätze der §§ 1361 Abs. 1, 1579 Nr. 6 BGB Bestandteil der Unterhaltsvereinbarung werden sollten. Näher liegt nach Auffassung des Gutachters jedoch angesichts der Tatsache, dass sich der Kläger uneingeschränkt – d.h. ohne jeglichen Hinweis auf ein etwaiges Verschulden einer Partei an der Trennung – zur Zahlung von Trennungsunterhalt verpflichtete, der Schluss, dass die Verschuldensfrage (abweichend von § 1379 Nr. 6 BGB) gerade keine Rolle spielen sollte. Da es hierbei letztlich um eine Auslegungsfrage unter Zugrundelegung des damals maßgeblichen deutschen Rechts geht, ist die Entscheidung hierüber nicht Aufgabe des Gutachters. 17

Sollte das Gericht zu der Auffassung kommen, dass die Grundsätze des § 1579 BGB einen Bestandteil der vertraglichen Unterhaltsregelung bilden, so ergäbe sich 18 die Frage, ob eine solche Vereinbarung vom jetzt maßgeblichen niederländischen Unterhalts- und Vertragsstatut akzeptiert würde. Art. 1:84 Abs. 5 BW gestattet lediglich Abweichungen von den ersten beiden Absätzen des Art. 1:84 BW. Im vorliegenden Fall ergibt sich der gesetzliche Anspruch der Beklagten auf Trennungsunterhalt aber, wie oben dargelegt, nicht aus Art. 1:84 BW, sondern aus Art. 1:81 BW. Abweichende Vereinbarungen zu Art. 1:81 BW sind danach nicht zulässig.[13] In jedem Fall müsste der Kläger der Beklagten deshalb gemäß Art. 1:81 BW den notwendigen gesetzlichen Unterhalt zahlen.

c) Bedeutung eines Trennungsverschuldens unter dem Gesichtspunkt von Treu und Glauben

19 Zu prüfen bleibt, ob sich aus allgemeinen vertragsrechtlichen Billigkeitserwägungen (Treu und Glauben) für den Kläger aufgrund des Verhaltens der Beklagten Einwendungen gegen die Unterhaltsverpflichtung ergeben könnten. Maßgeblich für die Beurteilung dieser Frage ist nicht das damalige, sondern das gegenwärtige Unterhaltsstatut, also das niederländische Recht, weil es hier nicht um eine Auslegungsfrage, sondern um die gesetzliche Einschränkung einer vertraglichen Verpflichtung geht.

20 Die maßgebliche Bestimmung hierzu findet sich in Art. 6:2 BW.

Art. 6:2 B.W.	*Deutsch:*
„1. Schuldeiser en schuldenaar zijn verplicht zich jegens elkaar te gedragen overeenkomstig de eisen van redelijkheid en billijkheid.	(1) Gläubiger und Schuldner sind verpflichtet, sich gegenseitig nach den Grundsätzen von Treu und Glauben zu verhalten.
2. Een tussen hen krachtens wet, gewoonte of rechtshandeling geldende regel is niet van toepassing, voor zover dit in de gegeven omstandigheden naar maatstaven van redelijkheid en billijkheid onaanvaardbaar zou zijn.“	(2) Eine zwischen ihnen kraft Gesetzes, Gewohnheitsrecht oder Rechtsgeschäft geltende Regel findet keine Anwendung, soweit sie unter den gegebenen Umständen nach den Grundsätzen von Treu und Glauben nicht hinnehmbar ist.

21 Hierzu ist zunächst festzustellen, dass sich weder in den Kommentaren und Lehrbüchern zu Art. 1:84 BW noch in den Kommentaren und Lehrbüchern zu Art. 6:2 BW unter dem Stichwort *Rechtsverwerking* (Verwirkung) Hinweise darauf haben finden lassen, dass die Aufnahme einer außerehelichen Beziehung irgendeinen Einfluss auf die vertragliche Verpflichtung zur Zahlung von Trennungsunterhalt haben könnte. Dies wäre nach dem Wegfall des Art. 1:84 Abs. 6 BW auch überraschend gewesen, denn was im gesetzlichen Unterhaltsrecht keine Rolle mehr

---

13 Vgl. *de Boer* (o. Fn. 3), Nr. 112, S. 183.

spielt, kann schwerlich vertragsrechtlich über das Institut von Treu und Glauben wieder eingeführt werden. Dies folgt daraus, dass das Gesetz selbst letztlich den Maßstab für Billigkeitserwägungen bildet. Billigkeitserwägungen sind zwar geeignet, im Einzelfall bestimmte, als unangemessen und nicht hinnehmbar *(onaanvaardbaar)* empfundene Folgen der gesetzlichen Bestimmungen abzumildern oder beiseite zu schieben, können aber nicht an ausdrücklichen gesetzlichen Wertungen vorbeigehen. Eine solche ausdrückliche gesetzliche Wertung ist in dem Wegfall der Art. 1:83, 1:84 Abs. 6 und 1:85 Abs. 2 - 4 BW zu sehen: Das Verschulden an der Trennung soll nach der Wertung des Gesetzgebers für die Unterhaltspflicht keine Rolle mehr spielen. In den Kommentaren zu Art. 6:2 BW findet sich keinerlei Hinweis auf eine Billigkeitsrechtsprechung zu Unterhaltsvereinbarungen der vorliegenden Art. Unter *Rechtsverwerking* versteht die niederländische Rechtspraxis den Fall, dass eine Person sich auf ein ihr zunächst zustehendes Recht infolge späterer Ereignisse oder Handlungen nicht mehr berufen darf.[14]

Die Begründung einer außerehelichen Wohngemeinschaft war im Unterhaltsvertrag nicht vorgesehen. Insofern liegt eine Änderung vor, die zu einer Verwirkung des bis zur Trennung latent vorhandenen Anspruchs auf Trennungsunterhalt führen könnte. Jedoch lässt sich ein entsprechender Verstoß gegen die Grundsätze von *redelijkheid en billijkheid* angesichts des Wegfalls von Art. 1:84 Abs. 6 BW nicht begründen. Nach niederländischem Recht entspricht es der Billigkeit, den Trennungsunterhalt – wenn auch ggf. nur in notwendiger Höhe, Art. 1:81 BW – unabhängig davon zu zahlen, wer die Trennung verschuldet hat. 22

Ergänzend ist darauf hinzuweisen, dass ein etwaiges Zusammenleben der Beklagten mit einem Dritten unter dem Gesichtspunkt der veränderten Umstände gemäß Art. 1:84 Abs. 5 BW berücksichtigt werden könnte. Nach der ausdrücklichen Bestimmung des Art. 1:84 Abs. 5 BW gilt dieser Änderungs- bzw. Anpassungsvorbehalt auch gegenüber vertraglichen Vereinbarungen. Lebt die Beklagte mit Herrn van E. in nichtehelicher Lebensgemeinschaft zusammen, so könnte das ihren Unterhaltsbedarf mindernd beeinflussen (verminderte Aufwendungen für Wohnung und Unterhalt). Diese Frage ist indes nicht Gegenstand des Gutachtens. 23

Nach alledem ergeben sich gegenüber der vertraglichen Unterhaltsvereinbarung keine weiter gehenden Einwände als nach der gesetzlichen Regelung. Dort wie hier hat ein etwaiges Trennungsverschulden auf den Unterhaltsanspruch keinen Einfluss. 24

[14] Vgl. etwa *Higma/van Dam/van Schendel/Valk*, Rechtshandeling en Overeenkomst, 4. Aufl. 2004, Nr. 285, S. 355.

D. Ergebnis

25 Zusammenfassend ist die Anfrage des Gerichts wie folgt zu beantworten:

1. Nach dem anwendbaren niederländischen Unterhaltsrecht hat das Verschulden an der Trennung der Ehegatten keinen grundsätzlichen Einfluss auf das Bestehen des gesetzlichen Anspruchs auf Trennungsunterhalt. Beruht die Trennung aber nicht auf einem gemeinsamen Entschluss der Ehegatten, so beschränkt sich ihre gegenseitige Unterhaltspflicht darauf, einander das Notwendige zu verschaffen (Art. 1:81 BW).
2. Die im Ehevertrag getroffene Unterhaltsvereinbarung ist nach den Grundsätzen des bei Vertragsabschluss als Unterhaltsstatut maßgeblichen deutschen Rechts auszulegen. Das Gericht wird zu entscheiden haben, ob danach die Grundsätze des § 1579 BGB Bestandteil der Vereinbarung sind oder nicht. In jedem Fall ist der notwendige Unterhalt gemäß Art. 1:81 BW geschuldet, da insoweit nach niederländischem Recht eine abweichende vertragliche Vereinbarung nicht zulässig ist.
3. Ein etwaiges Trennungsverschulden der Beklagten ließe nach niederländischem Recht die vertragliche Unterhaltsverpflichtung dem Grunde nach unberührt; der Kläger könnte sich insoweit nicht auf den Grundsatz von Treu und Glauben *(redelijkheid en billijkheid)* berufen. Ein etwaiges Zusammenleben der Beklagten mit Herrn van E. könnte aber im Rahmen des Art. 1:84 Abs. 5 BW ggf. zu einer Unterhaltsanpassung wegen veränderter Umstände (Bedarfsminderung) führen.

Nr. 27

Brasilien

1. **Zum Wechsel des Unterhaltsstatuts bei Aufgabe des Rückkehrwillens.**
2. **Zu den Voraussetzungen des Ehegattenunterhalts nach den Vorschriften des neuen, zum 11.1.2003 in Kraft getretenen brasilianischen *Código Civil.***
   a) **Die Ehegatten sind einander gem. Art. 1.694 CC zum Unterhalt verpflichtet; dies gilt auch bei faktischem Getrenntleben.**
   b) **Die Festsetzung des Unterhalts richtet sich nach der Bedürftigkeit des Anspruchstellers und der Leistungsfähigkeit des Anspruchsgegners.**
   c) **Grundsätzlich kann Unterhalt nur für die Zeit nach Klageerhebung zugesprochen werden.**
3. **Gem. Art. 1.708 Einz. Paragr. CC ist eine Verwirkung des Unterhaltsanspruchs wegen unwürdigen Verhaltens möglich.**

Das Amtsgericht Freiburg i. Br. bittet das Institut in der Familiensache A. ./. A. (Az. 45 F 150/05) um Auskunft über brasilianisches Unterhaltsrecht.

Hamburg G 1/2006 vom 23.3.2006

A. Sachlage

Der Anfrage liegt folgender Sachverhalt zugrunde: 1

Die Klägerin begehrt mit der am 21.4.2004 bei Gericht eingegangenen Klage vom Beklagten die Zahlung von monatlichem Trennungsunterhalt ab April 2005 sowie die Freistellung von den Kosten für ärztliche Untersuchungen und Behandlungen für den Zeitraum von April 2005 bis zum 13.9.2005. Ferner begehrt die Klägerin rückständigen Trennungsunterhalt von Januar bis März 2005 und den Ersatz von Kosten für ärztliche Behandlungen in diesem Zeitraum.

Die Parteien sind seit dem 23.1.2004 miteinander verheiratet. Die standesamtliche Trauung fand in Deutschland statt. Im Oktober 2004 teilte die Klägerin dem Beklagten mit, dass sie schwanger war. Die Parteien lebten zu dieser Zeit zusammen in der gemeinsamen Wohnung in Deutschland. Die Klägerin hat die brasilianische, der Beklagte die deutsche Staatsangehörigkeit. Aufgrund der Schwangerschaft der Klägerin kam es zu schweren Auseinandersetzungen zwischen den Parteien, in deren Folge die Klägerin im November 2004 alleine und ohne Wissen des Beklagten nach Brasilien flog. Sie buchte ihren Rückflug nach Deutschland für Februar 2005, kehrte jedoch nicht wieder nach Deutschland zurück, sondern lebt seit ihrer Ankunft in Brasilien bei ihrer Familie. Der Beklagte wohnt weiterhin in Deutschland. Eine gerichtlich angeordnete Trennung oder Scheidung hat bislang nicht stattgefunden.

Im Januar 2005 sandte die Klägerin eine E-Mail an etwa 20 Personen des Unternehmens, in dem der Beklagte arbeitet, darunter die gesamte Führungsetage und die unmittelbaren Vorgesetzten des Beklagten. Sie beschrieb darin ausführlich und detailliert die ehelichen Auseinandersetzungen zwischen ihr und dem Beklagten. Sie schrieb u.a., dass ihr Mann sie zu einer Abtreibung habe zwingen wollen, nachdem er von der Schwangerschaft erfahren hatte, sie beleidigt habe und aus der gemeinsamen Wohnung habe rauswerfen wollen. Deshalb sei sie aus Angst nach Brasilien gegangen. Ihr Mann habe sich seitdem nicht um sie gekümmert und jede Kontaktaufnahme verweigert. Außerdem habe er ein gemeinsames Girokonto gelöscht, auf dem sich auch Geld von ihr befunden habe. Darüber hinaus enthalte er ihr wichtige Unterlagen vor, und habe mittels einer anderen Person, die sich für die Klägerin ausgab, ihren Nachsendeauftrag bei der deutschen Post stornieren lassen. In dem Schreiben wird durchgängig dem Beklagten die alleinige Schuld für die Trennung gegeben, ohne dass die Klägerin ein etwaiges Fehlverhalten auf ihrer Seite erwähnt.

Am 26.6.2005 wurde der gemeinsame Sohn der Parteien geboren. Die Unterhaltsbeziehungen zwischen ihm und dem Beklagten sind nicht Gegenstand dieses Gutachtens. Spätestens seit der Geburt ihres Kindes hatte die Klägerin nicht mehr die Absicht, nach Deutschland zurückzukehren.

Der Beklagte verfügt über ein monatliches Nettoeinkommen von ca. EUR 2.300,-. Die Klägerin hat keine eigenen Einkünfte. Sie lebt bei ihrer Mutter und ihrer Großmutter, die für ihren Unterhalt aufkommen.

Die Klägerin behauptet, sie habe zum Zeitpunkt ihrer Reise nach Brasilien die Absicht gehabt, nach einem vorübergehenden Aufenthalt wieder nach Deutschland zurückzukehren, nachdem sich die Lage beruhigt haben würde. Sie habe Angst um sich und ihr ungeborenes Kind gehabt, deshalb habe sie vorübergehend Abstand vom Beklagten gewinnen wollen.

Der Beklagte behauptet, dass die genannte E-Mail in seine Personalakte genommen worden sei und er ihretwegen beinahe seinen Arbeitsplatz verloren hätte. Jedenfalls seien seine beruflichen Aufstiegschancen in seinem Unternehmen zunichte gemacht worden. Der Beklagte ist der Ansicht, dass die Klägerin ihren Unterhaltsanspruch wegen des Versendens der genannten E-Mail verwirkt habe.

B. Anfrage

2 Das Gericht stellt folgende Frage:

Unter welchen Voraussetzungen gewährt das brasilianische Recht im vorliegenden Fall einen Anspruch auf Trennungsunterhalt und welche Kriterien sind maßgeblich für die Höhe eines etwaigen Anspruchs?

C. Rechtslage

I. Anwendbares Recht

1. Anwendbares Kollisionsrecht

Gemäß Art. 3 Abs. 1 EGBGB bestimmt sich bei Sachverhalten mit Auslandsbezug das anwendbare Recht nach den Vorschriften des EGBGB. Vorrang haben gemäß Art. 3 Abs. 2 EGBGB jedoch Regelungen in völkerrechtlichen Vereinbarungen, soweit sie unmittelbar anwendbares innerstaatliches Recht geworden sind. Dies ist der Fall beim Haager Unterhaltsabkommen vom 2.10.1973 (Abk. UStA),[1] das seit dem 1.4.1987 in der Bundesrepublik Deutschland und West-Berlin gilt.[2] 3

Gemäß Art. 1 UStA ist das Übereinkommen auch auf Unterhaltspflichten anzuwenden, die sich aus der Ehe ergeben. Darunter fallen auch Unterhaltsverpflichtungen während des Getrenntlebens der Ehegatten.[3] 4

Somit ist im vorliegenden Fall das anwendbare Unterhaltsrecht nach dem UStA zu ermitteln. 5

2. Unterhaltsstatut

Gemäß Art. 4 Abs. 1 UStA ist für Unterhaltspflichten zwischen Ehegatten das am gewöhnlichen Aufenthaltsort des Unterhaltsberechtigten geltende innerstaatliche Recht maßgebend. Aus der Natur des UStA als Staatsvertrag ergibt sich, dass Art. 4 Abs. 1 UStA als Verweisung auf das jeweilige Sachrecht zu verstehen ist.[4] 6

Gemäß Art. 3 UStA ist das von dem Übereinkommen bestimmte Recht auch dann anzuwenden, wenn es das Recht eines Nichtvertragsstaates ist, es gibt also kein Erfordernis der Gegenseitigkeit. 7

Fraglich ist, welches der gewöhnliche Aufenthaltsort der Klägerin ist. Der gewöhnliche Aufenthaltsort ist der tatsächliche Lebensmittelpunkt einer Person, unabhängig von ihrem Willen, den Aufenthaltsort zu begründen. Aus Art. 4 Abs. 2 UStA ergibt sich zudem, dass die Anknüpfung an den Aufenthaltsort beweglich ist.[5] 8

Die Klägerin lebt seit November 2004 bei ihrer Familie in Brasilien und hat dort ihren tatsächlichen Lebensmittelpunkt. Allerdings gibt sie an, bei ihrer Ankunft nur einen befristeten Aufenthalt geplant zu haben, um dann wieder nach Deutschland 9

---

1 BGBl. 1986 II, 837.

2 BGBl. 1987 II, 225.

3 MüKo/*Siehr*, Bd. 10, 3. Aufl. 1998, Art. 18, Anh. I, Rn. 32.

4 MüKo/*Siehr* (o. Fn. 3), Art. 18, Anh. I, Rn. 110.

5 MüKo/*Siehr* (o. Fn. 3), Art. 18, Anh. I, Rn. 88.

zurückzukehren. Ob ein als zeitlich befristet geplanter Aufenthalt einen gewöhnlichen Aufenthaltsort begründet, hängt von den Umständen und der geplanten Aufenthaltsdauer ab.[6]

10 Aus der Rechtsprechung gibt es zahlreiche Fälle, in denen ein ausländischer Ehepartner mit Rückkehrabsicht in sein Heimatland reist, sich später aber entschließt, dort dauerhaft zu bleiben. Der Wechsel des gewöhnlichen Aufenthalts tritt bei solchen Gestaltungen nach einem Zeitraum von etwa sechs Monaten ein.[7]

11 Die Klägerin hat spätestens seit der Geburt ihres Sohnes ihren gewöhnlichen Aufenthalt in Brasilien, da sie ab diesem Zeitpunkt unstreitig nicht mehr die Absicht hatte, nach Deutschland zurückzukehren. Damit kommt ab dem 25.6.2005 in jedem Fall brasilianisches Sachrecht zur Anwendung. Inwiefern für den Zeitraum davor noch deutsches Recht zur Anwendung kommt, ist Tatfrage, da zwischen den Parteien streitig ist, ob die Klägerin mit Rückkehrwillen nach Brasilien flog oder nicht, und wann der Rückkehrwille aufgegeben wurde.

3. Die Vorfrage der zwischen den Parteien bestehenden Ehe

12 Daran anschließend stellt sich die Frage, nach welchem Recht die statusrechtliche Vorfrage einer zwischen den Parteien wirksam geschlossenen Ehe zu beurteilen ist. Art. 2 Abs. 2 UStA sagt hierzu, dass die in Anwendung des UStA ergangenen Entscheidungen dem Bestehen der in Art. 1 UStA genannten Beziehung, hier der Ehe, nicht vorgreifen. Die Vertragsstaaten sind also grundsätzlich frei, für Zwecke des Unterhalts die statusrechtliche Vorfrage unselbständig, selbständig oder alternativ *in favorem creditoris* anzuknüpfen. In aller Regel wird die Gültigkeit einer Ehe nach der deutschen Verweisungsnorm des Art. 13 EGBGB selbständig angeknüpft. Ausnahmen zugunsten unselbständiger Anknüpfung der Vorfrage lassen sich dann rechtfertigen, wenn beide Eheleute oder zumindest der Unterhaltsberechtigte als der schutzwürdigere Teil mit derjenigen Rechtsordnung stark verbunden ist, welche entgegen dem deutschen Recht die Ehe für gültig ansieht.[8]

13 Für das Gutachten wird davon ausgegangen, dass die Ehe der Parteien wirksam in Deutschland geschlossen wurde, so dass bei selbständiger Anknüpfung eine wirksam geschlossene Ehe als Grundlage für Unterhaltsansprüche vorausgesetzt werden kann.

---

6 MüKo/*Siehr* (o. Fn. 3), Art. 18, Anh. I, Rn. 93.

7 *Staudinger/Mankowski*, EGBGB/IPR, Art. 18 EGBGB, Neubearb. 2003, Anh. I zu Art. 18, Rn. 158 m.w.N.

8 MüKo/*Siehr* (o. Fn. 3), Art. 18, Anh. I, Rn. 251 ff.

II. Ehelicher Unterhalt nach brasilianischem Recht

1. Intertemporales Recht

Zunächst stellt sich die Frage, welche Fassung des brasilianischen *Código Civil* 14
(CC) auf den vorliegenden Fall anzuwenden ist. Durch das Gesetz Nr. 10.406/2002 vom 10.1.2002 wurde zum 11.1.2003 der neue CC in Kraft und gleichzeitig der alte CC aus dem Jahre 1916 außer Kraft gesetzt.[9]

Da es vorliegend um die Prüfung von Unterhaltsansprüchen für die Zeit nach 15
Inkrafttreten der neuen Vorschriften geht, und auch die Ehe erst 2004 geschlossen wurde, kommt es allein auf die Vorschriften des neuen Rechts an.

2. Anspruchsgrundlage für ehelichen Unterhalt

Die Anspruchsgrundlage für den Unterhalt zwischen Ehegatten findet sich in 16
Art. 1.694 und Art. 1.695 des CC:

Art. 1.694.

„Podem os parentes, os cônjuges ou companheiros pedir uns aos outros os alimentos de que necessitem para viver de modo compatível com a sua condição social, inclusive as necessidades de sua educação.

§ 1. Os alimentos devem ser fixados na proporção das necessidades do reclamante e dos recursos da pessoa obrigada.

§ 2. Os alimentos serão apenas os indispensáveis à subsistência, quando a situação de necessidade resultar de culpa de quem os pleiteia.“

Deutsch:

Art. 1.694.

Verwandte, Ehegatten und Lebenspartner können voneinander den Unterhalt fordern, den sie benötigen, um ein mit ihrem sozialen Status in Einklang stehendes Leben zu führen, einschließlich der für ihre Ausbildung benötigten Mittel.

§ 1. Der Unterhalt ist nach dem Verhältnis der Bedürftigkeit des Unterhaltsberechtigten und der vorhandenen Mittel des Unterhaltsverpflichteten festzusetzen.

§ 2. Der Unterhalt beträgt nur das zum Überleben Notwendige, wenn der Anspruchssteller seine Bedürftigkeit schuldhaft selbst verursacht hat.

Die weiteren Voraussetzungen des Unterhaltsanspruchs sind in Art. 1.695 CC 17
geregelt:

---

[9] Diario Oficial da União v. 11.1.2002.

	Deutsch:
Art. 1.695.	Art. 1.695.
„São devidos os alimentos quando quem os pretende não tem bens suficientes, nem pode prover, pelo seu trabalho, à própria mantença, e aquele, de quem se reclamam, pode fornecê-los, sem desfalque do necessário ao seu sustento.“	Der Unterhalt ist geschuldet, wenn der Anspruchsteller weder genügend eigenes Vermögen besitzt, noch sich durch seine Arbeit seinen Unterhalt sichern kann, und der Anspruchsgegner ihn gewährleisten kann, ohne dadurch auf das für seinen Unterhalt Notwendige verzichten zu müssen.

18 Der Anspruchsteller trägt die Beweislast dafür, dass er ohne Mittel ist und sich diese auch nicht durch Arbeit verschaffen kann.[10]

19 Einer Mutter mit Kleinkind wird jedoch nicht zugemutet, sich den Unterhalt selbst zu verdienen.[11]

20 Der zu zahlende Unterhalt muss nicht notwendigerweise mit einem bestimmten Bruchteil des Einkommens des Unterhaltsverpflichteten angegeben werden, sondern kann auch in einer bestimmten Summe bestehen.[12]

21 Für die Festsetzung des Unterhalts sind die sozialen Umstände, das Alter und der Gesundheitszustand des Anspruchstellers zu berücksichtigen. Vom Unterhaltsanspruch umfasst sind damit in jedem Fall die Kosten für Unterkunft, Ernährung, Kleidung. Auch die Kosten für notwendige Medikamente und medizinische Behandlungen sind mit in die Berechnung einzustellen.[13]

22 Die Bedürftigkeit des Unterhaltsberechtigten und die Leistungsfähigkeit des Unterhaltsverpflichteten müssen bei der Festsetzung des Unterhalts harmonisch miteinander in Einklang gebracht werden. Der Verpflichtete darf nicht unverhältnismäßig belastet werden.[14]

23 Dem Richter wird vom brasilianischen Recht zum Ausgleich der Interessen von Anspruchsteller und Anspruchsgegner viel Spielraum eingeräumt; wie er diesen Ausgleich innerhalb des gesetzlich abgesteckten Rahmens herbeiführt, bleibt letztlich seinem billigen Ermessen überlassen.[15]

---

10 Tribunal de Justiça do Distrito Federal, Diario Oficial de Justiça de União III 1996, 4769.

11 Tribunal de Justiça de São Paulo, Revista dos Tribunais 500/104.

12 *Y. S. Cahali*, Dos Alimentos, 4. Aufl. 2003, 725.

13 Tribunal de Justiça de São Paulo, Revista dos Tribunais 436/124; *Wald*, O novo Direito de Familie, 15. Aufl. 2004, 43.

14 Tribunal de Justiça de Paraíba, Revista dos Tribunais 814/311; Tribunal de Justiça de Minas Gerais, Revista dos Tribunais 830/323; *da Silva Pereira*, Instituções de Direito Civil V, 14. Aufl. 2004, 498.

15 S. Nachweise bei *Y. S. Cahali* (o. Fn. 12).

3. Unterhalt für die Zeit vor Klageerhebung

Fraglich ist, ob der Anspruchsteller nach brasilianischem Recht auch Unterhalt für die Zeit vor Klageerhebung verlangen kann, und damit auch für vor Klageerhebung angefallene Kosten für medizinische Untersuchungen. Diese Frage spielt im Rahmen dieses Gutachtens nur dann eine Rolle, wenn die Klägerin zum Zeitpunkt der Klageerhebung bereits keine Rückkehrabsicht mehr hatte, weil diese Frage sich anderenfalls nach deutschem Recht beurteilt. Wurde die Rückkehrabsicht nämlich erst zu einem Zeitpunkt nach Klageerhebung aufgegeben, so ist erst ab dann das brasilianische Sachrecht anzuwenden (s.o.), und es stellt sich nicht die Frage, ob nach brasilianischem Recht Unterhalt auch für die Zeit vor Klageerhebung verlangt werden kann. 24

Auch wenn es im brasilianischen CC keine Regelung wie in § 1613 BGB gibt, gilt nach klar herrschender Auffassung der Grundsatz, dass kein Unterhalt für die Vergangenheit gefordert werden kann.[16] 25

Dies ergibt sich auch aus Art. 13 § 2 des Gesetzes 5.478/68 über den Unterhaltsprozess, wonach in dem Urteil, das der Klage auf Unterhalt stattgibt, die Zahlung ab dem Zeitpunkt der Vorladung des Beklagten *(citacão)* festgesetzt werden kann, aber nicht für einen Zeitraum davor.[17] 26

Die *citação* hat im deutschen Prozessrecht keine unmittelbare Entsprechung; sie dürfte in diesem Zusammenhang aber mit der Zustellung der Klage gleichzusetzen sein, da durch sie der Beklagte wie bei der *citação* erstmals Kenntnis von der Klage erlangt. 27

In einer Entscheidung des *Tribunal de Justiça de São Paulo* aus der Zeit vor Inkrafttreten dieses Gesetzes wurde der Unterhalt ab dem Zeitpunkt der Einreichung der Klage gewährt.[18] 28

Im Schrifttum wird teilweise vertreten, dass im Urteil auch die Zahlung von Unterhalt für einen Zeitraum festgesetzt werden kann, der vor der Zustellung der Klage liegt, da der Unterhaltsgläubiger für gewöhnlich zuerst versuche, auf außergerichtlichem Wege den Unterhaltsschuldner zur Zahlung zu veranlassen, und ihm daraus kein Nachteil erwachsen dürfe.[19] 29

Diese Auffassung findet aber weder eine Stütze im Gesetz, noch wird sie von der Rechtsprechung vertreten. 30

---

16 *Y. S. Cahali* (o. Fn. 12), 115 - 123; Tribunal de Justiça de São Paulo, Revista dos Tribunais 134/455; 139/655; 158/234.

17 *Y. S. Cahali* (o. Fn. 12), 120.

18 Tribunal de Justiça de São Paulo, Revista dos Tribunais 259/168.

19 Nachweise bei *Y. S. Cahali* (o. Fn. 12), 121.

31 Eine Ausnahme von dem Grundsatz, dass kein Unterhalt für die Vergangenheit gezahlt werden muss, wird von einigen Stimmen zudem für die Fälle angenommen, in denen der Anspruchsteller sich verschulden musste, um seine Bedürfnisse in der Zeit vor Klageerhebung zu befriedigen. In der Unterhaltsklage könne dann auch die Befreiung von diesen Verbindlichkeiten gefordert werden.[20]

32 Diese Ansicht ist überzeugend, da hinter dem Verbot einer Zahlung von Unterhalt für die Vergangenheit neben dem Schutz des Unterhaltsverpflichteten vor allem der Gedanke steht, dass der Anspruchsteller nicht für eine Zeit Alimente verlangen können soll, in der er auch ohne sie überlebt hat, und die er deshalb zum Zeitpunkt der Klageerhebung gar nicht mehr benötigt. Hat sich der Anspruchsteller dagegen verschuldet, um seine Bedürfnisse zu befriedigen, so fehlen ihm die in der Vergangenheit benötigten Mittel auch in der Gegenwart noch und seine Schulden tragen zu seiner aktuellen Bedürftigkeit zusätzlich bei.

33 Sind jedoch dritte Personen für den Unterhalt in der Zeit vor Klageerhebung aufgekommen, ohne dass sich der Gläubiger verschuldet hat, so kann er diesen Unterhalt nicht mehr geltend machen. Dies ergibt sich auch aus Art. 871 CC, der dem Dritten in diesen Fällen eine Regressmöglichkeit gegen den Unterhaltsschuldner einräumt.[21]

34 Keine Auswirkung hat es dagegen auf den Unterhaltsanspruch, wenn in der Zeit nach Klageerhebung der Gläubiger seinen Unterhalt von dritter Seite erhalten hat, da anderenfalls der Schuldner durch eine lange Prozessdauer, für die der Gläubiger in der Regel nicht verantwortlich ist, unbillig entlastet würde.[22]

35 Zwischenergebnis: Die Klägerin hat grundsätzlich einen Unterhaltsanspruch, der auch die Kosten für ihre medizinische Versorgung umfasst, soweit diese nicht durch ihre Krankenversicherung gedeckt sind. Nach brasilianischem Recht kommt jedoch nur eine Verurteilung zur Zahlung ab Einreichung der Klage oder deren Zustellung in Betracht, nicht auch schon für den Zeitraum davor. Dass in dem Zeitraum nach Klageerhebung der Unterhalt von der Familie der Klägerin getragen wurde, kann den Beklagten dagegen nicht entlasten.

---

20 Tribunal de Justiça de Minas Gerais, Revista Forense 195/268; *Y. S. Cahali* (o. Fn. 12), 732; *Wald,* Direito de Familia, 4. Aufl. 1981, 32.

21 Nachweise bei *Y. S. Cahali* (o. Fn. 12), 97 ff.

22 Nachweise bei *Y. S. Cahali* (o. Fn. 12), 117, 721.

4. Auswirkung der Trennung auf die gegenseitigen Unterhaltsansprüche

a) Anwendung der Vorschriften über die gerichtlich angeordnete Trennung

Das Gesetz trifft hinsichtlich der Unterhaltsansprüche zwischen Ehegatten eine zusätzliche Regelung für den Fall der gerichtlich angeordneten Trennung *(separação judicial)*, die als Sondervorschrift zu Art. 1.694 CC zu verstehen ist. 36

	Deutsch:
Art. 1.704.	Art. 1.704.
„Se um dos cônjuges separados judicialmente vier a necessitar de alimentos, será o outro obrigado a prestá-los mediante pensão a ser fixada pelo juiz, caso não tenha sido declarado culpado na ação de separação judicial.	Wird nach der gerichtlichen Trennung einer der beiden Ehegatten unterhaltsbedürftig, und wurde er in dem Trennungsverfahren nicht für schuldig erklärt, so ist der andere Ehegatte ihm gegenüber zur Zahlung einer vom Gericht festzusetzenden Unterhaltsrente verpflichtet.
Parágrafo único. Se o cônjuge declarado culpado vier a necessitar de alimentos, e não tiver parentes em condições de prestá-los, nem aptidão para o trabalho, o outro cônjuge será obrigado a assegurá-los, fixando o juiz o valor indispensável à sobrevivência.“	Einziger Paragraph. Wird der für schuldig erklärte Ehegatte unterhaltsbedürftig, und hat er weder Verwandte, die seinen Unterhalt aufbringen können, noch ist er zur Aufnahme einer Arbeit in der Lage, so ist der andere Ehegatte zu einer vom Gericht festzusetzenden Unterhaltszahlung in Höhe des zum Überleben Unverzichtbaren verpflichtet.

Eine gerichtlich angeordnete Trennung, wie es sie im brasilianischen Recht auch nach Einführung der Scheidung noch gibt, hat im vorliegenden Fall nicht stattgefunden. Die Klägerin und der Beklagte leben allein faktisch getrennt. Art. 1.704 CC ist also vom Wortlaut her nicht auf den Fall anwendbar. Gegen eine entsprechende Anwendung der Vorschrift spricht schon der Umstand, dass bislang keine der Parteien für „schuldig“ an der Trennung erklärt wurde, was nur im formalen Trennungsverfahren erfolgen kann. Weiter spricht gegen eine entsprechende Anwendung der Umstand, dass es nach altem Recht noch eine Vorschrift gab, die den Fall der faktischen Trennung erfasste (Art. 234 CC [alt], dazu sogleich), die aber bewusst nicht in das neue Recht übernommen wurde. 37

Die genannten Umstände lassen nur den Schluss zu, dass im Falle der faktischen Trennung nach dem Willen des Gesetzgebers allein die Grundregeln der Art. 1.694 f. CC (s.o.) gelten sollen, die Ehegatten also im Rahmen von Bedürftigkeit und Leistungsvermögen einander zum Unterhalt verpflichtet sind. Für eine restriktive Handhabung des Art. 1.704 CC lässt sich darüber hinaus anführen, dass er eine der wenigen Normen im neuen CC ist, in denen das für das Eherecht grundsätzlich 38 abgeschaffte Verschuldensprinzip überlebt hat. Von zahlreichen Stimmen in der Literatur wird aus diesem Grund auch die Streichung des „systemwidrigen" Art. 1.704 CC gefordert, um das Verschuldensprinzip auch aus dem ehelichen Unterhaltsrecht vollständig zu verbannen.[23]

b) Anwendung des alten Art. 234 CC

39 Zu überlegen ist noch, ob der eben genannte Art. 234 des alten CC wenigstens von seinem Rechtsgedanken her auch im neuen Recht Anwendung finden muss. Art. 234 CC (alt) regelte den Fall, dass der Anspruchsteller die gemeinsame eheliche Wohnung ohne anerkennenswertes Motiv verlassen hatte und sich in der Folge weigerte, die eheliche Gemeinschaft wieder herzustellen.

	Deutsch:
Art. 234.	Art. 234.
„A obrigação de sustentar a mulher cessa, para o marido, quando ela abandona sem justo motivo a habitação conjugal, e a esta recusa voltar. [...]."	Die Verpflichtung des Mannes zum Unterhalt der Frau erlischt, wenn diese ohne gerechtes Motiv die eheliche Wohnung verlässt und sich weigert, in diese zurückzukehren. [...].

40 Dieser Fall war deshalb nur einseitig geregelt, weil nach alter Rechtslage alleine der Mann verpflichtet war, für den Unterhalt der Familie zu sorgen.

41 Zu der Frage, welche Motive als gerecht anzusehen waren, gab es eine umfangreiche Rechtsprechung. Allgemein gesagt, wurden von den Gerichten alle die Umstände als gerechte Motive angesehen, die das weitere Zusammenleben entweder aus materieller oder aus moralischer Sicht unerträglich oder unzumutbar machten. Es kam hierbei nicht auf ein Verschulden an, es zählte alleine eine faktische Zerrüttung der Ehe.[24]

42 In jedem Fall ist beim vorliegenden Sachverhalt wohl davon auszugehen, dass ein gerechtes Motiv für das Verlassen der Wohnung vorlag, da spätestens nachdem der Beklagte von der Schwangerschaft der Klägerin erfahren hatte, es unstreitig wiederholt zu heftigen Auseinandersetzungen zwischen den Parteien gekommen war und deshalb in dem Zeitpunkt, in dem die Klägerin die eheliche Wohnung verließ, eine Situation der faktischen Zerrüttung vorlag. Somit wäre auch nach alter Rechtslage der Erlöschensgrund des Art. 234 CC nicht als erfüllt anzusehen, so dass dahinstehen kann, ob diese Vorschrift oder der in ihr enthaltene Rechtsgedanke für

---

[23] Vgl. *Chinelato/Junqueira de Azevedo (Chinelato)*, Comentários ao Código Civil, Vol. 18, Arts. 1.591 a 1.710 CC, S. 494 m.w.N.

[24] S. dazu *Y. S. Cahali* (o. Fn. 12), 281 - 283 mit vielen Beispielen.

die jetzt geltende Rechtslage noch Anwendung findet (was zweifelhaft ist, da die Vorschrift bewusst nicht in den neuen CC übernommen wurde).

c) Reduzierung des Anspruchs auf das zum Überleben Notwendige gemäß Art. 1.694 § 2 CC

Zu prüfen ist ferner, ob Art. 1.694 § 2 CC (s.o. Rn. 16) im vorliegenden Fall zu einer Reduzierung des Anspruchs führen kann. Diese Vorschrift hat ebenfalls keinen Vorgänger im alten CC. Bei einem Unterhaltsanspruch, der sich aus der Ehe herleitet, könnte sie dahin auszulegen sein, dass der Ehegatte, der grundlos die faktische Trennung herbeiführt und dadurch oder durch einen späteren Umstand bedürftig wird, seine Bedürftigkeit selbst verschuldet hat.[25] 43

In jedem Fall aber wird für Art. 1.694 § 2 CC nur dort Raum sein, wo die faktische Trennung eindeutig nur dem bedürftigen Ehegatten zuzurechnen ist, d.h. kein anerkennenswertes Motiv für das Verlassen der ehelichen Wohnung vorlag. Davon ist im vorliegenden Fall aus den o.g. Gründen nicht auszugehen. 44

Zwischenergebnis: Der Umstand, dass die Klägerin die faktische Trennung herbeigeführt hat, beeinflusst ihren Unterhaltsanspruch weder dem Grunde noch der Höhe nach. 45

5. Verwirkung des Unterhaltsanspruchs

In Art. 1.708 CC sind die Fälle genannt, in denen ein Unterhaltsanspruch endet. 46

	Deutsch:
Art. 1.708.	Art. 1.708.
„Com o casamento, a união estável ou o concubinato do credor, cessa o dever de prestar alimentos.	Geht der Gläubiger die Ehe, die nichteheliche Lebensgemeinschaft oder das Konkubinat ein, so endet die Pflicht zur Leistung von Unterhalt.
Parágrafo único. Com relação ao credor cessa, também, o direito a alimentos, se tiver procedimento indigno em relação ao devedor.“	Einziger Paragraph. Der Unterhaltsanspruch des Gläubigers endet auch, wenn er sich dem Schuldner gegenüber in unwürdiger Weise verhält.

Im vorliegenden Fall kommt ein Ausschluss des Anspruchs der Klägerin nach Art. 1.708 Einz. Paragr. CC in Betracht. Es ist zunächst darauf hinzuweisen, dass 47

[25] So wohl *Berenice Dias/da Cunha Pereira (Berenice Dias)*, Direito de Familia e o Novo Codigo Civil, 3. Aufl. 2003, 92.

mit *procedimento indigno* nicht etwa das Führen unwürdiger (Gerichts-)Prozesse gemeint ist, wie es in der von der Klägerseite vorgelegten Übersetzung heißt, sondern ein unwürdiges Verhalten allgemein.

48 Es gibt keine entsprechende Vorgängervorschrift im alten CC, auf die zur Auslegung des Merkmals „unwürdiges Verhalten" zurückgegriffen werden kann. Die Recherche in den verschiedenen Urteilssammlungen und -datenbanken von Gerichtsentscheidungen zu dieser neuen Vorschrift ist ebenfalls erfolglos geblieben. Zum Teil hängt dies auch damit zusammen, dass Unterhaltsprozesse in Brasilien oftmals einer Geheimhaltungspflicht unterliegen und deshalb von der Öffentlichkeit nicht eingesehen werden können.[26]

49 Ebenso wenig Aufschluss boten die verfügbaren Gesetzesmaterialien zur Entstehung der Vorschrift.[27]

50 Zur Auslegung bleibt deshalb nur, das Schrifttum zu Art. 1.708 Einz. Paragr. CC zu konsultieren. Übereinstimmend wird der Vorschrift ein ethisch-moralischer Gehalt beigemessen und eine restriktive Auslegung gefordert.[28]

51 Von den Stimmen, die näher auf die Vorschrift eingehen, wird die Heranziehung der Vorschriften über den Widerruf einer Schenkung wegen Undanks (Art. 557 CC) und den Ausschluss von der Erbfolge (Art. 1.814 CC) vertreten.[29]

52 Der Artikel 557 über den Widerruf der Schenkung lautet:

	Deutsch:
Art. 557.	Art. 557.
„Podem ser revogadas por ingratidão as doações:	Schenkungen können wegen Undanks widerrufen werden:
I - se o donatário atentou contra a vida do doador ou cometeu crime de homicídio doloso contra ele;	I - wenn der Beschenkte dem Schenker nach dem Leben getrachtet oder sich ihm gegenüber der vorsätzlichen Tötung schuldig gemacht hat;

---

26 Konsultierte Urteilssammlungen: Revista dos Tribunais, Revista Forense; Konsultierte Datenbanken: Urteilsdatenbanken des Supremo Tribunal Federal, des Superior Tribunal de Justiça sowie der Obergerichte der Bundesstaaten; Urteilsdatenbanken „Pesquisa simultânea de jurisprudência" und „Direito.Net".

27 *Senado Federal*, Código Civil Anteprojetos, Vol. 5, Bd. 1+2.

28 *Da Silva Pereira*, Instituções de Direito Civil V, 14. Aufl. 2004, 513 f.; *Luiz Delgado/Figueirêdo Alves (Brasil Santos)*, Questões Controvertidas no Novo Código Civil, Vol. 2, 230; *de Salvo Venosa* in Direito Civil VI, 5. Aufl. 2005, 410; *Berenice Dias/da Cunha Pereira (Cahali)* (o. Fn. 25), 235.

29 *Chinelato/Junqueira de Azevedo (Chinelato)* (o. Fn. 23), 518 ff.; *Luiz Delgado/Figueirêdo Alves (Brasil Santos)* (o. Fn. 28), 230; s. auch den auf der dritten Jornada de Direito Civil beschlossenen (unverbindlichen) Leitsatz zur Auslegung von Art. 1.708 CC (http://daleth.cjf.gov.br/revista/enunciados/IIIJornada.pdf).

II - se cometeu contra ele ofensa física;	II - wenn er einen körperlichen Angriff gegen ihn begangen hat;
III - se o injuriou gravemente ou o caluniou;	III - wenn er ihn schwer beleidigt hat oder ihn verleumdet hat;
IV - se, podendo ministrá-los, recusou ao doador os alimentos de que este necessitava.“	IV - wenn er, obgleich er dazu imstande war, sich geweigert hat, dem Schenker den Unterhalt zu gewähren, dessen dieser bedurfte.

Der Artikel 1814 CC über den Ausschluss von der Erbfolge lautet: 53

	Deutsch:
Art. 1.814.	Artikel 1.814.
„São excluídos da sucessão os herdeiros ou legatários:	Von der Erbfolge ausgeschlossen sind diejenigen Erben oder Vermächtnisnehmer:
I - que houverem sido autores, co-autores ou partícipes de homicídio doloso, ou tentativa deste, contra a pessoa de cuja sucessão se tratar, seu cônjuge, companheiro, ascendente ou descendente;	I - welche Täter, Mittäter oder Teilnehmer der vorsätzlichen Tötung oder des Versuchs der Tötung des Erblassers, seines Ehegatten, Lebenspartners, eines Vorelternteils oder Abkömmlings waren;
II - que houverem acusado caluniosamente em juízo o autor da herança ou incorrerem em crime contra a sua honra, ou de seu cônjuge ou companheiro;	II - welche den Erblasser verleumderisch gerichtlich angeklagt haben, oder eine Straftat gegen seine Ehre oder die seines Ehegatten oder Lebenspartners begangen haben;
III - que, por violência ou meios fraudulentos, inibirem ou obstarem o autor da herança de dispor livremente de seus bens por ato de última vontade.“	III - welche ihn durch Zwang oder Täuschung bei der freien Verfügung über sein Vermögen durch letztwilligen Akt behindert oder ihn ganz daran gehindert haben.

Eine Verleumdung *(calúnia)* besteht nach Art. 138 des brasilianischen Strafgesetzbuches darin, eine andere Person der Begehung einer Straftat zu bezichtigen, ohne die Wahrheit der Behauptung nachweisen zu können. 54

Einigen Stimmen in der Literatur zufolge ist auch die Rufschädigung oder die üble Nachrede *(difamação)* in die Art. 557 und 1.814 CC hineinzulesen.[30] 55

[30] *Novaes Hironaka/Junqueira de Azevedo (Novaes Hironaka)*, Comentários ao Código Civil 20, Arts. 1784 a 1856, S. 149; *Netto Lôbo/Junqueira de Azevedo (Netto Lôbo),* Comentários ao Código Civil 6, Arts. 481 a 546, S. 364; *Fiuza/Figueirêdo Alves*, Novo Código Civil Comentado, 502.

56 Eine *difamação* liegt nach Art. 139 des brasilianischen Strafgesetzbuches in der Behauptung ehrenrühriger Tatsachen.

57 Von einer anderen Autorin wird unter einem *procedimento indigno* all das verstanden, was den Unterhaltsschuldner „in eine demütigende oder schändliche Situation bringt, was ihn beleidigt, verleumdet oder diffamiert, oder seine Ehre und seinen guten Ruf beeinträchtigt." Art. 1.814 CC über den Ausschluss von der Erbfolge wird für unmittelbar analog anwendbar gehalten.[31]

58 Der Ansicht eines brasilianischen Familienrichters zufolge meint *procedimento indigno* all diejenigen Verhaltensweisen, die eine Straftat gegen die Ehre oder das Vermögen darstellen. Es müsse jedoch nicht zwingend die Strafbarkeit der Handlung gegeben sein, sondern es könne u.U. genügen, dass eine unerlaubte Handlung im zivilrechtlichen Sinne vorliegt. In jedem Fall müssten alle Umstände des Einzelfalls berücksichtigt werden.[32]

59 Nach ganz herrschender Auffassung ist es nicht erforderlich, dass bereits eine strafrechtliche Verurteilung wegen der in Art. 557 und Art. 1.814 CC genannten Handlungen vorliegt. Vielmehr kann das Verhalten, das zum Widerruf der Schenkung ermächtigt oder zum Ausschluss von der Erbfolge führt, auch im zivilrechtlichen Verfahren festgestellt werden.[33]

60 Das Gleiche muss dementsprechend auch bei der Prüfung des unwürdigen Verhaltens im Rahmen des Art. 1.708 Einz. Paragraph CC gelten.[34]

61 Im vorliegenden Fall kommt in Betracht, die E-Mail, die die Klägerin an die Vorgesetzten und Kollegen des Beklagten gesandt hat, unter die Tatbestandalternativen Beleidigung und/oder Verleumdung und/oder Rufschädigung zu subsumieren, da sie den Beklagten gegenüber Dritten der Straftatbestände der Drohung, der Nötigung und der Unterschlagung bezichtigt hat. Zudem hat sie ihn als Ehemann und Vater in ein sehr schlechtes Licht gerückt.

62 Aus dem Vergleich zu den anderen Widerrufs- bzw. Ausschlussgründen in Art. 557 und 1.814 CC ergibt sich, dass die Beleidigung, Verleumdung oder Rufschädigung von einiger Schwere sein müssen, um die Rechtsfolgen des Widerrufs der Schenkung oder des Ausschlusses von der Erbfolge auszulösen. Das Gleiche muss gelten, wenn man diese Vorschriften im Rahmen des Art. 1.708 CC heranzieht, da der Verlust des Unterhaltsanspruchs für den Betroffenen ebenfalls schwerwiegende Konsequenzen haben kann. Für die Schwere des Vorwurfs dürfte im vorliegenden Fall sprechen, dass die Klägerin ihre Behauptungen gegenüber Personen aus dem

---

[31] *Diniz*, Código Civil Comentado, 10. Aufl. 2004, Art. 1708.

[32] Persönliche Auskunft von Familienrichter *Newton Teixeira Carvalho* aus Belo Horizonte/Brasilien.

[33] *Novaes Hironaka/Junqueira de Azevedo (Novaes Hironaka)* (o. Fn. 30), 149; *de Salvo Venosa*, Direito Civil III, 5. Aufl. 2005, 139; *Rodrigues*, Direito Civil 3, 30. Aufl. 2004, 217; Tribunal de Justiça de São Paulo, Revista dos Tribunais 665/70.

[34] So auch Familienrichter *Newton Teixeira Carvalho* (persönliche Auskunft).

unmittelbaren Arbeitsumfeld des Beklagten aufgestellt hat, insbesondere seinen Vorgesetzten, wodurch sich die Wahrscheinlichkeit nachteiliger Konsequenzen infolge der Äußerungen für den Beklagten stark erhöht hat.

Das Gericht wird bei der Entscheidung, ob ein unwürdiges Verhalten vorliegt, 63
das zum Ausschluss des Anspruchs führt, alle Umstände des Falles sorgfältig zu berücksichtigen haben. Es ist auch nicht streng an die Kataloge der Art. 557 und 1.814 CC gebunden; diese geben lediglich einen gewissen Maßstab vor, der aber zumindest nicht deutlich unterschritten werden sollte.

D. Ergebnis

1. Über den Unterhaltsanspruch ist ab dem Zeitpunkt, zu dem die Klägerin ihre 64
Rückkehrabsicht aufgab, nach brasilianischem Sachrecht zu entscheiden.
2. Es ist der neue brasilianische CC anzuwenden, der seit dem 11.1.2003 in Kraft ist.
3. Nach Art. 1.694 CC sind Ehegatten einander zum Unterhalt verpflichtet. Dies gilt auch bei faktischem Getrenntleben.
4. Für die Festsetzung des Unterhalts sind die Bedürftigkeit der Klägerin und die Leistungsfähigkeit des Beklagten nach billigem Ermessen miteinander in Einklang zu bringen.
5. Nach brasilianischem Recht kann Unterhalt frühestens für die Zeit ab Einreichung der Klage gewährt werden. Für die Zeit danach spielt es dann aber keine Rolle, ob der Unterhalt von Dritten gewährt wurde, solange der Prozess lief.
6. Die Klägerin hat ihren Anspruch nicht dadurch verloren, dass sie die eheliche Wohnung verlassen hat, da zu diesem Zeitpunkt das Verhältnis zwischen den Parteien bereits zerrüttet war.
7. Es kommt in Betracht, ein Erlöschen des Unterhaltsanspruchs wegen unwürdigen Verhaltens zu bejahen.

e) Scheidung, Ehetrennung

Siehe auch Nr. 24 (Passau)

Nr. 28

Zypern

1. **Zyprisches internationales Ehescheidungsrecht.**
2. **Abgrenzung gegen eine „versteckte Rückverweisung" bei Bestimmung der Internationalen Zuständigkeit gemäß der Brüssel IIa-VO.**
3. **Zyprisches Ehescheidungsrecht *(Peri Gamou Nomos Nr. 104/2003)*.**

Das Amtsgericht Hamm – Familiengericht – ersucht mit Verfügung vom 29.3.2005 in der Familiensache A. ./. F. um ein Gutachten über deutsches und zyprisches internationales Ehescheidungsrecht.

Leipzig G - CY 1/05 vom 29.4.2005

A. Sachlage

1 Die Parteien haben am 26.9.2003 vor dem Standesbeamten in L. (Republik Zypern) gemäß den Bestimmungen des *Marriage Law 104 [1] 2003* die Ehe geschlossen.

Der Antragsteller ist pakistanischer Staatsangehöriger, die Antragsgegnerin ist deutsche Staatsangehörige.

Die Parteien hatten sich über das Internet kennen gelernt; vor der Eheschließung haben sie einige Tage zusammen in Zypern verbracht. Nach der Eheschließung ist die Antragsgegnerin alsbald nach Deutschland zurückgekehrt. Die Parteien haben seit Dezember 2003 keinerlei Kontakt mehr.

Der Antragsteller begehrt die Scheidung der Ehe.

B. Anfrage

2 Das Gericht geht von einer Verweisung auf zyprisches Recht aus und fragt:

1. Verweist das zyprische IPR auf ein anderes ausländisches Recht weiter oder auf deutsches Scheidungsrecht zurück?

2. Wenn zyprisches Scheidungsrecht anzuwenden ist: Welches Gesetz gilt? Nach welchen Vorschriften könnte unter welchen Voraussetzungen überhaupt eine Ehe geschieden werden? Liegt im vorliegenden Fall ein Scheidungsgrund vor?

C. Rechtslage

I. Hinweis zum deutschen IPR

1. Scheidungsstatut

a) Letzter gemeinsamer gewöhnlicher Aufenthalt oder engste Verbindung?

Der Gutachter teilt i.E. die Ansicht des Gerichts, dass deutsches IPR auf das Recht der Republik Zypern (im Folgenden: zyprisches Recht) verweist. Dies dürfte sich allerdings aus Art. 17 Abs. 1 S. 1 i.V.m. Art. 14 Abs. 1 Nr. 3 EGBGB ergeben. Nach dem mitgeteilten Sachverhalt hat die Antragsgegnerin nie einen gewöhnlichen Aufenthalt in Zypern begründet, so dass nicht Art. 14 Abs. 1 Nr. 2, 2. Alt. EGBGB eingreift, sondern auf die gemeinsame engste Verbindung abzustellen ist. Ersichtlich hatte die Antragsgegnerin keine Kontakte nach Pakistan. Zypern ist der einzige Staat, in dem die Ehegatten sich überhaupt persönlich begegnet sind und überdies der Eheschließungsstaat. Die vorherigen virtuellen Kontakte lassen sich kaum lokalisieren, selbst wenn der Antragsteller gezielt eine deutsche Partnerin gesucht haben sollte. 3

b) Gesamtverweisung?

Damit aber wird die Streitfrage relevant, ob die Anknüpfung an die engste Verbindung in Art. 14 Abs. 1 Nr. 3 EGBGB als Gesamt- (Art. 4 Abs. 1 EGBGB) oder als Sachnormverweisung zu verstehen ist. Nach einer Ansicht[1] handelt es sich auch bei dieser fünften Anknüpfungsstufe des Art. 14 Abs. 1 EGBGB um eine Gesamtverweisung, da die „engste Verbindung“ hier als bloße Notlösung dient, nicht aber als eine besonders qualifizierte Anknüpfungssuche, deren „Sinn“ es „widerspricht“ (Art. 4 Abs. 1 S. 1 a.E. EGBGB), sich dem fremden IPR zu unterwerfen. 4

Eine nicht unbedeutende Gegenansicht[2] behandelt dagegen jede Anknüpfung an eine „engste Verbindung“, also auch jene in Art. 14 Abs. 1 Nr. 3 EGBGB, als Sachnormverweisung. 5

---

1 *Rauscher*, NJW 1988, 2151; ebenso: AG Hannover, FamRZ 2000, 1576; AG Leverkusen, FamRZ 2002, 1484, 1485; *Staudinger/Mankowski*, BGB, 2003, Art. 14 EGBGB, Rn. 96 ff.; MüKo/*Sonnenberger*, 3. Aufl. 1998, Art. 4 EGBGB, Rn. 28; *Rauscher*, IPR, 2. Aufl. 2002, 78.

2 *Palandt/Heldrich*, 64. Aufl. 2005, Art. 14 EGBGB, Rn. 3; Art. 4 EGBGB, Rn. 8, mit Nachweisen.

6 Folgt das Gericht der auch hier vertretenen erstgenannten Ansicht, so liegt eine Gesamtverweisung vor, anderenfalls wäre unmittelbar zyprisches materielles Recht zu befragen.

2. Internationale Zuständigkeit

7 Deutsche Gerichte sind international zuständig gemäß Art. 2 Abs. 1 lit. a 3. Strich VO (EG) Nr. 1347/2000 (Brüssel II-VO). Die VO (EG) Nr. 2201/2003 (Brüssel IIa-VO) ist auf den am 24.2.2005 zugestellten Antrag noch nicht anzuwenden (Art. 64 Abs. 1, Art. 72 S. 2 Brüssel IIa-VO).

II. Zyprisches IPR

1. Zusammenhang mit interpersonalem Recht hier irrelevant

8 Das zyprische IPR ist ursprünglich eng mit Regeln des interpersonalen Kollisionsrechts verbunden, das auf der durch Art. 111 der zyprischen Verfassung von 1960 festgelegten interpersonalen Rechtsspaltung des Familienrechts zwischen Volksgruppen und unterschiedlichen Religionen beruhte. Dieses wiederum hängt eng mit den Regeln der interpersonalen Gerichtszuständigkeit zusammen.[3]

2. Zuständigkeitsindizierte Anwendung der lex fori

9 Diese interpersonalen Zusammenhänge, die im Rahmen der Anpassung des zyprischen Rechts für den Beitritt zur EG eine Neuordnung[4] erfahren haben, sind jedenfalls für die Scheidung der Zivilehe zweier Ausländer nicht zu erörtern.

10 Soweit zivile Gerichte zuständig sind, folgt das zyprische IPR seit der Unabhängigkeit im Jahre 1960 unverändert dem englischen kollisionsrechtlichen Grundsatz der Anknüpfung an die lex fori. Das Bestehen der internationalen Zuständigkeit der zyprischen Zivilgerichte impliziert also die Anwendung zyprischen Scheidungsrechts.[5]

11 Diesen Grundsatz bestätigt die, wenn auch äußerst knappe, Darstellung des Scheidungsrechts der Republik Zypern im Internet-Auftritt der EG.[6]

---

3 Dazu im Einzelnen *Bergmann/Ferid (Jayme/Symeonides),* Internationales Ehe- und Kindschaftsrecht, Zypern (Stand: 31.5.1981), 22 f.; *Symeonides*, 78 Tulane Law Review 441 (2003).

4 Nomos 120(I)/2003, Kyp.E.E.Par I(I) Ar 3742, 25.7.2003 (= Zyprisches Gesetzblatt, Anhang I(I) Ordnungsnummer 3742).

5 *Bergmann/Ferid (Jayme/Symeonides)* (o. Fn. 3), 23; vgl. auch *Brandhuber/Zeyringer,* Standesamt und Ausländer, 7. Aufl. 1990, Zypern, 3.

6 In deutscher Sprache abrufbar unter http://ec.europa.eu/civiljustice/divorce/divorce_cyp_de.htm (Stand:

3. Kollisionsrechtliche Interpretation - Versteckte Rückverweisung

a) Eine zuständigkeitsindizierte Anwendung der lex fori ist im Rahmen der Rückverweisungsprüfung aus deutscher Sicht kollisionsrechtlich zu interpretieren. Nach allgemeiner Ansicht ist hier von einer in der Zuständigkeitsregel „versteckten“ Kollisionsnorm auszugehen: Beansprucht das Recht des verwiesenen Staates die Zuständigkeit, so nimmt es kollisionsrechtlich auch die Verweisung an, denn dortige Gerichte würden dortiges Recht anwenden. 12

Hält sich der verwiesene Staat hingegen für unzuständig, wären aber nach den dortigen Zuständigkeitsregeln deutsche Gerichte zuständig, so bedeutet dies eine Rückverweisung.[7] 13

b) Fraglich ist dieser Ansatz, wenn aus Sicht der verwiesenen Rechtsordnung sowohl die eigenen als auch die deutschen Gerichte zuständig sind. In diesem Fall lässt sich die kollisionsrechtliche Neutralität der fremden Zuständigkeitsnorm kaum als Rückverweisung auf deutsches Recht verstehen.[8] 14

Nähme man in einem solchen Fall eine Rückverweisung auf deutsches Recht an, weil der Antragsteller eine deutsche Zuständigkeit beansprucht, so würde nicht die dem Art. 4 Abs. 1 EGBGB immanente Idee des Entscheidungseinklangs gefördert, sondern die zufällig der fremden Rechtsordnung immanente Idee der Anwendung der lex fori, die bei alternativen Zuständigkeiten zur Möglichkeit des *forum shopping* nach Wahl des Antragstellers führt. In einem solchen Fall versagt daher die Gesamtverweisung; die deutsche Verweisung ist dann als Sachnormverweisung zu interpretieren.[9] 15

4. Bedeutung des Zuständigkeitssystems der Brüssel II-VO

a) Für die Subsumtion des vorliegenden Falles ist also zunächst zu ermitteln, wann zyprische Gerichte für die Scheidung der Ehe zuständig sind und ob nach Maßgabe des zyprischen Zuständigkeitsrechts eine ausschließliche zyprische oder deutsche Zuständigkeit besteht. 16

22.2.2008).
Dort heißt es auf die Frage „Welches Recht wird in einem Scheidungsverfahren angewandt, wenn die Eheleute ihren Wohnsitz nicht in Zypern haben oder wenn sie unterschiedliche Staatsangehörigkeiten besitzen?“: „Das Familiengericht ist dann für ein Scheidungsverfahren oder die Nichtigerklärung einer Ehe zuständig, wenn die Parteien ihren Wohnsitz seit mindestens drei Monaten in Zypern haben. Sofern das Familiengericht zuständig ist, wird zyprisches Recht angewandt.“

7 *Staudinger/Hausmann,* BGB, 2003, Art. 4 EGBGB, Rn. 75 ff., 116; *Rauscher,* IPR, 2. Aufl. 2002, 81.

8 Vgl. *Schwimann,* NJW 1976, 1000; *Bamberger/Roth (Lorenz),* 2003, Art. 4 EGBGB, Rn. 12; *Mäsch,* RabelsZ 61 (1997), 285, 300 f.

9 MüKo/*Sonnenberger* (o. Fn. 1), Art. 4 EGBGB, Rn. 41 ff.; *ders.* in FS Sturm, 1999, 1683.

17 Da die Republik Zypern bereits im Zeitpunkt der Antragstellung Mitgliedstaat der EG gewesen ist, galt bei Antragstellung auch in Zypern die bereits genannte Brüssel II-VO. Zypern ist auch im Sinne von Art. 1 Abs. 3 Brüssel II-VO „Mitgliedstaat". Auf die intertemporale Frage, ob die Zuständigkeitsbestimmung für Zwecke der Rückverweisung nach dem im Zeitpunkt der Klageerhebung oder im Zeitpunkt der letzten mündlichen Verhandlung geltenden Recht zu bestimmen ist, kommt es nicht an, da die inzwischen in Kraft getretene Brüssel IIa-VO für die Ehescheidung unveränderte Bestimmungen, wenn auch in anderer Nummerierung, enthält.[10]

18 b) Dass nach Art. 2 Abs. 1 lit. a 3. Strich Brüssel II-VO deutsche Gerichte zuständig sind, wurde bereits dargelegt (oben Rn. 7).

19 Gemäß Art. 2 Abs. 1 lit. a 5. Strich Brüssel II-VO sind jedoch auch zyprische Gerichte international zuständig. Der Antragsteller hat offenbar seinen gewöhnlichen Aufenthalt in Zypern; das Rubrum des Scheidungsantrags und die Eheschließungsurkunde weisen dieselbe Adresse in L. (Republik Zypern) aus. Damit ist auch das Erfordernis eines mindestens ein Jahr vor Antragstellung bestehenden gewöhnlichen Aufenthalts des Antragstellers in Zypern offenbar gegeben.

20 Es ergibt sich also der oben (Rn. 14 f.) erörterte Fall einer kollisionsrechtlich neutralen alternativen Zuständigkeit sowohl in Deutschland als auch in Zypern. Nach hier vertretener Ansicht scheitert daher die Rückverweisungsprüfung. Die deutsche Verweisung ist als Sachnormverweisung auf zyprisches Recht zu behandeln.

21 Folgt das Gericht der Gegenansicht, so kommt es zu einer Rückverweisung; dann wäre die Ehe nach §§ 1564 ff. BGB zu scheiden.[11]

III. Zyprisches Ehescheidungsrecht

1. Rechtsquellen

22 Das zyprische Ehescheidungsrecht wurde durch Gesetz Nr. 104/2003 (Gesetz über die Ehe – *O Peri Gamou Nomos* – P.G.N.)[12] im Hinblick auf den Beitritt der Republik Zypern zur EG neu geregelt. Auch dieses Gesetz gibt die durch Art. 111 der zyprischen Verfassung vorgegebene Unterscheidung nach religiösen Rechtsordnungen und Volksgruppen nicht völlig auf.

---

[10] *Rauscher,* EuLF 2005, 237.

[11] Unter deutschem Scheidungsstatut wäre auch die Durchführung eines Versorgungsausgleichs anders zu beurteilen, als dies das Gericht unter Ziff. III des Beschlusses vom 18.2.2005 ausführt.

[12] Nomos 104(I)/2003, Kypr.E.E.Par 1(1) Ar 3742, 25.7.2003; dieses Gesetz hebt das bei *Bergmann/Ferid (Jayme/Symeonides)* (o. Fn. 3), 40 abgedruckte Marriage Law 279/1923, übergeleitet durch Nomos 4/1962 zuletzt i.d.F. von Nomos 11(I)1999, auf, vgl. Art. 41 P.G.N.

Für die Anwendung dieses Gesetzes kann jedoch nach der Angabe in der Hei- 23
ratsurkunde[13] davon ausgegangen werden, dass die Parteien eine Zivilehe – bereits nach den Bestimmungen des P.G.N. – geschlossen haben.

Im Übrigen besteht auch kein Anlass, für die Zwecke des vorliegenden Verfah- 24
rens die Formwirksamkeit der Eheschließung zu hinterfragen. Der etwas ungewöhnliche zeitliche Ablauf ist für das sich als Eheschließungs- und Urlaubsparadies anbietende Zypern nicht unüblich.[14]

2. Scheidungsgründe

a) Gesetzliche Grundlage

Die Ehescheidungsgründe sind geregelt in Art. 27 P.G.N.[15] 25

	Deutsch:
	Art. 27 P.G.N.
(1) Γάμος δύναται να λυθεί με δικαστική απόφαση, που απαγγέλλεται –	(1) Die Ehe kann durch gerichtliches Urteil aufgelöst werden, das erlassen wird –
(α) Καθόσον αφορά γάμο που τελείται δυνάμει των διατάξεων του παρόντος Νόμου, και πολιτικό γάμο μέσα στην έννοια της παραγράφου (β) του εδαφίου (1) του άρθρου 17, από Οικογενειακό Δικαστήριο σε αγωγή διαζυγίου που καταχωρείται στο εν λόγω Δικαστήριο.	(α) sofern es eine Ehe betrifft, die gemäß den Vorschriften dieses Gesetzes geschlossen wurde bzw. eine zivile Ehe gemäß Art. 17 Abs. (1) par (β), durch ein Familiengericht auf einen Scheidungsantrag hin, der bei diesem Gericht gestellt wird.
(β) καθ` όσον αφορά πολιτικό γάμο, για τη λύση του οποίου έχει δικαιοδοσία οικογενειακό δικαστήριο που καθιδρύεται δυνάμει των περί Οικογενειακών Δικαστηρίων (Θρησκευτικές Ομάδες) Νόμων του 1994 έως 1998, από το εν λόγω οικογενειακό δικαστήριο σε αγωγή διαζυγίου που εγείρεται σ' αυτό.	(β) sofern es eine zivile Ehe betrifft, für deren Scheidung ein Familiengericht zuständig ist, das kraft der Gesetze der Jahre 1994 bis 1998 betreffend Familiengerichte (Religionsgemeinschaften) gegründet wurde, von diesem Gericht auf einen Scheidungsantrag hin, der bei diesem Gericht gestellt wird.

13 Diese entspricht Certificate of Marriage Form D, section 12(4) Kypr.E.E.Par 1(1) Ar 3742, Seite 603.

14 Eine kurze Information über die Eheschließungsformalitäten findet sich auf zahlreichen Websites, vgl. z.B.: http://www.ucm.org.cy.ws011.alentus.com/eng/civil_marriages.htm (Stand 22.2.2008).

15 Der griechische Text ist mit Rücksicht darauf, dass die Übersetzung vom Gutachter veranlasst und überprüft wurde, in Kopie aus dem Gesetzblatt der Republik Zypern wiedergegeben.

(2) Οι αναφερόμενοι στο εδάφιο (1) γάμοι δύνανται να λυθούν με αγωγή διαζυγίου εκατέρου των συζύγων, όταν οι μεταξύ των συζύγων σχέσεις έχουν κλονισθεί τόσο ισχυρά για λόγο που αφορά το πρόσωπο του εναγομένου ή και των δύο συζύγων, ώστε βάσιμα να είναι αφόρητη για τον ενάγοντα η εξακολούθηση της έγγαμης σχέσης, ή, καθ' όσον αφορά τους ανήκοντες στην Ελληνική Ορθόδοξη Εκκλησία, και για οποιοδήποτε άλλο λόγο που επιτρέπεται δυνάμει της παραγράφου 2Β του Αρθρου 111 του Συντάγματος.

(2) Die in Abs. (1) genannten Ehen können auf Scheidungsantrag jedes der Ehegatten geschieden werden, wenn die Beziehungen der Ehegatten aus Gründen, die in der Person des Antragsgegners oder beider Ehegatten liegen, in solchem Maße zerrüttet sind, dass die Fortsetzung der Ehe für den Antragsteller nachhaltig unzumutbar ist, oder, sofern Angehörige der Griechisch-Orthodoxen Kirche betroffen sind, aus jedem anderen Grund, der gemäß Art. 111 par 2B der Verfassung vorgesehen ist.

Νοείται ότι, καθ΄ όσον αφορά γάμο που εμπίπτει στις διατάξεις της παραγράφου (β) του εδαφίου (1), αυτός δύναται να λυθεί και για οποιοδήποτε άλλο λόγο που προβλέπεται στους περί Οικο γενειακών Δικαστηρίων (Θρησκευτικές Ομά-δες) Νόμους του 1994 έως 1998.

Ist eine Ehe betroffen, die unter die Vorschriften des Abs. (1) par (β) fällt, so ist davon auszugehen, dass sie auch aus jedem anderen Grund geschieden werden kann, der in den Gesetzen der Jahre 1994 - 1998 betreffend Familiengerichte (Religionsgemeinschaften) vorgesehen ist.

(3) Για τους σκοπούς του εδαφίου (2)

(3) Für die Zwecke von Abs. 2 gilt:

(α) Εκτός αν ο εναγόμενος αποδείξει το αντίθετο, τεκμαίρεται ότι οι σχέσεις μεταξύ των συζύγων έχουν κλονισθεί και ότι είναι αφόρητη για τον ενάγοντα η εξακολούθηση της έγγαμης σχέσης για λόγο που αφορά το πρόσωπο του εναγομένου όπως απαιτεί το εδάφιο, σε περίπτωση διγαμίας ή μοιχείας ή εγκατάλειψης του ενάγοντα, ή επιβουλής της ζωής του από τον εναγόμενο.

(α) Sofern nicht der Antragsgegner das Gegenteil beweist, wird vermutet, dass die Beziehungen zwischen den Ehegatten zerrüttet sind und dass die Fortsetzung der Ehe für den Antragsteller aus einem Grund, der in der Person des Antragsgegners liegt, unzumutbar ist – wie nach Abs. (1) erforderlich –, im Falle der Doppelehe oder des Ehebruchs oder des Verlassens des Antragstellers oder der Bedrohung seines Lebens durch den Antragsgegner.

(β) Ο κλονισμός των σχέσεων μεταξύ των συζύγων κατά τα διαλαμβανόμενα στο παρόν εδάφιο τεκμαίρεται αμάχητα, εφόσον οι σύζυγοι βρίσκονται σε διάσταση επί τέσσερα τουλάχιστο χρόνια, και το διαζύγιο δύναται να εκδοθεί έστω και αν ο λόγος του κλονισμού αφορά το πρόσωπο του ενάγοντα. Η συμπλήρωση του χρόνου διάστασης δεν εμποδίζεται από μικρές διακοπές που έγιναν ως προσπάθεια αποκατάστασης των σχέσεων των και οι οποίες

(β) Die Zerrüttung der Beziehungen zwischen den Ehegatten wird gemäß diesem Absatz unwiderlegbar vermutet, sofern die Ehegatten seit mindestens vier Jahren getrennt leben, und die Ehe kann in diesem Fall auch geschieden werden, wenn der Grund der Zerrüttung in der Person des Antragstellers liegt. Der Ablauf der Zeit des Getrenntlebens wird nicht durch kurze Unterbrechungen gehindert, die der Versöhnung der Ehegatten gedient haben und die nicht länger δεν υπερβαίνουν τους έξι μήνες.

(4) Εκτός αν για ορισμένους γάμους προνοούνται σε άλλους νόμους άλλοι λόγοι για τη λύση τους, γάμος δύναται να λυθεί με διαζύγιο για τους πιο κάτω λόγους-

(α) Αλλαγής φύλου του εναγομένου, ή εγκατάλειψης του ενάγοντα ή επιβουλής της ζωής του από τον εναγόμενο.

(β) τεκμαίρεται αμάχητα ότι οι σχέσεις μεταξύ των συζύγων έχουν κλονισθεί και ότι είναι αφόρητη για τον ενάγοντα η εξακολούθηση της έγγαμης σχέσης για λόγο που αφορά το πρόσωπο και των δύο συζύγων όπως απαιτεί το εδάφιο (2), εφόσον οι σύζυγοι βρίσκονται σε διάσταση επί τέσσερα τουλάχιστο χρόνια. Η συμπλήρωση του χρόνου διάστασης δεν εμποδίζεται από μικρές διακοπές που έγιναν ως προσπάθεια αποκατάστασης των σχέσεων ανάμεσα στους συζύγους και οι οποίες στο σύνολο τους δεν υπερβαίνουν τους έξι μήνες.

(5) Ο θάνατος του ενός των συζύγων επιφέρει λύση του γάμου.

als sechs Monate angedauert haben.

(4) Soweit nicht für bestimmte (Gattungen von) Ehen andere Scheidungsgründe vorgesehen sind, kann die Ehe durch Scheidung aus folgenden Gründen aufgelöst werden-

(α) Geschlechtsumwandlung des Antragsgegners oder Verlassen des Antragstellers oder Bedrohung seines Lebens durch den Antragsgegner.

(β) es wird unwiderlegbar vermutet, dass die Beziehungen zwischen den Ehegatten zerrüttet sind und dass die Fortsetzung der Ehe für den Antragsteller unzumutbar ist, aus einem Grund, der in der Person des Antragsgegners oder beider Ehegatten liegt, wie nach Abs. (2) erforderlich, sofern die Ehegatten seit mindestens vier Jahren getrennt leben. Der Ablauf der Zeit des Getrenntlebens wird nicht durch kurze Unterbrechungen gehindert, die der Versöhnung der Ehegatten gedient haben und die nicht länger als sechs Monate angedauert haben.

(5) Der Tod eines der Ehegatten bewirkt die Auflösung der Ehe.

b) Scheidung einer nach dem P.G.N. 2003 geschlossenen Ehe

aa) Die komplexe Fassung des Art. 27 P.G.N. ist insbesondere dem Umstand 26
geschuldet, dass nach zyprischem Recht bis in die jüngste Zeit eine Eheschließung und -scheidung zwischen der (griechisch-orthodoxen) Kirche von Zypern angehörenden Zyprioten ausschließlich nach dem Recht dieser Kirche erfolgen konnte. Staatliche Familiengerichte hatten nach den in Art. 27 Abs. 1 (β) P.G.N. genannten Gesetzen die Befugnis, die Scheidung solcher Ehen nach den in Art. 111 par 2B der Verfassung vorgesehenen Gründen auszusprechen.[16]

Auf die scheidungsrechtliche Behandlung solcher Ehen ist vorliegend nicht ein- 27
zugehen; ebenso ist nicht einzugehen auf die in Art. 27 Abs. 1 (β) P.G.N. genannten zivilen Ehen nach früheren Gesetzen.[17]

16 *Dutoit/Arn/Sfondylia/Bischof*, Le Divorce en droit comparé, Vol. I, Europe, 2000, Chypre, 118.

17 Vgl. zur Schaffung der Zivilehe *Dutoit/Arn/Sfondylia/Bischof* (o. Fn. 16), 119.

28 bb) Für die vorliegende, nach den Bestimmungen des P.G.N. geschlossene reine Zivilehe ohne Beteiligung von Angehörigen der Kirche von Zypern, ergeben sich die Ehescheidungsgründe ausschließlich aus Art. 27 P.G.N.

29 Eine solche Ehe kann gemäß Art. 27 Abs. 2 Hs. 1 P.G.N. nach einem *verursachungsorientierten Zerrüttungsprinzip* geschieden werden, wenn die Beziehungen der Ehegatten so zerrüttet sind, dass die Fortsetzung der Ehe für den Antragsteller unzumutbar ist. Hierbei muss grundsätzlich die *Ursache* des Scheiterns in der Person des Antragsgegners liegen oder beidseitig sein, darf aber nicht dem Antragsteller einseitig zuzurechnen sein. Dieser Scheidungsgrund ist nicht grundsätzlich neu, sondern galt bereits für die Zivilehe alten Typs.[18]

30 Sind Angehörige der Kirche von Zypern betroffen, gelten subsidiär auch für eine Zivilehe die Ehescheidungsgründe des Art. 11 par 2B der Verfassung (Art. 27 Abs. 2 Hs. 2 P.G.N.), was ebenfalls bisheriger Rechtslage entspricht.[19]

31 Für Zivilehen nach dem P.G.N. (also für Ehen i.S.d. Art. 27 Abs. 1 [α]) gelten hingegen nicht die Scheidungsgründe gemäß den Gesetzen von 1994 ff. betreffend die Familiengerichte (Religionsgemeinschaften).

32 In welchem Verhältnis der systematisch nicht völlig stimmige Art. 27 Abs. 4 P.G.N. zu Abs. 2 steht, bedarf hier keiner Klärung, da der Scheidungsgrund des Abs. 4 (α) offenbar nicht vorliegt.

33 cc) Art. 27 Abs. 3 (α) P.G.N. begründet für die Zerrüttung und für die Unzumutbarkeit eine *widerlegbare Vermutung*, sofern einer der genannten Gründe (Doppelehe, Ehebruch, Verlassen, Lebensbedrohung) von Seiten des Antragsgegners vorliegt.

34 Art. 27 Abs. 3 (β) P.G.N. begründet eine *unwiderlegbare Vermutung* für die Zerrüttung, sofern die Ehegatten mindestens vier Jahre getrennt leben. Diese Vermutung überwindet auch das Erfordernis der Setzung der Zerrüttungsursache durch den Antragsgegner oder beide Ehegatten, erlaubt also eine Scheidung auf Antrag des „allein schuldigen" Ehegatten.

35 dd) Vorliegend kommen für den *Nachweis des Ehescheidungsgrundes* der Zerrüttung (Art. 27 Abs. 2 P.G.N.) zwei Möglichkeiten in Betracht: Entweder kann sich der Antragsteller auf die Vermutung des Art. 27 Abs. 3 (α) P.G.N. stützen, mit der Begründung, die Antragsgegnerin habe den Antragsteller verlassen. Ob der knappe Vortrag in der Antragsschrift betreffend die Rückkehr der Antragsgegnerin nach Deutschland und den Kontaktabbruch die Feststellung eines einseitigen Verlassens trägt, ist eine vom Gericht zu klärende Tatfrage. Sofern die Antragsgegnerin sich der ggf. begründeten Vermutung nicht widersetzt, wird sodann die Zerrüttung der Ehe sowie die Unzumutbarkeit für den Antragsteller vermutet.

---

[18] *Dutoit/Arn/Sfondylia/Bischof* (o. Fn. 16), 120.

[19] *Dutoit/Arn/Sfondylia/Bischof* (o. Fn. 16), 118.

Ist ein einseitiges Verlassen durch die Antragsgegnerin letztlich nicht feststellbar, kann die Ehe gleichwohl aufgrund beidseitig verursachter Zerrüttung geschieden werden. Diese hätte das Gericht ohne Rückgriff auf eine Vermutung freilich positiv festzustellen. Zudem wäre durch das Gericht festzustellen, dass das Festhalten an der Ehe dem Antragsteller nicht mehr zumutbar ist. 36

Vor dem Hintergrund des mitgeteilten Sachverhalts erscheinen weitere Ermittlungen zur Ausfüllung des Zerrüttungsbegriffs im zyprischen Recht aus Kostengründen nicht tunlich. Es ist nicht zu erwarten, dass sich spezifische Erkenntnisse über das Scheitern einer Ehe ergeben, deren Partner sich bei Eheschließung kaum gekannt und die sich nach kürzester Zeit wieder getrennt haben. Wohl jede Rechtsordnung, die das Zerrüttungsprinzip vorsieht, wird hier eine (womöglich von Anfang an) gescheiterte Ehe annehmen. 37

ee) Da *Folgesachen* nicht vom Auftrag umfasst sind, ist insbesondere auf nacheheliche Unterhaltsansprüche nicht einzugehen. Es ist jedoch darauf hinzuweisen, dass ggf. aus der Feststellung der Verursachung des Scheiterns der Ehe durch die Antragsgegnerin für diese nachteilige unterhaltsrechtliche Folgerungen gezogen werden könnten. Ob dies das neue zyprische Ehegesetz tut, hat der Gutachter nicht geprüft. Es sollte jedoch der Scheidungsausspruch nicht unbedacht auf den einseitigen Vermutungstatbestand des Art. 27 Abs. 3 (α) P.G.N. gestützt werden. Sofern beide Ehegatten die Ehescheidung wünschen, könnte eine Scheidung aus beidseitig verursachter Zerrüttung eine folgenlose Beendigung dieser nicht ganz üblichen Ehe eher begünstigen. 38

Nr. 29

Italien*

1. **Die Scheidung einer Ehe setzt voraus, dass zuvor entweder eine Trennung der Ehegatten gerichtlich ausgesprochen oder eine einvernehmliche Trennung gerichtlich bestätigt wurde.**
2. **Im Hinblick auf das für die Scheidung erforderliche Getrenntleben der Ehegatten sieht Art. 3 Nr. 2 lit. b Satz 2 des italienischen Scheidungsgesetzes eine mindestens dreijährige Trennungsdauer vor.**
3. **Zu den Voraussetzungen einer Unterbrechung der Trennungszeit im Fall des erneuten Zusammenziehens der Ehegatten für einige Monate.**
4. **Zu den Rechtsfolgen einer Trennungsunterbrechung.**

Das Amtsgericht Gummersbach bittet in der Familiensache G. ./. G. (Az. 3 F 376/04) um ein Gutachten zum italienischen Scheidungsrecht.

Köln M 19/05 vom 8.9.2005

A. Sachlage

1 Der Anfrage liegt folgender, aus den übersandten Gerichtsakten ermittelter Sachverhalt zugrunde:

Die Parteien, beide italienische Staatsangehörige, schlossen am 16.1.1971 vor dem Standesbeamten der Gemeinde C. in der Provinz E. in Italien die Ehe miteinander.

Im Frühjahr des Jahres 2001 zog der Antragsgegner aus der Ehewohnung aus. Mit Urteil des AG Gummersbach vom 22.2.2002 wurde die tatsächlich eingetretene Trennung der Parteien von Tisch und Bett gerichtlich bestätigt. Die mündliche Verhandlung vor dem Prozessgericht, zu welcher beide Parteien persönlich erschienen waren, hatte am 1.2.2002 stattgefunden.

Von August bis Oktober 2004 lebte der Antragsgegner für zwei Monate wieder bei der Antragstellerin.

Die Antragstellerin beantragt, die am 16.1.1971 vor dem Standesbeamten der Gemeinde C. in der Provinz E. (Italien) geschlossene Ehe der Parteien aufzulösen.

---

* *Anm. d. Red.:* S. zum italienischen Ehescheidungsrecht auch IPG 1977 Nr. 20 *(München)*; IPG 1997 Nr. 29 *(Passau)*.

Der Antragsgegner stimmt dem Auflösungsantrag der Antragstellerin zu. Er behauptet allerdings, er habe mit seinem Wiedereinzug in die eheliche Wohnung versuchen wollen, die Ehe mit der Antragstellerin noch einmal zu führen. Er und die Antragstellerin hätten auch die Mahlzeiten gemeinsam eingenommen, was zwischen den Parteien unstreitig ist. Nachdem er, der Antragsgegner, aber festgestellt habe, dass das Eheleben nicht wiederherzustellen sei, sei er wieder ausgezogen.

Die Antragstellerin behauptet demgegenüber, der vorübergehende Wiedereinzug des Antragsgegners in die eheliche Wohnung sei nur erfolgt, um ihn vor der Obdachlosigkeit zu bewahren. Sie selbst habe ihn eigentlich nicht wieder bei sich aufnehmen wollen und dem Wiedereinzug nur aus Mitleid zugestimmt.

B. Anfrage

Das Gericht bittet um gutachterliche Stellungnahme zu folgender Frage: 2

Nach § 1567 Abs. 2 BGB unterbricht oder hemmt ein Zusammenleben der Parteien über kürzere Zeit, das der Versöhnung der Ehegatten dienen soll, die Trennungsfristen nicht. Im italienischen Gesetz findet sich eine entsprechende Vorschrift jedoch nicht. Es stellt sich hier die Frage, ob trotz des vorübergehenden und kurzzeitigen erneuten Zusammenlebens der Parteien eine – ihrem Wunsch entsprechende – Eheauflösung heute möglich ist, ob auch die italienische Rechtslehre in derartigen Fällen eine der deutschen Regelung vergleichbare Lösung entwickelt hat oder ob auch ein kurzes und vorübergehendes erneutes Zusammenleben innerhalb der letzten drei Jahre vor dem Eheauflösungstermin nach italienischem Recht einer Eheauflösung entgegensteht.

C. Rechtslage

I. Vorfrage: Internationales Privatrecht

1. Art. 17 Abs. 1 S. 1 EGBGB – Scheidungsstatut

Gem. Art. 17 Abs. 1 S. 1 EGBGB unterliegt die Scheidung dem Recht, das im Zeitpunkt des Eintritts der Rechtshängigkeit des Scheidungsantrags für die allgemeinen Wirkungen der Ehe maßgebend ist. 3

2. Art. 14 Abs. 1 Nr. 1 EGBGB – allgemeines Ehewirkungsstatut

Die allgemeinen Wirkungen der Ehe zwischen der Antragstellerin und dem Antragsgegner richten sich im Zeitpunkt des Eintritts der Rechtshängigkeit des Scheidungsantrags gem. Art. 14 Abs. 1 Nr. 1 EGBGB nach italienischem Recht, da zu diesem Zeitpunkt beide Eheleute die italienische Staatsangehörigkeit besitzen. 4

3. Befragung des italienischen Internationalen Privatrechts, Art. 31 IPRG

5 Für das gesetzliche Ehewirkungsstatut gem. Art. 14 Abs. 1 EGBGB sind Rück- und Weiterverweisung zu beachten, Art. 4 Abs. 1 S. 1 EGBGB.[1] Dies gilt auch für die Anknüpfung des Scheidungsstatuts.[2] Daher ist das italienische internationale Privatrecht zu befragen.

6 Das italienische internationale Scheidungsrecht hat in Art. 31 des italienischen IPRG[3] eine Regelung erfahren. Art. 31 IPRG lautet:

Art. 31 IPRG	*Deutsch:*[4]
„(1) La separazione personale e lo scioglimento del matrimonio sono regolati dalla legge nazionale comune dei coniugi al momento della domanda di separazione o di scioglimento del matrimonio; in mancanza si applica la legge dello Stato nel quale la vita matrimoniale risulta prevalentemente localizzata.	(1) Die Trennung und Scheidung der Ehe unterliegen dem gemeinsamen Heimatrecht der Eheleute im Zeitpunkt des Gesuchs um Trennung oder Scheidung der Ehe; mangels eines solchen Rechts ist das Recht des Staates anwendbar, in dem das eheliche Leben überwiegend geführt wird.
(2) La separazione personale e lo scioglimento del matrimonio, qualora non siano previsti dalla legge straniera applicabile, sono regolati dalla legge italiana.“	(2) Die Trennung und die Scheidung der Ehe unterliegen italienischem Recht, wenn sie das anwendbare ausländische Recht nicht vorsieht.

7 Da beide Parteien im Zeitpunkt des Gesuchs um Scheidung der Ehe italienische Staatsangehörige sind, unterliegt die Scheidung gem. Art. 31 Abs. 1 IPRG auch aus italienischer Sicht dem italienischen materiellen Scheidungsrecht. Das italienische IPR nimmt somit die Verweisung der Art. 17 Abs. 1 S. 1, 14 Abs. 1 Nr. 1 EGBGB an, eine Rück- oder Weiterverweisung findet nicht statt.[5]

---

1 AnwaltKommentar/*Andrae*, BGB Allgemeiner Teil mit EGBGB, Bd. 1, 2005, Art. 14 EGBGB, Rn. 53; *Kegel/Schurig*, Internationales Privatrecht, 9. Aufl. 2004, § 20 VII 2 a.aa., S. 865.

2 AnwaltKommentar/*Gruber* (o. Fn. 1), Art. 17 EGBGB, Rn. 7; *Jayme*, IPRax 1998, 374; IPG 1997 Nr. 29 *(Passau)*, S. 402, 403; *Kegel/Schurig* (o. Fn. 1), § 20 VII 2 a.aa., S. 865; *Kropholler*, Internationales Privatrecht, 5. Aufl. 2004, § 46 I 1 b, S. 358.

3 Legge 31 Maggio 1995, N. 218.

4 Deutsche Übersetzung in IPRax 1996, 356 ff.

5 Zu Art. 31 IPRG siehe ferner *Zatti/Ferrando/Fortino/Ruscello (Scalisi)*, Trattato di diritto di familia, Vol. 1, Famiglia e matrimonio, Tomo II, Separazione-Divorzio, 2002, IV, XXII, § 2, S. 1525.

4. Zwischenergebnis

Die Scheidung unterliegt damit im vorliegenden Fall dem italienischen materiellen Scheidungsrecht. 8

5. Reichweite des Scheidungsstatuts

Nach dem von Art. 17 EGBGB berufenen Scheidungsstatut beurteilt sich, ob die Ehe überhaupt geschieden werden kann; ferner ist das anwendbare Recht u.a. für die Einhaltung bestimmter Trennungs- oder Wartefristen maßgebend.[6] 9

II. Mindestens dreijähriges Getrenntleben der Ehegatten infolge des Trennungsurteils als Scheidungsvoraussetzung des italienischen Rechts

1. Ausgangspunkt und Grenzen des Gutachtenauftrages

Die Voraussetzungen, unter denen nach italienischem Recht eine Ehescheidung erfolgt, sind im Wesentlichen im D.Lg. No. 898 vom 1.12.1970 zur Regelung der Fälle der Eheauflösung i.d.F. des D.Lg. No. 74 vom 6.3.1987 (im Folgenden: italienisches Scheidungsgesetz) niedergelegt.[7] 10

Art. 3 Nr. 2 lit. b. D.Lg. No. 898 lautet: 11

Art. 3 Nr. 2 lit. b D.Lg. No. 898	*Deutsch:*
„Lo scioglimento o la cessazione degli effetti civili del matrimonio puó essere domandato da uno dei coniugi: […]	Die Auflösung der Ehe oder die ihrer zivilrechtlichen Wirkungen kann von einem der Ehegatten verlangt werden: [...]
2) nei casi in cui:	2) in den Fällen, in denen
b) è stata pronunciata con sentenza passata in giudicato la separazione giudiziale fra i coniugi, ovvero é stata omologata la separazione consensuale, ovvero é intervenuta separazione di fatto quando la separazione di fatto stessa é iniziata almeno due anni prima del 18 dicembre 1970.	b) eine gerichtliche Trennung zwischen den Ehegatten durch rechtskräftiges Urteil ausgesprochen oder eine einverständliche Trennung gerichtlich bestätigt worden ist oder wenn eine tatsächliche Trennung besteht, sofern diese tatsächliche Trennung wenigstens zwei Jahre vor dem

6 OLG Hamm v. 21.3.1994 – 4 UF 313/90, FamRZ 1991, 1306; AnwaltKommentar/*Gruber* (o. Fn. 1), Art. 17 EGBGB, Rn. 58; *Kegel/Schurig* (o. Fn. 1), § 20 VII 2 b, S. 868.

7 Deutsche Fassung abgedruckt in *Bergmann/Ferid/Henrich*, Internationales Ehe- und Kindschaftsrecht, Italien, Stand 1.3.2000, S. 105 ff.

	18. Dezember 1970 begonnen hat.
In tutti i predetti casi, per la proposizione della domanda di scioglimento o di cessazione degli effetti civili del matrimonio, le separazioni devono essersi protratte ininterrottamente da almeno tre anni a far tempo dalla avvenuta comparizione dei coniugi innanzi al presidente del tribunale nella procedura di separazione personale anche quando il giudizio contenzioso si sia trasformato in consensuale. L'eventuale interruzione della separazione deve essere eccepita dalla parte convenuta; [...]"	In allen vorgenannten Fällen muss für die Einreichung des Antrags auf Auflösung der Ehe oder Beendigung ihrer zivilrechtlichen Wirkungen die Trennung zwischen den Ehegatten mindestens drei Jahre, gerechnet von dem Zeitpunkt an, gedauert haben, zu dem die Ehegatten im Ehetrennungsverfahren vor dem Gerichtspräsidenten erschienen sind; auch wenn das streitige Urteil in ein einvernehmliches umgewandelt worden ist. Eine allenfallsige Unterbrechung der Trennung muss von der beklagten Partei eingewendet werden; [...]

12 Gem. Art. 3 Nr. 2 lit. b des italienischen Scheidungsgesetzes ist somit für eine spätere Scheidung zum einen erforderlich, dass eine Trennung entweder gerichtlich ausgesprochen (Art. 151 CC) oder eine einvernehmliche Trennung gerichtlich bestätigt wurde (Art. 158 CC).[8]

13 Im Hinblick auf das für die Scheidung notwendige Getrenntleben der Ehegatten sieht Art. 3 Nr. 2 lit. b S. 2 des italienischen Scheidungsgesetzes zudem eine mindestens dreijährige Trennungsdauer der Parteien vor.[9]

14 Vor dem Hintergrund der Gutachtenanfrage ist im Folgenden allein der Frage nachzugehen, ob die Tatsache, dass der Antragsgegner nach Erlass des Trennungsurteils vorübergehend in der Wohnung der Antragstellerin gemeinsam mit dieser lebte, der Scheidung der Ehe gem. Art. 3 Nr. 2 lit. b des italienischen Scheidungsgesetzes entgegensteht. Sonstige, mit dem Scheidungsverfahren im Zusammenhang stehende Gesichtspunkte sind entsprechend der beschränkten Gutachtenanfrage nicht zu prüfen.

2. Vorliegen einer mindestens dreijährigen Trennung im vorliegenden Fall?

15 Fraglich ist, ob im hier zu begutachtenden Fall eine ununterbrochene Trennung in allen Lebensbereichen, wie sie der Wortlaut des Gesetzes verlangt, innerhalb der letzten drei Jahre gegeben war, zumal der Antragsgegner vor Ablauf von drei Jahren nach Ausspruch des Trennungsurteils unstreitig für einen Zeitraum von mehre-

---

8 Dazu *Zatti/Ferrando/Fortino/Ruscello (Scalisi)* (o. Fn. 5), IV, XVI, § 15, S. 1167 ff.

9 Dazu auch *Zatti/Ferrando/Fortino/Ruscello (Scalisi)* (o. Fn. 5), IV, XVI, § 15, S. 1170; *Bianca*, Diritto Civile, II, La Famiglia - Le Successioni, 3. Aufl. 2001, 235; *Cassano/Romano*, Manuale del nuovo diritto di famiglia, 2002, 953 f.

ren Monaten in der Wohnung der Antragstellerin wohnte. Hierin könnte eine Unterbrechung der dreijährigen Trennungszeit zu erblicken sein.

a) Fristbeginn und -ende

16 Die für die Scheidung der Ehe erforderliche Trennungsfrist beginnt gem. Art. 3 Nr. 2 lit. b S. 2 des italienischen Scheidungsgesetzes in dem Zeitpunkt, in dem die Ehegatten im Ehetrennungsverfahren vor dem Gerichtspräsidenten erschienen sind.[10] Maßgeblicher Zeitpunkt für die Vollendung der dreijährigen Trennung ist der Moment der Einleitung des Scheidungsverfahrens.[11] In diesem Zeitraum muss die Trennung ohne Unterbrechung über drei Jahre hinweg fortbestanden haben.[12]

b) Beweislast - Vermutung des Getrenntlebens bei Vorlage eines Trennungsurteils

17 Gemäß der allgemeinen Regelung des Art. 2697 CC muss derjenige, der die Scheidung verlangt, die Trennung und ihr mindestens dreijähriges Andauern beweisen.[13] Dieser Beweis kann durch Vorlage des Trennungsurteils erbracht werden.[14] Das Andauern der Trennung muss der Kläger hingegen nicht beweisen.[15] Die Vorlage eines gerichtlichen Trennungsurteils durch den Antragsteller begründet vielmehr die Vermutung des tatsächlichen Getrenntlebens, sofern vom Antragsgegner kein Beweis für eine spätere Aussöhnung bzw. Unterbrechung der Trennung erbracht oder angeboten wird.[16]

---

[10] Trib. Busto Arsizio v. 8.11.1996, Rep. Giur. It. 1997, Stichwort „Matrimonio", Nr. 93; *Galgano*, Istituzioni di diritto privato, 3. Aufl. 2004, 24.7 a); *Sesta*, Diritto di famiglia, 2. Aufl. 2005, 5.1; IPG 1997 Nr. 29 *(Passau)*, S. 402, 404; *Zatti/Ferrando/Fortino/Ruscello (Scalisi)* (o. Fn. 5), IV, XVI, § 15, S. 1170 mit weiteren Einzelheiten zum Fristbeginn; *Bianca* (o. Fn. 9), 235; *Cassano/Romano* (o. Fn. 9), 954.

[11] Cass. v. 15.2.1999 n. 1260, Rep. Giur. It. 1999, Stichwort „Matrimonio", Nr. 75; *Zatti/Ferrando/Fortino/Ruscello (Scalisi)* (o. Fn. 5), IV, XVI, § 15, S. 1171; *Cassano/Romano* (o. Fn. 9), 954.

[12] *Zatti/Ferrando/Fortino/Ruscello (Scalisi)* (o. Fn. 5), IV, XVI, § 15, S. 1172; *Galgano* (o. Fn. 10), 24.7 a); *Sesta* (o. Fn. 10), 5.1.; *Bianca* (o. Fn. 9), 236; *Cassano/Romano* (o. Fn. 9), 953 f.

[13] *De Candia*, Giur. It. 2000, II, 2035, 2037; *Zatti/Ferrando/Fortino/Ruscello (Scalisi)* (o. Fn. 5), IV, XVI, § 15, S. 1175; *Cassano/Romano* (o. Fn. 9), 954.

[14] *Cassano/Romano* (o. Fn. 9), 954; *Zatti/Ferrando/Fortino/Ruscello (Scalisi)* (o. Fn. 5), IV, XVI, § 15, S. 1175.

[15] *Cassano/Romano* (o. Fn. 9), 955; *de Candia*, Giur. It. 2000, II, 2035, 2037.

[16] Cass. v. 9.5.1997 n. 4056, Rep. Giur. It. 1997, Stichwort „Matrimonio", Nr. 96; Trib. Milano v. 29.9.1971, Il diritto di famiglia e delle persone 1972, 489, 490 f.; *Zatti/Ferrando/Fortino/Ruscello (Scalisi)* (o. Fn. 5), IV, XVI, § 15, S. 1175; *Bianca* (o. Fn. 9), 236; *de Candia*, Giur. It. 2000, II, 2035, 2037. Siehe auch Art. 3 Nr. 2 lit. b Satz 3 des italienischen Scheidungsgesetzes, demzufolge die Einwendung der Trennungsunterbrechung dem Antragsgegner obliegt. Anders im Falle des Art. 157 CC (dazu unten Rn. 19 ff.): hier hat die Ermittlung des Vorliegens einer riconciliazione von Amts wegen zu erfolgen, vgl. statt aller Trib. Trani v. 26.1.1994, Foro It. 1994, I, 880, 882.

c) Voraussetzungen des Wegfalls der Trennungsvermutung

18 Der italienische Gesetzgeber hat davon abgesehen klarzustellen, wann eine Trennungsunterbrechung im Sinne von Art. 3 Nr. 2 lit. b des italienischen Scheidungsgesetzes gegeben ist.[17] Nach den von der Rechtsprechung entwickelten Grundsätzen kann sich der Wegfall der durch Vorlage des Trennungsurteils bewirkten Trennungsvermutung nur unter folgenden Voraussetzungen ergeben:

aa) Erfordernis der Wiederaufnahme des materiellen und geistigen Zusammenlebens

19 Im wohl überwiegenden Schrifttum wird darauf hingewiesen, dass im Hinblick auf die Voraussetzungen des Wegfalls der Trennungsvermutung zwischen der Unterbrechung der Trennung im Sinne von Art. 3 Nr. 2 lit. b des italienischen Scheidungsgesetzes einerseits und Art. 157 CC andererseits zu differenzieren ist.

20 Art. 157 CC lautet:

Art. 157 CC	*Deutsch:*
„I coniugi possono di comune accordo far cessare gli effetti della sentenza di separazione, senza che sia necessario l'intervento del giudice, con una espressa dichiarazione o con un comportamento non equivoco che sia incompatibile con lo stato di separazione.	Die Ehegatten können, ohne dass es einer gerichtlichen Mitwirkung bedarf, in beiderseitigem Einverständnis die Wirkungen des Trennungsurteils durch eine ausdrückliche Erklärung oder durch ein eindeutiges Verhalten, welches mit dem Zustand der Trennung von Tisch und Bett unvereinbar ist, aufheben.
La separazione può essere pronunziata nuovamente soltanto in relazione a fatti e comportamenti intervenuti dopo la riconciliazione."	Die Trennung kann erneut nur ausgesprochen werden aufgrund von Umständen und Verhaltensweisen, die erst nach der Versöhnung aufgetreten sind.

21 Insoweit wird geltend gemacht, dass der Begriff der *riconciliazione* im Sinne von Art. 157 CC und der in Art. 3 Nr. 2 lit. b des italienischen Scheidungsgesetzes gebrauchte Begriff der *interruzione della separazione* nicht deckungsgleich seien.[18] Nicht jede Trennungsunterbrechung bedeute gleichzeitig eine *riconciliazione* im Sinne von Art. 157 CC.[19] Denn bei Vorliegen der Voraussetzungen des Art. 157 CC

---

[17] *De Candia*, Giur. It. 2000, II, 2035.

[18] Trib. Trani v. 26.1.1994, Foro It. 1994, I, 880, 881; *Zatti/Ferrando/Fortino/Ruscello (Scalisi)* (o. Fn. 5), IV, XVI, § 15, S. 1173; *Cassano/Romano* (o. Fn. 9), 955 unter Hinweis auf die insoweit h.M.; *Cipriani*, Foro It. 1987, V, 331 ff.; für eine Gleichsetzung hingegen *de Candia*, Giur. It. 2000, II, 2035 f.

[19] Trib. Trani v. 26.1.1994, Foro It. 1994, I, 880, 881; *Zatti/Ferrando/Fortino/Ruscello (Scalisi)* (o.

entfallen die Wirkungen des Trennungsurteils ohne richterliche Entscheidung.[20] Im Gegensatz dazu bewirkt die Trennungsunterbrechung nicht die Wirkungslosigkeit des Trennungsurteils, sondern lediglich den Neulauf der einzuhaltenden dreijährigen Trennungsfrist.[21]

Für das Vorliegen der *riconciliazione* im Sinne des Art. 157 CC verlangt die italienische Rechtsprechung die Wiederaufnahme der ehelichen Lebensgemeinschaft in materieller und geistiger Hinsicht. Ein Fall des Art. 157 CC liegt demnach vor, wenn die Ehegatten Verhaltensweisen an den Tag legen, die ihre Bereitschaft zeigen, nicht nur das bloße materielle Zusammenleben wiederherzustellen, sondern darüber hinaus die geistige Gemeinschaft zu leben, die der Ehe zugrunde liegt.[22] 22

Diese Maßstäbe gelten trotz der grundsätzlich notwendigen Unterscheidung beider Rechtsinstitute nach *de Candia* im Kern auch für die Trennnungsunterbrechung im Sinne von Art. 3 Nr. 2 lit. b italienisches Scheidungsgesetz.[23] Dies gilt jedenfalls, wenn es sich – wie im vorliegenden Fall – um eine gerichtliche Trennung handelt. Anerkannt ist, dass die Unterbrechung der gerichtlichen Trennung – ebenso wie die *riconciliazione* im Sinne von Art. 157 CC – allein durch Wiederaufnahme des materiellen *und* geistigen Zusammenlebens möglich ist.[24] 23

Fn. 5), IV, XVI, § 15, S. 1173; *Cassano/Romano* (o. Fn. 9), 955.

20 App. Trento v. 2.9.1996, Rep. Giur. It. 1996, Stichwort „Separazione dei Coniugi", Nr. 40; *Cassano/Romano* (o. Fn. 9), 955; *de Candia*, Giur. It. 2000, II, 2035, 2037; *Cipriani*, Foro It. 1987, V, 332, 335 ff.

21 *Cassano/Romano* (o. Fn. 9), 955; *Cipriani*, Foro It. 1987, V, 332, 335 ff.; *de Candia*, Giur. It. 2000, II, 2035, 2037.

22 Cass. v. 15.3.2001 n. 3744, Rep. Giur. It. 2001, Stichwort „Separazione dei Coniugi", Nr. 76; Cass. v. 28.2.2000 n. 2217, Rep. Giur. It. 2000, Stichwort „Separazione dei Coniugi", Nr. 97; Cass. v. 17.11.1983 n. 6860, Rep. Giur. It. 1983, Stichwort „Matrimonio e Divorzio", Nr. 274; Cass. v. 6.3.1979 n. 1400, Giur. It. 1981, I, 1, 994; Trib. Vercelli, 9.5.2001, Rep. Giur. It. 2002, Stichwort „Separazione dei Coniugi", Nr. 78; *Cendon/Russo/Terranova*, Commentario al codice civile, Vol. 1, Art. 1 - 455, 1999, Art. 157 CC, Anm. 2; *de Candia*, Giur. It. 2000, II, 2035, 2038; *Cassano/Rossi* (o. Fn. 9), 920; *Zatti/Ferrando/Fortino/Ruscello (Scalisi)* (o. Fn. 5), IV, XVI, § 15, S. 1173; *Dubolino/ Dubolino*, Il codice del diritto di famiglia, 3. Aufl. 2001, Art. 157 CC, S. 642; *Jayme*, IPRax 1998, 374.

23 Die Notwendigkeit einer unterschiedlichen Behandlung verneinend *de Candia*, Giur. It. 2000, II, 2035 f.

24 Cass. v. 4.2.2000 n. 1227, Rep. Giur. It. 2000, Stichwort „Matrimonio", Nr. 96; Cass. v. 17.6.1998 n. 6031, Rep. Giur. It. 1998, Stichwort „Separazione dei Coniugi", Nr. 76; Cass. v. 9.5.1997 n. 4056, Rep. Giur. It. 1997, Stichwort „Matrimonio", Nr. 96; Cass. v. 9.1.1987 n. 72, Giur. It. 1987, I, 1, 1773; Cass. v. 9.8.1989 n. 5324, Foro It. 1984, I, 1, 177 ff.; Cass. v. 9.8.1983 n. 5324, Foro It. 1984, I, 177 ff.; *de Candia*, Giur. It. 2000, II, 2035, 2038; *Zatti/Ferrando/Fortino/Ruscello (Scalisi)* (o. Fn. 5), IV, XVI, § 15, S. 1173 m.N. dort in Fn. 215; *Tamburello*, Anm. zu Trib. Palermo v. 7.3.1973, Il diritto di famiglia e delle persone 1973, 1054, 1063. Anders nach der früheren Rechtsprechung im Falle einer faktischen Trennung, deren Unterbrechung bereits durch das alternative Vorliegen entweder des Zusammenwohnens oder des ehelichen Zusammengehörigkeitsgefühls möglich sein sollte, so etwa Cass. v. 9.1.1987 n. 72, Giur. It. 1987, I, 1, 1773; Trib. Trani v. 26.1.1994, Foro It. 1994, I, 880, 881; weitere Nachweise zu dieser Auffassung bei Cass. v. 9.8.1983 n. 5324, Foro It. 1984, I, 177 ff., wo allerdings eine Differenzierung abgelehnt und auch für die faktische Trennung das kumulative

bb) Voraussetzungen für die Wiederaufnahme des materiellen und geistigen Zusammenlebens

24 Fraglich ist, wann von der für eine Trennungsunterbrechung erforderlichen Wiederherstellung des materiellen und geistigen Zusammenlebens gesprochen werden kann.

25 Für das geistige Zusammenleben ist die Absicht erforderlich, dem Ehegatten die Position eines exklusiven Lebenspartners einzuräumen und die ehelichen Pflichten zu erfüllen.[25] Es handelt sich um ein subjektives, psychologisches Element, das Wertschätzung, Verständnis, Zuneigung und insbesondere den Wunsch in sich vereint, gemeinsam eine Lebensgemeinschaft zu verwirklichen.[26] Die Komponente des materiellen Zusammenlebens ist demgegenüber gekennzeichnet durch eine gemeinsame Haushaltsorganisation und – im Regelfall auch – sexuelle Beziehungen.[27]

26 Die Annahme einer Trennungsunterbrechung verlangt, mit anderen Worten, eine vollständige Wiederherstellung der die eheliche Bindung charakterisierenden Beziehungen.[28] Dabei soll es auf eine stabile Wiederherstellung dauerhafter familiärer Beziehungen ankommen.[29]

27 Der Kassationshof hat bei zahlreichen Gelegenheiten betont, dass das Zusammenwohnen zwar einen wichtigen Hinweis auf ein Zusammenleben darstelle, jedoch letztlich nicht ausschlaggebend sei. Der ständigen Rechtsprechung zufolge wird die Aufrechterhaltung der Trennung somit nicht schon durch ein fortwährendes Zusammenwohnen der Ehegatten ausgeschlossen,[30] das allein darauf beruhen kann, dass sich ein Ehegatte Schwierigkeiten bei der Wohnungssuche ausgesetzt sieht, sofern mit dem Zusammenwohnen nicht gleichzeitig die Wiederherstellung der materiellen und geistigen Lebensgemeinschaft der Ehegatten verbunden ist.[31] Es

---

Vorliegen des materiellen und geistigen Zusammenlebens verlangt wird. Die Frage bedarf im vorliegenden Fall einer gerichtlichen Trennung keiner näheren Erörterung.

25 Cass. v. 26.11.1993 n. 11722, Rep. Giur. It. 1993, Stichwort „Matrimonio", Nr. 66; Trib. Roma v. 3.7.1981, Foro It. 1982, I, 2069; *Zatti/Ferrando/Fortino/Ruscello (Scalisi)* (o. Fn. 5), IV, XVI, § 15, S. 1174.

26 *De Candia*, Giur. It. 2000, II, 2035, 2036.

27 Cass. v. 26.11.1993 n. 11722, Rep. Giur. It. 1993, Stichwort „Matrimonio", Nr. 66; Trib. Roma v. 3.7.1981, Foro It. 1982, I, 2069; *Zatti/Ferrando/Fortino/Ruscello (Scalisi)* (o. Fn. 5), IV, XVI, § 15, S. 1174.

28 Cass. v. 9.5.1997 n. 4056, Rep. Giur. It. 1997, Stichwort „Matrimonio", Nr. 96; *de Candia*, Giur. It. 2000, II, 2035, 2036.

29 Trib. Trani v. 26.1.1994, Foro It. 1994, I, 880, 881; *de Candia*, Giur. It. 2000, II, 2035, 2039.

30 Cass. v. 9.1.1987 n. 72, Giur. It. 1987, I, 1, 1773; Cass. v. 9.8.1983 n. 5324, Foro It. 1984, 177, 179; ebenso *de Candia*, Giur. It. 2000, II, 2035, 2036; *Tamburello*, Anm. zu Trib. Palermo v. 7.3.1973, Il diritto di famiglia e delle persone 1973, 1054, 1062 f.

31 Cass. v. 4.2.2000 n. 1227, Rep. Giur. It. 2000, Stichwort „Matrimonio", Nr. 96; Trib. Trani v. 26.1.1994, Foro It. 1994, I, 880, 881; Trib. Roma v. 3.7.1981, Foro It. 1982, I, 2069; *Zatti/Ferrando/Fortino/Ruscello (Scalisi)* (o. Fn. 5), IV, XVI, § 15, S. 1171, 1173; *Cassano/Romano*

genügt danach nicht, wenn das Zusammenleben lediglich vom Gedanken der Unterstützung getragen ist,[32] etwa, weil einer der Ehegatten Schwierigkeiten bei der Suche nach einer neuen Bleibe hat.[33]

Als ungeeignet zur Wiederherstellung der ehelichen Lebensgemeinschaft im Sinne des Art. 157 CC betrachtet die italienische Rechtsprechung auch den Fall, dass die Eheleute wieder zusammenwohnen, um für einen bestimmten bzw. begrenzten Zeitraum herauszufinden, ob der Ehepartner sich gebessert hat bzw. sein früheres Verhalten bereut.[34] Daher genügt es nicht, wenn das Zusammenwohnen zu Versuchszwecken vorübergehend wiederaufgenommen wird, sofern es nicht mit sonstigen Manifestierungen von Zuneigung einhergeht, die geeignet sind, die Wiederaufnahme des materiellen und geistigen Zusammenlebens zwischen den Eheleuten zum Ausdruck zu bringen.[35] Das Zusammenwohnen darf insbesondere nicht nur vorübergehend oder nur bei Gelegenheit stattfinden.[36] 28

Auch regelmäßige Besuche aus humanitären Gründen begründen keine Trennungsunterbrechung.[37] 29

Der Richter hat bei der Feststellung, ob die Trennung der Ehe unterbrochen wurde, alle Umstände des Einzelfalles zu würdigen, insbesondere alle Handlungen, Gesten und Verhaltensweisen zu berücksichtigen, die die Eheleute an den Tag legen.[38] Daher sind in jedem Einzelfall alle Indizien für und gegen ein „Zusammenleben" auszuwerten, wobei zu bedenken ist, dass es sich beim ehelichen Zusammenleben um einen komplexen Prozess handelt, der von Paar zu Paar verschieden sein kann und einer allgemeinen Bewertung daher nicht zugänglich ist.[39] 30

Das bloße Zusammenwohnen kann, wie bereits erwähnt, für sich genommen bezüglich der Frage der Trennung bzw. Versöhnung von Eheleuten nur Indizcharakter 31

(o. Fn. 9), 957.

32 Cass. v. 4.2.2000 n. 1227, Rep. Giur. It. 2000, Stichwort „Matrimonio", Nr. 96; Cass. v. 6.12.1974 n. 4044, Rep. Giur. It. 1974, Stichwort „Separazione dei Coniugi", Nr. 59; *Cendon/Russo/Terranova*, (o. Fn. 22), Art. 157 CC, Anm. 2; *Cassano/Rossi*, (o. Fn. 9), 920; ähnlich Cass. v. 23.11.1993 n. 11722, Rep. Giur. It. 1993, Stichwort „Matrimonio", Nr. 66 (bezogen auf tägliche Besuche aus humanitären Gründen).

33 Trib. Trani v. 26.1.1994, Foro It. 1994, I, 880.

34 Cass. v. 6.2.1976 n. 414, Rep. Giur. It. 1973, Stichwort „Separazione dei Coniugi", Nr. 43; *Cendon/Russo/Terranova* (o. Fn. 22), Art. 157 CC, Anm. 2.

35 Cass. v. 9.1.1987 n. 72, Giur. It. 1987, I, 1, 1773; Cass. v. 29.1.1982 n. 574, Rep. Giur. It. 1982, Stichwort „Separazione dei Coniugi", Nr. 62; *Zatti/Ferrando/Fortino/Ruscello (Scalisi)* (o. Fn. 5), IV, XVI, § 15, S. 1174.

36 Cass. v. 4.2.2000 n. 1227, Rep. Giur. It. 2000, Stichwort „Matrimonio", Nr. 96.

37 Cass. v. 26.11.1993 n. 11722, Rep. Giur. It. 1993, Stichwort „Matrimonio", Nr. 66.

38 Cass. v. 17.6.1998 n. 6031, Rep. Giur. It. 1998, Stichwort „Separazione dei Coniugi", Nr. 76; *de Candia*, Giur. It. 2000, II, 2035, 2037.

39 *De Candia*, Giur. It. 2000, II, 2035, 2037.

haben und begründet keinesfalls eine absolute Vermutung für eine Trennungsunterbrechung.[40]

3. Zwischenergebnis

32 Im Lichte der vorstehenden Erläuterungen bestehen nach Einschätzung des Gutachters, der der diesbezüglichen Bewertung des Gerichts nicht vorgreifen kann und dies auch nicht möchte, mit Blick auf die Aktenlage Zweifel am Vorliegen einer Trennungsunterbrechung, die einer Scheidung gem. Art. 3 Nr. 2 lit. b des italienischen Scheidungsgesetzes entgegenstehen könnte.

33 Die Feststellung einer Unterbrechung der Trennung verlangt den Beweis durch den Antragsgegner, dass die von der italienischen Rechtsprechung und Literatur geforderte Wiederherstellung des Zusammenlebens in materieller und geistiger Hinsicht erfolgt ist.

34 Dass die Parteien unstreitig für einen Zeitraum von ca. zwei Monaten wieder gemeinsam in der ehelichen Wohnung gelebt haben, vermag für sich genommen keine Trennungsunterbrechung zu begründen, solange der Antragsgegner nicht gleichzeitig beweist, dass die eheliche Gemeinschaft sowohl in materieller als auch in geistiger Hinsicht wieder aufgenommen wurde.

35 Im vorliegenden Fall ist bereits zweifelhaft, ob der Antragsgegner die mögliche Trennungsunterbrechung überhaupt im Sinne einer Einwendung gegen die beantragte Scheidung geltend machen will, da er dem Scheidungsantrag der Antragstellerin letztlich uneingeschränkt zustimmt.[41]

36 Der Antragsgegner hat im Übrigen insoweit lediglich vorgetragen, er habe die Fortführung der Ehe noch einmal versuchen wollen. Die vorübergehende Wiederaufnahme des Zusammenlebens zu Versuchszwecken erfüllt jedoch für sich genommen, d.h. ohne Hinzutreten weiterer Merkmale, nicht die Voraussetzungen, die an das Zusammenleben in materieller und geistiger Hinsicht gestellt werden.[42] Dies dürfte insbesondere bei einer nur zweimonatigen Versuchszeit gelten. Vor allem aber, wenn das Gericht den Ausführungen der Antragstellerin folgen sollte, die dargelegt hat, sie habe den Antragsgegner nur deshalb und nur vorübergehend bei sich aufgenommen, um ihn vor der Obdachlosigkeit zu bewahren, dürfte sich im Lichte der italienischen Rechtsprechung ein den Anforderungen an eine Trennungsunterbrechung genügendes Wiederaufleben der ehelichen Gemeinschaft nicht feststellen lassen.[43]

---

[40] Siehe oben Rn. 27; siehe weiter *Tamburello*, Anm. zu Trib. Palermo v. 7.3.1973, Il diritto di famiglia e delle persone 1973, 1054, 1063.

[41] Vgl. die Ausführungen oben Rn. 1.

[42] Vgl. oben Rn. 28.

[43] Siehe oben Rn. 27.

Nach dem Dafürhalten des Gutachters ist bislang nicht schlüssig dargetan, dass die mit dem Erscheinen der Parteien vor dem Gerichtspräsidenten in Gang gesetzte Trennungszeit durch das vorübergehende Zusammenwohnen der Parteien unterbrochen worden ist. 37

4. Rechtsfolgen einer Trennungsunterbrechung

Nur dann, wenn das Gericht entgegen der Einschätzung des Gutachters die Wiederaufnahme des Ehelebens in materieller und geistiger Hinsicht bejahen sollte, stellt sich die Frage, welche Rechtsfolgen die dann zu bejahende Trennungsunterbrechung der Parteien abgesehen davon, dass dann zum gegenwärtigen Zeitpunkt eine Scheidung gem. Art. 3 Nr. 2 lit. b des italienischen Scheidungsgesetzes nicht möglich wäre, nach sich zieht. 38

Fraglich ist insoweit in Anbetracht der unterschiedlichen Rechtsfolgen einer Trennungsunterbrechung im Sinne von Art. 3 Nr. 2 lit. b des italienischen Scheidungsgesetzes einerseits und einer *riconciliazione* im Sinne von Art. 157 CC andererseits,[44] ob die Feststellung einer Trennungsunterbrechung durch das Gericht nur den Neulauf der Trennungsfrist in Gang setzt, oder ob darüber hinaus das Trennungsurteil gem. Art. 157 CC seine Wirkung einbüßt mit der Konsequenz, dass für eine spätere Scheidung zunächst ein neues Urteil erwirkt werden müsste. 39

Zwar soll sich die Möglichkeit einer „einfachen" Trennungsunterbrechung nach einer vereinzelten Literaturmeinung auf die Fälle der faktischen Trennung beschränken, während für alle Fälle der gerichtlichen Trennung allein eine *riconciliazione* mit den Folgen des Art. 157 CC in Frage komme.[45] Danach wäre im vorliegenden Fall einer gerichtlichen Trennung stets zunächst ein neues Trennungsurteil zu erwirken, bevor die dreijährige Trennungsfrist erneut in Gang gesetzt werden könnte. 40

Nach überwiegender Auffassung jedoch erfasst Art. 3 Nr. 2 lit. b des italienischen Scheidungsgesetzes auch gerichtliche Trennungen.[46] Die Gegenauffassung lasse sich mit dem Wortlaut des Art. 3 Nr. 2 lit. b des italienischen Scheidungsgesetzes nicht vereinbaren.[47] Auch die ratio der Norm spreche gegen ein solch restriktives Verständnis des Art. 3 Nr. 2 lit. b des italienischen Scheidungsgesetzes.[48] 41

Folgt man der h.M., steht allerdings lediglich fest, dass im Falle einer gerichtlichen Trennung sowohl die *riconciliazione* gem. Art. 157 CC als auch eine „einfa- 42

---

44 Siehe bereits oben Rn. 21.

45 So etwa Trib. Trani v. 26.1.1994, Foro It. 1994, I, 880, 881; *Cipriani*, Foro It. 1987, V, 332, 337.

46 Siehe nur *Cassano/Romano* (o. Fn. 9), 955 f. m.w.N.; ferner *de Candia*, Giur. It. 2000, II, 2035, 2037.

47 *De Candia*, Giur. It. 2000, II, 2035, 2037; *Zatti/Ferrando/Fortino/Ruscello (Scalisi)* (o. Fn. 5), IV, XVI, § 15, S. 1174.

48 *Zatti/Ferrando/Fortino/Ruscello (Scalisi)* (o. Fn. 5), IV, XVI, § 15, S. 1174.

che" Trennungsunterbrechung in Betracht kommt. Die eingangs aufgeworfene Frage nach dem Schicksal des Trennungsurteils wäre damit noch nicht beantwortet.

43 Den dem Gutachter vorliegenden Quellen lässt sich, soweit ersichtlich, nicht ohne Weiteres entnehmen, unter welchen Umständen eine die Scheidung gem. Art. 3 Nr. 2 lit. b des italienischen Scheidungsgesetzes (vorläufig) hindernde Trennungsunterbrechung gleichzeitig eine die Wirkung des Trennungsurteils aufhebende *riconciliazione* im Sinne von Art. 157 CC darstellt. Die nähere Untersuchung dieser Frage brächte daher einen beträchtlichen Aufwand mit sich, der im Kosteninteresse der Parteien und in Anbetracht der auf die Möglichkeit der Ehescheidung zum gegenwärtigen Zeitpunkt beschränkten Gutachtenanfrage nicht angemessen erscheint. Aus diesem Grunde wird von einer Beantwortung dieser Frage, die sich ohnehin nur stellt, wenn das anfragende Gericht von einer Trennungsunterbrechung ausgeht, abgesehen. Gegebenenfalls wird insoweit die Einholung eines Ergänzungsgutachtens anheim gestellt.

III. Art. 17 Abs. 1 S. 2 EGBGB

44 Sollte das Gericht der Einschätzung zuneigen, dass es im vorliegenden Fall zur Unterbrechung der Trennung der Parteien gekommen ist, ist in kollisionsrechtlicher Hinsicht zwar zunächst an Art. 17 Abs. 1 S. 2 EGBGB zu denken: Danach unterliegt die Scheidung deutschem Recht, wenn die Ehe nach dem gem. Art. 17 Abs. 1 S. 1 EGBGB maßgeblichen Recht – und sei es auch nur vorläufig[49] – nicht geschieden werden kann und der die Scheidung begehrende Ehegatte in diesem Zeitpunkt Deutscher ist oder dies bei der Eheschließung war.

45 Die Antragstellerin ist jedoch italienische Staatsangehörige, so dass die Ausweichregelung des Art. 17 Abs. 1 S. 2 EGBGB vorliegend nicht zur Anwendung gelangt.

D. Ergebnis

46 1. Eine der Ehescheidung gem. Art. 3 Nr. 2 lit. b des italienischen Scheidungsgesetzes entgegenstehende Trennungsunterbrechung setzt nach ständiger Rechtsprechung jedenfalls im Falle einer gerichtlichen Trennung voraus, dass die Eheleute vor Ablauf der dreijährigen Trennungsfrist sowohl in materieller als auch in geistiger Hinsicht das Zusammenleben wiederaufgenommen haben.

[49] Nach h.M. reicht es für die Anwendung des Art. 17 Abs. 1 S. 2 EGBGB aus, wenn eine Scheidung nach dem ausländischen Recht derzeit nicht möglich ist, etwa deshalb, weil es eine längere Trennungsfrist vorsieht als das deutsche Recht, dazu AnwaltKommentar/*Gruber* (o. Fn. 1), Art. 17 EGBGB, Rn. 32 m.w.N.; *Kropholler* (o. Fn. 2), § 46 I 2, S. 359.

2. Für das geistige Zusammenleben ist die Absicht erforderlich, dem Ehegatten die Position eines exklusiven Lebenspartners einzuräumen und die ehelichen Pflichten zu erfüllen. Die Komponente des materiellen Zusammenlebens ist demgegenüber gekennzeichnet durch eine gemeinsame Haushaltsorganisation und – normalerweise – sexuelle Beziehungen.

3. Das Zusammenwohnen stellt zwar einen wichtigen Hinweis auf ein Zusammenleben dar, ist jedoch letztlich nicht ausschlaggebend. Nicht ausreichend für die Annahme einer Trennungsunterbrechung ist insbesondere, dass die Wiederaufnahme eines Ehegatten in die eheliche Wohnung allein deshalb erfolgt, weil er sich Schwierigkeiten bei der Wohnungssuche ausgesetzt sieht und der andere Ehegatte ihn vor der Obdachlosigkeit bewahren will. Nicht genügend ist ferner der Fall, dass die Eheleute wieder zusammenwohnen, um für einen bestimmten bzw. begrenzten Zeitraum herauszufinden, ob der Ehepartner sich gebessert hat bzw. sein früheres Verhalten bereut.

4. Der Richter hat bei der Feststellung, ob die Trennung der Ehe unterbrochen wurde, alle Umstände des Einzelfalles zu würdigen, insbesondere alle Handlungen, Gesten und Verhaltensweisen zu berücksichtigen, die die Eheleute an den Tag legen.

5. Die Unterbrechung der Trennung ist vom Antragsgegner geltend zu machen und zu beweisen.

Nr. 30

Namibia

1. **Die internationale Zuständigkeit deutscher Gerichte für die Scheidung einer deutsch-namibischen Ehe richtet sich nach EheVO I oder EheVO II. Einer Anerkennungsprognose für Namibia bedarf es insoweit nicht.**
2. **Zur Anerkennung deutscher Scheidungsurteile (mit Scheidungsfolgenregelung) in Namibia.**
3. **Zum internationalen Scheidungsrecht von Namibia.**
4. **Zum Scheidungsrecht und zur Scheidungspraxis in Namibia.**
5. **Zur Scheidung nach namibischem Recht im inländischen Verfahren und zur (ersatzweisen) Heranziehung deutschen Rechts gemäß Art. 17 Abs. 1 S. 2 EGBGB.**

Freiburg vom 20.11.2005 (Ho.)

A. Sachlage

1 Die Parteien haben im Jahr 1996 in T./Namibia die Ehe geschlossen. Im Zusammenhang mit der Eheschließung haben sie einen Ehevertrag abgeschlossen, in dem Regelungen zum Güterstand, zu Unterhaltsansprüchen der Ehefrau gegen den Ehemann für die Zeit der Ehe und zur Nutzungsbefugnis der Ehefrau an bestimmten Gegenständen des ehemännlichen Vermögens getroffen wurden.

Die am 27.9.1953 geborene Ehefrau und Antragstellerin (Ast.) M. W. hat die deutsche Staatsangehörigkeit, der am 26.11.1947 geborene Ehemann und Antragsgegner S. W. ist Staatsangehöriger von Namibia. Aus der Ehe sind Kinder nicht hervorgegangen. Die Ehegatten leben seit dem Jahr 2000 getrennt, die Ast. ist damals nach Deutschland zurückgekehrt; der Ag. lebt weiterhin in Namibia. Aus der Sicht der Ast. ist er wohlhabend und bezieht beträchtliche monatliche Einkünfte. Der Ag. bestreitet diesen Vortrag. Die Ast. bezieht monatlich Einkünfte in Höhe von ca. EUR 970 (brutto).

B. Anfrage

2 Mit Beschluss vom 7.9.2005 hat das Amtsgericht – Familiengericht – Ravensburg unter dessen Ziff. 1 die Einholung eines Sachverständigengutachtens beschlossen. Als Beweisthema ist in dem Beschluss formuliert:

„Über die Frage, welches die Scheidungsvoraussetzungen des Staates Namibia sind, und ob diese von der Antragstellerin bisher schlüssig vorgetragen sind, ist

Beweis zu erheben durch die Einholung eines schriftlichen Sachverständigengutachtens."

C. Rechtslage

I. Internationale Zuständigkeit und Anerkennungsproblematik

1. Internationale Zuständigkeit des Amtsgerichts – Familiengericht –

Das Gericht geht zutreffend von seiner internationalen Zuständigkeit aus. Diese ergibt sich für das vorliegende Verfahren, das durch die Ast. am 6.12.2004 beim Amtsgericht – Familiengericht – Ravensburg jedenfalls anhängig gemacht worden ist, aus Art. 2 Abs. 1 EheVO I („Brüssel II").[1] 3

Sollte Rechtshängigkeit des Scheidungsantrags der Ast. beim Amtsgericht – Familiengericht – Ravensburg wegen zunächst noch nicht bewerkstelligter Zustellung an den nicht im Inland befindlichen Ag. erst am 1.3.2005 oder danach eingetreten sein, folgt die internationale Zuständigkeit des Gerichts aus Art. 3 Abs. 1 EheVO II („Brüssel IIa"), der zu diesem Zeitpunkt für ab diesem Zeitpunkt begonnene Verfahren ohne inhaltlichen Unterschied an die Stelle der Vorgängervorschrift getreten ist.[2] 4

Nach der einen wie der anderen Vorschrift folgt die internationale Zuständigkeit des Gerichts aus der Regelung ihres jeweiligen Absatzes 1 Buchst. a) Spiegelstrich 5. Die Ast., die seit dem Jahr 2000 im Inland lebt, hat im Inland ihren Lebensmittelpunkt; sie lebt hier, woher sie stammt, und hat die notwendigen Bindungen, die ihre Integration in ihrem Heimatstaat nach ihrer Rückkehr bejahen lassen. Von Rückkehrwilligkeit nach Namibia der Ast. ist in der Akte nicht die Rede. Damit hat sie im Inland längere Zeit als ein Jahr ihren gewöhnlichen Aufenthalt, was gemäß den genannten Vorschriften der beiden Verordnungen der EG/EU unter- 5

---

1 Verordnung EG Nr. 1347/2000 vom 29.5.2000 über die gerichtliche Zuständigkeit und die Anerkennung und Vollstreckung von Entscheidungen in Ehesachen und in Verfahren betreffend die elterliche Verantwortung für die gemeinsamen Kinder der Ehegatten, ABl. EG Nr. L 160, S. 19, vom 30.6.2000 – hier abgekürzt EheVO I, ansonsten auch geführt unter der griffigen Bezeichnung „Brüssel II". Die EheVO I war seit dem 1.3.2001 in Kraft und ist zum 1.3.2005 durch die „EheVO II" („Brüssel IIa") abgelöst worden. S. dazu sogleich unten Rn. 4; s. f. *Hoppenz/Hohloch,* Familiensachen, 8. Aufl. 2005, Abschnitt D III, Vorbemerkungen, Rn. 1, S. 1417 f.

2 Verordnung EG Nr. 2201/2003 des Rates über die Zuständigkeit und die Anerkennung und Vollstreckung von Entscheidungen in Ehesachen und in Verfahren betreffend die elterliche Verantwortung und zur Aufhebung der Verordnung (EG) Nr. 1347/2000 vom 27.11.2003, ABl. EG 2003 Nr. L 338 S. 1 – hier zitierte EheVO II, ansonsten auch griffig genannt „Brüssel IIa"; zu den vorgenannten Artikeln s. *Hoppenz/Hohloch* (o. Fn. 1), D III, EheVO II (Brüssel IIa), Art. 3, Rn. 1, 5 ff.

schiedslos die internationale Zuständigkeit der deutschen Gerichte für eine bei ihnen begehrte Ehescheidung ergibt.[3]

6 Die Anwendbarkeit der Vorschriften der EheVO I und der EheVO II scheitert nicht daran, dass der Ag. weder im Inland noch in einem sonstigen Mitgliedstaat der EU/EG lebt, sondern sich in seinem Heimatstaat Namibia (vormals: Deutsch Südwestafrika) mit dortigem gewöhnlichen Aufenthalt aufhält. Die Zuständigkeitsregelungen der beiden Verordnungen der EU/EG gelten nicht nur im Verhältnis zwischen den Mitgliedstaaten und für Angehörige der Mitgliedstaaten, sondern regeln die internationale Zuständigkeit der Mitgliedstaaten (mit Ausnahme von Dänemark) für Ehescheidungsverfahren, die von Gebietsaufenthaltern oder gegen Gebietsaufenthalter – grundsätzlich ungeachtet der jeweiligen Staatsangehörigkeit (zu einem Mitgliedstaat oder einem Drittstaat) – eingeleitet werden. Auf den gewöhnlichen Aufenthalt des Verfahrensgegners in einem Mitgliedstaat oder auf seine Staatsangehörigkeit zu einem Mitgliedstaat kommt es, wenn ein Ehegatte unter den Voraussetzungen des Art. 3 Abs. 1 EheVO II die Scheidung an einem hierfür gemäß Art. 3 Abs. 1 EheVO II zuständigen Forum einleitet, grundsätzlich nicht an. Für die EheVO I galt insoweit Entsprechendes.[4]

7 Da die Ast. sich mit gewöhnlichem Aufenthalt im Inland aufhält, kommen die Zuständigkeitsvorschriften der je nachdem zeitlich maßgeblichen EheVO I oder EheVO II mit Vorrang vor den nationalen Zuständigkeitsvorschriften zum Zuge. Angesichts des gewöhnlichen Inlandsaufenthalts der Ast., aus der die deutsche Zuständigkeit nach dem 5. Spiegelstrich von Art. 2 Abs. 1 Buchst. a) EheVO I oder von Art. 3 Abs. 1 Buchst. a) EheVO II folgt, bedarf es des Zugriffs auf § 606a ZPO nicht mehr; auf die „Restzuständigkeit", die § 606a ZPO gemäß Art. 8 EheVO I bzw. Art. 7 EheVO II belassen ist, kommt es nicht mehr an, wenn die deutsche Zuständigkeit schon aus den Regelungen der je nach dem anzuwendenden VO folgt.[5]

2. Erfordernis einer Anerkennungsprognose?

8 Nach den Regelungen der EheVO I wie der EheVO II hängt die Bejahung der inländischen internationalen Zuständigkeit nicht von einer Anerkennung eines im vorliegenden Verfahren ggf. später zu erlassenden Scheidungsurteils in Namibia ab. Die Zuständigkeitsregelung der beiden Verordnungen ist nicht durch das Erforder-

---

[3] Zum Begriff des gewöhnlichen Aufenthalts in beiden Verordnungen, der dem auch im deutschen Internationalen Privat- und Verfahrensrecht benutzten Begriff inhaltlich entspricht, s. etwa BGH, FamRZ 2001, 412; *Hoppenz/Hohloch* (o. Fn. 1), Art. 5 EGBGB, Rn. 11; Art. 3 EheVO II, Rn. 5; ausführlich dazu *Erman/Hohloch,* BGB, 11. Aufl. 2004, Art. 5 EGBGB, Rn. 44 ff.

[4] S. *Hoppenz/Hohloch* (o. Fn. 1), D III, Art. 3 EheVO II, Rn. 5; s. Erwägungsgrund Nr. 8 Satz 2 zur EheVO I und Erwägungsgrund Nr. 32 zur EheVO II; s. f. zur EheVO I *Thomas/Putzo (Hüßtege),* ZPO, 26. Aufl. 2004, Art. 1 EheVO, Rn. 5.

[5] S. zum Restbereich *Thomas/Putzo (Hüßtege)* (o. Fn. 4), Art. 8 EheVO, Rn. 2 und 3; *Hoppenz/Hohloch* (o. Fn. 1), Art. 7 EheVO II, Rn. 2.

nis einer Anerkennungsprognose eingegrenzt; im Verhältnis zwischen den Mitgliedstaaten folgt dies mittelbar zusätzlich aus dem Grundsatz der Anerkennung mitgliedstaatlicher Entscheidungen in Art. 14 EheVO I bzw. Art. 21 EheVO II, im Verhältnis zu Drittstaaten ergibt sich der Verzicht auf das Erfordernis einer Anerkennungsprognose aus ihrem Fehlen in der Regelung der Art. 2 ff. EheVO I bzw. Art. 3 ff. EheVO II über die Zuständigkeit. Die beiden Normen lassen für die Bejahung hiesiger internationaler Zuständigkeit die Erfüllung der Erfordernisse einer in ihren Katalog aufgenommenen Fallgruppe genügen und verlangen die Anerkennung einer in einem solchen Gerichtsstand zu treffenden Entscheidung für die Bejahung der Zuständigkeit nicht.

Wäre § 606a ZPO die hier anzuwendende Zuständigkeitsnorm, wäre das Ergeb- 9
nis nicht anders; angesichts der deutschen Staatsangehörigkeit der Ast. bestünde auch nach dieser Vorschrift deutsche internationale Zuständigkeit ohne die Notwendigkeit einer Anerkennungsprognose. § 606a Abs. 1 S. 1 Ziff. 1 ZPO verlangt sie bei deutscher Staatsangehörigkeit der einen Scheidungspartei nicht; anders wäre es nur, wenn § 606a Abs. 1 S. 1 Ziff. 4 ZPO zum Zuge zu kommen hätte. Darum geht es aber hier nicht.[6]

3. Unbeachtlichkeit einer Gerichtsstandsvereinbarung

Das Gericht braucht sich auch nicht um eine etwaige die Gerichtszuständigkeit 10
auf Namibia konzentrierende „Gerichtsstandsvereinbarung" der Parteien im Ehevertrag von 1996 zu kümmern. Die aus Art. 2 Abs. 1 Buchst. a) Spiegelstrich 5 EheVO I bzw. Art. 3 Abs. 1 Buchst. a) Spiegelstrich 5 EheVO II folgende internationale Zuständigkeit Deutschlands lässt sich nicht durch Parteivereinbarung abbedingen. Eine staatsvertragliche Regelung der Zuständigkeit in Ehesachen, die eine solche Regelung enthalten könnte und dann ggf. Vorrang gegenüber den Regelungen der beiden EheVOen beanspruchen könnte, besteht zwischen Deutschland und Namibia nicht.[7]

4. Anerkennung einer deutschen Scheidungsentscheidung in Namibia?

Dass die deutsche internationale Zuständigkeit ohne Vornahme einer Anerken- 11
nungsprognose (für Namibia) zu bejahen ist, hat im Inland keine Weiterungen. Nach Eintritt der Rechtskraft eines Scheidungsurteils wäre die Ast. aus inländischer Sicht und für das Inland geschieden und damit wieder ledig.

---

6 Zu den Gründen, bei Anwendbarkeit von § 606a Abs. 1 S. 1 Ziff. 4 ZPO auf die Anerkennungsprognose nicht in vollem Umfang zu verzichten, s. *Baumbach/Lauterbach/Albers/Hartmann,* ZPO, 63. Aufl. 2005, § 606a, Rn. 7 m.w.N.

7 S. die Fehlanzeige bei *Jayme/Hausmann,* Internationales Privat- und Verfahrensrecht, 12. Aufl. 2004, Nr. 33, S. 98, in Fn. 1 ff. und Nr. 150, Fn. 1.

12 Eine andere Frage ist, ob die Ast. gestützt auf die deutsche Scheidungsentscheidung Scheidungsfolgenregelungen erzielen und durchsetzen könnte, für die es der Beachtung des deutschen Scheidungsurteils in Namibia bedürfte. Hierfür bedürfte es im Grundsatz jeweils der Anerkennung des deutschen Urteils in Namibia. Da ein Anerkennungs- und Vollstreckungsabkommen zu Namibia nicht besteht,[8] müsste ggf. geprüft werden, ob deutsche Entscheidungen in Ehe- und Familiensachen in Namibia auch ohne ein solches Abkommen Anerkennung finden.

13 Namibia ist seit 1989/90 unabhängiger, souveräner Staat. Es hat nach der Erlangung der Unabhängigkeit das vorher geltende Recht grundsätzlich in Kraft belassen, so dass von der nachstehend zusammengefassten Rechts- und Gesetzeslage auszugehen ist. Nach der Besetzung des vormaligen Deutsch Südwestafrika durch Truppen des damaligen „Südafrika" im Ersten Weltkrieg 1915 wurde – nach einstweiliger Weitergeltung des von der deutschen Kolonialmacht gesetzten Rechts – ab 1919 das Recht Südafrikas eingeführt. Dies geschah später in der Weise, dass Südafrika das für Südafrika geltende oder für Südafrika neu gefasste Recht durch jeweils gesonderten Rechtsetzungsakt auch in dem Gebiet des früheren Deutsch Südwestafrika einführte.[9]

14 Da Südafrika mit der Zeit, auch nach der dortigen staatlichen Umformung in die Republik Südafrika, das Gebiet des heutigen Namibia als Teil seines Staatsgebietes betrachtete, kam es ab den Dreißigerjahren zu regelmäßiger Geltung der für Südafrika verabschiedeten Gesetze auch im heutigen Namibia. Von deren dortiger Geltung ist auszugehen, auch wenn in wiederum späterer Zeit die Beherrschung des heutigen Namibia durch Südafrika von den Vereinten Nationen als nicht rechtmäßig bezeichnet worden ist.[10]

---

8 S. die Fehlanzeige bei *Jayme/Hausmann* (o. Fn. 7), S. 794, 796 in der Länderübersicht für die für Deutschland in Kraft befindlichen Staatsverträge.

9 Das Quellenmaterial hierzu ist im Inland nicht sehr umfangreich. Einen guten Überblick bietet – über Internet abrufbar – „NAMLEX, Index to the Laws of Namibia", herausgegeben vom Legal Assistance Centre, PO Box 604, 4 Körner Street, Windhoek. Zur vorgenannten und späteren zeithistorischen Entwicklung aus dieser Dokumentation der Teil „A brief legal history of Namibia", 1 ff. – Kurze, nicht ins Detail gehende Information dazu auch bei *Elwan/Otto*, IPRax 1995, 354 ff.; auch *van Wyk,* Einige Probleme des internationalen Eherechts im südlichen Afrika, in: *Holl/Klinke,* Internationales Privatrecht. Internationales Wirtschaftsrecht. Referate eines Symposiums der Alexander von Humboldt-Stiftung 1983 (1985), 357 ff.

10 S. zu der UN-Sicherheitsratsresolution 435 vom 29.9.1976, zu den Unabhängigkeitsbestrebungen der „Turnhalle" einerseits (u.a. mitbeteiligt der deutschsprachige bzw. deutschstämmige Bevölkerungsanteil) und der SWAPO (afrikanische Befreiungsbewegung) nochmals die genannte Übersicht aus NAMLEX (o. Fn. 9), „History", 2 ff.; auch *Klein,* Abschnitt Namibia, in: International Encyclopedia of Public International Law, Bd. 12, 1990, 234 ff.; zur rechtmäßigen Geltung der in der Zeit der faktischen Herrschaft Südafrikas in Namibia eingeführten Rechtsvorschriften der Oberste Gerichtshof Namibias (Namibia Supreme Court) in der Sache *Redondo*, 1993 (2 SA. 528, 539) (NmSC); dazu auch *Elwan/Otto* (o. Fn. 9), 354, dort Fn. 7.

Im Jahr 1979 hat Südafrika sein Scheidungsrecht reformiert und als „Divorce Act, 1979“ in Kraft gesetzt. Dieses Gesetz enthält in seiner section 13 auch eine gesetzliche Regelung der Anerkennung ausländischer Scheidungsentscheidungen. 15

	Deutsch:[11]
Section 13 Divorce Act.	Section 13 Scheidungsgesetz.
„Recognition of certain foreign divorce orders	Anerkennung gewisser ausländischer Scheidungsentscheidungen
The validity of a divorce order or an order for the annulment of a marriage or for a judicial separation granted in a court of a foreign country or territory shall be recognized by a court in the Republic if, on the date on which the order was granted, either party to the marriage –	Die Wirksamkeit einer Scheidungsentscheidung oder Eheaufhebungsentscheidung oder einer Entscheidung über Trennung von Tisch und Bett eines Gerichts eines ausländischen Staates oder Gebiets wird von einem Gericht der Republik (Südafrika) anerkannt, wenn im Zeitpunkt des Erlasses der Entscheidung eine Partei
a) was domiciled in the country or territory concerned, whether according to South African law or according to the law of that country or territory;	a) nach dem Recht von Südafrika oder dem Recht des Staates oder Gebiets des Gerichts der Entscheidung in dem betreffenden Staat oder Gebiet domiziliert war;
b) was ordinarily resident in that country or territory; or	b) ihren gewöhnlichen Aufenthalt in diesem Staat oder Gebiet hatte oder
c) was a national of that country or territory.“	c) Staatsangehöriger dieses Staats oder Gebiets war.

Nach dieser Regelung wäre eine Anerkennung einer im vorliegenden Verfahren im Inland ergehenden Scheidungsentscheidung in Namibia jedenfalls nicht grundsätzlich ausgeschlossen, da die Ast. als Deutsche sowohl Angehörige des Urteilsstaats ist als auch hier ihren gewöhnlichen Aufenthalt hat als auch nach inzwischen fünf Jahren solchen Aufenthaltes in Deutschland als ihrem Heimatstaat ihr Domizil, d.h. ihre praktische wie gefühlsmäßige Heimat haben dürfte; das kann in Namibia die Anerkennung der deutschen Scheidungsentscheidung grundsätzlich möglich erscheinen lassen.[12] 16

---

[11] S. den Abdruck in *Bergmann/Ferid/Henrich (Brink)*, Internationales Ehe- und Kindschaftsrecht, Bd. XII, Länderteil Südafrika, 1999, 116. Der Divorce Act 1979 ist 1997 für Südafrika - ohne Bedeutung für das inzwischen unabhängig gewordene Namibia - novelliert worden.

[12] S. zu der unterschiedlichen Technik der Inkraftsetzung von Recht für das Gebiet durch Südafrika nochmals NAMLEX (o. Fn. 9), „History“, 1 ff.: 1919 wurde das römisch-holländische Gewohnheitsrecht Südafrikas auf Südwestafrika erstreckt, wodurch das deutsche Recht ersetzt wurde; 1925 erhielt Südwestafrika als „5. Provinz“ des zum britischen Commonwealth gehörenden Südafrika beschränkte

17 Dies ist von Bedeutung auch für den vorliegenden Fall und die für ihn zu beachtende Rechtslage Namibias. In Kraft gesetzt worden war für das Gebiet des heutigen Namibia 1935 das damals für Südafrika verabschiedete Scheidungsrecht der *Divorce Laws Amendment Ordinance 18 of 1935*; nicht auf das Gebiet des heutigen Namibia erstreckt worden ist hingegen 1979 das für die Republik Südafrika verabschiedete reformierte Scheidungsrecht des *Divorce Act 1979*, um dessen section 13 es hier bei der Anerkennungsfrage geht.[13]

18 Andere gesetzliche Grundlagen für eine Anerkennung ausländischer Eheentscheidungen in Namibia sind nicht ersichtlich, weder aus der Zeit vor noch nach der Erlangung der staatlichen Unabhängigkeit.[14]

19 Es erscheint deshalb nicht ausgeschlossen, dass das für Namibia heute insofern zuständige Gericht, der *High Court* in Windhuk oder der *Supreme Court* daselbst, über eine Anerkennung eines deutschen Scheidungsurteils, durch das die Ehe eines namibischen Staatsangehörigen geschieden worden ist, auf richterrechtlicher Grundlage nach den Maßstäben entscheidet, die dem südafrikanischen Gesetz von 1979 in section 13 zugrunde liegen; die Anerkennungserfordernisse des Gesetzes sind nicht außergewöhnlich, sie entsprechen Anerkennungsmaßstäben, die durchaus verbreitet sind.

20 Die Frage in den Einzelheiten nachzuprüfen, ist im vorliegenden Verfahren indes nicht veranlasst und unterbleibt deshalb, auch aus Kostengründen. Im vorliegenden Verfahren kommt es – beim jetzigen Verfahrensziel der Scheidung der Ehe durch das von der Ast. angegangene Gericht in Ravensburg – auf eine abgesicherte Lösung der Problematik nicht an, so dass ich von weiteren, über diese für die Weiterführung des Verfahrens wohl nützliche Grundinformation hinausführenden Ausführungen absehe.

---

eigene Legislativgewalt, auch für Familienrecht; in der Folgezeit wurde z.T. eigenes Recht gesetzt, z.T. Recht für das gesamte Südafrika auch für Südwestafrika in Geltung gesetzt. Mit der Loslösung Südafrikas vom Commonwealth in Folge der „Apartheid-Politik" ab 1949 erfolgte wieder eine Verstärkung der zentralen Gesetzgebung. Ab 1977 wurden südafrikanische Gesetze durch sog. „Transfer proclamation" vom Präsidenten Südafrikas über den Generaladministrator für Südwestafrika dort in Kraft gesetzt. Diese Erstreckung erfolgte jedoch nicht für alle in und für das übrige Südafrika verabschiedeten Gesetze. Hintergrund dessen ist u.a. die schwieriger gewordene Position Südafrikas in bezug auf Südwestafrika (im Hinblick auf die völkerrechtliche Problematik und die Erstarkung der Befreiungsbewegung der SWAPO und der Unabhängigkeitsinteressen der anderen ansässigen Bevölkerungsteile, s. oben die Erwähnung der „Turnhallenbewegung").

13 S. zu dieser Rechtslage NAMLEX (o. Fn. 9), „Introduction", 4 (zu der hier nicht gegebenen Notwendigkeit der „transfer proclamation") und aaO, „Marriage and Divorce", 1-4 (zur Geltung der Divorce Laws Amendment Ordinance 18, 1935). Zur Nichteinführung des Divorce Act, 1979 im Gebiet des heutigen Namibia auch *Postler*, Die Vermögensbeziehungen der Ehegatten im namibischen Sach- und Kollisionsrecht, 2004, 147 ff., 149.

14 Der in RabelsZ 54 (1990), 374, 375 dargestellte Enforcement of Foreign Judgments Act 1988 (Act no. 32/1988) betrifft Eheentscheidungen nicht; auch das früher in Südafrika eingeführte Recht des Protection of Businesses Act (Act. No. 99/1978), dazu *Thomashausen,* IPRax 1983, 309, war und ist nicht einschlägig.

Anzufügen ist im Sinne einer Ergänzung dieser Grundinformation noch, dass sich die Anerkennungsfrage umgekehrt für Deutschland sehr wohl stellen würde, wenn die Ehe der Parteien statt im Inland in Namibia geschieden werden sollte. Da die Ast. des jetzigen Verfahrens Deutsche ist, wäre dann im Inland für eine Anerkennung einer namibischen Scheidungsentscheidung das Verfahren gemäß Art. 7 § 1 FamRÄndG durchzuführen. In einem solchen – in der Zuständigkeit des OLG Stuttgart/Verwaltungsabteilung liegenden – Verfahren[15] wäre dann umgekehrt nach den Maßstäben des § 328 ZPO die Anerkennungsfähigkeit der namibischen Entscheidung festzustellen, bevor der in Namibia durchgeführten Scheidung Wirkung für das Inland zukäme. 21

II. Internationales Privatrecht

1. Rechtsquelle

Das Amtsgericht – Familiengericht – hat bei der Beantwortung der Frage, welches Recht auf die begehrte Scheidung anzuwenden ist und wie dieses Recht gestaltet ist, von dem insofern geltenden deutschen Internationalen Privatrecht auszugehen.[16] 22

Dessen allgemein geltende Rechtsgrundlage ist, wie das Gericht zutreffend annimmt, die Regelung der Art. 3 ff. EGBGB. Diese Vorschriften gelten auch im vorliegenden Fall, in dem Auslandsberührung im Sinne von Art. 3 Abs. 1 EGBGB zu Namibia gegeben ist. Im Verhältnis zu Namibia bestehen für Deutschland auf dem Gebiet der Scheidung keine im Sinne von Art. 3 Abs. 2 EGBGB vorrangigen staatsvertraglichen Regelungen des Kollisionsrechts. Weder besteht zwischen den beiden Staaten ein zweiseitiges Übereinkommen mit Einschlägigkeit für die Scheidung, noch ist Deutschland zur Zeit Vertragsstaat eines mehrseitigen staatsvertraglichen Übereinkommens, aus dem sich das auf die Scheidung anzuwendende Recht ergeben könnte.[17] 23

Ob Namibia seinerseits Vertragsstaat eines solchen mehrseitigen Übereinkommens ist, das aus der Sicht des namibischen Rechts „allseitig" auch im Verhältnis zu dem Nichtvertragsstaat Deutschland anzuwenden wäre, kann im vorliegenden 24

---

15 S. dazu Art. 7 § 1 Abs. 2a FamRÄndG und BaWü VO vom 15.6.2000, GVBl. 2000, 499; dazu *Hohloch,* Internationales Familien- und Verfahrensrecht, in: *Rotax,* Praxis des Familienrechts, 2. Aufl. 2003, 1727, 1768, Rn. 224.

16 S. zum Prinzip der Maßgeblichkeit des IPR der lex fori z.B. OLG Hamm, FamRZ 1999, 1426, 1427; OLG Düsseldorf, RIW 1995, 1025; s. f. *Erman/Hohloch* (o. Fn. 3), Art. 3 EGBGB, Rn. 2; *Palandt/Heldrich,* BGB, 64. Aufl. 2005, Art. 3 EGBGB, Rn. 2.

17 Zum Fehlen eines bilateralen Abkommens s. die Fehlanzeigen bei *Erman/Hohloch* (o. Fn. 3), Art. 17 EGBGB, Rn. 4 und bei *Jayme/Hausmann* (o. Fn. 7), 796. Das Haager Übereinkommen über die Anerkennung von Ehescheidungen und Ehetrennungen vom 1.6.1970 greift hier nicht und ist von Deutschland auch nicht gezeichnet, s. *Erman/Hohloch* (o. Fn. 3), Art. 17 EGBGB, Rn. 3.

Prüfabschnitt, der das für das Gericht maßgebliche deutsche Internationale Privatrecht betrifft, unerörtert bleiben. Ergebnis ist somit, dass Art. 3 ff. EGBGB und damit zunächst Art. 17 EGBGB für die Beantwortung der Rechtsanwendungsfrage heranzuziehen sind.

2. Nach Art. 17 EGBGB anzuwendendes Recht

a) Ansatz

25 Auszugehen ist im vorliegenden Fall dann von Art. 17 Abs. 1 S. 1 EGBGB. Dieser unterstellt die Scheidung dem Recht der allgemeinen Ehewirkungen im Zeitpunkt der Rechtshängigkeit des Scheidungsantrags. Verwiesen ist damit auf Art. 14 EGBGB. Die Verweisung durch Art. 17 Abs. 1 S. 1 EGBGB ist nicht auf das „objektive Ehewirkungsstatut" beschränkt, das sich aus der „Anknüpfungsleiter" der Nummern 1 bis 3 von Art. 14 Abs. 1 EGBGB ergibt, die Verweisung bezieht auch ein ehevertraglich vor der Rechtshängigkeit des Scheidungsantrags vereinbartes „Ehewirkungsstatut" im Sinne der Art. 14 Abs. 2 bis 4 EGBGB ein. Besteht eine solche ehevertragliche Vereinbarung des „Ehewirkungsstatuts", die die Erfordernisse der eben genannten Normen erfüllt, hat dieses „subjektiv" gefundene Statut auch für die Gewinnung des Scheidungsstatuts des Art. 17 Abs. 1 S. 1 EGBGB Vorrang vor der sich aus Art. 14 Abs. 1 EGBGB ergebenden objektiven Anknüpfung.[18]

b) Wahl des Ehewirkungsstatuts?

26 Im vorliegenden Fall haben die Parteien den im September 1996 unterschriebenen Ehevertrag abgeschlossen. Dieser enthält eine Bestimmung des für die allgemeinen Ehewirkungen zwischen den Parteien geltenden Rechts nicht. Da der Vertrag in Windhuk/Namibia vor einem dort amtierenden Notar abgeschlossen worden ist, erfüllt er indes zumindest die von Art. 14 Abs. 4 EGBGB vorgegebene Formanforderung. Es dürfte mit der notariellen Beurkundung die Ortsform Namibias, die gemäß Art. 14 Abs. 4 S. 2 EGBGB grundsätzlich genügen kann,[19] eingehalten sein; überdies ist davon auszugehen, dass ein in Windhuk/Namibia amtierender Notar im Grundsatz als einem deutschen Notar gleichwertig im Sinne von Art. 11 Abs. 1 EGBGB betrachtet werden kann. Insofern ist nicht zu prüfen, ob das Notarwesen in Namibia noch Prägungen aus der ehemals „deutschen" Zeit aufweist, wie sie für

[18] Hierzu KG, IPRax 2000, 544; BayObLG, NJW-RR 1994, 771; *Erman/Hohloch* (o. Fn. 3), Art. 17 EGBGB, Rn. 21; *Palandt/Heldrich* (o. Fn. 16), Art. 17 EGBGB, Rn. 8.

[19] Zum Genügen der Ortsform im Rahmen von Art. 14 Abs. 4 EGBGB s. BayObLG, FamRZ 2003, 381; auch BayObLGZ 1998, 108; OLG Düsseldorf, FamRZ 1995, 932; *Erman/Hohloch* (o. Fn. 3), Art. 14 EGBGB, Rn. 24. Art. 14 Abs. 4 S. 2 EGBGB enthält eine Sachnormverweisung, so dass insofern das IPR Namibias nicht zu prüfen ist, s. *Erman/Hohloch* (o. Fn. 3), Art. 14 EGBGB, Rn. 24.

andere Bereiche des öffentlichen Lebens dort noch Bedeutung haben. Das heutige Namibia war, wie oben ausgeführt, seit 1915 im Macht- und Einflussbereich von Südafrika, dessen Rechts- und Institutionenwesen nicht nur angelsächsisch, sondern in beträchtlichem Maße burisch, d.h. durch die Maßstäbe des dort geltenden „römisch-holländischen Rechts" geprägt war. Aus dem letzteren Grund entsprach und entspricht das Notarwesen den kontinentaleuropäischen Vorstellungen, mit der Folge wohl auch grundsätzlicher Gleichwertigkeit der dortigen Beurkundungstätigkeit.[20]

Der Inhalt des Ehevertrags betrifft Regelungen des Güterrechts, des Unterhalts 27
und der Nutzungsbefugnisse der Ehegatten während und nach der Ehezeit. Seine Regelungen setzen ersichtlich die Maßgeblichkeit des in Namibia geltenden Eherechts voraus.

Deshalb kann jedenfalls gesagt werden, dass die Parteien bei seinem Abschluss 28
von der Maßgeblichkeit des namibischen Rechts für die güterrechtlichen Wirkungen ihrer Ehe und darüber hinaus ausgegangen sind, wenn sie sich – in der Laiensphäre – über diese Frage überhaupt Gedanken gemacht haben. Weitere Konsequenz kann dann sein, dass aus dem Ehevertrag u.U. eine Unterstellung der Ehegatten unter das Recht von Namibia auch für den Bereich der – in den wesentlich dem Güterrecht und dem Unterhalt während der Ehe gewidmeten Vertragsregelungen nicht erfassten – allgemeinen Ehewirkungen folgt.[21]

Einer abschließenden Entscheidung bedarf die Frage hier freilich nicht, da die 29
ehevertragliche Vereinbarung des Ehewirkungsstatuts aus deutscher Sicht, auf die es hier bei Art. 14 Abs. 2 bis 4 EGBGB und damit auch für Art. 17 Abs. 1 S. 1 EGBGB ankommt, Vorrang vor der objektiven Bestimmung des Ehewirkungs- und Scheidungsstatuts gemäß Art. 14 Abs. 1 EGBGB nur in dem Rahmen hat, der durch Art. 14 Abs. 2 und 3 EGBGB eröffnet ist.[22]

Die Prüfung dieser beiden Vorschriften ergibt, dass die Parteien eine gemäß 30
Art. 14 Abs. 2 EGBGB beachtliche Wahl des Rechts von Namibia nicht vorge-

---

20 S. zu den Grundlagen des in Südafrika geltenden Rechts *Zimmermann,* ZfRV 26 (1985), 111 ff.; zur Gleichwertigkeit des niederländischen Notars hinsichtlich der Beurkundungstätigkeit aus der Sicht von Art. 11 Abs. 1 EGBGB *Lijtens,* DNotZ 1965, 12 ff. und *Erman/Hohloch* (o. Fn. 3), Art. 11 EGBGB, Rn. 20 m.w.N.

21 Art. 14 Abs. 4 EGBGB verlangt zwar die besondere Form einer Rechtswahl, äußert sich aber nicht zur Frage der „ausdrücklichen" Wahl des Ehewirkungsstatuts, s. *Erman/Hohloch* (o. Fn. 3), Art. 14 EGBGB, Rn. 23 und 24; die „konkludente" Rechtswahl für das Ehewirkungsstatut erscheint zulässig, s. *Staudinger/Mankowski,* EGBGB, Art. 13 ff. (Bearbeitung 2003), Art. 14 EGBGB, Rn. 143; enger wohl BayObLGZ 1998, 103, 107 = FamRZ 1998, 1594, 1596.

22 S. zu den Beschränkungen der Wahlmöglichkeit *Erman/Hohloch* (o. Fn. 3), Art. 14 EGBGB, Rn. 19 ff.; *Palandt/Heldrich* (o. Fn. 16), Art. 14 EGBGB, Rn. 11 ff.; *Staudinger/Mankowski* (o. Fn. 21), Art. 14 EGBGB, Rn. 115; zur Problematik der „bestärkenden" Rechtswahl zugunsten eines ohnehin berufenen Rechts (z.B. zwecks Ausschaltung der Rückverweisung) *Erman/Hohloch* (o. Fn. 3), Art. 14 EGBGB, Rn. 20; *Soergel/Schurig,* BGB, Bd. 10, 12. Aufl. 1996, Art. 14 EGBGB, Rn. 25.

nommen haben können. Soweit bislang ersichtlich, ist weder die Ast. noch der Ag. deutsch-namibischer Doppelstaater. Die Ast. ist nach dem Akteninhalt Deutsche, der Ag. ist Namibier mit wohl deutscher Herkunft, aber ohne deutsche Staatsangehörigkeit.[23]

31 Bei einer solchen Konstellation kommt aus deutscher Sicht eine zulässige Wahl namibischen Ehewirkungsstatuts gemäß Art. 14 Abs. 2 EGBGB nicht in Betracht; es fehlt einerseits an doppelter Staatsangehörigkeit bei beiden Parteien, zum anderen gehört die Ast. Namibia als Staatsangehörige nicht an, was das Eingreifen der Norm für eine Wählbarkeit des Rechts von Namibia ausschließt.

32 Auch Art. 14 Abs. 3 EGBGB ergibt eine solche Wählbarkeit des Rechts von Namibia nicht. Zwar haben die Parteien keine gemeinsame Staatsangehörigkeit und haben eine solche auch in ihrer Ehezeit nie besessen, so dass die Grundvoraussetzung des ersten Halbsatzes von Art. 14 Abs. 3 S. 1 EGBGB gegeben ist, doch hatte und hat der Ag. die Staatsangehörigkeit von Namibia, wo beide Ehegatten ihren gewöhnlichen Aufenthalt im Zeitpunkt des Abschlusses des Ehevertrags und danach hatten, so dass auch eine nach Art. 14 Abs. 3 S. 1 Nr. 1 EGBGB beachtliche Wahl ausscheidet. Schließlich ergibt sich auch aus Art. 14 Abs. 3 S. 1 Nr. 2 EGBGB keine im Inland zu beachtende Wahl des namibischen Rechts durch die Parteien. Der Ag. hatte in Namibia schon gewohnt, als es zur Heirat der Parteien kam. Die Ast. hatte sich zum Zeitpunkt des Abschlusses des Ehevertrags auch dort aufgehalten, entweder schon die bereits vergangene Zeit der im Februar 1996 eingegangenen Ehe, oder sie war mit dem Willen, dort zu bleiben, in Namibia für die Ehe eingetroffen. In beiden Fällen hatte sie damals schon gewöhnlichen Aufenthalt in Namibia, was wiederum eine im Inland gemäß Art. 14 Abs. 3 S. 1 Nr. 2 EGBGB beachtliche Wahl des Rechts von Namibia ausscheiden lässt.[24]

33 Ergebnis dessen ist, dass es für die Findung des Scheidungsstatuts auf den hier abgeschlossenen Ehevertrag nicht ankommt. Eine – dem Vertrag nicht ausdrücklich zu entnehmende – Wahl namibischen Rechts zum Ehewirkungsstatut könnte wegen der für Art. 14 Abs. 2 und 3 EGBGB geltenden Beschränkungen Beachtlichkeit für die Anknüpfung des Scheidungsstatuts nicht beanspruchen.

c) Scheidungsstatut gemäß Art. 17 Abs. 1 S. 1 und Art. 14 Abs. 1 EGBGB

34 Das auf die Scheidung anzuwendende Recht hat sich hier also aus Art. 17 Abs. 1 S. 1 und Art. 14 Abs. 1 EGBGB zu ergeben. Art. 14 Abs. 1 Nr. 1 EGBGB ist

---

[23] Zur staatsangehörigkeitsrechtlichen Situation der Namibiadeutschen („Südwester") s. *Erman/Hohloch* (o. Fn. 3), Art. 5 EGBGB, Rn. 31 und *Steinmann,* MDR 1994, 1066.

[24] S. zum gewöhnlichen Aufenthalt schon oben Rn. 3 und dort Fn. 3; zur kurzfristigen Begründbarkeit des gewöhnlichen Aufenthalts auf der Grundlage des Bleibewillens bei Planung gemeinsamen Aufenthalts nach Eheschließung im Land des anderen Ehegatten s. BGH, NJW 1981, 520; OLG Hamm, FamRZ 1991, 1466, 1467; *Erman/Hohloch* (o. Fn. 3), Art. 5 EGBGB, Rn. 52 m.w.N.

insofern im vorliegenden Fall unergiebig. Die Parteien haben keine aktuelle gemeinsame Staatsangehörigkeit; hätte die Ast. entgegen dem bisherigen Akteninhalt doch auch die namibische Staatsangehörigkeit, hätte diese als gemäß Art. 5 Abs. 1 S. 2 EGBGB ineffektive Staatsangehörigkeit im Inland für die Bestimmung des Ehewirkungs- und Scheidungsstatuts unbeachtet zu bleiben.[25]

Die Parteien hatten in der Zeit ihrer Ehe auch nie eine gemeinsame Staatsangehörigkeit, die nach Art. 14 Abs. 1 Nr. 1 (zweite Alternative) EGBGB genügen würde, so dass von Art. 14 Abs. 1 Nr. 1 EGBGB zu dessen Nr. 2 weiterzugehen ist. Aktuell gemeinsamen gewöhnlichen Aufenthalt haben die Parteien heute nicht mehr; sie hatten solchen auch nicht im Dezember 2004, als die Ast. die Scheidungsantragsschrift bei dem Familiengericht in Ravensburg einreichte. Art. 14 Abs. 1 Nr. 2 erste Alternative EGBGB ist demgemäß ebenfalls unergiebig; fraglos hatten die Parteien aber in der Ehezeit bis zum Jahr 2000 und der von der Ast. vollzogenen Trennung, auf die hin ihre Rückkehr ins Inland gefolgt ist, gemeinsamen Lebensmittelpunkt in Namibia. Dort hat der Ag. auch heute seinen Lebensmittelpunkt und gewöhnlichen Aufenthalt, der von ihm seit 2000 auch nie aufgegeben worden ist. Art. 14 Abs. 1 Nr. 1 zweite Alternative EGBGB ergibt hier also für die allgemeinen Ehewirkungen die Verweisung auf das Recht von Namibia. Daraus folgt, dass aus der Sicht von Art. 14 EGBGB Ehewirkungsstatut in der Ehe der Parteien das Recht von Namibia noch ist. Durch eine Rechtswahl in der Zeit des Getrenntlebens, die innerhalb der von Art. 14 Abs. 2 und 3 EGBGB gezogenen Grenzen bis zur Rechtshängigkeit des Scheidungsantrags, d.h. bis zu dessen rechtswirksamer Zustellung an den Ag. rechtlich möglich gewesen wäre, ist dieses Ehewirkungsstatut bislang nicht einverständlich geändert worden.[26] 35

Das Recht von Namibia ergibt deshalb das gemäß Art. 17 Abs. 1 S. 1 EGBGB anzuwendende Scheidungsrecht. 36

d) Heranziehung von Art. 17 Abs. 1 S. 2 EGBGB?

Das Gericht kann sich den Weg der Bestimmung des Scheidungsstatuts über Art. 17 Abs. 1 S. 1 EGBGB nicht ohne weiteres im Hinblick auf die Regelung des Art. 17 Abs. 1 S. 2 EGBGB ersparen. Die Ast. ist zwar Deutsche und hat das vorliegende Verfahren auch durch ihren Antrag initiiert, doch ist Art. 17 Abs. 1 S. 2 EGBGB subsidiärer Natur. Allenfalls dann kommt Art. 17 Abs. 1 S. 2 EGBGB zum 37

---

[25] S. zu dessen Unbeachtlichkeit insoweit OLG Zweibrücken, NJW-RR 2002, 581 = JuS 2002, 1025 Anm. *Hohloch;* w.N. bei *Erman/Hohloch* (o. Fn. 3), Art. 14 EGBGB, Rn. 13.

[26] S. hierzu die - nicht zu einer ehevertraglichen Rechtswahl gemäß Art. 14 Abs. 2 bis 4 EGBGB führende - Anregung des Gerichts vom 5.1.2005, die freilich nur bei noch nicht vorhandener Rechtshängigkeit des Scheidungsantrags Erfolg hätte haben können, s. die sich für Art. 17 Abs. 1 S. 1 EGBGB mit Eintritt der Rechtshängigkeit des Scheidungsantrags ergebende „Unwandelbarkeit" des Scheidungsstatuts; zu letzterer s. *Erman/Hohloch,* (o. Fn. 3), Art. 17 EGBGB, Rn. 11; *Palandt/Heldrich* (o. Fn. 16), Art. 17 EGBGB, Rn. 7.

Zuge, wenn die Ehe nach dem Recht von Namibia nicht scheidbar oder zum gegenwärtigen Zeitpunkt „noch nicht“ scheidbar ist. Dann könnte das Gericht zur Scheidung gemäß den die Scheidung wohl ermöglichenden §§ 1564 ff. BGB gelangen.[27]

38 Dafür bedarf es aber zunächst der Klärung der Frage, ob namibisches Recht, wenn sein materielles Recht hier anzuwenden ist, eine Scheidung der Ehe der Parteien ermöglicht oder (noch) nicht ermöglicht.

e) Gesamtverweisung auf das Recht von Namibia, Art. 4 Abs. 1 EGBGB

39 Die im vorliegenden Fall auf das Recht von Namibia zielende Verweisung des Art. 17 Abs. 1 S. 1 (mit Art. 14 Abs. 1 Nr. 2 zweite Alternative) EGBGB ist gemäß Art. 4 Abs. 1 EGBGB „Gesamtverweisung“ auf das namibische Recht. Zu prüfen ist deshalb auch der kollisionsrechtliche Standpunkt des Rechts von Namibia für die Scheidung und das auf die Scheidung anzuwendende Recht. Anders wäre dies dann, wenn das Gericht in Abweichung von dem oben zur „Rechtswahl“ gemäß Art. 14 Abs. 2 bis 4 EGBGB erreichten negativen Rechtswahlergebnis eine im Inland beachtliche, auf das Recht von Namibia als „Ehewirkungsstatut“ verweisende Rechtswahl der Parteien annehmen würde. Eine solche Verweisung wäre gemäß Art. 4 Abs. 2 EGBGB „Sachnormverweisung“, die unmittelbar auf das materielle Scheidungsrecht von Namibia verweisen und die Prüfung des dortigen kollisionsrechtlichen Standpunktes erübrigen würde.[28]

40 Die aus diesem Grunde oben angestellte ausführliche Prüfung des Rechtswahlaspekts ist dort negativ ausgefallen, mit der Folge, dass im weiteren Fortgang des Gutachtens auf das Internationale Privatrecht Namibias einzugehen ist.

---

[27] S. zu den Voraussetzungen des Eingreifens von Art. 17 Abs. 1 S. 2 EGBGB *Erman/Hohloch* (o. Fn. 3), Art. 17 EGBGB, Rn. 22 ff.; *Palandt/Heldrich* (o. Fn. 16), Art. 17 EGBGB, Rn. 9; zur Auslegung des „nicht“ als „noch nicht“ durch die h.M. s. OLG Celle, FamRZ 1987, 159, 160; KG, IPRax 2000, 544, 545; w.N. bei *Erman/Hohloch* (o. Fn. 3), Art. 17 EGBGB, Rn. 24, wo ich diese Auffassung auch teile. Bedenken gegen die h.M. in OLG Hamm, FPR 2004, 391 = JuS 2004, 827 Anm. *Hohloch.*

[28] Zur Unbeachtlichkeit einer „bestärkenden“ Rechtswahl gemäß Art. 14 Abs. 2 bis 4 EGBGB zugunsten eines schon kraft objektiver Anknüpfung in Betracht kommenden Rechts aus eben diesem Grunde der nicht zulässigen Überspielung der Gesamtverweisung durch die sich dann ergebende Möglichkeit der Sachnormverweisung s. schon oben Rn. 29 mit dortigen Hinweisen.

3. Scheidungskollisionsrecht von Namibia

a) Rechtsquelle

aa) Fehlen eines eigentlichen Scheidungskollisionsrechts

Die Republik Namibia besteht als unabhängiger Staat seit 1990. Sie hat keine gesetzliche Gesamtregelung ihres Internationalen Privatrechts eingeführt. Es besteht bislang auch noch keine einzelgesetzliche Regelung des Internationalen Privatrechts der Ehescheidung aus der Zeit nach Erlangung der Unabhängigkeit. Demgemäß ist auf die aus der Zeit der Rechtsetzung durch Südafrika stammende Rechtslage und ihre in Namibia praktizierte Umsetzung bzw. auf die dortige Handhabung aus der südafrikanischen Zeit stammender Regelungen zurückzugreifen.[29] 41

Da auch Südafrika bis 1990 kein kodifiziertes IPR hatte, sondern allenfalls gesetzliche Einzelregelungen verstreut über verschiedene Gesetze, die Teile des materiellen Privatrechts regelten, kannte, werden in Namibia solche gesetzlichen Einzelregelungen weiter praktiziert, wenn sie im Zeitpunkt der Erlangung der Unabhängigkeit im Gebiet des heutigen Namibia in Geltung waren. Ansonsten wird richterliches Fallrecht, grundsätzlich auf der Grundlage des aus der südafrikanischen Zeit stammenden Gewohnheitsrechts bzw. Fallrechts, praktiziert. 42

bb) Verfahrensrechtlicher Ansatz bei „jurisdiction" für die Scheidung

Einzelgesetzlich geregelte Grundlagen eines Scheidungskollisionsrechts bestehen für Südafrika in section 2 des dortigen Scheidungsgesetzes *(Divorce Act 1979)*, die 1992 durch den südafrikanischen *Domicile Act no. 3/1992* die nachfolgende Fassung erhalten hat. 43

Section 2 Divorce Act 1979	*Deutsch:*[30]
„(1) A court shall have jurisdiction in a divorce action if the parties are or either of the parties is	(1) Ein Gericht hat Gerichtsbarkeit (= Zuständigkeit) für eine Scheidungsklage, wenn

---

[29] S. dazu oben Rn. 13 ff. Zum Fehlen von namibischem Ehekollisionsrecht *Elwan/Otto* (o. Fn. 9), 354, 355 f. Es gilt grundsätzlich die 1990 erreichte Rechtslage; spätere Veränderungen in Südafrika haben in Namibia keine Geltung (, es sei denn, die Gerichte greifen kraft richterrechtlicher Befugnis zu südafrikanischem Recht, wenn eigenes Recht noch unergiebig ist).

[30] Der Text ist abgedruckt bei *Bergmann/Ferid/Henrich (Brink)* (o. Fn. 11), Länderteil Südafrika, 107; der o.a. Domicile Act, 1992, der für Südafrika Gleichberechtigung der Frau bei der Domizilbegründung eingeführt hat, ist daselbst S. 197 f. abgedruckt. Die dem dortigen Abdruck jeweils beigegebene deutsche Übersetzung ist hier nicht benutzt, da sie in wesentlichen Teilen den englischen Wortlaut nicht korrekt übersetzt. Sie ist durch die vorstehende eigene Übersetzung ersetzt.

a) domiciled in the area of jurisdiction of the court on the date on which the action is instituted; or

a) die Scheidungsparteien oder eine der Parteien ihr Domizil bei Einreichung der Klage im Gebiet der Zuständigkeit des Gerichts haben oder hat, oder

b) ordinarily resident in the area of jurisdiction of the court on the said date and have or has been ordinarily resident in the Republic for a period of not less than one year immediately prior to that date.

b) sie oder eine von ihnen im genannten Zeitpunkt ihren gewöhnlichen Aufenthalt im Gebiet der Zuständigkeit des Gerichts haben oder hat und sie oder eine von ihnen ein Jahr unmittelbar vor diesem Zeitpunkt in der Republik sich gewöhnlich aufgehalten haben oder hat.

(2) A court which has jurisdiction in terms of subsection 1 shall also have jurisdiction in respect of a claim in reconvention or a counter-application in the divorce action concerned.

(2) Ein gemäß dem vorstehenden Absatz zuständiges Gericht ist auch zuständig für eine Widerklage oder für Gegenanträge, die die Scheidungsklage betreffen.

(3) A court which has jurisdiction in terms of this section in a case where the parties are or either of the parties is not domiciled in the Republic shall determine any issue a accordance with the law which would have been domiciled in the area of jurisdiction of the court concerned on the date on which the divorce action was instituted.

(3) Ein gemäß dieser section des Gesetzes zuständiges Gericht hat im Fall, dass die Parteien oder eine der Parteien nicht in der Republik domiziliert sind oder ist, seine Entscheidungen in Übereinstimmung mit dem Recht zu treffen, das anzuwenden wäre, wenn die Parteien im Zeitpunkt der Einreichung der Klage im Gebiet der Zuständigkeit des Gerichts domiziliert gewesen wären.

(4) The provisions of this Act shall not derogate from the jurisdiction which a court has in terms of any other law or the common law."

[...]

44 Da der *Divorce Act 1979* bis zur Erlangung der Unabhängigkeit Namibias im Gebiet des heutigen Namibia nicht in Kraft gesetzt worden ist, hat dort auch seine section 2 keine gesetzliche Geltung erlangt und kann so nicht als in Namibia gesetzlich geltende Grundlage des Scheidungskollisionsrechts herangezogen werden.[31]

45 Sie kann aber gleichwohl als heutiger Ausdruck schon vorher bestehender südafrikanischer und namibischer Scheidungskollisionsrechtspraxis zwecks Veranschaulichung herangezogen werden. Sie entspricht grundsätzlich der vorherigen Handhabung von „Scheidung mit Auslandsberührung“ in Südafrika, die in Südafrika in Anwendung des Rechts von Südafrika ausgesprochen wurde, wenn wegen des

[31] S. oben Rn. 17 ff. mit dortigen Nachweisen. Zum Fehlen von gesetzlichem Ehekollisionsrecht in Namibia s. auch *Elwan/Otto* (o. Fn. 9), 355.

Domizils des Ehemannes in Südafrika dortige Scheidungszuständigkeit bestand und das dann anzuwendende Recht Südafrikas die Scheidung ermöglichte.[32]

In dieser Tradition setzt die Norm bei der Zuständigkeit *(jurisdiction)* der dortigen Gerichte für die Scheidung an. Zuständigkeit für die Scheidung besteht dann, wenn mindestens eine Partei des angestrebten Scheidungsverfahrens entweder in Namibia domiziliert ist, d.h. dort ihr *domicile* hat, oder jedenfalls seit einem Jahr vor der beantragten Scheidung im dortigen Gebiet ihren gewöhnlichen Aufenthalt *(ordinary residence)* hat und immer noch hat. Besteht solches Domizil oder zumindest solcher – aus hiesiger Sicht „gewöhnlicher" – Aufenthalt im Sinne der Regelung in Namibia nicht, wird sich ein südafrikanisches Gericht heute in der Regel für unzuständig halten und die Scheidungsklage mangels Zuständigkeit in der Sache nicht behandeln, sondern (als unzulässig) abweisen. Besteht die so begründete Zuständigkeit hingegen, wird die Scheidungsklage behandelt. Die Prüfung der Scheidung in der Sache beruht dann aber immer auf den Regeln des in Südafrika geltenden Scheidungsrechts, d.h. auf den Regeln der dortigen lex fori. Da ein eigentliches internationales Scheidungsrecht, d.h. Kollisionsrecht nicht besteht und verfahrensrechtlich gedacht wird, stößt eine vom deutschen IPR ausgesprochene Gesamtverweisung, wie sie hier in Anwendung von Art. 17 Abs. 1 S. 1 EGBGB gegeben ist, im Geltungsbereich von section 2 *Divorce Act 1979* „ins Leere". 46

cc) Verfahrensrechtlicher Ansatz bei „jurisdiction" Namibias

Angesichts der Übereinstimmung der Norm mit der vorherigen fallrechtlichen Praxis Südafrikas und auch Südwestafrikas, die an das Domizil des Ehemannes anknüpfte, gilt auch im vorliegenden Fall, dass die von Art. 17 Abs. 1 S. 1 EGBGB ausgesprochene Verweisung auf das Recht von Namibia dort nicht auf eine korrespondierende Scheidungskollisionsnorm, sondern auf die zuständigkeitsrechtliche Behandlung des Scheidungsfalls mit Auslandsberührung trifft. Würde aufgrund des Vorliegens von *jurisdiction* wegen Bestehens von *domicile* (grundsätzlich des Ehemannes) im Staatsgebiet des angerufenen Gerichts Namibias der Scheidungsfall in Namibia behandelt werden, würde er auf der Grundlage des in Namibia geltenden Scheidungsrechts entschieden werden; würde *jurisdiction* – wegen Fehlens 47

[32] S. zum Scheidungskollisionsrecht der Vorzeit *Kahn,* South African Law Journal 90 (1973), 125 ff.; s. f. *Spiro*, Conflict of Laws, 1973, 20, 209; *Hahlo*, South Africa, Abschnitt IX, Private International Law, S. S-87, in: International Encyclopedia of Comparative Law, Bd. I, „National Reports", 1976/1986. Textabdruck der ursprünglichen Fassung der section 2 des Divorce Act 1979 bei *Cronje*, The South African Law of Persons and Family Law, 3. Aufl. 1994, 297 f. Auf die Einräumung einer subsidiären Scheidungszuständigkeit für die in Südafrika domizilierte Ehefrau, die von ihrem Ehemann verlassen wurde, im Matrimonial Causes Act no. 35/1945 kommt es im vorliegenden Fall nicht an. - Zur Übereinstimmung der damaligen Rechtspraxis im Gebiet des heutigen Namibia s. NAMLEX (o. Fn. 9), „History", 1 und 3 (Geltung des römisch-holländischen Rechts und des südafrikanischen common law).

grundsätzlich des *domicile* (des Ehemannes) in Namibia – verneint werden, käme es dort nicht zur Sachentscheidung und demgemäß nicht zur Anwendung von sachlichem Scheidungsrecht Namibias.

48 In Namibia gilt mangels Inkraftsetzung des *Divorce Act 1979* und mangels neuerer Scheidungsgesetzgebung heute noch das Scheidungsrecht der das common law modifizierenden *Divorce Law Amendment Ordinance, no. 18/1935*. Diese enthält keine hier einschlägige *jurisdiction*-Regel. Weitere gesetzliche Vorschriften für die Scheidung und das Scheidungsverfahren sind die *Matrimonial Affairs Ordinance, no. 25/1955*, und der *Matrimonial Causes Jurisdiction Act, no. 22/1939*, sowie der *Civil Proceedings Act, no. 25/1965*.[33]

49 Eine Zuständigkeitsregelung enthält der *Matrimonial Causes Jurisdiction Act* in seiner section 1. In ihrer heutigen, auf dem *Married Persons Equality Act, no. 1/1996* beruhenden Fassung, die die Gleichberechtigung der Ehefrau hinsichtlich der Domizilbegründung umgesetzt hat,[34] gibt die letztere Vorschrift dem in Namibia für Scheidungen sachlich zuständigen *High Court of Namibia* in Windhuk Zuständigkeit im Sinne von *jurisdiction*, wenn beide Parteien oder eine Partei gemäß seinem Absatz 1

a) zum Zeitpunkt der Klagerhebung ihr Domizil im Gerichtsbezirk haben bzw. hat oder

b) ihren gewöhnlichen Aufenthalt im Gerichtsbezirk im Zeitpunkt der Klagerhebung haben bzw. hat und mindestens ein Jahr unmittelbar davor hatten bzw. hatte.

50 Die zuständigkeitsrechtliche Sicht Namibias entspricht also heute, nach Nachvollzug der Gleichstellung der Ehefrau für die Domizilbegründung, der in Südafrika geltenden Gesetzeslage.

---

33 S. zu dieser Gesetzeslage die Übersicht von NAMLEX (o. Fn. 9), „Marriage and Divorce", 1 ff. Ebenso *Postler* (o. Fn. 13), 147, daselbst auch die Nachweise zu Veränderungen in den genannten Gesetzen und Gesetzesverordnungen durch spätere Rechtsetzung, die hier nicht von Bedeutung sind. Der Matrimonial Causes Jurisdiction Act no. 22/1939 ist für Südwestafrika 1979 in Kraft geblieben, obwohl er für Südafrika damals aufgehoben wurde (transfer proclamation vom 12.11.1979 nach der Aufhebung für Südafrika im Juli 1979, da letztere nicht auch auf Südwestafrika erstreckt wurde) und ist in der 1979 ihm gegebenen Form bislang in Namibia in Kraft, s. NAMLEX (o. Fn. 9), „Marriage and Divorce", 1.

34 Married Persons Equality Act (Gesetz zur Gleichstellung der Ehegatten), 1996 (Act 1 of 1996), unterzeichnet durch den Präsidenten der Republik Namibia am 20.5.1996; Wortlaut liegt mir als Internetausdruck vor. Die frühere Anknüpfung an das (im Grundsatz auch für die Frau verbindliche) Domizil des Mannes, die von *Elwan/Otto* (o. Fn. 9), 354 ff. noch berichtet wird und auch z.B. noch der Begutachtung eines Falles mit Berührung zu Südafrika in IPG 1987/1988 Nr. 31 *(Göttingen)*, 297, 298 ff. zugrunde liegt, ist damit auch für Namibia überholt (für Südafrika s. oben die Fassung 1992 von section 2 Divorce Act 1979). Zu den diesbezüglichen Auswirkungen des Married Persons Equality Act in Namibia s. *Postler* (o. Fn. 13), S. 147 in Fn. 597 bis 600.

dd) Kollisionsrechtliche Lösung im Hinblick auf die Gesamtverweisung von Art. 17 Abs. 1 S. 1 EGBGB

Zu lösen ist das Problem, dass Namibia wie Südafrika die Scheidung mit Auslandsberührung nicht kollisionsrechtlich, sondern zuständigkeitsrechtlich zu bewältigen sucht, unter dem Stichwort der „unechten Rückverweisung" oder „versteckten Rückverweisung". Als Ersatz für das fehlende Kollisionsrecht, das über die Annahme oder Ablehnung der von Art. 17 Abs. 1 S. 1 EGBGB ausgesprochenen Gesamtverweisung des deutschen Rechts befinden sollte, werden die Zuständigkeitsregelungen betrachtet. Ergibt sich aus ihrer Anwendung auf den Scheidungsfall, dass der Staat, in den die deutsche Verweisung führt, seine Zuständigkeit bejahen würde, wenn die Scheidung dort anhängig gemacht werden würde, wird vom deutschen Recht daraus geschlossen, dass das dortige Recht als dortige lex fori angewandt werden würde. Das wird als „versteckte" Annahme der Verweisung des deutschen IPR gedeutet; „kollisionsrechtliche Rückkopplung" führt dann zur Anwendung des materiellen Scheidungsrechts jenes Staats im deutschen Scheidungsverfahren. Im umgekehrten Fall der Verneinung der Zuständigkeit für die Scheidung durch das von der deutschen Verweisung berufene Recht wäre im deutschen Verfahren „unechte Rückverweisung" gegeben; wie beim regelrechten Renvoi würde dann im hiesigen Verfahren deutsches Recht auf die Scheidung zur Anwendung kommen.[35] 51

b) Anwendung auf den vorliegenden Scheidungsfall

Im vorliegenden Fall würde Namibia, würde dort die Scheidung der Ehe der Parteien begehrt werden, heute auf der Grundlage der oben dargestellten Zuständigkeitsvorschriften des *Matrimonial Causes Jurisdiction Act, no. 22/1939* (Fassung 1996) seine Zuständigkeit schon wegen des dortigen Domizils des hiesigen An- 52

[35] S. zur unechten oder versteckten Rückverweisung die Rspr.-Aufstellung mit Ländergruppen des angloamerikanischen Rechtskreises und weiterer Staaten bei *Erman/Hohloch* (o. Fn. 3), Art. 17 EGBGB, Rn. 6; auch *Hoppenz/Hohloch* (o. Fn. 1), Art. 17 EGBGB, Rn. 6 m.w.N.; *Staudinger/Mankowski* (o. Fn. 21), Art. 17 EGBGB, Rn. 154 ff.; *Soergel/Schurig* (o. Fn. 22), Art. 17 EGBGB, Rn. 159; MüKo/*Winkler v. Mohrenfels*, BGB, Bd. 10, 3. Aufl. 1998, Art. 17 EGBGB, Rn. 40 ff.
Besteht konkurrierende „jurisdiction" Deutschlands und des Staats, in den die Verweisung des deutschen IPR, die für das zuständige deutsche Gericht gilt, führt, ändert sich nach zutreffender h.M. an dieser Lösung nichts, s. m.w.N. MüKo/*Winkler v. Mohrenfels* (aaO), Art. 17 EGBGB, Rn. 45 und 46.
Neuere deutsche Rspr. zu Scheidungsfällen mit Berührung zu Südafrika oder Namibia, in denen es zu versteckter Rückverweisung auf das deutsche Recht gekommen ist, sind nicht ersichtlich, s. die Aufstellungen bei *Soergel/Schurig* (o. Fn. 22), Art. 17 EGBGB, Rn. 159 in den Fn. und bei *Staudinger/Mankowski* (o. Fn. 21), Art. 17 EGBGB, Rn. 158 bis 162. Das dürfte daran liegen, dass bei dortigem Domizil und hiesiger Zuständigkeit in Anwendung des dortigen (südafrikanischen) Rechts geschieden worden ist oder wegen der früheren Enge des südafrikanischen, den Ehebruch fordernden Scheidungsrechts deutsches Recht in Anwendung von Art. 17 Abs. 1 S. 2 EGBGB oder (vor 1986) des Art. 17 Abs. 4 EGBGB a.F. zur Anwendung gekommen ist.

tragsgegners bejahen. *Domicile* im Sinne des dortigen Rechts hat der Ehemann und Ag. eindeutig, denn er hat dort nicht nur seinen Lebensmittelpunkt, was ihm auch in Namibia gewöhnlichen Aufenthalt *(ordinary residence)* geben würde,[36] er hat dort darüber hinaus erstens seine Wurzeln, außerdem sein Vermögen und seine berufliche Existenz und auch den Willen, nach Möglichkeit dort zu bleiben, was in Südafrika wie in Namibia in der sowohl englischen wie kapholländischen Rechtstradition das *domicile* bejahen lässt.[37]

53 Diese Bejahung der Zuständigkeit Namibias für eine Scheidung der Ehe der Parteien ist dann im vorliegenden Zusammenhang als versteckte Annahme der Verweisung des deutschen IPR auf das dortige Recht zu bewerten. Zur Anwendung im hiesigen Verfahren berufen ist dann das materielle Scheidungsrecht Namibias; es kommt also nicht zu einer „versteckten" Rückverweisung auf das deutsche Recht.

54 Eine die hiesige Ast. in nicht hinnehmbarer Weise benachteiligende Anknüpfung an das Domizil des Mannes, die unter Heranziehung der hiesigen Ordre-public-Klausel (Art. 6 EGBGB) abgewehrt werden müsste, liegt in der so zustande kommenden Maßgeblichkeit des Domizilrechts des Ehemannes nicht. Auf das Recht Namibias ist bereits durch die verfassungskonforme Anknüpfung des deutschen Rechts verwiesen worden, die dadurch angenommen wird, dass das Recht Namibias heute mit einer die Gleichberechtigung berücksichtigenden „Oder"-Begründung seiner *jurisdiction* operiert; eine systembezogene Benachteiligung der Ehefrau liegt in dieser neuen Regelung, anders als ggf. in der älteren Praxis, die der Ehefrau grundsätzlich kein eigenes Domizil zubilligte und so zur Maßgeblichkeit des Mannesrechts kommen musste, nicht mehr.[38]

c) Ergebnis

55 Kollisionsrechtliches Ergebnis der Verweisung durch Art. 17 Abs. 1 S. 1 EGBGB ist so die Maßgeblichkeit des Rechts von Namibia. Die von der Ast. begehrte Scheidung unterliegt danach dem Scheidungsrecht Namibias.

---

[36] Zu letzterer Handhabung des Begriffs in Namibia s. die bei *Postler* (o. Fn. 13), 147, Fn. 602 zitierte Entscheidung *Zwyssig* v. *Zwyssig*, 1997 (2) SA 467 (W): „Der gewöhnliche Aufenthalt bedeutet die physische Anwesenheit an einem Ort mit einem gewissen Grad von Dauerhaftigkeit [...].".

[37] S. zu diesem Domizilbegriff für Namibia neben der vorgenannten Entscheidung, die auf den „animus manendi" abstellt, noch die Entscheidung *Ex parte Stern*, 1976 (2) SA 273 (C). S. noch zum Domizilbegriff in der Ausdeutung des südafrikanischen Rechts *Spiro* (o. Fn. 32), 108 ff.; *Cronje* (o. Fn. 32), 40; *Hahlo,* The South African Law of Husband and Wife, 5. Aufl. 1985, 128. Weitere Nachweise zum (älteren) südafrikanischen IPR und Domizilbegriff in IPG 1987/1988 Nr. 31 *(Göttingen)*, 297, 299.

[38] S. die Erörterung solcher Bedenken in IPG 1987/1988 Nr. 31 *(Göttingen)*, 299 f. für die damalige Rechtslage Südafrikas.

III. Materielles Recht

1. Rechtsquelle

56 Rechtsquelle des namibischen Scheidungsrechts ist, wie oben ausgeführt, da für Namibia der in Südafrika eingeführte *Divorce Act* von 1979 nicht in Kraft gesetzt worden ist, heute noch das überkommene *common law* südafrikanischer/südwestafrikanischer Prägung, das durch die *Divorce Amendment Ordinance no. 18/1935* gesetzlich modifiziert worden und in der Regelung der Scheidungsvoraussetzungen durch die Gleichstellungsgesetzgebung nicht verändert worden ist.[39]

In Namibia gelten heute für einzelne Teile des Staatsgebiets noch besondere Regelungen, so für den östlichen Teil des „Caprivi-Zipfels" im äußersten Nordosten des Landes und für das Gebiet der in der deutschen Zeit englischen „Walfisch-Bucht" *(Walvis Bay)*.[40] Einfluss auf den vorliegenden Fall hat dies nicht; der Wohnplatz der Parteien in Namibia ist T., ein einige hundert Kilometer nordöstlich von Windhuk gelegener Endpunkt der dorthin führenden Eisenbahnlinie. Dort gilt das allgemein in Namibia geltende Recht ohne örtliche Besonderheiten.

57 Es gilt demgemäß in Namibia nicht die Scheidungsregelung des *Divorce Act 1979*, der für Südafrika damals die Scheidung der Ehe auf der Grundlage eines Zerrüttungsprinzips, dessen Regelungen sich in section 3 und 4 des Gesetzes befinden, eingeführt hat. Das namibische Recht beruht auf der Grundlage der *Divorce Law Amendment Ordinance no. 18/1935* immer noch auf dem Verschuldensprinzip und wird in Namibia vielfach als überholt empfunden. Es ist deshalb auch dort eine Scheidungsrechtsreform angestoßen worden, die allerdings bislang noch nicht zu einer Veränderung der Gesetzeslage geführt hat.[41]

58 Rechtsgrundlage der Scheidungsvoraussetzungen geltenden Rechts ist *common law* und section 1 Abs. 1 der *Divorce Laws Amendment Ordinance no. 18/1935.* Scheidungsgründe sind auf dieser gewohnheitsrechtlichen Basis des überkommenen *common law* jedenfalls „Ehebruch" *(adultery)* und „böswilliges Verlassen des Partners" *(malicious desertion)*, wohl auch „Verweigerung der ehelichen Rechte und

---

39 S. oben Rn. 48; die übrigen dort genannten Rechtsgrundlagen betreffen das Scheidungsverfahren und Scheidungsfolgen wie Unterhalt und Vermögen und können hier außer Betracht bleiben; die Zuständigkeitsregelung des Matrimonial Causes Jurisdiction Act no. 22/1939 ist im jetzt zu behandelnden Zusammenhang ebenfalls ohne Bedeutung. Der Married Persons Equality Act no. 1/1996 hat die Scheidungsgründe nicht verändert, s. den Inhalt seiner die Veränderung anderer gesetzlicher Regelungen betreffender sections 2 - 31.

40 S. hierzu und zu anderen Sonderrechtsgebieten NAMLEX (o. Fn. 9), „History", 6 f.

41 S. dazu den Report of the Legal Assistance Centre. Proposal for the reform of Namibias Divorce Law, 2000. Dazu auch *Postler* (o. Fn. 13), 149 f. Zur bislang nicht geschehenen Gesetzesreform s. die mir vorliegende aktuelle Gesetzgebungsübersicht von Oktober 2005 von NAMLEX (o. Fn. 9), „Marriage and Divorce", die immer noch die Divorce Law Amendment Ordinance no. 18/1935 als Rechtsgrundlage der Scheidung führt.

Pflichten" *(refusal of the marital privileges)* oder „körperliche und seelische Grausamkeit" *(physical or mental cruelty)* oder „Trunksucht und Drogenverfall" *(addiction to alcohol or drugs)*; zusätzlich kraft gesetzlicher Einführung das Vorliegen „unheilbarer Krankheit" *(incureable insanity)* und das Verbüßen einer „Freiheitsstrafe von mindestens fünf Jahren" durch einen Ehegatten *(imprisonment for five years)* bei Deklarierung dieses Ehegatten zum „Gewohnheitsverbrecher" *(habitual criminal)*. Weitere offiziell bestehende Scheidungsgründe gibt es nicht.[42]

59 Die Zerrüttungsscheidung, die in Südafrika 1979 eingeführt worden ist, hat bislang keine eigene Rechtsgrundlage; eine Konventionalscheidung ist ebenfalls nicht offizieller Bestandteil namibischen Scheidungsrechts. Betrieben werden kann die Scheidung vor diesem Rechtshintergrund offiziell nur durch den „unschuldigen" Ehegatten, der darlegungs- und beweispflichtig für das Vorliegen eines der vorgenannten Scheidungsgründe ist und nach dem für die Scheidung in Namibia geltenden Verfahrensrecht den Scheidungsgrund grundsätzlich im Gerichtsverfahren beeiden muss.

2. Praktische Handhabung in Namibia

60 Die in Namibia geltende Gesetzeslage hat zu Unzufriedenheit geführt, die aber eine Änderung der Gesetzes- und Rechtslage noch nicht bewirkt hat. Die Rechtspraxis hat indes eine gewisse Abschleifung der hergebrachten Strenge und Enge des Scheidungsrechts erbracht. So wird eine Scheidung ohne eigentlichen Nachweis des Scheidungsgrundes auf dem Weg erreicht, dass der eine Ehegatte die Scheidung unter Bezeichnung des Scheidungsgrundes einreicht, die Klage dann gerichtlich (durch den Zustellungsbeamten des für die Scheidung zuständigen *High Court* in Windhuk) dem anderen Ehegatten zugestellt wird, der eine 10-tägige Frist zur Entgegnung hat. Lässt dieser andere Ehegatte diese Frist verstreichen, erfolgt bei Vorbringen des Scheidungsgrundes Ehebruch die gerichtliche Scheidung durch Urteil. Wird das Scheidungsbegehren mit einem anderen Scheidungsgrund begründet, z.B. mit böswilligem Verlassen, und erfolgt bei solcher Begründung kein Widerspruch des anderen Ehegatten gegen das Scheidungsverlangen, wird regelmäßig das Verfahren unter Erlass eines die Wiederherstellung der ehelichen Lebensgemeinschaft anordnenden Beschlusses für sechs bis acht Wochen ausgesetzt. Verstreicht die Frist, wie regelmäßig, ohne Wiederherstellung der Lebensgemeinschaft, hat der Scheidungskläger grundsätzlich eidesstattlich das Scheitern der Versöhnung zu ver-

---

[42] S. *Postler* (o. Fn. 13), 147, 148, die als für die Praxis bedeutsame Scheidungsgründe Ehebruch und böswilliges Verlassen hervorhebt; *Hahlo* (o. Fn. 37), 333 f., wo die Scheidungsgründe des common law zusammengestellt sind, die in Südafrika mit der Einführung der Zerrüttungsscheidung 1979 bedeutungslos geworden sind, weil sie dort in der Zerrüttung aufgehen (körperliche und seelische Grausamkeit) bzw. bei Erfüllung der Trennungsfrist von einem Jahr nicht mehr erheblich bleiben (böswilliges Verlassen).

sichern. Dann erfolgt wiederum in pflichtmäßiger Anwesenheit des Klägervertreters die Verkündung des Scheidungsurteils.[43]

Wird das Verfahren streitig, befasst sich das Gericht mit der Sache und erhebt ggf. Beweise; regelmäßig mündet das Verfahren dann in ein Zwischenverfahren ein, in dem die Scheidungsfolgen geregelt und vielfach in einer Scheidungsvereinbarung vor dem Erlass des Scheidungsurteils insgesamt vereinbart werden; in solche Vereinbarungen münden auch Eheverträge ein, in denen Regelungen für den Fall des Scheiterns der Ehe vorsorglich getroffen worden sind. 61

3. Anwendung auf den vorliegenden Fall

Auszugehen ist demgemäß im vorliegenden Fall davon, dass nach namibischem Recht die Scheidung einer Ehe erfolgen kann. Vorliegen muss ein Scheidungsgrund nach dem geschilderten Recht von Namibia. Einen dem Recht von Namibia genügenden Scheidungsgrund hat die Ast. des vorliegenden inländischen Verfahrens bislang noch nicht vorgebracht. Zwar leben die Parteien seit dem Jahr 2000 getrennt, die Ast. in Deutschland, der Ag., in Namibia, Getrenntleben als solches ist aber nach dem gegenwärtigen Zustand des Rechts von Namibia noch kein Scheidungsgrund. Dies bislang auch dann nicht, wenn die Ehegatten einverständlich die Scheidung wünschen. Auch dann ist anders vorzugehen. Die Ast. müsste Ehebruch des Ag. dartun oder darlegen, dass der Ag. sich von ihr getrennt hat oder den Tatbestand seelischer oder körperlicher Grausamkeit erfüllt hat oder dem Trunk verfallen oder drogenabhängig geworden ist. Bei fünfjähriger Trennungszeit könnte wohl von dauernder Trennung und von geringen Versöhnungschancen ausgegangen werden, wenn Verlassen der Ast. durch den Ag. angenommen werden kann, was bislang aus der Akte nicht hervorgeht, wenn der Ag. die Trennung auf die Ast. zurückführt. 62

Um zu einer so auf der Grundlage des Rechts von Namibia begründeten Scheidung zu gelangen, könnte das Gericht die Durchführung des Versöhnungsversuchs bedenken, den das Recht von Namibia vorschreibt; an sich ist im Inland auf eine solche grundsätzlich als Bestandteil der fremden lex fori, nicht des Scheidungsstatuts selbst zu qualifizierende Regelung nicht zwingend Rücksicht zu nehmen; ihre Beachtung und Erwähnung in den Urteilsgründen kann aber im Heimatstaat des Ag. als dem Staat potentieller Anerkennungsnotwendigkeit die Anerkennungsfähigkeit steigern.[44] 63

---

[43] S. hierzu die Darstellung von *Postler* (o. Fn. 13), 147 - 150, auch mit detaillierter Verweisung auf die einzelnen Verfahrensregeln aus den „Rules of the High Court of Namibia", die dort das oben geschilderte Verfahren tragen, im vorliegenden Verfahren als namibisches Verfahrensrecht aber grundsätzlich außer Betracht bleiben können.

[44] S. zur Nichtberücksichtigung im inländischen Verfahren OLG Frankfurt a. M., FamRZ 2001, 293; ebenso *Erman/Hohloch* (o. Fn. 3), Art. 17 EGBGB, Rn. 35 für die h.M., mit Hinweisen auf in der Rspr. vorhandene abw. Stellungnahmen.

64 Für den Scheidungsausspruch gibt das Recht von Namibia keine zu beachtenden Besonderheiten vor. Wie nach deutschem Recht wird die Ehe durch das Urteil aufgelöst, das insoweit gestaltet. Die Möglichkeit der Aufnahme eines Schuldausspruchs in den Tenor des Urteils ist nach dem Recht Namibias wohl gegeben, aber bei Scheidung aus böswilligem Verlassen in einem einseitig bleibenden Verfahren wohl nicht zwingend.

65 Die Mitentscheidung von Scheidungsfolgen ist im vorliegenden Verfahren nicht veranlasst. Ob und inwieweit Verbund besteht, hat das deutsche Recht als Gegenstand der lex fori zu bestimmen. Da bislang keine Scheidungsfolgeregelung beantragt ist, ist eine solche auch nicht zu bedenken; dies gilt für eine güterrechtliche Auseinandersetzung ebenso wie für eine Unterhaltsregelung oder für den Versorgungsausgleich. Letzterer kann im vorliegenden Fall nicht stattfinden; Scheidungsstatut ist das Recht von Namibia, das einen Versorgungsausgleich nicht kennt. Versorgungsausgleich in „regelwidriger“ Anwendung des deutschen Rechts gemäß Art. 17 Abs. 3 S. 2 EGBGB dürfte schon daran scheitern, dass im Inland Anrechte, die ausgeglichen werden könnten, in der Ehezeit nicht erworben worden sind; im Übrigen hat die Ast. insoweit den notwendigen Antrag nicht gestellt.

66 Ergebnis ist damit, dass die Ehe der Parteien nach namibischem Recht grundsätzlich geschieden werden kann, wenn eine dem namibischen Recht genügende Begründung des Scheidungsantrags erfolgt, die bislang nicht gegeben ist. Nach dem gegenwärtigen Inhalt der Akte ist der Scheidungsantrag also noch nicht begründet.

4. Hilfsweise Heranziehung deutschen Scheidungsrechts, Art. 17 Abs. 1 S. 2 EGBGB

67 Da die Ehe nach derzeitigem Akteninhalt nach dem Recht von Namibia nicht geschieden werden kann, die Anwendung deutschen Rechts aber angesichts der vorgebrachten und nicht bestrittenen fünfjährigen Trennung der Ehegatten eine Scheidung gemäß §§ 1565, 1566 BGB ermöglichen würde, ist dessen Heranziehung gemäß Art. 17 Abs. 1 S. 2 EGBGB zu bedenken. Die grundsätzliche Anwendbarkeit von Art. 17 Abs. 1 S. 2 EGBGB ist oben bereits dargelegt worden.[45]

68 Im vorliegenden Fall geht es dann nicht darum, dass deutsches Recht subsidiär deshalb heranzuziehen ist, weil die Ehe der Ast. auf der Grundlage des eigentlichen Scheidungsstatuts, des Rechts von Namibia, „noch nicht“ zu scheiden ist. Auf der Grundlage namibischen Rechts fehlt es nicht an einer „noch nicht“ erfüllten Scheidungsvoraussetzung,[46] vielmehr geht es darum, dass ggf. die Scheidungsgründe des dortigen Rechts nicht greifen, weil Ehebruch nicht vorliegt und nicht schlüssig dar-

[45] S. oben Rn. 37 f.

[46] So beispielsweise bei der Nichterfüllung einer Wartefrist, s. OLG Celle, FamRZ 1987, 159, 160; s. f. m.w.N. *Erman/Hohloch* (o. Fn. 3), Art. 17 EGBGB, Rn. 24.

zulegen ist und weil bösliches Verlassen der Ast. durch den Ag. auch nicht vorliegt und nicht vorgetragen werden kann, weil das dauernde Getrenntleben, das jetzt fünf Jahre dauert, auf die Ast. selbst zurückgeht. Entwickelt sich der Sachverhalt in dieser Weise weiter, kommt die Ast. mit ihrem Scheidungsbegehren auf der Grundlage des namibischen Rechts deshalb nicht zum Ziel der Scheidung, weil ein die Scheidung tragender Grund nach diesem Recht „nicht" verfügbar oder nicht schlüssig vortragbar ist.[47]

In diesem Fall ist auf Art. 17 Abs. 1 S. 2 EGBGB abzustellen, wenn die Ast. die Scheidung so beantragt. 69

Stellt sich für das Gericht das „nicht" heraus, geht es nicht mehr um eine von Art. 17 Abs. 1 S. 2 EGBGB nicht zu ermöglichende „jedenfalls nach deutschem Recht mögliche" Scheidung,[48] sondern um den erlaubten Anwendungsfall.

Zur Reichweite der Geltung des über Art. 17 Abs. 1 S. 2 EGBGB herangezogenen deutschen Rechts ist hier nur darzulegen, dass das deutsche Recht dann die Scheidungsgründe und den Scheidungsausspruch ergibt. Scheidungsfolgen sind nicht geltend gemacht. Ob die Scheidung „hinken" kann, wenn Namibia eine Anerkennung verweigern könnte, darf im vorliegenden inländischen Verfahren ohne Berücksichtigung bleiben, da die inländische Sicht vorgeht und im Inland rechtskräftige Scheidung folgen lässt.[49] 70

D. Ergebnis

1. Das Gericht kann von seiner Zuständigkeit für die Scheidung ausgehen. Seiner Zuständigkeit kann eine in Namibia unter Umständen getroffene Zuständigkeitsvereinbarung zugunsten der namibischen Gerichte nicht entgegengehalten werden. Auf die Frage, ob ein durch das Gericht ausgesprochenes Scheidungsurteil in Namibia anerkannt werden wird, kommt es für die Bejahung der Zu- 71

---

47 Maßgeblich ist der Zeitpunkt der letzten mündlichen Verhandlung; in diesem Zeitpunkt muss das Gericht zur Auffassung gelangen, dass das Scheidungsstatut zur Scheidung der Ehe, wie beantragt, nicht führt, s. *Erman/Hohloch* (o. Fn. 3), Art. 17 EGBGB, Rn. 24; ebenso *Palandt/Heldrich* (o. Fn. 16), Art. 17 EGBGB, Rn. 9; a.A., aber nicht zutreffend *Kersting*, FamRZ 1992, 274, auf den insofern nicht praktikablen Zeitpunkt der Rechtshängigkeit abstellend.
Die Entscheidung des OLG Hamm, FPR 2004, 391 = JuS 2004, 827 Anm. *Hohloch*, in der Revision zum BGH zugelassen worden ist, über die aber noch nicht entschieden ist, betrifft einen Fall des „noch nicht", nicht des hier erheblichen „nicht" [*nachträglicher Hinweis:* Die Entscheidung des BGH ist zwischenzeitlich ergangen: BGH, FamRZ 2007, 113 ff.].

48 S. dazu *Lüderitz*, IPRax 1987, 74 f.; *Erman/Hohloch* (o. Fn. 3), Art. 17 EGBGB, Rn. 24 a.E.

49 S. zum Gesichtspunkt des „Hinkens" der Scheidung *Erman/Hohloch* (o. Fn. 3), Art. 17 EGBGB, Rn. 22. Zur nicht an Art. 17 Abs. 1 S. 2 EGBGB zu orientierenden Anknüpfung der von Art. 17 Abs. 1 EGBGB nicht erfassten Scheidungsfolgen *Erman/Hohloch* (o. Fn. 3), Art. 17 EGBGB, Rn. 25 m.w.N.

ständigkeit des Gerichts nicht an. Ungeachtet etwaiger Nichtanerkennung in Namibia ist die Ast. im Inland von dem Ag. vollwirksam geschieden, wenn sie im vorliegenden Verfahren die Scheidung erreicht.

2. Das Gericht hat auf die begehrte Scheidung grundsätzlich namibisches Recht anzuwenden. Die Anwendbarkeit des Rechts von Namibia folgt aus Art. 17 Abs. 1 S. 1 und Art. 14 Abs. 1 Nr. 2 (zweite Alternative) EGBGB. Die vom deutschen Recht ausgesprochene Verweisung auf das Recht von Namibia wird als Gesamtverweisung von dessen Recht im Ergebnis angenommen; es liegt eine „versteckte" Annahme der deutschen Verweisung vor.

3. Nach dem Recht von Namibia ist die Ehe auf Antrag der Ast. dann zu scheiden, wenn der Ag. die Ast. nach ihrem Vortrag böswillig verlassen hat oder Ehebruch begangen hat. Das Recht von Namibia kennt bislang die Scheidung wegen Zerrüttung der Ehe aufgrund langjährigen Getrenntlebens der Ehegatten noch nicht. Diesen Anforderungen des Rechts von Namibia genügt der bisherige Vortrag der Antragsschrift nicht, so dass der Scheidungsantrag der Ast. bislang nach dem anwendbaren Recht unbegründet ist.

4. Bringt die Ast. noch schlüssigen Vortrag im Sinne des Rechts von Namibia vor, so hängt der weitere Verlauf des Verfahrens vom prozessualen Verhalten des Ag. ab. Erfolgt von seiner Seite kein Widerspruch gegen das die Scheidung nach namibischem Recht begründende Vorbringen der Ast., kann das Familiengericht nach dem Vorbild der in Namibia geübten Gerichtspraxis die Ehe aus dem vorgebrachten Scheidungsgrund, ggf. nach erfolgloser Durchführung eines Versöhnungsversuchs, scheiden.

5. Der Scheidungsausspruch weist in diesem Fall keine notwendigen Besonderheiten auf; das Gericht kann sich an seiner Tenorierungspraxis zum deutschen Recht orientieren. Weitere Aussprüche als den Ausspruch der Scheidung der Ehe muss das Gericht in sein Urteil nicht aufnehmen.

6. Über Scheidungsfolgen ist, wenn das Familiengericht in der Hauptsache zum Scheidungsausspruch gelangt, mangels vorliegender Anträge nicht zu befinden.

7. Sieht das Gericht auch bei ergänztem Vorbringen der Ast. eine Scheidung nach dem Recht von Namibia nicht begründet, hat es die hilfsweise Heranziehung des deutschen Rechts gemäß Art. 17 Abs. 1 S. 2 EGBGB zu erwägen. Da die Ast. Deutsche ist und die Scheidung begehrt und die Scheidungsvoraussetzungen des deutschen Rechts vorliegen dürften, kommt hier eine Scheidung nach deutschem Recht in Betracht, wenn das Gericht das Scheidungsbegehren der Ast. nach dem Recht von Namibia nicht begründet sieht. Das Entstehen einer ggf. „hinkenden Scheidung" im Fall, dass die Scheidung in Namibia nicht anerkannt würde, hindert die Scheidung im Inland nicht. Da über Scheidungsfolgen nicht zu befinden ist, ist die Tragweite der Geltung des von Art. 17 Abs. 1 S. 2 EGBGB berufenen deutschen Rechts im vorliegenden Verfahren nicht zu bedenken.

Nr. 31

Griechenland*

1. **Für in Thrazien lebende Muslime griechischer Staatsangehörigkeit gilt im Bereich des Ehe- und Kindschaftsrechts weiterhin islamisches Recht. Maßgeblich ist der hanafitische Ritus.**
2. **Nach islamischem Recht kann ein geschäftsfähiger Ehemann seine Frau durch einseitige nicht empfangsbedürftige Willenserklärung zu jeder Zeit und ohne Angabe von Gründen aus der Ehe entlassen bzw. verstoßen. Auf die Zustimmung der Ehefrau kommt es nicht an.**

Das OLG Hamm bittet in der Familiensache N. ./. M. (Gesch.-Z. 7 UF 123/05) um ein Gutachten über das in Griechenland für Muslime geltende Ehescheidungsrecht.

Köln Kr 9/05 vom 16.12.2005

A. Sachlage

Die aus Xanthi/Thrazien stammenden Parteien des Rechtsstreits, Memet N., 1 geb. am 5.9.1965, und Choulia M., geb. am 7.11.1970, sind beide griechischer Staatsangehörigkeit sowie islamischer Religionszugehörigkeit. Sie haben am 27.3.1986 die Ehe vor dem Mufti in Xanthi nach islamischem Ritus geschlossen. Die Ehe ist im Standesamt Xanthi und in Vistonida, Regierungsbezirk Xanthi, ordnungsgemäß registriert worden; eine staatliche Urkunde, durch die die Eheschließung bestätigt wird, liegt vor. Beide Parteien haben ihren Wohnsitz in Lippstadt.

Der Antragsteller begehrt die Scheidung der Ehe. Die Parteien leben seit 2000 getrennt. Die Antragsgegnerin beantragt, den Antrag zurückzuweisen. Sie ist der Ansicht, die Scheidung einer in Griechenland nach islamischem Recht geschlossenen Ehe sei ohne ihre Zustimmung nicht möglich.

Erstinstanzlich hat das AG Lippstadt (Gesch.-Z. 24 F 296/04) durch Urteil vom 13.4.2005 den Antrag auf Scheidung zurückgewiesen: Auf den Rechtsstreit sei islamisches Recht anzuwenden und die Parteien seien der Gerichtsbarkeit eines in Griechenland zuständigen Mufti unterworfen. Deshalb könne die Ehe nicht durch ein deutsches Familiengericht geschieden werden.

* *Anm. d. Red.:* S. zur Anerkennungsfähigkeit einer in Westthrazien vor dem Mufti erlangten Scheidung griechischer Muslime auch IPG 2003/2004 Nr. 22 *(Freiburg)*. Zum griechischen Scheidungsrecht (Zugewinnausgleich) vgl. ferner IPG 1996 Nr. 27 *(München)* und IPG 2000/2001 Nr. 27 *(Hamburg)*, dort zu den Voraussetzungen der Zuerkennung nachehelichen Unterhalts.

Im Berufungsverfahren vor dem OLG Hamm verfolgt der Antragsteller sein Scheidungsbegehren. Die Antragsgegnerin beantragt weiterhin die Zurückweisung der Berufung und vertritt auch im Berufungsverfahren die Ansicht, dass ihre Zustimmung zur Scheidung erforderlich sei.

Das OLG Hamm ist unter Bezugnahme auf die Entscheidung des BGH vom 6.10.2004[1] der Ansicht, „dass für die Scheidung zweier im Inland lebender ausländischer Parteien für deren Scheidung ein religiöses (Heimat-)Gericht originär zuständig wäre, das deutsche Gericht international zuständig ist, sofern die sonstigen Voraussetzungen vorliegen und das religiöse Verfahrensrecht durch deutsches Verfahrensrecht zu ersetzen ist. Danach kommt es für den Scheidungsausspruch auf das gemäß Art. 4 Abs. 1 des (griechischen) Gesetzes Nr. 147/1914 anzuwendende religiöse Recht an."

B. Anfrage

2 Aufgrund dieser Sach- und Rechtslage bittet das OLG Hamm um Auskunft darüber, unter welchen Voraussetzungen nach islamischem Recht der hanafitischen Rechtsschule eine Ehescheidung ausgesprochen werden kann. Insbesondere wird gefragt, ob die Zustimmung der Ehefrau zur Scheidung erforderlich ist.

C. Rechtslage

I. Allgemeines zur Rechtssituation

3 Das griechische Familienrecht ist nach wie vor interpersonal gespalten. Für in Thrazien (Nordostgriechenland) lebende Muslime griechischer Staatsangehörigkeit gilt im Bereich des Ehe- und Kindschaftsrechts weiterhin islamisches Recht. Dies ist durch das Inkraftsetzen des griechischen ZGB im Jahre 1940 nicht geändert worden. Diese Sonderstellung des islamischen Rechts für Muslime beruht auf osmanisch- bzw. türkisch/griechischen Staatsverträgen. Am wichtigsten ist heute Art. 42 des Friedensvertrages von Lausanne aus dem Jahre 1923. Niederschlag hat dies in mehreren staatlichen Gesetzen in Griechenland gefunden. Einige in jüngerer Zeit erfolgte Gesetzesänderungen sind in casu unerheblich. Der im Rechtsstreit maßgebende Art. 4 Abs. 1 des Gesetzes Nr. 147/1914[2] gilt fort. Danach gilt für das Scheidungsrecht von Muslimen, wie gesagt, islamisches Recht.[3]

---

1 FamRZ 2004, 1952 m. Anm. *Henrich* = IPRax 2005, 346 mit Besprechungsaufsatz von *Rauscher*, ebenda 313-320.

2 Zutreffende deutsche Übersetzung bei *Bergmann/Ferid/Henrich (Kastrissios)*, Internationales Ehe- und Kindschaftsrecht, sub Griechenland (Stand: 2001), 27 f.

3 Ausführlich zur Problematik in chronologischer Reihenfolge u.a. *Fragistas*, Le droit musulman en Grèce, Ann.Fac. Istanbul Nr. 4 (1954), 129-141; *Kokkini-Iatridou*, Introduction au droit hellénique,

Das islamische Recht ist bekanntlich nicht einheitlich, sondern nach Rechts- 4
schulen/Riten (Arab. *madhâhib*; Türk. *mezhepler*) geschieden. Aus Art. 4 Abs. 1 des Gesetzes Nr. 147/1914 folgt nicht ohne weiteres, welcher Rechtsschule die Muftis der bestehenden Muftiämter (in den drei Städten Didimotiho, Komotini und in Xanthi) in Ehesachen zu folgen haben.[4] Es unterliegt jedoch nicht dem geringsten Zweifel, dass dies der *hanafitische* Ritus ist;[5] denn er war der herrschende im Osmanischen Reich.[6] Die Muftis wenden im Übrigen durchgängig das traditionelle *nicht kodifizierte* islamische Recht des hanafitischen Ritus an.[7] Ein Rückgriff auf das osmanische Familienrechtsgesetz *(Hukuk-u Aile Kararnamesi)* aus dem Jahre 1917[8] erfolgt nicht, wie mir aufgrund einer mir vor einigen Jahren erteilten mündlichen Auskunft des Muftiamts (Griech. *muftei*; Türk. *müftülük*) in Komotini bekannt ist. Im Übrigen kann die Frage in casu dahinstehen; denn das in diesem Gesetz normierte Scheidungsrecht (Art. 102-131) ist nicht mehr als eine Kodifikation der hanafitischen Regeln.

Als erstes *Zwischenergebnis* ist damit festzuhalten, dass die Ehescheidung in ca- 5
su den Normen des islamisch-hanafitischen Rechts unterliegt.

II. Islamisch-hanafitisches Ehescheidungsrecht

Grundsätzlich hat nach islamischem Recht (aller Schulen) nur der Ehemann das 6
Recht, (einseitig) die Ehe aufzulösen (durch *talâq* = Verstoßung). Dabei handelt es sich um ein privates Rechtsgeschäft. Der Ehefrau steht das Recht, die Ehe aufzulösen (oder dabei mitzuwirken), nur in engen Grenzen zu. Dabei muss sie – anders als

---

1969, 30-33; *Bekiaridis*, I mouftides os thrikefiki igete ton mousoulmanos tis periferias ton ke os dimosie arche (Die Muftis als religiöse Führer der Muslime ihrer Umgebung sowie als staatliche Behörden), Armenopoulos 27 (1973), 885-895; *Bendermacher-Geroussis*, Das interpersonale Recht in Griechenland und insbesondere in Thrazien, in: Festschrift für Murad Ferid, 1978, 61-74; *Grammaticaki-Alexiou*, Mixed Jurisdictions, Rev.hell.dr.int. 38-39 (1985-86), 315, 317-319; *Tsitselikis*, Personal Status of Greece's Muslims, in: *Aluffi/Zincone*, The Legal Treatment of Islamic Minorities in Europe, 2004, 109-132; *ders*., The Legal Status of Islam in Greece, Welt des Islams 44 (2004), 402-431.

4 Im Osmanischen Reich waren die Muftis lediglich Rechtsgutachter; in Griechenland besitzen sie seit 1913 auch die Zuständigkeit eines Richters (kadi), der bindend entscheiden kann; z.B. *Tsitselikis*, Personal Status (o. Fn. 3), 113 f.

5 *Tsitselikis*, Personal Status (o. Fn. 3), 119; zutreffend *Bergmann/Ferid/Henrich (Kastrissios)* (o. Fn. 2), 28.

6 Statt aller *Krüger*, Fetwa und Siyar - Zur internationalrechtlichen Gutachtenpraxis der osmanischen Scheichülislâm, 1978, 41 m.w.N.

7 Z.B. *Tsitselikis*, Personal Status (o. Fn. 3), 119.

8 Text des Gesetzes in der osmanischen Gesetzessammlung Düstur, 2. Serie, IX 762-781; in deutscher Übersetzung (von *Krebs*) in: Der Neue Orient 3 (1918), Sonderbeilage zu Heft 2, 1-8. Das Gesetz ist zwar im Osmanischen Reich bereits Mitte 1919 wieder aufgehoben worden (Düstur, 2. Serie, XI 299 f.), spielte jedoch in einer Reihe von Nachbarstaaten auch danach noch lange Zeit eine erhebliche Rolle.

der Ehemann – in den meisten (enumerierten) Fällen eine gerichtliche Entscheidung beantragen (Arab. *tafrîq* oder *faskh*).[9]

7 Geht die Ehescheidung wie im zu beurteilenden Fall vom Ehemann aus, so besteht völlig eindeutig folgende Rechtslage: Ein geschäftsfähiger Ehemann kann seine Frau durch *einseitige* nicht empfangsbedürftige Willenserklärung zu jeder Zeit ohne Angabe von Gründen aus der Ehe entlassen bzw. verstoßen *(talâq)*. Hierdurch kommt es sofort zur Beendigung der ehelichen Lebensgemeinschaft, selbst wenn die Frau erst später hiervon erfährt. Die Erklärung bedarf keiner besonderen Form. Sie braucht nach hanafitischem Recht auch nicht vor zwei männlichen muslimischen Zeugen zu erfolgen.[10] Auf die Zustimmung der Ehefrau zum *talâq* (Verstoßung, Entlassung aus der Ehe) kommt es in keinem Fall an.[11]

8 Da die Antragsgegnerin auf dem Standpunkt steht, dass ihre Zustimmung zur Ehescheidung erforderlich ist, werden zusätzlich zu den aus der modernen Sekundärliteratur in Fn. 9 und 11 genannten Belegen einige *Primär*quellen genannt. Dabei werden ausschließlich osmanische Quellen benutzt; denn in Thrazien wurde die osmanisch-türkische Rechtstradition – ohne Berücksichtigung der kemalistischen Reformen in der republikanischen Türkei seit 1923 – konserviert.[12]

9 Bei der *Sharî'a* handelt es sich um religiöses Recht. Es ist ein reines Juristenrecht (präziser: Gelehrtenrecht). Die Rechtsquellen sind primär in den sog. *furû'*-Werken (in unserem Verständnis in der Rechtsliteratur) und an zweiter Stelle in den Sammlungen von Rechtsgutachten (Arab. *fatâwâ*; Sg. *fatwâ*; Türk. *fetâvâ*; Sg. *fetvâ*) der osmanischen *Scheichülislâm* (oder anderer bedeutender Rechtsgutachter) enthalten.[13]

10 Dies führt selbstverständlich zu keinem anderen Ergebnis, weil die zuvor in Fn. 9 und 11 zitierte Sekundärliteratur auf diesen Quellen beruht. Hingewiesen sei lediglich auf zwei äußerst prominente hanafitische Rechtswerke, die im Osmanischen Reich eine ganz besonders große Rolle gespielt haben. Dabei handelt es sich um das Hauptwerk von *Ibrâhîm al-Halabî* (st. 1549), das in Europa früher nicht selten als

---

9 Z.B. *Ansay*, Hukuk Tarihinde Islâm Hukuku (Islamisches Recht in der Rechtsgeschichte), 4. Aufl. 2002, 226-233; *Aydin*, Islam-Osmanli Aile Hukuku (Islamisch-osmanisches Familienrecht), 1985, 109-122.

10 Anders die Schiiten; IPG 1967-68 Nr. 25 *(Köln)*, 308.

11 Z.B. *Ansay* (o. Fn. 9), 226 f.; *Aydin* (o. Fn. 9), 109 f. (U.a. der „talâq" ist „tek tarafli bir irade" = eine einseitige Willenserklärung); *Imber*, Ebu's-su'ud - The Islamic Legal Tradition, 1997, 197 f. („Hanafi law gives a husband unfettered powers to repudiate his wife" [Das hanafitische Recht gibt einem Ehemann uneingeschränkte Macht, seine Ehefrau zu verstoßen]); ausführlich zu Voraussetzungen und Folgen der Verstoßung ebenda 198 f.

12 Zutreffend zuletzt *Kandler*, Der Islam in der Diaspora: Südost- und Osteuropa, in: *Ende/Steinbach* (Hrsg.), Der Islam in der Gegenwart, 5. Aufl. 2005, 597, 605-608.

13 Jüngst dazu *Krüger*, Beharrung und Entwicklung im islamischen Rechtsbereich (unter besonderer Berücksichtigung des ehelichen Vermögensrechts), in: Internationales Familienrecht für das 21. Jahrhundert - Symposium zum 65. Geburtstag für Ulrich Spellenberg, 2005, 169, 173-180.

Corpus Iuris Ottomanorum bezeichnet wurde, und um das bekannteste Werk von *Shaikhzâde* (st. 1667). Beide Werke waren Hauptquellen für die osmanischen Gerichte und für das Rechtsstudium. Es gibt in ihnen nicht den geringsten Hinweis darauf, dass eine Ehefrau der Scheidung durch den Mann zustimmen muss.[14]

Dasselbe gilt für die Fatwâ-Literatur, die im Osmanischen Reich – insbesondere 11
für die Gerichte – eine noch größere Bedeutung hatte als die furû'-Werke, weil sie sich als eine Art von Handkommentaren primär auf sie stützten. Zu erheblichen Teilen waren die Urteile nicht mehr als Bestätigungen der Gutachten der Muftis (insbesondere der *Scheichülislâm*).[15]

Auch hier seien wieder nur drei im Osmanischen Reich von den Gerichten wohl 12
meist benutzte Titel zitiert. Dabei handelt es sich um die Gutachtensammlungen der beiden großen osmanischen *Scheichülislâm*[16] *Ali Efendi* (im Amt von 1674-1686 und 1692 [seinem Todesjahr])[17] und *Abdullâh Efendi* (im Amt von 1718-1730)[18] sowie um eine im Jahre 1808 zusammengestellte Sammlung von Rechtsgutachten mehrerer *Scheichülislâm* unter dem Titel *Neticet ül-Fetâva.*[19]

Vorsorglich seien einige Beispiele aus den genannten Sammlungen genannt. Er- 13
klärt der Ehemann in Anwesenheit seiner Frau den *talâq*, so ist die Ehe in diesem Zeitpunkt aufgelöst.[20] Sagt z.B. der Ehemann mit Scheidungsabsicht (Türk. *niyet*) in ihrer Anwesenheit zu seiner Frau „Geh zur Hölle" *(„cehenneme git")*, ist schon dann eine Ehe sofort geschieden.[21] Halten sich die Eheleute zur Zeit des Ausspruchs des *talâq* durch den Mann an verschiedenen Orten auf, so gilt die Scheidung als vollzogen, sobald er den Scheidebrief absendet. Auf seinen Empfang durch die Ehefrau kommt es im islamisch-hanafitischen Recht nicht an.[22]

Deutlicher geht es schwerlich. Auch nach der Gutachtenpraxis – auf der Grund- 14
lage der *furû'*-Literatur – ist für die Wirksamkeit einer vom Ehemann ausgehenden Scheidung in keinem Fall die Zustimmung der Ehefrau erheblich.

---

14 *Ibrâhîm al-Halabî*, Multaqa l-abhur, Istanbul 1309 H./1891-92, 52-55; *Shaikhzâde*, Majma' al-anhur, Istanbul 1308 H./1890-91, I 307-311 (Beide Belege betr. das Kapitel über den „talâq").

15 Nachweis bei *Krüger* (o. Fn. 6), 55.

16 Der Scheichülislâm war im Osmanischen Reich die höchste Autorität in allen juristischen Fragen. Statusmäßig stand er auf derselben Stufe wie der Großwezir (etwa Premierminister); denn lediglich diese beiden Amtsträger wurden unmittelbar vom Sultan selbst ernannt.

17 Fetâvâ-yi *Ali Efendi*, Istanbul 1324-25 H./1906-07, I 70-94 (betr. das Kapitel über den „talâq") .

18 *Abdullâh Efendi*, Behcet ül-Fetâvâ, 2. Aufl. 1289 H./1872-73, I 79-100 (betr. das Kapitel über den „talâq").

19 Istanbul 1237 H./1821-22, 67-89 (betr. das Kapitel über den „talâq").

20 Neticet ül-Fetâva (o. Fn. 19), 80.

21 *Ali Efendi* (o. Fn. 17), I 75. – Diese Formel erinnert ein wenig an eine im römischen Recht bekannte; nämlich „tuas res tibi habeto", was sicher nicht wörtlich, jedoch sinngemäß bedeutet „Mach deinen Kram allein" oder „Pack deine Sachen"; *Gaius* Dig. 24 II 2 1.

22 *Ali Efendi* (o. Fn. 17), I 70.

15 Urteile osmanischer Gerichte sind für diese Fallgestaltung nicht ermittelbar, weil sie darüber nie zu entscheiden brauchten; denn eine durch den *talâq* des Mannes erfolgte Scheidung bedurfte nicht der gerichtlichen Mitwirkung.[23]

16 Soweit die Muftis in Griechenland heute in Scheidungssachen gerichtlich zuständig sind, ist lediglich eine formale Abweichung vom traditionellen islamisch-hanafitischen Recht gegeben. Der *talâq* kann nicht mehr in privater Form, sondern muss in einem gesetzlich nicht formalisierten Verfahren[24] vor dem Mufti erklärt werden.[25] *Materiellrechtlich* hat sich jedoch keineswegs irgendetwas geändert: Der Ehemann kann sich von seiner Frau jederzeit ohne Begründung trennen, ohne dass sie in irgendeiner Form mitwirken muss. Insbesondere ist nach wie vor ihre Zustimmung zur Scheidung *nicht* erforderlich.

17 Dieser Rechtszustand ist völlig eindeutig, wie sich insbesondere auch aus Stellungnahmen von Menschenrechtsgruppen ergibt. Danach ist es klar, dass Scheidungen vor den Muftis, die – auch grundlos – von Ehemännern ausgehen, rechtlich möglich sind. Sie werden ohne weiteres von den griechischen (staatlichen) Gerichten bestätigt.[26]

18 Als zweites *Zwischenergebnis* ist damit festzuhalten, dass der Antrag auf Scheidung durch den Antragsteller auf der Grundlage des für Muslime in Thrazien geltenden Rechts begründet ist. Auf die Zustimmung der Antragsgegnerin kommt es nicht an.

D. Ergebnis

19 1. Maßgebend für die Ehescheidung ist für muslimische Griechen (aus Thrazien) das traditionelle islamische Recht des hanafitischen Ritus (oben Rn. 3 ff.).

2. Der Antrag des Ehemanns ist nach griechisch-islamischem Recht begründet. Er kann von seiner Frau zu jeder Zeit ohne Angabe eines Grundes geschieden werden. Auf die Zustimmung der Ehefrau kommt es nicht an (oben Rn. 6 ff.).

---

23 Statt aller *Jennings*, Studies on Ottoman Social History, 1999, 128.

24 S. *Tsitselikis*, Personal Status (o. Fn. 3), 117 m.w.N. in Fn. 25 („There are no fixed rules regulating the procedure before the mufti […] The procedures follow customary rules according to the habits and the will of the mufti.“ [Es gibt keine festen Regeln, die das Verfahren vor dem Mufti regeln [...] Die Verfahren folgen den hergebrachten Regeln entsprechend den Gewohnheiten und dem Willen des Muftis]); *ders.*, Legal Status (o. Fn. 3), 419 m.w.N. in Fn. 44.

25 Zutreffend *Bergmann/Ferid/Henrich (Kastrissios)* (o. Fn. 2), 29.

26 Z.B. eine mir vorliegende Presseerklärung der Greek Helsinki Monitor: Minority Rights Group – Greece vom 7.3.2002: „Divorces are issued only against women, often without justification, sometimes without them even being summoned" (Scheidungen werden nur gegen Frauen ausgesprochen, oft ohne Begründung und mitunter, ohne dass sie [die Frauen] geladen werden). Die Anwendung dieser Normen des islamischen Rechts wird auch heute stets von den griechischen Gerichten bestätigt („Today, [...] the [...] application of Islamic law by the muftis is always ratified by the Greek courts [...]“), aaO, S. 1.

f) Scheidungsfolgen

Siehe auch Nr. 3 (Köln)

Nr. 32

Australien

1. **Zur Verteilung des Ehegattenvermögens im Fall der Scheidung nach australischem Recht.**
2. **Zur Rechtshängigkeit nach australischem Zivilprozessrecht.**

Das Amtsgericht Baden-Baden – Familiengericht – bittet in der Güterrechtssache Z. ./. S. (Geschäftsnr. 2 F 108/04 GÜ) um eine Auskunft zum australischen Zivilverfahrensrecht.

Hamburg G 27/2006 vom 24.8.2006

A. Sachlage

Den Akten ist der folgende Sachverhalt zu entnehmen: 1

Die Parteien sind Eheleute, die 1995 in Japan geheiratet haben. Der Ehemann ist deutscher Staatsangehöriger, die Ehefrau besaß zunächst die chinesische Staatsangehörigkeit und wurde später Australierin.

Nach der Eheschließung siedelten die Eheleute 1996 von Japan nach China über. 1999 zogen sie nach Perth in West-Australien. Im September 2000 wurde dort das gemeinsame Kind Felix geboren.

Zu einem zwischen den Parteien streitigen Zeitpunkt, der entweder im Jahr 2000 (Ehefrau) oder 2002 (Ehemann) lag, trennten sie sich.

Die Ehefrau verfügt über Grundvermögen in China (Apartments) und Perth (Haus), das zumindest teilweise auch unter Verwendung von Mitteln des Ehemannes erworben wurde. Der Ehemann besitzt Grundvermögen (Haus- und Wohnungseigentum) in Deutschland. Daneben sind die Eheleute auch Inhaber verschiedener Bankkonten. In den Wohnungen befinden sich Einrichtungsgegenstände und sonstiger Hausrat, die zum Teil vor der Eheschließung erworben wurden.

Am 6.4.2004 erhob die Ehefrau (im Folgenden: Klägerin) Scheidungsklage gegen den Ehemann (im Folgenden: Beklagter) beim Amtsgericht Baden-Baden, verbunden mit dem Antrag auf Zuweisung der Kindessorge für Felix und auf Zahlung von Kindesunterhalt. Die Klage wurde dem Beklagten am 17.4.2004 in China, wo er sich zu dieser Zeit aufhielt, zugestellt.

Am 15.12.2004 leitete der Beklagte ein Verfahren vor dem *Family Court of Western Australia* (FCWA) in Perth, Australien, mit dem Antrag ein, das eheliche Vermögen der Parteien im Verhältnis von 60 % für ihn und 40 % für die Klägerin aufzuteilen.

Die Klägerin erhob am 17.2.2005 gegen den Beklagten Klage auf Auskunft über sein während der Ehe erworbenes Vermögen zur Durchführung des Zugewinnausgleichs. Diese Klage wurde dem Prozessvertreter des Beklagten am 24.2.2005 zugestellt.

Die Klägerin beantragte am 28.5.2005 beim FCWA eine *restraining order* mit dem Ziel, dem Beklagten zu untersagen, das Verfahren in Australien fortzusetzen, hilfsweise dieses Verfahren bis zu einer Entscheidung des deutschen Gerichts auszusetzen. Der FWCA lehnte diesen Antrag durch Thackray, J. mit Beschluss vom 9.9.2005 ab. Damit kann das durch den Beklagten eingeleitete Verfahren vor dem FWCA fortgesetzt werden.

B. Anfrage

2 Das Amtsgericht Baden-Baden möchte nun wissen, ob

a) das in Australien anhängige Verfahren denselben Streitgegenstand wie das deutsche betrifft;

b) das in Australien anhängige Verfahren vor dem 24.2.2005 nach dortigem (australischem) Prozessrecht rechtshängig geworden ist.

C. Rechtslage

I. Streitgegenstand

1. Anderweitige Rechtshängigkeit und Begriff des Streitgegenstands

3 Nach § 261 Abs. 3 Nr. 1 ZPO kann während der Dauer der Rechtshängigkeit die Streitsache von keiner Partei anderweitig anhängig gemacht werden. Der Einwand der anderweitigen Rechtshängigkeit setzt voraus, dass den Klagen vor beiden Gerichten derselbe Streitgegenstand zugrunde liegt.[1]

---

1 *Zöller/Greger*, Zivilprozessordnung, 25. Aufl. 2005, § 261 ZPO, Rn. 9 ff.; *Stein/Jonas (Schumann)*, Kommentar zur Zivilprozessordnung, 21. Aufl. 1997, § 261 ZPO, Rn. 12; *Schack*, Internationales Zivilverfahrensrecht, 3. Aufl. 2002, Rn. 752; *Geimer*, Internationales Zivilprozessrecht, 5. Aufl. 2005, Rn. 2693; *Baumbach/Lauterbach/Albers/Hartmann (Hartmann)*, Zivilprozessordnung, 64. Aufl. 2006, § 261 ZPO, Rn. 19; MüKo-ZPO/*Lüke*, 2000, § 261 ZPO, Rn. 56.

Der Einwand der anderweitigen Rechtshängigkeit schließt nicht nur parallele Verfahren vor deutschen Gerichten aus; analog ist die Vorschrift auch anzuwenden, wenn ein Verfahren vor einem ausländischen Verfahren in Gang gesetzt worden ist und das andere vor einem deutschen Gericht.[2] 4

Voraussetzung der Beachtlichkeit einer ausländischen Rechtshängigkeit ist allerdings, dass das ausländische Urteil in Deutschland voraussichtlich anerkannt werden wird (Anerkennungsprognose).[3] 5

Sinn des *lis alibi pendens*-Einwands ist es, parallele Verfahren vor mehreren Gerichten und die damit verbundene unökonomische Prozessführung zu verhindern sowie das Risiko abweichender Entscheidungen zu minimieren.[4] 6

Eine anderweitige Rechtshängigkeit liegt dann vor, wenn dieselben Parteien denselben Streitgegenstand in parallelen Verfahren vor mehreren Gerichten verfolgen. Im vorliegenden Fall handelt es sich – wenn auch in vertauschten Parteirollen – im Verfahren vor dem AG Baden-Baden und im Verfahren vor dem FCWA um dieselben Parteien. 7

Der Streitgegenstand wird charakterisiert durch den Klageantrag und den diesem zugrunde liegenden Lebensvorgang (Grund des Anspruchs).[5] 8

Die Einzelheiten des Streitgegenstandsbegriffs sind umstritten. Es handelt sich bei dem Begriff um ein Konzept des deutschen Rechts, dessen Auslegung dem anfragenden Gericht obliegt. Um die mögliche Identität des Streitgegenstands beider Verfahren prüfen zu können, muss das Gericht die rechtlichen Grundlagen des vom Beklagten vor dem FCWA geltend gemachten Anspruchs kennen. Diese Rechtsauskunft konzentriert sich demzufolge auf eine Darstellung des durch den Beklagten vor dem Gericht in West-Australien nach australischem Recht erhobenen Anspruchs. 9

2. Der Streitgegenstand des australischen Verfahrens

In Australien richtet sich bei laufender Ehe die Berechtigung der jeweiligen Ehegatten an Vermögensgegenständen danach, welcher Ehegatte sie erworben hat. Erwerb (und Veräußerung) von Vermögensgegenständen durch Ehegatten richten 10

---

[2] *Geimer* (o. Fn. 1), Rn. 2688; *Stein/Jonas (Schumann)* (o. Fn. 1), § 261 ZPO, Rn. 11.

[3] MüKo-ZPO/*Lüke* (o. Fn. 1), § 261 ZPO, Rn. 75; *Stein/Jonas (Schumann)* (o. Fn. 1), § 261 ZPO, Rn. 11; *Geimer*, Rn. 2688.

[4] *Stein/Jonas (Schumann)* (o. Fn. 1), § 261 ZPO, Rn. 3; *Baumbach/Lauterbach/Albers/Hartmann (Hartmann)* (o. Fn. 1), § 261 ZPO, Rn. 24; *Schack* (o. Fn. 1), Rn. 747, 748.

[5] *Rosenberg/Schwab/Gottwald*, Zivilprozessrecht, 16. Aufl. 2004, 617 ff.; MüKo-ZPO/*Lüke* (o. Fn. 1), Vor § 253 ZPO, Rn. 31 f.; *Zöller/Vollkommer* (o. Fn. 1), Einl., Rn. 62.

sich nach dem allgemeinen Sachenrecht *(property law)*, z. B. dem von West-Australien, und sind nicht Gegenstand familienrechtlicher Sonderbestimmungen.[6]

11 Erst bei Eheauflösung, etwa durch Scheidung, stellt sich die Frage, wie die den Eheleuten getrennt und gemeinsam gehörenden Vermögensgegenstände zu verteilen sind. Dafür sieht Sec. 79 des *Family Law Act 1975* (FLA 1975) eine Regelung vor.

12 Die hier relevanten Vorschriften der Sec. 79 (1), (2) und (4) FLA 1975 lauten:

> „79 Alteration of property interests
>
> 79 (1) [Court may alter parties' property interests] In proceedings with respect to the property of the parties to a marriage or either of them, the court may make such order as it considers appropriate altering the interests of the parties in the property, including an order for a settlement of property in substitution for any interest in the property and including an order requiring either or both of the parties to make, for the benefit of either or both of the parties or a child of the marriage, such settlement or transfer of property as the court determines
>
> (2) [Requirements for order to be made] The court shall not make an order under this section unless it is satisfied that, in all the circumstances, it is just and equitable to make the order.
>
> (3) [sub-s (3) rep Act 63 of 1976 s 25]
>
> (4) In considering what order (if any) should be made under this section in proceedings with respect to any property of the parties to a marriage or either of them, the court shall take into account—
>
> (a) the financial contribution made directly or indirectly by or on behalf of a party to the marriage or a child of the marriage to the acquisition, conservation or improvement of any of the property of the parties to the marriage or either of them, or otherwise in relation to any of that last-mentioned property, whether or not that last-mentioned property has, since the making of the contribution, ceased to be the property of the parties to the marriage or either of them;
>
> (b) the contribution (other than a financial contribution) made directly or indirectly by or on behalf of a party to the marriage or a child of the marriage to the acquisition, conservation or improvement of any of the property of the parties to the marriage or either of them, or otherwise in relation to any of that last-mentioned property, whether or not that last-mentioned property has, since the making of the contribution, ceased to be the property of the parties to the marriage or either of them;
>
> (c) the contribution made by a party to the marriage to the welfare of the family constituted by the parties to the marriage and any children of the marriage, including any contribution made in the capacity of homemaker or parent;
>
> (d) the effect of any proposed order upon the earning capacity of either party to the marriage;
>
> (e) the matters referred to in sub-section 75(2) so far as they are relevant;
>
> (f) any other order made under this Act affecting a party to the marriage or a child of the marriage; and party to the marriage has provided, or is to provide, for a child of the marriage. [...]“

13 Demzufolge besitzt der australische Richter bei der Verteilung des Vermögens der Ehegatten eine weites Ermessen, bei dessen Ausübung er nach Sec. 79 (2) FLA 1975 zur Berücksichtigung aller Umstände des Einzelfalles verpflichtet und an

6 *Finlay/Bailey-Harris/Otlowski*, Family Law in Australia, 5. Aufl. 1997, 265.

die Grundsätze der Billigkeit und Gerechtigkeit gebunden ist *(„The Court shall not make an order under this section unless it is satisfied that, in all the circumstances, it is just and equitable [...]“).* Sec. 79 (4) listet die Kriterien auf, die das Gericht bei der Ausübung seines Ermessens in Bezug auf die Vermögensverteilungsentscheidung zu beachten hat:

- den direkten oder indirekten finanziellen Beitrag eines Ehegatten oder eines 14
  Kindes zum Erwerb, der Erhaltung oder Verbesserung des Vermögens eines Ehegatten oder des gemeinsamen Vermögens, auch wenn das Vermögen dem oder den Ehegatten nicht mehr gehört;
- den sonstigen, nicht-finanziellen direkten oder indirekten Beitrag eines Ehegat- 15
  ten oder eines Kindes zum Erwerb, der Erhaltung oder der Verbesserung des Vermögens eines Ehegatten oder des gemeinsamen Vermögens, auch wenn das Vermögen dem oder den Ehegatten nicht mehr gehört;
- den Beitrag eines Ehegatten für das Wohlergehen der Familie, die aus den Ehe- 16
  gatten und ihren Kindern besteht und die jeden Beitrag einschließt, die ein Ehegatte in der Eigenschaft als Hausfrau/-mann oder Kinderbetreuer/-in gemacht hat;
- die Wirkung, die eine Vermögensverteilungsentscheidung auf die Fähigkeit ei- 17
  nes Ehegatten hat, Einkommen zu erzielen;
- jeden Kindesunterhalt nach dem *Child Support (Assessment) Act 1989*, den ein 18
  Ehegatte erbracht hat oder in Zukunft zu erbringen hat;
- die unterhaltsbezogenen Kriterien nach Sec. 75 (2) des FLA 1975, soweit sie für 19
  die Entscheidung über die Vermögensverteilung von Bedeutung sind.

Sec. 75 (2) FLA 1975 lautet: 20

„75 Matters to be taken into consideration with respect to maintenance

(1) [...]

(2) The matters to be taken into account are—

(a) the age and state of health of each of the parties;

(b) the income, property and financial resources of each of the parties and the physical and mental capacity of each of them for appropriate gainful employment;

(c) whether either party has the care or control of a child of the marriage who has not attained the age of 18 years;

(d) commitments of each of the parties that are necessary to enable the party to support:

(i) himself or herself; and

(ii) a child or another person that the party has a duty to maintain;

(e) the responsibilities of either party to support any other person;

(f) subject to subsection (3), the eligibility of either party for a pension, allowance or benefit under—

(i) any law of the Commonwealth, of a State or Territory or of another country; or

(ii) any superannuation fund or scheme, whether the fund or scheme was established, or operates, within or outside Australia, and the rate of any such pension, allowance or benefit being paid to either party;

(g) where the parties have separated or the marriage has been dissolved, a standard of living that in all the circumstances is reasonable;

(h) the extent to which the payment of maintenance to the party whose maintenance is under consideration would increase the earning capacity of that party by enabling that party to undertake a course of education or training or to establish himself or herself in a business or otherwise to obtain an adequate income;

(j) the extent to which the party whose maintenance is under consideration has contributed to the income, earning capacity, property and financial resources of the other party;

(k) the duration of the marriage and the extent to which it has affected the earning capacity of the party whose maintenance is under consideration;

(l) the need to protect a party who wishes to continue that party's role as a parent;

(m) if either party is cohabiting with another person — the financial circumstances relating to the cohabitation;

(n) the terms of any order made or proposed to be made under section 79 in relation to the property of the parties;

(na) any child support under the Child Support (Assessment) Act 1989 that a party to the marriage has provided, or is to provide, for a child of the marriage; and

(o) any fact or circumstance which, in the opinion of the court, the justice of the case requires to be taken into account."

21 Es handelt sich dabei um Kriterien, die – wie etwa Einkommen, Vermögen, sonstige Unterhaltsverpflichtungen, Alter und Gesundheitszustand der Parteien, angemessener Lebensstandard – typisch für die Bemessung von Unterhaltszahlungen sind. Bei der Entscheidung des Richters über die Verteilung des Vermögens der Ehegatten im Fall der Scheidung treten also neben güterrechtliche Kriterien auch stark unterhaltsrechtlich geprägte Elemente der Entscheidungsfindung.

22 Hinzu treten schließlich bei den Kriterien, die bei der Vermögensverteilung zu berücksichtigen sind, auch Elemente des Versorgungsausgleichs: Denn nach Sec. 75 (2) (f) FLA 1975 sind für die Bemessung des angemessenen Ehegattenunterhalts – und damit durch die Verweisung der Sec. 79 (4) (e) FLA 1975 auch für die Vermögensaufteilung im Fall der Scheidung – auch Anrechte auf Altersversorgung zu berücksichtigen. Darüber hinaus wird Sec. 79 FLA 1975 von den Gerichten auch herangezogen, um zwischen den Ehegatten eine gewisse Aufteilung der von ihnen jeweils getrennt erworbenen Versorgungsansprüche im Rahmen der Vermögensaufteilung herbeizuführen. Mangels einer anderen, spezielleren Rechtsgrundla-

ge für einen Ausgleich der Versorgungsansprüche haben die Gerichte den Weg über Sec. 79 FLA 1975 gewählt.[7]

Schließlich ist noch darauf hinzuweisen, dass die australischen Gerichte bei der Vermögensteilung nicht das vor der Ehe von jedem der Ehegatten erworbene Vermögen durch den Abzug der Anfangsbilanz von der Endbilanz herausrechnen. Vielmehr wird von den australischen Gerichten zunächst das gesamte Vermögen der Ehegatten unabhängig davon, ob der Zeitpunkt seines Erwerbs vor oder nach der Eheschließung lag, für die Vermögensverteilung herangezogen. Allerdings wird bei der Verteilung des Vermögens über das Kriterium des Beitrags, den jeder Ehegatte zum Erwerb eines Vermögensbestandteils geleistet hat, in gewissem Umfang dem Umstand Rechnung getragen, dass ein Ehegatte den Gegenstand bereits vor der Eheschließung erworben hat. Jedoch hat diese Erwägung ein zunehmend geringeres Gewicht, je länger die Ehe gedauert hat.[8] 23

Zusammenfassend ist festzustellen, dass die Aufteilung des Vermögens von Ehegatten im Scheidungsfall nach Sec. 79 FLA 1975 sich in wesentlichen Aspekten vom Zugewinnausgleich der §§ 1373 ff. BGB unterscheidet. Es handelt sich um eine Komponente aus einem Gesamtpaket, welches darauf abzielt, die finanziellen Aspekte einer Familienauflösung unter Berücksichtigung der Interessen aller Beteiligten, also auch der Kinder, die aus der Ehe hervorgegangen sind, umfassend und mit Blick auf die Zukunft der Beteiligten, insbesondere der Kinder zu regeln. Dieses Gesamtpaket besteht aus Unterhaltsansprüchen und einer vom weiten richterlichen Ermessen bestimmten Vermögensaufteilung, die auch Aspekte des Versorgungsausgleichs einschließt. 24

Demgegenüber richtet der Zugewinnausgleich des deutschen Rechts den Blick in die Vergangenheit: Der während der Ehe erworbene Zugewinn wird unter den Ehegatten paritätisch aufgeteilt. Unterhaltsrechtliche oder versorgungsausgleichsrechtliche Aspekte sind damit nicht verbunden. Auch steht dem deutschen Richter kein Ermessen zu: Ergibt sich aus der Anfangs- und Endbilanz, dass der Zugewinn eines Ehegatten den Zugewinn des anderen übersteigt, so steht nach § 1378 Abs. 1 BGB dem Ehegatten mit dem geringeren Zugewinn die Hälfte des Überschusses als Ausgleichsforderung zu. 25

Sec. 79 (4) i.V.m. Sec. 75 (2) FLA 1975 verpflichten den australischen Richter, neben güterrechtlichen auch unterhalts- und versorgungsausgleichsrechtliche Aspekte bei der Entscheidung über die Vermögensverteilung zwischen den Ehegatten zu berücksichtigen. Damit ist im australischen Verfahren über einen anderen Sachverhalt zu entscheiden als im deutschen Verfahren über den Zugewinnausgleich. 26

---

[7] *Chisholm/Foreman/O'Ryan/Nygh*, Australian Family Law, Vol. 1: Family Court Legislation, Commentary on Sec. 79, Nr. 53 ff. m.w.N.

[8] Siehe *Chisholm/Foreman/O'Ryan/Nygh* (o. Fn. 7), Commentary on Sec. 79, Nr. 22 und 32 m.w.N.

27 Die erheblichen rechtlichen Unterschiede zwischen dem Zugewinnausgleich des deutschen Rechts und der Vermögensverteilung nach Sec. 79 FLA 1975 sprechen dafür, dass es sich in beiden Verfahren um unterschiedliche Streitgegenstände handelt.

28 Für die Annahme eines identischen Streitgegenstands im australischen und im deutschen Verfahren spricht, dass die Vermögensbestandteile der Ehegatten, die im deutschen Verfahren zur Verteilung anstehen, auch im australischen Verfahren zur Disposition stehen, so dass eine Entscheidung eines der mit der Sache befassten Gerichte notwendigerweise auch die Gegenstände betrifft, auf die sich eine Entscheidung des jeweils anderen Gerichts bezieht. Angesichts der unterschiedlichen rechtlichen Kriterien, die dem Zugewinnausgleich des deutschen Rechts und dem Vermögensausgleich des australischen Rechts zugrunde liegen, ist die Gefahr inhaltlich voneinander abweichender Entscheidungen der beiden mit der Sache befassten Gerichte nicht von der Hand zu weisen.

29 Dem ist jedoch entgegenzuhalten, dass der Begriff des Streitgegenstands im deutschen Zivilprozessrecht nicht die streitbefangenen Gegenstände[9] (hier Wohnungen, Bankkonten, Hausrat etc.) meint, sondern durch das Rechtsfolgebegehren des Klägers und den behaupteten Sachverhalt, aus dem sich dieses Begehren ergeben soll, definiert wird. Da dem deutschen und dem australischen Verfahren – vorgegeben durch die abweichenden rechtlichen Kriterien der Aufteilung des Vermögens von Ehegatten bei Scheidung – unterschiedliche Sachverhalte zugrunde liegen, spricht viel dafür, von unterschiedlichen Streitgegenständen auszugehen.

30 Da es sich bei dem Konzept des Streitgegenstands um einen Begriff des deutschen Rechts handelt, obliegt die Entscheidung über die Identität bzw. die Divergenz der Streitgegenstände im deutschen und im australischen Verfahren dem anfragenden Gericht.

II. Rechtshängigkeit nach australischem Zivilprozessrecht

31 In Übereinstimmung mit den Traditionen des vom *Common Law* geprägten englischen Zivilprozessrechts[10] tritt die Rechtshängigkeit von Klagen durch die Einreichung einer Klage und die Ausstellung der Klage *(issue of writ)* durch die Gerichtskanzlei an den Kläger ein, ohne dass es dafür auf die Zustellung an den Beklagten ankäme. Auch eherechtliche Verfahren *(matrimonial causes)* werden bereits mit der Einreichung der Klage bei dem zuständigen Gericht *(filing of application)* und der Ausstellung eines gesiegelten Exemplars der Klage durch den zuständigen Gerichtsbeamten an den Kläger rechtshängig. Zur Einleitung des Verfahrens ist eine Zustellung an die beklagte Partei nicht erforderlich.

---

[9] Vgl. *Zöller/Vollkommer* (o. Fn. 1), Einl., Rn. 62.

[10] S. dazu allgemein *Cairns*, Australian Civil Procedure, 3. Aufl. 1992, 1 ff.

32 Die Einzelheiten des Verfahrens in familienrechtlichen Angelegenheiten nach dem FLA 1975 sind in den *Family Law Rules 2004*[11] geregelt. Chapter 2 der *Rules* befasst sich mit der Einleitung des Verfahrens *(starting a case)* und bestimmt, dass ein Verfahren mit der Einreichung eines Antrags beim zuständigen Gericht beginnt.

33 *Rule* 2.01 lautet:

„A person starting a case must file an application as set out in Table 2.1. [...]"

34 Chapter 4 der *Family Law Rules* trifft nähere Bestimmungen für die Einleitung von Verfahren, die mit einer abschließenden Sachentscheidung des Gerichts *(final orders)* enden. Zu dieser Kategorie gehören Verfahren über die Vermögensverteilung im Scheidungsfall.

35 Für diese Art von Anträgen sieht *Rule* 4.01 Folgendes vor:

„4.01 Contents of Application for Final Orders

(1) In an Application for Final Orders (Form 1), the applicant must:

(a) give full particulars of the orders sought; and

(b) include all causes of action that can be disposed of conveniently in the same case.

(2) [...]"

36 Ein Verfahren zur Vermögensverteilung zwischen Ehegatten nach Sec. 79 FLA 1975 wird durch die Einreichung des Antrags *(filing of application)* bei der Registratur *(filing registry)* des Gerichts in Gang gesetzt. Der Registerbeamte *(registry manager)* versieht den Antrag, soweit er den vorgeschriebenen Förmlichkeiten entspricht, mit einer Geschäftsnummer und dem Siegel des Gerichts und sendet ihn an den Antragsteller zurück, damit dieser das gesiegelte Exemplar an den Antragsgegner zustellen kann. Die Zustellung erfolgt im Parteibetrieb. Sie ist gemäß *Rule* 7.04 der *Family Law Rules* so bald als möglich nach der Einreichung bei Gericht *(filing)*, auf jeden Fall aber innerhalb eines Jahres nach Einreichung vorzunehmen.

37 *Rule* 7.04 lautet:

„7.04 Service of filed documents

(1) A document that is filed must be served on each person to be served:

(a) as soon as possible after the date of filing and within 12 months after that date; or

(b) if a provision elsewhere in these Rules specifies a time for service – within the specified time.

(2) [...]"

---

[11] SR 2003, No. 375.

38 Der Eintritt der Rechtshängigkeit hängt im australischen Zivilprozessrecht nicht von der Zustellung des verfahrenseinleitenden Schriftstücks ab.

39 In zivilprozessualer Sicht kommt der Rechtshängigkeit, etwa im Hinblick auf den Einwand der *lis alibi pendens*, im dortigen Rechtssystem eine weit geringere Bedeutung zu als im deutschen Recht. Insbesondere hängt die Frage, welches von zwei parallelen Verfahren fortgesetzt und welches beendet wird, nicht von der zeitlichen Priorität der Rechtshängigkeit ab. Der australische Richter entscheidet nach seinem Ermessen, ob ein Gerichtsstand unangemessen *(inappropriate)* ist. Dabei spielt etwa eine Rolle, ob die Klageerhebung als missbräuchlich, genauer: schikanös *(vexatious and oppressive)* erscheint, ob dem Kläger durch Ablehnung der Beendigung des Verfahrens ein wesentlicher rechtlicher Vorteil *(juridical advantage)* verloren geht, welchen Verfahrensstand jeder der Parallelprozesse erreicht hat und wie enge Verbindungen der in Frage stehende Sachverhalt zu den jeweiligen Jurisdiktionen aufweist. Die zeitliche Priorität der Verfahrenseinleitung spielt bei der Abwägung der Ermessensgesichtspunkte nur eine untergeordnete Rolle.

D. Ergebnis

40 1. Die Verteilung des Ehegattenvermögens im Fall der Scheidung erfolgt im australischen Recht nach Sec. 79 FLA 1975. Danach steht dem Richter ein weites Ermessen zu. Bei seiner Entscheidung hat er neben güterrechtlichen Kriterien auch unterhalts- und versorgungsausgleichsrechtliche Aspekte zu berücksichtigen. Damit geht das australische Familienrecht weit über den rein güterrechtlichen Ansatz des deutschen Rechts des Zugewinnausgleichs hinaus. Dies spricht eher dafür, nicht von einem identischen Streitgegenstand im deutschen und australischen Verfahren auszugehen.

2. Die Rechtshängigkeit des Antrags auf Vermögensverteilung tritt nach den *Family Law Rules 2004* mit seiner Einreichung in der Registratur des FCWA *(filing of application)* ein.

Nr. 33

Belgien

Im belgischen Recht ist eine vor der Scheidung getroffene vertragliche Regelung des nachehelichen Unterhalts allgemein nichtig.

Das Amtsgericht Heinsberg bittet in der Rechtssache H. ./. H. (Az. 7 F 145/05) um ein Gutachten zum belgischen Eherecht.

Hamburg G 13/2006 vom 6.11.2006

A. Sachlage

1 Den Akten ist folgender Sachverhalt zu entnehmen: Die Beteiligten, beide belgische Staatsbürger mit seit 1985 ausschließlichem Wohnsitz in Deutschland, haben am 18.12.1979 in Belgien die Ehe geschlossen. Am 13.12.1989 haben die Parteien in Deutschland einen Ehevertrag geschlossen, in dem sie den Güterstand der Gütertrennung nach § 1414 BGB vereinbarten und den Versorgungsausgleich ausschlossen. Zudem vereinbarten sie einen indexorientierten Trennungsunterhalt des Antragstellers gegenüber der Antragsgegnerin in Höhe von DM 4.000,- monatlich. Der Antragsteller verzichtete darüber hinaus auf einen eigenen nachehelichen Unterhaltsanspruch, verpflichtete sich jedoch gegenüber der Antragsgegnerin zu einem indexorientierten nachehelichen Unterhalt in Höhe von DM 4.000,- monatlich, der auflösend durch die Wiederverheiratung der Antragsgegnerin bedingt ist.

Seit April 2004 leben die Parteien voneinander getrennt. Art und Umfang, nicht aber die Existenz außerehelicher Beziehungen der Parteien zu dritten Personen sind streitig. Beide Parteien gehen aber offenbar davon aus, dass die Ehe wegen gemeinsamen Verschuldens geschieden werden könne. Das Verfahren ist mit Scheidungsantrag vom 22.2.2005 rechtshängig gemacht worden.

B. Anfrage

2 Das Gericht möchte wissen, ob nach belgischem Recht für den Fall, dass die Ehe wegen Verstoßes beider Ehepartner gegen die eheliche Treuepflicht nach Art. 229 ZGB zu scheiden ist, ein (vorliegend in Deutschland mehr als 15 Jahre) vor Anhängigkeit des Scheidungsverfahrens geschlossener notarieller Ehevertrag, wonach eine Partei der anderen bis zu einer Wiederverheiratung nachehelichen Unterhalt zu zahlen hat, in jedem Fall zwingend unwirksam ist.

Es möchte außerdem wissen, unter welchen Umständen dies der Fall ist, soweit auch bei einer Scheidung nach Art. 229 ZGB nicht in jedem Fall, sondern nur unter bestimmten Umständen zwingend von der Unwirksamkeit der notariellen ehevertraglichen Vereinbarung auszugehen sein sollte.

C. Rechtslage

I. Anwendbares Recht

3 Das anfragende Gericht hat offensichtlich eigene Erwägungen zum anwendbaren Recht angestellt und geht von der Anwendbarkeit belgischen Rechts auf das Scheidungsverfahren aus. Fragen des internationalen Privatrechts hat es nicht zum Gegenstand der Gutachtenanfrage gemacht. Die Unterfertigenden möchten aber darauf hinweisen, dass die umfassende Anwendbarkeit belgischen Rechts zumindest nicht unzweifelhaft ist.

4 Art. 17 Abs. 1 S. 1 i.V.m. Art. 14 Abs. 1 Nr. 1 EGBGB verweisen wegen der gemeinsamen belgischen Staatsangehörigkeit auf belgisches Recht. Dabei handelt es sich um eine Gesamtverweisung.[1]

5 Eine Rückverweisung aus dem belgischen Recht wäre gemäß Art. 4 Abs. 1 S. 2 EGBGB folglich zu beachten. Mit Wirkung zum 1.10.2004 ist in Belgien ein neues IPR-Gesetz in Kraft getreten.[2]

6 Da das Scheidungsverfahren erst nach diesem Zeitpunkt rechtshängig geworden ist, findet dieses Gesetz grundsätzlich auch intertemporal Anwendung. Entgegen der vorherigen Rechtslage unterliegt das auf eine Scheidung anwendbare Recht nach Art. 55 § 1 IPR-Gesetz nicht mehr dem Recht der gemeinsamen Staatsangehörigkeit der Parteien, sondern dem Recht des letzten gemeinsamen gewöhnlichen Aufenthaltsortes. Art. 127 § 4 IPR-Gesetz bekräftigt, dass die Art. 55 f. IPR-Gesetz anwendbar sind, wenn die Klage nach Inkrafttreten des Gesetzes erhoben wurde. Allerdings ergibt sich aus Art. 127 § 1 und 2 IPR-Gesetz, dass für Rechtshandlungen oder Rechtstatsachen aus der Zeit vor Inkrafttreten des Gesetzes – also etwa die Wirksamkeit einer Unterhaltsvereinbarung – das im Zeitpunkt ihrer Vornahme geltende Recht anwendbar ist.[3]

7 Damit gilt wegen des Vertragsschlusses im Jahre 1989 die frühere Anknüpfungsregel des belgischen Rechts (gemeinsame Staatsangehörigkeit der Ehegatten),[4] so dass das belgische Recht im Ergebnis für die Frage der Wirksamkeit der Unterhaltsvereinbarung die Verweisung annimmt und somit belgisches Sachrecht an-

---

1 *Palandt/Heldrich*, BGB, 65. Aufl. 2006, Art. 17 EGBGB, Rn. 2.

2 Vgl. Art. 140 des Gesetzes zur Einführung des Gesetzbuches über das internationale Privatrecht, in deutscher Sprache abgedruckt im Moniteur Belge 10.11.2005, 48274; dazu *Francq*, RabelsZ 2006, 237 (Abdruck des Gesetzes in englischer Übersetzung in RabelsZ 2006, 358 ff.).

3 S. dazu *Rigaux/Fallon*, Droit International Privé, 3. Aufl. 2005, N° 12.185.

4 Vgl. dazu statt aller *Rigaux/Fallon* (o. Fn. 3), N° 12.186.

wendbar ist. Für die sonstigen Fragen des Scheidungsrechts, insbesondere Scheidungsgründe etc., ist dies allerdings damit noch nicht geklärt.

II. Materielle Rechtslage

Die belgische Rechtsprechung steht einer Regelung des nachehelichen Unter- 8
halts vor der Scheidung misstrauisch gegenüber. Es wird befürchtet, dass die Ehegatten durch eine solche Regelung die Scheidung gewissermaßen monetarisieren, die Zustimmung zur Scheidung erkaufen wollen, obwohl die Auflösung der Ehe unerwünscht und daher an die Erfüllung bestimmter objektiv erforderlicher Voraussetzungen geknüpft ist.[5]

Vor (nicht: nach) der Scheidung getroffene einvernehmliche Regelungen wer- 9
den daher für nichtig erklärt, auch weil darin eine Regelung über ein noch nicht existierendes Recht gesehen wird. Diese Rechtsprechung, von der die *Cour de Cassation* auch nicht abgerückt ist, wird nach wie vor für einschlägig gehalten und zustimmend zitiert. Auch in der neueren Rechtsliteratur finden sich – soweit ersichtlich – keine Einwände.[6]

Allenfalls wird vorgeschlagen, dass eine entsprechende Regelung anerkannt 10
werden könne, wenn ihr Inhalt nicht an den Verlauf oder den Ausgang des Scheidungsverfahrens (z.B. Zusage, eine einvernehmliche Scheidung durchzuführen) geknüpft wird und richterliche Zustimmung gefunden habe.[7]

Allerdings widerspricht diese Ansicht der zitierten höchstrichterlichen Recht- 11
sprechung, nach der entsprechende Regelungen ausdrücklich wegen der Gefahr, einer Scheidung lediglich aus finanziellen Gründen zuzustimmen, unabhängig davon nichtig sind, ob sie eine Wirkung auf den Ablauf oder Ausgang der Scheidung gehabt hätten.[8]

---

5 S. vor allem die Leitentscheidung der Cour de Cassation (Oberstes Belgisches Gericht) v. 22.6.1967, Revue Critique de Jurisprudence Belge (R.C.J.B.) 23 (1969), 126 ff.; zust. Anm. *Vieujean*, R.C.J.B. 23 (1969), 131 ff., 155.

6 *Duelz*, Le droit du divorce, 2. Aufl. 1996, Rn. 324 m. w. N.; *van Gysel* (Hrsg.), Précis de droit de la Famille, 2004, 288 m. w. N. Ausführlich zur rechtspolitischen Begründung *Vieujean* (o. Fn. 5), 134 ff.

7 Dazu *Duelz* (o. Fn. 6), Rn. 324.

8 Cour de Cassation v. 22.6.1967, R.C.J.B. 23 (1969), 126, 129; s. auch *Vieujean* (o. Fn. 5), 131, 138 m. Fn. 32, der wohl zu recht aber auch auf die Ungenauigkeit der Formulierung des Gerichts hinweist: Es kann auch aus der Sicht der Cour de Cassation ex ante schwerlich darauf ankommen, ob die Regelung eine solche Wirkung hatte, maßgeblich muss vielmehr sein, ob eine entsprechende Wirkung bezweckt war. Am Ergebnis ändert dies nichts, weil es weder auf tatsächlichen noch bezweckten Einfluss ankommt.

12 Zudem betont das Gericht die Bedeutung der Nichtigkeit einer entsprechenden Vereinbarung, indem es sie als Teil des unantastbaren Bestands (zivilrechtlicher *ordre public*) des Scheidungsrechts qualifiziert.[9]

13 Damit gelten im Falle einer vertraglichen Regelung des nachehelichen Unterhaltsanspruchs vor Auflösung der Ehe die gesetzlichen Bestimmungen. Dabei ist wegen des Zusammenhangs der unterhaltsrechtlichen Regelungen des Ehevertrages mit den güterrechtlichen Vereinbarungen ggf. allerdings zu prüfen, inwieweit letztere im Lichte der Nichtigkeit der Vereinbarung über nachehelichen Unterhalt Bestand haben können. Das war von hiesiger Seite nicht gutachterlich zu beurteilen.

D. Ergebnisse

14 1. Belgisches Recht ist im vorliegenden Falle zwar auf die Wirksamkeit einer Vereinbarung des nachehelichen Unterhalts, nicht aber ohne weiteres auf alle Fragen des Scheidungsverfahrens anwendbar.

2. Im belgischen Recht ist eine vertragliche Regelung des nachehelichen Unterhaltsanspruchs vor der Scheidung allgemein nichtig. Das wirft allerdings die Frage auf, inwieweit diese Teilnichtigkeit des Ehevertrages seine Gesamtnichtigkeit begründet.

---

[9] Cour de Cassation v. 22.6.1967, R.C.J.B. 23 (1969), 126, 129; hervorgehoben wird diese Formulierung auch von *Vieujean* (o. Fn. 5), 131, 146, 155.

2. Kindschaftsrecht

- Unterhalt

Nr. 34

Frankreich*

1. **Der Grundsatz, wonach Unterhaltsansprüche nicht anwachsen können (*„les aliments ne s'arréragent pas"*), gilt nicht für gerichtlich festgestellte Ansprüche. Er gilt ferner nicht für Ersatzansprüche des einen Elternteils gegenüber dem anderen für in der Vergangenheit nicht geleistete Kindesunterhaltszahlungen.**
2. **Während ein Elternteil auf Ansprüche auf Kindesunterhalt für die Zukunft nicht verzichten kann, ist ein Verzicht auf Ausgleichsansprüche des einen Elternteils gegenüber dem anderen für in der Vergangenheit nicht geleistete Kindesunterhaltszahlungen möglich.**
3. **Ein Rechtsverzicht liegt nicht schon vor, wenn eine Partei ihr Recht über einen längeren Zeitraum nicht verfolgt.**
4. **Nur unter engen Voraussetzungen kann ein unterhaltspflichtiger Elternteil Unterhaltszahlungen schuldbefreiend durch Direktleistungen an das unterhaltsbedürftige Kind erbringen.**
5. **Während eine Aufrechnung gegenüber Ansprüchen auf Kindesunterhalt nicht zulässig ist, ist eine Aufrechnung mit Ersatzansprüchen des einen Elternteils gegenüber dem anderen für in der Vergangenheit nicht geleistete Kindesunterhaltszahlungen möglich.**

Saarbrücken vom 13.10.2006

A. Sachlage

Der Kläger wehrt sich mit einer Vollstreckungsabwehrklage gegen die in Deutschland betriebene Zwangsvollstreckung durch seine geschiedene, in Frankreich lebende Ehefrau wegen gerichtlich festgestellter Zahlungsansprüche für Leistung auf Unterhalt und Erziehung der drei aus der Ehe hervorgegangenen Kinder. 1

* *Anm. d. Red.:* S. zum französischen Unterhaltsrecht (Nachscheidungsunterhalt) auch IPG 2002 Nr. 20 *(Saarbrücken)*.

Der Mutter und Beklagten war das Sorgerecht für die drei Kinder zugesprochen worden. Der Kläger und Vater wurde gerichtlich verurteilt, monatliche Zahlungen an die Mutter für Unterhalt und Erziehung der Kinder in Höhe von FF 2.300,- pro Kind zu leisten. Bei der Festsetzung der Höhe der monatlichen Unterhaltszahlungen wurde besonders berücksichtigt, dass für die drei Kinder ein monatliches Schulgeld für den Besuch eines bestimmten Privatgymnasiums in Höhe von insgesamt FF 8.000,- anfallen sollte. Eine entsprechende Entscheidung des *Tribunal de Grande Instance de Sarreguemines* aus dem Jahr 1998 wurde dem Sachverständigen u.a. zur Erläuterung vorgelegt; ebenso eine weitere Entscheidung desselben Gerichts aus dem Jahr 2005, durch die die Verpflichtung zur Leistung von Kindesunterhaltszahlungen des Klägers teilweise aufgehoben wurde (dazu näher unten).

Der Kläger hatte seit dem Jahr 1999 entgegen der gerichtlichen Verfügung monatliche Unterhaltszahlungen von lediglich FF 1.450,- pro Kind an die Mutter gezahlt, und sich darauf berufen, dass die Kinder das besagte Privatgymnasium nicht länger besucht hätten und daher kein Schulgeld in der ursprünglich veranschlagten Höhe angefallen wäre. Die Mutter hatte diese gekürzten Zahlungen über Jahre nicht beanstandet. Der Kläger macht für seine gekürzten Zahlungen insoweit geltend, die Mutter hätte auf ihre Ansprüche zum Teil verzichtet, jedenfalls aber deren Geltendmachung verwirkt. Hilfsweise will er mit erheblichen Schadensersatzforderungen gegen Forderungen auf rückständige Kindesunterhaltszahlungen aufrechnen. Er macht außerdem geltend, in großem Umfang seine Unterhaltsverpflichtungen unmittelbar gegenüber den Kindern erbracht zu haben.

B. Anfrage

2 Vor diesem Hintergrund wurde der Sachverständige bestellt und um die Beantwortung der folgenden Fragen gebeten:

1. Für welchen Zeitraum kann die Antragstellerin Unterhalt für die drei Kinder aufgrund der Entscheidung des *Tribunal de Grande Instance de Sarreguemines* vom 29.12.1998 gegen den Antragsgegner vollstrecken? Welche Bedeutung hat dafür die Entscheidung des *Tribunal de Grande Instance de Sarreguemines* vom 13.12.2005?
2. Spielt es eine Rolle, dass der Unterhalt von der Antragstellerin für vergangene Zeiträume verlangt wird, sie heute in guten wirtschaftlichen Verhältnissen lebt und die drei Kinder heute auf die Vollstreckung der rückständigen Unterhaltszahlungen nicht mehr angewiesen sind?
3. Ist die Durchsetzung der Unterhaltsansprüche aus der Entscheidung vom 29.12.1998 wegen Zeitablaufs nicht mehr möglich, also verjährt oder verwirkt? Spielt es eine Rolle, ob die Antragstellerin den Antragsgegner zur Unterhaltszahlung aufgefordert hat oder ab April 2000 keinen Unterhalt mehr verlangt hat und sich bis April 2005 auch nicht mehr gemeldet hat?

4. Konnte die Antragstellerin auf den Unterhaltsanspruch der Kinder, wie er im Beschluss vom 29.12.1998 festgelegt ist, gegenüber dem Antragsgegner (teilweise, z.B. der Höhe nach) verzichten? Welche Voraussetzungen müssen für einen wirksamen Verzicht vorliegen? Genügte eine mündliche Einigung mit dem Antragsgegner, dass es trotz der Entscheidung vom 29.12.1998 bei einem Unterhaltsanspruch von FF 1.450,-/Kind bleibt?

   Wenn ein Verzicht auf Unterhaltsansprüche der Kinder nicht möglich ist, hat eine mündliche Einigung zwischen den Beteiligten Auswirkungen, wenn es um die Vollstreckung der Unterhaltsansprüche für vergangene Zeiträume durch die Antragstellerin geht?

5. Konnte der Antragsgegner die Unterhaltsansprüche aus dem Beschluss vom 29.12.1998 teilweise dadurch erfüllen, dass er Zahlungen an seine Kinder unmittelbar erbrachte, nachdem diese aus der Wohnung der Antragstellerin ausgezogen waren?

6. Kann gegen Unterhaltsansprüche mit anderen Forderungen aufgerechnet werden, so dass die Unterhaltsansprüche in Höhe der Gegenforderung erlöschen? Kann der Antragsgegner mit Ansprüchen, die er gegen die Antragstellerin persönlich hat, gegen die Unterhaltsansprüche der Kinder aus der Entscheidung vom 19.12.1998 aufrechnen?

   Spielt es eine Rolle, wenn gegen Unterhaltsansprüche aufgerechnet wird, die für die Vergangenheit vollstreckt werden sollen, ohne dass der Gläubiger für seinen Lebensunterhalt auf eine nachträgliche Zahlung angewiesen ist?

C. Rechtslage

I. Zu Frage 1

Mit Entscheidung des *Tribunal de Grande Instance de Sarreguemines* vom 29.12.1998 wurde Herr D. (Vater) verurteilt, an Frau P. (Mutter) ab dem 1.10.1998 monatliche Unterhaltszahlungen in Höhe von FF 2.300,- Francs pro Kind zu zahlen, und zwar bis zu dem Zeitpunkt, ab dem das Kind finanziell unabhängig ist. Der Unterhalt ist im Voraus am Monatsersten zu zahlen. 3

Mit der Entscheidung des *Tribunal de Grande Instance de Sarreguemines* vom 13.12.2005 wird die Unterhaltspflicht für (die Kinder) R. ab dem 1.6.2004 und für S. ab dem 1.1.2003 aufgehoben. Die Unterhaltspflicht für (Kind) C. wurde nicht aufgehoben. Hierzu sei angemerkt, dass die Unterhaltspflicht nicht schon *ipso iure* aufgrund des Wegfalls des Unterhaltsgrunds beseitigt wird, wohl aber durch Ge- 4 richtsentscheidung für die Vergangenheit ab dem Zeitpunkt, ab dem der Unterhaltsgrund weggefallen ist, aufgehoben werden kann.[1]

5 Rechtsanwalt A. (der Prozessbevollmächtigte des Vaters) hat mit Schriftsatz vom 18.1.2006 berichtet, dass nach Auskunft des französischen Prozessbevollmächtigten aus der *Ordonnance* vom 29.12.1998 nach Ergehen des Urteils vom 13.12.2005 in Frankreich nicht mehr vollstreckt werden könnte. Er beruft sich auf die Vorschriften des Art. 373-2-8 *Code civil* und des Art. 1074-1 *Code de procédure civile* (gemeint *Nouveau Code de procédure civile*, NCPC). Das ergibt sich aus diesen Vorschriften aber nicht. Art. 373-2-8 *Code civil* begründet die Zuständigkeit des Familienrichters u.a. für Fragen des Kindesunterhalts und der Kindeserziehung, Art. 1074-1 NCPC erklärt Verfügungen betreffend den Kindesunterhalt und die Kindeserziehung für vorläufig vollstreckbar.

6 Die *Ordonnance* vom 29.12.1998 sieht vor, dass Unterhalt bis zur finanziellen Unabhängigkeit *(„jusqu'à l'indépendance financière")* der Kinder zu zahlen ist. Das Urteil vom 13.12.2005 stellt Bezug nehmend auf diese Entscheidung die Zeitpunkte fest, ab denen für welches der Kinder keine Unterhaltspflicht mehr besteht. Soweit dieser Zeitpunkt rückwirkend festgestellt wird, kann in der Tat nicht mehr aus der *Ordonnance* vom 29.12.1998 vollstreckt werden.

7 Im Übrigen ist nicht ersichtlich, aus welchen Gründen die Entscheidung vom 13.12.2005 die vom 29.12.1998 in vollem Umfang „ersetzen" sollte.

- Ergebnis

8 Mit dem Urteil vom 13.12.2005 wird die Unterhaltspflicht von Herrn D. für R. rückwirkend ab dem 1.6.2004 und für S. rückwirkend ab dem 1.3.2003 für die Zukunft aufgehoben, für C. wird sie uneingeschränkt aufrechterhalten. Im Übrigen bleibt die *Ordonnance* vom 29.12.1998 von der Entscheidung unberührt.

II. Zu Frage 2 und 3

9 Rückständige Unterhaltsforderungen unterliegen zunächst der fünfjährigen Verjährung für wiederkehrende Leistungen *(„dettes périodiques")* gem. Art. 2277 *Code civil.* Die Verjährungsvorschrift wird aber für den Bereich der Unterhaltsleistungen weitgehend von dem Grundsatz verdrängt, wonach Unterhaltsansprüche nicht anwachsen können *(„les aliments ne s'arréragent pas").*[2] Der Grundsatz stützt sich

---

1 Cass. civ. 2ème v. 17.3.1993, Bull. civ. II, Nr. 112, S. 59; Defrénois 1994, Art. 35746, Nr. 3, S. 325, Anm. *Massip; Hauser/Huet-Weiller*, RTD civ. 1991, 731 m. w. N. der Rspr.; Dalloz Action, Droit de la famille 2001/2002 sous la dir. de *Rubellin-Devichi*, Rn. 2194.

2 Siehe z.B.: Cass. civ. 1ère v. 18.1.1989, Bull. civ. I, Nr. 14; s.a. Anm. *Viatte* zu Cass. civ. 2ème v. 29.10.1980, Gaz. Pal. 1981, 1, 125.

auf die einfache, aber widerlegbare Vermutung, dass für eine Unterhaltspflicht in der Vergangenheit kein Grund bestanden hat und außerdem der Unterhaltsgläubiger stillschweigend auf die Unterhaltsforderung verzichtet hat.[3] Die fünfjährige Verjährung kommt demnach allein in den Fällen zur Geltung, in denen der Unterhaltsgläubiger diese Vermutung widerlegt.[4]

Der Grundsatz *„les aliments ne s'arréragent pas"* gilt jedoch nicht für Unterhaltsansprüche, die gerichtlich festgestellt wurden.[5] Rückständige Unterhaltsansprüche können daher ab dem Zeitpunkt vollstreckt werden, ab dem sie gerichtlich festgestellt wurden. Die Vollstreckung aus Urteilen unterliegt wiederum der allgemeinen 30-jährigen Verjährung gem. Art. 2262 *Code civil*.[6] 10

Der Grundsatz *„les aliments ne s'arréragent pas"* ist darüber hinaus nicht auf Zahlungsverpflichtungen anwendbar, die ein Elternteil für den Unterhalt und die Erziehung seines Kindes zu leisten hat.[7] Denn es handelt sich dabei nicht unmittelbar um eine Unterhaltsrente *(pension alimentaire)*, sondern um eine Zuwendung an den anderen Elternteil mit der Bestimmung, davon anteilig den Unterhalt und die Erziehung des gemeinsamen Kindes zu bestreiten.[8] Werden entsprechende Zahlungsverpflichtungen eines Elternteils durch den anderen für zurückliegende Zeiträume geltend gemacht, handelt es sich dabei um eine Art Ersatzanspruch des vorleistenden Elternteils für Unterhaltsleistungen, die er für das gemeinsame Kind aus eigenen Mitteln in vollem Umfang – also einschließlich des Teils, der durch den anderen zu leisten war – selbst geleistet hat.[9] 11

3 Cass. civ. 2ème v. 29.10.1980, Bull. civ. II, Nr. 226, S. 154, JCP 1981, II., 19665, Anm. *Jambu-Merlin*; Gaz. Pal. 1981, 1, 125, Anm. *Viatte*; 5.7.1988, Cass. civ. 1ère, D. 1989, Jurispr., S. 51, Anm. *Massip*; Cass. civ. 2ème v. 6.3.2003, Defrénois 2003, Nr. 37802, S. 1081, Anm. *Massip*.

4 *Jambu-Merlin*, Anm. zu Cass. civ. 2ème v. 29.10.1980, JCP 1981, II., 19665, I, A.; *Malaurie/Fulchiron*, La famille, 2004, Rn. 1428.

5 Cass. civ. 2ème v. 6.3.2003, Bull. civ., II, Nr. 46; Cass. civ. 1ère v. 5.7.1988, D. 1989, Jurispr., S. 51, Anm. *Massip*; *Malaurie/Fulchiron* (o. Fn. 4), Rn. 1428.

6 Cass. civ. 1ère v. 16.6.1998, Bull. civ., I, Nr. 214; RTD civ. 1998, 895, Anm. *Hauser*; *Malaurie/Fulchiron* (o. Fn. 4), Rn. 1428.

7 Cass. civ. 1ère v. 12.5.2004, Bull. civ., I, Nr. 128; Cass. civ. 2ème v. 6.3.2003, Bull. II, Nr. 46; Defrénois 2003, Nr. 37802, S. 1081, Anm. *Massip*; Cass. civ. 1ère v. 8.12.1993, Defrénois 1994, Art. 35746, Nr. 1, S. 322, Anm. *Massip*; *Courbe*, La famille, 4. Aufl., Rn. 1118; *Malaurie/Fulchiron* (o. Fn. 4), Rn. 1428.

8 Cass. civ. 1ère v. 8.12.1993, Defrénois 1994, Art. 35746, Nr. 1, S. 322, Anm. *Massip*; Cass. civ. 2ème v. 29.10.1980, JCP 1981, II., 19665, Anm. *Jambu-Merlin*; Gaz. Pal. 1981, 1, 125, Anm. *Viatte*; Cass. civ. 1ère v. 29.5.1985, Bull. civ. I, Nr. 167.

9 Cass. civ. 2ème v. 29.10.1980, JCP 1981, II., 19665, Anm. *Jambu-Merlin*; Gaz. Pal. 1981, 1, 125, Anm. *Viatte*; Cass. civ. 1ère v. 29.5.1985, Bull. civ. I, Nr. 167; Cass. civ. 1ère v. 5.7.1988, D. 1989, Jurispr., S. 51, Anm. *Massip*; Cass. civ. 1ère v. 8.12.1993, Defrénois 1994, Art. 35746, Nr. 1, S. 322, Anm. *Massip*; Cass. civ. 1ère v. 17.5.1993, D. 1993, inf. rap., 149.

- Ergebnis

12 Frau P. ist an der Durchsetzung der Unterhaltsansprüche, die ihr aufgrund der Entscheidung vom 29.12.1998 unter Berücksichtigung der zeitlichen Begrenzung gemäß der Entscheidung vom 13.12.2005 zustehen, weder wegen Verjährung noch wegen Verwirkung gehindert.

III. Zu Frage 4

13 Ein Elternteil kann nicht wirksam auf Unterhaltsansprüche gegen den anderen Elternteil, der für die anteilige Bestreitung des Unterhalts und der Erziehung des gemeinsamen Kindes bestimmt ist, verzichten.[10] Es handelt sich hierbei um eine gesetzliche, nicht dispositive Verpflichtung, der der Unterhaltsschuldner allein dadurch entkommen kann, dass er seine materielle Unfähigkeit zur Unterhaltszahlung nachweist.[11]

14 Die Rechtsprechung unterscheidet allerdings zwischen dem Verzicht auf Unterhaltsansprüche für die Zukunft und dem Verzicht auf zurückliegende Unterhaltszahlungen. Während auf ausstehende künftige Unterhaltsansprüche nicht verzichtet werden kann, ist der Verzicht eines Elternteils auf zurückliegende Unterhaltszahlungen zulässig, weil es sich dabei um einen persönlichen Ausgleichsanspruch gegenüber dem anderen Elternteil handelt.[12]

15 Der Rechtsverzicht ist zwar nicht im *Code civil* vorgesehen, er ist aber allgemein anerkannt. Der Verzicht kann ausdrücklich oder stillschweigend erfolgen, wobei sich ein stillschweigender Verzicht unmissverständlich aus dem Verhalten des Gläubigers, das mit dem Aufrechterhalten des Rechts zweifelsfrei unvereinbar ist, ergeben muss.[13] Bloßes Schweigen oder allein die Nichtausübung des Rechts wird nur als Duldung, aber nicht als Verzicht gewertet, wobei die Rechtsprechung hier regelmäßig einen strengen Maßstab ansetzt.[14] Wer etwa die Vertragserfüllung während eines längeren Zeitraums nicht verfolgt oder während der Ausführung nicht ausdrücklich seine Rechte anmahnt, verzichtet noch nicht auf sein Recht.[15]

---

10 Cass. civ. 2ème v. 4.3.1987, Bull. civ. II, Nr. 60; Cass. civ. 2ème v. 17.10.1987, Bull. civ. II, Nr. 157; Cass. civ. 1ère v. 29.5.1985, Bull. civ. I, Nr. 167.

11 Rspr. zit vorige Fn.; Dalloz Action, Droit de la famille (o. Fn. 1), Rn. 2194 und 2239.

12 Cass. civ. 1ère v. 29.5.1985, Bull. civ. I, Nr. 167; Cass. civ. 2ème v. 21.3.1988, Bull. civ. II, Nr. 74 (für nachehelichen Unterhalt); s.a. *Bénabent*, Droit civil, Les obligations, 10. Aufl., Rn. 885.

13 *Bénabent* (o. Fn. 12), Rn. 855; Cass. civ. 1ère v. 8.7.1997, Bull. civ. I, Nr. 232 (Ein Versicherer, der für seinen Versicherten den Prozess führt, verzichtet ihm gegenüber auf die Einwendung der Nichthaftung); Cass. civ. 1ère v. 8.7.2003, Bull. civ. I, Nr. 158 (Ein Versicherer, der auch nach Bekanntwerden eines erhöhten Versicherungsrisikos weiterhin die Prämien einzieht, verzichtet auf die Kündigung wegen erhöhten Versicherungsrisikos).

14 Ch. mixte v. 26.4.1974, Bull. civ. C.M. Nr. 1.

15 Cass. civ. 1ère v. 7.3. und 3.10.2003, Bull. civ. I, Nr. 75 und 231; Cass. civ. 2ème v. 20.6.2002, Bull.

Herr D. wendet einen angeblichen Teilverzicht von Frau P. ein, soweit sie die monatlichen Zahlungen in Höhe von FF 1.450,- pro Kind und Monat anstelle der gerichtlich verfügten FF 2.300,- nicht beanstandet hat. Allein die Tatsache, dass Frau P. über einen langen Zeitraum, sogar mehrere Jahre, die zu niedrige Unterhaltszahlung weder gerügt noch in sonstiger Weise rechtliche Schritte dagegen unternommen hat, reicht nicht aus, einen stillschweigenden (Teil-) Verzicht zu begründen. 16

Herr D. hat aber darüber hinaus vorgetragen, das ursprünglich vorgesehene Schulgeld sei im Wesentlichen gar nicht angefallen, und dass der Teilverzicht oder die angebliche Vereinbarung zwischen den Parteien auf eine niedrigere Unterhaltszahlung gerade auf diesem Umstand beruhen würde. 17

Auf diesen Punkt wird entscheidend abzustellen sein. Der Erhöhungsbeschluss des *Tribunal de Grande Instance de Sarreguemines* nennt nämlich ausdrücklich das Schulgeld in Höhe von damals monatlich FF 8.000,- für die drei Kinder als Begründung für die Erhöhung des monatlichen Unterhaltsanspruchs. Sofern dieser Grund tatsächlich weggefallen ist, wäre auch der Unterhaltsanspruch entsprechend davon betroffen. Zwar fällt die Unterhaltspflicht nicht von Rechts wegen mit Wegfall des Unterhaltsgrundes weg, sondern muss gerichtlich festgestellt werden (s.o. Fn. 1). Es spricht aber sehr viel dafür, dass das Gericht bei entsprechender Anrufung die Unterhaltspflicht entsprechend herabgesetzt hätte. 18

Wenn unter solchen Umständen eine Partei untätig bleibt, weil ihr Recht so zu sagen einredebehaftet ist, spricht sehr viel dafür, ein Untätigbleiben als Verzicht, oder genauer noch als Akzeptanz der Einrede zu qualifizieren. 19

Hier war die Durchsetzung des Rechts von Frau P. deshalb unwahrscheinlich, weil Herr D. bei einem Vollstreckungsversuch die Herabsetzung des Unterhalts gerichtlich hätte feststellen lassen können. 20

Diese Möglichkeit steht ihm nach wie vor offen, denn wie bereits erwähnt, können Unterhaltsansprüche auch für die Vergangenheit gerichtlich aufgehoben bzw. eingeschränkt werden (vgl. o. Fn. 1). 21

- Ergebnis

Frau P. konnte zwar nicht für die Zukunft auf Unterhaltsansprüche für die Betreuung und Erziehung der Kinder verzichten. Sie konnte aber auf Ersatzansprüche für in der Vergangenheit nicht geleistete Unterhaltszahlungen von Herrn D., für die sie in Vorleistung getreten ist, verzichten. Der Rechtsverzicht muss unmissverständlich zum Ausdruck gebracht worden sein, dabei genügt es nicht darauf zu ver- 22

---

civ. II, Nr. 138 (Unterhaltszahlungen wurden während 16 Jahren nicht eingeklagt); Cass. civ. 1ère v. 29.9.2003, Bull. civ. II, Nr. 184 (Versicherungsprämien wurden während 10 Jahren nicht eingeklagt).

weisen, dass die Ansprüche über mehrere Jahre nicht geltend gemacht wurden. Treten hier aber weitere Umstände hinzu, scheint das Recht insbesondere einredebehaftet, ist ein Untätigbleiben durchaus als Rechtsverzicht anzusehen.

IV. Zu Frage 5

23 Der unterhaltspflichtige Elternteil kann seine Unterhaltspflicht nicht grundsätzlich dadurch erfüllen, dass er die geschuldeten Unterhaltsleistungen unmittelbar an das Kind zahlt.[16] Er kann sich aber insoweit seiner Zahlungspflicht an den anderen Elternteil entziehen, sofern er nachweist, dass dieser nicht mehr hauptsächlich für den Unterhalt des Kindes aufkommt.[17] Hierfür reicht aber nicht allein der Nachweis aus, dass das Kind nicht mehr bei dem unterhaltsberechtigten Elternteil wohnt.[18]

24 Der Wegfall der Unterhaltspflicht muss gerichtlich festgestellt werden, wobei es im alleinigen Ermessen des Gerichts liegt, zu entscheiden, ob die Unterhaltspflicht ab dem Zeitpunkt des Eintritts der die Unterhaltspflicht beseitigenden Umstände oder ab dem Zeitpunkt der Inanspruchnahme aufgehoben wird.[19]

25 Auch die jüngste Gesetzesreform vom 4.3.2002 ändert die dargelegte Rechtslage nicht. Der neue Art. 373-2-5 *Code civil*[20] sieht zwar die Möglichkeit vor, dass Unterhaltszahlungen unmittelbar an das Kind erbracht werden. Diese Möglichkeit ist aber zum einen nur für volljährige Kinder vorgesehen und zum anderen bedarf sie entweder einer entsprechenden Vereinbarung der Eltern oder einer gerichtlichen Entscheidung.[21]

- Ergebnis

26 Herr D. konnte seine Zahlungsverpflichtung gegenüber Frau P. für Unterhalt und Erziehung der gemeinsamen Kinder nicht schon dadurch erfüllen, dass er Di-

---

16 Cass. civ. 2ème v. 22.1.1992, Bull. civ. II, Nr. 27; D. 1993, Somm. S. 127, Anm. *Blary-Clément*; RTD civ. 1992, 380, Anm. *Hauser/Huet-Weiller*; weitere Nachweise J-Cl. civ., Art. 286 bis 295 par *Eschille/Ganger*, § 126; *Véron*, L'obligation d'entretien à l'égard des jeunes majeurs, Mémoire DEA 2002-2003 s/ dir. Dekeuwer-Defossez, Lille 2, http://edoctorale74.univ-lille2.fr , S. 73 und 75.

17 Cass. civ. 2ème v. 11.12.1991, Bull. civ. II, Nr. 341; Cass. civ. 2ème v. 8.2.1989, Bull. civ. II, Nr. 32; *Terré/Fenouillet*, Les personnes La famille Les incapacités, 7. Aufl., Rn. 1122, S. 1123.

18 Cass. civ. 2ème v. 22.1.1992 (o. Fn. 16).

19 Cass. civ. 2ème v. 17.3.1993, D. 1993 IR, 85; Cass. civ. 2ème v. 23.6.1993, D. 1993 IR, 201; Dalloz Action, Droit de la famille (o. Fn. 1), Rn. 2194 ; *Courbe,* Droit de la famille, 4. Aufl., Rn. 1105 (Bezieht den Gesichtspunkt ein, dass ein Elternteil sich nicht zu hohen Nachzahlungsforderungen ausgesetzt sehen soll).

20 Art. 373-2-5 Code civil: „Le parent qui assume à titre principal la charge d'un enfant majeur qui ne peut lui-même subvenir à ses besoins peut demander à l'autre de lui verser une contribution à son entretien et à son éducation. Le juge peut décider ou les parents convenir que cette contribution sera versée en tout ou partie entre les mains de l'enfant."

21 *Terré/Fenouillet* (o. Fn. 17), Rn. 1122, S. 1124; *Véron* (o. Fn. 16), 75.

rektzahlungen an die Kinder leistete. Er kann gegen seine Zahlungspflicht jedoch einwenden, Frau P. sei zu einem bestimmten Zeitpunkt für Unterhalt und Erziehung der Kinder tatsächlich nicht mehr aufgekommen, wobei ihn hierfür die Beweislast trifft.

V. Zu Frage 6

Eine Aufrechnung gegen Unterhaltsansprüche ist gem. Art. 1293 Nr. 3 *Code civil*[22] unzulässig. Danach ist die Möglichkeit der Aufrechnung ausdrücklich für die Fälle ausgenommen, in denen gegen eine Schuld aufgerechnet werden soll, die für unpfändbar erklärten Unterhalt zum Gegenstand hat. Die Rechtsprechung hat weitergehend präzisiert, dass Ansprüche auf Unterhaltsleistungen grundsätzlich unpfändbar sowie auch nicht abtretbar sind, da sie dazu bestimmt sind, die Lebensbedürfnisse des Gläubigers zu befriedigen.[23] 27

Wie aber schon bei der Frage zur Zulässigkeit des Verzichts erörtert wurde, muss auch im Fall der Aufrechnung im Einzelfall unterschieden werden, ob gegen Unterhaltsforderungen oder gegen einen Ersatzanspruch aufgerechnet werden soll. 28

Wie bereits oben erläutert wurde, gründen Forderungen eines Elternteils wegen Unterhaltszahlungen für die Betreuung der gemeinsamen Kinder für zurückliegende Zeiträume auf einem Ausgleichsanspruch für den Teil der Unterhaltsleistungen, den der andere Teil hätte erbringen müssen und für den der eine in Vorleistung getreten ist. 29

Damit steht im vorliegenden Fall nicht die Aufrechnung gegen Unterhaltsforderungen für die gemeinsamen Kinder zur Frage, sondern die Aufrechnung gegen Ersatzansprüche von Frau P. aus Vorleistung für den Teil des Unterhalts für die gemeinsamen Kinder, der Herrn D. zukommt. Gegen diesen Anspruch kann die Aufrechnung nicht mit dem Argument unzulässiger Aufrechnung mit Unterhaltsansprüchen zurückgewiesen werden. 30

---

22 Art. 1293 Code civil: „La compensation a lieu, quelles que soient les causes de l'une ou l'autre des dettes, excepté dans les cas: 1° […] ; 2° […] ; 3° D'une dette qui a pour cause des aliments déclarés insaisissables."

23 Cass. civ. 2ème v. 10.3.2005, D. 2005, 798; Cass. civ. 2ème v. 9.7.1997, Bull. civ. II, Nr. 220 (Ein geschiedener Ehemann durfte nacheheliche Unterhaltsforderungen seiner geschiedenen Frau nicht mit Zahlungen auf persönliche Steuerschulden seiner Ex-Frau aufrechnen); D. 1998, Jurispr., 544, Anm. *Gamba*; JCP 1998, II, Nr. 10033, Anm. *Pataut*; Cass. civ. 2ème, Bull. civ. II, Nr. 103 ; RTD civ. 1970, 769 f., Anm. *Loussouarn*; CA Paris v. 13.7.1978, D. 1980, Jurispr., 45, Anm. *Rameau*; *Terré/Fenouillet* (o. Fn. 17), Rn. 544, S. 469 ; *Bénabent* (o. Fn. 12), Rn. 823 ; *Terré/Simler/Lequette,* Les obligations, 9. Aufl., Rn. 1399, S. 1323; Dalloz Action, Droit de la famille (o. Fn. 1), Rn. 2236 ; *Malaurie/ Aynès/Stoffel-Munck*, Les Obligations, 2. Aufl., Rn. 1289.

- Ergebnis

31 Herr D. kann gegenüber Ansprüchen von Frau P. wegen zurückliegender Leistungen für Unterhalt und Erziehung der gemeinsamen Kinder mit eigenen Ansprüchen gegen Frau P. aufrechnen.

IX. Erbrecht

1. Gesetzliches Erbrecht

Siehe auch Nr. 39 (Tübingen)

Nr. 35

Spanien*

1. **Die Erbfolge nach einem spanischen Staatsangehörigen unterliegt gem. Art. 25 Abs. 1 EGBGB spanischem Recht. Das spanische internationale Privatrecht nimmt diese Verweisung grundsätzlich an. Das gesetzliche Erbrecht des überlebenden Ehegatten unterliegt indes nach spanischem internationalem Privatrecht dem Statut der allgemeinen Ehewirkungen. Ist der überlebende Ehegatte deutscher Staatsangehöriger und hatten die Ehegatten unmittelbar nach der Eheschließung ihren gemeinsamen gewöhnlichen Aufenthalt in Deutschland, so unterliegt sein gesetzliches Erbrecht kraft Rückverweisung deutschem materiellem Erbrecht.**
2. **Der endgültige Erwerb der Erbschaft wird im gemeinspanischen Recht durch die Erklärung der Annahme der Erbschaft bewirkt. Die gesetzliche Vertretung des minderjährigen deutschen Sohnes bei der Erklärung der Annahme einer Erbschaft nach spanischem materiellen Erbrecht unterliegt gem. Art. 21 EGBGB deutschem materiellen Recht (Vorfrage).**
3. **Wenn gesetzliche Vertreter eines minderjährigen Deutschen für diesen die Annahme einer Erbschaft nach spanischem materiellen Erbrecht erklären, hängt die Wirksamkeit der Annahmeerklärung von einer Genehmigung durch das deutsche Familiengericht analog § 1643 Abs. 2 i.V.m. § 1822 Nr. 2 BGB ab (materiellrechtliche Anpassung). Das Genehmigungserfordernis entfällt, wenn vom Vertretungsberechtigten des Minderjährigen ein Inventar i.S.d. Art. 1010 CC vorgelegt wird.**

---

* *Anm. d. Red.:* S. zum spanischen Erbrecht auch IPG 2000/2001 Nr. 36 *(Leipzig)*; IPG 1985/1986 Nr. 44 *(Hamburg)*; IPG 1982 Nr. 31 *(Göttingen)*; IPG 1972 Nr. 31 *(Hamburg)*; IPG 1971 Nr. 34 *(Heidelberg)*. Vgl. ferner zum spanischen Testamentsrecht IPG 2000/2001 Nr. 36 *(Leipzig)*; IPG 1997 Nr. 39b *(Hamburg)*; IPG 1985/1986 Nr. 44 *(Hamburg)*.

1 Das Amtsgericht Kaufbeuren, Zweigstelle Füssen – Nachlassgericht – bittet in der Nachlasssache A. (Gesch. Nr. VI 0119/05) aufgrund Beschlusses vom 31.5.2005 um ein Gutachten zum internationalen und spanischen Erbrecht.

München G 10270 - 5.6 vom 9.6.2005

A. Sachlage

2 Am 26.3.2005 ist in Füssen, wo er auch seinen letzten gewöhnlichen Aufenthalt hatte, der spanische Staatsangehörige A. gestorben. Der Erblasser ist in der spanischen Provinz Galizien geboren.

Der Erblasser wird von seiner Ehefrau, einer deutschen Staatsangehörigen, sowie einem gemeinschaftlichen minderjährigen Kind überlebt. Der Erblasser hatte nach Aktenlage keine weiteren Kinder. Er hatte auch nicht adoptiert.

Eine letztwillige Verfügung liegt nicht vor.

Die Ehe des Erblassers wurde im Jahre 1980 in Deutschland geschlossen; die Ehegatten hatten durch notariellen Vertrag vom 7.2.1980 den Güterstand der Gütertrennung „nach den Bestimmungen des Bürgerlichen Gesetzbuchs“ vereinbart.

Zum Zeitpunkt des Todes des Erblassers war nach dem Inhalt des Beweisbeschlusses ein „Scheidungsantrag“ eingereicht. Die Rechtshängigkeit (Zustellung des Scheidungsantrags) ist nicht mitgeteilt. Den Akten lässt sich ebenfalls nicht entnehmen, welcher der Ehegatten die Scheidung beantragt bzw. dieser zugestimmt hatte.

B. Anfrage

3 Das Gericht bittet um ein Gutachten zur Erbfolge.

C. Rechtslage

I. Das auf die Erbfolge anwendbare Recht (Erbstatut)

1. Staatsvertragliches Kollisionsrecht

4 Gem. Art. 3 Abs. 2 S. 1 EGBGB vorrangige staatsvertragliche Regelungen des Erbstatuts bestehen im Verhältnis zum Königreich Spanien nicht.

2. Deutsches Internationales Privatrecht

Nach Art. 25 Abs. 1 EGBGB ist auf die Rechtsnachfolge von Todes wegen das Recht des Staates anzuwenden, dem der Erblasser zum Zeitpunkt seines Todes angehörte. 5

Die Verweisung des Art. 25 EGBGB umfasst grundsätzlich sämtliche erbrechtlichen Fragen und gilt insbesondere auch für die gesetzliche Erbfolge sowie für den Erbschaftserwerb.[1] 6

Art. 25 EGBGB verweist vorliegend auf spanisches Recht. Hierbei handelt es sich gem. Art. 4 Abs. 1 EGBGB um eine Gesamtverweisung.[2] Es ist daher zu prüfen, ob das spanische Internationale Privatrecht diese Verweisung annimmt, auf deutsches Recht zurückverweist oder auf eine dritte Rechtsordnung weiterverweist. 7

3. Spanisches Internationales Privatrecht

a) Rechtsspaltung

Bei der Anwendung spanischen Zivilrechts ist grundsätzlich zu beachten, dass in Spanien verschiedene Teilrechtsordnungen, sogenannte Foralrechte, bestehen.[3] 8

Da Art. 25 Abs. 1 EGBGB vorliegend lediglich allgemein auf das spanische Recht verweist, ohne die maßgebende Teilrechtsordnung zu bezeichnen, bestimmt nach Art. 4 Abs. 3 S. 1 EGBGB primär das spanische Recht, welche Teilrechtsordnung anzuwenden ist. 9

b) Einheitliche Anwendung des gesamtspanischen Internationalen Privatrechts

Zur Anwendung der Foralrechte enthält Art. 13 Abs. 2 *Código Civil* (im Folgenden: CC) folgende Regelung: 10

	Deutsch:[4]
Art. 13 Abs. 2 CC	Art. 13 Abs. 2 CC
„En lo demás, y con pleno respeto a los derechos especiales o forales de	Im Übrigen gilt das Zivilgesetzbuch bei voller Beachtung der Sonder-

---

[1] Vgl. nur *Bamberger/Roth (Lorenz)*, BGB, 2003, Art. 25 EGBGB, Rn. 23 ff.; *Palandt/Heldrich*, BGB, 64. Aufl. 2005, Art. 25 EGBGB, Rn. 10 ff.

[2] *Bamberger/Roth (Lorenz)* (o. Fn. 1), Art. 25 EGBGB, Rn. 47; *Palandt/Heldrich* (o. Fn. 1), Art. 25 EGBGB, Rn. 2.

[3] Vgl. *Ferid/Firsching/Dörner/Hausmann (Hierneis)*, Internationales Erbrecht (Loseblatt), Band VI: Länderteil Spanien, Stand: 31.1.2004, Grdz., S. 2.

[4] Übersetzung aus: *Riering* (Hrsg.), IPR-Gesetze in Europa, 1997.

las provincias o territorios en que están vogentes, regirá el Código Civil como derecho supletorio, en defecto del que lo sea en cada una de aquéllas, según sus normas especiales.“	oder Foralrechte der Provinzen und Territorien, in denen sie gültig sind, bei ihnen allen als ergänzendes Recht hinsichtlich jeglicher Lücke ihrer Sondernormen.

11 Demgegenüber gelten die Vorschriften des spanischen Internationalen Privatrechts im Einführungstitel des *Código Civil* gem. Art. 13 Abs. 1 CC für das gesamte spanische Königreich allgemein und unmittelbar.

	Deutsch:[5]
Art. 13 Abs. 1 CC	Art. 13 Abs. 1 CC
„Las disposiciones de este título preliminar, en cuanto determinan los efectos de las leyes y las reglas generales para su aplicación [...] tendrán aplicación general y directa en toda Espana.“	Die Bestimmungen dieses Einführungstitels, soweit sie die Wirkungen der Gesetze und die allgemeinen Regeln für ihre Anwendung festlegen [...] finden in ganz Spanien allgemeine Anwendung.

12 Damit kommt für die Frage einer allfälligen Rück- oder Weiterverweisung gesamtspanisches Kollisionsrecht zur Anwendung.

c) Erbstatut nach gesamtspanischem Internationalen Privatrecht

aa) Grundsatz: Heimatrecht

13 Das auf die Rechtsnachfolge von Todes wegen anwendbare Recht ist in Art. 9 Abs. 8 CC geregelt.

14 Die Vorschrift lautet:

	Deutsch:[6]
Art. 9 Abs. 8 CC	Art. 9 Abs. 8 CC
„[1]La sucesión por causa de muerte se regirá por la ley nacional del causante en el momento de su fallecimiento, cualesquiera que sean la naturaleza de los bienes y el país donde se encuentren.	[1]Die Erbfolge von Todes wegen richtet sich nach dem Heimatrecht des Erblassers im Augenblick seines Todes, welches auch immer die Natur seiner Güter oder das Land ist, in dem sie sich befinden.

---

5 Übersetzung aus: *Riering* (o. Fn. 4).

6 Übersetzung aus: *Riering* (o. Fn. 4).

[2][...] [betr. letztwillige Verfügungen].

[3]Los derechos que por ministerio de la ley se atribuyan al cónyuge supérstite se regirán por la misma ley que regule los efectos del matrimonio, a salvo siempre las legítimas de los descendientes."

[2][...]

[3]Die Rechte, die kraft Gesetzes dem überlebenden Ehegatten zugewiesen werden, richten sich nach dem gleichen Recht, das die Ehewirkungen regelt, jedoch in jedem Falle unbeschadet des Noterbrechts der Abkömmlinge.

15 Nach Art. 9 Abs. 8 S. 1 CC kommt damit unabhängig von Art und Belegenheit des Nachlasses grundsätzlich das Heimatrecht des Erblasser zum Zeitpunkt seines Todes zur Anwendung.

16 Grundsätzlich nimmt also das spanische Kollisionsrecht die Verweisung des deutschen Kollisionsrechts an.

17 Ebenso wie im deutschen internationalen Erbrecht erfasst die Verweisung grundsätzlich alle erbrechtlichen Fragen, d.h. insbesondere die Frage der gesetzlichen Erben, ihrer Quoten und die Frage des Erbschaftserwerbs.[7]

bb) Sonderanknüpfung des Erbrechts des überlebenden Ehegatten

18 Art. 9 Abs. 8 S. 3 CC enthält freilich eine Sonderanknüpfung für das Erbrecht des überlebenden Ehegatten. Dieses unterliegt dem allgemeinen Ehewirkungsstatut.

cc) Ehewirkungsstatut

19 Da das Erbrecht des überlebenden Ehegatten nach spanischem Kollisionsrecht vorbehaltlich der Pflichtteile der Abkömmlinge dem auf die allgemeinen Wirkungen der Ehe anwendbaren Recht unterliegt, ist zunächst zu prüfen, welches Recht für die allgemeinen Wirkungen der Ehe des Erblassers maßgeblich war.

20 Da es sich hierbei um eine Frage der Rückverweisung des spanischen Kollisionsrechts handelt, ist für die Frage, welches Recht auf die allgemeinen Ehewirkungen anwendbar ist, nicht etwa auf Art. 14 EGBGB als die hierfür maßgebliche Kollisionsnorm des deutschen Internationalen Privatrechts zurückzugreifen.[8]

21 Maßgeblich ist vielmehr, welches Recht aus spanischer Sicht für die allgemeinen Ehewirkungen maßgeblich ist.

22 Letztlich kann diese Frage im vorliegenden Fall freilich dahinstehen, da sowohl das spanische Kollisionsrecht als auch das deutsche Kollisionsrecht zu demselben Ergebnis kämen.

---

[7] S. *Ferid/Firsching/Dörner/Hausmann (Hierneis)* (o. Fn. 3), Spanien, Grdz., Rn. 35 - 37.

[8] So aber offenbar *Ferid/Firsching/Dörner/Hausmann (Hierneis)* (o. Fn. 3), Spanien, Grdz., Rn. 87.

23 Das Statut der allgemeinen Ehewirkungen ist in Art. 9 Abs. 2 CC geregelt. Die Vorschrift lautet:

	Deutsch:
Art. 9 Abs. 2 CC	Art. 9 Abs. 2 CC
„Los efectos del matrimonio se regirán por la ley personal común de los cónyuges al tiempo de contraerlo; en defecto de esta ley, por la ley personal o de la residencia habitual de cualquiera de ellos, elegida por ambos en documento auténtico otorgado antes de la celebración del matrimonio; a falta de esta elección, por la ley de la residencia habitual común inmediatamente posterior a la celebración, y, a falta de dicha residencia, por la del lugar de celebración del matrimonio. [...] [betr. Ehetrennung und Ehescheidung]."	Die Ehewirkungen richten sich nach dem gemeinsam Personalstatut der Ehegatten zum Zeitpunkt der Eheschließung und, bei dessen Fehlen, nach dem Personalstatut oder dem Recht des Orts des gewöhnlichen Aufenthalts eines von ihnen, das beide mittels öffentlicher, vor der Eheschließung errichteter Urkunde gewählt haben; bei Fehlen einer solchen Wahl nach dem Recht des Ortes des gemeinsamen gewöhnlichen Aufenthaltes unmittelbar nach der Eheschließung und, bei Fehlen eines solchen Aufenthalts, nach dem Recht des Ortes der Eheschließung.

24 „Personalstatut" im Sinne dieser Vorschrift ist nach Art. 9 Abs. 1 CC die Staatsangehörigkeit des Erblassers. Die Vorschrift lautet:

	Deutsch:
Art. 9 Abs. 1 CC	Art. 9 Abs. 1 CC
„La ley personal correspondiente a las personas físicas es la determinada por su nacionalidad [...]"	Das Personalstatut natürlicher Personen wird durch die Staatsangehörigkeit bestimmt [...]

25 Mangels einer gemeinsamen Staatsangehörigkeit der Ehegatten verweist das spanische Recht damit bezüglich der allgemeinen Ehewirkungen auf deutsches Recht. Dies kann sich daraus ergeben, dass der notarielle Ehevertrag der Ehegatten eine Wahl deutschen Ehegüterrechts enthält, was aus spanischer Sicht – da das Kollisionsrecht nicht zwischen allgemeinen und güterrechtlichen Ehewirkungen unterscheidet – als Rechtswahl im Sinne von Art. 9 Abs. 2 CC angesehen werden könnte. Auch diese Frage kann aber offen bleiben, da im Falle ihrer Verneinung deutsches Recht als das Recht des gemeinsamen gewöhnlichen Aufenthaltes unmittelbar nach der Eheschließung zur Anwendung käme.

26 Das spanische Recht verweist damit für das Statut der allgemeinen Ehewirkungen und damit für das Erbrecht des überlebenden Ehegatten auf deutsches Recht zurück.

Nach Art. 4 Abs. 1 S. 2 EGBGB ist *diese Verweisung* ungeachtet der Tatsache, ob es sich aus spanischer Sicht um einer Sachnorm- oder Gesamtverweisung handelt, ausschließlich auf deutsches Sachrecht zu beziehen. 27

Hiervon zu unterscheiden ist die Frage, ob die mittelbar zu prüfende Verweisung des spanischen Rechts auf deutsches Recht als Statut der allgemeinen Ehewirkungen eine Gesamt- oder Sachnormverweisung ist und ob dem aus der Sicht des deutschen Rechts zu folgen wäre. Diese Frage kann hier ebenso wie die oben erwähnte Frage der maßgeblichen Kollisionsnorm offenbleiben, da auch aus der Sicht des deutschen Kollisionsrecht auf die allgemeinen Ehewirkungen deutsches Recht als das Recht des gemeinsamen gewöhnlichen Aufenthaltes anwendbar wäre, s. Art. 14 Abs. 1 Nr. 2 EGBGB. 28

Das Erbrecht des überlebenden Ehegatten unterliegt damit vorliegend deutschem materiellen Recht. 29

4. Zwischenergebnis zu I.

Die Erbfolge nach dem Erblasser unterliegt grundsätzlich spanischem materiellen Recht. Das Erbrecht des überlebenden Ehegatten unterliegt indessen deutschem materiellen Recht. 30

5. Bestimmung der maßgeblichen Teilrechtsordnung

Wie bereits oben dargelegt, besteht in Spanien teilweise gebietsbezogene Rechtsspaltung. Gem. Art. 4 Abs. 3 EGBGB ist damit für die Frage der maßgeblichen Teilrechtsordnung in erster Linie das gesamtspanische interlokale Privatrecht zu befragen. 31

Das anwendbare Foralrecht bestimmt sich für den Bereich des Erbrechts gem. Art. 14 Abs. 1 CC nach der bürgerlichrechtlichen Gebietszugehörigkeit. Die Vorschrift lautet: 32

	Deutsch:[9]
Art. 14 Abs. 1 CC	Art. 14 Abs. 1 CC
„La sujeción al derecho civil común o al especial o foral se determina por la vecindad civil.“	Die Unterstellung unter das gemeine bürgerliche Recht oder unter ein Sonder- oder Foralrecht bestimmt sich nach der bürgerlichrechtlichen Gebietszugehörigkeit.

[9] Übersetzung aus: *Riering* (o. Fn. 4).

33 Die bürgerlichrechtliche Gebietszugehörigkeit wird in den folgenden Absätzen des Art. 14 CC geregelt.

34 Nach dem den Akten zu entnehmenden Sachverhalt scheint es naheliegend, dass der Erblasser die bürgerlichrechtliche Gebietszugehörigkeit zur Autonomen Gemeinschaft Galizien besaß. Hierfür spricht zunächst, dass der Erblasser in der Provinz Galizien geboren wurde. Im Übrigen spricht auch die in Art. 14 Abs. 6 CC enthaltene gesetzliche Vermutung für eine bürgerlichrechtliche Gebietszugehörigkeit zur Autonomen Gemeinschaft Galizien.

	Deutsch:[10]
Art. 14 Abs. 6 CC	Art. 14 Abs. 6 CC
„En caso de duda prevalecerá la vecinidad civil que corresponda al lugar de nacimiento.“	In Zweifelsfällen geht die bürgerlichrechtliche Gebietszugehörigkeit zum Geburtsort vor.

35 Für die weitere Darstellung wird daher unterstellt, dass der Erblasser die bürgerlichrechtliche Gebietszugehörigkeit zur Autonomen Gemeinschaft Galizien besaß. Folglich ist galizisches Foralrecht anzuwenden.

II. Verwandtenerbrecht

1. Berufung zur Erbschaft

a) Galizisches Foralrecht

36 Das galizische Foralrecht enthält erbrechtliche Regelungen in den Art. 117 ff. des Gesetzes 4/1995 vom 24.5.1995 über das Zivilrecht Galiziens.

	Deutsch:[11]
Art. 117 Abs. 1 Ley 4/1995	Art. 117 Abs. 1 Gesetz 4/1995
„La delación sucesoria puede tener lugar por testamento, por ley y por los pactos sucesorios regulados en esta ley.“	Die Rechtsnachfolge von Todes wegen erfolgt kraft Testament, kraft Gesetz oder kraft der in diesem Gesetz geregelten Erbverträge.

37 Für die hier einschlägige *gesetzliche* Erbfolge verweist Art. 152 Abs. 1 des Gesetzes 4/1995 allerdings auf die Vorschriften des gesamtspanischen *Código Civil*.

---

[10] Übersetzung aus: *Riering* (o. Fn. 4).

[11] Eigene Übersetzung.

	Deutsch:
Art. 152 Abs. 1 Ley 4/1995	Art. 152 Abs. 1 Gesetz 4/1995
„La sucesión intestada se regirá por lo dispuesto en el Código Civil, a no ser lo establecido en el párrafo siguiente.“	Die gesetzliche Erbfolge bestimmt sich, vorbehaltlich der im nachfolgenden Absatz getroffenen Regelungen, nach den Bestimmungen des Código Civil.

Art. 152 Abs. 2 des Gesetzes 4/1995 betrifft den Fall des Zusammentreffens eines überlebenden Ehegatten mit Abkömmlingen oder Vorfahren des Erblassers. In diesem Fall räumt die Regelung dem überlebenden Ehegatten aus güterrechtlicher Sicht die Wahl eines Nießbrauchsrechts ein. Dies ist hier aber bereits deshalb nicht einschlägig, weil die erbrechtliche Berechtigung der Ehefrau des Erblassers nach deutschem materiellen Recht zu beurteilen ist. 38

Damit kommt hier bezüglich der gesetzlichen Erbfolge (mit Ausnahme der deutschem Recht unterliegenden Erbberechtigung der Ehefrau des Erblassers) gemeinspanisches Recht zur Anwendung. 39

b) Gesetzliche Erbfolge nach dem Código Civil

Das gemeinspanische Erbrecht ist in den Art. 912 ff. CC geregelt. Da vorliegend keine letztwilligen Verfügungen des Erblassers vorhanden sind, tritt gem. Art. 912 Nr. 1 CC die gesetzliche Erbfolge ein. 40

	Deutsch:
Art. 912 CC	Art. 912 CC
„La sucesión legítima tiene lugar:	Die gesetzliche Erbfolge tritt ein:
1. Cuando uno muere sin testamento [...].“	1. Wenn jemand ohne Testament [...] stirbt.

Erbberechtigt sind dabei in erster Linie die Kinder oder weitere Abkömmlinge, Art. 930 f. CC. 41

	Deutsch:
Art. 930 CC	Art. 930 CC
„La sucesión corresponde en primer lugar a la línea recta descendente.“	Die Erbschaft steht an erster Stelle der absteigenden geraden Linie zu.
Art. 931 CC	Art. 931 CC
„Los hijos y sus descendientes suceden a sus padres [...] sin distinción de	Die Kinder und deren Abkömmlinge beerben ihre Eltern [...] ohne Unterschied des Geschlechts, des Alters

sexo, edad o filiación.“	oder der Abstammung.

42 Nur wenn keine Abkömmlinge vorhanden sind, erben in zweiter Linie die Aszendenten des Erblassers, Art. 935 CC.

	Deutsch:
Art. 935 CC	Art. 935 CC
„A falta de hijos y descendientes del difunto le heredarán sus ascendientes.“	Sind keine Kinder und Abkömmlinge des Verstorbenen vorhanden, so beerben ihn seine Aszendenten.

43 Damit wurde der Erblasser – vorbehaltlich des nach deutschem Recht zu prüfenden Erbanteils der überlebenden Ehefrau – von seinem Sohn alleine beerbt.

2. Erbschaftserwerb

a) Erfordernis der Erbschaftsannahme

44 Nach Art. 657 CC geht der Nachlass mit dem Tode des Erblassers unmittelbar auf die Erben über.

	Deutsch:
Art. 657 CC	Art. 657 CC
„Los derechos a la sucesión de una persona se transmiten desde el momento de su muerte.“	Die Rechte am Nachlass einer Person gehen im Augenblick ihres Todes über.

45 Diese können jedoch nach Art. 988 ff. CC die Erbschaft annehmen oder ausschlagen. Erst mit der Annahme der Erbschaft wird der bis dahin lediglich „vorläufige“ Erbe zum „endgültigen“ Erben.[12]

46 Die Annahme (bzw. die Ausschlagung) wirkt nach Art. 989 CC auf den nach Art. 657 CC maßgeblichen Zeitpunkt des Erbfalls zurück.[13] Die Vorschrift lautet:

---

[12] *Capilla Roncero et. al./Valpuesta Fernández*, Derecho de Sucesiones, 1992, 520; *Ministerio de Justicia/De los Mozos y de los Mozos*, Comentario del Código Civil, Tomo I, 1991, Art. 988 I und VII.

[13] Vgl. Sentencia del Tribunal Supremo (oberster spanischer Gerichtshof) v. 20.5.1982, Repertorio de Jurisprudencia 1982, Tomo XLIX, Nr. 2585; *Ministerio de Justicia/De los Mozos y de los Mozos* (o. Fn. 12), Art. 989 II.1; *Rivas Martinez*, Derecho de Sucesiones Comun y Foral, Tomo II, 1992, 816 und 825.

	Deutsch:
Art. 989 CC	Art. 989 CC
„Los efectos de la aceptación y de la repudiación se retrotraen siempre al momento de la muerte de la persona a quien se hereda."	Die Wirkung der Annahme und der Ausschlagung werden immer auf den Augenblick des Todes derjenigen Person, um deren Beerbung es geht, zurückbezogen.

Grundsätzlich ist die Annahme an keine Frist gebunden. Sie unterliegt jedoch nach Auffassung der Rechtsprechung der 30-jährigen Verjährungsfrist für dingliche Klagen.[14] 47

Die Annahme kann nach Art. 999 CC ausdrücklich oder konkludent erfolgen. Eine konkludente Annahme liegt gem. Art. 999 Abs. 3 CC insbesondere in Handlungen des Erben, welche die Eigenschaft eines Erben voraussetzen. 48

	Deutsch:
Art. 999 CC	Art. 999 CC
„La aceptación pura y simple puede ser expresa o tácita.	Die vorbehaltslose Annahme kann ausdrücklich oder stillschweigend erfolgen.
Expresa es la que se hace en documento público o privado.	Ausdrücklich ist sie, wenn sie in einer öffentlichen oder privaten Urkunde vorgenommen wird.
Tácita es la que se hace por actos que suponen necesariamente la voluntad de aceptar, o que no habría derecho a ejecutar sino con la cualidad de heredero.	Stillschweigend ist sie, wenn sie durch Rechtshandlungen geschieht, welche notwendigerweise den Annahmewillen voraussetzen oder zu deren Vornahme nur derjenige berechtigt ist, welcher die Eigenschaft als Erbe aufweist.
Los actos de mera conservación o administración provisional no implican la aceptación de la herencia, si con ellos no se ha tomado el título o la cualidad de heredero."	Die Handlungen der bloßen Erhaltung oder vorläufigen Verwaltung schließen die Annahme der Erbschaft nicht ein, wenn bei deren Vornahme nicht der Erwerbstitel oder die Eigenschaft als Erbe in Anspruch genommen wird.

Annehmen kann gem. Art. 992 Abs. 1 CC jedoch nur, wer geschäftsfähig ist. 49

---

14 Vgl. *Rivas Martinez* (o. Fn. 13), 823.

	Deutsch:
Art. 992 Abs. 1 CC	Art. 992 Abs. 1 CC
„Pueden aceptar o repudiar una herencia todos los que tienen la libre disposición de sus bienes."	Eine Erbschaft annehmen oder ausschlagen können alle diejenigen, welche über ihr Vermögen frei verfügen können.

50 Da jedoch der Erbe auch ohne eine Annahmeerklärung zunächst im Wege des Vonselbsterwerbs den Nachlass erwirbt, ist eine Erbschaftsannahme für die Erteilung eines Erbscheins durch ein deutsches Nachlassgericht nicht erforderlich. Im Falle einer späteren Ausschlagung ist ein erteilter Erbschein wegen des rückwirkenden Wegfalls der Erbenstellung ggf. als unrichtig einzuziehen.

b) Das auf die Geschäftsfähigkeit anwendbare Recht

51 Die Frage, ob der Erbe selbst die nach dem Erbstatut mögliche bzw. erforderliche Annahme oder Ausschlagung erklären kann, unterliegt dem nach Art. 7 Abs. 1 EGBGB anwendbaren Recht (Geschäftsfähigkeitsstatut).[15]

52 Geschäftsfähigkeitsstatut des Sohnes des Erblassers ist gem. Art. 7 Abs. 1 S. 1 EGBGB deutsches Recht, da angesichts der deutschen Staatsangehörigkeit der Ehefrau des Erblassers davon ausgegangen werden kann, dass der Sohn die deutsche Staatsangehörigkeit besitzt. Einer daneben möglicherweise vorhandenen spanischen Staatsangehörigkeit geht die deutsche Staatsangehörigkeit gem. Art. 5 Abs. 1 S. 2 EGBGB vor.

c) Das auf die gesetzliche Vertretung anwendbare Recht

53 Wer gesetzlicher Vertreter ist und welche Wirkungen die von ihm vorgenommenen Handlungen für den Vertretenen haben, entscheidet die Rechtsordnung, der nach Art. 21 EGBGB die elterliche Sorge unterliegt.[16]

54 Da der Sohn des Erblassers seinen gewöhnlichen Aufenthalt in Deutschland bei seiner Mutter hat, ist insoweit ebenfalls deutsches Recht anwendbar.

---

15 Vgl. etwa *Staudinger/Dörner*, Kommentar zum Bürgerlichen Gesetzbuch, Neubearb. 2000, Art. 25 EGBGB, Rn. 114.

16 *Palandt/Heldrich* (o. Fn. 1), Art. 7 EGBGB, Rn. 3 und Art. 21 EGBGB, Rn. 5; MüKo/*Birk*, BGB, Art. 7 EGBGB, Rn. 36.

d) Erfordernis einer vormundschaftsgerichtlichen Genehmigung – Angleichungsproblematik

Damit entscheidet vorliegend deutsches Recht auch über die Frage, ob die Mutter das minderjährige Kind bei der Annahme der Erbschaft vertreten kann und ob zusätzlich eine vormundschaftsgerichtliche Genehmigung erforderlich ist. Die betroffene Rechtshandlung – Erbschaftsannahme nach spanischem Recht – findet dabei im deutschen Recht (§§ 1643, 1821 f. BGB) keine direkte Entsprechung, weil sich die Rechtsfolgen einer solchen Annahme im deutschen und spanischen Recht unterscheiden: Nach deutschem Recht bestehen für die Annahme der Erbschaft keine Einschränkungen der gesetzlichen Vertretungsmacht der Eltern, weil diese allein für das Kind keine weiteren unmittelbaren haftungsrechtlichen Folgen hat. Im spanischen Recht hingegen führt die vorbehaltslose Annahme zum Verlust der Möglichkeit, die Haftung auf den Nachlass zu beschränken, wenn die Annahme unter Verzicht auf die Inventarerrichtung erfolgt. 55

	Deutsch:[17]
Art. 998 CC	Art. 998 CC
„La herencia podrá ser aceptada pura y simplemente, o a beneficio de inventario."	Die Annahme der Erbschaft kann unter Verzicht auf die Rechtswohltat des Inventars oder mit Inventarerrichtung erfolgen.

Erfolgt die Erbschaftsannahmeerklärung unter Verzicht auf die Rechtswohltat des Inventars, so werden das Vermögen des Erblassers und das des Erben vermischt. Infolgedessen haftet der Erbe mit seinem eigenen Vermögen für Schulden des Erblassers und es gibt keine Haftungsbeschränkung des Erben. 56

Erfolgt dagegen die Erbschaftsannahme mit Inventarerrichtung, so hat die Erbschaftsannahme zugunsten des Erben nach Art. 1023 CC folgende Rechtsfolgen: der Erbe ist verpflichtet, Schulden und übrige Lasten der Erbschaft nur bis zur Höhe der Nachlassgüter zu zahlen; der Erbe behält gegenüber dem Nachlassvermögen alle Rechte und Ansprüche, die ihm gegenüber dem Verstorbenen zugestanden hatten. Die Vermögen des Erblassers und des Erben werden nicht vermischt. Dies bewirkt eine Haftungsbeschränkung des Erben. 57

	Deutsch:
Art. 1023 CC	Art. 1023 CC
„El beneficio de inventario produce en favor del heredero los efectos si-	Die Beschränkung der Erbhaftung ruft zugunsten des Erben die folgen-

[17] Eigene Übersetzung.

guientes:	den Wirkungen hervor:
1. El heredero no queda obligado a pagar las deudas y demás cargos de la herencia sino hasta donde alcancen los bienes de la misma.	1. Der Erbe braucht die Schulden und übrigen Lasten der Erbschaft nur insoweit zu zahlen, als die Nachlassgüter reichen.
2. Conserva contra el caudal hereditario todos los derechos y acciones que tuviera contra el difunto.	2. Er behält gegenüber dem Nachlassvermögen alle Rechte und Ansprüche, die er gegenüber dem Verstorben besaß.
3. No se confunden para ningún efecto, en dano del heredero, sus bienes particulares con los que pertenezcan a la herencia.“	3. Für keinerlei Zweck werden zum Schaden des Erben seine privaten Güter mit denen, die zum Nachlass gehören, vermischt.

58 Die Tatsache, dass die Annahme einer Erbschaft nach deutschem Recht für minderjährige Kinder vertreten durch die Eltern keiner vormundschaftlichen Genehmigung bedarf, spricht damit nicht ohne weiteres für eine Genehmigungsfreiheit dieses Aktes, denn nach deutschem Recht wird zum einen durch die Annahmeerklärung nicht die Haftungsbeschränkungsmöglichkeit genommen; zum anderen sieht § 1629a Abs. 1 S. 1 BGB eine Haftungsbeschränkungsmöglichkeit für das Kind vor. Das deutsche Recht enthält also für „gefährliche“ Geschäfte der gesetzlichen Vertreter Minderjähriger eine doppelte Sicherung: Für eine Reihe von Geschäften und Rechtsakte ist eine familiengerichtliche Genehmigung vorgesehen (§§ 1643, 1822 BGB); soweit diese Sicherung nicht eingreift oder nicht wirkungsvoll war, ist die Haftungsbeschränkungsmöglichkeit des § 1629a BGB eröffnet.

59 Im vorliegenden Fall greift die Absicherung durch § 1629a BGB jedoch nicht ein, denn die Erbenhaftung gehört zu den nach dem Erbstatut zu beurteilenden Fragen, untersteht vorliegend also dem spanischen Recht.

60 Durch die Berufung unterschiedlicher Rechtsordnungen als Erbstatut und als Vertretungsstatut entsteht also eine Normenlücke im Minderjährigenschutz. Dieser Normenmangel kann durch kollisionsrechtliche oder materiellrechtliche Anpassung ausgeglichen werden.

61 Vorzugswürdiger erscheint hier eine Anpassung des deutschen materiellen Rechts: Der deutsche Familienrichter prüft die Genehmigungsfähigkeit der Annahmeerklärung analog § 1643 Abs. 2 i.V.m. § 1822 Nr. 2 BGB, weil es sich hier wegen des spanischen Erbstatuts um ein vergleichbar gefährliches Geschäft handelt.

62 Wird hingegen von der vertretungsberechtigten Mutter ein Inventar i.S.d. Art. 1010 CC vorgelegt, so entfällt die Notwendigkeit einer solchen Genehmigung, weil die Annahme in diesem Fall die persönliche Haftung des Sohnes des Erblassers ausschließen würde.

Art. 1010 CC

„Todo heredero puede aceptar la herencia a beneficio de inventario, aunque el testador se lo haya prohibido.

También podrá pedir la formación de inventario antes de aceptar o repudiar la herencia, para deliberar sobre este punto."

Deutsch:

Art. 1010 CC

Jeder Erbe kann die Erbschaft unter dem Vorrecht der Inventarerrichtung annehmen, auch wenn der Testator es ihm verboten hat.

Ebenso kann er die Errichtung des Inventars vor der Annahme oder Ausschlagung der Erbschaft verlangen, um über diesen Punkt zu überlegen.

An ein entsprechendes Inventar sind folgende Anforderungen zu stellen: Die Erbschaftsannahmeerklärung mit Inventarerrichtung muss vor einem Notar oder schriftlich vor dem für den Erbfall zuständigen Richter nach Art. 1011 CC i.V.m. Art. 63-5 LEC *(Ley de Enjuiciamiento Civil de 1992)* innerhalb von dreißig Tagen nach der gerichtlichen Ladung der Gläubiger und Vermächtnisnehmer erfolgen und innerhalb weiterer sechzig Tage beendet sein. 63

Art. 1011 CC

„La aceptación de la herencia a beneficio de inventario podrá hacerse ante notario o por escrito ante cualquiera de los jueces que sean competentes para prevenir el juicio de testamentaría o ab intestato."

Deutsch:

Art. 1011 CC

Die Annahme der Erbschaft unter Beschränkung der Erbenhaftung kann vor einem Notar oder durch ein Schriftstück vor irgendeinem der Richter erfolgen, die dafür zuständig sind, das Verfahren über die testamentarische oder gesetzliche Erbverteilung abzuhalten.

Art. 63-5 LEC

„En los juicios de testamentaría o ab intestato, será competente el juez del lugar en que hubiere tenido el finado su último domicilio.

Si lo hubiere tenido en pais extranjero, será juez competente el del lugar de su último domicilio en Espana, o donde tuviere la mayor parte de sus bienes [...]"

Art. 63-5 LEC

Für das Verfahren über die testamentarische oder gesetzliche Erbverteilung ist der Richter zuständig, wo der Erblasser im Zeitpunkt seines Todes seinen gewöhnlichen Aufenthalt hatte.

Hatte der Erblasser seinen gewöhnlichen Aufenthalt im Ausland, so ist für die Rechtsnachfolge der Richter zuständig, wo der Erblasser seinen letzten gewöhnlichen Aufenthalt in Spanien hatte, oder wo er den größten Teil seines Vermögens hatte.

64 Gemäß Art. 1013 CC muss das Inventar zuverlässig und genau und nach den Normen des *Código Civil* aufgestellt werden. Der Erbe kann gemäß Art. 1016 CC die Erbschaft zum Inventar annehmen, solange der Anspruch auf Geltendmachung des Nachlasses nicht verjährt ist.

Art. 1016 CC

„Fuera de los casos a que se refieren los dos anteriores artículos, si no se hubiese presentado ninguna demanda contra el heredero, podrá este aceptar a beneficio de inventario, o con el derecho de deliberar, mientras no prescriba la acción para reclamar la herencia."

Deutsch:

Art. 1016 CC

Außerhalb der Fälle, auf die sich die beiden vorhergehenden Artikel beziehen, kann der Erbe, wenn keine Klage gegen ihn erhoben ist, unter Beschränkung der Erbenhaftung oder mit dem Überlegungsrecht annehmen, solange der Anspruch auf Geltendmachung des Nachlasses nicht verjährt.

III. Erbrecht des überlebenden Ehegatten

1. Ausschluss des gesetzlichen Erbrechts nach § 1933 BGB

65 Die Maßgeblichkeit deutschen materiellen Erbrechts für das Erbrecht des überlebenden Ehegatten erstreckt sich auch auf die Frage eines Erbrechtsausschlusses nach § 1933 BGB. Ob die Voraussetzungen dieser Regelung vorliegen, lässt sich den Akten nicht entnehmen. Insbesondere ergeben sich daraus nicht die Rechtshängigkeit eines Scheidungsantrags sowie die Person des Antragsstellers bzw. einer Zustimmung seitens des Erblassers.

Weitere Ausführungen zu diesen deutschem Recht unterliegenden Rechtsfragen sind seitens des Unterfertigten nicht veranlasst.

2. Erbquote des überlebenden Ehegatten – Einfluss des Ehegüterrechts

66 Nach § 1931 Abs. 1, 4 BGB wäre die überlebende Ehefrau des Erblassers neben dem Sohn des Erblassers zu 1/2 zur Erbfolge berufen, wenn beim Erbfall der Güterstand der Gütertrennung bestand. Damit ist zu klären, ob die Vereinbarung von Gütertrennung im notariellen Vertrag vom 7.2.1980 wirksam ist.

a) Das auf die güterrechtlichen Verhältnisse der Erblasserehe anwendbare Recht

67 Nach Art. 220 Abs. 3 S. 1 EGBGB unterliegen die güterrechtlichen Verhältnisse von Ehen, die wie die Ehe des Erblassers zwischen dem 31.3.1953 und dem 9.4.1983 geschlossen wurden, bis zum 8.4.1983 mangels einer hier nicht gegebenen gemeinsamen Staatsangehörigkeit (Art. 220 Abs. 3 S. 1 Nr. 1 EGBGB) dem Recht

des Staates, dem die Ehegatten sich unterstellt haben oder von dessen Anwendung sie ausgegangen sind (Nr. 2), insbesondere nach dem sie einen Ehevertrag geschlossen haben.

Im vorliegenden Fall haben die Ehegatten Gütertrennung ausdrücklich „nach den Bestimmungen des Bürgerlichen Gesetzbuchs“ vereinbart und sich damit deutschem Ehegüterrecht unterstellt. 68

Eine solche Rechtswahl behält auch für die Zeit nach dem 8.4.1983, für welche gem. Art. 220 Abs. 3 S. 2 EGBGB die Regelung des Art. 15 EGBGB anzuwenden ist, Gültigkeit, sofern es sich bei dem gewählten Recht (hier: deutsches Recht) um eine auch nach Art. 15 Abs. 2 EGBGB wählbare Rechtsordnung handelt.[18] 69

Auf die Wahrung der durch Art. 15 Abs. 3 i.V.m. Art. 14 Abs. 4 EGBGB vorgeschriebenen notariellen Form, die im vorliegenden Fall überdies gewahrt ist, kommt es dabei nicht an.[19] 70

Da das von den Ehegatten im Ehevertrag vom 7.2.1980 gewählte deutsche Ehegüterstatut gem. Art. 15 Abs. 2 Nr. 1 EGBGB für die Zeit nach dem 8.4.1983 wählbar ist, unterliegen die güterrechtlichen Wirkungen der Ehe des Erblassers für die gesamte Ehedauer deutschem materiellen Recht. 71

Damit unterliegt die Frage der Wirksamkeit des Ehevertrages und der dort enthaltenen Vereinbarung des Güterstandes der Gütertrennung deutschem Recht. 72

b) Erbquote

Da Wirksamkeitshindernisse des Ehevertrages nicht ersichtlich sind, wird der Erblasser daher von seiner Ehefrau in Anwendung deutschen materiellen Erbrechts zu 1/2 beerbt, sofern nicht das Erbrecht der Ehefrau nach § 1933 BGB ausgeschlossen ist. 73

IV. Endergebnis bezüglich der Erbquoten

Der Erblasser wird in Anwendung spanischen Rechts von seinem Sohn zu 1/2 sowie in Anwendung deutschen Rechts von der überlebenden Ehefrau zu 1/2 beerbt. Unter den Voraussetzungen des § 1933 BGB, deren Prüfung dem anfragenden Gericht vorbehalten bleibt, wird der Erblasser in Anwendung spanischen Rechts von seinem Sohn alleine beerbt. 74

---

[18] S. dazu BGH, FamRZ 1986, 1200, 1202. Aus der Literatur s. umfassend *Lorenz*, Das intertemporale internationale Ehegüterrecht nach Art. 220 Abs. 3 EGBGB und die Folgen eines Statutenwechsels.

[19] So ausdrücklich BGH (o. Fn. 18).

V. Zu erteilender Erbschein

75 Soweit die Erbfolge spanischem Recht unterliegt, d.h. in Bezug auf das Erbrecht des Sohnes des Erblassers, ist ein sog. Fremdrechtserbschein i.S.v. § 2369 BGB zu erteilen. Er ist in seiner Wirkung auf den im Inland belegenen Nachlass zu beschränken und hat das anzuwendende Recht anzugeben.[20]

76 Ein solcher Erbschein könnte etwa lauten:

> „Unter Beschränkung auf den im Inland belegenen Nachlass wird bezeugt, dass der am ... in ... verstorbene spanische Staatsangehörige ..., geb. am ... in ..., zuletzt wohnhaft in ..., in Anwendung spanischen Rechts kraft gesetzlicher Erbfolge von seinem Sohn ... zu ... beerbt wurde."

77 Soweit die Erbfolge deutschem Recht unterliegt, d.h. in Bezug auf die Ehefrau des Erblassers, ist – sofern die Ehefrau danach zur Erbfolge berufen ist – ein sogenannter „Eigenrechtserbschein" nach § 2353 BGB zu erteilen.

78 Beide Erbscheine können als Teilerbscheine erteilt oder auf Antrag in einem gemeinschaftlichen Erbschein nach § 2357 BGB zusammengefasst werden.

D. Ergebnis

79
1. Die Erbfolge nach dem Erblasser unterliegt grundsätzlich spanischem materiellen Recht.
2. Das Erbrecht des überlebenden Ehegatten unterliegt indessen deutschem materiellen Recht.
3. Das Foralrecht Galiziens enthält für den vorliegenden Fall keine erbrechtlichen Regelungen, sondern verweist auf das Erbrecht des spanischen *Código Civil.*
4. Danach ist der Sohn des Erblassers vorbehaltlich des Erbrechts der überlebenden Ehefrau als Alleinerbe berufen.
5. Der endgültige Erwerb der Erbschaft wird im spanischen Recht durch eine Erbschaftsannahme bewirkt. Bis zu diesem Zeitpunkt ist der Erbe zwar Rechtsinhaber, aber nur vorläufiger Erbe.
6. Die gesetzliche Vertretung des minderjährigen Sohnes bei einer Erbschaftsannahmeerklärung unterliegt gem. Art. 21 EGBGB deutschem materiellen Recht.
7. Eine in Vertretung des Sohnes abgegebene Erbschaftsannahmeerklärung durch die Mutter als gesetzliche Vertreterin bedarf, sofern nicht die Annahme unter Inventaraufnahme erfolgt, nach Ansicht des Unterfertigten wegen der haftungs-

---

[20] S. dazu nur *Bamberger/Roth (Lorenz)* (o. Fn. 1), Art. 25 EGBGB, Rn. 65 ff.

rechtlichen Folgen einer solchen Annahme analog § 1643 Abs. 2 i.V.m. § 1822 Nr. 2 BGB vormundschaftsgerichtlicher Genehmigung.

8. Der Erblasser und seine Ehefrau hatten wirksam Gütertrennung nach deutschem Recht vereinbart.

9. Die Ehefrau des Erblassers ist daher gem. § 1931 Abs. 1, 4 BGB neben dem Sohn des Erblassers zur Hälfte als Erbin berufen, sofern nicht die vom anfragenden Gericht zu prüfenden Voraussetzungen eines Erbrechtsausschlusses nach § 1933 BGB vorliegen.

10. Ist die Ehefrau des Erblassers nicht von der Erbfolge ausgeschlossen, wurde der Erblasser im Endergebnis von seinem Sohn und seiner Ehefrau zu je 1/2 beerbt.

11. Soweit die Erbfolge spanischem Recht unterliegt, d.h. in Bezug auf das Erbrecht des Sohnes des Erblassers, ist ein sog. Fremdrechtserbschein i.S.v. § 2369 BGB zu erteilen. Er ist in seiner Wirkung auf den im Inland belegenen Nachlass zu beschränken und hat das anzuwendende Recht anzugeben.

12. Soweit die Erbfolge deutschem Recht unterliegt, d.h. in Bezug auf die Ehefrau des Erblassers, ist – sofern die Ehefrau danach zur Erbfolge berufen ist – ein sog. „Eigenrechtserbschein" nach § 2353 BGB zu erteilen.

13. Beide Erbscheine können als Teilerbscheine erteilt oder auf Antrag in einem gemeinschaftlichen Erbschein nach § 2357 BGB zusammengefasst werden.

Nr. 36

Mazedonien

1. **Im Verhältnis zur Republik Mazedonien bestehen staatsvertragliche Kollisionsregeln für Erbrecht und Güterrecht nicht. Es gelten Art. 25 und 15 EGBGB.**
2. **Bei mazedonischer Staatsangehörigkeit eines Erblassers richtet sich die erbrechtliche Nachfolge nach mazedonischem Recht; die Verweisung aus Art. 25 Abs. 1 EGBGB wird vom mazedonischen Recht insgesamt angenommen.**
3. **Bei gesetzlicher Erbfolge mazedonischen Rechts sind in erster Linie der überlebende Ehegatte und die Kinder des Erblassers berufen; sie erben zu gleichen Teilen.**
4. **In Mazedonien inhaltlich und formell wirksam erklärte Ausschlagungen vonseiten gesetzlicher Erben haben Wirksamkeit auch für in Deutschland belegenes Erblasservermögen.**
5. **Zur Erteilung eines deutschen Fremdrechtserbscheins bei Vorliegen einer die erbrechtliche Nachfolge betreffenden mazedonischen Gerichtsentscheidung.**

Freiburg vom 26.11.2005 (Ho.)

A. Sachlage

1 Am 7.12.2003 ist in seinem Heimatstaat Mazedonien der mazedonische Staatsangehörige I. O. (in der Folge hier: der Erblasser), geboren dort am 20.2.1938, verstorben. Der Erblasser war im Zeitpunkt seines Todes mit seiner Ehefrau V. O., geb. S. (in der Folge: Beteiligte zu 2) verheiratet; die Ehe bestand seit dem 5.8.1966. Aus der Ehe sind vier gemeinsame Kinder, der Sohn S. O., geboren am 15.3.1972 in Skopje, Antragsteller des vorliegenden Verfahrens (und in der Folge auch: Beteiligter zu 1), und die zwischen 1966 und 1969 geborenen Töchter H. S., geb. O., S. O., und V. M., geb. O., (in der Folge: Beteiligte zu 3 bis 5) hervorgegangen. Der Erblasser hat Vermögen in Mazedonien und im Inland hinterlassen; einen Wohnsitz im Inland hatte er zum Zeitpunkt seines Todes nicht mehr. Das inländische Vermögen besteht aus Bankguthaben im Inland, wohl im Bereich von Frankfurt am Main, in Höhe von ca. 30.000 DM und weiteren zwei Sparkonten bei der Deutschen Bank AG mit Einlagen in geringer Höhe und wird in der Akte auf insgesamt ca. 18.000 € veranschlagt.

Eine letztwillige Verfügung hat der Erblasser nicht hinterlassen. Die Akte enthält in Übersetzung einen Beschluss des Bezirksgerichts Skopje II in Mazedonien vom 20.12.2004 – Aktenzeichen VI O Nr. 2051/04 – 21.12.2004 –, der den Antragsteller des hiesigen Verfahrens als einzigen gesetzlichen Erben des Nachlasses des Erblassers ausweist. Die Begründung des Beschlusses lautet insofern, dass der Antragsteller die Erbschaft angenommen habe, während die anderen Beteiligten, die Witwe und die Töchter des Erblassers, die Erbschaft ausgeschlagen hätten.

Der Antragsteller hat am 21.10.2005 vor dem dazu gemäß § 19 Abs. 2 Satz 1 und Abs. 4 Konsulargesetz ermächtigten Konsularbeamten S. in der Botschaft der Bundesrepublik Deutschland in Skopje die Erteilung eines gegenständlich auf das inländische Nachlassvermögen beschränkten Fremdrechtserbscheins beantragt. Er begehrt in erster Linie die Ausstellung eines Alleinerbscheins, hilfsweise die Erteilung eines ihn und die anderen Beteiligten nach Maßgabe der gesetzlichen Erbfolge zu gleichen Teilen von je einem Fünftel als Erben ausweisenden gemeinschaftlichen Erbscheines. Antrag und Niederschrift der dortigen Verhandlung sind von der Botschaft dem Amtsgericht Frankfurt am Main / Außenstelle Höchst als im Inland örtlich zuständigem Nachlassgericht übersandt worden.

B. Anfrage

Das Nachlassgericht bittet um gutachtliche Beurteilung, ob die rechtlichen Voraussetzungen für die Erteilung eines Erbscheines nach mazedonischem Recht gegeben sind 2

C. Rechtslage

I. Internationales Privatrecht

1. Internationales Erbrecht

a) Deutsches Internationales Erbrecht

Das Nachlassgericht kann schon wegen des im Inland belegenen Nachlassvermögens seine internationale Zuständigkeit für die Erteilung eines Erbscheines bejahen. Sie ergibt sich hier entsprechend § 73 FGG in Verbindung mit § 2369 BGB; letztere Vorschrift kommt zur Anwendung, da ein gegenständlich beschränkter Erbschein in der Gestalt eines Fremdrechtserbscheines auszustellen ist.[1] 3

Im Rahmen seiner internationalen Zuständigkeit bestimmt das Nachlassgericht im vorliegenden Erbfall, der Auslandsberührung gemäß Art. 3 Abs. 1 EGBGB hat, 4

[1] Zur Herleitung der Zuständigkeit in Nachlasssachen mit Auslandsberührung und insbesondere in Erbscheinsachen s. *Palandt/Heldrich*, BGB, 64. Aufl. 2005, Art. 25 EGBGB, Rn. 18, 20; *Erman/Hohloch*, BGB, 11. Aufl. 2004, Art. 25 EGBGB, Rn. 43, 47, jeweils m.w.N.

das auf die Erbfolge nach dem Erblasser anzuwendende Erbrecht nach den Normen des deutschen Internationalen Privatrechts bzw. deutschen Internationalen Erbrechts. Im Verhältnis zu der Republik Mazedonien, deren Staatsangehörigkeit der Erblasser im Zeitpunkt seines Todes hatte, bestehen für die Bundesrepublik Deutschland staatsvertragliche Regelungen auf dem Gebiet des Erbrechts, die hier Bedeutung erlangen könnten, nicht. Die Bundesrepublik Deutschland hat mit der Republik Mazedonien eine einschlägige bilaterale staatsvertragliche Regelung nicht abgeschlossen.[2]

5 Auch haben derartige staatsvertragliche Regelungen mit der früheren Sozialistischen Bundesrepublik Jugoslawien („Ex-Jugoslawien"), aus deren Zerfall die Republik Mazedonien als heute souveräner Staat hervorgegangen ist, nicht bestanden, so dass ein Eintritt oder eine Übernahme seitens Mazedoniens nicht zu erörtern ist.[3]

6 Die Rechtsanwendung auf dem Gebiet des Erbrechts richtet sich damit nach Art. 25 Abs. 1 EGBGB, der angesichts der mazedonischen Staatsangehörigkeit des Erblassers im Erbfallszeitpunkt auf das mazedonische Recht verweist. Aus deutscher Sicht wird der Erblasser demgemäß nach dem Recht Mazedoniens beerbt.

b) Internationales Erbrecht Mazedoniens

7 Art. 25 Abs. 1 EGBGB enthält eine „Gesamtverweisung" gemäß Art. 4 Abs. 1 EGBGB, die die Prüfung des kollisionsrechtlichen Standpunktes des mazedonischen Rechts auf dem Gebiet des Erbrechts erforderlich macht.[4]

---

2 Vgl. die Nachweise zu bestehenden Vereinbarungen bei *Erman/Hohloch* (o. Fn. 1), Art. 25 EGBGB, Rn. 4; s.f. *Bergmann/Ferid (Gec-Korošec)*, Internationales Ehe- und Familienrecht Bd. IX, Länderteil Mazedonien, S. 3 f.

3 Zur Abkommensbeteiligung des heutigen und früheren Jugoslawiens auf dem Gebiet des Erbrechts s. *Ferid/Firsching (Cekovic-Vuletic)*, Internationales Erbrecht Bd. IV, Länderteil BR Jugoslawien (1999), S. 5 f. Der früher zwischen der DDR und der Sozialistischen Föderativen Republik Jugoslawien bestehende Rechtshilfevertrag v. 20.5.1966 hat für das Verhältnis zur Bundesrepublik Deutschland nach dem 3.10.1990 keine Bedeutung erlangt.
Das Haager Übereinkommen über das auf die Form letztwilliger Verfügungen anzuwendende Recht v. 5.10.1961 (HTestFÜbk) ist im Verhältnis zu der Republik Mazedonien zwar seit dem 17.9.1991 in Kraft, doch kann das dahinstehen, da das Abkommen für den vorliegenden Erbfall, in dem der Erblasser ohne Hinterlassung einer letztwilligen Verfügung im Sinne des Abkommens verstorben ist, ohne Bedeutung ist.
Vgl. zur Übernahme der Abkommensverpflichtung durch Mazedonien nach Erlangung der Souveränität die Bek. in BGBl. 1994 II, S. 296 und den Hinweis bei *Jayme/Hausmann*, Internationales Privat- und Verfahrensrecht, 12. Auflage 2004, S. 135 Fn. 6. Bei *Staudinger/Dörner*, BGB, Neubearbeitung 2000, Anhang zu Art. 25 f. EGBGB, Rn. 420, ist als Datum der 23.9.1993 betrachtet, doch kann dieser Widerspruch hier dahinstehen.

4 Zur Gesamtverweisung in Art. 25 EGBGB s. BGHZ 96, 262, 267 f. und z.B. für weitere Rspr. *Erman/Hohloch* (o. Fn. 2), Art. 25 EGBGB, Rn. 5.

Das Internationale Privatrecht Mazedoniens entspricht bis heute und jedenfalls noch im Zeitpunkt des Todes des Erblassers dem Internationalen Privatrecht von „Ex-Jugoslawien", aus dem die Republik Mazedonien hervorgegangen ist.[5] 8

Es gilt insoweit also – heute als mazedonisches Recht – das ehedem jugoslawische „Gesetz zur Lösung von Gesetzeskollisionen mit den Bestimmungen über das Verhältnis zu den ausländischen Staaten" vom 15.7.1982.[6] 9

Heranzuziehen ist Art. 30 des genannten (in der Folge als „MazIPR-Gesetz" zitierten) Gesetzes. Die Norm lautet: 10

Art. 30 MazIPR-Gesetz[7]

(1) Für die Erbschaft ist das Recht des Staates maßgebend, dessen Staatsangehörigkeit der Erblasser zur Zeit seines Todes besaß.

(2) Für die Testierfähigkeit des Erblassers ist das Recht des Staates maßgebend, dessen Staatsangehörigkeit der Erblasser im Augenblick der Errichtung des Testaments hatte.

Einschlägig ist, da ein Testament nicht hinterlassen ist, Art. 30 Abs. 1 MazIPR-Gesetz. Da die Norm auf die Staatsangehörigkeit des Erblassers im Zeitpunkt des Todes abstellt, wird die von Art. 25 Abs. 1 EGBGB ausgesprochene Verweisung auf das Recht Mazedoniens „angenommen". Folge ist, dass mazedonisches Recht hier „Erbstatut" ist, d.h. die erbrechtliche Nachfolge richtet sich insgesamt und ohne Rücksicht auf die Belegenheit der inländischen Nachlassteile (Bankguthaben) nach dem sachlichen Erbrecht Mazedoniens. Nachlassspaltung findet also nicht statt. 11

2. Internationales Güterrecht

a) Deutsches Internationales Güterrecht

Die erbrechtliche Nachfolge nach einem im Zeitpunkt seines Todes verheirateten Erblasser kann – vgl. § 1371 Abs. 1 BGB – durch den Güterstand des Erblassers beeinflusst sein. Zu prüfen ist deshalb auch das „Güterstatut" der Ehe des Erblassers. Im Verhältnis zwischen der Bundesrepublik Deutschland und der Republik 12

5 Vgl. dazu *Bergmann/Ferid (Gec-Korošec)* (o. Fn. 2), Länderteil Mazedonien, S. 13; Hinweise, dass kürzlich eine eigenständige IPR-Gesetzgebung stattgefunden hat, habe ich nicht. Einziger Nachfolgestaat mit neuem IPR ist Slowenien (IPR-Gesetz 1999).

6 Amtlicher Abdruck für das alte Jugoslawien in Uradni List (Gesetz- und Verordnungsblatt) Nr. 43 Pos. 525/82; deutsche Übersetzung im Auszug für das Erbrecht in *Ferid/Firsching (Cekovic-Vuletic)* (o. Fn. 3), Länderteil BR Jugoslawien Texte, S. 2; Vollabdruck noch des Entwurfs in deutscher Übersetzung z.B. in IPRax 1983, 6. Übersetzung ferner in *Bergmann/Ferid (Lipowschek)*, Internationales Ehe- und Kindschaftsrecht Bd.VII, (Altauflage 1986), Länderteil Jugoslawien.

7 Hier wie in der Folge verzichte ich im Hinblick auf die gerichtlich gewünschte Kürze und zur Vermeidung von Kosten auf Abdruck des Originaltextes in der in Mazedonien geltenden Amtssprache, die vom Serbokroatischen teilweise abweicht und in kyrillischer Schrift geschrieben wird.

Mazedonien bestehen keine gemäß Art. 3 Abs. 2 EGBGB vorrangigen staatsvertraglichen Regelungen auf dem Gebiet des Ehegüterrechts. Zweiseitige Verträge für das Verhältnis der beiden Staaten sind nicht geschlossen worden, die Bundesrepublik Deutschland hatte auch keinen einschlägigen bi- oder multilateralen Staatsvertrag mit dem früheren Jugoslawien in Geltung, der auf die Republik Mazedonien hätte übergehen können.[8]

13 Das auf die Ehe des Erblassers anzuwendende Güterrecht bestimmt sich demgemäß nach den Normen des EGBGB. Da die Ehe des Erblassers, die im Zeitpunkt seines Todes noch bestanden hat, im Jahr 1966 geschlossen worden war, richtet sich die güterrechtliche Situation kollisionsrechtlich nach Art. 220 Abs. 3 EGBGB. Angesichts der übereinstimmenden mazedonischen Gebietszugehörigkeit der Eheleute im Zeitpunkt der Eheschließung, aus der inzwischen die mazedonische Staatsangehörigkeit geworden ist, führt Art. 220 Abs. 3 Satz 1 Nr. 1 EGBGB zusammen mit Satz 2 und 3 der Vorschrift und Art. 15 Abs. 1 EGBGB zur Geltung des mazedonischen Rechts.

Das hier entsprechend Art. 4 Abs. 3 EGBGB heranzuziehende Interlokale Recht des ehemaligen Jugoslawien ist im „Gesetz über die Lösung der Gesetzes- und Zuständigkeitskollisionen in Statussachen, familien- und erbrechtlichen Beziehungen" von 1979, Sluzbeni list SFRJ Nr. 9/79 und 20/90, enthalten. Es knüpfte für die Ehewirkungen allgemein in erster Linie an eine gemeinsame Zugehörigkeit zu einer Teilrepublik an.

b) Internationales Güterrecht Mazedoniens

14 Die aus Art. 220 Abs. 3 und Art. 15 Abs. 1 EGBGB folgende Verweisung ist Gesamtverweisung im Sinne von Art. 4 Abs.1 EGBGB.[9]

15 Das auf dem bereits genannten MazIPR-Gesetz beruhende mazedonische IPR enthält für das Güterrecht keine einheitliche Kollisionsnorm. Haben Ehegatten einen Ehevertrag geschlossen, gilt Art. 37 MazIPR-Gesetz, der Rechtswahlmöglichkeit bietet und ansonsten auf den Ort des Vertragsschlusses abstellt. Anhaltspunkte dafür, dass im vorliegenden Fall ein Ehevertrag geschlossen worden ist, sind mir nicht gegeben, so dass ich davon ausgehe, dass für den Erblasser und seine Ehefrau die Gesetzeslage Geltung haben sollte. Ist es so, dann richtet sich aus der Sicht des

---

[8] Vgl. insoweit die oben zum Internationalen Erbrecht gegebene Darstellung; s. für das Internationale Güterrecht die Fehlanzeige in der Übersicht bei *Erman/Hohloch* (o. Fn. 1), Art. 15 EGBGB, Rn. 5 f.; *Bergmann/Ferid (Gec-Korošec)* (o. Fn. 2), Länderteil Mazedonien, S. 2 f., 13 ff.
Deutschland ist zur Zeit auch nicht Vertragsstaat eines multilateralen Abkommens auf dem Gebiet des Güterrechts. Deutschland ist bislang nicht Vertragsstaat des Haager Übereinkommens über das auf Ehegüterstände anwendbare Recht v. 14.3.1978 (Text RabelsZ 41 (1977), 554); vgl. *Erman/Hohloch* (o. Fn. 1), Art. 15 EGBGB, Rn. 5.

[9] Vgl. insoweit *Palandt/Heldrich* (o. Fn. 1), Art. 15 EGBGB, Rn. 2; *Erman/Hohloch* (o. Fn. 1), Art. 15 EGBGB, Rn. 7; für Art. 220 Abs. 3 EGBGB gilt dort, wo wie hier auf die Staatsangehörigkeit verwiesen wird, nichts anderes.

mazedonischen IPR gemäß Art. 36 MazIPR-Gesetz das Güterrecht ebenso wie andere Ehewirkungen primär nach der gemeinsamen Staatsangehörigkeit.[10]

Art. 36 MazIPR-Gesetz

(1) Für die persönlichen und vermögensrechtlichen Beziehungen ist das Recht des Staates maßgebend, dessen Staatsangehörigkeit die Ehegatten besitzen.

(2) Sind die Ehegatten verschiedener Staatsangehörigkeit, so ist das Recht ihres Wohnsitzes maßgebend.

(3) Haben die Ehegatten keine gemeinsame Staatsangehörigkeit und keinen Wohnsitz im gleichen Staat, so ist das Recht des Ortes maßgebend, an dem ihr letzter gemeinsamer Wohnsitz war.

(4) Kann das maßgebende Recht nicht gemäß Abs. 1-3 dieses Artikels bestimmt werden, so wird das Recht (*Mazedoniens*) angewandt.

Folge ist hier, dass mazedonisches Recht Güterstatut der Ehe des Erblassers war 16
und erbrechtliche Auswirkungen des Güterstandes diesem Recht zu entnehmen sind.

Unerheblich ist im vorliegenden Fall, dass nach Art. 36 MazIPR-Gesetz das Güterstatut „wandelbar" sein kann. Bei steter mazedonischer Staatsangehörigkeit beider Ehegatten spielt dieser Gesichtspunkt hier keine Rolle.

Das so erzielte Ergebnis gilt auch für die 1966 vor dem staatlichen Zerfall Jugoslawiens geschlossene Ehe des Erblassers und seiner überlebenden Ehefrau. Ob die Verweisung des deutschen Rechts deshalb angenommen wird, weil altes IPR von Ex-Jugoslawien, das nach der Übergangsregelung des IPR-Gesetzes von 1983 maßgeblich sein müsste, „Mannesrecht" oder gemeinsame Staatsangehörigkeit oder das Recht des Eheschließungsortes maßgeblich sein ließ, kann dann dahinstehen. Die intertemporale Regelung ergibt sich aus Art. 107 MazIPR-Gesetz bzw. Art. 107 des IPR-Gesetzes des ehemaligen Jugoslawien („Die Bestimmungen dieses Gesetzes finden keine Anwendung auf Beziehungen, die vor ihrem Inkrafttreten entstanden sind").

Hatten der Erblasser und die jetzt überlebende Ehefrau 1966, d.h. vor dem Geltungsbeginn des heutigen mazedonischen und seit 1.1.1983 in Ex-Jugoslawien in Geltung befindlichen IPR-Gesetzes, geheiratet, führt die vom deutschen IPR ausgesprochene Verweisung auf das Recht von Mazedonien bzw. Ex-Jugoslawien als Gesamtverweisung auf das vor dem Inkrafttreten des IPR-Gesetzes geltende alte IPR Jugoslawiens. Dieses war im internationalen Ehevermögensrecht nicht gesetzlich geregelt; nach den angewandten Grundsätzen wurde auf den gemeinsamen oder letzten gemeinsamen Wohnsitz der Ehegatten abgestellt.[11] Also ist auch insoweit die Maßgeblichkeit mazedonischen materiellen Güter- und Erbrechts nicht in Frage gestellt.

3. Kollisionsrechtliches Gesamtergebnis

Erbstatut ist hier also mazedonisches Recht, das für den gesamten Nachlass des 17
Erblassers, seine beweglichen Teile wie das unbewegliche Vermögen und die im

---

[10] Vgl. dazu *Bergmann/Ferid (Gec-Korošec)* (o. Fn. 2), Länderteil Mazedonien, S. 14.

[11] Vgl. dazu IPG 1967/68 Nr. 60 *(Köln)*, 648, 655 f.

Inland (Deutschland) belegenen Teile gilt. Auch der Güterstand des Erblassers folgt aus mazedonischem Recht. Eventuelle güterrechtliche Beeinflussung der erbrechtlichen Nachfolge des Erblassers folgt demgemäß aus dem mazedonischen Recht.

II. Materielle Rechtslage

1. Mazedonisches Erbrecht – Rechtsquelle

18 In der Republik Mazedonien ist Rechtsquelle des heute geltenden und im vorliegenden Fall anzuwendenden materiellen Erbrechts das Erbschaftsgesetz vom 12.9.1996.[12]

19 Das Erbschaftsgesetz setzt die Tradition der vorher geltenden Erbrechtsregelung, enthalten in dem Gesetz über die Erbfolge von 1975/78 für die damalige jugoslawische Teilrepublik Mazedonien, im Wesentlichen fort.[13]

20 Demgemäß enthält auch das jetzige Erbschaftsgesetz (in der Folge hier abgekürzt: ErbG) die Unterscheidung zwischen testamentarisch bestimmter Erbfolge (geregelt in den Art. 62 ff. ErbG) und gesetzlicher Erbfolge, die bei Fehlen einer Verfügung von Todes wegen im Erbfallzeitpunkt eintritt (Art. 12 ff. ErbG).

2. Gesetzliches Erbrecht in Mazedonien

21 Das mazedonische Erbschaftsgesetz regelt die gesetzliche Erbfolge, die eintritt, wenn eine Verfügung von Todes wegen nicht vorhanden ist, auf der Grundlage eines Ordnungssystems, das insgesamt drei Ordnungen kennt. Insofern ähnelt das

---

[12] Zakon za Nasljeduvanjeto (= Gesetz über die Beerbung) vom 12.9.1996, verkündet als Gesetz in Sluzben Vesnik (= Amtsblatt) 47/ Pos. 2708. Eine Übersetzung des Gesetzes aus der „makedonischen“ Sprache (südslawische Variante des Serbokroatischen; die Sprache kann „*makedonisch*“ mit „k“ genannt werden, die Staatsbezeichnung lautet im Inland bislang „Mazedonien“ [aus Gründen des Verhältnisses zu Griechenland, für dessen nördlichen Teil der Begriff „Makedonien“ beansprucht wird]) in die deutsche Sprache gibt es bislang nicht, auch nicht in der Sammlung von *Ferid/Firsching*, die bislang keinen Abschnitt über das Recht von Mazedonien enthält. Im Kosteninteresse verzichte ich im Folgenden auf eine Wiedergabe des jeweiligen Originaltextes, der mir bislang nur in kyrillischer Schrift vorliegt. Kurzinformationen über den Gesetzesinhalt in deutscher Sprache liegen lediglich in knapper Form vor: Hinweis bei *Schrameyer,* Grundlagen der makedonischen Rechtsordnung, WGO – MfOR 1997, 87; weiterer, etwas ausführlicherer Hinweis in „Chronik der Rechtsentwicklung in Osteuropa“, in: WiRO Heft 1/1997, 38.

[13] Früher enthalten in *Ferid/Firsching (Povh)* (o. Fn. 3), Länderteil Jugoslawien, Texte Nr. 4; inzwischen im aktuellen Band nicht mehr geführt. Zu diesem alten Erbrecht s. *Zupancic*, ZfRV 27(1986), 18 ff., jeweils im Vergleich mit dem (alten) Erbrecht Sloweniens; s.f. *Lipowschek*, RabelsZ 38 (1974), 168 ff.; auch noch *Gliha,* ZfRV 34 (1993), 116 ff. Dem mazedonischen Recht speziell gewidmetes Schrifttum in deutscher Sprache besteht nicht; die Quellenlage in mazedonischer Sprache ist – entsprechend der Situation des Landes – ebenfalls nicht reichhaltig zu nennen.

mazedonische Erbrecht den Erbrechten der anderen Nachfolgestaaten von Ex-Jugoslawien stark.[14]

22 Abweichend vom deutschen System beschränkt es die Ordnung nicht auf das Erbrecht der Verwandten, sondern rechnet den überlebenden Ehegatten wie auch den überlebenden Partner einer nichtehelichen Lebensgemeinschaft bei Zusammentreffen mit Verwandten der jeweiligen Ordnung mit seiner jeweiligen Quote in die Ordnung ein. In die erste Erbfolgeordnung rechnet das mazedonische Erbrecht die Kinder des Erblassers oder andere Nachkommen und den überlebenden Ehegatten ein. Maßgebliche Norm ist insoweit zunächst Art. 12 ErbG. Die Norm lautet:

Art. 12 ErbG

(1) Aufgrund dieses Gesetzes beerben den Erblasser: Alle seine Nachkommen, seine Adoptivkinder und deren Nachkommen, sein Ehegatte, seine Eltern, seine Geschwister und deren Nachkommen und seine Großeltern und deren Nachkommen.

(2) Diese Personen erben nach Erbordnungen.

(3) Die Erben der näheren Erbordnung schließen die Personen der entfernteren Erbordnung von der Erbfolge aus.

23 Die hier wesentliche Grundregel für die erste Erbfolgeordnung ergibt sich aus Art. 13 ErbG. Die Norm lautet:

Art. 13 ErbG

(1) Den Nachlass des Erblassers erben vor allen anderen seine Kinder und sein Ehegatte.

(2) Sie erben zu gleichen Teilen.

24 Aus der Norm folgt so zunächst, dass Kinder des Erblassers und der überlebende Ehegatte bei Zusammentreffen als Erben der ersten Erbfolgeordnung zu gleichen Teilen zu Erben berufen sind. Gesetzliches Erbrecht haben alle Kinder, ungeachtet ehelicher oder nichtehelicher Abstammung.[15]

25 Für den vorliegenden Fall ergibt sich daraus, dass die Witwe des Erblassers und die insgesamt vier Kinder, die der Erblasser als Abkömmlinge hinterlassen hat, zu gleichen Teilen zu Erben berufen sind. Bei insgesamt fünf in dieser Weise Berufenen ergibt sich so für jeden Beteiligten eine Quote von einem Fünftel (1/5). Auf die Regelung des mazedonischen Erbrechts, die das Erbrecht von Ausländern von der Verbürgung der Gegenseitigkeit abhängen lässt,[16] kommt es im vorliegenden Fall

---

14 Vgl. die Kurzübersicht in WiRO 1997, 38; zum gesamten Erbrecht in Ex-Jugoslawien, das sich seit dem Zerfall des alten Staatswesens, in dem es zuletzt Teilrepublikenrecht war, in den Grundzügen nicht geändert hat, etwa *Zupancic* (o. Fn. 13), 18 ff.

15 Überkommener Rechtszustand zumindest seit dem Inkrafttreten des früheren Bundeserbgesetzes für Gesamtjugoslawien (alt) im Jahr 1955, s. dort Art. 23.

16 Art. 5 ErbG - Erbrecht von Ausländern:

bei übereinstimmender mazedonischer Staatsangehörigkeit aller gesetzlichen Erben nicht an.

3. Annahme und Ausschlagung des gesetzlichen Erbrechts

26 Zu prüfen ist dann, ob der Antragsteller aufgrund der in Mazedonien erklärten, aus dem Beschluss des Bezirksgerichts Skopje II ersichtlichen Ausschlagung der Erbschaft durch die anderen Beteiligten und aufgrund der seinerseits erklärten Annahme der Erbschaft Alleinerbe geworden ist, so dass ihm ein Alleinerbschein im Sinne von § 2369 BGB erteilt werden kann.

a) Anzuwendendes Recht

27 Das nach Art. 25 Abs. 1 EGBGB berufene Erbstatut ist als „kollisionsrechtlich einheitlich berufenes Gesamtstatut" berufen. Ist hier mazedonisches Recht Erbstatut, erfasst es nach diesem Prinzip der „kollisionsrechtlichen Nachlasseinheit" die erbrechtliche Nachfolge nach dem Erblasser grundsätzlich insgesamt; es befindet über die Rechtsnachfolge von Todes wegen vom Eintritt des Erbfalles über die Berufung der erbrechtlich Berechtigten und deren Rechtsstellung in Bezug auf den Nachlass bis zur Verteilung des Nachlasses und dem Ende des Erbganges.[17]

28 Es ist damit zunächst für den Anfall der Erbschaft, d.h. für die Art und Weise und den Zeitpunkt der erbrechtlichen Nachfolge maßgeblich. Es bestimmt, ob Gesamtrechtsnachfolge und Immediatsukzession stattfinden. Es bestimmt weiter über die Annahme der Erbschaft und deren Art und Weise; es bestimmt ebenso über die Ausschlagung der Erbschaft einschließlich deren Fristen und über eine etwaige Anfechtung der Ausschlagung.[18]

b) Materielle Rechtslage

29 Nach dem somit berufenen Erbrecht Mazedoniens ist hier der Nachlass dem Antragsteller und den übrigen Beteiligten zunächst angefallen; die von den Beteiligten zu 2 bis 5 vor dem Bezirksgericht Skopje II erklärte Ausschlagung der Erbschaft und die dort erklärte Annahme der Erbschaft durch den Antragsteller haben dann bewirkt, dass der Antragsteller heute alleiniger Erbe des Nachlasses des Erblassers

---

Ausländische Staatsangehörige haben in der Republik Mazedonien unter der Bedingung, dass die Gegenseitigkeit verbürgt ist, dieselben Erbrechte wie einheimische Staatsbürger.

17 S. statt aller *Erman/Hohloch* (o. Fn. 1), Art. 25 EGBGB, Rn. 21 - 27 m.w.N.

18 S. zum Anfall und dessen unterschiedlichen Notwendigkeiten *Palandt/Heldrich* (o. Fn. 1), Art. 25 EGBGB, Rn. 10 m.w.N.; *Erman/Hohloch* (o. Fn. 1), Art. 25 EGBGB, Rn. 22 m.w.N. Zur Annahme und Ausschlagung etwa BayObLGZ 1994, 49; NJW-RR 1998, 798; w.N. bei *Erman/Hohloch* (o. Fn. 1), Art. 25 EGBGB, Rn. 25.

ist. Der Anfall der Erbschaft ergibt sich aus Art. 120 und 127 ErbG. Die Normen lauten in Übersetzung:

> Art. 120 ErbG
>
> Durch den Tod einer Person tritt der Erbfall ein. Dieselbe Wirkung hat die Todeserklärung.
>
> Art. 127 ErbG
>
> Der Nachlass der verstorbenen Person geht im Zeitpunkt ihres Todes kraft Gesetzes auf ihre Erben über.

Der Nachlass des Erblassers ist damit dem Antragsteller und den übrigen Beteiligten im Zeitpunkt des Todes des Erblassers angefallen. Dieser Anfall gilt nach dem genannten Prinzip der kollisionsrechtlichen Nachlasseinheit auch für das im Inland (Deutschland) belegene Erblasservermögen; weder begrenzt Mazedonien die Geltung seines Erbrechts auf sein Staatsgebiet noch beansprucht das deutsche Recht für den inländischen Mobiliarnachlass des Erblassers seine eigene erbrechtliche Geltung. Auf Art. 3 Abs. 3 EGBGB kommt es hier nicht an, wo die Berufung deutschen Erbrechts, sei es über Art. 25 Abs. 2 EGBGB, sei es über Art. 4 Abs. 1 Satz 2 EGBGB (Renvoi), nicht gegeben ist. 30

Weiter ist dann die Annahme der Erbschaft durch den Antragsteller erklärt. Sie ergibt sich aus dem Beschluss des Bezirksgerichts Skopje II vom 20.12.2004, in dem die Annahme der Erbschaft durch den Antragsteller ausdrücklich festgehalten ist. Ich habe keinen Anlass, an solcher Annahme durch den Antragsteller und an deren Rechtswirksamkeit zu zweifeln. Sie ist nach dem mazedonischen Recht sogar durch Vornahme konkludenter Handlungen möglich, wie sich aus Art. 130 ErbG ergibt, der die Ausschlagung dann ausschließt, wenn durch den Erben bereits Verfügungen über den Nachlass oder Teile davon getroffen worden sind. 31

> Art. 130 ErbG
>
> Ein Erbe kann die Erbschaft nicht ausschlagen, wenn er über den gesamten Nachlass oder über einen Teil des Nachlasses verfügt hat.
>
> Die Maßnahmen, die ein Erbe nur zur Erhaltung des Nachlasses unternommen hat, wie auch Maßnahmen der laufenden Verwaltung berühren sein Recht, die Erbschaft auszuschlagen, nicht.

Mit der vor dem Gericht in Skopje erklärten Annahme ist vor diesem Hintergrund sowohl den materiellen Erfordernissen einer Annahme als auch allen förmlichen wie auch zuständigkeitsmäßigen Erfordernissen, die das mazedonische Recht zusätzlich aufstellen könnte, Genüge getan. Es ist deshalb auch nicht mehr zu prü- 32 fen, ob das mazedonische Recht trotz des Wortlauts der oben zitierten Vorschriften der Art. 120, 127 ErbG die „Annahme“ für den Anfall der Erbschaft fordert.[19]

33 Die in Skopje erklärte Annahme der Erbschaft erfasst, wie schon oben für den Anfall der Erbschaft dargelegt, auch das im Inland (Deutschland) belegene Nachlassvermögen. Sie richtet sich nach mazedonischem Recht und erfüllt dessen Voraussetzungen. Von der Zuständigkeit des Gerichts in Skopje für die Entgegennahme ist auszugehen; zwar hätte auch im Inland eine Annahmezuständigkeit im Rahmen der Zuständigkeit des mit dem Erbscheinsantrag befassten Gerichts bestanden, doch ist letztere keineswegs als ausschließliche Zuständigkeit zu sehen, so dass im vorliegenden Verfahren die auch das inländische Nachlassvermögen erfassende Annahme der Erbschaft durch den Antragsteller zu bejahen ist.[20]

34 Zur Alleinerbenstellung des Antragstellers führt dann die vor dem Bezirksgericht Skopje II erklärte Ausschlagung der Erbschaft durch die übrigen Beteiligten. Sie entspricht den Erfordernissen des insoweit, wie ausgeführt, maßgeblichen mazedonischen Rechts und erfasst, auch wenn sie nicht im Inland, sondern in Mazedonien erklärt worden ist, auch das inländische Nachlassvermögen. Maßgebend sind insofern die Bestimmungen der Art. 128 ff. ErbG. Sie lauten in ihren wesentlichen Teilen in Übersetzung:

Art. 128 ErbG

(1) Der Erbe kann die Erbschaft durch Erklärung gegenüber dem Gericht bis zur Beendigung der Nachlassverhandlung ausschlagen.

(2) Die Ausschlagung gilt auch für die Abkömmlinge dessen, der ausschlägt, wenn er nicht ausdrücklich erklärt, dass er nur in seinem Namen ausschlägt.

(3) Sind die Abkömmlinge minderjährig, bedarf es für die Ausschlagung nicht der Genehmigung des Vormundschaftsorgans.

(4) Der Erbe, der in seinem Namen ausgeschlagen hat, wird so behandelt, als ob er niemals Erbe gewesen wäre.

(5) Wenn alle Erben, die der nächsten Erbordnung zur Zeit des Todes des Erblassers angehören, die Erbschaft ausschlagen, so sind die Erben der nächstfolgenden Ordnung zur Erbschaft berufen.

(6) [...]

---

[19] S. zu den im vorliegenden Fall wegen des Vorliegens einer Annahmeerklärung vor Gericht und der darauf folgenden gerichtlichen Erklärung des Antragstellers zum Erben nicht mehr wesentlichen kollisionsrechtlichen Einzelfragen der Voraussetzungen und der Form einer Annahmeerklärung *Staudinger/Dörner* (o. Fn. 3), Art. 25 EGBGB, Rn. 108 ff., 112, 113. Angesichts des Vorliegens des Gerichtsbeschlusses bedarf es auch keiner Prüfung mehr, ob das mazedonische Recht ähnlich dem österreichischen Recht (s. dazu BayObLGZ 1995, 47 f.; w.N. bei *Erman/Hohloch* (o. Fn. 1), Art. 25 EGBGB, Rn. 22) und entgegen meiner Einschätzung die vor Gericht erklärte Annahme fordert.

[20] S. zur inländischen Zuständigkeit insoweit *Erman/Hohloch* (o. Fn. 1), Art. 25 EGBGB, Rn. 44 f.; *Staudinger/Dörner* (o. Fn. 3), Art. 25 EGBGB, Rn. 802; jeweils m.w.N.

Art. 129 ErbG

Ist ein Erbe vor Beendigung der Nachlassverhandlung gestorben, ohne die Erbschaft ausgeschlagen zu haben, so geht das Recht zur Ausschlagung auf seine Erben über.

Art. 130 ErbG

(1) Ein Erbe kann die Erbschaft nicht ausschlagen, wenn er über den gesamten Nachlass oder über einen Teil des Nachlasses verfügt hat.

(2) Die Maßnahmen, die ein Erbe nur zur Erhaltung des Nachlasses unternommen hat, wie auch Maßnahmen der laufenden Verwaltung, berühren sein Recht, die Erbschaft auszuschlagen, nicht.

Art. 131 ErbG

(1) Die Erbausschlagung kann nicht teilweise und nicht bedingt sein.

(2) Die Ausschlagung zugunsten eines bestimmten Erben wird nicht als Erbausschlagung betrachtet, sondern als Erklärung über die Abtretung des Erbteils.

Art. 132 ErbG

Die Ausschlagung einer Erbschaft, die nicht angefallen ist, hat keinerlei rechtliche Wirkung.

Art. 133 ErbG

(1) Die Erklärung über die Annahme oder Ausschlagung einer Erbschaft kann nicht widerrufen werden.

(2) - (6) [...][21]

Art. 134 ErbG

Der Erbteil des Testamentserben, der die Erbschaft ausgeschlagen hat, fällt den gesetzlichen Erben zu, wenn aus dem Testament selbst nicht ein anderer Wille des Erblassers hervorgeht.

Art. 135 ErbG

Der Erbteil des gesetzlichen Erben, der die Erbschaft nur in seinem Namen ausgeschlagen hat, wird vererbt, wie wenn jener Erbe vor dem Erblasser verstorben wäre.

Aus Art. 128 Abs. 1 ErbG folgt, dass die Beteiligten zu 2 bis 5 rechtzeitig und 35
der Ortsform entsprechend ausgeschlagen haben, wenn sie vor dem Bezirksgericht Skopje II, d.h. dem dortigen zuständigen Nachlassgericht in der Verhandlung vom 20.12.2004 jeweils die Ausschlagung erklärt haben. Letzteres ergibt sich aus den Gründen des Beschlusses des Bezirksgerichts Skopje II vom 21.12.2004; der Beschluss verlautbart, dass die Beteiligten – nach richterlicher Belehrung, die in Art. 133 ErbG für die verschiedenen Fälle der Ausschlagung enthalten ist – „[…] erklär-

[21] Die Absätze enthalten Regelungen zur Ausschlagung und zur Anfechtung der Ausschlagung sowie weitere Regelungen, die hier nicht einschlägig sind; auf ihre Wiedergabe wird deshalb verzichtet.

ten, dass sie sich als Erben des ihnen zustehenden Teils nicht akzeptieren [...]." Aus dem Beschluss des Bezirksgerichts Skopje II folgt nichts dazu, dass die Beteiligten zu 2 bis 5 nur für ihre Person und nicht auch für ihren Stamm ausgeschlagen haben (Art. 128 Abs. 2 ErbG); im Zusammenhang des Beschlusses, der fortfährt „[...] während sich der Teilnehmer S. O. als Erbe der ganzen Hinterlassung akzeptiert [...]", wird vielmehr deutlich, dass die Beteiligten zu 2 bis 5 im Einverständnis mit dem Antragsteller so ausgeschlagen haben, dass der Antragsteller Alleinerbe werden konnte. Bei dieser Sachlage ergeben sich aus den vorstehend zitierten Bestimmungen der Art. 129 bis 135 ErbG, die die Ausschlagung im mazedonischen Recht auch regeln, keine Hindernisse gegen eine wirksame, zum Anfall der gesamten Erbschaft an den Antragsteller führende Ausschlagung durch die Beteiligten zu 2 bis 5. Ich sehe auch keine Bedenken gegen die Geschäftsfähigkeit der Beteiligten zu 2 bis 5. Auch die Schwestern des Antragstellers, die Beteiligten zu 3 bis 5, sind allesamt volljährig, wenn sie dem mir vorliegenden Aktenauszug entsprechend zwischen 1966 und 1969 geboren sind. Schließlich regelt das mazedonische Erbrecht keine Frist für die Ausschlagung, weder in den oben im Wortlaut zitierten Vorschriften noch sonstwo; es reicht die Erklärung der Ausschlagung bis zur Beendigung der hier am 20.12.2004 durchgeführten Nachlassverhandlung. Folge ist dann die jeweils wirksame Ausschlagung des jeweiligen Erbteils durch die Beteiligten zu 2 bis 5. Nach den Gründen, die hinter den Ausschlagungen stehen können, ist hier nicht zu fragen. Für Unwirksamkeit der Ausschlagungen ergibt sich aus der Akte kein Anhaltspunkt. Dahinstehen kann auch, ob die von den Beteiligten zu 2 bis 5 hier vorgenommenen Ausschlagungen, mit denen der einzige männliche Erbe begünstigt worden ist, durch örtliche oder religiöse Tradition mitveranlasst worden sind.

Mazedonien weist keine einheitliche Bevölkerung auf und hat einen erheblichen muslimisch geprägten Bevölkerungsanteil, zu dem die Beteiligten angesichts ihres von *„Osman"* abgeleiteten Familiennamens und angesichts der aus den Akten ersichtlichen Vornamen gehören können.

36 Dies kann auf sich beruhen, da Mazedonien bislang ein einheitliches, für die gesamte Bevölkerung geltendes Erbrecht hat, das die Ausschlagung zugunsten eines Miterben, wie hier vorgenommen, auch erlaubt. Rechtsfolge der hier vorgenommenen Ausschlagungen ist so die Alleinerbenstellung des Antragstellers.

c) Geltung der Ausschlagungen auch für das Inlandsvermögen

37 Die vor dem Bezirksgericht in Skopje vorgenommenen Ausschlagungen haben Wirksamkeit auch für das im Inland (Deutschland) belegene Nachlassvermögen. Auszugehen ist insoweit davon, dass der gesamte Nachlass des Erblassers sowohl aus der Sicht des mazedonischen wie des deutschen Internationalen Erbrechts dem mazedonischen Recht als Erbstatut unterliegt. Demgemäß haben die Beteiligten zu 2 bis 5 im vorliegenden Falle unter Beobachtung der Erfordernisse, die das Erbstatut aufstellt, ausgeschlagen. Aus der Sicht des deutschen Kollisionsrechts liegen also an den Erfordernissen des Erbstatuts ausgerichtete Ausschlagungen vor, die die

nach dem Erbstatut vorgesehenen erbrechtlichen Wirkungen geäußert haben. Die Ausschlagungen haben diese Wirkung auch für das im Inland belegene, erbrechtlich dem mazedonischen Erbstatut unterliegende Nachlassteilvermögen. Aus der Sicht des deutschen internationalen Nachlassverfahrensrechts, das auf dem Boden der Gleichlauftheorie steht, sind die Ausschlagungen vor dem zuständigen Gericht in Mazedonien erfolgt; sie sind deswegen auch für das Inland beachtlich. Dem steht nicht entgegen, dass die Beteiligten eine auf das Inland bezogene Ausschlagung im Rahmen des hier anhängig gemachten Erbscheinsverfahrens kraft Sachzusammenhangs auch vor dem hiesigen Gericht hätten erklären können. Haben die Beteiligten dies nicht getan, hat das hiesige Gericht die in Skopje vorgenommenen Ausschlagungen zu beachten, wenn sie, wie hier zu bejahen, dort in materiell- und formrechtlich wirksamer Weise vorgenommen worden sind. Ergebnis ist dann auch insoweit, dass das hiesige Gericht von wirksamen Ausschlagungen auszugehen hat, was die Erbteile der Beteiligten zu 2 bis 5 anlangt. Es bleibt dann bei der bereits bejahten Alleinerbstellung des Antragstellers.[22]

4. Vorsorgliche Prüfung im Erbschein zu berücksichtigender Rechte der Beteiligten zu 2 bis 5

a) Ansatz

Das oben zu 3. gefundene Ergebnis der Alleinerbstellung des Antragstellers ist, bevor der Erbschein vorgeschlagen wird, noch darauf zu überprüfen, ob das mazedonische Recht, das hier als Erbstatut wie Güterstatut berufen ist, den Beteiligten zu 2 bis 5, die nach den vorstehenden Darlegungen aufgrund ihrer Ausschlagungserklärungen nicht als gesetzliche Erben zu betrachten sind, andere Rechtspositionen gibt, die in einen deutschen Fremdrechtserbeschein aufzunehmen sind. Solche Rechte sind bei nächsten Angehörigen des Erblassers jedenfalls denkbar. 38

b) Erbrechtliche Auswirkungen des Güterstatuts?

Oben ist als Ergebnis gewonnen worden, dass der Güterstand der Ehe des Erblassers und seiner überlebenden Ehefrau sich nach dem Recht Mazedoniens be- 39

---

[22] S. zur grundsätzlichen Geltung der „Gleichlauftheorie“ in der deutschen Rspr. zum Nachlassverfahren BGHZ 49, 1 ff. u. st. Rspr.; *Erman/Hohloch* (o. Fn. 1), Art. 25 EGBGB, Rn. 43 m.w.N.; *Palandt/Heldrich* (o. Fn. 1), Art. 25 EGBGB, Rn. 18; zur lediglich konkurrierenden inländischen Zuständigkeit *Staudinger/Dörner* (o. Fn. 3), Art. 25 EGBGB, Rn. 802. In Mazedonien folgt die Zuständigkeit des hier angegangenen Gerichts aus den Regelungen des ErbG und des zugehörigen ZivilverfahrensG.

stimmt. Mazedonisches Güterrecht ist heute in den Art. 203 ff. des mazedonischen Familiengesetzes von 1992 enthalten.[23]

40 Das eheliche Vermögen kann Ehegatten nach der Regelung der Art. 203 ff. FamG in Gütertrennung oder in Gütergemeinschaft bzw. Errungenschaftsgemeinschaft zustehen. Ob der Erblasser und seine Ehefrau in dem einen oder dem anderen Güterstand gelebt haben, kann im hier interessierenden Zusammenhang indes dahinstehen. Das mazedonische Recht kennt weder für die eine noch für die andere güterrechtliche Zuordnung bei Beendigung der Ehe durch Tod einen Vermögensausgleich in Gestalt eines erbrechtlichen Zusatzausgleichs für den überlebenden Ehegatten. Seine Erbquote bleibt insofern unberührt. Fraglich ist dann allein, welche Anteile vorhandenen gemeinschaftlichen Vermögens in den Nachlass des erstversterbenden Ehegatten fallen. Auf das Erbrecht selbst und die Quote, die im Erbschein zu bezeugen sind, hat das aber, wie schon gesagt, keinen Einfluss. Es bleibt demgemäß bei dem Ergebnis, dass der Antragsteller Alleinerbe geworden ist.

c) Erbrechtliche Berechtigung an Gegenständen des Hausrats?

41 Das mazedonische Erbrecht kennt besondere Bestimmungen für Gegenstände des Hausrats. Diese können in Teilen oder insgesamt dem überlebenden Ehegatten nach Maßgabe der Art. 37 i.V.m. 29 ErbG zufallen. Ob das mazedonische Recht mit dieser Bestimmung dem überlebenden Ehegatten ein gesetzliches Vorausvermächtnis zuwendet oder, was ich für zutreffender halte, Gegenstände dieses Hausrats gar nicht zum Nachlass rechnet, sondern dem Vermögen des überlebenden Ehegatten zuschlägt, kann indes offen bleiben. Eine in den deutschen Erbschein aufzunehmende Berechtigung liegt insoweit nicht vor; die Bankguthaben stellen keinen Hausrat dar und der Erbschein ist allenfalls als „gegenständlich beschränkter" Erbschein zu erteilen.

d) Gesetzlicher Nießbrauch des überlebenden Ehegatten

42 Das mazedonische Erbrecht gibt dem überlebenden Ehegatten in Art. 27 ErbG unter bestimmten Voraussetzungen einen gesetzlichen Nießbrauch oder gar erbmäßige Berechtigung am gesamten Nachlass oder an weiteren Nachlassteilen, wenn der überlebende Ehegatte nicht mit Erben erster Ordnung (Kindern oder sonstigen Abkömmlingen), sondern mit den Eltern des Erblassers als Erben der zweiten Ordnung zusammentrifft. Dieser Fall ist hier nicht gegeben, so dass sich die Frage eines ausweisbaren Sonderrechtes auch insoweit nicht stellt.

---

[23] Familiengesetz Nr. 4828 vom 15.12.1992, veröffentlicht in Sluzben Vesnik Nr. 80/92 v. 22.12.1992, Änderungen gemäß Gesetz vom 8.2.1996, veröffentlicht in Sluzben Vesnik Nr. 9/96 v. 19.2.1996; deutsche Übersetzung im Auszug in *Bergmann/Ferid (Gec-Korošec)* (o. Fn. 2), Länderteil Mazedonien, S. 34 ff.; Erläuterungen dazu aaO S. 16 ff., 28 ff. In der Folge zitiert: „FamG".

e) Ergebnis

Da Güterrecht wie Erbrecht hinsichtlich der obigen Fragestellung unergiebig sind, bleibt es bei der Alleinerbstellung des Antragstellers. 43

5. Gestaltung des Erbscheins

Abschließend ist zu prüfen, ob und in welcher Form der beantragte Erbschein zu erteilen ist. In Betracht kommt lediglich der beantragte gegenständlich auf das im Inland belegene (bewegliche) Vermögen beschränkte Fremdrechtserbschein gemäß § 2369 BGB. Das Gericht ist hier fraglos international zuständig; es genügt die Belegenheit der Bankguthaben als Nachlassteil im Inland. Das Gericht kann sich dann fragen, ob der Beschluss des Bezirksgerichts Skopje II vom 20./21.12.2004 in seinem hier vorliegenden Verfahren Beachtung finden kann; es kann diese Frage ggf. bejahen, ist dadurch aber nicht gehindert, in dem bei ihm beantragten Beschluss den beantragten Fremdrechtserbschein zu erteilen.[24] 44

Auszurichten hat es seine Entscheidung an diesem Antrag. Dieser geht nicht auf Anerkennung des mazedonischen Beschlusses, der seinerseits das Erbrecht des Antragstellers verlautbart, und über die mangels Bestehens staatsvertraglicher Anerkennungsregelungen zwischen Deutschland und Mazedonien gemäß § 16a FGG zu befinden wäre.[25] 45

Beantragt ist Erteilung eines inländischen Erbscheins; hieran ist das Gericht selbst dann nicht gehindert, wenn die Entscheidung des Bezirksgerichts Skopje II einen „Erbschein" mazedonischen Rechts verlautbart, denn die dortige Entscheidung hat ohne eine dann gemäß § 16a FGG zu treffende „Anerkennungsentscheidung" weder Bindungs- noch Rechtskraftwirkung für einen im Inland begehrten und zu erteilenden Erbschein. Da eine Anerkennungsentscheidung nicht beantragt ist und nicht erforderlich ist, bedarf es auch nicht der Prüfung, ob der Erbenerklärung, die in dem Beschluss des Bezirksgerichts Skopje II zu sehen sein kann, Beweis- und Rechtsscheinwirkungen zukommen können, die denen von §§ 2365 ff. BGB vergleichbar sind und im Inland deshalb einen Fremdrechtserbschein gemäß § 2369 BGB erübrigen könnten. Ergebnis ist dann, dass das Gericht den beantragten Fremdrechtserbschein zu erteilen hat. 46

---

[24] S. zur „Beachtlichkeit" *Erman/Hohloch* (o. Fn. 1), Art. 25 EGBGB, Rn. 55; *Staudinger/Dörner* (o. Fn. 3), Art. 25 EGBGB, Rn. 874.

[25] S. zu § 16a FGG insoweit und zur im Grundsatz mangelnden Anerkennungsfähigkeit eines ausländischen Erbscheins und zu den – hier nicht einschlägigen – Ausnahmen (z.B. bei Österreich und Schweiz) *Erman/Hohloch* (o. Fn. 1), Art. 25 EGBGB, Rn. 55 m.w.N.; ebenso *Palandt/Heldrich* (o. Fn. 1), Art. 25 EGBGB, Rn. 22; ausführlich *Staudinger/Dörner* (o. Fn. 3), Art. 25 EGBGB, Rn. 874 ff.

47 Sein Wortlaut weist aus meiner Sicht Besonderheiten nicht auf. Das Gericht wird in seiner eigenen Diktion formulieren, dass „[...] bezeugt wird, dass der Erblasser, der am [...] verstorbene I. O., von seinem Sohn S. O., geb. am [...], hinsichtlich des im Inland belegenen, Grundvermögen nicht enthaltenden Nachlasses als Alleinerben aufgrund gesetzlicher Erbfolge mazedonischen Rechts [...] beerbt worden ist [...]."

C. Ergebnis

48 Ich fasse die Ergebnisse des Gutachtens wie folgt zusammen:

1. Die erbrechtliche Nachfolge des Erblassers bestimmt sich nach mazedonischem Recht. Die angesichts der mazedonischen Staatsangehörigkeit des Erblassers gemäß Art. 25 Abs. 1 EGBGB zum mazedonischen Recht führende Verweisung wird vom mazedonischen Recht insgesamt angenommen.
2. Nach mazedonischem Erbrecht ist der Erblasser, der eine letztwillige Verfügung nicht hinterlassen hat, von seiner Ehefrau und den vier ehegemeinschaftlichen Kindern zu gleichen Teilen, d.h. zu je einem Fünftel beerbt worden. Da die Ehefrau und die drei Töchter des Erblassers ihr Erbe jeweils wirksam ausgeschlagen haben, ist nach den Regeln des mazedonischen Erbrechts die gesamte Erbschaft dem Antragsteller als Alleinerben angefallen. Er hat die Erbschaft angenommen und ist Erbe.
3. Die vor dem Bezirksgericht Skopje II durch die übrigen gesetzlichen Erben erklärten Ausschlagungen haben Wirkung auch für das im Inland belegene Nachlassvermögen (Bankguthaben). Alleinerbe auch insofern ist der Antragsteller.
4. Den übrigen gesetzlichen Erben stehen erbrechtliche Rechtspositionen, die in einem Erbschein zu verlautbaren wären, nach dem insoweit maßgeblichen mazedonischen Erbrecht und Ehegüterrecht nicht zu.
5. Das Gericht hat im Rahmen seiner ihm zukommenden internationalen Zuständigkeit den beantragten gegenständlich beschränkten Fremdrechtserbschein zu erteilen. Es ist an dessen Erteilung insbesondere nicht dadurch gehindert, dass der Antragsteller in Skopje bei dem dortigen Gericht die sein Erbrecht verlautbarende Entscheidung vom 21.12.2004 erlangt hat.

Nr. 37

Afghanistan

1. Mit Inkrafttreten der Verfassung von 2004 wurde in Afghanistan erstmals eine interreligiöse Rechtsspaltung eingeführt.

2. Für Sunniten gelten hinsichtlich der gesetzlichen und gewillkürten Erbfolge die im Zivilgesetzbuch von 1977 kodifizierten Bestimmungen.

a) Das auf den Regeln des islamischen Rechts der hanafitischen Schule beruhende gesetzliche Erbrecht unterscheidet Quotenerben mit festem Erbteil und Resterben, unter denen der restliche Nachlass aufgeteilt wird.

b) Die Erbteile der Quotenerben können sich ändern, wenn ihre Summe die Gesamtheit des Nachlasses übersteigt oder – bei Fehlen von Resterben – nicht erreicht.

Das Amtsgericht Frankfurt/M. – Außenstelle Höchst – bittet in der Nachlassangelegenheit H. Z. (Az. 501 VI 4848/06) um ein Gutachten über Fragen des afghanischen gesetzlichen Erbrechts.

Köln Kr 10/06 vom 11.12.2006

A. Sachlage

Der afghanische Staatsangehörige H. Z., geb. am 9.7.1973 in Paktia/Afghanistan, ist am 1.8.2006 in G. in Folge eines Verkehrsunfalls verstorben. Er war seit dem 6.10.2003 verheiratet mit N. Z. Kinder sind aus der Ehe nicht hervorgegangen. Er wurde überlebt von seiner Ehefrau, seiner Mutter K. A. sowie seinen beiden Brüdern M. Z. und H. S. Z. Aufgrund der bei den Akten befindlichen Erbschaftserklärung des Schari'a-Gerichts im Bezirk 11 von Kabul/Afghanistan vom 21.8.2006 sollten die vier genannten Personen, die alle afghanischer Staatsangehörigkeit und ganz offensichtlich Muslime sind, seine gesetzlichen Erben geworden sein. Nach einer Bestätigung des afghanischen Generalkonsulats Bonn vom 3.8.2006 sind auch seine Brüder gemäß Art. 2004 des afghanischen Zivilgesetzbuches erbberechtigt. 1

B. Anfrage

Aufgrund dieser Sachlage bittet das Gericht um Auskunft darüber, welche Personen zu welcher Quote Erben geworden sind. 2

C. Rechtslage

I. Kollisionsrechtliches

3 Die Verweisung von Art. 25 EGBGB auf das Heimatrecht des Erblassers zur Zeit seines Todes wird vom afghanischen Kollisionsrecht angenommen; aufgrund Art. 25 Abs. 1 des afghanischen Zivilgesetzbuches (im Nachstehenden: ZGB) wird ebenso wie bei uns angeknüpft an das Recht des Staates, dem der Erblasser zur Zeit seines Todes angehört hat. Das afghanische IPR spricht damit keine von uns zu beachtende Rückverweisung (Art. 4 Abs. 1 EGBGB) aus.[1]

II. Vorbemerkung zur Rechtssituation

4 Ungeachtet aller politischen Wirren in Afghanistan während der letzten Jahrzehnte seit 1978 galten frühere Gesetze zumindest de iure stets fort und werden nach der Übernahme der Macht durch die Interimsregierung (seit dem 22.12.2001) unter der Führung von *Hamid Karsai* selbstverständlich angewandt, ohne dass es hier auf Einzelheiten ankommt. Dies gilt u.a. auch für das ZGB[2] von 1977.[3]

5 Das ZGB von 1977 enthält in seinen Art. 1993 - 2197 eine ausführliche gesetzliche Regelung der gesetzlichen und gewillkürten Erbfolge (Art. 1993 - 2102 bzw. Art. 2103 - 2197) für die *sunnitischen* Muslime. Ebenso wie das Familien- beruht auch das kodifizierte Erbrecht auf den Regeln des islamischen Rechts der *hanafitischen* Schule.[4]

6 Mit dem Inkrafttreten der neuen afghanischen Verfassung von 2004 ist erstmals in der Rechtsgeschichte des Staates eine interpersonale (interreligiöse) Rechtsspaltung eingeführt worden. Aufgrund deren Art. 131 gelten für die Sunniten weiterhin die im ZGB kodifizierten Bestimmungen, für die Schiiten dagegen das gesetzlich nicht normierte schiitische (Erb-)Recht.[5] Da es nur eine kleine Anzahl von Schiiten in Afghanistan gibt, das afghanische Generalkonsulat Bonn Art. 2004 ZGB ausdrücklich nennt und die Erbschaftserklärung des Schari'a-Gerichts in Kabul von der Erbteilung nach islamisch-hanafitischem Recht ausgeht, kommen in casu nicht die schi'itischen, sondern die sunnitisch-hanafitischen Regeln zur Anwendung.

---

1 Text der afghanischen Kollisionsnormen in deutscher und englischer Übersetzung in: *Kropholler/Krüger/Riering/Samtleben/Siehr*, Außereuropäische IPR-Gesetze, 1999, 2-13.

2 Veröffentlicht im Gesetzblatt (Rasmî Jarîda) Nr. 353 vom 15.10.1355/5.1.1977 und aufgrund seines Art. 2416 30 Tage nach der Verkündung in Kraft getreten.

3 So z.B. ausdrücklich Minister *Amin Farhang*, Auferstanden aus Ruinen, in: Flensburger Hefte 77 (2002), 154, 173 f.; Kurzübersicht insbesondere zur verfassungsrechtlichen Problematik bei *Schwarz*, IPRax 2005, 383-386.

4 *Kamali*, Law in Afghanistan, 1985, passim.

5 *Krüger*, IPRax 2004, Heft 3, S. IX (unter Neueste Informationen); darauf beruht *Schwarz*, IPRax 2005, 386.

III. Gesetzliches Erbrecht nach hanafitischer Lehre

Um die Erbquoten zu bestimmen, muss zunächst für jeden Überlebenden (Verwandten und Ehefrau) festgestellt werden, ob es sich um einen sog. Quotenerben oder Resterben handelt. Quotenerben sind diejenigen, denen stets ein fester Erbteil des Nachlasses zufällt (Art. 2004 ZGB). Diese werden aufgrund ihres Verwandtschaftsgrades oder aufgrund Eheschließung mit einer unmittelbar auf dem Koran beruhenden bestimmten Quote am Nachlass beteiligt.[6] Die anderen Erben werden als Resterben bezeichnet, weil unter ihnen nach Abzug der Anteile der Quotenerben der restliche Nachlass aufgeteilt wird.[7] 7

1. Variante

Die Quotenerbteile betragen die Hälfte, ein Drittel, zwei Drittel, ein Viertel, ein Sechstel oder ein Achtel des Nachlasses (Art. 2005 - 2011 ZGB). In casu gehört an erster Stelle zu den Quotenerben die Ehefrau, die ein Viertel (6/24) des Nachlasses erbt, weil aus der Ehe keine Kinder hervorgegangen sind (Art. 2007 Nr. 2 ZGB). Die Mutter des Erblassers wird Quotenerbin zu einem Sechstel (4/24), weil sie Kinder (den Erblasser und seine beiden Brüder) hat (Art. 2010 Nr. 1 ZGB). 8

Unterstellt, der Erblasser und seine beiden Brüder sind aus der Ehe ihres Vaters mit derselben Frau[8] hervorgegangen, so sind sie keine Quoten-, sondern Resterben (Art. 2016 Nr. 3 ZGB). Sie erben gemäß Art. 2017 ZGB den Rest (14/24) zu gleichen Teilen (also zu je 7/24). 9

2. Variante

Aus dem Akteninhalt ergibt sich nicht, ob es sich bei den beiden Brüdern um Voll- oder um Halbbrüder (derselbe Vater, verschiedene Mütter) handelt. Das afghanische Generalkonsulat nennt Art. 2004 ZGB, um zu sagen, dass Brüder erbberechtigt sind. Wenn man, wie keineswegs auszuschließen, damit nur ausdrücken will, dass Brüder grundsätzlich erbberechtigt sind, bliebe es beim Ergebnis der ersten Variante. 10

Aufgrund des genannten Art. 2004 ZGB gilt jedoch, dass (nur) Halbbrüder (derselbe Vater, verschiedene Mütter) auch zu den Quotenerben zählen. Sie erben ge- 11

---

[6] Belege z.B. bei *'Abdur-rahmân Seoharvi*, Eine kritische Prüfung der Quellen des Islamitischen Rechts, 1914, 62 f.

[7] Kurzübersicht über das islamisch-hanafitische Intestaterbrecht bei *Bergsträsser/Schacht*, Grundzüge des islamischen Rechts, 1935, 91-94, und bei *Spies/Pritsch*, Klassisches islamisches Recht, in: Handbuch der Orientalistik, 1. Abt., Ergänzungsband III (Orientalisches Recht), 1964, 220, 230-233.

[8] Jede Ehe von Muslimen in Afghanistan ist potentiell polygam (Art. 69 ZGB), so dass stets Halbbrüder möglich sind (derselbe Vater, verschiedene Mütter).

mäß Art. 2006 ZGB gemeinsam ein Drittel (8/24; jeder also ein Sechstel [4/24]). Da die Ehefrau 6/24 und die Mutter 4/24 als Quotenerben erben, wären damit in diesem Fall qua Quotenerbrechts nur 18/24 (noch nicht 24/24) des Nachlasses an die vier Erbprätendenten verteilt.

12 Die Starrheit der gesetzlichen Erbquoten führt zu Schwierigkeiten, wenn ihre Summe das Ganze des Nachlasses übersteigt oder es nicht erreicht (wie in casu). Gesetzlich geregelt wird in Art. 2011 ZGB nur der erste Fall (Herabsetzung der Quoten; sog. *'aul*).[9] Hinsichtlich des zu beurteilenden Falles ist deshalb gemäß Art. 1 Nr. 2 und Art. 2 ZGB auf das traditionelle islamisch-hanafitische Recht zurückzugreifen.

13 Danach gilt: Erschöpfen die Anteile der Quotenerben den Nachlass nicht, und sind – wie hier – keine Resterben vorhanden, so wächst der Rest (6/24) den Quotenerben im Verhältnis ihrer Anteile zu (sog. *radd*).[10] Grundsätzlich gilt das Prinzip des *radd* auch für die Ehefrau. Eine Besonderheit besteht für sie allerdings dann, wenn weibliche Verwandte auf der mütterlichen Seite (hier die Mutter) den Erblasser überleben; denn dann gilt dieser Grundsatz nicht. Das heißt: In diesem Fall erbt die Ehefrau unverändert 6/24, die Mutter 6/24 (Erhöhung um 2/24), die beiden Brüder 12/24 (Erhöhung um 4/24) und zwar zu gleichen Teilen, jeder erhält also 6/24.[11]

IV. Keine Erhöhung der Erbquote der Ehefrau aufgrund Ehegüterrechts

14 Es gilt der Güterstand der Gütertrennung. Eine dem § 1371 BGB entsprechende Norm kennt das afghanische Recht nicht.

D. Ergebnis

15 1. Mangels Rückverweisung durch das afghanische IPR auf deutsches Recht ist afghanisches Erbrecht anzuwenden (oben Rn. 3).

2. Das im Zivilgesetzbuch von 1977 auf der Grundlage islamisch-hanafitischen Erbrechts normierte Recht gilt weiterhin (oben Rn. 4 ff.).

3. Bevor ein Erbschein erteilt werden kann, muss das Nachlassgericht noch aufklären, ob es sich bei den beiden Brüdern des Erblassers um Voll- oder lediglich um Halbbrüder handelt.

---

9 Ausführlich dazu *Cilardo*, Diritto ereditario islamico delle scuole giuridiche sunnite, 1994, 62-67.

10 Ausführlich wiederum *Cilardo* (o. Fn. 9), 47-52.

11 *Cilardo* (o. Fn. 9), 52 und 61 f., der an der zweiten Belegstelle exakt den zu beurteilenden Fall (Ehefrau, Mutter, zwei Halbbrüder) darstellt. Im Übrigen statt aller *Pritsch*, Grundzüge des islamischen Intestaterbrechts, in: Deutsche Landesreferate zum 3. Internationalen Kongress für Rechtsvergleichung, 1950, 149, 156.

Handelt es sich bei den beiden Brüdern des Erblassers um Vollbrüder (derselbe Vater, dieselbe Mutter) beträgt die Erbquote für die Ehefrau 6/24, für die Mutter 4/24 und für die beiden Brüder je 7/24.

Handelt es sich dagegen um Halbbrüder (derselbe Vater, verschiedene Mütter) beträgt die Erbquote für die Frau 6/24, für die Mutter 6/24 und für die beiden Brüder je 6/24 (oben Rn. 7 ff.).

4. Eine Erhöhung der Erbquote der Ehefrau aufgrund afghanischen Ehegüterrechts tritt nicht ein (oben Rn. 14).

2. Testament

Nr. 38

Spanien*

1. Spanisches internationales und interregionales Erbrecht.

2. Gebietszugehörigkeit in den Teilrechten der Balearen.

3. Mallorquinisches formelles und materielles Testamentsrecht.

4. Testamentsbindung nach venezolanischem IPR.

Das Amtsgericht Passau, Zweigstelle Rotthalmünster, hat in der Nachlasssache J. (Az. ZL 2 VI 0016/05) um ein Gutachten über internationales und spanisches Erbrecht gebeten.**

Passau vom 7.7.2005

A. Sachlage

1 Am 2.10.2004 verstarb in Palma de Mallorca/Spanien die spanische Staatsangehörige Elfriede J. Die Erblasserin wurde am 13.10.1927 in Korneuburg/Österreich als Österreicherin geboren. 1950 heiratete sie den Antragsteller Harold L. in Caracas/Venezuela. Zu der Zeit waren beide noch Österreicher. Nach dessen Angaben erwarb die Erblasserin 1954 die venezolanische Staatsangehörigkeit. Am 6.9.1965 errichtete sie zusammen mit ihrem Ehegatten vor dem Notar in Wien ein Testament, in dem beide sich gegenseitig als Universalerben einsetzten. Am 20.11.1986 errichtete die Erblasserin ein weiteres Testament vor dem Notar in Palma de Mallorca, in dem sie alle früheren Testamente widerrief und ihren Ehegatten als Alleinerben und ihre Geschwister Gerhard J. und Gertrude K. (geb. J.) als Ersatzerben einsetzte. In dem letzten Testament erklärte sie zudem, ihr Wohnsitz sei in Palma de Mallorca. Am 4.10.1991 erwarb sie die spanische Staatsangehörigkeit und gab am 8.11.1991 vor einem Beamten des spanischen Personenstandsregisters eine Erklärung, gerichtet auf Verzicht der venezolanischen Staatsangehörigkeit, ab.

---

* *Anm. d. Red.:* S. zum spanischen Erbrecht auch IPG 2005/2006 Nr. 35 *(München)*; IPG 2000/2001 Nr. 36 *(Leipzig)*; IPG 1985/1986 Nr. 44 *(Hamburg)*; IPG 1982 Nr. 31 *(Göttingen)*; IPG 1972 Nr. 31 *(Hamburg)*; IPG 1971 Nr. 34 *(Heidelberg)*. Vgl. ferner zum spanischen Testamentsrecht IPG 2000/2001 Nr. 36 *(Leipzig)*; IPG 1997 Nr. 39b *(Hamburg)*; IPG 1985/1986 Nr. 44 *(Hamburg)*.

** *Anm. d. Red.:* In dieser Sache wurden zwei weitere Gutachten erstattet, die in diesem Band unter Nr. 41 und 42 abgedruckt sind.

Im Reisepass der Erblasserin, ausgestellt am 20.11.2003, ist als Wohnsitz Palma de Mallorca aufgeführt; dieselbe Angabe machte die Erblasserin auch in einem am 7.7.2004 vor dem Notar in Rotthalmünster geschlossenen Kaufvertrag.

Der Antragsteller begehrt die Ausstellung eines gegenständlich beschränkten Erbscheins nach der Erblasserin. Zum Nachlass gehört unbewegliches Vermögen in Deutschland.

B. Anfrage

Das Amtsgericht Passau, Zweigstelle Rotthalmünster, bittet um ein Gutachten zu der Frage, welches Erbrecht auf den in Deutschland belegenen Grundbesitz Anwendung findet. Die Anfrage wird so verstanden, dass auch zu dessen sachrechtlichem Inhalt Stellung genommen werden soll, soweit dieser für die Erteilung des Erbscheins von Bedeutung ist. 2

C. Rechtslage

I. Das auf die Erbfolge generell anwendbare Recht

1. Deutsches internationales Privatrecht

Nach Art. 25 Abs. 1 EGBGB unterliegt die Rechtsnachfolge von Todes wegen dem Recht des Staates, dem die Erblasserin im Zeitpunkt ihres Todes angehörte. 3

Da die Erblasserin spanische Staatsangehörige war, verweist Art. 25 Abs. 1 EGBGB auf spanisches Recht. Diese Verweisung führt nach Art. 4 Abs. 1 S. 1 EGBGB zur Anwendung des spanischen Kollisionsrechts. 4

2. Spanisches internationales Privatrecht

Nach Art. 9 Abs. 8 des spanischen *Código civil*[1] richtet sich die Erbfolge in jede Art von Vermögen ebenfalls nach dem letzten Heimatrecht des Erblassers. 5

Es ist somit spanisches Erbrecht anzuwenden.

---

[1] Text mit Übersetzung z.B. bei *Ferid/Firsching (Hierneis)*, Internationales Erbrecht (Losebl.), Spanien (Stand 2004), 2. Teil, A. I.; *Peuster*, Das spanische Zivilgesetzbuch, 2002.

3. Spanisches interlokales Recht

a) Interregionales Recht

6 Obwohl in ganz Spanien der *Código civil* gilt, ist in einer Reihe spanischer Gebiete vorrangig partikulares Recht anwendbar, das ursprünglich gewohnheitsrechtlich galt, aber heute in verschiedenen Gesetzen der autonomen Gebietskörperschaften enthalten ist. Diese Regeln betreffen auch das Erbrecht.

7 Die diesbezüglichen interlokalen Rechtsanwendungsregeln sind in Art. 13 - 16 CC zusammengefasst. Sie sind nach Art. 4 Abs. 3 EGBGB auch für uns maßgeblich.

8 Das interlokale Erbstatut wird durch das Personalstatut des Erblassers zum Zeitpunkt des Todes bestimmt, Art. 16 Abs. 1 CC i.V.m. Art. 9 Abs. 8 CC. Hierfür ist nach den Art. 14 und 15 CC auf die bürgerlichrechtliche Gebietszugehörigkeit abzustellen. Für Ausländer, die die spanische Staatsangehörigkeit erwerben, bestimmt Art. 15 Abs. 1 S. 1 CC:

> „Ein Ausländer, der die spanische Staatsangehörigkeit erwirbt, muss bei der Eintragung des Erwerbs der Staatsangehörigkeit für eine der folgenden Gebietszugehörigkeiten optieren:
>
> a) für die seines Aufenthaltsortes;
>
> b) für die des Geburtsortes;
>
> c) für die letzte Gebietszugehörigkeit eines seiner Eltern oder Adoptierenden;
>
> d) für die des Ehegatten.“

9 Diese Option ist zwingender Natur und für den Erwerb der Staatsangehörigkeit von konstitutiver Bedeutung.[2]

10 In den Akten fehlen Angaben über die Ausübung einer Option durch die Erblasserin. Nach Aktenlage bestand bei der Einbürgerung am 4.10.1991 lediglich eine Optionsmöglichkeit für die Gebietszugehörigkeit des damaligen Aufenthaltsortes nach lit. a; diese würde zur balearischen Gebietszugehörigkeit führen. Weder konnte die Erblasserin die Option nach lit. b wahrnehmen, da sie in Österreich geboren wurde, noch bestehen Anhaltspunkte dafür, dass der Vater oder die Mutter der Erblasserin einmal spanische Staatsangehörige gewesen sind, lit. c. Ebensowenig bestehen Hinweise, dass ihr Ehegatte am 4.10.1991 bereits spanischer Staatsangehöriger mit einer anderen Gebietszugehörigkeit als der balearischen war.

11 Hier wird davon ausgegangen, dass bei der Einbürgerung ausschließlich eine Optionsmöglichkeit nach Art. 15 Abs. 1 S. 1 lit. a CC für den Aufenthaltsort Palma

---

[2] *Edersa/Peña Bernaldo de Quiros*, Comentarios al Código Civil y Compilaciones Forales, 2. Aufl. 1995, Band IV, Vol. 3, Capitulo IV, S. 601.

de Mallorca bestand und die Erblasserin folglich 1991 die balearische bürgerlichrechtliche Gebietszugehörigkeit erwarb.

Über die Zugehörigkeit von Eingebürgerten zum balearischen Zivilrecht bestimmt auch Art. 6 Abs. 2 des Autonomiestatuts der autonomen Gemeinschaft der balearischen Inseln:[3]

„Die Ausländer, welche die Zugehörigkeit in irgendeiner der Gemeinden der balearischen Inseln haben und die spanische Staatsangehörigkeit erwerben, sind dem besonderen Zivilrecht der balearischen Inseln unterworfen, solange sie diese Zugehörigkeit beibehalten und vorbehaltlich des Falles, dass sie ihren Willen im gegenteiligen Sinn bekunden."

In der spanischen Rechtswissenschaft ist umstritten, ob diese Vorschrift von Art. 15 Abs. 1 CC verdrängt wird.[4]

Das Verhältnis zwischen Art. 15 Abs. 1 CC und Art. 6 Abs. 2 EAB kann aber dahinstehen, da auch die letztere Vorschrift zum Erwerb der balearischen Gebietszugehörigkeit führt.

Die erworbene Gebietszugehörigkeit kann wieder verloren gehen, wenn der Eingebürgerte seinen gewöhnlichen Aufenthalt über mindestens zwei Jahre in ein anderes Rechtsgebiet verlegt, Art. 14 Abs. 5 CC. 12

Ein solcher Aufenthaltswechsel lässt sich aus den Unterlagen indes nicht entnehmen. Die Erblasserin gab in ihrem am 20.11.1986 vor dem Notar erstellten Testament als Adresse die Calle S. in Palma de Mallorca an. Dieselbe Adresse ist als Wohnsitz in ihrem spanischen Reisepass, ausgestellt am 22.1.2003, aufgeführt, wie auch in einem notariell beurkundeten Kaufvertrag mit Datum vom 7.7.2004. 13

Zum Zeitpunkt ihres Todes wies die Erblasserin somit die balearische Gebietszugehörigkeit auf. Einschlägig ist mithin balearisches Recht. 14

b) Rechtsspaltung auf den balearischen Inseln

Auf den balearischen Inseln gibt es wiederum verschiedene Zivilrechte. Art. 15 Abs. 4 CC zufolge ist das Personalstatut für diese interinsulare Rechtsspaltung nach den allgemeinen Vorschriften zu bestimmen. 15

Dieselbe Aussage trifft auch Art. 2 Abs. 2 der balearischen Kompilation:[5]

„Die Gebietszugehörigkeit und die interinsularen Gesetzeskollisionen richten sich nach dem Código civil und sonstigen allgemein anwendbaren Bestimmungen."

Die Erblasserin unterstand demnach seit ihrer Einbürgerung dem in Palma de Mallorca gültigen Recht von Mallorca. Erbstatut beim Tode ist somit nach Art. 16 16

[3] Text mit Übersetzung z.B. bei *Ferid/Firsching (Hierneis)* (o. Fn. 1), 2. Teil, Texte B.IV.
[4] Vgl. dazu *Ginebra i Molins*, La Notaria 2000, 98 ff. m.w.N.
[5] Text mit Übersetzung z.B. bei *Ferid/Firsching (Hierneis)* (o. Fn. 1), 2. Teil, Texte B.IV.

Abs. 1 i.V.m. Art. 9 Abs. 8 CC das mallorquinische Recht, enthalten im 1. Buch der balearischen Kompilation.

II. Testament

1. Testamentsform

a) Internationales Privatrecht

17 Die Testamentsform unterliegt grundsätzlich einer gegenüber dem Erbstatut gesonderten Anknüpfung. Das für die Testamentsform anwendbare Recht ergibt sich zum einen aus dem für Deutschland am 1.1.1966 in Kraft getretenen Haager Übereinkommen über das auf die Form letztwilliger Verfügungen anzuwendende Recht vom 5.10.1961.[6]

Das Abkommen ist nach seinem Art. 8 in allen Fällen anzuwenden, in denen der Erblasser nach dem Inkrafttreten des Abkommens gestorben ist. Nach Art. 6 findet das Abkommen allseitige Anwendung, das heißt auch im Verhältnis zu Nichtvertragsstaaten. Im Übrigen ist das Abkommen auch für Spanien mit Wirkung ab 10.6.1988 in Kraft getreten.[7]

18 Zum Anderen wurden die Anknüpfungen des Abkommens für die Testamentsform inhaltlich in Art. 26 EGBGB übernommen. Das auf die Testamentsform anwendbare Recht kann daher auch auf der Grundlage des Art. 26 EGBGB bestimmt werden, da sich die Regelungen inhaltlich decken.[8]

Soweit Art. 26 EGBGB *zusätzliche* Anknüpfungen zu Art. 1 des Testamentsformabkommens enthält, ist eine solche alternative Berufung weiterer Rechte nach Art. 3 des Abkommens erlaubt.

19 Nach Art. 1 des Abkommens (Art. 26 Abs. 1 EGBGB) ist eine letztwillige Verfügung hinsichtlich ihrer Form gültig, wenn diese dem innerstaatlichen Recht eines Staates entspricht, zu dem eine der dort nachfolgend angeführten alternativen Anknüpfungen hinführt.

20 *Spanisches Recht* ist jedenfalls nach Art. 26 Abs. 1 Nr. 2 EGBGB (Art. 1 Abs. 1 lit. a des Abkommens) als Recht des Ortes der letztwilligen Verfügung anwendbar. Zum selben Recht führt außerdem Art. 26 Abs. 1 Nr. 3 EGBGB, welcher das Recht

---

6 BGBl. 1965 II, 1145, 1966 II, 11; abgedruckt bei *Jayme/Hausmann* (Hrsg.), Internationales Privat- und Verfahrensrecht, 12. Aufl. 2004, S. 142 (Nr. 60).

7 *Edersa/Gónzalez Campos* und *Garcimartín Alferez* (o. Fn. 2), Band I, Vol. 2, Art. 11 CC, S. 800.

8 *Soergel/Schurig*, Bürgerliches Gesetzbuch, Bd. 10: EGBGB, 12. Aufl. 1996, Art. 26 EGBGB, Rn. 3; *Palandt/Heldrich*, Bürgerliches Gesetzbuch, 64. Aufl. 2005, Art. 26 EGBGB, Rn. 1, jeweils m.w.N. Anderer Ansicht (wegen des Vorrangs völkerrechtlicher Verträge nach Art. 3 Abs. 2 EGBGB) z.B. MüKo/*Birk*, Bd. 10: EGBGB (Art. 1 - 38), 3. Aufl. 1998, Art. 26 EGBGB, Rn. 2 m.w.N.

des Wohnsitzes (lit. c) oder das Recht des Ortes des gewöhnlichen Aufenthaltes (lit. d) bei Vornahme der Verfügung oder zum Todeszeitpunkt beruft.

Allerdings ist das spanische Recht nicht vereinheitlicht (oben Rn. 6). Fraglich ist 21
daher, wie die maßgebliche spanische Rechtsordnung im Rahmen des Abkommens zu bestimmen ist. Bei Rechtsspaltungen des auf Grund der Staatsangehörigkeit berufenen Rechts bestimmt Art. 1 Abs. 2 Haager Übereinkommen die Anwendung des internen Kollisionsrechts. Die Vorschrift gilt indes nicht, wenn das anzuwendende Recht durch den Ort der letztwilligen Verfügung, den gewöhnlichen Aufenthalt oder den Wohnsitz berufen wird. In diesen Fällen bestimmt das Haager Übereinkommen die anzuwendende Teilrechtsordnung direkt.[9]

Das Testament ist demnach jedenfalls im Einklang mit Art. 26 Abs. 1 Nr. 2 und 22
3 EGBGB (Art. 1 Abs. 1 lit. a, c und d des Übereinkommens) formgültig, wenn es den auf Mallorca geltenden Vorschriften entspricht.

b) Mallorquinisches Testamentsformrecht

Die balearische Kompilation bestimmt in Art. 52 über die Form von Testamen- 23
ten:[10]

> „Bei den vor einem Notar errichteten Testamenten ist die Anwesenheit von Zeugen nicht erforderlich, ausgenommen folgende Fälle:
>
> a) Wenn der Notar den Testator nicht kennt.
>
> c) Wenn der Testator nicht unterschreiben kann.
>
> d) In den Fällen, in denen der Notar dies für erforderlich hält und es dem Testator mitteilt.
>
> In allen diesen Fällen sind die Zeugen, deren Anzahl zwei ist, nicht verpflichtet, den Testator zu kennen, außer im Falle a), und es können dies die Angestellten des Notars sein.
>
> Im Übrigen werden die im Código civil vorgesehenen Förmlichkeiten eingehalten.“

Der *Código civil* enthält Vorschriften über die Form der Testamente in seinen 24
Art. 676 - 687. Art. 676 CC zufolge kann ein ordentliches Testament in öffentlicher Form errichtet werden; nach den Art. 679 i.V.m. 694 CC ist die öffentliche Errichtung vor dem Notar möglich. Hierzu fordert Art. 695 CC:

> „Der Testator bringt seinen letzten Willen gegenüber dem Notar mündlich oder schriftlich zum Ausdruck. Nachdem das Testament von diesem gemäß jenem Willen und unter Angabe von Ort, Jahr, Monat, Tag und Stunde seiner Errichtung aufgesetzt und der Testator über sein Recht, es selbst zu lesen, belehrt worden ist, verliest es der Notar mit lauter Stimme, damit der Testator bekundet, ob es

---

9 *Staudinger/Dörner*, Kommentar zum Bürgerlichen Gesetzbuch (Bearbeitung 2000), Art. 26 EGBGB, Rn. 43 f.

10 Text mit Übersetzung z.B. bei *Ferid/Firsching (Hierneis)* (o. Fn. 1), 2. Teil, Texte B.IV.

seinem Willen entspricht. Ist dies der Fall, so wird es auf der Stelle von dem Testator, wenn er dazu in der Lage ist, sowie gegebenenfalls von den Zeugen und den übrigen Beteiligten, welche zugegen sein müssen, unterschrieben."

25 Die Angabe der in den Akten enthaltenen, notariell beglaubigten Abschrift des Testaments lassen auf die Einhaltung der angeführten Formvorschriften schließen, insbesondere wurde es danach in Anwesenheit zweier Zeugen errichtet. Verstöße gegen darüber hinaus bestehende Formvorschriften des *Código civil* sind nicht ersichtlich.

26 Das Testament vom 20.11.1986 wurde somit im Einklang mit den auf Mallorca gültigen Formvorschriften errichtet.

2. Materielle Gültigkeit

a) Internationales Privatrecht

aa) Deutsches internationales Privatrecht

27 Art. 26 Abs. 5 S. 1 EGBGB zufolge unterliegt die Gültigkeit einer Verfügung von Todes wegen dem Recht, das im Zeitpunkt der Verfügung auf die Rechtsnachfolge von Todes wegen anzuwenden wäre, und unterscheidet sich somit ebenso von dem Erbstatut beim Tode.

28 Da die Erblasserin bei Errichtung ihres (zweiten) Testaments am 20.11.1986 venezolanische Staatsbürgerin war, verweist Art. 26 Abs. 5 S. 1 EGBGB auf venezolanisches Recht. Diese Verweisung führt nach Art. 4 Abs. 1 S. 1 EGBGB zum venezolanischen Kollisionsrecht.

bb) Venezolanisches internationales Privatrecht

(1) Intertemporales Recht

29 Das venezolanische internationale Privatrecht wurde 1998 neu geregelt. Zum intertemporalen Recht bestimmt Art. 63 IPRG:[11]

„Aufgehoben werden alle Bestimmungen, welche die Rechtsmaterie regeln, die Gegenstand dieses Gesetzes ist."

---

[11] Text mit Übersetzung z.B. bei *Kropholler/Krüger/Riering (u.a.)*, Außereuropäische IPR-Gesetze, 1999, S. 994 f.

Es existiert keine Vorschrift, welche eine rückwirkende Anwendung des neuen Gesetzes vorsieht. Das anwendbare Recht ist daher einem allgemein anerkannten Grundsatz zufolge nach alter Rechtslage zu bestimmen. 30

(2) Altes Recht

Unter früherem Recht enthält der venezolanische *Código civil* keine spezielle Vorschrift über das Erbstatut. Zu seiner Bestimmung wurde Art. 10 venez. CC herangezogen. Die Vorschrift lautet:[12] 31

„In Venezuela belegenes bewegliches oder unbewegliches Vermögen untersteht venezolanischem Recht, auch wenn Ausländer an ihm Rechte haben oder beanspruchen."

Nach dem Wortlaut der Vorschrift kann jedenfalls in Venezuela belegenes Vermögen nach venezolanischem Recht vererbt werden. Im venezolanischen Schrifttum wurde angenommen, dass Art. 10 venez. CC ein Ausdruck eines allgemeinen Territorialitätsprinzips für das Erbstatut ist, nach dem es die nationale Souveränität eines Staates erfordert, dass die Gesetze eines Staates auf die sich in ihm befindlichen Gegenstände anzuwenden sind, weshalb die Norm zu einer allseitigen Kollisionsnorm auszubauen sei. Die Erbfolge wurde daher auch für im Ausland belegene Nachlassgegenstände nach der „lex rei sitae" bestimmt.[13] 32

Grundsätzlich spricht das venezolanische internationale Privatrecht somit für in Deutschland belegenes Vermögen eine Rückverweisung auf deutsches Recht aus. Fraglich ist indes, ob von der Rückverweisung auch die materielle Gültigkeit eines Testaments umfasst ist. Dies kann aber dahinstehen, wenn beide Rechte zum selben Ergebnis führen. 33

b) Materielles deutsches Recht

aa) Allgemein

Die im Testament vom 20.11.1986 getroffenen Bestimmungen könnten durch eine Bindungswirkung des Testaments vom 6.9.1965 beeinträchtigt sein. Im Übrigen bestehen keine Bedenken gegen die Errichtung eines Testamentes, in dem ein Erblasser ohne Abkömmlinge seinen Ehegatten als Alleinerben einsetzt. 34

---

[12] Text z.B. abgedruckt bei IPG 1983 Nr. 33 *(Hamburg)*, S. 298.

[13] Vgl. IPG 1983 Nr. 33 *(Hamburg)*, S. 298 f. m.w.N.: Erbfolge über ein in Deutschland belegenes Grundstück eines Venezolaners richtet sich nach deutschem Recht. Ebenso *Tiedemann*, Internationales Erbrecht in Deutschland und Lateinamerika, 1992, S. 129 m.w.N.; *De Maekelt*, RabelsZ 64 (2000), S. 332 („vor Erlaß des Gesetzes galt die lex rei sitae [Art. 10 CC]").

bb) Konsequenzen einer möglichen Bindungswirkung des Testaments vom 6.9.1965

35 Das Testament vom 6.9.1965 muss seinerseits gültig errichtet worden sein, damit es möglicherweise eine Bindungswirkung entfalten kann. Das Testament vom 20.11.1986 ist jedenfalls dann gültig nach deutschem Recht errichtet, wenn keine Bindungswirkung des früheren Testaments verletzt ist. Stimmen beide Testamente in ihren Wirkungen überein, kommt ein Bindungsverstoß nicht in Betracht.

c) Materielles venezolanisches Recht

36 Auch nach venezolanischem Recht kann ein Erblasser ohne Abkömmlinge seinen Ehegatten in einem Testament als Alleinerben einsetzen.

37 Stimmen beide Testamente in ihren Wirkungen überein, muss daher auch nach venezolanischem Recht nicht beantwortet werden, ob eine Bindungswirkung des gemeinschaftlichen Testaments vom 6.9.1965 die Bestimmungen des am 20.11.1986 errichteten Testaments beeinträchtigt.

3. Testamentarische Erbfolge

a) Internationales Privatrecht

38 Die Wirkungen von Testamenten richten sich nach dem allgemeinen Erbstatut.[14] Heranzuziehen ist somit das auf Mallorca gültige Recht (vgl. oben Rn. 16).

b) Das Testament vom 20.11.1986

39 Im Testament von 1986 wurde der Antragsteller als Alleinerbe eingesetzt. Des Weiteren bestimmte die Erblasserin ihre Geschwister zu Ersatzerben *(sustitución vulgar)*. Nach mallorquinischem Recht tritt die Ersatzerbschaft nur dann ein, wenn der Erstberufene nicht Erbe wird. Weitere Rechte sind damit nicht verbunden.[15]

40 Die Berufung der Geschwister zu Ersatzerben ist durch die Erbfolge des Ehegatten (des Antragstellers) gegenstandslos geworden.

41 Zu beachten ist eine mögliche Begrenzung der Testierfreiheit durch Zwangserbrechte *(legítima)*. Der Kreis der Zwangserben wird durch Art. 41 der balearischen Kompilation bestimmt.

---

14 Vgl. *Soergel/Schurig* (o. Fn. 8), Art. 26 EGBGB, Rn. 38.

15 Vgl. *Edersa/Coll Carreras* (o. Fn. 2), Band XXXI Vol. 1, 1981, Art. 26 CompB, S. 496: „[…] si heres non erit."

Die Vorschrift lautet:[16]

„Noterbberechtigt sind zu den sich aus den folgenden Artikeln ergebenden Bedingungen:

1. Die leiblichen, ehelichen und nichtehelichen Kinder und Abkömmlinge sowie die angenommenen Kinder und Abkömmlinge.

2. Die leiblichen oder Adoptiveltern.

3. Der überlebende Ehegatte.“

Aus den Akten ergeben sich keine Hinweise auf das Vorhandensein solcher Personen. 42

Andere Gründe, die nach mallorquinischem Recht Einfluss auf die Wirksamkeit des Testamentes haben könnten, sind nicht ersichtlich. Der Antragsteller ist nach dem Testament unbeschränkter Alleinerbe geworden. 43

c) Das Testament vom 6.9.1965

Nach dem gemeinschaftlich errichteten Testament vom 6.9.1965 ist der Antragsteller ebenfalls unbeschränkter Alleinerbe. Auch für dieses Testament ergeben sich keine Einschränkungen der darin getroffenen Bestimmungen durch das mallorquinische Recht. 44

d) Ergebnis

Der Antragsteller ist nach beiden Testamenten unbeschränkter Alleinerbe. Auf eine eventuelle Bindungswirkung des Testaments von 1965 kommt es nicht an. Daher kann offenbleiben, ob deutsches oder venezolanisches Recht für die materielle Gültigkeit des Testaments maßgibt. 45

III. Erbschaftserwerb

Die balearische Kompilation enthält keine eigenen Regeln zum Erbschaftserwerb. Art. 13 Abs. 2 CC zufolge ist deshalb der *Código civil* als in ganz Spanien subsidiär geltendes Recht anzuwenden. 46

In der Literatur zum gemeinspanischen Zivilrecht ist umstritten, ob sich der Erwerb der Erbschaft bereits zum Todeszeitpunkt *ipso iure* vollzieht und oder ob dafür erst eine (konstitutive) Annahme erforderlich ist.[17] 47

---

[16] Text mit Übersetzung z.B. bei *Ferid/Firsching (Hierneis)* (o. Fn. 2), 2. Teil, Texte B.IV.

[17] Zum Streitstand vgl. *Edersa/Gitrama González* (o. Fn. 2), Band XIV Vol. 1, 1989, Capitulo Introductorio, S. 29 ff.

48 Die Art. 988 ff. CC enthalten Bestimmungen über die Annahme und Ausschlagung der Erbschaft. Die Annahme kann ausdrücklich oder stillschweigend erklärt werden, Art. 999 CC.

49 Der Antragsteller hat am 15.11.2004 die Annahme der Erbschaft vor dem Notar in Palma de Mallorca erklärt, so dass die Rechtsnatur des Erbschaftserwerbs im gemeinspanischen Recht offen bleiben kann.

50 Eine Einsetzung des Erben durch das Gericht in einzelne Vermögenspositionen ist hingegen nicht mehr erforderlich.

Es bestimmt Art. 657 CC:

„Die Rechte auf das Erbe einer Person werden vom Augenblick ihres Todes an übertragen."

Weiter gilt Art. 661 CC:

„Die Erben beerben den Verstorbenen durch die bloße Tatsache seines Todes in allen seinen Rechten und Verpflichtungen."

51 Der Antragsteller hat somit nach in Mallorca insoweit geltendem spanischen Recht die Erbschaft bereits wirksam erworben.

IV. Ehegüterrecht

52 Auch das Ehegüterrecht kann Einfluss auf die Erbquoten haben.

1. Internationales Privatrecht

a) Deutsches internationales Privatrecht

53 Art. 220 Abs. 3 S. 6 EGBGB zufolge bleiben die güterrechtlichen Wirkungen von vor dem 1.4.1953 geschlossenen Ehen unberührt. Das bedeutet, dass für solche Ehen auch heute noch das nach Art. 15 a.F. EGBGB für das Ehegüterrecht berufene Mannesrecht bei Heirat maßgeblich ist.[18]

54 Da der Ehemann bei der Eheschließung im Jahre 1950 österreichischer Staatsangehöriger war, verweist Art. 15 a.F. EGBGB auf österreichisches Recht. Probleme wegen möglicher Gleichberechtigungswidrigkeit[19] ergeben sich hier nicht, weil die Ehefrau bei Heirat Österreicherin war.

55 Diese Verweisung führt nach Art. 4 Abs. 1 S. 1 EGBGB zur Anwendung des österreichischen Kollisionsrechts.

---

[18] Vgl. *Soergel/Schurig* (o. Fn. 8), Art. 220 EGBGB, Rn. 36 m.w.N.

[19] Dazu *Soergel/Schurig* (o. Fn. 8), Art. 220 EGBGB, Rn. 37.

b) Österreichisches internationales Privatrecht

aa) Intertemporales Recht

Das Gesetz über das internationale Privatrecht gilt erst für Ehen, die nach dem 1.1.1979 geschlossen worden sind.[20] Das anwendbare Recht ist daher nach alter Rechtslage zu bestimmen. 56

bb) Altes Recht

Vor der Einführung des Gesetzes über das internationale Privatrecht gab es in Österreich keine gesetzliche Regelung über das Ehegüterrecht. Bei gemeinsamem Personalstatut der Ehegatten war nach Auffassung der herrschenden Lehre wie der Rechtsprechung die Staatsangehörigkeit heranzuziehen. 57

So wendete der oberste Gerichtshof auf eine Teilungsklage zwischen deutschen Ehegatten hinsichtlich eines in Österreich belegenen Grundstücks nach § 7 der 4. DVEheG von 1941 deutsches Ehegüterrecht als gemeinsames Heimatrecht der Ehegatten an.[21]

§ 7 der 4. DVEheG lautet:

„(1) Die persönlichen Rechtsbeziehungen österreichischer Ehegatten zueinander werden nach den österreichischen Gesetzen beurteilt, auch wenn die Ehegatten ihren Wohnsitz im Ausland haben.

(2) Die österreichischen Gesetze sind auch dann anzuwenden, wenn der Mann die österreichische Staatsangehörigkeit verloren, die Frau sie aber behalten hat.“[22]

Ein Wechsel der Staatsangehörigkeit beider Ehegatten hatte nach herrschender Meinung trotz des Wortlautes von § 7 Abs. 2 der 4. DVEheG keine Änderung des Güterrechtsstatuts zur Folge.[23]

---

20 *Schwimann*, Grundriss des internationalen Privatrechts, 1982, S. 9; *Bergmann/Ferid (Lurger)*, Internationales Ehe- und Kindschaftsrecht (Losebl.), Österreich (Stand 2003), S. 43.

21 Vgl. OGH, JBl 1969, S. 501.

22 Vgl. dazu *Schwind*, Handbuch des österreichischen internationalen Privatrechts, 1975, S. 162 ff. m.w.N. zur herrschenden Meinung. *Schwind* kritisiert die Entscheidung des OGH und widerruft dort seine vorherige Ansicht. In einer früheren Besprechung des Urteils hatte *Schwind* die Entscheidung positiv bewertet und vertreten, § 7 der 4. DVEheG sei jedenfalls analog auf das Ehegüterrecht anzuwenden, vgl. JBl 1969, S. 502 f. Nun bemängelt er, dass sich die Anknüpfung an die gemeinsame Staatsangehörigkeit der Ehegatten nicht aus dem Gesetz erschließen ließe. Der angeführte § 7 der 4. DVEheG umfasse gerade nicht das Ehegüterrecht. Im Umkehrschluss sei deshalb die Rechtslage vor 1941 heranzuziehen. Nach dieser müsste das Recht des ersten Wohnsitzes der Ehegatten angewendet werden. Indes bezeichnet selbst *Schwind* die letztere Lösung als anachronistisch und die Position des OGH als verständlich.

23 Vgl. etwa *Köhler*, Internationales Privatrecht, 1966, 75; *Mänhardt*, Das internationale Personen- und Familienrecht Österreichs, 1971, 36.

58 Nach herrschender Meinung ist somit die Staatsangehörigkeit beider Ehegatten heranzuziehen. Ob ein Wechsel der Staatsangehörigkeit beider Ehegatten eine Änderung des Ehegüterrechts zur Folge hat, muss nicht entschieden werden, wenn sich weder nach österreichischem, noch nach dem auf Mallorca geltenden Ehegüterrecht Auswirkungen auf die Erbquoten ergeben.

2. Materielles Ehegüterrecht

a) Österreichisches Recht

59 Nach ihren Angaben haben die Ehegatten keinen Ehevertrag errichtet.

So erklärten beide Ehegatten am 7.7.2004 vor dem Notar in Rotthalmünster, in keinem vertraglichen Güterstand zu leben. Diese Angabe wiederholte der Antragsteller am 11.1.2005.

Dagegen protokollierte der Notar auf Palma de Mallorca am 15.11.2004 die Aussage des Antragstellers, er habe im Güterstand der Errungenschaftsgemeinschaft *(régimen de gananciales)* gelebt, in der deutschen Übersetzung dieser Urkunde wiedergegeben mit „Zugewinngemeinschaft“. Möglicherweise ging der spanische Notar von dem gesetzlichen Güterstand nach gesamtspanischem Recht aus, denn die Urkunde enthält keine Angabe, dass der dort angeführte Güterstand vertraglicher Natur sei. Mangels anderer Anhaltspunkte wird hier vom Fehlen einer vertraglichen Vereinbarung ausgegangen.

60 Somit gilt der gesetzliche Güterstand. Nach österreichischem Recht unterstehen Ehegatten bei fehlender Vereinbarung dem Güterstand der Gütertrennung, Art. 1237 ABGB, mit Ausgleich der Ersparnisse und des Gebrauchsvermögens bei Scheidung, § 81 EheG. Beim Tod eines Ehegatten hat der überlebende Ehegatte ein gesetzliches Erbrecht, § 757 Abs. 1 ABGB. Nach dessen Abs. 2 ist der gesetzliche Erbteil des überlebenden Ehegatten um den Umfang dessen zu reduzieren, was er aus einem Ehepakt oder Erbvertrag erhält.

Die Vorschrift lautet:

„(2) In den Erbteil des Ehegatten ist alles einzurechnen, was dieser durch Ehepakt oder Erbvertrag aus dem Vermögen des Erblassers erhält.“

61 Das gesetzliche Ehegüterrecht führt hingegen zu keiner Änderung der gesetzlichen Erbquoten.

b) Mallorquinisches Recht

62 Das auf Mallorca geltende Recht bestimmt als gesetzlichen Güterstand die absolute Gütertrennung, Art. 3 Abs. 1 der balearischen Kompilation, wobei im Zweifel vermutet wird, dass die Hausratsgegenstände den Ehegatten je zur Hälfte gehören, Art. 3 Abs. 3 der balearischen Kompilation. Auch das mallorquinische gesetzliche Ehegüterrecht ändert die gesetzlichen Erbquoten nicht.

c) Ergebnis

Weder das österreichische, noch das mallorquinische gesetzliche Ehegüterrecht haben Auswirkungen auf die Erbquoten. Es kann daher offenbleiben, welches Recht maßgibt. 63

V. Vorschlag zur Fassung des Erbscheins

Beantragt wurde die Erteilung eines gegenständlich beschränkten Erbscheins nach § 2369 BGB. Beherrscht ausländisches Recht die Erbfolge, so muss im Erbschein darauf hingewiesen werden, nach welchem Recht geerbt wird.[24] 64

Der Erbschein könnte damit lauten:

„Die am 2.10.2004 in Palma de Mallorca/Spanien verstorbene E. J., geb. am 13.10.1927 in Korneuburg/Österreich, zuletzt wohnhaft in Palma de Mallorca/Spanien, [...], ist nach dem auf Mallorca/Spanien geltenden Recht beerbt worden von ihrem Ehemann H. L., geb. 17.4.1922, wohnhaft [...] Palma de Mallorca, [...], als Alleinerbe. Dieser Erbschein gilt nur für das in Deutschland belegene Vermögen."

D. Ergebnis

1. Die Rechtsnachfolge von Todes wegen unterliegt generell spanischem Recht (oben Rn. 5). 65
2. Im spanischen Erbrecht besteht eine interlokale Rechtsspaltung. Erbstatut ist hier das auf Mallorca geltende Recht (oben Rn. 16).
3. Das Testament vom 20.11.1986 ist formgültig errichtet worden, da es den auf Mallorca gültigen Formvorschriften entspricht (oben Rn. 26).
4. Die materielle Gültigkeit des am 20.11.1986 auf Mallorca errichteten Testaments bestimmt sich nach deutschem oder venezolanischem Recht (oben Rn. 27 ff.).
5. Im deutschen wie im venezolanischen Recht sind außer einer möglichen Bindungswirkung des am 6.9.1965 errichteten Testaments keine Anhaltspunkte ersichtlich, die gegen die Gültigkeit des Testaments vom 20.11.1986 sprechen (oben Rn. 34 ff.).
6. Eine Bindungswirkung des am 6.9.1965 errichteten Testaments muss nicht geprüft werden, da beide Testamente den Antragsteller als Alleinerben bestimmen. Die Bestimmung des für die materielle Gültigkeit des Testaments maßgebenden Rechts kann daher offen bleiben (oben Rn. 45).

---

[24] *Soergel/Schurig* (o. Fn. 8), Art. 25 EGBGB, Rn. 68 m.w.N.

7. Das in Deutschland belegene Vermögen ist spätestens mit der Annahme der Erbschaft vom 15.11.2004 auf den Antragsteller übergegangen (oben Rn. 51).

8. Das Ehegüterrecht unterliegt entweder österreichischem oder mallorquinischem Recht (oben Rn. 53 ff.).

9. Im österreichischen wie im mallorquinischen Recht ergibt sich jedenfalls aus dem gesetzlichen Güterstand der Gütertrennung keine Änderung der Erbquoten des überlebenden Ehegatten. Die Bestimmung des Ehegüterrechtsstatuts kann daher offen bleiben (oben Rn. 63).

Nr. 39

USA (Illinois)*

1. **Zur testamentarischen Erbfolge nach einem US-amerikanischen Erblasser; Nachlassspaltung nach dem Kollisionsrecht von Illinois; Nachlassspaltung und Auslegung von Testamenten; Einzelfragen der Testamentsauslegung bei Einsetzung der gesetzlichen Erben der Erblasserin und ihres Ehemannes.**
2. **Internationale Zuständigkeit des deutschen Nachlassgerichts, insbesondere für die Erteilung eines Erbscheins (Eigenrechts- und Fremdrechtserbschein).**
3. **Zur rechtlichen Stellung des *executor*; Anordnung einer Testamentsvollstreckung im Sinne des deutschen Rechts durch testamentarische Einsetzung eines *executor*.**

Das Amtsgericht Passau hat in der Nachlasssache L. (Az. 3 VI 0101/05) um ein Gutachten über internationales und US-amerikanisches Erbrecht gebeten.

Tübingen vom 17.10.2005

A. Sachlage

Am 25.3.2004 verstarb in Geneva, Illinois, USA die am 1.8.1903 geborene L. 1
(Erblasserin). Die Erblasserin war seit 1954 Staatsangehörige der USA und lebte zur Zeit ihres Todes in Geneva, Illinois. Ihr Ehemann war bereits 1976 gestorben. Die Eltern der Eheleute waren im Zeitpunkt des Erbfalls schon verstorben. Weder die Erblasserin noch ihr Ehemann hatten Kinder. An Verwandten der Eheleute lebten zum Zeitpunkt des Erbfalls auf Seiten der Erblasserin noch eine Schwester sowie Abkömmlinge von bereits vorverstorbenen Geschwistern und auf Seiten des Ehemanns noch Abkömmlinge von vorverstorbenen Geschwistern. Unter den Geschwistern der Erblasserin waren auch drei nichteheliche Kinder ihrer Mutter.

Aus dem Akteninhalt ergibt sich, dass die Mutter der Erblasserin drei nichteheliche Kinder gehabt haben soll. Im Gutachten wird davon ausgegangen, dass es sich hierbei um die auf dem Familienstammbaum der Erblasserin mit einem Fragezeichen versehenen Geschwister A. S., B. S. und A. W. handelt.

Der Gutachtenauftrag wird so verstanden, dass zu der Frage der nichtehelichen Abstammung dieser Kinder nicht Stellung genommen werden soll. Daher wird im Folgenden unterstellt, dass die nicht-

* *Anm. d. Red.:* S. zum Erbrecht von Illinois auch IPG 1967/1968 Nr. 71 *(Bonn)*.

eheliche Abstammung dieser Kinder aus der Sicht eines deutschen Gerichts für die hier zu entscheidenden Rechtsfragen besteht. Eine rechtliche Beurteilung der nichtehelichen Abstammung wäre nach dem gegenwärtigen Sachstand ohnehin nicht möglich.

Am 13.6.1970 hatte die Erblasserin ein maschinengeschriebenes Testament errichtet, das von ihr und zwei Zeugen handschriftlich unterzeichnet worden war. Auch zu diesem Zeitpunkt lebte die Erblasserin nach eigener Angabe im Testament in Geneva, Illinois.

In dem Testament werden folgende Anordnungen getroffen: Zunächst werden alle etwaigen früheren Testamente widerrufen. Unter „erstens" wird sodann der *executor* angewiesen, die Verbindlichkeiten der Erblasserin, Bestattungskosten sowie Erbschaftsteuern zu begleichen. Unter „zweitens" vermacht die Erblasserin den verbleibenden Nachlass ihrem Ehemann, sofern er die Erblasserin überlebt. Für den Fall, dass der Ehemann die Erblasserin nicht überlebt, wird unter „drittens" folgende Regelung getroffen:

„If my husband, [O. L.], does not survive me, then, in that event, I give, devise and bequeath all of the rest, residue and remainder of my estate, of whatsoever the same may consist, and wheresoever the same may be situate, specifically including any property I may own at my death in Germany, in equal, undivided shares to those persons who are my heirs at my death, and those persons who are the heirs of my husband, [O. L.], as of the date of my death, per capita, and not per stirpes, as fee simple estates."

Deutsch:

Sollte mich mein Ehemann, O. L., nicht überleben, so vermache und vererbe ich den verbleibenden Rest meines Vermögens, woraus auch immer dieses besteht und wo auch immer dieses belegen ist, insbesondere unter Einschluss jeglichen Vermögens, das mir zum Zeitpunkt meines Todes in Deutschland gehört, zu gleichen, ungeteilten Teilen an diejenigen Personen, die bei meinem Tod meine Erben sind, sowie an diejenigen Personen, die zum Zeitpunkt meines Todes die Erben meines Ehemanns, O. L., sind, nach Köpfen, und nicht nach Stämmen, als unbeschränktes Eigentum („fee simple estates").

Unter „viertens" wird der Ehemann der Erblasserin und, für den Fall seiner Verhinderung, die N. Bank, St. Charles, Illinois, als *executor* des Testaments bestimmt und ihm die Verfügungsmacht über den Nachlass eingeräumt.

Das Testament der Erblasserin wurde am 14.2.2005 durch den *Circuit Court for the Sixteenth Judicial Circuit,* Kane County, Illinois, eröffnet und ein *probate*-Verfahren durchgeführt. Das Gericht ernannte die F. Bank, Rolling Meadows, Illinois zum *executor* und erteilte ihr einen *Letter of Testamentary*.

Bei der F. Bank handelt es sich offenbar um die Rechtsnachfolgerin der im Testament der Erblasserin eingesetzten N. Bank. Der Gutachtenauftrag wird so verstanden, dass zur Frage, ob (und unter welchen Voraussetzungen) nach dem anwendbaren Recht die testamentarische Ernennung eines *executor* auch den Rechtsnachfolger des Ernannten erfasst, nicht Stellung genommen werden soll. Was das amerikanische Recht angeht, ist in diesem Zusammenhang zu beachten, dass die F. Bank immerhin vom Circuit Court in Illinois als *executor* anerkannt worden ist.

Zum Nachlass der Erblasserin gehört neben Vermögen in den USA auch solches in Deutschland, darunter unter anderem Guthaben bei deutschen Banken und Grundvermögen in V.

B. Anfrage

Das Amtsgericht Passau bittet um ein Gutachten zur Frage, welches Recht auf 2
die Beurteilung der Erbfolge anwendbar ist, ob das Testament der Erblasserin vom 13.6.1970 gültig ist, wer die Erblasserin nach diesem Testament beerbt, für welche Nachlassteile das deutsche Nachlassgericht zuständig ist, wie ein eventuell zu erteilender Erbschein auszusehen hat, ob der in den USA eingesetzte *excecutor* auch in Deutschland tätig werden kann bzw. ob in Deutschland auch ein Testamentsvollstrecker zu bestellen ist, ob in den USA ein dem deutschen Erbschein ähnliches Dokument vorhanden ist, das Auskunft über die Erbfolge gibt, und ob bei Anwendung des deutschen Erbrechts eine nochmalige Eröffnung des Testaments erforderlich ist.

C. Rechtslage

I. Erbstatut

1. Deutsches internationales Privatrecht

Nach Art. 25 Abs. 1 EGBGB unterliegt die Rechtsnachfolge von Todes wegen 3
dem Recht des Staates, dem der Erblasser im Zeitpunkt seines Todes angehörte. Da die Erblasserin zuletzt die Staatsangehörigkeit der Vereinigten Staaten besaß, verweist Art. 25 Abs. 1 EGBGB also auf US-amerikanisches Recht. Bei dieser Verweisung handelt es sich nach Art. 4 Abs. 1 S. 1 EGBGB um eine Kollisionsnormverweisung, so dass einer Rück- oder Weiterverweisung durch das amerikanische IPR Folge zu leisten ist.

2. Amerikanisches internationales Privatrecht

a) Territoriale Spaltung des internationalen Privatrechts

aa) Problemstellung

4 Bei der Prüfung einer Rück- oder Weiterverweisung durch das amerikanische internationale Privatrecht ist zu beachten, dass es sich bei den Vereinigten Staaten von Amerika um einen Mehrrechtsstaat handelt, in dem weder ein einheitliches materielles noch ein einheitliches internationales Erbrecht gilt; vielmehr besitzt jeder Einzelstaat sein eigenes, partikuläres IPR.[1]

5 Ist, wie im Falle der USA, das (Kollisions-)Recht des Staates, auf den unsere Kollisionsnormen unter Anknüpfung an die Staatsangehörigkeit verweisen, räumlich gespalten, so muss für die Frage, ob das ausländische Recht eine Rück- oder Weiterverweisung ausspricht, zunächst ermittelt werden, nach welchem der ausländischen partikulären internationalen Privatrechte diese Frage zu beantworten ist. Das heißt: unsere Verweisung auf amerikanisches Recht muss bezüglich des Rechts eines bestimmten Einzelstaates mit Hilfe einer Unteranknüpfung konkretisiert werden. Diese Frage ist in Art. 4 Abs. 3 EGBGB geregelt.

bb) Konkretisierung durch einheitliche interlokale Kollisionsnormen des ausländischen Staates

6 Nach Art. 4 Abs. 3 S. 1 EGBGB bestimmt in erster Linie das Recht des Staates, auf das unsere Kollisionsnormen verweisen, welche Teilrechtsordnung anzuwenden ist. Dies setzt allerdings voraus, dass der ausländische Staat einheitliche interlokale Kollisionsnormen zur Lösung innerstaatlicher Kollisionsfälle besitzt.[2] Auch das interlokale Kollisionsrecht ist jedoch in den Einzelstaaten der USA unterschiedlich,[3] so dass eine Unteranknüpfung nach Art. 4 Abs. 3 S. 1 EGBGB nicht möglich ist.

---

1 *Ferid/Firsching/Dörner/Hausmann (Solomon)*, Internationales Erbrecht, USA Grdz. (Stand: 2002), Rn. B 17 - B 19; *Hay*, US-Amerikanisches Recht, 3. Aufl. 2005, Rn. 230; *Staudinger/Dörner*, Kommentar zum BGB, Art. 25-26 EGBGB, 2000, Anh. zu Art. 25 f., Rn. 745; *Kegel/Schurig*, Internationales Privatrecht, 9. Aufl. 2004, 415. Aus der Rechtsprechung z.B. BayObLG v. 1.2.1980, BayObLGZ 1980, 42; OLG Karlsruhe v. 29.6.1989, NJW 1990, 1420.

2 *Kegel/Schurig* (o. Fn. 1), 417 f., 421; *Palandt/Heldrich*, BGB, 64. Aufl. 2005, Art. 4 EGBGB, Rn. 14; MüKo/*Sonnenberger*, BGB, Bd. 10: Art. 1 - 38 EGBGB, 3. Aufl. 1998, Art. 4 EGBGB, Rn. 90, 92.

3 *Ferid/Firsching/Dörner/Hausmann (Firsching)* (o. Fn. 1), USA Grdz. (Stand: 1959), Rn. 35h; *Kegel/Schurig* (o. Fn. 1), 415; *Palandt/Heldrich* (o. Fn. 2), Art. 4 EGBGB, Rn. 14; MüKo/*Sonnenberger* (o. Fn. 2), Art. 4 EGBGB, Rn. 80 f.

cc) Konkretisierung bei Fehlen einheitlicher interlokaler Kollisionsnormen des ausländischen Staates

Besitzt der ausländische Staat keine einheitlichen interlokalen Kollisionsnormen, so ist nach Art. 4 Abs. 3 S. 2 EGBGB die Teilrechtsordnung anzuwenden, mit der der Sachverhalt am engsten verbunden ist. Nach herrschender Meinung bestimmt sich die „engste Verbindung" im Sinne dieser Vorschrift (zumindest im Regelfall) in erster Linie nach dem gewöhnlichen Aufenthalt, hilfsweise nach dem *letzten* gewöhnlichen Aufenthalt des Betreffenden in einem der Teilrechtsgebiete.[4] 7

Anders *von Hoffmann/Thorn*, die auch im Rahmen des Art. 4 Abs. 3 S. 2 EGBGB die maßgebliche Teilrechtsordnung in erster Linie anhand von Kriterien des ausländischen Rechts bestimmen wollen.[5] Entscheidend wäre hiernach das *domicile* des Erblassers (entweder als primäres Anknüpfungsmoment oder als Kriterium zur Bestimmung der Teilstaatsangehörigkeit [„state citizenship"] des Erblassers[6]).[7] Auch die Anknüpfung an das (letzte) *domicile* der Erblasserin führte jedoch zum Recht von Illinois, da die Erblasserin bei ihrem Tode in Illinois lebte (vgl. zum *domicile* der Erblasserin sogleich, unter Rn. 10 ff.).

Da die Erblasserin ihren letzten gewöhnlichen Aufenthalt in Geneva, Illinois, hatte, verweist somit Art. 25 Abs. 1 i.V.m. Art. 4 Abs. 3 S. 2 EGBGB auf das Recht von Illinois. 8

Hierbei wäre einem interlokalen Renvoi durch das Kollisionsrecht von Illinois zu folgen.[8] Die Kollisionsnormen von Illinois gelten jedoch (gleichermaßen) sowohl für interlokale als auch für internationale Kollisionsfälle.[9] Sie sind im Rahmen der Renvoiprüfung ohnehin heranzuziehen (dazu sogleich).

---

4 *Kegel/Schurig* (o. Fn. 1), 421; *Soergel/Kegel*, BGB, Bd. 10: EGBGB, 12. Aufl. 1996, Art. 4 EGBGB, Rn. 55; *Palandt/Heldrich* (o. Fn. 2), Art. 4 EGBGB, Rn. 14; MüKo/*Sonnenberger* (o. Fn. 2), Art. 4 EGBGB, Rn. 102 (unter Heranziehung der Konkretisierung der „engsten Verbindung" nach Art. 5 Abs. 1 S. 1 EGBGB); *Staudinger/Hausmann* (o. Fn. 1), 2003, Art. 4 EGBGB, Rn. 343 (ebenso).

5 *Von Hoffmann/Thorn*, Internationales Privatrecht, 8. Aufl. 2005, § 6, Rn. 120 f.

6 Im letzteren Sinne auch *Rauscher*, Internationales Privatrecht, 2. Aufl. 2002, 85.

7 Gegen eine Heranziehung von Anknüpfungskriterien des ausländischen Rechts in diesen Fällen ausdrücklich *Soergel/Kegel* (o. Fn. 4), Art. 4 EGBGB, Rn. 55; *Staudinger/Hausmann* (o. Fn. 1), Art. 4 EGBGB, Rn. 344; *von Bar/Mankowski*, Internationales Privatrecht, Bd. I: Allgemeine Lehren, 2. Aufl. 2003, § 4, Rn. 157.

8 *Kegel/Schurig* (o. Fn. 1), 420; *Soergel/Kegel* (o. Fn. 4), Art. 4 EGBGB, Rn. 55; MüKo/*Sonnenberger* (o. Fn. 2), Art. 4 EGBGB, Rn. 104.

9 *Firsching* (o. Fn. 3), Rn. 35h; *Hay* (o. Fn. 1), Rn. 230.

b) Anknüpfung des Erbstatuts nach dem Kollisionsrecht von Illinois

aa) Grundsatz

9 Nach dem Kollisionsrecht von Illinois unterliegt der Nachlass keinem einheitlichen Recht. Es wird vielmehr entsprechend der allgemeinen Regel des *Common Law* der bewegliche Nachlass nach dem Recht des *domicile* des Erblassers zum Zeitpunkt seines Todes vererbt, der unbewegliche Nachlass nach dem Recht des Lageortes. Dies gilt gleichermaßen für die gesetzliche wie für die testamentarische Nachfolge.[10]

Jedoch erweckt der Einleitungssatz zu § 2-1 des *Illinois Probate Act* von 1975 (betreffend die Intestaterbfolge)[11] den Anschein, als unterliege aus der Sicht von Illinois der *gesamte* bewegliche *und* unbewegliche Nachlass eines in Illinois domizilierten Erblassers *unabhängig* von seiner Belegenheit dem dortigen Recht. Die betreffende Passage lautet:

	Deutsch:[12]
„The intestate real and personal estate of a resident decedent and the intestate real estate in this State of a nonresident decedent [...]"	Das nicht testamentarisch vermachte unbewegliche und bewegliche Vermögen eines [in Illinois] ansässigen Erblassers und das in diesem Staat belegene, nicht testamentarisch vermachte unbewegliche Vermögen eines hier nicht ansässigen Erblassers [...]

---

10 Zur Nachlassspaltung nach US-amerikanischem IPR vgl. allgemein *Scoles/Hay/Borchers/Symeonides*, Conflict of Laws, 4. Aufl. 2004, 1110 - 1118; Restatement, Second, Conflict of Laws (1971), §§ 236, 239, 260, 263; *Firsching* (o. Fn. 3), Rn. 36, 38, 39, 40, 48; *Staudinger/Dörner* (o. Fn. 1), Anh. zu Art. 25 f. EGBGB, Rn. 746. Aus der deutschen Rechtsprechung etwa OLG Karlsruhe v. 29.6.1989, NJW 1990, 1420 (betr. Recht von Texas); BayObLG v. 27.10.1983, Rpfleger 1984, 66 (betr. Recht von New York); OLG München v. 13.3.1967, WM 1967, 812 (betr. Recht von New York). Vgl. auch den US-amerikanischen Supreme Court in *Clarke* v. *Clarke*, 20 S.Ct. 873 (1900), bzgl. unbeweglichem Nachlass, und in *Ennis* v. *Smith*, 14 L.Ed. 472 (1852), bzgl. beweglichem Nachlass.
Speziell zum Recht von Illinois: Zur testamentarischen Erbfolge: *Sternberg* v. *St. Louis Union Trust Co.*, 68 N.E.2d 892, 895, 897 (Ill. 1946); *Dibble* v. *Winter*, 93 N.E. 145 (Ill. 1910); betr. unbewegliches Vermögen ferner *In Re Estate of Cuneo*, 780 N.E.2d 325, 327 (Ill. App. 2002); *Peet* v. *Peet*, 82 N.E. 376, 377 f. (Ill. 1907); betr. bewegliches Vermögen ferner *Shultz* v. *Chicago City Bank & Trust Co.*, 51 N.E.2d 140, 144 (Ill. 1943). Vgl. zur gesetzlichen Erbfolge auch *Furhop* v. *Austin*, 52 N.E.2d 267, 270 (Ill. 1943); *Plenderleith* v. *Edwards*, 159 N.E. 780 (Ill. 1927); *Dickinson* v. *Beldon*, 108 N.E. 1011, 1013 (Ill. 1915); *Hall* v. *Gabbert*, 72 N.E. 806, 808 (Ill. 1904). Aus der deutschen Rechtsprechung BGH v. 20.3.1967, FamRZ 1967, 473 (vgl. auch unten Fn. 14).

11 Vgl. dazu unten Rn. 58 ff.

12 Abdruck und Übersetzung bei *Ferid/Firsching/Dörner/Hausmann (Lundmark)* (o. Fn. 1), USA, Illinois, Texte (Stand: 2002), 2.

Die Beschränkung auf das *in Illinois* belegene unbewegliche Vermögen findet sich hier also nur bei *nicht* in Illinois ansässigen Erblassern. Dies könnte den Gegenschluss nahe legen, dass bei in Illinois *ansässigen* Erblassern der *gesamte* Nachlass nach dem dortigen Recht vererbt wird.

Jedoch ist diese Bestimmung nicht so zu verstehen, dass hierdurch eine Änderung der tradierten erbrechtlichen Kollisionsregel bewirkt werden soll. So geht der Supreme Court von Illinois in einer Entscheidung aus dem Jahre 1943 (als bereits eine in dieser Hinsicht inhaltsgleiche Regelung des *Illinois Probate Act* von 1939 galt) unter Berufung auf frühere Entscheidungen ohne weitere Einschränkung von der allgemeinen Geltung der lex-rei-sitae-Regel für unbewegliches Vermögen aus.[13] Angesichts dessen mag die insofern uneingeschränkte Berufung des Rechts von Illinois für inlandsansässige Erblasser in der zitierten Vorschrift dadurch zu erklären sein, dass unausgesprochen vorausgesetzt wird, dass sich die Zuständigkeit eines Nachlassgerichts in Illinois von vornherein nicht auf auswärtige Grundstücke erstreckt und damit insofern auch keine Einschränkung hinsichtlich der Anwendbarkeit des Rechts von Illinois gemacht werden muss.

Auch in Deutschland geht man davon aus, dass nach dem Kollisionsrecht von Illinois die Vererbung unbeweglichen Vermögens generell, also auch bei in Illinois ansässigen Erblassern, dem jeweiligen Belegenheitsrecht unterliegt.[14]

bb) Beweglicher Nachlass: Domicile der Erblasserin

Bei der Beurteilung eines Renvoi durch das amerikanische Kollisionsrecht ist der Begriff des *domicile* im Sinne des US-amerikanischen *Common Law* zugrunde zu legen.[15] 10

Dieser unterscheidet sich wesentlich vom deutschen Wohnsitzbegriff. Ähnlich wie der deutsche Begriff des gewöhnlichen Aufenthalts[16] bezeichnet das *domicile* den Daseinsmittelpunkt, das „Heim" einer Person.[17] 11

Nach den – auch in Illinois geltenden – Regeln des *Common Law*[18] besitzt jeder Mensch ein domicile; andererseits kann niemand *mehr* als ein domicile haben. Es wird grundsätzlich unterschieden zwischen dem durch Geburt erworbenen *domicile of origin* und dem später erworbenen *domicile of choice* (Wahldomizil). Das *domicile of origin* entspricht grundsätzlich dem *domicile* der Eltern zum Zeitpunkt der 12

13 *Furhop* v. *Austin*, 52 N.E.2d 267, 270 (Ill. 1943) (m.w.N.).

14 *Lundmark* (o. Fn. 12), Grdz., Rn. 3 (wofür jedoch schlicht auf § 2-1 verwiesen wird). Eine Rückverweisung auf deutsches Belegenheitsrecht durch das Kollisionsrecht von Illinois war auch Ausgangspunkt der Entscheidung BGH v. 20.3.1967, FamRZ 1967, 473.

15 *Kegel/Schurig* (o. Fn. 1), 406, 409; *Soergel/Schurig* (o. Fn. 4), Art. 25 EGBGB, Rn. 79; *Staudinger/Dörner* (o. Fn. 1), Art. 25 EGBGB, Rn. 622; MüKo/*Birk* (o. Fn. 2), Art. 25 EGBGB, Rn. 91.

16 Vgl. *Kegel/Schurig* (o. Fn. 1), 472 und *Soergel/Kegel* (o. Fn. 4), Art. 5 EGBGB, Rn. 44 a.E.: maßgeblich ist, „wo jemand zur Ruhe kommt, wo er schläft".

17 *Scoles/Hay/Borchers/Symeonides* (o. Fn. 10), 249 f., 251 f.; Restatement, Second, Conflict of Laws, §§ 11 (1), 12; *Staudinger/Dörner* (o. Fn. 1), Anh. zu Art. 25 f. EGBGB, Rn. 750.

18 Vgl. zum Folgenden Restatement, Second, Conflict of Laws, §§ 11 - 20; *Scoles/Hay/Borchers/Symeonides* (o. Fn. 10), 249 - 265; *Hay* (o. Fn. 1), Rn. 245 f.; *Firsching* (o. Fn. 3), Rn. 41 - 46; *Staudinger/Dörner* (o. Fn. 1), Anh. zu Art. 25 f. EGBGB, Rn. 750; IPG 1983 Nr. 36 *(Heidelberg)*.

Geburt. Ein *domicile of choice* kann nur erwerben, wer zugleich sein früheres *domicile* (*of origin* oder *of choice*) aufgibt.

13 Der Erwerb eines neuen *domicile* ist an zwei Voraussetzungen geknüpft: eine objektive und eine subjektive *(factum et animus)*. Objektiv ist erforderlich, dass der Betreffende an dem neuen Ort seine *residence* begründet, d.h. sich dort niedergelassen hat. Subjektiv muss der Betreffende den *animus manendi* haben, d.h. die Absicht, an dem neuen Ort ständig (oder zumindest für unbestimmte Zeit) zu bleiben und nicht mehr zum früheren *domicile* zurückzukehren.

14 Nach diesen Grundsätzen bestehen ausgehend von der Aktenlage keine Zweifel daran, dass die Erblasserin zum Zeitpunkt ihres Todes ihr *domicile* in Illinois hatte. Somit richtet sich die Nachfolge in das bewegliche Vermögen der Erblasserin nach dem Recht von Illinois.

cc) Unbeweglicher Nachlass

15 Soweit amerikanisches Kollisionsrecht für unbewegliches Vermögen auf das Belegenheitsrecht verweist, überlässt es diesem auch, zu bestimmen, *was* zum beweglichen und was zum unbeweglichen Vermögen zählt (sog. „Qualifikationsrückverweisung“).[19] Bei dem Grundstück in V. handelt es sich um unbewegliches Vermögen, so dass insofern das Kollisionsrecht von Illinois auf deutsches Recht zurückverweist.

16 Rechtsprechung und herrschende Lehre in Deutschland haben die Rückverweisung durch amerikanisches IPR auf deutsches Recht als lex rei sitae für unbewegliches Vermögen stets angenommen.[20]

Demgegenüber hat sich *Kegel* dafür ausgesprochen, in einem solchen Fall deutsche Grundstücke nach der *Common Law*-Regel für *bewegliches* Vermögen zu behandeln. Er begründet dies damit, dass wir Grundstücke kollisionsrechtlich grundsätzlich gerade *keiner* besonderen Behandlung unterwerfen und damit den von der ausländischen Rechtsordnung respektierten Regelungsspielraum nicht in Anspruch nehmen.[21] *Kegels* Ansatz führt zumindest im Ergebnis dazu, dass wir eine kollisionsrechtliche Regelung wie die Situs-Regel des *Common Law* als eine *bedingte* Verweisung interpretieren: Die Verweisung auf Belegenheitsrecht soll nur dann erfolgen, wenn dieses aus besonderen öffentlichen Interessen eine Unterscheidung zwischen beweglichem und unbeweglichem Vermögen

---

[19] *Firsching* (o. Fn. 3), Rn. 38a; *Staudinger/Dörner* (o. Fn. 1), Anh. zu Art. 25 f. EGBGB, Rn. 751; *Kegel/Schurig* (o. Fn. 1), 353 - 355; *Schurig*, IPRax 1990, 389 f.; *Solomon*, ZVglRWiss 99 (2000), 189; BGH v. 5.6.1957, BGHZ 24, 352; OLG München v. 13.3.1967, WM 1967, 812; IPG 1984 Nr. 40 *(München)*.

[20] BGH v. 20.3.1967, FamRZ 1967, 473; OLG Karlsruhe v. 29.6.1989, NJW 1990, 1320; BayObLG v. 1.2.1980, BayObLGZ 1980, 42; BayObLG v. 27.10.1983, Rpfleger 1984, 66; OLG München v. 13.3.1967, WM 1967, 812. Aus der Lehre vgl. nur *Soergel/Schurig* (o. Fn. 4), Art. 25 EGBGB, Rn. 80 (m.w.N. Fn. 8); *Solomon* (o. Fn. 19), 190 f. (m.w.N. Fn. 101).

[21] *Kegel*, Internationales Privatrecht, 7. Aufl. 1995, 295.

trifft.[22] Da das deutsche Kollisionsrecht grundsätzlich nicht entsprechend differenziert, wäre demnach die Bedingung für die Verweisung auf das Belegenheitsrecht nach amerikanischem Kollisionsrecht nicht erfüllt, so dass es auch hinsichtlich des unbeweglichen Nachlasses bei der Anwendbarkeit des Domizilrechts der Erblasserin bliebe.

Dass die Anerkennung besonderer öffentlicher Interessen des Belegenheitsstaates die Motivation für die Herausbildung der amerikanischen Situs-Regel gewesen sein mag, ist zwar möglich, lässt sich aber nicht mit ausreichender Sicherheit feststellen. Ebenso lässt sich auch die Erstarkung einer solchen rechtspolitischen Motivation zur echten Bedingung im US-amerikanischen IPR nicht nachweisen. Denn dieses kann das Ziel, dem Belegenheitsrecht „freie Hand" zu lassen, schon dadurch erreichen, dass es das Belegenheitsrecht unbedingt beruft und einen Renvoi durch dieses Recht für beachtlich erklärt. Dementsprechend bietet auch die amerikanische Rechtsprechung keine Grundlage für die Deutung *Kegels*; insbesondere hatte ein amerikanisches Gericht keinerlei Bedenken, die Vererbung eines deutschen Grundstücks nach deutschem Recht zu beurteilen.[23]

Mit der h.M.[24] ist somit die Rückverweisung des Kollisionsrechts von Illinois auf deutsches Recht für die Nachfolge in den in Deutschland belegenen unbeweglichen Nachlass anzunehmen und führt gemäß Art. 4 Abs. 1 S. 2 EGBGB insofern zur Anwendung deutschen Sachrechts. 17

3. Ergebnis

Die Erbfolge in das bewegliche Vermögen der Erblasserin richtet sich nach dem Recht von Illinois, die Erbfolge in das in Deutschland belegene unbewegliche Vermögen nach deutschem Recht. 18

II. Gültigkeit des Testaments vom 13.6.1970

1. Vorbemerkung

Die Gültigkeit einer Verfügung von Todes wegen unterliegt grundsätzlich einer gegenüber dem nach Art. 25 EGBGB bestimmten Erbstatut gesonderten Anknüpfung (vgl. Art. 26 Abs. 1 - 4 EGBGB hinsichtlich der formellen, Art. 26 Abs. 5 EGBGB hinsichtlich der materiellen Gültigkeit). Anhaltspunkte dafür, dass das 19

22 Vgl. *Kegel*, ebd.: „man sucht nicht nur die gerechte Abwägung von Interessen, die der international-*privat*rechtlichen Gerechtigkeit dienen, sondern trägt auch und gerade *politischen* und *wirtschaftspolitischen* Interessen des Belegenheitsstaats Rechnung [...] Man steht also fast im internationalen *öffentlichen* Recht und dort gilt das Territorialitätsprinzip [...] Da in unserem IPR öffentliche Interessen nicht mehr wirken [...], fehlt hier überhaupt ein *Renvoi* [...]."

23 *In re Estate of Strauss*, 347 N.Y.S.2d 840, 843 f. (1973). *Kegel* merkt a.a.O. selbst an, dass diese Entscheidung nicht mit seiner Auffassung vereinbar ist.

24 Zu den Einwendungen gegen die Auffassung *Kegels* näher *Solomon* (o. Fn. 19), 189 - 193; *Soergel/Schurig* (o. Fn. 4), Art. 25 EGBGB, Rn. 80 f.; *Kegel/Schurig* (o. Fn. 1), 408 f.; *Schurig* (o. Fn. 19), 389 - 391; MüKo/*Sonnenberger* (o. Fn. 2), Art. 4 EGBGB, Rn. 59; *Staudinger/Hausmann* (o. Fn. 1), Art. 4 EGBGB, Rn. 70.

Testament in materieller Hinsicht an einem Mangel leiden könnte, sind aus dem Akteninhalt nicht ersichtlich. Im Folgenden wird daher nur zur Formgültigkeit Stellung genommen.

2. *Internationales Privatrecht*

20 Das für die Testamentsform anwendbare Recht bestimmt sich nach dem für Deutschland am 1.1.1966 in Kraft getretenen Haager Übereinkommen über das auf die Form letztwilliger Verfügungen anzuwendende Recht vom 5.10.1961.[25]

Das Abkommen ist nach seinem Art. 8 in allen Fällen anzuwenden, in denen der Erblasser nach dem Inkrafttreten des Abkommens gestorben ist. Zwar sind die USA dem Abkommen nicht beigetreten, doch findet das Abkommen nach seinem Art. 6 allseitige Anwendung, das heißt auch im Verhältnis zu Nichtvertragsstaaten.[26]

Die Anknüpfungen des Abkommens für die Testamentsform wurden vom deutschen Gesetzgeber inhaltlich in Art. 26 EGBGB übernommen. Daher kann das auf die Testamentsform anwendbare Recht grundsätzlich auch auf der Grundlage des Art. 26 EGBGB bestimmt werden, da sich die Regelungen inhaltlich decken.[27] Soweit Art. 26 EGBGB *zusätzliche* Anknüpfungen im Vergleich zu Art. 1 des Testamentsformabkommens enthält, ist eine solche alternative Berufung weiterer Rechte nach Art. 3 des Abkommens erlaubt.

21 Nach Art. 1 des Abkommens ist eine letztwillige Verfügung hinsichtlich ihrer Form gültig, wenn sie dem innerstaatlichen Recht eines der unter den dort angeführten alternativen Anknüpfungen bestimmten Staaten entspricht.

22 Danach führen zum Recht von Illinois die Anknüpfungen an den Errichtungsort in lit. a, an die Staatsangehörigkeit der Erblasserin im Zeitpunkt der Testamentserrichtung und ihres Todes in lit. b[28] und an den Wohnsitz und den gewöhnlichen Aufenthalt der Erblasserin in einem dieser beiden Zeitpunkte in lit. c bzw. d. Da Art. 1 Abs. 1 auf das „innerstaatliche Recht" des betreffenden Staates verweist, ist das Kollisionsrecht von Illinois insofern unbeachtlich.[29]

---

25 BGBl. 1965 II, 1145, 1966 II, 11; abgedruckt bei *Jayme/Hausmann* (Hrsg.), Internationales Privat- und Verfahrensrecht, 12. Aufl. 2004, 142 (Nr. 60).

26 Dazu jüngst BGH v. 7.7.2004, NJW 2004, 3558, 3560.

27 *Soergel/Schurig* (o. Fn. 4), Art. 26 EGBGB, Rn. 3; *Palandt/Heldrich* (o. Fn. 2), Art. 26 EGBGB, Rn. 1; jeweils m.w.N. Anderer Ansicht (wegen des Vorrangs völkerrechtlicher Verträge nach Art. 3 Abs. 2 EGBGB) z.B. MüKo/*Birk* (o. Fn. 2), Art. 26 EGBGB, Rn. 2 m.w.N.

28 Hierbei ist wieder im Hinblick auf die Rechtsspaltung innerhalb der USA eine Unteranknüpfung vorzunehmen. Die hierfür maßgebliche Regelung ist in Art. 1 Abs. 2 des Übereinkommens enthalten. Insofern gelten die oben in Rn. 4 ff. angestellten Erwägungen entsprechend. Hinsichtlich der Staatsangehörigkeit der Erblasserin ist zu beachten, dass diese laut Einbürgerungsurkunde bereits am 4.2.1954 in den Vereinigten Staaten eingebürgert worden ist.

29 MüKo/*Birk* (o. Fn. 2), Art. 26 EGBGB, Rn. 48.

23 Für unbewegliches Nachlassvermögen beruft lit. e ferner das Recht des Belegenheitsortes. Hinsichtlich des in Deutschland belegenen unbeweglichen Vermögens ist somit die Formwirksamkeit des Testaments alternativ auch nach deutschem Recht zu beurteilen. Das von der Erblasserin errichtete Testament entspricht jedoch nicht den Formerfordernissen des deutschen Rechts (§§ 2231, 2232, 2247 BGB). Das Testament ist daher auch hinsichtlich des deutschen Grundvermögens nur dann formwirksam, wenn es den Anforderungen des Rechts von Illinois entspricht.

Über die Anknüpfungen des Testamentsformabkommens hinaus beruft Art. 26 Abs. 1 Nr. 5 EGBGB noch das reale Erbstatut (bezogen auf den Zeitpunkt des Todes) und das hypothetische Erbstatut im Zeitpunkt der Testamentserrichtung. Auch auf dieser Grundlage gelangt man aber nur zum Recht von Illinois bezüglich des beweglichen (und etwaigen dort befindlichen unbeweglichen) Nachlasses und zum deutschen Recht bezüglich des in Deutschland belegenen unbeweglichen Nachlasses (vgl. insofern oben Rn. 3 ff.).

3. Formgültigkeit nach dem Recht von Illinois

24 Nach dem Recht von Illinois ist, ebenso wie in den anderen US-Staaten, die ordentliche Testamentsform das Zwei-Zeugen-Testament.

25 Die diesbezügliche Formvorschrift ist heute enthalten in § 4-3 (a) des *Probate Act of 1975, 755 Illinois Compiled Statutes 5.*[30]

	Deutsch:
§ 4-3. „Signing and attestation.	Unterzeichnung und Bezeugung.
(a) Every will shall be in writing, signed by the testator or by some person in his presence and by his direction and attested in the presence of the testator by 2 or more credible witnesses.	(a) Jedes Testament muss schriftlich errichtet werden, vom Testator oder von einer anderen Person in seiner Anwesenheit und auf seine Weisung unterzeichnet werden und in Anwesenheit des Testators von 2 oder mehr glaubwürdigen Zeugen bezeugt werden.
(b)“	[enthält eine hier nicht erhebliche Sonderregelung]

26 Der *Probate Act 1975* ist jedoch erst am 1.1.1976, also nach Errichtung des hier zu beurteilenden Testaments in Kraft getreten. Vorher war die Testamentsform geregelt in § 43 des *Probate Act* alter Fassung (enthalten in *Ill. Rev. Stat.*, ch. 3), der am 1.1.1940 in Kraft getreten war.[31]

[30] Abgedruckt bei *Lundmark* (o. Fn. 12), USA, Illinois, Texte, 18.

[31] Zur alten Fassung siehe *Bronson v. Martin*, 51 N.E.2d 149, 151 (Ill. 1943); *In re Estate of Lum*, 699 N.E.2d 1049, 1052 (Ill. App. 1998).

27 § 43 lautete:

	Deutsch:
„Signing and attestation.	Unterzeichnung und Bezeugung.
Every will by which any real or personal estate is devised or bequeathed shall be reduced to writing, shall be signed by the testator or by some person in his presence and by his direction, and shall be attested in the presence of the testator by two or more credible witnesses."	Jedes Testament, durch das unbewegliches oder bewegliches Vermögen von Todes wegen zugewandt wird, muss schriftlich errichtet werden, muss vom Testator oder von einer anderen Person in seiner Anwesenheit und auf seine Weisung unterzeichnet werden und muss in Anwesenheit des Testators von zwei oder mehr glaubwürdigen Zeugen bezeugt werden.

28 In der Sache brachte der *Probate Act* von 1975 keine Änderung gegenüber dem früheren Recht.[32] Daher braucht nicht weiter geklärt zu werden, ob das Testament nach der alten oder der neuen Fassung des *Probate Act* zu beurteilen ist.

29 Die formell wirksame Errichtung eines Zwei-Zeugen-Testaments setzt demnach voraus, dass das Testament schriftlich (aber nicht notwendig eigenhändig) errichtet wurde, dass es durch den Erblasser (oder durch eine andere Person für den Erblasser) unterschrieben wurde und dass es von zwei Zeugen „attestiert" wurde.[33] Letzteres erfordert, dass auch die Zeugen das Testament unterzeichnen.[34]

30 Diese Voraussetzungen sind hier erfüllt. Das Testament vom 13.6.1970 ist somit nach dem Recht von Illinois formwirksam.

III. Inhalt des Testaments betreffend die Bestimmung der Erben

1. Internationales Privatrecht

31 Nach Art. 26 Abs. 5 EGBGB unterliegen die materielle Gültigkeit der Errichtung einer Verfügung von Todes wegen sowie die Bindung an die Verfügung dem Recht, das im Zeitpunkt der Verfügung auf die Rechtsnachfolge von Todes wegen anzuwenden wäre (hypothetisches Erbstatut bei Errichtung). Im Übrigen bleibt es bei der Maßgeblichkeit des Erbstatuts im Zeitpunkt des Todes.

---

32 Vgl. *In re Estate of Lum*, 699 N.E.2d 1049, 1052 (Ill. App. 1998).

33 Vgl. zum neuen Recht etwa *Lundmark* (o. Fn. 12), Illinois, Grdz, Rn. 7; zum alten Recht *Bronson v. Martin*, 51 N.E.2d 149, 151 (Ill. 1943).

34 *In re Estate of Lum*, 699 N.E.2d 1049 (Ill. App. 1998).

Im hier zu beurteilenden Fall stellen sich im Hinblick auf das Testament der Erblasserin lediglich Fragen im Zusammenhang mit der Ermittlung des Inhalts der darin enthaltenen Bestimmungen, also Fragen der Testamentsauslegung. Daran schließt sich die weitere Frage an, welche erbrechtlichen Wirkungen diesen Bestimmungen zukommen. Da es hierbei weder um die Gültigkeit der Errichtung noch um die Bindung an das Testament geht, unterliegen diese Fragen nicht nach Art. 26 Abs. 5 EGBGB dem Erbstatut bei Errichtung, sondern dem Erbstatut im Zeitpunkt des Todes. 32

Ist die Verfügung formell und materiell wirksam errichtet, so bestimmen sich demnach die erbrechtlichen Folgen nach dem Erbstatut beim Tode.[35] Dieselbe Regel gilt auch für die Auslegung des Testaments. Diese unterliegt aus deutscher Sicht ebenfalls dem Erbstatut beim Tode.[36] 33

Für beide Fragen verweist das deutsche IPR somit auf das Recht von Illinois als Recht des letzten gewöhnlichen Aufenthaltsorts der Erblasserin (Art. 25 Abs. 1 i.V.m. Art. 4 Abs. 3 S. 2 EGBGB; dazu oben Rn. 3 ff.), wobei sich diese Verweisung wiederum auf das Kollisionsrecht von Illinois bezieht (Art. 4 Abs. 1 S. 1 EGBGB). Es ist daher zu untersuchen, wie die Testamentsauslegung nach dem Recht von Illinois in kollisionsrechtlicher Hinsicht zu behandeln ist. 34

In den Vereinigten Staaten gelten nach dem Recht einer Reihe von Staaten für die Auslegung von Testamenten besondere Regeln gegenüber der Anknüpfung des Erbstatuts im Allgemeinen (zu dieser näher oben Rn. 9 ff.). Solche besonderen Regeln wären im Rahmen der Prüfung einer Rückverweisung zu beachten.[37] 35

Nach dem Recht dieser Staaten steht bei der Auslegung von Testamenten auch in kollisionsrechtlicher Hinsicht der erklärte oder mutmaßliche Erblasserwille im Vordergrund. Die Auslegung des Testaments unterliegt danach grundsätzlich derjenigen Rechtsordnung, der der Erblasser die Auslegung unterstellt hat.[38] Hat der Erblasser wie hier insofern keine ausdrückliche Bestimmung getroffen, so ist die Rechtsordnung anzuwenden, die dem mutmaßlichen Willen des Erblassers entspricht. Dies ist nach diesem Ansatz regelmäßig die Rechtsordnung des Staates, in dem der Erblasser bei Errichtung des Testaments sein *domicile* hatte. Diese Vermutung soll in gleicher Weise für Verfügungen über

---

[35] *Soergel/Schurig* (o. Fn. 4), Art. 26 EGBGB, Rn. 6, 39; *Staudinger/Dörner* (o. Fn. 1), Art. 25 EGBGB, Rn. 248, 265, Art. 26 EGBGB, Rn. 73 f.; MüKo/*Birk* (o. Fn. 2), Art. 26 EGBGB, Rn. 92.

[36] BayObLG v. 18.3.2003, BayObLGZ 2003, 68, 82; *Soergel/Schurig* (o. Fn. 4), Art. 26 EGBGB, Rn. 40; *Staudinger/Dörner* (o. Fn. 1), Art. 25 EGBGB, Rn. 249 f., 265, Art. 26 EGBGB, Rn. 73; MüKo/*Birk* (o. Fn. 2), Art. 26 EGBGB, Rn. 90.

[37] Vgl. insofern *Soergel/Schurig* (o. Fn. 4), Art. 26 EGBGB, Rn. 40.

[38] *Scoles/Hay/Borchers/Symeonides* (o. Fn. 10), 1123, 1131; *McGovern/Kurtz*, Wills, Trusts and Estates, 3. Aufl. 2004, 25 f. So auch Restatement, Second, Conflict of Laws, §§ 240 (1), 264 (1).

beweglicher wie über unbewegliches Vermögen gelten.[39] Diese Regel entspricht derjenigen des englischen Rechts.[40]

36 Anders wird die Frage jedoch in Illinois beurteilt. Der *Supreme Court* hat ausdrücklich entschieden, dass hinsichtlich der Vererbung von Grundstücken auch die Testamentsauslegung gemäß der allgemeinen erbkollisionsrechtlichen Regel dem Belegenheitsrecht unterliegt.[41]

Hinsichtlich des *beweglichen* Vermögens würde sich in diesem Zusammenhang lediglich die Frage stellen, ob es auf das *domicile* der Erblasserin im Zeitpunkt der Testamentserrichtung oder auf dasjenige im Zeitpunkt des Todes ankommt.[42] In beiden Zeitpunkten hatte die Erblasserin jedoch ihr *domicile* in Illinois,[43] so dass diese Frage hier nicht abschließend geklärt zu werden braucht.

37 Das Kollisionsrecht von Illinois verweist somit auch für die Testamentsauslegung hinsichtlich des in Deutschland belegenen unbeweglichen Nachlassvermögens auf das deutsche Recht zurück; die Rückverweisung führt nach Art. 4 Abs. 1 S. 2 EGBGB zur Anwendung deutschen Sachrechts. Hinsichtlich des beweglichen Nachlasses richtet sich die Auslegung des Testaments dagegen nach dem Recht von Illinois.

Weitere kollisionsrechtliche Probleme können sich im Hinblick auf die Bestimmung der gesetzlichen Erben nach dem *Ehemann* der Erblasserin ergeben. Was die Anknüpfung an die Belegenheit hinsichtlich unbeweglichen Vermögens angeht, können sich insofern keine Unterschiede ergeben. Anders ist die Lage jedoch hinsichtlich des *beweglichen* Vermögens, sofern der Ehemann ein anderes *domicile* als die Erblasserin hatte. In diesem Fall wäre zu entscheiden, ob es für die Bestimmung des maßgeblichen Intestaterbrechts auf das *domicile* der Erblasserin oder dasjenige ihres Ehemanns ankommt.[44] Da jedoch anzunehmen ist, dass die Eheleute gemeinsam ihr *domicile* in Illinois hatten, soll auf diese

---

[39] *Scoles/Hay/Borchers/Symeonides* (o. Fn. 10), 1124 f. (betr. unbewegliches Vermögen), 1131 f. (betr. bewegliches Vermögen); *McGovern/Kurtz* (o. Fn. 38), 30 - 32; wohl auch § 2-711 Uniform Probate Code (UPC). Vgl. auch *Lüderitz*, Internationales Privatrecht, 2. Aufl. 1992, Rn. 413.

[40] *Collins* (Hrsg.), Dicey & Morris on The Conflict of Laws, 13. Aufl. 2000, Bd. II, 1040 - 1042; *North/Fawcett*, Cheshire & North's Private International Law, 13. Aufl. 1999, 995 f., 1002 f.

[41] *Peet* v. *Peet*, 82 N.E. 376, 377 - 379 (Ill. 1907); *Sternberg* v. *St. Louis Union Trust Co.*, 68 N.E.2d 892, 895 (Ill. 1946). Vgl. auch *McCartney* v. *Osburn*, 9 N.E. 210, 212 (Ill. 1886). Im selben Sinne auch die Restatements of the Law: Restatement, Second, Property (Donative Transfers), St. Paul, 1983, § 29.2 mit Comm. b; Restatement, Third, Property (Wills and Other Donative Transfers), § 16.1 Comm. g (Tentative Draft Nr. 4, 2004); Restatement, Second, Conflict of Laws, § 240 (2) (vorbehaltlich einer Rechtswahl des Erblassers; vgl. Fn. 38).

[42] Im letzteren Sinne z.B. (übereinstimmend mit dem Grundsatz für Grundvermögen), Restatement, Second, Conflict of Laws, § 264 (2).

[43] Da im Testament als Wohnsitz der Erblasserin ein Ort in Illinois angegeben ist, kann nach den oben Rn. 10 ff. dargelegten Grundsätzen davon ausgegangen werden, dass die Erblasserin zu diesem Zeitpunkt ihr domicile in Illinois hatte.

[44] Nach Restatement, Second, Property (Donative Transfers), § 29.2 und Restatement, Third, Property (Wills and Other Donative Transfers), § 16.1 Comm. g (Tentative Draft Nr. 4, 2004) käme es auf das domicile des Ehemanns an.

Frage nicht weiter eingegangen werden. Vielmehr wird unterstellt, dass auch der Ehemann der Erblasserin zu allen in Betracht kommenden Zeitpunkten (Testamentserrichtung, Tod) sein *domicile* in Illinois hatte. Das Gericht muss diesen Umstand jedoch zu seiner Überzeugung feststellen. Sollte der Ehemann wider Erwarten sein *domicile* in einem anderen Staat gehabt haben, wäre erforderlichenfalls ein Ergänzungsgutachten einzuholen.

2. Inhalt des Testaments nach dem Recht von Illinois

a) Grundsätze

Soweit die Testamentsauslegung nach dem Recht von Illinois zu beurteilen ist (dazu soeben Rn. 31 ff.), gelten folgende Grundsätze: 38

Da der Ehemann der Erblasserin bei deren Tode bereits verstorben war, beurteilt sich die Erbfolge nach der dritten Testamentsklausel. Eingesetzt sind danach die *heirs* der Erblasserin sowie die *heirs* ihres vorverstorbenen Ehemanns. Die diesbezügliche testamentarische Anordnung bedarf einer Reihe von Konkretisierungen: 39

aa) Zuwendung an die gesetzlichen Erben zu gleichen Teilen

Der Begriff der *heirs* bezeichnet hier die gesetzlichen Erben. Die durch die dritte Testamentsklausel eingesetzten Erben sind somit nach den Regeln über die gesetzliche Erbfolge zu bestimmen.[45] 40

Dies gilt auch dann, wenn der Ehemann der Erblasserin ein Testament errichtet haben sollte. Maßgeblich sind also in jedem Fall die Regeln über die gesetzliche Erbfolge.[46]

Nach diesen Regeln ist im Grundsatz nicht nur zu beurteilen, wer auf Grundlage des Testaments Erbe geworden ist, sondern auch, wie der Nachlass unter den so bestimmten Erben zu verteilen ist, insbesondere ob die Verteilung nach Stämmen *(per stirpes)* oder nach Köpfen *(per capita)* erfolgt.[47] 41

Da die Regeln über die gesetzliche Erbfolge nur der Auslegung der testamentarischen Anordnung dienen, hat aber in jedem Fall die Verfügung der Erblasserin Vorrang.[48] Hier hat die Erblasserin angeordnet, dass der Nachlass „in 42

---

[45] *In re Estate of Hughlett*, 446 N.E.2d 887 (Ill. App. 1983) (m.w.N.); *McGovern/Kurtz* (o. Fn. 38), 55, 63, 421; Restatement, Second, Property (Donative Transfers), § 29.1; Restatement, Third, Property (Wills and Other Donative Transfers) § 16.1 (Tentative Draft Nr. 4, 2004). Vgl. auch §§ 2-708, 2-711 UPC.

[46] *McGovern/Kurtz* (o. Fn. 38), 64. Vgl. auch *PNC Bank, Ohio, N.A.* v. *Stanton*, 662 N.E.2d 875 (Ohio App. 1995).

[47] Restatement, Second, Property (Donative Transfers), § 29.6. Vgl. auch §§ 2-708, 2-711 UPC.

[48] *McGovern/Kurtz* (o. Fn. 38), 55; Restatement, Second, Property (Donative Transfers), § 29.6 mit Comm. c.

gleichen, ungeteilten Anteilen" *(„in equal, undivided shares")*, „nach Köpfen, und nicht nach Stämmen" *(„per capita, and not per stirpes")* zu verteilen ist. Soweit diese Anordnung reicht, verdrängt sie jedenfalls die Regeln des Staates Illinois über die Intestaterbfolge.

43 Im Allgemeinen führen Anordnungen wie *„equally"* zu einer Aufteilung unter den Erben zu gleichen Teilen, also nach Köpfen.[49] Doch gilt dies nicht unweigerlich. So hat ein Gericht aus Illinois in einer Entscheidung eine testamentarische Zuwendung „zu gleichen Teilen" *(„share and share alike")* als eine Zuwendung nach Stämmen behandelt.[50] Zumindest die von der Erblasserin ebenfalls verwandte Formulierung *„per capita"* ist in dieser Hinsicht jedoch eindeutig: Gewollt ist eine Verteilung des Nachlasses nach Köpfen.[51]

44 Soweit es um die Aufteilung unter den gesetzlichen Erben *einer* bestimmten Person geht, hat sie somit gemäß der Anordnung der Erblasserin jedenfalls nach Köpfen zu erfolgen, auch wenn die einschlägige Regel über die Intestaterbfolge eine Verteilung nach Stämmen vorsehen würde.[52] Jedoch hat die Erblasserin nicht nur die gesetzlichen Erben *einer* Person eingesetzt, sondern *sowohl* ihre eigenen gesetzlichen Erben *als auch* diejenigen ihres verstorbenen Ehemanns. Damit stellt sich die Frage, ob beide Erbenklassen als einheitliche Gruppe anzusehen sind, unter der der Nachlass insgesamt zu gleichen Teilen verteilt wird, oder ob der Nachlass zunächst zwischen den beiden Erbenklassen hälftig aufgeteilt wird und dann beide Hälften jeweils unter den entsprechenden Erben zu gleichen Teilen verteilt werden.

45 Für den Fall, dass eine testamentarische Zuwendung an die „Erben" verschiedener Personen (welche wie hier keinen gemeinsamen Vorfahren haben) gemacht wird, spricht sich § 29.8 (2) des *Restatement of Property, Second,* im Grundsatz für die zweite Auslegungsmöglichkeit aus.[53]

	Deutsch:
§ 29.8. „Determination Of The Amount Of The Subject Matter Of A Gift That Is Distributable To Several Different Classes.	§ 29.8. Bestimmung des Umfangs des Gegenstandes einer Zuwendung, die an mehrere verschiedene Klassen zu verteilen ist.
If a gift is made to two or more classes described as the "heirs" of designated persons, or by a similar	Wenn eine Zuwendung an zwei oder mehrere Klassen gemacht wird, die als die „Erben" bestimmter Personen

[49] Restatement, Second, Property (Donative Transfers), § 29.6 Comm. c, Illustr. 3.

[50] *First Illini Bank* v. *Pritchard*, 595 N.E.2d 728, 731 (Ill. App. 1992). Vgl. auch *McGovern/Kurtz* (o. Fn. 38), 55 (m.w.N.).

[51] Vgl. insb. *First Illini Bank* v. *Pritchard* (o. Fn. 50), wo gerade die Anordnung einer *per capita*-Verteilung als beachtliche abweichende Bestimmung genannt wird (die aber in casu fehlte).

[52] Wie dies insbesondere der hier einschlägige § 2-1 (d) tut; vgl. insofern unten Rn. 58 ff.

[53] Im selben Sinne auch Restatement, Third, Property (Wills and Other Donative Transfers), § 16.1 Comm. j (Tentative Draft Nr. 4, 2004).

class gift term, and a statute governing the intestate takers of property is applied to determine the persons who come within the primary meaning of each class gift, in the absence of additional language or circumstances that indicate otherwise, the following rules of construction apply:	oder durch einen ähnlichen Begriff der Zuwendung an eine Klasse umschrieben werden, und ein Gesetz über die Intestatnachfolge in Vermögen angewendet wird, um die Personen zu bestimmen, die vom primären Begriffsinhalt einer jeden Klassenzuwendung umfasst sind, so finden in Ermangelung sonstiger Bestimmungen oder Umstände, aus denen sich etwas anderes ergeben könnte, die folgenden Auslegungsregeln Anwendung:
(1) If the several persons whose „heirs" are designated have a common ancestor, the subject matter of the gift is divided among the several classes in the same manner it would have been divided among them under the statute that would be used to determine the "heirs" of the common ancestor if the subject matter of the gift had descended to the several classes from the common ancestor and they were the only heirs.	(1) Wenn die verschiedenen Personen, deren „Erben" eingesetzt worden sind, einen gemeinsamen Vorfahren haben, wird der Gegenstand der Zuwendung unter den verschiedenen Klassen auf dieselbe Weise verteilt, wie er unter ihnen nach Maßgabe des Gesetzes verteilt worden wäre, nach welchem die „Erben" des gemeinsamen Vorfahren zu bestimmen gewesen wären, wenn der Gegenstand der Zuwendung von dem gemeinsamen Vorfahren auf die verschiedenen Klassen kraft Gesetzes übergegangen wäre und sie die einzigen Erben wären.
(2) In situations not governed by subsection (1), each described class is entitled to one equal share of the subject matter of the gift for division among such class members."	(2) In anderen als den von Unterabschnitt (1) erfassten Fällen hat jede der bezeichneten Klassen das Recht auf einen gleichen Anteil am Gegenstand der Zuwendung, der unter den Mitgliedern der betreffenden Klassen aufzuteilen ist.

Nach dieser Auslegungsregel würde also eine Hälfte des Nachlasses an die gesetzlichen Erben der Erblasserin fallen und die andere Hälfte an diejenigen des Ehemanns. Beide Hälften wären dann unter den jeweiligen Erben gleichmäßig zu verteilen. 46

Jedoch ist zu beachten, dass es sich bei den US-amerikanischen *Restatements of the Law*, auch wenn sie formal wie Rechtsregeln gefasst sind, nicht um eine Rechtsquelle handelt, sondern lediglich um unverbindliche Rechtssätze, die vom *American Law Institute* als einer privaten Organisation aus der

Zusammenschau der einzelstaatlichen Rechtsquellen gewonnen wurden. Gleichwohl kann ihnen kraft der sachlichen Autorität ihrer Verfasser als sekundäre Quelle sog. *persuasive authority* zukommen.[54]

47 Bei § 29.8 handelt es sich aber ohnehin um eine bloße Auslegungsregel. Auch in diesem Zusammenhang hat also eine abweichende Anordnung der Erblasserin Vorrang.[55] Eine solche könnte wiederum darin liegen, dass die Erblasserin die Aufteilung des Nachlasses zu gleichen Teilen, nach Köpfen angeordnet hat. Doch auch in dieser Hinsicht ist eine entsprechende Deutung der Klausel nicht zwingend. So wird auch die Auslegungsregel in § 29.8 des *Restatement* damit begründet, dass insbesondere Zuwendungen an die gesetzlichen Erben des Testators und seines Ehegatten im Allgemeinen auf der Erwägung beruhen, dass das Vermögen zu Lebzeiten beiden Ehegatten gemeinsam zustand und daher unter deren jeweiligen Erben hälftig zu teilen sein soll.[56] Insofern könnte die Auslegungsregel des *Restatement* gerade als Ausfluss einer Aufteilung des Nachlasses zu „gleichen" Teilen verstanden werden, nämlich *zunächst* unter den beiden Erbenklassen zu gleichen Teilen, und (erst) *dann* unter den einzelnen Mitgliedern dieser Klassen.

48 Die Rechtsprechung ist uneinheitlich und kann in diesem Zusammenhang nur bedingt herangezogen werden. Denn es wird durchweg betont, dass jedes Testament für sich zu beurteilen ist und dabei auf die Auslegung in vergleichbaren früheren Entscheidungen nur eingeschränkt zurückgegriffen werden kann.[57] Dementsprechend ergibt sich aus der Rechtsprechung auch kein einheitliches Bild.[58] Manche Gerichte behandelten Zuwendungen an die gesetzlichen Erben des Testators und seines Ehegatten auch dann, wenn sie von einer Anordnung „gleichmäßiger" Verteilung begleitet waren, im Sinne des *Restatement*, teilten den Nachlass also zunächst hälftig auf beide Erbenklassen auf.[59] Andere Gerichte behandelten in derartigen Fällen beide Erbenklassen als eine einheitliche Gruppe und teilten den Nachlass unter sämtlichen Erben zu gleichen Teilen auf.[60] Für Illinois konnten keine Ent-

---

54 *Solomon* (o. Fn. 19), Rn. B 43; *Reimann*, Einführung in das US-amerikanische Privatrecht, 2. Aufl. 2004, 6 f.; *Hay* (o. Fn. 1), Rn. 32.

55 Restatement, Second, Property (Donative Transfers), § 29.1 Comm. c; Restatement, Third, Property (Wills and Other Donative Transfers), § 16.1 Comm. l (Tentative Draft Nr. 4, 2004).

56 Restatement, Second, Property (Donative Transfers), § 29.8, Reporter's Note Nr. 2 („in particular, a bequest or devise to the heirs of the testator and of the testator's spouse ordinarily reflects the testator's view that the property bequeathed or devised belonged in life to the two marriage partners equally").

57 Siehe etwa *Barnhart* v. *Barnhart*, 114 N.E.2d 378 (Ill. 1953) (m.w.N.); *In re Estate of Hughlett*, 446 N.E.2d 887 (Ill. App. 1983).

58 Vgl. insofern auch Restatement, Second, Property (Donative Transfers), § 29.8, Reporter's Note 3.b: „Such gifts, however, are usually accompanied by language implying equality of division, so that the usual controversy arises as to the interpretation of such language."

59 So, betr. das Recht von Maine, für die Klauseln „equally divided between my heirs and the heirs of [my husband]" und „to my legal heirs and the legal heirs of my said husband [...] share and share alike", *Tucker* v. *Nugent*, 102 A. 307, 309 f. (Me. 1917).

60 So, betr. das Recht von Virginia, für die Klausel „in equal shares, to my lawful heirs and the lawful heirs of my beloved wife", *Ewing* v. *Gibson*, 102 S.E.2d 327, 328 f. (Va. 1958); betr. das Recht von

scheidungen ermittelt werden, die speziell Zuwendungen an die Erben des Testators und seines Ehegatten betrafen. Jedoch haben sich die Gerichte von Illinois für eine umfassende *per capita*-Verteilung ausgesprochen in Fällen, in denen Zuwendungen an Kinder verschiedener Personen gemacht worden waren.[61] Zumindest für diese Fälle folgt man also nicht der Regel des Restatement, sondern verteilt den Nachlass an *sämtliche* Erben zu gleichen Teilen.

Angesichts dessen liegt es nahe, dass die Gerichte von Illinois auch in dem hier 49 zu beurteilenden Fall so verfahren würden. Ein solches Ergebnis, nämlich die gleichmäßige Aufteilung des Nachlasses auf alle Erben, wird hier außerdem noch durch eine weitere Überlegung unterstützt: Nach dem Gesagten mag man zwar Formulierungen wie *„equally"* oder *„share and share alike"* noch so verstehen, dass sie eine gleichmäßige Verteilung auf „zwei Ebenen" meinen, nämlich zunächst auf die Klassen als solche und dann (innerhalb der Klassen) auf die einzelnen Mitglieder. Doch hat die Erblasserin hier außerdem bestimmt, dass die Aufteilung *„per capita"*, also nach Köpfen, erfolgen soll. Bezogen auf verschiedene *Gruppen* von Erben ist eine Aufteilung „nach Köpfen" aber nicht recht verständlich. Im eigentlichen Sinn ist eine solche vielmehr nur im Verhältnis von individuellen Personen möglich.

Meines Erachtens sollte man daher die Anordnung der Erblasserin so auslegen, 50 dass zunächst mit den gesetzlichen Erben der Erblasserin und ihres Ehemannes in persönlicher Hinsicht der Kreis der Testamentserben bestimmt wird und sodann unter sämtlichen so bestimmten Erben eine Aufteilung nach Köpfen, also zu gleichen Teilen, erfolgen soll.

Doch ist nach dem Gesagten auch eine andere Auslegung des Testaments denkbar. Es ist daher Sache des anfragenden Gerichts, unter Berücksichtigung sämtlicher Umstände zu entscheiden, welche Auslegung es im Hinblick auf den Erblasserwillen für vorzugswürdig hält. Eine nähere rechtliche Determinierung dieses Auslegungsproblems, insbesondere anhand von Präzedenzentscheidungen, ist nach dem Gesagten nicht möglich.

bb) Maßgeblicher Zeitpunkt für die Bestimmung der Erben

Fraglich ist auch, auf welchen Zeitpunkt es für die Bestimmung der gesetzlichen 51 Erben ankommt. Die Frage nach dem maßgeblichen Zeitpunkt stellt sich in zweierlei Hinsicht:

Kentucky, für die Klausel „jointly and equally to my heirs and the heirs of my wife", *Rogers* v. *Burress*, 251 S.W. 980 (Ky.App. 1923).

61 *Smith* v. *Thayer*, 192 N.E.2d 375, 377 (Ill. 1963); *Evans* v. *DeBruler*, 198 N.E.2d 531, 537 (Ill.App. 1964). Ebenso, betr. das Recht von Iowa, *Houts* v. *Jameson*, 201 N.W.2d 466, 469 (Iowa 1972) (m.w.N.).

52 Zum einen geht es in *tatsächlicher* Hinsicht darum, auf welchen Zeitpunkt abzustellen ist, wenn es um die Existenz von Personen geht, die nach den Regeln über die Intestaterbfolge als Erben berufen sind. In Betracht kommen insofern, betreffend die gesetzlichen Erben der *Erblasserin*, grundsätzlich der Zeitpunkt der Testamentserrichtung oder der des Todes. Betreffend die gesetzlichen Erben des *Ehemanns* stellt sich die weitere Frage, ob als Todeszeitpunkt derjenige der Erblasserin oder derjenige des Ehemanns maßgeblich ist.

53 Sowohl hinsichtlich ihrer eigenen Erben wie auch hinsichtlich der Erben ihres Ehemanns hat die Erblasserin ausdrücklich bestimmt, dass es auf den Zeitpunkt ihres Todes ankommen soll. Wie immer hat diese Anordnung Vorrang.

Im Übrigen deckt sich diese Anordnung mit den Grundsätzen, die in dieser Frage auch ohne ausdrückliche Anordnung gelten würden: Was die Existenz erbberechtigter Personen angeht, stellen die Gerichte von Illinois mangels abweichender Bestimmung des Testators auf den Zeitpunkt ab, zu dem die Zuwendung wirksam werden soll, also in Fällen wie dem hier zu beurteilenden auf den Erbfall.[62] Erfolgte die Zuwendung an die Erben einer anderen Person als des Erblassers, so ist grundsätzlich ebenfalls der Tod des Erblassers maßgeblich. Ist die andere Person wie hier vor dem Erblasser gestorben, ist folglich *hypothetisch* zu ermitteln, welche Erben berufen wären, wenn diese andere Person zum Zeitpunkt des Erbfalls gestorben wäre[63].

54 Die Frage nach dem maßgeblichen Zeitpunkt stellt sich aber auch, soweit es darum geht, *nach welchen Regeln* zu beurteilen ist, wer gesetzlicher Erbe der Erblasserin oder ihres Ehemanns geworden ist. In dieser Hinsicht herrscht größere Unsicherheit. Zum Teil wird (vorbehaltlich abweichender Anordnungen des Testators) auch für diese Frage auf den Zeitpunkt des Erbfalls abgestellt. Dies ist insbesondere die im *Restatement* befürwortete Lösung.[64]

55 Begründet wird dies damit, dass nach dem vermutlichen Erblasserwillen die „eigentlichen" Erben zum Zuge kommen sollen und insofern das zum Zeitpunkt des Erbfalls geltende Recht maßgeblich wäre. Anders entscheiden jedoch die Gerichte von Illinois: Entscheidend seien die zum Zeitpunkt der Testamentserrichtung maßgeblichen Regeln, da es um die Ermittlung des Erblasserwillens gehe; es sei zu vermuten, dass der Erblasser das geltende Recht kannte und davon bei der Abfassung des Testaments ausgegangen sei.[65]

---

62 *In re Estate of Hughlett*, 446 N.E.2d 887, 891 (Ill. App. 1983). Im selben Sinne, zum Recht von Virginia, *Ewing* v. *Gibson*, 102 S.E.2d 327, 328 (Va. 1958).

63 So Restatement, Second, Property (Donative Transfers), § 29.4 Comm. g; Restatement, Third, Property (Wills and Other Donative Transfers), § 16.1 Comm. c, e (Tentative Draft Nr. 4, 2004).

64 Restatement, Second, Property (Donative Transfers), § 29.3 mit Comm. a und d, § 29.4; Restatement, Third, Property (Wills and Other Donative Transfers), § 16.1 Comm. g (Tentative Draft Nr. 4, 2004).

65 *In re Estate of Hughlett*, 446 N.E.2d 887, 890 - 892 (Ill. App. 1983), betr. Erbrecht des Adoptivkindes. Vgl. auch *Orme* v. *Northern Trust Co.*, 183 N.E.2d 505, 512 (Ill. 1962), ebenfalls betr. Adoptivkinder. – Auch Restatement, Second, Property (Donative Transfers), § 29.3, Reporter's Note 4.a, verweist dementsprechend darauf, dass die Rechtslage in Illinois von der im Restatement befürworteten Regel

Aber auch insofern ist wieder ein abweichender Erblasserwille beachtlich.[66] Ein solcher könnte hier dadurch zum Ausdruck gekommen sein, dass die Erblasserin für die Bestimmung der Erben den Zeitpunkt ihres Todes für maßgeblich erklärt hat. Es ist jedoch nach dem Inhalt des Testaments nicht eindeutig, ob sich diese Klausel nicht nur auf die Bestimmung der konkreten erbberechtigten Personen bezieht. Die Frage kann indes offen bleiben, wenn sich das Recht von Illinois für die hier zu untersuchende Erbfolge in der Sache nicht geändert hat. 56

Auf diesen Gesichtspunkt ist daher im Zusammenhang mit der Bestimmung der gesetzlichen Erben der Erblasserin und ihres Ehemanns näher einzugehen.

cc) Die Zuwendung von „fee simple estates"

Einer kurzen Erläuterung bedarf schließlich noch die Zuwendung von *„fee simple estates"* an die Erben. Dieser Begriff erklärt sich aus der feudalrechtlichen Herkunft des englisch-amerikanischen Grundstücksrechts. Das *fee simple estate* bezeichnet das umfassendste, frei vererbliche Herrschaftsrecht über eine unbewegliche Sache und entspricht damit dem Eigentum in unserem Sinne.[67] Damit geht die testamentarische Zuwendung eines *fee simple estate* sachlich in der Einsetzung eines unbeschränkten Erben auf. 57

b) Gesetzliche Erben der Erblasserin nach dem Recht von Illinois

aa) Grundsatz

Die gesetzliche Erbfolge ist heute geregelt in § 2-1 des *Probate Act* von 1975.[68] 58

	Deutsch:
§ 2-1. „Rules of descent and distribution.	§ 2-1. Regeln der gesetzlichen Erbfolge.
The intestate real and personal estate of a resident decedent and the intestate real estate in this State of a nonresident decedent, after all just claims against his estate are fully paid, descends and shall be distributed as follows:	Das nicht testamentarisch vermachte unbewegliche und bewegliche Vermögen eines [in Illinois] ansässigen Erblassers und das in diesem Staat belegene, nicht testamentarisch vermachte unbewegliche Vermögen eines hier nicht ansässigen Erblassers

abweicht.

66 *In re Estate of Hughlett*, 446 N.E.2d 887, 890 - 892 (Ill. App. 1983) (m.w.N.).

67 Vgl. *Reimann* (o. Fn. 54), 139; *Hay* (o. Fn. 1), Rn. 439.

68 Text abgedruckt bei *Lundmark* (o. Fn. 12), Texte A, 4 f. Die Übersetzung beruht im Wesentlichen auf der dort abgedruckten Übersetzung.

	wird, nachdem alle berechtigten Ansprüche gegen seinen Nachlass vollständig erfüllt wurden, wie folgt vererbt und verteilt:
(a) If there is a surviving spouse and also a descendant of the decedent: [...]	(a) Wenn ein überlebender Ehegatte sowie ein Nachkomme des Erblassers vorhanden sind: [...]
(b) If there is no surviving spouse but a descendant of the decedent: [...]	(b) Wenn kein überlebender Ehegatte, aber ein Nachkomme des Erblassers vorhanden ist: [...]
(c) If there is a surviving spouse but no descendant of the decedent: [...]	(c) Wenn ein überlebender Ehegatte, aber kein Nachkomme des Erblassers vorhanden ist: [...]
(d) If there is no surviving spouse or descendant but a parent, brother, sister or descendant of a brother or sister of the decedent: the entire estate to the parents, brothers and sisters of the decedent in equal parts, allowing to the surviving parent if one is dead a double portion and to the descendants of a deceased brother or sister per stirpes the portion which the deceased brother or sister would have taken if living.	(d) Wenn kein überlebender Ehegatte oder Nachkomme, aber ein Elternteil, ein Bruder, eine Schwester oder ein Nachkomme eines Bruders oder einer Schwester des Erblassers vorhanden ist: der gesamte Nachlass an die Eltern, Brüder und Schwestern des Erblassers zu gleichen Teilen, wobei einem überlebenden Elternteil der doppelte Anteil zusteht, wenn der andere Elternteil bereits verstorben ist, und den Nachkommen eines verstorbenen Bruders oder einer verstorbenen Schwester nach Stämmen der Anteil zusteht, den der verstorbene Bruder oder die verstorbene Schwester geerbt hätte, wenn er bzw. sie noch gelebt hätte.
(e) If there is no surviving spouse, descendant, parent, brother, sister or descendant of a brother or sister of the decedent but a grandparent or descendant of a grandparent of the decedent: [...]	(e) Wenn kein überlebender Ehegatte, Nachkomme, Elternteil, Bruder, Schwester oder Nachkomme eines Bruders oder einer Schwester des Erblassers, aber ein Großelternteil oder ein Nachkomme eines Großelternteils des Erblassers vorhanden ist: [...]
(f) If there is no surviving spouse, descendant, parent, brother, sister, descendant of a brother or sister or grandparent or descendant of a grandparent of the decedent: [...]	(f) Wenn kein überlebender Ehegatte, Nachkomme, Elternteil, Bruder, Schwester, Nachkomme eines Bruders oder einer Schwester, Großelternteil oder Nachkomme eines Großelternteils des Erblassers vorhanden ist: [...]
(g) If there is no surviving spouse, descendant, parent, brother, sister, descendant of a brother or sister	(g) Wenn kein überlebender Ehegatte, Nachkomme, Elternteil, Bruder, Schwester, Nachkomme eines Bru-

grandparent, descendant of a grandparent, great-grandparent or descendant of a great-grandparent of the decedent: [...]	ders oder einer Schwester, Großelternteil, Nachkomme eines Großelternteils, Urgroßelternteil oder Nachkomme eines Urgroßelternteils des Erblassers vorhanden ist: [...]
(h) If there is no surviving spouse and no known kindred of the decedent: [...]	(h) Wenn kein überlebender Ehegatte und kein bekannter Verwandter des Erblassers vorhanden ist: [...]
In no case is there any distinction between the kindred of the whole and the half blood.“	In keinem Fall wird irgendein Unterschied zwischen vollbürtigen und halbbürtigen Verwandten gemacht.

Maßgeblich für die Beerbung der Erblasserin wäre hiernach Absatz (d). Jedoch ist zu bedenken, dass nach dem Recht von Illinois die Ausfüllung des Begriffs der gesetzlichen Erben in der dritten Testamentsklausel möglicherweise nach Maßgabe des zum Zeitpunkt der Testamentserrichtung am 13.6.1970 geltenden Rechts zu erfolgen hat (siehe oben Rn. 54 f.). Zu diesem Zeitpunkt war die gesetzliche Erbfolge noch in § 11 des *Probate Act* von 1939 geregelt.[69] Auch nach altem Recht galt jedoch wörtlich dieselbe Regel wie nach § 2-1 (d) des heutigen *Probate Act*. 59

Damit sind erbberechtigt die noch lebenden Geschwister der Erblasserin sowie die Nachkommen der bereits verstorbenen Geschwister. Dass der Nachlass unter den Geschwistern und Nachkommen von Geschwistern gemäß der gesetzlichen Regelung nach Stämmen zu verteilen ist, ist hier unbeachtlich, da die Erblasserin statt dessen eine Verteilung nach Köpfen angeordnet hat (dazu oben Rn. 40 ff., 50). Wohl aber werden innerhalb eines Stammes entferntere Abkömmlinge durch nähere Verwandte ausgeschlossen;[70] insofern existiert keine abweichende Anordnung der Erblasserin. 60

Damit ergibt sich: 61

An erbberechtigten Geschwistern der Erblasserin lebt nur noch die Schwester R. W. Sie schließt ihre Abkömmlinge von der Erbschaft aus.

An die Stelle des vorverstorbenen Bruders A. Z. tritt dessen Tochter M. E.

Da der vorverstorbene Bruder G. Z. keine Nachkommen hinterlassen hat, bleibt er bei der Verteilung des Nachlasses unberücksichtigt.

An die Stelle des vorverstorbenen Bruders F. Z. tritt dessen Sohn S. Z.

An die Stelle der vorverstorbenen Schwester F. B. treten deren Tochter A. F. sowie die beiden Kinder ihres vorverstorbenen Sohnes, M. B. und G. B.

---

69 Zur Änderung des Probate Act von Illinois bereits oben Rn. 26.

70 Dazu allgemein *McGovern/Kurtz* (o. Fn. 38), 50 f.

An die Stelle des vorverstorbenen Bruders B. Z. treten die drei Kinder seiner vorverstorbenen Tochter, B. W., A. H. und K. W.

bb) Nichteheliche Kinder der Mutter der Erblasserin

62 Wie bereits ausgeführt (oben Rn. 1), wird im Rahmen dieses Gutachtens davon ausgegangen, dass es sich bei den auf dem Familienstammbaum der Erblasserin mit einem Fragezeichen versehenen Geschwistern der Erblasserin um nichteheliche Kinder ihrer Mutter handelt. Insofern stellt sich die Frage, ob auch die durch eine nichteheliche Kindschaft vermittelte Verwandtschaft nach dem Recht von Illinois ein Erbrecht als gesetzlicher Erbe vermittelt.

63 Traditionell wurde ein nichteheliches Kind nach dem Recht der meisten US-amerikanischen Staaten als *filius nullius* nicht von einer testamentarischen Zuwendung an die „Kinder" einer bestimmten Person erfasst.[71] Doch wurde diese strenge Haltung inzwischen weitgehend aufgegeben. In Fällen wie dem hier zu beurteilenden, in dem der Nachlass schlicht den „gesetzlichen Erben" vermacht wurde, ist das Erbrecht eines nichtehelichen Kindes nach den allgemeinen Regeln über die Intestaterbfolge zu beurteilen.[72]

64 Die entsprechende Regelung ist heute enthalten in § 2-2 des *Probate Act* von 1975.

§ 2-2 enthält zunächst umfängliche Regelungen zur gesetzlichen Erbfolge, wenn es sich beim *Erblasser* um ein nichteheliches Kind handelt. Das *Erbrecht* eines nichtehelichen Kindes ist unmittelbar im Anschluss an diese Regelungen angesprochen. Die hier einschlägige Bestimmung lautet:[73]

	Deutsch:
„An illegitimate person is heir of his mother and of any maternal ancestor and of any person from whom his mother might have inherited, if living; and the descendants of an illegitimate person shall represent such person and take by descent any estate which the parent would have taken, if living. [...]"	Eine nichteheliche Person ist Erbe ihrer Mutter und eines jeden mütterlichen Vorfahren und einer jeden Person, von der ihre Mutter hätte erben können, wenn sie noch gelebt hätte; und die Nachkommen einer nichtehelichen Person treten an die Stelle dieser Person und erben den Nachlassteil, den ihr Elternteil geerbt hätte, wenn er noch gelebt hätte.

71 *McGovern/Kurtz* (o. Fn. 38), 98 (m.w.N.).

72 Vgl. insofern auch § 2-705 UPC; *McGovern/Kurtz* (o. Fn. 38), 98, Fn. 76.

73 Abgedruckt bei *Lundmark* (o. Fn. 12), 6. Dort wurde jedoch die betreffende Bestimmung fälschlicher Weise als Teil des Absatzes (h) abgedruckt, der die Erbfolge *nach* einem nichtehelichen Erblasser betrifft. In Wirklichkeit beginnt bei der hier wiedergegebenen Stelle („An illegitimate person [...]") ein neuer Absatz, der nunmehr das *Erbrecht* einer nichtehelichen Person betrifft.

Die weiteren Bestimmungen betreffen das Erbrecht eines nichtehelichen Kindes nach dem Vater und den Verwandten der väterlichen Seite. Sie können daher hier außer Betracht bleiben.

Nach dieser Bestimmung wären also auch die nichtehelichen Kinder der Mutter der Erblasserin erbberechtigt, da die Mutter die Erblasserin beerbt hätte, wenn sie zum Zeitpunkt des Erbfalls noch gelebt hätte. Da die nichtehelichen Kinder der Mutter bereits vorverstorben sind, würden ihre Erbteile jeweils an ihre Nachkommen fallen. 65

Jedoch ist zu beachten, dass das Erbrecht des nichtehelichen Kindes nach dem Recht von Illinois (anders als der Grundsatz der gesetzlichen Erbfolge nach § 2-1 (d) des *Probate Act* heutiger Fassung) im Laufe der Zeit erheblichen Änderungen unterlag. Zwar betrafen diese Änderungen hauptsächlich die Nachfolge nach dem nichtehelichen Vater und den Verwandten der väterlichen Seite, doch kam es auch im Verhältnis zu den Verwandten auf der mütterlichen Seite zumindest formell zu gewissen Änderungen. 66

Vor dem Inkrafttreten des *Probate Act* von 1939 galt in Illinois in dieser Hinsicht eine mit dem heutigen Recht inhaltlich übereinstimmende Regelung. 67

Die einschlägige Vorschrift lautete:

„An illegitimate child shall be heir of its mother and any maternal ancestor, and of any person from whom its mother might have inherited, if living; and the lawful issue of an illegitimate person shall represent such person, and take, by descent, any estate which the parent would have taken, if living."[74]

Im *Probate Act* von 1939 (der am 1.1.1940 in Kraft getreten ist), erhielt die entsprechende Vorschrift jedoch eine andere Fassung: 68

„An illegitimate child is heir of his mother and of any maternal ancestor; and in all cases where representation is provided for by this Act an illegitimate child represents his mother and his lawful issue represent him and take, by descent, any estate which the parent would have taken, if living."[75]

Entfallen war damit, zumindest dem Wortlaut nach, das Erbrecht des nichtehelichen Kindes nach „einer jeden Person, von der ihre Mutter hätte erben können, wenn sie noch gelebt hätte" *(„any person from whom its mother might have inherited, if living")*. 69

Diese Änderung hätte unmittelbare Bedeutung für den hier zu beurteilenden Fall gehabt. Denn hier geht es nicht um ein Erbrecht der nichtehelichen Kinder nach 70

---

[74] Vgl. *Spencer* v. *Burns*, 108 N.E.2d 413, 419 (Ill. 1952); *Gregory* v. *County of LaSalle*, 234 N.E.2d 66, 68 (Ill. App. 1968); *Warner* v. *Gregory*, 415 F.2d 1345, 1346 f. (7th Cir. 1969).

[75] Vgl. *Spencer* v. *Burns*, 108 N.E.2d 413, 419 (Ill. 1952); *Gregory* v. *County of LaSalle*, 234 N.E.2d 66, 68 (Ill. App. 1968); *Warner* v. *Gregory*, 415 F.2d 1345, 1347 (7th Cir. 1969).

Vorfahren ihrer Mutter, sondern nach Verwandten in der Seitenlinie. In dieser Hinsicht wäre zwar nach der ursprünglichen (ebenso wie nach der neuen) Fassung ein Erbrecht dieser Kinder begründet gewesen.[76] Jedoch wurde die 1940 in Kraft getretene Fassung in Illinois zunächst streng ausgelegt: Ein gesetzliches Erbrecht sollte auf dieser Grundlage nach einer Entscheidung des *Supreme Court* von Illinois nur nach der Mutter und nach Vorfahren der Mutter, nicht aber auch nach sonstigen Personen bestehen, von denen die Mutter hypothetisch geerbt hätte.[77] Jedoch wurde der Wortlaut des Gesetzes, wohl in Anbetracht der erwähnten Entscheidung, schon ein halbes Jahr nach der betreffenden Entscheidung wieder geändert und der ursprüngliche Rechtszustand wieder hergestellt.[78]

71 Damit bestand zum Zeitpunkt der Testamentserrichtung 1970 inhaltlich bereits wieder eine mit dem heutigen Recht übereinstimmende Rechtslage. Angesichts dessen kann auch offen bleiben, ob für die Bestimmung der gesetzlichen Erben der Erblasserin auf die Rechtslage bei Testamentserrichtung oder auf diejenige zum Zeitpunkt des Erbfalls abzustellen ist (vgl. insofern oben Rn. 54 ff., 59).

72 Damit sind auch die Nachkommen der bereits vorverstorbenen nichtehelichen Kinder der Mutter der Erblasserin als gesetzliche Erben der Erblasserin von der dritten Testamentsklausel erfasst.

Dabei ist ferner zu beachten, dass auch halbbürtige Verwandte uneingeschränkt erbberechtigt sind. Der heute in § 2-1 des *Probate Act* ganz am Ende niedergelegte Grundsatz galt ebenso bereits in der Fassung von 1939. Auch in dieser Hinsicht ergeben sich also keine Einschränkungen des Erbrechts der nichtehelichen Kinder.

73 Daraus ergibt sich:

An die Stelle von A. S. treten als Erben dessen drei Enkel W. S., B. S. und E. N.

An die Stelle von B. S. tritt sein Sohn J. S.

An die Stelle von A. W. tritt ihre Tochter N. S.

c) Gesetzliche Erben des Ehemanns der Erblasserin nach dem Recht von Illinois

74 Auch für die gesetzliche Erbfolge nach dem Ehemann der Erblasserin ist die Bestimmung des § 2-1 *Probate Code* (bzw. seines inhaltsgleichen Vorgängers) maßgeblich. Da zum Zeitpunkt des Todes der Erblasserin sämtliche Geschwister

---

[76] Siehe *Gregory* v. *County of LaSalle*, 234 N.E.2d 66, 68 f. (Ill. App. 1968); vgl. auch *Spencer* v. *Burns*, 108 N.E.2d 413, 419 f. (Ill. 1952).

[77] *Spencer* v. *Burns*, 108 N.E.2d 413, 419 f. (Ill. 1952).

[78] *Gregory* v. *County of LaSalle*, 234 N.E.2d 66, 69 (Ill. App. 1968) (dort wurde angesichts des durch die Änderung zum Ausdruck gekommenen gesetzgeberischen Willens auch für die vorangegangene „Zwischenperiode" eine von der früheren Entscheidung abweichende Auslegung des Probate Act von 1939 vorgenommen; siehe ebd., S. 70 f.); *Warner* v. *Gregory*, 415 F.2d 1345, 1347 (7th Cir. 1969).

des Ehemanns bereits verstorben waren, sind allein noch die Nachkommen der Geschwister erbberechtigt.

Der (vorverstorbene) Bruder K. W. L. hatte sechs Kinder, von denen vier ohne Nachkommen verstorben sind. Erbberechtigt sind somit seine noch lebende Tochter I. L. sowie die beiden Kinder der bereits vorverstorbenen Tochter M. L., W. F. und G. F. 75

Die (vorverstorbene) Schwester P. L. hatte einen Sohn aus erster Ehe, der bereits vorverstorben ist. An seine Stelle tritt der noch lebende Sohn F. R. 76

P. L. hatte ferner eine Tochter aus zweiter Ehe, B. S., die am 27.5.2004 und damit erst *nach* der Erblasserin verstorben ist. Entscheidend für die Stellung als Erbe ist der Zeitpunkt des Todes des Erblassers. Dies ist für das US-amerikanische Recht insofern besonders zu betonen, als die Berechtigung am (beweglichen) Nachlass grundsätzlich zunächst auf den *personal representative* übergeht und erst nach Abschluss der Nachlassabwicklung an die Erben übertragen wird.[79] Für die Erbberechtigung entscheidend ist aber allein, dass der Erbe zum Zeitpunkt des Erbfalls gelebt hat; er muss nicht auch noch bis zum Zeitpunkt der Nachlassverteilung überlebt haben. Stirbt er *vor* der Nachlassverteilung (aber *nach* dem Tod des Erblassers), so fällt sein Erbteil in *seinen* Nachlass.[80] Gesetzliche Erbin der Erblasserin ist somit B. S. geworden; als Erbin schließt sie ihre Nachkommen von der Erbfolge nach der Erblasserin aus. 77

Die beiden anderen Geschwister des Ehemanns sind ohne Nachkommen vorverstorben. Sie bleiben damit bei der Nachlassverteilung unberücksichtigt. 78

d) Ergebnis

Insgesamt sind somit auf Seiten der Erblasserin 14 gesetzliche Erben und auf Seiten des Ehemanns der Erblasserin 5 gesetzliche Erben vorhanden. Alle diese Erben sind nach dem Gesagten zu gleichen Teilen eingesetzt, d.h. jeder wird Erbe zu 1/19. 79

Zur individuellen Bestimmung der berufenen Erben im Einzelnen soeben unter Rn. 61, 73, 74 ff.

Die so bestimmte Erbfolge gilt, soweit das Recht von Illinois anzuwenden ist, also für den *beweglichen* Nachlass der Erblasserin.[81] 80

---

79 Dazu näher unten Rn. 88 ff.

80 Vgl. *Booker* v. *Lal*, 726 N.E.2d 638, 641 (Ill.App. 2000); *McGovern/Kurtz* (o. Fn. 38), 51.

81 Und etwaigen in Illinois belegenen *unbeweglichen* Nachlass. Über diesen ist aber durch ein deutsches Nachlassgericht nicht zu befinden; dazu sogleich unter Rn. 82.

3. Inhalt des Testaments nach deutschem Recht

81 Hinsichtlich des in Deutschland belegenen *unbeweglichen* Nachlasses der Erblasserin unterliegen die Auslegung des Testaments und die Bestimmung der gesetzlichen Erben *deutschem* Recht als Belegenheitsrecht. Diesbezügliche Ausführungen sind nicht Gegenstand des Gutachtens.

IV. Internationale Zuständigkeit der deutschen Nachlassgerichte, insbesondere zur Erteilung eines Erbscheins

82 Die Frage der internationalen Zuständigkeit in Nachlasssachen ist umstritten. Die Gerichtspraxis folgt durchweg dem Gleichlaufgrundsatz. Danach besteht eine internationale Zuständigkeit deutscher Gerichte grundsätzlich nur, soweit die Rechtsnachfolge von Todes wegen deutschem Recht unterliegt.[82] Dieser Grundsatz unterliegt zwar berechtigter Kritik im Schrifttum,[83] welches überwiegend eine entsprechende Anwendung des § 73 FGG befürwortet.[84] Da die Gerichte jedoch in ständiger Rechtsprechung dem Gleichlaufgrundsatz folgen, soll dieser im Weiteren zugrunde gelegt werden.

83 Nach dem Gleichlaufgrundsatz kann ein Erbschein gemäß § 2353 BGB nur für solchen Nachlass erteilt werden, für den deutsches Erbrecht gilt (sog. „Eigenrechtserbschein"), hier also nur für den in Deutschland belegenen unbeweglichen Nachlass. Die eingeschränkte Geltung des deutschen Erbrechts und die dadurch beschränkte Reichweite des Erbscheins müssen jedoch im Erbschein durch eine gegenständliche Beschränkung zum Ausdruck kommen.[85]

84 Gleichwohl ergibt sich, selbst wenn man im Grundsatz dem Gleichlaufprinzip folgt, auch bei Geltung ausländischen Erbrechts eine internationale Zuständigkeit zur Erteilung eines gegenständlich beschränkten Erbscheins für im Inland belegenes Nachlassvermögen aus § 2369 BGB (sog. „Fremdrechtserbschein").[86] Da sich in Deutschland auch bewegliches Nachlassvermögen befindet, kann also diesbezüg-

---

[82] Aus neuerer Zeit etwa BayObLG v. 26.11.2004, NJW-RR 2005, 594, 595; BayObLG v. 18.3.2003, BayObLGZ 2003, 68, 75 f.; BayObLG v. 3.8.2001, BayObLGZ 2001, 203, 205; BayObLG v. 30.9.1999, BayObLGZ 1999, 296, 303 (m.w.N.); weitere Nachweise bei *Palandt/Heldrich* (o. Fn. 2), Art. 25 EGBGB, Rn. 18; *Soergel/Schurig* (o. Fn. 4), Art. 25 EGBGB, Rn. 48, 62; *Staudinger/Dörner* (o. Fn. 1), Art. 25 EGBGB, Rn. 797.

[83] Kritisch z.B. *Soergel/Schurig* (o. Fn. 4), Art. 25 EGBGB, Rn. 49 f.; MüKo/*Birk* (o. Fn. 2), Art. 25 EGBGB, Rn. 316 - 320.

[84] Vgl. nur *Soergel/Schurig* (o. Fn. 4), Art. 25 EGBGB, Rn. 50 m.w.N.

[85] BayObLG v. 31.7.1996, BayObLGZ 1996, 165, 168; BayObLG v. 15.2.1971, BayObLGZ 1971, 34; KG v. 22.5.1984, OLGZ 1984, 428; *Soergel/Schurig* (o. Fn. 4), Art. 25 EGBGB, Rn. 62; MüKo/*Birk* (o. Fn. 2), Art. 25 EGBGB, Rn. 347; *Palandt/Heldrich* (o. Fn. 2), Art. 25 EGBGB, Rn. 20.

[86] Vgl. *Soergel/Schurig* (o. Fn. 4), Art. 25 EGBGB, Rn. 63; *Staudinger/Dörner* (o. Fn. 1), Art. 25 EGBGB, Rn. 801; MüKo/*Birk* (o. Fn. 2), Art. 25 EGBGB, Rn. 328 f.

lich ein Erbschein nach § 2369 BGB erteilt werden. Auch insofern ist wiederum im Erbschein anzugeben, dass er auf das im Inland befindliche (bewegliche) Nachlassvermögen beschränkt ist.[87]

Beide Erbscheine können als Doppelerbschein in einer Urkunde zusam- 85 mengefasst werden.[88]

V. Inhalt des Erbscheins

1. Ausgangspunkt

Für den Inhalt des Erbscheins ist danach zu unterscheiden, ob es um den „Ei- 86 genrechtserbschein" nach § 2353 BGB geht, der für das im Inland belegene *unbewegliche* Vermögen die Erbfolge nach *deutschem* Recht ausweist, oder um den „Fremdrechtserbschein" nach § 2369 BGB, der für das im Inland belegene *bewegliche* Vermögen die Erbfolge nach dem Recht von *Illinois* ausweist. Für beide Fälle ist zu klären, wer im Erbschein als Erbe anzugeben ist und ob eine Verfügungsbeschränkung der Erben durch Testamentsvollstreckung aufzunehmen ist.

Neben dem Kreis der berufenen Erben bestimmt das Erbstatut auch, ob und mit 87 welchen Wirkungen Testamentsvollstreckung angeordnet ist und ob der Nachlass unmittelbar an die Erben fällt oder ob er zunächst in die Hände eines *personal representative* kommt.[89]

Der im Schrifttum früher hauptsächlich von *Ferid* de lege ferenda vertretene Vorschlag, die Nachlassabwicklung von vornherein nach der lex fori zu beurteilen,[90] hat sich nicht durchgesetzt und fand auch keinen Eingang in die IPR-Neuregelung von 1986.[91]

---

[87] MüKo/*Birk* (o. Fn. 2), Art. 25 EGBGB, Rn. 333; *Palandt/Edenhofer* (o. Fn. 2), § 2369 BGB, Rn. 10.

[88] BayObLG v. 26.5.1983, DNotZ 1984, 47; *Soergel/Schurig* (o. Fn. 4), Art. 25 EGBGB, Rn. 65; MüKo/*Birk* (o. Fn. 2), Art. 25 EGBGB, Rn. 348; *Palandt/Edenhofer* (o. Fn. 2), § 2369 BGB, Rn. 6.

[89] Zur Testamentsvollstreckung: *Soergel/Schurig* (o. Fn. 4), Art. 25 EGBGB, Rn. 42; MüKo/*Birk* (o. Fn. 2), Art. 26 EGBGB, Rn. 112 - 122; *Palandt/Heldrich* (o. Fn. 2), Art. 25 EGBGB, Rn. 10. Zum personal representative nach anglo-amerikanischem Recht: *Soergel/Schurig* (o. Fn. 4), Art. 25 EGBGB, Rn. 32, 41 f.; *Kegel/Schurig* (o. Fn. 1), 1023 f.; MüKo/*Birk* (o. Fn. 2), Art. 26 EGBGB, Rn. 120; *Kropholler*, Internationales Privatrecht, 5. Aufl. 2004, 434.

[90] Siehe *Ferid*, Recueil des Cours 142 (1974-II), 71 - 202 (insb. 176 - 199), und in FS Cohn 1975, 31 - 41.

[91] Vgl. insofern *Schurig*, IPRax 2001, 446; *Solomon* (o. Fn. 19), 178; IPG 1997 Nr. 43 *(Köln)*, 564.

2. Inhalt des Fremdrechtserbscheins hinsichtlich des im Inland belegenen beweglichen Nachlassvermögens

a) Grundsätze der Nachlassabwicklung nach dem Recht von Illinois

88 Für die Frage, wer im Erbschein als Erbe auszuweisen ist und ob das Bestehen einer Testamentsvollstreckung aufzunehmen ist, ist zunächst auf die Besonderheiten der Nachlassabwicklung nach dem Recht von Illinois einzugehen.

89 Nach dem materiellen Erbrecht von Illinois wird – wie sonst im *Common Law* – der Nachlass in aller Regel über eine Mittelsperson, den sog. *personal representative* abgewickelt, d.h. bei Intestaterbfolge über einen *administrator*, bei testamentarischer Erbfolge über einen letztwillig eingesetzten *executor*. Ernennt der Erblasser keinen *executor* oder hat er überhaupt kein Testament hinterlassen, so wird vom Nachlassgericht ein *administrator* ernannt.

90 Aufgabe des *personal representative* ist es, den Nachlass in Besitz zu nehmen und zu sichern, Aktiva einzuziehen und die Nachlassverbindlichkeiten zu bereinigen. Schließlich hat er den Restnachlass an die vom Erblasser bedachten Personen (bei testamentarischer Erbfolge die *residuary legatees*) auszukehren.[92]

91 Was den Übergang des Nachlasses angeht, gilt in Illinois die traditionelle *Common Law*-Regel, nach der auch materiellrechtlich hinsichtlich der Nachfolge in bewegliches und der in unbewegliches Vermögen unterschieden wird: Bewegliches Vermögen fällt danach zunächst in den *estate* des Erblassers. Der *personal representative* ist insoweit (im Wesentlichen zur Bereinigung von Nachlassverbindlichkeiten) allein verwaltungs- und verfügungsberechtigt und Inhaber des *legal title*. Er hat jedoch den Nachlassgläubigern und sonst am Nachlass Berechtigten gegenüber nur die Stellung eines Treuhänders. Obgleich nicht Eigentümer im strengen Sinne, sind die „Erben" und „Vermächtnisnehmer" doch mit ursprünglich dem Eigentümer zustehenden Schutzrechten ausgestattet und Inhaber des *equitable title*. Demgegenüber geht unbewegliches Vermögen unmittelbar auf die Erben über und unterliegt nur einer (subsidiären) Heranziehung zur Haftung für Nachlassschulden durch den *personal representative*.[93]

---

[92] Vgl. zum Ganzen *Firsching* (o. Fn. 3), Rn. 68 - 78, 256 - 258, 270 - 272; *Hay* (o. Fn. 1), Rn. 550; *Reimann* (o. Fn. 54), 218; *Opton*, Decedents' Estates, Wills and Trusts in the U.S.A., 1987, 41 - 54.

[93] Zum Recht von Illinois: *Boghosian* v. *Mid-City National Bank of Chicago*, 167 N.E.2d 442, 444 (Ill. App. 1960); *Wilmere* v. *Stibolt*, 504 N.E.2d 916, 918 (Ill. App. 1987); *Matter Estate of Stokes*, 587 N.E.2d 564, 568 (Ill. App. 1992); *Matter Estate of Hall*, 469 N.E.2d 378, 380 (Ill. App. 1984); *Lundmark* (o. Fn. 12), Grdz, Rn. 4.
Vgl. allgemein auch 33 Corpus Juris Secundum [= C.J.S.] (1998), Executors and Administrators, § 129 (beweglicher Nachlass), § 135 (unbeweglicher Nachlass); 31 American Jurisprudence 2d [= Am.Jur.2d] (1989/1992), Executors and Administrators, §§ 493, 532 (beweglicher Nachlass), §§ 490, 565 (unbeweglicher Nachlass).

Zwar hat in neuerer Zeit eine Reihe von Staaten die traditionelle Regel aufgegeben und ist dazu übergegangen, den Nachlass unmittelbar auf die erbberechtigten Personen übergehen zu lassen und ihn lediglich der Verfügungsgewalt des *personal representative* zu unterstellen.[94] Illinois zählt jedoch nicht zu diesen Staaten und folgt noch der herkömmlichen *Common Law*-Regel.

Nach dem Recht von Illinois geht die Berechtigung an den beweglichen Nachlassgegenständen somit nicht unmittelbar auf die testamentarisch bestimmten Erben über, sondern zunächst auf den *personal representative.* 92

b) Folgerungen für die Fassung des Erbscheins

aa) Erbeinsetzung

Der zu erteilende deutsche Erbschein soll einerseits die Rechtslage nach dem Recht von Illinois wiedergeben. Andererseits kann er aber nur „Erben", nicht Vermächtnisnehmern erteilt werden, und er bekundet nur Erbrechte, nicht Vermächtnisse (siehe § 2353 BGB).[95] 93

Diese Begriffe sind jedoch dem Recht von Illinois fremd, da dort nach den soeben dargelegten Grundsätzen der bewegliche Nachlass zunächst treuhänderisch auf den *personal representative* übergeht, während die am Nachlass Berechtigten lediglich „Ansprüche" gegen ihn auf Auskehrung des Nachlasses haben. Dies spräche an sich dafür, den *executor* als „Erben" zu bezeichnen. 94

Jedoch ist der *personal representative* nach US-amerikanischem Recht (sei es ein *executor*, sei es ein *administrator*) nur *formal-rechtlich* Inhaber des *legal title*; er hat den Nachlass nicht im eigenen, sondern im fremden Interesse inne. *Zugute* kommen soll die Erbschaft dagegen den gesetzlich oder testamentarisch begünstigten Personen. *Wirtschaftlich* entsprechen damit diese letztlich begünstigten Personen den „Erben" im Sinne des deutschen Rechts und stehen diesen deutlich näher als der *personal representative*. Daher ist es geboten, sie im Erbschein als „Erben" zu bezeichnen.[96] 95

Nur muss, um die infolge der Anwendbarkeit ausländischen Rechts bestehenden Besonderheiten zum Ausdruck zu bringen, im Erbschein auf das anwendbare Recht hingewiesen werden.[97] 96

---

94 Dazu etwa *Reimann* (o. Fn. 54), 205 f.; *Hay* (o. Fn. 1), Rn. 533. Vgl. auch § 3-101 UPC.

95 Vgl. nur *Palandt/Edenhofer* (o. Fn. 2), § 2353 BGB, Rn. 3.

96 KG v. 20.3.1972, IPRspr. [= Die deutsche Rechtsprechung auf dem Gebiete des Internationalen Privatrechts] 1972, Nr. 123; MüKo/*Birk* (o. Fn. 2), Art. 25 EGBGB, Rn. 335 f.; *Lüderitz* (o. Fn. 39), Rn. 421; *Hausmann*, FS Heldrich 2004, 663.

97 *Soergel/Schurig* (o. Fn. 4), Art. 25 EGBGB, Rn. 68; *Kegel/Schurig* (o. Fn. 1), 1023 f.; *Kropholler* (o. Fn. 89), 444; MüKo/*Birk* (o. Fn. 2), Art. 25 EGBGB, Rn. 333; *Palandt/Edenhofer* (o. Fn. 2), § 2369 BGB, Rn. 10; *Hausmann* (o. Fn. 96), 663.

bb) Testamentsvollstreckung

97 Darüber hinaus ist auch die Testamentsvollstreckung durch einen *executor* in den deutschen Erbschein mit aufzunehmen. Denn Zweck des Erbscheins ist es, die Verfügung über den Nachlass zu erleichtern: Die Verfügungsmacht des darin Ausgewiesenen wird vermutet und zugunsten Gutgläubiger fingiert (§§ 2365-2367 BGB). Deshalb muss der Erbschein die Verfügungsmacht genau angeben und insbesondere über Verfügungsbeschränkungen des Erben Auskunft geben.[98]

98 Entsprechend obigen Grundsätzen wird nach dem Recht von Illinois die Verfügungsbefugnis des Erben durch die Ernennung eines *executor* beschränkt oder entfällt ganz, solange die Erbschaftsverwaltung besteht. Demzufolge ist bei Erbfolge nach amerikanischem Recht grundsätzlich anzugeben, dass der Nachlass durch einen *executor* verwaltet wird.[99]

c) Stellung des executor hinsichtlich des in Deutschland belegenen Nachlasses

99 Teilweise ist man jedoch der Auffassung, die Befugnisse des *executor* seien schon aus der Sicht des US-amerikanischen Rechts auf das eigene Rechtsgebiet beschränkt und würden sich nicht auf Nachlassgegenstände im Ausland erstrecken.[100] Danach *könnte* der in einem US-Staat eingesetzte *executor* in einem anderen Staat gar nicht tätig werden. Dieser Ansatz wird dann meist um eine entsprechende „versteckte“ kollisionsrechtliche Rückverweisung auf die lex fori (hier also deutsches Recht) ergänzt.[101]

Folge der Rückverweisung wäre, dass Fragen der Testamentsvollstreckung auch hinsichtlich des in Deutschland belegenen *beweglichen* Vermögens nach *deutschem* Recht zu beurteilen wären. Hinsichtlich dieses Nachlasses hätte die Erblasserin somit, indem sie einen *executor* nach US-amerikanischem Recht einsetzte, „unter falschem Recht“ gehandelt. Es würden somit auch für den im Inland belegenen *beweglichen* Nachlass die Rn. 104 ff. dargelegten Grundsätze gelten.[102]

---

98 *Soergel/Schurig* (o. Fn. 4), Art. 25 EGBGB, Rn. 68; *Kegel/Schurig* (o. Fn. 1), 1022 f.; MüKo/*Birk* (o. Fn. 2), Art. 25 EGBGB, Rn. 332; *Palandt/Edenhofer* (o. Fn. 2), § 2353 BGB, Rn. 1.

99 *Soergel/Schurig* (o. Fn. 4), Art. 25 EGBGB, Rn. 68; *Kegel/Schurig* (o. Fn. 1), 1023 f.; *Lüderitz* (o. Fn. 39), Rn. 421; *Hausmann* (o. Fn. 96), 663 f.; LG Hamburg v. 2.9.1977, IPRspr. 1977, Nr. 104; IPG 1997 Nr. 43 *(Köln)*, 573 f.; IPG 1998 Nr. 39 *(Köln)*, 595 f.

100 *Firsching* (o. Fn. 3), Rn. 55d; *Wohlgemuth*, MittRhNotK 1992, 103, 105 - 109; LG Hamburg v. 29.7.1980, IPRspr. 1980, Nr. 190; wohl auch *Ferid*, Internationales Privatrecht, 3. Aufl. 1986, Rn. 9-81.

101 Für eine Rückverweisung etwa *Firsching* (o. Fn. 3), Rn. 60d; *Staudinger/Dörner* (o. Fn. 1), Art. 25 EGBGB, Rn. 647; *Ferid* (o. Fn. 100), Rn. 9-21, 9-81; KG v. 20.3.1972, IPRspr 1972, Nr. 123; IPG 1978 Nr. 39 *(München)*, 435 f. (betr. Recht von Connecticut).

102 Vgl. insb. zum Handeln unter falschem Recht Rn. 104 ff.

Damit wird jedoch das US-amerikanische Recht meines Erachtens nicht zutreffend gedeutet. Nicht der Einsetzungsstaat begrenzt die jeweiligen Befugnisse territorial, sondern andere Staaten „blocken“ diese „ab“, weil sie selbst die Kontrolle über die Nachlassabwicklung haben wollen.[103] Damit weicht das amerikanische Recht nur gegebenenfalls vor einem territorialen Regelungsanspruch des Belegenheitsstaates zurück, nicht aber beschränkt es von vornherein selbst seinen Anwendungsbereich.[104] 100

Aus *deutscher* Sicht besteht aber kein Grund, die Befugnisse des ausländischen *executors* hinsichtlich des in Deutschland belegenen Nachlasses nicht anzuerkennen.[105] 101

Ein in Illinois nach dem dortigen Recht eingesetzter *executor* ist somit auch befugt, über in Deutschland belegene Nachlassgegenstände nach Maßgabe des Rechts von Illinois zu verfügen. Aus den Akten ergibt sich, dass der *Circuit Court for the 16th Judicial Circuit*, Kane County, Illinois, am 14.2.2005 das Testament der Erblasserin eröffnet hat und der F. Bank als *executor* die *letters testamentary* (das Zeugnis für den Nachlassverwalter) erteilt wurden. Damit ist die F. Bank auch hinsichtlich des in Deutschland belegenen beweglichen Nachlasses *executor* nach dem Recht von Illinois. 102

Zur Frage der Rechtsnachfolge der F. Bank wird im Rahmen des Gutachtens nicht Stellung genommen; vgl. insofern oben Rn. 1.

Ein entsprechender Vermerk ist daher in den Erbschein nach § 2369 BGB aufzunehmen. 103

---

103 Deutlich in diesem Sinne 31 Am.Jur.2d, Executors and Administrators, §§ 1070-1072, 1076; 34 C.J.S., Executors and Administrators, § 915. Vgl. auch *Scoles/Hay/Borchers/Symeonides* (o. Fn. 10), 1183 - 1189 (m.w.N.).

104 Vgl. auch *Hausmann* (o. Fn. 96), 657 f., betr. englisches Recht.

105 *Soergel/Schurig* (o. Fn. 4), Art. 25 EGBGB, Rn. 72, 86; *Schurig* (o. Fn. 91), 446 f.; *Hausmann* (o. Fn. 96), 659 - 662; IPG 1998 Nr. 39 *(Köln)*, 592 - 594 (betr. Recht von Iowa); IPG 1997 Nr. 43 *(Köln)*, 565 - 568 (betr. Recht von California); IPG 1967/68 Nr. 74 *(Köln)*, 820 f. (betr. Recht von New Jersey); IPG 1967/68 Nr. 6 *(Hamburg)*, 716 f. (betr. englisches Recht). Vgl. auch LG Heidelberg v. 3.4.1991, IPRax 1992, 170 (executor nach amerikanischem Recht zur gerichtlichen Geltendmachung von Nachlassforderungen in Deutschland befugt); BGH, WM 1969, 72 f. (betr. executor nach englischem Recht).

3. Inhalt des Eigenrechtserbscheins hinsichtlich des im Inland belegenen unbeweglichen Nachlassvermögens

a) Problemstellung

104 Bei der Beurteilung der testamentarischen Erbfolge nach deutschem Recht ist zu beachten, dass das Testament der Erblasserin vom 13.6.1970 auf der Grundlage des Erbrechts von Illinois errichtet wurde. Die testamentarischen Bestimmungen können daher nicht ohne weiteres unter die Regelungen und Begriffe des deutschen bürgerlichen Rechts eingeordnet werden.

105 Es handelt sich hier um einen Fall des „Handelns unter falschem Recht". In einem solchen Fall muss bestimmt werden, ob die auf dem Boden einer nicht berufenen Rechtsordnung (hier des Rechts von Illinois) getroffenen Anordnungen nach dem aus unserer Sicht anwendbaren (hier deutschen) Recht so auszulegen sind, dass sie einem Rechtsinstitut des berufenen Rechts entsprechen.[106]

b) Erbeinsetzung

106 Nach den oben Rn. 88 ff. dargelegten Grundsätzen geht nach dem Recht von Illinois der *legal title* an *unbeweglichen* Nachlassgegenständen nicht auf den *executor*, sondern unmittelbar auf den testamentarisch eingesetzten Erben über. *Insofern* besteht also in der Rechtsstellung des testamentarisch Begünstigten Übereinstimmung mit dem deutschen Recht. Die Zuwendung des Nachlasses an die gesetzlichen Erben der Erblasserin und ihres Ehemanns kann daher auf der Grundlage des BGB ohne weiteres als Erbeinsetzung ausgelegt werden.

c) Testamentsvollstreckung

107 Die Ernennung und die rechtliche Stellung eines Testamentsvollstreckers unterliegen bezüglich des in Deutschland belegenen unbeweglichen Nachlassvermögens nach den oben dargelegten Grundsätzen deutschem Recht.

108 Nach § 2197 Abs. 1 BGB ist die testamentarische Anordnung einer Testamentsvollstreckung möglich. Eine solche könnte darin liegen, dass die Erblasserin in der letzten Testamentsklausel ihren Ehemann und hilfsweise die N. Bank, Illinois, als *executor* eingesetzt hat.

---

[106] BayObLG v. 18.3.2003, BayObLGZ 2003, 68, 82; BayObLG v. 1.2.1980, BayObLGZ 1980, 42; OLG Frankfurt v. 25.9.1958, IPRspr. 1958/59, Nr. 145; *Soergel/Schurig* (o. Fn. 4), Art. 25 EGBGB, Rn. 77, Art. 26 EGBGB, Rn. 41; *Kegel/Schurig* (o. Fn. 1), 66; *Staudinger/Dörner* (o. Fn. 1), Art. 25 EGBGB, Rn. 252, 261; MüKo/*Sonnenberger* (o. Fn. 2), Einl., Rn. 559; *Firsching* (o. Fn. 3), Rn. 62a, 62b.

Die Frage, ob die Einsetzung eines *executor* (im Sinne des US-amerikanischen Rechts) als Ernennung eines Testamentsvollstreckers nach §§ 2197 ff. BGB ausgelegt werden kann, ist umstritten. 109

Nach wohl herrschender Meinung ist eine Testamentsvollstreckung in diesem Sinne nur dann anzunehmen, wenn der Erblasser dem *executor* besondere, über die bloße *administration* hinausgehende Funktionen hinsichtlich seines Nachlasses zuweisen wollte. Demnach soll die Einsetzung eines *executor keine* Testamentsvollstreckerbenennung im Sinne des deutschen Rechts beinhalten, wenn der Erblasser nur den Anforderungen des amerikanischen Rechts Rechnung tragen wollte und die Benennung nur erfolgte, um die gerichtliche Bestellung eines *administrator* zu vermeiden.[107] 110

Eine solche Differenzierung erforderte jedoch eine in der praktischen Rechtsanwendung kaum mögliche Erforschung der hinter der Ernennung eines *executor* stehenden Vorstellungen und Wünsche des Erblassers. Denn auch *ohne* die Zuweisung besonderer Funktionen kann der Erblasser sehr wohl ein Interesse an der Abwicklung und insbesondere auch der Verteilung des Nachlasses durch die als *executor* eingesetzte Person haben. 111

So erfolgte im hier zu beurteilenden Fall zwar die primär gewünschte Einsetzung des *Ehemanns* der Erblasserin als *executor* sicherlich nur zur Vermeidung der gerichtlichen Ernennung einer anderen Person zum *administrator*, da der Ehemann auch Alleinerbe werden sollte. 112

Diese Einsetzung eines *executor* wäre auf dem Boden des deutschen Rechts ohnehin schon deshalb unbeachtlich, weil nach deutschem Recht der Alleinerbe nicht gleichzeitig alleiniger Testamentsvollstrecker sein kann.[108] Insofern käme es also gar nicht darauf an, ob dem *executor* überhaupt besondere Funktionen zugewiesen werden müssen, damit er als Testamentsvollstrecker im Sinne des deutschen Rechts anzusehen ist.[109]

Was die für den Fall des Vorversterbens des Ehemanns getroffenen Anordnungen angeht, ist die Lage jedoch eine völlig andere. Denn die Erblasserin hat einen Personenkreis von Erben eingesetzt, von dem schon im Zeitpunkt der Testamentserrichtung abgesehen werden konnte, dass er eher groß sein würde. Zudem hat sie nicht einen der Erben selbst eingesetzt, sondern eine Bank, die sich durch ihre geschäftliche Stellung besonders zum *executor* eignet.[110] Hier ist ohne weiteres 113

---

[107] So insb. BayObLG v. 1.2.1980, BayObLGZ 1980, 42, 48; OLG Brandenburg v. 2.4.2001, FGPrax 2001, 206 (unter II 2 b-d); grundsätzlich auch *Staudinger/Dörner* (o. Fn. 1), Art. 25 EGBGB, Rn. 257, 853; *Firsching* (o. Fn. 3), Rn. 62b.

[108] *Palandt/Edenhofer* (o. Fn. 2), § 2197 BGB, Rn. 8; MüKo/*Zimmermann*, Bd. 9: Erbrecht, 4. Aufl. 2004, § 2197 BGB, Rn. 11.

[109] Vgl. insofern auch OLG München v. 13.3.1967, WM 1967, 812, 815.

[110] Dies sind nach *Staudinger/Dörner* (o. Fn. 1), Art. 25 EGBGB, Rn. 257, Gesichtspunkte, die dafür sprechen, die Ernennung eines executor auch nach deutschem Recht als Bestellung eines Testa-

vorstellbar, dass der Erblasserin nicht *nur* daran gelegen war, *formal* den Anforderungen des amerikanischen Erbrechts zu genügen, sondern dass sie auch ein *sachliches* Interesse daran hatte, dass die Nachlassabwicklung und -verteilung durch eine besonders fachkundige Person (und nicht durch einen großen Kreis, möglicherweise zerstrittener Erben) durchgeführt würde.

114 Angesichts derartiger Unsicherheiten spricht meines Erachtens viel dafür, schon als allgemeine Regel die Einsetzung eines *executors* auf der Grundlage des deutschen Rechts *grundsätzlich* als Bestellung eines Testamentsvollstreckers anzusehen.[111] Zumindest aber im hier zu beurteilenden Fall sprechen die erwähnten Gesichtspunkte dafür, die Ernennung der N. Bank als Einsetzung eines Testamentsvollstreckers im Sinne des § 2197 BGB anzusehen.

Letztlich ist dies eine Frage der Testamentsauslegung auf Grundlage des insofern berufenen deutschen Rechts, die vom Gericht unter Berücksichtigung aller Umstände zu entscheiden ist.

Eine Frage des deutschen Sachrechts ist es auch, ob die ursprüngliche Ernennung der N. Bank sich auch auf ihre Rechtsnachfolgerin F. Bank erstreckt. Diese Frage ist nicht Gegenstand des Gutachtens.[112]

115 Da die Testamentsvollstreckung hinsichtlich des inländischen unbeweglichen Nachlasses *deutschem* Recht unterliegt, gelten für die Rechtsstellung des Testamentsvollstreckers insofern die §§ 2197 ff. BGB. Soweit ein Tätigwerden des Nachlassgerichts erforderlich ist (etwa nach § 2202 BGB), kommt insofern nach dem Gleichlaufgrundsatz (oben Rn. 82) den *deutschen* Gerichten die internationale Zuständigkeit zu.

4. Vorschlag zur Fassung des Erbscheins

116 Nach den dargelegten Grundsätzen könnte der zu erteilende Erbschein lauten:

„Die am 25.3.2004 in Geneva, Illinois, USA verstorbene L. ist beerbt worden:

I. hinsichtlich des in Deutschland belegenen beweglichen Nachlasses:

nach dem Recht von Illinois je zu 1/19 von:

1. ...

---

mentsvollstreckers anzusehen.

111 Zumindest ohne weitergehende einschränkende Prüfung wird die Ernennung eines executors (nach kanadischem Recht) umgedeutet in die eines Testamentsvollstreckers nach deutschem Recht jüngst auch von BayObLG v. 18.3.2003, BayObLGZ 2003, 68, 83 f. Auch nach OLG München v. 13.3.1967, WM 1967, 812, 815, ist die Einsetzung eines executor „grundsätzlich" als Einsetzung eines Testamentsvollstreckers i.S.d. deutschen Rechts zu verstehen.

112 Vgl. zur Beurteilung dieser Frage in Bezug auf den dem Recht von Illinois unterliegenden Nachlassteil oben Rn. 1 und 102.

2. ...

...

19. ...

Es ist Testamentsvollstreckung durch einen „executor" nach dem Recht von Illinois angeordnet.

II. hinsichtlich des in Deutschland belegenen unbeweglichen Nachlasses:

nach deutschem Recht je zu ... von:

...

Es ist Testamentsvollstreckung nach deutschem Recht angeordnet."

Für ein gegebenenfalls zu erteilendes Testamentsvollstreckerzeugnis gelten die vorangegangenen Ausführungen entsprechend.

VI. Existenz eines Erbscheins oder ähnlichen Dokuments nach dem Recht der Vereinigten Staaten von Amerika

Aus den oben Rn. 88 ff. näher dargelegten Grundsätzen folgt, dass nach dem 117 Erbrecht der US-amerikanischen Staaten der Nachlass zunächst auf den *personal representative* übergeht oder zumindest seiner Verwaltungs- und Verfügungsbefugnis unterliegt und erst nach Abschluss des Nachlassverfahrens (insbesondere nach Begleichung der Nachlassverbindlichkeiten) an die Erben übertragen wird. Für den Rechtsverkehr wichtig ist damit in erster Linie nicht die Berechtigung der Erben, sondern diejenige des *personal representative.* Daraus erklärt sich, dass das US-amerikanische Erbrecht keinen Erbschein in unserem Sinne kennt, wohl aber ein Zeugnis, das die Berechtigung des *personal representative* ausweist, die sog. *letters testamentary*. Für die Bezeichnung der Erben in einem deutschen Erbschein hat dieses Zeugnis aber keine Bedeutung, da der *personal representative* trotz seiner formalen Stellung nicht als „Erbe" anzusehen ist (dazu näher oben Rn. 93 und Rn. 106).

VII. Notwendigkeit einer erneuten Testamentseröffnung in Deutschland

Grundsätzlich ist eine letztwillige Verfügung jedenfalls zu eröffnen, soweit eine 118 internationale Zuständigkeit des Nachlassgerichts besteht.[113] Nicht einheitlich beurteilt wird im Schrifttum die Frage, ob eine Eröffnung unterbleiben kann, wenn eine solche wie hier bereits im Ausland erfolgt ist. Zum Teil wird in einem solchen Fall

[113] BayObLG v. 7.2.1958, BayObLGZ 1958, 34; MüKo/*Hagena* (o. Fn. 108), § 2260 BGB, Rn. 53; *Staudinger/Baumann* (o. Fn. 1), 2003, § 2260 BGB, Rn. 20; *Soergel/Mayer*, Bd. 22: Erbrecht 2, 13. Aufl. 2003, § 2260 BGB, Rn. 6; *Palandt/Edenhofer* (o. Fn. 2), § 2260 BGB, Rn. 3; *Firsching/Graf*, Nachlassrecht, 8. Aufl. 2000, Rn. 4.34.

eine erneute Eröffnung allgemein für entbehrlich erachtet,[114] zum Teil nur unter der Einschränkung, dass durch die ausländische Eröffnung auch für das deutsche Verfahren der Zweck der Eröffnung erreicht wird.[115] Von manchen wird eine erneute Eröffnung zumindest für einen Erbschein nach *§ 2369 BGB* für entbehrlich gehalten,[116] während eine erneute Eröffnung erforderlich sein soll, soweit deutsches Recht gilt,[117] also für einen Erbschein nach *§ 2353 BGB*. Bei dieser Frage handelt es sich aber um eine Frage des *deutschen* Nachlassverfahrensrechts, die als solche der alleinigen Entscheidung des Gerichts unterliegt.

D. Ergebnis

119 1. Die Erbfolge in das bewegliche Vermögen der Erblasserin richtet sich nach dem Recht von Illinois, die Erbfolge in das in Deutschland belegene unbewegliche Vermögen nach deutschem Recht.

2. Das Testament der Erblasserin vom 13.6.1970 ist nach dem Recht von Illinois formwirksam errichtet.

3. Soweit die Erbfolge dem Recht von Illinois unterliegt (also hinsichtlich des beweglichen Nachlassvermögens), sind Erben nach dem Testament vom 13.6.1970 die dort näher bezeichneten Personen zu je 1/19. Die Beurteilung der Erbfolge aufgrund deutschen Rechts (hinsichtlich des in Deutschland belegenen unbeweglichen Nachlassvermögens) ist nicht Gegenstand des Gutachtens.

4. Hinsichtlich des in Deutschland belegenen beweglichen Nachlasses ist ein Erbschein nach § 2369 BGB zu erteilen. Insofern sind die nach Nr. 3 bestimmten Personen als Erben nach dem Recht von Illinois auszuweisen und die Anordnung einer Testamentsvollstreckung nach dem Recht von Illinois zu vermerken.

5. Hinsichtlich des in Deutschland belegenen unbeweglichen Nachlasses ist ein Erbschein nach § 2353 BGB zu erteilen. Insofern sind die betreffenden Erben nach deutschem Recht auszuweisen und die Anordnung einer Testamentsvollstreckung nach deutschem Recht zu vermerken.

6. Die beiden Erbscheine können als Doppelerbschein in einer Urkunde zusammengefasst werden.

---

114 *Staudinger/Dörner* (o. Fn. 1), Art. 25 EGBGB, Rn. 805; *Firsching/Graf* (o. Fn. 113), Rn. 4.34.

115 MüKo/*Hagena* (o. Fn. 108), § 2260 BGB, Rn. 52.

116 *Staudinger/Baumann* (o. Fn. 1), § 2260 BGB, Rn. 22.

117 So wohl *Staudinger/Baumann* (o. Fn. 1), § 2260 BGB, Rn. 23 (Entbehrlichkeit der Eröffnung in diesen Fällen „erscheint zweifelhaft“); wohl auch *Soergel/Mayer* (o. Fn. 113), § 2260 BGB, Rn. 5.

7. In den USA existiert kein dem Erbschein entsprechendes oder ähnliches Dokument.

8. Die Notwendigkeit einer erneuten Testamentseröffnung in Deutschland ist vom Nachlassgericht eigenständig auf der Grundlage des deutschen Rechts zu beurteilen.

Nr. 40

Slowenien

1. **Errichten Ehegatten unterschiedlicher Staatsangehörigkeit ein gemeinschaftliches Testament und wird der erstversterbende Ehegatte nach deutschem Recht beerbt, so hängt die Wirksamkeit einer wechselbezüglichen Verfügung des Erblassers gem. § 2270 Abs. 1 BGB davon ab, ob die entsprechende Verfügung des anderen Ehegatten wirksam ist (Vorfrage).**
2. **Bei gemeinschaftlichen Testamenten kann ein späterer Wechsel des für die materielle Wirksamkeit gem. § 26 Abs. 5 EGBGB maßgeblichen hypothetischen Erbstatuts im Errichtungszeitpunkt (Errichtungsstatut) jedenfalls ab dem Zeitpunkt des Todes des Erstversterbenden nicht mehr zur nachträglichen Wirksamkeit der im Errichtungszeitpunkt unwirksamen letztwilligen Verfügung führen.**
3. **Nach slowenischem materiellen Recht sind gegenseitige Testamente insoweit unwirksam, als sich die Testierenden gegenseitig bedenken.**

Das Amtsgericht Augsburg, Zweigstelle Schwabmünchen – Nachlassgericht – bittet in der Nachlasssache H. (Gesch. Nr. VI 0593/05) um ein Gutachten zum deutschen und slowenischen internationalen Erbrecht.

München G 10300 - 6.2 vom 9.2.2006

A. Sachlage

1 Am 26.11.2006 ist in Bobingen der deutsche Staatsangehörige R. H. verstorben. Der Erblasser wird von seiner Ehefrau, N. H., geb. G., sowie seinen Eltern überlebt. Der Erblasser hatte keine Kinder und auch nicht adoptiert.

Am 31.7.2003 haben der Erblasser und seine Ehefrau ein durch die Ehefrau handschriftlich verfasstes und vom Erblasser mitunterzeichnetes gemeinschaftliches Testament errichtet. In diesem Testament haben sich die Eheleute gegenseitig zu Alleinerben sowie bestimmte Personen zu Erben des jeweils Zweitversterbenden eingesetzt. Die Ehefrau des Erblassers war zumindest zum Zeitpunkt der Testamentserrichtung ausschließlich slowenische Staatsangehörige.

B. Anfrage

2 Das Gericht bittet um ein Gutachten zur Frage des Erbstatuts von Frau H. zum Zeitpunkt der Testamentserrichtung. Sollte slowenisches Recht anwendbar sein, soll

zur Frage der Wirksamkeit des gemeinschaftlichen Testaments nach slowenischem Recht Stellung genommen werden.

C. Rechtslage

I. Vorbemerkung

Die Frage des Erbstatuts nach der überlebenden Ehefrau des Erblassers stellt sich hier im Kontext der Wirksamkeit der Verfügung des Erblassers. 3

1. Erbstatut

Der Erblasser selbst wird, da er zum Zeitpunkt seines Todes deutscher Staatsangehöriger war, gem. Art. 25 Abs. 1 EGBGB nach deutschem Recht beerbt. 4

2. Wirksamkeit der letztwilligen Verfügung der überlebenden Ehefrau als Vorfrage

Da der Erblasser und seine Ehefrau ein gemeinschaftliches Testament i.S.v. §§ 2265 ff. BGB errichtet haben, handelt es sich bei der gegenseitigen Erbeinsetzung nach der hier wohl unwiderlegten Vermutungsregelung des § 2270 Abs. 2 BGB um sog. wechselbezügliche Verfügungen. 5

Nach § 2270 Abs. 1 BGB hängt damit die Wirksamkeit der Verfügung des Erblassers von der Wirksamkeit der Verfügung seiner Ehefrau ab. 6

Aus diesem Grund ist im Rahmen der deutschem Recht unterliegenden Erbfolge nach dem Erblasser die Wirksamkeit der Verfügung seiner Ehefrau zu prüfen. 7

Kollisionsrechtlich gesehen handelt es sich insoweit um eine sogenannte Vorfrage, die nicht nach dem Statut der Hauptfrage, d.h. hier nach deutschem Recht, zu entscheiden ist, sondern kollisionsrechtlich gesondert anzuknüpfen ist. Damit ist zunächst das auf die Wirksamkeit der Verfügung der Ehefrau anwendbare Recht zu ermitteln. 8

Die in Rechtsprechung und Literatur streitige Frage, ob Vorfragen selbständig oder unselbständig anzuknüpfen sind,[1] ist dabei vorliegend nicht entscheidungserheblich, da die Hauptfrage (Erbfolge nach dem Erblasser) ebenfalls deutschem Recht unterliegt. Damit würde im vorliegenden Fall sowohl eine selbständige als auch eine unselbständige Anknüpfung der Vorfrage vom deutschen Kollisionsrecht ausgehen. 9

---

[1] S. dazu nur *Bamberger/Roth (Lorenz)*, BGB, 2003, Vor Art. 3 EGBGB, Rn. 63 ff. m.w.N.

3. Formstatut

10 Die Formwirksamkeit des Testaments beurteilt sich gem. Art. 26 Abs. 1 Nr. 1 EGBGB bzw. Art. 1 Abs. 1 lit. a des Haager Testamentsformübereinkommens aus dem Jahre 1961 u.a. nach deutschem Recht als dem Recht des Ortes, an welchem die Verfügung errichtet wurde.[2]

11 Da die letztwillige Verfügung vom 31.7.2003 offensichtlich den §§ 2267, 2247 BGB entspricht, ist für die Frage der Formwirksamkeit eine weitere Anknüpfung nicht erforderlich.

II. (Hypothetisches) Erbstatut nach der Ehefrau des Erblassers (Errichtungsstatut)

1. Heimatrecht

12 Mangels vorrangiger staatsvertraglicher Regelungen unterliegt die Erbfolge gem. Art. 25 Abs. 1 EGBGB dem Heimatrecht des Erblassers zum Zeitpunkt seines Todes.

13 Da die Staatsangehörigkeit zu diesem Zeitpunkt bei der Errichtung einer letztwilligen Verfügung noch nicht endgültig feststeht, erklärt Art. 26 Abs. 5 EGBGB für die Frage der *materiellen* Gültigkeit einer Verfügung von Todes wegen und der Bindung an sie das Recht für anwendbar, das im Zeitpunkt der Testamentserrichtung auf die Rechtsnachfolge von Todes wegen anzuwenden gewesen wäre (sog. „hypothetisches Erbstatut" oder „Errichtungsstatut").

14 Ist die letztwillige Verfügung nach diesem (hypothetischen) Erbstatut unwirksam, so bleibt es dabei auch dann, wenn das hypothetische oder tatsächliche Erbstatut nach Errichtung der Verfügung wechselt. Damit kann eine insoweit unwirksame letztwillige Verfügung insbesondere *nicht* durch einen Wechsel der Staatsangehörigkeit des Testierenden nachträglich Wirksamkeit erlangen.[3]

15 Dies muss in Fällen wie dem vorliegenden jedenfalls ab dem Zeitpunkt des Todes des Erstversterbenden gelten, weil die Wirksamkeit dessen letztwilliger Verfügung zu diesem Zeitpunkt feststehen muss.

16 Da die Ehefrau des Erblassers zum Zeitpunkt der Testamentserrichtung ausschließlich slowenische Staatsangehörige war, verweist Art. 25 EGBGB i.V.m.

[2] Zur nicht entscheidungserheblichen Frage des Anwendungsvorrangs des (im Wesentlichen inhaltsgleichen) Haager Testamentsformübereinkommens vor Art. 26 EGBGB s. nur *Bamberger/Roth (Lorenz)* (o. Fn. 1), Art. 26 EGBGB, Rn. 2 m.w.N.

[3] Ganz h.M., s. speziell zu gemeinschaftlichen Testamenten etwa *Staudinger/Dörner*, BGB, 2000, Art. 25 EGBGB, Rn. 303; *Erman/Hohloch*, BGB, 11. Aufl. 2004, Art. 26 EGBGB, Rn. 32 m.w.N.; differenzierend *Bamberger/Roth (Lorenz)* (o. Fn. 1), Art. 26 EGBGB, Rn. 15.

Art. 26 Abs. 5 EGBGB für die Frage der Wirksamkeit der Verfügung der Ehefrau auf slowenisches Recht. Eine etwaige nachträgliche Änderung der Staatsangehörigkeit hat auf die Wirksamkeit der letztwilligen Verfügung vom 31.7.2003 keinen Einfluss.

2. Gesamtverweisung

17 Diese Verweisung versteht sich nach Art. 4 Abs. 1 S. 1 EGBGB als Gesamtverweisung. Eine Rück- oder Weiterverweisung des slowenischen Internationalen Privatrechts wäre damit zu beachten.

3. Slowenisches Internationales Privatrecht

18 Das slowenische Internationale Privatrecht ist im Gesetz über das Internationale Privatrecht vom 30.6.1999 (IPRG) geregelt.

19 Nach Art. 32 Abs. 1 IPRG folgt auch das slowenische Internationale Erbrecht dem Staatsangehörigkeitsprinzip.

20 Die Vorschrift lautet in deutscher Übersetzung:[4]

Art. 32 IPRG

(1) Auf die Erbschaft ist das Recht des Staates anzuwenden, dessen Staatsangehöriger der Erblasser bei Todeseintritt war.

(2) [...] (betrifft Testierfähigkeit)

21 Das slowenische Internationale Privatrecht nimmt daher die Verweisung des deutschen Rechts an.

4. Zwischenergebnis zum Kollisionsrecht

22 (Hypothetisches) Erbstatut der Ehefrau des Erblassers zum Zeitpunkt der Testamentserrichtung ist damit slowenisches Recht.

---

4 Zitat dieser und der folgenden Vorschriften des slowenischen Rechts in deutscher Übersetzung nach *Ferid/Firsching/Dörner/Hausmann*, Internationales Erbrecht, Bd. VII: Slowenien, Texte, S. 1 ff.

III. Slowenisches materielles Recht

1. Rechtsquelle

23 Das slowenische materielle Erbrecht ist im Erbschaftsgesetz (ErbG) vom 26.5.1976 geregelt.[5]

2. Gewillkürte Erbfolge

24 Das slowenische Erbrecht kennt die Beerbung kraft Gesetzes sowie die Beerbung kraft letztwilliger Verfügung. Die gesetzliche Erbfolge tritt nur ein, wenn keine gültige letztwillige Verfügung vorliegt.[6] Das ergibt sich aus Art. 7 und Art. 8 ErbG:

> Art. 7 ErbG. Erbtitel
>
> Geerbt werden kann auf der Grundlage des Gesetzes oder auf der Grundlage einer letztwilligen Verfügung.
>
> Art. 8 ErbG. Letztwillige Verfügung
>
> Der Verfügende kann durch letztwillige Verfügung in der Weise und in den Grenzen verfügen, wie dies das Gesetz bestimmt.

25 Art. 78 Abs. 1 ErbG erlaubt ausdrücklich die Einsetzung eines Erben:

> Art. 78 ErbG. Bestimmung des Erben
>
> (1) Der letztwillig Verfügende kann in der letztwilligen Verfügung einen oder mehrere Erben bestimmen.
>
> (2) [...]

3. Gemeinschaftliche letztwillige Verfügungen

26 Das slowenische ErbG enthält keine Regelungen über gemeinschaftliche Testamente. Eine ausdrückliche Regelung enthält das Gesetz nur über Erbverträge. Diese sind nach Art. 103 ErbG ungültig.

27 Die Vorschrift lautet:

> Art. 103 ErbG. Ungültigkeit eines Erbvertrages.
>
> Ungültig ist ein Vertrag, durch den jemand seinen Nachlass oder einen Teil desselben seinem Vertragspartner oder einem anderen überlässt.

---

5 S. dazu *Ferid/Firsching/Dörner/Hausmann (Geč-Korošec)* (o. Fn. 4), Slowenien Grundzüge, Rn. 3 ff.

6 S. nur *Ferid/Firsching/Dörner/Hausmann (Geč-Korošec)* (o. Fn. 4), Rn. 65.

Wie zahlreiche Rechtsordnungen des romanischen Rechtskreises, insbesondere 28
aber auch die Rechtsordnungen der früheren jugoslawischen Republik, will damit auch das slowenische Recht lebzeitige Bindungen des Erblassers ausschließen.

Hieraus wird in Rechtsprechung und Literatur geschlossen, dass das sloweni- 29
sche Recht, wie bereits das frühere (gesamt)jugoslawische Recht, aus inhaltlichen Gründen, nämlich um die absolute Verfügungsfreiheit zu gewährleisten, nicht nur vertragliche oder vertragsähnliche Bindungen bei Verfügungen von Todes wegen verneint, sondern auch gemeinschaftliche Testamente als unzulässig ansieht.[7]

Diese sind zumindest insoweit unwirksam, als sich die Testierenden gegenseitig 30
erbrechtlich begünstigen.[8]

Dabei handelt es sich wegen der verfolgten ratio der Regelung um ein unter das 31
hier maßgebliche (hypothetische) Erbstatut fallendes *materiellrechtliches* Verbot und nicht lediglich um eine Formvorschrift, die wegen der Anwendbarkeit deutschen Rechts auf die Form des Testaments vom 31.7.2003[9] unbeachtlich wäre.[10]

D. Ergebnis

1. Der Erblasser wird gem. Art. 25 Abs. 1 EGBGB nach deutschem Recht beerbt. 32
2. Die Frage der Formwirksamkeit der letztwilligen Verfügung untersteht u.a. deutschem materiellen Recht. Danach ist das Testament offensichtlich formwirksam errichtet.
3. Die Wirksamkeit der letztwilligen Verfügung der Ehefrau des Erblassers ist Vorfrage im Rahmen der Beurteilung der Wirksamkeit seiner letztwilligen Verfügung vom 31.7.2003.
4. Die materielle Wirksamkeit der Verfügung der überlebenden Ehefrau des Erblassers unterliegt gem. Art. 26 Abs. 5 i.V.m. Art. 25 Abs. 1 EGBGB slowenischem Recht, welches die Verweisung annimmt.
5. Nach slowenischem materiellen Recht sind gegenseitige Testamente zumindest insoweit unwirksam, als sich die Testierenden gegenseitig bedenken. Dabei handelt es sich um ein materiellrechtliches Verbot und nicht lediglich um eine Formvorschrift.

---

7 So speziell zum slowenischen Recht *Henrich/Schwab (Geč-Korošec/Kraljič)*, Familienerbrecht und Testierfreiheit im europäischen Vergleich, 2001, 289 f. m.w.N.; *Umstätter*, DNotZ 1984, 532, 540; aus der deutschen Rspr. s. OLG Zweibrücken, FamRZ 1992, 608, 609 (zum früheren gesamtjugoslawischen Recht).

8 S. *Henrich/Schwab (Geč-Korošec/Kraljič)* (o. Fn. 7), 290.

9 S.o. Rn. 17.

10 S. dazu *Staudinger/Dörner* (o. Fn. 3), Art. 25 EGBGB, Rn. 312.

3. Testamentsvollstreckung

Siehe Nr. 39 (Tübingen)

4. Pflichtteil, Noterbrecht

Nr. 41

Spanien

1. **Zwangserbrecht der Eltern nach mallorquinischem Recht.**
2. **Rechtsstellung der Zwangserben.**
3. **Ausschlagung des Zwangserbrechts.**

Das Amtsgericht Passau, Zweigstelle Rotthalmünster, hat in der Nachlasssache J. (Az. ZL 2 VI 0016/05) um ein ergänzendes Gutachten über internationales und spanisches Erbrecht gebeten.

Passau vom 10.8.2005

A. Sachlage

1 Zum Sachverhalt des Gutachtens vom 7.7.2005[*] ergeben sich folgende Änderungen: Das Gericht hat Kenntnis erhalten, dass der Vater der Erblasserin H. J., österreichischer Staatsangehöriger, geb. 7.2.1906, noch in Wien lebt. Der Antragsteller H. L. gibt an, der Vater der Erblasserin wolle nichts aus der Erbschaft erhalten.

B. Anfrage

2 Das Amtsgericht Passau, Zweigstelle Rotthalmünster, bittet um eine ergänzende Stellungnahme zu der Frage, ob die Existenz eines Zwangserben nach dem auf Mallorca geltenden Recht Einfluss auf den zu erteilenden Erbschein hat.

[*] *Anm. d. Red.:* In diesem Band abgedruckt unter Nr. 38 *(Passau)*.

C. Rechtslage

I. Zwangserbrecht des Vaters der Erblasserin

Die balearische Kompilation enthält in ihren Art. 41-51 Vorschriften über das Zwangserbrecht *(legítima)*. Art. 41 der balearischen Kompilation (CompB) bestimmt den Kreis möglicher Zwangserben. 3

Die Vorschrift lautet:[1]

„Noterbberechtigt sind zu den sich aus den folgenden Artikeln ergebenden Bedingungen:

1. Die leiblichen, ehelichen und nichtehelichen Kinder und Abkömmlinge sowie die angenommenen Kinder und Abkömmlinge.
2. Die leiblichen oder Adoptiveltern.
3. Der überlebende Ehegatte."

Der Zwangserbteil der Eltern ergibt sich aus Art. 43 CompB. 4

Die Vorschrift lautet:

„Beim Fehlen der im vorhergehenden Artikel aufgeführten Personen sind noterbberechtigt:

a) Bei der Erbfolge nach einem ehelichen Kind, seine Eltern.

b) Bei der Erbfolge nach einem nichtehelichen Kind, die Eltern, die es anerkannt haben oder gerichtlich zu solchen erklärt worden sind.

c) Bei der Erbfolge nach einem angenommenen Kind, die Adoptiveltern.

Ihr Noterbteil besteht aus dem vierten Teil des Nachlasses.

[...]"

Art. 43 CompB zufolge steht den Eltern des Erblassers ein Zwangserbrecht nur bei Fehlen der in Art. 42 CompB aufgezählten Personen – dabei handelt es sich um Kinder und sonstige Abkömmlinge – zu. 5

Aus den Akten ergeben sich keine Hinweise auf das Vorhandensein von Kindern und sonstigen Abkömmlingen. Dem Vater der Erblasserin steht somit nach dem auf Mallorca geltenden Recht ein Zwangserbteil in Höhe von einem Viertel des Nachlasses zu. 6

---

[1] Text der balearischen Kompilation nach *neuer* Rechtslage mit Übersetzung z.B. bei *Ferid/Firsching (Hierneis)*, Internationales Erbrecht (Losebl.), Spanien (Stand 2004), 2. Teil, Texte B.IV.

II. Folgen des Zwangserbrechts für die Erteilung des Erbscheins

1. Auswirkungen auf die Erbenstellung des Antragstellers

7 Die Folgen der Übergehung eines Zwangserben in einem Testament sind in Art. 46 CompB geregelt.

Die Vorschrift lautet:

„Die Übergehung eines Noterben führt nicht zur Nichtigkeit des Testamentes, unbeschadet des Anspruches des Übergangenen, das zu verlangen, was ihm als Noterbteil zusteht.

[...]“

8 Die Übergehung des Vaters der Erblasserin in den Testamenten vom 6.9.1965 und vom 20.11.1986 hat daher keinen Einfluss auf deren Wirksamkeit. Die in ihnen vorgenommene Einsetzung des Antragstellers als Erbe bleibt daher unberührt.

2. Rechtsnatur der Zwangserbschaft im mallorquinischen Recht

a) Alte Rechtslage

9 Bestimmungen über die Rechtsstellung des Zwangserben enthält Art. 46 a.F. CompB.

Die Vorschrift lautet:[2]

Art. 46 a.F. CompB:	*Deutsch:*
„La legítima atribuye derecho a una porción de la herencia y debe ser pagada en bienes de la misma, siendo ineficaz toda disposición en contrario del testador.	„Das Noterbrecht verleiht das Recht auf einen Anteil am Nachlass und ist in Nachlassgegenständen zu bezahlen, wobei jede gegenteilige Anordnung des Erblassers unwirksam ist.
Los legitimarios, como herederos, podrán ejercitar las acciones de petición y división de la herencia y promover el juicio de testamentaria.“	Die Noterben können als Erben die Klagen gerichtet auf Herausgabe und Aufteilung der Erbschaft erheben und das Nachlassverfahren vorantreiben.“

[2] Text der balearischen Kompilation nach *alter* Rechtslage z.B. bei *Edersa/Ferrer Pons*, Comentarios al Código Civil y Compilaciones Forales, 1. Aufl. 1980, Band XXXI, Vol. 1.

Aus dieser Vorschrift wurde teilweise entnommen, dass dem Zwangserbberechtigten das Recht an einem Teil des Erbes *(pars hereditatis)* zukomme.[3] 10

Nach überwiegender Auffassung bestand das Zwangserbrecht aber nicht an einem Teil des Erbes *(pars hereditatis)*. Der Zwangserbe war vielmehr anteilsmäßiger Mitinhaber *(cotitular)* des Nachlasses. Seine Berechtigung bezog sich dabei lediglich auf den Teil des Nachlasses, der nach Begleichung der Nachlassschulden übrig bleibt *(cuota del líquido)*, denn der Zwangserbe haftete nicht für diese. Insoweit hatte er eher eine einem Vermächtnisnehmer vergleichbare Stellung *(pars bonorum)*.[4] 11

Für diese Sichtweise sprach, dass nach Art. 48 a.F. CompB die *legítima* auch in Form eines Vermächtnisses *(legado)* erteilt werden konnte. Zudem wäre die Anordnung des Art. 46 CompB, dass das Zwangserbrecht aus Nachlassgegenständen befriedigt werden muss, ansonsten überflüssig gewesen. Außerdem wurde vorgebracht, dass sämtliche Vorschriften der balearischen Kompilation nach deren Art. 2 im Einklang mit deren historischen Vorläufern auszulegen seien und das justinianische Recht die *legítima* als *pars bonorum* ansehe. 12

b) Neue Rechtslage

Die Neufassung der balearischen Kompilation führte zu einigen Veränderungen im Zwangserbrecht. Einschlägig für die Bestimmung seiner jetzigen Rechtsnatur erscheinen insbesondere die Art. 47 und 48 CompB. 13

Art. 47 CompB:[5]

„(1) Der Noterbteil kann durch einen beliebigen Rechtstitel zugewendet werden und verleiht dem

---

[3] *Hierneis*, Das besondere Erbrecht der sogenannten Foralrechtsgebiete Spaniens, 1966, S. 255. Die Einordnung als Wertanspruch sei nicht möglich, da der Erblasser keine gegenteilige Anordnung zur Zahlung in Nachlassgegenständen treffen könne. Zudem werde die „legítima" aus dem Wert berechnet, den die beim Erbfall vorhandenen Gegenstände bei ihrer Befriedigung haben, Art. 47 CompB. Der Zwangserbberechtigte nehme also an einer Wertänderung teil. Der Autor spricht allerdings nie von einem Erbrecht und ordnet die balearische „legítima" unter der Überschrift „Das Pflichtteilsrecht auf den Balearen" ein, während er für die „legítima" des Código civil die Überschrift „Noterbenrecht des Código civil" verwendet.

[4] *Edersa/Ferrer Pons* (o. Fn. 2), Art. 46 a 48, S. 724, bezeichnet es als praktisch einhellige Meinung der Rechtslehre. Für diese Auffassung zitiert er *Lacruz Berdejo/Sancho Rebullida*, Derecho de Sucesiones, Tomo II, S. 209; *Vallet de Goytisolo*, Las legítimas. Limitaciones de Derecho sucesorio a la facultad de disponer, Tomo I, S. 61 ff.; *Verger y Garau*, Revista de Derecho notarial Nr. 35, S. 270 ff. Vgl. allgemein zur „legítima pars bonorum" *Rivas Martínez*, Derecho de Sucesiones común y foral, 1992, S. 205. Danach ist der Zwangserbe bis zur Befriedigung Mitberechtigter der Erbengemeinschaft. Ihm steht ein Teil an den Nachlassgegenständen zu; deshalb ist er zusammen mit den Erben Miteigentümer, Mitbesitzer oder Mitinhaber („condómino, copropietario o cotitular") des Nachlasses.

[5] Text der balearischen Kompilation nach *neuer* Rechtslage mit Übersetzung z.B. bei *Ferid/Firsching (Hierneis)* (o. Fn. 1), 2. Teil, Texte B.IV.

Noterben das Recht, die Ansprüche auf Herausgabe und Teilung des Nachlasses geltend zu machen und das Erbauseinandersetzungsverfahren anzustrengen, außer im Falle der Zahlung des Noterbteils in Geld.

(2) Für die Festsetzung des Noterbteils werden von dem Wert, den das Vermögen beim Tode des Erblassers hatte, der Betrag der Schulden und Lasten, ohne Einschluss der in dem Testament auferlegten, sowie die Kosten der letzten Krankheit und der Bestattungs- und Trauerfeier abgezogen.

[...]"

Art. 48 CompB:

„(1) Das Noterbrecht verleiht den Anspruch auf einen Anteil am Nachlass und ist in Nachlassgegenständen zu bezahlen. Der Testator kann jedoch in jedem Falle und der teilungsbeauftragte Erbe dann, wenn es ihm nicht verboten ist, die Zahlung des Noterbteils in Geld gestatten, auch wenn solches im Nachlass nicht vorhanden ist.

[...]

(3) Für die Zahlung des Noterbteils wird auf den Wert abgestellt, den die Nachlassgegenstände zum Zeitpunkt der Auseinandersetzung haben, erhöht um die Früchte und die Erträge, die seit dem Tod des Erblassers erzielt wurden. Von der Auseinandersetzung an fallen für eine Geldforderung die gesetzlichen Zinsen an.

(4) Die Entscheidung für die Zahlung in Geld wird nur wirksam, wenn sie dem Noterbberechtigten innerhalb der Frist von einem Jahr nach Eintritt des Erbfalls beweiskräftig mitgeteilt wird. [...]

[...]

(6) Alle Vermögensgegenstände des Nachlasses haften dinglich für die Zahlung des Noterbteils in Geld, jedoch ist in Bezug auf hypothekarische Drittgläubiger und zur Sicherheit der Noterben, soweit einschlägig, Art. 15 des Hypothekengesetzes anwendbar.

[...]"

14 Die Gesetzesbegründung zur Neufassung der balearischen Kompilation stellt nunmehr klar, dass das Zwangserbrecht grundsätzlich die Rechtsnatur eines *pars bonorum* aufweist.[6]

15 Im Unterschied zur alten Rechtslage besteht jedoch ein Wahlrecht des Erben hinsichtlich der Befriedigung des Zwangserbrechts. Er kann den Berechtigten auch in Geld entschädigen, selbst wenn solches im Nachlass nicht vorhanden ist, sofern ihm der Erbe das nicht ausdrücklich verboten hat, vgl. Art. 48 Abs. 1 CompB.

16 Für den Fall, dass für den Erben die Möglichkeit zur Geldzahlung besteht – wenn mithin der Erblasser kein ausdrückliches entsprechendes Verbot ausgespro-

---

6 Der Gesetzesbegründung zufolge bezieht sich das Zwangserbrecht auf einen „pars bonorum". Mit dieser Einordnung sollten die bestehenden gesetzlichen Regelungen respektiert und zugleich die Unklarheiten, welche die alte Regelung hervorgebracht habe, überwunden werden. Zitiert nach *Rivas Martínez* (o. Fn. 4), S. 381. So auch die obergerichtliche Rechtsprechung, vgl. SAP Baleares v. 29.6.2001, JUR 2001, Nr. 267561; AAP Baleares v. 29.12.2003, AC 2004, Nr. 350.

chen hat – soll die Berechtigung des Zwangserben nur auf den Wert der Nachlassgüter gerichtet sein.[7]

Im Unterschied zu einem einfachen Forderungsrecht *(legítima pars valoris)* haften die Vermögensgegenstände des Nachlasses dabei dinglich für die Zahlung des Noterbteils in Geld, Art. 48 Abs. 6 CompB. Das Zwangserbrecht lastet wie eine Reallast *(carga real)* auf jedem einzelnen Vermögensgegenstand.[8] 17

Nach Art. 48 Abs. 4 CompB wird eine Entscheidung des Erben für die Befriedigung des Zwangserben in Geld wirksam, sobald er ihm diese innerhalb eines Jahres nach dem Eintritt des Erbfalls beweiskräftig *(fehacientemente)* mitgeteilt hat.[9] 18

3. Ausschlagung des Zwangserbrechts

Der Antragsteller teilte dem Gericht mit, dass der Vater der Erblasserin nichts aus der Erbschaft erhalten wolle. Es erscheint daher naheliegend, die Rechtsfolgen einer eventuellen Ausschlagung des Zwangserbteils durch den Berechtigten zu prüfen. Die balearische Kompilation enthält Vorschriften über die Ausschlagung eines Zwangserbteils nur für das auf Ibiza und Formentera geltende Recht, nicht jedoch in Bezug auf Mallorca. Art. 13 Abs. 2 CC zufolge gilt der *Código civil* als ergänzendes Recht hinsichtlich jeglicher Lücke in den Normen der Partikularrechte. Hier bestimmt Art. 816 CC, dass jeder Verzicht auf einen *zukünftigen* Zwangserbteil nichtig ist. Eine Auschlagung nach dem Tode des Erblassers verbietet der *Código civil* freilich nicht. Auch in der hier verfügbaren Literatur zum gesamtspanischen Erbrecht wird die Möglichkeit einer wirksamen Ausschlagung des Zwangserbteils nach dem Tode des Erblassers bejaht.[10] 19

---

7 Vgl. *Rivas Martínez* (o. Fn. 4), S. 386: „En relación a Mallorca y Menorca [...] parece como si la Compilación transformase la legítima de ‚pars bonorum' (supuesto normal) en ‚pars valoris bonorum', cuando ésta pueda ser pagada en metálico." - Deutsch: „Es scheint, als ob die Kompilation in Mallorca und Menorca das Zwangserbrecht von einem ‚pars bonorum' (Normalfall) in einen ‚pars valoris bonorum' verwandelt, wenn dieses in Geld bezahlt werden kann."

Ähnlich *Martínez Piñeiro*, Las legítimas en Mallorca en el Proyecto de Ley sobre la Compilación del Derecho Civil de Baleares. Conferencia pronunciada en el Ilustre Colegio Notarial de Baleares el 5 de mayo de 1986. Comision de Cultura del Colegio Notarial (zitiert nach *Rivas Martínez* [o. Fn. 4], S. 387): Falls die Zahlung des Zwangserbteils in Geld erfolge, höre der Zwangserbteil auf, ein „pars bonorum" zu sein und werde („se convierte") zum Forderungsrecht („derecho de crédito").

8 *Rivas Martínez* (o. Fn. 4), S. 386.

9 *Rivas Martínez* (o. Fn. 4), S. 385 zufolge ist die Benachrichtigung dann beweiskräftig, wenn der Absender beweisen kann, dass er sie abgeschickt und der Zwangserbe sie erhalten hat. Aus diesem Grund hält er die Benachrichtigung über einen Notar („notificación notarial") für den angemessensten Weg.

10 *Rivas Martínez* (o. Fn. 4), S. 215, bezeichnet dies freilich als „renuncia": „El que renuncia se elimina voluntariamente del número de los legitimarios y no ha de ser contado entre ellos." - Deutsch: „Derjenige, der verzichtet, scheidet freiwillig aus dem Kreis der Zwangserbberechtigten aus und wird unter ihnen nicht mehr berücksichtigt."

„Renuncia" wird zwar gewöhnlich mit „Verzicht" übersetzt, doch ist dies nicht rechtstechnisch etwa

20 Der *Código civil* enthält Regelungen über die Ausschlagung der Erbschaft in seinen Art. 988-1009. Einschlägig erscheinen insbesondere die folgenden Vorschriften:

> Art. 988 CC:[11]
>
> „Die Annahme und Ausschlagung der Erbschaft sind vollständig freiwillige und freie Handlungen."
>
> Art. 989 CC:
>
> „Die Wirkungen der Annahme und der Ausschlagung beziehen sich immer auf den Zeitpunkt des Todes der Person zurück, die beerbt wird."
>
> Art. 1008 CC:
>
> „Die Ausschlagung der Erbschaft muss in öffentlicher, beglaubigter Urkunde vorgenommen werden oder durch ein Schriftstück, welches dem Richter vorgelegt wurde, der zur Entscheidung über die testamentarische oder gesetzliche Erbverteilung zuständig ist."

21 Nach dem spanischen Recht kann der Vater der Erblasserin seinen Zwangserbteil durch die Abgabe einer schriftlichen Erklärung gegenüber dem Nachlassgericht ausschlagen.

4. Aufnahme in den Erbschein

22 Beherrscht ausländisches Recht die Erbfolge, so muss in dem Erbschein auch auf Verfügungsbeschränkungen und grundsätzlich auch auf Noterbrechte hingewiesen werden, die sich aus dem ausländischen Recht ergeben.[12]

23 Maßgeblicher Zeitpunkt für den Inhalt des Erbscheins ist grundsätzlich der des Erbfalls; es können aber ausnahmsweise solche späteren Änderungen zu berücksichtigen sein, die zur Zeit des Erbfalls bereits „angelegt" sind.[13]

24 Der Antragsteller hat geäußert, der Vater der Erblasserin wolle nichts aus der Erbschaft erhalten. Die Abgabe einer Ausschlagungserklärung erscheint daher wahrscheinlich. Eine Ausschlagung des Erbteils wirkt nach Art. 989 CC auf den Zeitpunkt des Todes des Erblassers zurück. Legt man die hier verfügbaren Nachweise zum spanischen Erbrecht zugrunde, so ist die Aufnahme eines Zwangserbteils

---

im Sinn von § 2346 BGB zu verstehen. Speziell für das mallorquinische Recht deutet auch der Wortlaut des Art. 46 CompB (Text oben Rn. 7) auf eine Entscheidungsfreiheit des Zwangserbberechtigten über die Wahrnehmung seines Rechts hin. Wird ein Zwangserbberechtigter in einem Testament übergangen, so steht ihm danach lediglich das Recht zu, seinen Zwangserbteil zu verlangen.

11 Text mit Übersetzung z.B. bei *Peuster*, Das spanische Zivilgesetzbuch, 2002.

12 *Soergel/Schurig*, Bürgerliches Gesetzbuch, Bd. 10: EGBGB, 12. Aufl. 1996, Art. 25 EGBGB, Rn. 68.

13 *Soergel/Schurig* (o. Fn. 12), Art. 25 EGBGB, Rn. 71; *Staudinger/Schilken*, Kommentar zum Bürgerlichen Gesetzbuch (Bearbeitung 2004), § 2353 BGB, Rn. 72.

in den Erbschein nicht erforderlich, wenn der Vater der Erblasserin dessen Ausschlagung wirksam gegenüber dem Gericht erklärt.

Für den Fall, dass der Vater der Erblasserin seinen Zwangserbteil nicht ausschlägt, stünde dem Antragsteller als Erben ein Wahlrecht zu, ob er den Zwangserben in Geld befriedigt oder nicht.

Entscheidet sich der Erbe nicht für die Befriedigung in Geld, so kann der Zwangserbe zwar die Befriedigung aus dem Nachlass, nicht aber die Überlassung bestimmter Nachlassgegenstände verlangen. Insofern unterscheidet sich seine Rechtsstellung nicht von derjenigen eines Erben in einer Erbengemeinschaft nach deutschem Recht.

Grundsätzlich sind Noterbrechte nicht in den Erbschein aufzunehmen, wenn sie ausnahmsweise wirksam auf Geldansprüche beschränkt wurden.[14]

Übt der Erbe das ihm zustehende Wahlrecht aus, so kann der Zwangserbe auch mit nicht zum Nachlass gehörendem Geld befriedigt werden. Zu beachten ist hier allerdings, dass das Recht des Zwangserben dinglich gesichert bleibt, vgl. Art. 48 Abs. 6 CompB. Befinden sich unter den Nachlassgegenständen unbewegliche Sachen, so sieht das mallorquinische Recht die Eintragung des Sicherungsrechts in das spanische Eigentumsregister vor. Bleibt die Zahlung des Erben aus, so kann er seine Befriedigung auch durch Vollstreckung in den Nachlass erreichen.

Ob eine solche gesetzliche Hypothek als Einzelbelastung in das Grundbuch einzutragen wäre und ob die fortbestehende dingliche Sicherung an den Nachlassgegenständen sich auch auf das deutsche Grundstück erstrecken kann, ist eine leider anscheinend noch nicht entschiedene Frage. Umstritten ist z.B. die verwandte, aber anders gelagerte Frage der Wirksamkeit eines Vindikationslegats in Deutschland.[15]

Die Frage, ob eine solche Sicherung in den deutschen Erbschein nach § 2369 BGB aufzunehmen wäre, betrifft die Anwendung des *deutschen* Nachlassverfahrensrechts in Bezug auf einen Auslandssachverhalt und ist Sache des entscheidenden Gerichts. Einerseits wird die dingliche Sicherung vom balearischen Recht ausdrücklich angesprochen, andererseits führt diese nur zu einer Vollstreckbarkeit in den Nachlass nach Befriedigung der Nachlassgläubiger, eine Rechtsstellung, die der eines dinglich nicht ausdrücklich gesicherten deutschen Pflichtteilsberechtigten ähnelt.

Diese Fragen sollten zunächst nicht vertieft werden, da nach Aussage des Erben eine Ausschlagung durch den berechtigten Zwangserben wahrscheinlich erscheint. Falls diese nicht erfolgt, wäre zu klären, ob der Erbe nach Art. 48 Abs. 1 CompB den Zwangserben auf eine Geldabfindung gesetzt hat. Nur dann stellen sich die oben genannten Probleme.

D. Ergebnis

1. Der Vater der Erblasserin ist Zwangserbe nach mallorquinischem Recht (o. Rn. 3 ff.). 25

---

[14] *Soergel/Schurig* (o. Fn. 12), Art. 25 EGBGB, Rn. 68; OLG Düsseldorf, IPRspr. 1985 Nr. 114 = MittRhNotK 1985, 198.

[15] Zustimmend z.B. *Soergel/Schurig* (o. Fn. 12), Art. 25 EGBGB, Rn. 70. Ablehnend z.B. BayObLGZ 1974, 460, 466 = IPRspr. 1974 Nr. 133; BGH, DNotZ 1995, 704 = FamRZ 1994, 1585 = MDR 1995, 497 = NJW 1995, 2124 = RIW/AWD 1995, 856; *Staudinger/Dörner* (o. Fn. 13), Art. 25 EGBGB, Rn. 847.

2. Die Übergehung eines Zwangserben hat nach mallorquinischem Recht keine Auswirkungen auf die Wirksamkeit des entsprechenden Testaments. Der Antragsteller bleibt daher Erbe nach seiner Ehefrau (o. Rn. 7 ff.).

3. Nach herrschender Ansicht zur alten Rechtslage war der Zwangserbe Mitinhaber des Nachlasses nach Zahlung der Nachlassschulden *(pars bonorum)* (o. Rn. 9 ff.).

4. Die Neuregelung der balearischen Kompilation änderte offenbar nichts an der Rechtsnatur des Zwangserbteils. Auch nach neuer Rechtslage erhält der Zwangserbe grundsätzlich nach Begleichung der Nachlassschulden eine Berechtigung an einem Teil des Nachlasses *(pars bonorum)* (o. Rn. 13 ff.).

5. Aus den hier verfügbaren Unterlagen zum neuen mallorquinischen Recht kann entnommen werden, dass der Zwangserbe zwar verlangen kann, in Nachlassgegenständen befriedigt zu werden, die Auswahl dieser Gegenstände allerdings Sache des Erben bleibt. Im Falle einer hier möglichen wirksamen Entscheidung des Erben für die Zahlung des Zwangserbteils in Geld reduziert sich das Zwangserbrecht auf ein Forderungsrecht auf einen Teil des Wertes des Nachlasses *(pars valoris bonorum)* mit dinglicher Sicherung an den einzelnen Nachlassstücken (o. Rn. 13 ff.).

6. Der Zwangserbberechtigte kann nach dem in Mallorca subsidiär anwendbaren gesamtspanischen Recht seinen Zwangserbteil wirksam ausschlagen (o. Rn. 19 ff.).

7. Legt man diese Auslegung des spanischen Erbrechts zugrunde, so ist eine Aufnahme der Zwangserbenstellung in den Erbschein nicht erforderlich, wenn der Vater der Erblasserin seinen Zwangserbteil wirksam ausgeschlagen hat. Falls dies nicht geschieht, ist die Frage der Aufnahme in den Erbschein eine solche der Anwendung deutschen Nachlassverfahrensrechts auf einen Auslandssachverhalt (o. Rn. 22 ff.).

Nr. 42

Spanien

1. **Fragen der Ausschlagung eines Zwangserbrechts nach mallorquinischem Recht.**
2. **Zur Beschränkbarkeit der Ausschlagung eines Zwangserbrechts auf Nachlassteile nach mallorquinischem Recht.**

Das Amtsgericht Passau, Zweigstelle Rotthalmünster, hat in der Nachlasssache J. (Az. ZL 2 VI 0016/05) um ein ergänzendes Gutachten über internationales und spanisches Erbrecht gebeten.

Passau vom 20.1.2006

A. Sachlage

Zum Sachverhalt der Gutachten vom 7.7.2005* und vom 10.8.2005** ergeben sich folgende Änderungen: Der Vater der Erblasserin, H. J., wurde vom Nachlassgericht davon in Kenntnis gesetzt, dass ihm ein Zwangserbteil nach mallorquinischem Recht zusteht. Er gab am 22.9.2005 vor dem Notar in Wien eine an das Nachlassgericht gerichtete „Erklärung über die Ausschlagung eines Zwangserbteils“ ab. Darin erklärte er, „den ihm in der bei diesem Amtsgericht anhängigen Nachlasssache nach seiner Tochter [...] zustehenden Zwangserbteil beschränkt auf das vor diesem Amtsgericht abzuhandelnde unbewegliche Nachlassvermögen unwiderruflich, bedingungslos und sofort wirksam auszuschlagen.“ Am 30.10.2005 schrieb er an das Nachlassgericht, dass nunmehr die Ausschlagung für das in der Bundesrepublik Deutschland belegene bewegliche und unbewegliche Vermögen gelte. Auf ein Schreiben des Nachlassgerichts vom 3.11.2005 mit der Frage, ob er den Zwangserbteil am gesamten Nachlass, der ihm nach spanischen Recht zustehe, insgesamt und uneingeschränkt ausschlagen wolle, antwortete er nicht. 1

Der Ehemann der Erblasserin erklärte gegenüber dem Gericht, sein Schwiegervater wolle nichts mehr unterschreiben.

---

* *Anm. d. Red.:* In diesem Band abgedruckt unter Nr. 38 *(Passau).*

** *Anm. d. Red.:* In diesem Band abgedruckt unter Nr. 41 *(Passau).*

B. Anfrage

2 Das Amtsgericht Passau, Zweigstelle Rotthalmünster, bittet um eine ergänzende Stellungnahme dazu, ob die Ausschlagungserklärungen des Vaters der Erblasserin nach dem auf Mallorca geltenden Recht wirksam sind.

C. Rechtslage

I. Mallorquinisches Recht

3 Eine Ausschlagung des Zwangserbteils nach dem Tode des Erblassers ist nach dem auf Mallorca geltenden Recht grundsätzlich möglich.[1]

4 Die mallorquinische Kompilation enthält keine besonderen Vorschriften über die Erklärung der Ausschlagung des Zwangserbteils nach dem Tode des Erblassers. Dagegen finden sich in dieser Gesetzessammlung Normen über den Erbverzicht zu Lebzeiten des Erblassers. Dafür bestimmt Art. 50 Abs. 2 CompB:

	Deutsch:[2]
„La definición sin fijación de su alcance se entenderá limitada a la legítima.“	„Der Erbverzicht ohne Festlegung seines Umfangs gilt als auf den Zwangserbteil beschränkt.“

5 Im Umkehrschluss erscheint es daher naheliegend, dass das mallorquinische Recht jedenfalls vor dem Tod des Erblassers auch Rechtsgeschäfte über Teile des Zwangserbteils zulässt. Ebensowenig finden sich in der zum mallorquinischen Recht verfügbaren Literatur Hinweise darauf, dass eine teilweise Ausschlagungserklärung über den Zwangserbteil nach dem Tod des Erblassers unwirksam ist.

II. Gemeinspanisches Recht

6 Gemäß Art. 13 Abs. 2 CC könnte jedoch im Falle einer Regelungslücke im mallorquinischen Partikularrecht eine einschlägige Vorschrift des gemeinspanischen Rechts subsidiär anzuwenden sein. Auch der *Código civil* enthält keine spezielle Norm über die Voraussetzungen der Ausschlagung des Zwangserbteils nach dem Tode des Erblassers. Allerdings gibt es Regelungen über die Annahme und Ausschlagung des Erben. Hierzu bestimmt Art. 990 CC:

---

1 Vgl. die Ausführungen im Ergänzungsgutachten vom 10.8.2005 (in diesem Band abgedruckt unter Nr. 41 *[Passau]*), Rn. 19 ff.

2 Text der balearischen Kompilation mit Übersetzung z.B. in *Ferid/Firsching (Hierneis)*, Internationales Erbrecht (Losebl.), Spanien (Stand 2004), 2. Teil, Texte B.IV.

	Deutsch:[3]
„La aceptación o repudiación de la herencia no podrá hacerse en parte, a plazo, ni condicionalmente."	„Die Annahme oder Ausschlagung der Erbschaft kann weder in Teilen, noch befristet, noch bedingt erfolgen."

Die Ausschlagungserklärung des Vaters der Erblasserin vom 30.10.2005 wäre – falls man Art. 990 CC auch auf Erklärungen über den Zwangserbteil anwendet – nicht mit dieser Vorschrift vereinbar; schließlich ist die Erklärung ausdrücklich auf das in der Bundesrepublik Deutschland belegene Vermögen beschränkt und umfasst somit nur Teile der Erbschaft. Die Folge eines Verstoßes gegen Art. 990 CC wäre die Nichtigkeit der Ausschlagungserklärung.[4] 7

Fraglich ist indes, ob das in Art. 990 CC ausgesprochene Verbot einer teilweisen Ausschlagung auch auf eine Erklärung über den Zwangserbteil übertragbar ist. Die zum gemeinspanischen Zwangserbteil verfügbare Literatur enthält keine Aussagen, die darauf hindeuten. Vielmehr soll danach „jeder Verzicht oder jede Übereinkunft" über den Zwangserbteil nach dem Tod des Erblassers zulässig sein, über besondere Beschränkungen wird nichts ausgeführt.[5] 8

Gegen eine subsidiäre Anwendung des Art. 990 CC auf den Zwangserbteil nach mallorquinischem Recht spricht auch, dass der Zwangserbe dort nicht persönlich für die Nachlassschulden haftet und sich sein Anteil ausschließlich auf den Wert des Nachlasses nach Begleichung der Nachlassschulden bezieht.[6] 9

Dagegen haftet der Erbe persönlich für alle Nachlassschulden. Auch im Hinblick darauf wird in der Literatur ausgeführt, dass der Sinn der Ausschlagungserklärung in Bezug auf die Erbenstellung darin liege, Klarheit zu schaffen und zweideutige Situationen zu vermeiden.[7] 10

Bei einer solchen Zielsetzung erscheint im Interesse der Nachlassgläubiger das Verbot einer teilweisen Ausschlagungserklärung für den persönlich haftenden Erben nur konsequent, beim Zwangserben dagegen drängt sich eine solche Einschränkung nicht auf. 11

---

3 Text mit Übersetzung z.B. bei *Peuster*, Das spanische Zivilgesetzbuch, 2002.

4 *Rivas Martínez*, Derecho de Sucesiones común y foral, 1992, S. 815.

5 So *Rivas Martínez* (o. Fn. 4), S. 222: „se consideran válidas cualquier renuncia o transacción."

6 Vgl. *Rivas Martínez* (o. Fn. 4), S. 380 f.: „[...] esta legítima se configura como una cuota del líquido, deducidas las deudas, que disminuyen naturalmente la legítima, pero de las cuales el legitimario no responde personalmente." - Deutsch: „[...] dieser Pflichtteil ist gebildet als ein Anteil am Wert, vermindert um die Schulden, die natürlicherweise den Pflichtteil mindern, aber für die der Pflichtteilsberechtigte nicht persönlich haftet."

7 *Román García*, Derecho de Sucesiones, Instituciones de Derecho Civil Español, Bd. VII, S. 51: „La principal razón de ser del acto de repudiación en nuestro sistema es la evitación de situaciones dudosas o ambiguas." - Deutsch: „Der Hauptgrund für die Existenz des Ausschlagungsaktes in unserem System ist die Vermeidung von zweifelhaften und zweideutigen Situationen."

12 Im Übrigen weist auch die Terminologie des Gesetzgebers darauf hin, dass die Ausschlagung des Zwangserbteils bereits innerhalb des gemeinspanischen Rechts jedenfalls nicht vollständig mit der Ausschlagung des Erbteils gleichgesetzt wird. In Bezug auf den Zwangserbteil verwendet Art. 816 CC den Begriff *renuncia*, während die Ausschlagung des Erbteils in den Art. 988 ff. CC durchgehend als *repudiación* bezeichnet wird.

III. Bewertung und Bedeutung für die Entscheidung des Gerichts

13 Nach allem lässt sich mit den hier verfügbaren Mitteln nicht eindeutig feststellen, ob die Verzichtserklärung des Vaters der Erblasserin für sein Noterbrecht in Bezug auf den in Deutschland befindlichen Erbteil wirksam ist oder nicht. Außerdem lässt sich nicht eindeutig bestimmen, ob der mallorquinische Pflichtteil als echtes Noterbrecht in den deutschen Erbschein aufzunehmen ist oder nicht. Die letztere Frage kann ohnehin nur aus der Sicht des deutschen Rechts im Hinblick auf diesen „Auslandssachverhalt"[8] beantwortet werden.

14 Die Auswertung der hier verfügbaren Informationsquellen ergab, dass eher *nicht* anzunehmen ist, dass Art. 990 CC gemäß Art. 33 Abs. 2 CC subsidiär auf die Ausschlagung des Zwangserbteils nach mallorquinischem Recht anwendbar ist.

15 Lässt sich der Inhalt des anwendbaren Rechts nicht eindeutig feststellen, so sollte die Lösung gewählt werden, die die *wahrscheinlichere* ist.[9]

16 Wenn das Gericht dem folgt, wäre die Ausschlagung als für den deutschen Nachlass wirksam anzusehen, und das Pflichtteilsrecht wäre nicht in den gegenständlich beschränkten Erbschein aufzunehmen.

17 Demgegenüber spricht sich der BGH bei mangelnder Feststellbarkeit des Inhalts des berufenen Rechtes für die Anwendung deutschen Rechts aus.[10]

18 Das geht in dieser Allgemeinheit zu weit. Bei dem hier zu entscheidenden Problem bestimmt ohnehin deutsches Recht über die Aufnahme in den Erbschein (vgl. oben Rn. 13). Ein deutscher Pflichtteil kann in den Erbschein aber sowieso nicht aufgenommen werden, weil er kein Erbrecht ist, weswegen insoweit auch die Frage eines möglichen Verzichts keine Bedeutung erlangte.

19 Wenn das Gericht sich nicht der Auffassung anschließt, dass – soweit hier relevant – von einer Wirksamkeit des Verzichts auf den Pflichtteil auszugehen ist, müsste es entscheiden, ob aufgrund der gewonnenen Erkenntnisse der mallorquini-

---

8 Zu diesem *Kegel/Schurig*, Internationales Privatrecht, 9. Aufl. 2004, S. 60 - 63, 67; s.a. Gutachten vom 10.8.2005, in diesem Band abgedruckt unter Nr. 41 *(Passau)*, Rn. 22 ff.

9 *Kegel/Schurig* (o. Fn. 8), S. 512 f.

10 Nachweise aus der Rspr. bei *Kegel/Schurig* (o. Fn. 8), S. 512 (dort in Fn. 76).

sche Pflichtteil einem in den Erbschein aufzunehmenden Erbrecht gleichzustellen ist.

Wie gesagt, lässt sich auch diese Frage – die sich aus der Sicht des mallorquinischen oder spanischen Rechts überhaupt nicht stellen kann, weil dieses keinen Erbschein kennt – nicht mit letzter Sicherheit beantworten. Manches spricht für einen bloßen Anspruch, der von den Erben in Nachlassgegenständen oder – bei rechtzeitiger Entscheidung – in Geld zu erfüllen ist. Jedenfalls trifft die Nachlasshaftung den Pflichtteilsberechtigten nicht wie die „richtigen" Erben. 20

Andererseits haftet für den Pflichtteil der gesamte Nachlass dinglich, was eine gewisse Verfügungsbeschränkung beinhalten könnte. Die herrschende Auffassung in Deutschland lehnt allerdings dem deutschen Recht unbekannte pauschale dingliche Belastungen ab.[11] 21

Diese Unklarheit bei der nur aus deutscher Sicht entstehenden Problematik der Einordnung des mallorquinischen Pflichtteilsrechts wird man kaum im Sinne der erwähnten BGH-Rechtsprechung lösen können, indem man einfach den mallorquinischen Pflichtteil nach den Regeln des BGB beurteilt; denn für ein solches Vorgehen sind über dieses Recht zu viele Einzelheiten bekannt. Man kann aber der BGH-Rechtsprechung jedenfalls die Tendenz entnehmen, ein fremdes Rechtsinstitut *im Zweifel* vorzugsweise in der Weise zu betrachten, wie es den deutschen Vorstellungen am ehesten entspricht. 22

Das spräche wiederum dafür, das mallorquinische Pflichtteilsrecht trotz der Besonderheiten als einen bloßen Anspruch gegen den Nachlass zu behandeln, der – ebenso wie der deutsche Pflichtteil – in den Erbschein *nicht* aufzunehmen ist. 23

D. Ergebnis

1. Nach den Hinweisen, die dem Gesetz und der verfügbaren Literatur entnommen werden können, lässt sich nicht endgültig klären, ob die Ausschlagung des Zwangserbteils oder ein nachträglicher Verzicht auf diesen nach mallorquinischem Recht auch auf Teile des Nachlasses beschränkt werden kann und eine derart beschränkte Erklärung daher wirksam ist. Indessen spricht die größere Wahrscheinlichkeit für eine solche Wirksamkeit. Folgt das Gericht der in der Literatur vertretenen Auffassung, dass in solchen Fällen die wahrscheinlichere Lösung zu wählen ist, bestünde ein Pflichtteilsrecht jedenfalls an dem deutschen Nachlass nicht mehr, wäre also in den gegenständlich beschränkten Erbschein nach § 2369 BGB *nicht* aufzunehmen. 24

[11] Vgl. *Soergel/Schurig*, Bürgerliches Gesetzbuch, Bd. 10: EGBGB, 12. Aufl. 1996, Art. 25 EGBGB, Rn. 24 mit Nachweisen.

2. Folgt das Gericht dem nicht, muss es entscheiden, ob nach den verfügbaren Informationen zur Rechtsnatur der mallorquinische Pflichtteil einem Erbrecht gleichsteht oder eher einem Anspruch wie bei dem deutschen Pflichtteil entspricht. Auch diese Frage ist aus der Sicht des mallorquinischen oder spanischen Rechts (für die sie sich überhaupt nicht stellt) nicht eindeutig zu beantworten. Wiederum dürfte die größere Wahrscheinlichkeit gegen eine Gleichstellung mit einem erbrechtlichen Anteil sprechen. Der BGH vertritt, dass bei mangelnder Feststellbarkeit des Inhalts des anwendbaren Rechts deutsches Recht anzuwenden sei. Dem kann zumindest entnommen werden, dass bei Zweifeln das dem deutschen Recht entsprechende Verständnis vorzuziehen ist. Im Ergebnis bedeutet das, dass der mallorquinische Pflichtteil – auch wenn er weiter bestehen sollte – nach dem gegenwärtigen Informationsstand einem Erbanteil nicht gleichgestellt werden sollte. Es wäre dann auch in diesem Fall das Recht *nicht* in den gegenständlich beschränkten Erbschein aufzunehmen.

5. Erbausschlagung

Siehe Nr. 36 (Freiburg); Nr. 41 (Passau); Nr. 42 (Passau)

6. Nachlassverwaltung

Siehe Nr. 39 (Tübingen)

X. Internationales Privatrecht

1. Parteiautonome Rechtswahl

Siehe Nr. 15 (Freiburg)

2. Anknüpfung der Ehescheidung

Nr. 43

Vietnam*

1. **Internationales Ehescheidungsrecht von Vietnam; Scheidung zweier Vietnamesen in Deutschland *(Marriage and Family Law Nr. 22/2000)*.**
2. **„Kennen" des Versorgungsausgleichs im vietnamesischen Recht i.S.d. Art. 17 Abs. 3 S. 1 HS. 2 EGBGB.**

Das Amtsgericht Norden – Familiengericht – ersucht mit Schreiben vom 12.9.2005 aufgrund Beweisbeschluss vom 9.9.2005 in der Familiensache P. ./. T. um ein Gutachten über deutsches und vietnamesisches internationales Ehescheidungsrecht.

Leipzig G-Viet 1/05 vom 17.11.2005

A. Sachlage

Die Parteien haben am 26.9.2001 in der Botschaft der SR Vietnam in Berlin die Ehe geschlossen. Aus der Ehe ist die am 11.6.2003 geborene Tochter N. hervorgegangen. 1

* *Anm. d. Red.:* S. zum vietnamesischen Eherecht auch IPG 1996 Nr. 23 *(Köln)*.

Der Antragsteller begehrt die Scheidung der Ehe.

Beide Ehegatten sind Staatsangehörige der SR Vietnam und geben als Nationalität „Kinh" an. Sie lebten bei Eheschließung und auch seither in der Bundesrepublik Deutschland. Der Ehemann lebt weiterhin in der ehemals ehelichen Wohnung in N. (Deutschland). Die Antragsgegnerin lebt seit Anfang März 2004 nicht mehr in der ehelichen Wohnung, jedoch weiterhin in N. (Deutschland). Das gemeinsame Kind hält sich überwiegend bei der Antragsgegnerin auf.

Der Antragsteller hält die Ehe für gescheitert.

B. Anfrage

2 Das Gericht fragt an:

1. Verweist das IPR der SR Vietnam für die Scheidung der Ehe und/oder den Versorgungsausgleich auf deutsches Recht zurück?
2. Für den Fall, dass keine Rückverweisung erfolgt: Welche Voraussetzungen bestehen für die Scheidung nach dem Recht der SR Vietnam in materieller, ggf. auch prozessualer Hinsicht (Beteiligung der StA o.ä.)?
3. Kennt das Recht der SR Vietnam den Versorgungsausgleich (Art. 17 Abs. 3 EGBGB)?

C. Rechtslage

I. Hinweise zur internationalen Zuständigkeit

1. Scheidungsausspruch

a) Anwendung der Brüssel IIa-VO

3 Mit Rücksicht auf den Akteninhalt, insbesondere die Ausführungen in der Antragsschrift, ist ein klarstellender Hinweis zur internationalen Zuständigkeit veranlasst. Mit Wirkung vom 1.3.2005 ist die EG-VO Nr. 2201/2003 (Brüssel IIa-VO) in Kraft getreten (Art. 72 Brüssel IIa-VO), welche die EG-VO Nr. 1347/2000 (Brüssel II-VO) ablöst und – partiell vorrangige – Regelungen für die internationale Zuständigkeit in Ehescheidungsverfahren vorsieht.

4 Die Brüssel IIa-VO ist vorliegend anzuwenden, da das Scheidungsverfahren nach dem 1.3.2005 eingeleitet wurde (Art. 64 Abs. 1, 72 Brüssel IIa-VO). Maßgeblich ist insoweit der Zeitpunkt der Einreichung des sodann ordnungsgemäß zugestellten Antrags, nicht der Zeitpunkt der Rechtshängigkeit (Art. 16 Abs. 1 lit. a Brüssel IIa-VO).

Die Zuständigkeiten nach der Brüssel IIa-VO sind vorrangig zu prüfen; sie verdrängen ggf. nach Maßgabe von Art. 6 Brüssel IIa-VO die Zuständigkeiten des deutschen Rechts. Jedenfalls ergibt sich aus Art. 6 Brüssel IIa-VO, der Art. 7 der vorherigen Brüssel II-VO entspricht, dass die VO anzuwenden ist, wenn der Antragsgegner seinen gewöhnlichen Aufenthalt im Hoheitsgebiet eines Mitgliedstaats hat.[1] 5

Dies ist vorliegend der Fall; die Antragsgegnerin hat ihren gewöhnlichen Aufenthalt in der Bundesrepublik Deutschland, die Mitgliedstaat der VO ist (Art. 2 Nr. 3 Brüssel IIa-VO). 6

b) Zuständigkeit nach der Brüssel IIa-VO

Die internationale Zuständigkeit deutscher Gerichte ergibt sich aus Art. 3 Abs. 1 lit. a 1. Strich Brüssel IIa-VO. Beide Ehegatten haben ihren gewöhnlichen Aufenthalt in Deutschland. Die örtliche Zuständigkeit ist in der VO nicht geregelt, sie beurteilt sich daher nach § 606 ZPO. 7

2. Versorgungsausgleich

a) Keine Anwendbarkeit der Brüssel I-VO

Die Brüssel IIa-VO erstreckt sich nicht auf Folgesachen. Jedoch ergibt sich die internationale Zuständigkeit für Folgesachen auch nicht ohne weiteres aus dem Scheidungsverbund. §§ 621 Abs. 2, 623 Abs. 1 ZPO können eine internationale Zuständigkeit entsprechend der örtlichen Verbundzuständigkeit nur dann begründen, wenn für die betreffende Folgesache keine europarechtlichen oder völkerrechtlichen Rechtsinstrumente Vorrang haben. 8

Für den Versorgungsausgleich kommt die Anwendung der EG-VO Nr. 44/2001 (Brüssel I-VO) in Betracht. Diese gilt für Zivil- und Handelssachen unter Ausnahme der in Art. 1 Abs. 2 Brüssel I-VO genannten Materien. 9

Zwar ist der Versorgungsausgleich, der seiner Natur nach „Zivilsache" i.S.d. Art. 1 Abs. 1 Brüssel I-VO ist, dort nicht ausdrücklich als Ausnahme genannt. Jedoch unterstellt die wohl h.M. den Versorgungsausgleich dem Ausnahmetatbestand der „ehelichen Güterstände" in Art. 1 Abs. 2.[2] 10

---

1 Insoweit unstreitig; auf die Reichweite des Vorrangs der Brüssel IIa-VO, den der Gutachter enger einschätzt als die wohl h.M., ist hier nicht einzugehen, vgl. *Rauscher/Rauscher*, EuZPR, 2004, Art. 7 Brüssel II-VO, Rn. 1 ff., 5 ff. m.N.

2 *Rauscher/Mankowski* (o. Fn. 1), Art. 1 Brüssel I-VO, Rn. 12; *Kropholler*, EuZPR, 8. Aufl. 2005, Art. 1, Rn. 27.

11 Dem ist zu folgen, weil der vom EuGH geprägte weite Begriff der ehelichen Güterstände alle vermögensrechtlichen Ausgleichsmechanismen zwischen den Ehegatten erfasst, die auf der Ehe oder deren Auflösung beruhen und nicht Unterhalt sind.[3]

12 Zudem werden die Wirkungen des Versorgungsausgleichs in anderen Rechtsordnungen nicht selten auf ehegüterrechtlichem Weg erreicht, was einer Abgrenzung in der europäisch-autonomen Auslegung entgegensteht.

b) Internationale Verbundzuständigkeit

13 Da andere europarechtliche und völkervertragliche Regelungen für den Versorgungsausgleich nicht ersichtlich sind, folgt die internationale Zuständigkeit des anfragenden Gerichts als internationale Verbundzuständigkeit aus der entsprechenden Anwendung von §§ 621 Abs. 2, 623 Abs. 1 ZPO.

3. Elterliche Sorge

14 Sollte ein Antrag zur elterlichen Sorge oder zum Umgang gestellt werden, so ist zu beachten, dass sich die internationale Zuständigkeit nicht nach der ZPO oder dem Haager Minderjährigenschutzabkommen, sondern nach der Brüssel IIa-VO (Art. 8 ff.) beurteilt.

II. Das auf die Ehescheidung anwendbare Recht

1. Deutsches IPR

a) Scheidungsausspruch

aa) Völkervertragliche Kollisionsnormen

15 Zwischen der SR Vietnam und der DDR bestand ein Vertrag über den Rechtsverkehr in Zivil-, Familien- und Strafsachen vom 15.12.1980, der auch Regelungen zum Ehescheidungsstatut enthielt.[4]

---

[3] EuGH, Rs. 143/78 *(De Cavel/De Cavel)*, EuGHE 1979, 1055; EuGH, Rs. C-220/95 *(van den Boogaard/Laumen)*, EuGHE 1997 I, 1147, 1184.

[4] GBl. DDR 1981 II, 65.

Nach dem Inkrafttreten des Einigungsvertrages am 3.10.1990 wurde im deutschen Schrifttum teilweise von der Fortgeltung dieser völkervertraglich-kollisionsrechtlichen Bestimmungen im Verhältnis zur Bundesrepublik ausgegangen.[5] 16

Diese Ansicht stützte sich auf die zunächst prominent vertretene Ansicht, die von der DDR geschlossenen Völkerverträge seien von dem Untergang der DDR als Völkerrechtssubjekt nicht betroffen.[6] 17

Für den Vertrag mit Vietnam – wie für andere Rechtshilfeabkommen – wurde jedoch nach Durchführung der Konsultationen gemäß Art. 12 Abs. 2 EV das Erlöschen förmlich festgestellt.[7] 18

Weitere völkervertragliche Regelungen des IPR im Bereich des Ehe- und Familienrechts bestehen nicht. 19

bb) Autonomes deutsches IPR

Das Gericht geht bei gemeinsamer Staatsangehörigkeit der Parteien somit zutreffend von einer Gesamtverweisung (Art. 4 Abs. 1 EGBGB) in das vietnamesische IPR gemäß Art. 17 Abs. 1, 14 Abs. 1 Nr. 1 EGBGB aus. 20

b) Versorgungsausgleich

Für den Versorgungsausgleich geht das anfragende Gericht zutreffend von der Anwendung des Scheidungsstatuts mit den in Art. 17 Abs. 3 EGBGB bestimmten Einschränkungen aus. Entgegen der Frage 1 zugrundeliegenden Ansicht ist jedoch die Verweisung in Art. 17 Abs. 3 EGBGB auf das Scheidungsstatut nicht als gesonderte (Gesamt-)Verweisung zu verstehen, für die eine Rückverweisungsprüfung anzustellen wäre. Vielmehr handelt es sich um eine akzessorische Anknüpfung an das gemäß Art. 17 Abs. 1 EGBGB anzuwendende Recht,[8] also an das nach Prüfung einer eventuellen Rück- oder Weiterverweisung anzuwendende Scheidungsstatut. Das vietnamesische IPR ist also nicht gesondert für den Versorgungsausgleich zu befragen. 21

Zu Art. 17 Abs. 3 EGBGB unten Rn. 46 ff.

---

5 *Bergmann/Ferid (Wohlgemuth)*, Internationales Ehe- und Kindschaftsrecht (Stand 2005), Länderteil Vietnam (Bearbeitungsstand noch 1991), 17, ohne Erörterungen zu der Frage, in welcher Weise dies ggf. auf das Beitrittsgebiet zu beschränken wäre.

6 *Drobnig*, DtZ 1991, 76, 78; *Sturm*, JDI 1991, 19; anders die inzwischen h.M.: Insbesondere zu den zahlreichen Sozialabkommen: BSGE 83, 224; BSG, LSK 2000, 080652; BSG, VIZ 2001, 517; für Kollisionsnormen in Rechtshilfeabkommen *Staudinger/Dörner*, 2003, Art. 236 EGBGB, Rn. 36.

7 BGBl. 1993 II, 910, Nr. 11.

8 *Palandt/Heldrich*, BGB, 64. Aufl. 2005, Art. 17 EGBGB, Rn. 19.

c) Elterliche Sorge

22 Für den Fall, dass ein entsprechender Antrag gestellt wird, ist darauf hinzuweisen, dass die Bestimmung des auf die Regelung der elterlichen Sorge anwendbaren Rechts bei gewöhnlichem Aufenthalt des Kindes in Deutschland dem Haager Minderjährigenschutzabkommen vom 5.10.1961 untersteht. Das Haager Kinderschutzübereinkommen vom 19.10.1996 ist für die Bundesrepublik Deutschland noch nicht in Kraft getreten. Die Brüssel IIa-VO befasst sich nicht mit dem anwendbaren Recht.[9]

2. Vietnamesisches IPR

a) Rechtsquelle

23 Das vietnamesische IPR wurde mit Wirkung vom 1.1.2001[10] neu geregelt durch das *Marriage and Family Law* (No 22/2000/QH10) vom 9.6.2000 (im Folgenden MFL).[11]

24 Das Ehe- und Familiengesetz 1986, das nur unvollständig das IPR erfasste,[12] sowie eine Verordnung vom 3.12.1993 über die Ehe und Familie zwischen vietnamesischen Staatsangehörigen und Ausländern sind mit Wirkung vom selben Tag außer Kraft getreten (Art. 109 MFL).

b) Anknüpfung im MFL 2000

aa) Kollisionsnorm Art. 104 MFL

25 Die scheidungsrechtliche Kollisionsnorm enthält Art. 104 MFL:

---

[9] Im Einzelnen *Geimer/Schütze (Dilger)*, Internationaler Rechtsverkehr in Zivil- und Handelssachen (Loseblatt, 2005), Brüssel IIa-VO, vor Art. 8, Rn. 17; *Schulz*, FPR 2004, 299, 301; *Rauscher*, EuLF 2005, I, 37, 39.

[10] Insoweit befindet sich in Art. 109 des Gesetzes in IPRax 2002, 552 ein Druckfehler („11.1.").

[11] Text in englischer Sprache insoweit in IPRax 2002, 552; das Gesetz ist insgesamt abgedruckt in A Selection of Fundamental Laws of Vietnam, 2001, 73 (vergriffen). Es liegt dem Gutachter vollständig in der von der Nationalversammlung der SR Vietnam herausgegebenen, in Vietnam vertriebenen englischen Übersetzung in Dateiform vor, aus der im Folgenden zitiert ist.

[12] Dazu noch *Bergmann/Ferid (Wohlgemuth)* (o. Fn. 5), 14 ff.; *Wohlgemuth*, FamRZ 1992, 638 ff.

	Deutsch:
Article 104	Artikel 104
Divorce involving foreign elements	Ehescheidung bei Auslandsbezug
1. Divorce between a Vietnamese citizen and a foreigner or between two foreigners permanently residing in Vietnam is settled according to the provisions of this Law.	1. Die Ehescheidung zwischen einem vietnamesischen Bürger und einem Ausländer oder zwischen zwei Ausländern, die ständigen Wohnsitz in Vietnam haben, untersteht den Bestimmungen dieses Gesetzes.
2. Where a partner being a Vietnamese citizen does not reside in Vietnam at the time of requesting the divorce, the divorce shall be settled according to the law of the country where husband and wife permanently co-reside; if they do not have a permanent co-residence place, the Vietnamese law shall apply.	2. Hat ein Ehegatte vietnamesischer Staatsangehörigkeit im Zeitpunkt des Scheidungsbegehrens keinen Wohnsitz in Vietnam, so untersteht die Scheidung dem Recht des Staates, in dem Ehemann und Ehefrau dauernden gemeinsamen Wohnsitz haben. Haben sie keinen dauernden gemeinsamen Wohnsitz, so ist vietnamesisches Recht anzuwenden.
3. [betrifft Ehevermögensrecht]	[...]
4. Divorce judgements or decisions of foreign Courts or other foreign competent bodies shall be recognized in Vietnam according to the provisions of the Vietnamese law.	4. Scheidungsurteile oder -entscheidungen ausländischer Gerichte oder anderer ausländischer zuständiger Behörden sind in Vietnam nach den Bestimmungen des vietnamesischen Rechts anzuerkennen.

Die Regelung in Abs. 1 und Abs. 2 lässt nicht eindeutig erkennen, ob Abs. 2 auch die Ehescheidung von Ehegatten erfasst, die beide die vietnamesische Staatsangehörigkeit besitzen. Jedenfalls nach dem Wortlaut ist auch der Fall zweier vietnamesischer Ehegatten mit Wohnsitz im selben ausländischen Staat erfasst. 26

Da andererseits Abs. 1 sich nur mit Ehen zwischen einem Vietnamesen und einem Ausländer oder zwischen zwei Ausländern befasst, könnte diese Konstellation auch für Abs. 2 vorauszusetzen sein. Die Ehescheidung zwischen zwei Vietnamesen wäre dann womöglich nicht als *Divorce involving foreign elements* i.S.d. Überschrift des Art. 104 MFL anzusehen. 27

bb) Systematischer Zusammenhang der Norm

Diese aus Art. 104 MFL nicht eindeutig zu beantwortende Frage lässt sich freilich im systematischen Zusammenhang unter Heranziehung von Art. 100 Abs. 4 MFL lösen, der das Kapitel XI *(„Marriage and Family Relations Involving Foreign Elements")* einleitet. 28

	Deutsch:
Article 100	Artikel 100
Protection of the legitimate rights and interests of the parties to the marriage and family relations involving foreign elements	Schutz der legitimen Rechte und Interessen der Parteien in Ehen und Familienbeziehungen bei Auslandsbezug
[...]	[...]
4. The provisions in this Chapter shall also apply to the marriage and family relations between Vietnamese citizens where one or both parties reside abroad.	4. Die Bestimmungen dieses Kapitels sind auch anzuwenden auf Ehen und Familienbeziehungen zwischen vietnamesischen Staatsangehörigen, wenn eine oder beide Parteien im Ausland Wohnsitz haben.

29 Hieraus dürfte sich zweifelsfrei ergeben, dass auch die Scheidung einer Ehe zweier Vietnamesen als *Divorce involving foreign elements* anzusehen ist, so dass auf eine solche Scheidung Art. 104 Abs. 2 MFL Anwendung findet.[13]

cc) Auslegungsstreit in der vietnamesischen Praxis

30 (1) Allerdings hat jüngst das Bezirksgericht *Quang Tri* in einer nicht veröffentlichten Entscheidung[14] den Standpunkt eingenommen, Art. 104 Abs. 2 HS. 2 MFL finde bereits dann Anwendung, wenn die Ehegatten zwar im selben ausländischen Staat ihren Wohnsitz haben, jedoch getrennt leben. Der Fall verdient vorliegend Beachtung, da der Sachverhalt dem hier zu entscheidenden grundsätzlich ähnlich ist.[15]

31 Das Verständnis des Bezirksgerichts *Quang Tri* mag nun zwar eine semantisch mögliche Auslegung des Wortlauts sein *(„do not have a permanent co-residence place")*, widerspricht aber jedem kollisionsrechtlichen Verständnis des Kriteriums eines gemeinsamen Wohnsitzes als räumlichem Bezug zu einem Staat, wie es sich in zahlreichen Kollisionsrechten findet (vgl. nur Art. 14 Abs. 1 Nr. 2 EGBGB, wo

13 Der Gutachter hat hierzu bei einem früheren Schüler, der nun an der Ho Chi Minh University of Law in Saigon lehrt, nachgefragt, der bestätigt, dass Art. 104 Abs. 2 MFL, wie oben zitiert, zutreffend aus der vietnamesischen in die englische Sprache übersetzt ist und sich nach Wortlaut und Systemzusammenhang auch auf Ehegatten bezieht, die beide Vietnamesen sind und in Deutschland ihren Wohnsitz haben.

14 Die nachfolgenden Ausführungen beruhen auf der bereits erwähnten Auskunft, die der Gutachter bei seinem Schüler und Kollegen in Saigon eingeholt hat.

15 Es handelte sich um einen Fall zweier vietnamesischer Ehegatten, die in Deutschland vor der Botschaft der VR Vietnam die Ehe geschlossen hatten. Die Ehefrau beantragte nach Aufnahme des Getrenntlebens die Ehescheidung in Vietnam. Das Gericht schied die Ehe nach Art. 89 MFL, also in Anwendung vietnamesischen Sachrechts.

auf den gewöhnlichen Aufenthalt abgestellt wird) und muss deshalb kritisch hinterfragt werden.

(2) Diese Entscheidung wurde durch zwei Artikel in der „Zeitschrift des Volksgerichts" (ZV) bekannt.[16] 32

Beide Autorinnen sehen die Entscheidung bemerkenswerter Weise nicht unter dem Aspekt des anwendbaren Rechts, sondern erörtern sie als eine Problematik der Zuständigkeit vietnamesischer Gerichte. Dies ist deshalb besonders bemerkenswert, weil das MFL durchaus zwischen der internationalen Zuständigkeit (Art. 102 MFL) und dem anwendbaren Recht (Art. 104 MFL) differenziert und gerade nicht Zuständigkeit und anwendbares Recht im Sinn einer *lex fori*-Anknüpfung gleichschaltet. 33

Die eine Ansicht[17] geht dahin, vietnamesische Gerichte seien zur Entscheidung des Falles wegen des deutschen Wohnsitzes beider Ehegatten nicht zuständig gewesen, stützt dies aber auf Art. 104 Abs. 2 MFL, der in Wirklichkeit nicht die Zuständigkeit, sondern das anwendbare Recht betrifft. 34

Die Gegenansicht[18] hält hingegen Art. 104 Abs. 2 MFL für unanwendbar, wenn beide Ehegatten Vietnamesen sind. Auch diese Ansicht will freilich das Problem als eine Frage der internationalen Zuständigkeit vietnamesischer Gerichte lösen, die sich ergebe, wenn beide Ehegatten Vietnamesen sind und die Ehe vor der zuständigen vietnamesischen Auslandsvertretung geschlossen haben. 35

(3) Weitergehende Nachforschungen[19] ergeben nun, dass die strittig diskutierte vorgenannte Entscheidung offenbar eine verbreitete Praxis vietnamesischer Bezirksgerichte widerspiegelt. Haben Ehegatten, die beide vietnamesische Staatsangehörige sind, vor der zuständigen vietnamesischen Auslandsvertretung die Ehe geschlossen, so halten sich vietnamesische Gerichte für scheidungszuständig und wenden anscheinend ungeachtet des Art. 104 Abs. 2 MFL das vietnamesische Scheidungsrecht an.[20] 36

---

16 *Nguyen Thi Hong Ly*, ZV 13/2005; *Huyen Anh*, ZV 18/2005.

17 *Nguyen Thi Hong Ly*, ZV 13/2005.

18 *Huyen Anh*, ZV 18/2005.

19 Über den vorgenannten Schüler und Kollegen bei einem auf Familienrecht spezialisierten Dozenten sowie einem Familienrechtsanwalt jeweils in Saigon.

20 Was von allen drei vietnamesischen Gewährsleuten des Gutachters als im Grunde contra legem angesehen wird.

dd) Lösung aus deutscher Sicht

(1) Entscheidung des Familiengerichts bei strittiger ausländischer Rechtsfrage

37 Aus Sicht deutscher Gerichte ist bekanntlich das fremde Recht nicht nach seinem Buchstaben anzuwenden, sondern unter Beachtung der ausländischen Rechtspraxis.

38 Nach Einschätzung des Gutachters kann auch nach Ausschöpfung der vorstehenden Erkenntnisquellen nicht mit Sicherheit eingeschätzt werden, wie vietnamesische Gerichte Art. 104 Abs. 2 MFL letztlich handhaben werden. Die hier ermittelte Praxis von Bezirksgerichten kann nicht als eindeutiges Signal für eine bestimmte Auslegung von Art. 104 Abs. 2 MFL gewertet werden. Vor dem Hintergrund der vietnamesischen Justizgeschichte der jüngeren Zeit ist schlichtweg zu konstatieren, dass das Bewusstsein für kollisionsrechtliche Fragestellungen auf der unteren Gerichtsebene weitgehend fehlt. Die berichtete Praxis, der auch die Entscheidung des Bezirksgerichts *Quang Tri* folgt, dürfte eher darauf beruhen, dass Art. 104 MFL als relativ neue Kollisionsnorm noch nicht ernsthaft wahrgenommen wird. Vor dem Hintergrund des bis zum Jahr 2000 geltenden nichtkodifizierten IPR, das französischen Prinzipien[21] folgte, wäre die Anwendung vietnamesischen Rechts auf die Ehescheidung zweier vietnamesischer Ehegatten durchaus zutreffend gewesen.

39 Dieses Wahrnehmungsdefizit zeigen nach Einschätzung des Gutachters auch die beiden erwähnten Beiträge aus dem Schrifttum, die anscheinend erstmals – und mit kontroversem Ergebnis – diese Praxis hinterfragen, dabei jedoch noch nicht einmal dem Gesetz entsprechend zwischen internationaler Zuständigkeit und anwendbarem Recht differenzieren.

40 Vor dem Hintergrund einer offenen und ersichtlich nicht höchstrichterlich entschiedenen Streitfrage im fremden IPR kann das deutsche Gericht nicht umhin, sich einer der vertretenen Meinungen zuzuwenden.

41 Der Gutachter neigt letztlich der hier an Wortlaut und Systematik entwickelten Auslegung des Art. 104 Abs. 2 MFL als Rückverweisung auf deutsches Recht zu. Die bezirksgerichtliche Praxis kann insoweit nicht entscheiden, weil sie sich mit Ausnahme der genannten Entscheidung des Bezirksgerichts *Quang Tri* nicht erkennbar mit dem neuen Kollisionsrecht auseinandersetzt.

(2) Kein Offenlassen der Frage

42 Als nicht möglich erweist es sich, vorliegend die Frage des anwendbaren Scheidungsrechts offen zu lassen. Zwar ist die Ehe vorliegend, den Vortrag des An-

[21] IPG 1996 Nr. 23 *(Köln)*.

tragstellers unterstellt, auch nach vietnamesischem Recht zu scheiden, da Art. 89 Abs. 1 MFL den Scheidungsgrund der Zerrüttung auf der Grundlage der Einschätzung des Gerichts vorsieht und der Ausschlussgrund des Art. 85 Abs. 1 MFL (Schwangerschaft oder weniger als 12 Monate zurückliegende Geburt) nicht eingreift.

Das Scheidungsstatut bestimmt jedoch über Art. 8 Abs. 1 Haager Unterhaltssta- 43
tutübereinkommen vom 2.10.1973[22] zugleich das Statut des nachehelichen Unterhalts. Ein Offenlassen des auf die Scheidung angewendeten Rechts würde auch für eventuelle nacheheliche Unterhaltsansprüche, auch wenn sie erst künftig geltend gemacht werden, in nicht hinnehmbarer Weise das Statut des nachehelichen Unterhalts in der Schwebe lassen.

(3) Rücksichtnahme auf ein Anerkennungsrisiko

Aus deutscher Sicht nicht zu prüfen ist die Anerkennungsfähigkeit der zu fäl- 44
lenden Entscheidung. Insbesondere hängt davon die Zuständigkeit in Anwendung der Brüssel IIa-VO nicht ab.

Selbst wenn man ein Anerkennungsrisiko im Interesse der Ehegatten in die hier 45
zu treffende Abwägung zwischen zwei Auslegungsalternativen einstellen möchte, ist vor dem Hintergrund der nicht leicht ermittelbaren vietnamesischen Gerichtspraxis kaum abschätzbar, ob die Anerkennungsfähigkeit unter der Anwendung deutschen Ehescheidungsrechts leiden würde. Es erscheint jedenfalls nicht offenkundig, dass eine Ehescheidung nach deutschem Recht in Vietnam nicht anerkannt wird. Art. 104 Abs. 4 MFL sieht grundsätzlich die Anerkennungsfähigkeit ausländischer Ehescheidungsurteile vor, bestimmt aber keine klaren Anerkennungsvoraussetzungen. Immerhin würde die Ehescheidung zweier in Vietnam lebender Ausländer gemäß Art. 104 Abs. 1 MFL eindeutig nach vietnamesischem Recht beurteilt, so dass umgekehrt vom vietnamesischen Recht zu erwarten sein dürfte, dass es im spiegelbildlichen Fall die Anwendung deutschen Rechts akzeptiert.

III. Durchführung des Versorgungsausgleichs (Art. 17 Abs. 3 EGBGB)

1. Anwendung von Art. 17 Abs. 3 EGBGB

Bei deutschem Scheidungsstatut unterliegt der Versorgungsausgleich ebenfalls 46
deutschem Recht. Er ist jedoch nur durchzuführen, wenn das Heimatrecht eines der Ehegatten ihn kennt (Art. 17 Abs. 3 S. 1 HS. 2 EGBGB). Insoweit ist unmittelbar das materielle Recht berufen, es liegt also keine Gesamtverweisung vor.[23]

[22] BGBl. 1986 II, 837.

[23] *Palandt/Heldrich* (o. Fn. 8), Art. 17 EGBGB, Rn. 20.

47 Ausreichend ist, dass ein Heimatrecht den Versorgungsausgleich im Grundsatz kennt, dass es also, ggf. auch im Rahmen güterrechtlicher Regelungen, einen Ausgleich von Rentenanwartschaften vorsieht.[24]

2. „Kennen" des Versorgungsausgleichs im vietnamesischen Recht

48 Das vietnamesische MFL enthält keine gesonderte Regelung über die Verteilung von Rentenanwartschaften aus Anlass der Ehescheidung.

49 Zwar ist für ein „Kennen" des Versorgungsausgleichs auch ausreichend, wenn Rentenanwartschaften in anderer Weise in einen anderen, insbesondere ehegüterrechtlichen Ausgleich einbezogen werden.

50 Auch dies ist jedoch für Vietnam nicht feststellbar. Gesetzlicher Güterstand ist eine Errungenschaftsgemeinschaft, deren Zusammensetzung in Art. 27 MFL neu formuliert, inhaltlich jedoch ohne für die vorliegende Frage wesentliche Änderungen aus Art. 14 MFL 1986[25] übernommen wurde. Es handelt sich um eine übliche güterrechtliche Form der Errungenschaftsgemeinschaft.

51 Bei Ehescheidung erfolgt eine Auseinandersetzung nach Art. 95 ff. MFL, wo gegenüber Art. 42 MFL 1986 erheblich detaillierter die maßgeblichen Kriterien der Verteilung sowie nunmehr auch die Einbeziehung der Familienwohnung geregelt sind. Eine Einbeziehung von erworbenen Versorgungsanwartschaften ist jedoch weiterhin nicht ersichtlich.

52 Es kommt daher vorliegend nur ein Versorgungsausgleich auf Antrag nach Maßgabe von Art. 17 Abs. 3 S. 2 EGBGB in Betracht.[26]

---

[24] Eingehend *Staudinger/Mankowski*, 2003, Art. 17 EGBGB, Rn. 305 ff. mit Länderübersicht.

[25] Deutscher Text bei *Bergmann/Ferid* (o. Fn. 5), Vietnam, 32.

[26] Ebenso OLG Koblenz, FamRZ 1998, 1599, noch zum vietnamesischen MFL 1986.

XI. Verfahrensrecht

1. Ausländisches Verfahrensrecht

a) Eintritt der Rechtshängigkeit

Siehe auch Nr. 32 (Hamburg)

Nr. 44

Bulgarien

Zum Zeitpunkt der Rechtshängigkeit eines Scheidungsverfahrens nach bulgarischem Zivilprozessrecht.

Das Amtsgericht Hamburg (Familiengericht) bittet in der Sache V. ./. V. (Az. 289 F 77/05) um Auskunft über bulgarisches Zivilprozessrecht.

Hamburg G 2/2006 vom 27.2.2006

A. Sachlage

Der Anfrage liegt folgender Sachverhalt zugrunde: Frau V. geb. K. begehrt die 1
Scheidung ihrer am 28.10.1990 in P. geschlossenen Ehe mit Herrn D. V., ferner die Zahlung von Unterhalt für die gemeinsame Tochter I., Übertragung des Sorgerechts, Gestattung der Fortführung des Namens V. sowie Auskunft über erworbene Kapitalanteile und Teilung derselben. Beide Ehegatten sind seit 1996 in Deutschland wohnhaft. Und zwar haben sie eine zeitlang – räumlich getrennt – in der Ehewohnung gewohnt, bis die Antragstellerin Anfang Juni zu ihrer Schwester gezogen ist, deren Wohnung sich innerhalb derselben Hausanlage befindet. Der Antragsgegner ist im Oktober 2004 ausgezogen, hat aber einen fortlaufenden Kontakt mit der Antragstellerin beibehalten. Die Antragstellerin war zunächst bulgarische Staatsangehörige, wurde aber am 6.1.2005 in Deutschland eingebürgert, wogegen der Antragsgegner die bulgarische Staatsangehörigkeit beibehalten hat.

Der Antrag der Ehefrau auf Ehescheidung ist am 10.2.2005 bei Gericht eingegangen und ist dem Antragsgegner am 21.2.2005 zugegangen.

Der Ehemann beruft sich auf eine frühere ausländische Rechtshängigkeit, denn er hat vor dem Amtsgericht Plovdiv die Ehescheidungsklage erhoben. Seine Klageschrift ist am 29.7.2004 bei jenem Gericht eingegangen. Eine Zustellung an die Ehefrau in Deutschland ist nicht erfolgt.

Zu einem ersten Termin am 6.12.2004 vor dem Amtsgericht Plovdiv ist die Ehefrau nicht erschienen, so dass nicht in die Verhandlung eingetreten werden konnte. Im Protokoll heißt es abschließend: „Das Gericht trifft den Beschluss: Der Prozess wird nicht in Gang gesetzt". Nach Darstellung des Ehemannes soll diese Formulierung auf ein Ruhen des Verfahrens hinauslaufen, das die Rechtshängigkeit unberührt lässt.

Die Ehefrau hat erst am 10.2.2005 zufällig von dem bulgarischen Verfahren Kenntnis erlangt. Nach Einlassung des Ehemannes konnte trotz Verpflichtung für Auslandsbulgaren, in der Heimat eine Meldeanschrift zu unterhalten, „dort eine den Formerfordernissen entsprechende Zustellung offenbar nicht erfolgen", so dass Zustellung und Ladung durch öffentliche Bekanntmachung im bulgarischen Staatsanzeiger Dăržaven Vestnik (im folgenden: D.V.) vom 15.10.2004 vorgenommen wurden.

Beim am 16.2.2005 durchgeführten zweiten Termin waren beide Seiten anwaltlich vertreten. Die Ehefrau hat durch ihren Anwalt vortragen lassen, dass keiner der Beteiligten eine Anschrift in Bulgarien habe. Deshalb hätte ihrer Auffassung nach eine Zustellung gemäß Art. 88 bulg. ZPO (an Personen mit unbekannter Adresse) erfolgen und hätte die Sache an das Sofioter Stadtgericht verwiesen werden müssen. Das Gericht ist dieser Argumentation jedoch nicht gefolgt; u. a. unter Bezugnahme auf eine Anschrift der Ehefrau in Plovdiv hat es vielmehr die Eröffnung des Verfahrens bestimmt. Weiter heißt es im Protokoll vom 16.2.2005: „Das Gericht bestimmt: Es vertagt das Verfahren und setzt das Verfahren zur Verhandlung in der zweiten Versöhnungssitzung am 16.3.2005 ab 9 Uhr an."

In ihrer Beschwerde gegen den genannten Beschluss vom 16.2.2005 hat die Ehefrau gerügt, ihr Mann habe, als Kläger des bulgarischen Parallelverfahrens, als Ladungs- und Zustelladresse die Anschrift in Plovdiv angegeben, obwohl die Familie V. dort seit 10 Jahren nicht mehr gewohnt habe. Damit habe er in schikanöser Weise versucht, ihre Beteiligung an dem bulgarischen Verfahren zu verhindern.

Die Protokolle des Gerichts in Plovdiv liegen nur in deutscher Übersetzung, nicht aber im bulgarischen Original vor. Auch geht aus der Akte nicht hervor, welchen Fortgang das bulgarische Verfahren genommen hat.

Das Amtsgericht Hamburg hat die Beteiligten darauf hingewiesen, dass eine öffentliche Zustellung in Bulgarien entweder unwirksam oder aber – wegen des dem Ehemann bekannten Aufenthaltes der Ehefrau in Deutschland – nicht anzuerkennen wäre.

B. Anfrage

2 Gefragt wird,

- ob nach bulgarischem Recht ein Scheidungsverfahren bereits mit Einreichung der Scheidungsklage bei Gericht oder (wie in Deutschland) erst mit Zustellung an den Gegner rechtshängig wird, sowie

- ob der Beschluss des bulgarischen Gerichts vom 6.12.2004 als Aussetzung eines bereits laufenden Verfahrens oder als Bestätigung der Nichtrechtshängigkeit zu werten ist.

C. Rechtslage

I. Rechtshängigkeit in Bulgarien

1. In Bulgarien gilt der Zivilprozesskodex (ZPK) vom Jahre 1952.[1] 3

Es gibt dort ein besonderes Kapitel über Ehesachen (Art. 256 ff. ZPK), das aber für die Rechtshängigkeit keine besonderen Regeln enthält. 4

2. Es bleibt also insoweit bei den allgemeinen Vorschriften. Einschlägig sind im vorliegenden Fall die folgenden Bestimmungen: 5

Art. 93 ZPK:

(1) Wenn das Gericht der Auffassung ist, dass es in der Sache unzuständig ist, gibt es diese an das zuständige Gericht ab. In diesem Fall gilt die Sache als vor diesem Gericht anhängig ab dem Tag der Einreichung des Antrags beim unzuständigen Gericht, wobei die von letzterem ausgeführten Handlungen wirksam bleiben.

Art. 95 ZPK:

(1) Wenn vor demselben Gericht oder vor verschiedenen Gerichten zwei Sachen zwischen denselben Parteien, auf derselben Grundlage und über denselben Antrag anhängig sind, wird das später angestrengte Verfahren vom Gericht von Amts wegen eingestellt.

Art. 102 ZPK:

Die Abschriften der Klageschrift und ihrer Anlagen werden dem Beklagten zusammen mit der Ladung zur ersten Sitzung zugestellt.

3. In dem Standardkommentar zum bulgarischen Zivilprozesskodex finden sich zu den zitierten Vorschriften die folgenden Erläuterungen: Die Klage werde durch eine Klageschrift erhoben, und zwar durch Einreichung derselben, unmittelbar oder per Post, beim Gericht. Die Zustellung einer Abschrift der Klageschrift an den Beklagten sei nicht Tatbestandselement für die Erhebung der Klage, sondern gehöre zu deren Folgen. 6

Die Klageerhebung habe zur Folge die Anhängigkeit der Sache *(visjašto delo)* zwischen den Parteien vor dem befassten Gericht. „Anhängig" sei ein begonnenes und noch nicht beendetes Erkenntnisverfahren. 7

---

[1] D.V. 1952 Nr. 12 i.d.F. D.V. 2005 Nr. 105.

8 Der Zustand als „anhängige Sache“ sei ein Hindernis für eine erneute Ausübung der Klagebefugnis in derselben Rechtssache. Dieselbe Klage könne nicht noch einmal zwischen denselben Parteien wegen desselben Streits erhoben werden (Art. 95 Abs. 1 ZPK).[2]

9 4. In Bulgarien wird also das Scheidungsverfahren bereits mit Einreichung der Klageschrift bei Gericht rechtshängig; auf die Zustellung beim Prozessgegner kommt es insoweit nicht an.

II. Inhalt des Beschlusses vom 6.12.2004

10 1. Nachdem der Beschluss lediglich in deutscher Übersetzung und nicht auch im bulgarischen Original eingesehen werden kann, lässt sich der genaue Sprachgebrauch des bulgarischen Gerichts nicht feststellen. Der Inhalt des Beschlusses lässt jedoch Schlussfolgerungen auf die ergriffenen Maßnahmen zu. Das Institut ist bereit, nach Vorlage der bulgarischen Fassung des Beschlusses die Auskunft entsprechend zu ergänzen.

11 2. Gemäß Art. 259 Abs. 1 ZPK beginnt das Ehescheidungsverfahren mit einem Sühnetermin, zu dem die Parteien im Prinzip persönlich erscheinen müssen.

12 3. Im vorliegenden Fall hat das bulgarische Gericht offensichtlich die Verhandlung vom 6.12.2004 vertagt, um für die Ehefrau einen Pflichtanwalt zu bestellen, nachdem diese gemäß Art. 50 ZPK wegen unbekannten Wohnsitzes und Anschrift öffentlich, mittels Veröffentlichung im Staatsanzeiger geladen worden war. In diesem Zusammenhang ist auch auf Art. 107 Abs. 2 ZPK hinzuweisen, demzufolge das Gericht die Angelegenheit *vertagt (otlaga deloto)*, wenn die Partei oder ihr Bevollmächtigter wegen plötzlicher Erkrankung oder wegen eines anderen Hindernisses nicht erscheint. Nachdem ein Pflichtanwalt bestellt war, hat das Gericht ohne weiteres den nächsten Verhandlungstermin am 16.2.2005 durchgeführt.

13 4. Zum besseren Verständnis sei noch auf das Folgende hingewiesen: Aussetzung *(spirane)*, Wiederaufnahme *(văzobnovjavane)* und Einstellung *(prekratjavane)* des Verfahrens sind in Art. 182 ff. ZPK geregelt. Zur Verfahrensaussetzung kommt es aus den in Art. 182 Abs. 1 ZPK aufgeführten Gründen, zu denen auch ein entsprechendes Einvernehmen der Parteien gehört. Gemäß Art. 184 Abs. 1 ZPK wird das im Einvernehmen der Parteien ausgesetzte Verfahren eingestellt, sofern binnen sechs Monaten nach der Aussetzung keine Partei die Wiederaufnahme beantragt hat.

---

[2] *Stalev/Mingova/Popova/Ivanova*, Bălgarsko graždansko procesualno pravo (Bulgarisches Zivilprozessrecht), 8. Aufl. 2004, 213, 221.

D. Ergebnis

1. Das Scheidungsverfahren wird nach bulgarischem Recht bereits mit Einreichung der Klageschrift bei Gericht rechtshängig; auf die Zustellung beim Prozessgegner kommt es insoweit nicht an. 14
2. Der Beschluss des bulgarischen Gerichts vom 6.12.2004 beinhaltet lediglich eine Vertagung der Verhandlung auf ein späteres Datum.

Nr. 45

Kroatien

1. **Zur internationalen Zuständigkeit deutscher Gerichte für den nachträglich und isoliert im Inland begehrten Versorgungsausgleich.**
2. **Zur Anerkennung eines die Ehe kroatischer Ehegatten scheidenden Urteils im Inland.**
3. **Statut des Versorgungsausgleichs nach Scheidung kroatischer Ehen.**
4. **Maßgeblichkeit kroatischen Rechts für die Rechtshängigkeit als Zeitpunkt der Bestimmung des Ehezeitendes im Versorgungsausgleichsrecht.**
5. **Zur Rechtshängigkeit einer in Kroatien eingeleiteten Scheidungsklage.**

Freiburg vom 30.9.2006 (Ho.)

A. Sachlage

1 Die Parteien haben die kroatische Staatsangehörigkeit und hatten am 24.7.1970 als Staatsangehörige des damaligen Jugoslawien in H. im Inland geheiratet. Sie leben seit längerem im Inland. Aus der Ehe gingen die 1970 und 1975 geborenen Kinder R. und N. hervor. Mit Scheidungsurteil des Gemeindegerichts von V. in Kroatien vom 3.4.1996 wurde die Ehe der Parteien geschieden. Das Scheidungsurteil des Gerichts in V. ist gemäß dem Rechtskraftvermerk, der der in den Akten befindlichen Ausfertigung beigegeben ist, seit dem 9.5.1996 rechtskräftig.

Das vorliegende Verfahren betrifft, eingeleitet mit Antrag der geschiedenen Ehefrau (Antragstellerin, abgekürzt Ast.), die nachträgliche isolierte Durchführung des Versorgungsausgleichs, der mangels Vorhandenseins eines Versorgungsausgleichs im kroatischen Recht auf der Grundlage des deutschen Rechts durchgeführt werden soll. Offen ist im vorliegenden Verfahren bislang die Ehezeit, deren Beginn und Ende das Amtsgericht – Familiengericht – nicht aus deutschem Recht, sondern aus dem Recht des Heimatstaats der Parteien folgen sieht.

B. Anfrage

2 Zur Klärung der Ehezeit im Sinne des beantragten Versorgungsausgleichs hat das Amtsgericht – Familiengericht – mit Beweisbeschluss vom 4.8.2006 die Einholung eines Sachverständigengutachtens zu dem folgenden Beweisthema angeordnet:

1. Zur Frage des Eintritts der Rechtshängigkeit des Scheidungsantrags, der zur Scheidung der Parteien durch Urteil des Gemeindegerichts V. am 3.4.1996 geführt hat, soll ein Sachverständigengutachten eingeholt werden.

2. [...]

C. Rechtslage

I. Fragestellung

Das Gericht fragt nach dem Eintritt der Rechtshängigkeit des Scheidungsantrags, der zu dem Urteil des Gemeindegerichts von V. vom 3.4.1996 geführt hat. Die Frage nach der Rechtshängigkeit des in V. /Kroatien durchgeführten Scheidungsverfahrens stellt sich für das anfragende Familiengericht im Rahmen des bei ihm anhängig gewordenen Verfahrens auf nachträgliche isolierte Durchführung des Versorgungsausgleichs zwischen den Scheidungsparteien. Es geht dabei davon aus, dass es als für die Durchführung dieses Versorgungsausgleichsverfahrens zuständiges Gericht die für den Versorgungsausgleich wesentliche Ehezeit gemäß § 1587 Abs. 2 BGB zu ermitteln hat und das Ehezeitende insofern mit Eintritt der Rechtshängigkeit in dem in Kroatien bereits durchgeführten Scheidungsverfahren eingetreten ist. Es geht dabei weiter davon aus, dass es die Rechtshängigkeit des kroatischen Verfahrens auch für das bei ihm durchzuführende Verfahren auf nachträglichen Versorgungsausgleich nach dem für das in Kroatien tätig gewordene Gericht maßgeblichen dortigen Verfahrensrecht zu beurteilen hat. 3

II. Internationale Zuständigkeit des Amtsgerichts – Familiengericht –

Zutreffend geht das Familiengericht von seiner internationalen, örtlichen und sachlichen Zuständigkeit für die hier durch die Antragstellerin beantragte nachträgliche Durchführung des nach der kroatischen Scheidung bislang nicht durchgeführten Verfahrens auf Versorgungsausgleich aus. Seine internationale Zuständigkeit für ein solches nachträgliches Verfahren folgt im vorliegenden Fall angesichts der Unanwendbarkeit der Zuständigkeitsregeln der am 1.3.2001 in Kraft getretenen EheVO I („Brüssel II“) auf den Versorgungsausgleich aus § 606a Abs. 1 in Verbindung mit § 621 Abs. 1 Nr. 7 ZPO, seine örtliche Zuständigkeit aus § 621 Abs. 3 ZPO, seine sachliche Zuständigkeit wiederum aus § 621 Abs. 1 Nr. 7 ZPO.[1] 4

---

[1] Die – bis zum 1.8.2004 in Kraft gewesene bzw. bis zum 1.3.2005 anzuwendende und zeitlich im Hinblick auf das vorliegende, am 26.7.2004 eingeleitete Verfahren zu beachtende – Verordnung (EG) Nr. 1347 / 2000 des Rates über die Zuständigkeit und die Anerkennung und Vollstreckung von Entscheidungen in Ehesachen und in Verfahren betreffend die elterliche Verantwortung für die gemeinsamen Kinder der Ehegatten vom 29.5.2000 - EheVO I - (ABl. EG 2000 Nr. L 160, S. 19 - „Brüssel II“) betrifft gemäß ihrem Erwägungsgrund (10) Folgesachen der Scheidung wie den deutschen Versorgungsausgleich nicht. Das gilt auch für „Brüssel IIa“, die seit 1.8.2004 in Kraft befindliche „Verordnung (EG) Nr. 2201/2003 des Rates über die Zuständigkeit und die Anerkennung und Vollstreckung von Entscheidungen in Ehesachen und in Verfahren betreffend die elterliche Verantwortung und zur Aufhebung der Verordnung (EG) Nr. 1347/2000“ (ABl. EG 2003 Nr. L 338 S. 1).

III. Internationales Privatrecht

1. Rechtsquellen

5 Zutreffend geht das Familiengericht auch von der Maßgeblichkeit des deutschen Rechts für den hier beantragten Versorgungsausgleich aus. Sie folgt aus Art. 17 Abs. 3 S. 2 EGBGB; die Kollisionsnorm ist im vorliegenden Fall nicht durch vorrangiges staatsvertragliches Kollisionsrecht verdrängt. Solches besteht nicht, weder sachlich für den Bereich des Versorgungsausgleichs noch im Verhältnis zu Kroatien, zu dem hier angesichts der dort geschehenen Durchführung des Scheidungsverfahrens und angesichts der heute kroatischen Staatsangehörigkeit beider Parteien Auslandsbezug im Sinne von Art. 3 Abs. 1 EGBGB besteht.[2]

6 Die Maßgeblichkeit des deutschen Rechts für den beantragten Versorgungsausgleich ist hier auch nicht durch die in Anwendung des Rechts von Kroatien auf die Scheidung selbst durch das die Scheidung aussprechende Gericht von V. in Frage gestellt. Im Grundsatz gilt zwar, dass das Scheidungsstatut als Scheidungsfolgenstatut gemäß Art. 17 Abs. 3 S. 1 EGBGB über den Versorgungsausgleich zu bestimmen hat.[3]

7 In dem Fall indes, dass ein ausländisches Gericht die Scheidung – in Anwendung eigener Kollisionsregeln oder auf der Grundlage seiner Zuständigkeit und dann in Anwendung seiner lex fori – bereits ausgesprochen hat und dem angerufenen deutschen Gericht nur die Aufgabe der Durchführung des Verfahrens des nachträglichen Versorgungsausgleichs verbleibt, hat dieses letztere Gericht bei Handhabung von Art. 17 Abs. 3 EGBGB das Scheidungsstatut, das gemäß S. 1 der Norm dann regelmäßiges Versorgungsausgleichsstatut wird, selbst und unabhängig von der durch das ausländische Gericht vorgenommenen Rechtsanwendung in eigener Anwendung von Art. 17 Abs. 3 S. 1 EGBGB zu ermitteln.[4]

2. Anerkennung des kroatischen Scheidungsurteils

8 Das ausländische Scheidungsurteil äußert Bindungswirkung nur insofern, als es die Scheidung der Ehe ergibt, wenn es im Inland anzuerkennen ist. Letzteres ist im

---

2 Im Verhältnis zu Kroatien besteht auf dem Gebiet des Scheidungsrechts und von Folgesachen keine staatsvertragliche Regelung, vgl. die Fehlanzeige z.B. bei *Erman/Hohloch*, BGB, 11. Aufl. 2004, Art. 17 EGBGB, Rn. 5 m.w.N. Siehe auch *Jayme/Hausmann*, Internationales Privat- und Verfahrensrecht, 11. Aufl. 2002, Nach Nr. 32 und bei Nrn. 182 und 183.

3 Vgl. dazu etwa *Erman/Hohloch* (o. Fn. 2), Art. 17 EGBGB, Rn. 37 und 49 m.w.N.; auch *Palandt/Heldrich*, BGB, 65. Aufl. 2006, Art. 17 EGBGB, Rn. 19.

4 Vgl. dazu *Erman/Hohloch* (o. Fn. 2), Art. 17 EGBGB, Rn. 63 m.w.N.; aus der st. Rspr. des BGH und der anderen Gerichte z.B. BGH, NJW 1983, 1269, 1270; NJW 1993, 2047; FamRZ 1993, 176; NJW-RR 1994, 322; KG, NJW 1979, 1107; OLG Karlsruhe, IPRax 1985, 36; OLG Stuttgart, FamRZ 1991, 1068.

vorliegenden Fall noch offen, aber wohl zu bejahen. Die Parteien betrachten sich als geschieden, auch die Ehefrau und Antragstellerin des jetzigen Verfahrens, die in dem kroatischen Verfahren zwar nicht persönlich präsent und auch nicht durch einen Verfahrensbevollmächtigten vertreten war, aber brieflich ihr Einverständnis mit der Scheidung der Ehe mitgeteilt hatte.[5]

Auch seither hat die Antragstellerin nichts gegen die Scheidung ihrer Ehe verlautbart; wenn sie jetzt das Versorgungsausgleichsverfahren betreibt, das Scheidung der Ehe voraussetzt, ist von ihrem Einverständnis mit der Scheidung in Kroatien auszugehen. Auszugehen ist dann auch davon, dass sie sich nicht unter dem Gesichtspunkt der Verletzung ihres rechtlichen Gehörs im kroatischen Verfahren gegen eine Anerkennung der Scheidung im und für das Inland wendet. Ist es so, kann das Familiengericht im vorliegenden Verfahren auf Versorgungsausgleich *incidenter* die Anerkennungsfähigkeit der kroatischen Scheidungsentscheidung bejahen. Es gilt für diese Anerkennung zwar nicht die „Automatik" der Art. 21 ff. EheVO II („Brüssel IIa") oder der Art. 14 ff. EheVO I („Brüssel II"), die nur im Verhältnis zwischen den Mitgliedstaaten der Europäischen Union gilt, zu der Kroatien nicht gehört. Da die Parteien der Scheidung übereinstimmend die kroatische Staatsangehörigkeit und, soweit aus den Akten ersichtlich, nur diese Staatsangehörigkeit haben und das Scheidungsurteil von einem kroatischen Gericht erlassen worden ist, liegt eine „Heimatstaatsentscheidung" im Sinne von Art. 7 § 1 Abs. 1 letzter Satz FamRÄndG vor, für deren Anerkennung im Inland es nicht des besonderen und zentralisierten Anerkennungsverfahrens vor dem dafür angesichts des Wohnsitzes der Antragstellerin örtlich und sachlich zuständigen Oberlandesgericht / Verwaltungsabteilung Karlsruhe bedarf, sondern deren Anerkennungsfähigkeit vielmehr durch das Amtsgericht – Familiengericht – als zuständiges Gericht des vorliegenden Verfahrens geprüft und als Inzidententscheidung im Rahmen seines Verfahrens und seiner Endentscheidung bejaht oder verneint werden kann.[6] 9

Ob die kroatische Entscheidung im Rahmen dieser Prüfung durch das Gericht dieses Verfahrens anerkannt wird oder nicht, entscheidet sich hier nach § 328 ZPO, da gegenüber dieser Anerkennungsregelung vorrangiges Recht mangels staatsvertraglicher Anerkennungsregelungen im Verhältnis zu Kroatien nicht besteht.[7] 10

---

5 S. die Angaben in dem Scheidungsurteil des Gemeindegerichts von V.

6 S. Art. 7 § 1 Abs. 1 S. 3 FamRÄndG; zu der Zuständigkeitsregelung in Baden-Württemberg gemäß Abs. 2a der Norm und VO v. 15.6.2000 GVBl. S. 499 s. *Hohloch,* Internat. Eherecht, in: *Rotax*, Praxis des Familienrechts, 2. Aufl. 2003, 1768, Rn. 224.

7 S. die Fehlanzeige in der Aufstellung der gegenwärtig für Deutschland in Kraft befindlichen Anerkennungs- und Vollstreckungsabkommen bei *Geimer,* Internationales Zivilprozessrecht, 3. Aufl. 1997, Rn. 2762; ebenso Fehlanzeige bei *Jayme/Hausmann* (o. Fn. 2), 495 in Fn. 1 und bei *Bergmann/Ferid/Henrich (Gec-Korošec),* Internationales Ehe- und Kindschaftsrecht, Länderteil Kroatien, 15 f.

11 Da „Anerkennungshindernisse“ im Sinne von § 328 Abs. 1 ZPO nicht ersichtlich sind[8] und die Antragstellerin als Beklagte des kroatischen Verfahrens gegen das dortige Ergebnis und dessen verfahrensmäßige Gewinnung nichts einwendet, wird das Amtsgericht – Familiengericht – Bruchsal im vorliegenden Verfahren die Anerkennungsfähigkeit bejahen und die Anerkennung der Scheidungsentscheidung seiner Entscheidung über den begehrten Versorgungsausgleich zugrunde legen können.

3. Statut des Versorgungsausgleichs

12 Angesichts der übereinstimmenden kroatischen Staatsangehörigkeit beider Parteien ist für das deutsche Gericht Scheidungsstatut im Sinne von Art. 17 Abs. 1 S. 1 in Verbindung mit Art. 14 Abs. 1 Nr. 1 EGBGB das kroatische Recht, das diese Verweisung annimmt. Dieses ist dann auch Scheidungsfolgenstatut und an sich auch Statut des Versorgungsausgleichs, jedenfalls gemäß Art. 17 Abs. 3 S. 1 EGBGB.[9]

13 Kroatisches Recht kennt aber nach wie vor einen Versorgungsausgleich bzw. einen als solchen zu qualifizierenden Ausgleich von in der Ehe erworbenen Versorgungsanrechten für das Alter nicht.[10]

14 In diesem Fall ist Art. 17 Abs. 3 S. 2 EGBGB heranzuziehen, der in „regelwidriger“ Anwendung das deutsche Recht als Statut des dann durchzuführenden, im Wesentlichen inlandsbezogenen Versorgungsausgleichs beruft. Da die Parteien wohl seit Jahren im Inland befindlich sind, hier gearbeitet haben oder in abhängiger, mutmaßlich rentenversicherungspflichtiger Position arbeiten, sind die kollisionsrechtlichen Voraussetzungen für die Durchführung des Versorgungsausgleichs deutschen Rechts im Grundsatz gegeben.[11]

---

[8] Die Inanspruchnahme der „Heimatzuständigkeit“ des kroatischen Gerichts für die damals im Inland wohnenden Scheidungsparteien entspricht § 328 Abs. 1 Nr. 1 und § 606a Abs. 1 Nr. 1 ZPO, spiegelbildlich angewandt; Anerkennungshindernisse gemäß Nrn. 2 bis 4 liegen nicht vor, auf die Verbürgung der Gegenseitigkeit gemäß Nr. 5 kommt es gemäß Art. 7 § 1 Abs. 1 S. 2 FamRÄndG nicht an.

[9] In Kroatien gilt für das Internationale Privatrecht noch, soweit das vorliegende Verfahren betroffen ist, das nach Erlangung der staatlichen Unabhängigkeit durch Übernahmegesetz übernommene und weiterhin in Geltung befindliche ehemals gesamtjugoslawische „Gesetz zur Lösung von Gesetzeskollisionen mit den Bestimmungen über das Verhältnis zu ausländischen Staaten“ von 1982 (in der Folge hier IPRGesetz); Übersetzung ins Deutsche z.B. in IPRax 1983, 6 ff. Art. 35 Abs. 1 IPRGesetz knüpft für die Scheidung primär an die gemeinsame Staatsangehörigkeit der Ehegatten an; diese liegt hier vor, was zur Annahme der Verweisung und an sich zur Anwendung des kroatischen Sachrechts führt. Textabdruck auch bei *Bergmann/Ferid/Henrich (Gec-Korošec)* (o. Fn. 7), 28 f.

[10] S. *Erman/Hohloch* (o. Fn. 2), Art. 17 EGBGB, Rn. 61 und 62.

[11] S. dazu *Erman/Hohloch* (o. Fn. 2), Art. 17 EGBGB, Rn. 55, 56; *Palandt/Heldrich* (o. Fn. 3), Art. 17 EGBGB, Rn. 22.

15 Ist deutsches Recht auf diesem Weg Statut des Versorgungsausgleichs geworden, befindet es insgesamt über dessen Voraussetzungen und Durchführung. Es gelten dann insbesondere die §§ 1587 ff. BGB; demgemäß gilt auch die Ehezeitregelung des § 1587 Abs. 2 BGB und die dortige Regelung des Endes der Ehezeit im Sinne des Versorgungsausgleichs.[12]

16 Insoweit kommt es also auch im vorliegenden nachträglichen Versorgungsausgleichsverfahren für das Ende der Ehezeit auf den gemäß § 1587 Abs. 2 BGB zu bestimmenden Zeitpunkt an. Maßgeblich ist dann der Eintritt der Rechtshängigkeit des Scheidungsantrags in dem die Scheidung herbeiführenden kroatischen Verfahren.

4. Maßgeblichkeit kroatischen Rechts für die Rechtshängigkeit des kroatischen Verfahrens

17 Das Art. 17 Abs. 3 S. 2 EGBGB zugrunde liegende Prinzip der Statutseinheit, d.h. der Maßgeblichkeit des als Statut des Versorgungsausgleichs berufenen Rechts für alle Fragen der Regelung des Versorgungsausgleichs führt aber nicht dazu, dass das deutsche Recht auch über den Zeitpunkt der Rechtshängigkeit eines zuvor schon außerhalb Deutschlands durchgeführten Scheidungsverfahrens zu bestimmen hat, aus dem die im Inland anzuerkennende Scheidungsentscheidung herrührt. In Abweichung von der grundsätzlichen Geltung des Versorgungsausgleichsstatuts für alle Fragen des Versorgungsausgleichs und auch in Abweichung von der Regel der grundsätzlichen Geltung des eigenen Verfahrensrechts des erkennenden Gerichts für verfahrensrechtliche Fragen bestimmt sich vielmehr der gemäß § 1587 Abs. 2 BGB wesentliche Zeitpunkt des Eintritts der Rechtshängigkeit des ausländischen Scheidungsverfahrens, das zur Scheidung der Ehe geführt hat, nach dem Recht des Gerichts jenes Verfahrens. Es verhält sich insoweit nicht anders als in anderen Fallgestaltungen, in denen der Zeitpunkt des Eintritts ausländischer Rechtshängigkeit, der für eine inländische Rechtslage Bedeutung hat, eben nach dem für das jeweilige ausländische Gericht maßgeblichen Recht, d.h. nach der ausländischen lex fori zu beurteilen ist.[13]

---

[12] Hierzu s. *Palandt/Heldrich* (o. Fn. 3), Art. 17 EGBGB, Rn. 17; *Soergel/Schurig*, BGB, Bd. 10, 12. Aufl. 1996, Art. 17 EGBGB, Rn. 131; *Erman/Hohloch* (o. Fn. 2), Art. 17 EGBGB, Rn. 53.

[13] Ich lege insofern in Übereinstimmung mit meiner sonstigen Gutachtenpraxis die in der Rechtspraxis beobachtete und auch im Schrifttum herrschende Auffassung zugrunde, die ich für die richtige halte; s. insoweit z.B. BGH, NJW 1986, 662 = JuS 1986, 481 *(Hohloch)*; NJW 1987, 3083 m. Anm. *Geimer* = FamRZ 1987, 590 m. Anm. *Gottwald* = JuS 1988, 571 (*Hohloch*); BGH, NJW-RR 1992, 642; BGH IPRax 1994, 40; aus dem Kommentarschrifttum s. z.B. *Zöller/Greger*, ZPO, 24. Aufl. 2004, § 261, Rn. 3; *Baumbach/Lauterbach/Albers/Hartmann*, ZPO, 64. Aufl. 2006, § 261, Rn. 9; im Hinblick auf § 1587 Abs. 2 BGB *Staudinger/Mankowski*, Art. 17 EGBGB, Bearbeitung 2003, Rn. 427; zur Geltung der lex fori insoweit allgemein *Erman/Hohloch* (o. Fn. 2), Art. 17 EGBGB, Rn. 17.

18 Ergebnis ist damit, dass auch im vorliegenden Zusammenhang der Zeitpunkt des Eintritts der Rechtshängigkeit des in Kroatien durchgeführten Scheidungsverfahrens nach dem für jenes Verfahren insofern maßgeblichen Recht zu bestimmen ist.

IV. Rechtshängigkeit des kroatischen Scheidungsverfahrens

1. Scheidung der Ehe der Parteien in Kroatien

19 Im vorliegenden Fall ist die Scheidung der Ehe der Parteien in Kroatien erfolgt. Für Ehescheidungen waren im Jahr 1996 in Kroatien die staatlichen Gerichte, und zwar die Zivilgerichte zuständig; die funktionelle Zuständigkeit liegt bei den Gemeindegerichten.[14]

2. Rechtshängigkeit nach kroatischem Prozessrecht

a) Rechtsquellen

20 Das kroatische Prozessrecht kennt den Begriff der Rechtshängigkeit. Die Rechtshängigkeitsbegriffe beider Rechtsordnungen ähneln sich angesichts der Nähe des kroatischen Zivilprozessrechts zum deutschen Verfahrensrecht.[15]

21 Die Rechtshängigkeit in diesem Sinne beginnt grundsätzlich zu dem Zeitpunkt, zu dem das jeweilige Verfahren durch Klageerhebung oder Antragstellung rechtlich eingeleitet wird. Diese Grundsätze und Grundbegriffe haben Geltung auch für das Verfahren der Ehescheidung. Maßgeblich ist insofern das für das Gericht in V. (Kroatien) geltende Recht über die Herbeiführung der Rechtshängigkeit. Nach allgemeinen Grundsätzen des deutschen internationalen Verfahrensrechts sind das die einschlägigen Regeln der dortigen lex fori, d.h. des Rechts, nach dem sich für das Gericht von V. in der Zeit des dort begonnenen Scheidungsverfahrens die Herbeiführung der Rechtshängigkeit eines Scheidungsverfahrens bemessen hat. Heute zeitlich maßgebliche gesetzliche Regelung des hier interessierenden Gebiets ist das

---

[14] Überblick über das Familienrecht Kroatiens und seine Entwicklung vom Beginn der eigenen Souveränität bis heute bei *Bergmann/Ferid/Henrich (Gec-Korošec)* (o. Fn. 7), 2a ff.; neuestens *Kunda*, FamRZ 2005, 1628 ff.

[15] Auch in Kroatien wird unter Rechtshängigkeit die Hängigkeit bei einem Gericht verstanden, die Auswirkungen verfahrensrechtlicher Art hat, z.B. die Bewirkung eines Verfahrenshindernisses für ein später mit selbem Streitgegenstand anhängig gemachtes weiteres Verfahren, oder die Konsequenz materiellrechtlicher Wirkungen wie z.B. Unterbrechung oder Hemmung der Verjährung nach sich ziehen kann. Zur Maßgeblichkeit des fremden Verfahrensrechts s. *Baumbach/Lauterbach/Albers/Hartmann* (o. Fn. 13), § 261, Rn. 7 m.w.N.; *Hohloch*, FF 2001, 45-53. Zum kroatischen Zivilverfahrensrecht im Überblick *Alsentzer u.a.*, Zivilgerichtsbarkeit und Zwangsvollstreckung in den Ländern USA, Belgien, Niederlande, Norwegen und Jugoslawien – Grundzüge – Forschungsberichte Bd. 8, 1979, 353 ff., 366 ff. (daselbst zur Rechtshängigkeit).

kroatische Familiengesetz von 2004, das die Neufassung des kroatischen Familienrechts im Familiengesetz von 2003 nochmals in mehreren Teilen verändert hat.[16]

Das heute geltende Familiengesetz Kroatiens findet aus zeitlichen Gründen aber auf das 1996 begonnene Scheidungsverfahren der Parteien des vorliegenden Verfahrens keine Anwendung. Damals galt in Kroatien das Familiengesetz von 1989/ 1990,[17] das durch das Familiengesetz vom 16.12.1998 abgelöst wurde, aber gemäß dessen Übergangsbestimmungen (Art. 363 ff. Familiengesetz 1998) für die vorliegende Frage noch anzuwenden ist. Das Familiengesetz 1989/1990 enthielt aber seinerseits, ebenso wie das ablösende Familiengesetz 1998, keine eigene Regelung der Rechtshängigkeit eines Scheidungsverfahrens, sondern überließ die Regelung der Rechtshängigkeit dem allgemeinen Zivilverfahrensrecht Kroatiens. 22

Keine Anwendung finden in diesem Zusammenhang der Rechtshängigkeitsprüfung für das kroatische Verfahren die Bestimmungen des „Gesetzes zur Lösung von Gesetzeskollisionen mit den Bestimmungen über das Verhältnis zu ausländischen Staaten von 1982", das als kroatisches IPR-Gesetz Weitergeltung bekommen hat.[18] Die Art. 61 Abs. 2 und 80 Nr. 2 IPR-Gesetz betreffen in Entsprechung zu § 261 Abs. 3 Nr. 1 ZPO die Beachtung fremder Rechtshängigkeit in Kroatien bei ausschließlicher Zuständigkeitsinanspruchnahme für eine Ehesache durch Kroatien; darum geht es aber hier nicht, wo in Deutschland eindeutig die inländische Zuständigkeit besteht.

Im vorliegenden Fall kann unbeachtlich bleiben, dass das damalige kroatische Recht dem Scheidungsverfahren regelmäßig das Sühneverfahren vorschaltete, das zur Rechtshängigkeit des Scheidungsverfahrens grundsätzlich nicht führte.[19] 23

Im vorliegenden Fall ergibt sich aus dem bei den Akten befindlichen Scheidungsurteil nichts für die Vorschaltung eines solches Verfahrens. Die Ast. des hiesigen Verfahrens hat sich am dortigen Verfahren formell gar nicht beteiligt. Auf das Sühneverfahren ist gemäß dort und damals geltender Regelung wegen des ausländischen Wohnsitzes beider Parteien verzichtet worden. Es gilt also als Verfahrensbeginn die Einreichung des Klagantrags durch den Antragsgegner des hiesigen Verfahrens in V. 24

---

16 S. dazu *Kunda* (o. Fn. 14), 1628 bei und in Fn. 1 - 4; ausführliche Darstellung des jetzigen Rechts in englischer Sprache bei *Pintens* (Hrsg.), International Encyclopedia of Laws, Family and Succession Law, 2005.

17 Gesetz über die Ehe und die Familienbeziehungen von 1989 in der Fassung von 1990, Narodne Novine (Staatliches Amtsblatt) Nr. 51/89 und Nr. 59/90; auszugsweise deutsche Übersetzung in der (zwischenzeitlich ausgesonderten) 128. Lieferung zu *Bergmann/Ferid*, Internationales Ehe- und Kindschaftsrecht.

18 Übersetzung ins Deutsche z.B. in IPRax 1983, 6 ff. (s. oben Fn. 9).

19 Zur fehlenden Rechtshängigkeit bei Einleitung erst des Sühneverfahrens unter der Geltung alten Rechts (in Serbien, wo der Rechtszustand vergleichbar war) *Rauscher*, IPRax 1992, 14, 17 m.w.N.

Art. 42 FamG 1998 (inhaltsgleich mit dem Vorgängerrecht von 1989/90)

(1) Die Ehescheidung kann ein Ehegatte durch Klage beantragen und beide Ehegatten durch einen einvernehmlichen Antrag.

(2) [...]

25 Da ein Sühneverfahren als solches nicht eingeleitet worden ist und eine einvernehmliche Scheidung, die Rechtshängigkeit ohne weitere Zustellung schon mit der gemeinsamen Antragstellung bewirken kann, mangels Mitwirkung der Ehefrau bei der Einleitung des damaligen Verfahrens am 21.11.1995 nicht beantragt worden ist, reduziert sich die zu prüfende und zu entscheidende Frage also darauf, ob und wann die durch den hiesigen Ag. in V. 1996 eingereichte Scheidungsklage gemäß dortigem Recht rechtshängig geworden ist. Maßgeblich sind angesichts des Schweigens des Familien- und Familienverfahrensrechts Kroatiens die allgemeinen Regeln des Zivilverfahrensrechts.

26 Der der Verweisungsregelung des Art. 283 FamG 1998 sachlich entsprechende Verweisungsartikel des KroatFamG 1989/90 liegt mir im Wortlaut nicht vor; sachlich entspricht er aber Art. 388 des Serbischen Gesetzes über die Ehe und die Familienbeziehungen vom 22.4.1980 in seiner Fassung vom 30.5.1994.[20] Diese Norm lautet:

Art. 388 SerbFamG

In Verfahren wegen Ehestreitigkeiten, wegen Streitigkeiten aus Beziehungen zwischen Eltern und Kindern, in Unterhaltsstreitigkeiten sowie in Vermögensstreitigkeiten zwischen Familienangehörigen werden die Bestimmungen des Gesetzes über das streitige Verfahren angewendet, wenn durch dieses Gesetz nichts anderes bestimmt ist.

27 Diese Bestimmungen finden sich in Art. 185 und 194 des ehemals gesamtjugoslawischen „Gesetzes über das streitige Verfahren". Kroatien hat dieses in der Zeit des Bestehens des früheren Gesamtjugoslawiens für den Gesamtstaat geltende, den Zivilprozess regelnde Gesetz nach Erlangung seiner staatlichen Unabhängigkeit – seiner damaligen Gesetzgebungspraxis entsprechend – durch kroatisches Übernahmegesetz von 1991 in Geltung belassen. Im Jahr 1996 war eine neue Zivilprozessordnung noch nicht an seine Stelle getreten, so dass hier von der Maßgeblichkeit seiner Regelung der Rechtshängigkeit auszugehen ist.[21]

---

20 Unvollständige deutsche Übersetzung bei *Bergmann/Ferid/Henrich (Gec-Korošec)* (o. Fn. 7), Länderteil Jugoslawien, 41 ff.

21 Jugoslawische Fassung ist das Gesetz über das streitige Verfahren vom 24.12.1976 (Sluzbeni list SFR 14.1.1977, Nr. 4 Pos. 37/212, mit umfassenden späteren Änderungen; als Kommentierung *Poznic*, Gradansko procesno pravo, Belgrad 1987, 113 ff.). Zum Übernahmegesetz Kroatiens s. *Bergmann/Ferid/Henrich (Gec-Korošec)* (o. Fn. 7), Länderteil Kroatien, 2b. Siehe zur Bewirkung der Rechtshängigkeit gemäß den nachstehend zitierten Vorschriften auch *Alsentzer u.a.* (o. Fn. 15), 366 f. Ich zitiere die Regelung als „KroatZPG 1991".

Die Normen lauten: 28

Art. 185 KroatZPG 1991

Das Streitverfahren wird durch die Klage eingeleitet.

Art. 194 KroatZPG 1991

(1) Der Rechtsstreit beginnt mit der Zustellung der Klage an den Beklagten zu laufen.

(2) In Hinsicht auf einen Anspruch, den die Partei im Verlauf des Verfahrens geltend gemacht hat, beginnt der Rechtsstreit von dem Augenblick an zu laufen, in dem die Gegenseite über diesen Anspruch informiert worden ist.

(3) Solange der Rechtsstreit läuft, kann hinsichtlich desselben Anspruchs zwischen denselben Parteien ein neuer Rechtsstreit nicht eingeleitet werden, und wenn ein solcher Rechtsstreit eingeleitet wird, weist das Gericht die Klage ab.

(4) Das Gericht achtet im Laufe des gesamten Verfahrens von Amts wegen darauf, ob ein anderer Rechtsstreit über denselben Anspruch zwischen denselben Parteien stattfindet.

b) Bewirkung der Zustellung an die Ast. des vorliegenden Verfahrens

Wie sich aus Art. 185 in Verbindung mit Art. 194 Abs. 1 KroatZPG 1991 ergibt, 29 wurde nach dem für das in V. eingeleitete Verfahren geltenden Recht die Rechtshängigkeit durch Zustellung der Klage/Antragsschrift an den Verfahrensgegner (Beklagten/Antragsgegner) bewirkt. Die Frage, wann für das in V. durch den hiesigen Ag. eingeleitete Verfahren Rechtshängigkeit erzielt worden ist, ist demnach danach zu entscheiden, ob und zu welchem Zeitpunkt die dortige Antragsschrift, die der Ag. des hiesigen Verfahrens dort am 1996 eingereicht hat, der Ast. des hiesigen Verfahrens als dortiger Antragsgegnerin/Beklagten zugestellt worden ist. Das wiederum bestimmt sich nach dem für das dortige Gericht in diesem Falle geltenden Zustellungsrecht. Aus den Akten geht eine Zustellung in dem kroatischen Verfahren von 1995/96 an die Ast. des vorliegenden Verfahrens durch Zustellung per Post in B. am 12.1.1996 hervor.

Da in dem kroatischen Scheidungsurteil als damalige Wohnadresse der Ast. des 30 jetzigen Verfahrens B. angegeben ist, hätte eine Zustellung an die Ast. des hiesigen Verfahrens in dem kroatischen Verfahren – jedenfalls primär – nach den für Kroatien geltenden Regeln über die Zustellung eines Scheidungsantrags an den im Ausland lebenden Ehegatten und Scheidungsgegner erfolgen müssen. Maßgebliche Rechtsgrundlage war insofern für Kroatien das Haager Übereinkommen über den Zivilprozess vom 1.3.1954 – HZPÜ –; dieses war seit dem 11.12.1962 für das frühere Gesamtjugoslawien im Verhältnis zu Deutschland in Kraft.[22]

---

[22] BGBl. 1958 II, 577; zum Inkrafttreten im Verhältnis zum damaligen Jugoslawien s. Bek. BGBl. 1963 II, 1328.

31 Kroatien hat das HZPÜ auch für die Zeit nach der Auflösung des alten Jugoslawien für sich in Geltung belassen.[23]

32 Erforderlich war also eine Zustellung nach Maßgabe der Art. 1 ff. HZPÜ gewesen.

Nach Art. 2, 3 HZPÜ und §§ 1-3 des Gesetzes zur Ausführung des Haager Übereinkommens vom 1.3.1954 über den Zivilprozess vom 18.12.1958[24] wäre die Zustellung an die Ast. des hiesigen Verfahrens als Zustellungsempfängerin der Antragsschrift des jugoslawischen Verfahrens im Inland über das örtlich zuständige Amtsgericht zu bewirken gewesen.

33 Für eine solche Zustellung ist aus den Akten nichts ersichtlich. Auf dieser Grundlage ist eine Zustellung der Scheidungsantragsschrift im jugoslawischen Verfahren an die Ast. des vorliegenden Verfahrens nicht bewirkt worden. Die Zustellung der Scheidungsantragsschrift per Post, die durch das Empfangsbekenntnis der Ast. auf dem Rückschein vom 12.1.1996 und die Rückscheinadresse des Gerichts in V. genügend nachgewiesen ist, genügt aber der gemäß Art. 6 Abs. 1 Nr. 1 HZPÜ nicht ausgeschlossenen Zustellmöglichkeit der unmittelbaren Übersendung des Schriftstücks durch die Post an die Ast. als damals im Ausland befindliche Beteiligte des kroatischen Verfahrens. Gemäß Art. 6 Abs. 2 HZPÜ war eine solche Übermittlung durch die Post in der damaligen Konstellation ordnungsgemäß, da die Ast. als damalige Verfahrensbeteiligte eines kroatischen Verfahrens Staatsangehörige Kroatiens war und das Schriftstück ohne Zwang sich so zustellen ließ. Ergebnis ist sonach, dass die Scheidungsantragsschrift der Ast. des jetzigen Verfahrens im damaligen Scheidungsverfahren am 12.1.1996 ordnungsgemäß zugestellt worden ist.

3. Ergebnis und Ehezeitende

34 Mit der am 12.1.1996 erfolgten ordnungsgemäßen Zustellung der Scheidungsantragsschrift an die jetzige Ast. ist Rechtshängigkeit des damaligen kroatischen Scheidungsverfahrens eingetreten. Als Ehezeitende im Sinne von § 1587 Abs. 2 BGB folgt daraus das Ende des Monats Dezember 1995 (31.12.1995). Auf den Eintritt der Rechtskraft des Scheidungsurteils, die durch das Gericht in V. für den 9.5.1996 bescheinigt ist, kommt es bei Geltung von § 1587 Abs. 2 BGB nicht an.

---

23 Seit 8.10.1991, s. Bek. in BGBl. 1993 II, 1936. Das gegenüber dem HZPÜ neuere Haager Übereinkommen über die Zustellung gerichtlicher und außergerichtlicher Schriftstücke im Ausland in Zivil- oder Handelssachen vom 15.11.1965, BGBl. 1977 II, 1453, ist hingegen für Kroatien nicht in Kraft; es hat deshalb hier außer Betracht zu bleiben.

24 BGBl. 1958 I, 939.

D. Ergebnis

1. Das Amtsgericht – Familiengericht – ist für das vorliegende Verfahren international zuständig. Der bei ihm beantragte Versorgungsausgleich unterliegt, da kroatisches Recht einen Versorgungsausgleich nicht kennt, gemäß Art. 17 Abs. 3 S. 2 EGBGB, der nicht durch vorrangige staatsvertragliche Regelung ausgeschlossen ist, dem deutschen Recht. 35

2. Das Amtsgericht – Familiengericht – ist im vorliegenden Verfahren zur Prüfung der Anerkennung der Scheidungsentscheidung des kroatischen Gerichts selbst berufen. Das Anerkennungsverfahren gemäß Art. 7 § 1 FamRÄndG greift nicht Platz. Anerkennungshindernisse im Sinne von § 328 Abs. 1 ZPO, der nicht durch vorrangiges Staatsvertragsrecht verdrängt ist, liegen nicht vor, so dass das Gericht incidenter die Anerkennung bejahen kann.

3. Das Ehezeitende bestimmt sich, da für den Versorgungsausgleich deutsches Recht berufen ist, nach § 1587 Abs. 2 BGB.

4. Die für § 1587 Abs. 2 BGB erhebliche Rechtshängigkeit des Scheidungsantrags bestimmt sich, da die Scheidung der Ehe der Parteien in Kroatien durchgeführt worden ist, nach dem für jenes Verfahren geltenden Recht, d.h. nach dem in der Zeit des dortigen Verfahrens in Kroatien geltenden Scheidungsverfahrensrecht.

5. Nach dem 1995/96 in Kroatien durch Übernahmegesetz von 1991 noch in Geltung befindlichen ehemals gesamtjugoslawischen und sachlich anwendbaren Zivilverfahrensrecht trat Rechtshängigkeit eines Scheidungsverfahrens mit Einreichung der Antragsschrift bei Gericht und Zustellung an die Gegenpartei ein.

6. Zustellung der Scheidungsantragsschrift ist im kroatischen Scheidungsverfahren an die Ast. des vorliegenden Verfahrens als damalige Gegenpartei am 12.1.1996 erfolgt. Die Zustellung ist in Übereinstimmung mit den damals zwischen Deutschland und Kroatien geltenden Regelungen der internationalen Zustellung erfolgt und hat Rechtshängigkeit des kroatischen Scheidungsverfahrens am 12.1.1996 bewirkt.

7. Ehezeitende gemäß § 1587 Abs. 2 BGB ist dann im vorliegenden Verfahren der Ablauf des 31.12.1995.

b) Rechtskraftwirkung

Nr. 46

Österreich

Zur Rechtskraftwirkung der Entscheidung eines Gerichts über das Bestehen einer Gegenforderung, mit der aufgerechnet wurde, nach österreichischem Recht.

Das Landgericht Traunstein (Az. 1 O 3093/04) bittet um ein Gutachten zum österreichischen Zivilprozessrecht.

München G 10271-5.6. vom 18.8.2005

A. Sachlage

1 Am 5.1.2001 hatten die Parteien in einem österreichischen Skigebiet einen Skiunfall, bei dem beide Parteien verletzt wurden. Die Beklagte des jetzigen Verfahrens erhob am 15.6.2001 Klage auf Schadenersatz i.H.v. € 11.857,55 zum LG Innsbruck. Der Kläger des jetzigen Verfahrens erklärte im Verfahren die Aufrechnung mit seiner behaupteten Gegenforderung auf Schadenersatz aus demselben Skiunfall i.H.v. € 10.894,01. Das LG Innsbruck gab der Klage i.H.v. € 9.229,92 statt und stellte in Ziffer 2 des Tenors fest, die eingewendete Gegenforderung bestehe nicht. Die Berufung des Beklagten zum OLG Innsbruck blieb erfolglos. Im vorliegenden Verfahren vor dem LG Traunstein verlangt der Kläger wegen seiner Verletzungen aus dem Skiunfall von der Beklagten € 9.098,15 zzgl. Zinsen.

B. Anfrage

2 Das Gericht wünscht eine gutachtliche Stellungnahme zu der Frage, ob es sich bei der Entscheidung des Landgerichts Innsbruck in Verbindung mit der Entscheidung des Oberlandesgerichts Innsbruck – im Folgenden: das Urteil des LG Innsbruck –, dass die Gegenforderung des Klägers nicht besteht, um eine nach österreichischem Recht (§ 411 öZPO) rechtskräftige Entscheidung im Sinne von § 322 Abs. 1 und 2 ZPO handelt.

C. Rechtslage

3 Die Anfrage ist so zu verstehen, dass das Gericht wissen möchte, ob dem Urteil des LG Innsbruck die Wirkungen eines Urteils in dem von § 322 Abs. 1 und 2 ZPO beschriebenen Umfang zukommen.

I. Maßgebliches Recht für die Beurteilung der Rechtskraftwirkung des Urteils des LG Innsbruck

Ob in einem deutschen Gerichtsverfahren ein ausländisches rechtskräftiges Urteil anzuerkennen ist, bestimmt sich nach deutschem Recht.[1] 4

Danach gilt vorliegend die Verordnung (EG) Nr. 44/2001 (im Folgenden: EuGVVO). Gem. ihrem Art. 66 Abs. 1 gilt die EuGVVO für Klagen, die nach ihrem Inkrafttreten – am 1.3.2002 – erhoben worden sind. Da die Klage zum LG Innsbruck am 15.6.2001 erhoben worden ist, ist die EuGVVO nicht bereits nach Art. 66 Abs. 1 anwendbar. Die hier maßgeblichen Vorschriften des Kapitels III (Anerkennung und Vollstreckung) der EuGVVO sind aber gem. Art. 66 Abs. 2 lit. a EuGVVO anwendbar, da das Urteil des LG Innsbruck am 10.11.2003, also nach dem Inkrafttreten der EuGVVO erging, und da das Brüsseler EWG-Übereinkommen über die gerichtliche Zuständigkeit und die Vollstreckung gerichtlicher Entscheidungen in Zivil- und Handelssache vom 27.9.1968 i.d.F. des 4. Beitrittsübereinkommens vom 29.11.1996 für die Bundesrepublik im Verhältnis zu Österreich am 1.1.1999 in Kraft getreten ist.[2] Daher gilt die EuGVVO für die Anerkennung des Urteils des LG Innsbruck gem. ihrem Art. 66 Abs. 2 lit. a. 5

Nach Art. 33 EuGVVO ist die in einem anderen Mitgliedstaat ergangene Entscheidung anzuerkennen, ohne dass es hierfür eines besonderen Verfahrens bedarf. Gem. Art. 33 Abs. 3 EuGVVO entscheidet jedes Gericht eines Mitgliedstaats, dessen Entscheidung von der Anerkennung abhängt, inzident über die Anerkennung. Dabei sind die Anerkennungsversagungsgründe der EuGVVO grundsätzlich von Amts wegen zu prüfen.[3] 6

Die Anerkennung kann nach Maßgabe der Art. 34, 35 EuGVVO verweigert werden. Umstände, die danach eine Anerkennungsverweigerung rechtfertigen würden, sind nicht augenfällig; im Übrigen würden sie den Rahmen der vorgelegten Frage überschreiten. 7

Sofern das Urteil des LG Innsbruck danach anzuerkennen ist, ist fraglich, was unter dem Begriff der „Anerkennung" in der EuGVVO zu verstehen ist. Dies ist nicht unumstritten. Nach der Theorie von der Wirkungsgleichstellung sind der ausländischen Entscheidung die gleichen Wirkungen wie einem entsprechenden Urteil im Anerkennungsstaat zuzuerkennen.[4] 8

---

1 *Kropholler,* Europäisches Zivilprozessrecht, 7. Aufl. 2002, vor Art. 33, Rn. 11.
2 BGBl. 1999 II, 419.
3 *Kropholler* (o. Fn. 1), vor Art. 33, Rn. 6.
4 So wohl OLG Bamberg, NJW-RR 1997, 4.

9 Die Kumulationstheorie geht grundsätzlich von einer Erstreckung der Urteilswirkungen des Urteilsstaats aus, begrenzt diese Wirkungen aber auf die möglichen Urteilswirkungen einer inländischen Entscheidung.[5]

10 Herrschend ist wohl die Theorie von der Wirkungserstreckung, wonach über den objektiven und subjektiven Umfang der Rechtskraft das Prozessrecht des Erststaats (und nicht das Prozessrecht des Anerkennungsstaats) entscheidet.[6]

11 Danach ist für die Wirkungen des Urteils des LG Innsbruck, sofern es anerkennungsfähig ist, auf österreichisches Recht abzustellen.

II. Rechtskraftwirkung nach §§ 411 Abs. 1, 391 öZPO

1. Vorliegen einer rechtskräftigen Entscheidung nach §§ 411 Abs. 1, 391 öZPO

12 Obwohl auch in Österreich der Grundsatz gilt, dass die Entscheidungen über präjudizielle Fragen des entschiedenen Anspruchs nicht in Rechtskraft erwachsen,[7] enthält die öZPO mit § 411 eine dem § 322 Abs. 2 ZPO vergleichbare Vorschrift.

> § 411 Abs. 1 öZPO sieht vor:
>
> „Durch ein Rechtsmittel nicht mehr anfechtbare Urteile sind der Rechtskraft insoweit teilhaft, als in dem Urteile über einen durch Klage oder Widerklage geltend gemachten Anspruch oder über ein im Laufe des Prozesses streitig gewordenes Rechtsverhältnis oder Recht entschieden ist, hinsichtlich dessen gemäß §§ 236 oder 259 die Feststellung des Bestehens oder Nichtbestehens begehrt wurde. Die Entscheidung über den Bestand oder Nichtbestand einer vom Beklagten zur Kompensation geltend gemachten Gegenforderung ist der Rechtskraft nur bis zur Höhe des Betrages teilhaft, mit welchem aufgerechnet werden soll."

13 Danach ist die Entscheidung eines Gerichts über das Bestehen einer Gegenforderung, mit der aufgerechnet wurde, der Rechtskraft fähig. Die Sachentscheidung über die Gegenforderung bis zur Höhe der Klagforderung bewirkt Rechtskraft für jede selbständige Klage auf die Gegenforderung wie auch für jede erneute einredeweise Geltendmachung der Forderung in diesem Umfang.[8]

14 Unter Aufrechnungseinrede wird der Sachantrag des Beklagten verstanden, mit dem er die Entscheidung durch Urteil begehrt, dass die Klagforderung durch Auf-

---

5 *Schack*, Internationales Zivilverfahrensrecht, 3. Aufl. 2002, S. 346, Rn. 796.

6 EuGH v. 4.2.1988, Rs. 145/86, Slg. 1988, 645, Rn. 11 – *Hoffmann* = NJW 1989, 663, 664; *Kropholler* (o. Fn. 1), vor Art. 33, Rn. 11; *Leible,* in: *Rauscher,* Europäisches Zivilprozessrecht, 2004, Art. 33 Brüssel I-VO, Rn. 3; s.a. MüKo/*Gottwald*, ZPO, Bd. 1, 2. Aufl. 2000, § 328, Rn. 139; *Stein/Jonas (Leipold)*, ZPO, 21. Aufl. 1998, § 322, Rn. 48.

7 *Fasching,* Kommentar zu den Zivilprozeßgesetzen, 2. Aufl. 2004, § 411 ZPO, Rn. 68; *Rechberger/Simotta,* Grundriss des österreichischen Zivilprozessrechts. Erkenntnisverfahren, 5. Aufl. 2000, S. 420, Rn. 702.

8 *Fasching* (o. Fn. 7), § 411 ZPO, Rn. 73; *Rechberger/Simotta* (o. Fn. 7), S. 420, Rn. 702.

rechnung mit einer ihm gegen den Kläger zustehenden Gegenforderung ganz oder teilweise erloschen ist und deshalb das Klagebegehren ganz oder teilweise abzuweisen ist;[9] weiterhin entfaltet nur die Entscheidung über die *im Prozess* durch Aufrechnungseinrede vorgenommene Aufrechnung Rechtskraftwirkung.[10]

Eine solche im Prozess erklärte Aufrechnungseinrede liegt vor. Das LG Innsbruck stellt ausdrücklich fest, der dortige Beklagte „wendete [einer etwaigen Klagforderung] eine Gegenforderung ein." Auch das OLG Innsbruck versteht die Handlung des dortigen Beklagten als im Prozess erklärte Aufrechnungseinrede („kompensando"). 15

Schließlich ist für die Rechtskraftfähigkeit der Entscheidung über das Bestehen der Gegenforderung erforderlich, dass das Gericht über die Aufrechnungseinrede im Urteilstenor erkennt.[11] Auch dies war hier der Fall. Die Entscheidung des LG Innsbruck über das Nichtbestehen der Gegenforderung des Klägers ist daher eine rechtskräftige Entscheidung i. S. d. § 411 öZPO. 16

2. Wirkung der Rechtskraft nach § 411 öZPO

Die sog. Einmaligkeitswirkung *(ne bis in idem)* schließt zwischen den gleichen Parteien die neuerliche Anhängigmachung eines gleichen Begehrens aus, das auf den gleichen rechtserzeugenden Sachverhalt gestützt ist; liegt sie vor, ist dem Gericht die Sachverhandlung und Sachentscheidung verwehrt und die neue Klage ist wegen rechtskräftig entschiedener Streitsache zurückzuweisen.[12] 17

D. Ergebnis

Daher ist auf die Frage des Gerichts zu antworten, dass das Urteil des LG Innsbruck, sofern es nach Art. 34 f. EuGVVO anerkennungsfähig ist, Rechtskraftwirkungen, die nach Entstehung, Art und Umfang denen des § 322 Abs. 1 und 2 ZPO entsprechen, entfaltet. 18

---

9 *Rechberger/Simotta* (o. Fn. 7), S. 286, Rn. 480.
10 *Fasching* (o. Fn. 7), § 411 ZPO, Rn. 73; § 391 ZPO, Rn. 22 Abs. 2.
11 *Fasching* (o. Fn. 7), § 391 ZPO, Rn. 45 Abs. 1 a.E.
12 *Fasching* (o. Fn. 7), § 411 ZPO, Rn. 15; vgl. auch *Kropholler* (o. Fn. 1), vor Art. 33, Rn. 12.

2. Verordnung Nr. 44/2001/EG (Brüssel I)

Siehe Nr. 11 (Köln); Nr. 46 (München)

3. Verordnung Nr. 2201/2003/EG (Brüssel IIa)

Siehe Nr. 30 (Freiburg); Nr. 43 (Leipzig)

4. Internationale Zuständigkeit

a) Internationale Zuständigkeit in Ehesachen

Siehe Nr. 23 (Köln)

b) Internationale Zuständigkeit in Nachlasssachen

Siehe Nr. 39 (Tübingen)

c) Internationale Zuständigkeit in Insolvenzsachen

Siehe Nr. 48 (Hamburg)

5. Anerkennung und Vollstreckung deutscher Entscheidungen in nichtvermögensrechtlichen Angelegenheiten im Ausland

Siehe Nr. 30 (Freiburg)

6. Anerkennung ausländischer Entscheidungen in nichtvermögensrechtlichen Angelegenheiten in Deutschland

- Ehesachen

Siehe Nr. 45 (Freiburg)

XII. Insolvenzrecht

Siehe auch Nr. 1 (Saarbrücken)

Nr. 47

Bulgarien*

Der Insolvenzverwalter einer bulgarischen Aktiengesellschaft ist grundsätzlich berechtigt, zulasten der Masse Rechtsgeschäfte zu tätigen und Verbindlichkeiten einzugehen (Art. 658 HGB).

Herr Rechtsanwalt S. bittet in der Sache F. ./. B. um Auskunft über bulgarisches Konkursrecht.

Hamburg G 9/2003 vom 14.2.2003

A. Sachlage

Die Eilauskunft wird benötigt im Rahmen eines vor dem Landgericht Frankfurt 1
anhängigen Antrags auf Arrest und Arrestpfändung vom 28.1.2003 der F. AG. Der Anfrage liegt folgender, von der Antragstellerin mitgeteilter Sachverhalt zugrunde:

Die Antragstellerin hat in der Vergangenheit gegenüber der Antragsgegnerin Dienstleistungen erbracht und ihr bestimmte Mietgegenstände überlassen, für die noch eine Forderung in Höhe von EUR 858.340,86 offen steht.

Am 12.3.2001 wurde vor dem Stadtgericht Sofia das Insolvenzverfahren über das Vermögen der Antragsgegnerin eröffnet. Soweit die Forderung den Zeitraum vor diesem Stichtag betrifft, haben die bulgarischen Insolvenzverwalter nach mehreren Verhandlungen mit der Antragstellerin am 12.4.2002 mündlich eine entsprechende Zahlungsverpflichtung anerkannt und insoweit Ratenzahlung vereinbart. Der zweite Teil der Forderung resultiert aus der Bestellung von Dienstleistungen bei der Antragstellerin durch die bulgarischen Insolvenzverwalter. Alle Leistungen sind von der Antragstellerin auf dem Flughafen Frankfurt am Main erbracht worden. Die Antragsgegnerin hat offenbar seit dem 3.12.2002 ihren Geschäftsbetrieb eingestellt.

---

* *Anm. d. Red.:* In dieser Sache wurde ein Ergänzungsgutachten erstattet, das in diesem Band unter Nr. 48 abgedruckt ist.

B. Anfrage

2 Gefragt wird, ob:

1. ein Insolvenzverwalter im Insolvenzverfahren über das Vermögen einer bulgarischen (Aktien-)Gesellschaft zu Lasten der Masse Rechtsgeschäfte tätigen und Verbindlichkeiten begründen kann (vgl. auch § 55 dt. InsO);
2. ein Insolvenzverwalter nach Eröffnung des Insolvenzverfahrens Schulden des Insolvenzunternehmens zu Lasten der Masse bestätigen und übernehmen kann, die vor Insolvenzeröffnung (12.3.2001) gegen das Insolvenzunternehmen entstanden sind.

C. Rechtslage

I. Zum bulgarischen Insolvenzrecht

3 1. Das bulgarische Insolvenzrecht ist in der Hauptsache im Vierten Teil des Handelsgesetzbuchs enthalten, der vom Jahre 1994 datiert.[1]

4 Die Anwendung ist ausgeschlossen für öffentliche Monopolunternehmen sowie für Banken und Versicherungen (Art. 612 HGB). Bei der Antragsgegnerin handelt es sich um eine Publikumsaktiengesellschaft im Sinne von Art. 110 ff. des Gesetzes über das öffentliche Angebot von Wertpapieren,[2] auf die das Insolvenzrecht des Handelsgesetzes Anwendung findet (vgl. Art. 121 G.öffentl.Ang.Wertpapiere).[3]

5 2. Nach bulgarischem Recht wird ein Insolvenzverfahren eingeleitet bei Zahlungsunfähigkeit eines Kaufmanns, und im Falle von Aktiengesellschaften u.a. auch bei Überschuldung (Art. 607 a HGB). Die Einleitung des Verfahrens erfolgt auf Antrag (namentlich des Schuldners selber oder eines seiner Gläubiger), Art. 625 HGB.

6 Stellt das Gericht Zahlungsunfähigkeit bzw. Überschuldung fest, so fasst es einen entsprechenden Beschluss und ernennt einen vorläufigen Insolvenzverwalter (i.e. Art. 630, 666 HGB).

---

1 HGB Teil IV, Dăržaven Vestnik 1994 Nr. 63 i.d.F. 2002, Nr. 61. Deutsche Übersetzung, unter Berücksichtigung der Änderungen im Insolvenzrecht von 2000, in: *Breidenbach*, Handbuch Wirtschaft und Recht (Loseblatt), Länderteil Bulgarien (HGB 300). Dazu z.B. *Gerdžikov*, Sădebna praktika. Tărgovsko pravo. Komentar [Rechtsprechung. Handelsrecht. Kommentar], Bd. 1.3, 2001; *Gerdžikov u.a.*, Novite položenija v tărgovskoto pravo. Promenite v Tărgovskija zakon [Neue Vorschriften im Handelsrecht. Änderungen im HGB], 2000; *Tadžer*, Nesăstojatelnost po tărgovskija zakon [Insolvenz nach dem HGB], 1996; *Daskalov/Thurner*, Bulgarisches Insolvenzrecht, 2. Aufl. 1996.

2 D.V. 1999 Nr. 114 i.d.F. 2002, Nr. 61.

3 Zum Status als Publikumsgesellschaft im Falle der Insolvenz siehe auch Art. 119 G.öffentl.Ang.Wertpapiere (mit Änderung vom 14.6.2002, D.V. 2002, Nr. 61).

Der vorläufige Insolvenzverwalter hat die Befugnisse des Insolvenzverwalters nach Art. 658 (Art. 668 HGB); dazu unten Rn. 9. 7

3. Der eben genannte Beschluss bewirkt u.a. das Folgende (vgl. Art. 634a-642 HGB): 8

Art. 634a HGB. *Zeitpunkt der Eröffnung des Insolvenzverfahrens*[4]

Das Insolvenzverfahren gilt vom Zeitpunkt der Entscheidung gemäß Art. 630 Abs. 1 als eröffnet [...]

Art. 635 HGB. *Beschränkung der Rechte des zahlungsunfähigen Schuldners*

(1) Mit Eröffnung des Insolvenzverfahrens und in den Fällen gemäß Art. 629a führt der Schuldner seine Tätigkeit unter der Aufsicht des Insolvenzverwalters fort. Neue Geschäfte kann er nur nach vorhergehender Zustimmung des Insolvenzverwalters und in Übereinstimmung mit den Maßnahmen, die in der Entscheidung über die Eröffnung des Insolvenzverfahrens oder im Beschluss gemäß Art. 629a verfügt worden sind, abschließen.

(2) Das Gericht kann dem Schuldner das Verwaltungs- und Verfügungsrecht über das Vermögen entziehen und dieses Recht dem Insolvenzverwalter übertragen, wenn es feststellt, dass der Schuldner mit seinen Handlungen die Interessen der Gläubiger gefährdet.

Art. 639 HGB. *Gläubiger nach Entscheidung über die Eröffnung des Insolvenzverfahrens*

(1) Gläubiger, deren Forderungen nach dem Zeitpunkt der Eröffnung des Insolvenzverfahrens entstanden sind, erhalten die Zahlung bei Fälligkeit; haben sie die Zahlung bei Fälligkeit oder bis zum Zeitpunkt der Insolvenzerklärung des Schuldners nicht erhalten, so werden sie nach Art. 722 Abs. 1 befriedigt.

(2) Die Gläubiger nach Abs. 1 können aus der Insolvenzmasse eine Sicherung für ihre Forderung erhalten.

4. Der endgültige Insolvenzverwalter wird von der ersten Gläubigerversammlung gewählt und dem Gericht zur Ernennung vorgeschlagen (Art. 672 Abs. 1 Nr. 2 HGB). Weiter ist namentlich Folgendes bestimmt: 9

Art. 656 HGB. *Ernennung des Insolvenzverwalters*

(1) Das Insolvenzgericht ernennt den von der ersten Gläubigerversammlung gewählten Insolvenzverwalter, wenn dieser den Anforderungen von Art. 655 entspricht [...] Mit demselben Beschluss hat das Insolvenzgericht den Zeitpunkt der Amtsübernahme des Insolvenzverwalters zu bestimmen.

Art. 658 HGB. *Befugnisse des Insolvenzverwalters*

(1) Der Insolvenzverwalter hat folgende Befugnisse:

1. er vertritt das Unternehmen;

2. verwaltet dessen laufende Geschäfte;

---

[4] Eingefügt D.V. 1998, Nr. 70.

3. übt die Aufsicht über die Tätigkeit des Schuldners in den Fällen von Art. 635 Abs. 1 aus;

4.-15. [...]

Art. 659 HGB. *Rechnungslegung*

(1) Der Insolvenzverwalter hat jede seiner Handlungen, die mit der Verwaltung und der Verfügung bezüglich Sachen und Rechten des Schuldnervermögens oder der Insolvenzmasse in Verbindung stehen, in ein von ihm durchnummeriertes und mit einer Schnur gebundenes und vom Gericht beglaubigtes Tagebuch einzutragen. Werden die Funktionen des Insolvenzverwalters von zwei oder mehr Personen ausgeführt, so sind zwischen diesen entstandene Meinungsverschiedenheiten sowie die getroffenen Entscheidungen in dem Tagebuch zu vermerken.

(2) Der Insolvenzverwalter hat dem Gericht monatlich und auf Verlangen unverzüglich Rechnung über seine Tätigkeit zu legen.

(3) Auf Verlangen eines Gläubigers hat ihm der Insolvenzverwalter das Tagebuch nach Abs. 1, den Rechenschaftsbericht gemäß Abs. 2 sowie einen Rechenschaftsbericht über konkret gestellte Fragen vorzulegen, soweit diese nicht im Rechenschaftsbericht nach Abs. 2 für den jeweiligen Zeitraum enthalten sind.

10 5. Die Anmeldung und Feststellung von Insolvenzforderungen ergibt sich aus den Art. 685 ff. HGB.

11 Für die Rechtsstellung ausländischer Gläubiger ist auf die folgende Vorschrift hinzuweisen:

Art. 616 HGB. *Insolvenzgläubiger*

(3) Im Insolvenzverfahren haben ausländische Gläubiger gleiche Rechte wie Einheimische.

12 Zwar kennt das bulgarische Recht den Begriff des Massegläubigers nicht ausdrücklich, jedoch müssen offenbar Gläubiger von nach der Insolvenzeröffnung entstandenen Forderungen diese nicht anmelden.[5]

13 6. Die Verkündung der Insolvenz (Insolvenzerklärung) erfolgt im Verfahren nach Art. 710 ff. HGB, vgl. auch die nachfolgenden Vorschriften:

Art. 710 HGB. *Entscheidung über die Insolvenzerklärung*

Das Gericht erklärt den Schuldner für insolvent, wenn innerhalb der gesetzlich vorgeschriebenen Frist kein Plan gemäß Art. 696 vorgeschlagen oder der vorgeschlagene Plan nicht angenommen oder nicht bestätigt worden ist; dasselbe gilt in den Fällen der Artt. 630 Abs. 2, 632 Abs. 1 und 709 Abs. 1.

[Art. 696 ff. betreffen den Sanierungsplan]

---

[5] Vgl. auch *Daskalov/Thurner* (o. Fn. 1), 15.

Art. 711 HGB. *Inhalt der Entscheidung über die Insolvenzerklärung*

Die Entscheidung des Gerichts über die Insolvenzerklärung enthält:

1. die Erklärung, dass der Schuldner zahlungsunfähig ist, und die Anordnung über die Beendigung der Tätigkeit des Unternehmens;

2. die Anordnung eines allgemeinen Verfügungsverbots und der Beschlagnahme hinsichtlich des Schuldnervermögens;

3. den Entzug des Befugnisse der Organe des Schuldners, wenn dieser eine juristische Person ist;

4. den Entzug des Verwaltungs- und Verfügungsrechts des Schuldners über das zur Insolvenzmasse gehörende Vermögen;

5. die Anordnung des Beginns der Verwertung des zur Insolvenzmasse gehörenden Vermögens und der Verteilung des verwerteten Vermögens.

Art. 712 HGB *Wirkung der Entscheidung, der Eintragung und der Veröffentlichung*

(1) Die Entscheidung über die Insolvenzerklärung wirkt gegenüber jedermann.

(2) Die Entscheidung über die Insolvenzerklärung ist in das einschlägige Gerichtsregister einzutragen und im „Staatsanzeiger" zu veröffentlichen.

7. Bei der Verteilung der Insolvenzmasse sind bestimmte Ansprüche vorab zu berichtigen, vgl. die nachstehenden Vorschriften:[6] 14

Art. 721 HGB. *Verteilungsrechnung*[7]

(1) Der Insolvenzverwalter hat eine Rechnung über die Verteilung der vorhandenen Geldbeträge unter die Gläubiger mit Forderungen gemäß Art. 722 Abs. 1 entsprechend ihren Privilegien und Sicherheiten zu erstellen.

(2) [...]

(3) Die Aufnahme einer Forderung in die Rechnung über die Verteilung gemäß Art. 722 Abs. 1 Nr. 7 darf nicht verweigert werden, wenn die Verpflichtung mit Zustimmung des Insolvenzverwalters übernommen oder von ihm anerkannt worden ist.

Art. 722 HGB. *Rang der Forderungen*

(1) Bei der Verteilung des verwerteten Vermögens sind die Forderungen in der folgenden Reihenfolge zu bezahlen:

1. Forderungen, die durch Pfand oder Hypothek gesichert sind, aus dem bei der Realisierung der Sicherheit erzielten Erlös;

2. Forderungen, hinsichtlich derer ein Zurückbehaltungsrecht ausgeübt wird, aus dem Wert des zurückbehaltenen Gegenstandes;

3. Kosten der Insolvenz;

---

6 Zur Verteilung der Insolvenzmasse siehe auch *Daskalov/Thurner* (o. Fn. 1), 57 - 61.

7 Neu gefasst D.V. 2000, Nr. 84.

4. Forderungen aus Arbeitsrechtsverhältnissen, die bis zu einem Jahr vor dem Zeitpunkt der Eröffnung des Insolvenzverfahrens entstanden sind;

5. Unterhaltsleistungen, die der Schuldner Dritten auf Grund gesetzlicher Vorschriften schuldet;

6. öffentlichrechtliche Forderungen des Staates und der Gemeinden, wie Steuern, Zölle, Gebühren, Leistungen aufgrund von Pflichtversicherungen und andere, die bis zum Zeitpunkt der Entscheidung über die Eröffnung des Insolvenzverfahrens entstanden sind;

7. Forderungen, die nach dem Zeitpunkt der Entscheidung über die Eröffnung des Insolvenzverfahrens entstanden und bei Fälligkeit nicht bezahlt worden sind, wenn sie aus der Fortführung der Tätigkeit des Schuldners stammen;

8. die übrigen ungesicherten Forderungen, die vor dem Zeitpunkt der Entscheidung über die Eröffnung des Insolvenzverfahrens entstanden sind;

9. Forderungen gemäß Art. 616 Abs. 2 Nr. 1;

10. Forderungen gemäß Art. 616 Abs. 2 Nr. 2;

11. Forderungen gemäß Art. 618 Abs. 2 Nr. 3.

(2) Reichen die Geldmittel nicht aus, um die Forderungen nach Abs. 1 Nr. 3-11 zu befriedigen, so sind sie auf die Gläubiger dem Rang nach anteilig zu verteilen.

Art. 723 HGB. *Kosten der Insolvenz*

Kosten der Insolvenz sind:

1. die staatliche Gebühr für das Insolvenzverfahren;

2. die Vergütung des Insolvenzverwalters;

3. die den Arbeitern und Angestellten geschuldeten Geldbeträge, wenn das Unternehmen des Schuldners seine Tätigkeit nicht eingestellt hat;

4. Kosten der Auffüllung, Verwaltung, Bewertung und Verteilung der Masse;

5. die festgesetzten Unterhaltskosten des Schuldners und seiner Familie.

15 8. Im vorliegenden Fall geht es zum Teil um Forderungen aus Dienstleistungen, welche die Antragstellerin dieses Verfahrens auf Bestellung der bulgarischen Insolvenzverwalter erbracht hat und die aus der Fortführung der Tätigkeit des Schuldners stammen (Neugeschäfte). Solche Forderungen haben nach bulgarischem Recht eine Sonderstellung und sind grundsätzlich bei Fälligkeit zu befriedigen (Art. 639 Abs. 1 HGB); vgl. oben Rn. 8.

16 Die Befugnis des Insolvenzverwalters zur Tätigung von Rechtsgeschäften und zur Begründung von Verbindlichkeiten zu Lasten der Masse lässt sich u.a. aus der Verwaltungsbefugnis des Insolvenzverwalters gemäß Art. 658 HGB herleiten (vgl. oben Rn. 9). Mittelbar folgt sie auch aus Art. 722 Abs. 1 Nr. 7 HGB (oben Rn. 14).

17 9. Der zweite Teil der hier geltend gemachten Forderungen ist zwar aus früheren Geschäften vor Eröffnung des Insolvenzverfahrens entstanden, jedoch nach derselben, im Verlauf der Verhandlungen zur Fortführung der Geschäftsbeziehungen der Beteiligten von den Insolvenzverwaltern anerkannt worden, unter Vereinbarung bestimmter Ratenzahlungen.

Art. 658 HGB regelt die Verwaltungsbefugnis des Insolvenzverwalters nur ganz allgemein. Ebenso wenig wie im deutschen Recht gibt es in Bulgarien eine Rechtsvorschrift, in welcher diese Verwaltungsbefugnis in irgendeiner Weise begrenzt wird. Allerdings haben sich in Deutschland Rechtsprechung und Lehre vergleichsweise detailliert, wenngleich nicht immer einstimmig, mit den Grenzen der Befugnisse des Insolvenzverwalters beschäftigt, auch im Zusammenhang mit der Anerkennung von Insolvenzforderungen als Masseschulden. 18

Das bulgarische Insolvenzrecht ist noch jung und nicht sehr entwickelt, auch fehlt es an einer gründlichen Aufarbeitung im Schrifttum. Das am Institut vorhandene bulgarische Schrifttum und die Rechtspraxis greifen die Frage nicht auf. Im Zweifel könnte es darauf ankommen, ob sich die Handlung im Rahmen des Insolvenzzwecks bewegt. 19

II. Ergebnis

Der Insolvenzverwalter einer bulgarischen Aktiengesellschaft ist grundsätzlich berechtigt, zu Lasten der Masse Rechtsgeschäfte zu tätigen und Verbindlichkeiten einzugehen (Art. 658 HGB). 20

Nr. 48

Bulgarien

1. **Nach bulgarischem Recht besitzt in insolvenzrechtlichen Rechtssachen das Insolvenzgericht am Sitz des Schuldners die ausschließliche Zuständigkeit.**
2. **Das bulgarische Insolvenzrecht kennt sowohl die Prozess- als auch die Vollstreckungssperre nach Eröffnung des Insolvenzverfahrens.**
3. **Das bulgarische Handelsgesetz unterscheidet zwischen Forderungen, die vor und solchen, die nach der Insolvenzeröffnung entstanden sind. Gläubiger, deren Forderungen nach Insolvenzeröffnung entstanden sind, erhalten Zahlung bei Fälligkeit.**
4. **Die anerkannten Forderungen von Insolvenzgläubigern ergeben sich aus den vom Insolvenzverwalter erstellten und vom Gericht genehmigten Verzeichnissen.**
5. **Die Unwirksamkeit von Maßnahmen und Rechtsgeschäften im Verhältnis zu den Insolvenzgläubigern ist in Art. 646 bulgHGB normiert.**

Das Landgericht Frankfurt bittet in der Sache F. AG ./. B. (Az. 3-13 O 17/03) um Auskunft über bulgarisches Insolvenzrecht.

Hamburg G 11/2005 vom 13.2.2006

A. Sachlage

1 Der Anfrage liegt folgender Sachverhalt zugrunde: Vorab wird auf die frühere Rechtsauskunft des Instituts in derselben Angelegenheit und auf den dort geschilderten Sachverhalt (vgl. G 9/2003) Bezug genommen.* Das Verfahren betrifft einen Antrag auf Arrest und Arrestpfändung in Guthaben bei deutschen Banken wegen Forderungen aus Leistungen der Antragstellerin auf dem Flughafen Frankfurt. Bei der Antragsgegnerin und Empfängerin dieser Leistungen handelt es sich um eine bulgarische Fluglinie, über die im Jahre 2001 in Sofia das Insolvenzverfahren eröffnet worden ist.

Durch Beschluss vom 19.2.2003 hat das LG Frankfurt den dinglichen Arrest in das gesamte Vermögen der Antragsgegnerin angeordnet, gegen den durch Schriftsatz vom 1.10.2004 Widerspruch bzw. Erinnerung eingelegt wurde.

---

* *Anm. d. Red.:* Das erste in dieser Sache erstattete Gutachten ist in diesem Band abgedruckt unter Nr. 47 *(Hamburg)*.

In der Akte findet sich ein Schreiben der damaligen Insolvenzverwalter vom 18.6.2001 an den Syndikus von F., in dem in unverbindlicher Form die Zahlung aller Verbindlichkeiten von B. an die F. in Aussicht gestellt wird. Die *slots* der B. in Frankfurt seien „one of the company's most precious assets". Offensichtlich sei eine Sanierung der Gesellschaft und Fortführung der Geschäftstätigkeit ohne Wiederaufnahme der Flüge nach Frankfurt nicht möglich. Nach Aussage des Zeugen S. sollen bei einem Treffen in Frankfurt die Insolvenzverwalter mündlich zugesagt haben, die Altschulden von B. gegenüber F. wie Masseverbindlichkeiten zu behandeln und sie vollen Umfangs zu bezahlen, um die Fortführung des Flugbetriebs mit Frankfurt und damit eine Sanierung zu ermöglichen. Jedoch sei es der ausdrückliche Wunsch der Insolvenzverwalter gewesen, dass es keine Schriftform oder schriftliche Bestätigung über die Bezahlung gab.

B. Anfrage

Gefragt wird: 2

1. nach dem Bestehen eines ausschließlichen Gerichtsstandes für Rechtsstreite jeder Art, die die Insolvenzmasse betreffen, am Ort des Insolvenzgerichts, und ob dies im Hinblick auf §§ 3, 343, 352 InsO auch für Arrestverfahren über in Deutschland belegenes Vermögen einer bulgarischen Gemeinschuldnerin gilt;
2. nach dem Vorhandensein einer allgemeinen Prozess- und Vollstreckungssperre nach Eröffnung des Insolvenzverfahrens für Rechtsstreite aller Art, die die Insolvenzmasse betreffen, sowie
3. nach der Zulässigkeit eines Rechtsstreits gegen die Insolvenzverwalter in deren Eigenschaft als solche aus Ansprüchen, die diese ebenfalls in ihrer Eigenschaft (mündlich) anerkannt und (mündlich) zu erfüllen versprochen haben, sowie aus Ansprüchen, die aus der Insolvenzmasse befriedigt werden sollen;

Des weiteren wird gefragt:

4. ob hier zwischen Forderungen, die während des Insolvenzverfahrens entstanden sind (Neugeschäfte) und Forderungen aus früheren Geschäften, die vor Eröffnung des Insolvenzverfahrens entstanden sind (Altgeschäfte) zu differenzieren ist; es überhaupt eine Möglichkeit für die Insolvenzverwalter gibt, Forderungen aus diesen sog. Altgeschäften wirksam mit einer mündlichen Vereinbarung anzuerkennen, und wenn nein, was gilt, wenn zwischen sog. Altgeschäften und Neugeschäften bei der mündlichen Anerkennung nicht differenziert wird;
5. was gilt, wenn sowohl die Altgeschäfte als auch die Neugeschäfte zu den laufenden Geschäften der bulgarischen Gemeinschuldnerin gehören? Ob der Insolvenzverwalter Forderungen aus Altgeschäften anerkennen und deren Erfüllung versprechen kann, wenn nur unter dieser Bedingung der Gläubiger zur Durchführung von Neugeschäften, die zur Aufrechterhaltung des laufenden Geschäfts der Gemeinschuldnerin nötig sind, bereit ist;

6. nach etwaigen besonderen – formellen – Wirksamkeitserfordernissen für (mündlich eingegangene) Verpflichtungen, die die Insolvenzverwalter in dieser Eigenschaft (für sog. Altgeschäfte und Neugeschäfte) eingehen, insbesondere aus § 659 bulg. HGB, bzw. ob es sich dabei um – interne – Ordnungsvorschriften ohne Außenwirkungen im Falle des Verstoßes dagegen handelt;
7. der etwaigen Unwirksamkeit von Verträgen, die Insolvenzverwalter in dieser Eigenschaft (mündlich) mit nur einem (statt aller) Gläubiger abschließen;

Schließlich wird gefragt,

8. ob hier zwischen sog. Altgeschäften und Neugeschäften zu differenzieren ist;
9. sowie ob generell das bulgarische (Insolvenz-)Recht einem Verfahren in einem anderen Staat entgegensteht, mit dem die Sicherung von vermeintlichen Ansprüchen begehrt wird, die die Insolvenzverwalter in dieser Eigenschaft begründet haben.

C. Rechtslage

I. Zuständigkeitsfragen

1. Ausschließliche Zuständigkeit des (bulgarischen) Insolvenzgerichts ?

3 a) Für das bulgarische Insolvenzrecht ist der vierte Teil des Handelsgesetzes (bulg. HGB) maßgeblich.[1]

4 Das Handelsgesetz enthält im 52. Kapitel auch Vorschriften über das anwendbare Recht, die allerdings nur rudimentären Charakter haben.

5 Nach Art. 613 bulgHGB ist Insolvenzgericht das Bezirksgericht am Sitz des Kaufmanns.

6 Gemäß Art. 649 Abs. 3 bulgHGB ist das Insolvenzgericht auch zuständig für die Aufrechnungs-, Nichtigkeits- und Anfechtungsklagen nach Art. 645 - 647 bulgHGB wie auch für Klagen nach Art. 135 des Gesetzes über Schuldverhältnisse und Verträge *(Actio Pauliana)*. Schließlich entscheidet das Insolvenzgericht auch über Feststellungsklagen zu nicht angenommenen Forderungen (Art. 694 Abs. 1 bulgHGB).[2]

7 Die sachliche und örtliche Zuständigkeit des Insolvenzgerichts wird als absolute und von Amts wegen zu prüfende Verfahrensvoraussetzung betrachtet.[3]

---

1 D.V. 1994 Nr. 63 i.d.F. 2005 Nr. 105. Subsidiär gilt der Zivilprozesskodex (Art. 621 bulgHGB).

2 Zu den Kompentenzen des Insolvenzgerichts im Übrigen siehe auch *Tadžer*, Nesăstojatelnost po tărgovskija zakon (Insolvenz gemäß HGB), 1996, 84.

3 Vgl. *Daskalov/Laleva/Metodiev*, Bulgarisches Insolvenzrecht. Arbeitspapiere des Forschungsinstituts für mittel- und osteuropäisches Wirtschaftsrecht (FOWI) Nr. 97, 3. Aufl. 2003, 21.

Jedoch gilt diese Zuständigkeit des Insolvenzgerichts nur für das Insolvenzverfahren als solches; die Sicherungsverfahren sind also nicht erfasst. 8

b) Seit Mai 2005 verfügt Bulgarien erstmals über ein kodifiziertes Internationales Privat- und Verfahrensrecht.[4] 9

Die Anwendbarkeit des IPR-Kodex auf anhängige Verfahren ist ungeregelt geblieben, sie ergibt sich aber im Rahmen der Vorschriften über internationale Zuständigkeit aus dem prozessrechtlichen Charakter der Art. 4 ff. IPR-Kodex. 10

Der Geltungsbereich des IPR-Kodex umfasst die internationale Zuständigkeit der bulgarischen Gerichte, der sonstigen Organe und das Verfahren in internationalen Zivilsachen, das auf zivilrechtliche Verhältnisse mit internationalem Element anwendbare Recht sowie die Anerkennung und Vollstreckung von ausländischen Entscheidungen und anderen Akten in Bulgarien (Art. 1). 11

Spezialvorschriften über internationale Insolvenzsachen sind dort nicht vorhanden. Auch ist keine ausschließliche Zuständigkeit in Insolvenzsachen ausdrücklich vorgesehen (Art. 22 IPR-Kodex). Eine solche folgt aber wohl indirekt aus Art. 757 bulgHGB betreffend die Anerkennung ausländischer Entscheidungen (Anerkennung nur, wenn die Entscheidung in dem Staat gefällt wurde, in dem der Schuldner seinen Sitz hatte). 12

c) Das Handelsgesetz räumt dem Insolvenzgericht also die ausschließliche Zuständigkeit über die oben Rn. 6 genannten Rechtsstreite ein. Dies folgt aus der systematischen Auslegung von Art. 613 i.V.m. Art. 757 bulgHGB und Art. 22 IPR-Kodex. 13

2. Zuständigkeit für Arrestverfahren über in Deutschland belegenes Vermögen einer bulgarischen Gemeinschuldnerin

Trotz diverser Reformversuche und Beratungsmaßnahmen ist das bulgarische Insolvenzrecht, insbesondere auch was die grenzüberschreitenden Insolvenzen betrifft, noch lange nicht voll entwickelt, und auch Rechtsprechung und Schrifttum entwickeln sich erst allmählich. 14

Aus dem Handelsgesetz lässt sich nicht entnehmen, ob für in Bulgarien eröffnete Verfahren das Territorialitäts- oder das Universalitätsprinzip gilt, auch hat sich zu dieser Frage noch keine herrschende Meinung herausgebildet. Die Veröffentlichung von *Daskalov/Laleva/Metodiev*[5] deutet eine Präferenz für das Universalitätsprinzip an. 15

---

[4] Kodex des internationalen Privatrechts (IPR-Kodex), D.V. 2005 Nr. 42, S. 1.

[5] *Daskalov/Laleva/Metodiev* (o. Fn. 3), 100.

3. Anerkennungsfähigkeit bulgarischer Insolvenzverfahren (§ 343 InsO)

16 Die in § 343 InsO aufgeführten Anerkennungsvoraussetzungen bereiten im Falle Bulgariens keine besonderen Schwierigkeiten. Insbesondere ist die internationale Zuständigkeit des bulgarischen Insolvenzgerichts ohne weiteres mit dem inländischen Recht (§ 3 InsO) vereinbar und bestehen keine Bedenken mit Rücksicht auf den deutschen ordre public, zumal Art. 616 Abs. 3 bulgHGB im Insolvenzverfahren den ausländischen Gläubigern die gleichen Rechte einräumt wie den inländischen.[6]

4. Unterbrechungswirkung des bulgarischen Insolvenzverfahrens (§ 352 InsO)

17 Auf die im bulgarischen Recht verankerte Prozesssperre soll im folgenden Abschnitt näher eingegangen werden.

18 Die internationale Wirkung einer solchen Sperre folgt nunmehr aus § 352 InsO, und zwar verlagert auf den Zeitpunkt, in dem die Verwaltungs- und Verfügungsbefugnis auf einen vorläufigen Insolvenzverwalter übergeht.[7]

II. Vorhandensein einer allgemeinen Prozess- und Vollstreckungssperre nach Eröffnung des Insolvenzverfahrens?

19 Das bulgarische Insolvenzrecht kennt sowohl die Prozess- als auch die Vollstreckungssperre.[8]

1. Prozesssperre

20 Die einschlägige Vorschrift lautet wie folgt:

> Art. 637 bulgHGB - Unterbrechung von Gerichtsverfahren
>
> (1) (*Dăržaven Vestnik* [im Folgenden: DV] 2000 Nr. 84) Mit der Eröffnung des Insolvenzverfahrens werden die Gerichts- und Schiedsgerichtsverfahren gegen den Schuldner in vermögensrechtlichen Zivil- und Handelssachen mit Ausnahme von Arbeitsstreitigkeiten über Geldforderungen unterbrochen. Diese Vorschrift findet keine Anwendung, wenn das Gericht zum Datum der Eröffnung des Insolvenzverfahrens zu einer anderen Sache, bei welcher der Schuldner Beklagter ist, eine vom Schuldner erhobene Gegenklage oder eine von ihm geltendgemachte Einwendung der Aufrechnung zur gemeinsamen Verhandlung angenommen hat.
>
> (2) (DV 1998 Nr. 70) Das unterbrochene Verfahren wird eingestellt, wenn die Forderung zu den Voraussetzungen von Art. 693 Abs. 1 Nr. 1 angenommen wird.

---

6 Vgl. auch *Paulus*, DStR 2005, 334, 339; *Liersch*, NZI 2003, 302, 306.

7 MüKo-InsO/*Kindler*, 4. Aufl. 2006, § 352, Rn. 1160.

8 Im Einzelnen dazu *Daskalov/Laleva/Metodiev* (o. Fn. 3), 49 - 51.

(3) (DV 1998 Nr. 70) Das auf Grund von Abs. 1 unterbrochene Verfahren wird wiederaufgenommen und fortgesetzt unter Beteiligung:

1. des Insolvenzverwalters und des Gläubigers, sofern die Forderung nicht in das Verzeichnis der vom Insolvenzverwalter angenommenen Forderungen oder in das vom Gericht gebilligte Verzeichnis nach Art. 692 aufgenommen ist;

2. des Insolvenzverwalters, des Gläubigers und der Person, die den Einwand erhoben hat, sofern die Forderung in das Verzeichnis der vom Insolvenzverwalter angenommenen Forderungen aufgenommen ist, gegen sie jedoch ein Einwand nach Art. 692 Abs. 2 erhoben worden ist.

3. (DV 1998 Nr. 70) Die nach Abs. 3 ergangene Entscheidung hat Feststellungswirkung im Verhältnis zum Schuldner, Insolvenzgläubiger und allen Insolvenzgläubigern.

4. (DV 2003 Nr. 58) Nach Eröffnung des Insolvenzverfahrens ist die Einleitung neuer Gerichts- oder Schiedsgerichtsverfahren in vermögensrechtlichen Zivil- oder Handelssachen gegen den Schuldner unzulässig.

2. *Vollstreckungssperre*

Hierzu heißt es wie folgt: 21

Art. 638 bulgHGB

(1) (DV 2005 Nr. 105) Mit der Eröffnung des Insolvenzverfahrens werden die Vollstreckungsverfahren gegen das zur Insolvenzmasse gehörende Vermögen unterbrochen, ausgenommen Vermögen gemäß Art. 193 Steuer- und Sozialversicherungsprozesskodex.

(2) Wenn von der Unterbrechung nach Abs. 1 bis zum Zeitpunkt der Veröffentlichung der Entscheidung auf Eröffnung des Insolvenzverfahrens eine Zahlung an den Anspruchsteller erfolgt, wird das Gezahlte in die Insolvenzmasse zurückerstattet.

(3) (DV 1998 Nr. 70) Sofern eine Handlung zugunsten eines gesicherten Gläubigers zur Realisierung der Sicherheit unternommen ist, kann das Gericht entscheiden, dass das Verfahren bei bestehender Gefahr einer Schädigung der Interessen des Gläubigers fortgesetzt wird. Der über das Ausmaß der Sicherheit hinaus erzielte Betrag wird in die Insolvenzmasse abgeführt.

(4) (DV 2005 Nr. 105) Das unterbrochene Verfahren wird eingestellt, wenn die Forderung zu den Voraussetzungen von Art. 693 geltend gemacht und angenommen wird. Die im Vollstreckungsverfahren verhängten Pfändungen und dinglichen Arreste können den Insolvenzgläubigern nicht entgegengehalten werden. Eine Verhängung von Sicherungsmaßnahmen im Verfahren nach dem Zivilprozesskodex oder nach dem Steuer- und Sozialversicherungsprozesskodex in das Vermögen des Schuldners ist nach Eröffnung des Insolvenzverfahrens unzulässig.

Die Vollstreckungssperre gemäß Abs. 1 der zitierten Vorschrift soll nach Darstellung von *Daskalov/Laleva/Metodiev*[9] für Neu- und Altgläubiger gleichermaßen gelten. Zur internationalen Wirkung siehe oben Rn. 18. 22

9 *Daskalov/Laleva/Metodiev* (o. Fn. 3), 16.

III. Zulässigkeit eines Rechtsstreits gegen die Insolvenzverwalter in deren Eigenschaft als solche aus Ansprüchen, die diese ebenfalls in ihrer Eigenschaft (mündlich) anerkannt und (mündlich) zu erfüllen versprochen haben, sowie aus Ansprüchen, die aus der Insolvenzmasse befriedigt werden sollen

23 1. Das bulgarische Insolvenzrecht beruht auf dem Prinzip der Universal-Vollstreckung (Art. 614, 616 bulgHGB). Gläubiger mit gleichem Rang werden innerhalb ihrer Vorzugsklasse anteilig befriedigt (Art. 722 Abs. 2 bulgHGB). Für die nicht gesetzlich privilegierten Gläubiger gilt der Paritätsgrundsatz innerhalb ihrer Gruppe (Art. 616, 722 Abs. 1 Nr. 8 bulgHGB).[10]

24 Ziele des Verfahrens sind die gerechte Befriedigung der Gläubiger sowie die Sanierung des Unternehmens (Art. 607 Abs. 1 bulgHGB).

25 2. Auf die Zulässigkeit oder Unzulässigkeit von mündlichen Vereinbarungen zur Anerkennung von Altgeschäften geht auch das neuere vorhandene Schrifttum nicht ein.

26 Im Zusammenhang mit der Wirksamkeit der Anspruchsanerkennung sei noch auf die folgenden Vorschriften aufmerksam gemacht:

Im Normalfall ergibt sich die Form der Anerkennung aus Art. 686 und 688 bulgHGB, als Aufnahme in das Verzeichnis der angenommenen Forderungen.

27 Bestimmte Handlungen und Rechtsgeschäfte des Insolvenzverwalters sind gemäß Art. 646 bulgHGB nichtig. Nichtig sind auch Verträge, die auf einen unmöglichen Gegenstand gerichtet sind (vgl. Art. 26 des Gesetzes über Schuldverhältnisse und Verträge).[11]

IV. Differenzierung zwischen Neu- und Altgeschäften?

28 1. Das Handelsgesetz unterscheidet zwischen Forderungen, die vor bzw. nach der Insolvenzeröffnung entstanden sind. Im Einzelnen bleibt allerdings auch insoweit Manches offen.[12]

29 2. Neugläubiger, deren Forderungen erst nach Insolvenzeröffnung entstanden sind, erhalten gemäß Art. 639 bulgHGB Zahlung bei Fälligkeit und werden andernfalls im Verfahren nach Art. 722 Abs. 1 bulgHGB befriedigt. Auch können sie eine Sicherheit für ihre Forderung aus der Insolvenzmasse erhalten (Art. 639 Abs. 2 bulgHGB). Eine Parallelvorschrift zugunsten von Altgläubigern fehlt.

---

[10] Vgl. auch *Daskalov/Laleva/Metodiev* (o. Fn. 3), 7.

[11] D.V. 1950 Nr. 275.

[12] Zum aktuellen Diskussionsstand siehe *Daskalov/Laleva/Metodiev* (o. Fn. 3), 16 f.

Bei der gesetzlichen Reihenfolge der Forderungen (Art. 722 Abs. 1 bulgHGB) werden die nach der Insolvenzeröffnung entstandenen und nicht bei Fälligkeit bezahlten Forderungen aus Fortführung der Tätigkeit des Schuldners an siebenter Stelle eingeordnet (nach den durch Pfand oder Hypothek, Pfändung oder dinglichen Arrest bzw. durch Zurückbehaltungsrecht gesicherten Forderungen, den Insolvenzkosten, Forderungen der Arbeitnehmer vor Insolvenzeröffnung, gesetzlichen Unterhaltsansprüchen Dritter sowie öffentlich-rechtlichen Forderungen entstanden vor der Insolvenzeröffnung). Art. 722 Abs. 1 Nr. 1 bulgHGB ist mit Wirkung zum 1.1.2006 ergänzt worden, so dass Abs. 1 Nr. 1 nunmehr wie folgt lautet (die Einfügung ist kursiv gekennzeichnet): 30

Bei der Durchführung der Verteilung des verwerteten Vermögens werden die Forderungen in der folgenden Reihenfolge bezahlt:

1. Forderungen, die gesichert sind durch Pfand oder Hypothek, *oder durch Pfändung bzw. dinglichen Arrest, eingetragen im Verfahren des Gesetzes über die besonderen Pfänder* – aus dem bei der Realisierung der Sicherheit erzielten Erlös;

Die gemäß Art. 639 Abs. 2 bulgHGB gesicherten Forderungen werden entsprechend dem Rang und aus dem Erlös der Sicherheit befriedigt. 31

Dagegen erhalten die Altgläubiger keine Befriedigung ihrer fälligen Forderungen (Art. 646 Abs. 1 bulgHGB). Eine Erfüllung solcher Verbindlichkeiten wäre den Insolvenzgläubigern gegenüber unwirksam. Sie werden an achter und letzter Stelle befriedigt (es sei denn, sie hätten für ihre Forderung eine dingliche Sicherheit). 32

3. Bei der Forderungsanmeldung und den Folgen einer verspäteten Anmeldung bestehen nach wie vor erhebliche Unklarheiten.[13] 33

Neugläubiger melden ihre Forderungen erst nach der Insolvenzerklärung an, vgl. auch die nachstehende Vorschrift: 34

Art. 688 bulgHGB

(3) (DV 2000 Nr. 84) Forderungen, die bei Fälligkeit nicht bezahlt wurden und die nach Eröffnung des Insolvenzverfahrens bis zur Bestätigung des Sanierungsplans bzw. bis zum Zeitpunkt der Insolvenzerklärung über den Schuldner entstanden sind, werden gemäß diesem Kapitel geltend gemacht. Für diese Forderungen erstellt der Insolvenzverwalter ein zusätzliches Verzeichnis.

Demgegenüber müssen die Altgläubiger ihre Forderungen binnen Monatsfrist nach Insolvenzeröffnung anmelden (Art. 685 Abs. 1 bulgHGB). 35

Die zweimonatige Nachfrist gemäß Art. 688 Abs. 1 S. 1 bulgHGB bedarf hier keiner Erörterung. 36

---

13 Im Einzelnen dazu *Daskalov/Laleva/Metodiev* (o. Fn. 3), 63 f.

V. Alt- und Neugeschäfte als laufende Geschäfte der bulgarischen Gemeinschuldnerin

37 Für die Frage der Zulässigkeit einer Anerkennung von Insolvenzforderungen als Masseschulden kann auf die Rechtsauskunft des Instituts vom 14.2.2003 Bezug genommen werden.[**] Auch das derzeit vorhandene bulgarische Schrifttum und die Rechtspraxis nehmen zu diesem Problem nicht Stellung, so dass keine sichere Prognose möglich ist. Im Zweifel könnte der Insolvenzzweck ausschlaggebend sein. Vgl. jedoch auch die Ausführungen oben III. und VI.

VI. Besondere – formelle – Wirksamkeitserfordernisse für von Insolvenzverwaltern mündlich eingegangene Verpflichtungen

38 1. Vorweg sei in der gebotenen Kürze auf die rechtliche Stellung des Insolvenzverwalters in Bulgarien eingegangen. Man hat lang und intensiv darüber diskutiert, ob er als „Amtsperson" oder aber als Stellvertreter zu qualifizieren ist. Nach herrschender Meinung handelt es sich um eine Amtsperson, was jedoch in der Hauptsache strafrechtliche Konsequenzen hat.[14]

39 2. Gewisse Publizitätspflichten ergeben sich aus Art. 634 c bulgHGB, demzufolge Handlungen des Insolvenzverwalters und anderer in ein gesondertes Buch einzutragen sind, das öffentlich und in der Geschäftsstelle des Insolvenzgerichts zugänglich ist.

40 Außerdem trifft den Insolvenzverwalter die Pflicht zur Rechungslegung gemäß Art. 659 bulgHGB, insbesondere durch Eintragung seiner Handlungen, die mit der Verwaltung und der Verfügung bezüglich Sachen und Rechten des Schuldnervermögens oder der Insolvenzmasse in Verbindung stehen, in ein gebundenes und vom Gericht beglaubigtes Tagebuch. Die mitgeteilte deutsche Übersetzung ist lediglich dahingehend zu ergänzen, dass der Insolvenzverwalter nunmehr neben dem Gericht auch dem Gläubigerausschuss monatlich Rechnung legen muss. Auf Verlangen eines jeden Gläubigers ist ihm das Tagebuch des Insolvenzverwalters und auch der monatliche Rechenschaftsbericht vorzulegen (Abs. 3). Nach Mitteilung von *Laleva* sind zumindest die monatlichen Rechenschaftsberichte der Insolvenzverwalter häufig unvollständig und manchmal ungenau.[15]

41 Bei Beendigung seiner Tätigkeit muss der Insolvenzverwalter noch einmal schriftlich Rechenschaft über seine Tätigkeit ablegen (Art. 664 bulgHGB).

42 Auf die rechtliche Wirksamkeit von nicht im Tagebuch / Rechenschaftsberichten enthaltenen Maßnahmen des Insolvenzverwalters geht auch *Laleva* nicht ein.

** *Anm. d. Red.:* Abgedruckt in diesem Band unter Nr. 47 *(Hamburg)*.

14 *Popova/Efremova/Laleva/Božikov*, Tărgovska nesăstojatelnost (Kommerzielle Insolvenz), 2004, 123 f.

15 *Popova/Efremova/Laleva/Božikov* (o. Fn. 14), 141.

3. Es ist anzunehmen, dass die Verzeichnisse der Forderungen nach Art. 686 und 688 bulgHGB eine Form *ad solemnitatem* darstellen, angesichts der Möglichkeit der Anfechung (Art. 690 bulgHGB) und weil die Genehmigung der Forderung durch das Gericht aufgrund dieser Verzeichnisse erfolgt (Art. 692 f. bulgHGB). 43

4. Unterstellt, es seien keine Wirksamkeitsvoraussetzungen verletzt, stellt sich auch die Frage nach der Beweisform. Art. 133 Abs. 1 c des bulgarischen Zivilprozesskodex verbietet den Zeugenbeweis für die Feststellung von Verträgen im Wert über 1000 Lewa (entspricht ca. EUR 500,-), jedoch dürfte es sich dabei um eine – in Deutschland nicht anwendbare – prozessuale Vorschrift handeln. 44

VII. Unwirksamkeit von Verträgen, die Insolvenzverwalter in dieser Eigenschaft mündlich mit nur einem Gläubiger abschließen

Die Unwirksamkeit von Maßnahmen und Rechtsgeschäften (im Verhältnis zu den Insolvenzgläubigern) ist in Art. 646 bulgHGB normiert. 45

Spezielle Kommentare waren im hier vorhandenen bulgarischen Schrifttum nicht aufzufinden. 46

VIII. Verhältnis des bulgarischen Insolvenzverfahrens zu einem Sicherungsverfahren im Ausland

Im Gegensatz zum deutschen internationalen Insolvenzrecht, das jetzt vergleichsweise ausführlich normiert ist, sind die einschlägigen bulgarischen Vorschriften (Art. 757 - 760 bulgHGB) auf dem Stand von 1994 stehengeblieben. Ihr Geltungsbereich beschränkt sich auf die Anerkennung ausländischer Entscheidungen, die Befugnisse ausländischer Insolvenzverwalter und inländische Partikularinsolvenzverfahren. Im Übrigen kann auf die obigen Ausführungen verwiesen werden. 47

Nicht geregelt ist die Zwangsvollstreckung in ein sich im Ausland befindliches Vermögen. 48

D. Ergebnis

1. In insolvenzrechtlichen Rechtssachen besitzt das Insolvenzgericht am Sitz des Schuldners die ausschließliche Zuständigkeit (Art. 613 i.V.m. Art. 757 bulgHGB). 49

2. Bulgarische Insolvenzverfahren sind grundsätzlich in Deutschland anerkennungsfähig (§ 343 InsO).

3. Das bulgarische Insolvenzrecht kennt sowohl die Prozess- als auch die Vollstreckungssperre nach Eröffnung des Insolvenzverfahrens (Art. 637 und 638 bulgHGB).

4. Es beruht auf dem Prinzip der Universalvollstreckung. Ziele des Verfahrens sind die gerechte Befriedigung der Gläubiger sowie die Sanierung des Unternehmens.

5. Neugläubiger, deren Forderungen erst nach Insolvenzeröffnung entstanden sind, erhalten Zahlung bei Fälligkeit. Auch können sie eine Sicherung für ihre Forderung aus der Insolvenzmasse erhalten. Bei der gesetzlichen Reihenfolge der Forderungen stehen sie an siebenter Stelle (und damit vor den unprivilegierten Altgläubigern).

6. Das bulgarische Handelsgesetz kennt insbesondere die Pflicht des Insolvenzverwalters zur Führung eines Tagebuchs in gebundener Form und zur monatlichen Ablegung eines Rechenschaftsberichts, wobei die Folgen einer mangelhaften Führung/Berichterstattung ungeregelt geblieben sind.

7. Die anerkannten Forderungen von Insolvenzgläubigern ergeben sich aus den entsprechenden, vom Insolvenzverwalter erstellten und vom Gericht genehmigten Verzeichnissen.

8. Zur Unwirksamkeit von Maßnahmen und Rechtsgeschäften im Verhältnis zu den Insolvenzgläubigern siehe Art. 646 bulgHGB.

9. Das bulgarische internationale Insolvenzrecht ist auf dem Stand von 1994 stehengeblieben und ist nach wie vor als rudimentär zu bezeichnen.

GESETZESREGISTER[*]

Fette Zahlen bezeichnen die Nummer des Gutachtens, magere Zahlen die Randnummern innerhalb des Gutachtens.

Afghanistan

Australien

Belgien

[*] Bearbeitet von Wiss. Mit. *Peter Picht,* München.

Bosnien-Herzegowina

Brasilien

Bulgarien

Republik China (Taiwan)

Deutschland

Einführungsgesetz zum Bürgerlichen Gesetzbuch vom 18.8.1896/21.9.1994 – EGBGB

Einführungsgesetz zum Versicherungsvertragsgesetz vom 17.12.1963 – EGVVG

Familienrechtsänderungsgesetz vom 11.8.1961 – FamRÄndG

Gesetz über die Angelegenheiten der Freiwilligen Gerichtsbarkeit vom 17.5.1898 – FGG

Frankreich

Griechenland

Italien

Japan

Jugoslawien

Kolumbien

Kroatien

Luxemburg

Mazedonien

Namibia

Niederlande

Norwegen

Österreich

Russische Föderation

Spanien

Spanien (Balearen)

Spanien (Galizien)

Südafrika

Türkei

USA

USA (Colorado)

USA (Delaware)

USA (Illinois)

USA (Maryland)

USA (New York)

Venezuela

Vietnam

Zypern

REGISTER DER STAATSVERTRÄGE UND EUROPÄISCHEN RECHTSVORSCHRIFTEN*

I. Multilaterale Staatsverträge

* Bearbeitet von Wiss. Mit. *Peter Picht,* München.

II. Bilaterale Staatsverträge

III. EG-Recht

SACHREGISTER*

Fette Zahlen bezeichnen die Nummer des Gutachtens, magere Zahlen die Randnummern innerhalb des Gutachtens.

* Bearbeitet von Wiss. Ass. *Dominik Massing,* Hamburg.